Oeuvres Complètes De Saint Bernard...

Bernard de Clairvaux, Charpentier

Nabu Public Domain Reprints:

You are holding a reproduction of an original work published before 1923 that is in the public domain in the United States of America, and possibly other countries. You may freely copy and distribute this work as no entity (individual or corporate) has a copyright on the body of the work. This book may contain prior copyright references, and library stamps (as most of these works were scanned from library copies). These have been scanned and retained as part of the historical artifact.

This book may have occasional imperfections such as missing or blurred pages, poor pictures, errant marks, etc. that were either part of the original artifact, or were introduced by the scanning process. We believe this work is culturally important, and despite the imperfections, have elected to bring it back into print as part of our continuing commitment to the preservation of printed works worldwide. We appreciate your understanding of the imperfections in the preservation process, and hope you enjoy this valuable book.

ŒUVRES COMPLÈTES

DE

SAINT BERNARD

PARIS. — IMP. ADRIEN LE CLERE, RUE CASSETTE, 29.

ŒUVRES COMPLÈTES

DE

SAINT BERNARD

TRADUCTION NOUVELLE

PAR M. L'ABBÉ DION

TOME HUITIÈME

PARIS

LIBRAIRIE DE LOUIS VIVÈS, ÉDITEUR

RUE DELAMBRE, 9

1867

AVERTISSEMENT

SUR

LES LIVRES SUIVANTS DE LA VIE ET DES GESTES DE SAINT BERNARD.

SON ILLUSTRE ORIGINE.

I. On trouverait difficilement un saint qui eût eu autant et d'aussi remarquables historiens de sa vie et de ses actions que saint Bernard. n effet, l'histoire de sa vie et des grandes actions dont elle a été remplie nous a été racontée par trois auteurs des plus distingués, qui semblent s'être entendus pour nous donner une histoire complète de notre saint docteur. Ce sont Guillaume, qui avait été abbé de Saint-Thierry près de Reims, et qui n'était plus que simple religieux de l'abbaye de Ligny quand il se mit à écrire l'histoire de la vie de saint Bernard; Ernald, abbé de Bonneval, dans le pays Chartrain, et Geoffroy, secrétaire même du saint. Tous les trois ont été comme les témoins oculaires de ce qu'ils racontent. Après eux, pour ne citer que les plus remarquables historiens de saint Bernard, il y eut Alain, évêque d'Autun, et Jean l'Ermite; les siècles moins éloignés en comptent beaucoup, parmi lesquels nous nommerons Philothée, moine de Clairvaux, qui sous un nom vrai ou supposé nous a laissé aussi une histoire de saint Bernard.

II. Guillaume qui, d'abbé de Saint-Thierry, était devenu simple religieux de Ligny, au diocèse de Reims, par amour de la solitude et du repos, ainsi que Burchard, abbé de Balerne, nous l'apprend dans la souscription qu'il a placée de sa main au bas du premier livre de la Vie de saint Bernard, nous apprend dans la préface de son histoire, qu'il en a écrit le premier livre, du vivant de saint Bernard, mais à son insu. L'époque où Guillaume s'est retiré à Ligny, nous est à peu près indiquée par le cartulaire de Saint-Thierry, où nous voyons son successeur immédiat, l'abbé Hélin, nommé pour la première fois en 1135. Mais on ne sait pas bien en quelle année précisément Guillaume a commencé son histoire; ce qu'il y a de certain, c'est que ce ne fut pas avant la translation du monastère de Clairvaux dans un endroit plus spacieux et la construction du nouveau monastère, comme on peut le voir par les n. 34 et 62 de son histoire; ce ne fut même qu'après l'extinction des schismes et des hérésies qui désolaient l'Église, ainsi qu'il résulte du n. 40 : par conséquent, après l'année 1140, peut-être même après 1145. Or, Guillaume mourut avant saint Bernard. Il est longuement parlé de lui au tome V°, (de l'édition de Mabillon), dans l'avertissement placé en tête de la lettre aux religieux de Mondée et dans les grandes notes sur la lettre LXXXV.

III. A la mort de Guillaume, sa Vie de saint Bernard fut continuée par Ernald ou Arnaud, abbé de Bonneval : différente de celle du même nom située dans le diocèse de Besançon et de celle de Citeaux, au diocèse de Rhodez, cette abbaye se trouvait dans le pays Chartrain, et Ernald en était abbé quand saint Bernard lui adressa la dernière lettre qu'il écrivit, laquelle est la CCCX° de la collection de ses lettres. On peut voir à ce sujet, sur lequel les avis ont été partagés, les notes dont nous avons accompagné cette lettre. Ernald s'est mis à l'œuvre à la prière des religieux de Clairvaux, qui, par modestie, le chargèrent de continuer l'histoire commencée par Guillaume, ainsi que Ernald lui-même nous l'apprend dans la préface du second livre de la Vie de saint Bernard. La mort l'empêcha de terminer son histoire.

IV. Aux deux premiers livres dont nous venons

de parler, Geoffroy en ajouta trois. Il ne paraît pas douteux que cet écrivain est le même Geoffroy que le secrétaire de saint Bernard ; il ne faut donc point le confondre avec Geoffroy de Pérone, dont il est parlé au livre IV, n. 10, non plus que avec Geoffroy, cousin et compagnon de conversion de notre saint, lequel devint plus tard prieur de Clairvaux, puis évêque de Langres, et qui finit par venir reprendre la vie de simple religieux à Clairvaux, où il mourut le 8 novembre 1154. Geoffroy, auteur des trois livres de la Vie de saint Bernard, écrit, en pleurant, dans la préface placée en tête de ces trois livres, que c'est treize ans environ après sa propre conversion qu'il eut le malheur de se voir enlever saint Bernard par la mort, ce qui place sa conversion vers l'an 1140. Il était originaire d'Autun, et fut, avant sa conversion, disciple d'Abélard ; il était clerc, comme on le voit dans le livre des *Déclamations* dont il est l'auteur ; il dit, n. 13 : « Et nous aussi nous avons été clerc. » Après sa conversion, il devint secrétaire de saint Bernard avec Nicolas de Clairvaux, il l'accompagna dans ses voyages, et, après sa mort, il devint abbé d'Igny, puis de Clairvaux, après Fastred, en 1162, poste qu'il occupa environ quatre ans, d'après la chronique de Clairvaux citée par Chifflet. Mais au bout de ce temps, se voyant tourmenté par ses religieux, il se démit de sa charge en 1165 et se retira en Italie au monastère de Fossa-Nova, dont il devint abbé quelque temps après, puis à Hautecombe, ainsi qu'on le voit, toujours dans la même chronique. Il est question dans cette chronique de son ouvrage important sur le *Cantique des cantiques*, de la *Vie de saint Pierre, archevêque de la Tarantaise et de plusieurs autres livres et sermons*. On trouve dans Baronius une lettre de cet abbé Geoffroy à Henri, cardinal évêque d'Albe, et vicaire du légat de Monseigneur le Pape, au sujet d'une controverse nouvelle qu'il trouva engagée à son retour en France, sur « la substance de l'eau qui est offerte dans le calice avec le vin auquel elle est mêlée, et sur la question de savoir si elle est changée au sang de Notre-Seigneur, en même temps que le vin. » On a encore, de ce même auteur, un libelle « contre les chapitres de Gilbert, » de la Porrée, évêque de Poitiers. Nous donnerons cette brochure après ses trois livres de la Vie de saint Bernard, en même temps que plusieurs autres opuscules également de lui. Enfin, il écrivit aussi contre Abélard, comme nous le disons ; il composa un sermon sur saint Bernard, que nous donnerons aussi plus loin avec son petit commentaire sur l'Oraison dominicale. Il nous reste à voir si la Vie de saint Bernard, dont nous donnerons des extraits en troisième lieu, et la seconde partie du livre sixième des miracles de saint Bernard sont de lui, comme les trois livres dont nous avons parlé plus haut.

V. Aux cinq livres de la Vie de saint Bernard, dont nous venons de parler, nous en ajoutons deux de ses miracles ; l'un écrit par plusieurs auteurs, l'autre extrait du grand *Exorde de Cîteaux* et des fragments d'Herbert qui, de religieux de Clairvaux, devint archevêque de Turin en Sardaigne, et qui a composé trois livres des miracles de ses coreligieux de Cîteaux, édités dans Chifflet. Le premier livre des miracles se divise en trois parties, dont la première est de Philippe, moine de Clairvaux, et adressée à Samson, archevêque de Reims ; la seconde est de plusieurs religieux de Clairvaux, que Philippe même chargea de ce travail ; l'un d'eux est Geoffroy, qui a écrit aussi la troisième partie dans sa lettre à Hermann, évêque de Constance. Cette partie comprend tous les miracles que l'auteur a vu faire à saint Bernard dans son voyage de Spire à Liège. Elle est suivie d'une seconde lettre sur le même sujet, écrite par le même Geoffroy « à son très-cher maître Archenfred et aux deux Capitules, ses frères utérins. » Pour moi, je ne fais point de doute que ce Geoffroy est l'auteur des trois derniers livres de la Vie de saint Bernard, et je ne puis embrasser l'opinion de Charles de Visch, qui attribue ces livres à Geoffroy, secrétaire de saint Bernard, et la troisième partie des miracles de notre Saint, à Geoffroy d'Autun, qu'on ne doit pas regarder comme différent de Geoffroy le secrétaire, suivant Hélimand, religieux qui s'exprime ainsi dans sa chronique. « Pierre Abélard avait eu autrefois pour disciple Geoffroy d'Autun, qui fut pendant longtemps secrétaire de saint Bernard, et qui, entre autres choses, a dit de Pierre Abélard : « Je ne puis oublier qu'il a été un temps où il fut mon maître, cet homme qui, rendant vain le prix de notre rédemption, prétendait que, dans le sacrifice de la passion du Seigneur, il n'y a rien de plus qu'un exemple de vertu et un excitant pour notre amour, etc. Béni soit Dieu, qui nous a donné, à vous et à moi en même temps, un maître bien meilleur, je veux parler de Bernard, dont il s'est servi pour nous convaincre de l'ignorance du premier, et confondre son orgueil, quand il disait que le Christ, dans sa passion, nous a donné trois choses en particulier : un exemple de vertu, un motif d'amour, et un sacrifice de rédemption. » Dans Bernard, tome II, opus. XI, n. 25, Hélimand ajoute : « Ledit Geoffroy a écrit avec autant de force que d'esprit catholique, ce que nous venons de rapporter et bien plus encore contre Pierre Abélard, son premier maître. » Nicolas de Clairvaux a écrit à Geoffroy une lettre, qui est la XLII, « en faveur de l'évêque d'Aleth. » Mais, en voilà assez pour ce qui est de Geoffroy et les autres auteurs de la première Vie et des miracles de saint Bernard.

nous reste à parler maintenant des écrivains qui

ont fait sa vie après l'histoire de ses miracles.

VI. Il ne faut pas oublier de dire ici que Pierre François Chifflet, prêtre érudit de la société de Jésus, a publié à Dijon, en 1660, « sa diatribe sur l'illustre origine de saint Bernard, » pour montrer que cette expression du bréviaire romain, « né d'une famille honnête, ne dit pas assez, attendu qu'il est constant que, du double côté paternel et maternel, il est de très-noble extraction. » Il a publié sa diatribe avec diverses approbations et des monuments à l'appui. Nous allons en donner ici le résumé.

VII. Técelin, père de saint Bernard « était un homme d'antique et légitime milice, » c'est-à-dire d'une noblesse bien prouvée, que nous appelons chevaliers; c'est le récit de Guillaume dans son premier chapitre. Dans un diplôme de Hugues second, duc de Bourgogne, pour le monastère de saint Marcel de Châlons-sur-Saône, il est surnommé Sorus, c'est-à-dire le Roux, sans doute à cause de la couleur de ses cheveux. Ce diplôme est signé après Raigner, par Técelin, écuyer tranchant du duc, avant Bernard de Montfort, Garnier de Sombernon, et autres nobles personnages. Guy d'Aigremont, au témoignage d'Aubry, moine de Trois-Fontaines, était, du côté de sa mère, frère de Tesselin Sorade Fontaines, père de l'abbé Bernard de Clairvaux, et, d'un autre côté, il fut frère d'Ulric, sous qui fut fondée l'abbaye de Morimond. « La noblesse de de Guy est assez prouvée par son mariage avec Hesceline, dame de Mullée, » fille de Holdoin, frère de Geoffroy, seigneur de Joinville. Voilà pour ce qui est du côté paternel.

VIII. Pour ce qui est du côté maternel, Bernard eut pour mère Aleth ou Alayse, qu'un des écrivains de la troisième Vie de saint Bernard, appelle aussi Elisabeth, peut être par une faute de copiste. Elle était fille de Bernard, seigneur de Montbar, homme puissant et grand selon la dignité du siècle, et de la noble lignée des ducs de Bourgogne, ainsi que beaucoup d'auteurs l'ont pensé, si nous en croyons Jean l'Ermite, l'auteur de la quatrième Vie. Dans le nécrologe de saint Bénigne, de Dijon, où elle fut d'abord enterrée, elle est qualifiée simplement de laïque et sa mémoire se trouve rappelée en ces termes : « Le premier septembre, mort de Alayse, laïque, » expression usitée dans ce nécrologe pour distinguer les personnes, de distinction, même des religieuses. Ce jour, au dire de Jean l'Ermite, on faisait, à Fontaine, la fête de saint Ambroise ou Ambroisien, confesseur, que plusieurs confondent, mais à tort, avec saint Ambroise de Milan. Rainard, seigneur de Montbar, était en même temps oncle de Bernard et cousin germain d'Alayse. La famille de notre saint était donc aussi illustre des deux côtés; on ne doit point s'étonner, que Guy, son frère aîné ait été appelé « un grand homme, » par Guillaume, dans son chapitre III. Son épouse est qualifiée de jeune femme de qualité; et sa sœur, Humbeline, de jeune personne noble, qui ne sortait jamais sans être accompagnée d'une suite magnifique et sans un grand apparat, comme on le voit dans le chapitre VI, de Chifflet. Ajoutez à cela que Gaudric, oncle de saint Bernard, est appelé par Guillaume, n. 10, « un homme puissant dans le monde, qui s'était fait un nom dans la milice séculière, et qui était seigneur d'un château fort, situé dans le pays Éduen, et nommé Tuillie. » Jobert, de la Ferté-sur-Aube, homme noble, était aussi proche parent de saint Bernard, selon la chair, au rapport du même Guillaume, n. 43. Enfin, Raigner l'homme d'arme, était frère de Geoffroy, qui, de prieur de Clairvaux devint évêque de Langres, et parent de saint Bernard. Chifflet prouve que la famille du père de saint Bernard, qui a reçu le nom de Fontaines, a duré jusqu'à nos jours, (c'est Mabillon qui parle,) par Barthélemy de Sombernon, dont la famille fut alliée par une fille héritière du nom de Sombernon, à la race royale des ducs de Bourgogne. Il y a encore plusieurs autres détails, sur l'illustration de la famille de saint Bernard, plus ou moins certains, dans Chifflet, nous les avons négligés à dessein, et n'avons tenu compte que de l'écusson du monastère de Clairvaux, qui porte, sur un écu noir, un baudrier d'or ou d'argent coupé de deux chevrons de gueule, pour dire qu'il ne vient pas comme quelques-uns l'ont dit, de l'écusson de Bernard, à l'époque où il vivait dans le monde, mais bien de celui de la famille des ducs, dont un nommé Hugues, a fondé Clairvaux. Quant aux six bandes d'or et azur, placées transversalement sur un bord de poupre, qui était le Symbole de l'ordre de Cîteaux, c'est un emprunt fait à la famille des ducs de Bourgogne, dont les largesses et l'appui ont le plus contribué à la fondation de Cîteaux. Disons, en finissant, que les parenthèses qu'on trouve dans le texte y ont été placées par Horstius, d'après un manuscrit de Campen, ou par nous.

VIE ET GESTES DE SAINT BERNARD

PREMIER ABBÉ DE CLAIRVAUX.

EN SEPT LIVRES.

LIVRE PREMIER.

PAR GUILLAUME QUI, APRÈS AVOIR ÉTÉ ABBÉ DE SAINT THIERRY, PRÈS DE REIMS, DEVINT SIMPLE RELIGIEUX DE LIGNY, OÙ IL ÉCRIVIT.

Seigneur Dieu, sur le point d'écrire à la gloire de votre nom, selon que vous m'en ferez la grâce, la vie de votre serviteur ; de cet homme, dont vous avez voulu vous servir, pour faire refleurir de nos jours parmi nous, l'Église des anciens temps, dans tout l'éclat de sa grâce et de sa force, j'invoque, à mon secours, ce qui depuis longtemps déjà me pousse à cette entreprise, je veux dire votre amour. En effet, quel homme, pour peu qu'il soit inspiré par le souffle de cet amour, et qu'il voie le témoignage aussi éclatant qu'extraordinaire et fidèle, que le monde a vu briller à ses yeux, pour votre gloire et votre honneur, ne s'efforcera point de tout son pouvoir, d'empêcher que la lumière que vous avez vous-même allumée ne soit cachée pour personne, et de la faire au contraire briller haut et clair, devant tous ceux qui sont dans votre maison, en retraçant, autant que faire se peut d'une plume humaine, ce que vous avez si bien montré aux hommes, par le moyen des œuvres? Depuis longtemps déjà j'étais pressé intérieurement d'entreprendre une œuvre

SANCTI BERNARDI

ABBATIS CLARÆ-VALLENSIS

VITA ET RES GESTÆ

LIBRIS SEPTEM COMPREHENSÆ.

LIBER PRIMUS

AUCTORE GUILLELMO OLIM S. THEODERICI PROPE REMOS ABBATE, TUNC MONACHO SIGNIACENSI.

Scripturus vitam servi tui ad honorem nominis tui, prout tu dederis Domine Deus ipsius, per quem Ecclesiam temporis nostri in antiquum apostolicæ gratiæ et virtutis decus voluisti reflorere, eum invoco adjutorem, quem jam olim habeo incentorem, amorem tuum. Quis enim de amore tuo quantulumcumque spiraculum vitæ habens, et videns testimonium gloriæ et honoris tui tam præclarum et tam fidele mundo insolitum effulsisse, non det operam, quantamcumque potuerit, ne lumen a te accensum, tuorum quempiam lateat; sed quantum humano fieri stilo potest (quod melius ipse tamen per virtutem operum facis) manifestatum et exaltatum luceat omnibus, qui sunt in domo tua? In quo cum ego jam olim vellem qualecumque ministerium agere vicis meæ, seu timore, seu verecundia prohibitus sum usque adhuc, modo quidem supra me judicans esse dignitatem materiæ, et dignioribus opificibus reservandam; modo etiam post obitum ejus, quasi supervicturus ei, melius hoc et

qui me revient naturellement, et toujours, soit crainte, soit respect, je me suis jusqu'à présent senti arrêté, tantôt parce que je trouvais un tel sujet bien au-dessus de mes forces et je le laissais à de plus dignes que moi; tantôt aussi, pensant que je survivrais à cet homme, je me promettais de m'acquitter de cette entreprise, d'autant mieux et avec d'autant plus d'à-propos après sa mort, qu'il ne serait plus offusqué de ses propres louanges, et que mon récit se trouverait mieux à l'abri des attaques des hommes et de la contradiction des langues. Mais il est toujours plein de vigueur et de force, et, à proportion que son corps s'affaiblit, il se montre plus fort et plus puissant, ne cesse de faire des choses dignes de mémoire, et, à de grandes œuvres, en ajoute sans cesse de plus grandes encore, qui réclament d'autant plus haut un historien, que, pour lui, il cherche davantage à les ensevelir dans le silence. Je me mets donc à l'œuvre, pressé que je me vois par les infirmités croissantes de ce corps de mort, par le langage de tous mes membres, qui ne me parlent que d'une fin qui approche, et par le sentiment que j'ai que le terme de ma vie n'est pas éloigné. J'ai même bien peur de me repentir, mais trop tard, d'avoir tant différé à commencer un récit que je voudrais à tout prix avoir achevé avant de quitter ce monde.

Il est encore une chose qui me pousse et me porte fortement à me mettre à l'œuvre, c'est la pieuse bienveillance de quelques religieux qui, se trouvant constamment avec l'homme de Dieu, connaissant toute sa vie, me fournissent plusieurs détails qu'ils ont pu étudier avec soin, et un certain nombre de faits auxquels ils ont eux-mêmes pris part, qu'ils ont vus de leurs propres yeux, ou entendus de leurs propres oreilles, quand ils se sont produits. Leur témoignage, au sujet des nombreuses merveilles que Dieu a opérées sous leurs yeux par les mains de son serviteur, ne peut laisser aucun doute dans mon esprit, tant à cause de leur religion qui m'est bien connue et de l'école du maître qui les a formés, que de l'autorité de personnes considérables, des évêques, des clercs et des religieux, dont il n'est pas permis à un fidèle de soupçonner la bonne foi. Après tout, il me semble d'autant plus superflu d'invoquer ces autorités que le monde entier connaît tout et que je vais rapporter, et qu'il n'y a personne dans l'assemblée des saints qui ne raconte les vertus de l'homme de Dieu. C'est donc parce que je voyais que personne n'entreprenait de tirer parti, pour la gloire de Dieu, de l'admirable matière qui s'offrait à nous, que, à défaut de tout autre qui se serait beaucoup plus dignement et mieux que moi acquitté de cette entreprise, j'ai résolu de faire ce que je pourrai, non point par l'effet d'une vaine présomption de mes forces, mais avec la confiance que me donne mon amour pour Bernard. Mais, en mesurant mes forces et en me comparant à moi-même, je ne me suis point proposé d'écrire la vie entière de l'homme de Dieu, mais seulement d'en retracer une partie, de raconter les faits qui montrent que le Christ vit et parle en lui, quelques-unes des actions de sa vie extérieure au milieu des hommes, que ceux à qui il fut donné de vivre avec lui, lui ont vu faire, que nous avons vues nous-même en partie, que nous avons entendues de nos oreilles et que nos mains ont touchées. Car, comme on doit penser de soi en grande partie, ce que nous devons penser de celui qui a dit : « Je vis, ou plutôt ce n'est pas moi qui vis, mais c'est Jésus-Christ qui vit en moi (*Gall.* II, 20), » et ailleurs encore : « Est-ce que vous voulez éprouver la puissance de Jésus-Christ qui parle par ma bouche

Autorités sur lesquelles repose la certitude de l'histoire de S. Bernard.

---

competentius deliberans actitandum, cum jam homo non gravaretur laudibus suis; et tutius id fieret a conturbatione hominum, et contradictione linguarum. At ille vigens et valens, quanto infirmior corpore, tanto fortior fit et potens, non cessans agere digna memoriæ, et magna majoribus semper accumulans, quæ ipso tacente scriptorem requirant. Ego vero jam delibor, urgentibus infirmitatibus corporis mortis hujus, et membris omnibus incipientibus habere responsum vicinæ mortis, sentio instare tempus resolutionis meæ; plurimumque timeo, ne sero me pœniteat tamdiu distulisse, quod, priusquam perefffluam, velim omnimodis peregisse.

Sed et me fratrum quorumdam pia benevolentia plurimum ad hoc impellit et cohortatur, qui cum Viro Dei jugiter assistant, omnia ejus noverunt, ingerentes quædam diligenti inquisitione vestigata, plura etiam, quibus, cum fierent, ipsi interfuerunt, et viderunt, et audierunt. Qui cum multa suggerant et præclara, quæ per servum suum Deus ipsis præsentibus operatur, et nota eorum religio, et schola magisterii ab omni me liberet suspicione falsi; adhuc etiam ad testimonium sibi adsciscunt probabilium auctoritatem personarum, espicoporum, clericorum, et monachorum, quibus fidem non habere nulli fidelium licet. Quanquam id superfluo dixerim, cum totus ea noverit mundus et virtutes ejus narret omnis ecclesia Sanctorum. Quapropter attendens divinæ laudis mirificam materiam omnibus se offerentem, neminem vero suscipientem, dissimulantibus eis qui melius hoc ac dignius poterant, suscepi in ea agere ipse quæ potero : non vanitate præsumentis, sed fiducia diligentis (metiens tamen memetipsum in memetipso, et meipsum, comparans mihi, nequaquam totam vitam Viri Dei suscepi digerendam, sed ex parte, experimenta scilicet aliqua viventis et loquentis in eo Christi, opera quædam exterioris cum hominibus conversationis ejus, quæ de ipso viderunt quibus hoc datum est, et nos quoque ex parte vidimus, et audivimus, et manus nostræ contrectaverunt. Cum enim hoc ipsum ex parte magna de seipso sentiendum sit, quod de eo, qui dicit, *Vivo autem jam non ego, vivit vero in me Christus*; et alibi, *An*, inquit, *experimentum quæritis ejus, qui in me loquitur Christus?* non invisibilem

(II *Cor.* XIII, 3) ?» Je ne me suis point proposé de raconter cette vie invisible de Jésus vivant et parlant en Bernard, mais seulement quelques actes extérieurs de cette vie, qui nous feront connaître la pureté de sa sainteté intérieure et de sa conscience invisible, par les œuvres de l'homme extérieur, qui brillent aux sens extérieurs de l'homme : toutes choses que chacun peut écrire comme moi puisque chacun peut les connaître de même. D'autant mieux que je n'ai point entrepris de les rapporter en style recherché, mais seulement de les réunir et de les placer sous les yeux du lecteur ; ma pensée n'est pas non plus de les publier de son vivant : il ignore même que je les recueille. Mais j'espère que le Seigneur permettra que, après moi, et quand son serviteur sera mort, d'autres accompliront mieux et plus dignement que moi, la tâche que je me suis imposée. Ils pourront comparer les actes extérieurs aux sentiments du cœur et continuer l'histoire de sa mort précieuse devant Dieu, mort qui fut semblable à sa vie, et montrer comment sa vie a préparé sa mort, de même que sa mort nous recommande sa vie. Abordons maintenant notre tâche, avec l'aide de Dieu.

CHAPITRE I.

Parents de saint Bernard ; leur piété insigne dans l'éducation de leurs enfants. Caractère et mœurs déjà remarquables de Bernard dans son enfance.

1. **Bernard** naquit en Bourgogne, à Fontaines, dont son père était seigneur ª. Il eut des parents illustres selon le monde, mais bien plus illustres et bien plus nobles encore selon la piété chrétienne. Son père, nommé Técelin, était un homme d'antique et légitime chevalerie, fidèle serviteur de Dieu et strict observateur de la justice. En effet, il exerçait l'état militaire, selon les règles évangéliques tracées par le précurseur de Notre-Seigneur ; il n'exerçait de violence et n'usait de fraude contre personne, il se contentait de sa paye, qu'il employait en une foule de bonnes œuvres (*Luc.* III, 14), et il servait dans le conseil et par les armes, ses maîtres temporels, de telle façon qu'il ne négligeait point de rendre aussi à Dieu ce qu'il lui devait. Aleth, sa mère, était du bourg de Montbar. Elle aussi, selon sa position, observait la règle de conduite tracée par l'apôtre saint Paul ; soumise à son mari (*Eph.* V, 22), elle gouvernait sous lui, sa maison, dans la crainte de Dieu, se livrait aux œuvres de miséricorde, et élevait ses enfants dans une entière discipline. Elle en donna sept à son mari ou plutôt à Dieu même, six garçons et une fille ; tous les garçons devaient un jour embrasser l'état monastique, et sa fille se faire religieuse. Car mettant ses enfants au jour, bien plus pour Dieu, comme je l'ai dit, que pour le monde, elle se plaisait à les offrir de ses propres mains, dès leur naissance, à Dieu. Voilà pourquoi cette illustre femme ne voulut jamais les confier à des nourrices étrangères ; elle voulait leur faire sucer la vertu avec le lait de leur mère, si je puis ainsi parler. En grandissant, on les vit, tant qu'ils étaient sous sa direction, bien plus au désert qu'à la cour ; et, pour ne les point habituer à une nourriture trop délicate, elle leur

---

ª Dans la troisième Vie de saint Bernard, Tescelin est appelé « seigneur du petit château, qui a nom Fontaines, lequel domine le fameux château-fort de Dijon, attendu qu'il est bâti sur le haut d'un roc appelé Fontaines. » On croit que l'habitation paternelle de saint Bernard a été convertie en un couvent de moines qui fut occupé par des religieux Feuillants.

---

illam vitam viventis et loquentis in eo Christi enarrare proposui, sed exteriora quædam vitæ ipsius experimenta, de puritate interioris sanctitatis et invisibilis conscientiæ, per opera exterioris hominis, ad sensus exteriores micantia : quæ sicut omnibus scire, sic etiam quibuslibet utcumque scribere in promptu est). Præsertim cum nec ipsa quasi accuratius digerenda, sed saltem in unum congerenda et reponenda susceperim ; nec edenda vivente ipso, sicut nec scribuntur ipso sciente. Confido autem in Domino, quoniam post nos, et post obitum ejus exsurgent qui melius ac dignius perficient, quod nos conati sumus : qui etiam exteriora interioribus comparare poterunt, et pretiosam in conspectu Domini mortem ejus, vitæ similem, continuare scribendo, et de vita mortem, et de morte vitam commendare. Jam ergo, adjuvante Domino, propositum aggrediamur.

CAPUT I.

De parentibus B. Bernardi, eorumque insigni pietate in educandis liberis ; deque Bernardi jam tum pueri indole, et præclaris moribus.

1. **Bernardus** Burgundiæ partibus, Fontanis oppido patris sui oriundus fuit, parentibus claris secundum dignitatem seculi, sed dignioribus ac nobilioribus secundum Christianæ religionis pietatem. Pater ejus Tecelinus*, vir antiquæ et legitimæ militiæ fuit, cultor Dei, justitiæ tenax. Evangelicam namque secundum instituta Præcursoris Domini militiam agens, neminem concutiebat, nemini faciebat calumniam, contentus stipendiis suis, quibus ad omne opus bonum abundabat Sic consilio et armis serviebat temporalibus dominis suis, ut etiam Domino Deo suo non negligeret reddere quod debebat. Mater Aleth, ex castro cui nomen Mons-Barus, et ipsa in ordine suo, apostolicam regulam tenens, subdita viro, sub eo secundum timorem Dei domum suam regebat, operibus misericordiæ insistens, filios enutriens in omni disciplina. Septem quippe liberos genuit tam viro suo quam Deo, sex mares, feminam unam ; mares omnes monachos futuros, feminam sanctimonialem. Deo namque (ut dictum est) non seculo generans, singulos mox ut partu ediderat, ipsa manibus propriis Domino offerebat. Propter quod etiam alienis uberibus nutriendos committere illustris femina refugiebat, quasi cum lacte materno materni quodammodo boni infundens eis naturam. Cum autem crevissent, quamdiu sub manu ejus erant, eremo magis quam curiæ

*al. Thesselinus.

donnait des aliments communs et grossiers ; c'est en les élevant ainsi qu'elle préparait en eux, par l'inspiration de Dieu même, de futurs habitants au désert.

2. Dans sa troisième grossesse, alors qu'elle portait Bernard dans son sein, elle eut un songe qui présageait les futures destinées de cet enfant, car elle rêva qu'elle portait dans son sein un petit chien qui aboyait [a] ; il avait le corps tout blanc, à l'exception du dos qui était roux. Saisie d'une vive frayeur à ce songe, elle alla consulter un religieux qui, recevant en ce moment le don de prophétie dont était animé David quand il disait à Dieu : « Les langues de vos chiens seront teintes du sang de vos ennemis (*Psal.* LXVII, 25), » répondit à cette femme que la crainte et l'anxiété agitaient : N'ayez pas peur, tout est pour le mieux ; vous serez mère d'un excellent petit chien, qui sera le gardien de la maison de Dieu et qui fera entendre à sa porte de grands aboiements contre les ennemis de la foi. Ce sera, en effet, un prédicateur remarquable, et, comme un bon chien ; de sa langue salutaire il guérira en bien des gens de nombreuses plaies de l'âme. A cette réponse, que cette femme remplie de foi et de piété reçut comme lui venant de Dieu, elle ressent une grande joie et déjà se prend à aimer l'enfant qu'elle a conçu, forme le projet de le faire instruire dans les saintes Lettres, selon le sens du songe qu'elle a eu et de l'interprétation qui lui en a été donnée et qui lui faisait concevoir de si sublimes espérances de l'enfant qu'elle portait. Elle mit plus tard son projet à exécution. En effet, à peine eut-elle mis heureusement son fils au monde, que, non-seulement elle l'offrit à Dieu, comme elle avait offert ses autres fils, mais encore, à l'exemple d'Anne, mère de Samuel, qui consacra pour toujours au service des autels du Seigneur, le fils qu'elle lui avait demandé et qu'elle en avait reçu, elle l'offrit aussi comme un don agréable dans l'Église de Dieu.

3. Dans la suite, et dès qu'elle le put, dans l'église de Chatillon qui, plus tard, par les soins de saint Bernard, cessa, comme on sait, d'être une église séculière pour passer entre les mains de l'ordre des chanoines réguliers, cette sainte femme confia son fils à des maîtres de belles lettres et ne négligea rien de ce qui dépendit d'elle pour qu'il y fît des progrès. Aussi l'enfant, qui était plein de grâce et doué naturellement de beaucoup d'esprit, ne tarda point à répondre au désir de sa mère. En effet, il fit dans les lettres des progrès au dessus de son âge et plus rapides que ses compagnons d'étude, en même temps que, dans les choses du siècle, il commençait déjà comme naturellement les mortifications qui devaient un jour le signaler dans un genre de vie plus parfait. En effet, tant qu'il vécut dans le siècle, on le vit mener une vie extrêmement simple. Il aimait la retraite, fuyait le monde ; il était affable et bienveillant pour tous ; d'une vie simple et calme dans son intérieur, rarement dehors, et d'une modestie qui allait au delà de tout ce qu'on peut croire. Il n'aimait point à parler, et, dans sa dévotion pour Dieu, il le priait de conserver pure son enfance. Il était appliqué à l'étude des belles lettres, afin de pouvoir par elles apprendre à connaître Dieu dans les Saintes Ecritures. Il fit en

[a] C'est le lieu de rappeler ce que saint Bernard dit dans sa lettre soixante-dix-huitième, n. 7. « Si j'élève hardiment la voix contre ce qui me paraît mal, etc. ; » et dans la lettre deux cent trentième, « pour moi, je ne puis que crier au loup, et exciter les chiens contre lui. » Voir plus loin le sermon de Geoffroy sur saint Bernard, n. 17.

---

nutriebat, non patiens delicatioribus assuescere cibis sed grossioribus et communibus pascens ; et sic eos præparans et instituens, Domino inspirante, quasi continuo ad eremum transmittendos.

2. Hæc cum in ordine filiorum tertium Bernardum haberet in utero, somnium vidit præsagium futurorum, catellum scilicet totum candidum, in dorso subrufum, et latrantem in utero se habere. Super quo territa vehementer, cum religiosum quemdam virum consuluisset, continuo ille spiritum prophetiæ concipiens, quo David de sanctis prædicatoribus Domino dicit, *Lingua canum tuorum ex inimicis*; trepidanti et anxiæ respondit : Ne timeas, bene res agitur, optimi catuli mater eris, qui domus Dei custos futurus, magnos pro ea contra inimicos fidei editurus est latratus. Erit enim egregius prædicator, et tamquam bonus canis, gratia linguæ medicinalis in multis multos morbos curaturus est animarum. Quo responso mulier pia et fidelis quasi a Deo suscepto, læta efficitur, et jam tunc in amorem nondum nati tota transfunditur, cogitans sacris eum litteris erudiendum tradere secundum modum visionis et interpretationis, qua ei de illo tam sublimia promittebantur quod et factum est. Mox enim ut felici partu edidit, non modo obtulit eum Deo, sicut de aliis agere consueverat, sed, sicut legitur de sancta Anna matre Samuelis, quæ petitum a Domino et acceptum filium in tabernaculo ejus destinavit perpetuo serviturum : sic et ipsa eum in ecclesia Dei acceptabile obtulit munus.

3. Unde et quam citius potuit, in ecclesia Castellionis (quæ postmodum ipsius Bernardi opera a seculari conversatione in Ordinem regularium Canonicorum promota cognoscitur) magistris litterarum tradens erudiendum, egit quidquid potuit, ut in eis proficeret. Puer autem et gratia plenus, et ingenio naturali pollens, cito in hoc desiderium matris implevit. Nam in litterarum quidem studio supra ætatem et præ coætaneis suis proficiebat : sed in rebus secularibus jam mortificationem futuræ perfectionis velut naturaliter inchoabat. Erat namque simplicissimus in secularibus, amans habitare secum, publicum fugitans, mire cogitativus, parentibus obediens et subditus, omnibus benignus et gratus, domi simplex et quietus, foris rarus, et ultra quam credi posset verecundus ; nusquam multum loqui amans, Deo devotus, ut puram sibi pueritiam suam conservaret ; litterarum etiam stu-

peu de temps, comme on pourra le voir par ce que nous disons plus loin, des progrès remarquables dans cette étude et acquit une perspicacité très-grande pour découvrir les sens des Saintes Lettres.

CHAPITRE II.

Pureté de saint Bernard encore enfant, il repousse les soins d'une femme qui se livrait à des pratiques superstitieuses; il a une vision du Sauveur enfant; mort de sa mère.

4. Il était encore enfant lorsqu'il fut pris d'un violent mal de tête qui le força de se mettre au lit. On amena près de lui une espèce de femme, qui faisait profession de guérir les maladies, en récitant des paroles magiques. En la voyant s'approcher de lui avec les instruments d'incantation dont elle se servait pour tromper les gens du peuple, il la repoussa loin de lui avec un cri d'indignation et la chassa de son lit. La miséricorde de Dieu ne tarda point à récompenser le zèle du saint enfant, car il sentit aussitôt les forces lui revenir, et, se levant à l'instant même, il se trouva débarrassé de son mal de tête. Dès lors, il fit de si grands progrès dans la foi que le Seigneur résolut de lui apparaître comme il était apparu autrefois à Silo, à Samuel encore enfant, (I *Reg.* III, 11) et de lui manifester sa gloire. On était au grand jour de Noël, et, selon la coutume, tout le monde se préparait aux vigiles solennelles de la fête, mais comme l'office de la nuit se prolongeait un peu, il arriva que Bernard, qui était assis et en attendait la fin avec le reste des fidèles, la tête inclinée, s'endormit un peu. Alors ce saint enfant vit apparaître à lui le saint enfant Jésus naissant, qui augmenta sa foi tendre encore, et jeta dans son âme les premiers germes de la divine contemplation. Il lui apparut comme un époux glorieux qui sort de sa couche nuptiale, et se montra à ses regards comme s'il était né de nouveau sous ses yeux, lui le Verbe enfant, du sein de la Vierge Mère, beau entre tous les enfants des hommes, et il ravit les sentiments du jeune Bernard, qui déjà n'avait plus rien d'enfantin. Il demeura persuadé depuis ce jour-là que l'heure où l'Enfant Jésus lui était apparu, était l'heure même à laquelle il vint au monde. Il est facile, pour ceux qui l'ont suivi dans ses prédications, de remarquer de quelles bénédictions le Seigneur le prévint cette heure-là, car jusqu'à ce jour, il semble qu'il n'est jamais plus profond et plus abondant que lorsqu'il parle sur le mystère de la naissance du Sauveur. C'est aussi ce qui dans la suite lui fit composer un opuscule à la gloire de la Mère et du Fils, et de la sainte naissance de celui-ci; ce fut une de ses premières œuvres, un de ses premiers traités, dont le sujet est tiré de ces paroles de l'Évangile : « L'ange Gabriel fut envoyé de Dieu en une ville de Galilée, appelée Nazareth (*Luc.* I, 26), » et le reste.

5. Je ne dois pas non plus omettre quelque chose qu'il se plaisait à faire dès ses plus tendres années; sitôt qu'il avait quelque argent, il en faisait des largesses aux pauvres, mais en secret, par un sentiment de modestie. Il pratiquait des œuvres de piété en rapport avec son âge. Mais tandis que le temps s'écoulait ainsi, et qu'il grandissait en âge et en grâce devant Dieu et devant les hommes, le

---

dio deditus, per quas in Scripturis Deum discernet et cognosceret, in quo quantum in brevi et profecerit, et quam perspicacem in discernendo induerit sensum, ex eo quod subjungimus, adverti potest.

CAPUT II.

De integritate Bernardi pueri, curam feminæ præstigiatricis detestantis, de visione nati Salvatoris ei facta, et de matris obitu.

4. Cum adhuc puerulus gravi capitis dolore vexaretur, decidit in lectum. Adducta autem ad eum est muliercula, quasi dolorem mitigatura carminibus. Quam cum ille appropinquantem sentiret cum carminalibus instrumentis, quibus hominibus de vulgo illudere consueverat, cum indignatione magna exclamans a se repulit et abjecit. Nec defuit misericordia divina bono zelo sancti pueri; sed continuo sensit virtutem, et in ipso impetu spiritus surgens, ab omni dolore liberatum se esse cognovit. Ex quo cum non parum in fide proficeret, adjecit ei Dominus apparere, sicut olim puero Samueli in Silo, et manifestare ei gloriam suam. Aderat namque solemnis illa nox Nativitatis Dominicæ; et ad solemnes vigilias omnes, ut moris est, parabantur. Cumque celebrandi nocturni officii hora aliquantisper protelaretur, contigit sedentem exspectantemque Bernardum cum cæteris inclinato capite paululum soporari. Affuit illico puero suo se revelans pueri Jesu sancta Nativitas, teneræ fidei suggerens incrementa, et divinæ in eo inchoans mysteria contemplationis. Apparuit enim velut denuo procedens sponsus e thalamo suo. Apparuit ei quasi iterum ante oculos suos nascens ex utero matris Virginis Verbum infans, speciosus forma præ filiis hominum, et puerili sancti in se rapiens minime jam pueriles affectus. Persuasum autem est animo ejus, et nunc usque fatetur, quod eam credat horam fuisse dominicæ Nativitatis. Sed et facile est advertere iis qui ejus auditorium frequentaverunt, in quanta benedictione ea hora prævenerit eum Dominus ; cum usque hodie in iis quæ ad illud pertinent sacramentum, et sensus ei profundior, et sermo copiosior suppetere videatur. Unde et postmodum in laudem Genitricis et et Geniti, et sanctæ ejus Nativitatis, insigne edidit opusculum, inter initia operum suorum seu tractatuum, sumpta materia ex eo Evangelii loco, ubi legitur : *Missus est Gabriel Angelus a Deo in civitatem Galilææ*, et cætera quæ ibi sequuntur.

5. Neque illud tacendum, quod ab ipsis jam puerilibus annis, si quos poterat nummos habere, clandestinas faciens eleemosynas, et verecundiæ suæ morem gerebat, et pro ætate, imo supra ætatem, pietatis opera sectabatur. Cum autem aliquanto tempore evoluto, proficiens ætate et gratia apud Deum et homini-

jeune Bernard sortait de l'enfance et entrait dans l'adolescence ; alors sa mère après avoir élevé ses enfants dans la foi, les laissa à l'entrée des voies du siècle, car, comme si elle avait fini sa tâche, elle eut le bonheur de retourner vers le Seigneur. Il ne faut pas que j'oublie de dire, en parlant, de cette femme, que, après avoir passé de nombreuses années avec son mari avec honneur et dans la justice, selon la manière dont le monde entend ces deux choses, et dans les lois et la fidélité du mariage, elle s'engagea la première, autant que sa condition de femme mariée le lui permit, et qu'elle le put, n'étant point maîtresse de son corps, dans les voies pour lesquelles elle semblait avoir nourri ses enfants. En effet, au sein même de sa maison, dans la vie conjugale, et au milieu du siècle, on la vit pendant assez longtemps imiter la vie de ceux qui vivent au désert ou dans un monastère, par le peu de nourriture qu'elle prenait et par la modestie de sa mise, renoncer aux délices et aux pompes du monde, se soustraire autant qu'elle le pouvait à toutes les occupations et préoccupations mondaines, s'adonner au jeûne, aux veilles et à la prière, et racheter, par des aumônes et par d'autres œuvres de miséricorde, ce qui lui manquait du côté de la profession religieuse. Dans ce genre de vie, elle fit des progrès de jour en jour plus sensibles, et arriva ainsi à son dernier jour et quitta ce monde où elle avait commencé à marcher en avant dans sa voie pour en aller atteindre le terme dans l'autre. Elle s'endormit du sommeil de la mort au milieu des psaumes que des clercs réunis auprès de son lit chantaient entre eux et qu'elle chantait elle-même avec eux.

Dans les derniers moments, quand on ne pouvait plus entendre sa voix, on la voyait remuer les lèvres et, d'une langue qui palpitait encore, continuer à chanter les louanges du Seigneur. Enfin, pendant qu'on récitait les litanies, à ces mots *Per passionem et crucem tuam libera eam domine*, on la vit se signer de la main et rendre ª l'âme dans cette position, si bien qu'elle ne put abaisser la main qu'elle avait levée.

CHAPITRE III.

Son zèle à conserver la chasteté ; son projet d'entrer en religion, il le fait partager à ses frères et à quelques compagnons de son âge.

6. A partir de ce moment-là il commença à vivre selon son goût et à sa façon. Il avait une taille avantageuse, une figure agréable, des mœurs douces, un esprit pénétrant, une élocution facile, c'était un jeune homme plein d'espérances. A l'âge où il allait faire son entrée dans le monde, plusieurs carrières s'ouvraient devant lui, et, dans chacune, s'offraient à lui la prospérité de la vie, partout les plus grandes espérances lui souriaient. De leur côté, les mœurs de ses compagnons, qui étaient loin de ressembler aux siennes, devenaient un danger pour le cœur bon et aimable de Bernard, et leur amitié turbulente, s'efforçait de les rendre semblable à eux. S'il avait continué à trouver des charmes de ce côté, il n'aurait point tardé à trouver de l'amertume, dans ce qui avait eu jusqu'alors pour son cœur la plus grande douceur, je veux parler de son amour de la chasteté. Aussi

---

ª Herbert, livre II, chapitre XXIII, rapporte que saint Bernard, pendant son noviciat, avait la coutume de réciter les sept psaumes de la Pénitence pour sa mère, et que, les ayant omis une fois, il en fut repris par l'abbé Étienne. La mère de saint Bernard mourut le 1ᵉʳ septembre, son corps fut inhumé dans l'église de Saint-Bénigne, et plus tard transféré à Clairvaux.

---

nes puer Bernardus de pueritia transiret in adolescentiam ; mater ejus liberis fideliter educatis, et vias seculi ingredientibus, quasi peractis omnibus quæ sua erant, feliciter migravit ad dominum. De qua nequaquam prætereundum est, quod cum multo tempore vixisset cum viro suo honeste et juste secundum justitias et honestates seculi hujus, et legem fidemque conjugii ; per aliquot ante obitum suum annos, in eo ad quod nutrire filios videbatur, prout potuit et licuit mulieri sub potestate viri constitutæ, nec habenti proprii corporis potestatem, omnes ipsa prævenit. Etenim in domo sua, et in professione conjugali et in medio seculi eremiticam seu monasticam vitam non parvo tempore visa est æmulari, in victus parcitate, in vilitate vestitus, delicias et pompas seculi a se abdicando, ab actibus et curis secularibus, in quantum poterat se subtrahendo, insistendo jejuniis, vigiliis, et orationibus ; et quod minus assumptæ professionis habebat, eleemosynis et diversis operibus misericordiæ redimendo. In quo de die in diem proficiens, ad extrema devenit, perficienda in futuro in eo, in quo proficiens de hoc seculo migravit. Obdormivit autem psallentibus clericis qui convenerant, et ipsa pariter psallens, ut in extremis quoque, cum jam vox ejus audiri non posset, adhuc moveri labia viderentur, et lingua palpitans Dominum confiteri. Demum inter litaniæ supplicationes, cum diceretur, *Per passionem et crucem tuam libera eam Domine*, elevans manum signavit se, et emisit spiritum, ita ut manum non posset deponere quam levaverat.

CAPUT III.

De studio tuendæ castitatis, deque vitæ religiosæ proposito, et allectis in eamdem sententiam fratribus suis, aliisque sociis.

6. Ex hoc Bernardus suo jam more, suo jure victitare incipiens, eleganti corpore, grata facie præeminens, suavissimis ornatus moribus, acri ingenio præditus, acceptabili pollens eloquio, magnæ spei adolescens prædicabatur. Cui tanquam ingrediens seculum, plures se viæ seculi ipsius offerre cœperunt, et in omnibus assurgere prosperitates vitæ hujus, et magnæ spes undique arridere. Obsidebant autem benignum juvenis animum sodalium dissimiles mores, et amicitiæ procellosæ, similem sibi efficere gestien-

est-ce en ce sens que le serpent insidieux lui tendait les pièges de la tentation et s'efforçait en maintes rencontres de le mordre au talon. En effet, un jour que, dans un mouvement de trop grande curiosité, il avait arrêté pendant quelque temps les yeux sur une personne du sexe, à peine rentré en lui même, il rougit de soi, au fond de son cœur, se charge de sa punir lui-même sévèrement de sa faute, et va se précipiter jusqu'au cou dans un étang glacial, qui était près de là ; il y demeure jusqu'à ce que, pâle de froid, il ait senti, par un effet de la grâce coopérante, le feu de la concupiscence charnelle se glacer en lui, et il voue à la chasteté l'affection qu'avait pour elle celui qui a dit : « J'ai fait un pacte avec mes yeux, pour ne pas même penser à regarder une jeune fille (*Job*, xxxi, 1). »

7. A peu près dans le même temps, une jeune fille poussée par les instigations du diable, vint se placer toute nue dans son lit ; à peine Bernard la sentit-il à ses côtés, que, lui cédant paisiblement et sans mot dire la place qu'il occupait dans son petit lit, il se tourna de l'autre côté et se mit à dormir. La malheureuse créature, de son côté, demeura couchée pendant quelque temps, et attendit, puis elle se mit à le toucher et à l'exciter ; enfin, comme il demeurait immobile, elle finit malgré son effronterie par rougir d'elle-même, et, dans un double sentiment de confusion et d'admiration, elle se leva, le laissa seul et s'enfuit. Il arriva aussi à Bernard de descendre un jour, avec quelques uns de ses amis, chez une femme que sa beauté charma, elle se laissa prendre par ses propres regards comme dans un filet, et conçut une violente passion pour lui. Elle lui fait préparer une chambre à part comme étant le plus honorable de la troupe, et, la nuit, elle se lève et a l'impudence de s'approcher de lui. En la sentant à ses côtés, Bernard, plein de présence d'esprit, se met à crier : au voleur, au voleur ! A ces mots, la femme s'enfuit ; tous les gens de sa maison se lèvent, on allume des flambeaux, on cherche le voleur, mais sans le trouver. Chacun regagne son lit, le silence se rétablit, toute la maison retombe dans les ténèbres, comme auparavant, tout le monde repose, mais la malheureuse créature ne fait point comme tout le monde. Elle se lève une seconde fois, et gagne le lit de Bernard ; mais lui de recommencer à crier : au voleur, au voleur ! On se remet de rechef en quête du voleur, mais on ne le trouve pas davantage, et celui qui le connaissait ne le dénonce à personne. Cette malheureuse femme se vit repoussée ainsi jusqu'à trois fois, et ne céda enfin que sous l'empire de la crainte ou vaincue par le désespoir. Le lendemain, la petite troupe s'étant remise en route, les compagnons de Bernard lui demandèrent ce qu'il avait eu à rêver tant de fois de voleur la nuit précédente ; il leur répondit : il n'est que trop vrai qu'il y avait un voleur ; notre hôtesse en voulait à un trésor que j'estime plus précieux que la vie, un trésor incomparable de ma chasteté.

8. Au milieu de toutes ces épreuves, le dicton populaire, il n'est pas sûr de coucher longtemps avec un serpent, lui revint souvent à l'esprit et lui donna à penser ; il commença dès lors à méditer des projets de retraite. Il voyait le monde et le prince

---

tes. Quæ si ei dulcescere perstitissent, necesse erat amarescere illi, quod in hac vita dulcius cordi ejus insederat, castitatis amorem. Cui præcipue invidens coluber tortuosus, spargebat laqueos tentationum, ac variis occursibus calcaneo ejus insidiabatur. Cum enim aliquando curiosius aspiciendo, defixos in quamdam oculos aliquamdiu tenuisset, continuo ad se reversus, et de semetipso erubescens apud semetipsum, in seipsum ultor severissimus exarsit. Stagno quippe gelidarum aquarum, quod in proximo erat, collo tenus insiliens, tamdiu inibi permansit, donec pæne exsanguis effectus, per virtutem gratiæ cooperantis etiam a calore carnalis concupiscentiæ totus refriguit, induens illum castitatis affectum quem induerat, qui dicebat : *Pepigi fœdus cum oculis meis, ut ne cogitarem quidem de virgine.*

7. Circa idem tempus instinctu dæmonis in lectum dormientis injecta est puella nuda. Quam ille sentiens, cum omni pace et silentio partem ei lectuli quam occupaverat, cessit, et in latus alterum se convertit, atque dormivit. Misera vero illa aliquamdiu jacuit sustinens et exspectans, deinde palpans et stimulans ; novissime cum immobilis ille persisteret, illa, licet impudentissima esset, erubuit, et horrore ingenti atque admiratione perfusa, relicto eo surgens aufugit. Contigit item ut cum sociis aliquantis apud matronam aliquam Bernardus hospitaretur. Considerans autem mulier adolescentem decorum aspectu, capta est laqueo oculorum suorum, et in concupiscentiam ejus exarsit. Cumque tanquam honoratiori omnium, seorsum ei fecisset lectulum præparari, surgens ipsa de nocte impudenter accessit ad eum. Quam Bernardus sentiens, nec consilii inops, clamare cœpit, Latrones, latrones. Ad quam vocem fugit mulier, familia omnis exsurgit, lucerna accenditur, latro quæritur, sed minime invenitur. Ad lectulos singuli redeunt, fit silentium, fiunt tenebræ sicut prius, pausant cæteri, sed non illa misera requiescit. Exsurgit denuo, et Bernardi lectulum petit ; sed denuo ille proclamat, Latrones, latrones. Quæritur iterum latro, latet iterum, nec ab eo qui solus noverat, publicatur. Usque tertio improba mulier sic repulsa, vix tamdem seu metu, seu desperatione victa cessavit. Cum autem die sequenti iter agerent, arguentes Bernardum socii, quosnam toties ea nocte latrones somniaverit, perquirebant. Quibus ille, Veraciter, inquit, aderat latro, et quod mihi pretiosius est in hac vita, castitatem videlicet, hospita nitebatur auferre, incomparabilemque thesaurum.

8. Inter hæc tamen cogitans et perpendens quod vulgo dicitur, non esse tutum diu cohabitare serpenti, fugam meditari cœpit. Videbat enim mundum

du monde lui offrir dans le siècle bien des avantages, de grandes choses, et des espérances plus grandes encore, mais toutes trompeuses, toutes vraies vanités de vanités, rien que vanités. Il entendait en même temps au fond de son cœur la Vérité qui lui criait : « Venez à moi vous tous qui êtes fatigués et qui êtes chargés, et je vous soulagerai; prenez mon joug sur vous... et vous trouverez ainsi le repos de vos âmes (*Math.* xi, 28 et 29). » Nourrissant donc le dessein de quitter le monde pour tendre à une plus grande perfection, il se mit à examiner et à chercher où il trouverait un repos plus assuré et plus pur, pour son âme, sous le joug de Jésus-Christ. Dans ses recherches, la nouvelle plantation de la vie monastique renouvelée à Citeaux, se présenta à sa pensée, la moisson s'offrait abondante, il manquait d'ouvriers pour la recueillir, car c'est à peine si les conversions nouvelles poussaient de ce côté, à cause de l'excessive austérité de cette vie et de la rigueur de la pauvreté qui s'y pratiquait. Cependant comme ces obstacles n'effrayaient point une âme, comme la sienne, en quête de Dieu, mettant de côté toute espèce de crainte et d'hésitation, il tourna toutes ses pensées de ce côté, convaincu que là il pourrait vivre dans une complète obscurité, et se cacher profondément sous les regards de Dieu, loin du tumulte des hommes, loin surtout de la vanité du rang élevé qu'il occupait dans le monde, de la faveur que lui promettait la vivacité de son esprit, loin même de toute réputation de sainteté.

9. Lorsque ses frères et ses amis selon la chair s'aperçurent qu'il roulait ces pensées de conversion dans son âme, ils mirent tout en œuvre pour détourner son esprit vers l'étude des belles lettres, et l'attacher plus étroitement à l'amour du savoir mondain. Ils réussirent, en effet, par ces tentatives, comme il en convint souvent, à retarder et presque à arrêter sa marche; mais le souvenir de sa mère se représentait sans cesse à son esprit, souvent même il se figurait la voir venir au devant de lui, lui adresser des reproches mêlés de gémissements, et lui dire que ce n'était pas pour toutes ces vanités mondaines qu'elle l'avait si tendrement élevé, ni dans ces espérances qu'elle l'avait instruit. Enfin, un jour qu'il allait retrouver ses frères au siège du château de Grancey, où ils se trouvaient avec le duc de Bourgogne, il se sentit plus que jamais obsédé de ces pensées; ayant rencontré une église sur son passage, il y entra, et là il se mit à prier en fondant en larmes, puis, élevant les mains vers le ciel, il répandit comme l'eau son âme devant le Seigneur son Dieu. A partir de ce jour son projet fut arrêté dans son cœur.

10. Son oreille ne fut point sourde non plus à la voix de celui qui lui disait : « Que celui qui m'entend, dise aux autres, venez (*Apoc.* xxii, 17). » En effet, depuis ce moment-là, comme un feu qui brûle la forêt et tel qu'une flamme qui consume la montagne (*Psal.* lxxxii, 13), en s'attaquant de proche en proche à tout ce qui l'environne, et finit par consumer même ce qui se trouve au delà, ainsi ce feu que le Seigneur avait envoyé dans le cœur de son serviteur, pour qu'il y allumât un incendie, s'attaque d'abord à ses frères, n'épargnant que le plus jeune d'entre eux, parce qu'il était dans un âge trop peu avancé encore pour prendre part au changement de vie de ses frères, et le plus

---

et principem ejus exterius sibi multa offerentem, magnas res, spes majores, sed fallaces omnes, et vanitates vanitatum, et vanitatem omnia. Veritatem vero ipsam interius jugiter audiebat clamantem ac dicentem : *Venite ad me omnes qui laboratis et onerati estis et ego reficiam vos. Tollite jugum meum super vos, et jugum meum super vos, et invenietis requiem animabus vestris.* Perfectius vero relinquere mundum deliberans, cœpit inquirere et investigare, ubi certius ac purius inveniret requiem animæ suæ sub jugo Christi. Inquirenti autem occurrit Cistercii innovatæ monasticæ religionis nova plantatio; messis multa, sed operariis indigens, cum vix adhuc aliquis conversionis gratio illuc declinaret, ob nimiam vitæ ipsius et paupertatis austeritatem. Quæ tamen cum animum vere Deum quærentem minime terrerent, posthabita omni hæsitatione ac timore, illuc vertit intentionem, posse se æstimans omnino ibi delitescere, et abscondi in abscondito faciei Dei ab omni conturbatione hominum, maximeque ad effugium vanitatis, seu de seculari generositate, seu de acrioris ingenii gratia, seu etiam forte de alicujus nomine sanctitatis.

9. Ubi vero de conversione tractantem fratres ejus, et qui carnaliter eum diligebant, persenserunt; omnimodis agere cœperunt, ut animum ejus ad studium possent divertere litterarum, et amore scientiæ secularis seculo arctius implicare. Qua nimirum suggestione, sicut fateri solet, propemodum retardati fuerant gressus ejus; sed matris sanctæ memoria importune animo ejus instabat, ita ut sæpius sibi occurrentem videre videretur, conquerentem et improperantem, quia non ad hujusmodi nugacitatem tam tenere educaverat, non in hac spe erudierat eum. Demum cum aliquando ad fratres pergeret, in obsidione castri, quod Granceium dicitur, cum Duce Burgundiæ constitutos, cœpit in hujusmodi cogitatione vehementius anxiari. Inventaque in itinere media ecclesia quadam, divertit, et ingressus oravit cum multo imbre lacrymarum, expandens manus in cœlum, et effundens sicut aquam cor suum ante conspectum Domini Dei sui. Ea igitur die firmatum est propositum cordis ejus.

10. Nec vero surda aure percepit vocem dicentis: *Qui audit, dicat, Veni.* Siquidem ab illa hora sicut ignis qui comburit silvam, et sicut flamma comburens montes, hinc inde prius viciniora quæque corripiens, postmodum in ulteriora progrediens; sic ignis etiam quem miserat Dominus in cor servi sui volens ut arderet, primo fratres ejus aggreditur, solo minimo ad conversionem adhuc minus habili, seniori patri ad solationem derelicto, deinde cognatos, et socios, et amicos, de quibuscumque poterat esse spes conver-

âgé qui resta pour être la consolation de leur père, dévore ensuite ses proches, puis ses compagnons et ses amis, tous ceux qui pouvaient faire concevoir l'espérance d'une conversion. Le premier de tous qui le suivit fut Gaudry son oncle; on peut dire qu'il s'élança des deux pieds, sans retard, et sans hésitation, à la suite de son neveu, partageant sa manière de voir et sa conversion. C'était un homme honorable et puissant dans le monde, qui s'était fait un nom dans la milice séculière, et qui était Seigneur du château de Touillon dans le pays Eduen. Après lui, ce fut Bartholomée le plus jeune de ses autres frères; il n'était pas encore entré dans l'état militaire; il se rendit sans résistance et à l'heure même aux avis salutaires de Bernard. Quant à André, qui était plus jeune que lui et nouvellement engagé dans le métier des armes, il fit plus de difficulté pour céder à ses discours; mais enfin il s'écria tout-à-coup: Je vois ma mère! Elle lui apparut en effet visible, lui souriant d'un visage serein et applaudissant au dessein formé par ses enfants; à l'instant même il donna son consentement et, de jeune recrue du siècle, il devint soldat du Christ. André ne fut pas le seul à voir la mère de tels fils se réjouir du projet de ses enfants; Bernard a affirmé qu'il avait eu la même vision. Guy, l'aîné de tous, était déjà engagé dans les liens du mariage; c'était un homme grand et depuis longtemps déjà enraciné dans le monde. Il commença par hésiter un peu. Puis, en pensant à ce projet et en le pesant dans son esprit, il consentit lui aussi à embrasser le nouveau genre de vie, si toutefois son épouse y voulait consentir. Mais il semblait impossible d'obtenir ce consentement d'une femme jeune et noble et qui nourrissait encore plusieurs petites filles en bas âge. Bernard lui répondit avec l'accent d'une entière certitude qui lui venait de la miséricorde de Dieu, que sa femme le donnerait ou ne tarderait point à mourir. Enfin, comme elle le refusait de la manière la plus absolue, son mari, dont l'âme était pleine de grandeur, et qui déjà était prévenu de cette vertu de foi insigne qui le distingua tout particulièrement plus tard, conçut, en homme de cœur, avec la grâce de Dieu, le projet de renoncer à tout ce qu'il semblait posséder dans le monde, pour mener un genre de vie tout à fait rustique et travailler de ses propres mains, pour soutenir sa vie et celle de sa femme dont il ne pouvait se séparer malgré elle. Sur ces entrefaites, survint Bernard qui allait de côté et d'autre, recrutant de nouveaux compagnons. Aussitôt la femme de Guy se trouva atteinte d'une maladie grave; reconnaissant qu'il était dur pour elle de regimber contre l'aiguillon, elle fait appeler Bernard, le prie de lui pardonner et, d'elle-même, donne son consentement au changement de vie de son mari. Sa séparation d'avec son mari se fit selon la coutume de l'Eglise; c'est-à-dire qu'elle fit vœu de chasteté perpétuelle, et entra dans une maison religieuse [a] de femmes, où elle continue encore maintenant à servir Dieu avec piété.

11. Après Guy, venait Gérard, qui s'était distingué dans le métier des armes par son courage; c'était un homme d'une grande prudence, d'une

[a] A Lairé, dans les faubourgs de Dijon, comme on le voit dans la troisième Vie de saint Bernard. Cette maison devint plus tard un prieuré de l'abbaye de Saint-Bénigne, à laquelle le couvent de Lairé était soumis, de même que les religieuses de Juillers étaient autrefois soumises aux religieux de Molesmes. Le roi Gontran donna ce lieu à Saint-Bénigne.

sionis. Primus omnium Galdricus avunculus ejus, absque dilatione aut hæsitatione, pedibus (ut aiunt) ivit in sententiam nepotis, et consensum conversionis, vir honestus et potens in seculo, et in secularis militiæ gloria nominatus, dominus castri in territorio Æduensi, quod Tuillium dicitur. Continuo etiam Bartholomæus occurrens, junior cæteris fratribus, et necdum miles, sine difficultate eadem hora salutaribus monitis dedit assensum. Porro Andreas, Bernardo etiam ipse junior, et novus eo tempore miles, verbum fratris difficilius admittebat, donec subito exclamavit: Video, inquit, matrem meam. Visibiliter siquidem ei apparuit, serena facie subridens, et congratulans proposito filiorum. Itaque et ipso continuo manus dedit, et de tirone seculi factus est miles Christi. Nec solus vidit Andreas tantorum matrem filiorum lætantem, sed confessus est et Bernardus eamdem similiter se vidisse. Guido primogenitus fratrum, conjugio jam alligatus erat, vir magnus, et præ aliis jam in seculo radicatus. Hic primo paululum hæsitans, sed continuo rem perpendens et recogitans, conversioni consensit, si tamen conjux annueret. Verum id quidem de juvencula nobili, et parvulas filias nutriente, pene impossibile videbatur. At Bernardus de misericordia Domini spem concipiens certiorem, incunctanter ei spopondit aut consensuram feminam, aut celeriter morituram. Demum cum omnimodis illa renueret, vir ejus magnanimus, imo ea jam præventus fidei virtute, in qua postmodum excellenter enituit; virile consilium Domino inspirante concepit, ut abjiciens quidquid habere videbatur in seculo, vitam institueret agere rusticanam, laborare scilicet manibus propriis, unde suam sustentaret et uxoris vitam, quam invitam dimittere non licebat. Interim supervenit Bernardus, qui undique alios atque alios colligens discurrebat. Nec mora, flagellabatur prædicta Guidonis uxor infirmitate gravi. Et cognoscens quia durum sibi esset contra stimulum calcitrare, accersito Bernardo veniam deprecatur, et prior ipsa conversionis petit assensum. Denique juxta morem ecclesiasticum separata a viro, interveniente parili voto castitatis, in cœtum sanctimonialium transiit feminarum, religiose usque hodie serviens Deo.

11. Secundus natu post Guidonem Gerardus erat, miles in armis strenuus, magnæ prudentiæ, benignitatis eximiæ, et qui ab omnibus diligeretur, qui cæteris, ut dictum est, primo auditu et primo die acquiescentibus, ut mos est sapientiæ secularis, levitatem re-

bonté extraordinaire, et qui avait su se concilier l'affection de tout le monde. Tous ses autres frères s'étant aux premiers mots du projet de Bernard, et dès les premiers jours, rangés à son avis, pour lui, il traitait, selon l'habitude des sages du monde, leur résolution de légèreté. Alors Bernard, déjà tout de feu dans sa foi, et animé d'une manière extraordinaire du zèle de la charité fraternelle, lui dit : « Je vois bien qu'il n'y a que le malheur qui vous ouvrira l'intelligence. » Puis, approchant son doigt de son côté : « Un jour viendra, lui dit-il, et il n'est pas éloigné, où une lance perçant ce côté ouvrira vers votre cœur un passage facile aux pensées de salut que vous méprisez aujourd'hui. Vous éprouverez une grande crainte, mais pourtant vous ne mourrez point. » Il en advint, en effet, comme il l'avait dit ; car, peu de temps après, se voyant entouré d'ennemis, il fut pris et blessé comme son frère le lui avait prédit. Une lance lui était entrée dans le côté, juste à l'endroit que Bernard avait touché du doigt ; pendant qu'on l'emportait, il criait comme s'il avait vu la mort présente à ses yeux : je suis moine, je suis cistercien. Il n'en fut pas moins fait prisonnier et jeté dans un cachot. Bernard, mandé sur le champ par un messager, ne vint pas ; il se contenta de répondre : « Je savais bien qu'il en serait ainsi, et je lui avais prédit qu'il aurait fort à faire de regimber contre l'aiguillon ; mais sa blessure, loin de le conduire à la mort, le mènera à la vie. » C'est ce qui arriva ; il guérit, en effet, beaucoup plus tôt qu'on ne l'aurait espéré, mais il ne changea rien au projet et au vœu qu'il avait formés. Il était déjà libre de toute attache au monde, mais il se trouvait encore retenu dans le siècle par les chaînes dont l'ennemi l'avait chargé : c'était la seule chose qui retardait l'exécution de ses projets de conversion. Dieu dans sa miséricorde lui vint encore en aide de ce côté. Son frère vint pour le tirer de sa prison, mais il ne put y réussir, et comme il ne put pas même obtenir la permission de lui parler, il s'approcha de son cachot et s'écria : « Sache, mon frère Gérard, que nous sommes sur le point de partir pour entrer dans un monastère. Pour toi, puisque tu ne peux sortir de l'endroit où tu es, sois-y moine, et sois certain que ce que tu veux, mais ne peux faire, est réputé pour fait. »

12. Cependant, Gérard était de plus en plus inquiet, mais, peu de jours après, il entendit en songe une voix qui lui disait : aujourd'hui même tu recouvreras la liberté. Or on était au saint temps du Carême, et, le soir, comme il songeait à ce qu'il avait entendu, il touche les entraves de ses pieds, et voilà que tout à coup ses fers se brisent en partie sous sa main, en sorte qu'il n'était plus retenu par rien et pouvait aller et venir en liberté. Mais que faire ? La porte était fermée, et sur le seuil se trouvait une foule de pauvres. Il se lève pourtant, et, moins dans l'espérance de pouvoir s'échapper que fatigué d'être assis, et peut-être aussi dans le désir de voir ce qui allait arriver, il s'approche de la porte du souterrain où il était enfermé et tenu prisonnier : à peine en a-t-il touché la barre, que la serrure lui resta dans la main et que la porte s'ouvre. Il sort à pied comme un homme chargé d'entraves et se dirige vers l'église où on chantait les vêpres. Quant aux mendiants qui étaient à la porte de la maison, en voyant ce qui se passait, ils furent saisis de crainte, par un effet de la permission de Dieu et prirent la fuite sans pousser même un cri.

---

putans, obstinato animo salubre consilium et fratris monita repellebat. Tum Bernardus fide jam igneus, et fraternæ charitatis zelo mirum in modum exasperatus : « Scio, inquit, scio, sola vexatio intellectum dabit auditi, Digitumque lateri ejus apponens : Veniet, inquit, dies, et cito veniet, cum lancea, lateri huic infixa, pervium iter ac cor tuum faciet consilio salutis tuæ, quod aspernaris, et, timebis quidem, sed minime morieris. » Sic dictum, sicque factum est. Paucissimis interpositis diebus circumvallatus ab inimicis, captus et vulneratus juxta verbum fratris, lanceam gestans ipsi lateri, eidemque infixam loco cui ille digitum applicuerat, trahebatur, et mortem quasi jam præsentem metuens clamabat : Monachus sum, monachus sum Cisterciensis. Nihilo minus tamen captus et reclusus in custodia est. Vocatus est Bernardus per celerem nuntium, sed non venit. « Sciebam, inquit, et prædixeram quod durum esset ei contra stimulum calcitrare ; nec tamen ad mortem ei vulnus hoc, sed ad vitam. » Et factum est ita. Siquidem de vulnere præter spem cito convaluit, propositum vero seu votum quod voverat, non mutavit. Cumque jam liber ab amore sæculi hostilibus adhuc vinculis teneretur, et hoc solum esse quod conversionis ejus propositum retardaret, in hoc etiam cito affuit ei misericordia Dei. Venit frater ejus laborans ut erui posset, sed non profecit. Et cum nec loqui ei permitteretur, accedens ad carcerem clamavit : « Scito, frater Gerarde, quia ituri sumus in proximo, et monasterium introituri. Tu vero quandoquidem exire non licet, hic monachus esto, sciens quod vis, et non potes, pro facto reputari »

13. Cumque Gerardus magis ac magis anxiaretur, paucis interpositis diebus audivit vocem in somnis dicentem sibi : Hodie liberaberis. Erat autem sacrum Quadragesimæ tempus. Circa vespertinam itaque diei horam cogitans quod audierat, compedes suas tetigit, et ecce ex parte crepuit in manu ejus ferrum, ut minus jam teneretur, et aliquatenus incedere posset. Sed quid ageret ? Erat ostium obseratum, et pro foribus pauperum multitudo. Surrexit tamen, et non tam spe evadendi quam tædio jacendi, seu curiositate tentandi, accedens ad ostium subterraneæ domus, in qua vinctus et clausus erat; mox ut pessulum tetigit, sera tota inter manus ejus collapsa, et ostium domus apertum. Exiensque pedetentim, sicut homo compeditus, ad ecclesiam, ubi adhuc vespertina celebrabantur officia, pertendebat. Porro

Comme il approchait de l'église, un des domestiques de la maison où il était gardé en prison, c'était le frère même de celui qui était chargé de le garder, venant à sortir et le voyant hâter le pas pour se rendre à l'église, lui dit : « Vous arrivez bien tard, Gérard. » Il tremble à ces mots ; mais l'autre continue, « allez vite, vous pourrez encore entendre quelque chose. » Ses yeux étaient voilés et il ne comprenait pas ce qui se passait. Enfin, après avoir aidé de la main Gérard qu'il voyait toujours chargé de chaînes, à monter les derniers degrés de l'église, en le voyant entrer dans le lieu saint, il s'aperçut pour la première fois de ce qu'il en était, il voulut le retenir, mais il ne put y réussir. Voilà comment Gérard se vit délivré tout à la fois des liens de l'amour de ce monde et des chaînes de la captivité des enfants du siècle, et put accomplir fidèlement le vœu qu'il avait fait. C'est en cela surtout que le Seigneur a montré avec quelle perfection cet homme de Dieu a commencé la grâce de son saint genre de vie, puisqu'il lui fit voir, dans son esprit, lui qui a fait l'avenir, ce qui devait arriver. Il avait vu, en effet, comme s'il l'avait eue sous les yeux, la lance qui devait percer le côté de son frère, quand il marquait du doigt la place où elle devait bientôt le blesser, ainsi que plus tard il l'a avoué à ceux à qui il ne pouvait rien cacher et qui le questionnaient sur ce fait.

13. Le premier jour où, comme je l'ai dit, tous les autres se trouvaient réunis dans un même esprit avec Bernard, le matin, comme ils entraient dans l'église, ils entendirent lire ce verset de l'Apôtre : « Dieu est fidèle et je suis sûr que celui qui a commencé en vous cette bonne entreprise, l'achèvera et la perfectionnera jusqu'au jour de l'avènement de Jésus-Christ (*Philipp.* 1, 6). » Notre saint jeune homme reçut cette parole comme si elle lui fut venue du ciel. Aussi ce père spirituel d'une race de frères régénérés en Jésus-Christ, se laissant aller à des sentiments d'allégresse et comprenant que la main du Seigneur travaillait avec lui, se mit à se livrer dès lors plus que jamais à la prédication et à rassembler autour de lui le plus de compagnons qu'il put. On le vit donc se revêtir de l'homme nouveau, et traiter de choses sérieuses et de changement de vie avec ceux avec qui il avait autrefois l'habitude de s'entretenir des lettres mondaines et du monde lui-même. Il montrait que les joies du siècle sont fugitives, que la vie n'est que misère, que la mort est prompte dans sa marche et que la vie qui doit succéder à la mort sera à jamais heureuse ou malheureuse. Bref, tous ceux qui avaient été prédestinés, par un effet de la grâce qui opérait en eux, de la force de la parole de Bernard et des instantes prières de ce serviteur de Dieu, après avoir hésité quelque temps, finissaient par se sentir pénétrés de componction et par croire et consentir les uns après les autres. Parmi ceux-là se trouvait un certain Hugues de Mâcon, que la noblesse de sa race, la pureté de ses mœurs, ses biens et ses richesses rendaient également recommandable. Aujourd'hui, sa religion et sa sainteté l'ont fait tirer du monastère de Pontigny, qu'il avait construit de ses deniers, et placer sur le siège épiscopal d'Autun avec le mérite et la dignité de pontife. En apprenant la conversion d'un de ses amis et compagnons les plus chers, il le pleurait comme perdu pour lui, puisqu'il apprenait qu'il était mort au monde. Mais à peine lui eut-il été permis de s'entretenir avec lui, qu'ils versèrent

---

mendici qui pro foribus domus adstabant, videntes quod fiebat, et divinitus exterriti, in fugam versi sunt, nihil clamantes. Cumque jam ecclesiæ propinquaret, egrediens quidam de familia domus captivitatis suæ, germanus illius a quo custodiebatur, vidensque eum ad ecclesiam properantem : Tarde, inquit, Gerarde venisti. Expavescente illo, Festina, ait, adhuc superest quod audias. Oculi quippe ejus tenebantur, nec prorsus quid ageretur, intelligebat. Demum ad altiores gradus ecclesiæ cum adhuc compeditum data manu Gerardum sublevasset, introeunte illo ecclesiam, tunc primum quid ageretur agnovit, et conatus eum retinere non potuit. Hoc modo Gerardus a captivitate amoris seculi hujus, et captivitate filiorum seculi liberatus, votum quod voverat fideliter exsolvit. In quo potissimum notum fecit Dominus, a quanta perfectione sanctæ conversationis gratiam iste Dei famulus cœperit, qui in ejus spiritu, qui fecit quæ futura sunt, quod erat futurum videre potuit quasi jam factum. Præsentialiter quippe in latere fratris et lancea apparebat, quando digitum applicuit loco vulneris mox futuri sicut postmodum ipse confessus est, cum ab his interrogaretur, quibus, celare non poterat.

13. Cum autem cæteri, ut diximus, prima die in eodem essent eum Bernardo spiritu congregati, mane intrantibus eis ad ecclesiam, apostolicum illud capitulum legebatur : *Fidelis est Deus, quia qui cœpit in vobis opus bonum, ipse perficiet usque in diem Jesu-Christi*, quod devotus juvenis haud secus accepit, quam si de cœlo sonuisset. Exsultans itaque spiritualis jam Pater regeneratorum in Christo fratrum suorum, et manum Domini intelligens secum operantem, cœpit ex hoc prædicationi insistere, et quoscumque poterat aggregare. Cœpit novum induere hominem et cum quibus de litteris seculi, seu de seculo ipso agere solebat, de seriis et conversione tractare ; ostendens gaudia mundi fugitiva, vitæ miserias, celerem mortem, vitam post mortem, seu in bonis, seu in malis, perpetuam fore. Quid multa? Quotquot ad hoc præordinati erant, operante in eis gratia Dei, et verbo virtutis ejus, et oratione et instantia servi ejus primo cunctati, deinde compuncti, alter post alterum credebant et consentiebant. Inter quos adjunctus est ei etiam dominus Hugo Matisconensis, nobilitate et probitate morum, possessionibus et divitiis seculi ampliatus ; qui hodie merito religionis et sanctitatis suæ, raptus a Pontiniacensi cœnobio, quod ipse ædificavit, Autissiodorensi ecclesiæ præest, merito et ho-

l'un et l'autre des larmes bien différentes et mêlèrent ensemble des gémissements poussés par une douleur qui n'avait rien de commun ; puis ils se mirent à échanger quelques mots et à comparer les choses entre elles. Mais, pendant cet échange de paroles qu'une mutuelle amitié inspirait, l'esprit de vérité pénétrait dans le cœur de Hugues, et la conversation prit soudain un tout autre tour que celui qu'elle avait d'abord ; ils promirent d'embrasser en commun le nouveau genre de vie, et ils devinrent dès lors un seul cœur et une seule âme, bien plus dignement et plus véritablement qu'ils ne l'avaient été auparavant dans le monde.

14. Mais, peu de jours après on vint apprendre à Bernard que, changé par d'autres compagnons, Hugues renonçait à son dessein. Profitant d'une occasion favorable que lui offrait une grande réunion d'évêques qui avait lieu dans ces parages, il vole au secours de cette âme qui se perdait, afin de l'enfanter une seconde fois à la grâce. De leur côté, les amis de Hugues, ceux qui lui avaient fait renoncer à son dessein, en apercevant Bernard, ne perdent point leur proie de vue, ne lui laissent point la faculté de s'entretenir avec lui et lui interdisent même tout accès auprès de sa personne. Quant à Bernard, en voyant qu'il ne pouvait lui parler, il poussait des cris vers le Seigneur ; à sa prière mêlée de larmes, un vrai déluge d'eau fond soudain du ciel. Or, on se trouvait au milieu d'un champ, attendu que l'air était pur et que rien ne pouvait faire présager une pareille pluie. A cette averse subite, chacun se disperse, et gagne le village voisin ; mais Bernard retenant Hugues par la main lui dit : « Vous voudrez bien supporter cette pluie avec moi. » Demeurés seuls, ils furent loin de se trouver dans la solitude, car le Seigneur était avec eux et leur rendait à l'instant même un ciel et un cœur purs et sereins. Hugues renouvela alors ses engagements et confirma ses promesses, qu'il ne lui fut plus possible de violer ensuite.

15. Le pécheur voyait tout cela et était irrité, grinçait les dents et séchait de dépit (Psal. CXI, 9) ; et le juste, de son côté, plein de confiance dans le Seigneur, triomphait glorieusement du monde. Comme il prêchait tant en public qu'en particulier, les mères cachaient leurs fils, les femmes retenaient leurs maris et les amis empêchaient leurs amis d'aller l'entendre, car le Saint-Esprit donnait à sa parole une telle puissance, que c'est à peine si quelque sentiment que ce fût pouvait détourner ceux qui l'entendaient de se mettre à sa suite. Le nombre de ceux qui embrassaient ce nouveau genre de vie était tous les jours plus grand, et, de même qu'il est dit des chrétiens de la primitive Église : « Leur multitude n'avait qu'un cœur et qu'une âme dans le Seigneur (Act. IV, 32), » ainsi vivaient-ils unis ensemble, et personne qui ne partageât point leurs sentiments, n'osait se joindre à eux. Ils avaient à Châtillon une maison qu'ils possédaient en commun, où ils se réunissaient, habitant et s'entretenant ensemble, et dans laquelle c'est à peine si ceux qui n'étaient point de leur société osaient pénétrer ; mais, quand il leur arrivait de le faire, en voyant et en entendant ce qui s'y faisait et s'y disait, ils éprouvaient ce que l'Apôtre rapporte des chrétiens de Corinthe, c'est-à-dire que se trouvant au milieu de personnes qui toutes prophétisaient, si je puis parler ainsi, ils se trouvaient convaincus et jugés par tous (I Cor. XIV, 24) ; alors, adorant le Seigneur, et confessant que Dieu était en

---

nore Pontificis. Hic audiens de conversione socii et amici charissimi, flebat quasi perditum, quem seculo mortuum audiebat. Ubi autem primo data est utrique facultas mutui colloquii, post dissimiles lacrymas, et gemitus dissimilium dolorum, verba verbis cœperunt conferri, et res rebus comparari. Cumque inter ipsa verba familiaris amicitiæ Hugoni infunderetur spiritus veritatis, aliam jam faciem habere cœperunt verba mutuæ collocutionis. Datis itaque dextris in sodalitium novæ vitæ, longe dignius veriusque facti sunt cor unum et anima una in Christo, quam in seculo ante fuissent.

14. Post paucos autem dies nuntiatur Bernardo, subversum ab aliis sociis Hugonem, a proposito resilire. Qui opportunitate inventa, quod magnus quidam episcoporum conventus illis in partibus haberetur, festinat ut revocet pereuntem, iterumque parturiat. Observantes autem prædicti sodales et subversores Hugonis, viso eo, prædam ambiunt suam, et omnem ei loquendi adimunt facultatem, omnem aditum intercludunt. At ille, cum ei loqui non posset, clamabat pro eo ad Dominum ; quo orante cum lacrymis, subita et vehemens inundatio pluviæ mox erupit. Considerant autem in campo, quod aer serenus esset, et nil tale apparerent. Dispersi igitur omnes ad repentinum imbrem, vicum proximum petunt. At Bernardus Hugonem tenens, « Mecum, ait, sustinebis hujus pluviæ guttas. » Cumque soli remansissent, non fuerant soli, sed Dominus fuit cum eis, reddens eis continuo et aeris et animi serenitatem. Ibi renovatum est fœdus et propositum confirmatum, quod non potuit deinceps violari.

15. Videbat ista peccator, et irascebatur, dentibus suis fremebat et tabescebat ; justus autem confidens in Domino gloriose de seculo triumphabat. Jamque eo publice et privatim prædicante, matres filios abscondebant, uxores detinebant maritos, amici amicos avertebant ; quia voci ejus Spiritus sanctus tantam dabat vocem virtutis, ut vix aliquis aliquem teneret affectus. Crescente siquidem numero eorum, qui in hanc conversionis unanimitatem consenserant, sicut de primitivis Ecclesiæ filiis legitur : Multitudinis eorum erat cor unum, et anima una in Domino, et habitabant unanimiter simul, nec quisquam aliorum audebat se conjungere eis. Erat enim eis Castellioni domus una propria et communis omnium, ubi conveniebant, et co-

eux, ou ils embrassaient leurs sentiments, ou bien s'ils se retiraient, ce n'était qu'en pleurant sur eux-mêmes et en déclarant les autres bien heureux. A cette époque et dans les contrées où les choses que nous rapportons se passaient, il était à peu près inouï qu'on eût connu d'avance le changement de vie d'un homme qui demeurât encore dans le monde, mais pour eux ils demeurèrent dans le monde avec leurs vêtements laïcs, près de six mois après le premier instant où ils avaient conçu leur dessein, afin de se présenter en plus grand nombre en donnant à chacun le temps de terminer ses affaires dans le monde.

16. Mais quand toute cette troupe put craindre que le tentateur ne finît par en arracher quelques-uns de son sein, il plut à Dieu de faire connaître par une révélation ce qui devait arriver. L'élu de la troupe eut une vision pendant la nuit ; il lui semblait voir tous ses compagnons assis dans une maison et chacun d'eux communier avec un pain d'une blancheur et d'un goût admirables. Tous en recevaient parfaitement bien leur part et la mangeaient avec une grande joie, mais il remarqua qu'il y en en avait deux qui restaient sans participer à cette nourriture salutaire. L'un n'y prenait point part du tout, l'autre semblait y prendre part, mais il le faisait avec si peu de soin qu'il laissait tomber tout ce qu'il prenait. L'événement montra bien dans la suite que cette vision était véritable ; car il s'en trouva un qui retourna au monde avant même que les desseins projetés fussent mis à exécution, l'autre commença l'œuvre commune avec le reste de la troupe, mais il n'alla point jusqu'au bout. J'ai vu plus tard cet homme dans le monde, il était errant et vagabond comme autrefois Caïn sous les yeux du Seigneur ; autant que j'ai pu le remarquer, c'était un homme on ne peut plus bas, misérable, honteux et d'une faiblesse d'âme excessive. Vers la fin de sa vie, il revint à Clairvaux, forcé par la misère et le triste état de sa santé ; il appartenait à une bonne famille, mais il s'était vu repoussé par tous ses proches et ses amis. De retour à Clairvaux, il renonça à toute propriété, non point pourtant à celle de sa volonté, et mourut, non dans l'intérieur du cloître, comme un frère et un habitant de la maison, mais hors du cloître en demandant miséricorde, comme un pauvre et un mendiant.

17. Quand le jour fut venu de donner suite à son vœu et d'accomplir son désir, Bernard quitta le toit paternel, suivi de ses frères dont il était devenu le père et qui se regardaient comme ses enfants spirituels, puisqu'il les avait engendrés au Christ par la parole de vie. Guy, l'aîné de tous apercevant Nivard, le plus jeune de leurs frères, qui était encore enfant et se tenait dans la cour de la maison avec d'autres enfants, lui dit : « Allons, Nivard, tous nos biens sont à toi maintenant. » A ces mots, Nivard répondit d'une manière qui ne sentait point l'enfant : « Ainsi, vous prenez le ciel et vous me laissez la terre ; le partage n'est pas égal. » Après avoir échangé ces paroles, ils s'éloignèrent ; quant à Nivard il resta à la maison avec son père, mais peu de temps après il alla rejoindre ses frères, il n'y eut ni père, ni proches, ni amis qui purent le retenir. Il ne restait donc plus de toute cette famille consacrée à Dieu, que le père

---

habitabant, et colloquebantur, quam ingredi vix aliquis audebat qui non esset de cœtu eorum. Sed et si quis intrabat, videns et audiens quæ ibi gerebantur et dicebantur, sicut de Christianis Corinthiis Apostolus dicit, omnibus quodammodo prophetantibus convincebatur ab omnibus, dijudicabatur ab omnibus, et adorans Dominum, et confitens quod vere Deus esset in eis, aut ipse unanimitati eorum adhærebat, aut recedens flebat semetipsum, illos autem beatificabat. Hoc enim illis temporibus, et in illis erat partibus inauditum, ut alicujus adhuc in seculo commorantis conversio præsciretur. Ipsi vero quasi mensibus sex post primum propositum in seculari habitu stabant, ut proinde plures congregarentur, dum quorumdam negotia per id temporis expediebantur.

16. Cum autem jam suspecta inciperet esse multitudo, ne quem de numero eorum surriperet is qui tentat, placuit Deo super hoc revelare quid futurum esset. Aspiciebat enim quidam eorum in visu noctis, et videbat quasi eos omnes consedisse in domo una : et per ordinem singulos quasi communicare de cibo quodam miri candoris et saporis, quem cæteris omnibus optime suscipientibus, et cum gaudio magno, duos ex omni numero illo notabat a cibi illius salutaris participatione vacuos remansisse. Alter namque eorum nec sumebat, alter sumere quidem videbatur, sed tanquam minus caute sumeret, spargebatur. Utrumque vero postea probavit eventus. Alter enim priusquam ventum esset ad rem, conversus retrorsum in seculum rediit : alter cum cæteris cœpit quidem opus bonum, sed non perfecit. Vidi ego eum in seculo postea vagum et profugum a facie Domini sicut Caïn, quantum animadvertere potui, hominem humillimum, et miserabilis confusionis, sed nimiæ pusillanimitatis. Qui tamen in ultimis Claram-vallem rediit infirmitate corporis et inopia cogente, cum homo bene natus ab omnibus cognatis et amicis projiceretur : ibique proprietati renuntians, sed non omnino propriæ voluntati, obiit, non quidem intus, sicut frater et domesticus, sed foris misericordiam postulans, sicut pauper et mendicus.

17. Jam vero adveniente die reddendi voti et complendi desiderii, egressus est de domo paterna Bernardus, pater fratrum suorum cum fratribus suis, filiis suis spiritualibus, quos verbo vitæ Christo genuerat. Videns autem Guido primogenitus fratrum suorum Nivardum fratrem suum minimum, puerum cum pueris aliis in platea : Eia, inquit, frater Nivarde, ad te solum respicit omnis terra possessionis nostræ. Ad quod puer non pueriliter motus : Vobis ergo, inquit, cœlum, et mihi terra ? Non ex æquo divisio hæc facta est. Quo dicto abeuntibus illis, tunc quidem domi cum patre remansit, sed modico post evoluto tempore fratres secutus, nec a patre, nec a propinquis seu amicis

déjà vieux, avec la fille dont nous parlerons aussi en son lieu.

18. A cette époque, le petit et tendre troupeau de Cîteaux vivait sous la conduite de son vénérable abbé Etienne. Ce dernier commençait même à souffrir beaucoup dans son âme de voir le petit nombre des siens et à perdre toute espérance d'une postérité qui pût hériter de sa sainte pauvreté. Tout le monde regardait avec un sentiment d'admiration respectueuse la sainteté de leur vie, mais aussi en fuyait l'austérité. Tout à coup le Seigneur le visite et comble son âme d'une joie aussi inattendue que subite, et il lui sembla que, ce jour-là même, sa maison avait reçu du Saint-Esprit cette réponse : « Réjouissez-vous stérile, vous qui n'enfantiez point ; poussez des cris de joie, vous qui ne deveniez point mère ; parce que celle qui était délaissée a plus d'enfants que celle qui a un mari (Galat. IV, 27), » et elle verra les générations sorties d'elles se succéder en nombre infini [a]. En effet, la première année de Cîteaux, un des premiers frères de cette abbaye, se trouvant arrivé à sa dernière heure, vit en esprit une multitude innombrable d'hommes, près de la basilique, occupés à laver leurs vêtements dans la fontaine ; et en même temps il entendit une voix qui disait : cette fontaine sera appelée la fontaine d'Ennon. Le religieux fit part de tout cela à son abbé, et cet homme, plein de grands sentiments, comprit que Dieu voulait le consoler ; il se réjouit donc beaucoup dès lors de la promesse qui lui était faite, mais plus tard il se réjouit bien davantage en voyant comment elle s'accomplit et rendit grâces à Dieu le père, par notre Seigneur Jésus-Christ, qui avec lui et le Saint-Esprit vit et règne dans les siècles des siècles. Ainsi soit-il.

CHAPITRE IV.

Entrée de Bernard dans l'ordre, sa ferveur au noviciat ; il ne se permet que peu de nourriture et de sommeil ; son ardeur pour le travail des mains ; ses progrès étonnants dans l'étude de la Sainte Écriture.

19. L'an de Notre-Seigneur 1113, quinzième année de la fondation de Cîteaux, le serviteur de Dieu Bernard, âgé de vingt-trois ans environ, vint à Cîteaux, suivi de plus de trente de ses compagnons, se mettre sous la conduite de l'abbé Étienne et se placer sous le joug doux du Christ. A partir de ce jour, le Seigneur remplit cette maison de bénédictions, et cette vigne du Dieu de Sabaoth commença à donner ses fruits, à étendre ses sarments jusqu'aux rivages de la mer et à envoyer ses provins au-delà même des mers. Mais comme, parmi les compagnons de Bernard, il s'en trouvait plusieurs de mariés, dont les femmes avaient en même temps qu'eux émis le vœu d'une vie sainte, Bernard, leur fit élever un monastère de femmes dans un endroit appelé Juilly [b], situé dans la paroisse de Langres. Élevé avec l'aide du Seigneur, il s'accrut bientôt d'une manière extraordinaire, et devint aussi remarquable par le nombre de ses religieuses, que par ses richesses. Il se propagea dans la suite, et fonda d'autres maisons en divers endroits, il produit

[a] Ce qui suit est tiré des manuscrits.
[b] Milon, comte de Bar, donna ce lieu au monastère de Molesmes « pour servir à des religieuses sous la dépendance de l'abbé de Molesmes qui désignait quatre religieux chargés de tout ce qui concernait les soins matériels et spirituels de ces religieuses. »

Cela se fit sous Guy, abbé de Molesmes, en 1115. C'est à cet abbé que saint Bernard a adressé sa lettre quatre-vingtième, comme on le voit par la charte de Chifflet. Il sera reparlé de Juilly plus loin, au n. 30.

---

potuit retineri. Supererat de Deo dicata domo illa pater senior cum filia, de quibus etiam suo loco dicemus.

18. Eo tempore novellus et pusillus grex Cisterciensis sub abbate degens viro venerabili Stephano, cum jam graviter ei tædio esse inciperet paucitas sua, et omnis spes posteritatis decideret, in quam sanctæ illius paupertatis hæreditas transfunderetur, venerantibus omnibus in eis vitæ sanctitatem, sed refugientibus austeritatem : repente divina hac visitatione tam læta, tam inspirata, tam subita lætificatus est, ut in die illa responsum hoc a Spiritu sancto accepisse sibi domus illa videretur : *Lætare sterilis quæ non pariebas, erumpe et clama quæ non parturiebas; quia multi filii desertæ magis quam ejus quæ habet virum*, de quibus postmodum visura es filios filiorum usque in multas generationes. (Nam anno priore uni ex eisdem Cisterciensibus primis fratribus in extremo jam posito, apparuit innumera hominum multitudo prope basilicam, ad fontem lavans vestimenta sua ; et in ipsa visione dictum est ei, quia fons Ennon vocaretur. Quod cum indicasset abbati, intellexit protinus vir magnificus divinam consolationem : et multum quidem jam tunc de promissione, sed plurimum postea de exhibitione lætatus, egit gratias Deo per Jesum-Christum, qui cum eo et Spiritu sancto vivit et regnat in secula seculorum, amen).

CAPUT IV.

De ingressu Ordinis, et fervore novitiatus. Quam parcus cibi et somni ; cupidus quoque laboris externi ; deque ejus miro in sacra Scriptura profectu.

19. Anno ab incarnatione Domini MCXIII, a constitutione domus Cisterciensis XV, Servus Dei Bernardus annos natus circiter XXIII[*], Cistercium ingressus, cum sociis amplius quam XXX, sub abbate Stephano, suavi jugo Christi collum submisit. Ab illa autem die dedit Dominus benedictionem, et vinea illa Domini Sabaoth dedit fructum suum, extendens palmites suos usque ad mare, et ultra mare propagines suas (Quia vero ex prædictis sociis ejus, uxorati aliqui fuerant, et uxores quoque cum viris idem votum sacræ conversationis inierant : per ipsius sollicitudinem ædificatum eis cœnobium sanctimonialium feminarum quod, Julleium dicitur, in Lingonensi parochia. Domino cooperante,

[*] al. XIII.

tous les jours de nouveaux fruits. Tels furent donc les saints commencements du nouveau genre de vie de l'homme de Dieu. Quant au détail même de sa vie, je ne crois pas que personne puisse en raconter les merveilles, ni retracer la vie d'ange qu'il mena sur la terre, à moins de vivre de l'esprit même dont il vécut. Il n'y a que celui qui a prodigué ses grâces et celui qui les a reçues qui sachent de quelle douceur et de quelles bénédictions le Seigneur l'a prévenu dès le début de sa conversion, les grâces d'élection dont il l'a comblé, et l'abondance des biens de sa maison dont il l'a enivré. Il entra dans cette maison vraiment pauvre d'esprit et jusqu'alors parfaitement inconnue, existant à peine, dans la pensée d'y mourir au cœur et au souvenir des hommes et avec l'espérance d'y vivre dans l'obscurité et l'oubli comme un vase de nulle valeur. Mais Dieu en disposa autrement, et se fit de lui un vase d'élection, non-seulement pour étendre et fortifier l'ordre monastique, mais encore pour aller porter son nom devant les rois et les peuples et jusqu'au bout du monde. Pour lui, il s'en fallait bien qu'il eût de lui-même ces pensées et ces espérances ; mais, plutôt tout entier à la garde de son cœur, à la persévérance dans son projet, il avait sans cesse à l'esprit et sur les lèvres ces paroles : » Bernard, Bernard, pour quoi est-tu venu ? » Et de même qu'on lit de Notre-Seigneur, « qu'il commença par faire et enseigna ensuite (*Act.* I, 1), » il ne fut pas plutôt entré dans la salle des novices, qu'il se mit à pratiquer sur lui-même ce qu'il devait un jour enseigner aux autres.

20. Aussi lui avons-nous entendu souvent dire plus tard aux novices qui se présentaient à lui et qui avaient hâte d'entrer en religion, quand il fut ordonné abbé de Clairvaux : « Si c'est après les choses intérieures que vous courez, laissez là, à la porte, le corps que vous avez apporté du siècle ; que votre esprit entre seul ici, car la chair ne saurait vous y être bonne à rien. » Comme les novices se montraient effrayés à cette doctrine toute nouvelle pour eux, il épargnait leur jeunesse, leur exposait sa pensée en termes plus encourageants, mais ne cessait de leur répéter qu'ils devaient laisser la concupiscence de la chair à la porte du monastère. Pour lui, quand il était novice, il ne se ménageait en rien, et s'appliquait en toute occasion à mortifier en lui, non-seulement les concupiscences de la chair qui s'exercent par les sens du corps, mais ces sens eux-mêmes qui leur servent d'instrument. En effet, comme il commençait à sentir souffler d'en haut dans son âme avec plus de douceur et de fréquence, les ardeurs de l'amour illuminé, il se prenait à craindre pour ses sens intérieurs l'influence de ses sens corporels, et ne leur permettait, encore n'était-ce qu'à regret, que juste ce que réclamaient d'eux les rapports de société extérieure avec ses semblables. Et comme la pratique constante de cette réserve se changea en habitude, elle devint en quelque sorte pour lui une seconde nature. Tout entier absorbé par l'esprit, toutes ses espérances, toutes ses intentions, toutes ses pensées, toute sa mémoire étaient en Dieu ; il voyait sans voir, il entendait sans entendre, il ne sentait point le goût de ce qu'il mangeait, c'est à peine s'il percevait quoi que ce fût par l'un ou l'autre de ses sens. En effet, après avoir passé une année entière dans la salle des novices, il en sortit sans pouvoir dire si la maison elle-même avait cette espèce de

---

magnifice satis excrevit, usque hodie religionis opinione celeberrimum, et personis ac possessionibus dilatatum ; sed et propagatum jam per loca alia, et non cessans adhuc ampliorem facere fructum). Hæc quidem fuere Viri Dei conversationis sancta principia. Conversationis autem ejus insignia, quomodo vitam angelicam gerens in terris vixit, neminem enarrare posse puto, qui non vivat de spiritu, de quo ille vixit. Solius quippe donantis et accipientis est, nosse quantum ab ipso mox conversionis exordio prævenerit eum Dominus in benedictionibus dulcedinis suæ ; quanta repleverit gratia electionis ; quomodo ab ubertate domus suæ inebriaverit eum. Ingressus est autem domum illam pauperem spiritu, et eo adhuc tempore absconditam ac pene nullam, intentione ibi moriendi a cordibus et memoria hominum, et spe delitescendi et latendi tanquam vas perditum ; Deo aliter disponente, et eum sibi in vas electionis præparante, non solum ad ordinem monasticum confortandum ac dilatandum, sed etiam ad nomen suum portandum coram regibus et gentibus, et usque ad extremum terræ. Ipse vero nil tale de se æstimans aut cogitans, potius ad custodiam sui cordis, et propositi constantiam, hoc semper in corde, sæpe etiam in ore habebat : « Bernarde, Bernarde, ad quid venisti ? » Et sicut de Domino legitur, quia *cœpit Jesus facere et docere* : a prima die ingressus sui in cellam novitiorum, ipse cœpit agere in semetipso quod alios erat docturus.

20. Postmodum enim cum Claræ-vallis abbas esset ordinatus, adventantibus novitiis et festinantibus ingredi, audire eum soliti sumus prædicantem ac dicentem : Si ad ea quæ intus sunt festinatis, hic foris dimittite corpora quæ de seculo attulistis : soli spiritus ingrediantur, caro non prodest quidquam. » Quod cum novitiis ad novitatem verbi perterritis, parcens teneritudini eorum, clementius exponendo, carnalem concupiscentiam prædicare solebat foris dimittendam ; ipse cum novitius esset, in nullo sibi parcens, instabat omnimodis mortificare non solum concupiscentias carnis, quæ per sensus corporis fiunt, sed et sensus ipsos per quos fiunt. Cum enim jam interiore sensu illuminati amoris dulcius ac frequentius sentire inciperet de sursum spirantem sibi suavitate, sensui illi interiori timens a sensibus corporis, vix tantum eis permittebat, quantum sufficeret ad exterioris cum hominibus conversationis societatem. Quod cum continui usus instantia in consuetudinem mitteret, consuetudo et ipsa quodammodo vertebatur in na-

moulure qu'on appelle vulgairement tortue. Il était bien souvent allé et venu dans l'église, sans s'apercevoir qu'il y eût trois fenêtres placées au-dessus de sa tête : il pensait qu'il n'y en avait qu'une. Il avait tellement mortifié en lui le sens de la curiosité, qu'il ne s'apercevait absolument pas de toutes ces choses-là, ou si par hasard elles venaient à frapper ses regards, comme sa pensée était occupée ailleurs, ainsi que je l'ai dit, il ne les remarquait point. C'est qu'en effet, les sensations sont nulles, dès que l'esprit en est distrait.

21. En lui, la nature n'était point en lutte contre la grâce, en sorte qu'il semble qu'il aurait pu s'appliquer ces paroles : « J'étais un enfant bien né et j'avais reçu de Dieu une âme bonne et comme je devenais bon de plus en plus, je vins dans un corps exempt de souillure (*Sap.* VIII, 19 et 20). » En effet, pour s'élever à la contemplation des choses spirituelles et divines, indépendamment de la grâce spirituelle, il avait une sorte de force naturelle et avait reçu en partage une âme bonne pour cet exercice, des sens peu portés à céder à la curiosité, et qui, bien loin de se révolter orgueilleusement contre la pensée, se réjouissaient des choses spirituelles, et se soumettaient avec empressement à l'esprit, dans tout ce qui se rapportait à Dieu. Quant à son corps, il ne fut jamais souillé par le contact d'aucun péché grave; un peu négligé, comme il fallait que ce fût, il ne recevait de soins que ce qui était nécessaire pour en faire un instrument toujours parfaitement disposé dans les mains de l'esprit pour le service de Dieu. Comme la chair en lui, par un effet de la grâce prévenante, par l'aide de la grâce subséquente et par le bon usage de la discipline spirituelle, ne se laissait que bien difficilement aller à désirer quoi que ce fût contre l'esprit, je veux dire de nature à causer une blessure à l'esprit; de même, quant à l'esprit, il s'élevait, dans ses désirs, si haut au-dessus des forces et de l'énergie de la chair et du sang contre la chair, que ce misérable corps, animal succombant sous le faix, n'a jamais pu se relever jusqu'à présent. Que dirai-je du sommeil qu'il lui permettait, et qui, pour le reste des hommes, est ordinairement un repos des travaux de la veille, le calme donné aux sens, le réparateur des esprits animaux ? Dès le premier instant de son entrée en religion jusqu'à ce jour, Bernard a prolongé ses veilles au-delà de toute possibilité humaine, car il a l'habitude de répéter en gémissant, que, pour lui, le temps qu'il donne au sommeil est un temps perdu, et qu'il n'est rien qui ressemble plus à la mort que le sommeil, à tel point que, aux yeux même des hommes, ceux qui sont endormis, semblent morts, de même qu'aux yeux de Dieu, les morts sont des gens endormis. Aussi, lorsqu'il entend un frère ronfler trop fort en dormant, ou lorsqu'il le voit dormir dans une position peu religieuse, il peut à peine se contenir, et lui reproche de dormir d'un sommeil charnel ou mondain. Chez lui, manger peu et dormir peu, sont deux choses inséparables; il ne permet à son corps de prendre, soit à table, soit au lit, rien au-delà du strict nécessaire, bien loin de lui permettre de le dépasser. Et pour lui, c'est modérer les veilles que de ne point veiller la nuit tout entière.

---

turam : totusque absorptus in spiritum, spe tota in Deum directa intentione seu meditatione spirituali tota occupata memoria, videns non videbat, audiens non audiebat; nihil sapiebat gustanti, vix aliquid sensu aliquo coporis sentiebat. Jam quippe annum integrum exegerat in cella novitiorum, cum exiens inde ignoraret adhuc, an haberet domus ipsa testudinem, quam solemus dicere cælaturam. Multo tempore frequentaverat intrans et exiens domum ecclesiæ, cum in ejus capite, ubi tres erant, unam tantum fenestram esse arbitraretur. Curiositatis enim sensu mortificato, nil hujusmodi sentiebat; vel si forte aliquando eum contingebat videre, memoria, ut dictum est, alibi occupata, non advertebat. Sine memoria quippe sensus sentientis nullus est.

21. Natura quoque in eo non dissentiebat a gratia, ut in eo quoque quodammodo impletum videretur esse quod legitur : *Puer eram ingeniosus, et sortitus sum animam bonam ; et cum magis essem bonus veni ad corpus incoinquinatum.* Ad contemplanda quippe spiritualia quæque seu divina, cum gratia spirituali, naturali quadam virtute pollebat ingenii, sortitusque etiam in hoc erat animam bonam, sensualitatem non curiose lascivam, nec superbe rebellem,, sed congaudentem spiritualibus studiis, et in eis quæ ad Deum sunt, sponte subditam spiritui et servientem ; corpus etiam nullius unquam contaminatum consensu flagitii: etsi neglectum minus*, sicut oportebat, curaretur, ad serviendum spiritui in servitio Dei aptissimum instrumentum. Sed cum caro in eo ex dono prævenientis gratiæ, et adjutorio subsequentis naturæ, et usu bono spiritualis disciplinæ, vix jam aliquid concupisceret adversus spiritum, hoc est quod spiritum læderet ; spiritus supra vires, supra virtutem carnis ac sanguinis, tanta adversus carnem concupiscebat, ut infirmum animal cadens sub onere, usque in hanc diem non adjiciat ut resurgat. Quid enim dicam de somno, qui in cæteris hominibus solet esse refectio laborum et sensuum, aut mentium recreatio ? Extunc usque hodie vigilat ultra possibilitatem humanam. « Nullum enim tempus magis se perdere conqueri solet, quam quo dormit, idoneam satis reputans comparationem mortis et somni ; ut sic dormientes videantur mortui apud homines, quomodo apud Deum mortui dormientes. » Unde etiam si quem forte religiosum in dormiendo seu durius stertentem audierit, seu minus composite jacentem viderit ; patienter ferre vix potest, sed carnaliter eum seu seculariter dormire causatur. In ipso namque tenuem victum tenuis somnus comitatur. In neutro enim ullam indulget corpori suo satietatem, nisi quod in utroque sumpsisse aliquid sat is est. Quantum enim ad vigilias, vigiliarum et modus est non totam noctem ducere insomnem.

* *al.* non nimis neglectum.

22. Jusqu'à ce jour, il est bien rare qu'il se soit mis à table pour satisfaire son appétit ; le seul mobile qui l'y conduise, est la crainte de tomber en défaillance, et quand il va manger, avant même d'avoir commencé, il est rassasié rien que par la seule pensée de la nourriture qu'il va prendre : aussi ne se met-il à table que comme on va au supplice. Depuis le premier instant de sa conversion, ou du moins, de sa sortie de la salle des novices, sa nature, d'une complexion toujours frêle et délicate à l'excès, se trouvant brisée par des jeûnes et des veilles répétés, par le froid et le travail, et par des exercices pénibles et continus, il a l'estomac en si mauvais état, qu'il rend ordinairement sans le digérer tout ce qu'il prend, peu de temps après l'avoir mangé ; ce qu'il en digère par l'action naturelle des organes, remontant dans sa marche à travers les intestins, des parties non moins malades que l'estomac, est tendu avec de violentes douleurs. Le peu qu'il en garde est toute la nourriture de son corps, et suffit moins à son existence qu'à retarder les coups de la mort. Il a la coutume de peser en quelque sorte tout ce qu'il mange, en sortant de table, et s'il se trouve qu'il a dépassé la mesure habituelle, il ne le laisse point passer impunément. L'habitude de la sobriété poussée jusqu'à la parcimonie est si bien devenue en lui une seconde nature, que lors même qu'il le voudrait, il ne pourrait se permettre rien de plus que sa réfection habituelle. Voilà comment, dès les premiers temps, il se montra novice parmi les novices et religieux parmi les religieux, toujours fort d'esprit et faible de corps, ne se permettant jamais de se relâcher en quoi que ce soit pour tout ce qui regarde le repos et la réfection que réclamait son corps, ni aucun adoucissement au travail et aux fatigues communes. Tous les autres religieux étaient à ses yeux saints et parfaits ; pour lui, se regardant toujours comme novice et comme débutant dans la vie religieuse, il ne croyait point avoir besoin des adoucissements et des concessions qui pouvaient être accordés à des religieux émérites et parfaits ; ce qui lui convenait à lui, c'était la ferveur d'un novice, l'observance stricte de l'ordre, et la rigueur de la dicipline.

23. Aussi, plein de zèle et d'amour pour la vie commune, la vie de tous, s'il lui arrivait, faute d'habitude et d'expérience, de ne pouvoir se livrer aux travaux que les autres accomplissaient, il rachetait cela en bêchant la terre, en coupant du bois, en portant des fardeaux sur ses propres épaules, et par toute sorte de travaux aussi pénibles. Si les forces venaient à lui manquer, il se rabattait sur les occupations les plus viles, et compensait par son humilité le travail qu'il ne pouvait accomplir. Il avait, comme je l'ai déjà dit, mortifié ses sens ; dont, soit curiosité, soit infirmité, il n'est personne de si parfait qui ne souffre, sinon volontairement, du moins par le souvenir et par la pensée, quelque détriment pour la paix intérieure de l'âme, au milieu de toutes ces occupations et de ces distractions extérieures ; par le privilège d'une grâce insigne, et par une grande force d'esprit, il était en même temps tout entier, si je puis parler ainsi, aux œuvres extérieures, et tout entier intérieurement à la pensée de Dieu. A l'heure du travail, il priait en lui-même, ou il méditait sans interrompre les œuvres extérieures qu'il avait à accomplir, et

---

22. Porro ad comedendum usque hodie vix aliquando voluptate trahitur appetitus, sed solo timore defectus. Etenim comesturus, priusquam comedat, sola cibi memoria satiatus est. Sic accedit ad sumendum cibum, quasi ad tormentum. A primo quidem conversionis suæ anno seu egressionis de cella novitiorum, natura ejus, cum teneræ nimis semper et delicatæ complexionis fuisset, jejuniis multis et vigiliis, frigore et labore, durioribus et continuis exercitiis attrita, corrupto stomacho, crudum continuo per os solet rejicere quod ingeritur. Quod si quid naturali decoctione digestum transfunditur ad inferiora, ibi nihilo minus partibus illis corporis non minoribus infirmitatum incommodis obsessis, non nisi cum gravi tormento egeritur. Si quid autem residuum est, ipsum est alimentum corporis ejus qualecumque, non tam ad vitam sustentandam, quam ad differendam mortem. Semper autem post cibum quasi pensare solitus est, quantum comederit. Siquando vel ad modicum mensuram solitam excessisse deprehenderit, impune abire non patitur. Sed et usus parcimoniæ sic ei in naturam versus est, ut etsi aliquando corporalis sibi cujuslibet refectionis plus aliquid solito velit indulgere, vix possit. Sic autem ab initio fuit, inter novitios novitius, monachus inter monachos, spiritu validus, corpore infirmus : nil indulgentiæ circa corpore infirmus ; nil indulgentiæ circa corporis quietem seu refectionem, nil remissionis de communi labore vel opere fieri sibi aliquando acquiescens. Cæteros namque sanctos esse arbitrabatur et perfectos ; se vero sicut novitium et incipientem, nequaquam emeritorum perfectorumque indulgentiis et remissionibus indigere, sed fervore novitio, et Ordinis districtione, et rigore disciplinæ.

23. Propter quod communis vitæ seu conversationis ferventissimus æmulator, cum opus aliquod manuum fratres actitarent, quod seu minor usus ei, seu imperitia denegabat ; fodiendo, seu ligna cædendo, propriis humeris deportando, vel quibuslibet laboribus æque laboriosis illud redimebat. Ubi vero vires deficiebant, ad viliora quæque opera confugiens, laborem humilitate compensabat. Et mirum in modum is, qui tantam contemplationem rerum spiritualium ac divinarum acceperat gratiam, circa talia non solum occupari patiebatur, sed et plurimum delectabatur. Sed mortificata, ut dictum est, sensualitate, cujus seu curiositate, seu infirmitate in hujusmodi laborum corporalium distractionibus, perfectorum etiam quorumcumque mentes sæpe necesse est, etsi non intentione, certe memoria et cogitatione ab interiore unitate spiritus aliquam pati dissolutionem : ipse privilegio majoris gratiæ in virtute spiritus simul et totus quodammodo

il s'occupait de ces œuvres extérieures sans rien perdre intérieurement de la douceur de sa méditation; car, jusqu'à présent, tout ce qu'il a de force dans les saintes Écritures, tout ce qu'il y découvre de sens spirituels, c'est à ses méditations au fond des forêts et dans les champs, c'est à la prière qu'il déclare le devoir, et il répète à ses amis, dans un langage aussi gai que gracieux, qu'il n'eut jamais d'autres maîtres que les chênes et les hêtres.

24. A l'époque de la moisson, pendant que tous les religieux sont occupés avec toute la ferveur et la joie du Saint-Esprit, à scier le blé ; comme, à cause de la faiblesse et de son défaut d'habitude pour une semblable besogne, il se voyait condamné à demeurer assis et à rester en repos, il en ressentait une grande tristesse, et, se réfugiant dans la prière, il demandait avec larmes à Dieu de lui donner la grâce de pouvoir faire aussi la moisson. La simplicité de sa foi ne trompa point son religieux désir, et il ne tarda point à obtenir la grâce qu'il sollicitait. A partir de ce moment, il peut se féliciter avec un certain bonheur de n'être pas moins habile qu'un autre dans cette sorte de travail, où il montre d'autant plus d'ardeur qu'il sait bien qu'il ne doit qu'à la grâce de Dieu la possibilité de s'y livrer. A ses heures de repos, pendant ces travaux et ces occupations, il priait, lisait ou méditait. S'il se trouvait dans la solitude, il en profitait pour prier; sinon, en quelque lieu qu'il fût, seul ou dans la foule, il se faisait une solitude dans son cœur, et partout il savait être seul. Il lisait très-souvent et bien volontiers l'Écriture sainte, soit seul, soit en commun, et il disait qu'il n'y avait point d'explication qui lui fit comprendre la parole de Dieu aussi bien que cette parole même, et que toutes les vérités, tous les sens qu'il y voyait briller, c'était plutôt à la source même des Saintes Écritures que dans les petits ruisseaux des commentaires qu'il les trouvait et les goûtait. Toutefois, il lisait humblement les ouvrages des commentateurs des Saintes Écritures que leur sainteté et leur orthodoxie recommandent, sans prétendre mettre les sens qu'il découvrait au même rang que les leurs, tout au contraire, il se soumettait à eux et se réglait sur eux ; mais en marchant sur leurs pas, il allait souvent boire lui-même à la source où ils avaient puisé. Voilà comment, rempli de l'esprit même par qui toute l'Écriture a été divinement inspirée, il s'en sert avec une confiance et une foi égales, selon se mot de l'Apôtre, pour instruire, pour reprendre et pour corriger (II *Tim.* III, 16). Quand il prêche la parole de Dieu, tous les passages qu'il cite à l'appui de sa doctrine, sont rendus par lui si clairs, si agréables et si efficaces pour toucher l'âme dans le sens qu'il se propose, que ceux qui l'écoutent, savants du monde et savants dans la doctrine du salut, tous sont dans l'admiration en entendant les paroles pleines de grâces qui coulent de ses lèvres.

CHAPITRE V.

Commencements de Clairvaux, humble genre de vie de ses premiers habitants; ses progrès futurs sont indiqués d'une manière divine.

25. Mais lorsqu'il plut à celui qui a tiré Bernard du siècle et l'a appelé à lui, de faire éclater davan-

---

exterius laborabat, et totus interius Deo vacabat: in altero pascens conscientiam, in altero devotionem. Laboris ergo tempore et intus orabat seu meditabatur absque intermissione exterioris laboris, et exterius laborabat absque jactura interioris suavitatis. Nam usque hodie quidquid in Scripturis valet, quidquid in eis spiritualiter sentit. maxime in silvis et in agris meditando et orando se confitetur accepisse ; et in hoc nullos aliquando se magistros habuisse, nisi quercus et fagos, joco illo suo gratioso inter amicos dicere solet.

24. Messis tempore fratribus ad secandum cum fervore et gaudio sancti Spiritus occupatis, cum ipse quasi impotens et nescius laboris ipsius, sedere sibi et requiescere juberetur, admodum contristatus, ad orationem confugit, cum magnis lacrymis postulans a Deo donari sibi gratiam metendi. Nec fefellit simplicitas fidei desiderium religiosi. Continuo namque petiit, impetravit. Et ex illo die in labore illo præ cæteris peritum se esse cum quadam jucunditate gratulatur : tanto in hoc opere devotior, quanto se in hoc ipso facultatem ex solo Dei dono reminiscitur accepisse. Feriatus autem ab hujusmodi labore vel opere, jugiter aut orabat, aut legebat, aut meditabatur. Ad orandum si se solitudo offerret, ea utebatur : sin autem, ubicumque, seu apud se, seu in turba esset, solitudinem cordis ipse sibi efficiens, ubique solus erat. Canonicas autem Scripturas simpliciter et seriatim libentius ac sæpius legebat, nec ullis magis quam ipsarum verbis eas intelligere se dicebat ; et quidquid in eis divinæ sibi elucebat veritatis, aut virtutis, in primæ sibi originis suæ fonte magis, quam in decurrentibus expositionum rivis sapere testabatur Sanctos tamen et orthodoxos earum expositores humiliter legens, nequaquam eorum sensibus suos sensus æquabat, sed subjiciebat formandos ; et vestigiis eorum fideliter inhærens, sæpe de fonte unde illi hauserant, et ipse bibebat. Inde est quod plenus spiritu, quo omnis sancta Scriptura divinitus est inspirata, tam confidenter et utiliter ea usque hodie, sicut Apostolus dicit, utitur ad docendum, ad arguendum, ad corripiendum. Et dum prædicat verbum Dei, quidquid de ea affert in medium, sic patens, et placens efficit, et circa id unde agitur efficax ad movendum, ut mirentur omnes tam seculari quam spirituali præditi doctrina, in verbis gratiæ quæ procedunt de ore ejus.

CAPUT V.

De initio Claræ-vallis, et vili victu primorum ibidem monachorum, deque ostenso divinitus ejus incremento.

25. Cum autem complacuit ei qui eum segregavit a seculo, et vocavit, ut ampliore gratia revelaret in eo

tage sa gloire en lui, et de réunir en un seul troupeau une multitude d'enfants de Dieu qui étaient encore dispersés, il suggéra à l'abbé Étienne la pensée de l'envoyer avec ses frères pour fonder la maison de Clairvaux. Il mit à leur tête en les envoyant dom Bernard, en qualité d'abbé, à leur grand étonnement sans doute, attendu qu'ils étaient tous des hommes mûrs et aussi distingués dans la profession religieuse que dans le monde, et qui craignaient pour Bernard, soit son extrême jeunesse, soit sa faible constitution, et son peu d'habitude des travaux corporels. Clairvaux, situé dans le diocèse de Langres, non loin de l'Aube, était un ancien repaire de brigands appelé autrefois la vallée de l'Absinthe, soit à cause de l'abondance avec laquelle cette plante croît en ces lieux, soit à cause des amères douleurs de tous ceux qui venaient à tomber entre les mains des brigands qui y avaient fixé leur séjour. C'est donc là, dans ce lieu d'horreur, dans cette profonde solitude que s'arrêtèrent ces hommes pleins de courage, dans la pensée d'y faire d'une caverne de voleurs un temple à Dieu, une maison de prière. Ils y servirent Dieu pendant quelque temps avec simplicité, dans la pauvreté d'esprit, dans la faim et la soif, dans le froid et la nudité, et dans des veilles nombreuses. Leur nourriture la plus ordinaire se composait de feuilles de hêtre. Au lieu du pain dont parle le prophète, ils avaient un pain d'orge, de mil et de vesce, un pain tel qu'un jour un religieux s'en voyant servir un morceau dans l'hôtellerie, se mit à fondre en larmes et l'emporta avec lui pour le montrer à ses frères, parce que c'était une chose extraordinaire que des hommes, et quels hommes, vécussent d'un pareil pain.

26. Mais tout cela touchait fort peu l'homme de Dieu. Son plus grand souci était de sauver beaucoup d'âmes; il n'y en eut pas d'autre plus pressant dans ce cœur sacré, tout le monde le sait, depuis le premier jour de sa conversion jusqu'à présent, en sorte qu'il semble avoir des entrailles de mère pour toutes les âmes. Aussi ses saints désirs et son humilité ne cessaient-ils de se livrer de violents combats dans son cœur. En effet, tantôt dans les humbles sentiments qu'il avait de lui-même, il se trouvait indigne de concourir à quelque bien que ce fût, et tantôt, s'oubliant lui-même, il brûlait de la plus vive ardeur, et semblait ne devoir goûter de consolation que s'il sauvait une foule d'âmes. Sans doute la charité lui inspirait de la confiance, mais l'humilité la réprimait. Au milieu de tout cela, il lui arrivait souvent de se lever longtemps avant l'heure pour les vigiles; et comme après le temps des vigiles passé, il lui en restait encore beaucoup avant l'heure des matines, il sortait dans la campagne, parcourait les environs, et priait Dieu d'avoir son dévouement et celui de ses frères pour agréables. Or, se trouvant un jour pressé de ce désir de produire des fruits spirituels dont je viens de parler, tout à coup, pendant qu'il était debout en prières, les yeux à demi-fermés, il vit de tous côtés des montagnes voisines descendre vers le fond de la vallée une telle multitude d'hommes de toute condition et vêtus de toutes les manières, que la vallée se trouva trop petite pour les contenir. Tout le monde comprend aujourd'hui le sens de cette vision. L'homme de Dieu, admirablement consolé par ce qu'il venait de voir, exhorta ses frères et leur recommanda de ne jamais désespérer de la miséricorde de Dieu.

gloriam suam, et multos filios Dei qui erant dispersi, per eum congregaret in unum; misit in cor abbatis Stephani ad ædificandam domum Claræ-vallis mittere fratres ejus. Quibus abeuntibus ipsum etiam domnum Bernardum præfecit abbatem, mirantibus sane illis, tanquam maturis et strenuis tam in religione quam in seculo viris, et timentibus ei tum pro tenerioris ætate juventutis, tum pro corporis infirmitate, et minori usu exteriori occupationis. Erat autem Clara-vallis locus in territorio Lingonensi, non longe a fluvio Alba, antiqua spelunca latronum, quæ antiquitus dicebatur Vallis absinthialis, seu propter abundantis ibi absinthii copiam, seu propter amaritudinem doloris incidentium ibi in manus latronum. Ibi ergo in loco horroris et vastæ solitudinis consederunt viri illi virtutis, facturi de spelunca latronum templum Dei, et domum orationis. Ubi simpliciter aliquanto tempore Deo servierunt in paupertate spiritus, in fame et siti, in frigore et nuditate, in vigiliis multis. Pulmentaria sæpius ex foliis fagi conficiebant. Panis instar prophetici illius ex hordeo et milio, et vicia erat, ita ut aliquando religiosus vir quidam appositum sibi in hospitio, ubertim plorans, clam asportaverit, quasi pro miraculo omnibus ostendendum, quod inde viverent homines, et tales homines.

26. At Virum Dei minus ista movebant. Summa ei sollicitudo de salute multorum, quæ a prima die conversionis suæ usque ad hoc tempus tam singulariter sacrum illud pectus noscitur possidere, ut erga omnes animas maternum gerere videatur affectum. Erat ergo vehemens in præcordiis ejus, sancti desiderii, et sanctæ humilitatis conflictus. Modo enim seipsum dejiciens, fatebatur indignum, per quem fructus aliquis proveniret; modo oblitus sui, æstuabat flagrantissimo ardore, ut nullam nisi ex multorum consolationem posse admittere videretur. Sane fiduciam charitas pariebat, sed eamdem castigabat humilitas. Contigit autem inter hæc, ut aliquando temperius solito surgeret ad vigilias. Quibus peractis, cum usque ad matutinas laudes aliquanto longius superesset noctis intervallum, egressus foras, et loca vicina circumiens, orabat Deum, ut acceptum haberet obsequium suum, et fratrum suorum; et in eo quod diximus spiritualis fructus desiderio constitutus, subito staus in ipsa oratione, modice interclusis oculis, vidit undique ex vicinis montibus tantam diversi habitus et diversæ conditionis hominum multitudinem in inferiorem vallem descendere, ut vallis ipsa capere non posset; quod quid significaverit, jam omnibus manifestum est. Hac igitur Vir Domini visione magnifice consolatus, exhortatus est etiam fratres suos, commonens eos de misericordia Dei nunquam desperare.

CHAPITRE VI.

Grande confiance de Bernard en Dieu dans les moments les plus difficiles; son zèle pour la perfection; conversion de sa sœur.

27. Un jour, à l'approche de l'hiver, comme Gérard, frère de Bernard et cellérier de la maison, se plaignait un peu vivement à lui du dénûment absolu de toutes les choses nécessaires où se trouvaient la maison et les frères, en lui disant qu'il n'avait pas de quoi se les procurer, et que, pressé par la nécessité, il ne voulait entendre aucune parole de consolation, car il n'avait absolument rien à donner, l'homme de Dieu lui dit : « Eh bien, pour parer à la détresse présente, combien vous faudrait-il ? Onze livres, lui répondit Gérard. » A ces mots, Bernard s'éloigne et recourt à la prière ; peu de temps après, Gérard revint le trouver en lui disant qu'une femme de Châtillon était à la porte et demandait à lui parler. A peine cette femme vit-elle Bernard arriver à elle, que, tombant à terre et se prosternant à ses pieds, elle lui fit don de douze livres en lui demandant le secours de ses prières pour son mari qui était dangereusement malade. Après lui avoir dit quelques mots, il la congédia en lui disant : « Allez, vous retrouverez votre mari guéri. » Elle s'en retourne dans sa maison et trouva qu'il en était ainsi que Bernard le lui avait dit. De son côté l'abbé, relevant le courage abattu de son cellérier, le rendit ainsi plus fort pour supporter désormais les épreuves du Seigneur. Cela ne lui arriva pas une fois seulement ; il est certain même que bien souvent, dans un pareil besoin, on vit tout à coup un secours de Dieu arriver d'où on ne l'attendait point. Aussi les hommes prudents, comprenant que la main du Seigneur était avec lui, se donnaient bien de garde d'arracher sa tendre âme aux délices du ciel pour l'affliger par les soucis des choses extérieures, s'en tiraient entre eux du mieux qu'ils pouvaient, ne l'occupaient que des choses intérieures de leur conscience, et ne le consultaient que pour le bien de leurs âmes.

28. Mais il fallit leur arriver ce que l'histoire nous apprend être arrivé autrefois aux enfants d'Israël au sujet de Moïse (*Exod.* xxxiv). En effet, comme il sortait de l'obscurité du nuage où il s'était longtemps entretenu avec le Seigneur sur le mont Sinaï, et retournait vers le peuple, il arriva que, à la suite de son entretien avec Dieu, il paraissait avoir des cornes au front, ce qui lui donnait une apparence terrible, et tout le peuple s'enfuyait à son approche. De même notre Saint, en quittant la présence de Dieu dont il avait joui pendant quelque temps dans la solitude de Cîteaux et dans le profond silence d'une sublime contemplation, semblait apporter au milieu des hommes une sorte de pureté merveilleuse plus qu'humaine, puisée auprès de Dieu, qui effrayait presque et éloignait de lui tous ceux qu'il devait conduire, et parmi lesquels il venait vivre. En effet, s'il avait à les entretenir de choses spirituelles et à leur prêcher pour la sanctification de leurs âmes, il parlait à ces hommes la langue des anges, et pouvait à peine se faire comprendre d'eux. C'était surtout quand il traitait un sujet de morale que sa bouche, dans un langage abondant qui sortait du cœur, leur proposait des choses sublimes, exigeait d'eux tant de perfection, que sa parole semblait dure à entendre ; c'était au point que ses auditeurs ne comprenaient pas ce qu'il leur disait. D'un autre côté, quand il les entendait se confesser à lui et s'accuser de diverses

---

CAPUT VI.

De magna ejus in angustiis erga Deum fiducia; deque zelo perfectionis, et conversione sororis.

27. Cum vero ante instantem hiemem Gerardus frater ejus, cellarius domus, apud eum durius quæreretur ad necessaria domus et fratrum multa deesse nec habere se unde ea coemeret, et urgente necessitate jam nullam verborum reciperet consolationem, res autem in promptu non esset quæ daretur : Vir Dei, quantum interim ad præsentes angustias sufficere posset, inquisivit; ille vero undecim* libras respondit. Tunc dimittens eum, ad orationem confugit. Post paululum vero rediens Gerardus, mulierem quamdam de Castellione foris esse, et velle ei loqui nuntiavit. Ad quam cum egrederetur, procidens ad pedes ejus eadem mulier, duodecim librarum benedictionem ei obtulit, orationum suffragia implorans viro suo periculose ægrotanti. Quam breviter allocutus dimisit a se : Vade, inquiens, sanum invenies virum tuum. Illa vero abiens in domum suam, sicut audierat, sic invenit. Abbas vero consolans pusillanimitatem cellarii sui, ad sustinendum Dominum de cætero reddidit fortiorem. Nec tantum semel hoc ei contigisse certum est, sed sæpe, cum hujusmodi necessitas instaret, repente, unde non sperabatur, auxilium ei a Domino affuisse. Propter quod viri prudentes intelligentes manum Domini esse cum eo, teneritudinem mentis ejus a diliciis paradisi nuper egressi, rerum exteriorum sollicitudine gravare cavebant, eas ipsi intra semetipsos ut poterant digerentes, et tantummodo de interioribus conscientiis suis, et causa animarum suarum eum consulentes.

28. In quo tamen pene hoc eis contigit, quod filiis Israel legimus olim de Moyse contigisse, cum diu conversatus cum Domino in monte Sina, et de caligine nubis egrederetur et descenderet ad populum, ex colloquio Domini facies ejus cornuta appareret, et terribilis, adeo ut fugeret populus ab eo Egressus enim Vir sanctus a facie Domini, qua in solitudine Cistercii, et sublimioris altitudine contemplationis in silentio aliquandiu fruitus erat, quasi de cœlo afferens inter homines miraculum quoddam conquisitæ sibi apud Deum plusquam humanæ puritatis, homines quos regere, et inter quos conversari veniebat, pene omnes a se absterruit. Si quando namque de spiritualibus, et ædificatione animarum sermonem ad eos

non ni-neglectum.

illusions et pensées communes aux hommes, et telles qu'il n'est donné à personne dans la chair, de pouvoir les éviter tout à fait, c'est alors surtout qu'il était évident qu'il n'y avait aucun rapport entre une lumière comme la sienne et de pareilles ténèbres, car il trouvait des hommes là où il avait pensé qu'il n'y avait que des anges. Cet homme qui avait en grande partie la pureté d'un ange et qui avait conscience de la grâce singulière qu'il avait jadis reçue de Dieu, préjugeait si bien dans la simplicité des fragiles humains, qu'il ne croyait pas possible à un religieux de tomber dans de pareilles tentations et dans ces souillures de pensées, ou d'y tomber et d'être un vrai religieux.

29. Mais tous les vrais religieux, tous les hommes vraiment pieux et sages respectaient dans ses sermons les choses même qu'ils ne comprenaient point, et dans leurs propres confessions, quoiqu'ils s'étonnassent d'un langage si nouveau pour eux et qui leur semblait gros de désespoir pour les faibles, cependant, selon la pensée du saint homme Job, ils auraient cru mal faire de contredire sa parole ; aussi n'excusaient-ils point, mais accusaient-ils, au contraire, leur faiblesse devant l'homme de Dieu, pour les choses dans lesquelles nul homme vivant ne peut être exempt de toute faute aux yeux de Dieu. Voilà comment la pieuse humilité des disciples devenait une leçon même pour leur maître. En effet, pendant qu'ils s'humiliaient ainsi, au gré de celui qui les reprenait de leurs fautes, leur maître dans les voies spirituelles se prit à douter de la bonté de son zèle contre des religieux si humbles et si soumis, et il en vint au point d'accuser lui-même sa propre ignorance, de pleurer sur la nécessité où il se trouvait de rompre le silence quand il ne savait pas même parler. Il se reprochait de tenir à ces hommes un langage plutôt indigne d'eux qu'élevé, qui blessait la conscience de ses auditeurs et de demander avec tant de rigueur la perfection à de simples religieux, quand il se trouvait si éloigné d'y atteindre lui-même. Il pensait que ces religieux méditaient en silence des choses bien meilleures et bien plus près du salut que celles qu'il leur disait, opéraient leur salut avec plus de dévotion et de succès que ne pouvaient le faire ses propres exemples, et que ses prédications étaient plutôt faites pour les scandaliser que pour les édifier. Toutes ces réflexions le troublaient et l'attristaient beaucoup, et diverses pensées lui venaient à l'esprit. Après bien des réflexions et bien des combats intérieurs, il s'arrêta à la pensée de se retirer de toutes les choses extérieures dans le secret de son âme, de s'y tenir dans la solitude du cœur, dans la retraite et le silence, et d'attendre que le Seigneur daignât, dans sa miséricorde, lui révéler sa volonté sur ce sujet. Il n'attendit pas longtemps, le Dieu de miséricorde vint à son secours en temps opportun. En effet, quelques jours à peine s'étaient écoulés, quand il vit dans une vision qu'il eut pendant la nuit, un enfant qui se tenait debout auprès de lui, avec une charité toute divine, lui enjoignant avec une grande autorité de prêcher avec confiance tout ce qui lui viendrait à la bouche, attendu que ce ne serait pas lui qui parlerait, mais l'Esprit saint qui parlerait en lui. A partir de ce jour, il fut plus manifeste que jamais que le Saint-Esprit parlait en lui et par sa

habebat, loquebatur hominibus lingua angelorum, et vix intelligebatur. Maxime autem in his quæ ad mores hominum pertinebant, ex abundantia cordis sui tam sublimia eis proponebat, tam perfecta exigebat ab eis, ut durus videretur sermo, in tantum non capiebant quæ dicebantur. Rursum cum singillatim eos audiret confitentes sibi, et semetipsos accusantes super diversis illusionibus cogitationum communium humanarum, quas nullus in carne vivens homo penitus vitare potest ; hoc potissimum fuit, in quo luci illi ad tenebras illas conventio esse non potuit ; scilicet quod homines inveniebat, quos in hac parte angelos æstimabat. Angelicam enim magna ex parte degustans puritatem, et ex conscientia jam olim acceptæ a Deo gratiæ singularis, simpliciter præjudicans universæ conditioni humanæ fragilitatis, in tentationes seu inquinationes cogitationum harum nullum religiosum posse incidere ; vel si incideret, vere religiosum non esse æstimabat.

29. Sed viri vere religiosi, et pie prudentes, et in prædicatione sermonum ejus venerabantur etiam quæ non capiebant, et in confessionibus suis licet ad novum stuperent auditum, eo quod seminarium quoddam desperationis præferre videtur infirmis ; tamen juxta sententiam sancti Job, nefas putabant contradicere sermonibus sancti, non excusantes, sed accusantes infirmitatem suam in conspectu hominis Dei, in quo nemo vivens justificari potest in conspectu Dei. Unde factum est, ut fieret magistra magistri pia humilitas discipulorum. Cum enim ad nutum arguentis humiliarentur qui arguebantur, cœpit etiam spirituali magistro adversus fratres humiles et subjectos zelus suus esse suspectus, in tantum ut ipse jam potius accusaret ignorantiam suam, et defleret necessitatem, quod silere non liceret, cum nesciret loqui ; quod non tam alta ad homines, quam indigna hominibus loquendo læderet conscientias auditorum ; quod tam scrupulose perfectionem a fratribus simplicibus exigebat, in quo se nondum inveniret ipse perfectum. Cogitabat namque eos multo meliora et viciniora saluti suæ in silentio suo meditari, quam ab ipso audirent ; devotius et efficacius salutem suam operari, quam ex ejus exemplo acciperent ; ex prædicatione vero ejus scandalizari potius, quam aliquid concipere ædificationis. Cumque super hoc vehementius turbaretur et contristaretur, et diversæ cogitationes ascenderent in cor ejus ; post multos cogitationum flexus et cruciatus cordis, decrevit ab exterioribus omnibus ad interiora sua recolligere se, ibique in solitudine cordis et secreto silentii continere, et præstolari Dominum, donec quocumque modo misericordiæ suæ super hoc ei suam revelaret voluntatem. Nec tardavit misericordia Dei auxilium in tempore opportuno. Paucis siquidem evolutis diebus, vidit in visu noctis puerum charitate

bouche, lui suggérant un langage plein de force, lui mettant sur les lèvres avec abondance le sens des Écritures. Il donna à sa parole une grande autorité, un grand charme sur l'esprit de ses auditeurs, en même temps qu'il lui ouvrit les yeux de l'intelligence sur les besoins du pauvre et de l'indigent, je veux dire du pécheur qui se repent et qui demande son pardon.

30. Après avoir appris pendant quelque temps à converser avec les hommes, à agir comme eux et à supporter les choses inhérentes à l'humanité, il commença à goûter au milieu de ses frères et avec eux les fruits de son changement de vie. Son père, qui était demeuré seul à la maison, vint rejoindre ses enfants et partager leur genre de vie. Après avoir passé ainsi quelque temps avec eux, il mourut [a] dans une heureuse vieillesse. Leur sœur [*], qui était restée dans le monde où elle s'était mariée, y menait une vie toute mondaine, au milieu de tous les dangers qui accompagnent les richesses de la terre; un jour pourtant, Dieu lui inspira la pensée d'aller voir ses frères; mais lorsqu'elle fut arrivée pour voir son vénérable frère, et qu'elle attendait avec une suite nombreuse et magnifique qu'il vînt recevoir sa visite, Bernard ne lui témoigna que de l'horreur et une sorte d'aversion comme pour une personne qui aidait elle-même le démon à dresser des pièges aux âmes pour les prendre, et il ne voulut point se montrer à elle pour recevoir sa visite. En apprenant son refus, cette femme se sentit toute couverte de confusion, et, profondément affligée de voir que aucun de ses frères ne daignait se déranger pour la recevoir, elle ne put s'empêcher de fondre en larmes en entendant les reproches que son frère André, qu'elle avait trouvé à la porte du monastère, lui adressait au sujet du luxe de vêtements dont elle environnait le fumier de son corps. Je ne suis qu'une pécheresse, sans doute, s'écria-t-elle, mais c'est pour les pécheurs que le Christ est mort, et c'est précisément parce que je suis pécheresse que je recherche l'entretien des saints, et si mon frère méprise mon corps, que le serviteur de Dieu ait pitié de mon âme. Qu'il vienne, qu'il parle et ordonne, tout ce qu'il me prescrira, je suis prête à le faire. Fort de cette promesse, Bernard vint la voir avec ses autres frères. Comme il ne pouvait la séparer de son mari, il commença par lui défendre toute recherche mondaine et tout luxe dans les vêtements, toutes les pompes et les vanités du monde, lui ordonna ensuite d'imiter la vie dont leur mère leur avait donné l'exemple pendant les longues années qu'elle passa avec son mari, puis il la congédia. Elle se soumit très-religieusement à ses recommandations et revint chez elle changée du tout au tout, par un effet de la toute puissance de la main du Très-Haut. Tout le monde vit avec un profond étonnement cette femme jeune, noble, délicate, changer tout-à-coup de manière de vivre, renoncer à la parure et au luxe pour mener la vie d'une ermite dans le monde, s'adonner aux veilles, aux jeûnes et à la prière, et vivre tout-à-fait étrangère au

---

[a] On lit dans le Nécrologe de Saint-Bénigne, au sujet du père du saint Bernard : « 11 avril, mort du moine Técelin, père de dom Bernard, abbé de Clairvaux. »

[*] Humbline.

---

quadam divina adstantem sibi, et magna auctoritate præcipientem fiducialiter loqui quidquid ei suggeretur in apertione oris sui, quoniam non ipse esset qui loqueretur, sed Spiritus qui loqueretur in eo. Et extunc manifestius in eo et per eum loquens Spiritus sanctus, et sermonem ei potentiorem et sensum in Scripturis abundantem suggerens in apertione oris ejus, apud auditores quoque ei gratiam addidit et auctoritatem, et intellectum super egenum et pauperem, peccatorem pœnitentem, et veniam postulantem.

30. Cumque jam aliquatenus didicisset inter homines conversari, et humana agere et tolerare, jamque inter fratres suos, et sermonem eis inciperet frui fructibus conversionis suæ; pater quoque, qui solus domi remanserat, veniens ad filios suos, appositus est ad eos; qui cum aliquantum tempus ibi fecisset, obiit in senectute bona. Soror quoque eorum in seculo nupta et seculo dedita, cum in divitiis seculi periclitaretur, tandem aliquando inspiravit ei Deus ut fratres suos visitaret. Cumque venisset quasi visura venerabilem fratrem suum, et adesset cum comitatu superbo et apparatu; ille detestans et exsecrans eam tanquam rete diaboli ad capiendas animas, nullatenus acquievit exire ad videndum eam. Quod audiens illa, confusa, et compuncta vehementer, cum ei nullus fratrum suorum occurrere dignaretur, cum a fratre suo Andrea, quem ad portam invenerat monasterii, ob vestium apparatum stercus involutum argueretur, tota in lacrymas resoluta : Etsi peccatrix sum, inquit, pro talibus Christus mortuus est. Quia enim peccatrix sum, idcirco consilium et colloquium bonorum requiro. Et si despicit frater meus carnem meam, ne despiciat servus Dei animam meam. Veniat, præcipiat; quidquid præceperit, facere parata sum. Hanc ergo promissionem tenens, exiit ad eam cum fratribus suis frater ejus. Et quia eam separare a viro non poterat, primo verbo omnem ei mundi gloriam in cultu vestium, et in omnibus seculi pompis, et curiositatibus interdixit; formam vitæ matris suæ, in qua multo tempore vixit cum viro, ei indixit, et sic eam a se dimisit. Illa vero obedientissime parens præcepto, rediit ad propria, mutata repente secundum omnipotentiam dexteræ Excelsi. Stupebant omnes, adolescentulam nobilem, delicatam, subita mutatione in habitu et victu, in medio seculi vitam ducere eremiticam; instare vigiliis et jejuniis, et continuis orationibus, et ab omni seculo prorsus se facere alienam. Biennio postea sic vixit cum viro suo, illo sane, secundo maxime anno, dante Deo honorem, nec temerare ulterius præsumente templum Spiritus sancti. Qui etiam tandem virtute ejus perseverantiæ victus,

monde. Elle vécut ainsi pendant deux ans avec son mari, qui, la seconde année, rendant gloire à Dieu et n'osant pas se permettre de profaner le temple du Saint-Esprit, se laissa vaincre enfin par la force de sa persévérance et, la laissant libre de le quitter, lui permit de se donner selon le rite de l'Église, au service de Dieu, à qui elle s'était consacrée. Profitant donc de la liberté qu'elle avait si longtemps désirée, elle se rendit au monastère de Juilly, et y consacra à Dieu le reste de sa vie, parmi les saintes femmes qui s'y trouvaient déjà réunies. Là, le Seigneur lui fit la grâce de l'élever à un tel degré de sainteté, qu'elle montra bien, non moins par l'âme que par le corps, qu'elle était sœur de tous ces hommes de Dieu.

CHAPITRE VII.

Saint Bernard est ordonné abbé, soins que réclame sa santé. Éloge de la discipline alors en vigueur à Clairvaux.

31. Lorsque Bernard fut envoyé à Clairvaux, il dut être ordonné pour le ministère auquel il était appelé. Le siége de Langres, que cette ordination regardait, était vacant, et, comme les religieux se demandaient à quel évêque ils le présenteraient pour cette ordination, la pensée vint aussitôt à l'esprit de recourir à l'évêque voisin, qui était celui de Châlons-sur-Marne, Guillaume de Champeaux, homme que sa réputation rendait extrêmement respectable, en même temps que son savoir en faisait un maître très-renommé. On résolut donc de s'adresser à lui. C'est ce qui eut lieu. Bernard se rendit à Châlons accompagné d'un religieux de Citeaux, nommé Elboldon. On vit donc entrer dans la maison de l'évêque un jeune religieux, au corps exténué et presque mourant, à l'extérieur méprisable, suivi d'un autre religieux plus âgé, d'une taille élevée, d'un extérieur élégant et robuste, ce qui prêtait à rire aux uns, à plaisanter aux autres, pendant qu'il s'en trouvait plusieurs qui prenaient la chose comme elle était effectivement. Comme on se demandait lequel des deux était l'abbé, l'évêque, au premier coup d'œil qu'il jeta sur eux, reconnut le serviteur de Dieu et le reçut comme pouvait le faire un autre serviteur de Dieu, tel qu'il l'était lui-même. En effet, dès l'abord et aux premiers mots, la réserve de Bernard dans sa manière de s'exprimer, beaucoup mieux encore que toute espèce de discours, fit éclater aux yeux de Guillaume de plus en plus la prudence de ce jeune religieux, et cet homme sage comprit que Dieu même le visitait dans son hôte. Les pieuses instances de l'hospitalité ne manquèrent point jusqu'à ce que l'entretien de ces deux hommes, finissant par établir entre eux une confiance et une liberté toutes familières, l'âme de Bernard plus encore que ses paroles, le fit apprécier de son hôte. Bref, à partir de ce jour et de ce moment, ils ne firent plus l'un et l'autre qu'un cœur et qu'une âme dans le Seigneur, au point que souvent dans la suite, ils allèrent l'un chez l'autre, et que Clairvaux devint la demeure de l'évêque, de même que non-seulement la maison de l'évêque, mais la ville entière de Châlons-sur-Marne devint par lui la maison des religieux de Clairvaux. Bien plus, tout le Rémois et la Gaule entière fut excitée par cet évêque au respect de l'homme de Dieu. Car c'est de ce grand évêque que les autres apprirent à faire accueil à

---

liberamque a se dimittens, juxta ritum Ecclesiæ, facultatem ei concessit serviendi Deo cui se probavit. Illa vero optata libertate potita, monasterium Julleium adiens, cum sanctimonialibus inibi Deo servientibus reliquum vitæ suæ Deo vovit; ubi tantam ei Dominus gratiam contulit sanctitatis, ut non minus animo, quam carne illorum probaretur virorum Dei esse germana.

CAPUT VII.

De Ordinatione sancti Bernardi in abbatem, deque cura valetudinis ejus; item de laude disciplinæ religiosæ jam tum in Clara-valle vigentis.

31. Cum autem missus noviter Claram-vallem Bernardus, ordinandus esset in ministerium ad quod assumptus erat, et sedes Lingonensis vacaret, ad quam ordinatio ipsa respiciebat; quærentibus fratribus, quo eum ducerent ordinandum; cito de proximo se obtulit bona fama venerabilis Catalaunensium episcopi, opinatissimi illius magistri Guillelmi de Campellis, illudque eum transmittendum esse diffinitum est. Sicque factum est. Abiit autem Catalaunum, assumpto secum Elboldone, monacho quodam Cisterciensi. Intravit ergo prædicti episcopi domum juvenis exesi corporis et moribundi, habitu quoque despicabilis, subsequente monacho seniore, et magnitudine et robore corporis eleganti, aliis ridentibus, aliis irridentibus, aliis rem, sicut erat, interpretando venerantibus. Cum autem quæreretur, quis eorum esset abbas; episcopus primus oculos in eum apertos habens, agnovit servum Dei, et suscepit eum sicut servus Dei. Cum enim primo in privato colloquia omni melius locutione prudentiam juvenis magis magisque proderet verecundia loquendi, intellexit vir sapiens divinam visitationem in adventu hospitis sui. Nec defuit hospitalitatis pia instantia, donec usque ad familiarem fiduciam et libertatem loquendi producto colloquio ad alterutrum, jam melius eum commendaret conscientia sua quam verba. Quid multa? Ex illa die et ex illa hora facti sunt cor unum, et anima una in Domino, in tantum ut sæpe alter alterum hospitem deinceps haberet, et propria esset domus episcopi Clara-vallis; Claræ-vallensium vero efficeretur non sola domus episcopi, sed et per ipsum tota civitas Catalaunensis. Quin etiam et Remensis provincia, et Gallia tota per eum in devotionem excitata est ad reverentiam Viri Dei. Ab illo siquidem tanto episcopo

Bernard, à le vénérer comme l'ange de Dieu, au point qu'il semble que cet homme, d'une autorité aussi considérable, a pressenti dans Bernard la grâce faite à son siècle, tant il se trouva favorablement disposé en faveur de ce religieux inconnu, de ce moine si parfaitement humble.

32. Mais peu de temps après, comme la faiblesse de l'abbé augmentait au point de ne plus lui laisser que la mort ou une vie pire que la mort en perspective, il reçut la visite de l'évêque de Châlons. Après l'avoir vu, Guillaume de Champeaux dit que non-seulement il ne désespérait point de sa vie, mais qu'il espérait même le voir recouvrer la santé, s'il suivait ses conseils et voulait consentir à donner à son faible corps les soins que son état réclamait, et, comme Bernard ne pouvait se décider à se relâcher en rien de la rigueur et de la pratique des usages de son ordre, l'évêque alla s'adresser au chapitre de Cîteaux, et, en présence de quelques abbés qui s'y trouvaient réunis, il se prosterna la face contre terre, avec une humilité digne d'un évêque, et avec une charité vraiment sacerdotale, demanda et obtint qu'on le soumît seulement un an à sa direction, avec obligation de lui obéir. Or qu'était-il possible de refuser à une pareille humilité dans un rang si élevé? De retour à Clairvaux, il lui fit faire une petite habitation en dehors de la clôture et des propriétés du monastère, puis manda et ordonna qu'on ne tînt aucun compte à son égard des prescriptions de la règle, en tout ce qui concerne le boire, le manger et les autres choses semblables; qu'on le déchargeât absolument de tous les soucis de l'administration de sa maison, et qu'on le laissât vivre de la manière qu'il prescrirait.

33. C'est vers la même époque que je commençai moi-même à fréquenter Clairvaux et son abbé. Un jour que je lui rendais visite avec un autre abbé, je le trouvai dans cette petite chaumière, qui ressemblait à celles qu'on a coutume d'élever aux lépreux dans les carrefours. Il était là par obéissance, d'après l'ordre de l'évêque de Châlons, selon ce que j'ai rapporté plus haut, et des abbés, déchargé de tout souci concernant l'administration tant intérieure qu'extérieure de la maison, ne vaquant qu'à Dieu et aux soins de son âme, et heureux comme au sein des délices mêmes du paradis. Étant entré dans cette royale cabane, je me suis senti, en considérant cette demeure et celui qui y habitait, pénétré d'un respect aussi grand, j'en prends Dieu même à témoin, à l'aspect de cette cabane, que si j'étais monté à l'autel de Dieu. J'éprouvai même tant de bonheur à considérer cet homme, et un tel désir de partager la pauvreté et la simplicité de son habitation, que, si le choix m'en avait été donné ce jour-là, je n'aurais rien souhaité plus vivement que de demeurer constamment avec lui pour le servir. Comme il nous servait lui-même de son côté avec joie, nous lui demandâmes ce qu'il faisait et comment il passait sa vie dans ce séjour, il nous répondit avec ce noble sourire qui lui était particulier: « Cela va à merveille. Jusqu'à présent des hommes raisonnables m'ont obéi, et à présent, par un secret jugement de Dieu, je me trouve contraint d'obéir à une espèce d'animal sans raison. » Il voulait parler d'un paysan vain, qui ne savait absolument rien de rien, et qui se vantait néanmoins de guérir Bernard de la faiblesse dont il souffrait, et à qui l'évêque de Châlons, les abbés et les autres religieux

cæteri didicerunt suscipere eum, et revereri tanquam angelum Dei, ita ut hujus temporis præsensisse in eo gratiam videatur homo tantæ auctoritatis, sic affectus erga ignotum monachum, et monachum tantæ humilitatis.

32. Modico vero post tempore transacto, cum eousque infirmitas Abbatis ingravesceret, ut jam non nisi mors ejus, aut omni morte gravior vita speraretur, ab episcopo visitatus est. Cumque viso eo episcopus se non solum vitæ ejus, sed et sanitatis spem habere diceret, si consilio ejus acquiescens, secundum infirmitatis suæ modum aliquam corpori suo curam pateretur impendi; ille vero a rigore vel usu consuetudinis suæ minus facile flecti posset; profectus episcopus ad capitulum Cisterciense, ibi coram pauculis abbatibus qui convenerant, pontificali humilitate et sacerdotali charitate, toto corpore in terram prostratus, petiit, et obtinuit, ut tantum anno uno in obedientiam sibi traderetur. Quid enim tantæ humilitati in tanta posset auctoritate negari? Reversus itaque Claram-vallem, extra claustra et terminos monasterii, domunculam unam ei fieri præcepit; ordinans et mandans in cibo vel potu, sive in aliquo ejusmodi circa eum nullam ibi teneri Ordinis districtionem; nullam de tota cura domus ad eum referri sollicitudinem, sed sini * cum vivere secundum modum ab eo præstitutum.

*al. fini.

33. Eodem tempore et ego Claram-vallem, ipsumque frequentare cœpi; queni cum ibi cum quodam abbate altero visitarem, inveni eum in suo illo tugurio, quale leprosis in compitis publicis fieri solet. Inveni autem ex præcepto, ut dictum est, episcopi et abbatum feriatum ab omni sollicitudine domus, tam interiori, quam exteriori, vacantem Deo et sibi, et quasi in deliciis paradisi exsultantem. Ingressusque regium illud cubiculum, cum considerarem habitationem et habitatorem, tantum mihi, Deum testor, domus ipsa incutiebat reverentiam sui, ac si ingrederer ad altare Dei. Tantaque affectus sum suavitate circa hominem illum, tantoque desiderio in paupertate illa et simplicitate cohabitandi ei, ut si optio illa die mihi data fuisset, nil tam optassem, quam ibi cum ei semper manere ad serviendum ei. Cumque et ipse vicissim nos eum gaudio suscepisset, et quæreremus quid ageret; quomodo ibi viveret; modo illo suo generoso arridens nobis : « Optime, inquit, Ego cui hactenus homines rationabiles obediebant, justo Dei judicio irrationali quidam bestiæ datus sum ad obediendum. » Dicebat autem de quodam homine rustico et vano, nihil prorsus sciente, ipsumque ab

lui avaient fait un devoir d'obéir. Mais là, nous étant mis à table avec lui, au lieu de voir servir cet homme dont la faiblesse était si grande, et dont on devait prendre tant de soin, comme nous pensions qu'on allait le faire, nous vîmes ce médecin qu'on lui avait donné lui apporter des mets auxquels un homme en pleine santé aurait à peine voulu toucher dans une faim extrême. A cette vue, nous nous sentîmes indignés, et c'est à peine si la règle du silence fut assez forte pour nous empêcher de le traiter de sacrilège et d'homicide, et de l'accabler de reproches et des témoignages de notre indignation. Quant à Bernard, qui se trouvait l'objet d'un pareil traitement, il supportait tout avec indifférence et trouvait tout également bien; on aurait dit un homme dont la sensibilité éteinte et le goût perdu ne font presque plus de différence en rien. En effet, on sait que pendant plusieurs jours il mangea du sang cru qu'on lui avait servi par erreur pour du beurre; une autre fois il but de l'huile pour de l'eau; il lui arrivait mille choses de ce genre. Il disait qu'il ne trouvait de goût qu'à l'eau, et ce goût c'est la sensation de fraîcheur qu'elle lui faisait éprouver à la bouche et dans la gorge quand il en buvait.

34. Voilà donc en quel état je le trouvai, et la solitude où cet homme de Dieu habitait, que dis-je, il n'était point dans la solitude, puisque Dieu était avec lui, et qu'il se trouvait gardé et consolé par les saints anges, comme on le vit à des signes manifestes. En effet, une certaine nuit, comme dans une prière plus attentive encore qu'à l'ordinaire, il avait répandu son âme sur lui, et s'était légèrement assoupi, il entendit comme le bruit des voix d'une foule considérable de passants. S'éveillant aus-

sitôt, et distinguant mieux encore ces voix, il quitte la cellule où il se trouvait et se met à les suivre. Non loin de là était un bois rempli de broussailles et de ronces, mais qu'il trouva alors bien différent de ce qu'il l'avait vu. Au dessus de ce bois, se tinrent pendant quelques instants des chœurs qui se répondaient alternativement, et qui se trouvaient placés l'un d'un côté, l'autre de l'autre; le saint homme les entendait et son âme était ravie. Cependant il ne connut le sens caché de cette vision que plusieurs années après, quand les édifices du monastère furent transportés ailleurs, et qu'il vit s'élever la chapelle à l'endroit même où il avait entendu ces voix. Quant à moi, malgré mon indignité, je suis resté là quelques jours avec lui, et de quelque côté que je portasse les yeux, j'étais dans l'admiration, il me semblait que je voyais de nouveaux cieux et une nouvelle terre; c'était pour moi les antiques vestiges des anciens moines de l'Égypte, qui sont nos pères, et je voyais sur ces vestiges les traces plus récentes des hommes de notre temps.

35. C'était l'âge d'or de Clairvaux; il fallait voir alors ces hommes pleins de vertu qui avaient naguère été comblés d'honneurs et de richesses dans le monde, se glorifier dans la pauvreté de Jésus-Christ, et planter l'Église de Dieu dans leur sang, dans les travaux et les fatigues, dans la faim et la soif, dans le froid et la nudité, dans les persécutions, les opprobres et les angoisses sans nombre, et préparer à Clairvaux la paix et l'abondance dont il jouit maintenant. En effet, ces hommes pensaient qu'ils ne vivaient point pour eux, mais pour Jésus-Christ et pour les religieux qui devaient venir servir Dieu dans cette maison, et ils ne comptaient pour rien tout ce qui leur manquait,

---

infirmitate qua laborabat, curaturum se jactitante, cui ad obediendum ab episcopo et abbatibus et fratribus suis traditus erat. Ibicum cum eo manducantes, cum arbitraremur hominem tam infirmum, tantæque providentiæ commissum, sicut oportebat, procurandum, et videremus ei agente medico illo suo offerri cibos, quos sanus quis vix præ angustia famis attingeret; videbamus et tabescebamus, vix regulari silentio nos cohibente, quin in illum quasi sacrilegum et homicidam ira et contumeliis insurgeremus. Ipse autem in quem hæc fiebant, indifferenter cuncta sumens, æque omnia approbabat; sicut qui sensu ipso corrupto, et pene emortuo sapore, vix aliquid discernebat. Nam et sanguinem crudum per errorem sibi oblatum pro butyro multis diebus noscitur comedisse; oleum bibisse tanquam aquam, et multa talia contingebant ei. Solam quippe aquam sibi sapere dicebat, eo quod dum sumeret, fauces et guttur ei refrigerabat.

34. Sic ergo tunc eum inveni, et sic habitabat in illa solitudine sua vir ille Dei. Sed non erat solus, cum quo erat Deus, et custodia et consolatio sanctorum Angelorum : quod etiam manifestis indiciis demonstratum est. Nocte enim quadam solito attentius orando effuderat super se animam suam, cum tenuiter so-

poratus voces audivit tanquam transeuntis multitudinis copiose. Evigilans autem et easdem voces plenius audiens, cellam quoque in qua jacebat egreditur, et prosequitur abeuntes. Haud procul aberat locus densis adhuc spinarum vepriumque frutetis abundans, sed nunc longe mutatus ab illo. Super hunc aliquamdiu stabant velut alternantes chori hinc inde dispositi, et vir sanctus audiebat, et delectabatur. Cujus tamen mysterium visionis non prius agnovit, quam translatis post aliquot annos ædificiis monasterii, eodem loco positum oratorium cerneret, ubi voces illas audisset. Mansi autem indignus ego cum eo paucis diebus, quocumque oculos verterem, mirans, quasi cœlos me videre novos, et terram novam, et antiquorum Ægyptiorum monachorum patrum nostrorum antiquas semitas, et in eis nostri temporis hominum recentia vestigia.

35. Erat enim tunc temporis videre Claræ-vallis aurea secula, cum viri virtutis, olim divites in seculo et honorati, tunc in paupertate Christi gloriantes, Ecclesiam Dei plantarent in sanguine suo, in labore et ærumna, in fame et siti, in frigore et nuditate, in persecutionibus, et contumeliis, et augustiis multis; præparantes Claræ-valli eam quam hodie habet suffi-

pourvu qu'il pussent laisser à ceux qui viendraient après eux de quoi subvenir à leurs besoins, et à la conscience de la pauvreté volontaire pour Jésus-Christ. A première vue, ceux qui arrivaient à Clairvaux, par le revers de la montagne, reconnaissaient Dieu dans ces demeures, car cette vallée, dans son muet langage, annonçait hautement par la simplicité et l'humilité des édifices qu'on y voyait, la simplicité et l'humilité des pauvres de Jésus-Christ, qui y avaient fixé leur demeure. En effet, dans cette vallée toute remplie de monde, il n'était permis à personne de mener une vie oisive ; tous travaillaient, et chacun était occupé à l'œuvre qui lui était prescrite. En plein jour c'était le silence du milieu de la nuit, et, quand on arrivait dans cette vallée, on n'entendait que le bruit du travail ou des louanges de Dieu, si les frères étaient occupés à les chanter. Cette pratique et cette réputation de silence produisaient un tel effet sur les gens du monde qui venaient visiter ces lieux, qu'ils n'osaient, par respect, s'y permettre, je ne dis point des entretiens oiseux ou inconvenants, mais même des actions tant soit peu déplacées. Par son site, cette vallée solitaire, placée au milieu d'épaisses forêts, et entourée de tous côtés de montagnes très-rapprochées, représentait en quelque sorte à tous les serviteurs de Dieu qui venaient s'y cacher, la grotte où notre père saint Benoît fut découvert un jour par des bergers; elle rappelait l'habitation, et, si je puis parler ainsi, la forme même de la solitude de celui dont ils imitaient la vie. En effet, la multitude de ceux qui se trouvaient en ce lieu, n'empêchait point qu'ils y fussent dans la solitude, car, à raison de l'ordre que la charité y faisait régner, chacun trouvait dans cette vallée remplie de monde, une vraie solitude pour soi; et, de même qu'un homme sans ordre, même quand il est seul, fait foule pour lui, ainsi, dans cette multitude de gens soumis à une règle, l'union de l'esprit, la loi d'un silence régulier, l'ordre, en un mot, assurait à chacun la solitude du cœur.

36. Dans ces simples demeures, la nourriture des habitants répondait à la simplicité de leur habitation. Leur pain était de terre plutôt que de son, et c'est à grand peine que les religieux le récoltaient dans cette contrée déserte et stérile, au prix des plus durs travaux ; les autres aliments n'avaient également presque d'autre goût que celui que la faim et l'amour de Dieu leur donnaient ; chacun d'eux prenait cette nourriture avec la simplicité d'une ferveur de novices, et, regardant comme du poison tout ce qui pouvait plaire au palais, ils refusaient les dons de Dieu à cause de la grâce qu'il sentaient en eux. En effet, le zèle de leur père spirituel ayant produit en eux, avec l'aide de la grâce de Dieu, au sujet de toute espèce de tolérance charnelle, ce résultat, que, non-seulement il faisaient avec constance et sans murmurer, mais encore avec un grand bonheur, les choses qui avaient d'abord semblé impossibles à tout homme dans un corps de chair, ce qui les flattait leur inspirait un autre genre de murmure d'autant plus dangereux qu'ils le regardaient plutôt comme spirituel que comme charnel. Ils étaient persuadés et tenaient pour un précepte confié à la fidélité de leur mémoire par une sorte de témoignage de la conscience, que toute délectation de la chair est ennemie de l'âme, et pensaient en conséquence qu'on

---

cientiam et pacem. Neque enim se tam sibi, quam Christo et fratribus inibi Deo servituris vivere æstimantes, pro nihilo habebant quidquid sibi deesset : dum relinquerent post se quod illis sufficeret et ad subsidium necessitatis, et ad aliquam conscientiam voluntariæ pro Christo paupertatis. Primaque facie ab introeuntibus Claram-vallem per descensum montis, Deus in domibus ejus cognoscebatur, cum in simplicitate et humilitate ædificiorum simplicitatem et humilitatem inhabitantium pauperum Christi vallis muta loqueretur. Denique in valle illa plena hominum, in qua nemini otiosum esse licebat, omnibus laborantibus et singulis circa injuncta occupatis, media die mediæ noctis silentium a supervenientibus inveniebatur, præter laborum sonitus, vel si fratres in laudibus Dei occuparentur. Porro silentii ipsius ordo et fama tantam etiam apud seculares homines supervenientes sui faciebat reverentiam, ut et ipsi, non dicam prava vel otiosa, sed aliquid etiam quod ad rem non attineret, ibi loqui vererentur. Loci vero ipsius solitudo inter opaca silvarum, et vicinorum hinc inde montium angustias, in quo servi Dei latebant, speluncam illam sancti Benedicti patris nostri quodammodo repræsentabat, in qua aliquando a pastoribus inventus est : ut cujus imitabantur vitam, habitationem ejus ac solitudinis formam aliquam habere viderentur. Omnes quippe etiam in multitudine solitarii ibi erant. Vallem namque illam plenam hominibus, ordinis ratione charitas ordinata singulis solitariam faciebat ; quia sicut unus homo inordinatus, etiam cum solus est, ipse sibi turba est ; sic ibi unitate spiritus, et regularis lege silentii in multitudine hominum ordinata, solitudinem cordis sui singulis ordo ipse defendebat.

36. Domibus vero et habitaculis simplicibus victus inhabitantium persimilis erat. Panis non tam furfureus, quam terreus videbatur, duris fratrum laboribus vix de terra deserti illius sterili productus; cætera quoque cibaria quæque vix erant aliquid saporis habentia, præter quam quod fames seu amor Dei faciebat. Sed et ipsum novitii fervoris simplicitas sibi tollebat, cum quasi venenum arbitrantes quidquid comedentem utcumque delectaret, recusarent dona Dei propter gratiam, quam in eis sentiebant. Cum enim circa omne genus carnalis tolerantiæ, cum adjutorio gratiæ Dei, studium spiritualis patris hoc in eis effecisset, ut plurima quæ homini in carne constituto impossibilia prius videbantur, jam non solum constanter peragerent et sine murmuratione, sed etiam cum ingenti delectatione ; ipsa delectatio aliam in eis pepererat murmurationem, eo periculosiorem, quo eam æstimabant quasi remotiorem a carne, spiritui propinquiorem. Persuasum quippe habentes, et quasi

doit fuir tout ce qui semble nourrir la chair en flattant ses goûts de quelques manière que ce fût. On aurait cru qu'il craignaient de retourner par un autre chemin dans leur premier pays, quand, par un effet de la douceur de l'amour intérieur, en mangeant avec plaisir les choses amères, comme si elle eussent été douces, ils trouvaient qu'ils menaient dans le désert une vie plus sensuelle que celle même qu'ils avaient menée autrefois dans le monde.

37. Tenant donc pour suspectes en quelque chose les remontrances quotidiennes de leur père spirituel, parce qu'elles leur semblaient prendre l'intérêt de la chair au détriment de l'esprit, ils soumirent leurs scrupules audit évêque de Châlons un jour qu'il se trouvait parmi eux. Alors cet homme puissant en parole leur fit un sermon pour leur prouver que quiconque repousse les dons de Dieu à cause de la grâce de Dieu, est ennemi de cette grâce même et résiste au Saint-Esprit. Il leur cita, en effet, l'histoire du prophète Élisée et des enfants du prophète qui menaient avec lui dans le désert une vie érémitique. Un jour, à l'heure de la réfection habituelle, ils trouvèrent une amertume mortelle dans le vase où avait cuit le repas, mais le prophète, par la vertu de Dieu dont il était le ministre, changea cette amertume en douceur au moyen d'un peu de farine qu'Élisée mêla au mets amer, puis il ajouta : « Cette marmite, la marmite du prophète, c'est votre marmite, elle n'a que de l'amertume en propre ; la farine qui change l'amertume en douceur, c'est la grâce de Dieu qui opère en vous, prenez donc sans crainte, prenez même avec action de grâces ce qui, par la grâce de Dieu, est devenu bon pour vous, quand, par sa nature, c'était si peu propre à l'usage de l'homme, servez-vous-en et mangez-en. Si vous continuez à vous montrer incrédules en ce point et désobéissants, vous résistez au saint Esprit et vous répondez par l'ingratitude, à la grâce. »

V. Serm. I de l'Épiphanie, n° 1.

CHAPITRE VIII.

Grande sévérité de sa vie : son zèle infatigable pour le travail, malgré les défaillances continuelles de sa santé.

38. Telle était donc à cette époque, sous la conduite et les leçons de l'abbé Bernard, cette école de goûts spirituels dans la très-illustre et très-chère vallée de Clairvaux ; telle était la ferveur de la vie régulière, à cette époque où il faisait et réglait tout, et édifiait, sur la terre, à Dieu, un tabernacle selon le modèle qui lui avait été montré sur la montagne, lorsqu'il se trouvait dans la nue avec Dieu, dans la solitude de Cîteaux. Plût au ciel que, après les premiers rudiments de sa conversion, après s'être habitué à vivre un peu en homme parmi les hommes et après avoir acquis l'intelligence du pauvre et de l'indigent, en compatissant aux infirmités des hommes, plût au ciel dis-je qu'il se fût montré pour lui-même tel qu'il s'est montré pour les autres, aussi indulgent, aussi discret, aussi rempli de soin et de prévoyance. Mais, à peine les liens de son année d'obéissance furent-ils rompus et se vit-il rendu à lui-même, que, semblable à un arc qu'on détend et qui reprend sa première vigueur, et à un torrent longtemps contenu et qu'on rend à son premier cours, il revint à ses anciennes

---

cum testimonio conscientiæ suæ memoriæ fideliter commendatum, inimicam esse animæ omnem delectationem carnis ; quidquid carnem cum qualibet delectatione nutrire videretur, fugiendum arbitrabantur. Quasi enim per aliam viam reduci se putabant in regionem suam, cum præ dulcedine amoris interioris, amara æque ac dulcia delectabiliter edendo, delectabilius vivere sibi viderentur in eremo, quam prius vixissent in seculo.

37. Cumque in hoc suspectam aliquatenus haberent spiritualis Patris quotidianam correptionem, quasi carni eorum plusquam spiritui deferentem, aliquando ad judicium prædicti Catalaunensis Episcopi, qui tunc forte aderat, res delata est. Super quo vir ille potens in verbo, sermonem ad eos aggressus ad eum finem perduxit, ut omnem hominem, quicumque dona Dei recusaverit propter gratiam Dei, inimicum esse gratiæ Dei, et spiritui sancto resistere pronuntiaret. Adducta siquidem historia de Elisæo Propheta, et filiis Prophetarum cum eo in desertis locis vitam eremiticam ducentibus, quomodo cum aliquando ad horam refectionis ventum esset, amaritudo quædam mortis in olla decoctionis eorum inventa, per virtutem Dei et ministerium Prophetæ, per infusionem ; farinulæ dulcorata est : « Olla, inquit, illa prophetica, olla vestra est, nil in se nisi amaritudinem habens ; farina vero amaritudinem in dulcedinem convertens, gratia Dei operans est in vobis. Sumite ergo securi, et cum gratiarum actione, quod cum naturaliter minus aptum fuerit usibus humanis, ad hoc per gratiam Dei vestris est usibus aptatum, ut utamini et comedatis. In quo si inobedientes et increduli permanetis, resistitis Spiritui sancto, et gratiæ ejus ingrati estis. »

CAPUT VIII.

De magna vitæ ejus severitate, et indefesso inter continua fractæ valetudinis incommoda laborandi studio.

38. Hæc ergo fuit in tempore illo sub abbate Bernardo et magisterio ejus in clarissima et charissima valle illa spiritualium schola studiorum ; hic fervor regularis disciplinæ, omnia eo faciente et ordinante, et tabernaculum Deo in terris ædificante secundum exemplar quod ei in monte ostensum est, cum in solitudine Cisterciensi cum Deo in nube habitaret. Et utinam post rudimenta primæ conversationis, postquam didicit aliquatenus et consuevit homo cum hominibus esse, et intelligere super egenum et pauperem, compatiendo infirmitatibus hominum ; utinam se circa semetipsum talem exhibuisset qualem erga

habitudes, comme s'il eût voulu se punir de ce long repos et réparer les pertes d'un travail trop longtemps interrompu. Il fallait voir cet homme délicat et valétudinaire, rassembler ses forces et entreprendre ce qu'il voulait, sans tenir compte de ce qu'il pouvait; se montrer plein de sollicitude pour tous, n'en manquer que pour lui-même, se soumettre absolument en tout à tous, mais ne cédant qu'à grande peine, en ce qui le touchait à la charité ou à l'autorité de ses supérieurs. Sans cesse porté à considérer tout ce qu'il avait fait déjà comme rien, il aspirait à faire quelque chose de plus grand encore, non point dans le sens de ménagements à donner à son corps, mais dans le but d'ajouter de nouvelles forces à ses goûts spirituels, en brisant sans trève ni merci, par des jeûnes et des veilles de surérogation, un corps déjà naturellement brisé par de nombreuses infirmités.

39. Il priait debout jour et nuit, jusqu'à ce que ses genoux affaiblis par le jeûnes et ses pieds enflés par le travail refusassent de porter son corps. Pendant longtemps et tant qu'il put le cacher, il porta un cilice sur la peau, mais, quand il s'aperçut qu'on le remarquait, il y renonça et revint aux habitudes de sa communauté. Sa nourriture consistait en pain avec du lait, ou de l'eau dans laquelle on avait fait cuire des légumes, ou une espèce de bouillie telle que celle qu'on fait aux enfants ; sa faiblesse ne supportait point d'autres aliments, quand même son goût pour la pauvreté ne lui en aurait point interdit l'usage. S'il lui arrivait de boire du vin, ce n'était que bien rarement et qu'en bien petite quantité, car il disait que l'eau convenait beaucoup mieux à sa faiblesse et à son goût. Dans cet état et malgré sa faible constitution, il ne souffrait qu'avec peine et rarement d'être dispensé des occupations communes dont les autres religieux avaient à s'acquitter, soit le jour soit la nuit, ou des autres fonctions et travaux de son ministère. Les médecins le voyaient et voyaient sa vie et ils en étaient surpris, et ils lui reprochaient de faire à sa nature la même violence qu'on ferait à un agneau si on voulait l'atteler à la charrue et l'obliger à labourer. En effet, ses fréquents vomissements, pendant lesquels il rendait les aliments qu'il avait pris tel qu'il les avait absorbés, à cause du mauvais état de son estomac, finissant par incommoder les autres religieux, surtout ceux qui chantaient au chœur, il ne se résolut pourtant point encore de suite à quitter les offices, mais, ayant fait près de sa place un trou dans la terre pour y enfouir ce qu'il vomissait, il supporta ainsi du mieux qu'il put, pendant quelque temps, les conséquences de ce mal. Mais lorsque les choses en vinrent au point qu'il n'y avait plus moyen de les supporter davantage, alors il finit par quitter les réunions et se vit contraint de demeurer seul, tant qu'il n'avait pas besoin de se trouver avec ses frères, soit pour leur parler, soit pour les consoler, soit enfin par respect pour la discipline claustrale.

40. Telle fut donc la triste nécessité qui mit cette sainte communauté de frères dans l'obligation de se priver de la fréquentation de cette sainte paternité. Nous gémissons et nous nous plaignons de la triste conséquence de son mal, mais nous sommes touchés de respect pour ses sentiments de saints désirs et de ferveur spirituelle. Après tout pourquoi

---

cæteros, tam benignum, tam discretum, tam sollicitum. Sed continuo cum ab annuæ illius obedientiæ vinculo solutus, et sui juris effectus est, velut arcus distentus ad pristinum rigorem, et sicut torrens detentus et dimissus, ad prioris cursus consuetudinem reversus est, quasi repetens a semetipso pœnas diutinæ illius quietis, et damna laboris intermissi. Videres hominem imbecillem et languidum conari et aggredi quæcumque vellet, minus considerare quid posset ; sollicitum pro omnibus, circa seipsum negligentem ; omnibus in omnibus aliis obedientissimum, sed de seipso vix aliquando seu charitati, seu potestati obedientem. Semper enim priora sua nulla reputans, majora moliebatur ad non parcendum corpori, ad studiis spiritualibus robur addendum ; corpus suum variis infirmitatibus per se attenuatum, jejuniis insuper et vigiliis sine intermissione atterendo.

39. Orabat stans die noctuque, donec genua ejus infirmata a jejunio, et pedes ejus a labore inflati, corpus sustinere non possent. Multo tempore, et quandiu occultum esse potuit, cilicio ad carnem usus est ; ubi vero sciri advertit, continuo illud abjiciens, ad communia se convertit. Cibus ejus cum pane lac, vel aqua decoctionis leguminum, vel pultes, quales infantibus fieri solent. Cætera vel ejus infirmitas non recipiebat, vel parcimoniæ studio ipse recusabat. Vino si quando utebatur, raro et nimis modico, cum magis aquam et infirmitati suæ et appetitui competere testaretur. Sic autem affectus et confectus, a communi fratrum labore, seu diurno, seu nocturno, vix aliquando patiebatur esse excusatum, seu ab occupationibus et laboribus ministerii sui. Videbant eum et conversationem ejus homines medici, et mirabantur tantamque vim eum in seipso causabantur inferre naturæ, ac si agnus ad aratrum alligatus arare cogeretur. Nam cum crebra illa ex corruptione stomachi per os ejus indigestæ cruditatis eruptio aliis inciperet esse molestior, maxime autem in choro psallentium, non tamen illico collectas fratrum deseruit : sed juxta locum stationis suæ procurato ac effosso in terra receptaculo, doloris illius sic aliquandiu, prout potuit, necessitatem illam transegit. At ubi ne hoc quidem permisit intolerantia rei, tunc demum collectas deserere, et seorsum secum habitare compulsus est, nisi quantum sive collocutionis, sive consolationis gratia, sive disciplinæ claustralis necessitate, conventui eum fratrum aliquando oportebat interesse.

40. Et hæc fuit tristis illa necessitas, qua primo sancta illa fraternitas sanctæ illius paternitatis jugi consortio carere posse coacta est. In quo dolemus quidem et plangimus infirmitatis ejus tristem effectum; sed sancti desiderii et spiritualis fervoris affectum

al. duodecim.

Dieu dans sa sagesse n'aurait-il point voulu se servir de préférence de la faiblesse de cet homme pour confondre la force si grande et si multiple du monde? D'ailleurs, sa mauvaise santé l'a-t-elle jamais empêché de faire ce qu'il avait à faire, selon la grâce qu'il avait reçue pour cela? En effet, quel est l'homme de notre temps, si robuste qu'il eût été, et de quelque belle santé qu'il eût joui, qui ait jamais fait d'aussi grandes choses qu'il en a fait, et qu'il en fait encore tous les jours pour la gloire de Dieu et pour le bien de l'Église, quoiqu'il soit si languissant et qu'il ait un pied dans la tombe? Et puis, quelle foule innombrable d'hommes il a, par sa parole et son exemple, tirés du siècle, non-seulement pour les convertir, mais même pour les amener à la perfection? Quelles maisons ou plutôt quelles cités de refuge il a, avec ces hommes, élevées dans tout le monde chrétien, où quiconque a péché à mort, et s'est rendu digne de la damnation éternelle, va faire un retour sur soi-même, se convertir au Seigneur, chercher un refuge et assurer son salut? Quels schismes n'a-t-il point apaisés dans l'Église? Quelles Églises, quelques populations divisées entre elles n'a-t-il point ramenées à l'union? Et je ne parle que des choses communes, car qui pourrait, eu égard à la cause, aux personnes, au lieu et au temps, énumérer le bien qu'il a fait à une multitude de gens en particulier?

41. S'il y a lieu à blâmer en Bernard cet excès de sainte ferveur, il est certain que cet excès même a son côté respectable aux yeux des âmes justes, et que quiconque est conduit par l'esprit de Dieu se gardera bien de blâmer trop sévèrement dans un serviteur de Dieu un excès de ce genre. Après tout, il est bien facile aux hommes d'excuser cet excès, et il s'en trouvera certainement bien peu qui oseront condamner celui que Dieu même justifie, en se servant de lui pour faire tant et de si grandes choses. Heureux celui qui n'a à se reprocher que ce dont les autres pourraient tirer gloire. Que jeune encore et vertueux, il se soit défié de sa jeunesse, attendu qu'il est écrit : Bienheureux l'homme qui est toujours dans la crainte (*Prov.* XXVIII, 14); qu'il ait eu à cœur de mettre le comble par la conscience de son travail, à la plénitude des vertus qu'il tenait de la grâce ; il ne fallait pas que sa vie, qui est proposée en modèle aux autres, fût dépourvue de l'exemple de l'abstinence dans la frugalité. Or, en cela, si le serviteur de Dieu a un peu dépassé les bornes, il n'en a pas moins laissé pour les âmes pieuses, non pas un exemple d'excès, mais un exemple de ferveur. Pourquoi vouloir lui reprocher ce que cet homme, qui craint toutes ses œuvres, ne cesse de se reprocher à lui-même, en s'accusant de sacrilège pour avoir ravi son corps au service de Dieu et à celui de ses frères, en le rendant, par une ferveur indiscrète, d'une grande faiblesse et presque inutile? Mais il guérit de cette faiblesse et, après avoir été débile, il devint fort et puissant. Car la force de Dieu, brillant d'un plus vif éclat dans sa faiblesse, lui concilia depuis lors jusqu'à présent un plus grand respect ; ce respect lui acquit de l'autorité et cette autorité lui assura une plus parfaite obéissance de la part des hommes.

42. Car, à partir de ce moment, il fut appelé de

---

veneramur. Quanquam nec infirmitatis ejus effectus usquequaque plangendus sit et dolendus. Quid enim si voluit sapientia Dei per infirma potius hominis illius tot tantaque confundere fortia mundi hujus? Quid vero aliquando pro qualibet infirmitate ejus remansit infectum, quod per eum secundum datam sibi gratiam fieri oporteret? Quis enim nostra ætate, quantumvis robusti corporis, et accuratæ valetudinis, tanta aliquando fecit, quanta iste fecit, et facit moribundus et languidus ad honorem Dei, et sanctæ Ecclesiæ utilitatem? Quantum postea numerum hominum verbo et exemplo traxit de seculo non solum ad conversionem, sed ad perfectionem? Quantas ex eis per totum Christianum orbem constituit domos seu civitates refugii, ut quicumque peccaverint ad mortem, et æternæ mortis rei judicati fuerint, reminiscantur et convertantur ad Dominum, et confugiant ad eas, et salventur in eis? Quæ schismata Ecclesiæ non sedavit? quas non confudit hæreses? quam pacem inter dissidentes ecclesias et populos non restituit? Et hæc quidem communia sunt. Cæterum quæ bona innumeris hominibus singillatim præstitit pro causa, pro persona, pro loco, pro tempore, quis enumeret?

41. Porro si nimietas in eo reprehenditur sancti fervoris, habet certe apud pias mentes excessus iste reverentiam suam; quia quicumque spiritu Dei aguntur, multum verentur in servo Dei reprehendere nimium istam nimietatem. Habet et facilem apud homines excusationem, cum vix audeat quisquam eum condemnare, quem Deus justificat, tam multa, tam sublimia cum eo et per eum operando. Felix cui solum reputatur ad culpam, quod cæteri præsumere sibi solent ad gloriam. Fuerit autem bono juveni suspecta juventus sua, beatus quippe qui semper est pavidus ; fuerit ei studium tantam virtutum plenitudinem quam habebat ex gratia, aliqua etiam laboris sui conscientia cumulare; sed et vita ejus, quæ omnibus proponebatur imitanda, frugalis continentiæ exemplo carere non debuit. In quo servus Dei, etsi nimietate forsitan excessit, piis certe mentibus non de nimietate, sed de fervore exemplum reliquit. Quid autem eum nitimur excusare, in quo ipse qui veretur omnia opera sua, non confunditur usque hodie se accusare, sacrilegii arguens semetipsum, quod servitio Dei et fratrum abstulerit corpus suum, dum indiscreto fervore imbecille illud reddiderit, ac pene inutile? Sed convaluit de infirmitate, et infirmus fortior et potens factus est. Virtus namque Dei vehementius in infirmitate ejus refulgens extunc usque hodie digniorem quamdam apud homines ei efficit reverentiam, et in reverentia auctoritatem, et in auctoritate obedientiam.

42. Jam tunc enim ad opus prædicationis divinitus

Dieu au ministère de la prédication, pour lequel, comme nous l'avons dit plus haut, il avait été marqué d'une manière toute divine, dès le ventre de sa mère. D'ailleurs, ce n'est pas seulement alors, mais c'est tout le temps de sa conversion, de son noviciat et de sa prélature que, par la disposition de celui qui le conduisait, il s'était préparé à ce ministère dans un ordre convenable ; et, bien qu'il ignorât encore à quel emploi il serait mis, il se préparait pour celui-là, non-seulement pour l'ordre monastique, mais encore pour l'ordre ecclésiastique tout entier. Et d'abord, pour ressusciter dans l'ordre monastique la ferveur de l'ancienne vie religieuse, il consacra les prémices de sa jeunesse à se livrer, avec tout le zèle possible, à la prédication de parole et d'exemple dans l'assemblée de ses frères, et dans l'enceinte même du monastère. Mais, ensuite, se voyant contraint par la faiblesse de son corps d'embrasser un autre genre de vie et de pratiques, et se trouvant, comme nous l'avons déjà dit, séquestré plus que par le passé de la vie commune du couvent, par suite de sa mauvaise santé et par la nécessité qui s'imposait à lui, il en prit occasion, en se voyant exposé en quelque sorte au commerce des hommes du monde, qui commençaient dès lors à venir en foule à lui, de leur prêcher la parole de vie, puisqu'il leur accordait plus librement et plus libéralement accès auprès de lui. Puis, l'obéissance le conduisant quelquefois assez loin de son monastère pour l'intérêt de l'Eglise, partout où il allait et de quelque chose qu'il eût à parler, il ne pouvait s'empêcher de dire quelques mots de Dieu et de travailler pour lui. Voilà comment il se fit bientôt connaître partout, sous de tels auspices, que l'Eglise ne pouvait pas ne point se servir d'un membre de son corps plus utile, dans toutes les occasions où il fallait. Toutefois, bien que, dès la première fleur de l'âge, il n'eût cessé d'être rempli des dons du Saint-Esprit, cependant, à partir de l'époque dont nous parlons, le Saint-Esprit s'est manifesté en lui plus clairement que précédemment pour le bien de tous, selon le mot de l'Apôtre (I *Cor.* XII, 7), par une parole de science et de sagesse plus féconde unie au don de prophétie, au pouvoir de faire des miracles et de guérir de diverses maladies. Je vais en rapporter des preuves, en citant des faits que je tiens de source certaine et qui m'ont été affirmés par des hommes pour moi dignes de foi.

CHAPITRE IX.

Miracles opérés par Bernard ; ses proches répriment en lui, d'une manière admirable, les tentations d'arrogance.

43. Voici donc le premier miracle célèbre que Jésus-Christ a fait dans le monde par les mains de son serviteur. Il avait déjà passé plusieurs années à Clairvaux, quand un noble seigneur, de ses parents selon la chair, nommé Josbert, de la Ferté-sur-Aube, petite ville située non loin du monastère de Clairvaux, tomba sérieusement malade ; frappé tout à coup par le mal, il perdit en même temps la parole et toute connaissance. Aussi, Josbert, son fils, et tous ses amis étaient-ils dans la plus grande douleur en voyant mourir, sans confession et sans viatique, cet homme qui avait vécu dans la magnificence et qui jouissait de grands honneurs. Ils dé-

---

diuscu-
læ.

aptabatur, ad quod, ut supra dictum est * ex utero matris suæ cum testimonio divinæ revelationis olim fuerat præsignatus. Nec tunc tantummodo, sed omni tempore conversionis, et subjectionis, et prælationis suæ, ipso ordinante quo et agente, congruo ordine ad hoc instituebatur ; et ignorans quid de se fieret, non solum monastico, sed et omni ecclesiastico ordini in hoc præparabatur. Et primum quidem circa resuscitandum in monastico ordine antiquæ religionis fervorem, primitias juventutis suæ dedicavit, exemplo et verbo in conventu fratrum intra sæpta monasterii ad hoc omni studio vacans. Postmodum autem cum ad alium vitæ et conversationis ordinem infirmitate corporis cogeretur, et, sicut dictum est, necessitas infirmitatis et ordo necessitatis a communi eum conversatione conventus plus solito sequestraret : hæc prima cœpit esse occasio, ut quasi hominibus de seculo expositus, quorum jam ad eum multitudo magna confluebat, ipse etiam præsentiam suam liberius eis ac liberalius commodans, verbum vitæ prædicaret. Cumque et longius aliquando a monasterio pro causis Ecclesiæ communibus obedientia traheretur, et quocumque veniret, undecumque locuturus, de Deo silere non posset, et agere quæ Dei sunt non cessaret ; sic in brevi apud homines innotuit, ut Ecclesia Dei tam utili membro in corpore suo reperto uti ad quodcumque oportebat non dissimularet. Sed et licet a primo flore ineuntis ætatis, fructibus Spiritus semper abundaverit ; ab hoc tamen tempore copiosus ei addita est, sicut Apostolus dicit, manifestatio Spiritus ad utilitatem ; sermo scilicet fecundior sapientiæ ac scientiæ cum gratia prophetiæ, operationes virtutum, et diversarum opitulationes sanitatum. Quorum quædam quæ certa narratione didici, qua fide a fidelibus mihi viris assignata sunt, eadem et ipse legentibus resigno.

CAPUT IX.

De miraculis per eum patratis, et periculo arrogantiæ in eo mire per propinquos represso.

43. Primum ergo signum hoc fuit, quod in manu servi sui mundo celebre Christus effecit. Cum aliquantos jam in Clara-valle explesset annos, contigit virum nobilem, et ipsius quoque secundum carnem propinquum, Josbertum de Firmitate, quod est oppidum proximum monasterio, graviter infirmari ; qui subito præoccupatus, amisit penitus intellectum pariter et loquelam. Unde et filius ejus Josbertus junior, et omnes simul amici, eo magis affligebantur dolore, quod sine confessione et Viatico vir magnificus et magnifice honoratus obiret. Cucurrit nuntius ad abbatem, neque

pêchèrent un messager vers l'abbé, qui ne se trouvait point alors au monastère. Touché de compassion pour le sort de cet homme, et en même temps ému des larmes de son fils et de tous ceux qui le pleuraient avec lui, Bernard, plein de confiance dans la miséricorde de Dieu, leur fit un magnifique discours, et leur dit : « Vous savez tous que cet homme a rançonné plusieurs églises, opprimé les pauvres, et offensé Dieu. Si vous m'en croyez, il faut rendre aux églises ce qu'il leur a enlevé, renoncer aux servitudes qu'il a établies contre les pauvres, alors il recouvrera la parole, pourra faire la confession de ses fautes et recevoir les divins sacrements avec dévotion. » Tout le monde est frappé d'étonnement à ces mots, son fils est dans la joie, toute sa maison tressaille de bonheur : on promet avec joie à l'homme de Dieu de faire tout ce qu'il demande et on tient parole. Mais, de leur côté, Gérard son frère et Gaudry son oncle, vivement inquiets et troublés de ce qu'ils entendent, le reprennent avec dureté et lui font de vives remontrances ; mais lui, leur répondant avec humilité et simplicité, leur dit : « Dieu peut faire sans peine ce qui vous paraît difficile. » Puis, après avoir prié en silence, il se prépara à offrir le sacrifice immortel. Pendant qu'il était à l'autel, un messager arrive annonçant que ledit Josbert a recouvré complètement la parole et prie instamment l'homme de Dieu de se rendre en toute hâte auprès de lui. Bernard va le trouver après le saint sacrifice, et Josbert l'accueille en versant des larmes, confesse ses péchés avec de profonds gémissements, et reçoit les divins sacrements. Il vécut encore deux ou trois jours en conservant l'usage de la parole, et prit des précautions pour rendre stable tout ce que le saint abbé lui avait prescrit de faire. Il mit ordre aussi à ses affaires, et fit des aumônes aux pauvres, puis rendit son âme comme un bon chrétien dans la bonne espérance de la miséricorde de Dieu.

44. Un jour, le saint abbé revenait d'une prairie et rencontra une femme qui portait son enfant dans ses bras ; elle venait de loin le lui présenter, parce qu'il avait une main desséchée et le bras tourné depuis sa naissance. Touché des larmes et des prières de cette mère, il lui dit de déposer son enfant à terre ; puis, après un moment de prière, il fait le signe de la croix sur l'enfant, sur son bras et sur sa main, et dit à la mère de l'appeler à elle. Elle l'appelle, l'enfant accourt et lui jette ses deux bras autour du cou ; il était guéri à l'heure même.

45. Les frères et les fils spirituels de cet heureux abbé étaient dans l'admiration de tout ce qu'ils voyaient ou apprenaient de lui ; mais au lieu de s'abandonner à des sentiments de gloire humaine, comme l'auraient pu faire des hommes charnels, par une sollicitude toute spirituelle, ils n'étaient pas sans éprouver quelque crainte pour lui à cause de son jeune âge et de sa conversion, qui ne datait point encore de loin. Les plus préoccupés de tous par ces pensées étaient Gaudry, son oncle, et Guy, l'aîné de ses frères, qui semblaient lui avoir été donnés de Dieu comme deux aiguillons de sa chair, pour que la grandeur des grâces qu'il recevait ne le portassent point à s'élever. Ils ne le ménageaient guère et ne craignaient point de faire entendre de dures

---

enim tunc in monasterio erat. Venit, et invenit eum jam triduo sic jacentem. Compassus autem homini, sed et motus lacrymis filii simul et lugentium cæterorum, confisus est de misericordia Dei, et sermonem magnificum protulit, dicens eis : « Notum vobis est, quod in pluribus homo iste gravavit ecclesias, oppressit pauperes, offendit Deum. Si mihi creditis, ut ecclesiis restituantur ablata, et usurpatæ in gravamen pauperum consuetudines dimittantur ; loquetur adhuc, et suorum confessionem faciet delictorum, divina quoque suscipiet Sacramenta devotus. » Mirantur omnes, lætatur filius, familia omnis exsultat ; quidquid præcipit homo Dei firmiter ei promittitur, et impletur. Cæterum frater ejus Gerardus, et Galdricus avunculus, non parum territi et turbati, secretius eum super tali promissione conveniunt durius arguunt, acrius invehuntur. Quibus breviter simpliciterque respondens: « Facile, inquit, facere potest Deus, quod difficile credere vos potestis. » Itaque post secretam orationem, ad oblationem Sacrificii immortalis accedit. Quo offerente nuntius supervenit, qui indicaret præfatum Josbertum, libere jam loquentem, rogare obnixius, ut vir Dei festinaret ad eum. Cui etiam post oblatum Sacrificium venienti cum lacrymis et gemitu peccata confessus, divina Sacramenta suscepit : et duobus post hæc aut tribus diebus vivens et loquens, ea maxime quæ præceperat Abbas sanctus, constituit sine ulla retractatione servari. Sed et disposuit domui suæ, et eleemosynas dedit ; et sic demum Christiano more in bona spe misericordiæ Dei animam exhalavit.

44. Revertebatur aliquando Pater sanctus a pratis, et obviam habuit mulierem parvulum filium in brachiis deportantem, quem de longe attulerat ad eum, ab utero matris habentem manum aridam, et brachium tortum. Motus autem lacrymis matris et precibus, jussit puerum deponi ; factaque oratione continue signans puerum, et brachium, et manum ejus, dixit mulieri ut vocaret filium suum. Vocavit illa infantem, et ille accurrit, et utroque brachio amplexatus matrem suam, sanus factus est ex hora.

45. Erant autem hujus beati viri fratres et filii spirituales mirantes super his, quæ audiebant et videbant de eo. Nec tamen more carnalium in gloriam elevabantur humanam, sed juvenili ejus ætati, et novæ adhuc conversationi, spirituali sollicitudine metuebant. In quo nimirum zelo Galdricus avunculus ejus, et Guido primogenitus fratrum, cæteros anteibant ; ut ipsos tanquam geminos quosdam stimulos carnis suæ, ne gratiarum magnitudo eum extolleret, accepisse divinitus videretur. Neque enim parcebant, verbis durioribus exagitantes teneram verecundiam ejus, calumniantes etiam bene gesta, signa omnia an-

paroles à sa tendre modestie, lui reprochant même ce qui était bien, réduisant à rien tous ses miracles, et souvent même l'affligeant jusqu'aux larmes par leurs attaques et leurs paroles mordantes, lui, l'homme le plus doux qui fût et qui ne savait les contredire en rien. Le vénérable évêque de Langres, Godefroy, proche parent du saint homme par le sang, compagnon de sa conversion, et, depuis lors, de toute sa vie, a coutume de rapporter que ledit Guy, frère de Bernard, fut témoin oculaire du premier miracle opéré par ses mains. Ils passaient par Château-Landon, dans le Sénonais, quand un jeune homme, qui avait une fistule à la jambe, vint demander avec instance audit abbé de vouloir bien le toucher de sa main et le bénir. A peine Bernard eut-il fait le signe de la croix sur lui, qu'il recouvra la santé, et, en revenant peu de jours après par la même ville, ils le trouvèrent complètement guéri et bien portant. Cependant ledit frère du saint homme ne pouvait s'empêcher, même en présence du miracle opéré devant lui, de reprendre Bernard et de l'accuser de présomption, parce qu'il avait consenti à toucher ce malade, tant étaient grandes sa charité et sa sollicitude pour lui.

CHAPITRE X.

Autres guérisons miraculeuses.

46. Vers le même temps, il arriva que Gaudry, son oncle, que nous avons déjà vu si ardent à éprouver sa douceur par de dures paroles, tomba aussi gravement malade de la fièvre. Comme le mal faisait des progrès, vaincu par la grandeur de ses souffrances, il supplia dans une humble prière le saint abbé d'avoir pitié de lui et de lui procurer le soulagement qu'il procurait aux autres. Bernard, dont l'âme était plus douce que le miel, commença pourtant par lui rappeler avec douceur et en peu de mots les fréquents reproches qu'il lui avait faits à propos de choses analogues à celle qu'il lui demandait, et, tout en lui disant qu'il craignait qu'il ne le priât pour le tenter, il ne lui impose pas moins les mains, en cédant à ses instances, et ordonne à la fièvre de le quitter. A l'instant même et sur son ordre, la fièvre le quitta et le laissa convaincu par sa propre expérience de ce qu'il avait blâmé dans les autres. Le même Gaudry, après avoir passé déjà un certain nombre d'années à Clairvaux, dans la ferveur de l'esprit, le zèle ardent de toute espèce de bien, sortit enfin de ce monde. Mais, une heure environ avant de mourir, se sentant troublé un moment, il trembla de tout son corps d'une manière terrible; mais, revenu à son premier calme, il expira avec un visage plein de sérénité. Le Seigneur ne voulut point laisser ignorer le motif de ce tremblement à l'abbé, dont l'esprit était inquiet, et quelque temps après, Gaudry lui apparaissait dans une vision pendant la nuit. Comme Bernard lui demandait comment il se trouvait, il lui répondit qu'il se trouvait très-bien, et se félicita d'être arrivé dans un lieu de grande félicité. Bernard lui ayant demandé ensuite d'où lui était venue à l'heure de sa mort cette agitation si soudaine et si cruelle, Gaudry lui répondit qu'à ce moment-là, deux esprits mauvais avaient fait mine de vouloir le précipiter au fond d'un puits d'une horrible profondeur; c'est là ce qui lui avait causé ce mouvement de terreur et cette agitation; mais que saint Pierre étant bientôt accouru le délivrer de leurs mains, il ne fut plus inquiété depuis.

---

nihilantes, et hominem mansuetissimum, nihilque contradicentem, frequenter usque ad lacrymas improperiis et opprobriis affligentes. Narrare solet venerabilis episcopus Lingonensis Godefridus, sancti Viri et propinquus sanguine, et conversione socius, et extunc per omnia individuus comes, primo miraculo quod per manus ejus fieri vidit, prædictum germanum ejus affuisse Guidonem. Erat enim eis transitus per Castrum-Nantonis in territorio Senonum, et juvenis quidam, cujus pedem fistula occupaverat, prædicti Patris tactum et benedictionem cum multa supplicatione petebat. Signatus autem statim convaluit, et paucissimos dies regressi per idem oppidum, sanum eum atque incolumem invenerunt. Cæterum sæpedictus beati Viri frater ne ipso quidem poterat compesci miraculo, quominus increparet eum, et præsumptionis argueret, quod acquieverit tangere hominem; tanta siquidem charitate pro eo sollicitus erat.

CAPUT X.

De aliis sanitatum beneficiis erga diversos præstitis.

46. Circa idem tempus accidit, ut avunculus ejus Galdricus, qui et ipse zelo simili ejus mansuetudinem (sicut prædiximus) duris increpationibus obruebat, gravissimis febribus laboraret. Demum ingravescente morbo, ipsa doloris magnitudine superatus, Abbatem humili obsecratione compellat, ut sui misereatur, et opem sibi ferat quam cæteris consuevit. At ille, cujus spiritus super mel dulcis, primum leniter breviterque commemorans crebras super hujusmodi objurgationes ipsius, et opponens ei ne forte hæc diceret tentans eum, persistenti tandem *manum imponit, et febrem abscedere jubet. Nec mora, ad imperium ejus reliquit eum febris, expertum in semetipso quod cæteris arguebat. Idem quoque Galdricus cum in Clara-valle aliquantos jam peragerat annos, fervens spiritu, et totius boni æmulator, ex hac luce migravit; qui ante unam fere horam mortis turbatus ad momentum, et toto corpore terribiliter motus infremuit; sed ad pristinam serenitatem reversus, vultu deinceps placidissimo exspiravit. Noluit autem Dominus sollicitum Abbatis animum hujus rei cognitione fraudari. Siquidem post aliquot dies idem Galdricus apparens ei in visu noctis, cum omni erga se prospera esse sciscitanti responderet, et in magna sese gratularetur felicitate locatum, demum interrogatus est, quidnam sibi voluerit tam acerba illa in morte, tamque repentina commotio. Dicebat autem quod ea hora duo spiritus nequam velut in puteum horrendæ profunditatis eum præcipitare parassent; unde territus ita contremuit, sed beato Petro accurrente ereptus nihil sensit deinceps læsionis.

*al. tamen.

47. Il serait long de rapporter tous les faits semblables de personnes mortes qui sont venues, par une grâce toute divine faite à l'homme de Dieu, lui révéler leur état de félicité ou de souffrance. J'en rapporterai pourtant un qu'il se plaît à raconter lui-même quelquefois, pour servir d'avertissement à ses religieux. Un frère, d'une intention très-bonne, mais d'une conduite un peu trop dure envers les autres, et qui ne savait point compatir à leurs imperfections, vint à mourir dans le monastère. Peu de jours après, il apparut à l'homme de Dieu avec un visage sombre et un extérieur malheureux, en signe que tout n'allait pas pour lui au gré de ses souhaits. Interrogé par Bernard sur ce qu'il souffrait, il lui répondit en gémissant qu'il était livré à quatre bras vigoureux; et à ces mots il fut poussé et comme précipité violemment loin de la présence de l'homme de Dieu, qui, poussant alors un profond gémissement, lui cria pendant qu'il disparaissait : « Je vous ordonne, au nom de Dieu, de me dire la première fois que vous m'apparaîtrez ce qui vous est arrivé. » Puis, se mettant aussitôt en prière pour lui, il offre l'hostie du salut et engage plusieurs religieux, dont il connaissait la très-grande sainteté, à l'aider aussi de leurs prières, et il ne cessa d'agir ainsi que lorsque, peu de jours après, selon l'ordre qu'il lui avait donné, il eut la consolation d'apprendre par une seconde révélation qu'il était délivré.

48. Un homme très-respectable nommé Humbert, qui devint plus tard fondateur et premier abbé d'Igny, avait, quand il était à Clairvaux, des attaques si affreuses d'épilepsie qu'il lui arrivait de tomber jusqu'à sept fois dans un jour; à la fin sa tête s'entreprit et c'est avec toutes les peines du monde que plusieurs hommes pouvaient le tenir lié sur son lit. Le vénérable abbé survenant sur ces entrefaites, et trouvant dans cet état ce religieux, pour qui il éprouvait un sentiment tout particulier de respect, se sentit rempli de zèle et s'écria : « Que faisons-nous? allons faire une prière. » A peine était-il entré dans son oratoire et avait-il mis les genoux en terre, que le malade s'endormit entre les mains de ceux qui le tenaient. Le dimanche suivant il reçut la communion de la main de Bernard, et recouvra si complètement la santé qu'il ne fut plus jamais repris de son mal dans la suite.

49. Vers le même temps, la famine désola le royaume de France et les contrées voisines. Mais le Seigneur bénit les greniers de ses serviteurs. En effet, jusqu'alors le fruit de leur travail n'avait jamais suffi pour assurer leur subsistance, et, cette même année, après la moisson, tout bien supputé, on estimait qu'on aurait à peine assez pour aller jusqu'à Pâques. On résolut de faire des provisions à prix d'argent, mais l'argent lui-même manquait pour cela, attendu que tout était beaucoup plus cher que de coutume. Aussi, au moment du carême vit-on venir de très-grandes troupes de pauvres; on leur donna en esprit de foi tout ce qu'on avait, mais, par la bénédiction de Dieu, les modestes provisions du couvent durèrent jusqu'à la moisson suivante, et tous ces pauvres eurent le bonheur de se voir nourris. Il y avait, non loin du monastère, un homme pauvre, que sa femme, qui vivait dans l'adultère, tourmentait cruellement par ses malé-

---

47. Longum esset cuncta narrare quæ super his qui ex hac vita discesserant, et eorum felicitate seu etiam necessitate, divina ei gratia revelare ab ipsis initiis consuevit. Unum tamen dixerim, quod ob fratrum commonitionem aliquoties etiam ipse commemorat. Frater quidam bonæ intentionis, sed durioris erga cæteros fratres conversationis, et minus compatiens quam deberet, in monasterio defunctus est. Post paucos autem dies Viro Dei apparuit vultu lugubri, et habitu miserabili, significans non ad votum sibi cuncta succedere. Interrogatus autem quid sibi esset, quatuor lacertis * sese traditum querebatur. Ad quod verbum continuo impulsus est, et quasi præcipitanter expulsus a facie Viri Dei, qui gravius ingemiscens post tergum ejus clamavit : « Præcipio tibi in nomine Domini, ut qualiter tecum agatur, in proximo mihi iterum innotescas. » Et conversus ad orationem pro eo, et oblationem hostiæ salutaris, aliquos etiam fratrum, quorum ampliorem noverat sanctitatem, eidem similiter subvenire monebat. Nec vero destitit, donec post paucos dies, sicut præceperat, per aliam revelationem cognita ejus liberatione, meruit consolari.

48. [Vir reverendissimus Humbertus, Igniacensis, postea cœnobii ædificator et primus Pater, in Claravalle tam acriter morbo epilepsiæ laborabat, ut septies corruens una die demum etiam cerebro turbato, vix multorum manibus fratrum colligatus in lectulo teneretur. Adveniens autem venerabilis Abbas, et sic inveniens virum, quem pro sua sanctitate, speciali venerabatur affectu, repletus est zelo, et ait : « Quid facimus? Eamus, oremus. » Ut autem ingressus oratorium genua flexit, prædictus vir inter manus tenentium obdormivit; qui sequenti die dominica, de manu ejus Sacramenta suscipiens, perfectam adeptus est sospitatem, ut nihil unquam deinceps tale pateretur.]

49. Circa hoc tempus in regno Galliæ, et finitimis regionibus fames invaluit; servorum autem suorum horrea Domini benedictio cumulavit. Siquidem usque ad annum illum nunquam eis laboris sui annona suffecerat. Sed et tunc quoque post messem collectam, diligenter omnibus supputatis, vix usque ad Pascha sibi eam posse sufficere æstimabant. Cum autem emere vellent, sumptus non invenerunt, quod longe carius solito venderetur. Itaque ipso tempore quadragesimali, pauperum ad eos maxima multitudo confluxit, quibus erogantes fideliter quod habebant, Domino benedicente, ex modica illa annona usque ad messem ipsi pariter, et qui superveniebant pauperes, alacriter substentabantur. Virum pauperem non longe a monasterio habitantem uxor adultera male-

fices. Elle l'effrayait de ses menaces dans sa colère et dans ses accès de fureur, et fit si bien, par ses enchantements diaboliques, que le pauvre malheureux en desséchait; il ne pouvait mourir et pourtant il ne pouvait plus continuer à vivre en cet état. Souvent, enfin, il lui arrivait de perdre la parole et toute sensibilité corporelle, puis, quelque temps après, il revenait, non pas à la vie, car ce retour n'était qu'une cruelle mort indéfiniment prolongée. A la fin, on l'amène à l'homme de Dieu, qui se trouvait en ce moment au monastère, et on lui explique le triste sort de cet infortuné. Bernard, indigné de voir que la malice de l'antique ennemi eût un si grand empire encore sur un chrétien, appelle deux de ses frères et leur ordonne de le porter devant le saint autel; quand il y fut, il plaça sur sa tête le vase qui contenait la sainte Eucharistie, et, dans la vertu de ce sacrement, il ordonna au démon de cesser de tourmenter un chrétien, ce qu'il fit à l'instant selon l'ordre qui lui en avait été intimé. Voilà comment une foi parfaite rendit parfaitement à la santé un malheureux qui avait cruellement souffert pendant plusieurs années.

CHAPITRE XI.

Miracle d'une lettre écrite par la pluie en plein air sans être mouillée, et autres merveilles semblables

50. Le frère Robert, moine, et, selon la chair, parent du saint, égaré dans sa jeunesse par certains conseils, était passé dans le monastère de Cluny. Le vénérable abbé, après avoir dissimulé pendant quelque temps son chagrin, résolut d'écrire à ce frère pour l'engager à revenir à Clairvaux. Il dictait, et le vénérable Guillaume, qui fut plus tard le premier abbé de Ridal, écrivait la lettre sur un parchemin. Or ils se trouvaient l'un et l'autre assis en plein air, car pour pouvoir écrire cette lettre plus secrètement, ils étaient sortis de l'enceinte du cloître. Mais, tout à coup la pluie vint à tomber, et celui qui écrivait sous la dictée de Bernard, se préparait à rouler son parchemin, comme il nous le dit lui-même. Le saint abbé lui dit alors : « C'est l'œuvre de Dieu, ne craignez rien. » Il écrivit en effet la lettre au milieu de la pluie, sans qu'il en tombât une seule goutte dessus, car pendant quelle tombait partout, la vertu de la charité mit à couvert le parchemin de la lettre ; comme c'est elle qui dictait la lettre, elle protégea la page où elle était reçue. Voilà pourquoi cette lettre, à cause de ce miracle éclatant, a été placée, avec raison, par les frères, en tête de la collection des lettres du Saint.

51. Un jour de fête solennelle, un religieux à qui il avait défendu la communion du saint autel pour une faute secrète, craignant d'être remarqué et ne pouvant supporter cette humiliation, eut la présomption de se présenter avec les autres au moment où il distribuait la communion. En le voyant, comme la cause de la défense qu'il lui avait faite était secrète, il ne voulut point le repousser, mais il demanda à Dieu, du fond de son cœur, qu'il réglât lui-même pour le mieux les conséquences d'une pareille audace. Aussi, après avoir reçu la communion, ce frère ne pouvait parvenir à l'avaler; et, après de longs et nombreux efforts, voyant qu'il ne pouvait y réussir, il la conserva plein de

---

ficiis cruciabat. Sicut enim ei in ira et furore fuerat comminata, egerat per malignas incantationes, ut miser homo consumptis carnibus nec posset mori nec vivere sineretur. Sæpius denique et vocis usum, et sensum omnem corporis amittebat, iterumque redibat non ad vitam, sed ad mortem prolixiorem crudeliter revocatus. Adducitur tandem homo ad Virum Dei in monasterio demorantem, et ei tragœdia miserabilis explicatur; qui vehementer indignans, antiqui hostis malitiam tantum sibi in Christianum hominem usurpasse, vocans duos e fratribus ante sanctum altare hominem deportari; ibique superposito capiti ejus vasculo Eucharistiam continente, in ipsius sacramenti virtute, a læsione Christiani jubet dæmonem prohiberi. Factum est ut præcepit, et miserum hominem, post tantos cruciatus, fides perfecta perfectæ reddidit sanitati.

CAPUT XI.

De miraculo epistolæ in imbre scriptæ, nec madefactæ, et aliis quibusdam stupendis.

50. Frater Robertus, ejusdem sancti Viri monachus et secundum carnem propinquus, in adolescentia sua quorumdam persuasione deceptus, Cluniacum sese contulerat. Venerabilis autem Pater posteaquam aliquandiu dissimulavit, eumdem fratrem statuit per epistolam revocare. Quo dictante, venerabilis Guillelmus, Rievallis postea monasterii primus abbas, in membrana scribens eamdem excipiebat epistolam. Erant autem ambo pariter sub dio sedentes; ad dictandum quippe secretius sæpta monasterii egressi fuerant. Subito autem inopinatus imber eruit, et is qui scribebat (sicut ipso referente didicimus) chartam reponere voluit. Ad quem Pater sanctus: Opus, inquit, Dei est; scribe, ne timeas. Scripsit ergo epistolam in medio imbre sine imbre. Cum enim undique plueret, chartam expositam virtus operuit charitatis, et quæ dictabat epistolam, schedulam quoque pariter conservabat. Et hæc quidem epistola ob tam grande miraculum, in codice epistolarum ejus a fratribus non immerito prima est ordinata.

51. Agebatur solemnitas quædam precipua, et frater aliquis, quem pro secreta culpa ab altaris sacri communione suspenderat, notari timens, et ruborem non sustinens, ad manum ejus cum cæteris nimium præsumptuosus accessit. Intuitus autem eum, quoniam causa latens erat, repellere hominem noluit, sed intimo corde orabat Deum, ut de tanta præsumptione melius aliquid ordinaret. Itaque sumens homo Eucharistiam non poterat ad interiora trajicere, et diu mul-

crainte et d'anxiété, dans sa bouche fermée. Enfin, quand l'heure de Sexte fut terminée, il tira le saint abbé à part, et, se prosternant à ses pieds, il lui découvrit avec un torrent de larmes ce qui lui était arrivé, et, ouvrant la bouche, il lui montra l'hostie. Bernard lui adressa quelques reproches, et, comme il avait avoué sa faute, il lui donna l'absolution ; aussitôt ce religieux put avaler sans aucune difficulté le sacrement du Seigneur.

52. Jusque dans les plus petites choses, nous savons qu'il lui est arrivé d'en opérer de grandes. Une fois, il vint à Foigny, une des premières abbayes qu'il avait fondée lui-même dans le Laonnais. On y préparait la dédicace d'une nouvelle chapelle, mais elle se trouva envahie par une si incroyable quantité de mouches, que leur bruit et leur vol importun était d'une excessive incommodité pour ceux qui y étaient entrés. Comme il n'y avait pas d'autre moyen de s'en débarrasser, le saint leur dit : je vous excommunie. Le matin on les trouva toutes mortes, et, comme elles avaient couvert tout le pavé de leurs corps, on les ramassa à la pelle pour les jeter dehors, et l'église se trouva ainsi débarrassée. Ce fait, bien connu, fit tant de bruit dans tout le voisinage, dont il était venu un grand concours de peuple, pour assister à la dédicace de cette chapelle, que la malédiction des mouches de Foigny passa en proverbe.

53. Dans le monastère nommé Charlieu, le saint guérit, par un baiser, un enfant qui ne faisait que pleurer et sangloter. Comme il pleurait sans discontinuer pendant plusieurs jours de suite, maladie qui n'est pas inconnue des médecins, il dépérissait misérablement. Le saint abbé le prit à part et l'engagea à confesser ses péchés. Il le fit, et aussitôt d'un air serein il demanda au père de lui donner un baiser ; à peine eut-il reçu ce baiser de paix des lèvres du saint, qu'il reposa incontinent en paix ; la source de ses larmes se tarit et il revint chez lui heureux et guéri.

54. Un jour que notre abbé était parti au travail après les autres religieux, un père vint lui présenter son fils boiteux, en le priant avec instance de vouloir bien lui imposer les mains. L'homme de Dieu s'excusait de le faire, en protestant qu'il n'était pas assez saint pour qu'on lui demandât une semblable faveur ; qu'il n'appartenait qu'aux apôtres, non à lui, de faire marcher droit les boiteux. Cependant, vaincu par les instances du père, il fit le signe de la croix sur l'enfant et le renvoya. À l'heure même, il alla mieux, et, peu de jours après, son père le ramena à l'homme de Dieu en parfait état, pour lui témoigner sa reconnaissance.

55. Une autre fois, une troupe de nobles chevaliers s'arrêta à Clairvaux, pour voir cet endroit et le saint abbé qui s'y trouvait. On était près du saint temps de carême, et presque toute cette jeunesse engagée dans le service militaire, était en quête de ces exécrables foires qu'on appelle vulgairement tournois. Il commença donc par leur demander de ne point faire usage de leurs armes, au moins pendant le peu de jours qui restaient encore à passer avant d'être au carême. Comme ils refusèrent opiniâtrement d'accéder à ses désirs, il leur dit : « J'espère que le Seigneur m'accordera la trêve que vous me refusez. » Puis, appelant un frère, il leur fit servir de la bière, qu'il bénit, en leur disant de boire la potion des âmes. Ils burent en effet également

---

tumque conatus, cum nullo modo prævaleret, anxius et tremebundus clausam ore servabat. Expleta denique hora orationis sexta, Patrem sanctum traxit in partem; cujus pedibus advolutus, cum multis ei lacrymis quod patiebatur, aperuit, et aperto ore ipsam quoque eucharistiam ostendebat. Increpans autem eum confitentem absolvit, et ex eo sine difficultate recepit dominica sacramenta.

52. In minimis etiam rebus magna per eum novimus contigisse. Venerat aliquando Fusniacum, quæ est abbatia una de primis, quam ipse ædificavit, in Laudunensi territorio sita. Cumque novi ibidem oratorii dedicatio pararetur, ita illud occupaverat muscarum incredibilis multitudo, ut earum sonitus improbusque discursus gravem nimis introeuntibus molestiam generaret. Nullo igitur occurrente remedio, dixit sanctus : Excommunico eas, et mane omnes pariter mortuas invenerunt. Cumque pavimentum omne operuissent, palis ejicientes eas, ita demum basilicam mundaverunt. Hoc autem tam notum et tam celebre fuit, ut inter vicinos quoque, quorum ad dedicationem maxima multitudo convenit, muscarum Fusniacarum maledictio in parabolam verteretur.

53. In eo quoque monasterio, cui Charus-locus nomen est, puerum quemdam qui incessanter flebat et ejulabat, Vir sanctus osculo sanavit. Cum enim per multos dies sine intermissione ploraps, nullam reciperet consolationem, quod genus morbi medici non ignorant, miserabiliter deficiens tabescebat. Quem seorsum alloquens Pater sanctus monebat, ut suorum confessionem faceret delictorum. Facta autem confessione, subito vultum serenans, petiit a beato Patre sibi osculum dari. Acceptoque osculo pacis ex ore Sancti, in omni protinus pace quievit, et, lacrymarum fonte siccato, lætus et incolumis est regressus ad propria.

54. Exeunti aliquando Abbati post fratres reliquos ad laborem, filium claudum ei pater obtulit, supplicans ut manum imponere dignaretur. Excusabat autem se Vir Dei, dicens, non se esse illius meriti, a quo talia deberent beneficia postulari; claudis reddere gressum, apostolicæ esse, non suæ virtutis. Victus tamen patris instantia, signavit puerum, ac dimisit. Qui ex ea hora convaluit, et intra paucos dies ab eodem iterum patre cum multa gratiarum actione reductus incolumis oblatus est Viro Dei.

55. Divertit aliquando nobilium cohors militum ad Claram-vallem, ut viderent locum, ac sanctum ejus Abbatem. Prope autem erat sacrum Quadragesimæ tempus, et illi omnes fere juvenes dediti militiæ seculari, circumibant quærentes execrabiles illas nundinas, quas vulgo Tornetas vocant. Cœpit itaque ab

ment tous, quelques-uns cependant avec répugnance à cause de leur amour du siècle, et parce qu'ils prévoyaient l'effet de la vertu divine, qu'ils éprouvèrent effectivement. En effet, à peine sortis des portes du monastère, ils se mirent à avoir entre eux un entretien plein de feu, attendu que leur cœur était brûlant dans leur poitrine, et, sous l'inspiration de Dieu, car sa parole courait rapidement sur les lèvres, ils rebroussèrent chemin à l'instant même, et, renonçant à leurs voies, ils s'engagèrent dans les rangs de la milice spirituelle. Il en reste quelques-uns, qui mènent encore en ce moment une vie militante pour Dieu ; les autres règnent maintenant avec lui après avoir été délivrés des liens de la chair par la mort.

56. Qu'y a-t-il d'étonnant que l'âge mûr se montre rempli d'une respectueuse déférence pour un homme, pour qui la vertu de Dieu même excite de la dévotion dans des âmes encore enfantines et ignorantes de la dévotion ? Beaucoup ont connu un jeune homme de Montmirail, nommé Gauthier, dont l'oncle, le frère Gauthier, un de ces jeunes chevaliers dont je viens de parler, a embrassé la milice sacrée à Clairvaux. Et bien donc, ce jeune Gauthier, étant encore tout petit enfant, puisqu'il n'avait pas même trois mois accomplis, fut apporté par sa mère à l'homme de Dieu, pour qu'il le bénit ; elle était toute heureuse et joyeuse d'avoir l'honneur de recevoir un pareil hôte chez elle. Pendant que le saint abbé, parlait, suivant sa coutume, à ceux qui l'entouraient, du salut et de l'édification des âmes, la mère de l'enfant en question se tenait aux pieds du saint, avec son enfant dans les bras. Or, il arriva que, comme Bernard faisait en parlant quelques gestes avec la main, l'enfant essaya de la prendre. Le saint ayant remarqué les efforts qu'il faisait chaque fois pour y réussir, approche sa main, au grand étonnement de tous les assistants, de manière qu'il pût la saisir comme il le désirait. Alors on le vit, avec un respect tout à fait surprenant, mettre une de ses mains dans celle de Bernard, et de l'autre, l'approcher de sa bouche et la baiser. Il ne le fit pas une fois seulement, mais il recommença la même chose toutes les fois qu'on lui en donna la possibilité.

CHAPITRE XII.

Dispute de Bernard avec le diable. La sainte Vierge lui rend la santé. L'abbé Guillaume est guéri par lui.

57. Il arriva aussi à l'homme de Dieu de tomber malade ; on aurait dit un ruisseau de glaires qui coulait de sa bouche. Son corps épuisé par ces vomissements, s'affaiblissait de jour en jour, et il arriva presque à toute extrémité. Ses enfants et ses amis se réunirent donc comme pour assister à l'enterrement d'un si grand père, et moi-même je me trouvai du nombre, attendu qu'il a eu la bonté de me mettre au rang de ses amis. Au moment où il semblait qu'il allait rendre le dernier soupir, il eut une vision pendant laquelle il lui sembla qu'il

---

eis petere, paucos illos qui ante Quadragesimam superarent dies, ne armis interim uterentur. Quibus obstinato animo ejus acquiescere monitis renuentibus : « Confido, ait, in Domino, quod ipse mihi dabit inducias quas negastis. » Et accersito fratre, jubet eis cerevisiam propinari, benedicens eam, et dicens, ut potionem biberent animarum. Biberunt ergo pariter, quidam tamen inviti præ amore seculi, metuentes eum quem postea sunt experti divinæ virtutis effectum. Ut enim egressi sunt monasterii fores, mutuis sese cœperunt inflammare sermonibus, quia cor eorum ardens erat in eis. Inspirante igitur Deo, et currente velociter verbo ejus, eadem hora reversi, et conversi a viis suis, spirituali militiæ dextras dederunt. Quorum quidam adhuc militant Deo, quidam autem cum eo jam regnant, carnis vinculis absoluti.

56. Quid autem mirum, quod devotis hunc hominem colit obsequiis major ætas, in cujus devotionem divina virtus ipsam quoque infantiam excitat expertem adhuc rationis, et devotionis ignaram ? Norunt multi illustrem juvenem Waltherum de Monte-mirabili, cujus patruus frater Waltherus inter eos, quos prædiximus Milites, sacram in Clara-valle militiam est professus. Hunc ergo Waltherum juniorem, cum adhuc infantulus esset *, et necdum ab ortu suo mensem tertium explevisset, mater sua benedicendum obtulit Viro Dei, gratulabunda et exsultans, quod in domo sua hospitem mereretur habere tam sanctum virum. Cumque Vir Dei, sicut semper et in omni loco facere consueverat, de salute et ædificatione animarum ad circumpositos loqueretur, prædicti mater infantis tenens eum in gremio, sedebat secus pedes ipsius. Accidit autem, ut inter loquendum manum protenderet, et apprehendere eam conabatur infantulus. Advertitur tandem conatus parvuli, cum sæpius id fecisset, et mirantibus universis datur ei facultas, ut manum possit apprehendere quam optavit. Tum vero mira admodum reverentia alteram manum suam supponens, altera tenens eam, tulit ad os suum, et osculatus est eam. Neque id semel tantum, sed toties faciebat, quoties beatam manum tenere permissus est.

CAPUT XII.

De altercatione Bernardi cum diabolo. De sanitate per B. Virginem ipsi reddita. Item de abbate Guilhelmo ab eo sanato.

57. Infirmabatur aliquando homo Dei, et velut rivulus quidam phlegmatis incessanter ab ejus ore fluebat. Unde exhausto corpore usquequaque deficiens, paulo minus ad extrema devenit. Convenerunt itaque filii et amici ejus velut ad exequias tanti Patris; et ego ipse inter cæteros adfui, quod me quoque ejus dignatio in amicorum numero reputaret. Cumque extremum jam trahere spiritum videretur, in excessu mentis suæ ante tribunal Domini sibi visus est præ-

était présent au tribunal du Seigneur. Satan se tenait là aussi de son côté, le poursuivant de ses méchantes accusations. Quand il eut fini et que le saint eut la liberté de se défendre, il dit sans trouble et sans effroi : « Je l'avoue, je ne suis pas digne par moi-même, et je ne saurais réclamer le royaume du ciel, en vertu de mes propres mérites. Mais mon Seigneur l'a obtenu à deux titres, comme héritage paternel et comme prix de sa passion. Or, se contentant de le posséder au premier de ces titres, il me donne le droit qu'il a de le posséder au second titre; et c'est sur ce don que je m'appuie pour réclamer le ciel, et je ne serai point confondu. » L'ennemi du salut, confus à ce langage, se retira, et l'homme de Dieu revint à lui. Comme il espérait que cette vision était le signe de sa fin prochaine, il en eut une seconde bien différente.

58. En effet, il lui sembla qu'il se trouvait sur le bord de la mer à attendre un navire qui devait l'emporter sur le rivage opposé. A peine le vaisseau se fut-il approché de terre, qu'il s'élance pour y entrer; mais le vaisseau enfonce et plonge dans la mer; trois fois il recommence et trois fois la même chose se produit, après quoi le navire s'éloigne et le laisse sur le bord. Bernard comprit sur le champ que le temps de son départ de ce monde n'était pas encore arrivé. Cependant le mal augmentait et lui semblait d'autant plus intolérable, qu'il n'avait plus l'espérance d'une mort prochaine pour se consoler. Or, il arriva un soir que, tous les autres religieux s'étant retirés selon la coutume pour la lecture de la collation, l'abbé demeura seul avec deux frères dans l'endroit où il était couché.

Comme il souffrait beaucoup et que la douleur allait au delà de ses forces, il appelle un des deux frères et lui dit d'aller bien vite faire une prière pour lui. Ce religieux commence par s'excuser, en disant qu'il ne savait pas assez bien prier pour cela; il le contraignit en vertu de l'obéissance. Il y alla donc et pria devant les trois autels qu'il y avait dans l'église. Le premier était dédié à la bienheureuse vierge Marie, le second à saint Laurent, martyr, et le troisième à saint Benoît, abbé. Au même instant, la bienheureuse vierge Marie se montra à l'homme de Dieu, entourée des deux autres saints, je veux dire de saint Laurent et du bienheureux Benoît. Ils avaient tous trois cette sérénité et cette douceur qui leur conviennent. Bernard les vit si distinctement, qu'il reconnut les trois personnages dès leur entrée dans sa cellule. Ils lui imposèrent les mains, touchèrent doucement et avec une extrême bonté les endroits douloureux, et à l'instant même tout le mal disparut. Le flux de glaires s'arrêta et tout sentiment de douleur cessa.

59. Moi-même, étant malade un jour dans notre demeure, je me sentais extrêmement fatigué et tout à fait épuisé par le mal qui traînait en longueur. A cette nouvelle, Bernard me députe son frère Gérard, de bonne mémoire, pour m'ordonner de venir à Clairvaux, en me promettant qu'une fois arrivé là, je ne tarderais point à guérir ou à mourir. Pour moi, profitant de l'occasion que Dieu semblait m'offrir, me donner même, de mourir auprès du saint, ou de passer au moins quelque temps avec lui; or je ne saurais dire en ce moment ce que j'aurais le mieux aimé, je partis aussitôt, non sans

---

sentari. Adfuit autem et Satan ex adverso improbis eum accusationibus pulsans. Ubi vero ille omnia fuerat prosecutus, et Viro Dei esset pro sua parte dicendum, nil territus aut turbatus, ait : « Fateor, non sum dignus ego, nec propriis possum meritis regnum obtinere cœlorum. Cæterum duplici jure illud obtinens Dominus meus, hæreditate scilicet Patris, et merito passionis; altero ipse contentus, altero mihi donat, ex cujus dono jure illud mihi vindicans, non confundor. » In hoc verbo confusus inimicus, conventus ille solutus, et homo Dei in se reversus est. Cumque ex hoc magis dissolutionem sui corporis imminere speraret, visio altera longe dissimilis est secuta.

58. Siquidem velut in littore quodam positus videbatur sibi navem quæ se transveheret exspectare; cumque applicuisset navis ad littus, festinabat ingredi, et illa cedens impingebat in aquam. Usque tertio ita faciens, tandem relicto eo navis ibat, et non revertebatur. Intellexit autem protinus necdum tempus suæ migrationis adesse. Adhuc tamen crescebat dolor, eo utique magis molestus, quo minus jam eum spes imminentis exitus solabatur. Contigit autem advesperascente jam die, ut cæteris fratribus, juxta consuetudinem, accedentibus ad lectionem collationum, solus Abbas cum duobus fratribus sibi assistentibus remaneret in diversorio in quo jacebat. Cumque vehementius affligeretur, et supra vires dolor excresceret, advocans alterum e duobus, jubet citius oratum ire. Excusantem denique et dicentem : Non sum ego talis orator; obedientiæ auctoritate compellit ltum est, et oratum ad altaria, quæ in eadem basilica erant tria. Primum in honore beatæ Dei Genitricis; duo circumposita in honore beati Laurentii martyris, et beati Benedicti abbatis. Eadem igitur hora adfuit Viro Dei prædicta beata Virgo, duobus illis stipata ministris, beato scilicet Laurentio, et beato Benedicto. Aderant autem in ea serenitate et suavitate quæ eos decebat, et tam manifeste, ut ex ipso introitu cellulæ, personas quoque discerneret singulorum. Imponentesque ei manus, et loca doloris attactu piissimo lenientes, omnem protinus ægritudinem depulerunt. Siccatus est enim illico phlegmatis rivus, et dolor omnis abscessit.

59. Cum autem et ego ægrotarem aliquando in domo nostra, et jam me nimium fatigasset et attrivisset in longum nimium se protendens ægritudo; audiens hoc misit ad me fratrem suum, virum bonæ memoriæ Gerardum, mandans me venire ad Claram-vallem, spondens me ibi cito aut curandum, aut moriturum. Ego vero quasi divinitus accepta vel oblata facultate, seu apud eum moriendi, seu aliquandiu cum eo vivendi (quorum quid maluerim tunc, ignoro) profectus statim sum illuc, quamvis cum nimio labore ac do-

en éprouver une grande fatigue et de grandes douleurs. Il m'arriva ce qu'il m'avait promis, et je l'avoue, ce que je désirais. En effet, je guéris de cette maladie longue et périlleuse, et peu à peu les forces me revinrent. Dieu bon, quel bien m'a procuré cette maladie, le repos, le calme, dans le sens surtout que je le désirais! En effet, le mal dont il souffrait lui-même alors concourait à mon bien, pendant tout le temps que je restai malade auprès de lui. Nous étions tous les deux malades, et tout le jour se passait à nous entretenir de la physique spirituelle de l'âme, et des remèdes des vertus contre les maladies des vices. Il m'expliqua le Cantique des cantiques autant de temps que le permit la durée de ma maladie, dans son sens moral seulement, et sans toucher aux mystères cachés dans ce livre, attendu que telle était mon désir, et que je lui avais demandé de faire ainsi. Tous les jours, de peur d'oublier ce qu'il m'avait dit, je le consignais par écrit autant que Dieu me permettait de le faire et que ma mémoire me le rappelait. Dans cette exposition, il agissait à mon égard avec bonté et sans envie, et me faisait part des pensées qui lui venaient à l'esprit, et des sens que son expérience lui faisait découvrir; il s'évertuait à instruire mon inexpérience des choses qu'on ne sait qu'en les éprouvant soi-même. Je ne pouvais point encore comprendre tout ce qu'il me disait, mais pourtant j'en étais venu à comprendre plus que je ne l'avais fait jusqu'alors ce qui me manquait pour le comprendre entièrement. Mais en voilà assez sur ce chapitre.

60. Le dimanche de la Septuagésime approchait, et, le soir du samedi qui précède ce dimanche, je me trouvai assez fort pour me lever seul de mon lit, pour aller et venir seul, et je commençai à faire mes préparatifs pour retourner vers nos frères. A peine le saint abbé en fut-il informé, qu'il m'arrêta et me défendit de penser à mon retour et de rien tenter pour le mettre à exécution avant le dimanche de la Quinquagésime. Je cédai volontiers, car je ne demandais pas mieux que de faire ce qu'il désirait, et ma faiblesse semblait exiger qu'il en fût ainsi. Comme je voulais m'abstenir, à partir de ce même dimanche de la Septuagésime, des aliments gras dont, sur son ordre et contraint par la nécessité, j'avais fait usage jusqu'alors, il me le défendit également. Comme je ne voulais point céder sur ce point à ses instances, ni écouter ses prières, ni me soumettre à ses ordres, nous nous quittâmes ce même samedi sans nous dire un mot, lui pour aller à Complies et moi pour regagner mon lit. Mais alors le mal recouvre toute sa rage, il semble avoir retrouvé toutes ses premières forces, et il me reprit avec tant de vivacité et de violence et me fit souffrir toute la nuit avec tant de continuité, au delà de mes forces et de ma vertu, que, désespérant de vivre plus longtemps, je ne croyais même pas pouvoir aller jusqu'au lendemain et entendre encore la parole de l'homme de Dieu. Après avoir passé toute cette nuit dans les souffrances, je le fis appeler de grand matin. Il vint, mais il n'avait pas ce visage habituel de compassion pour mes souffrances, il me semblait qu'il avait l'air d'un accusateur. Pourtant il me dit en souriant : Eh bien! que voulez-vous manger aujourd'hui ? Et moi qui sans attendre qu'il me parlât regardais ma désobéissance de la veille comme la cause bien certaine de la re-

---

lore. Ubi factum est mihi quod promissum fuerat, et fateor sicut volui. Reddita quippe mihi sanitas est a magna et periculosa infirmitate; sed paulatim vires corporis redierunt. Deus bone, quid mihi boni contulit illa infirmitas, feriæ illæ, vacatio illa, ex parte ad quod volebam! Nam et cooperabatur necessitati meæ toto illo tempore infirmitatis meæ apud eum infirmitas ejus, qua ipse tunc temporis detinebatur. Infirmi ergo ambo, tota die de spirituali physica animæ conferebamus, de medicamentis virtutum contra languores vitiorum. Itaque tunc disseruit mihi de Cantico canticorum, quantum tempus illud infirmitatis meæ permisit, moraliter tantum, intermissis mysteriis Scripturæ illius, quia sic volebam, et sic petieram ab eo. Singulisque diebus quæcunque super hoc audiebam, ne mihi effugerent, scripto alligabam, in quantum mihi Deus donabat, et memoria me juvabat. In quo cum benigne et sine invidia exponeret mihi, et communicaret sententias intelligentiæ et sensus experientiæ suæ, et multa docere niteretur inexpertum, quæ nonnisi experiendo discuntur; etsi intelligere non poteram adhuc, que apponebantur mihi, plus tamen solito intelligere me faciebat, quid ad ea intelligenda deesset mihi. Sed de his huc usque dixisse sufficiat.

60. Cum autem instante Dominica, quæ Septuagesima denominatur, vespere sabbati Dominicam ipsam præcedentis, jam tantum convaluissem, ut valerem de lecto per me surgere, et solus exire, et intrare possem, cœpi disponere de reditu nostro ad fratres nostros. Quod ipse auditum omnino prohibuit, et usque ad Dominicam Quinquagesimæ omnem mihi spem reditus, et conatum interdixit. Acquievi facile, cum quod præcipiebatur, et voluntas non abnueret, et infirmitas requirere videretur. Cum autem ultra Dominicam illam Septuagesimæ, et carnibus, quibus usque ad diem illam, ipso præcipiente et necessitate cogente, vescebar, vellem abstinere, et hoc ipsum prohibuit. Super quo cum nec moneti acquiescerem, nec rogantem audirem, nec obedirem præcipienti; sic vespera illa sabbati ab invicem discessimus, ille tacitus ad Completorium, ego ad lectum. Et ecce infirmitas meæ rabies rediviva, quasi resumptis omnibus viribus pristinis, cum tanta me vehementia et ferocitate invadens corripuit, tantaque malignitate tota nocte illa devastando cruciavit, supra vires, supra virtutem, ut de vita desperans, vix saltem usque ad diem, ut vel semel adhuc loquerer Viro Dei, crederem me victurum. Cumque in dolore illo totam noctem duxissem, summo mane accersitus ille advenit, non tamen afferens mihi, quem solebat, vultum compatientis, sed quasi arguentis. Subridens tamen:

crudescence de mon mal, je lui répondis : Ce que vous ordonnerez. Tranquillisez-vous donc, me repartit-il, vous ne mourrez pas encore. Et il s'en alla. Que dirai-je ? Toutes mes souffrances disparurent avec lui, il ne me resta plus qu'une grande fatigue des douleurs que j'avais éprouvées pendant cette nuit, et c'est à peine si je pus descendre un peu de mon lit ce jour-là. Et maintenant qu'étaient ces douleurs, quelle en était la nature ? Je ne me rappelle pas avoir jamais rien ressenti de semblable. Le lendemain, je fus complétement remis, et je repris mes forces. Peu de jours après, muni de la bonne bénédiction de mon bon hôte, je retournai chez moi.

CHAPITRE XIII.

Sa réputation de sainteté se répand partout; développement admirable de Clairvaux. Il est doué de l'esprit prophétique.

61. Tandis que Bernard, cet homme chéri de Dieu et des hommes, florissait par toutes ces vertus et tous ces miracles dans la vallée qu'il habitait, ainsi que dans les villes et les contrées voisines, que les besoins de sa maison le forçaient bien souvent de parcourir, il commença aussi à se voir entraîné vers des contrées plus éloignées, par sa charité pour ses frères et par obéissance à ses supérieurs, pour rétablir la paix et la bonne intelligence compromises entre les Eglises et les princes du monde. Souvent, avec l'aide de Dieu, il terminait ces différends. Car, par la vertu de la foi, bien plutôt que par l'esprit de ce monde, il rendait possible une foule de compromis qui semblaient impossibles; on peut dire qu'il transportait des montagnes, aussi devenait-il de jour en jour plus admirable et plus vénérable aux yeux de tout le monde. Mais, où la force de sa prédication commença particulièrement à éclater, c'est dans la façon dont il touchait et convertissait le cœur de ses auditeurs, en quoi il réussissait tellement qu'il revenait rarement à vide à la maison. Ce pêcheur de Dieu finit, grâce à ses heureux progrès et à son habitude de la parole, aussi bien qu'à l'exemple de toute sa conduite, par faire entrer dans les filets de la parole de Dieu une telle multitude de poissons raisonnables, qu'il semblait qu'il allait pouvoir en remplir chaque fois la barque de sa maison. Aussi, bientôt, par un miracle plus grand que tous ceux qu'il fit dans toute sa vie, seul, languissant, à demi-mourant et ne pouvant que parler, il rendit la vallée de Clairvaux, jusqu'alors fort obscure, une claire-vallée de nom et d'effet, d'où se répandit, comme du sommet d'une haute montagne, dans tous les bas lieux de la terre, l'éclat d'une lumière divine. Et, maintenant, dans cette vallée qu'on appelait autrefois la vallée de l'Absinthe, la vallée amère, les montagnes font tomber de douces pluies. Demeurée vague jusqu'alors et stérile pour toute espèce de bien, elle devint féconde en froment spirituel, et ses flancs déserts s'engraissèrent tellement de la rosée du ciel et des bénédictions de Dieu, en même temps que sa population, en se multipliant, se vit remplie de tant de bonheur, qu'il semble que c'est là que s'accomplissent ces paroles du prophète à Jérusalem : « Les enfants que vous aurez après les jours de votre stérilité, vous diront encore ; le lieu où nous sommes est trop étroit, donnez nous une

---

Quid, inquit, hodie comeditis ? Ego vero qui jam, ipso tacente, hesternam inobedientiam certissime interpretabar causa esse illius afflictionis meæ : Quidquid, inquam, præcipietis. Quiescite ergo, ait, non moriemini modo. Et abiit. Et quid dicam ? Confestim et omnis dolor abiit; nisi quod fatigatus nocturno illo dolore meo, tota ipsa die vix de lecto surgere prævalui. Quis enim aut qualis fuit ille dolor ? Non recolo similem me aliquando fuisse perpessum. In crastino autem sanus factus sum, et vires recepi, et paucis interpositis diebus, cum benedictione et gratia bona boni hospitis mei, ad propria reversus sum.

CAPUT XIII.

De fama sanctitatis ejus ubique divulgata, et ipsius Claræ-vallis mirabili propagatione. Item de spiritu prophetiæ ipsi concesso.

61. Cumque dilectus Deo et hominibus Bernardus in illa valle sua et vicinis civitatibus et regionibus, quas aliquoties eum invisere domesticæ curæ ratio cogebat, tantis floreret virtutibus et miraculis ; cœpit etiam jam seu communibus Ecclesiæ necessitatibus, seu charitate fratrum, seu obedientia majorum, ad remotas pertrahi regiones, paces desperatas inter dissidentes ecclesias et Principes seculi reformare, causas humano sensui et consilio interminabiles, auxilio Dei pacifice terminare, et virtute potius fidei, quam spiritu hujus mundi de multis hujusmodi impossibilibus possibilia faciendo, quasi montes tranferendo, magis ac magis in oculis omnium mirabilis et venerabilis apparere. Maxime vero in tantum in eo enitescere cœpit virtus prædicationis, ut dura etiam corda auditorum ad conversionem emolliret, et vix aliquando vacuus domum rediret. Postmodum vero feliciter proficiente et usu sermonis, et exemplo conversationis, rete verbi Dei in manu piscatoris Dei tam copiosas piscium rationalium multitudines cœpit concludere, ut de singulis ejus capturis navicula domus illius impleri posse videretur. Unde factum est, ut in brevi majori miraculo præ omnibus quæ in hac vita gessit miraculis, per unum hominem languidum et seminecem, et tantummodo loqui valentem, obscura usque ad illud tempus illa vallis, et re et nomine Clara-vallis efficeretur, divinæ cujusdam claritatis lumen, quasi de summo quodam apice virtutum diffundens in devexa terrarum. Et ex tunc apud vallem illam, quæ prius dicebatur vallis Absinthialis et amara, cœperunt montes stillare dulcedinem. Quæ vacua fuerat et sterilis ab omni bono, cœpit abun-

place où nous puissions habiter. Et vous direz en votre cœur : Qui m'a donné ces enfants, à moi qui étais stérile et qui n'avais point d'enfants ? Qui les a nourris (*Isa.* xlix, 20 et 21) ? »

62. En effet, déjà de l'endroit trop étroit de la vallée où s'élevaient les bâtiments du cloître, on avait dû, par une inspiration divine, les transporter dans un endroit plus uni et plus spacieux, et là ils s'accrurent dans de grandes proportions ; la place manque néanmoins encore à la foule de leurs habitants. Des maisons de cet ordre, des filles de cette maison, ont peuplé une foule de déserts, en-deçà et au-delà des Alpes et de la mer, et tous les jours, il y a une affluence nouvelle à Clairvaux, et, tous les jours encore, il faut chercher de nouveaux emplacements. De tous côtés, on demande des religieux à Clairvaux, qui en envoie partout ; car les rois des nations et les princes de l'Église s'estiment heureux, ainsi que les villes et des pays entiers, quand ils ont le bonheur d'obtenir un établissement fondé par la maison et sous la règle de l'homme de Dieu. Que dis-je, c'est au delà même des terres habitées par les hommes et jusque dans les contrées barbares, là où la brutalité de la nature semble avoir dépouillé tout ce qu'il y a d'humain dans l'homme, que cette forme de religion est allée se fixer. Par elle, dans ces contrées, de véritables bêtes sauvages se changent en hommes, et s'habituant à vivre avec des hommes, apprennent d'eux à chanter au Seigneur un cantique nouveau. Voilà pourquoi le pêcheur de Dieu, sur l'ordre du Seigneur, ne se lasse point de jeter son filet pour prendre de nouveaux poissons, dont les nouveaux pris remplacent ceux qui s'en vont, en sorte que cette sainte communauté ne diminue jamais. C'est le résultat qui s'est produit jusqu'à ce jour et qui se produit encore à la suite de ses admirables coups de filets dans les villes de Châlons-sur-Marne, de Reims, de Paris, de Mayence, de Liège et de beaucoup d'autres encore ; en Flandre aussi et en Germanie, en Italie, en Aquitaine et dans toutes les autres contrées où il arrive que la nécessité conduise encore de nos jours l'homme de Dieu. La grâce du Saint-Esprit, coopérant avec lui partout où il va, il ne revient jamais de nulle part qu'il n'en ramène son abondante capture.

63. Mais, s'il envoie les siens, il ne rompt pas avec eux pour cela, car il est avec eux par sa sollicitude paternelle, partout où il se trouve, et, de même que les fleuves reviennent à leur point de départ, ainsi reviennent à lui tous les jours, de toutes parts, les tristesses et les joies de ses enfants. Souvent même, sans que la chair et le sang aient besoin de le lui apprendre, sa sollicitude paternelle connaît, par une inspiration divine, ce qui se passe chez quelques uns de ses religieux qui se trouvent loin de lui ; il voit ce qui doit attirer leur attention, ce qu'ils doivent corriger dans leur conduite, leurs tentations et leurs chutes, leurs maladies et leur mort, ainsi que les assauts des tribulations du siècle. En effet, il lui arrive souvent de faire prier ceux qui sont auprès de lui pour les besoins de ceux qui sont absents. Quelquefois aussi, on sait que ceux qui étaient sur le point de mourir en différents lieux où il n'était pas, venaient à lui en vision, pour lui demander sa bénédiction et la permission de quitter leur poste, tant était grande l'obéissance de ceux qu'il envoyait en mission, et grande aussi la cha-

---

dare spirituali frumento, et de rore cœli et benedictione Dei in tantum pinguescere omnia deserta ejus, et multiplicata gente magnificare lætitiam ; ut impletum in ea videatur quod olim per Prophetam dictum est ad civitatem Jerusalem ! *Adhuc*, inquit, *dicent in auribus tuis filii sterilitatis tuæ : Angustus est locus, fac locum ut habitemus. Et dices in corde tuo : Quis genuit mihi istos ? Ego sterilis et non parturiens et istos quis enutrivit ?*

62. Jam enim de locis angustioribus vallis illius, domus claustralis habitationis, uon sine divinis quibusdam revelationibus translatæ in locum planiorem et spatiosum, magnificatæ ibi et amplificatæ sunt, et adhuc multitudini inhabitantium ipse locus augustus est. Jam domus Ordinis illius, filiæ domus ipsius, citra et ultra alpes et maria, deserta plurima impleverunt et adhuc sunt et quotidie confluunt, quibus locus quærendus est. Et petuntur undique fratres et mittuntur, cum beatos se æstimant reges gentium et præsules ecclesiarum, civitates et regiones, quæcumque de domo illa et disciplina Viri Dei meruerint contubernium aliquod adipisci. Quid dico? Ultra homines, usque ad barbaras nationes, in quibus naturalis feritas naturam quodammodo exuit humanum, religio hæc profecta est ; ubi per eam bestiæ silvæ homines fiunt, et cum hominibus assuetæ conversari discunt cantare Domino canticum novum. Quapropter piscator Dei, præcipiente Domino, non cessat laxare retia in capturam, et aliis abeuntibus, aliis succedentibus in locum eorum, nunquam sanctæ illius congregationis minuitur plenitudo. Hoc usque nunc egerunt, et quotidie agunt mirificæ ejus capturæ, Catalaunensis, Remensis, Parisiacensis, Maguntinensis, Leodiensis, et aliarum nonnullarum civitatum ; Flandriæ quoque et Germaniæ, Italiæ, Aquitaniæ, et aliarum regionum, quascumque, quacumque necessitate contigit aliquando, seu adhuc usque hodie contingit Virum Dei visitare. Cooperante siquidem gratia Spiritus sancti, quocumque vadit, plenus redit, et sua eum plenitudo ubique comitatur.

63. Nec dimittit suos, quos a se transmittit ; sed ubicumque sunt, et ipse semper paterna sollicitudine cum eis est, et sicut ad locum unde exeunt flumina revertuntur ; sic ad ipsum quotidie seu læta, seu tristia filiorum suorum. Sæpe etiam sine omni revelatione carnis ac sanguinis, paternæ ejus sollicitudini divinitus innotescit, quid circa aliquos eorum longe a se distantes agatur, si quid eis providendum, si quid in eis emendandum sit, tentationes, et excessus eorum, infirmitates et obitus, et quarumlibet se-

rité de celui qui les envoyait. Quelquefois je vins le trouver et, pendant que je lui parlais, je vis et j'entendis des choses que je ne dois point passer sous silence. Il y avait là un moine de Foigny sur le point de s'en retourner. Après avoir reçu la réponse qu'il était venu chercher, il prenait congé de Bernard, lorsque celui-ci, animé de l'esprit et de la vertu prophétique d'Élie, le rappelle, et, en parlant d'un religieux de cette maison, lui ordonne, je l'entendis de mes propres oreilles, de recommander à ce religieux de se corriger de certaines fautes secrètes, et de lui dire que, s'il ne le faisait point, le jugement de Dieu ne tarderait point à le frapper. Stupéfait, le messager lui demande qui lui a dit ces choses. « Qui que ce soit qui me les ait dites, répond-il, allez toujours et rapportez-lui bien ce que je vous dis. Si vous négligez de le faire, vous serez enveloppé dans le même châtiment. » J'étais dans l'étonnement, mais il m'a été raconté de lui quelque chose de plus étonnant encore, dans le même genre.

64. En effet, Guy, son frère aîné, était, comme le sait quiconque l'a connu, un homme plein de gravité et de vérité. Un jour donc que nous nous trouvions là ensemble, et que nous parlions de choses semblables, je lui demandai ce qu'il en pensait, comme des amis ont coutume de le faire dans leurs entretiens intimes ; il me répondit, tout ce que vous entendez dire est autant de fables. Et comme, selon sa coutume et avec son ardeur habituelle, il rabaissait les vertus de son frère, sans vouloir toutefois me faire de la peine, il me dit, je ne vous dis pas des choses que je ne sais point, mais je sais une chose, et je la sais par expérience ; c'est qu'il a de nombreuses révélations dans la prière. Alors, il me raconta comment, dans les premiers temps où ces ruches melliflues d'abeilles spirituelles commencèrent à envoyer partout de nouveaux essaims, et à élever de nouvelles maisons de leur ordre, à la demande et avec le concours de dom Guillaume, évêque de Châlons-sur-Marne, ils allèrent fonder dans son diocèse, l'abbaye dite de Trois-Fontaines. On y avait envoyé avec quelques religieux l'abbé dom Roger, homme de noble extraction selon le monde, mais d'une bien plus grande noblesse encore par sa sainteté ; les hommes qu'il avait avec lui lui ressemblaient. Mais le père spirituel de ces religieux ne les abandonna point en les envoyant, il les suivit en esprit, avec une pieuse affection et une paternelle sollicitude. Aussi, un jour qu'il se trouvait seul avec l'abbé dont je tiens ce que je vous raconte, et qu'ils s'entretenaient ensemble des religieux dont je viens de vous parler, il poussa tout à coup un profond soupir, et son cœur lui fit sur eux une réponse d'une dureté qui ne lui était point habituelle. « Va, dit-il à son frère, prie pour eux, et rapporte-moi tout ce que Dieu t'aura fait voir à leur sujet. » Car, pour lui il était retenu alors au lit par le mauvais état de sa santé. L'autre, tout interdit s'écrie : Dieu me garde de le faire, je ne suis pas homme à savoir prier de la sorte, et à mériter une pareille grâce. Mais Bernard insista, et l'autre alla se mettre en prière et il le fit de tout son cœur, répandant son âme devant Dieu pour eux. Il se sentit, en pensant à chacun d'eux dans sa prière, inondé de tant de douceur, de tant de grâces et

---

cularium tribulationum incursus. Nam et pro absentium fratrum certis necessitatibus, præsentibus circa se fratribus sæpe orationem indicit Nonnunquam etiam morientes in locis aliis ad ipsum per visionem accessisse noscuntur, benedictionem ejus et licentiam postulantes ; nimirum hoc agente et obedientia missorum, et charitate mittentis. Veneram aliquando ad eum, et dum loquerer ei, vidi et audivi quod silere non debeo. Aderat monachus quidam Fusniacensis, continuo ad suos rediturus. Cumque accepto responso super his pro quibus venerat, jam ab eo egrederetur, in spiritu et virtute Eliæ revocans eum Propheta Dei, et nomine fratris cujusdam de domo illa præmissa, de occultis quibusdam me audiente mandavit illi ut ea corrigeret ; sin autem, super se judicium Dei in proximo exspectaret. Stupefactus ille, quis hoc ei dixerit, requisivit. « Quisquis, inquit, dixerit mihi, tu vade, et dic quæ ego dico tibi, ne si dissimulaveris, te quoque involvat par pœna peccati. » Mirabar super hoc, sed miranti mihi in simili penitus causa multo mirabiliora de eo narrata sunt.

64. Guido namque, frater ejus major natu inter fratres suos, cujus gravitatis et veritatis fuerit vir, omnes sciunt qui eum scire potuerunt. Hic cum simul aliquando * essemus, et de hujusmodi loqueremur, et quererem ego ab eo ; sicut jucundæ ad amicos collocutionis esse solebat : Fabulæ, inquit, sunt quæ auditis. Cumque suo more et solito studio fraternas virtutes deprimeret, mihi tamen nollet esse molestus : Quæ, inquit, nescio, non dico vobis ; sed unum scio et expertus sum, multa ei in oratione revelari. Deinde narravit mihi, quomodo cum primo melliflua illa spiritualium apum alvearia nova de se examina circumquaque proferre, novasque ex eis domos ordinis sui ædificare cœpissent ; petente et agente domino Guillelmo episcopo, in episcopatu Catalaunensi eam, quæ Trium fontium dicitur, construxerunt. Ad quam cum abbatem cum monachis emisissent dominum Rogerium virum nobilem secundum seculum, sed nobiliorem sanctitate, et viros quosdam similis formæ cum eo ; spiritualis Pater filios, quos emisit, non dimisit, sed paterna sollicitudine et pia affectione cum eis erat. Unde cum die quadam soli simul essent Abbas et ipse, cujus hoc relatione didici, et de fratribus ipsis ad alterutrum loquerentur ; subito altius suspirans, durius aliquid solito de eis corde suo sibi respondente : « Vade, ait fratri suo, ora pro eis, et quidquid de eis ostenderit tibi Deus, refer ad me. Ipse enim gravissima valetudine ea hora laborans, in lectulo tenebatur. At ille vehementer expavescens : Absit, inquit, non sum qui hoc modo noverim orare, qui hoc mereri impetrare. Perseverante tamen eo in sententia, itum est, et oratum. Orans ergo quan-

* al. alicubi.

d'une telle consolation spirituelle, qu'il sentait dans son âme, avec bonheur, que ses vœux étaient certainement exaucés pour tous ceux pour qui il avait prié, excepté pour deux pour lesquels sa prière a chancelé, sa dévotion a bronché, et sa confiance a faibli. Il fit part de tout cela à Bernard en revenant auprès de lui, et celui-ci fit sur ces deux religieux, des prédictions que l'événement a depuis vérifiées.

63. L'abbé Roger, et quelques-uns de ceux qui étaient avec lui, étaient du nombre de ceux que l'homme de Dieu avait pêchés un jour à Châlons-sur-Marne, et, c'est à leur sujet et parmi eux, qu'il arriva encore quelque chose de pareil à ce que je viens de rapporter. Il allait souvent à Châlons, à cause de l'évêque de cette ville, et un jour il en revint en ramenant avec lui une foule de nobles, de gens de lettres, de clercs et de laïcs. Ils étaient encore dans l'endroit consacré à la réception des étrangers, où Bernard arrosait ces nouvelles plantes des eaux célestes de ses exhortations, quand survint le moine préposé à la garde de la porte, qui lui annonça que leur maître à tous, Étienne de Vitry, se présentait pour renoncer au monde et demeurer avec eux. Qui, à la place de Bernard, ne se serait point réjoui de l'arrivée de cet homme, surtout à une époque où la vallée de Clairvaux n'était pas trop fournie de pareil froment? Mais lui, instruit par le Saint-Esprit qui lui fit connaître les embûches des esprits de malice, garde quelque instants le silence, pousse un gémissement, et enfin s'écrie de manière à être entendu de tout le monde : « C'est l'esprit malin qui l'a amené ici. Il est venu seul, il s'en ira de même. » Tout le monde fut stupéfait à ces mots, car, en apprenant qu'il était venu, on avait commencé par ne plus se posséder de joie. Cependant, pour ne point scandaliser des hommes qui n'étaient encore que de faibles enfants, il le reçut, lui recommanda, avec soin, la persévérance et l'amour des autres vertus : mais comme il savait bien que, en promettant tout il ne ferait rien, il le plaça, pour l'éprouver, dans la salle des novices qui cherchaient Dieu véritablement et persévéraient dans leur projet. Mais, pas un mot de ce qu'il avait prédit ne tomba par terre. Ce même Étienne, comme il le confessa depuis, étant encore dans la salle des novices, aperçut un petit Maure qui sortait de l'oratoire. Il resta là environ neuf mois entiers, puis finit par faiblir, et, comme Bernard l'avait prédit, il repartit seul ainsi qu'il était venu. Mais la ruse de l'ennemi se trouva déjouée, et celui qu'il avait préparé pour la ruine des novices, la confirma, au contraire, par sa propre ruine.

66. Avant de quitter Châlons, disons encore que, un jour que le saint abbé revenait de cette ville, lui, et ceux qui étaient avec lui, eurent beaucoup à souffrir du froid et du vent. Plusieurs personnes de sa suite, prenant les devants et ne l'attendant point à cause de la rigueur du froid, il finit par se trouver presque seul. Or, il arriva que l'un des deux religieux qui allaient avec lui, ayant eu l'imprudence de lâcher son cheval, cet animal partit et se mit à courir à travers champs. Comme ils ne pouvaient l'attraper et que le froid était trop rigoureux pour qu'on perdît beaucoup de temps à sa

---

tum prævaluit, pro singulis effudit animam suam ; tantaque per singulos in orando perfusus est suavitate conscientiæ, tantaque impetrandi fiducia, et omni gratia spiritualis consolationis, ut in omnibus certa fide exauditum se exsultare spiritus ejus, exceptis duobus, in quibus oratio titubavit, hæsitavit devotio, fiducia defecit. Quod cum retulisset ad eum a quo missus erat, ille statim pronuntiavit de illis duobus quod postea probavit eventus.

65. Abbas autem Rogerius, et aliqui qui cum eo erant, ipsi fuerunt, quos Vir Dei aliquando de Catalaunensi traxerat civitate, de quibus vel in quibus etiam tunc simile quid fuerat factum. Cum enim episcopi gratia Catalaunum frequentaret, rediens aliquando traxit secum multitudinem nobilium et litteratorum, clericorum, et laicorum. Quibus adhuc in domo hospitum demorantibus, dum novellas plantationes cœlestibus rigaret eloquiis, supervenit portarius monachus, nuntians Stephanum de Vitreio, magistrum eorum, adesse ad renuntiandum seculo, et eum eis commorandum. Quis alius de talis viri adventu non exsultasset, præsertim cum vallis illa hujusmodi frumento non multum adhuc abundaret? Ipse vero, revelante sibi Spiritu sancto insidias spiritualis nequitiæ, tacitus aliquantulum ingemiscens, erupit in vocem audientibus universis : « Malignus, ait, spiritus huc eum adduxit. Solus venit, solus revertetur. » Obstupuere omnes, qui prius audito ejus adventu non se capere poterant præ lætitia. Verumtamen ne pusillos adhuc scandalizaret filios, suscepit hominem, de perseverantia aliisque virtutum studiis studiose commonuit, et sciens et prævidens omnia promittentem nihil acturum, cum vere Deum quærentibus et perseveraturis in cellam novitiorum probandum intromisit. Sed de omnibus quæ prædixerat, nihil cecidit in terram. Vidit idem Stephanus, sicut confessus est, cum in cella novitiorum adhuc demoraretur, maurulum quemdam puerum ab oratorio se extrahentem. Ubi novem ferme mensibus degens, novissime tamen defecit, et, ut de eo prædictum fuerat, sicut solus venerat, sic solus recessit. Frustrata autem est et versutia inimici, et quem novitiarum paraverat in ruinam, de ipsius potius ruina illi confirmati sunt.

66. Priusquam a Catalauno recedamus, cum aliquando Pater sanctus inde rediret, frigore et vento tam ipse, quam qui cum eo erant, graviter laborabant. Cumque præcedentibus multis, qui tunc forte in comitatu ejus erant, nec præ augustio frigoris ad eum attendentibus, pene solus ipse sequeretur; contigit equum unius de duobus qui cum eo erant, incaute dimissum evadere, et excurrere per planiciem late patentem; quem cum apprehendere non possent, et intemperies aeris ad hoc non permitteret vacare diutius:

poursuite, le saint dit : « Prions, » et il se mit à genoux avec le frère qui était resté avec lui. Ils n'avaient pas encore fini l'oraison dominicale, que le cheval revint de lui-même, avec calme, s'arrêter aux pieds de l'homme de Dieu, qui le remit à son cavalier.

CHAPITRE XIV

Autres bienfaits obtenus de Dieu par le moyen de Bernard ; sa fuite des honneurs et des dignités.

67. De Châlons passons à Reims : il est arrivé plusieurs fois que l'homme de Dieu fut appelé dans cette dernière ville pour rétablir la concorde entre l'archevêque et le peuple de Reims, que des dissentiments divisaient. S'étant dont établi dans le palais de la ville avec Josselin, évêque de Soissons, et toute la maison se trouvant remplie de peuple et de clergé, il parlait de faire la paix. Or, voilà qu'une mère malheureuse vint lui présenter son enfant qui était possédé du démon, à ce qu'on croyait, et le pria d'avoir pitié d'elle, car ce jour-là même cet enfant s'étant révolté contre elle, l'avait presque tuée. Il était devenu muet, aveugle et sourd, et bien qu'il eût les yeux tout grands ouverts il ne voyait rien ; tous ses autres sens de même étaient paralysés, et il était resté sans connaissance. Touché de compassion pour cette mère infortunée, que le sentiment de sa douleur affligeait profondément, il fit une caresse à l'enfant, et, lui caressant la tête et la figure de ses pieuses mains, il se mit à lui adresser la parole, et lui demanda comment il en était venu jusqu'à frapper sa propre mère. Alors cet enfant revenant à lui, reconnaît aussitôt son péché et promet de se corriger dans la suite ; Bernard le rend parfaitement guéri à sa mère. Au monastère des Alpes, entre autres malades qui venaient solliciter de lui leur guérison, vint une femme sujette au mal caduc, et qui, à l'instant même où elle se trouvait en présence du saint, fut prise tout à coup d'un de ses accès. L'homme de Dieu lui prend la main, la relève aussitôt, et, dès ce moment, elle fut entièrement guérie de son mal.

68. La duchesse de Lorraine, femme d'une grande noblesse, mais dont la vie était moins noble que son extraction, ayant vu une fois, en songe, l'homme de Dieu lui arracher du sein sept horribles serpents de ses propres mains, finit par se convertir à la suite de ses exhortations et par embrasser la vie religieuse*, et elle se fait gloire encore maintenant d'avoir été délivrée de sept démons par lui. Je connais un clerc, appelé Nicolas, qui aimait le monde d'une façon désespérante, qui fut aussi délivré du monde par Bernard. Après avoir reçu l'habit et fait profession de la vie monastique à Clairvaux, comme il trouva dans cette maison ceux qui s'y étaient réfugiés après avoir fait naufrage dans le monde, racheter par des larmes continuelles, le malheur de leur naufrage, il voulut en faire autant ; mais, ne pouvant y réussir à cause de la du-

---

* Dans le monastère de femmes de le Tart, de l'ordre de Cîteaux. Il se trouvait alors en dehors du murs de la ville de Dijon, où il fut compris depuis, comme on le voit par la troisième Vie de saint Bernard, chapitre VII, et par les lettres de Mathieu de Lorraine, fille de la duchesse dont il est parlé ici. Ces lettres écrites en faveur de ce monastère, se trouvent dans Chifflet, qui donne à la duchesse de Lorraine le nom de Athélaïde. Voir la lettre cent dix-neuf.

« Oremus, » inquit, flexisque genibus in oratione cum fratre qui cum eo erat, vix adhuc dominicam poterant orationem explevisse, cum ecce equus ille cum omni mansuetudine rediens substitit ante pedes ipsius, et redditus est sessori suo.

CAPUT XIV.

De aliis quibusdam beneficiis divinis per eum præstitis, et honorum seu dignitatum fuga.

67. Et ut a Catalauno ad Remensem civitatem pertranseamus, contigit aliquando dissentientibus archiepiscopo et populo Remensi, an conciliandos eos adesse Virum Dei. Cumque in palatio ejusdem civitatis cum Josleno Suessionensi episcopo consedisset, et magna cleri plebisque frequentia repleta domo, de pace tractaretur ; ecce coram omnibus misera mulier filium suum, plenum (ut putabatur) dæmone, ei offerens, misericordiam precabatur, siquidem jam ea ipsa die insurgens in ipsam matrem suam, pene eam occiderat, et mutus effectus et cæcus, et surdus, apertis oculis non videbat, et stupentibus in eo sensibus omnibus, etiam sine intellectu permanebat. Compassus vero miseræ matri, quam maxime sensus doloris illius excruciabat, misero adolescenti blandiens, et piis manibus caput ejus et faciem demulcens, alloqui eum cœpit, et quomodo in matrem suam mittere manus præsumpserit, sciscitari. Ille vero ad se reversus, continuo peccatum suum recognovit, et deinceps emendationem promittens, incolumis restitutus est matri suæ. In monasterio quoque, quod Alpense dicitur, inter cæteros qui curam requirebant infirmos, venit ad eum mulier, quæ caduco morbo laborabat. Hæc in ipsa hora, cum staret coram eo, a repentino impetu mali illius corruit. Sed apprehensa Vir Domini manu ejus, continuo erexit eam, nec tantum in illa hora, sed perfecte omnino curata est ab infirmitate sua.

68. Ducissa Lotharingia, femina nobilis, sed non tam nobiliter victitans, cum vidisset aliquando in somnis hominem illum Dei serpentes septem horribiles de utero suo manibus propriis attrahentem ; postmodum ad religiose vivendum ejus admonitione conversa, usque hodie se esse de qua septem dæmonia ejecerat, gloriatur. Novi ego clericum quemdam, Nicolaum nomine, seculo pene desperabiliter deditum, sed per quem de seculo liberatum, qui cum in Clara-valle monasticæ conversationis habitum et ordinem suscepisset, videns eos qui de seculi naufragio illuc confugerant, naufragii sui damna continuis redimere lacrymis, idem ipse facere volens, nec valens præ duritia cordis sui, rogabat eum cum magno cordis dolore, ut impe-

reté de son cœur, il priait Bernard, avec une vive douleur d'âme, de lui obtenir de Dieu le don des larmes. Bernard pria, et il lui obtint du ciel une telle et si continuelle componction du cœur, avec le don des larmes, que c'est à peine si depuis ce moment-là on vit ses joues qui étaient toutes changées et ses yeux sans larmes; il pleurait en mangeant, en marchant et même en parlant avec quelqu'un.

69. Nous avons vu ou entendu raconter de l'homme de Dieu, tant et de si grandes merveilles de ce genre, tant de cures diverses de maladies différentes, que si on voulait les raconter ou les consigner toutes par écrit, on s'exposerait en fatiguant le lecteur à les lui faire révoquer en doute, ou en s'adressant à des incrédules à les fatiguer de ces histoires. Mais ce qui montre combien dans toutes ces choses l'œil de son intention était pur, c'est que son corps tout entier, je veux dire toutes ses actions, n'a cessé d'être éclairé. On le vit, non pas repousser par orgueil, mais décliner par un sentiment aussi religieux que raisonnable, les plus grands honneurs ecclésiastiques et les faveurs des princes de la terre, qui voulaient l'en combler, parce qu'ils l'en jugeaient digne, et sa conduite n'a jamais cessé de montrer ce qu'il cherche dans tout ce qu'il fait et l'objet de ses ambitions. — A Milan, à Reims, le clergé d'accord avec le peuple le choisirent pour archevêque; à Châlons-sur-Marne et à Langres, pour évêque, et on lui aurait offert la même dignité en beaucoup d'autres endroits, si on avait eu l'espérance de pouvoir l'amener à l'accepter. Il était certainement digne d'être contraint à accepter ces titres, et, je ne sais par quel jugement de Dieu, le respect que sa sainteté inspirait a eu partout pour effet d'empêcher qu'on ne le forçât jamais à renoncer en quoi que ce fût à sa volonté. Mais, s'il s'est soustrait comme nous venons de le voir à toute espèce de dignité, il n'a pu se dépouiller de même de l'autorité qui y est attachée, car il était digne, aux yeux de tout le monde, d'être aimé et craint dans l'amour et la crainte de Dieu. Aussi, en quelque lieu qu'il fût, jamais on n'osa rien entreprendre en sa présence contre la justice, et toujours on se soumit à sa volonté, parce qu'il ne fait et ne dit jamais rien que pour la justice.

70. Tout en jouissant d'une pareille autorité dans l'Eglise de Dieu, on ne le vit jamais reculer devant la peine et la fatigue, lorsque l'obéissance ou la charité lui faisaient un devoir d'agir. Est-il un homme dont la volonté ait obtenu plus de déférence et les conseils plus de soumission que les siens, de la part des plus hauts dignitaires de l'ordre civil ou de l'ordre ecclésiastique? Des rois superbes, des princes et des tyrans, des hommes de guerre et des brigands, ont pour lui une telle vénération et un tel respect, qu'il semble que ce mot du Seigneur à ses disciples dans l'Évangile : « Vous voyez que je vous ai donné le pouvoir de fouler aux pieds les serpents et les scorpions et toute puissance ennemie, et que rien ne pourra vous nuire (*Luc.* x, 19), » a trouvé en lui son accomplissement. Mais, outre les personnes spirituelles et quand on examine d'un œil spirituel les choses spirituelles, on voit qu'il a une toute autre autorité encore. En effet, de même que le Prophète dit, en parlant des saints animaux, « qu'ils se tenaient debout et abais-

---

traret sibi a Deo gratiam lacrymarum. Oravit, tantamque ei et tam continuam impetravit compunctionem cordis cum gratia lacrymarum, ut vix aliquando ultra invenirentur vultus ejus in diversa mutati, vel oculi ejus sine lacrymis, etiam cum comederet, cum iret per viam, vel dum cum quolibet loqueretur.

69. Tot sunt et tanta quae in hunc modum de eo audivimus et vidimus virtutes, et circa diversas hominum necessitates diversae opitulationes, ut si quis omnia velit vel verbo pronuntiare vel scripto, fastidiosis incredulitatem, vel incredulis possit generare fastidium. In omnibus autem operibus suis quam purus ei sit oculus intentionis, manifeste denuntiat corpus lucidae operationis. Summos quippe honores ecclesiasticos et secularium principum favores, quasi dignum eum jugiter persequentes, non jactanter respuendo, sed religiose et rationabiliter declinando, quid in omni operatione sua semper quaesierit, quid ambierit, manifeste declarat. (Mediolani, Remis, clero eligente, populo acclamante, in archiepiscopum nominatus est; Catalauni, Lingonis in episcopum; et idipsum in multis jam aliis civitatibus actum fuisset, si consensus ejus aliqua spes esse potuisset.) Cumque dignus esset ut cogeretur, nescio quo judicio Dei, et singularis reverentia sanctitatis jam olim apud omnes obtinuit, ne aliquando ad aliquid contra voluntatem suam cogatur. Sed cum hoc modo mundi hujus fugit honorem, omnium honorum non effugit auctoritatem, dignus in conscientiis omnium, qui in timore et amore Dei timeatur et ametur: quo praesente, ubicumque fuerit, nihil contra justitiam audeatur; cui ubicumque aliquid loquitur, vel agit pro justitia, obediatur.

70. Ejusmodi fultus auctoritate in Ecclesia Dei, cum obedientiae vel charitatis urget necessitas, nullam refugit incommoditatem laboris sui. Cujus enim voluntati sic detulit, cujus consilio sic se humiliavit omnis tam secularis, quam ecclesiasticae dignitatis altitudo? Reges superbi, principes et tyranni, milites et raptores sic eum timent et reverentur, ut videatur in eis impletum, quod in Evangelio legitur Dominus dixisse discipulis suis : *Ecce*, inquit, *dedi vobis potestatem calcandi super serpentes et scorpiones, et super omnem virtutem inimici; et nihil vobis nocebit.* Porro inter spirituales, et ubi spiritualia spiritualiter examinantur, longe ei alia auctoritas est. Sicut enim dicitur per Prophetam de sanctis animalibus, quia cum fieret vox supra firmamentum quod imminebat capiti eorum, *stabant, et submittebant alas suas*: sic hodie ubique terrarum spirituales quique loquente eo seu tractante stant, cedendo praecedenti; et sensibus ejus vel intel-

saient leurs ailes, » pendant que la voix se faisait entendre dans le firmament placé au dessus de leur tête, ainsi voit-on partout aujourd'hui dans le monde, les hommes les plus spirituels, quand ils l'entendent élever la voix et parler, se tenir aussi debout, lui céder la place, et soumettre leur sens et leur intelligence à son sens et à son intelligence. — On en voit une preuve dans ses ouvrages, soit qu'ils soient sortis directement de sa plume, soit qu'ils aient été recueillis par d'autres à mesure qu'il parlait. — Telles sont donc les merveilles insignes qui recommandent ce saint homme jusqu'à présent, aux yeux de Dieu et des hommes ; tels sont les témoignages de sainteté dont il se montre entouré, les dons du Saint-Esprit, dont il est comblé. Et, ce qu'il y a de plus grand et de plus difficile dans tout cela, c'est qu'on le voit posséder tous ces avantages, sans se ressentir de l'envie dont il éloigne les traits, précisément parce qu'il est au dessus de toute envie, et que la perversité du cœur humain cesse souvent de porter envie aux hommes, quand ils sont trop élevés pour pouvoir atteindre jusqu'à eux.

71. D'ailleurs il tue lui-même l'envie par l'exemple de son humilité, ou il la change en bien par la voix de la charité, ou bien encore, si elle est trop perverse et trop endurcie, il l'écrase du poids de son autorité. En effet, qui est doué d'une prudence aussi efficace et aussi affectueuse que lui pour nourrir la charité là où elle se trouve, et pour l'appeler là où elle n'est pas ? Qui est aussi bienfaisant que lui envers tous ceux qu'il peut aider, qui est aussi bienveillant pour chacun, si bon pour ses amis, si patient pour ses ennemis ? Si tant est qu'il ait jamais eu des ennemis, lui qui ne fut jamais l'ennemi de personne. Car, de même que l'amitié suppose au moins deux personnes, ainsi en est-il de l'inimitié qui peut-être ne peut aussi exister qu'entre deux. Celui qui a de la haine pour un autre ou qui n'aime pas celui qui l'aime est moins ennemi qu'inique. Au contraire, celui qui aime tout le monde n'a jamais aucun ennemi par son fait ; je ne veux point dire pour cela qu'il n'a jamais rien à souffrir, car l'iniquité des autres le poursuit sans raison. La charité, or il est tout entier sous son empire, la charité, dis-je, est patiente, bienveillante ; elle triomphe du mal par sa sagesse, de l'impatience par la patience, et de l'orgueil par l'humilité.

FIN DU LIVRE PREMIER.

ligentiis submittunt sensus, et intelligentias suas. (Testantur hoc scripta ejus, quæ vel ipse scripsit, vel alii scripserunt, sicut ex ore ejus exceperunt). Tanti ergo virum illum sanctum usque hodie apud Deum et apud homines commendant sacrarum insignia virtutum, testimonia circumvallant sanctitatis, charismata sancti Spiritus illustrant ; quodque majus his omnibus et difficillimum est in rebus humanis, hæc ei omnia sine invidia adesse videntur. Compescit autem ab eo invidiam, quod omni invidia major est, in quantum nequitia cordis humani hoc sæpe cessat homini invidere, quo non potest adspirare.

71. Sed et ipse omnem invidiam aut mortificat exemplo humilitatis, aut mutat in melius provocatione charitatis, aut, si nequior aut durior est, obruit pondere auctoritatis. Quis enim tam efficacis et affectuosæ prudentiæ hodie invenitur ad fovendam charitatem ubi est, ad provocandam ubi non est ? tam ad quoscumque potest beneficus, ad omnes benevolus, tantam habens gratiam ad amicos, patientiam ad inimicos ? si tamen ullum aliquando potuit habere inimicum, qui nulli aliquando voluit inimicari. Sicut enim amicitia nonnisi duorum est, nec nisi inter duos amicos haberi potest ; sic nec inimicitia nisi duorum forsitan inimicorum. Qui enim odit, vel non diligit diligentem se non tam inimicus, quam iniquus est. Sed qui omnem hominem diligens, nullum aliquando inimicum habet virtute sua ; nonnunquam tamen est quod patiatur, inimicante sibi gratis iniquitate aliena. Charitas autem quæ totum eum possidet, patiens est, benigna est, sapientia vincens malitiam, patientia impatientiam, superbiam humilitate.

FINIS LIBRI PRIMI.

NOTE DE BURCHARD [*], ABBÉ DE BALERNE,

SUR LE LIVRE PRÉCÉDENT.

Dans l'ouvrage qui précède, et qui est, comme on sait, l'œuvre de Guillaume, autrefois vénérable abbé de Saint-Thierry, et depuis devenu simple religieux de Signy, par amour de la solitude et du repos, est retracée la vie de Bernard, le très-saint abbé de Clairvaux, jusqu'à l'époque du schisme qui mit en compétition le pape Innocent et Pierre de Léon. Cet écrivain fidèle a eu une cause toute particulière d'écrire cette histoire ; l'amitié et l'intimité dont il fut lié pendant longtemps avec l'homme de Dieu. Il était entré si avant dans ses bonnes grâces, qu'il serait difficile d'en trouver un autre à qui Bernard eût fait partager plus intimement les secrets d'une amitié réciproque, et qu'il eût admis plus familièrement à ses entretiens sur les mystères spirituels. Cette intimité s'est traduite au dehors par des preuves manifestes, puisque le Saint a écrit plusieurs lettres à Guillaume, où il exprime clairement, comme le lecteur peut le voir, les sentiments qu'il a pour lui. C'est à lui aussi qu'il a dédié son *Apologie*, ainsi que son traité *de la Grâce et du Libre Arbitre*. Toutefois, Guillaume a eu un motif plus puissant encore, et une raison plus générale d'écrire l'histoire de l'homme de Dieu : c'est le bien de l'Église ; il n'a pas voulu, en laissant caché le vase qui renfermait un trésor si précieux, laisser caché en même temps le trésor lui-même. C'est ce qui faisait dire avec raison à un auteur qui se plaint du silence et qui veut que ce trésor soit découvert : « Si la sagesse demeure cachée et qu'un trésor échappe à tous les yeux, de quelle utilité peut-il être (*Eccle.*, xx, 33) ? » Il découvre donc dans son livre des richesses de salut, un trésor digne d'envie, afin de ne point laisser enfoui sous la terre ce qui, bien loin d'être de la terre, est une perle des plus précieuses. Toutefois, il ne put mettre le comble à ses vœux, car, comme il semblait le craindre dans sa préface, il fut surpris par la mort avant d'avoir achevé son œuvre, qu'il s'était donné mission d'écrire. Aussi, quiconque lira ce livre comprendra facilement combien fut parfait le point de départ qui a marqué le commencement de la conversion du pieux enfant et religieux Bernard, qui, comme un autre Benoît, semble avoir reçu, dès le ventre même de sa mère, des présages qui ont permis dès lors de concevoir de grandes espérances de la sainteté de sa vie et de sa doctrine. On voit aussi dans ce livre ce que Bernard fit quand il fut devenu jeune homme ; enfin il nous le montre à l'âge d'homme fait, aussi bien, comme je l'ai déjà dit, que peut le faire un peintre excellent, mais prévenu par la mort.

SUBSCRIPTIO OPERIS PRÆCEDENTIS,

QUAM, AUCTORE DEFUNCTO,

BURCHARDUS, ABBAS BALERNENSIS, APPOSUIT.

Præscriptum opus, quod de vita sanctissimi viri Bernardi Claræ-vallis abbatis conscriptum est a venerabili Guillelmo, pridem sancti Theoderici abbate, sed tunc jam monacho Signiacensis cœnobii (ad quod desiderio solitudinis et quietis sese contulerat) usque ad tempus schismatis, adversus Innocentium Papam a Petro Leonis conflati, digestum esse cognoscitur. Fuit autem præfato fideli viro specialis causa scribendi, amicitia et familiaritas, quibus Viro Dei multo tempore conjunctus erat Unde et tantam apud illum invenerat gratiam, ut vix alter magis intimus inveniretur ad secreta mutuæ dilectionis communicanda, et spiritualium mysteriorum conferenda colloquia. Cujus familiaritatis gratia ex eo præcipue usque modo prodit ad manifestationem ; quia plures epistolas idem Sanctus scripsit ad illum, in quibus quid de eo sentiat, manifeste liquet legentibus illas. Scripsit etiam ad ipsum librum Apologeticum, et alterum de Gratia et Libero arbitrio. Fuit tamen eidem Guillelmo, speciali valentior, generalis causa scribendi, videlicet utilitas totius Ecclesiæ Dei : ne cum absconditur vas plenum thesauro desiderabili, ipse quoque thesaurus pariter abscondatur. Unde non immerito conqueritur, qui ex poni desiderat dicens : *Thesaurus invisus, et sapientia abscondita, quæ utilitas in utrisque* ? Exponit iste divitias salutis, thesaurum desiderabilem, videlicet ne lateat cum gleba quod gleba non est, sed pretiosissima margarita. Accidit tamen ei contra desiderium suum : quia, sicut ipse in præfatione sua vereri se denuntiarat, præoccupatus morte non explevit, quantum animo conceperat stilo mandandum. Itaque qui accedit ad lectionem operis hujus, facile satis intelliget, a quanta perfectione pius puer et religiosus Bernardus, velut alter Benedictus, primordia conversionis fuerit aggressus, qui et in utero matris significationem [*] visus est accepisse, de qua concepta sunt præsagia futuræ sanctitatis illius vitæ pariter et doctrinæ. Quid etiam adolescens factus agere cœperit, in præscripto narratur opere, ac deinceps usque ad virum perfectionis depingitur diligenter, quantum (sicut jam dictum est) licuit optimo pictori, sed præoccupato.

[*] *al.* sanctificationem.

LIVRE SECOND
DE LA VIE DE SAINT BERNARD
ABBÉ DE CLAIRVAUX,

PAR ERNALD, ABBÉ DE BONNEVAL
AU PAYS CHARTRAIN.

PRÉFACE DE L'AUTEUR.

La plupart des écrivains ont élevé, par leurs louanges, les actions des hommes illustres, les ont célébrées par des récits solennels de toutes les forces de l'excellence de leur génie et de l'éloquence de leur plume. Quand l'écrivain et son sujet se trouvent étroitement unis et embrassés, et que ni le génie, ni l'éloquence ne manquent pour traiter convenablement le sujet, tout va bien, et le récit marche comme il faut et avec ordre, sans se détourner de la droite voie, au port du repos et de la tranquillité. Mais, lorsque la sublimité de l'entreprise vient se briser et faire naufrage contre les rochers, sous un pilote inhabile; que la faiblesse de son esprit succombe et que sa présomption se fatigue, il songe à se corriger, mais il est trop tard; son œuvre, déjà répandue en beaucoup de mains, ne peut plus revenir à la voix qui la rappelle, ni se soumettre à la correction; il vaudrait mieux effacer l'ouvrage, où le style ne répond point au sujet, que de le corriger. En faisant ces réflexions, et en me disant tout cela à moi-même, je me prends à craindre que, de même que j'ai coutume de m'indigner de l'imprudence de cette foule d'auteurs, qui, manquant de savoir et de style, se mettent à écrire et se mouchent jusqu'au sang; ainsi je ne m'expose à la risée du monde, si j'entreprends quelque chose qui est au-dessus de mes forces. Qui suis-je, en effet, pour oser me permettre d'écrire les actions d'un homme d'une aussi grande sainteté que Bernard, abbé de Clairvaux, qui a jeté un si grand éclat sur notre siècle, par sa piété singulière et par sa doctrine? d'un homme dont la bonne

---

DE VITA
S. BERNARDI ABBATIS,
LIBER SECUNDUS
al. Arnaldo AUCTORE ERNALDO *, ABBATE BONÆ-VALLIS
IN AGRO CARNUTENSI.

PRÆFATIO AUCTORIS.

Virorum illustrium gesta nonnulli scriptorum laudibus attollentes, verbis ea solemnibus celebrarunt, quantum excellentis ingenii et disertæ linguæ potuere conamina. Cumque tractator et opus junctis complexibus pari sunt fœdere conjugati, et ad propositum thema ordinandum ingenium et eloquentia convenerunt, prospere actum est, et ad quietum tranquillumque portum directo gressu materia digne ordinateque disposita appulit. Ubi vero sublimitas negotii sub imperito artifice naufraga illiditur scopulis, et succumbente sensus hebetudine, tractatoris lassatur præsumptio, sero de correctione initur consilium; quia quæ in multos effusa sunt, nec revocari possunt, nec corrigi; et dissonantiam scripti et operum venustius esset abradi, quam emendari. Hæc ergo mecum reputans et revolvens, omnino timeo, ne sicut ipse multorum imprudentiæ soleo indignari, qui cum scientia et facundia careant, ad scribendum præcipites, cum se vehementer emunxerint, eliciunt sanguinem; ita et ego si quod supra me est aggrediar, meipsum derisioni exponam. Quis enim ego sum, qui ad scribenda gesta sanctissimi viri Bernardi Claræ vallis abbatis adspirem, qui nostris temporibus singulari religione floruit et doctrina? cujus odor exinanitus universam replevit

odeur, en s'exhalant, a rempli l'Église entière, et dont la grâce s'est manifestée, Dieu aidant, par des merveilles et des miracles. Que d'hommes de lettres, que de rhéteurs, que de philosophes les écoles du monde ont envoyés dans ce monastère, qui fut le sien, pour s'y façonner à la théorie de ce genre de vie et à ces pratiques divines? Quel genre de savoir n'a pas fleuri là, où se trouvent de vrais essaims de maîtres et de disciples d'une intelligence cultivée et remarquable, qui s'y livrent à l'étude des choses de Dieu, s'instruisent et s'enflamment mutuellement, par un grand concours de grâces. — D'un cœur unanime, ils chantent tous ensemble le cantique des degrés, et, montant avec Jacob au haut de l'échelle, ils voient Dieu, dans sa beauté, brillant de l'éclat de sa couronne. — Ce sont ces hommes-là qui auraient dû, puisqu'il ne leur manque aucune grâce pour cela, entreprendre ce travail et buriner l'histoire du vénérable abbé, et la page qu'ils auraient écrite, avec le zèle qui les anime, aurait été pleine de charmes; ils l'auraient donnée, toute vivante, à lire à ses disciples, si je puis parler ainsi, et c'eût été, pour eux, une consolation continuelle auprès des restes de son corps sacré et de sa sainte parole. Mais, l'humilité de Clairvaux aime à s'occuper des choses éloignées et qui n'attirent point les regards des hommes; ces religieux pleins de noblesse rougissent de se signaler à l'attention publique par quoi que ce soit qui fasse penser à eux; ils trouvent un plus grand repos dans le mépris et l'abjection que dans l'offre des dignités, où l'humilité, dont ils font profession, semble exposée à quelque péril. Pour toutes ces causes, ils se renferment dans le silence, et préfèrent le sac du désert au socque du palais; ils ne mettent plus leur gloire dans la plume, mais dans la croix. Aussi, en toutes ces choses, comme en beaucoup d'autres encore, se déchargent-ils volontiers du fardeau de leurs propres affaires sur les autres. Voilà comment il se fait aujourd'hui que, dom Guillaume, de vénérable mémoire, leur étant enlevé par la mort, après avoir mis par écrit, avec autant de fidélité que de dévotion, les glorieux commencements du saint homme, on a demandé à mon néant de continuer son œuvre, et la charité d'une communauté que j'aime m'a chargé de faire cuire le repas des enfants du prophète. S'il m'échappe, par mégarde, d'y mêler quelques coloquintes (IV *Reg.*, IV, 38), j'espère qu'un Élisée y remédiera, en y jetant un peu de sa farine, et que le fait de mon obéissance excusera l'excès de ma folie.

CHAPITRE PREMIER.

Pontificat d'Innocent II; saint Bernard le fait triompher avec autant de force que de bonheur. Ce pontife vient en Gaule; il abaisse l'empereur.

1. A cette époque, le pape Honorius venait de passer par la voie que suit toute chair. Aussitôt les cardinaux se divisent dans le choix de son successeur, et l'Église est partagée; ceux qui l'emportent par le nombre, qui sont en même temps les plus sains d'esprit, et d'une vie plus régulière, tous les hommes de bien, des prêtres, des diacres et des évêques élisent Innocent, dont la vie, la réputation, l'âge et le savoir semblaient dignes du souverain pontificat. Mais l'autre parti, de son côté, appuyant son infâme audace, non par la raison, mais par la

L'an 1130.

Ecclesiam : cujus gratia, operante Domino, signis et miraculis declaratur. Quot in monasterium ejus literatos viros, quot rhetores, quot philosophos seculi hujus scholæ miserunt ad conversationem theoricam et mores divinos? Quæ non ibi floruit disciplina, ubi erant examina magistrorum, et egregii viri exercitato intellectu insignes, qui divinis studiis inhærentes, multis gratiarum auctoramentis invicem seipsos edocent et accendunt? (Quorum unanimis universitas cantat canticum graduum ; et ascendens cum Jacob in summitate scalæ, in decore suo Deum videt radianti corona perspicuum). Debuerant utique viri illi, quibus nihil in aliqua gratia deest, hunc laborem assumere, et venerabilis Patriæ insculpere monimenta : ut esset eorum studio delectabilis pagina, quam quasi viventem traderent legendam discipulis, et perpes fieret consolatio secus positis reliquiis sacri coporis et sermonis. Sed extrema æmulari, et quæ homines lateant, Claræ-vallis consuevit humilitas ; et proferre in publicum aliqua sui indicia viri illi nobiles erubescunt; et quietiores facit eos contemptus et abjectio, quam quælibet oblatio dignitatis, in qua sibi professio humilitatis periclitari videtur. Ob hujusmodi causas sese intra silentii cardines retinentes, magis in sacco * eremi, quam in socco palatii delectantur ; nec jam in stilo, sed in cruce gloriam quærunt. In hoc ergo, sicut et in cæteris ejusmodi, negotiorum suorum sarcinas aliis libenter imponunt. Et nunc sublato venerabilis memoriæ domno Guillelmo, qui ejusdem Viri sancti gloriosa primordia fideliter et devote conscripsit, ad meam exiguitatem hujus operis devenit petitio, et imposuit mihi dilectæ ecclesiæ caritas, ut coquam pulmentum filiis prophetarum. In quo si colocynthidas miscuero negligens, superjecta (ut confido) farinula condiet Eliseus, et excessus insipientiæ obedientiæ excusabit affectus.

CAPUT I.

De pontificatu Innocentii II opera S. Bernardi fortiter et feliciter vindicati. Item de perfectione Pontificis in Gallias, et repressione Imperatoris.

1. Ea tempestate Honorius papa viam universæ carnis ingressus est. Nec mora in electione dissidentibus cardinalibus, et divisa Ecclesia, plures numero, et saniores consilio, vita probabiles, viri virtutum, presbyteri, diaconi, episcopi, Innocentium elegerunt; cujus vita, et fama, et ætas, et scientia digna summo sacerdotio habebatur. At vero pars altera, infames ausus violentia, non ratione corroborans, Petrum Leonis, ad hunc apicem adspirantem, fraudulentis

violence, nomme à la hâte, à l'aide de machinations frauduleuses, Pierre de Léon, sous le nom d'Anaclet, et, en dépit de l'opposition des premiers, l'ordonne pape. Le parti catholique fit solennellement l'ordination de celui qu'il avait élu, le plaça dans la chaire de Pierre, le conduisit partout où les pontifes romains, d'après un antique usage, ont l'habitude de siéger, et lui rendit tous les honneurs apostoliques, autant que les temps le permettaient. Or, tous ceux de ce parti se trouvaient alors dans les environs du palais de Latran, et il commençait à n'être plus sûr pour eux de demeurer dans des maisons particulières, à cause des satellites de Pierre de Léon qui les serraient de près. Comme ils ne pouvaient tenir longtemps dans cette position, ils se réfugièrent pendant quelque temps dans des tours occupées par quelques nobles romains de leur parti. Mais là encore ils ne trouvèrent point dans leurs hôtes une fidélité inébranlable; car, en peu de temps, la violence, la crainte d'une multitude que rien ne contenait, et l'argent multiplièrent les défections parmi eux. En effet, Pierre de Léon, par sa famille, non moins que par le nombre de ceux qui y étaient alliés, comptait une telle multitude de partisans que la ville de Rome presque tout entière marchait sous ses drapeaux, où elle était retenue soit par l'argent, soit par d'autres avantages. Il avait amassé des richesses innombrables, non seulement dans les exactions de la cour, mais encore dans le trafic des légations et il se les était réservées pour acheter des partisans dans cette circonstance sur laquelle il comptait. Ajoutez à cela les trésors considérables qui lui venaient de son père, qu'il avait tenus en réserve jusqu'à ce moment, et qu'il distribua alors au peuple pour acheter et armer une populace vénale prête à le servir *per fas et nefas*.

Après avoir épuisé toutes ces ressources, il dépouilla les autels mêmes des dons des rois; mais comme les chrétiens de son parti, tout profanes qu'ils étaient, n'osaient mettre en pièces les calices et les crucifix d'or, ou avaient honte d'une pareille action, il fit venir, à ce qu'on dit, des juifs qui mirent audacieusement en morceaux les vases sacrés et les images consacrées à Dieu. Voilà comment les hommes de ce parti, payés, chacun à sa manière, pour le crime, vendirent publiquement leurs voix à Pierre, et se lièrent à lui par des serments généraux, se montrant disposés à tremper leurs mains et leurs armes dans le sang, et poursuivant de leurs attaques journalières, de leurs malédictions, et même de leurs armes ceux qui tenaient pour le parti d'Innocent.

2. Les serviteurs de Dieu tinrent conseil, et comme ils n'avaient point assez de monde pour se défendre, ils prirent le parti de céder, et s'étant procuré secrètement des barques, ils s'échappèrent de la gueule du lion et des mains de cette bête cruelle, par le Tibre et par la mer de Toscane; poussés par un vent favorable, ils abordèrent heureusement à Pise. A la nouvelle de l'arrivée de tels personnages, et du motif qui les avait forcés à quitter Rome, Pise s'estima heureuse de voir que la gloire du nom romain se réfugiait chez elle, et que, pendant que les habitants de cette ville se notaient d'une éternelle infamie, ils lui préparaient un nom éternel et une réputation sans fin. Les hommes les plus honorables et les consuls de la ville accourent donc au devant des fugitifs, et, se prosternant aux pieds du pape, le remercient de les avoir jugés dignes d'un tel honneur et d'avoir fait choix de leur ville pour l'honorer de sa présence. « Cette ville est à vous, lui dirent-ils, et ce peuple est votre peuple; nous pourvoirons à vos besoins

---

machinationibus seorsum et præcipitanter nominavit Anacletum, et cæteris renitentibus ordinavit. Qui vero in parte catholica erant, electum suum solemniter ordinatum collocarunt in cathedra, et per loca illa, in quibus sessiones habent ex antiqua consuetudine romani pontifices, circumduxere, et pro tempore honor debitus apostolicæ affuit dignitati. Et tunc sane circa Lateranense palatium morabantur, nec erat jam eis tuta in domibus propriis mansio, cum eos acerrime Petri satellites infestarent. Ibi etiam diu resistere non valentes, per confœderatos sibi quosdam ex nobilibus Romanis ad tempus in turribus eorum receptacula habuerunt. Sed nec in eis perseveravit fidelitas. Nam in brevi, aut vi, aut formidine temerariæ multitudinis, aut pretio corrupti sunt. Nam Petro tam propria generis virtute, quam adhærentium sibi affinitate, multitudo tanta erat, ut fere tota eum civitas sequeretur, vel pecunia, vel con modis obligata. Congregaverat sane opes innumeras tam in exactionibus curiæ, quam in legationum negotiationibus, quas ad expectatas nundinas reservarat. Insuper et paterni census ampla congeries eatenus sigillata, modo distributa in populum, ad fas et nefas venalem plebem armaverat. Quibus erogatis, donaria regum in ornamentis ec-

clesiæ ab ipsis evulsit altaribus. Et cum calices frangere, et crucifixos aureos membratim dividere ipsi profani Christiani vel timerent, vel erubescerent; Judæos aiunt esse appositos, qui sacra vasa et imagines Deo dicatas audacter comminuerunt. Igitur quisque pro modo suo secundum majus et minus conducti ad scelus, sacramentis generalibus publice Petro vendiderunt assensum, et in omnem sanguinem manus exposuerunt et arma, et quotidianis congressibus partem, quæ cum Innocentio erat, maledictis insectabantur et gladiis.

2. Habuere igitur servi Dei consilium, et quia vi humana se tueri non poterant, cedere elegerunt, et procuratis clam navigiis, de ore Leonis et de manu bestiæ per Tiberim in Tyrrhenum mare elapsi, prosperis ventis carbasa impellentibus, in portum Pisanum feliciter appulerunt [Audito tantorum virorum adventu, et cognita causa, propter quam de urbe exierant, gratulata est Pisa, quod ad se Romani nominis gloria transferretur, et illis perpetuæ sibi infamiæ insculpentibus notam, sibi nominis æterni et perennis famæ inscriptio pararetur. Occurrunt ergo honorati et consules, et domini Papæ pedibus advoluti, gratias agunt, quod eos tanto dignos judicasset

à nos frais, et la république met à votre disposition tout ce qu'elle possède. Vous ne trouverez aucune duplicité chez les Pisans ; vous ne les verrez point s'attacher aujourd'hui à vous pour vous abandonner demain. C'est un peuple qui n'a aucun goût pour les rapines domestiques, ni pour les divisions intestines. Notre population n'est point remplie d'audace à l'intérieur et de bassesse au dehors. Nous ne sommes ni des esclaves ni des maîtres, mais des concitoyens, un peuple de frères, qui aimons à nous prévenir les uns les autres par des sentiments pleins de déférence, bien loin de nous provoquer mutuellement par une audace séditieuse. Chez nous, nous sommes remplis de douceur, mais les étrangers ont pu souvent éprouver notre force. Après avoir soumis les Carthaginois, subjugué les Baléares et purgé la terre et la mer des pirates et des ennemis de l'ordre, nous avons amené à Pise leurs rois chargés de chaînes. Ce sont leurs dépouilles et leurs riches ameublements qui ornent à votre arrivée les places et les carrefours, et qui font la couronne dont Pise se pare dans son bonheur. » Après ce discours, tout le peuple s'avance à la rencontre du Pontife, et la multitude était si considérable, que les rues pouvaient à peine livrer passage au cortège pontifical. Mais, comme les cardinaux s'avançaient à pied, il fut facile aux dames, aux jeunes filles et aux enfants qui étaient aux fenêtres pour regarder le cortège, de le voir à leur aise. Le seigneur pape avec sa suite s'avançait, en donnant des bénédictions à gauche et à droite, jusqu'à l'église canonique de la bienheureuse vierge Marie, où il fut reçu avec de grands honneurs.

3. Avant de quitter Rome, le seigneur pape avait envoyé des nonces en Gaule, pour informer l'Église gallicane des divisions et du schisme dont Pierre de Léon était cause, et pour engager les évêques de ce pays à se lever pour punir cet excès d'audace et souscrire ensuite à l'unité de l'église, après avoir éteint le schisme. Toute cette affaire n'étant pas encore connue dans tous ses détails par les évêques, aucun d'eux ne voulut s'engager individuellement pour l'un ou l'autre parti, et on résolut de convoquer une assemblée générale à Étampes, où on déciderait lequel des deux on accepterait et lequel on condamnerait. Car, pendant que toutes les autres contrées étaient portées au schisme, la France n'avait point voulu naguère encore se souiller par de semblables factions, ni se ranger au parti de l'erreur et de la malignité, en élevant une idole dans l'Église et en vénérant un monstre dans la chaire de Pierre. Jamais on ne vit, dans de semblables occurrences, les évêques de ce pays trembler à certains édits fameux, ni préférer leurs propres avantages au bien général, ou, dans une conduite pleine de partialité, tenir compte plutôt des personnes que de la bonté d'une cause. Bien plus, lorsqu'il le fallait, on les vit s'exposer à la persécution même, et n'avoir peur ni des pertes ni de l'exil. Un concile fut donc convoqué à Étampes, et le saint abbé de Clairvaux, Bernard, y fut appelé particulièrement, par ordre du roi même de France, et par les principaux évêques. Il a avoué depuis qu'il ne s'était point rendu, sans ressentir une vive crainte et sans trembler, à cet appel, car il n'ignorait pas le danger et le poids de cette affaire. Mais Dieu le consola pendant qu'il était en route, en lui montrant une nuit, dans une vision, la grande Église louant Dieu d'une voix unanime, ce qui pour

Concile d'Étampes.

---

honore, ut eorum eligeret urbem, quam propria dignaretur illustrare præsentia. Tua est, inquiunt, civitas, nos populus tuus ; nostris stipendiis famulamur tibi, imo in usus tuos respublica quidquid apud se repositum habet, exponet. Nihil duplicitatis invenies in Pisanis ; non modo adhærebunt, modo resilient ; modo jurabunt, modo juramenta dissolvent. Non inhiat populus iste rapinis domesticis et cædibus intestinis. Non est gens nostra domi audax, nec extra meticulosa. Nos nec servi sumus, nec domini ; sed concives et fratres, honore invicem prævenientes, non seditiosis ausibus alterutrum provocantes. Domi mansuetudine utimur ; fortitudinem nostram sæpe extranei experiuntur. Nos, pœnis subactis et Balearibus insulis subjugatis, terra marique de piratis et dyscolis triumphantes, reges eorum captivos in vinculis Pisam induximus ; de quorum spoliis et varia supellectile in adventu tuo ornantur compita et plateæ, et lætabunda civitas coronatur. Post hujusmodi verba populo obviam procedente, præ innumerabili multitudine vix patebat advenientibus via ; sed pedetentim procedentes, desideratam sui copiam prospicientibus per fenestras matronis et virginibus et parvulis cardinales præbebant, et porrectis hinc inde benedictionibus, usque ad beatæ Mariæ canonicam, dominus Papa cum comitatu suo gloriose deductus, et honorifice susceptus est.]

3. Præmissi, antequam de urbe egrederetur, a domino papa in Gallias fuerant nuntii, qui dissensionis et schismatis a Petro facti per Gallicanæ intimarent Ecclesiæ, et hortarentur episcopos, ut in ultionem præsumptionis hujus accingerentur, et damnata parte schismatica, subscriberent unitati. Necdum vero ad plenum tenor operis innotuerat episcopis, nec privatim quisquam commodare præsumpsit consensum, donec collecto Stampis generali conventu, in commune statueretur, quid reciperet, quid damnarent. Neque enim Francia, cæteris regionibus proclivibus ad schismata, aliquando tali factione * fœdata est, nec malignorum acquievit erroribus ; nec fabricata est idolum in Ecclesia, venerata in Petri cathedra monstrum. Nec enim talibus in causis principalia aliquando eos terruerunt edicta, aut generalibus utilitatibus privata commoda prætulerunt ; nec declinantes in partem, personis detulere, sed causis ; sed si quid oportuerit, fortiter persecutionibus obviarunt, nec damna nec exsilia formidarunt. Convocato igitur apud Stampas concilio abbas sanctus Claræ-vallensis

al. Guiberti vel Burdini susceptione.

lui, indiquait que la paix serait indubitablement rendue à l'Église. Quand on fut arrivé à l'endroit désigné pour la tenue du concile, on commença par faire plusieurs jours de jeûne et par adresser à Dieu des prières, et, lorsque le roi de France et tous les évêques présents se furent réunis pour traiter la question du moment, tous les avis et tous les esprits tombèrent d'accord de confier au serviteur de Dieu une affaire qui était l'affaire de Dieu même, et d'en remettre la décision à son jugement. Bernard acquiesça, non sans crainte et sans tremblement, au vœu de ces hommes fidèles et se chargea, en effet, de cette affaire, et, après avoir examiné avec soin la manière dont l'élection s'était faite, les mérites des électeurs, ainsi que la vie et la réputation du premier élu, il ouvrit la bouche et le Saint-Esprit la remplit. Parlant donc seul au nom de tous, il dit qu'on devait recevoir Innocent pour souverain pontife. Tous ratifièrent sa déclaration, et, après avoir chanté les louanges de Dieu selon la coutume, chacun promit obéissance au pape Innocent et souscrivit à son élection.

4. Pendant ce temps-là, le seigneur pape ayant commencé par déposer, en vertu de son pouvoir, beaucoup d'évêques dans le pays pisan, en Toscane et dans plusieurs autres provinces, prit congé des Pisans et, après les avoir remerciés de leur accueil, il fit voile pour la Provence, d'où, en passant par Bordeaux, il se rendit à Orléans, où il se vit reçu avec de grands témoignages de joie et de grands honneurs par tous les évêques qui s'étaient rendus dans cette ville et par le très-pieux Louis, roi de France. De là, il se rendit à Chartres, sous la conduite de Geoffroy, évêque de cette ville, homme de grandes vertus. C'est là que le glorieux roi d'Angleterre, Henri, vint à sa rencontre avec un très-grand concours de grands et d'évêques. Notre vénérable abbé avait été envoyé d'avance à ce roi pour l'amener au-devant d'Innocent, qu'il eut bien de la peine à lui faire recevoir comme pape, parce qu'il en était fortement dissuadé par les évêques d'Angleterre. Comme il se récusait devant cette reconnaissance et refusait de toutes les manières possibles de la faire, Bernard lui dit : « Que craignez-vous ? Avez-vous peur de faire un péché, si vous obéissez à Innocent ? Songez seulement à répondre à Dieu pour tous vos autres péchés et rejetez celui-là sur moi, je me charge de ce péché-là. » A ces mots, ce puissant roi se sentit persuadé, et il vint loin de son propre pays, au-devant d'Innocent, jusqu'à Chartres. — Dans cette entrevue, on dit et fit beaucoup de choses, on traita d'une foule d'affaires tant séculières qu'ecclésiastiques.

5. Les légats que le seigneur pape avait envoyés en Germanie en rapportèrent, à leur retour, le consentement et des lettres, tant des évêques que du roi de cette contrée, avec prière de la part de tout le monde, au pape de passer dans ce pays et d'en honorer les habitants de sa présence désirée. Il n'avait pas été difficile de persuader à ces peuples de recevoir le pape, que les autres peuples avaient déjà reçu. Mais l'amour et le dévouement de l'Église gallicane le retinrent en France, où chacun sollicitait de lui l'honneur de sa visite apostolique. Après avoir parcouru la France tout entière, le pape Innocent convoqua à Reims un Concile, où, après avoir fait plusieurs choses à la gloire de Dieu, il couronna roi de France, du vi-

---

Bernardus, specialiter ab ipso rege Francorum et præcipuis quibusque pontificibus accersitus, sicut poster fatebatur, non mediocriter pavidus et tremebundus advenit, periculum quippe et pondus negotii non ignorans. In itinere tamen consolatus est eum Deus, ostendens ei in visu noctis Ecclesiam magnam concorditer in Dei laudibus concinentem, unde speravit pacem sine dubio proventuram. Ubi vero ad locum ventum est, celebrato prius jejunio, et precibus ad Deum fusis, cum de eodem verbo tractaturi rex et episcopi cum principus consedissent, unum omnium consilium fuit, una sententia, ut negotium Dei, Dei famulo imponeretur, et ex ore ejus causa tota penderet. Quod ille, timens licet et tremens, monitis tamen virorum fidelium acquiescens suscepit, et diligenter prosecutus electionis ordinem, electorum merita, vitam et famam prioris electi, aperuit os suum, et Spiritus-sanctus implevit illud. Unus ergo omnium ore locutus, suscipiendum ab omnibus summum pontificem Innocentium nominavit, et ratum esse omnes pariter acclamarunt, et decantatis ex more laudibus Deo, obedientiam deinceps polliciti, electioni Innocentii omnes pariter subscripserunt.

4. Interea dominus Papa multis in Pisis, et in Tuscia, et in aliis provinciis potestative dispositis, valefaciens Pisanis et gratias agens in Provinciam na-

vigio delatus est, et Burgundiam transiens Aurelianum pervenit; ubi occurrentibus episcopis, a rege piissimo Francorum Ludovico alacriter et honorifice susceptus est. Inde a Gaufrido Carnotensi episcopo, magnarum virtutum viro, Carnotum deducitur; ubi etiam gloriosus Anglorum rex Henricus ei cum maximo episcoporum et procerum comitatu occurrit. Hunc quoque regem venerabilis abbas ad eum præmissus adduxit; quem vix persuasit Innocentium recipere, ab episcopis Angliæ penitus dissuasum. Cum enim omnimodis recalcitraret et detrectaret : « Quid times, ait ? times peccatum incurrere si obedias Innocentio ? Cogita, inquit, quomodo de aliis peccatis tuis respondeas Deo, istud mihi relinque, in me sit hoc peccatum. » Ad quod verbum persuasus rex ille tam potens, extra terram suam domino papæ occurrit usque Carnotum. (Multa ibi dicta et facta sunt ; multaque ibi secularia et ecclesiastica negotia definita.)

5. Reversi interim de Germania legati domini papæ, tam episcoporum, quam regis assensum et litteras detulerunt, et deprecationem publicam, ut ad eos transiens, suam eis desideratam exhiberet præsentiam. Facile enim persuasi sunt recipere eum, quem jam cæteri recepissent. Sed detinuit eum dilectio et devotio Ecclesiæ Gallicanæ, et singuli et omnes visitationem apostolicam expetabant. Perlustrata igitur

vant de son père, le roi Louis, à la place de Philippe, son frère. Dans toutes ces choses, le seigneur pape ne voulut pas entendre parler de laisser l'abbé s'éloigner de lui ; il prenait même part avec les cardinaux à la conduite des choses publiques. Ce qui n'empêchait pas que quiconque avait quelque affaire ne consultât encore en secret l'homme de Dieu. Pour lui, il rapportait à la cour ce qu'il apprenait et se montrait le défenseur des opprimés. Après la clôture du Concile [a], le seigneur pape alla à Liége, au devant du roi des Romains, qui lui fit accueil avec beaucoup d'honneur, mais ses bonnes dispositions ne tardèrent pas à s'assombrir. En effet, ce roi, trouvant l'occasion favorable, insista pour se faire rendre les investitures des évêques, que l'Église romaine avait retirées à son prédécesseur Henri, après des peines et avec des dangers infinis. A cette nouvelle, tous les Romains furent saisis d'appréhension, et, pâles de crainte, ils pensèrent qu'ils étaient venus à Liége au devant d'un danger plus grand que celui qu'ils fuyaient en s'éloignant de Rome. On ne savait quel parti prendre, quand le saint abbé vint s'opposer comme un mur à ces prétentions. En effet, résistant hardiment au roi, il lui reprocha ses prétentions coupables avec une étonnante liberté et les combattit avec une force merveilleuse.

6. A son retour de Liége, le seigneur pape voulut visiter de sa personne le monastère de Clairvaux. Il y fut reçu par les pauvres du Christ, qui étaient loin d'être parés de la pourpre et du lin et de se présenter avec des évangiles en lettres d'or; leur troupe couverte de haillons portait une croix de bois grossièrement équarri, ne faisait point retentir le tonnerre de trompettes bruyantes, ne poussait point des cris de joie, mais le reçut sans bruit, sinon sans la plus vive affection. Les évêques versaient des larmes, le souverain pontife lui-même pleurait. Tout le monde admirait la gravité de cette communauté, qui, dans une circonstance aussi heureuse et aussi solennelle, n'en tenait pas moins les yeux fixés à terre, sans leur permettre de se porter de tous côtés pour satisfaire leur curiosité. Les paupières baissées, ils ne voyaient personne et tout le monde les voyait. Dans cette maison religieuse, le Romain ne vit rien qui pût exciter ses désirs, pas un meuble qui attirât les yeux, et, dans l'oratoire, ses regards ne virent que les quatre murailles toutes nues. Tout ce qui pouvait exciter son ambition, ce n'étaient que les mœurs de ses habitants, mais on pouvait les piller de ce côté-là sans leur faire de tort, car il était impossible de réduire davantage leur genre de vie religieuse. Tous se réjouissaient dans le Seigneur, et ce jour de fête, ils ne le célébraient point par la bonne chère, mais seulement par leurs vertus. Leur pain de griet était du pain de son, et leur vin fin, de la piquette; pour turbot ils avaient les herbes du potager et pour petits plats de douceur, des farineux. Si par hasard on put se procurer du poisson, ce fut pour la table du pape, non pour la communauté.

7. Le diable fut jaloux des serviteurs de Dieu, et, ne pouvant supporter la gloire dont les comblait la présence d'un tel hôte, il profita du moment où

[a] On a vu dans la préface du premier volume que le voyage du pape Innocent à Liége a eu lieu avant le concile de Reims.

Francia, Remis convocavit Concilium, in quo multis ad honorem Dei dispositis, regem Ludovicum, vivente patre, pro Philippo fratre coronavit in regem. In omnibus his dominus papa abbatem a se separari non patiebatur, sed cum cardinalibus rebus publicis assidebat. Sed et privatim quotquot habebant negotia, Virum Dei secretius consulebant. Ipse vero audita referebat ad curiam, et oppressis patrocinia exhibebat. Igitur soluto concilio, Leodium dominus papa Romanorum regi occurrit. Et honorifice quidem susceptus est, sed velociter obnubilata est illa serenitas. Siquidem importune idem rex instilit, tempus habere se reputans opportunum, episcoporum sibi restitui investituras, quas ab ejus prædecessore imperatore Henrico per maximos quidem labores et multa pericula Romana Ecclesia vindicarat. Ad quod verbum expavere et expalluere Romani, gravius sese apud Leodium arbitrati periculum offendisse, quam declinaverint Romæ. Nec consilium suppetebat, donec murum se opposuit abbas sanctus. Audacter enim resistens regi, verbum malignum mira libertate redarguit, mira auctoritate compescuit.

6. Rediens autem Leodio, Claram-vallem dominus papa per seipsum voluit visitare; ubi a pauperibus Christi, non purpura et bysso ornatis, nec cum deauratis evangeliis occurrentibus, sed pannosis agminibus scopulosam bajulantibus crucem, non tumultuantium classicorum tonitruo, non clamosa jubilatione, sed suppressa modulatione affectuosissime susceptus est. Flebant episcopi, flebat ipse summus pontifex, et omnes mirabantur congregationis illius gravitatem, quod in tam solemni gaudio oculi omnium humi defixi, nusquam vagabunda curiositate circumferrentur; sed complosis palpebris ipsi neminem viderent, et ab omnibus viderentur. Nihil in ecclesia illa vidit Romanus quod cuperet, nulla ibi supellex eorum sollicitavit aspectum; nihil in oratorio nisi nudos viderunt parietes. Solis moribus poterat inhiare ambitio, nec damnosa poterat esse fratribus hujusmodi præda, cum minui non posset asportata religio. Gaudebant omnes in Domino, et solemnitas non cibis, sed virtutibus agebatur. Panis ibi autopyrus pro simila, pro careno sapa, pro rhombis olera, pro quibuslibet deliciis legumina ponebantur. Si forte piscis inventus est, domino papæ appositus est, et aspectu, non usu in commune profecit.

7. Invidit diabolus, et servorum Dei gloriam, quos tanti hospitis nobilitabat præsentia, ferre non valens, dum in choro alacriter psallerent et devote, præsentibus etiam nonnullis ex cardinalibus, qui in auditu

on chantait au chœur avec autant de bonheur que de dévotion, en présence même de plusieurs cardinaux qui prenaient plaisir à voir et à entendre ces religieux, pour en agiter plusieurs d'entre eux d'une frayeur horrible. En effet, l'un d'eux, plus dominé que les autres par le démon, se mit à prononcer des blasphèmes et à s'écrier : « Dites que je suis le Christ; » alors, plusieurs autres, tout effrayés et tout tremblants, se précipitèrent sur les pas du saint abbé, qui, se retournant vers le reste de la communauté, lui dit : « Priez; » puis après cela, il fit sortir tous ceux qui paraissaient troublés et les calma. Voilà comment ce méchant ennemi, qui avait voulu transformer un pieux couvent en théâtre, une école d'innocence en une assemblée ridicule, ne put, comme il le pensait, nuire à la bonne opinion qu'on avait de ces religieux, et ne réussit qu'à se trahir lui-même et à se convaincre de la faiblesse de ses efforts. En effet, tout fut si vite apaisé que les personnes même qui se trouvaient les plus rapprochées de l'endroit où les choses se passaient, ne surent pas ce qui était arrivé, et l'esprit malin se vit si vivement repris, que non-seulement il ne put occasionner le scandale qu'il méditait, mais ne réussit pas même à le faire remarquer aux assistants. Mais cet événement fit que dès ce moment-là les religieux se tinrent davantage sur leurs gardes, et que la maison de Clairvaux s'accrut en vertu, en nombre et même en biens temporels, au point de couvrir presque toute l'étendue de terre qui porte ce nom, et, à partir de ce moment-là, le saint abbé fit des prodiges et des miracles plus grands encore qu'il n'en avait fait jusqu'alors.

CHAPITRE II.

Synode de Pise célébré par le pape Innocent. Bernard réconcilie les Milanais avec l'Eglise. Il guérit plusieurs énergumènes.

8. Le seigneur pape ne put faire un long séjour en Gaule, mais, comme il en était convenu avec le roi Lothaire, il alla au devant de lui à Rome, où la force de ses armes le remit en possession du palais de Latran. Un grand nombre de nobles romains et les fidèles de l'Église le reçurent avec honneur. Quant à Pierre de Léon, comme il ne comptait pas avoir Dieu pour soutien, et qu'il avait plus de confiance dans la malice de ses partisans, il se tint renfermé dans des tours élevées et fortifiées, et rendit inutile le courage de Lothaire, en défendant à ses satellites toute attaque publique, en ne s'exposant jamais lui-même au danger et en ne fournissant à l'ennemi aucune occasion de conflit, mais, en même temps, en nuisant à la liberté de ses mouvements, par ses machines de guerre qu'il avait placées sur le haut des tours et par divers obstacles. Il évita avec la même obstination toute entrevue avec l'empereur, et, sans se laisser ébranler ni par les menaces ni par les caresses, il n'admit le conseil de qui que ce fût dans ce qui concernait son état. Après avoir laissé Innocent à Rome, l'empereur partit pour d'autres contrées. Pierre, de son côté, profitant de son éloignement, se mit à faire de nombreuses sorties dans la ville, et ne chercha qu'à massacrer les vrais fidèles. Comprenant donc que son séjour à Rome en pareille conjoncture ne pouvait lui être d'aucun avantage, et ne voulant point exaspérer davantage par sa présence la rage de cette

---

et aspectu eorum delectabantur, aliquantos fratrum horribili pavore turbavit. Nam et unus præ cæteris occupatus, blasphema quædam verba locutus est : Dicite, inquiens, Ego sum Christus, et alii plures territi et tremebundi, ad beati Patris vestigia confugerunt. At ille conversus ad cæteros : Orate, inquit, ac deinceps sub silentio eos qui turbati videbantur eduxit, atque compescuit ; ut nequissimus ille, qui conventum pietatis transferre conabatur in theatrum, et scholam innocentiæ in derisum, non ut putabat, existimationem religiosorum hominum corrumpere posset, sed se proderet, et conatus suos experiretur infirmos. Tanta siquidem celeritate omnia sunt sedata, ut personas illas, quæ prope adstabant, omnino latuerit quod accidinet, et malignus hostis velociter increpatus, non modo scandalum eis quod parabat, inferre nequiverit, sed nec ad illorum notitiam rem perferre. Factumque est ex eo, ut ampliori sese custodia fratres munirent ; et merito, et numero, et possessionibus deinceps cresceret Clara-vallis, et multiplicatis conventibus, fere per omnem latitudinem loci illius dilataretur religio ; ipse etiam abbas sanctus extunc amplius solito miraculis clareret et signis.

CAPUT II.

De Synodo Pisis per Innocentium celebrata. Item de Mediolanensibus opera Bernardi Ecclesiæ reconciliatis et energumenis ibidem curatis.

8. Longas in Galliis facere moras dominus papa non potuit, sed, sicut cum Lothario rege condixerat, Romam ei occurrit, et vi exercitus in Lateranense palatium deductus est. Multi etiam ex nobilibus romanis, fideles Ecclesiæ, eum honorifice susceperunt. Verum Petrus Leonis non ponens Deum adjutorem suum; sed confœderatorum stipatus malitia, in editioribus et tutioribus turribus manens, Lotharii ludificavit virtutem, et interdicens suis congressus publicos, nec sibi securitatis suæ fecit periculum, nec causam conflictus hostibus dedit ; sed tamen liberum eorum discursum machinis superioribus et obstaculis variis impedivit Vitavit etiam obstinatissime imperatoris colloquium, nec minis, nec blandimentis flexus est, nec de statu suo consilium cujuslibet personæ admisit. Relicto igitur Romæ Innocentio, alias imperator digreditur : Petrus vero post ejus

VIE DE SAINT BERNARD, LIVRE II, CHAP. II.

Concile Pise, en 1134. la lettre CXXX.

bête féroce, Innocent retourne à Pise, où il rassemble tous les évêques de l'Occident et d'autres personnes religieuses, et célèbre un synode d'un grand renom. Le saint abbé se trouva et prit part à tout, aux conseils, aux jugements et à toutes les définitions; tout le monde lui témoignait le plus grand respect, et des prêtres mêmes couchaient à sa porte, non pas que chez lui le faste les empêchât de parvenir jusqu'à sa personne, mais la multitude de ceux qui assiégeaient sa demeure en interdisait l'accès. Quand les premiers sortaient, d'autres entraient, en sorte qu'on aurait pu croire que cet homme plein d'humilité qui ne s'attribuait rien de tous ces hommes, était là moins pour partager les soucis de tout le monde que pour jouir de la plénitude de la puissance. Il serait trop long de raconter toutes les actions du concile, dont la principale est l'excommunication de Pierre et le rejet sans retour de ses fauteurs, sentence qui a encore aujourd'hui toute sa force.

Il y avait à Clairvaux beaucoup d'hommes lettrés et érudits.

9. Le concile terminé, le seigneur pape envoya aux Milanais, pour les réconcilier avec l'Église, l'abbé de Clairvaux, qu'ils lui avaient demandé avec toutes sortes d'instances, Guy, évêque de Pise, et Mathieu, évêque d'Albano, ayant le titre de légat *a latere*, avec mission d'effacer les derniers vestiges du schisme élevé dans cette ville par Anselme, et de ramener les esprits égarés à l'unité de l'Église. Aux deux collègues que le seigneur pape lui avait donnés, notre abbé joignit, d'un commun accord avec eux, et après en avoir délibéré ensemble, le vénérable évêque de Chartres, Geoffroy, dont il avait pu reconnaître, en plusieurs circonstances, la sainteté et la droiture. Les cardinaux trouvèrent également bon qu'il recherchât, dans une affaire de cette importance, l'appui d'un tel homme. Ils passèrent donc les Apennins. A la nouvelle que l'abbé tant désiré s'approchait de leur ville, les Milanais se portent en masse au devant de lui, jusqu'à sept milles de distance. Nobles et roturiers, les uns à cheval, les autres à pied, une foule de gens de petite condition et de pauvres quittent leurs maisons, comme s'ils émigraient dans un autre pays, et, se formant par troupes distinctes, reçoivent l'homme de Dieu avec des témoignages de vénération incroyables. Tous se font un bonheur de le voir, et on s'estime heureux quand on a pu entendre sa voix. On lui baise les pieds, et, bien qu'il en éprouvât de la contrariété, il n'y eut ni raison ni défense qui pussent les empêcher de se prosterner ainsi, et de lui témoigner leur respect par ces baisers. On alla même jusqu'à arracher tous les poils qu'on put de ses vêtements, et à en déchirer des morceaux pour chasser les maladies; on regardait comme saint tout ce qu'il avait touché, et on pensait se sanctifier par le contact ou l'usage de ces objets. Tout le peuple, tant ceux qui marchaient devant que ceux qui venaient après lui, faisaient retentir les airs de leurs joyeuses acclamations en l'honneur de notre abbé, qu'ils entouraient de leurs épais bataillons, et qu'ils finirent par conduire à l'endroit où on lui avait préparé une hospitalité solennelle. Lorsqu'il fut question, devant tout le peuple, du but que l'homme de Dieu et les cardinaux qui l'accompagnaient s'étaient proposé d'atteindre en venant à Milan, toute la ville oubliant

---

discessum crebros movens per urbem excursus, fidelium cædibus inhiabat. Intelligens ergo Innocentius Romæ sibi infructuosam eo tempore moram, ne præsentia sua illius bestiæ rabiem efferaret, rursus Pisas revertitur; ibique, aggregatis totius Occidentis episcopis, aliisque religiosis viris, magnæ gloriæ synodus celebratur. Adfuit per omnia et consiliis, et judiciis, et definitionibus omnibus sanctus abbas, impendebaturque ei reverentia ab omnibus, et excubabant ante ejus limina sacerdotes; non quod fastus, sed multitudo communem prohiberet accessum; et aliis egredientibus, alii introibant, ita ut videretur Vir humilis, et nihil sibi de his honoribus arrogans, non esse in parte sollicitudinis, sed in plenitudine potestatis. Actiones concilii longum est prosequi; summa tamen in excommunicatione Petri et irregressibili fautorum ejus dejectione constitit, et usque hodie hæc sententia perseverat.

9. Soluto concilio, ad reconciliandos Mediolanenses dominus papa abbatem Claræ-vallis, quem multis supplicationibus expetierant, et Guidonem Pisanum, et Matthæum Albanensem episcopum a latere suo direxit, qui schisma per Anselmum in eadem urbe factum abluerent, et ad unitatem Ecclesiæ devios revocarent. Abbas igitur cum prædictis viris, quos a domino papa collegas acceperat, addidit consortio et communi consilio virum venerabilem Gaufredum, Carnotensem episcopum; cujus innocentiam et sinceritatem in multis probaverat. Etenim visum est cardinalibus bonum, ut tanto adjutore negotium tanti ponderis fulciretur. Transcenso itaque Apennino, ubi audierunt Mediolanenses abbatem desideratum suis finibus propinquare, longe a civitate milliaribus septem omnis ei populus obviat; nobiles, ignobiles, equites, pedites, mediocres, pauperes, quasi de civitate migrarent, proprios lares deserunt, et distinctis agminibus incredibili reverentia Virum Dei suscipiunt. Omnes pariter delectantur aspectu, felices se judicant qui possunt frui auditu. Deosculantur pedes ejus universi; et licet hoc ille moleste acciperet, nulla potuit pronos et devotos ratione compescere, nulla interdictione repellere. Vellicabant etiam pilos quos poterant de indumentis ejus, et ad morborum remedia de pannorum laciniis aliquid detraherent, omnia sancta, quæ ille tetigisset, judicantes, et tactu eorum vel usu sanctificari. Præcedentes itaque et subsequentes lætabundis acclamationibus applaudebant abbati, et diu intra agminum spissamenta detentum, tandem solemni reddidere hospitio. Et cum tractatum esset in publico de negotio, propter quod tam Vir Dei, quam cardinales advenerant, oblita fortitudinis suæ civitas, omni ferocitate deposita, se ita abbati sub-

sa force et sa fierté, se soumit si bien à l'abbé de Clairvaux, que celui-ci aurait pu appliquer à leur obéissance ce vers d'un poëte.

Obéir à ta voix, je le veux, je le puis.

10. Quand tous les esprits furent pacifiés, que l'Église de Milan fut réconciliée, et que les promesses de concorde eurent été échangées entre tous les habitants, on vit surgir d'autres affaires il fallut opposer l'étendard du Christ aux excès du diable, qui se mit à faire des siennes dans le corps de quelques possédés. Mais, à la voix menaçante de l'homme de Dieu, les démons tremblants et frappés d'effroi devant une force plus grande que la leur, s'enfuirent des demeures qu'ils s'étaient faites. On vit alors un nouveau genre d'ambassade, qui ne venait point apporter une pragmatique sanction de Rome, mais la pragmatique sanction de la foi écrite en caractères divins. On montra à tous les yeux une lettre écrite avec le sang de Jésus-Christ, et scellée du sceau de la croix, qui, par son autorité abaisse et courbe devant elle tout ce qu'il y a sur la terre et dans les enfers. Jamais on n'a ouï parler, de nos jours, d'une telle foi dans un peuple, et d'une telle vertu dans un homme : ils luttaient, l'un et l'autre, de sentiments religieux. Notre abbé attribuait toute la gloire des miracles qu'il opérait à la foi du peuple, et le peuple, de son côté, était convaincu que c'était par lui qu'il obtenait de Dieu tout ce qu'il lui demandait. On lui amène donc, sans hésiter, une femme bien connue de tout le monde, pour être, depuis sept ans, possédée du démon et on le prie instamment d'ordonner, au nom du Seigneur, au démon de fuir de cette femme, et de lui rendre la santé. La foi de ce peuple ne mettait pas l'homme de Dieu dans un petit embarras; dans son humilité, il n'osait tenter une chose aussi nouvelle pour lui ; et, d'un autre côté, les instances du peuple lui faisaient appréhender de résister trop fortement à la charité de ceux qui le pressaient. Il lui semblait que sa défiance aurait jeté un voile sur la toute-puissance de Dieu et l'aurait offensé, si sa propre foi ne s'était pas montrée en cette circonstance égale à celle du peuple. Il était donc dans une grande perplexité, et, tout en leur disant que les miracles n'étaient pas faits pour les fidèles, mais pour les infidèles, il remet son audace entre les mains du Saint-Esprit, se prosterne, prie, et, avec une vertu qui lui venait du ciel, il s'adresse à satan avec force, le gourmande, le chasse et rend au peuple la femme guérie et calmée. Tous les assistants sont dans la joie, ils lèvent les mains au ciel et rendent grâce à Dieu qui les a visités d'en haut. Cet événement fut connu, le bruit s'en répandit, et bientôt, dans toute la ville, dans les églises, dans les prétoires, et jusque dans les carrefours, il ne fut plus question que de cela. Partout on ne parle que du serviteur de Dieu, on dit hautement qu'il n'y a rien d'impossible pour lui s'il le demande à Dieu, et que Dieu a les oreilles ouvertes à ses prières ; on le dit, on le croit, on le publie, on l'affirme; aussi, ne peut-on se lasser ni de le voir ni de l'entendre. Les uns se précipitent sur son passage dès qu'il paraît, les autres attendent à sa porte qu'il sorte de chez lui. Les offices et les arts sont suspendus, la ville est toute entière à ce spectacle. On accourt, on demande sa bénédiction, et quiconque le touche se croit sauvé.

---

stravit, ut obedientiæ eorum non incongrue ille posset aptari poetæ versiculus :

Jussa sequi, tam vel mihi, quam posse necesse est.

10. Pacatis omnibus, reconciliata Ecclesia, firmatis inter plebes concordiæ pactionibus, alia cœperunt nasci negotia, et insanienti diabolo, et in quibusdam obsessis corporibus debacchanti, oppositum est Christi vexillum, et increpante Viro Dei, de possessis atriis superveniente eminentiori virtute, territa et tremebunda diffugere dæmonia. Ecce nova legatio, non Romanum pragma circumferens, sed divinis legibus fidei pragma allegans, prolatis in medium litteris sanguine Christi conscriptis, et bulla crucis impressis, quæ figura auctoritate sua terrestria et inferna sibi subdit et curvat. Inaudita est nostris temporibus tanta populi fides, tanta in homine virtus ; inter quos religiosa erat contentio, cum signorum gloriam abbas credulitati eorum, illi vero sanctitati abbatis adscriberent, et hoc de eo indubitanter sentirent, ut quidquid a Domino peteret, impetraret. Adducunt igitur ad eum nihil hæsitantes mulierem omnibus notam, quam annis septem immundus vexaverat spiritus ; et postulant supplices, ut in nomine Domini dæmoni imperet fugam, et mulieri restituat sospitatem. Quæ populi fides non minimam verecundiam Viro Dei ingerebat, et humilitate magistra, inconsueta experiri non præsumebat, et instante petitione populi erubescebat, si charitati postulantium obstinatius resisteret; et videbatur ei quod offenderet Deum, et omnipotentiam ejus diffidentia obnubilare videretur, si a fide populi fides propria dissentiret. Æstuabat igitur secum, et licet signa non fidelibus, sed infidelibus fieri oportere assereret ; ausus suos Spiritui-sancto committit, et orationi incumbens, cœlitus elapsa virtute Satanam in spiritu fortitudinis increpat et fugat, mulieremque reddit incolumem et quietam. Lætantur qui aderant, et levantes manus ad sidera, Deo qui de excelso eos visitavit, gratias agunt. Auditum est hoc verbum, et percrebuit fama, et repente totam perculit urbem, per ecclesias, per prætoria, et per compita omnia conveniunt undique ; de viro Dei sermo habetur ubique ; dicunt publice, nihil ei impossibile esse quod a Domino postulet, et ad preces ejus apertas Dei aures dicunt et credunt, prædicant et affirmant. Nec possunt aspectu ejus, vel auditu ullo modo satiari. Irruunt alii in præsentiam ejus ; alii, donec exeat, pro foribus præstolantur. Cessatum est ab officiis et artibus, tota civitas in hoc spectaculum suspensa manet ; concurrunt, postulant benedici, et tetigisse eum singulis salutare videtur.

11. Le troisième jour après son arrivée à Milan, le serviteur de Dieu se rendit à l'église de saint Ambroise pour y célébrer les divins mystères. Là une multitude innombrable de peuple l'attendait, et, pendant la célébration de la messe, au milieu des chants du clergé, et, comme notre abbé se tenait assis près de l'autel, on lui présente une toute petite fille que le diable possédait cruellement, on le prie d'avoir pitié d'elle et de chasser de son corps le démon qui la possédait. En entendant la prière des assistants et en voyant cette enfant grincer des dents et rugir d'une façon qui faisait horreur à ceux qui en étaient témoins, il eut pitié de son âge et prit une vive part à sa douleur, et, prenant la patène avec laquelle il allait offrir le saint sacrifice, y dépose quelques gouttes d'eau avec ses doigts, prie Dieu en silence, et, plein de confiance dans la vertu du Seigneur, il approche ce breuvage salutaire des lèvres de l'enfant et en fait entrer dans sa bouche des gouttes qui devaient la guérir. En effet, à l'instant même, comme si Satan se fût senti au milieu des flammes, ne pouvant supporter la vertu de ce breuvage et pressé au dehors par l'antidote de la croix, il sort en toute hâte et s'échappe tremblant dans un horrible vomissement. En voyant cette enfant ainsi guérie, le diable confondu et mis en fuite, toute l'assemblée éclata en actions de grâces à Dieu, comme il n'était que trop juste, et, après avoir fait entendre des cris de joie et de bonheur, elle rentra dans le calme et le silence jusqu'à ce que les saints mystères fussent achevés. Les parents de la petite fille la remmenèrent chez eux guérie, aux yeux de tout le monde, et ce n'est qu'à grand'peine que l'homme de Dieu put s'arracher à la foule et rentrer à son hôtel.

12. Dieu, par un jugement à lui, permit qu'à cette époque, on vît s'accomplir ces paroles d'Isaïe, « les satyres pousseront des cris les uns contre les autres, les démons et les onocentaures se rencontreront (*Isa.*, XXXIV, 14), » car ils infestaient une foule de gens dans leurs courses effrénées, et il n'y avait personne qui pût résister à leur insolence, depuis que, pendant le long schisme d'Anselme, partisan de Pierre de Léon, qui avait occupé la chaire de Milan, les gémissements des prêtres, la désolation des vierges, les saintes pratiques changées en malédiction et la profanation des autels avaient attiré la colère de Dieu sur ce peuple. Mais, à l'arrivée de l'homme de Dieu, tous les prestiges d'Anselme se trouvant détruits et cette Église étant rentrée sous l'obéissance du siége apostolique, en se soumettant au pape Innocent, la licence des démons trouva un terme; tous les jours Satan perdait du terrain et fuyait chassé par les prières de l'homme de Dieu. S'il lui arrivait parfois d'oser lui opposer quelque résistance, la lutte ne donnait au saint qu'une nouvelle occasion de triompher avec plus de gloire en le terrassant.

CHAPITRE III.

Bernard chasse les démons de plusieurs possédés, soit par la vertu de l'Eucharistie, du pain ou de l'eau bénite, soit par le signe de la croix. Il opère également plusieurs guérisons miraculeuses.

13. Or, parmi les gens tourmentés du démon, il se trouvait une très-vieille femme, originaire de Milan, et qui avait autrefois été une des grandes

---

11. Tertia die ad ecclesiam sancti Ambrosii divina celebraturus mysteria servus Dei procedit; ubi expectante innumera populi multitudine, inter ipsa Missarum solemnia, dum clericis canentibus ipse secus altare sederet, puellam ei parvulam offerentes quam vehementi impetu vexabat diabolus, orant, ut misellae subveniat et diabolum in ea debacchantem elidat. Audita supplicatione adstantium, et intuitus personam frendentem dentibus et stridentem, ut etiam intuentibus esset horrori, compassus est aetati, et vehementiae anxietatis ejus condoluit. Patenam igitur calicis, in quo divina celebraturus erat mysteria, accipit; et digitis latice superfuso, orans intra se, et de Domini virtute confidens, ori puellae salubrem potum applicat, et corpori ejus stillam medicinalem infundit. Nec mora, quasi ureretur Satanas, infusionis illius virtutem ferre non potuit, sed urgente intrinsecus crucis antidoto, festinanter egrediens, vomitu sordidissimo tremebundus erupit. Sic purgata persona, diabolo profugo et confuso, laudes debitas Deo canit Ecclesia; et post acclamationes laetabundas alacer populus ibidem, donec divina compleantur mysteria, immobilis perseverat. Sub aspectu itaque omnium incolumis puella a suis domum reducitur, et vix tandem a populo dimissus ad hospitium Vir Dei revertitur.

12. Divino judicio ea tempestate in Mediolano, justa, Isaiae verbum, *pilosi clamabant alter ad alterum, et occurrebant onocentauris daemonia*, et effrenatis decursibus plurimos infestabant: nec erat qui insolentiae eorum resisteret, cum diu sub Anselmi schismate, qui Petri fautor Mediolanensem occupaverat cathedram, sacerdotes gementes, virgines squalidae, sanctificationes maledictae, altare pollutum iram Dei in populum provocassent. At vero in adventu Viri Dei abdicatis Anselmi praestigiis, et in sedis apostolicae obedientiam revocata Ecclesia, impedita est illa daemonum licentia, et quotidie dabat locum, et ad preces Viri Dei diffugiebat diabolus; et si quando resistere conabatur, in ipso conflictu succumbens gloriosius vincebatur.

CAPUT III.

De expulsione daemonum a variis obsessis, tum virtute Eucharistiae, tum panis et aquae benedictae, tum signi crucis. Item de aliis curationum beneficiis.

13. Inter eos igitur qui vexabantur, mulier grandaeva, civis Mediolanensis, et honorata quondam ma-

dames de la ville. Quand le saint fut arrivé, plusieurs personnes réunirent leurs efforts pour la traîner jusqu'à l'église du bienheureux Ambroise; il y avait déjà bien des années que le diable avait établi sa demeure sur la poitrine de cette femme et l'étouffait au point de lui ôter l'usage de la vue, de l'ouïe et de la parole. Elle grinçait des dents et tirait la langue en avant comme un trompe d'éléphant, on aurait plutôt dit un monstre qu'une femme. Son extérieur sordide, son visage terrible, son haleine empestée, tout annonçait en elle la présence de Satan. A la première vue, l'homme de Dieu reconnut que le diable la possédait tout entière et la tenait comme avec de la glu. Il vit bien qu'il ne serait pas facile de le chasser d'une demeure qu'il occupait depuis si longtemps. Se tournant donc du côté du peuple qui se tenait là, en grand nombre, il lui dit de prier avec beaucoup d'attention, et il fait remettre en même temps cette femme entre les mains des clercs et des moines qui se tenaient avec lui à l'autel. Mais elle, luttant avec une force diabolique plutôt que naturelle, se débat avec violence, et, après avoir fait du mal à plusieurs personnes, elle donne un coup de pied même à notre abbé. Bernard, sans sortir de sa douceur, méprise cet excès d'audace du démon, et il prie Dieu de l'aider à le chasser, non point avec l'indignation de la colère, mais d'un accent plein de calme et d'humilité; puis, il se prépare à offrir le saint sacrifice. Cependant, toutes les fois qu'il fait le signe de la croix sur la sainte hostie, il se retourne du côté de cette femme, et, d'un pareil signe de croix, il lutte en vigoureux athlète contre l'esprit malin. De son côté, celui-ci, toutes les fois qu'un signe de croix est fait de son côté, montrait qu'il était atteint, en sévissant avec plus de fureur, et en regimbant contre l'aiguillon, et faisait voir ainsi, bien malgré lui, ce qu'il souffrait.

14. A la fin de l'Oraison dominicale, le bienheureux attaque l'ennemi plus efficacement qu'il ne l'avait fait jusqu'alors. Il dépose sur la patène du calice le corps sacré du Seigneur, et, la plaçant sur la tête de la femme, il s'exprime ainsi : « Esprit mauvais, voici ton juge, voici la souveraine puissance; à présent, résiste si tu peux. Voici celui qui, étant sur le point de souffrir pour notre salut, a dit, c'est à présent que le prince de ce monde va être mis dehors (*Jean* XII, 31). — Voici le corps qu'il a pris dans le sein d'une Vierge, qui a été attaché au bois de la croix, qui a été mis au tombeau, qui est ressuscité d'entre les morts et qui s'est élevé dans le ciel à la vue de ses disciples. Eh bien donc, esprit malin, au nom de sa terrible majesté, je t'ordonne de sortir de sa servante et de ne plus jamais avoir la présomption de la toucher. » Comme il ne s'éloignait d'elle qu'à regret, et parce qu'il ne pouvait plus demeurer en elle davantage, il la tourmenta atrocement, et montra que sa rage était aussi grande que le temps qui lui restait à la posséder était court. Le saint abbé retourne à l'autel et continue les rites de la fraction de l'hostie du salut, puis il donne au servant le baiser de paix à porter au peuple; à l'instant même la paix et la santé furent rendues à cette femme. Voilà comment l'esprit mauvais fut contraint de proclamer, sinon de vive voix, du moins par sa retraite, l'efficacité et la vertu des divins mystères. Délivrée du diable qui avait pris la fuite, la femme que ce cruel bourreau avait si longtemps agitée de mille tourments rentra en possession de soi-même et recouvra l'usage de sa

---

trona, usque ad ecclesiam beati Ambrosii post beatum Virum a multis tracta est, in cujus pectore pluribus annis diabolus sederat, et jam ita suffocaverat eam, ut visu et auditu et verbo privata, frendens dentibus, et linguam in modum promuscidis elephantinæ protendens, monstrum quam femina videretur. Sordida ei facies, vultus terribilis, flatus fetidus, inhabitatoris Satanæ colluvia testabantur. Hanc cum aspexisset Vir Dei, novit inhærentem ei et inviscatum[*] diabolum, nec facile egressurum de domo, quam tanto possederat tempore. Conversus ad populum, cujus innumera aderat multitudo, orare jubet attentius, et clericis, et monachis secum juxta altare consistentibus, mulierem ibidem jubet constitui et teneri. Illa vero reluctans, et vi diabolica, non naturali virtute recalcitrans, non sine aliorum injuria, ipsum abbatem pede percussit. Quem diaboli mansueta ille contempsit ; et ad expulsionem non indignatione iræ, sed pacifica et humili supplicatione Deum invocat adjutorem ; et ad immolationem hostiæ salutaris accedit. Quoties tamen eamdem sacram hostiam signat, toties ad mulierem quoque conversus, eodem signo crucis edito spiritum nequam athleta fortis impugnat. Nam et ille malignus, quoties adversus eum signum Crucis intenditur, percussus se indicans, acrius sævit, et recalcitrans contra stimulum, quidnam toleret, prodit invitus.

15. Expleta autem oratione dominica, efficacius hostem aggreditur vir beatus. Patenæ siquidem calicis sacrum Domini Corpus imponens, et mulieris capiti superponens, talia loquebatur : « Adest, inique spiritus, Judex tuus, adest summa potestas. Jam resiste si potes. Adest ille qui pro nostra salute passurus est, *Nunc*, inquit, *princeps hujus mundi ejicietur foras.* Hoc illud corpus, quod de corpore Virginis sumptum est, quod in stipite crucis extensum est, quod in tumulo jacuit, quod de morte surrexit, quod videntibus discipulis ascendit in cœlum. In hujus ergo majestatis terribili potestate tibi, spiritus maligne, præcipio, ut ab hac ancilla ejus egrediens contingere eam deinceps non præsumas. » Cumque eam invitus deserens, et manere ultra non valens, atrocius afflictaret, tam magnam iram, quam modicum tempus habens; rediens Pater sanctus ad altare, fractionem hostiæ salutaris rite complevit, diffundamque in populum pacem ministro dedit ; et confestim pax et salus integra reddita est mulieri. Sic ille nequam, divina mysteria quantæ sint efficientiæ et virtutis, non confes-

[*] *al.* invisceratum.

raison, avec celui de ses membres. Sa langue reprit sa place dans sa bouche, et, rendant grâce et gloire à Dieu, elle arrêta les yeux sur celui qui l'avait guérie et se jeta ensuite à ses pieds. L'Église retentit alors d'un cri immense, tout âge est dans l'allégresse et bénit Dieu ; l'airain est mis en branle, la vénération pour le saint dépasse toute limite, et la ville entière, dans l'effusion de la charité, voit plus qu'un homme, si je puis parler ainsi, dans le serviteur de Dieu, qu'elle comble de ses témoignages de respect.

15. La nouvelle des choses qui se passaient à Milan répandit par toute l'Italie la réputation du serviteur de Dieu ; partout on allait répétant qu'un grand prophète avait paru, un prophète puissant en œuvre et en parole, qui n'avait qu'à invoquer le nom du Christ pour guérir les malades et délivrer les possédés du démon. Il avait, en effet, reçu au plus haut point le don de la guérison des maladies, mais il avait plus d'occasions de chasser les démons, parce qu'on lui amenait plus de possédés que de malades, comme à celui dont l'expérience avait montré qu'on pouvait attendre du secours; d'ailleurs, ces délivrances, par leur éclat, laissaient un peu dans l'ombre les effets plus petits de vertus non moins grandes. Bientôt la foule assiégea ses portes du matin jusqu'au soir, et notre Saint, ne pouvant à cause de la faiblesse de sa constitution, se sentir pressé par une telle foule, se montrait au peuple à la fenêtre de son appartement ; puis, levant la main, il le bénissait. On apportait aussi avec soin du pain et du vin, qu'on lui faisait bénir et qu'on remportait ensuite comme des objets sacramentels qui portaient bonheur. Des châteaux, des bourgs et des villes des environs, on venait en foule, et tout le monde à Milan, habitants de la ville et étrangers, n'avait qu'un désir, s'approcher du Saint, lui demander sa bénédiction, entendre un mot de lui, voir un signe de sa main et tous étaient heureux au delà de toute croyance de l'entendre prêcher et de lui voir opérer des miracles.

16. Dans le nombre, se trouvait un habitant des faubourgs, qui avait amené aussi son enfant possédé du démon. Or on vit cet enfant, au seul signe de la croix que le saint homme fit, tomber aux yeux de tout le monde des bras de celui qui le portait et demeurer tout meurtri par terre, insensible et privé de mouvement, comme s'il était mort. Il ne proférait pas un cri, il ne respirait plus, seulement on apercevait une petite vapeur qui flottait au dessus de son cœur. On fait place à celui qui le portait pour qu'il pût s'avancer jusqu'à l'homme de Dieu, avec l'enfant à demi-mort. La foule étonnée attendait l'issue de ce malheureux événement. Le porteur s'approche donc de l'homme de Dieu, dépose à ses pieds l'enfant inanimé et privé de sentiment, et lui dit : Cet enfant, seigneur abbé, que vous voyez à vos pieds, est tourmenté par le démon déjà depuis trois ans, et, toutes les fois qu'il est entre dans une église et qu'il est touché par le sel des exorcismes, qu'on fait le signe de la croix sur lui, qu'il est contraint d'entendre l'Évangile, ou qu'il assiste aux saints mystères, le démon qui le possède s'en irrite, et le tourmente d'une manière atroce. Et tout à l'heure, quand je me tenais avec tout le monde à la porte de l'église en attendant, vous eûtes à peine fait le signe de la croix et étendu la main vers le peuple, que le démon, exaspéré par la vertu de ces signes sacramentels, se mit à tour-

---

sione, sed fuga coactus ostendit. Fugato diabolo mulier, quam in tantorum sartagine tormentorum carnifex pestilens tanto tempore frixerat, mentis suæ compos effecta, redditis cum ratione sensibus, revoluta intra fauces lingua, Deum confessa gratias egit, et intuita curatorem suum, pedibus ejus advoluta est. Ingens per ecclesiam attollitur clamor, omnis ætas jubilat Deo, personant æramenta, benedicitur ab omnibus Deus, excedit veneratio modum, et servum Dei supra hominem, si dici fas est, liquefacta charitate civitas veneratur.

15. Audiebantur hæc quæ Mediolani fiebant, et per totam Italiam Viri Dei discurrebat opinio, et divulgabatur ubique quod surrexisset Propheta magnus, potens in opere et sermone, qui, invocato Christi nomine, et infirmos curaret, et obsessos a dæmonibus liberaret. Maxima quidem ei in curationibus ægritudinum gratia, sed in dæmonibus eliminandis frequentior operatio erat, quia copiosior vexatorum numerus ad experta subsidia concurrebat, et majorum operatio virtutum minores obscurabat effectus. Jam vero præ frequentia populi qui a mane usque ad vesperam foribus assidebat, oppressionem vulgi præ corporis imbecillitate non ferens, ad fenestras domus procedens, se eis conspiciendum præbebat, et elevata manu benedicebat eis. Panes quoque et aquam devehebant secum, quibus benedictioni ejus suppositis, pro beneficiis ea sacramentalibus referebant. Ex vicinis sane castellis, et vicis, et urbibus multi confluxerant ; et communia tam advenarum, quam civium in Mediolano studia erant prosequi Sanctum, expetere beneficium, audire verbum, videre signum ; et doctrina et miraculis ultra quam credibile est, delectabantur.

16. Aderat inter eos quidam ex suburbanis, qui puerum dæmoniacum illuc adverazerat ; qui repente coram omnibus ad signum crucis, quod Vir sanctus edidit, de bajuli sui brachiis ruit, et elisus humi quasi mortuus sine ullo sensu immobilis visus est ; neque vox, neque halitus erat in eo, tantum circa præcordia exiguus ei supererat vapor. Dant igitur cæteri locum ut posset procedere, et admitti ad Virum Dei seminecis pueri bajulus ; et attonita multitudo tam miserabilis casus præstolabantur eventum. Ingressus igitur ad Virum Dei homo est, et puerum stupidum, nec aliquid sentientem ante pedes abbatis exposuit, et ait : Puer iste, domine pater, quem ante tuos posui pedes, jam per triennium a dæmonio acerrime vexatus est : et quoties vel ecclesiam ingreditur, et salibus exorcizatis adspergitur, vel signum ei crucis imponitur, vel Evangelium audire compellitur, vel divinis

menter l'enfant avec plus de fureur encore qu'il n'avait coutume de le faire, s'emparant de tout son corps, et lui ôtant presque la respiration. Quant à l'enfant, lorsque le bruit du don que vous tenez de Dieu, se répandit chez nous, il se prit à la nouvelle des guérisons que vous opériez, à espérer que vous le guéririez aussi, et il m'a prié de vous l'amener. Je vous prie donc, par la miséricorde de Dieu, d'avoir pitié de mes peines, car c'est moi qui ai la charge aussi pénible que dangereuse de le garder, et de sa misère dont vous voyez par vous-même toute la grandeur; ne souffrez pas qu'il soit plus longtemps exposé à la rage du démon. Ce disant, il pleurait, et les larmes dont son visage était inondé touchaient les assistants eux-mêmes, qui se mirent à unir leurs instances aux siennes.

17. Alors l'homme de Dieu les engage à mettre toute leur confiance dans la miséricorde de Dieu, et touche légèrement le cou de l'enfant avec le bâton sur lequel il se tenait appuyé. Gérard, son frère, voulant de son côté s'assurer de la vérité de ce qui avait été dit par le porteur de l'enfant, fit, sans que personne le vît, le signe de la croix derrière lui, et l'on vit cet enfant, qui jusqu'à ce moment était demeuré, sans rien voir et rien sentir, longtemps étendu sur le pavé aux pieds de l'abbé, frémir au contact du bâton et au signe de la croix, et s'agiter et pousser un gémissement. L'abbé le fit porter sur son propre lit, mais lui, comme s'il eût été blessé de cela, se rejeta sur le pavé, en grinçant des dents et en mordant celui qui le soignait. Puis, s'attachant avec les mains aux cheveux de ceux qui étaient près de lui, il essayait de s'arracher de leurs mains par tous les efforts imaginables, et c'est à grand'peine qu'on pouvait se rendre maître de lui. Alors l'abbé leur dit : « Replacez-le sur mon lit. » Puis il se mit en prière avec les autres religieux qui s'étaient prosternés; cependant le diable, comme si le lit de paille où il était étendu se fût trouvé tout en flammes, témoignait par ses cris les tourments qu'il souffrait par une vertu divine dont il se sentait touché. Le saint fait apporter de l'eau bénite et en fait verser dans la bouche du patient, mais celui-ci serre les lèvres et les dents pour n'en point laisser entrer une goutte; il fallut lui desserrer les mâchoires avec un coin, et lui en faire pénétrer bon gré mal gré dans la bouche et dans la gorge. Dès que cette eau sanctifiée descendit dans ses entrailles, elle produisit l'effet d'un contre-poison et paralysa la force du malin esprit, qui, se roulant aussitôt, sortit du corps du possédé avec une grande honte. A l'instant, l'enfant qui avait semblé mort, revint à la vie, et, descendant calme et guéri du lit de l'abbé, il jette ses bras au cou de celui qui avait soin de lui, en s'écriant : « Grâce à Dieu, je suis guéri. » Tout le monde rend en même temps aussi grâce à Dieu, et des larmes de joie succèdent aux larmes de la compassion. Un cri retentit au dehors, le bruit de cette merveille se répand sur les toits, toute la ville accourt pour en être témoin, on loue Dieu, le peuple est dans l'allégresse, et tous les cœurs se portent vers l'abbé qui a été l'instrument d'un pareil miracle.

18. Il y avait aussi beaucoup de fiévreux; le saint

---

interest sacramentis, offenditur habitator ejus diabolus et torquetur atrocius. Dumque modo cum cæteris ego pro foribus exspectarem, signum sanctæ crucis figurante te, et extendente in populos manum, sacramentalium signorum virtute exacerbatus diabolus, vehementius solito totus ad pueri vexationem se contulit; et, sicut vides, totum corpus ejus occupans, fere ei etiam vitalem spiritum intercludit. Sed et ipse puer, cum audita esset apud nos gratia, quam a Deo accepisti, opinio, ex aliorum curationibus suam sperans salutem, rogavit me ut eum ad te adducerem. Obsecro igitur per misericordiam Dei, ut et laboribus meis, qui in ejus custodia operam damnosam et periculosam impendo, et illius miseriæ, quæ tanta est, quantam ipse oculis probas, pio et consueto affectu subvenias, et rabiem dæmonis non usquequaque procedere patiaris. Flebat igitur, et lacrymis ora perfusus præsentes quosque commovit, ut omnes pariter supplicarent.

17. Tunc Vir Dei confidere eos in Dei misericordia jubens, baculo cui innitebatur, collum pueri leniter tangit. Sed et frater ejus Gerardus volens experiri quæ ab homine dicta fuerant, latenter dorso ejus signum crucis impressit. Cumque prius sine motu et sensu nec videns, nec audiens, ante pedes abbatis diu extensus pavimento hæsisset; ad tactum baculi et ad signum crucis infremuit, et turbatus ingemuit. Jubet igitur abbas super proprium lectulum eum poni. At ille quasi ex injuria offensus rejicit se in pavimentum, et stridebat dentibus, et mordebat procuratorem suum; et capillis eorum qui aderant, manus injiciens, quo poterat conatu se ab eorum manibus abstrahebat, et ab eis vix teneri poterat. « Eia, inquit abbas, ad lectum nostrum eum reducite. » Orante itaque abbate, et fratribus in oratione prostratis, quasi ardentibus paleis, quæ in lecto continebantur, diabolus ureretur, tormenti æstuantia, vi divina propinquante, passionem clamoribus testabatur. Jubet igitur Vir sanctus aquam benedictam in os patientis infundi, quam ille pressis labiis et dentibus non admittens, vix tandem cuneo infixo dissolvente pressuram, vellet, nollet, intra fauces et guttur recepit. Confestimque ut penetrans sanctificatio ad interiora descendit, quasi infuso antidoto vis maligna erupit, et vomitu sordidissimo, quasi torrentis impulsu, festina præcipitatione rotatus cum ingenti contumelia dæmon exivit. Repente quod videbatur mortuus, vivit, et de lecto abbatis quietus et incolumis surgens, patronumque* suum amplexatus, Deo gratias, sanus sum, inquit. Gratias agunt omnes communiter Deo, et qui modo flebant, lætantur. Foras clamor effunditur, res intus gesta super tecta solemniter prædicatur, tota ad spectaculum convenit civitas, benedicitur Deus, gaudet populus, in Abbate tanti operis patratore totius plebis requiescit affectus.

18. Febricitantibus multis idem Sanctus manus im-

* al. patratuin.

les guérit en leur imposant les mains et en leur faisant boire de l'eau bénite ; il touchait seulement les mains desséchées et les membres frappés de paralysie, et à l'instant ils recouvraient la santé. Il y eut même des aveugles, au dire de plusieurs témoins, à qui, dans cette même ville de Milan, par un signe de croix fait sur eux, Bernard rendit la vue par la vertu du Père des lumières. A la même époque, comme le saint se trouvait dans l'hôtel de l'évêque* d'Albano, que le seigneur pape lui avait adjoint comme collègue dans cette ambassade, pour causer d'affaires avec lui, et qu'ils s'entretenaient de ce qui faisait l'objet de leur mission, tout à coup un jeune homme, dont une main était desséchée et repliée sur son bras, se précipite vers eux, se roule aux pieds de Bernard, et le supplie de le guérir. Celui-ci, occupé à autre chose, le bénit et lui dit de se retirer, et lui enjoint même, en termes un peu plus sévères qu'il n'avait coutume d'en employer, de ne point l'importuner davantage. Il s'éloigne, en effet, mais sans avoir obtenu la guérison qu'il était venu chercher. Alors le vénérable évêque s'empressa de lui dire de revenir sur ses pas, et, le prenant par la main, il le présente lui-même à l'abbé, en lui disant : il vous obéissait et s'en allait sans avoir obtenu la grâce qu'il demandait, ne fermez pas pour lui les entrailles de votre miséricorde ; faites mieux, obéissez vous-même, et, en vertu de l'obéissance, sur mon ordre, faites ce qu'il vous demande, accordez-lui la grâce qu'il sollicite, et plein de confiance en celui au nom de qui il demande la santé, demandez-la pour lui et vous l'obtiendrez ; nous nous réjouirons ainsi, nous, de la grâce que Dieu vous fait, et lui, de la guérison qu'il sollicite.

19. Sur l'ordre de l'évêque, notre abbé prit la main de l'enfant et invoqua le Seigneur qui exauça sa prière ; aussi, dès qu'il eût fait un signe de croix, les nerfs qui s'étaient raidis, se détendirent, et la chair, que depuis longtemps la maladie avait glacée, en recouvrant son état de santé normal, devint mobile et flexible, et, en moins de temps qu'il n'en faut pour le raconter, le membre entier recouvra la santé. L'évêque d'Albano, en voyant cet effet soudain de la vertu du saint, fut frappé d'étonnement et se sentit pénétré d'une plus grande vénération encore, depuis ce jour-là, pour l'homme de Dieu, des miracles de qui il fut le témoin et le narrateur. Il força le saint à souper chez lui ce soir-là. Il ne le décida à le faire qu'avec beaucoup de peine et en lui faisant valoir, pour raison déterminante, qu'une foule immense de peuple attendait qu'il sortît, ce qu'il ne semblait point pouvoir faire sans péril. Pendant le repas, il remit à un serviteur intime une assiette, dans laquelle l'abbé avait mangé, avec ordre de la garder et de la serrer, à part, avec tout le soin possible. Quelques jours après, il se sentit pris, lui-même, d'un violent accès de fièvre, et, en se ressouvenant de l'homme de Dieu, il mande auprès de lui ce serviteur intime, et lui dit : apportez-moi bien vite l'assiette que je vous ai donnée dernièrement à serrer. Le serviteur la lui apporte et la lui remet ; versez-y, dit l'évêque, un peu d'eau et émiettez-y quelques bouchées de pain ; cela étant fait, l'évêque plein de confiance dans le Seigneur, et se recommandant aux prières

Mathieu. Voir plus ut n° 9.

---

ponens, et aquam benedictam porrigens ad bibendum, sanitatem obtinuit ; aridas manus, et membra paralysi dissoluta tangens incolumitati restituit ; cæci etiam sub multorum testimonio in eadem civitate ut viderunt, imposito signo crucis, a Patre luminum potenter obtinuit. Per idem tempus hospitium Albanensis episcopi, quem dominus Papa in eadem legatione sibi collegam dederat, gratia tractandorum negotiorum intraverat, et de his quæ injuncta fuerant conferebant ; cum repente irruit super eos adolescens cujus manus arida erat, et retorta ad brachium ; et advolutus pedibus ejus suppliciter postulat sanitatem. Ille alias occupatus, benedixit quidem, et abire præcepit, et ne amplius sibi molestiam faceret, verbis solito severioribus interdixit. Recedebat ille non consecutus quod quæsierat, cum venerabilis episcopus sub omni celeritate eum regredi jubet, et manu arreptum tradit abbati. Huic, inquit, qui minime beneficium consecutus, tibi, ut discederet, obedivit, tu ne claudas viscera misericordiæ ; quin potius tu obedi, et virtute obedientiæ me jubente adstrictus, fac quod postulat, largire quod petit ; et, confidens in ejus virtute, per quem expetit sanitatem, postula, et impetrabis : ut et nos de Dei munere, et ille de optata glorietur salute.

19. Ad præceptum episcopi abbas, apprehensa pueri manu, invocavit Dominum, et exaudivit eum ; et, signo crucis edito, nervi qui obriguerant, extensi sunt, et caro quam assiduus* congelaverat morbus, redeunte sospitate ingenita, mobilis facta est et flexibilis, et dicto citius languidum diu membrum conconvaluit. Obstupuit episcopus tam repentinæ virtutis admirans effectum, et ampliori etiam extunc veneratione Virum Dei coluit, et miraculorum illius ipse testis exstitit et relator. Compulit autem eum, ut ibidem ea nocte cœnaret. Cujus rei assensum cum magna difficultate obtinuit, ea duntaxat ratione suasum, quod intolerabilis undique populus exspectaret ; nec sine periculo posse egredi videretur. Inter cœnandum vero peropsidem, in qua abbas comederat, episcopus ministro familiari servandam tradidit, et præcepit ut seorsum reconditam cum omni diligentia custodiret. Elapsis exinde aliquot diebus, episcopus idem febrium vehementi ardore corripitur ; et recordatus hominis Dei, familiarem jubet accersiri ministrum. Discum, inquit, abbatis, quem tibi nuper tradidi conservandum, huc afferre ne cuncteris. Cumque ille obtulisset allatum : infunde, inquit, aquam in eo, et panis exiguas buccellas conscide. Quod cum factum esset, confidens in Domino, et abbatis preci-

du saint, mange et boit ce qu'il y avait dans l'assiette, et à l'instant même il se trouve guéri.

20. Le nombre des visiteurs augmentait, et les plus étonnantes merveilles attiraient une foule immense de monde vers l'homme de Dieu, qui ne pouvait trouver de repos nulle part, tandis que lui-même en procurait à tout le monde. Quand les premiers s'en allaient, d'autres survenaient, et les visiteur se succédaient, en lui demandant quelque grâce. Dans le nombre se trouva un soldat qui présenta, dans ses bras, une toute petite fille à l'homme de Dieu; elle souffrait tellement de la lumière du jour, qu'elle ne cessait de tenir ses yeux fermés et y appliquait même les bras, de peur que, par quelque moyen que ce pût être, il n'y pénétrât quelque rayon de lumière si petit qu'il fût. Quelquefois on lui écartait les bras avec violence, mais dès que la lumière du jour parvenait à ses yeux, elle criait et pleurait; c'était pour elle un supplice, et les rayons de la lumière du jour étaient pour elle comme autant de dards qui lui perçaient le cerveau. L'homme de Dieu bénit cette petite fille, et la renvoya plus calme après avoir fait le signe de croix sur elle. En chemin, pour retourner dans sa demeure, elle ouvrit les yeux d'elle-même, et revint seule, à pied, au logis, sans le secours de personne pour guider ses pas. A la même place, notre saint obtint du Père des miséricordes, en présence d'une foule d'assistants, le retour de la santé pour une femme qui était tourmentée du démon.

CHAPITRE IV.

Démoniaques guéris. Humilité admirable de saint Bernard, qui continue à n'avoir de soi, au milieu de tant de merveilles, que des sentiments de modestie.

21. Quand il arriva à Pavie, le bruit de ses vertus l'y avait devancé; aussi cette ville pleine de joie reçut-elle un homme si remarquable avec tous les témoignages d'allégresse possibles, et avec toute la distinction due à un pareil visiteur. Les habitants de Pavie, qui avaient le plus grand désir de voir le saint opérer parmi eux quelques miracles pareils à ceux qu'ils savaient que Bernard avait faits à Milan, ne furent pas longtemps sans voir leurs désirs satisfaits. En effet, à peine Bernard était-il arrivé, qu'un paysan qui l'avait suivi de Milan lui présenta sa femme, qui était possédée du démon, et, en la plaçant aux pieds du saint, il témoignait par de lamentables accents toutes les angoisses de son âme. En même temps, pour couvrir l'abbé de honte par la bouche de cette malheureuse femme, le démon qui l'inspirait, se mit à se moquer du serviteur de Dieu, en disant : « Ce mangeur de choux et de poireaux ne me chassera jamais de cette chienne, qui est à moi. » Il se permit plusieurs plaisanteries de ce genre contre l'homme de Dieu, afin de le provoquer par ses blasphèmes, espérant que, supportant impatiemment ces injures, il serait confus de se voir, en présence de tout le monde, attaqué en ces termes indignes. Mais l'homme de Dieu comprit sa ruse et railla son railleur, et, sans vouloir se venger lui-même, il remit sa vengeance

bus se commendans, comedit et bibit, et absque ulla dilatione convaluit.

20. Augebatur adventantium numerus, et mirifica opera ad se populos invitabant; nec usquam Viro Dei dabatur requies, dum ex ejus lassitudine alii sibi requiem procurarent. Abeuntibus occurrebant advenientes, et succedebant sibi beneficia mendicantes. Inter quos miles quidam in ulnis suis puellulam ad Virum Dei attulit, quæ ita exosam lucem habebat, ut semper clausis palpebris etiam brachium opponeret oculis, ne aliquo modo alia lucis particula se ei ingereret. Avellebantur aliquando opposita brachia violenter, et cum se ei lumen infunderet, clamabat et flebat, et erat ei claritas pro cruciatu, et lux visa quasi aculeos ejus cerebro infigebat. Benedicit infantulæ Vir Dei, et signaculum crucis faciens super eam, tranquilliorem dimittit : et dum domum referretur ultro aperit oculos, et pedes sine vectore ipsa revetitur. Et ipso in loco mulieri a dæmonio vexatæ multis adstantibus a Patre misericordiarum dem sanctus obtinuit sanitatem.

CAPUT IV.

De dæmoniacis curatis, et mira humilitate Bernardi, inter tot illustria opera æque semper de se modeste sentientis.

21. Jam Papiam advenerat, et fama virtutum adventum ejus præcesserat, et cum debito gaudio et apparatu tantæ gloriæ Virum civitas lætabunda suscepit Et ne diu populi desiderium dilatio suspenderet, qui sicut Mediolani miracula facta audierat, signum ab eo optabat videre; advenit repente post eum rusticus quidam, qui de Mediolano secutus eum fuerat, uxorem dæmoniacam secum adducens, quam ante pedes ejus lacrymabili voce intrinsecas protestans anxietates deposuit. Nec mora in contumeliam abbatis per os miseræ mulieris diabolus locutus est, et irridens servum Dei : Non, inquit, me de canicula mea hic porrulos edens et brassicas devorans pellet. Multa in hunc modum in Virum Dei jaculabatur convicia, ut blasphemiis provocatus, impatienter ferret opprobria, et confunderetur in præsentia populi, cum indignis se audiret sermonibus lacessiri. Sed Vir Dei astutias ejus intelligens, irrisorem irrisit, et ultionem non ipse expetens, sed ad Deum remittens, ad

entre les mains de Dieu et fit conduire la démoniaque à l'église de saint Syrus. Il voulait rapporter à ce matyr toute la gloire de cette guérison, et mettre sur le compte de sa vertu les prémices de ses miracles. Mais, saint Syrus en renvoya tout l'honneur à son hôte et, sans rien faire pour lui dans sa propre église, il voulut que toute cette affaire retournât intacte à l'abbé. On ramène donc la femme à l'hôtel du saint, non sans que le diable murmure par sa bouche, et dise : non, non, ce n'est pas ce diminutif de Syrus, ce Bernardule, qui me chassera. A ces discours, le serviteur de Dieu répondit : « Non ce n'est ni Syrus ni Bernard qui te chassera, mais ce sera le Seigneur Jésus-Christ. » Et se mettant aussitôt en prière, il supplie Dieu de rendre la santé à cette femme. Alors l'esprit malin, comme s'il avait dépouillé sa première perversité, s'écrie : « Avec quel plaisir je sortirais de cette chienne-là, tant je m'y trouve mal à l'aise, oh oui, avec quel bonheur je la laisserais-là ! Mais je ne puis. » Comme on lui en demande la cause, « c'est, répond-il, parce que le grand Seigneur ne le veut pas. » Alors le saint répond : « Quel est ce grand Seigneur ? — C'est Jésus de Nazareth, dit-il, » et l'homme de Dieu reprenant la parole lui demande d'où il connaît Jésus et s'il l'a jamais vu. « Je l'ai vu, » répond-il. « Où l'as-tu vu ? — Dans la gloire. — Et toi, as-tu été aussi dans la gloire ? — Oui, j'y ai été. — Comment donc en es-tu sorti ? — Avec Lucifer, dit-il, car nous sommes tombés en grand nombre avec lui. » Or il disait tout cela par la bouche de la vieille femme, et d'un ton lugubre ; tout le monde pouvait l'entendre. Le saint abbé reprit. « Est-ce que tu ne voudrais point rentrer dans cette gloire et retrouver ton premier bonheur ? » A ces mots, il change de voix et se mettant à rire d'une manière étrange, « pour cela, dit-il, ce n'est qu'une question de temps. » Il n'ajouta pas un mot de plus. L'homme de Dieu pria avec plus d'attention encore, et le mauvais esprit, vaincu enfin, s'en alla : quant à la femme, rendue à elle-même, elle rendit à Dieu toutes les actions de grâces qu'elle put.

22. Le mari de cette femme retourne donc avec elle chez lui, et se réjouit ainsi qu'elle tout le long du chemin de la santé qui lui a été rendue, et rentre enfin dans sa demeure, où tous ses amis l'attendaient. Tous ceux qui eurent connaissance de la manière dont les choses s'étaient arrivées, partageaient leur bonheur, mais tout à coup tant de joie se change en tristesse, car à peine cette femme a-t-elle franchi le seuil de sa porte, que le diable reprend de nouveau possession d'elle, et tourmente la malheureuse avec plus de fureur encore qu'il ne l'avait fait auparavant. Le pauvre mari ne savait plus que faire, ni à quel parti se décider. Il lui était bien pénible de partager la demeure d'une démoniaque, et il lui semblait que c'était un manque de piété conjugale que de l'abandonner. Il se lève donc, et, prenant sa femme avec lui, il retourne à Pavie. N'y trouvant plus l'homme de Dieu, qui était parti de cette ville pour se rendre à Crémone, il le suit jusque dans cette ville. Il lui apprend ce qui est arrivé et il le supplie, en versant un torrent de larmes, de lui venir en aide. La compassion de l'abbé l'incline à écouter la pieuse demande de cet homme, et il lui dit d'aller à l'église de la ville, et là, — devant les corps des saints confesseurs, — de l'attendre en priant Dieu, jusqu'à ce qu'il l'aille rejoindre. A la nuit, se rappelant sa

---

ecclesiam sancti Syri dæmoniacam duci præcepit. Voluit quippe curationis illius gloriam dare martyri, et primitias operationem virtuti ejus adscribi. At vero sanctus Syrus ad hospitem suum remisit negotium, nec in ecclesia sua quippiam sibi deferens, intactum opus reduci voluit ad abbatem. Reducitur igitur mulier ad abbatis hospitium, garriente per os ejus diabolo, et dicente : Non me Syrulus ejiciet, non expellet Bernardulus. Abbatis hospitium, garriente per os ejus diabolo, et dicente : Non me Syrulus ejiciet, non expellet Bernardulus. Ad hæc servus Dei respondit : « Nec Syrus, nec te Bernardus ejiciet, sed Dominus Jesus-Christus. » Et conversus ad orationem, pro salute mulieris Domino supplicabat. Tum vero spiritus nequam, velut priori improbitate mutata ; quam libens, inquit, egrederer ab hac canicula, graviter molestatus in ea, quam libens egrederer ! sed non possum. Interrogatus causam, quia needum vult magnus Dominus, ait. Cui sanctus : « Et quis est magnus Dominus ? Et ille : Jesus Nazarenus. Ad quem rursum Vir Dei : Unde enim Jesum nosti, aut si unquam vidisti eum ? Vidi, inquit. Ubinam eum vidisti ? In gloria. Et tu in gloria fuisti ? Fui quidem. Et quomodo inde existi ? Cum Lucifero, inquit, multi cecidimus. » Hæc autem omnia voce lugubri per os vetulæ audientibus omnibus loquebatur. Respondente autem abbate sancto : « Numquid non in illam redire gloriam velles, et restitui in gaudium pristinum ? rursum voce mutata, et miro modo cachinnans : Hoc, inquit, tardatum [a] est. » Et nihil ultra locutus, [orante attentius viro Dei, nequissimus ille victus abscessit, et mulier sibi reddita, quantas potuit gratias egit.

22. Revertitur igitur vir cum muliere, et per totam viam incolumitati ejus congaudens, exspectantibus amicis domui suæ redditur. Lætabantur omnes qui ordinem rei gestæ audierunt ; sed repente gaudium vertitur in mœrorem ; quia ubi domus suæ limina mulier attigit, rursus eum intrat diabolus, et infestior solito miseram discerpit atrocius. Quid faceret miser maritus, quo se verteret, nesciebat. Cohabitare cum dæmoniaca molestissimum, relinquere impium videbatur. Surgit igitur, et, assumpta secum muliere, rursum Papiam revertitur, ubi cum Virum Dei non invenisset, usque Cremonam prosequitur abeuntem. Indicat quid factum sit ; et ut gratiam inveniat, lacrymabiliter deprecatur. Nec deest piæ petitioni abbatis clementia ; sed præcipit ut ecclesiam civitatis illius ingrediatur (et ante Confessorum cor-

[a] 'al. tardum.

promesse, pendant que tout le monde allait se coucher, Bernard se rend suivi d'un seul compagnon à l'église, et là il vaquant à la prière, la nuit tout entière, il finit par obtenir du Seigneur ce qu'il demandait; il rend la santé à cette femme et lui dit de retourner sans crainte dans ses foyers. Mais, comme elle redoutait que le démon ne revînt en elle comme il l'avait déjà fait, il lui mit au cou un papier sur lequel il avait écrit ces mots : « Au nom de Jésus-Christ, je te défends, ô démon, d'oser toucher à cette femme désormais. » Le diable respecta si bien cet ordre, que jamais depuis lors il n'osa s'approcher de cette femme une fois qu'elle fut rentrée chez elle.

23. Il y avait aussi dans cette ville un démoniaque, dont l'état excitait le rire chez bien des personnes, tandis que, pour bien des gens d'un caractère plus sérieux, il inspirait une charitable compassion. Il aboyait si bien, que, si on l'entendait sans le voir, on croyait que c'était un chien. On le présenta à l'homme de Dieu, qui poussa un gémissement en l'entendant aboyer. Les aboiements de cet homme ressemblaient à ceux que pousse un chien quand on le frappe ou quand on marche sur lui, et qu'il s'irrite ou gronde contre celui qui le frappe. Quand il fut en présence de l'homme de Dieu, il devint tout haletant, se mit à aboyer, et se trouva plus agité que de coutume. Menacé au nom de Jésus-Christ, le diable sort de cet homme, à qui Bernard ordonne de parler. Il était guéri : il entre dans l'église, assiste aux saints mystères, se signe lui-même, entend la lecture des Évangiles, loue et prie Dieu, s'acquitte enfin de tous les devoirs d'un esprit sain envers Dieu.

24. Le saint abbé étant revenu une seconde fois à Milan cette même année, on lui présenta une femme possédée du démon ; elle s'était trouvée absente la première fois que l'homme de Dieu avait honoré Milan de sa présence. Elle était possédée par un démon, qui la faisait parler tantôt italien et tantôt espagnol. On ne sait pas bien d'ailleurs si c'était un démon diglotte, ou si elle était possédée par deux démons à la fois qui parlaient chacun une langue. Quoiqu'il en soit, elle parlait si bien ces deux langues tour à tour, qu'on aurait dit que c'était tantôt un Lombard qui parlait, et tantôt un Espagnol. De plus, elle était affligée d'une douleur de genoux et tremblait sur ses jambes. Amenée à l'homme de Dieu, elle sauta avec une incroyable rapidité par dessus l'escabeau où le père s'asseyait. Ramenée au saint et interrogée sur ce que signifiaient ce saut et sa fuite, et d'où lui venaient une pareille vigueur et une telle légèreté avec son âge et ses souffrances, elle répondit que cette agilité lui venait de la présence du diable, qui lui permettait d'atteindre les chevaux à la course et de leur sauter sur le dos sans aucune aide. Le lendemain, comme elle assistait dans l'église aux saints mystères que le père célébrait, elle fut tourmentée du démon aux yeux de tout le monde plus cruellement et plus longtemps qu'elle ne l'avait jamais été. L'abbé fut touché de compassion pour cette femme; comme il avait déjà bien souvent en de pareilles circonstances éprouvé la bonté de Dieu, il ordonne au démon de se retirer. A la voix du serviteur de Dieu, le diable tremblant disparaît dans les airs, et cette femme se vit à l'instant même guérie, non-seulement de ses tourments, mais encore de son tremblement nerveux. C'est pendant le séjour qu'il fit au-delà des Alpes, que l'homme de Dieu fit tous

---

pora), oratus exspectet, donec ipse sequatur. Itaque memor promissi, circa noctis crepusculum, cæteris dormitum euntibus, ipse uno tantum prosequente ecclesiam ingreditur, et tota nocte illa orationi vacans, obtinuit a Domino quod petebat, et impetrata mulieri sanitate, jubet eam securam reverti ad propria. Sed cum illa reditum ad se diaboli, sicut jam experta fuerat, formidaret, collo ejus alligari chartulam hæc verba continentem præcepit: In nomine Domini nostri Jesu-Christi præcipio tibi dæmon, ne hanc amodo mulierem præsumas contingere. Quod mandatum sic expavit diabolus, ut mulieri regressæ ad propria nunquam deinceps appropinquare præsumpserit.

23. Erat etiam in eadem civitate dæmoniacus quidam, cujus passio multos ad risum movebat, cum alii qui severioris animi erant, clementissimo ei compaterentur affectu. Hic ita latrabat, ut si audires, nec videres personam, canem crederes. Quem sibi exhibitum Vir Dei cum latrantem audisset, ingemuit; qui eo modo latrabat, quo solent percussi vel obruti canes irasci, et ringere * in percussores. Sed et in præsentia Viri Dei anhelans et latrans, acrius solito turbabatur. Increpato itaque diabolo, et in virtute Christi expulso, homini imperat ut loquatur. Purgatus homo intrat ecclesiam, interest Sacramentis, Crucis signo se munit, audit Evangelia, confitetur et orat, et cætera sanæ mentis officia Deo reddit et consecrat.

24. Cum secundo per Mediolanum eodem anno pater sanctus transiret, oblata est ei dæmoniaca mulier. Nam eo tempore aberat, quo primum Vir Dei civitatem prædictam sua illustravit præsentia. Hanc possidebat dæmonium, quod modo italica, modo ibera lingua loquebatur; nec satis certum, utrum unus esset bilinguis, an duo, sui quisque sermonis idiomate utens; sed tam proprie modo hæc, modo illa sonabat, ut diceres: Hic qui loquitur, Ligur est, hic Hispanus. Hæc etiam genuum passione, et poplitis tremore perturbabatur. Quæ cum ad Virum Dei adducta fuisset, saltu concito scamnum, in quo sedebat, inopinata celeritate transiliit. Reducta et interrogata quid sibi vellet et saltus, et fuga, et unde ægrotanti et vetulæ tanta virtus et velocitas advenisset; respondit hanc sibi agilitatem ex præsentia inesse diaboli, ut currentes comprehenderet equos, et eorum dorso sine ullo adminiculo insiliret. Hæc sequenti die dum in ecclesia divinis quæ ille celebrabat officiis interesset,

* al. fremere.

ces miracles et beaucoup d'autres encore; il soulageait tous ceux qui souffraient dans tous les lieux où il passait, rendait la vue aux aveugles, la force aux personnes débiles et la santé aux fiévreux ; mais ce sont surtout les possédés du démon qu'il délivrait avec un soin tout particulier, rendant ainsi de dignes temples de Dieu les cœurs que l'esprit mauvais avait souillés de sa présence.

25. Il fit encore beaucoup d'autres choses dignes d'être rapportées et louées. D'autres peuvent avoir admiré sa science, sa manière de vivre ou ses miracles; je me plais, moi aussi, à mêler mon admiration à la leur pour toutes ces choses; mais, pour ce qui me concerne, je place bien au dessus de tout cela et je dis bien haut que, pendant qu'il montrait à tous les yeux dans sa personne un vase d'élection, et qu'il portait avec intrépidité devant les peuples et les rois le nom de Jésus-Christ, quand les princes du monde lui obéissaient et que les évêques de tous les pays se rangeaient à sa volonté; lorsque l'Église romaine elle-même, par un privilége unique, recevait ses conseils avec respect, et lui avait soumis, par une sorte de délégation générale, tous les peuples et tous les royaumes ; enfin, ce qui semble plus glorieux encore, pendant que ses paroles étaient confirmées par des miracles, il ne cessa jamais d'avoir d'humbles sentiments de sa personne ; loin de se croire l'auteur de tout ce qui était de nature à lui concilier les respects des hommes, il ne s'en regardait que comme l'instrument, et, tandis qu'au jugement de tout le monde il était le plus grand des hommes, à son propre jugement il en était le plus humble. Il rapportait à Dieu seul tout ce qu'il faisait; bien plus, il était convaincu et il répétait qu'il ne pouvait ni faire ni même vouloir quelque bien que ce fût, si ce n'est par l'inspiration et avec la grâce de Dieu. Mais, à l'heure propice, aux jours de salut, la force de Dieu venait séparer pour son Évangile son serviteur dont l'humilité avait attiré sur elle les regards du Tout-Puissant, et dont le Saint-Esprit avait orné l'âme. Comme la duplicité ne vint jamais altérer sa sincérité, et qu'aucune teinte de fausseté ne jetait sur ses œuvres un vernis mensonger, l'esprit de Dieu demeurait constamment en lui comme dans le lieu qu'il s'était choisi.

26. Pour qu'il fût plus pur et plus brillant, il était tous les jours éprouvé dans la fournaise : la rouille ne pouvait ternir ce métal ; car il ne cessait d'être soumis aux coups du marteau sur l'enclume; les fléaux et les épreuves ne l'épargnaient point, non pas pour le punir de fautes, mais pour jeter du lustre sur sa vertu. Jamais l'aiguillon de la maladie ne lui laissa un moment de répit. Et, comme il savait que c'est dans la faiblesse que la force se perfectionne (II *Cor.* xii, 10), il reconnaissait qu'il avait une grâce en ce que la lime de cette affliction de tous les jours rongeait en lui tous les mouvements de la nature, si légers qu'ils fussent. Mais si la chair en lui était faible, l'esprit était prompt, et moins il trouvait de jouissance dans le corps, plus il en trouvait dans le Seigneur; aussi était-il d'autant plus insensible aux coups de l'ambition du siècle qu'il n'aspirait qu'aux choses du ciel. Que d'églises veuves de leurs pasteurs l'ont élu évêque ! Ainsi dans son propre pays, les églises de Langres et de Châlons-sur-Marne le demandèrent pour évêque. En Italie, celles de Gênes et de Milan, la mê-

Ses maladies et ses infirmités.

Bernard refuse toutes les dignités.

---

crudelissime et diutissime coram omnibus vexata est. Compassus abbas mulieri, jam sæpe in talibus expertus Dei clementiam, imperat diabolo ut recedat. Ille ad imperium servi Dei tremebundus evanuit; mulier vero non solum a vexatione, sed etiam a nervorum contractione in momento convaluit. Hæc et alia multa intra Alpes constitutus operatus est Vir Dei, et diversa loca perlustrans, beneficiebat iis qui infirmabantur, illuminando cæcos, erigendo debiles, curando febricitantes, maxime oppressos a diabolo diligentiori studio purgans; et quæ malignus fœdaverat spiritus pectora, templa Deo acceptabilia consecrabat.

25. Plurima autem in eum probabilia et laude digna concurrunt. Alii namque doctrinam, alii mores, alii mirantur miracula. Ego quidem congruum his omnibus honorem defero; sed præ omnibus, quantum in me est, hoc sublimius duco, hoc propensius prædico, quod cum esset vas electionis, et nomen Christi coram gentibus et regibus ferret intrepidus, cum obedirent ei principes mundi, et ad nutum ejus in omni natione starent episcopi; cum ipsa Romana Ecclesia singulari privilegio ejus veneraretur consilia, et quasi generali legatione concessa subjecisset ei gentes et regna; cum etiam, quod gloriosius judicatur, facta ejus et verba confirmarentur miraculis ; nunquam excessit, nunquam supra se in mirabilibus ambulavit; sed de se semper humiliter sentiens, venerabilium operum non se auctorem credidit, sed ministrum; et cum esset omnium judicio summus, suo sibi judicio constitit infimus. Soli Deo quidquid fecit adscripsit; imo se nihil boni, aut velle, aut posse, nisi inspirante et operante Deo, et sensit, et dixit. Sed aderat vis divina in tempore accepto, et in die salutis, segregans in Evangelium suum servum suum, cujus humilitatem respexerat, cujus animam Spiritus sanctus ornaverat; et quia sinceritatem ejus nulla maculabat duplicitas, nec interrumpebat bonum ejus quælibet conspersio falsitatis, in loco suo idem spiritus manebat immobilis.

26. Qui ut semper splendidior esset et purior, quotidie in fornace probabatur, et ne quid ei rubiginis obreperet, crebris malleorum ictibus in incude tundebatur, flagellabatur, et arguebatur; non ad pœnam pro crimine, sed ad gloriam pro virtute. Nunquam ei defuit stimulus ægritudinis. Et cum sciret virtutem in infirmitate perfici; sufficientem sibi in hoc experiebatur gratiam, quod videret suos omnes quantulumcumque extraordinarios motus lima illius quotidianæ afflictionis abradi. Erat quidem caro infirma, sed spiritus promptus; et quo minus in corpore poterat delectari, amplius delectabatur in Domino;

tropole de la Ligurie, voulurent l'avoir pour pasteur et pour maître. Reims même, la plus noble cité de France, la capitale de la Belgique Seconde, ambitionna d'être gouvernée par lui. Sourd à tous ces appels, il fut insensible à l'attrait des honneurs qu'on lui offrait, et il ne fit pas un pas pour s'élever à ces postes glorieux ; pour lui, la mitre et l'anneau n'avaient pas plus de charmes que le sarcloir et le rateau.

27. A ceux qui le demandaient pour évêque, il n'opposait point un refus insolent ou dédaigneux, il disait seulement qu'il ne s'appartenait point et qu'il était engagé au service des autres. Quand on rapportait ces paroles à ses frères, ils répondaient : « Après avoir vendu tout ce que nous possédions, ayant trouvé une pierre précieuse, nous l'avons achetée ; nous ne saurions plus désormais retourner en possession du patrimoine que nous avons abandonné. Si maintenant il faut que nous perdions le prix que nous avons donné pour cette perle et cette perle elle-même, nous perdons tout en même temps, et nos biens et la perle qui les remplace. Que deviennent alors toutes nos espérances ? Elles s'évanouissent, s'il faut qu'après avoir répandu notre huile, nous allions ensuite mendier aux portes comme des insensés. » D'ailleurs les plus saints parmi les frères avaient eu le soin de prendre leurs précautions, et avaient obtenu de l'autorité du seigneur pape qu'on ne pourrait point leur ravir leur joie, ni leur enlever celui qui faisait leur consolation et leur richesse, pour consoler et enrichir les autres à leurs dépens. Par ces raisons et par d'autres encore, ils avaient réussi à évincer les solliciteurs, et c'était enfin une opinion généralement répandue, que le saint abbé se trouvait établi de Dieu même dans l'Église, comme Moïse au milieu des Hébreux ; en effet, ce chef, sans être pontife, oignit pourtant et sacra Aaron, en qualité de pontife, et c'est à ces réglements que, dans la suite des temps, toute la tribu de Lévi obéit.

CHAPITRE V.

Bernard revient d'Italie. Le monastère de Clairvaux est transféré dans un endroit plus vaste.

28. Quand Bernard se mit à repasser les Alpes, les pâtres de ces contrées descendirent de leurs rochers au devant de lui ; tous ces hommes préposés à la garde des troupeaux, population rustique, lui demandaient sa bénédiction, en criant tous à la fois, d'aussi loin qu'ils le voyaient ; et après l'avoir reçue ils gravissaient les gorges des montagnes et retournaient à leurs étables, en s'entretenant ensemble et en se félicitant mutuellement de ce qu'ils avaient vu le saint du Seigneur et qu'ils avaient reçu sa bénédiction de sa propre main étendue sur leurs têtes. Enfin il arriva à Besançon, d'où il fut accompagné avec honneur jusqu'à Langres. Comme il approchait de cette ville, ses frères de Clairvaux vinrent à sa rencontre, se précipitèrent à ses pieds d'où ils ne se relevèrent que pour se jeter dans ses bras, puis ils le ramenèrent avec bonheur à Clairvaux en s'entretenant avec lui. Tous les religieux étaient réunis et firent à leur père bien aimé une admirable réception. La joie, pour être au comble, n'en demeura pas moins calme et grave. Sans doute les figures, plus épanouies que de coutume, ne pouvaient dissimuler l'allégresse des cœurs ; mais toutes

---

nec aliqua seculi hujus ambitione pulsabatur, qui solis cœlestibus inhiabat. Quot ecclesiæ destitutæ pastoribus, eum sibi in episcopum elegerunt ? Elegit eum domestica Lingonensis ecclesia, elegit Catalaunensis. Intra Italiam civitas Januensis, et Mediolanum metropolis Ligurum, hunc optaverunt pastorem et magistrum. Remi, nobilissima Franciæ civitas, Secundæ Belgicæ provinciæ caput, ejus dominationem ambivit. Omnibus his vocationibus postpositis, non sollicitavit animam ejus honor oblatus, nec motus est pes ejus ut inclinaret se ad gloriam ; nec magis eum delectabat tiara et annulus, quam rastrum et sarculum.

27. Petentibus se nec annuens aliquando, nec insolenter aut improbe renuens, dicebat se non esse suum, sed aliorum servitio deputatum. Quæ res cum referretur ad fratres, respondebant : « Nos omnibus quæ possidebamus venditis, inventam pretiosam margaritam comparavimus ; ad patrimonia distracta redire non possumus. Quod si et pretium et appretiatum nobis perierit, et substantiis, et margarita privati fuerimus ; exspectationi nostræ male provisum est, si oleo nostro effuso, clausis januis sicut fatui mendicemus. » Providerant etiam sibi ex consilio sanctissimi fratres, et domini papæ auctoritate muniti erant, ne quis gaudium suum tollere posset ab eis, et aliorum consolatio eis fieret tribulatio, et eorum inopia aliorum plenitudinem cumularet. His aliisque rationibus servi Dei expugnaverant petitores, et jam divulgatum erat ubique, abbatem sic statutum in Ecclesia a Deo, sicut in Hebræorum populo Moyses fuit, qui cum non esset Pontifex, Aaron tamen unxit et sacravit pontificem, et dispositionibus ejus tota Levitica omni tempore successio paruit.

CAPUT V.

De reditu Bernardi ex Italia, et de monasterii Claræ-vallis in locum capaciorem translatione.

28. Jam Alpes transcenderat, et descendebat in occursum ejus de summis rupibus pastores, et armentarii, et agreste hominum genus, et conclamabant a longe benedictionem petentes, et reptabant per fauces montium, regrediebant ad caulas suas, colloquentes ad invicem et gaudentes, quod sanctum Domini vidissent, et manu ejus super se extensa optatæ benedictionis gratiam accepissent. Tandem Chrysopolin veniens, usque Lingonas solemniter deducitur ; circa quos fines fratres ei Claræ-vallenses occurrunt ; provoluti genibus, surgunt ad oscula, et vicissim ei colloquentes, Claram-vallem eum deducunt alacriter. Adsunt fratres congregati in unum, et mira devotione

les démonstrations extérieures, toutes les paroles étaient retenues dans de justes bornes qu'elles ne dépassaient point, les sentiments de chacun se contenaient pour ne point se traduire en actes qui pussent blesser la gravité religieuse par une apparence de dissipation. Pendant le long espace de temps que l'abbé avait été absent de Clairvaux, le diable ne put rien faire dans cette abbaye, pas même réussir à ternir de quelques traces de rouille la pureté des âmes ; en aucun point cette maison de Dieu, qui était assise sur la pierre, ne se vit ébranlée. Voilà comment le serviteur de Dieu, présent d'esprit dans son monastère, s'il en était absent de corps, parvenait par ses instantes prières à le protéger et à le consolider, au point que dans un pareil édifice on ne vit pas se produire la moindre crevasse. Il ne trouva à son arrivée aucun procès pendant, point de haines qui vinssent se dénoncer à son tribunal. Les plus jeunes religieux n'eurent point à lui faire entendre de plaintes sur l'austérité et la dureté des plus anciens, de même que ces derniers n'eurent aucuns reproches à adresser aux jeunes pour leur dissipation ou leur relâchement. Chacun s'était bien conservé, la concorde n'avait cessé de régner entre tous, l'union était parfaite : tous ne faisaient qu'un cœur dans la maison de Dieu, et se trouvaient, au retour de Bernard, dans la paix et la sainteté, gravissant les échelons de l'échelle de Jacob et s'élevant d'un pas léger vers a vision de Dieu, qui leur apparaissait au haut comme un point de vue délicieux. Aussi l'abbé, en se rappelant les paroles de celui qui a dit : « Je voyais Satan tomber du ciel comme la foudre (*Luc.* x, 18), » s'humiliait d'autant plus et se soumettait d'autant mieux à Dieu, qu'il comprenait à quel point le Seigneur s'était montré propice à ses vœux. Il ne se glorifiait donc point lui-même, de ce que les démons lui étaient soumis ; tout au contraire, il rendait gloire à Dieu de ce qu'il voyait écrit dans le ciel les noms de ses frères, dont le parfait accord se gardait des atteintes du siècle.

29. Il était assisté dans les conseils par ses vénérables frères, par Geoffroy, prieur de Clairvaux, son parent selon la chair et selon l'esprit, un homme sage et constant, qui devint plus tard, à cause de sa religion et de sa prudence, évêque de Langres, où il n'a cessé, jusqu'à ce jour, de mériter toute espèce de louanges, en sachant allier dans la chaire épiscopale les saintes habitudes de la vie religieuse avec les convenances de sa position élevée. Ce religieux, et quelques autres également sages et prudents, qui avaient l'œil de la sollicitude ouvert sur les intérêts de la communauté, forçaient donc l'homme de Dieu à descendre quelquefois des cieux où il vivait, et lui faisaient part des besoins de la maison. Ils lui firent comprendre que l'endroit où ils s'étaient fixés était trop resserré et trop peu commode pour la multitude qui y était accourue, et, comme tous les jours on venait à Clairvaux en troupes plus nombreuses, on ne pouvait recevoir les arrivants dans les bâtiments qu'on avait construits ; c'est à peine s'il y avait assez de place dans la chapelle même, seulement pour les moines. Ils lui dirent, de plus, qu'ils avaient jeté les yeux un peu plus bas, sur une plaine convenable qui descendait jusqu'à la rivière dont elle était baignée à sa partie inférieure, et qui offrait un emplacement suffisamment spacieux, où on pourrait pour-

---

dilectum patrem suscipiunt. Agitur sine tumultu cum omni gravitate lætitia. Facies quidem purior hilaritatem dissimulare non poterat ; sed castigatus actionum et locutionum modus metas proprias non transgrediebatur, et cohibebant se affectiones ipsæ, ne quid agerent, in quo dissolutionis nota religionis maturitatem offenderet. In tanta abbatis mora nihil in Clara-valle potuit diabolus texere, nihil interim rubiginis sinceris affricuit mentibus ; nec in aliqua parte domus Dei supra petram fundata mota est. Ita opus suum servus Dei absens corpore, præsens spiritu, orationum instantia munierat at solidarat, ut nec rima aliqua in tantis constructionibus hiscere videretur. Nullæ in adventum ejus lites servatæ sunt, nulla odia nutrita in præsentia judicis eruperunt. Nihil juniores adversus priores de austeritate vel duritia, nihil priores adversus juniores de dissolutione aliqua vel remissione causati sunt. Integer universorum status, concors societas, vera unitas ; omnes unius moris in domo Dei, in pace et sanctimonia inventi sunt, ascendentes scalam Jacob, et festinantes ad intuitum Dei, cujus delectabilis aspectus in superioribus eminebat. Abbas itaque non immemor ejus qui ait : *Videbam Satanam sicut fulgur cadentem de cœlo* ; eo humilior erat, et subjectior Deo, quo intelligebat desideriis suis Deum adesse propitium. Nec de hoc in se gloriabatur, quod subjiciebantur ei dæmonia ; quin potius in Domino gaudebat, quod nomina fratrum suorum scripta videbat in cœlo, quorum unanimitas immaculatam se ab hoc seculo sustodiret.

29. Aderant ei in consiliis venerabiles fratres sui ; aderat Godefridus prior ejusdem loci, propinquus ejus in carne et spiritu, vir sapiens et constans, qui etiam religionis et prudentiæ merito postea in ecclesia Lingonensi factus episcopus, et sanctitatis formam retinens, et dignitatis in qua est honorem non minuens, usque hodie ingrediens et egrediens laudabiliter perseverat. Hic ergo atque alii plures viri providi, et de communi utilitate solliciti, Virum Dei, cujus conversatio in cœlis erat, aliquando descendere compellebant, et indicabant ei quæ domus necessitas exigebat. Insinuant itaque ei locum angustum et incommodum in quo ,consederant, nec capacem tantæ multitudinis, et cum quotidie catervatim adventantium numerus angeretur, non posse eos intra constructas recipi officinas, et vix oratorium solis sufficere monachis. Addunt etiam se considerasse inferius aptam planitiem, et opportunitatem fluminis quod infra illabitur, ibique locum esse spatiosum ad omnis monasterii necessitates, ad prata, ad colonias,

voir à tout ce qu'exige un monastère, à l'établissement de prairies, de colonies, de halliers et de vignobles, et que, s'il n'y avait pas moyen de la clore par une haie, on pourrait y suppléer sans peine par des murs de pierres, puisqu'il y en avait en quantité dans cet endroit. D'abord l'homme de Dieu ne goûta point ce conseil. « Vous voyez, répondit-il, quelles dépenses on a faites, et le mal qu'on s'est donné pour terminer ces constructions en pierres et ce qu'il nous en a coûté pour conduire l'eau dans tous les ateliers. Si nous détruisons tout cela, les gens du monde pourront concevoir de nous de mauvaises pensées, et nous regarder comme des hommes légers et changeants, et croire que ce sont les richesses, que pourtant nous n'avons point, qui nous tournent la tête. D'ailleurs vous savez bien que nous n'avons point d'argent; or, pour vous parler le langage de l'Évangile, je vous dirai que l'homme qui se propose de bâtir une tour doit commencer par supputer ce qu'il lui en coûtera, autrement il s'expose, s'il commence sans pouvoir achever, à ce qu'on dise de lui : *Cet homme est un insensé, il a commencé à bâtir, mais il n'a pu achever* (Luc. XIV, 30.). »

30. A cela les religieux répondaient : « Si, dès l'instant où l'établissement du monastère a été terminé, Dieu avait cessé d'y envoyer de nouveaux habitants, ce que vous dites serait fondé, et la raison même voudrait qu'on s'abstînt de nouvelles constructions. Mais, nous voyons, au contraire, tous les jours Dieu grossir son troupeau ; il faut donc, ou renvoyer ceux qu'il nous adresse, ou pourvoir au moyen de les recevoir et de les loger. D'ailleurs, on ne peut douter que celui qui nous envoie de nouveaux habitants, ne nous donne les moyens d'élever de nouvelles habitations. Dieu nous garde du blâme dont vous nous menacez et d'hésiter à commencer les dépenses à faire, faute de confiance en lui. » En les entendant parler ainsi, l'abbé se réjouit de leur esprit de foi et de charité, et finit par se ranger à leur avis. Mais il ne le fit point sans avoir auparavant répandu son âme en de nombreuses prières devant Dieu, et sans en avoir reçu plusieurs révélations à ce sujet. Tous les religieux furent dans la joie, quand ces projets leur furent annoncés.

31. Le très-noble Thibaut, prince de noble mémoire, ayant eu connaissance de ces desseins, donna beaucoup de choses pour contribuer à la dépense, et promit des secours plus abondants encore. Les évêques des contrées voisines, les nobles des environs, les marchands du pays, à cette nouvelle, contribuèrent d'eux-mêmes abondamment, avec bonheur et sans contrainte, à l'œuvre de Dieu. Les ressources se trouvaient donc abondantes ; on réunit les ouvriers sans aucun retard, et tous les religieux se mirent à l'œuvre partout à la fois. Les uns coupaient le bois nécessaire, — les autres taillaient les pierres, élevaient les murs, — et d'autres encore barraient la rivière et faisaient des chutes d'eau pour faire tourner les moulins. Tous ceux qui travaillaient la laine, la farine, le cuir, le bois et le fer, établissaient les machines propres à leur emploi, et on voyait bouillonner et jaillir partout où besoin était, dans toutes les demeures, par des canaux souterrains, des ruisseaux d'eau vive, qui, après avoir servi dans tous les ateliers à l'usage auquel ils sont destinés, retournaient,

ad virgulta et vineas; et si silvæ videatur deesse clausura, facile hoc parietibus lapideis, quorum ingens ibi copia est, posse suppleri. In primis Vir Dei non acquievit consilio. « Videtis, inquit, quia multis expensis et sudoribus jam domus lapideæ * consummatæ sunt, aquæductus cum maximis sumptibus per singulas officinas traducti. Si hæc omnia confregerimus, poterunt homines seculi male de nobis sentire, quod aut leves sumus et mutabiles; aut nimiæ, quas tamen non habemus, divitiæ nos faciunt insanire. Cumque certissimum vobis sit, penes nos non esse pecunias; verbo evangelico vobis dico, quia ædificaturo turrim, futuri operis necesse est supputare expensas, alioquin cum cœperit, et defecerit, dicitur: *Hic homo fatuus cœpit ædificare, et non potuit consummare.* »

* Codex Corbeiensis, domus ista parata est, sublimis est ecclesia, domus lapideæ etc.

30. Ad hæc fratres respondent: Si consummatis iis quæ ad monasterium pertinent, habitatores cessasset mittere Deus, stare posset sententia, et cessandum ab operibus rationabilis esset censura. Nunc vero cum quotidie gregem suum Deus multiplicet, aut repellendi sunt quos mittit, aut providenda mansio in qua suscipiantur. Nec dubium est, qui parat mansores, quin præparet mansiones. Absit autem ut pro diffidentia sumptuum confusionis hujus incurramus discrimina. Audiens hæc abbas, fide et charitate eorum delectatus est, et aliquando tandem consiliis acquievit ; plurimis tamen prius super hoc ad Deum precibus fusis, nonnullis quoque revelationibus præostensis, gavisi sunt fratres, ubi effusum est verbum in publicum.

31. Audivit hoc sanctæ memoriæ nobilissimus princeps Theobaldus, et multa in sumptus dedit, et ampliora spopondit subsidia. Audierunt episcopi regionum et viri inclyti, et negotiatores terræ, et hilari animo sine exactore ultro ad opus Dei copiosa contulere suffragia. Abundantibus sumptibus, conductis festinanter operariis, ipsi fratres per omnia incumbebant operibus. Alii cædebant ligna (alii lapides conquadrabant, alii muros struebant), alii diffusis limitibus partiebantur fluvium, et extollebant saltus aquarum ad molas. Sed et fullones, et pistores, et coriarii, et fabri, aliique artifices, congruas aptabant suis operibus machinas, ut scaturiret et prodiret, ubicumque opportunum esset, in omni domo subterraneis canalibus deducta rivus ultro ebullians; et demum congruis ministeriis per omnes officinas expletis, purgata domo ad cardinalem alveum reverterentur quæ diffusæ fuerant aquæ, et flumini propriam reddent quantitatem. Inopinata celeritate consummati sunt muri, totum monasterii

en emportant les immondices de la maison, à la rivière, d'où ils avaient été dérivés, et lui rendaient ce qu'on lui avait emprunté. Les murs s'élevèrent avec une rapidité extrême, et entourèrent entièrement le vaste espace destiné au monastère. La maison s'éleva aussi, et, comme si ce monastère, qui ne faisait que de naître, avait eu une âme vivante et agissante, il ne tarda point à s'accroître et à s'agrandir.

CHAPITRE VI.

Le schisme d'Aquitaine est terminé par les soins de Bernard. Femme miraculeusement délivrée d'un démon incube.

32. A cette époque, toute l'Église de Bordeaux était déchirée par le schisme, et il ne se trouvait, dans l'Aquitaine entière, personne qui osât résister au prince de cette contrée, dont Dieu avait endurci le cœur. A l'instigation de Gérard, évêque d'Angoulême, qui fomentait dans son cœur les germes de la discorde, il se fit l'auteur et le soutien d'un schisme. Quiconque ne souscrivait point à l'élection de Pierre de Léon, était exposé à la persécution; les uns étaient frappés d'amendes, et les autres de proscription; quelques-uns même furent contraints de s'éloigner de leur siége. Il sifflait sans relâche, aux oreilles de ce comte, ses méchants conseils, comme l'antique serpent, ce vieil évêque qui avait longtemps porté, dans ces pays-là, le titre de légat du Saint-Siége, et qui, se voyant alors dépouillé de ces éminentes fonctions, ne pouvait se consoler de n'être plus que l'évêque d'une seule Église, après s'être trouvé le premier évêque et le maître de toute l'Aquitaine. Il rougissait de redevenir simple évêque comme devant, lui qui avait vu soumises à son autorité la Touraine, le Bordelais, l'Aunis et tous les pays compris entre la Loire, les monts Ibériens et l'Océan. Habitué à rançonner ces provinces et à faire argent, sous prétexte de justice rendue, de toutes les causes qui surgissaient dans ces contrées, il s'était amassé des trésors infinis, qui étaient pour lui des idoles et des emblèmes d'apostasie. Lorsqu'il vit qu'il avait perdu tout pouvoir de commettre des exactions, et qu'il ne lui restait plus que sa demeure, naguère encore pleine de clameurs sans nombre, et alors sans ressources pécuniaires, il ne put supporter la pensée de ne plus remplir ses mains de présents, et cet homme, doué de la ruse du serpent, se hâta de dépêcher un messager à Pierre de Léon, pour lui demander de lui accorder le titre de légat, en lui jurant fidélité en échange, et en lui promettant de plus de rallier à son parti le souverain de la contrée qu'il habitait et le plus de partisans possible. L'homme de perdition se sentit transporté de joie, en voyant qu'il trouvait un pays où il pût étendre sa malice ; il accéda, avec empressement, à la demande de Gérard, et lui envoya, en toute hâte, et de son propre mouvement, pour sanctionner l'erreur, Gilon, cardinal, évêque de Frascati, le seul de tous les cardinaux romains, avec Pierre, évêque de Porto, qui eût embrassé son parti.

33. Aussi, Gérard, qui avait eu la douleur de se voir amoindri, reprit-il courage, et dès ce moment il se montra plus sûr et plus audacieux. En effet, chose qu'il n'avait pas encore osé faire jusqu'alors, il se montra en public, la mitre en tête, pour se concilier davantage le respect des peuples par le

---

ambitum spatiosissime complectentes. Surrexit domus, et quasi animam viventem atque motabilem haberet nuper nata ecclesia, in brevi profecit et crevit.

CAPUT VI.

De schismate Aquitaniæ, opera Bernardi composito ; et femina ab incubo dæmone mirabiliter liberata.

32. Laborabat ea tempestate sub schismaticorum oppressione tota Burdegalensis Ecclesia, et non erat in Aquitania qui posset resistere principi, cujus animum induraverat Deus; qui, annuente Gerardo Engolismensi episcopo, et instillante in cor ejus dissensionis semina, factus est schismatis defensor et auctor. Quicumque susceptioni Petri Leonis non subscribebant, persecutionibus expositi, alii damnis, alii proscriptionibus mulctabantur, alii a sedibus propriis pulsi exsulare compellebantur. Sibilabat in auribus comitis illius crebris persuasionibus*, quasi serpens antiquus, veterator ille, qui diu in partibus illis sedis apostolicæ fuerat legatus, et nunc a magistratu tanto dejectus, non poterat se pati suæ solius Ecclesiæ episcopum, qui se viderat totius Aquitaniæ principem et magistrum. Erubescebat enim ad primam domum redire, cujus potentatui et Turonica, et Burdegalensis, et Auxiensis provinciæ subjectæ fuerant, et quidquid a collibus Iberorum usque ad Ligerim complectitur et claudit Oceanus, paruerat ejus imperio. Consuetus igitur prædari provincias, et sub titulo justitiæ de causis emergentibus facere quæstum, infinitas aggregarat pecunias, quæ sibi erant in idolum et in apostasiæ simulacrum. Videns itaque periisse sibi exactionum auctoritatem, et solam domum, quæ nuper multis stipata clamoribus, jam carebat ærariis; impatienter ferens quod manus ejus non implerentur muneribus, homo serpentinæ astutiæ, festinato ad Petrum Leonis misit, ut ei legationem concederet, et ipse ei fidelitate jurata obediret; insuper et principem terræ, et quoscumque posset, ad ejus imperium inclinaret. Gavisus homo perditionis, quia locum, in quo dilataret malitiam suam, se invenisse putavit, cito annuit, et libenter ei etiam in adstipulationem erroris Gilonem Tusculanum cardinalem episcopum, qui solus de romanis cum Petro Portuensi episcopo ei adhæserat, celeriter delegavit.

33. Porro Gerardus ipse, qui prius se mutilatum dolebat, resumpsit cornua, deinceps cœpit securior et audacior apparere Nam et, quod ante non fecerat, publice procedebat mitratus, ut ipsa sacri officii insignia ampliorem ei reverentiam in populos vindicarent. Aggreditur ergo comitem multis pecuniis, in-

port des insignes de son titre sacré. Il gagne le comte d'Aquitaine par ses immenses largesses, fait le siége de son âme avec des raisons empoisonnées, et finit bientôt par séduire et par corrompre cet homme facile à gagner. Son premier exploit fut de chasser violemment de son siége Guillaume, évêque de Poitiers, homme d'honneur et de sentiments catholiques, qui demeurait ferme dans la société et la défense de l'Église universelle. Gérard et le cardinal son complice, le condamnèrent, parce qu'il refusait de suivre le parti de Pierre de Léon. Il y avait encore beaucoup d'autres motifs particuliers, pour lesquels, depuis longtemps, le comte était irrité contre lui, et pour lesquels, puisque l'occasion favorable se présentait, il se déclara très-volontiers contre lui et le persécuta. Il parut important, à Gérard et au comte, pour fortifier leur parti, de faire, sans perdre de temps, un évêque de Poitiers. Ils trouvèrent un homme ambitieux, noble de naissance, il est vrai, mais bien dégénéré pour la foi. Ils l'élurent, du consentement de plusieurs membres du clergé, pour gagner, en même temps, sa famille avec lui à leur cause; puis, lui imposant leurs mains profanes, ils souillèrent, car on ne peut pas dire qu'ils oignirent, sa tête exécrable. Ils placèrent un monstre pareil à celui-là dans la chaire de Limoges. Cet intrus se nommait Ramnulfe et était abbé de Dorat; il n'attendit pas longtemps l'effet de la vengeance divine; en effet, dans un chemin parfaitement uni, où il n'y avait qu'une seule pierre laissée là pour être l'instrument des vengeances divines, il tombe à la renverse du haut de son cheval; sa tête porte sur cette pierre unique, et il meurt le crâne brisé.

34. En apprenant ces nouvelles et plusieurs autres de même nature, le vénérable Geoffroy, évêque de Chartres, que le pape Innocent avait chargé des fonctions de légat en Aquitaine, en ressentit une vive douleur, et résolut de venir, sans aucun retard et tout autre chose cessant, au secours de cette Église en péril. Il demande donc, avec instances, à l'abbé de Clairvaux de lui prêter son concours pour faire cesser de si grands maux. L'homme de Dieu se rend à ses vœux, et lui annonce qu'il a l'intention de conduire une colonie de religieux * en Bretagne à l'endroit, près de Nantes, que la comtesse Ermengarde leur avait préparé, et lui promet de partir avec lui pour l'Aquitaine, dès qu'il aura installé cette maison, selon son genre et son espèce. Ils firent donc route ensemble, et, pour abréger tous les détails, ils arrivèrent ensemble Nantes. Or, il y avait dans ce pays, une pauvre femme qui était tourmentée par un démon incube. — Ce démon lascif lui apparut sous la forme d'un soldat, d'une grande beauté, et tandis qu'intérieurement il l'excitait à avoir de l'amour pour lui par ses suggestions, il l'y poussait extérieurement par ses fausses et flatteuses paroles. S'étant assuré de son consentement, il étendit les bras, posa les pieds de cette femme sur une de ses mains, tandis que de l'autre il lui couvrait la tête et se l'unit en mariage par ce signe d'alliance. — Or, cette femme avait pour mari un militaire, plein de bravoure, mais qui n'avait aucune connaissance de cet abo-

* On peut voir sur ce monastère parmi les notes de la fin du premier volume, celles de la lettre cent seize,

vadit animam ejus rationibus venenatis, et hominem promptum seducit facile et corrumpit. In primis ab urbe Pictavensi Guillelmus episcopus, vir honestus, homo catholicus, in societate et defensione universalis Ecclesiæ stabilis, violenter expellitur, et a Gerardo cardinale et adjutore suo, quia Petrum abdicabat, damnatur. Erant et aliæ familiares causæ, pro quibus ei a multo tempore comes infensus, data occasione, libentissime eum persequitur et abjurat. Visum est autem tam Gerardo quam comiti, ut ad confirmationem partis suæ sine mora Pictavi crearent episcopum. Et invenerunt hominem ambitiosum, nobilem quidem genere, sed degenerem fide; quem, ut genus suum cum eo in causa ponerent, quibusdam ex clericis consentientibus elegerunt; et profanas eis imponentes manus, exsecrabile caput ejus non tam unxerunt, quam contaminaverunt. Simile huic monstrum in Lemovicensi Ecclesia intruserunt Ramnulfum quemdam Doratensem abbatem, quem non multo post ultio divina secuta est. Cadens enim resupinus de equo in via plana, uno tantum lapide ultore, qui ad hoc ibi erat relictus, infixo capiti ejus, et quassato cerebro exspiravit.

34. Audiens hæc et hujusmodi vir venerabilis Gaufredus Carnotensis episcopus, cui a papa Innocentio Aquitaniæ legatio fuerat commendata, vehementer indoluit, et succurrendum periclitanti Ecclesiæ, postpositis aliis negotiis, sine ulla dilatione decrevit. Abbatem igitur Claræ-vallensem petit et obsecrat, ut sibi ad tanta mala eliminanda succurrat. Assensit Vir Dei, et se in proximo congregationem monachorum in Britanniam, in locum quem juxta Nannetum comitissa Ermengardis paraverat, ducturum intimat; et promittit disposita illa domo secundum genus et species suas, se cum eo in Aquitaniam profecturum. Ibant igitur simul, et ne multis ambagibus utar, simul Nannetum venerunt. Erat autem in regione illa misera mulier, quæ a quodam petulante diabolo vexabatur. (Apparuit autem ei lascivus ille diabolus in specie militis, valde pulcri aspectu, et in amorem suum intus suggestione latenti, extra locutione blandienti animum ejus fallaciter inclinavit. Cumque mulieris assensum obtinuisset, expansis brachiis, pedes ejus super una manuum suarum posuit; altera vero manu caput ejus operuit, sibique eam fœderis hujus signo dotavit*). Habebat autem illa virum strenuum militem, sed hujus tam exsecrabilis commercii prorsus ignarum. Abutebatur ergo ea, etiam in eodem lecto

minable commerce. Le démon abusait donc de cette femme dans le lit même et aux côtés de son propre mari, par un invisible et extrêmement impur adultère, et la souillait de ses incroyables débauches.

35. Un tel mal demeura secret pendant six ans entiers, sans que la malheureuse femme fît connaître la honte d'un tel crime. Mais la septième année, ayant honte d'elle-même, et touchée de la souillure d'une si longue turpitude en même temps que de la crainte de Dieu, au jugement de qui elle appréhendait tous les jours de se voir traînée et condamnée, elle va trouver des prêtres et leur avoue sa faute. Elle parcourt les lieux saints et implore le suffrage des bienheureux ; mais il n'y a ni confession, ni prière, ni aumônes qui la soulagent. Tous les jours, comme auparavant et avec plus d'importunité encore, elle se sent tourmentée par le démon. Enfin, ce crime affreux arrive à la connaissance de tout le monde. En l'apprenant, son mari a horreur de la seule pensée de partager encore sa couche. Sur ces entrefaites, l'homme de Dieu arrive en cet endroit avec sa suite. La malheureuse femme l'apprend et va se jeter toute tremblante à ses pieds, et, avec un torrent de larmes, lui découvre son horrible souffrance et ses longs outrages, en ajoutant que ce que les prêtres lui avaient prescrit ne lui avait jusqu'alors servi à rien. Elle ajoute que son oppresseur lui a prédit son arrivée, en lui interdisant avec menaces de jamais se présenter devant lui, parce que cela ne lui servirait de rien, et en ajoutant qu'après avoir été son amant passionné, il deviendrait, après le départ du père, son persécuteur le plus cruel. En l'entendant parler ainsi l'homme de Dieu, console cette femme par de douces paroles, lui promet le secours du ciel et lui ordonne de revenir, pleine de confiance en Dieu, le voir le lendemain, attendu que la nuit était proche. Elle revint en effet le matin suivant, et rapporta à l'homme de Dieu les blasphèmes et les menaces qu'elle avait entendu son démon incube proférer pendant la nuit. L'homme de Dieu lui répondit : « Ne vous mettez point en peine de ses menaces, emportez mon bâton que voici avec vous, et après cela, s'il a quelque pouvoir qu'il le montre. » La femme fit ce que le saint abbé lui avait ordonné, et en se mettant au lit, elle se munit du signe de la croix, et plaça le bâton du serviteur de Dieu à ses côtés. A l'instant même le démon arrive, mais il n'ose recommencer son œuvre de tous les jours, ni même s'approcher du lit, mais il la menace terriblement de revenir la tourmenter une fois que l'homme de Dieu sera parti. Le dimanche approchait, et l'homme de Dieu voulut rassembler tout le peuple à l'église par un édit de l'évêque, et, le jour venu, comme on se trouvait réuni en foule à l'église, au milieu de la messe solennelle, Bernard monte au jubé accompagné des évêques de Chartres et de Nantes, Geoffroy et Brictius, et ordonne à tous les assistants de tenir des cierges allumés pendant qu'il va leur parler : il en prend un aussi lui-même, ainsi que les évêques et le clergé qui étaient avec lui, et il découvre publiquement l'audace inouïe du démon, et dénonce cet esprit de fornication, qui se répandait en si horribles souillures en dépit même de sa nature, et il l'anathématise d'un commun accord avec tous les fidèles présents ; en même temps il lui interdit, au nom de Jésus-Christ, d'oser désormais se permettre de semblables excès envers quelque femme que ce soit. On éteignit ensuite les cierges sacramentels et à partir

---

cubante marito, invisibiliter impurissimus ille adulter, et incredibili vexabat libidine.

35. Sex annis tantum latuit malum, nec detexit mulier perdita tanti criminis probrum. Septimo vero anno confusa est in se ipsa, et expavit, tum propter colluvionem tam continuæ turpitudinis, tum propter timorem Dei, cujus judicio singulis momentis timebat intercipi et damnari. Confugit ad sacerdotes, et piaculum confitetur. Peragrat loca sancta, et sanctorum implorat suffragia ; sed nulla ei confessio, nulla oratio, nulla eleemosynarum largitio suffragatur. Quotidie ut prius, et importunius a dæmone infestatur. Denique in publicum tantum scelus effusum est. Quo audito et cognito, maritus ejus contubernium exsecratur. Interea ad locum prædictum Vir Dei cum comitatu suo advenerat ; cujus ut audivit adventum infelix mulier, se ad pedes ejus tremebunda projicit. Aperit ei lacrymis perfusa passionem horribilem, et ludificationem inveteratam ; et quod nihil ei profecissent, quæcumque fecisset sibi a presbyteris imperata. Addidit sibi ab oppressore suo adventum ejus prædictum, et minaciter ei interdictum, ne ante ejus veniret præsentiam, quia nihil ei prodesset ; et ipse, recedente abbate, qui fuerat amator, crudelissimus ei fieret persecutor. Audiens hæc Vir Dei, blandis verbis consolatur mulierem ; et de cœlo promittens auxilium, præcipit ut die altera, jam enim nox instabat, confidens in Domino revertatur. Reversa mane, cum Viro Dei blasphemias et minas, quas eadem nocte ab incubo suo audierat, retulisset. « Ne cures, inquit Vir Dei, minas ejus, sed tolle baculum hunc nostrum ; et pone in lectulo tuo, et si quid potest, agat. » Egit mulier quod jussum fuerat, et recubans in lectulo suo, signo crucis munita, juxta se baculum ponit. Adest ille continuo, sed nec ad consuetum opus, nec ad ipsum cubile præsumit accedere ; minatur tamen acerrime, quod discedente Viro Dei, ipse in ejus supplicia reverteretur. Instabat dies Dominica, et voluit Vir Dei per edictum episcopi populum in ecclesiam accersiri. Cumque ipsa die maximus populus ad ecclesiam convenisset, inter Missarum solemnia comitantibus episcopis, Gaufredo Carnotensi, et Brictio Nannetensi, ipse ad ambonem conscendit, et ut omnes qui in ecclesia erant, accensas candelas in manibus teneant, locuturus edicit. Quod et ipse cum episcopis et clericis faciens, inauditos diaboli ausus publice aperit, et fornicatorem spiritum, qui in tam horrenda inquinamenta, etiam contra naturam suam, exarserat, cum omnium fidelium qui aderant subscriptione anathematizat ; et auctoritate Christi tam ad illam, quam

de ce jour, s'éteignit aussi la puissance du diable; la femme communia après s'être confessée et jamais depuis lors le démon ne se montra à elle; il s'était enfui, chassé sans retour.

36. Après cela, l'abbé et le légat du saint-siége entrèrent en Aquitaine. Cependant, Gérard, avec l'assentiment du comte, s'était mis en possession de l'archevêché de Bordeaux, et se trouvait ainsi, en même temps, à la tête des deux Églises de Bordeaux et d'Angoulême. Mais, à mesure que l'argent dont il avait payé ses partisans s'épuisait dans leurs mains, et que la vérité était connue davantage, les subsides des princes se détournaient de lui, et ceux-ci craignaient d'être les soutiens de la perfidie. Il demeurait donc seulement dans les endroits où il se croyait plus en sûreté et il ne se rendait plus aussi facilement aux assemblées publiques. Mais reprenons en quelques mots les choses de plus haut. Dès que le bruit se répandit que ce Gérard tramait quelque chose contre l'Église de Dieu, le Pape Innocent, qui était encore en Gaule à ce moment-là, envoya notre abbé de Clairvaux et Josselin, le vénérable évêque de Soissons, qui se rendirent à Poitiers pour s'aboucher tant avec Gérard qu'avec ledit prince d'Aquitaine. Mais l'évêque d'Angoulême, après avoir fait partager son sentiment au comte, se mit avec impudence à décocher des traits mordants contre l'Église catholique dont il se séparait, et à refuser à Innocent l'obéissance qu'il avait commencé par lui promettre. Il proclame Anaclet, son élu à lui, le plus digne des deux, déclare ceux qui ne se soumettent point à son obédience dans l'erreur, et les appelle acéphales. Aussi, arriva-t-il, à partir de ce moment-là, que les clercs animés d'une vraie fureur, qui leur mit les armes à la main, se ruèrent publiquement sur les catholiques et les persécutèrent. Cependant, avant qu'ils se fussent ainsi retranchés eux-mêmes de l'unité, le saint abbé avait offert le sacrifice de la messe à Dieu dans leur église. Quand il fut parti, le doyen de cette église vint briser avec impiété, sinon avec impunité, l'autel sur lequel Bernard avait célébré les mystères divins. Peu de temps après, ce doyen fut frappé de Dieu, et, au moment où il rendit l'âme, il vit la maison où il expirait pleine de démons, et, tout en criant qu'il était étranglé par le démon, il demandait un couteau aux assistants pour se le plonger dans le cou et en retirer le diable et revenir à la vie. Mais le démon à qui il avait été livré, le fit expirer au moment où il prononçait ces paroles, et plongea son âme pestilente dans l'enfer. Un archiprêtre qui avait annoncé le synode de Pierre, l'évêque intrus de Poitiers, fut également saisi du démon sous les yeux même de ceux qu'il invitait à cette assemblée perfide. Il y en eut beaucoup d'autres encore, de ceux qui se montrèrent les plus dévoués au schisme, sur qui la main de Dieu exerça une vengeance manifeste. C'est pour toutes ces choses et pour plusieurs autres semblables, que Gérard commençait à se sentir confondu, et, dans la crainte de s'entendre opposer des choses auxquelles il n'avait rien à répondre, évitait toute réunion publique.

37. Cependant, le comte fut informé par quel-

---

ad omnes mulieres deinceps interdicit accessum. Exstinctis itaque sacramentalibus illis luminibus, exstincta est deinceps tota virtus diaboli, et mulieri post confessionem communicanti, nunquam postea apparuit inimicus, sed irregressibiliter eliminatus aufugit.

36. His itaque patratis, simul abbas et legatus ingrediuntur Aquitaniam. Interim Gerardus, assensu comitis, Burdegalensem archiepiscopatum occupaverat, et simul Burdegalensem et Engolismensem detinebat Ecclesiam. Sed effluentibus pecuniis, quas in assentatorum manus injecerat, et magis ac magis cognita veritate, jam defluebant ab eo subsidia principum, et perfidiæ ejus timebant exsistere defensores. Morabatur itaque in locis illis, in quibus securiorem se putabat, nec jam facile publicis sese conventibus præsentabat. Ut enim prius gesta breviter repetamus, ubi primum cœpit audiri, quid adversus Ecclesiam Dei Gerardus ille machinaretur, ab Innocentio papa adhuc in Galliis demorante missi sunt abbas noster Claræ-vallensis, et Joslenus venerabilis episcopus Suessionensis, et Pictavim usque venerunt, ut tam ipsum quam prædictum principem convenirent. At ille jam eodem principe persuaso, impudenter in Ecclesiam catholicam, a qua se præcidebat, convicia cœpit jaculari, et pollicitam prius Innocentio subtrahere obedientiam. Anacletum suum electum digniorem*, et quicumque ei non obedirent, erroneos et acephalos nominare. Unde factum est, ut animati et armati in insaniam clerici, publice ex ea die persecutionem catholicis intentarent. Prius tamen, quam* ab unitate seipsos taliter præcidissent, obtulerat abbas sanctus in eorum ecclesia sacrificium Deo. Post cujus discessum, decanus ejusdem ecclesiæ altare, in quo divina mysteria celebrarat, impie quidem, sed non impune confregit. Siquidem post breve tempus percussus a Deo, cum spiritum exhalaret, domum, in qua moriebatur, plenam vidit dæmonibus; et se a dæmonio jugulari clamitans, cultellum a circumstantibus postulabat quem immergeret gutturi suo, ut extracto dæmone viveret. Sed diabolus, cui datus erat, eum inter hæc verba exstinxit, et pestilentem animam in infernum demersit. Archipresbyter quoque, qui Petri invasoris Pictavensis Ecclesiæ synodum denuntiabat, coram ipsis, quos ad conventum perfidiæ invitabat, a diabolo correptus est. Sed et in alios multos, qui in schismate illo ferventiores exstiterant, manus divina manifestam exercuerat ultionem. Propter hæc et alia hujusmodi, ante homines confundi cœperat Gerardus, et timens opponi sibi quæ negari non poterant, conventus publicos evitabat.

37. Significatum est interim comiti per viros illustres, qui ad eum securius audebant accedere, quod

al. dignius

Alius. quam sic eorum propalata fuisset et obfirmata perfidia, obtulerat etc.

ques hommes illustres, qui osaient s'approcher de sa personne, que l'abbé de Clairvaux, l'évêque de Chartres, d'autres évêques et des religieux lui demandaient une audience, dans l'intention de traiter avec lui de la paix de l'Église et de s'entendre sur les moyens de mettre un terme au mal. On lui fit comprendre qu'il ne pouvait se dispenser de de recevoir des hommes de cette importance ; il pouvait se faire en effet, qu'en les écoutant, ce qui avait semblé difficile fût facile, et que ce qui avait paru impossible devint possible par un soudain retour. On se donne donc rendez-vous de part et d'autre à Parthenay. Les serviteurs de Dieu commencèrent par remontrer au comte, de plusieurs manières et à plusieurs titres, que la division de l'Église et l'obstination du schisme s'étaient abattues de ce côté-ci des Alpes sur la seule Aquitaine, comme un nuage qui portait la peste dans ses flancs ; que l'Église est une, et que tout ce qui est en dehors d'elle ne peut que sombrer et périr au jugement de Dieu, comme il est arrivé à tout ce qui était placé hors de l'arche de Noé. On rappela aussi l'exemple de Dathan et d'Abiron, que la terre a dévorés tout vivants en punition de leur schisme (*Num.* XXVI), et que jamais Dieu n'a manqué de punir un péché comme celui-là. En entendant cela, le comte obéissant en partie à de sages conseils, répondit qu'il pourrait consentir à reconnaître Innocent pour pape, mais que pour ce qui était de rétablir sur leurs sièges les évêques qu'il en avait chassés, il n'y avait point de considération qui pût le décider à le faire, attendu qu'ils l'avaient offensé de manière à ce qu'il ne l'oubliât jamais, et que lui-même avait fait le serment de ne point recevoir leur paix. On parlementa encore longtemps par messagers ; mais, pendant que de part et d'autre on en était aux paroles, l'homme de Dieu avait recours de son côté à des armes plus efficaces, et se rendait à l'autel pour y prier et y offrir le saint sacrifice. Tous ceux à qui il était permis d'assister aux saints mystères étaient entrés dans l'église, le comte se tenait à la porte.

38. La consécration terminée, la paix donnée et portée au peuple, l'homme de Dieu, ne se conduisant plus en simple mortel, dépose le corps du Seigneur sur la patène et le prend avec lui, et, la face en feu, les yeux en flamme, il sort de l'église, non plus la prière, mais la menace aux lèvres, et adresse ces terribles paroles au duc : « Nous vous avons adressé des prières, et vous nous avez méprisé. Dans une autre rencontre que nous avons eue avec vous, les serviteurs de Dieu rassemblés en grand nombre devant vous, vous ont fait entendre leurs supplications, et vous n'en avez point tenu compte. Voici maintenant le fils même de la Vierge, Notre-Seigneur, le chef de l'Église que vous persécutez, qui vient à vous. Voici dans mes mains votre juge, celui au nom de qui tout genou fléchit dans le ciel, sur la terre et dans les enfers ; voici votre juge, dis-je, celui dans les mains de qui votre âme tombera un jour. N'aurez-vous pour lui aussi que du mépris, et ne tiendrez-vous pas plus de compte de lui que de ses serviteurs ? » Tous les assistants fondaient en larmes, et attendaient en priant l'issue de cette démarche. Tout le monde était en suspens et je ne sais quelle espérance on avait de quelque coup du ciel. Le comte en voyant venir à lui l'abbé dans un esprit de force, et porter dans les mains le très-saint corps de Notre-Seigneur, se sentit vivement impressionné ; un froid

---

abbas Claræ-vallensis, et episcopus Carnotensis, aliique episcopi, et religiosi viri colloquium ejus expeterent, quorum etiam studium esset, ut secum de pace Ecclesiæ, et de malo removendo tractarent. Persuasumque est illi, ne tantorum virorum devitaret colloquium ; quia poterat fieri, ut communicato cum eis consilio, facile esset quod modo putabatur difficile ; et quod videbatur impossibile, repentino proventu possibile redderetur. Itaque apud Partiniacum hinc inde conveniunt; et in primis de divisione Ecclesiæ, et de scissuræ obstinatione, quæ infra Alpes in sola Aquitania, quasi nebulæ corruptela consederat, multis modis et rationibus a servis Dei comiti intimatum est, quod Ecclesia una est, et quidquid extra eam est, quasi extra arcam, judicio Dei necesse est interire et dilui. Adducta quoque exempla Dathan et Abiron, quos pro reatu schismatis terra vivos absorbuit, nec tanto malo vindictam Dei aliquando defuisse monstratum est. His auditis, comes ex parte sano usus consilio, respondit, se in obedientiam Innocentii papæ posse dare consensum ; sed in restitutionem episcoporum, quos de sedibus suis expulerat, nulla ratione induci, quoniam implacabiliter eum offenderant; et juraverat, se eorum pacem nullo tempore suscepturum. Diu per internuntios protractus est sermo ; et dum vicissim verbis se mutuo occupant, Vir Dei efficaciora arma corripiens, ad altare sanctum oblaturus et supplicaturus accedit. Intraverant ecclesiam, quibus licebat divinis interesse mysteriis : comes sustinebat pro foribus.

38. Peractis igitur consecrationibus, et pace data et diffusa in populum, Vir Dei jam non se agens ut hominem, corpus Domini super patenam ponit et secum tollit, atque ignea facie, et flammeis oculis, non supplicans, sed minax foras egreditur, et verbis terribilibus aggreditur ducem : « Rogavimus te, inquit, et sprevisti nos. Supplicavit tibi in altero quem jam tecum habuimus conventu, servorum Dei ante se adunata multitudo, et contempsisti. Ecce ad te processit Filius Virginis, qui est caput et dominus Ecclesiæ, quam tu persequeris. Adest Judex tuus, in cujus nomine omne genu curvatur, cælestium, terrestrium, et infernorum. Adest Judex tuus, in cujus manus illa anima tua deveniet. Numquid et ipsum spernes ? numquid et ipsum, sicut servos ejus contemnes. » Lacrymabantur universi qui aderant, et orationibus intenti præstolabantur exitum rei ; et omnium suspensa exspectatio, nescio quid divinum fieri cœlitus

glacial le paralyse, il tremble de tous ses membres, la crainte l'anéantit, il tombe presque fou à terre. Ses gens le relèvent, mais il tombe de nouveau la face contre terre, sans pouvoir proférer une seule parole, ni lever les yeux sur personne; la salive lui coule sur la barbe, il pousse de profonds soupirs, il suffoque, on aurait dit un épileptique. Alors, l'homme de Dieu s'approchant de lui davantage et le touchant du pied pendant qu'il était étendu à terre, lui ordonne de se lever et de se tenir debout, afin d'entendre la sentence de Dieu. « L'évêque de Poitiers que vous avez chassé de son siège est là présent, allez faire votre réconciliation avec lui, scellez-la par le baiser de paix, et reconduisez-le sur son siège. Vous satisferez à Dieu, en lui rendant autant d'honneur que vous l'avez abreuvé d'humiliations; enfin, rappelez à l'union de la charité tous les peuples soumis à votre domination et qui maintenant sont déchirés par les divisions et les discordes. Soumettez-vous au pape Innocent comme le fait l'Église entière, et obéissez comme les autres à ce pontife élu de Dieu même. » En entendant le saint parler ainsi, le comte se sentait vaincu par l'autorité du Saint-Esprit et par la présence des saints sacrements, et il n'osait ni ne pouvait répondre. Aussitôt il se rendit, reçut l'évêque de Poitiers au baiser de paix et le rétablit sur son siège à la joie de toute la ville, de la même main qu'il l'en avait fait descendre. Dans la suite, le saint abbé s'entretenant doucement et familièrement avec le comte, lui recommanda d'un ton paternel de ne plus se laisser aller désormais à ces excès impies et téméraires, de ne point rendre nulle par de si grands forfaits la patience de Dieu, et de ne plus violer en quoi que ce fût la paix qui venait de se faire.

39. Toute l'Église d'Aquitaine était pacifiée, Gérard seul persévérait dans le mal. Mais peu après, le jour de colère se leva pour lui, et il mourut misérablement dans la démence. Et, comme l'a dit l'Écriture : « Il y a un péché qui va à la mort, ce n'est pas pour ce péché-là que je dis qu'il faut prier (I *Joan.* v, 16). » Cet homme mourut subitement dans son impénitence, sans confession, sans viatique, et remit ainsi son âme au sortir de son corps, entre les mains de celui dont il avait été le ministre jusqu'à la fin. Ses neveux, qu'il avait comblés des honneurs ecclésiastiques, trouvèrent son corps étendu mort dans son lit; il était énormément enflé. Ils l'inhumèrent dans une basilique : mais dans la suite, Geoffroy, évêque de Chartres et légat du Saint Siège, le fit exhumer et jeter ailleurs. Quant à ses neveux, ils furent aussi chassés de cette église. Dans la suite, toute cette race et ses rejetons se virent ainsi coupés par le pied, et, dispersés par l'exil en différents pays, ils allèrent porter partout les plaintes et les gémissements que leur arrachait un pareil jugement. Le schisme de Gérard étant réduit en cendres, et tout le mal qu'il faisait ayant ainsi disparu, l'homme de Dieu reprit avec bonheur le chemin de Clairvaux. Tous les religieux accoururent au devant de lui et se précipitèrent à ses pieds, en rendant grâce à Dieu d'avoir donné une bonne fin à d'excellents commencements, et d'avoir élevé et glorifié en tous lieux l'humilité de son serviteur.

40. L'homme de Dieu, après quelques jours de repos, s'occupa d'autres affaires et, retiré dans une

---

exspectabat. Videns comes abbatem in spiritu vehementi procedentem, et sacratissimum Domini corpus ferentem in manibus, expavit et diriguit, membrisque tremebundis metu et dissolutis, quasi amens solo provolvitur. Elevatus a militibus rursum in faciem ruit, nec quippiam alicui loquens, aut intendens in aliquem, salivis in barbam defluentibus, cum profundis efflans gemitibus, epilepticus videbatur. Tum Vir Dei ad eum propius accedit, et pede pulsans acclivem, surgere jubet, et stare supra pedes, et Dei audire sententiam. « Præsens est, inquit, Pictaviensis episcopus, quem ab Ecclesia sua expulisti. Vade et reconciliare ei, et in osculo sancto pacis cum eo jungito fœdera, et ipse ad sedem suam eum reducito ; et satisfaciens Deo, redde pro contumelia gloriam, et in universum principatu tuo divisos et discordes ad charitatis revoca unitatem. Subdere Innocentio papæ, et sicut ei omnis obedit Ecclesia, tu quoque electo a Deo tanto pare pontifici. » Audiens hæc comes, auctoritate Spiritus-sancti, et sanctorum sacramentorum præsentia victus, nec audebat respondere, nec poterat ; sed statim occurrit, et in pacis osculo recepit episcopum ; et eadem qua eum abjuraverat manu, cum totius exsultatione civitatis ad propriam sedem reduxit. Sed et deinceps abbas cum comite jam familiarius et suavius loquens, paterne eum monuit, ne ad tam impios, et tam temerarios ausus ultra exsurgeret, ne Dei patientiam tantis irritaret flagitiis, ne pacem factam in aliquo violaret.

29. Pace itaque omni Aquitaniæ Ecclesiæ reddita, solus Gerardus perseverat in malis ; sed non multo post, adveniente die iræ, in domo sua miserabiliter exstinctus est. Et cum dicat Scriptura : *Est peccatum ad mortem, pro eo non dico ut roget quis* ; impœnitens et subito mortuus, sine confessione et viatico, de corpore egredientem spiritum ei reddidit, cujus minister usque in finem exstiterat. Corpus ejus a nepotibus suis, quos in ecclesia illa honoribus sublimaverat, inventum in lectulo suo exanime, et enormiter tumidum, in basilica quadam humatum est, sed postea a Gaufrido Carnotensi episcopo sedis apostolicæ legato inde extractum, alioque projectum est. Nepotes quoque ejus ab eadem ecclesia postea eliminati sunt, et omnis progenies et plantatio a radice avulsa, per extera regna, tanti judicii circumferens querimonias, exsulavit. Tanto igitur malo obruto, et schismate Gerardi redacto in cineres, Vir Dei cum gaudio magno Claram-vallem revertitur. Adsunt fratres, circumfusi pedibus ejus ; gratias agunt Deo, qui bonis initiis feliciores proventus accumulat, et servi sui humilitatem glorificat et exaltat.

40. Nactus vero Vir Dei aliquod quietus tempus,

petite cabane faite avec des rinceaux de pois, il vaqua seul à la méditation et à la pensée de Dieu. Mais voilà que tout à coup son humble retraite, comme une autre étable du Seigneur, retentit de chants d'amour, et se remplit de festins de noces. Il lève les yeux, et il est saisi d'étonnement en voyant que l'Époux qui est le plus beau des enfants des hommes et que les anges même brûlent du désir de contempler, s'est épris d'amour pour une femme au teint hâlé, à la peau brûlée par le soleil, et qu'il lui prodigue des louanges au point de dire qu'elle est toute belle, et qu'il n'y a point une seule tache en elle. Il voit aussi avec étonnement que cette épouse languit également d'amour et il se demande quel est cet amour de femme, dont les baisers sont plus doux que le vin, et tels que l'âme soupire avec impatience après eux et brûle du désir de s'y désaltérer. Mais si l'Époux la comble de louanges, toutefois il ne se livre pas tout à fait à elle et il ne va point jusqu'à combler entièrement ses désirs. Il se fait chercher quelquefois sans se laisser trouver par elle, et quand elle l'a trouvé après bien des pas et des démarches, il lui permet de l'étreindre pour ne plus le laisser aller. Pendant longtemps il répandit son âme, dans ces méditations. Il fit de nombreux commentaires sur ce sujet, et chacun peut voir bien clairement en le lisant, car il a rempli des corbeilles d'écriture des restes de ces repas délicieux, quels progrès il faisait à cette table où il s'asseyait tous les jours et quel profit nous en tirions nous-mêmes.

CHAPITRE VII.

Cause du schisme de Rome. Succès de saint Bernard auprès de Roger, roi de Sicile.

41. Cependant des lettres apostoliques appellent l'homme de Dieu à Rome et les cardinaux le supplient de venir en aide à l'Église au milieu de ses épreuves. Il interrompit ses études et ne les reprit plus dans la suite qu'à différents intervalles. Il n'avait aucun repos, il priait où il méditait, il lisait ou prêchait. Voyant donc que toute excuse de sa part était inutile, — et qu'il lui fallait obéir aux ordres qu'il recevait, — il appelle auprès de lui les frères de beaucoup d'endroits à la fois, et, après de longs et profonds soupirs, il leur adresse la parole en ces termes. « Vous voyez, mes frères, dans quelles tribulations se trouve l'Église. Le parti de Pierre de Léon, grâce à Dieu, est anéanti en Italie et en Aquitaine, on ne peut pas dire qu'il enfante, il a avorté. Les fauteurs du schisme sont dispersés dans toutes ces contrées. A Rome, la majeure partie de la noblesse, tient pour Innocent, et une foule de fidèles sont pour lui. Mais la crainte d'être en butte aux attaques d'une multitude audacieuse les empêche de faire adhésion publique au parti d'Innocent. Pierre a pour partisans des hommes perdus, qu'il a achetés à prix d'argent, et, maître des lieux qu'il occupe, il rappelle non la foi de Simon Pierre, mais les prestiges de Simon le Magicien. L'occident entier maintenant est soumis, il n'y a plus de lutte que contre un seul peuple. Priez et veillez et Jéricho s'écroulera ; si vous levez les mains vers Dieu avec Moïse, Amalec sera vaincu et prendra la fuite. Josué combat et, afin de prolonger le jour assez longtemps pour la victoire, il ordonne au soleil, au lieu de le prier, de s'arrêter, et sa foi mérite d'un côté que le soleil lui obéisse, et de l'autre que l'ennemi taillé en pièces lui laisse la victoire entre les mains. Pendant que nous combattrons, de votre côté, venez à notre aide et implorez le secours du

---

aliis se negotiis occupavit, et secedens in casulam pisatiis torquibus circumtextam, solus meditationibus divinis vacare disponit. Et repente occurrunt ei in diversorio humili, quasi ad præsepe Domini consistenti, amatoria cantica, et spiritualium fercula nuptiarum. Considerat et pavescit, quod sponsus ille speciosus forma præ filiis hominum, in quem etiam angeli prospicere desiderant, fuscam adamaverit sponsam, et decoloratam a sole, tanto extollat præconio, ut dicat eam totam formosam, nec ullam in ea maculam esse. Ipsam quoque Sponsam dilectione languere miratur, et inquirit diligenter, quæ sit illa charitas, cujus oscula* dulciora sunt vino, ad quorum delibatione tanto affectu anima impatienter anhelat. Cumque sponsus multis laudibus sponsam attollat, non tamen in omnibus plenam ei sui copiam præbeat, nec usque ad plenitudinem satietatis se Sponsæ desideranti concedat ; quæsitus aliquando non inveniatur, et post longos circuitus repertus teneatur, ne fugiat. Multo tempore* in harum meditatione rerum animam suam effudit; et multipliciter hæc exponens, quantum in se profecerit qui quotidie in illis epulabatur deliciis, quantum nobis profuerit, quibus ejusdem benedictionis reliquias in scriptura servavit, manifestum est legentibus eam.

al. ubera.

al. aliquamdiu.

CAPUT VII.

De causa schismatis Romæ, et apud Rogerium regem Siciliæ feliciter acta.

41. Interea litteræ apostolicæ Virum Dei vocant, et ut adsit laboranti Ecclesiæ, supplicant cardinales. Intermittuntur studia, et quæ modo continuo erant, interpolatis discursibus resumuntur. Nulla vacatio superest; servus Dei aut orat, aut meditatur, aut legit, aut concionatur. Videns igitur excusationes frustra expendi*, (et necesse esse obedire mandatis), convocatos a multis partibus fratres, diu profundeque suspirans, affatur. « Videtis, fratres, in quantis tribulationibus laboret Ecclesia. Pars quidem Petri, et in Italia, et in Aquitania, auctore Deo elisa, jam non parturit, sed abortit. Evasati sunt in his regionibus schismatis defensores. Romæ magna pars nobilium Innocentium sequitur, et favent ei multi fidelium ; qui tamen temerariæ multitudinis impetum formidantes, non audent publice confiteri, quem Innocentio firmavere, consensum. Conjuratores habet Petrus homines perditos, quos corrupit pecunia ; et munitionibus eorum occupatis, non Simonis Petri fidem, sed

a'.

ciel par vos prières. Faites ce que vous faites et restez au poste que vous occupez. Et, quand même votre conscience ne vous reprocherait rien, ne vous regardez point comme étant justes pour cela : c'est à Dieu seul qui justifie, qu'il appartient de juger, et les hommes les plus parfaits ignorent la sévérité des jugements de Dieu. Ne vous mettez pas beaucoup en peine du jugement des hommes et, sans vous arrêter à leur jugement non plus qu'au vôtre, tenez-vous si bien dans la crainte de Dieu que vous n'osiez vous élever vous-mêmes jusqu'à juger les autres, ou descendre à des bagatelles dans la préoccupation du jugement que les autres portent de vous. Enfin, après avoir fait chacun ce qui vous regarde, réputez-vous des serviteurs inutiles. Pour nous, nous devons aller là où l'obéissance nous appelle; quant à cette maison de frères et à votre garde, nous les remettons et les abandonnons, avec une grande confiance, dans les mains de celui pour qui nous acceptons cette fatigue. »

42. Ayant ainsi parlé, il les bénit et s'éloigna d'eux, en les laissant dans les larmes. Partout, dans son voyage, il fut reçu avec de grandes démonstrations de respect, et il arriva ainsi à Rome. Le seigneur pape et ses frères ressentirent une grande joie à son arrivée. Après s'être entendu avec eux, l'abbé crut que pour le succès de son entreprise et eu égard à l'état des choses, il devait procéder autrement qu'on ne l'avait fait ; ne plaçant donc ses espérances ni dans les chars de guerre ni dans le nombre de chevaux, il cherche à s'aboucher avec certaines personnnes, et s'informe des ressources des adversaires et des partisans les plus zélés du parti de Pierre ; il cherche s'ils ont été entraînés à ce parti par erreur, où si c'est par suite de leurs mauvaises dispositions qu'ils prolongent et font un si grand crime. Il s'aperçut que le clerc qui remplissait auprès de Pierre de Léon les fonctions de secrétaire, n'était pas rassuré sur son état, qu'il comprenait son péché, mais n'osait revenir au bien, de peur que, frappé d'une tache indélébile, il ne fût toujours mal vu parmi les autres. Il préférait donc, en attendant, rester tel qu'il était, dans une condition qui avait quelques dehors honorables, que de se voir chassé des postes qu'il occupait, et exposé à la nécessité de mendier pour vivre. Quant à ceux qui étaient de la famille de Pierre, leur réponse était qu'on ne pourrait plus avoir confiance en eux, s'ils divisaient eux-mêmes leur propre famille et s'ils abandonnaient celui qui en était en même temps le chef et le seigneur. D'autres excusaient leur perfidie par le serment de fidélité qu'ils avaient fait, enfin il n'y avait dans ce parti-là personne qui s'y trouvât en une bonne conscience. Aussi, l'abbé leur disait-il hautement que « leur alliance impie et sacrilège, leurs conspirations profanes, condamnées par les lois et les canons, ne pouvaient être l'objet d'un serment obligatoire, attendu que les serments de la vérité ne doivent ni ne peuvent donner des forces au mensonge. Il faut être fou, disait-il, pour croire qu'on peut appuyer une chose illicite par la vertu du serment, quand, au contraire, toute convention contraire au bien, de quelque serment qu'elle soit sanctionnée, est nécessairement nulle, et le lien qu'elle établit rompu en vertu même de l'autorité de Dieu. » En entendant l'homme de Dieu tenir ces discours et d'autres semblables, tous les jours des partisans de Pierre, le quittaient, et les liens qui les retenaient les uns aux autres se rompaient. Pierre lui-même sentait

---

Simonis Magi repræsentat præstigias. Contra unam gentem, Occidente edomito, superest lucta. Orantibus vobis et jubilantibus Jericho ruet; et cum extenderitis ad Deum cum Moyse manus, Amalech victus aufugiet. Josue pugnat, et ut ad consummationem victoriæ dies sufficiat protelata, soli ut stet, non tam orat, quam imperat; et meretur fides tam solis obedientiam, quam de hoste prostrato victoriam. Nobis igitur pugnantibus vos ferte præsidium, et auxilium de cœlo supplicibus animis implorate. Agite quæ agitis, et state in gradu quo statis; et licet nihil vobis conscii sitis, judicio tamen vestro non æstimetis vos justos; quia solus Deus quos justificat judicat, et perfectissimus quisque judicii divini districtum examen ignorat. Judicari autem ab humano die non multum curetis, neque vestra propria, neque aliena judicia approbantes, sub timore Dei sic state, ut nec vos quempiam judicantes aliquando extollamini ; nec aliorum curantes judicia, excidatis in nugas; singula vero prosequentes, ut servos inutiles reputetis. Eundum est autem quo nos obedientia vocat, et hujus domus fraternitatem*, et vestri custodiam Deo, pro quo hunc assumimus laborem, confidentes de ejus clementia, tradimus et commendamus. »

* al. paternitatem.

42. Hæc dicens, et benedicens, flentibus universis discessit : et cum multa reverentia ubique susceptus, demum Romam pervenit. In cujus adventu tam dominus papa, quam fratres lætati sunt ; et communicatis cum eo consiliis, secundum rerum proventus et statum causarum abbas alia via aggreditur ; nec in curribus, nec in equis spem ponens, sed colloquia quorumdam suscipiens, sciscitatur, quæ sit eorum facultas, qui fautorum animi; utrum errore, an malitia seducti, tantum scelus protrahant et protelent. Intelligit ex secretis clerum qui cum Petro erat, de statu suo sollicitum, scire quidem peccatum, sed non audere reverti, ne perpetua notatus infamia, vilis inter cæteros haberetur ; et malle sub umbra honestatis interim sic esse, quam expelli a sedibus suis, et publicæ mendicitati exponi. Eorum qui de Petri prosapia erant, hæc erat responsio : quia jam credi eis a nemine posset, si demembrarent genus suum, et eum relinquerent, qui cognationis suæ caput esset et dominus. Cæteri juramento fidelitatis excusabant perfidiam, nec aliquis ex sana conscientia parti illi conferebat suffragia. « Denuntiabat itaque eis abbas colligationes impietatis esse sacrilegas, et profanas conspirationes legibus et canonibus condemnatas

son courage s'abattre, en voyant que son parti diminuait et que celui d'Innocent augmentait. L'argent lui manquait, il avait été obligé de réduire sa cour, et les ministères de sa maison étaient vides. Il ne voyait plus qu'à de rares intervalles quelque convive venir s'asseoir à sa table ; ses délices s'étaient changées en aliments donnés au peuple, la livrée de ses gens étaient fanée et tombait de vétusté, ses soudards — maigres et efflanqués — étaient criblés de dettes, sa maison avait une triste apparence, tout de ce côté annonçait une dissolution imminente.

43. Sur ces entrefaites, Roger, roi de Sicile, le seul prince qui refusât encore de reconnaître le pape Innocent, députe à ce dernier des messagers pour le prier de lui envoyer Aimery, son chancelier, et l'abbé de Clairvaux ; il demandait, il est vrai en même temps à Pierre, de lui envoyer Pierre de Pise, avec le titre de légat *a latere*. Il disait qu'il voulait connaître l'origine d'une division qui durait depuis trop longtemps, et se montrait décidé, une fois la vérité connue de lui, ou à revenir de son erreur ou à demeurer plus ferme que jamais dans son sentiment. Mais ce n'était qu'une ruse de sa part ; car il savait que Pierre de Pise était très éloquent et qu'il n'avait pas son pareil pour la connaissance des lois et des canons, et il pensait que, dans une assemblée publique, s'il venait à prendre la parole, il réussirait à écraser par son éloquence la simplicité de Bernard, et lui imposer silence par la force de sa parole et le poids de ses raisons. Bref, les deux partis se réunirent à Salerne. Mais la vengeance du ciel avait déjà agi, et prévenu les conséquences d'une machination si criminelle. En effet, comme il tenait une armée innombrable prête à marcher contre le duc Rannoulphe, il mit ses troupes en campagne, mais, à la vue du duc qui marchait résolument contre lui, Roger fut saisi de frayeur et prit la fuite, son armée fut taillée en pièces ou mise en déroute, pillée et massacrée ; une multitude sans nombre de soldats furent pris ou tués, et, sans le vouloir, il augmenta les richesses du duc et sa gloire. Or tout cela lui avait été prédit par l'homme de Dieu, car, étant arrivé le premier de ceux que le roi avait mandés auprès de lui, il l'avait rejoint dans son camp, et il avait empêché pendant plusieurs jours que les deux armées qui étaient en présence n'en vinssent aux mains, et il avait dit au roi, que s'il engageait le combat il serait vaincu et honteusement mis en fuite. Mais enfin comme le roi avait reçu des renforts très-considérables, et qu'il ignorait que l'issue de la guerre ne dépendait point du nombre des combattants, il ne voulut pas écouter davantage le saint homme de Dieu, qui ne lui faisait entendre que des paroles de paix.

44. D'un autre côté il avait encouragé le duc Rannoulphe et ses troupes, qui étaient une armée catholique, et leur avait promis la victoire et le triomphe, comme il l'avait annoncé au roi Roger sa défaite. S'étant donc retiré dans une petite ferme du voisinage, où il vaquait à la prière, il entend tout à coup les cris tant de ceux qui fuyaient, que de ceux qui poursuivaient les fuyards. Car le duc

---

juramentis non posse muniri; non posse, nec debere veritatis sacramenta mendacio suffragari. Insanire autem eos, qui rem illicitam sacramenti patrocinio constare existimant, cum oporteat extraordinarias pactiones, quocumque religionis obtentu sancitas, revocari * in irritum, et auctoritate divina dissolvi.
« Auditis his aliisque viri Dei sermonibus defluebant a Petro, et quotidie partis illius dissociaris agminibus, vincula rumpebantur; ipsius quoque Petri animus tabescebat, quia se quotidie minui, Innocentium vero crescere minime dubitabat. Defecerant pecuniæ, contabuerat curiæ amplitudo, aruerant ministeria domus. Rarus mensam ejus frequentabat conviva, deliciæ in plebeia cibaria commutatæ, cultus obsequentium vetustate obscurus, (macri et acuti) stipendiarii ære alieno oppressi, et tota domus effigies pallida, dissolutionem proximam indicabat.
43. Interea rex Siciliæ Rogerius, qui solus jam ex principibus obedire papæ Innocentio detrectabat, ad eum mittit, petens, ut Aimericum, cancellarium suum, et abbatem Claræ-vallensem ad se mitteret : nihilominus a Petro Leonis idem petens, ut Petrum sibi Pisanum a suo latere delegaret. Aiebat autem se dissensionis hujus, quæ jamdiu induruerat, velle scire originem ; et cognita veritate, aut corrigere errorem, aut sancire sententiam. Mittebat autem in dolo, quia audierat Petrum Pisanum eloquentissimum esse, et in legum et canonum scientia nulli secundum ; putabatque si eloquentiæ ejus in publico consistorio audientia præberetur, declamationibus rhetoricis simplicitatem abbatis posse obrui, et silentium ei vi verborum et pondere rationum imponi. Ne diu morer, venit pars utraque Salernum. Sed militaverat ultio, et prævenerat tanti sceleris machinamentum. Parato namque ad bellum innumerabili exercitu adversus Rannulfum ducem, idem rex in campum armatas produxerat acies ; cum subito viso duce audacter obviam procedente, territus fugit, effusumque exercitum prædæ et cædibus exposuit, et innumeris militibus captis et interfectis, invitus ducem ditavit opibus, gloria sublimavit. Quæ quidem ei juxta verbum Viri Dei omnia contigerunt. Cum enim primus eorum qui vocati fuerant abbas sanctus adveniens, regem in castris positum invenisset, per multos dies vicinas acies ne committerent, impedivit : denuntians regi, quia si conflictum inieris, victus et confusus abibis. Novissime vero cum ejusdem regis plurimum crevisset exercitus, ignorans, quod non in multitudine foret eventus belli ; Virum sanctum quærentem ea quæ pacis erant, ulterius audire contempsit.
44. At ille ducem Rannulfum, et catholicorum aciem verbis potentibus adhortatus, sicut regi fugam, sic illis victoriam pollicitus est et triumphum. Cumque ad proximam villulam declinasset, et instaret orationi,

Rannoulphe passait tout près de là à la poursuite de l'armée du roi qui était en déroute. Un des religieux qui étaient avec Bernard sortit et rencontra un soldat à qui il demanda ce qui était arrivé. Celui-ci, en homme qui savait son Écriture-sainte, lui répondit. « J'ai vu l'impie extrêmement élevé, il égalait même les cèdres du Liban en hauteur : je n'ai fait que passer, il n'était déjà plus (*Psalm*. xxxvi, 37). » A peine avait-il achevé ces mots, que le duc vint à passer et en apercevant un religieux, quoiqu'il fût sous les armes, il descend de cheval, se prosterne à ses pieds et s'écrie : « Je rends grâce à Dieu et à son fidèle serviteur, car ce n'est pas à nos forces mais à sa foi que nous devons cette victoire. » Puis, remontant à cheval, il continue la poursuite des ennemis..

45. Toutefois, ce châtiment du ciel ne corrigea point l'esprit du roi, et la tempête que l'orgueil de son âme perverse avait soulevée ne s'apaisa point pour cela. Au contraire, ayant rallié ceux des siens qui avaient échappé par la fuite, il feignit d'être satisfait, il se montra au milieu d'un appareil royal, et, entouré d'une cour nombreuse, il fit venir devant lui les représentants de deux partis qu'il avait mandés. Après avoir mis Pierre de Pise au courant de tout, et avoir enflammé son zèle par l'appas de nombreuses promesses, il lui ordonna d'exposer les raisons de son parti. Pierre entreprit donc d'abord de prouver que l'élection de son maître était canonique, et cita une foule de textes de canons et de lois à l'appui de son dire. Quant à l'homme de Dieu, comme il comprenait que le royaume de Dieu n'est pas dans le beau langage mais dans la vertu, il s'exprima ainsi : « Je sais bien, Pierre, que vous êtes un homme sage et lettré; mais combien je regrette que ce ne soit ni le meilleur parti, ni les meilleures affaires qui vous aient décidé! Plût au ciel que vous vous fussiez établi l'avocat de la cause la plus juste et la plus heureuse! Sans doute alors il n'est pas d'éloquence qui pût tenir contre vous, quand vous auriez appuyé votre sentiment sur de bonnes raisons. Pour moi, qui ne connais que les champs, et qui suis beaucoup moins habitué à manier les arguments des hommes de loi que le hoyau, je n'aurais qu'à garder le silence qui convient à ma profession. Mais à présent la charité me force à élever la voix, parce que un Pierre de Léon déchire, lacère de ses mains la tunique du Seigneur que, le Seigneur lui-même le voulant ainsi, ni le païen au jour de la passion, ni le juif lui-même n'ont osé mettre en pièces. Il n'y a qu'une foi, qu'un Seigneur, qu'un baptême, et je ne connais ni deux seigneurs, ni une double foi, ni un double baptême. Et, pour reprendre les choses dès les anciens temps, il n'y eut qu'une seule arche aux jours du déluge; dans cette arche il n'y eut que huit âmes de sauvées pendant que toutes les autres périssaient, ainsi que tout ce qui se trouvait hors de l'arche. Or, il n'y a personne qui ne sache que l'arche de Noé est l'image de l'Eglise. Or, on vient de construire une seconde arche, et, comme il y en a deux maintenant, il s'en suit que l'une des deux est la mauvaise et doit périr dans les flots. Si donc l'arche de Pierre est l'arche de Dieu, il s'ensuit que l'arche d'Innocent est destinée à périr. Mais alors on verra donc périr l'Eglise d'Orient tout entière, et celle d'Occident avec elle. On verra périr la France et la Germanie; les Espagnols et les Anglais avec tous les royaumes de barbarie vont donc som-

---

repente fugientium et insequentium clamor auditur. Siquidem per eumdem locum fugientem regis exercitum Rannulfus persequebatur. Egressus itaque frater quidam ex his qui cum abbate erant, uni ex militibus occurrit, et quid accidisset, interrogabat. At ille, siquidem litteras noverat : *Vidi*, inquit, *impium superexaltatum et elevatum sicut cedros Libani : et transivi, et ecce non erat*. Nec mora, dux ipse secutus, ut monachum vidit, sicut erat armatus, equo desiluit : et ejus pedibus advolutus; Gratias, inquit, ago Deo, et fideli servo ejus, quia non nostris viribus, sed ejus fidei collata hæc victoria est. Iterumque insiliens equo, hostes insequebatur.

45. Nec tamen hac plaga, sibi inflicta cœlitus, correctus est animus regis, nec detumuit procella quam conglomeraverat pravæ mentis elatio ; sed post fugam reversis qui evaserant, simulans alacritatem, regio se ornatu attollens, stipata militibus curia, utramque partem præcepit accersiri; et prius instructo Petro, et multarum promissionum auctoramentis accenso, de causæ suæ rationibus eloqui jubet. Prior itaque Petrus electionem domini sui canonicam probare contendit; et verba sua multis legum et canonum assertionibus munit. At vero Vir Dei non in sermone, sed in virtute regnum Dei esse intelligens. « Scio, inquit, Petre, te virum sapientem et litteratum esse : et utinam sanior pars, et honestiora te occupassent negotia ! Utinam te patronum causa justior et felicior obtineret ! et sine dubio rationabilia allegantem nulla posset impedire facundia. Et nos quidem agrestes, sæpius ligonibus quam pragmaticis advocationibus assueti, si causa fidei non urgeret, institutum silentium teneremus. Nunc autem cogit nos charitas eloqui, quia tunicam Domini, quam in tempore passionis nec Ethnicus præsumpsit scindere, nec Judæus, fautore hoc domino, Petrus Leonis lacerat et disrumpit. Una est fides, unus Dominus, unum baptisma. Nos neque duos dominos, nec geminam fidem, nec duo baptismata novimus. Ut ab antiquis ordiar, una arca tempore diluvii fuit. In hac octo animæ, cæteris omnibus pereuntibus, evaserunt; et quotquot extra arcam inventi sunt, perierunt. Arcam hanc typum tenere Ecclesiæ, nemo est qui ambigat. Arca alia nuper fabricata est, et cum duæ sint, alteram necesse est esse adulteram, et in profundum demergi. Arca, quam regit Petrus, si ex Deo est, necesse est, ut arca, quam regit Innocentius, obruatur. Peribit ergo orientalis Ecclesia, peribit Occidens totus : peribit Francia, pe-

brer au sein de la mer. Les Camaldules et les Chartreux, les religieux de Cluny et ceux de Grandmont, ceux de Cîteaux et ceux de Prémontré, et une foule innombrable d'autres congrégations, de serviteurs et de servantes de Dieu n'ont donc plus d'autre espérance à avoir que celle d'être entraînés ensemble par un coup de vent au fond de l'abîme. La mer attend pour les dévorer les évêques et les abbés, et tous les autres princes de l'Église qui vont s'enfoncer dans son sein avec une meule de moulin au cou. De tous les princes du monde il n'y a que Roger qui sera entré dans l'arche de Pierre, que lui qui sera sauvé quand tous les autres périront ! A Dieu ne plaise que la religion du monde entier périsse et que l'ambition de Pierre, dont la vie est connue de tout le monde, entre dans le royaume des cieux. »

46. A ces mots, ceux qui se trouvaient présents à l'entretien, ne pouvant plus se contenir davantage, anathématisèrent la vie et la cause de Pierre. L'abbé prit alors la main de Pierre de Pise, le fit lever, se leva avec lui, et lui dit : « Si vous m'en croyez, nous entrerons ensemble dans l'arche la plus sûre. » Puis, comme il en avait conçu depuis longtemps la pensée dans son âme, il lui prodigua des avis salutaires, et, avec la grâce de Dieu, il lui persuada d'aller se réconcilier avec le pape, Innocent, dès qu'il sera de retour à Rome. On leva la séance, mais le roi ne voulut pas encore se rendre, parce qu'il s'était emparé, avec avidité, d'un patrimoine de saint Pierre très-considérable, situé dans la province de Casinum et dans celle de Bénévent, et il pensait, en temporisant, pouvoir extorquer aux Romains, quelques priviléges qui lui permissent d'affermir, pour la suite, sa possession sur le droit. Voilà comment Hérode vit le Sauveur et le méprisa et n'eut que des dédains pour lui présent quand il avait désiré le voir lorsqu'il était absent. Voilà comment le Dieu tout-puissant a donné aux hommes l'éclat qu'il tenait de son père, et comment il couvre de confusion ceux qui le méprisent et élève bien haut ceux qui s'humilient. Il y avait alors à Salerne un malade d'une noble extraction, bien connu à Salerne, dont l'état était désespéré de tous les médecins, et l'on sait que c'est dans cette ville surtout que l'étude et l'art de la médecine sont en grand renom ; or, pendant une nuit, il eut en songe une apparition qui lui apprit qu'il venait d'arriver à Salerne un saint, puissant en guérisons miraculeuses, et lui ordonna de le chercher et de boire de l'eau dans laquelle il se serait lavé les mains. Il chercha ce saint personnage, il le trouva, il lui demanda de l'eau, en but et fut guéri. Le bruit s'en répandit dans toute la ville et parvint aux oreilles du roi et de ses courtisans. L'abbé revint à Rome, après s'être concilié la faveur de tout le monde ; il n'y eut que le roi qui persista dans ses mauvaises dispositions. Quant à Pierre de Pise dont nous avons parlé plus haut, et à plusieurs autres encore, il les réconcilia avec l'Église et les fit entrer dans l'obéissance du pape Innocent.

47. Le temps étant venu, où la malice de l'Amorrhéen étant comble, l'ange passait en brandissant le glaive et en frappant : il épargnait les maisons sur le seuil desquelles se trouvait le sang de l'agneau ; mais, arrivé à la maison de Pierre de Léon, il ne la trouva point marquée du signe du

---

ribit Germania : Iberi et Angeli, et barbara regna in profundum pelagi demergentur. Religio Camaldrensis[1], et Cartusiensis, et Cluniacensis, et Grandimontensis, et Cisterciensis, et Praemonstratensis, aliaque innumerabilia servorum, et ancillarum Dei collegia, necesse est, ut sub uno turbine corruant in abyssum. Episcopos, et abbates, et reliquos Ecclesiae principes collo praecipiti mola asinaria alligata pelagus vorax excipiet. Solus ex principibus mundi arcam Petri intravit iste Rogerius, et caeteris omnibus enecatis, solus ipse salvabitur ? Absit ut totius mundi religio pereat, et ambitio Petri, cujus vita palam est qualis exstiterit, regnum coelorum obtineat. »

46. Ad haec verba non se poterant ultra, qui praesentes aderant, continere, sed abominati sunt et vitam Petri Leonis, et causam. Abbas autem tenens manum Petri Pisani elevavit eum, et simul ipse surrexit, « Tutiorem, inquiens, si mihi credas, intrabimus arcam. » Et sicut jam pridem mente conceperat, salutaribus illum aggrediens monitis, cooperante gratia Dei, protinus persuasit, ut ad Urbem rediens, Innocentio papae reconciliaretur. Soluta concione, rex necdum voluit obedire, quia sancti Petri patrimonium, quod in Cassinensi et Beneventana provincia amplissimum est, cupidus occupaverat, putabatque hujusmodi suspensionibus aliqua a Romanis extorquere privilegia, per quae in jus proprium deinceps sibi stabiliretur haereditas. Sic Herodes visum Salvatorem contempsit, et quem desideravit absentem, contempsit praesentem. Sic omnipotens Deus claritatem, quam accepit a Patre, dedit hominibus, et contemnentes se facit inglorios, et erigit in sublime humiliatos. Igitur circa curationem cujusdam viri nobilis, et in urbe Salernitana notissimi, succumbentibus medicis, quorum ibi praecipue ars viget et studium, eidem viro de medicorum auxilio desperanti, noctu quidam per somnium apparens intimaverit advenisse Salernum Virum sanctum, et in curationibus efficacem. Hunc inquirere jubetur, et de lavacro manuum ejus bibere. Quaesivit, invenit, aquam petiit, bibit, convaluit. Hoc verbum per totam urbem divulgatum, ad aures regis et procerum ejus pervenit. Cum omnium igitur populorum favore, solo rege in malitia permanente, abbas Romam revertitur : praedictum quoque Petrum Pisanum, et quosdam alios reconciliat Ecclesiae, et Innocentio papae confoederat.

47. Advenerat tempus, in quo completa Amorrhaei malitia angelus percutiens gladium jam vibrabat, et pertransiens domos, quarum superliminaria sanguis Agni imbuerat, ad domum Petri Leonis veniens, salu-

[1] Camaldensis.

salut. Il frappa donc ce malheureux, qui ne mourut pourtant pas sur le coup; il eut encore trois jours pour faire pénitence. Mais, ayant abusé de la patience de Dieu, il mourut en désespéré, dans son péché. On l'enterra sans pompe comme un malheureux, au milieu des ténèbres, et, jusqu'à ce jour, les catholiques ignorent en quel endroit on a déposé son corps. Toutefois, son parti établit un autre pape. Victor, après lui, moins pour perpétuer le schisme, que dans le but de se donner le temps d'attendre une occasion favorable pour faire sa réconciliation avec le pape Innocent, occasion que Jésus-Christ ne tarda pas beaucoup à faire naître par les mains de son serviteur. En effet, le ridicule pontife qui avait succédé à Pierre de Léon vint trouver l'homme de Dieu pendant la nuit. Bernard lui fit dépouiller les insignes du pontificat qu'il avait usurpés, et le conduisit ensuite aux pieds du seigneur Innocent. Quand cela fut fait, toute la ville se laissa aller à des transports de joie, Innocent avait recouvré son Église, et le peuple de Rome révéra en lui son pasteur et son seigneur. L'abbé de Clairvaux est traité avec un respect extraordinaire, tous le regardent comme l'auteur de la paix, et lui donnent le nom de père de la patrie. Il ne peut sortir, qu'une troupe de nobles ne l'accompagne, le peuple l'acclame sur son passage, les dames marchent à sa suite, et tout le monde s'empresse à lui être agréable. Mais, lui, combien de temps supporta-t-il ces honneurs? Combien de temps jouit-il du repos après tant de fatigues? Il n'en prit même pas un jour pour une année de travail. Une fois le calme et la paix rétablis, c'est à peine si on put le retenir cinq jours encore, après sept années et plus de peines passées à raccommoder les déchirements du schisme. Quand il partit, Rome entière se précipita sur ses pas : le clergé lui fit la conduite, le peuple l'entourait et la noblesse l'accompagnait. Son départ fut un deuil général, parce qu'il était l'objet de l'affection de tout le monde. — On pleurait derrière lui, on lui demandait sa bénédiction, et on se recommandait avec toute la dévotion possible à ses prières.

48. Ainsi donc, la paix étant consolidée, l'homme de Dieu prit congé d'Innocent et partit de Rome; son retour causa une joie immense aux siens, qui le reçurent avec dévotion et actions de grâces. Cependant, à Rome, Innocent règle tout avec plein pouvoir. On vient de toutes parts visiter la ville éternelle ; les uns y viennent conduits par les affaires, les autres pour y partager la joie commune. On fait des processions solennelles d'une église à l'autre, et, depuis qu'on a mis bas les armes, le peuple entier accourt pour entendre la parole de Dieu; aussi ne tarde-t-on pas à revoir régner l'opulence dans cette ville où la misère avait été si grande, la paix ramène et fait revenir ce que la discorde avait éloigné. On laboure les plaines qui avaient été abandonnées, on fertilise les déserts, chacun a sa vigne et son figuier à l'ombre desquels il se repose. On n'entend plus le pas des patrouilles de nuit, les portes restent ouvertes, la crainte ne règne plus nulle part. Avec le temps, Innocent relève les églises de leurs ruines, rappelle les exilés, rétablit les anciennes servitudes des églises, et rend à ceux qui en avaient été chassés leurs colonies dévastées, puis il ajoute à tout cela des dons en rapport avec les besoins. Il établit un monastère aux Trois-

---

tare in ea non reperit signum. Percussit igitur miserum, nec tamen illico defungitur: sed datur per triduum pœnitentiæ locus. Ille patientia Dei abutitur, et in peccato suo moritur desperatus. Miserabili pompa corpus ejus effertur, cadaver ejus in latebris sepelitur, et usque hodie fovea illa a catholicis ignoratur. Attamen pars ipsius, papam sibi pro illo alterum statuerunt * : non tam ex pertinacia schismatis, quam ut opportunius per aliquam temporis moram papæ Innocentio reconciliarentur, quod sine mora per manum servi sui Christus operatus est. Nam et ipse ridiculus pontifex, Petri Leonis hæres, ad eumdem virum Dei nocte se contulit ; et ille quidem nudatum eum usurpatis insignibus ad domini Innocentii pedes adduxit. Quo facto civitas gratulabunda lætatur, Innocentio ecclesia redditur, Romanus populus ut pastorem et dominum Innocentium veneratur. Abbas Claræ-vallis in mira reverentia habetur, ab omnibus auctor pacis, et pater patriæ prædicatur. Procedentem viri nobiles prosequuntur, acclamat populus, matronæ sequuntur, et omnes ei prompto animo obsequuntur. Sed quandiu ille gloriam toleravit ? quandiu ex fructibus est post tam diuturnum laborem ? Nec diem pro anno recipere acquievit. Sedatis omnibus et compositis, vix quinque dies teneri potuit, qui septem annis et ultra pro resarcienda eadem scissione sudavit. Exeuntem Roma prosequitur, deducit Clerus, concurrit populus, universa nobilitas comitatur. Nec poterat sine communi mœrore dimitti, qui colebatur amore communi. (Lacrymantur post eum, et se ab eo postulant benedici, et orationibus ejus cum omni devotione se commendant).

48. Accepta ergo ab Innocentio licentia, confirmata pace, Vir * Dei regreditur ; et maximum domi reportans gaudium, a fratribus cum gratiarum actione devote suscipitur. Interea Romæ Innocentius potestative agenda disponit, undique visitatores occurrunt. Alii cum negotiis, alii tantum gratia congaudendi adveniunt. Processiones per ecclesias solemniter celebrantur, depositis armis ad audiendum verbum Domini plebes accurrunt. Post multifarias egestates in brevi civitas opulenta refloret ; quæ discordiæ tempore distracta fuerant, pax solidata reducit et revocat. Arantur solitudines, et deserta pinguescunt. Requiescunt singuli sub vite et ficulnea sua ; nocturnæ silent excubiæ, et apertis januis, omnis timor excluditur. Dato tempore Innocentius Ecclesiæ ruinas restaurat, recolligit exules, ecclesiis antiqua servitia, depopulatas colonias expulsis restituit, insuper et congrua dona largitur. Monasterium etiam apud

Fontaines[a], en l'honneur du saint martyr Anastase ; il existait bien auparavant, mais à cette époque il ne s'y trouvait plus de communauté réunie. Le pape fit donc construire des cellules monacales, réforma la communauté et lui assigna pour la faire subsister des maisons des champs et des vignes, puis il demanda à l'abbé de Clairvaux de lui envoyer quelques uns de ses religieux, ce qu'il obtint. En effet, l'abbé de Clairvaux lui envoya Bernard, qui avait été vidame de l'Église de Pise, et plusieurs religieux pour servir le Seigneur sous sa conduite et selon la règle de saint Benoît. Cette colonie prospéra rapidement et, par l'adjonction de plusieurs hommes du pays, elle vit le nombre de ses membres s'accroître ; de bons pâturages ne tardèrent pas à y faire régner une grande aisance.

(nom en marge : gauelle)

CHAPITRE VIII.

Prélats donnés à l'Église par l'abbaye de Clairvaux, piété insigne du comte de Thibaut, ses tribulations, elles sont grandes.

49. De retour chez lui, le saint abbé reprit son cher épithalame. En même temps, des religieux, attirés par la bonne odeur de sainteté que répand partout la maison de Clairvaux, se sentent portés dans tout le pays à fonder de nouveaux monastères. Ceux qui sont déjà fondés et établis se soumettent à Clairvaux et embrassent son genre de vie plus sévère. En même temps, les villes épiscopales de diverses contrées envient le bonheur d'avoir des évêques tirés de cet ordre. Au premier rang on peut citer Rome même, qui en reçut un souverain pontife, Palestrine en eut un évêque plein de modestie, nommé Étienne ; Ostie, un grand homme, nommé Hugues. La Cour de Rome compta deux de ses membres tirés de la même source, Henri et Bernard, l'un cardinal diacre et l'autre cardinal prêtre. Près de Rome, le siége de Nepa refleurit sous Humbert. En Toscane, on vit briller une des grandes lumières de l'Église, Baudoin, évêque de Pise, son pays natal, dont il fit la gloire. En deçà des Alpes, Lausanne eut Amédée pour évêque, Lyon eut Garin ; Langres, Geoffroy ; Autun, Alain ; Nantes, Bernard ; Beauvais, Henri ; Tournai, Giraud ; Évreux, Henri. L'Irlande compta aussi deux évêques de cet ordre, deux évêques chrétiens de nom et de vie. En Allemagne, on vit, à Coire, Algot, évêque aussi vénérable pour sa sagesse que pour son âge et sa grâce. Toutes ces lumières furent tirées de Clairvaux, pour aller briller de leur pur éclat dans les villes que nous venons de citer, et jeter un lustre admirable sur les fonctions épiscopales, car tous ces hommes devinrent des modèles de vie et de doctrine pour les autres et ne cessèrent de se montrer plein d'humilité dans leur élévation.

50. A la mort du pape Innocent, Célestin et Luce se succédèrent rapidement dans la chaire de Pierre, qu'ils laissèrent à Bernard, que nous avons vu plus haut ordonné abbé de Saint-Anastase, et qui, devenu pape, prit le nom d'Eugène III. Une sédition s'étant élevée dans le peuple, il secoua sur les révoltés la poussière de ses pieds, s'éloigna d'eux et vint en France, attendre au sein de la paix que, après s'être mordus, déchirés et consumés les uns

[a] Honorius I avait élevé un monastère dans cet endroit en 626.

Aquas-Salvias in sancti Anastasii martyris honore constituit ; quod quidem ibi prius fuerat, sed hoc tempore sola ecclesia deerat habitator. Constructis itaque coenobialibus mansionibus, et reformata ecclesia, assignatis etiam ad alimonias domibus, agris, et vineis, a Clara-valle abbatem et conventum fratrum sibi mitti dominus papa petiit, et obtinuit. Mittitur ergo Bernardus, Pisanæ olim ecclesiæ vice-dominus, et religiosi cum eo fratres, qui secundum beati Benedicti regulam in eodem loco Domino deservirent. Cito profecit illa plantatio, et associatis sibi viris indigenis, servorum Dei multiplicatus est numerus ; et pascua congrua nutrimentis multiplex in brevi produxere peculium.

CAPUT VIII.

De Præsulibus Ecclesiæ e Clara-valle progenitis. De insigni pietate Comitis Theobaldi, ejusque gravi tribulatione.

49. Abbas sanctus ad studia sua reversus, dilectum amplectitur epithalamium. E diversis etiam regionibus odore religionis illius ubique diffuso, fratres ad fundanda monasteria invitantur. Fundata quoque et statuta ditioni ejus sese subjiciunt, et arctioris ineunt regulas disciplinæ. Sed et diversarum regionum civitates ex hoc collegio meruere episcopos. In primis Roma summo ornatur pontifice. Præneste Stephanum habuit totius modestiæ virum. Ostia virum magnum Hugonem. In ipsa quoque Romana curia Henricus, et Bernardus, alter presbyter, alter diaconus ordinati sunt cardinales. Prope urbem Romam Nepa quoque sub Huberto refloruit. In Tuscia, Pisis natalis soli gloria, et magnum Ecclesiæ lumen Balduinus effulsit. Citra Alpes Lausannæ datus est Amedeus ; Seduno Garinus, Lingonis Godefridus, Actisiodoro Alanus, Nannetis Bernardus, Belvaco Henricus, Tornaco Giraldus, Eboraco Henricus. In Hibernia duo episcopi, re et nomine Christiani. In Alemannia civitate curiæ Algotus, sapientia, ætate et gratia reverendus. Hæc luminaria de Clara-valle assumpta fulgore puro prædictas urbes sua illustravere præsentia, et pastoralis officii elucidantes gloriam, exemplum cæteris episcopis facti sunt doctrinæ et vitæ, et in altitudine sua semper humiles constiterunt.

50. Defuncto siquidem Innocentio papa, et successoribus ejus Cælestino et Lucio quam velociter consummatis, Bernardus quem prius apud sanctum Anastasium abbatem diximus ordinatum, papa urbis efficitur, et Eugenius tertius appellatur. Hic seditione orta in populo, pulverem pedum in litigantes excussit, et relictis eis, in Franciam venit. Cumque se Romæ

les autres, fatigués de leurs luttes continuelles, et abattus par le mal qu'ils se faisaient, ils regrettassent son absence et le rappellassent parmi eux. Dans l'intervalle il célébra un concile à Reims, fit une humble visite à Clairvaux, et donna aux pauvres religieux qui y étaient assemblés le spectacle de la pompe du pontificat romain. Tous admirèrent une aussi constante humilité dans un pareil degré d'élévation, et la force avec laquelle il conserva son premier genre de vie au comble des dignités, sachant allier, au dehors, l'éclat d'une grande humilité dans ses fonctions à la grandeur du rang, sans rien perdre de sa force au dedans. Il portait sur la peau une tunique de laine[a], et, ni le jour, ni la nuit, en marche ou au lit, il ne quittait la coule. Dans l'intérieur de ses appartements il portait toujours l'habit religieux, dehors il montrait qu'il était pape, par sa mise et par ses mœurs, conciliant ainsi deux choses bien difficiles, la manière d'être de deux états bien différents dans un même homme. Les coussins dont il était entouré étaient recouverts de carreaux de broderie, son lit était couvert d'un couvre-pieds et entouré de rideaux de pourpre, mais, si on les écartait on trouvait, sous la laine, des nattes et une paillasse. L'homme ne voit que le dehors, Dieu seul voit les cœurs, il avait donc soin que ce qu'il faisait fût également bien aux yeux des hommes et à ceux de Dieu. Il adressa la parole aux religieux, mais non point sans verser des larmes, et, entrecoupant ses discours de soupirs tirés du fond de son cœur, il les exhorta et les consola, il se montra parmi eux comme un frère et un compagnon, non point comme un seigneur ou un maître. Le nombre considérable de gens qui composaient sa suite ne lui permettant pas de demeurer plus longtemps à Clairvaux, il prit congé des frères et se sépara d'eux pour reprendre le chemin de l'Italie et retourner à Rome.

51. Le saint écrivit pour le même pape un livre d'une grande profondeur, où, après avoir passé en revue avec un très-grand soin et une grande pénétration les choses qui entourent le souverain pontife et celles qui sont placées au dessous de lui, il s'élève ensuite à celles qui sont au dessus de lui et parle de la nature divine, en termes tels qu'il semblerait qu'il a été ravi jusqu'au troisième ciel, où il aurait entendu un langage qu'il n'est pas donné à l'homme de reproduire et vu le Roi de gloire dans toute sa splendeur. Parmi les choses qui sont autour du pontife et au dessous de lui, il distingue le rapport des mœurs, l'égalité de la nature, la distance des offices, la considération des mérites, le discernement des honneurs, et il recommande en chaque genre de se bien connaître soi-même. Parmi les choses qui sont au dessus de l'homme, il considère les cieux, non pas à la manière des anges qui sont constamment attachés à Dieu, mais à la manière dont un homme d'une âme pure et d'une conscience irréprochable peut toucher aux choses de Dieu, et que le sacerdoce temporel peut se rapprocher de la hiérarchie céleste. Car, s'il est constant que, dans la milice du ciel, il y a des esprits qui sont les princes des autres, et qu'il y en a d'autres qui sont chargés d'un ministère, pour être délégués

---

[a] Admirez l'esprit religieux dans un souverain pontife; ce n'est pas une chemise, mais une tunique de laine qu'il porte sur la peau, et il ne quittait pas sa coule même au lit pendant la nuit. Il ne portait point le scapulaire, ce qui n'était pas permis alors, au témoignage de Herbert, dans le livre II des Merveilles de Citeaux, chapitre XXXV. On permit à saint Bernard, à cause de ses infirmités, de se servir de chemises et de bonnets de laine. Voir plus loin, livre III, n. 5.

---

comederent ac morderent, et se invicem consumerent, exspectavit in pace, donec fatigati conflictibus et damnis afflicti, ejus præsentiam cuperent et optarent. Qui interim celebrato Remis concilio Claram-vallem humiliter visitat, et gloriam pontificatus romani pauperum representabat aspectibus. Mirantur omnes in tanta altitudine humilitatem immobilem, et in tam excellenti culmine proposito sancti permanere virtutem; ut altitudini sociata humilitas pro officio exterius splendeat, et pro virtute nequaquam interius inanescat. Adhærebat carni ejus lanea tunica, et diebus ac noctibus cuculla vestitus sic ibat, et sic cubabat. Intus monachi habitum retinens, extra se pontificem et moribus, et vestibus exhibebat; rem difficilem agens, diversarum in uno homine proprietatem exprimens personarum. Segmentata ei circumferebantur pulvinaria; Lectus ejus palliis opertus cortina ambiebatur purpurea; sed si revolveres operimenta, invenires superjectis laneis complosa stramina, et paleas conglobatas. Homo in facie, Deus videt in corde; ipse vero bona coram Deo, et hominibus providebat. Alloquitur fratres non sine lacrymis; miscens sermonibus avulsa a corde suspiria, hortatur et consolatur, et se inter eos fratrem et socium, non dominum exhibet, vel magistrum. Cumque ibi morari diutius non pateretur magna eum prosequens comitantium multitudo, salutatis fratribus iter in Italiam dirigens abscessit, et ad urbem pervenit.

51. Scripsit ad eumdem papam vir sanctus multæ subtilitatis *librum, in quo acutissima indagatione tam ea quæ circa eum, quam quæ infra sunt, prosequens, etiam ad ea, quæ supra ipsum sunt, ascendens, tanta de natura divina disseruit, ut videatur in tertium cœlum assumptus audisse quædam verba, quæ non licet homini loqui, et Regem in decore suo vidisse. In his quæ infra, et quæ circa ipsum sunt, morum societas, naturæ æqualitas, officiorum distantia, consideratio meritorum, dijudicatio provectuum subtilissime distinguitur, et singulis in suo genere sui cognitio intimatur. In his quæ supra hominem sunt, speculatur cœlestia, non eo modo, quo angeli, qui semper adhærent Deo, considerant, sed eo modo, quo potest homo puri animi et mentis sinceræ divina contingere, et conformari hierarchiæ cœlesti sacerdotium temporale. Cum enim in cœlesti militia constet alios aliis principari, et ministeriales spiritus, ad nutum superiorum potestatum, ad diversa officia delegari; quidam vicinius assistentes ab ipso

à différents offices au gré des puissances supérieures, que ceux qui sont plus près de Dieu reçoivent de sa bouche les choses qu'ils doivent signifier ou faire faire aux autres, et que l'homme exige qu'on respecte sa prééminence, il faut tout rapporter à l'honneur de la puissance suprême. En effet, si l'homme doit être soumis à l'homme et les esprits aux esprits, il faut à plus forte raison se soumettre à Dieu, de qui vient cette prélature et dont les leçons ont appris à l'homme non-seulement à se connaître, mais encore lui ont enseigné dans une certaine mesure les moyens d'arriver par la foi et l'espérance à la contemplation de Dieu. L'homme de Dieu, pour ne point perdre les inspirations qui lui venaient du ciel, les dictait ordinairement; quelquefois aussi il les écrivait sur des tablettes de cire — auxquelles il rendait leur miel et même un miel plus doux que celui qu'elles avaient renfermé d'abord. — Il apaisait les différents qui s'élevaient entre les maisons religieuses, et, s'il arrivait à quelques membres du clergé de faire les uns contre les autres des appels hors de propos, il arrangeait tout avec de douces et bonnes paroles. Quelquefois aussi il prenait le ton sévère de la réprimande et ramenait ainsi le calme, apaisait les tempêtes, en sorte que ceux qui dans le principe étaient venus à lui pleins d'animation, la bile allumée et la menace à la bouche s'en retournaient tout pacifiques.

52. On vit entre autres grands personnages, le comte Thibaut s'attacher à lui et lui témoigner son affection par des œuvres, car il consacra au service de Clairvaux sa personne et ses biens, remit son âme entre les mains de l'abbé, et descendant du rang princier il se montra, non le maître mais le compagnon des serviteurs de Dieu, au point d'obéir à tout ce que les derniers même de cette maison demandaient de lui. Il achetait donc des fonds de terre, construisait des maisons, fournissait aux dépenses des nouvelles abbayes et semait l'argent partout où les religieux jetaient de nouvelles racines. Il ne se contenta pas comme Salomon à Jérusalem d'élever une seule maison à Dieu, mais partout où des membres de cette congrégation s'établissaient, il avait soin de pourvoir à leurs besoins; il lui semblait que c'était à Jésus-Christ même, présent sur la terre, qu'il donnait une demeure. Il s'était même mis à la discrétion de l'homme de Dieu, qui n'avait qu'un mot à dire pour qu'il fournît à quiconque en avait besoin les ressources nécessaires pour les œuvres de Dieu. Aussi, l'abbé, en voyant les bonnes dispositions de son cœur, enflammait sa piété : il s'efforça de le rendre particulièrement favorable aux domestiques de la foi, lui conseilla d'élever des temples immortels et de dispenser si bien ses aumônes, qu'elles produisissent de nouvelles ressources pour en faire d'autres, comme si elles renaissaient d'elles-mêmes. Ensuite, il lui apprit à venir charitablement en aide par tous les moyens possibles à ces pauvres que les aiguillons de la pauvreté, comme des guêpes piquantes, forçaient à se répandre çà et là; il l'engagea à procurer aux uns des vêtements, et aux autres de quoi subsister; il lui donna la pensée de visiter par lui-même les hôpitaux et de ne point craindre la vue de la souffrance, car il y avait pour lui un double mérite à la voir et à la secourir, à consoler les malades et à les rendre à la santé. Il lui apprit aussi à humilier l'oppresseur du pauvre, à défendre la veuve et l'orphelin, à compa-

---

accipiunt, quæ aliis, vel agenda, vel intelligenda insinuent. Cumque exigat homo præpositurae suae reverentiam exhiberi, ad honorem summæ potestatis cuncta referri necesse est; quia cum sit subditus homini homo, vel spiritui spiritus; subdi maxime oportet Deo, de cujus munere datur ista prælatio, et quo docente fit, ut pateat homini tam cognitio sui, quam per fidem et spem ad divinam contemplationem pro modo data et indulta accessio. Dictabat vir Dei, et nonnunquam scribebat, in tabulis cereis (mella restituens, et quidem gratiora prioribus), non patiebatur perire inspirata sibi divinitus. Sedabat lites ecclesiarum, et appellationes importunas, quas inter se discordes clerici concitabant, blando spiramine componebat. Interdum etiam durius increpante eo, redibat tranquillitas, et detumescentibus procellis, qui seditiosi ante eum venerant, et bile diffusa scaturientes declamationibus, pacifici revertebantur.

52. Adhæsit ei præ cæteris quidem principibus comes Theobaldus, et dilectionem opere prosecutus, et se, et sua in subsidia Claræ-vallis exposuit, et in manibus abbatis posuit animam suam, deposita altitudine principali, se inter servos Dei conservum exhibens, non dominum; ut obediret ad omnia, quæcumque domus illius infimi postularent[*]. Emebat igitur fundos, construebat domos, abbatiis novis præbebat impensas; et ubicumque servi Dei extendissent propagines, delegabat pecunias; non unam domum, sicut Salomon Jerosolymis, statuens; sed ubicumque hujus schematis consedissent personæ, satagebat eis ministrare necessaria, quasi Christo in terris præsenti propriam faceret mansionem. Sed et hoc in arbitrio Viri Dei posuit, ut quibuscumque egentibus eo mandante ad opus Dei sumptus præberet. Videns igitur abbas promptum principis animum, pietatem accendit, et maxime quidem domesticis fidei voluit eum esse obnoxium; et immortalia templa fundare consuluit, et eleemosynas ea sagacitate disponere, ut semper fructificantes redivivis et renascentibus accessionibus novas semper eleemosynas parturirent. Deinde egenis, quos hac atque illac quasi vespæ pungentes stimuli paupertatis exagitabant, omnimodis docuit misereri; aliis indumenta, aliis alimenta largiri monuit, et suggessit, ut per seipsum xenodochia visitaret, nec horreret aspectu[*] languentium; quia in hoc duplicaretur clementiæ bonum, si et videret, et foveret; si consolaretur, et reficeret. Humiliare pauperum oppressores, defendere pupillum et viduam, misereri et

al. impetrassent.

al. aspectu

tir et à prêter aux malheureux, à régler ses paroles avec jugement, à pourvoir au repos de l'Église, et à comprendre que la raison du glaive était la moindre prérogative de son rang, dont la plus belle était l'obligation, à cause de son titre de prince, de travailler à honorer les bons et à punir les méchants.

53. C'est en écoutant ces avis salutaires, et beaucoup d'autres du même genre, que ce prince raisonnable remplaça le luxe de sa cour et le faste de la grandeur par l'humilité et la simplicité. Personne n'osait en sa présence dire ou faire quelque chose qui ne fût pas convenable; au contraire, tous ses gens cherchant à lui faire leur cour par ce moyen, s'évertuaient à faire, soit par calcul, soit de bon cœur, tout ce qu'ils savaient de nature à plaire à leur seigneur. Aussi, amenaient-ils auprès de sa personne, pour lui parler familièrement, des pauvres victimes de la calomnie; s'il y avait quelques malades étendus dans les places publiques, ils allaient l'en informer, ils lui faisaient connaître tous ceux qui se trouvaient dans l'infortune ou la misère, et lui, de son côté, se montrait heureux de l'occasion qui lui était donnée de faire des œuvres de charité, et il comblait de ses bienfaits d'une manière toute particulière ceux qu'il voyait plus portés à ces sortes de choses. — Comme l'homme de Dieu ne voulut jamais permettre qu'aucun de ses religieux habitât à la cour de ce prince, même pour y travailler à cette sorte de bien, — le comte avait préposé à ses aumônes deux religieux de l'ordre de Prémontré, qui avaient pour emploi de parcourir les castels et les bourgs où il habitait, et de porter aux lépreux et aux malades de ces endroits, tant qu'il y restait, de grandes quantités d'aliments pris sur sa propre table, pour leur redonner des forces. Il faisait aussi par leurs mains aux autres pauvres des aumônes abondantes et proportionnées à chacun, soit en vivres, soit en vêtements. Pour cela il leur donna, dans son propre palais, une telle autorité, qu'ils pouvaient ordonner ce qu'ils voulaient à ceux de ses gens qui étaient chargés de la cave, de la boulangerie, de la cuisine, et d'autres emplois, et prendre eux-mêmes ce qu'ils jugeaient à propos. Personne n'aurait osé les empêcher de faire ce qu'ils voulaient, ni faire entendre au comte qu'il les trouvait un peu trop prodigues de son bien. D'ailleurs ces religieux étaient des hommes craignant Dieu et non moins désireux de plaire à Dieu qu'au comte; mais ils se seraient reproché de mettre eux-mêmes des bornes à la munificence du prince, quand il leur enjoignait lui-même de faire pleinement la charité avec ses biens. Ils ne voulaient point non plus se montrer ingrats envers Dieu, en faisant les choses à demi, avec parcimonie, lorsque Dieu même voulaient qu'ils fussent des administrateurs aussi larges qu'empressés et que la bonté du prince pouvait suffire à ces largesses. Ces deux religieux avaient encore pour emploi de veiller à la bonne réception des moines et des religieux, que diverses affaires pouvaient amener à la cour du prince, et de pourvoir à leurs besoins de l'office et du grenier du comte. Pendant les grands froids de l'hiver, ils parcouraient la campagne avec des ballots d'effets et distribuaient aux pauvres habitants des villages des vêtements, des fourrures, des casaques de bure, des chaussures et même de la graisse de porc. Dans ce comté, il n'y avait point d'œuvre de miséricorde qu'on ne fît, et tous les naufrages de la fortune

---

commodare, sermones in judicio disponere, providere quieti Ecclesiæ, rationem gladii intelligere quasi elementarium instruxit, summam principalis officii et intimans, et hoc a principe requiri ex debito, ut laudi bonorum, et vindictæ malorum intendat.

53. Hæc et alia hujusmodi salubria monita homo rationabilis reverenter accipiens, luxum curiæ, et fastum altitudinis in humilitatem et honestatem convertit; nec erat qui in præsentia ejus auderet aliquid indecens vel agere, vel loqui; sed in hoc etiam ei placere studentes, sive ficto, sive puro animo ea, in quibus dominum suum delectari videbat, ipsi quoque sæpius factitabant. Introducebant igitur ad eum, qui familiarius ei assistebant, pauperes patientes calumniam, nuntiabant languentes in plateis jacentes, et quoscumque in amaritudine et miseria constitutos, et ipse oblata sibi occasione clementiæ lætabatur, et altiori gratia amplectebatur, quos de hujusmodi rebus videbat magis esse sollicitos. (Et quia suorum neminem vel in illa curia, vel pro causa illa vir Dei passus est demorari); duos religiosos viros de Præmonstratensi ordine evocatos eleemosynæ suæ proposuit, ad quorum curam spectaret circuire castella et vicos, in quibus ipse maneret; et de propria mensa languentes et leprosos, qui ibi manebant, quandiu in illis locis esset, abundanter refici jussit. Sed et aliis pauperibus largas, et congruas personis eleemosynas, sive in cibis, sive in vestibus, eorum ministerio donari instituit. Et illis quidem tantum in domo sua voluit esse dominium, ut potestative pincernis, et pistoribus, et coquis, et reliquis ministerialibus, quæ vellent juberent, quæ placeret tollerent; nec esset qui aliquid prohibere auderet, vel referret ad comitem, si in laiquo prodigi viderentur. Sed et viri illi timentes Deum, et tam ei placere, quam comiti cupientes, nec magnificentiam principis minuebant, qui charitatis plenitudinem de suis impleri præceperat; nec Deo ingrati esse volebant, si invenirentur desides et avari, ubi eos promptos et expeditos dispensatores esse, tam voluntas Dei, quam principis sufficiens bonitas injunxisset. Erat præterea horum officio deputatum, ut monachis et religiosis viris, quos ad curiam diversa mittebant negotia, hospitia providerent, et de penu et horreo comitis necessaria ministrarent. Circumferebant etiam rigente bruma, aptatis sarcinis, pauperum indumenta, et pelles, et birros, et calceamenta, in quibus nec axungia decrat, quæ per vicos indigis erogabant. Nullum in

trouvaient un refuge assuré dans ce port. Aux époques de famine, le comte ne vendait pas le blé au peuple comme un autre Pharaon, et n'achetait point au prix des vivres qu'il cédait la liberté de l'Égypte, pour la réduire en servitude, mais, sur les conseils du saint, du divin abbé, qui était pour lui un autre Joseph, il ouvrait ses greniers aux pauvres pour rien; il n'enlevait donc point au peuple l'argent qu'il avait, il n'avait pas recours à la ruse pour profiter de sa détresse, et, après avoir accaparé toute la fortune publique, il n'accumulait point dans la terre ses trésors particuliers. Au contraire, il aimait bien mieux se faire des trésors dans le ciel, par ses inépuisables largesses et ses distributions empressées de secours en argent et en nature.

54. Toutefois, cet homme dont toutes les aspirations étaient pour le ciel, ne fut pas épargné par les épreuves; il en eut même une bien grande et bien horrible. Le roi de France, et les grands du royaume vinrent l'attaquer; tout le pays fut ému et dans la consternation. On aurait dit que Dieu était irrité contre lui, tant les envahisseurs de ses états promenèrent presque partout le ravage et l'incendie. L'armée du roi se répandit dans tout le pays et sema la dévastation partout sur son passage. Il n'était pas sûr pour le comte de tenter d'opposer quelque résistance, ou d'arrêter la marche des envahisseurs, car ses propres sujets, ou l'avaient abandonné et s'étaient ouvertement déclarés contre lui, ou n'étaient demeurés auprès de lui que pour lui tendre des pièges, plutôt que pour le défendre. De tous côtés, il n'y avait pour lui que des embûches également à craindre; car il ne pouvait pourvoir à sa sûreté chez lui, ni à ce que demandaient les circonstances au dehors, attendu qu'il ne savait pas sur qui compter, et qu'il ne redoutait pas moins la perfidie des transfuges que la duplicité de ses propres gens. Au milieu de ces angoisses, il se tourna vers le Seigneur et chercha du secours au ciel. Il manda donc auprès de lui l'homme de Dieu, à qui surtout il aimait à demander conseil, et, plein d'espérance en la miséricorde de Dieu, il reçut du saint cette réponse : « Dieu châtie le fils qu'il accueille (*Prov.* III, 12), et ces châtiments purifient ou éprouvent l'âme. Job fut plus glorieux sur son fumier (*Job.* II), qu'il ne l'aurait été sur un trône plein de santé et environné d'une troupe de gardes. Le Saint lui montra comment Salomon devint pécheur au sein du repos, et comment il abusa du bien de la paix pour tomber dans le vice, tandis que David, son père, poursuivi par son fils Absalon et par Israël tout entier soulevé contre lui, était demeuré dans la grâce de Dieu. Il lui rappela aussi que Satan avait soufflété l'Apôtre et que ce dernier, en demeurant inébranlable dans l'épreuve, mérita d'entendre ces paroles, *la force se perfectionne dans la faiblesse*, car la prospérité annoblit l'homme et l'adversité le fait mettre sur ses gardes. »

55. En entendant ce langage, le vénérable comte, poussé par un mouvement de magnificence, se fit apporter aussitôt deux vases d'or d'un poids considérable et d'un travail admirable, où l'on voyait enchâssées des pierres précieuses du plus grand prix. Son oncle, le roi d'Angleterre, Henri, avait coutume de les faire déposer devant lui sur sa table, pour donner une idée de sa gloire et de ses richesses, le jour où il célébrait la fête de son couronnement. Déracinant de son cœur son attache-

---

comitatu illo clementiæ deerat opus; ad portum illum naufragi omnes tutum habebant refugium. Temporibus famis non sicut Pharao frumenta venumdedit populo, nec in servitutem sibi erogatis annonis subjecit Ægyptum; sed abbate sancto, quasi altero Joseph, diviniore usus consiliario, gratis egenis aperuit horrea, nec exhausit pecunia populum, nec astu circumvenit afflictos, nec re publica ad se translata, privatos in terra cumulavit thesauros; sed in cœlo potius thesaurizans infatigabilis distributor, cum magna alacritate et pecunias distribuit, et annonas.

54. Nec defuit viro, inhianti cœlestibus, magni ponderis et horrenda tentatio; sed aggressus est eum tam rex, quam principes, et commota est et contremuit terra; et quasi iratus esset ei Deus, rapinis et incendiis fere omnia ad eum pertinentia depopulatoribus exposita erant, et operuit faciem terræ regis exercitus, et passim omnia vastabantur. Nec erat ei tutum resistere, vel obviare persecutoribus; quia et sui deseruerant eum, manifeste infestantes, et qui remanserant, in insidiis, non ad subsidia erant. Undique angustiæ graves, quia nec domi sibi cavere, nec extra poterat congrua providere, cum omnino qui sui essent, nesciret; et tam de perfidia refugarum, quam de duplicitate suorum prorsus diffideret. Inter has autem augustias conversus ad Dominum, et de cœlo quæsivit auxilium; et accito viro Dei, cujus consilio maxime utebatur, nec desperans de misericordia Dei, hoc ex ejus responsione accepit, « ut intelligeret, quia flagellat Deus omnem filium quem recipit; et hujusmodi correctiones vel purgant, vel probant animam; et gloriosiorem fuisse Job cum sederet in sterquilinio, quam fuisset, cum circumstante exercitu sedisset illæsus in solio. Ostendit ei vir sanctus Salomonem peccasse in otio, et abusum bono pacis defluxisse in vitia; cum David pater ejus, Absalon filio persequente, et universo Israel adversus eum armato, permansisset in gratia. Intimavit etiam quomodo ipsum Satanas colaphizarit Apostolum, in qua tribulatione immobiliter perseverans illud meruit audire, quia *virtus in infirmitate perficitur*, et qui in præsenti vita segniores nos faciunt prospera, et circumspectiores adversa. »

55. Audiens hæc venerabilis comes, magnifice animatus, duo immensi ponderis et miri operis vasa aurea (in quibus pretiosissimæ gemmæ habebantur inclusæ, quæ in solemnitate coronæ suæ rex Angelo-

ment à ces objets, il fait retirer les pierres précieuses * de leur place, et briser les vases pour les vendre, avec la pensée d'élever au Seigneur, avec le prix qu'il en tirerait, des tabernacles qui fussent plus chers au cœur de Dieu que l'or et la topaze. Cependant, Amalech ne cessait point d'attaquer Israël, mais Moïse, les mains élevées au ciel, finit par obtenir la victoire; les ennemis se retirèrent, et le saint abbé, qui les suivait avec sollicitude, pendant que ses frères adressaient leurs vœux au Seigneur et pleuraient à la maison, se précipita au milieu des bataillons, et devint l'instrument de la reconciliation au milieu des fureurs déchaînées. Il invoqua le nom de Dieu; alors, la tempête se calme, la paix se rétablit entre le prince et le roi, et on vit refleurir la paix au visage serein, si longtemps regrettée.

* Peut-être s'agit-il ici des deux pierres précieuses que Suger avait achetées à deux abbés de l'ordre de Cîteaux, et dont il est parlé au livre de son Administration, chapitre xxxii. Le même auteur rapporte que le comte Thibaut fit présent de deux hyacinthes rouges à à l'abbaye de Saint-Denis, pour le jour de la dédicace de l'église de ce monastère, ainsi qu'il est dit dans Duchesne, t. IV, page 366.

FIN DU SECOND LIVRE.

rum Henricus, avunculus ejus, ad ostentationem divitiarum suarum et gloriæ suæ, in mensa coram se habere consueverat) sub omni celeritate proferre jussit in medium; et a corde suo delectationem hujusmodi avellens, gemmas a retinaculis suis jussit abstrahi, et aurum confringi præcepit, ut venderetur, et de pretio eorum dilecta Domino super aurum et topazion tabernacula fundarentur. Nec desistebat Amalech ab infestatione Israel; sed Moyses elevatis in cœlum manibus potitus est victoria, et retrahentibus se hostibus abbas sanctus sequester sollicitus, clamantibus ad Deum et domi plorantibus fratribus, irrupit in acies, et in tempore iracundiæ factus est reconciliatio, et allegationibus divinis intercurrentibus detumuere procellæ et reversa est inter regem et principem tranquillitas, et pacis desiderata serenitas.

FINIS LIBRI SECUNDI.

VIE DE SAINT BERNARD,

LIVRE III.

PAR GEOFFROY, QUI FUT MOINE DE CLAIRVAUX, SECRÉTAIRE DE SAINT BERNARD ET PLUS TARD ABBÉ.

PRÉFACE.

Des hommes distingués nous ont conservé dans leurs écrits, pour la gloire du Christ et l'édification de beaucoup, la mémoire de notre très-illustre père Bernard, abbé de Clairvaux. C'était un sujet fécond à traiter, et chacun selon son pouvoir et la plus ou moins grande connaissance des faits qu'il avait à raconter, nous a laissé le récit, sinon de sa vie toute entière, du moins de quelques parties de cette vie. Mais il semble à bien du monde que celui qui devait le moins garder le silence sur un tel homme, c'est l'enfant de sa sainteté, le fils de sa grâce, et le nourrisson de sa bienveillance, celui que la mort, et la mort seule a pu arracher de son sein, où il était demeuré près de treize ans entiers. Ce malheur, je ne puis ni m'en souvenir ni le rappeler, sans pousser des sanglots. Plût au ciel, Père saint, qu'il vous plaise encore aujourd'hui cet enfant, comme il semble avoir eu le bonheur de vous plaire autrefois pendant quelques années! Quel autre vous doit autant que moi, eut autant de dévouement pour vous, quel autre fut plus tout à vous que moi? La mort cruelle vous a touché, il est vrai, de sa dent meurtrière, mais elle ne vous a pas dévoré tout entier: elle a tranché dans le vif, mais elle n'a pu vous déraciner d'ici; elle n'a pris après tout dans sa fureur que la part qui lui revenait. Elle ne nous a ravi que votre vue, elle ne me prive que du bonheur de vous entendre et de vous rendre corporellement mes devoirs. Mais elle n'a pu m'ôter la certitude que, à présent encore, vous me protégez, ni l'espérance de vous revoir un jour; enfin, elle n'a point réussi à arracher de mon cœur ces sentimens d'affection filiale que le souvenir du passé y grave profondément. J'entreprends une œuvre bien grande, et je n'ignore pas que je n'ai ni la science, ni l'éloquence qu'il faudrait pour une telle entreprise, mais ni le génie d'Origène, ni la langue de Cicéron même, ne suffiraient à célébrer vos louanges comme elles le méritent, ni à raconter toutes les merveilles de votre

DE VITA S. BERNARDI ABBATIS

LIBER TERTIUS.

AUCTORE GAUFRIDO MONACHO QUONDAM CLARÆ-VALLENSI ET SANCTI BERNARDI NOTARIO, POSTEA ABBATE.

PRÆFATIO.

Clarissimi Patris nostri Bernardi Claræ-vallensis abbatis memoriam viri insignes, ad laudem Christi et multorum ædificationem, litteris commendarunt. Inventa sane materia uberi, prout cuique licuit, et certior ei gestorum innotuit veritas non eam totam, sed partes aliquas digessere. Videtur autem nonnullis, quod multo minus eum silere debuerat * puer sanctitatis ipsius, dignationis filius, benignitatis alumnus; quem ab ejus uberibus post annos circiter tredecim (quod sine singultu nec meminisse debeo, nec proferre queo) sola tandem, quæ sola potuit, mors avulsit. In quo tibi utinam sibi complaceat etiam nunc, pater sancte, sicut aliquando videbatur et aliquandiu complacere! Et quis alter tibi tam debitor, quis tam obnoxius, quis tam tuus? Momordit, fateor, et dure momordit mors improba, sed non totum pariter deglutivit. Amputavit, non exstirpavit; sine misericordia portionem, quæ se contingebat, accepit. Tulit aspectum, tulit eloquium, corporale etiam tulit obsequium; sed non rapuit fidem præsentis etiam nunc opitulationis, non absorbuit spem futuræ aliquando visionis, non denique in præteritorum memoria altius radicatum filialis absumpsit devotionis affectum. Cæterum mihi quidem, ut optime novi, præsertim tanto idonea operi, nec scientia, nec eloquentia suppetit. Sed tua sane magnalia, et tuas digne eloqui laudes, non Origenis ingenium, non

J. debeat.

vie. Il ne faut pourtant pas désespérer de trouver un lecteur qui s'attache plus au fruit qu'il peut retirer du récit de vos actions, qu'aux feuilles sans valeur où elles seront consignées; qui trouve plus de goût à la douceur des unes que de répugnance pour la sécheresse des autres et qui trouve les fruits de cette histoire bien plus délicieux que le style ne lui en semblera désagréable. Car on trouve toujours plus de sécurité et de sincérité dans le récit des choses que celui qui les rapporte a vues, que de celles qu'il a entendues, et les liqueurs qui passent dans un troisième vase s'aigrissent plus facilement. On boit aussi avec plus de plaisir l'eau puisée à la source, si faible qu'elle soit, mais qui jaillit sans cesse à pleins bords, que celle qu'on va prendre dans un ruisseau qui a déjà fait de longs détours, ou même dans un fleuve plus considérable. Aussi, laissant de côté les livres de ceux qui ont écrit sur les premières années ou sur le milieu de la vie de notre bienheureux Père, pour ne point paraître élever notre monument sur les fondements que d'autres ont posés, je bornerai mon récit aux choses dont pour la plupart j'ai été le témoin; cependant j'y intercallerai quelques faits, en petit nombre, qui m'auront été rapportés par quelques-uns de mes frères les plus dignes de foi, qui étaient présents quand ils se sont passés. Toutefois le lecteur trouvera cet ouvrage divisé en trois livres, dont le premier contiendra ce qui concerne la manière d'être, les mœurs et la doctrine de ce bienheureux père; le second, les nombreux prodiges qu'il a opérés, et le troisième le récit de sa sainte mort. Il faut aussi qu'on soit bien averti que dans le récit des faits et gestes de notre saint, je tiendrai plutôt compte des rapports de similitude que de l'ordre des temps. Et, en effet, on ne trouvera pas, dans mon ouvrage, ses miracles et ses autres actions remarquables racontés dans l'ordre où ils se sont produits, mais entremêlés de certains autres faits selon que l'occasion m'aura paru le demander, car toute composition qui s'éclaire et se fortifie d'exemples tirés du sujet même semble plus agréable et plus solide, il en est d'elle comme d'un monument soutenu par des colonnes bien proportionnées. J'ai aussi transposé certains faits pour les réunir à des faits semblables, et qui, étant de même espèce, se liaient mieux entre eux. Néanmoins, je ne me suis permis cela que dans les deux permiers livres, dans le troisième les événements suivent à peu près l'ordre des temps.

CHAPITRE I.
Aperçu des mœurs et des vertus de saint Bernard.

1. Le Dieu qui est toujours glorieux dans ses saints et admirable dans sa majesté a glorifié, comme tout le monde le sait, l'abbé de Clairvaux, son fidèle serviteur, par des prodiges et par des miracles innombrables. Mais le premier et le plus grand miracle qu'on vit en lui, ce fut lui-même, pour parler comme il a parlé de saint Malachie dans l'éloge qu'il nous en a laissé. D'un visage serein, de manières modestes, il était plein de circonspection dans ses paroles, de réserve dans ses actions, d'assiduité à la sainte méditation, de piété dans l'oraison et de confiance pour toute chose dans la prière, bien plus que dans toutes ses pro-

---

Ciceronis lingua sufficeret. Nec desperandum tamen, quod tuorum magis operum fructus carpere prudens Lector, quam verborum nostrorum folia indigna debebit; ut illorum magis suavitate gustata, quam istorum ariditate culpata, non tam nequiter ista mordeat, quam illos delectabiliter edat. Nam et securius, et sincerius visa solent, quam audita narrari; et in tertium vas tranfusa facillus coacescunt. Sed et dulcius ea bibitur aqua, quæ ab exiguo licet alveo fontis hauritur, quem confestim repleverit vena scaturiens, quam quæ ex rivo tollitur longius jam progresso, vel ex flumine etiam copioso. Inde est quod intactis eorum libris, qui de ejusdem beatissimi patris nostri initiis, seu etiam mediis conscripserunt, ne tanquam super alienum ædificasse videar fundamentum, circa ea potissimum noster sermo versatur, quibus pene omnibus præsens affui; interdum etiam, licet pauca, interserens, quæ fidelissima fratrum, qui aderant, relatione cognovi. Verumtamen opus istud libellis tribus partitum lector inveniet. Quorum primus quidem ea maxime quæ ad habitum, mores, atque doctrinam hujus beati patris videntur pertinere, prosequitur. Secundus autem virtutes multas per eum factas eloquitur. Tertius in ejusdem bono fine completur. Illud etiam admonendum, in rerum narratione gestarum cohærentiam similitudinis magis, quam temporis observari; siquidem nec signa ipsa, nec opera quædam eo ordine scripta quo facta sunt; sed interdum aliqua, prout occurrere locis opportunioribus videbantur, inserta. Firmior enim videtur, et haberi acceptior solet oratio, quæ suis innititur et illustratur exemplis, velut fabrica quædam idoneis fulta columnis. Nonnulla quoque transposita sunt, ut similibus aliis jungerentur, et quæ erant ejusdem generis, sibi aptius cohærerent. Verum hæc in duobus quidem libellis prioribus; nam in tertio pene per omnia ordini ipsi ipsius temporis series narrationis obsequitur.

CAPUT I.
De moribus et virtutibus sancti Bernardi summatim.

1. Innumeris quidem signis atque miraculis, ut orbis comperit universus, fidelem famulum suum Bernardum Calaræ-vallensem Deus glorificavit abbatem, sicut gloriosus semper in sanctis suis, et in sua mirabilis est majestate. Cæterum, sicut Malachiam sanctum idem ipse commendat, primum maximumque miraculum, quod exhibuit, ipse fuit. Serenus vultu, modestus habitu, circumspectus in verbis, in opere timoratus, in sacra meditatione assiduus, in oratione devotus, et (sicut alios ipse monebat, crebra siquidem experientia persuasus) de omni re magis

près forces et dans sa propre habileté. Aussi, instruit par une longue expérience, engageait-il souvent les autres à partager sa confiance. Il se montrait grand dans la foi, longanime dans l'espérance, large dans la charité, souverain dans l'humilité, et le premier dans la piété. Prudent dans les conseils, habile dans les affaires, il n'était jamais moins en repos que dans le repos. Heureux des humiliations, il ne recevait les témoignages de déférence qu'avec embarras. Doux de mœurs, saint par ses mérites, il était couvert de gloire par ses miracles. Enfin il était plein de sagesse, de vertu et de grâce devant Dieu et devant les hommes. Dieu avait donné à sa sainte âme un aide semblable à elle, car il avait prévenu son corps de bénédictions spéciales. Il brillait en sa personne une grâce particulière, mais une grâce plus spirituelle que corporelle. Sur son visage brillait un éclat plutôt céleste que terrestre, et ses yeux rayonnaient d'une pureté d'ange et d'une simplicité de colombe. La beauté intérieure de cet homme était telle qu'elle se manifestait au dehors par des signes évidents, et les trésors de grâce et de pureté dont son âme était remplie se montraient abondamment dans toute sa personne. Il était on ne peut plus mince, c'est à peine s'il y avait un peu de chair dans tout son corps; sa peau d'une extrême finesse se teignait sur les joues d'un léger incarnat. Le peu de chaleur naturelle qu'il avait était absorbée en lui par une méditation assidue, et par ses sentiments de componction. Le blanc se mêlait au blond dans sa chevelure, et sa barbe qui tirait sur le roux était, vers la fin de sa vie, parsemée de poils blancs. Sa taille, d'une médiocre grandeur, semblait pourtant plutôt grande que petite. D'ailleurs le trésor d'une telle âme était caché dans un vase de terre, dans une enveloppe presque brisée et rompue de toutes parts. En effet, son corps était atteint d'une foule d'infirmités, où la force de son âme pût parfaitement se développer. La plus dangereuse de ses infirmités était l'étroitesse de son gosier, qui ne lui permettait d'avaler rien de sec, ni même d'absorber sans peine les aliments solides. Mais c'était surtout du mauvais état de son estomac et de ses entrailles qu'il avait le plus à souffrir. Ces infirmités étaient continuelles, mais il s'en ajoutait souvent beaucoup d'autres encore. Il n'avait qu'une seule pensée, fuir l'admiration des hommes et se conduire comme l'un de ses religieux. Mais la gloire qui fuit ordinairement devant ceux qui la poursuivent, poursuivait le saint qui la fuyait. Il avait souvent à la bouche ce proverbe : « Celui qui fait ce que personne ne fait, s'attire l'admiration de tout le monde. » Aussi, dans cette pensée, se soumettait-il avec la plus grande ardeur à la règle et à la vie commune, sans jamais se permettre quoi que ce fût dans ses actions qui eût un cachet de singularité. Voilà pourquoi il aima mieux renoncer au cilice qu'il avait porté secrètement pendant plusieurs années, que de s'exposer à ce qu'on sût qu'il le portait, en disant que c'est ne pas vouloir demeurer ignoré, que de ne point faire comme ceux de la même profession que soi. Mais, dans les pratiques communes, il était d'une pureté singulière et d'une dévotion peu commune. Il ne négligeait rien et faisait tout, même les moindres choses, avec un zèle et une at-

---

fidens orationi, quam industriæ propriæ vel labori. Magnanimus in fide, longanimis in spe, profusus in charitate, summus * in humilitate, præcipuus in pietate. In consiliis providus, in negotiis efficax, nunquam tamen minus, quam in otio otiosus. Jucundus ad opprobria, ad obsequia verecundus. Suavis moribus, meritis sanctus, miraculis gloriosus; affluens denique sapientia, et virtute, et gratia apud Deum, et homines. Cujus sanctæ animæ adjutorium simile sibi fecerat Deus, et speciali præventum benedictione corpus aptaverat. Apparebat in carne ejus gratia quædam, spiritalis tamen potius quam carnalis. In vultu claritas præfulgebat, non terrena utique, sed cœlestia; in oculis angelicatis quædam puritas, et columbina simplicitas radiabat. Tanta erat interioris ejus hominis pulchritudo, ut evidentibus quibusdam indiciis foras erumperet, et de cumulo internæ puritatis et gratiæ copiose perfusus homo quoque exterior videretur. Corpus omne tenuissimum, et sine carnibus erat; ipsa quoque subtilissima cutis in genis modice rubens. In illo nimirum quidquid caloris inerat naturalis, assidua meditatio, et studium compunctionis attraxerat. Cæsaries ex flavo colorabatur et candido. Barba subrufa, circa finem vitæ ejus respersa canis. Statura mediocritatis honestæ, longitudini tamen vicinior apparebat. Alias autem thesaurus iste in vase fictili erat, contrito penitus et undique conquassato. Laborabat siquidem caro ejus multiplicibus infirmitatum incommodis, ut in eis virtus animi perficeretur. Quarum periculosior quidem in meatu arctissimi gutturis, nil penitus siccum, vix solidum aliquid admittentis; molestior erat defectus stomachi, viscerumque corruptio. Hæ continuæ illi, præter alias sæpius incidentes. Summum ejus studium fugere admirationem, tanquam unum sese agere cæterorum. At prosequebatur gloria fugientem, sicut e regione captantes sese alios fugere consuevit. Proverbium illud in orei si frequenter, semper in corde : « Qui hoc facit quod nemo, mirantur omnes. » Quo nimirum intuitu vitam regulamque communem amplius æmulabatur, nil in suis actibus præferens observantiæ singularis. Ob hoc denique et cilicium, quod pluribus annis occulte gestaverat, ponere maluit, quam ut ferre sciretur; minus illum latere velle contestans, qui cum cæteris ejusdem professionis sibi communia non sectatur. In ipsis tamen communibus erat illi singularis puritas, et devotio non communis. Nihil negligens, et minima quæque cum studio et in-

tion soutenus, car il avait été amené par sa propre expérience à définir le vrai sage, un homme pour qui chaque chose est ce qu'elle doit être.

2. Dès ses plus jeunes années, il sut si bien échapper aux attraits de la gourmandise, qu'il en vint à perdre une grande partie de la faculté de pouvoir même distinguer la saveur des choses. Que de fois, trompé par la pieuse fraude de ceux qui le servaient, lui est-il arrivé de prendre une liqueur pour une autre ! En effet, il but un jour, sans s'en apercevoir, de l'huile qu'on lui avait versée pour de l'eau, et il ne s'en aperçut que parce que quelqu'un survenant alors s'étonna de lui voir les lèvres grasses. Des bouchées de pain trempées dans de l'eau chaude composaient, avec de légers bouillons, toute sa nourriture, encore n'en prenait-il que très-peu et son estomac en rejetait-il une grande partie sans l'avoir digérée, en sorte qu'il ne pouvait trouver du plaisir à manger, puisqu'il ne pouvait le faire sans péril, ni conserver les aliments qu'il avait pris, sans douleur, et qu'il les rejetait ensuite avec de grands malaises. Par ce moyen, la Providence divine traita son fidèle serviteur selon le vœu de son cœur, puisqu'elle lui permit de recueillir le fruit d'une abstinence plus qu'ordinaire, et que, cependant, il put, en le cachant sous les apparences de la nécessité, se soustraire à l'admiration des hommes qui lui était toujours odieuse. Pour ce qui est du vin, il nous disait souvent lui-même « qu'il fallait qu'un moine, quand il était contraint d'en boire, y goûtât à peine et ne se fît pas remarquer en vidant complètement son verre. » C'est ce qu'il observait lui même si rigoureusement que, toutes les fois qu'il permettait qu'on lui servît du vin, non-seulement son verre, quoique très-petit, paraissait, quand on desservait la table à peine moins plein, quoiqu'il l'eût approché de ses lèvres, non une fois, mais plusieurs fois pendant le repas. Il ne pouvait rester longtemps debout, et se tenait ordinairement assis et remuait peu. Toutes les fois qu'il pouvait se dérober aux affaires, on le voyait prier, lire, écrire, instruire ses frères et travailler à leur édification ou se plonger dans de saintes méditations. Il avait même reçu pour cet exercice une grâce singulière, c'était de n'y éprouver jamais ni fatigue ni difficulté. Il se renfermait volontiers en lui-même ; c'est là, dans l'étendue de son cœur, qu'il laissait errer son esprit, et qu'il préparait au Christ, comme il ne cessait d'inviter les autres à le faire, un cénacle spacieux et bien meublé (*Luc.*, XXII, 12). Tout le temps qu'il passait en méditation lui semblait court, tout endroit lui était bon pour cet exercice. Cependant quelque goût qu'il eût pour cette occupation, la crainte de Dieu ou plutôt les inspirations de l'Esprit-Saint la lui faisaient souvent abandonner pour se livrer à des choses plus urgentes, car il savait rechercher ce qui était utile, non à lui seulement mais aux autres. Autrement, au milieu des assemblées, même les plus agitées, si le sujet qui était en question ne réclamait point son attention, il se recueillait en lui-même avec une très-grande facilité et goûtait les douceurs de la solitude qui l'accompagnait ainsi partout ; alors il n'entendait et ne voyait plus rien de ce qui se disait ou se faisait autour de lui.

---

tentione tractabat. Ex propria siquidem experientia definire solitus sapientem, cui quæque res sapiunt prout sunt.

2. A primis fere annis sic evasit illecebras gulæ, ut ipsam quoque saporum discretionem ex magna parte perdiderit. Quoties pia sibi ministrantium fraude deceptus, liquores pro aliis alios sumpsit? Nam et oleum sibi per errorem aliquando propinatum bibit, et penitus ignoravit. Nec prius id cognitum, quam superveniens quidam labia ejus miraretur inuncta. Cibus ejus buccella panis, in aqua calida penitus emolliti, cum exiguis sorbitiunculis erat. Modicus ille quidem ; sed non modicam ejus partem crudam rejiciebat stomachus, ne qua illi foret in cibo voluptas, quem sumere periculum, sumptum tenere dolor, rejicere miseria. Sic nimirum fideli servo juxta desiderium cordis sui dispensatio superna providerat, ut nec fructus ei deesset abstinentiæ singularis, et odiosam semper admirationem declinaret sub umbra necessitatis. De vino quidem sæpius nobis ipse dicebat, decere monachum, quando sumere oporteret, sic gustare illud, ne exinanisse calicem notaretur. « Quod sic ipse servabat, quoties sibi vinum patiebatur apponi, ut non modo post unum potum, sed post totum qualecumque prandium, suum vasculum, in quo ei propinabatur, vix aliquando videretur minus plenum a mensula reportari. Minus quidem stare poterat, sed erat sedens pene jugiter, et rarissime movebatur. Quoties subtrahere se negotiis poterat, aut orans, aut legens, aut scribens, aut insistens doctrinæ, et fratrum ædificationi ; aut in sacra meditatione persistens. In quo nimirum studio spirituali obtinuerat gratiam singularem, ut non tædium in illo, non difficultatem aliquam sustineret ; libere secum habitans, et deambulans in latitudine cordis sui, et ibidem exhibens Christo (ut monere alios ipse solebat) cœnaculum grande stratum. Omnis ei ad meditandum hora brevis, locus omnis congruus erat. Frequenter tamen, licet sic affectus, divino urgente metu, imo regente spiritu, studium hoc lucris uberioribus postponebat ; doctus quærere non quod sibi erat utile, sed quod multis. Alioquin in quolibet cœtu hominum vel tumultu, nisi ejus intentionem causa deposceret, tota facilitate animum colligens, interiori quadam, quam ubique ipse sibi circumferebat, solitudine fruebatur, nihil prorsus attendens quod sonaret vel appareret exterius.

CHAPITRE II.

Sa visite à Hugues, évêque de Grenoble, et aux Chartreux ; sa vigilance étonnante sur ses sens.

3. Bernard avait passé déjà plusieurs années à Clairvaux quand la pieuse pensée lui vint de visiter Hugues, évêque de Grenoble, et les religieux de la Chartreuse. Ce dernier, croyant voir dans la visite d'un tel hôte la visite même de Dieu, le reçut avec tant de marques de reconnaissance et de respect qu'il alla jusqu'à se prosterner à ses pieds et presque jusqu'à l'adorer. Le serviteur du Christ, en voyant ce vieillard, cet évêque célèbre dans le monde par sa réputation et remarquable par sa sainteté, se prosterner ainsi devant lui, se sentit vivement troublé ; il tomba aussi à genoux et reçut le baiser de paix en se plaignant, avec de profonds gémissements, qu'un si grand homme confonde son humble personne par de tels témoignages de respect. Dès ce moment, il obtint dans son cœur une place si unique, que ces deux enfants de gloire ne firent plus, à partir de ce jour, qu'un cœur et qu'une âme, et ne cessèrent de goûter les douceurs d'une amitié réciproque en Jésus-Christ. Et, de même qu'il était arrivé à la reine de Saba (3 *Reg.* x) par rapport à Salomon, ils se félicitaient tous les deux d'avoir trouvé réciproquement, l'un chez l'autre, beaucoup plus encore que ce que la renommée n'en avait publié !

4. Le serviteur du Christ fut reçu à la Chartreuse par le très-révérend prieur Guigue [*] et par les autres religieux avec les mêmes sentiments d'affection et de respect. Tous furent transportés de joie de trouver ce saint homme tels qu'ils se l'étaient figuré par la lettre qu'il leur avait écrite. Cependant, au milieu de toutes les autres choses qui les édifiaient de la part de Bernard, il y en eût une qui choquait un peu le prieur des Chartreux, c'est la vue de la housse de la monture du vénérable abbé qui lui semblait trop soignée et trop peu en harmonie avec la pauvreté religieuse. Le digne émule de Bernard, en vertu, ne tut point la pensée qui lui était venue à l'esprit, il s'en ouvrit à un des religieux qui accompagnait Bernard, et lui avoua que cela lui faisait une certaine impression et lui causait quelque étonnement. Le religieux en fit part au saint, qui ne fut pas lui-même moins étonné que Guigue et demanda de quelle monture on lui parlait ; car il s'en était servi depuis Clairvaux jusqu'à la Chartreuse sans l'avoir jamais ni remarquée ni vue, sans même savoir quelle était cette monture. Cette mule, en effet, n'était pas à lui, mais à un moine de Cluny, son oncle, qui demeurait dans le voisinage de Clairvaux et qui la lui avait prêtée. Or elle était restée harnachée comme elle l'était quand ce religieux s'en servait. En apprenant cela, le prieur était dans le plus grand étonnement de voir que ce serviteur de Dieu tenait les yeux du corps si bien fermés à toutes les choses extérieures, et ceux de l'esprit tellement occupés au dedans de lui, que ce qui lui avait tout d'abord frappé la vue, était resté pour Bernard inaperçu tout le temps d'un si long voyage. De même, il chemina tout un jour entier le long du lac de Lausanne, sans le voir ou du moins sans le remarquer, et le soir, quand ses compagnons de-

[*] C'est à lui qu'est adressée la lettre onzième.

CAPUT II.

De visitatione Hugonis Gratianopolitani episcopi, et Cartusianorum ; deque mira in Bernardo sensuum custodia.

3. Cum jam Dei famulus annos aliquot in Clara-valle peregisset, subiit animum ejus, ut sanctum Hugonem, Gratianopolitanum episcopum, et Cartusienses fratres devotionis gratia visitaret ; quem prædictus episcopus tam granter, et tam reverenter suscepit, divinam intelligens in ejusdem hospitis visitatione præsentiam, ut prostratus solo tenus adoraret. Videns autem Servus Christi episcopum ætate grandævum, celebrem opinione, sanctitate conspicuum, coram se procidentem, vehementer expavit ; et ipse quoque pariter corruens ante eum, ita demum susceptus in osculo pacis, humilitatem suam tanti viri veneratione confusam non sine gravi gemitu causabatur. In cujus pectore singularem obtinuit ex eo tempore locum, ut fierent deinceps duo illi filii splendoris cor unum et anima una, et se invicem fruerentur in Christo. Sicut enim Regina Saba de Salomone testatur, uterque sese in altero longe amplius, quam fama vulgasset, invenisse gratulabatur.

4. Cartusiæ quoque a viro reverendissimo Guigone priore, et a ceteris fratribus eodem affectu et eadem veneratione susceptus est servus Christi, exsultantibus illis in gaudio, quia qualem eum per epistolam prius noverant, talem invenerunt et præsentem. Cæterum cum in reliquis omnibus ædificarentur, unum fuit, quod prædictum priorem Cartusiensem aliquatenus movit, stratura videlicet animalis, cui idem Vir venerabilis insidebat, minus neglecta, minus præferens paupertatem. Nec silentio pressit æmulator virtutis quod mente conceperat ; sed locutus uni e fratribus, aliquatenus super hoc moveri sese confessus est et mirari. Cumque ille ad patrem sanctum quod audierat retulisset ; non minus ipse miratus, quale illud esset stramentum quærebat, quod ita scilicet a Cara-valle Cartusiam usque venisset, ut nunquam illud vidisset, nunquam consideraset, et usque in horam illam quale esset, omnino nesciret. Neque enim suum erat animal illud, sed a quodam monacho Cluniacensi avunculo suo, et in sua vicinia demorante, fuerat commodatum, et erat sicut sibi sternere ille solebat. Quod verbum sæpe dictus prior audiens, in eo potissimum mirabatur, quod sic ille Dei famulus foris oculos circumcidisset, intus animum occupasset, ut quod ipse primo offenderat visu, hoc ille tanti itineris spatio non vidisset. Juxta lacum etiam Lausanensem totius dici itinere pergens, penitus eum non vidit,

route parlaient entre eux de ce lac, il leur demanda où il était, ce qui les confondit tous d'étonnement.

5. Dès le principe, il avait eu le désir de se soustraire par tous les moyens possibles au soin des affaires, de ne jamais sortir pour aller en quelque lieu que ce fût, et de se renfermer dans son monastère. Aussi, croyant avoir trouvé dans sa faible complexion, un prétexte favorable de donner suite à ses désirs, il fit connaître la résolution qu'il avait prise et y tint même pendant quelque temps; mais enfin, il fut contraint de sortir de son couvent par les nécessités pressantes de l'Église de Dieu et du souverain Pontife, et par la volonté expresse des abbés de son ordre, aux avis de qui ce véritable père de tous déférait en toutes circonstances comme s'ils eussent eux-mêmes été ses pères. Ce fut aussi sur l'ordre formel de ces mêmes abbés, que, dans les dernières années de sa vie, il porta outre la coule et la tunique, une pièce de drap [a] en forme de manteau court et un bonnet de même étoffe, mais il ne voulut jamais faire usage de fourrures malgré les douleurs dont il souffrait, et toutes les fatigues qu'il avait à soutenir; mais si la pauvreté lui plut toujours dans ses vêtements, jamais il ne put y souffrir la moindre souillure; il disait que la malpropreté était l'indice d'un esprit négligent, ou qui se glorifiait sottement en soi-même, ou qui recherchait au dehors l'attention des hommes par un sentiment de vaine gloire. Sa démarche et toutes ses manières étaient modestes et parfaitement réglées, portaient l'empreinte de l'humilité, répandaient une odeur de piété, attestaient la présence de la grâce, commandaient le respect, remplissaient d'une sainte joie et édifiaient dès le premier aspect tous ceux qui le voyaient. Pour ce qui est du rire, nous ne rapporterons que ce que nous lui avons souvent entendu dire à lui-même, quand il voyait avec étonnement des religieux se permettre de rire aux éclats; il disait donc qu'il ne se rappelait point de s'être jamais laissé aller à rire, depuis les premières années de sa conversion, de manière qu'il lui fallait moins d'efforts pour contenir son rire que pour s'y laisser aller et qu'il avait plutôt sur ce point à s'exciter qu'à se retenir.

CHAPITRE III.

Son peu de recherche, sa modestie et sa grâce dans ses discours; son empressement à fuir les dignités.

6. Celui qui avait prédestiné Bernard dès le ventre de sa mère à l'œuvre de la prédication, lui avait donné dans un corps débile une voix forte et facile à entendre. Ses discours dans toutes les occasions favorables qui se présentaient à lui de parler, et à quelque personne qu'il s'adressât, avaient pour but l'édification des âmes, et étaient toujours à la portée de ses auditeurs, selon qu'il connaissait leur capacité intellectuelle, leurs mœurs et leurs goûts. Ainsi, aux habitants de la campagne, il parlait comme s'il n'eût jamais habité que les champs, et, quand il s'adressait aux autres classes d'hommes quelles qu'elles fussent, on aurait pu croire qu'il ne s'était jamais livré à d'autres occupations que les leurs. Lettré avec les érudits, simple avec les sim-

---

[a] Quelle austérité! ainsi c'était un adoucissement à la règle que la permission accordée à saint Bernard de porter une chemise et un bonnet de laine. On a vu plus haut, livre II. n. 50, que le pape Eugène en portait également. Il est parlé plus loin, livre IV, n. 36, de ces bonnets de laine et des bonnets de fourrures. Il me semble que le premier n'est autre chose que notre barette ou notre calotte. Quant au capuchon de saint Bernard, il en est reparlé plus loin, livre VII, chapitre XVII.

V. les lettres vingt-unième et quarante-huitième.

---

aut se videre non vidit. Cum enim vespere facto de eodem loco socii colloquerentur, interrobabat eos, ubi ille lacus esset; et mirati sunt universi.

5. Desideraverat tamen ab initio omni modo subtrahere se negotiis, et nusquam egredi, sed in monasterio residere. Quod et postmodum ex defectu corporis occasionem invenisse se reputans opportunam, aliquando statuit, et aliquandiu tenuit, donec illum exire coegit necessitas gravis ecclesiæ Dei, et summi pontificis, atque omnium abbatum sui ordinis jussio, quibus per omnia tanquam patribus deferebat ipse omnium pater. Ex quorum etiam mandato, novissimis quidem annis, præter cucullam et tunicam, laneo panno in modum chlamydis decurtatæ, et pileo simili utebatur, inter tantos languores corporis et labores nullis unquam uti pellibus acquiescens. In vestibus ei paupertas semper placuit, sordes nunquam. Nimirum animi fore[*] indices aiebat, aut negligentis, aut inaniter apud se gloriantis, aut gloriolam foris affectantis humanam. Incessus ejus et habitus omnis modestus et disciplinatus, præferens humilitatem, redolens pietatem, exhibens gratiam, exigens reverentiam, solo visu lætificans et ædificans intuentes. De risu dicimus quod ex ore ejus frequenter audivimus, dum cachinnos religiosorum hominum miraretur, non meminisse se a primis annis suæ conversionis aliquando sic risisse, ut non potius ad ridendum, quam ad reprimendum sibi vim facere oporteret; et risui suo stimulum magis adhibere, quam frenum.

CAPUT III.

De rara in eo sermonis cura, modestia, simul et gratia; deque dignitatum fuga.

6. Vocem illi in invalido corpore validam satis intelligibilemque contulerat, qui in opus prædicationis segregaverat illum ex utero matris suæ. Sermo ei, quoties opportuna inveniebatur occasio, ad quascumque personas de ædificatione animarum, prout tamen singulorum intelligentiam, mores et studia noverat, quibusque congruens auditoribus erat. Sic rusticanis plebibus loquebatur, ac si semper in rure nutritus; sic cæteris quibusque generibus hominum, velut si omnem investigandis eorum operibus operam impen-

[*] idest esse.

ples, d'un langage plein de sagesse et de perfection avec les âmes spirituelles, il se faisait tout à tous, dans son désir de gagner tout le monde à Jésus-Christ. Il savait admirablement mettre en pratique ce qu'il recommandait au pape Eugène quand il lui disait dans l'abondance de son cœur : « Si quelquefois il se tient des propos frivoles en notre présence, il peut être bien de les supporter, il ne sera jamais d'y répondre ; mieux vaudrait qu'on eût l'habileté de changer prudemment le cours de la plaisanterie et de faire tomber tout-à-coup l'entretien sur des choses sérieuses que non-seulement on puisse entendre avec intérêt et plaisir, mais encore qu'on préfère aux bagatelles (*de Consid. lib.* II, c. 13). »

7. Quelle éloquence d'apaisement et de persuasion, quelle langage plein d'érudition Dieu lui avait donnés ; comme il savait toujours quand et comment il devait parler, à qui par exemple, il devait faire entendre des paroles de consolation ou de prières, d'exhortations ou de réprimandes! Ceux qui le liront pourront peut-être en faire la remarque, mais nul ne le sait mieux que ceux qui l'ont souvent entendu parler. Il y avait une telle grâce répandue sur ses lèvres, tant de véhémence et de feu dans ses paroles, que sa plume même, quelque habile qu'elle fût n'a pu ni conserver ni rendre tant de douceur et de chaleur réunies. Le lait et le miel coulaient de ses lèvres, et néanmoins une loi de feu était dans sa bouche selon ce mot du Cantique des cantiques : « Vos lèvres sont comme des bandelettes d'écarlate et vos paroles sont pleines de douceur (*Cant.* IV, 3). » Voilà comment il se fit que lors même qu'il prêchait aux peuples de la Germanie il s'en faisait écouter avec une attention surprenante ; ces populations, qui parlaient une autre langue que lui, semblaient pourtant beaucoup plus édifiées de ses discours qu'ils ne pouvaient comprendre, qu'elles ne l'auraient été en les entendant traduits dans leur idiome par le plus habile interprète que ce fût. On aurait dit qu'elles sentaient la force des expressions dont il faisait usage, comme le prouvaient les coups dont les Germains se frappaient la poitrine, et les larmes qui coulaient avec abondance de leurs yeux. Il citait les Écritures si à propos et avec une telle facilité, qu'on aurait cru, non pas qu'il en suivait le texte, mais qu'il en était plutôt suivi lui-même et et qu'il le pliait à son gré, tant il était guidé par l'Esprit même qui les a inspirées. C'est que, en effet, le Seigneur l'avait rempli de l'esprit de sagesse et d'intelligence, pour que, selon ce que nous lisons dans le livre de Job, « il pénétrât jusqu'au fond des fleuves et mît au jour les choses les plus secrètes (*Job* XXVIII, 11). » Aussi a-t-il déclaré que, pendant qu'il était en prière ou en méditation, il avait vu toute l'Écriture-Sainte placée pour ainsi dire à ses pieds et comme exposée à ses regards.

8. Qui pourrait, au surplus, raconter dignement et admirer comme il le mérite le désintéressement avec lequel il a prêché l'Évangile. Il crut, en effet, que ce ne serait pas assez pour lui de ne solliciter pour lui-même de la générosité de ses auditeurs aucun bien périssable, s'il n'allait jusqu'à refuser aussi les dignités ecclésiastiques qui lui furent souvent offertes. C'était peu, pour ce soldat, de combattre sans demander sa solde, il ne voulut pas même accepter les insignes de l'honneur. Comme un autre David, au moment de marcher au combat, il prétendit que les armes de guerre dont il voyait de son temps surtout tant de gens accablés, étaient

---

disset. Litteratus apud eruditos; apud simplices simplex, apud spirituales viros perfectionis et sapientiæ affluens documenta, omnibus se coaptabat, omnes cupiens lucrifacere Christo. Cautus erat artificiosissime observare quod ad papam Eugenium scribens, de sui cordis plenitudine eructavit. « Nugæ si incidant, interdum, inquit, ferendæ fortassis, referendæ nunquam interveniendum caute et prudenter nugacitati. Prorumpendum sane in serium quid, quod non modo utiliter, sed et libenter audiant, ut supersedeant otiosis. »

7. Quam vero placabilem et persuasibilem, quamque eruditam linguam dederit ei Deus, ut sciret quem et quando deberet proferre sermonem, quibus videlicet consolatio vel obsecratio, quibus exhortatio congrueret vel increpatio ; nosse poterunt aliquatenus qui ipsius legerint scripta, etsi longe minus ab eis qui verba ejus sæpius audierunt. Siquidem diffusa erat gratia in labiis ejus, et ignitum eloquium ejus vehemens, ut non posset ne ipsius quidem stilus, licet eximius, totam illam dulcedinem, totum retinere fervorem. Mel et lac sub lingua ejus ; nihilo minus in ore ejus ignea lex, juxta Cantici canticorum : *Sicut vita coccinea labia tua, et eloquium tuum dulce.* Inde erat quod Germanicis etiam populis loquens miro audiebatur affectu, et ex sermone ejus quem intelligere, utpote alterius linguæ homines, non valebant, magis quam experitissimi cujuslibet post eum loquentis interpretis intellecta locutione, ædificari illorum devotio videbatur, et verborum ejus magis sentire virtutem; cujus rei certa probatio tunsio pectorum erat, et effusio lacrymarum. Utebatur sane Scripturis tam libere commodeque, ut non tam sequi illas, quam præcedere crederetur, et ducere ipse quo vellet, auctorem earum ducem Spiritum sequens. Quem nimirum ut in medio Ecclesiæ aperiret os ejus, sic impleverat Deus spiritu sapientiæ et intellectus, ut secundum quod in libro Job legitur, profunda quoque fluviorum scrutaretur, et abscondita proferret in lucem. Nam et confessus est aliquando , sibi meditanti vel oranti sacram omnem, velut sub se positam et expositam, apparuisse Scripturam.

8. Cæterum quam gratis evangelizaverit, quis digne prædicet? quis digne miretur? Minus fore* credidit, nullas sibi ab auditoribus transitorias petere facultates, nisi oblatas sæpius refutaret ecclesiasticas dignitates. Parum illi fuit nulla quærere stipendia militantem ; ne insignia quidem recipere acquievit.

* esse.

trop pesantes pour lui, et il aima mieux s'assurer la gloire du triomphe avec ses armes simples et légères. La vertu d'en haut lui avait départi une telle grâce, que, bien qu'il eût préféré demeurer le dernier dans maison de Dieu, il y fit beaucoup plus de bien que certains personnages revêtus des plus grandes dignités et que, de dessous ce boisseau de son humilité, s'il m'est permis de m'exprimer ainsi, il répandit sur l'Église une plus vive lumière que d'autres placés sur le chandelier. Certes, plus il se montra humble, plus il servit à répandre les saintes doctrines parmi le peuple de Dieu, au milieu duquel il ne voulut point pourtant occuper le haut rang de docteur. Bienheureux, en effet, peut-on déclarer celui qui, selon ce que Bernard lui-même a dit en parlant d'un saint, saint Malachie, a aimé la loi sans aspirer à briller dans la chaire. Quel n'est pas, en effet, le bonheur de celui qui a mérité de s'asseoir dans la chaire des vertus, pour n'avoir point voulu s'asseoir dans celle des dignités ! En un mot, il travailla comme un homme fort et juste à prêcher l'Évangile, et se tint constamment éloigné en homme aussi prudent que modeste de toute prélature ecclésiastique. Jamais, au surplus, il ne mit la moindre arrogance dans ses refus, mais il lui arriva souvent, quand il était élu aux fonctions les plus élevées, de faire si bien, avec la coopération de la grâce de Dieu, qu'il évita d'être contraint d'accepter. Moïse était certainement un saint consommé; il céda ainsi le pontificat à Aaron, son frère, mais il était bien loin de posséder le don de la parole. Quant à notre Bernard, ce n'est pas la nécessité qui le tint éloigné de la prédication de l'Évangile, il n'en a fui que les honneurs et cela par humilité. C'est donc à bien juste titre que celui qui a fait fleurir l'Évangile, sans vouloir accepter pour prix de son travail, ni avantages temporels, ni rang et dignités ecclésiastiques; qui s'est constamment efforcé d'être utile au peuple de Dieu, sans concevoir jamais la pensée de lui commander, a joui auprès de Dieu et des hommes d'une faveur toute particulière. Il ne sortit que rarement de son monastère, encore ne fut-ce que pour aller dans les environs; toutefois, si quelque nécessité le contraignait à s'éloigner de Clairvaux, il répandait la semence de la parole sur toutes les eaux, tant en public qu'en particulier. Quant à cela il le faisait souvent, mais ce fut toujours d'après l'ordre exprès du souverain pontife, ou pour répondre au désir des autres évêques, partout où il arrivait qu'il s'en trouvât un; car, plus il était grand en s'humiliant en toute chose, plus il marquait de déférence aux prélats, parce qu'il sentait mieux que personne quel respect on doit aux ministres de Jésus-Christ.

CHAPITRE IV

Malheureuse issue de l'expédition en Orient; murmures qui s'élèvent à cette occasion, contre le saint homme.

9. Nous ne devons point omettre de dire que Bernard, par ses prédications ayant excité à marcher à la délivrance de Jérusalem, certains hommes, soit simplicité, soit malignité, en ont pris occasion de scandale, surtout en voyant la triste issue de cette entreprise. Pourtant nous pouvons bien affir-

---

Denique velut alter David, processurus ad bellum bellica arma sibi graviora causatus est, quibus multos suo præsertim tempore cerneret prægravari; et in simplicitate sua gloriosus triumphabat. Tantam enim gratiam virtus de cœlo divina contulerat, ut licet abjectus esse elegisset in domo Dei, uberius tamen fructificaret in ea, quam alii quilibet in sublime porrecti, et lucens amplius illustraret Ecclesiam velut de sub modio humilitatis suæ, qui cæteri super candelabra constituri. Nimirum quo humilior, eo semper utilior fuit populo Dei in omni doctrina salutari, in quo tamen nunquam voluit locum tenere doctoris. Beatus plane, qui, sicut ipse de quodam sanctorum ait, legem dilexit et cathedram non affectavit. Quam felicius siquidem in virtutum cathedra sedere meruit, dum noluit præsidere in cathedris dignitatum ? Denique sicut justus et fortis in prædicatione evangelica laboravit, sicut prudens et temperans cavit sibi semper ab ecclesiastica prælatione. Nec enim contumaciter unquam renuit, sed frequenter et ad maximos electus honores, prudenter egit, divina sibi cooperante gratia, ne aliquando cogeretur. Moyses quidem sanctus cessit Aaron fratri suo pontificium ; sed linguæ erat impeditioris. Bernardum nostrum non ab opere evangelistæ necessitas aliqua, sed ab honore solo sola humilitas revocavit. Merito proinde apud Deum et homines obtinuit gratiam singularem, qui non modo sine sumptu temporalis facultatis, verum etiam sine gradu ecclesiasticæ dignitatis, non autem sine fructu fraternæ salutis Evangelium posuit; et populo Dei semper prodesse studuit, nunquam præesse sustinuit. Raro tamen, nisi forte ad loca proxima, ut prædicaret exivit. Sed quoties eum necessitas aliqua traheret, seminabat super omnes aquas, publice et privatim annuntians verbum Dei. Quod tamen ipsum ex mandato summi pontificis actitabat, ad nutum quoque præsulum cæterorum, ubicumque eorum aliquem contigisset adesse. Nimirum quanto magnus erat, humilians se in omnibus, eo magis sacerdotibus deferebat, quo plenius intellexerat, quæ ministris Christi reverentia deberetur.

CAPUT IV.

De infelici expeditionis in Orientem successu, et nato hinc contra Virum sanctum murmure.

9. Nec tacendum quod ex prædicatione itineris Jerosolymitani grave contra eum quorumdam hominum vel simplicitas, vel malignitas scandalum sumpsit, cum tristior sequeretur effectus, quod tamen verbum dicere possumus ab eo quidem initium non sumpsisse. Cum enim multorum jam animos permovisset audita

mer qu'il ne fut pas le premier instigateur de cette affaire. Le bruit du fâcheux état de Jérusalem avait déjà fortement remué les âmes, déjà même le roi de France avait, non pas une fois mais à plusieurs reprises, sollicité le saint, en même temps que le pape le pressait par ses lettres de se mêler de cette affaire, sans qu'il eût consenti à parler et à donner son avis sur un tel sujet, quand il finit par céder au souverain pontife qui lui prescrivit, par une lettre adressée à tous les fidèles, en sa qualité d'organe de l'Église romaine, d'exposer aux peuples et aux princes la nécessité de la croisade. Cette lettre[a] portait que les uns et les autres devaient, par esprit de pénitence et pour la rémission de leurs péchés, entreprendre le voyage de la Terre-Sainte, pour délivrer leurs frères ou mourir pour eux. Voilà ce qu'on pourrait dire ici avec vérité, mais il vaut mieux dire ce qui effectivement l'emporte sur tout le reste. En effet, il est de toute évidence que c'est avec le concours du Seigneur lui-même qu'il entreprit cette prédication, puisqu'il confirma les paroles de son serviteur par des miracles qui l'accompagnèrent, mais en tel nombre qu'il serait bien difficile de les compter, à plus forte raison de les raconter. Dans ce temps on avait commencé à les écrire, mais à la fin, le nombre en devint tel, qu'il surpassa les forces de celui qui avait entrepris de les mettre par écrit et que son sujet excéda ses forces. En effet, on vit jusqu'à vingt malades et plus guéris de différents maux en un seul jour, et il ne se passait guère de jour qu'il ne se fît de ces sortes de miracles. En un mot, à cette époque, le Christ permit que son serviteur, par son attouchement ou par ses prières, fît voir des hommes aveugles dès le sein de leur mère, marcher les boiteux, revenir à la santé les personnes valétudinaires, entendre les sourds et parler les muets ; et leur rendît ainsi, par un effet de la grâce, d'une manière admirable ce que la nature leur avait refusé.

10. L'Église d'Orient n'eut pas, il est vrai, le bonheur de se voir délivrée par cette expédition, mais l'Église du ciel eut celui de se remplir et de tressaillir d'allégresse. S'il a plu au Seigneur de se servir de cette occasion pour arracher sinon les corps des chrétiens d'Orient à l'esclavage des païens, du moins les âmes des chrétiens d'Occident au joug du péché, qui osera lui dire : « Pourquoi Seigneur en avez-vous agi ainsi ? » Quel sage, vraiment digne de ce nom, ne s'affligera point davantage sur le malheur de ceux qui sont revenus à leurs anciens crimes, ou même à des crimes pires que les premiers dont ils s'étaient souillés, que sur la mort de ceux qui ont rendu au Christ une âme purifiée par une foule de tribulations de toutes sortes, et nourrie des fruits de la pénitence ? Au surplus, permis aux Égyptiens, permis aux enfants de ténèbres, qui ne savent ni voir ni proclamer la vérité, de dire: « Il les a tirés d'Égypte avec adresse, pour les faire périr dans le désert (*Exod.* XXXII, 12). » Le Christ, notre sauveur, supporte patiemment cette injure, que compense largement le salut d'un si grand nombre d'âmes. Notre vénérable père avait ces paroles présentes à l'esprit, quand il disait entre autres choses: « D'ailleurs s'il faut que l'on murmure, j'aime mieux que ce soit contre moi que contre Dieu, et je m'estimerai infiniment heureux de lui servir de bouclier, et de recevoir les traits acérés

---

[a] C'est la première du pape Eugène, elle se trouve dans le tome x des conciles.

---

necessitas, et rege Francorum semel et iterum propter hoc expetitus, apostolicis etiam litteris monitus, nec sic acquievit super hoc loqui, vel consilium dare, donec per ipsius tandem summi pontificis generalem epistolam jussus ab eo est tanquam Romanæ ecclesiæ lingua exponere populis atque principibus ; cujus epistolæ tenor fuit, ut in pœnitentiam et remissionem peccatorum iter arriperent, aut liberaturi fratres, aut suas pro illis animas posituri. Hæc et hujusmodi super hoc poterant veraciter dici ; sed dicendum potius id quod potius fuit. Evidenter enim verbum hoc prædicavit, Domino cooperante, et sermones confirmante sequentibus signis. Sed quantis, et quam multiplicibus signis ? Quanta vel numerare, nedum narrare difficile foret. Nam et eodem tempore scribi cœperant, sed ipsa demum scriptorem numerositas scribendorum, et materia superavit auctorem; nimirum cum aliquando una die viginti, seu etiam plures ab incommodis variis sanarentur, nec facile ab hujusmodi dies ulla vacaret. Denique plures eo tempore Christus, per servi sui tactum et orationem, ex ipsis etiam matrum uteris cæcos videre, claudos ambulare, aridos convalescere, surdos fecit audire, et mutos loqui ; mirabilius restituete gratia, quod minus præstitum fuerat a natura.

10. Nec tamen ex illa profectione Orientalis Ecclesia liberari, sed cœlestis meruit impleri et lætari. Quod si Deo tali occasione plurimorum eripere, si non Orientalium corpora a paganis, Occidentalium animas a peccatis ; quis audeat dicere illi: Quid fecisti sic ? Aut quis recte sapiens, illorum magis non doleat, qui ad priora, vel pejora forte prioribus scelera redierunt, quam eorum mortem, qui in fructibus pœnitentiæ purgatas variis tribulationibus Christo animas reddiderunt ? Alioquin quamlibet dicant Ægyptii, dicant filii tenebrarum, qui veritatem nec videre valeant, nec proferre : *Callide eduxit eos, ut interficeret in deserto*; patienter tolerat Christus Salvator opprobrium, quod tantarum animarum salute compensat. Meminit hujus verbi ipse quoque venerabilis pater, inter cætera dicens. « Si necesse sit unum fieri e duobus, malo in nos murmur hominum, quam in Deum esse. Bonum mihi, si dignetur me uti pro clypeo. Libens excipio in me detrahentium linguas maledictas, et venenata spicula blasphemorum, ut non ad ipsum perveniant. Non recuso inglo-

des médisants et les dards empoisonnés des blasphémateurs, pour qu'ils n'arrivent point jusqu'à lui. Je fais volontiers bon marché de ma propre gloire, pourvu qu'on respecte la sienne (*Lib.* I, *de Consider.* C. 1, N. 4). » Voilà en quels termes il s'exprimait dans son second livre de la Considération. Il arriva cependant que, dans le temps même où le premier bruit de la déroute lamentable de l'armée des croisés retentit dans les Gaules, un père vint présenter son fils aveugle au serviteur de Dieu pour qu'il lui rendît la vue, et réussit à force de prières à vaincre ses refus. Le saint, imposant donc les mains sur l'enfant, demanda au Seigneur que, si c'était sa parole qu'il avait fait entendre en prêchant la croisade, s'il n'avait parlé que sous l'inspiration même du saint Saint-Esprit, il daignât le montrer en ouvrant à la lumière les yeux de cet aveugle. Tandis que, après cette prière, on en attendait le résultat, l'enfant s'écrie : « Que dois-je faire à présent, car je vois? » Aussitôt s'élève une grande clameur parmi les assistants, au nombre desquels se trouvaient non-seulement des religieux, mais aussi des séculiers, qui, en voyant que l'enfant avait recouvré la vue, se sentirent grandement consolés et rendirent à Dieu des actions de grâces.

11. — Nous croyons aussi que plusieurs personnes ont remarqué, non sans quelque bonheur, que la semaine même où sa bienheureuse âme fut délivrée des liens de la chair, l'Église de Jérusalem reçut de grandes consolations de la bonté de Dieu, selon la promesse que le saint en avait souvent faite. En effet, c'est à cette époque que fut prise Ascalon, place forte très-importante, éloignée à peine de quelques milles de la cité sainte qu'elle tenait constamment en échec. Après cinquante jours et plus de fatigues, les chrétiens qui en faisaient le siège n'avaient fait aucun progrès, aussi ne fut-ce point par un effet de la puissance humaine mais de celle de Dieu qu'elle fut prise. Peut-être n'est-il pas hors de propos de rapporter ici ce qu'il écrivait cette même année à un chevalier du Temple plein de valeur, son oncle, alors officier et maintenant grand-maître de l'ordre du Temple. « Malheur, disait-il, malheur, à nos princes chrétiens! ils n'ont rien fait de bon dans la terre sainte, et ils ne se sont hâtés de revenir chez eux que pour se livrer à toutes sortes de désordres, insensibles à l'oppression de Joseph. Pourtant j'espère que le Seigneur ne rejettera pas son peuple et n'abandonnera pas son héritage à la merci de ses ennemis ; son bras est assez puissant pour le secourir et sa main est toujours riche en merveilles ; l'univers reconnaîtra qu'il vaut mieux encore mettre sa confiance en Dieu, que dans les princes de la terre (*Epist.* CCLXXXVIII, 1). » — Mais c'en est assez sur ce sujet.

CHAPITRE V.

Erreurs de Pierre Abélard et de Gilbert de la Porrée; saint Bernard les réfute.

12. Il faut maintenant rappeler, pour l'édification de la postérité, de quel secours fut, en bien des occasions, pour la sainte Église, la science de l'homme de Dieu, soit pour corriger les mœurs des chrétiens, soit pour comprimer la fureur des schismatiques, soit pour confondre les erreurs des hérétiques. Mais, en outre, à combien de gens n'ap-

---

rius fieri, ut non irruatur in Dei gloriam. » Hæc quidem ille in libro de Consideratione secundo. Accidit autem, ubi primum de ejusdem exercitus dissipatione lamentabilis intra Gallias insonuerat rumor ; ut illuminandum Dei famulo filium cæcum offerens pater, multis precibus vinceret excusantem. Et imponens sanctus puero manum, orabat ad Dominum, quatenus, si ab eo verbum prædicationis illius exierat, si prædicanti Spiritus ejus affuerat, in illius illuminatione ostendere dignaretur. Deum vero post orationem oratonis præstolaretur effectum : Quid facturus sum? ait puer ; video enim. Attollitur illico clamor adstantium. Plures enim non modo e fratribus, verum etiam e secularibus aderant, qui ut puerum videre videntem, multipliciter consolati, Deo gratias referebant.

11. (Illud etiam jucunde satis credimus considerasse nonnullos, quod eadem hebdomada, qua felicissima anima ejus carne soluta est, ecclesia Jerosolymitana magnifice satis fuerit divino munere consolata, sicut sæpius noverant illum promisisse. Siquidem capta est Ascalon illa munitissima, paucis a sancta civitate milliariis distans, et periculose instans calcaneo ejus. Adversus hanc quinquaginta annis et eo amplius nihil profecerant Christiani laborantes ; nam et tunc non humana virtute capta est, sed divina. Nec incongruum nunc ipsius interserere verba, quæ eodem scripserat anno ad virum optimum militem Templi, tunc ministrum, nunc etiam magistrum militiæ Templi, qui ipsius secundum carnem avunculus erat. « Væ principibus nostris, ait. In terra Domini nihil boni fecerunt ; in suis, ad quas velociter redierunt, incredibilem exercent malitiam, et non compatiuntur super contritione Joseph. Confidimus autem, quia non repellet Dominus plebem suam, et hæreditatem suam non derelinquet. Porro dextera Domini faciet virtutem, et brachium suum auxiliabitur ei ; ut cognoscant omnes, quia bonum est sperare in Domino, quam sperare in principibus. ») Sed de his hactenus.

CAPUT V.

De erroribus Petri Abaelardi, et Gilleberti Porretani opera sancti Bernardi confutatis.

12. Jam et illud propter posteros memorandum ; quam multipliciter ecclesiæ sanctæ Viri Dei doctrina profuerit in catholicorum moribus corrigendis, in schismaticorum furoribus comprimendis, in hæreti-

prit-il pas à vivre au milieu du siècle, avec sobriété, justice et piété? A combien d'autres ne persuada-t-il point de renoncer au monde? Les déserts qu'il a peuplés de gens qui désertaient le siècle, tant qu'il vécut, sont là pour le dire. C'est à son ministère que semblent se rapporter ces paroles du Prophète : « Il a changé les déserts en étangs, et les terres arides en eaux courantes, et il y a établi des gens affamés qui ont bâti une ville pour y demeurer, ensemencé des champs et planté des vignes qui ont produit d'abondantes récoltes ; il les a bénis et ils se multiplièrent à l'infini, et le nombre de leur bestiaux n'a point diminué (*Psal.*, CVI, 35 à 38). » Et, durant le grand schisme de l'Église, avec quelle fidélité le serviteur de Dieu se tint-il sur la brèche en présence du Seigneur, pour apaiser sa colère ; avec quel succès il pria, il apaisa le Très-Haut, et en obtint que l'épreuve eût un terme ; comme il devint l'instrument de la réconciliation au moment où les haines étaient le plus animées ! Sans entrer sur tout cela dans de plus longs détails, qu'il nous suffise de rapporter ce que le pape Innocent lui écrivait à ce sujet. « C'est à vous, dit-il, à vous, abbé Bernard, mon très-cher fils en Dieu, c'est à l'infatigable constance, au zèle pieux et au discernement dont vous avez fait preuve pour la défense de l'Église Romaine pendant le schisme de Pierre de Léon, c'est à l'énergie avec laquelle vous vous êtes posé comme un mur d'airain autour de la maison d'Israël, c'est au zèle avec lequel, par de nombreuses et pressantes raisons, vous avez fait rentrer dans l'unité catholique et replacé sous l'autorité du successeur de Pierre, les rois, les princes et toutes les puissances tant ecclésiastiques que séculières, que sont dus les grands et précieux avantages dont l'Église de Dieu et nous-même jouissons à présent (*Epist.*, CCCLII). » Mais il est bon de rapporter en peu de mots en quoi ce fidèle et prudent serviteur a encore servi la foi avec non moins de dévouement.

13. A cette époque vivait Pierre Abélard, docteur insigne et très-haut placé dans l'opinion publique par sa réputation de science, mais d'un enseignement dangereux pour la foi. Comme ses écrits remplis de blasphèmes énormes commençaient à se répandre de toutes parts, des hommes aussi pleins de foi que de science rapportèrent à l'homme de Dieu les nouveautés profanes qu'ils renfermaient tant dans leurs expressions que dans leur sens. Bernard, avec sa bonté et sa bienveillance ordinaires, voulait redresser l'erreur et ménager l'amour-propre d'Abélard, il lui donna donc secrètement de sages avis, et en agit envers lui avec tant de modération et de raison, qu'il le pénétra d'un vif regret de ses fautes et l'amena à s'en remettre sur tous les points à son jugement et à se corriger. Mais Abélard ne se fut pas plus tôt éloigné de notre saint, que, stimulé par de fâcheux conseils, plein de confiance dans les forces de son esprit et dans sa longue expérience dans l'art de la chicane il oublia le sage parti auquel il s'était arrêté, et demanda avec instance à l'archevêque de Sens, son métropolitain, de réunir, à bref délai, dans son église, un nombreux concile, puis accusant notre abbé d'attaquer ses écrits en secret, il ajoute qu'il est prêt à défendre ses ouvrages à la face de tout le monde et demande, si notre abbé a quelque chose à articuler contre lui, qu'on l'appelle à ce concile. Il est fait suivant ses désirs ; mais notre abbé refuse d'abord nettement de se rendre à cet appel et allègue que

---

corum erroribus confutandis. Siquidem præter eos quos docuit sobrie, et juste, et pie vivere in seculo ; quantos etiam perfectius valedicere seculo persuasit, vel ex hoc liquet, quod non cessavit, quandiu vixit, deserta seculi, seculi desertoribus implere. Cujus ministerio videtur propheticum illud etiam corporaliter exhiberi : *Posuit desertum in stagna aquarum, et terram sine aqua in exitus aquarum. Et collocavit illic esurientes, et constituerunt civitatem habitationis. Et seminaverunt agros, et plantaverunt vineas, et fecerunt fructum nativitatis. Et benedixit eis, et multiplicati sunt, et jumenta eorum non minoravit.* Sane in diebus schismatis generalis, quam fideliter servus Domini stetit in confractione in conspectu ejus, ut averteret iram ejus ; quam efficaciter stetit et placavit, et cessavit quassatio ; quam denique evidenter in tempore iræ factus est reconciliatio ; non modo latius prosequendum. Sufficere interim potest, si ipsius super hoc scribentis ad eum Innocentii papæ verba ponamus : « Quam firma, ait, perseverantiæ constantia causam beati Petri et sanctæ matris tuæ Romanæ Ecclesiæ, incandescente Petri Leonis schismate, fervor tuæ religionis et discretionis susceperit defendendam, et se murum inexpugnabilem pro domo Dei opponens animos regum ac principum, et aliarum tuam ecclesiasticarum quam secularium personarum, ad catholicæ ecclesiæ unitatem, et beati Petri, ac nostram obedientiam, frequentibus argumentis, et ratione munitis reducere laboraverit ; magna, quæ Ecclesiæ Dei, et nobis provenit, utilitas manifestat. » In quibus autem pro fide quoque quam magnifice egerit servus fidelis et prudens, breviter intimandum.

13. Fuit in diebus illis Petrus Abaelardus, magister insignis et celeberrimus in opinione scientiæ, sed de fide perfide dogmatizans. Cujus cum blasphemiis plena gravissimis volitare undique scripta cœpissent, profanas novitates vocum et sensuum viri eruditi atque fideles ad Dei hominem retulerunt. Qui nimirum solita bonitate et benignitate desiderans errorem corrigi, non hominem confundi, secreta illum admonitione convenit. Cum quo etiam tam modeste, tamque rationabiliter egit, ut ille quoque compunctus ad ipsius arbitrium correcturum se promitteret universa. Cæterum cum recessisset ab eo, Petrus idem, consiliis stimulatus iniquis, et ingenii sui viribus, plurimoque exercitio disputandi infeliciter fidens, resiliit a proposito saniori. Expetens denique Senonensem Metropolitanum, quod in ejus ecclesia celebrandum foret

cette affaire n'est pas sienne. Cependant, cédant plus tard aux conseils d'hommes importants et craignant que son absence n'augmente le scandale parmi le peuple et l'audace de son adversaire, il consent à se mettre en route ; mais ce n'est pas sans tristesse et sans larmes qu'il fait cet effort sur lui-même, ainsi qu'il le dit dans une lettre au pape Innocent, dans laquelle il expose toute cette affaire en détail et avec la plus grande clarté.

V. la lettre cent quatre vingt-unième

V. la lettre cent quatre-vingt-dixième.

14. Au jour indiqué, devant une nombreuse assemblée du clergé, le serviteur de Dieu apporte les écrits d'Abélard et en signale les passages erronés. Bref, on donne à celui-ci le choix, ou de nier que ces ouvrages soient de lui ou de rectifier humblement ses erreurs, ou enfin de répondre, s'il le peut, aux raisons et aux preuves tirées des saints pères qu'on lui opposera. Mais lui, qui ne voulait pas se repentir et qui ne se sentait point en état de résister à l'esprit de sagesse qui parlait contre lui, en appelle, pour gagner du temps, au siége apostolique. Alors, notre illustre avocat de la foi catholique lui dit qu'il pouvait bien être certain qu'il ne serait rien fait contre sa personne, l'engage à répondre en toute liberté et toute sécurité et lui donne l'assurance qu'on l'écoutera et le supportera avec toute la patience possible, et qu'il n'a point à redouter de s'entendre frapper d'aucune sentence ; mais il s'y refusa péremptoirement. Plus tard, il avoua aux siens, à ce qu'on dit, qu'à cette heure il sentit sa mémoire se troubler, sa raison s'obscurcir et toute sa présence d'esprit s'évanouir.

V. la lettre quatre-vingt-neuvième et les notes.

Toutefois, le concile, en laissant Abélard se retirer sans être inquiété, n'en condamna pas moins ses erreurs, et, s'il épargna sa personne, sévit contre ses dogmes impies. Comment ce Pierre, qui s'éloignait tant de la foi de Pierre, aurait-il pu trouver un refuge auprès de la chaire de Pierre? Aussi, le Pontife assis sur le siége apostolique, enveloppant dans la même sentence et les doctrines erronées et leur auteur, condamna les écrits au feu et l'écrivain au silence.

15. Il en arriva de même à Gilbert de la Porrée, évêque de Poitiers. C'était un homme très-versé dans les lettres sacrées, mais qui eut la présomption de scruter des mystères trop profonds pour sa faible intelligence. En effet, n'entendant point avec simplicité l'unité et la simplicité de la sainte Trinité, il n'en parlait point selon la foi dans ses écrits : distribuant à ses disciples des pains cachés et leur versant à boire une eau dérobée, il ne s'expliquait point d'une façon claire devant les personnes compétentes, sur ce qu'il admettait ou plutôt sur ce qu'il rejetait. Il craignait, en effet, le sort dont Pierre Abélard l'avait, dit-on, menacé à Sens en lui disant :

Ta maison sent le feu, lorsque son voisin brûle.

A la fin pourtant, comme les fidèles commençaient à se scandaliser fort à ce sujet et que les murmures allaient toujours croissants, Gilbert fut cité à comparaître et sommé de présenter l'ouvrage où il avait vomi ses blasphèmes, graves sans doute, mais cachés sous des paroles qui en déguisaient l'horreur. Ce fut donc au concile tenu à Reims par le vénérable pape Eugène, que Bernard, le champion de l'Église le plus remarquable de ce temps, s'attaqua corps à corps à Gilbert. Il commença avant tout par mettre en pleine lumière ce que cet évêque s'était efforcé de déguiser sous des subtilités de mots, puis,

---

in proximo grande concilium, Claræ-vallensem causatur abbatem suis in occulto detrahere libris. Addit quoque paratum se esse in publico sua defendere scripta, rogans ut prædictus abbas dicturus, si quid haberet, ad concilium vocaretur. Factum est ut postulavit. Sed vocatus abbas venire penitus recusavit, suum hoc non esse renuntians. Postea tamen magnorum virorum monitis flexus, ne videlicet ex ipsius absentia et scandalum populo, et cornua crescerent adversario, demum pergere acquievit, tristis quidem, nec sine lacrymis annuens, sicut in epistola ad papam Innocentium ipse testatur, in qua plenius lucidiusque negotium omne prosequitur.

14. Affuit dies, et ecclesia copiosa convenit ; ubi a Dei famulo Petri illius in medium scripta prolata sunt, et erroris capitula designata. Demum illi optio data est, aut sua esse negandi ; aut errorem humiliter corrigendi ; aut respondendi, si posset, objiciendis sibi rationibus pariter et sanctorum testimoniis patrum. At ille nec volens resipiscere, nec valens resistere sapientiæ et spiritui qui loquebatur , ut tempus redimeret, sedem apostolicam appellavit. Sed et postea ab egregio illo catholicæ fidei advocato monitus, ut vel jam sciens in personam suam nihil agendum, responderet tam libere, quam secure, audiendus tamen et ferendus in omni patientia, non sententia, aliqua feriendus ; hoc quoque omnimodis recusavit. Nam et confessus est postea suis, aut aiunt, quod ea hora, maxima quidem ex parte memoria ejus turbata fuerit, ratio caligaverit, et interior fugerit sensus. Nihilo minus tamen Ecclesia quæ convenerat, dimisit hominem, mulctavit abominationem ; a persona abstinens, sed dogmata prava condemnans. Quando vero Petrus ille refugium inveniret in sede Petri, tam longe dissidens a fide Petri? Et ipsum ergo auctorem eadem sententia cum erroribus suis apostolicus præsul involvens, scripta incendio , scriptorem silentio condemnavit.

15. Fuit item Gillebertus, quem cognominavere Porretanum, Pictavorum episcopus, in sacris litteris plurimum exercitatus, sed sublimiora se etiam ipse scrutatus ad insipientiam sibi. Siquidem de sanctæ Trinitatis unitate et Divinitatis simplicitate non simpliciter sentiens nec fideliter scribens, discipulis panes proponebat absconditos, furtivas propinabat aquas, nec facile quid saperet, imo quantum desiperet, personis authenticis fatebatur. Timebat enim quod apud Senonas Petrum ei dixisse ferunt:

Tunc tua res agitur, paries cum proximus ardet.

Novissime tamen cum jam fidelium super hoc invalesceret scandalum, cresceret murmur, vocatus ad

dans une discussion qui ne dura pas moins de deux jours, il en fit voir le faux, tant par ses propres raisonnements que par des témoignages tirés des Saints Pères. Mais, s'apercevant que plusieurs des pères du concile, tout en reconnaissant les blasphèmes répandus dans la doctrine de Gilbert, cherchaient cependant à le soustraire à la peine qu'il avait méritée, il se sentit animé d'un saint zèle, il fit une assemblée particulière des évêques de l'Église de France qui partageaient son avis, et on finit, dans une séance générale, où se trouvaient réunis les évêques de dix provinces, ainsi que d'autres évêques et d'autres abbés, par opposer aux nouveaux dogmes un nouveau symbole que dicta l'homme de Dieu. Tous ceux qui étaient présents le souscrivirent de leur propre nom, afin que les autres pères du concile sussent bien que leur zèle à tous n'était pas moins irréprochable que leur foi. Voilà comment enfin l'erreur en question se trouva condamnée par le jugement apostolique et l'autorité de l'Église universelle. Interrogé s'il se soumettait à sa condamnation, Gilbert répondit en désavouant ᵃ publiquement ce qu'il avait écrit et avancé précédemment, et obtint par là qu'on usât d'indulgence à son égard. Ce qui détermina surtout le concile à en agir ainsi, c'est que, dès le principe, Gilbert avait eu la précaution de ne s'engager dans cette discussion qu'en promettant de se soumettre sans aucune obstination au jugement de l'Église et de réformer lui-même ses erreurs sans attendre d'être contraint à le faire.

ᵃ Celui qui écrit ces lignes, Geoffroy, était présent à ce concile; il rapporte les choses en plus grand détail dans sa lettre à Henri, évêque d'Albano. De plus, le même auteur écrivit une réfutation de Gilbert qu'on trouvera plus loin avec sa lettre à Henri.

CHAPITRE VI

Hérésie de Henri réprimée dans le pays Toulousain : miracles opérés par saint Bernard dans ces contrées.

16. Dans le Toulousain se trouvait un certain Henri qui avait été moine autrefois, et qui alors n'était plus qu'un vil apostat, menant une vie infâme, et répandant une doctrine pernicieuse. Par ses paroles pleines de persuasion, il s'était emparé de l'esprit léger des peuples de ce pays. Selon ce que l'apôtre avait prédit de certaines gens, il parlait le langage du mensonge et de l'hypocrisie, et ne s'adressait à ces populations qu'en termes pleins de feinte. Cet homme au reste se déclarait manifestement l'ennemi de l'Église et attaquait avec une égale irrévérence ses sacrements et ses ministres. Sa malice avait déjà porté ses fruits, car notre vénérable abbé, dans une lettre qu'il écrivait au comte de Toulouse, s'exprimait en ces termes : « Les églises sont désertes, les populations privées de prêtres, les ministres des autels sont traités avec mépris, et les chrétiens n'ont plus de Christ... On va jusqu'à priver les enfants des chrétiens de la vie qu'ils reçoivent en Jésus-Christ, en leur refusant la grâce du baptême (*Epist.* CCXLI, 1). » On se moque des prières et des offrandes pour les morts, de l'invocation des saints, de l'excommunication tombée des lèvres des prêtres, de la sanctification des jours de fête, des onctions faites avec le saint chrême et l'huile sainte, enfin

V. la lettre CCXLIᵉ, tome I, et le sermon LXV, sur le Cantique des cantiques, tome IV.

---

medium est; et librum tradere jussus, in quo blasphemias evomuerat, graves quidem, sed verborum quodam involucro circumsæptas. Igitur in concilio, quod in urbe Remorum papa venerabilis Eugenius celebravit, egit cominus adversus hunc Gillebertum Ecclesiæ sanctæ suo tempore singularis athleta Bernardus; primo quidem totum quod illo verborum cavillationibus occultare nitebatur, eliciens; deinde vero tam suis ratiociniis, quam sanctorum testimoniis biduana disputatione redarguens. Considerans sane nonnullos ex his qui præsidebant, jam quidem animadvertentes blasphemiam in doctrina, adhuc tamen avertentes injuriam a persona; accensus est zelo, et domesticam sibi ecclesiam seorsum convocat Gallicanam. Communi denique consilio, a patribus decem provinciarum, aliis autem episcopis et abbatibus plurimis, dictante Viro Dei, novis dogmatibus opponitur Symbolum novum. Cui etiam subscribuntur nomina singulorum, et eorum videlicet omnium sicut irreprehensibilis fides, sic irreprehensibilis zelus cæteris innotescat. Ita demum apostolico judicio et auctoritate universalis Ecclesiæ error ille damnatur, episcopus Gillebertus ab eidem damnationi consentit, interrogatur. Consentiens, et publice refutans quæ prius scripserat et affirmaverat, indulgentiam ipse consequitur, maxime quod ab initio cautus fuisset ea lege eamdem ingredi disceptationem, ut promitteret sine ulla sese obstinatione, pro Ecclesiæ sanctæ arbitrio, correcturum libere suam opinionem.

CAPUT VI.

De hæresi Henriciana in partibus Tolosanis repressa; et patratis ibidem miraculis.

16. In partibus Tolosanis Henricus quidam, olim monachus, tunc apostata vilis, pessimæ vitæ, perniciosæ doctrinæ, verbis persuasibilibus gentis illius occupaverat levitatem, et ut prædixit Apostolus de quibusdam, in hypocrisi loquens mendacium, fictis verbis de eis negotiabatur. Erat autem hostis Ecclesiæ manifestus, irreverenter ecclesiasticis derogans Sacramentis pariter et ministris. Nec mediocriter in ea jam malignitate profecerat. Sic enim de eo scribens pater venerabilis ad principem Tolosanum, inter cætera ait: « Passim inveniebantur jam ecclesiæ sine plebibus, plebes sine sacerdotibus, sacerdotes sine debita reverentia, sine Christo denique christiani. Parvulis christianorum Christi vita intercludebatur, dum baptismi gratia negabatur. » Ridebantur orationes oblationesque pro mortuis, sanctorum invocationes, sacerdotum excommunicationes, fidelium peregrinationes, basilicarum

il n'est pas d'institution ecclésiastique qui ne soit l'objet de leur mépris.

17. Dans ce pressant besoin, le saint, dont l'Église de ces contrées avait souvent imploré le secours, se laissa persuader par le révérendissime Aubry, évêque d'Ostie et légat du Saint-Siége, d'entreprendre le voyage de Toulouse. A son arrivée, le peuple de ces contrées le reçut avec une piété incroyable, et comme un ange venu du ciel. Il ne put demeurer longtemps parmi ce peuple, parce qu'il n'était au pouvoir de personne de contenir la foule de ceux qui accouraient jour et nuit pour demander sa bénédiction et implorer son secours. Toutefois, il prêcha pendant quelques jours à Toulouse et dans plusieurs autres endroits que ce misérable hérétique avait plus particulièrement fréquentés, et plus profondément infestés de ses erreurs. Partout il éclaire la foi des simples, raffermit ceux qui chancelaient, ramène ceux qui s'étaient égarés, relève ceux qui étaient tombés, presse et accable de son autorité les perturbateurs de la foi et les opiniâtres, au point qu'aucun d'eux n'osait, je ne dis point lui résister en face, mais même assister à ses conférences et paraître devant lui. D'ailleurs, bien que l'hérétique [a] eût réussi alors à fuir et à se cacher, cependant les chemins lui furent tellement interceptés et les issues furent si bien fermées, qu'il finit par ne plus conserver la moindre espérance de se trouver en sûreté quelque part; en effet, il ne tarda point à être pris, chargé de chaînes et livré à l'évêque. Pendant ce voyage, le Seigneur fut glorifié dans son serviteur par de nombreux miracles; car les uns, dont le cœur avait été égaré par des doctrines impies, revinrent à sa voix de leurs erreurs, et d'autres, dont le corps était atteint de diverses maladies, obtinrent leur guérison.

18. Il y a dans cette contrée un endroit nommé Sarlat, où, quand le sermon fut achevé, on présenta au serviteur de Dieu, selon que cela se faisait partout, des pains à bénir. Bernard, ayant donc levé la main, fit un signe de croix et les bénit en disant : « Si vos malades, après avoir goûté de ces pains, recouvrent la santé, vous reconnaîtrez alors que c'est nous qui vous prêchons la vérité, et que les hérétiques ne vous annoncent que l'erreur. » En l'entendant parler ainsi, le vénérable évêque de Chartres, le grand Geoffroy, qui était présent à ce discours et placé tout près de l'homme de Dieu, conçut quelque appréhension et dit : « Oui, s'ils mangent de ce pain avec une foi sincère, ils seront guéris. » A ces mots, le saint abbé, qui avait une confiance sans borne en la puissance du Seigneur, répliqua : « Je n'ai point dit cela, mais j'ai dit que tous ceux qui en goûteraient seraient guéris, afin que tout le monde sache bien que nous sommes des hommes véridiques et vraiment envoyés de Dieu. » Alors il y eut tant de malades qui mangèrent de ce pain et recouvrèrent la santé, que le bruit de ce miracle se répandit dans toute la province, et que l'homme de Dieu, en passant, à son retour, dans le voisinage de cette ville, s'abstint de revenir par cette ville, pour éviter la foule intolérable qui se serait présentée à sa rencontre.

19. Le principal miracle que le Christ opéra par

[a] Consultez la lettre de Geoffroy sur cet hérétique Henri; elle se trouve après le livre V de la Vie de saint Bernard. On peut voir aussi sur ce sujet notre préface au tome I, article 6.

ædificationes, dierum solemnium vacationes, chrismatis et olei consecrationes, et omnes denique istitutiones ecclesiasticæ spernebantur.

17. Hac necessitate Vir sanctus iter arripuit, ab Ecclesia regionis illius sæpius jam ante rogata, et tunc demum a reverendissimo Alberico Ostiensi episcopo et legato sedis apostolicæ persuasus pariter et deductus. Veniens autem cum incredibili devotione susceptus est a populo terræ, ac si de cœlo angelus advenisset. Nec moram facere potuit apud eos, quod irruentium turbas reprimere nemo posset; tanta erat frequentia diebus ac noctibus adventantium, benedictionem expetentium, flagitantium opem. Prædicavit tamen in civitate Tolosa per aliquot dies, et in cæteris locis, quæ miser ille frequentasset amplius, et gravius infecisset; multos in fide simplices instruens, nutantes roborans, errantes revocans, subversos reparans, subversores et obstinatos auctoritate sua premens et opprimens, ut non dico resistere, sed ne assistere quidem et apparere præsumerent. Cæterum etsi tunc fugit hæreticus ille et latuit, ita tamen impeditæ sunt viæ ejus et semitæ circumsæptæ; ut vix alicubi postea tutus, tandem captus et catenatus episcopo traderetur. In quo itinere plurimis etiam signis in servo suo glorificatus est Deus, aliorum corda ab erroribus impiis revocans, aliorum corpora a languoribus variis sanans.

18. Est locus in regione eadem, cui Sarlatum nomen est, ubi sermone completo plurimos ad benedicendum panes, sicut ubi fiebat, Dei famulo offerebant. Quos ille elevata manu et signo Crucis edito in Dei nomine benedicens : « In hoc, inquit, scietis vera esse quæ a nobis, falsa quæ ab hæreticis suadentur, si infirmi vestri gustatis panibus istis adepti fuerint sospitatem. » Timens autem venerabilis episcopus Carnotensium magnus ille Gaufridus (siquidem præsens erat proximus Viro Dei), Si bona, inquit, fide sumpserint, sanabuntur. Cui pater sanctus de Domini virtute nil hæsitans : « Non hoc ego dixerim, ait, sed vere qui gustaverint, sanabuntur; ut proinde veros nos et veraces Dei nuntios esse cognoscant. » Tam ingens multitudo languentium gustato eodem pane convaluit, ut per totam provinciam verbum hoc divulgaretur, et Vir sanctus per vicina loca regrediens ob concursus intolerabiles declinaverit, et timuerit illo ire.

19. Præcipuum [a] sane miraculum quod per famulum suum in urbe Tolosa Christus exhibuit, paralytici

[a] al. primum.

son serviteur dans la ville de Toulouse fut la guérison d'un clerc paralytique. Cet homme vivait dans la maison des clercs réguliers de Saint-Saturnin, dont il faisait partie. L'homme de Dieu, qui visitait cette maison, à la prière de l'abbé et des autres frères, y arriva à l'entrée de la nuit, et trouva ce clerc mourant et sur le point de rendre le dernier soupir. Il adressa quelques paroles de consolation à ce malheureux, lui donna sa bénédiction et se retira, mais non pas sans s'adresser, dans son cœur, au Seigneur, comme il l'a depuis lui-même avoué, et sans lui dire avec une confiance égale à sa foi : « Qu'attendez-vous, Seigneur, mon Dieu? Ce peuple a besoin de voir des prodiges; nous n'avancerons pas à grand'chose auprès de lui par nos paroles, si vous ne les confirmez et ne les faites suivre par des miracles. » Au moment même où il parlait ainsi, le paralytique saute à bas de son lit, accourt sur les pas de Bernard, l'atteint et baise la trace de ses pas sacrés avec toute la dévotion qu'il devait. Un des chanoines, qui l'avait rencontré dans sa course précipitée, se sentit saisi de frayeur, et, pensant voir un fantôme, se mit à pousser des cris. Comment aurait-il cru, en effet, que ce moribond pût se lever de son lit? Aussi s'enfuit-il, persuadé qu'il ne pouvait avoir sous les yeux que l'âme de son confrère, qui, après avoir quitté son corps, lui apparaissait sous la forme d'un fantôme. Mais enfin, la vérité de la chose se fit bientôt connaître, tant à lui qu'aux autres ; le bruit de ce miracle se répand bien vite parmi les frères; on accourt pour avoir le bonheur de contempler cette merveille, et l'évêque lui-même, qui avait le titre de légat du Saint-Siége, accourt un des premiers. On se rend à l'église sur les pas de celui qui a recouvré la santé, tous se mettent à chanter les louanges du Seigneur, et le paralytique mêle sa voix à ces chants. Le peuple accourt en foule de toutes parts, le Christ est béni, la foi triomphe et l'infidèle est confondu; la piété tressaille d'allégresse et l'impiété sèche de confusion. Quant à l'homme de Dieu, dès qu'il est rentré dans sa cellule, il fait regarder à toutes les entrées et ferme toutes les portes pour interdire tout accès au peuple qui se précipite sur ses pas. Quant à Bernard, car tel était aussi le nom du clerc qui venait d'être guéri, bien loin de se montrer ingrat pour le bienfait qu'il avait reçu dans son corps, il n'en éprouve que de plus ardents désirs pour les remèdes de l'âme, et, se mettant à la suite du serviteur du Christ, il vint embrasser la vie monastique et prendre l'habit de l'ordre à Clairvaux. Renvoyé ensuite par le saint dans le pays Toulousain, et nommé abbé en ce lieu, il y est aujourd'hui à la tête d'un monastère qu'on nomme Val-d'eau.

CHAPITRE VII.

Douceur des mœurs du bienheureux; ses brillantes vertus; ce qu'il pensait lui-même de ses miracles.

20. Comme durant toute la durée du voyage du saint à son retour de ces contrées, les miracles qu'il opérait se répétaient de plus en plus et se multipliaient tous les jours davantage, nous ne saurions négliger de dire quels étaient, au milieu de tant de prodiges, les sentiments de celui qui avait appris de Jésus-Christ l'humilité du cœur et la mansuétude. Il discutait souvent ce sujet avec lui-même dans sa pensée, et s'en expliquait ensuite dans toute

---

cujusdam clerici curatio fuit. Hunc in domo regularium clericorum sancti Saturnini, quorum unus ipse erat, ad petitionem abbatis et fratrum circa noctis crepusculum visitans homo Dei, moribundum invenit hominem, qui extremum spiritum trahere videretur. Consolatus itaque miserum, et data benedictione egrediens, sicut postea confessus est, loquebatur in corde suo fidelis servus ad Dominum tam fiducialiter, quam fideliter, dicens : « Quid exspectas, Domine Deus? Generatio hæc signa quærit. Alioquin minus apud eos nostris proficimus verbis, nisi abs te fuerint confirmata sequentibus signis. » Eadem hora exsiliit paralyticus de grabato, et accurrens secutus et consecutus est eum, sacra vestigia devotione qua debuit amplexatus; cui subito procedenti obvias ex concanonicis unus expavit et exclamavit, siquidem phantasma putabat. Quando enim de lectulo eum crederet surgere potuisse? Egressam magis a corpore ejus animam phantastice sibi apparuisse arbitratus aufugit. Sed ipsa demum tam ei, quam cæteris rei veritas fidem fecit. Egreditur exinde sermo inter fratres, curritur ad spectaculum tam jucundum; ipse etiam inter primos accurrit episcopus et legatus. Inde pergitur ad ecclesiam, eo ipso qui convaluerat præeunte; conclamatur in laudes Dei, eodem pariter concinente; ruit undique populus, benedicitur Christus, triumphat fides, infidelis quisque confunditur, exsultat pietas et impietas contabescit. Porro Vir Dei cellam ubi manebat ingressus, diligenter omnes observari aditus, observari januas jubet, ne quis pateat introitus populo concurrenti. (Sane is quidem Bernardus (hoc enim clerico nomen erat, qui sanus factus est) corporali beneficio non ingratus, magisque sollicitus pro remedio spirituali, secutus est servum Christi, monasticum in Clara-valle ordinem profitens, et habitum sumens. A quo etiam missus ad patres iterum Tolosanas, et abbas illic constitutus, hodieque monasterio præest, quod Vallis-aquæ dicitur.)

CAPUT VII.

De suavissimis beati Viri moribus, et præclaris virtutibus, et quid de suis miraculis sentiret.

20. Cum autem per totum ab eadem provincia reditum Viri sancti magis magisque signa crebrescerent, et multiplicarentur in dies, non prætereundum quidnam ipse inter hæc animi gereret, qui a Christro humilitatem cordis et mansuetudinem didicisset. Dispu-

l'expansion de son âme en ces termes avec quelques-uns de ses frères et des religieux qui l'approchaient de plus près : « Je me demande avec un profond étonnement ce que signifient ces miracles, et pourquoi il a plu à Dieu d'opérer de telles choses par les mains d'un homme comme moi. Il me semble que je n'ai rien lu de pareil dans les pages de la Sainte-Écriture. En effet, on y voit des prodiges opérés quelquefois par des hommes saints et parfaits, et d'autres fois par des imposteurs. Or, pour ce qui est de moi, si je ne me trouve point parfait, pourtant ne me trouvai-je point de la nature des imposteurs. Sans doute, je ne possède point ces vertus des saints qui méritent d'être marquées au coin des prodiges, mais j'espère bien aussi ne point être du nombre de ceux qui font des miracles au nom du Seigneur et n'en sont pas moins inconnus de lui. » Voilà le langage que bien souvent et dans l'intimité il tenait avec des hommes spirituels. A la fin il crut avoir trouvé la vraie route pour sortir de ces difficultés. « Je sais, disait-il, que ces sortes de merveilles se produisent non point à cause de la sainteté d'un seul, mais pour le salut de plusieurs. Dieu considère dans l'homme par qui il opère ces prodiges, non pas tant la perfection, que l'opinion qu'on a de cette perfection, et, par ce moyen, il fait estimer des autres hommes les vertus qu'on croit exister en celui dont il se sert. Ces prodiges ne s'accomplissent pas, en effet, pour ceux qui les font, mais plutôt pour ceux qui les voient ou les entendent raconter. Le Seigneur les opère dans ses merveilles, non point pour prouver que ceux dont il se sert pour cela sont plus saints que les autres, mais pour inspirer aux hommes un amour et un zèle plus grands pour la sainteté. Il n'y a donc rien de moi dans les miracles que je fais ; ils sont dûs, je le reconnais, à la renommée dont je jouis, bien plus qu'à ma vie elle-même, et ils ont lieu beaucoup moins en ma considération qu'en considération des autres qu'ils avertissent. » Si je ne me trompe, quiconque pèsera avec attention ces sages paroles, ne pourra se défendre d'un sentiment d'admiration pour une telle âme, et, s'il est un appréciateur équitable du mérite, il pensera que le fait d'opérer tant de miracles n'est gas une plus grande preuve de perfection que de les expliquer ainsi quand une fois ils sont faits. Enfin, il ne croira pas moins utile pour lui-même d'imiter les sentiments de Bernard, que d'admirer ses actions et de savoir tout ce qu'il y eut d'admirable dans ses mœurs, que de connaître ce qu'il y a de miraculeux dans ses œuvres. Mais quel homme serait capable de s'élever jusque-là ?

21. Dans le cœur de l'homme de Dieu, on voyait réunis par une mutuelle alliance la pureté et la douceur, vertus également admirables, mais que leur union rendait plus admirables encore. Voilà ce qui explique comment cet homme avait su captiver d'une manière si singulière tous les cœurs du monde entier ; sa douceur rendait sa pureté aimable, et sa pureté prêtait un nouveau charme à sa douceur, si bien qu'on ne saurait dire s'il était l'objet de plus de respect que d'amour. En effet, où est l'homme d'une vie si rigide qui n'eût pour l'abbé de Clairvaux la plus haute considération ? et quel homme d'une vie si dissolue qu'il ne se sentît pénétré pour lui des sentiments les plus affectueux ? Lui-même avait un cœur rempli des affections les plus douces, mais comme il savait bien les réprimer toutes les fois que les circonstances le demandaient !

---

tans enim secum in cogitationibus suis, et ex ipsa demum locutus abundantia cordis sui, domesticis sibi religiosis quibusdam fratribus aiebat. « Plurimum miror quidnam sibi hæc miracula velint, aut quid visum sit Deo talia actitare per talem Nil mihi videor in sacris paginis super hoc genere legisse signorum. Siquidem facta sunt aliquando signa per sanctos homines et perfectos ; facta sunt et per fictos. Ego mihi nec perfectionis conscius sum, nec fictionis. Scio enim sanctorum mihi non suppetere merita, quæ miraculis illustrentur ; confido autem nec ad eorum sortem me pertinere, qui virtutes multas in nomine Domini operantur, et a Domino ignorantur. » Hæc et hujusmodi crebrius, secretiusque cum viris spiritualibus conferebat. Novissime vero opportunum sibimet visus exitum reperisse : « Scio, inquit, hujusmodi signa non ad sanctitatem unius, sed ad multorum spectare salutem ; et Deum in homine, per quem talia operetur, non tam perfectionem considerare, quam opinionem ; ut in eo commendet hominibus, quæ illi creditur inesse virtutem. Neque enim pro eis fiunt hæc, per quos fiunt ; sed pro eis magis qui vident illa, vel sciunt. Nec eo fine per eos ista Dominus operatur, ut ipsos probet cæteris sanctiores, sed ut cæteros magis amatores et æmulatores faciat sanctitatis. Nihil ergo mihi et signis istis ; quandoquidem meæ illa famæ magis, quam vitæ noverim exhiberi, nec ad meam fieri commendationem, sed ad commonitionem potius aliorum. » Satis, ni fallimur, hujus viri mirabitur animum, quisquis hoc diligenti consideratione pensaverit, nec præstantius reputabit æstimator quisque fidelis, signa atque prodigia mirabiliter operari, quam perpetrata taliter interpretari. Sibi quoque non minus utile judicabit imitandos ejus affectus, quam mirandos actus, et morum insignia, quam operum signa cognoscere. Sed ad hæc quis idoneus ?

21. In hujus siquidem pectore Viri Dei, pari fœdere puritas suavitasque consederant ; satis quidem utraque mirabilis ; sed mirabilior utriusque complexus. Inde nimirum tam singulariter in unum hominem totius orbis vota pariter concurrebant, quod puritatem suavitas amabilem faceret, suavitatem puritas acceptabilem ; ut difficile fuerit æstimare, gratiæ an reverentiæ amplius obtineret. Quis enim tam rigidæ conversationis, qui Claræ-vallensem non sublimiter revereretur abbatem ? quis tam dissolutæ, qui non erga eumdem dulciter afficeretur? Dulcissimis enim affectibus plenum pectus ipse gerebat ; sed quam li-

Autant il était humain dans ses sentiments, autant il était fort sa dans foi. Et, pour en citer en deux mots un exemple, je rapporterai ce qu'il dit de lui-même dans son vingt-sixième sermon sur le Cantique des cantiques. Ce fut sans verser une larme qu'il célébra les funérailles de son frère et d'un frère qui lui était si cher et si nécessaire que le lui était Gérard ; c'est les yeux secs qu'il le mit dans la tombe, et cela de peur de laisser croire que chez lui l'affection l'emportait sur la foi. A peine, en effet, pouvait-il enterrer un étranger sans pleurer, ou plutôt il ne lui arriva jamais de le faire sans verser des larmes. La main de Dieu l'avait si bien fait pour produire des fruits abondants, que, chez lui, la douceur des mœurs en tempérait l'austérité, et la sainteté leur conservait tout leur prestige. En effet, où trouver un homme à qui une telle bienveillance eût pu être à charge, et qui ne se serait point honoré d'une pareille bonté ? Nous lisons au sujet de Salomon, que tout le monde désirait contempler les traits de son visage ; voilà certes un grand éloge ; or, peut-être bien doit-on en dire autant de Bernard. Il n'est guère croyable, en effet, que ce roi dans toute sa gloire ait obtenu de l'univers entier un accueil plus favorable que celui dont notre abbé a été l'objet dans son humilité. Que dis-je, il me semble bien difficile de trouver dans toutes les histoires du monde, un seul homme qui, de son vivant, se soit acquis dans l'univers entier, du Couchant au Levant et de l'Aquilon à la mer, un nom aussi célèbre et aussi généralement chéri.

22. Pour ne parler que des contrées d'où nous sont venues les preuves les plus certaines de cette célébrité, sa renommée brilla du plus vif éclat dans l'Église d'Orient, à l'Occident jusqu'aux rivages de l'Islande ; au Midi elle s'étendit jusqu'aux confins les plus éloignés des Espagnes, et au Nord elle se répandit bien loin encore dans les îles du Danemark et de la Suède. Il recevait des lettres en grand nombre de tous les pays, et il en écrivait à tous les points du monde. De toutes parts on lui envoyait des offrandes, on demandait sa bénédiction. Enfin, tel qu'un cep luxuriant, il étendit ses rameaux de tous côtés, excepté toutefois dans la Terre-Sainte. En effet, à cause de l'insalubrité du pays et des incursions des ennemis, il ne voulut jamais y envoyer de ses frères, quoique le roi de cette contrée eût fait préparer un lieu pour les recevoir. Aussi ne peut-on dire que l'Évêque qui, après la sainte mort de Bernard, disait à ses religieux pour les consoler, « que sa voix s'était répandue par toute la terre et que ses paroles avaient retenti jusqu'aux confins de l'univers, » n'a-t-il rien avancé de trop ni rien dit qui fût hors de propos. Mais l'humilité de son cœur l'emportait sur l'éclat de sa renommée, et le monde entier ne pouvait l'élever autant que seul il se rabaissait lui-même. Tous le réputaient le premier des hommes ; mais lui se regardait comme en étant le dernier, et si tout le monde le préférait, il ne se préférait lui-même à personne. Enfin, comme il nous l'a dit bien souvent, au milieu des plus insignes honneurs et des personnages les plus élevés en dignité, il lui semblait qu'il était changé en un autre homme, ou plutôt il se croyait ailleurs et regardait tout ce qu'il voyait comme un songe. Au contraire, quand les plus humbles de ses religieux lui parlaient avec leur confiance accoutumée et qu'il pouvait se retrouver dans les habitudes de sa bien-aimée humilité, il était tout heureux de se retrouver enfin lui-

---

bere eos, quoties causa deposceret, coercebat, humanissimus in affectione, magis tamen fortis in fide. Et ut breve aliquod hujus rei proferamus exemplum, sicut ipse quoque testatur sermone super Cantica canticorum vicesimo sexto ; siccis oculis germani sui, et germani tam necessarii, tam dilecti, Gerardi videlicet, celebravit exsequias, siccis oculis corpus ejus tradidit sepulturæ, ne affectus fidem vincere videretur. Nam extraneum quemlibet vix, aut nunquam sine lacrymis sepelivit. Talem sibi illum uberius proinde fructificaturum manus divina formaverat, ut austeritatem suavitas morum tolleret, auctoritatem sanctitas conservaret. Cui enim vel tanta benignitas esset oneri, vel tanta bonitas non esset honori ? Legimus de Salomone, quod omnis terra desideravit videre vultum illius. Grande præconium ; sed forsitan in hac parte non minus quam Salomon hic. Neque enim satis credibile est, Salomonem illum in omni gloria sua tam universalem orbis obtinuisse favorem, quam hunc in sua humilitate. Imo vero difficile omnino videretur ex historiis aliquibus invenire hominem unum, conversantem adhuc cum hominibus, in universa terra tam celebre et amabile obtinuisse nomen a solis ortu et occasu, ab aquilone et mari.

22. Ut enim illas memoremus provincias, ex quibus usque hodie monumenta certiora superesse noscuntur ; et in Ecclesia Orientali, et apud soles occiduos Hibernorum, et a Meridie in remotis finibus Hispaniarum, et ab Aquilone in insulis quæ procul sunt Daciæ Sueoiæque, celeberrima ejus opinio fuit. Crebras undique recipiebat epistolas, et reddebat. Undique ei xenia mittebantur, undique ejus benedictio petebatur. Postremo quasi vitis abundantissima suos undique palmites propagavit, excepto quod in terram Jerosolymitanam, quamvis locus esset a rege paratus, ob incursum paganorum et aeris intemperiem, non acquievit mittere fratres suos. Neque vero episcopus ille incongruum aliquid usurpasse videtur, qui post sacrum ejus obitum, dum fratres consolaretur, inter cætera hoc quoque in ipsius prosecutus est laudem, « quia in omnem terram exivit sonus ejus, et in fines orbis terræ verba illius. » Vincebat tamen sublimitatem nominis humilitas cordis ; nec tantum poterat universus eum mundus erigere, quantum se ipse dejicere solus. Summus reputabatur ab omnibus, infimum ipse se reputans ; et quem sibi omnes, ipse se nemini præferebat. Denique, sicut nobis sæpius fatebatur, inter summos quoque honores et favores po-

même, et d'avoir pour ainsi dire recouvré sa propre personnalité. Cette modestie était innée en lui et ne le quitta point du berceau à la tombe. Voilà comment il se fait que bien qu'il jouît d'une si grande réputation d'orateur, cependant il ne lui arriva jamais, comme nous le lui avons bien souvent entendu dire, de prendre la parole sans appréhension et sans trouble même, dans les plus humbles réunions, et qu'il eût mieux aimé garder le silence s'il ne s'était senti contraint de parler par les aiguillons de sa propre conscience, par la crainte de Dieu et par la voix de la charité fraternelle.

23. Pour ce qui est de sa patience, nous n'ignorons pas à quelles cruelles épreuves elle a été mise par les tribulations que lui a envoyées le Seigneur. En effet, depuis les premiers moments de sa conversion jusqu'au jour où il quitta sa dépouille mortelle, il eut tant à souffrir, que, pour quiconque a connu sa vie, son existence semble n'avoir été qu'une mort prolongée. D'un autre côté, de la part des hommes, il y eut aussi quelques occasions rares, il est vrai, qui ont pu mettre sa patience à l'épreuve, et, bien que ces épreuves fussent moins grandes, il faut néanmoins en dire quelques mots, afin qu'on ne voie pas qu'il ait manqué de cette sorte de vertu. Comme il avait coutume de dire que « sa patience était de trois sortes, selon qu'il avait à supporter des paroles blessantes, des pertes matérielles, ou des afflictions corporelles, » nous citerons des exemples de chacune de ces trois sortes de patience,

et nous prendrons les premiers faits qui se présenteront à notre esprit. Un jour, le serviteur de Dieu avait écrit à un évêque* attaché à la cour et membre du conseil du roi, pour l'engager, à propos de quelques paroles échappées à ce prince, à lui donner des conseils et des avis meilleurs. Ce prélat, vivement irrité, lui répondit une lettre fort dure, dont la salutation, placée en tête selon l'usage, était ainsi conçue : « Salut sans esprit de calomnie, » comme s'il avait voulu insinuer que l'homme de Dieu lui avait écrit dans un esprit de détraction, ce qui fait horreur à dire. Le très-doux serviteur du Christ, se souvenant alors de la réponse du Seigneur : « Je ne suis point possédé du démon, » lui répondit avec simplicité, comme on peut le voir par sa lettre qui existe encore aujourd'hui : « Je ne me reconnais pas le moins du monde coupable de calomnie, non-seulement je ne crois pas avoir dit du mal de personne ; mais je sais très-certainement que je n'en ai pas même eu la pensée, surtout en ce qui concerne un prince de l'Église. » Dans la suite, il n'eut pas moins d'affection que par le passé pour cet évêque et ne le traita pas avec moins d'intimité, et le salut injurieux dont nous venons de parler fut pour lui comme s'il n'avait jamais été.

*C'était Josselin, évêque de Soissons. V. la lettre deux cent vingt-troisième

24. L'abbé de Farfa* avait appelé de Clairvaux une colonie de religieux, pour fonder un monastère, mais le souverain pontife fit manquer la chose en retenant pour lui-même les religieux

*Cela se passait sous le pontificat du pape Innocent II, qui plaça au monastère de Trois-Fontaines, les religieux que l'abbé de Farfa avait demandés à saint Bernard. Farfa était un monastère très-célèbre de la Sabine, dont Addenoulfe fut abbé depuis l'an 1125 jusqu'à l'année 1144. Cet abbé est cité dans la chronique de Maurigny, tome IV, de Duchesne, page 377, où il est dit qu'il assistait avec Bernard, en 1130, à la dédicace de l'église de Maurigny par le pape Innocent. Gérard de Clairvaux avait été moine de Farfa ; il est cité par Herbert, dans le livre II des Miracles, chapitre XXIX.

pulorum, vel sublimium personarum, alterum sibi mutuatus hominem videbatur, seque potius reputabat absentem, velut quoddam somnium suspicatus. Ubi vero simpliciores ei fratres, ut assolet, fiducialius loquerentur, et amica semper liceret humilitate frui ; ibi se invenisse gaudebat, et in proprium rediisse personam. Innata ei a puero verecundia usque ad diem perseveravit extremum. Inde erat, quod licet tam magnus esset, et excelsus in verbo gloriæ ; nunquam tamen (sicut sæpe eum audivimus protestantem) in quamlibet humili cœtu sine metu et reverentia verbum fecit, tacere magis desiderans, nisi conscientiæ propriæ stimulis urgeretur, timore Dei, charitate fraterna.

23. Patientiam ejus maxime quidem flagellis dominicis exercitatam novimus et probatam ; qui nimirum ab ipso suæ conversionis initio usque ad diem sacræ depositionis tanta sustinuit, ut vita ejus his qui noverant, nonnisi quædam mortis protelatio videretur. Cæterum erga homines quoque, etsi rarior ei occasio minora forsitan patientiæ potuit experimenta præstare, dicendum tamen vel breviter, ne hujus quidem apparuisse cum virtutis immunem. Et quia « genus hoc patientiæ solitus erat dicere tripartitum, videlicet ad verborum injurias, ad damna rerum, ad corporis læsionem, » de singulis saltem singula proponamus exempla, quæ interim nobis occurrunt. Scripserat aliquando Dei famulus ad episcopum aliquem de curia et consilio regis, monens eum super quibusdam verbis regi suadere, et consulere meliora. At ille vehementer exacerbatus, amarissimam ei reddidit epistolam, dicens in ipsa salutatione prima, *Salutem, et non spiritum blasphemiæ*, tanquam videlicet Vir sanctus (quod horror est dicere) ex blasphemiæ spiritu illa scripsisset. Ad quod verbum mansuetissimus Christi servus, memor Dominicæ responsionis, *Ego dæmonium non habeo* (sicut hodieque exstans ejus epistola continet), « Minime quidem, ait, spiritum blasphemiæ habere me credo, sed nec maledixisse cuiquam, aut maledicere velle me scio, præsertim principi populi mei. » Nec minus postea carum, nec minus familiarem eumdem episcopum habuit, sed elogium illud prædictum apud eum sic fuit quasi non dictum.

24. Abbas Farfensis conventum fratrum a Claravalle vocaverat, monasterium eis ædificaturus ; sed Romanus impedivit antistes, et sibi tollens eos in loco altero ordinavit. Unde plurimum dolens prædictus ille Vir magnus, et magnæ devotionis, collectam pecuniam sexcentarum fere marcarum argenti deposuit sub chi-

qu'il plaça dans un autre endroit. Le susdit abbé en ressentit une vive douleur, et, comme il était d'une piété insigne, il déposa, moyennant un reçu, une somme de six cents marcs d'argent environ, qu'il vint offrir à l'homme de Dieu avec prières de fonder avec ces fonds, de ce côté-ci des Alpes, le monastère qu'il n'avait pas eu le bonheur d'établir dans son pays. On envoya pour toucher la somme, mais elle se trouve tout entière perdue. Quand on en informa l'homme de Dieu, il se contenta de répondre : « Béni soit le Seigneur qui nous a déchargé d'un tel fardeau ! quant à ceux qui ont pris cet argent, il faut leur pardonner avec douceur. Ce sont des Romains, la somme leur a paru considérable et la tentation était forte... » Il s'était pourtant beaucoup félicité de ce don, et avait calculé qu'avec cet argent, qu'il se voyait enlevé par la violence et par la fraude, il pourrait fonder environ dix monastères, ou du moins acheter les terres nécessaires pour les bâtir ; mais comme il ne voulut point plaider, il aima mieux laisser aux autres l'avantage sur lui, que de l'emporter sur eux.

25. Un jour vint à Clairvaux un clerc de ceux qu'on nomme réguliers, pressant Bernard, avec une sorte d'importunité, de le recevoir parmi ses religieux. Le saint abbé lui conseilla de retourner à la communauté à laquelle il appartenait et refusa de le recevoir. « Pourquoi donc, lui dit ce clerc, avez-vous tant recommandé la perfection dans vos ouvrages, puisque vous refusez votre assistance à ceux qui veulent y parvenir ? » Puis, dans un accès de violence excité en lui par le démon, comme on le reconnut plus tard, il ajouta : « Si je tenais ces livres en ce moment je les mettrais en pièces. »

L'homme de Dieu lui repartit : « Je ne pense pas que vous ayez lu dans aucun de ces livres que vous ne pouviez atteindre à la perfection dans votre propre maison ; car, si j'ai bonne mémoire, ce que j'ai recommandé, dans mes livres, c'est le changement de mœurs, non le changement de lieux. » A ces mots, le clerc fondit comme un furieux sur le saint et lui porta sur la joue un coup si violent, que la place en devint rouge à l'instant même et ne tarda point à enfler. Tous ceux qui étaient présents à cette scène se précipitent à l'instant sur le sacrilège ; mais le serviteur de Dieu les retient, se récrie et les adjure au nom du Christ, de ne point toucher à ce malheureux, de le mettre doucement dehors, de veiller sur lui et de prendre garde que personne ne lui fasse le moindre mal. Enfin il en donna l'ordre si expressément, que ce misérable, qui tremblait de frayeur, fut reconduit et mis à la porte sans avoir reçu le moindre mal.

26. Bien plus, le serviteur de Dieu, se distinguait par une telle liberté d'esprit, sans toutefois s'éloigner en rien de l'humilité et de la douceur, qu'il semblait en quelque sorte ne craindre personne et en même temps respecter tout le monde. Il était rare qu'il eût recours aux réprimandes, auxquelles il préférait les avertissements et les prières. C'était toujours à regret, non pas par aigreur qu'il employait des paroles amères ; aussi l'admirait-on d'autant plus qu'on voyait combien il lui était facile de réprimer ces mouvements. Il s'étonnait en effet de la méchanceté de ces hommes qui, une fois vivement émus, ne veulent point entendre à une excuse quelque raisonnable qu'elle soit, ou à une satisfaction si humble qu'on propose de la

---

rographo, quam ad Dei hominem veniens obtulit ei, rogans ut quod non meruerat in partibus suis, vel citra Alpes novum exinde cœnobium conderetur. Missum est pro argento, et totum prorsus amissum. Nec respondit aliud homo Dei cum ei nuntiaretur, quam, « Benedictus Deus qui nobis pepercit ab onere. Nam et illis, inquit, qui abstulere, levius indulgendum. Sunt enim Romani ; et pecunia videbatur immanis, ac vehemens fuit ista tentatio. » Gratulari etiam consueverat, decem circiter monasteria, vel ædificandis monasteriis loca congrua numerans, fraudulenter et violenter sibi ablata, dum contendere nollet, et magis eum vinci, quam alios vincere delectaret.

25. Veniens aliquando Claram-vallem clericus quidam ex his, quos regulares vocant, importune satis instabat ut in monachum reciperetur. Suadente Patre sancto ut ad suam reverteretur ecclesiam, nec acquiescente recipere eum : Ut quid ergo, ait ille, in libris tuis tantopere perfectionem commendasti, si eam desideranti opem renuis exhibere ? Et maligno spiritu iracundiæ vehementius instigatus, sicut postmodum evidenter apparuit : Jam, inquit, si illos tenerem, discerperem libros. Cui vir Domini : « Puto, ait, in nullo eorum legisti, non posse te in tuo claustro esse perfectum. Morum correctionem, non locorum mutationem, si bene memini, in libris omnibus commendavi. » Tum vero impetum faciens homo velut insanus in eum, percussit maxillam ejus, idque tam graviter, ut succederet statim rubor ictui, tumor rubori. Jam illi aderant in sacrilegum involabant ; sed prævenit eos servus Domini clamans, et adjurans per nomen Christi nullatenus eum tangere, sed educere caute, et curam ejus habere, ne ab aliquo ei vel in aliquo noceretur. Quod tam districte præcepit, ut miser ille timens et tremens absque omni injuria eductus sit et deductus.

26. Et quidem in libertate spiritus Dei famulus excellenter enituit, cum humilitate et mansuetudine tamen, ut quodam modo videretur et vereri neminem, et omnem hominem revereri. Increpatione rarius utebatur, monitis potius et obsecrationibus agens. Quam vero invitus, et non ex cordis amaritudine verbum proferret amarum, ex eo maxime animadvertebatur, quod perfacile hujusmodi impetum cohiberet. Siquidem mirabatur hominum improbitatem, quos aliquando forte turbatos, excusationem quamlibet rationabilem, satisfactionem quamlibet humilem admit-

faire, et trouvent un si misérable plaisir à s'abandonner à la passion de la colère, qu'ils haïssent tout remède qu'on pourrait y apporter, se bouchent les oreilles, se ferment les yeux, se cachent le visage avec les mains, et s'efforcent par toutes les manières possibles d'empêcher que leur émotion une fois excitée ne se calme et ne se guérisse. Il y a plus, souvent une réponse rude et arrogante mettait fin aux réprimandes du saint aussi aisément que l'aurait fait une observation douce et humble, ce qui faisait dire à plusieurs qu'il se montrait ferme avec ceux qui lui cédaient et qu'il cédait avec ceux qui lui tenaient tête. « Il disait, en effet, que la discussion n'est agréable que lorsque de part et d'autre on s'explique avec douceur; qu'elle n'est utile que lorsque d'un côté au moins il y a de la modération, mais qu'elle ne peut être que dangereuse si, ni d'un côté ni de l'autre, il n'y a d'aménité. En effet, disait-il, dès que d'un côté comme de l'autre on parle avec rudesse, c'est une dispute, non plus une réprimande, une querelle, non point un éclaircissement. Aussi vaut-il mieux alors que le supérieur dissimule pendant quelque temps, et attende que l'émotion soit passée, pour corriger plus utilement des esprits adoucis, ou même se rappeler, s'il est nécessaire, ces paroles du sage : « On ne corrige point un sot par des paroles (*Prov.* XVIII, 2). » Quant à l'inutilité des réprimandes reçues avec impatience, il en parle dans son quarante-deuxième sermon sur le Cantique des cantiques, où il dit entre autres choses : « Plût à Dieu qu'il ne fût jamais nécessaire de réprimander personne, car ce serait le meilleur. Mais parce que nous commettons tous beaucoup de fautes, il ne m'est pas permis de me taire ; mon devoir m'oblige, et la charité me presse encore davantage d'avertir ceux qui pèchent. Si je reprends quelqu'un de ses désordres, si je fais ce que je dois et que mes remontrances ne produisent pas l'effet que je désire et qu'au lieu de toucher ceux à qui elles s'adressent, elles reviennent vers moi comme une flèche qui retourne à celui qui l'a lancée, de quels sentiments pensez-vous, mes frères, que je sois touché alors ? que ne souffrirai-je point en ce cas, quels tourments n'en ressentirai-je point ? et, pour me servir des paroles de l'Apôtre, si je ne suis pas assez fort pour imiter sa sagesse, je suis pressé également de deux côtés (*Philipp.* I, 23), sans savoir ce que je dois choisir, ou de demeurer satisfait de ce que j'ai dit, parce que je me suis acquitté de mon devoir, ou de me repentir de ce que j'ai fait parce que je n'en ai pas reçu le fruit que j'en espérais (*Joan.* XLII 2). » Un peu plus loin il continue : « Vous me direz peut-être qu'en ce cas, le bien de mon action retourne vers moi ; que j'ai délivré mon âme et que je suis innocent de la perte de celui à qui j'ai annoncé la vérité, pour le tirer du mauvais chemin où il s'était engagé. Vous pouvez ajouter une infinité de raisons semblables, elles ne m'apporteront aucune consolation, tant que je verrai la mort d'un fils ; car je n'ai pas tant cherché à m'acquitter de ce que je devais en lui parlant, que désiré de lui être utile par mes paroles. Quelle est, en effet, la mère qui, après avoir apporté tous les soins imaginables pour assister son fils malade, peut arrêter le cours de ses larmes, quand elle voit que tous ses travaux et toutes ses peines sont inutiles et n'ont pu lui sauver la vie (*Ibidem*, n. 5.) ? » Mais en voilà assez sur ce sujet.

27. Au surplus, il était tellement ami de la dou-

---

tere gravat, quod ipsa suæ turbationis passio miseros sic delectet, ut oderint omne remedium ; ut contineant aures, claudant oculos, objiciant manus, et omnimodis satagant, ne semel orta commotio sedari valeat et sanari. Ejus tamen objurgationem non minus facile aliquando compescebat gravis et turbulenta responsio, quam humilis et modesta ; ut ab aliquibus proinde diceretur cedenti insistere, cedere resistenti. Dicebat enim, « ubi resonat utrimque modestia, dulce esse colloquium ; ubi vel ex parte altera, utile ; ubi ex neutra, perniciosum. Ubi enim hinc inde duritia sonat, jurgium est, non correctio ; nec disciplina, sed rixa ; ut deceat magis interim dissimulare prælatum, et commotione sanata, utilius castigare subjectos ; aut certe, si ita res exigit, observare consilium Sapientis, quia *stultus non corrigitur verbis.* » Loquitur ipse de increpationibus minus utiliter, minus patienter acceptis, in sermone super Canticum canticorum quadragesimo secundo, inter cætera dicens. « Utinam neminem objurgare necesse sit. Hoc enim melius. Sed quoniam in multis offendimus omnes, mihi tacere non licet, cui ex officio incumbit peccantes arguere, magis autem urget charitas. Quod si arguero et fecero quod meum est, illa autem procedens increpatio minime quod suum est faciat, neque ad quod misi illam, sed revertatur ad me vacua tanquam jaculum feriens et resiliens, quid me animi tunc habere putatis, fratres ? Nonne angor ? nonne torqueor ? Et ut mihi usurpem aliquid ex verbis Magistri, quia de sapientia non possum ; prorsus coarctor e duobus ; et quid eligam nescio ; placerene mihi in eo quod locutus sum, quoniam quod debui, feci ; an pœnitentiam agere super verbo meo, quia quod volui, non recepi. » Et infra : « Dicas forsitam mihi, quod bonum meum ad me revertatur, et quia liberavi animam meam, et mundus sum a sanguine hominis, cui annuntiavi et locutus sum, ut averteretur a via sua mala, et viveret. Sed etsi innumera talia addas, me tamen minimi ista consolabuntur, mortem filii intuentem. Quasi vero meam illa reprehensione liberationem quæsierim, et non magis illius. Quæ enim mater, etiamsi omnem quam potuit curam et diligentiam ægrotanti filio adhibuisse se sciat, si demum se frustratam viderit, et omnes labores suos esse penitus inefficaces, illo nihilo minus moriente propterea unquam a fletibus temperabit ? » Et hæc hactenus.

27. De cætero tantus æmulator erat mansuetudinis et pacis, ut si forte improbus quisque petitor durius

cœur et de la paix, que, si quelque méchant lui demandait avec un peu de rudesse et lui extorquait un mot seulement à son corps défendant, il avait bien de la peine ensuite à le renvoyer avec un refus et sans avoir rien obtenu. D'ailleurs il avouait lui-même que, par caractère, il détestait toute espèce de scandale, que la pensée de faire de la peine à quelqu'un lui était pénible, et qu'il lui était de toute impossibilité de ne pas la ressentir vivement. Aussi ne méprisa-t-il jamais personne et ne pouvait-il s'empêcher de ressentir un vif chagrin du scandale dont il était la cause pour quelqu'un, bien qu'il mît au dessus de cette peine la vérité de Dieu et sa justice. En effet, toutes les fois qu'il lui fallait reprendre ou empêcher dans les autres quelque action ou quelque dessein fâcheux, il le faisait avec tant de prudence que ceux mêmes qui se sentaient atteints, trouvaient encore des raisons pour être contents de lui, au fond de leur cœur. Aussi en avons-nous vu plusieurs et de ceux même de qui on pouvait le moins l'espérer, par un attachement plus vif pour sa personne, chercher dans la suite à lui témoigner toute leur déférence, ou même s'attacher à ses pas. On assure cependant qu'il a eu des envieux, afin que ce lui fût une occasion d'acquérir de nouveaux mérites. Au surplus, la gloire de son nom brillait en tel éclat, que ces hommes séchaient plutôt encore de désespoir que d'envie, et ne craignaient rien tant que d'être connus. Il y a plus, ils se sentaient même vaincus par sa douceur et son humilité, étouffés par ses bienfaits, accablés de ses prévenances. Nul ne savait mieux que lui vaincre le mal par le bien, comme il le disait entre autres choses dans une lettre adressée à des religieux : « Pour moi, je ne cesserai point de vous être uni, je le serai malgré vous, malgré moi-même... Je vous ferai du bien malgré vous et votre ingratitude n'aura d'autre effet que d'augmenter mon bon vouloir ; enfin votre mépris ne pourra réussir qu'à doubler les témoignages de mon respect (*Epit.* ccliii, n. 10). »

28. Il aimait, en effet, tous les hommes d'un tel amour de frère qu'il se sentait, comme il l'a confessé lui même, d'autant plus profondément affecté de voir certaines gens indisposés contre lui, qu'il lui semblait ne leur avoir donné aucun motif de l'être. Son très-excellent cœur s'affligeait plus de la pensée que son prochain avait quelque chose contre lui, qu'il ne se consolait de celle qu'il n'avait rien à se reprocher à son égard. Il espérait peu, en effet, pouvoir guérir un mal dont il ne voyait point la source, et disait que ce lui serait, au contraire, une grande consolation de trouver chaque fois le moyen de satisfaire à son prochain mécontent de lui, où à Dieu pour son prochain, s'il ne s'était point scandalisé sans cause. Mais ce qui le touchait sans contredit le plus, c'était le bien ou le mal spirituel des autres ; pour lui, le comble de ses vœux et de son bonheur, c'étaient les progrès des âmes et la conversion des pécheurs. Toutefois, il n'en compatissait pas moins charitablement aux souffrances corporelles de ses semblables, sa bonté même allait si loin qu'il s'apitoyait non-seulement sur les maux des hommes, mais encore sur ceux des êtres sans raison, des oiseaux et même des bêtes sauvages. Or, ce sentiment de compassion ne demeurait pas stérile chez lui ; il lui arriva quelquefois, en effet, dans ses voyages, en voyant un pauvre petit lièvre sur le point d'être forcé à la course par des chiens, ou un petit oiseau prêt de tomber entre les serres

---

extorsisset a negante responsum, haud facile deinceps cum eadem repulsa dimitteretur inanis. Siquidem velut naturaliter (ut fatebatur) oderat omne scandalum ; et gravamen cujuslibet hominis sustinere, ei admodum grave ; non sentire impossibile erat. Adeo neminem sprevit, nullius hominis scandalum parvipendit ; etsi veritatem Dei, justitiamque prætulerit. Nam et quoties oporteret noxios aliquorum vel reprehendere actus, vel impedire conatus ; tam considerate fiebat, ut abundanter ipsi quoque qui læsi viderentur, haberent unde sibi pro eo satisfacerent in cogitationibus suis. Sane vidimus ex ipsis quoque nonnullos, et de quibus minus id videbatur posse sperari, ampliori devotione ejus postmodum vel obsequiis deservisse, vel etiam adhæsisse vestigiis. Dicitur tamen et invidos habuisse, ut haberet meritum ex eis. Cæterum tam singulariter eminebat gloria nominis ejus, ut pestis illa magis desperatione, quam livore tabesceret, et timeret agnosci. Quin etiam humilitate ejus et mansuetudine vincebatur, beneficiis suffocabatur, obruebatur obsequiis. Nimirum doctus erat vincere in bono malum, sicut ad quosdam fratres scribens, inter cætera ait : « Adhærebo vobis, etsi nolitis ; adhærebo etsi nolim ipse. Invitis præstabo, ingratis adjiciam, honorabo et contemnentes me. »

28. Usque adeo siquidem omnes homines germano amplectebatur affectu, ut eorum scandalo (sicut ipse fateri solebat) gravius ureretur, quibus nullam videretur occasionem scandali præbuisse. Plus enim piissimum pectus gratuitum affligebat alterius scandalum, quam propriæ immunitas conscientiæ solabatur. Siquidem minus sperabat posse sanari quod unde procederet non videbat ; magnum sibi e regione solatium fore perhibens, quoties inveniret unde satisfacere posset, vel homini pro se, vel Deo pro homine non sine occasione turbato. Erga omnium quidem hominum spirituale commodum incommodumve amplius affligebatur ; et summum ei desiderium, summum gaudium erat animarum fructus, conversio peccatorum. Et corporeas tamen necessitates piissimo miserabatur affectu ; cujus tanta erat humanitas, ut non modo hominibus, sed irrationabilibus etiam animantibus, avibus compateretur et feris. Nec compatienti deerat virtutis effectus. Contigit enim aliquoties, ut iter agens, fugientem, et (ut videbatur) protinus capiendum vel lepusculum a canibus, vel aviculam ab accipitribus, signo crucis edito

d'un épervier, de les délivrer miraculeusement par un signe de croix, en disant aux chasseurs qui les poursuivaient, qu'ils feraient, lui présent, d'inutiles efforts, et ne réussiraient point à s'emparer de leurs victimes.

CHAPITRE VIII
Ecrits de saint Bernard: comme il y a peint son âme toute entière.

29. Nous avons rapporté en peu de mots, aussi bien que nos faibles moyens nous l'ont permis, ce que nous avions à dire des saintes mœurs de notre abbé. Mais il se montre avec bien plus d'éclat dans ses ouvrages et se fait connaître surtout dans ses lettres, où il s'est peint lui-même et si bien représenté comme dans un miroir, qu'il semble qu'on peut lui appliquer avec raison ce mot de saint Ambroise: «C'est à lui de chanter ses propres louanges, et, couronné de lauriers par l'esprit, c'est à lui de se couronner de nouveau par ses propres écrits.» En effet, si on veut savoir combien, dès le principe, Bernard s'est montré scrutateur vigilant et juge sévère de lui-même, il faut jeter les yeux sur le premier de ses ouvrages, sur son traité des Degrés de l'humilité; si on veut ensuite voir jusqu'où allaient ses sentiments de religion et de piété, il faut lire les Homélies qu'il a faites sur les gloires de Marie, et son traité de l'Amour de Dieu. Veut-on se faire une idée du zèle qu'il a déployé contre les vices des autres et contre les siens propres? Qu'on lise son Apologie, comme il l'appelle. Suivez-le dans ses dissertations sur le Précepte et la Dispense, vous verrez comme il sut allier au zèle une discrétion toujours vigilante et circonspecte. Son Exhortation aux chevaliers du Temple montre assez que nul ne sut mieux recommander et rendre facile par ses conseils une vie pieuse, dans quelque carrière qu'on soit engagé. Sa reconnaissance pour le don de la grâce de Dieu éclate dans ses discussions aussi subtiles que pleines de foi, sur la Grâce et le Libre arbitre. Un lecteur attentif pourra se faire une idée de l'indépendance de sa parole, de son éloquence, et de l'étendue de ses connaissances dans les matières les plus élevées comme dans les plus humbles, en jetant les yeux sur tout ce qu'il a écrit au pape Eugène dans son traité de la Considération. Le soin avec lequel il a composé la vie de saint Malachie montre jusqu'où allait son zèle pieux à publier la sainteté des autres. Dans ses sermons sur le Cantique des cantiques, on trouvera en Bernard l'homme qui scrute les mystères et qui jette, d'une main puissante, les fondements de l'édifice de la morale. Dans ses lettres à différentes personnes et sur différents sujets, tout lecteur réfléchi peut remarquer avec quelle ardeur son cœur aime tout ce qui est juste, et quelle aversion il avait pour toute sorte d'injustices.

30. En effet, jamais ce fidèle serviteur du Christ ne recherchait son propre avantage en rien; mais les intérêts de Jésus-Christ, voilà ceux qu'il soignait comme les siens. Quels crimes n'a-t-il pas attaqués? Quels schismes n'a-t-il point étouffés? Quelles haines n'a-t-il pas éteintes? Est-il un scandale qu'il n'ait apaisé? une hérésie qu'il n'ait confondue? Enfin, est-il rien de saint, d'honnête, de pudique, d'aimable, de bonne édification, est-il une vertu, est-il quelque chose de louable en fait de mœurs et de discipline, qui ait paru de son temps, en quelque pays du monde que ce fût, qu'il ne l'ait fortifié de son autorité, réchauffé du feu de sa charité, favorisé de tous ses soins? Est-il une

---

mirabiliter liberaret, diceretque sequentibus frustra sese conari, nec ullatenus se præsente ejusmodi exercere posse rapinam.

CAPUT VIII.
De scriptis S. Bernardi, et animi ejus effigie in ipsis expressa.

29. Hæc nos quidem de sacris moribus patris nostri pro modulo nostro sub brevitate perstrinximus. Cæterum longe eminentius in illis libris apparet, et ex litteris propriis innotescit, in quibus ita suam videtur expressisse imaginem, et exhibuisse speculum quoddam sui, ut illud quoque Ambrosianum merito illi posse videatur aptari: Laude sua ipse se sonet, et laureatus spiritu scriptis coronetur suis. Si quis enim nosse desiderat, quam sollicitus ab initio sui ipsius dijudicator et scrutator exstiterit, primum opus illius de gradibus Humilitatis inspiciat. Inde si quæritur piæ mentis religiosa devotio, transeundum ad Homilias in laudibus Virginis Matris; et illum quem de diligendo Deo edidit librum. Si fervens contra suorum vel aliorum vitia zelus, legatur is quem Apologeticum vocat. Si vigil eodem in zelo et circumspecta discretio, de Præcepto et Dispensatione disserens audiatur. Quam vero fidelis cujuslibet piæ conversationis commendator exstiterit et adjutor, Exhortatorius ad Milites Templi sermo declarat. Quam non ingratus gratiæ Dei, ex his liquet quæ de Gratia et libero arbitrio tam fideliter, quam subtiliter disputavit. Quam liber in voce, quam disertus, et in rerum superiorum pariter inferiorumque scientia locuples, in his quæ ad papam Eugenium de Consideratione scripsit, diligens considerator agnoscet. Quam devotissimus prædicator alienæ sanctitatis, tam diligenter episcopi sancti Malachiæ vitam prosecuta ostendit. Nam et in sermonibus super Cantica, et investigator mysteriorum, et morum ædificator magnificus innotescit. In epistolis, quas ad diversas personas ob negotia diversa dictavit, prudens lector advertet, quo fervore spiritus justitiam omnem dilexerit, omnem æque oderit injustitiam.

30. Fidelis etenim servus Christi non quærebat aliquid suum; quidquid tamen erat Christi, sic curabat ut suum. Quæ enim scelera non arguit? quæ odia non exstinxit? quæ scandala non compescuit? quæ schismata non resarcivit? quas hæreses non confutavit? Quid vero sanctum, quid honestum, quid pudi-

bonne entreprise qu'il n'ait aidée de ses vœux à ses débuts, ou qu'il n'ait relevée de toutes ses forces, selon le temps et les lieux, s'il la voyait tomber? Il n'y a pas d'hommes ayant conçu de mauvais desseins qui n'ait redouté son zèle et son autorité; pas un non plus qui, se proposant un but honorable, n'ait eu recours à sa sainteté, autant qu'il lui a été possible, n'ait désiré sa faveur, sollicité son appui. Est-il un homme qui, dans la tribulation, se soit approché avec foi du temple sacré de la divinité qui habitait dans son cœur, pour y faire entendre un cri poussé par la foi, qui l'ait fait en vain? Les affligés recevaient de lui des consolations, les opprimés des secours, les âmes perplexes un conseil, les malades un remède et les pauvres une aumône. En un mot, il se fit le serviteur de tous, comme s'il n'était né que pour se mettre au service du monde entier, ce qui ne l'empêchait pas d'un autre côté de s'occuper de sa conscience avec une âme si dégagée de tout le reste, qu'on aurait dit qu'il était absorbé tout entier par le soin et la garde de son propre cœur.

31. L'apôtre saint Paul nous parle, il est vrai, du partage des grâces, et, si on recherche avec soin, on trouvera, en effet, dès le principe des choses, des serviteurs de Dieu qui se sont distingués chacun par quelque don particulier. En effet, nous voyons que, parmi les hommes qui se sont fait remarquer par la grandeur de leur foi, les uns ont brillé par des miracles sans nombre, les autres par cet esprit de prophétie qui leur faisait voir l'avenir comme s'il eût été présent, et les choses cachées comme si elles se fussent trouvées placées sous leurs yeux; ceux-ci, si nous en croyons les écrits des anciens, se sont distingués par une vie d'une sobriété, d'une abstinence extrême; ceux-là, par un mépris des dignités de ce monde, dicté par des sentiments d'une humilité bien agréable à l'auteur même du monde; d'autres, enfin, par le don de la parole, qui en faisait des maîtres de la science du salut pour tant d'hommes qui brilleront comme des astres resplendissants dans le sein d'une éternité sans fin. Il en est aussi qui se sont acquis un renom de sainteté en construisant des monastères; on en a vu également qui se sont rendus utiles en apaisant les scandales et les troubles qui désolaient ce monde, et en travaillant avec succès à faire fleurir les affaires de l'Église de Dieu, tandis que d'autres, vaquant en esprit à de saintes méditations, s'élevaient bien haut dans les voies de la contemplation. Est-il un de ces dons qui ait manqué à notre Bernard? Je dis plus; quel est celui de ces dons qu'il ne possédait pas à un degré assez élevé pour le rendre illustre, quand même les autres lui auraient fait défaut? En effet, non-seulement l'Église de son temps a eu le bonheur de retirer de grands avantages de son concours dans une foule d'affaires dont il a été parlé plus haut, et dans une multitude d'autres, mais encore cela n'a point empêché le don de la contemplation de briller en lui du plus vif éclat, comme le prouvent les visions et les révélations qui lui ont été envoyées du Seigneur, ainsi que ses écrits où abondent les pensées inspirées par le Saint-Esprit. De plus les fruits portés par les monastères que le Seigneur a fondés par ses mains sont si nombreux et si évidents, qu'ils parlent d'eux-mêmes aux yeux, sans qu'il soit besoin de les faire ressortir par aucun écrit. D'ailleurs, les générations futures pourront

---

cum, quid amabile, quid bonæ famæ, quid virtutis, aut laudabilis disciplinæ, suis ortum in qualibet regione diebus non roboravit ejus auctoritas, non fovit charitas, diligentia non promovit? Quid ante promotum dilatari amplius non optavit? quid forte collapsum non totis pro loco et tempore viribus egit ut repararetur? Quis malitiam quamcumque disponens ejus zelum et auctoritatem non timuit? Quis proponens quodcumque bonum, ejus, si potuit, non consuluit sanctitatem, non desideravit favorem, opem non flagitavit? Quis ad sacrum in ejus pectore habitantis templum divinitatis, de quacumque tribulatione fideliter clamaturus accessit, et inefficaciter laboravit? Mœstus ab eo solatium, afflictus auxilium, consilium anxius, æger remedium, pauper subsidium reportabat. Ita sese omnium fecerat servum, ac si toti genitus orbi; ita tamen liber ex omnibus conscientiæ suæ curam gerens, tanquam soli deditus curæ et custodiæ cordis sui.

31. (Et quidem divisiones gratiarum commendat apostolus; et si quis diligenter quærat, inveniet diversos ab initio Dei famulos in diversis enituisse muneribus. Legimus enim viros in fide magnificos, multiplicibus claruisse miraculis; alios spiritum habuisse propheticum, et futura quasi præsentia, occulta velut sub oculis posita mirabiliter cognovisse. Alios nihilominus antiquorum litteræ protestantur graviori abstinentiæ deditos, parsimoniam coluisse; alios in humilitatis proposito, spretis dignitatibus hujus seculi, auctori seculi plurimum placuisse; alios in doctrina verbi ad salutis scientiam plurimos erudisse; ut secundum promissionem Scripturæ sanctæ, luceant quasi stellæ in perpetuas æternitates. Alii quoque in ædificandis cœnobiis laborantes, amplificaverunt nomen sanctitatis; alii in sedandis scandalis et turbinibus hujus seculi, promovendisque Ecclesiæ Dei negotiis efficaciter occupati, utiles in actione; alii in sacris meditationibus spiritualiter feriati, sublimes in contemplatione fuerunt. Quid horum nostro videbitur defuisse Bernardo? Imo quid horum tam insigne in eo non fuit, ut ad commendationem satis esset, etiamsi cæterorum aliquid non adesset? Nam etsi multiplicibus Ecclesia sui temporis, tam in supra memoratis negotiis, quam in aliis pluribus, actionis ejus utilitatem meruit experiri; magnifice tamen etiam gratia contemplationis in eo tam ex visionibus et revelationibus Domini, quam ex scriptis suis, quæ spiritualibus exuberant sensibus, elucescit. Porro monasteriorum fructus, quæ per eum Dominus ordinavit, tam copiosus et evidens, humanis sese ingerit oculis, ut nullis egeat litteris commendari. Magis autem et ex ipsa quoque eorumdem multitudine cœnobiorum om-

voir dans le nombre des monastères qu'il a établis la preuve irrécusable de la multitude de religieux qu'il avait enrôlés au service du Christ, dans le nombre même de moines qu'il envoya de tous côtés. Pour ce qui est des autres dons, déjà nous avons parlé de son humilité, de son mépris des grandeurs, et de l'excessive sobriété de sa vie, et nous aurons soin de traiter sous un autre titre de ce qui concerne le don de prophétie et celui des miracles, et de rapporter à ce sujet quelques traits choisis entre mille. Maintenant, comme nous l'avons annoncé plus haut dans notre préface, nous allons raconter dans le livre suivant, qui sera le second, les miracles qu'il a opérés et rapporter les grandes choses qu'il a faites.

FIN DU LIVRE TROISIÈME.

nis deinceps generatio certum capere poterit documentum, quantos collegerit ad servitium Christi, qui tam multos undique propagavit. Quod ad reliqua spectat, de humilitate ejus, et dignitatibus refutatis, sed et de tenuissimo victu, superius prosecuti, ex his quæ ad prophetiam pertinent, ostensionemque virtutum, sub alio quidem principio curabimus annotare perpauca de multis.) Et nunc igitur jam super his, quæ in signis exterioribus, et multiplici virtutum exhibitione consistunt, secundus, ut præmissum est in præfatione, libellus aliquanta narrabit.

FINIS LIBRI TERTII.

VIE DE SAINT BERNARD

ABBÉ DE CLAIRVAUX.

LIVRE QUATRIÈME

PAR GEOFFROY, RELIGIEUX DE CLAIRVAUX.

CHAPITRE Ier.

Saint Bernard revient de Rome, d'où il rapporte quelques reliques de saints. Diverses grâces arrivées à plusieurs personnes par un effet de ses propres mérites, mais à son insu.

1. Ainsi que Bernard, le serviteur de Dieu, s'en félicite dans son vingt-quatrième sermon sur le Cantique des cantiques, et en rend grâces à Dieu, le Seigneur daigna jeter du haut du ciel un regard de bonté sur son troisième retour de la ville de Rome, et sourire, d'un visage serein, à l'apaisement de la rage du lion, à la fin de la malice des schismatiques et au rétablissement de la paix dans l'Église. L'Église des Gaules le reçut avec de tels transports de joie, qu'on put croire qu'elle ne ressentait pas une moins grande allégresse de son retour que de la paix rendue à la chrétienté. Pour lui, il s'en étonnait et se plaignait même souvent qu'au moment même où, après tant de tourments et de laborieuses conférences avec les hommes, il espérait pouvoir dire adieu au monde, et revenir comme de nouveau à la pratique des devoirs de la sainte vie qu'il avait embrassée, il se voyait l'objet de félicitations plus nombreuses que jamais et comblé de plus de marques de déférence. En revenant donc de Rome, le saint abbé rapporta comme de précieux présents des reliques des corps des saints apôtres et des saints martyrs, qu'il estimait comme une ample récompense de ses travaux. Parmi ces reliques se trouvait une dent du bienheureux Césaire ; il est bon de raconter comment il l'obtint. On lui présentait la tête entière de ce martyr pour qu'il en prit ce qu'il voudrait, il demanda qu'on voulût bien lui en accorder une seule dent. En vain les religieux qui étaient avec lui se donnèrent-ils toutes les peines du monde pour prendre le trésor qui leur était accordé, ils ne purent y réussir. Ils cassèrent, dans leurs efforts, deux ou trois ca-

DE VITA S. BERNARDI ABBATIS
LIBER QUARTUS.
AUCTORE GAUFRIDO MONACHO CLARÆ-VALLENSI.

CAPUT I.

De reditu ejus ab Urbe, et asportatis inde sanctorum reliquiis. Item de beneficiis diversis ejus merito, sed ipso inscio, in alios collatis.

1. Sicut sermone super Cantica canticorum vicesimo quarto servus Domini Bernardus Claræ-vallensis gratulatur, et gratias agit illi ; tertio quidem reditum ab Urbe suum clementior e cœlo respexit oculus, et serenior tandem vultus arrisit, quod quievisset rabies Leonina, accepisset finem malitia, recepisset Ecclesia pacem. Tanta vero exsultatione Ecclesia illum Gallicana recepit, ut non minorem videretur de suo reditu exhibere, quam de pace reddita nuntiare lætitiam. Unde etiam mirari ipse sæpiusque causari, quod dum sibi post tam graves frequentias hominum et tumultus, velut ab exordio valefaciendum seculo judicaret, et tanquam de novo adoriendum sacræ propositum conversationis ; tunc potissimum uberioribus exciperetur gaudiis, obsequiis coleretur. Rediens autem pater sanctus ab Urbe, ex sanctorum apostolorum martyrumque corporibus xenia secum attulit pretiosa, haud modicum hunc sibi reputans fructum esse laboris. Inter quæ beati Cæsarii dentem quonam modo receperit, memorandum. Cum enim integrum ei prædicti martyris caput exhiberetur, ut tolleret inde quod

nifs sans parvenir à ébranler la dent le moins du monde. Alors Bernard leur dit : « Il nous faut recourir à la prière, car nous ne saurions avoir cette dent si le martyr lui-même ne nous la donne. » La prière finie, il s'approche avec respect et enlève avec ses doigts, avec une incroyable facilité, ce que des instruments de fer n'avaient pas même réussi à ébranler auparavant.

2. C'est vers cette époque que les chevaliers du Temple, vrais soldats de la foi, commencèrent à avoir une maison de leur ordre à Rome. Au départ de notre abbé, qu'ils regardaient comme leur protecteur tout particulier, ils gardèrent sa tunique, persuadés que d'immenses bénédictions y étaient attachées. La même année, un de leurs prêtres, atteint d'une fièvre très-grave, tomba dans un état désespéré ; bientôt les forces l'abandonnèrent complètement et il semblait réduit à la dernière extrémité ; il se fit alors porter dans la chapelle et recouvrir de la susdite tunique, et, dans cet état, il semblait ne plus attendre que sa dernière heure. Tout à coup il tombe en extase, et, comme si son âme était déjà délivrée des liens de la chair, il lui semble voir son corps, à la place même où il était étendu, déjà entouré d'une troupe de prêtres, qui tenaient des livres ouverts entre leurs mains et qui célébraient ses funérailles avec les solennités d'usage. Au même moment, il vit descendre de l'autel un homme vénérable, qui avait le visage et l'habit du saint et qui fit signe de la main aux asssitants de se taire et leur défendit, de la voix, de regarder comme mort un homme à qui Dieu avait laissé la vie à la prière de l'abbé de Clairvaux. Revenant alors à lui, ce prêtre se sentit guéri, et fit part à ses frères de la vision qu'il avait eue. Cet homme, selon ce que nous en ont appris des personnes dignes de foi, vit encore aujourd'hui ; il demeure en Aquitaine, et confesse hautement, à la louange de celui dont les mérites lui ont obtenu la vie, le bienfait qu'il a reçu du ciel. Si on se sentait peu porté à admirer ce fait, il faudrait se rappeler que, parmi les nombreux prodiges qui ont rendu le nom de saint Nicolas illustre, on rapporte le jour de sa fête, comme une chose bien remarquable, que, bien qu'il se trouvât fort loin de la présence de Constantin, il lui apparut néanmoins et le détourna de la pensée de faire périr certains individus qu'il voulait mettre à mort.

3. Ce fait ne diffère pas beaucoup de celui-ci. Gérard, abbé de Mores, abbaye voisine de Clairvaux, nous a assuré qu'il avait vu un jour Bernard passer dans les rangs de ses religieux pendant qu'ils chantaient au chœur, et, selon sa coutume, exciter ceux qu'il voyait s'assoupir, à chanter avec plus d'onction et de force ce qui restait encore de l'office de la nuit. Le lendemain, comme on lui reprochait familièrement d'avoir fait plus tard que de coutume, la nuit précédente, sa visite habituelle au chœur, il répondit : « Cette nuit, pendant les nocturnes, j'étais en proie à des souffrances physiques, mais mon esprit est allé là où mon corps ne pouvait se rendre. » Gérard fut vivement surpris en lui entendant dire qu'il ne s'était pas trouvé présent de corps à l'église, où il l'avait vu de ses propres

---

vellet, dari petiit dentem unum. Frustra vero aliquandiu fratres qui cum eo venerant laborantes, concessum sibi trahere penitus non valebant. Fractis enim cultellis duobus aut tribus quos applicuerant, nihilominus adhuc dens immobilis permanebat. Tum ille : « Orandum nobis, ait. Nec enim habere possumus, nisi martyr ipse concedat. » Facta denique oratione, reverenter accedens, incredibili facilitate duobus tulit digitis ; quod ferreis ante moveri non poterat instrumentis.

2. Fratres autem Jerosolymitani templi, fidelis militiæ professores, cum novam habere eo tempore domum in Urbe cœpissent, redeunte prædicto patre specialique patrono suo, tunicam ejus pro eximia benedictione servabant ; apud quos eodem anno sacerdos quidam gravissima febre correptus desperabiliter ægrotabat. Ut autem omnino deficiens devenisse visus est ad extrema, portari sese in oratorium, et prædictam beati viri tunicam supponi sibi fecit, in sola positus exspectatione exitus mortis ; cum subito raptus in quemdam mentis excessum, ac veluti jam carne solutus, videre sibi visus est corpus suum eodem quo iacebat in loco exanime, jam circumdatum multitudine sacerdotum, apertos tenentium libros, et celebrantium exsequias ex more solemnes. Nec mora, in vultu habituque prædicti patris sancti reverenda quædam persona prodiens ex altari, manu illis innuit ut tacerent, voce pariter prohibens ne mortuum reputarent, cujus vitam Claræ-vallensi abbati donaverat Deus. Confestim denique ad se rediens, sanum se reperit, et quod viderat fratribus indicavit. Qui quidem, ut a fidelibus viris nuper accepimus, hodieque superstes, et in partibus Aquitaniæ degens, beneficium quod accepit sedulo confitetur, ipsius præconio, cujus merito vivens. Si quis hoc minus miratur, animadvertat de beato Nicolao ex innumeris quibus est decoratus miraculis, in natalis ejus annua commemoratione tanquam eximium commendari, quod imperatorem Constantinum ab interitu quorumdam longe constitutus per visum deflexit.

3. Nec illud dissimile est quod annectimus. Abbas Gerardus de Moris, quod est monasterium proximum Claræ-valli, testatus est nobis vidisse se eum aliquando psallentium fratrum circuire choros, et sicut frequenter agebat, excitare torpentes, ita ut affectuosius et virilius psalleretur quod reliquum fuit vigiliarum. Cumque die sequenti apud eum familiariter causaretur tardius illum quam oportuerat ea nocte visitasse psallentes ; ego, ait, nocturnis horis corporeo occupabar incommodo ; sed quo non potuit corpus, spiritus venit. Expavit ille audiens non adfuisse in corpore, quem tandiu ipse corporeo spectasset ob-

yeux pendant si longtemps passer dans les rangs des deux chœurs de religieux, et réveiller suivant sa coutume tous ceux qu'il trouvait endormis en les touchant de la main.

4. — A l'époque où notre saint abbé était retenu à Rome, il arriva qu'un religieux, nommé Robert, tomba dangereusement malade à Clairvaux. Il eut une vision, dans laquelle il aperçut un jeune homme qui avait les traits du frère infirmier, et qui lui ordonna de le suivre. Il lui sembla qu'il le suivit en effet, et qu'il arriva sur ses pas au pied d'une haute montagne, où il vit le Seigneur Jésus assis avec les anges, et l'entendit dire à son guide : « Gardez-moi cet homme, » en même temps qu'en s'adressant à lui-même, pauvre malade, il déposait dans son cœur des paroles qu'il lui ordonnait d'aller répéter à son cher Clairvaux. Le matin venu, on vit, au grand étonnement de tout le monde, ce religieux qu'on avait cru sur le point de mourir, se mettre sur son séant et appeler dom Geoffroy, alors prieur de l'abbaye, et depuis évêque de Langres. Lorsqu'il fut arrivé, le malade lui dit entre autres choses : « Le Seigneur vous ordonne de construire de vastes bâtiments propres à contenir tout un peuple d'habitants qu'il va bientôt vous envoyer. Il veut aussi que vous prescriviez aux frères qui travaillent dans les granges, de se conduire honnêtement et de ne donner que de bons exemples aux gens du monde; car malheur à celui par qui un seul se perdra. » Vingt jours environ plus tard, ce même religieux, toujours malade, étant tombé dans un état désespéré, vit notre admirable père Bernard, bien qu'il fût absent de corps, il était présent d'esprit, venir à Clairvaux le visiter sur son lit de douleur, chanter près de lui, en compagnie d'une multitude de frères, les hymnes des matines, et passer la nuit entière auprès de lui. Le matin venu, ce religieux se trouva parfaitement guéri, et raconta à ses frères de quelle manière il avait été sauvé.

5. Il est bien peu de personnes, croyons-nous, qui n'aient entendu parler du vénérable Guillaume, autrefois seigneur de Montpellier, et qui maintenant vit en vrai pauvre de Jésus-Christ et en humble moine dans le monastère de Grand-Selve. Nous tenons de lui ce que nous allons rapporter, comme il le tenait lui-même de la bouche de celui à qui la chose est arrivée. Dans la ville d'Auch, capitale de la Gascogne, se trouvait un soldat malade. Un mal cruel avait établi son siège dans les parties inférieures du corps à partir des reins jusqu'au bas. Il y avait déjà bien longtemps qu'il était étendu en cet état sur son lit, à moitié mort pour cette portion considérable de son corps. Touché enfin de componction et plein de confiance en la miséricorde de Dieu, il se fit porter avec toutes les peines du monde auprès du serviteur de Dieu, dont on se redisait partout les miracles. Déjà il y avait plusieurs jours qu'il était en route, et il n'avançait pas moins dans son voyage que dans la foi et la piété, quand Dieu eut pitié de lui et daigna le secourir miraculeusement dans ses infirmités et lui épargner les fatigues d'un plus long voyage. Un homme, en effet, se présente à sa rencontre sur le chemin, et lui demande qui il était et où il allait. Sur la réponse du malade, qui lui fait connaître le motif de son voyage, il lui dit : « Je vous enjoins de la part du saint même, auprès de qui vous vous rendiez,

---

tuitu, circumeuntem utrumque chorum, et dormitantes quosque, ut consueverat, excitantem, et manum singulis imponentem.

4. (Tempore, quo pater sanctus apud Urbem morabatur, contigit fratrem quemdam, Robertum nomine, in Clara-valle graviter infirmari. Huic apparuit juvenis quidam, similis fratri infirmario, præcipiens ut sequeretur se. Visum est quod sequeretur præeuntem, venitque ad montem excelsum, in quo Dominum invenit Jesum cum angelis suis, audivitque eum illi ductori suo dicentem : Custodi mihi istum. Jamque misit etiam Dominus in cor ipsius infirmi quædam verba, quæ suæ Claræ-valli per illum mandavit. Facto ergo mane, resedit qui moriturus illico putabatur, mirantibusque omnibus, dominum Godefridum, tunc priorem, nunc Lingonensem episcopum, vocari fecit. Cui præsenti inter cætera dixit : Mandat vobis Dominus, ut domos amplas faciatis, quæ gentem possint capere, quam ipse multam missurus est vobis ; fratribusque grangiarum mandate, ut honeste se habeant, formamque boni exempli hominibus secularibus præbeant ; quia væ ei, per quem unus retro abierit. Post dies ferme viginti, cum eadem adhuc valetudine desperabiliter laboraret ; admirabilis pater Bernardus corpore absens, sed spiritu præsens, Claram-vallem advenit, languentem visitavit, matutinos hymnos circa eum cum ingenti fratrum multitudine decantavit, noctamque illam ibidem juxta illum fecit, et, mane facto, idem frater sanus apparuit, modum etiam suæ liberationis fratribus indicavit.)

5. Ad multorum aures famam credimus pervenisse viri venerabilis Guillelmi, qui olim Montis-Pessulani dominus, nunc verus Christi pauper et humilis monachus, degit in cœnobio, quod Grandissilva vocatur. Ipsius relatione didicimus quod dicturi sumus, sicut ab ejus ore, cui contigerat, se accepisse dicebat. In civitate Auxitanorum, quæ metropolis est Vasconiæ, miles quidam infirmabatur. Cujus cum inferiores corporis partes a renibus et deorsum morbus sæviens occupasset, erat diebus multis lecto decubans, non modica parte præmortuus. Compunctus denique et confisus de misericordia Dei, ad servum ejus, cujus circumquaque jam celebris sese virtutum fama diffuderat, quocumque labore se præcipit deportari. Jam per dies aliquot processerat, proferceratque non minus in fide et devotione, quam in itinere ipso ; cum miseratus hominem Deus, mirabiliter satis et infirmitati ejus subvenire dignatus est, et parcere fatigationi. Occurrens enim quidam in via, quisnam esset, aut

de retourner sur vos pas, avec l'assurance que vous ne serez pas plutôt rentré chez vous que vous vous trouverez guéri. » Dieu, par la volonté de qui toutes ces choses se passaient ainsi, inspira au soldat la pensée de croire à ce qu'on lui annonçait; il rebroussa donc chemin, et, en revenant, il sentit peu à peu l'effet de la grâce qui lui avait été promise, en sorte qu'il était à peine de retour chez lui, qu'il avait déjà reçu le don d'une complète guérison.

6. — Mathilde, reine d'Angleterre, témoigna aussi un jour de tels sentiments de respect pour le serviteur de Dieu, que, lorsqu'il vint à Boulogne, elle sortit de la ville et alla au devant de lui avec tout le peuple et à pied, bien qu'elle fût alors même dans un état de grossesse fort avancé. Peu de jours après, le moment de ses couches étant arrivé, elle fut si malade qu'elle-même et toute sa maison avec elle désespérèrent entièrement de sa vie. Déjà même elle avait disposé de tout ce qui lui restait de mobilier en faveur des pauvres et des églises, et on préparait le manteau royal dans lequel on devait l'ensevelir, tant sa mort paraissait imminente. Tout à coup le souvenir de l'homme de Dieu lui revient à l'esprit, elle invoque son nom avec une foi sincère, et, avant même qu'elle eût terminé cette invocation, son accouchement, qui semblait laisser si peu d'espoir, se termina sans accident. Mathilde envoya sur-le-champ un messager fidèle à Bernard, pour le remercier de l'avoir secourue d'une manière si éclatante, et dit avec raison que le fils qui lui est ainsi donné est le fils même de Bernard.

— Quant à lui, toutes les fois qu'on lui rapportait quelque chose de pareil, il repoussait les témoignages de reconnaissance dont il était l'objet avec autant d'esprit que d'humilité, et disait : « Voilà encore un miracle que j'ai fait sans le savoir. »

7. A Beauveau, monastère voisin de Besançon, se trouvait un homme tourmenté du démon, et qui, à l'instigation de Satan, disait et faisait des choses étonnantes. Comme, malgré les prières multipliées des frères, l'esprit de malice tenait bon encore, le vénérable abbé de ce couvent, nommé Ponce (il est encore de ce monde), se souvint qu'il avait une étole dont notre bienheureux père s'était servi pendant quelque temps pour offrir à Dieu la victime du salut. Sans perdre un instant il revêt cette armure dont la puissance vient de Dieu, et marche droit à l'ennemi avec confiance. A peine a-t-il mis le pied sur le seuil de la porte de la cellule où gisait le malheureux possédé, que, sur-le-champ, l'ennemi malin s'avoue vaincu et s'écrie d'une voix horrible : « Oui je sors, demeurer ici plus longtemps est pour moi chose impossible. » Mais l'abbé lui ayant dit : « Au nom du Seigneur et par les mérites du bienheureux à qui cette étole a appartenu, je t'ordonne de sortir d'ici sans retard, » le démon s'enfuit à l'instant et le malheureux possédé se trouva délivré de sa présence. Quel autre que Bernard n'eût peut-être triomphé alors, mais avec quelque danger pour son âme, en voyant que les esprits lui étaient soumis au point de lui céder même en son absence? Mais lui, quand l'abbé lui apprit ces faits, au lieu d'en être ébranlé, il se mit au contraire à rire de ceux qu'il voyait remplis d'admiration à ce sujet, en disant : « Pourquoi donc n'aurions-nous point prévalu étant deux contre un? Certainement le Seigneur a bien pu chasser le démon, surtout après qu'on m'a donné à lui, ainsi que vous le dites, comme compagnon et comme

---

quo tenderet inquisivit. Acceptaque itineris ejus necessitate : Ego, ait, ex parte illius sancti præcipio tibi, ut revertaris, sciens quod ubi domum veneris, sanus eris. Persuasit illi Deus ut crederet, cujus nimirum dispositione omnia gerebantur. Rediit, rediensque paulatim recepit eam, quæ sibi promissa fuerat, misericordiam, ut non prius domum pertingeret, quam plenariæ donum perciperet sospitatis.

6. (Anglorum quoque regina Mathildis, tantum huic famulo Dei exhibuit aliquando devotionis affectum, ut venienti Boloniam extra urbem cum populo pedes occurreret, gravida tamen ipsa, multumque jam gravis. Quæ post dies aliquot, ut pariendi tempus advenit, tam graviter est afflicta, ut ipsa, quam domus omnis, de vita ejus penitus desperarent : jamque omni reliqua supellectili pauperibus et ecclesiis delegata, vestis etiam regia pararetur in qua sepeliretur, tanquam protinus moritura. Tum subito recordata hominis Dei, et nomen illius invocans plena fide, in ipsa protinus invocatione sine periculo partum edidit desperatum. Nec distulit legatum destinare fidelem, per quem gratias ageret celebri subventori, ipsum sic natum, non immerito natum ejus appellans.) Verum ille, quoties tale aliquid contigisset audire, non minus humiliter, quam jucunde refutans, dicere consueverat: « Hoc certe mihi sic est imputandum, sicut ei qui conscius omnino non fuit. »

7. In monasterio, cui nomen est Bella-vallis, prope urbem Chrysopolim, homo quidam a dæmone vexabatur, mira eo instigante faciens, mira loquens. Post multas igitur orationes fratrum, cum improbe persisteret illa nequitia spiritualis, recordatus est venerabilis abbas loci illius Pontius, hodieque superstes, habere se stolam, qua beatus pater aliquandiu usus fuerat in oblatione hostiæ salutaris. Nec cunctatus tulit protinus arma potentia Deo, et fiducialiter aggressus est inimicum. Vix limen attigerat cellulæ, in qua miser homo jacebat, cum subito ille malignus horrendis vocibus victum se profitens. En, inquit, egredior, recedo protinus; manere ultra non possum. Respondente autem abbate, per nomen Domini, et ipsius beati Viri meritum, cujus hæc stola fuit, tibi præcipio, exi citius, ne moreris; continuo dæmon fugatur ab homine, homo liberatur a dæmone. Quis alter non periculose forsitan exsultasset, usque adeo sibi spiritus esse subjectos ut cederent et absenti? Verum ille abbate ipso nuntiante nil motus; magisque subsannans eos quod videbat magna super hoc admira-

auxiliaire. » C'était, en effet, ainsi qu'il répondait ordinairement dans ces sortes de choses. Ce saint homme, qui ne faisait pas une vaine montre d'humilité, mais qui en faisait une profession aussi vraie que franche, savait fort bien qu'on dissuade plus efficacement les hommes de leur admiration pour des choses qui les étonnent, par une observation ingénieuse et détournée, que par une dénégation ouverte, qui, par cela même qu'elle manifeste une modestie plus louable, augmente l'estime que les hommes ont conçue de nous, bien loin de la diminuer. Aussi, en parlant sur ce sujet d'après sa propre expérience, dit-il quelque part : « Ce que l'homme vraiment humble désire par-dessus toutes choses, c'est d'être compté pour rien, non pas d'être préconisé comme humble mais d'être réputé tel en effet. »

Serm. LVI. Cant.

CHAPITRE II
Bernard se fait remarquer par le don de prophétie, et par la révélation des choses futures.

8. C'est un fait également bien connu que Bernard, quoique vivant encore dans sa chair, apparut en esprit à un religieux et lui annonça le jour de sa mort. C'était un jeune novice, d'une vie exemplaire et d'un excellent naturel, qui se trouvait alors malade à Clairvaux. Il n'avait plus longtemps à attendre pour avoir terminé son année d'épreuve et pour se revêtir de l'homme nouveau, si auparavant il n'avait pas laissé là sa dépouille humaine ; car, bien qu'il eût peu vécu encore, il avait rempli la course d'une longue vie (*Sap.* IV, 13), et son âme était agréable à Dieu. Cinq jours donc avant celui qui devait être pour lui le dernier, il reçut la visite d'un frère, — c'était Gérard, aujourd'hui abbé de Longpont, — et, dans un transport de joie, il lui dit, entre autres choses inspirées de la grâce d'en haut : « Dans cinq jours je mourrai, car aujourd'hui même notre père et seigneur abbé m'est apparu avec une foule de moines et, me ranimant par de douces paroles, m'a dit que je mourrais dans cinq jours. » Ce discours se répandit parmi les religieux et cette prophétie fut connue avant qu'elle s'accomplît. Tout le monde attendait donc le jour indiqué, mais le bienheureux novice l'attendait avec plus d'impatience encore. Déjà ce cinquième jour penchait vers sa fin, mais son âme s'élevait de plus en plus vers Dieu. Enfin, sur les onze heures, il entre en agonie, ses yeux se voilent comme c'est l'ordinaire, et, ne reconnaissant plus personne, il s'avançait rapidement vers sa fin. Sur ces entrefaites, notre saint abbé vient le voir et le tirant comme du sommeil éternel, le retient pour ainsi dire au moment où il s'en allait de ce monde et ne lui permet point de partir sans lui avoir dit adieu. A sa voix donc il ouvre les yeux, sa figure se rassereine d'une manière étonnante et il fixe pendant quelque temps ses regards sur le saint abbé. Nous voyons tous avec étonnement ce mortel, ou plutôt ce mourant, triompher de la mort au point de tressaillir encore de joie à son dernier moment, et nous représenter admirablement bien ce que le poète a peint dans ce vers :

Enfant commence à rire et reconnais ta mère. (Virg. Egl. IV.)

Alors notre saint père abbé le consola, lui dit de ne

---

tione moveri, hæc eadem verba respondit : « Quidni facile nos duo prævaluissemus in unum ? Leviter illum ejicere potuit Deus ; præsertim cum ego, ut dicitis, ei socius datus sim et adjutor. » Hujusmodi nempe responsis in hujusmodi rebus sæpius utebatur. Erat siquidem verus et verax non ostentator, sed æmulator humilitatis, efficacius dissuaderi posse hominibus quod stupebant, obliqua quadam et artificiosa objectione, quam aperta excusatione, cuæ humilitatem magis prædicabilem præferendo, existimationem non minueret hominum, sed augeret. Unde quodam loco ex propria loquens experientia : « Verus, inquit, humilis, vilis vult reputari, non humilis prædicari. »

CAPUT II.
De spiritu prophetiæ, et revelatione futurorum, qua claruit.

8. Illud quoque notissimum fuit, quod adhuc in carne degens, apparens autem in spiritu, fratri cuidam obitus sui prænuntiaverit diem. Infirmabatur novitius quidam frater in Clara-valle bonæ conversationis, et bonæ indolis adolescens. Nec longe aberat dies, qua post annuam ex more probationem, novum indueret hominem, si non prius hominem exuisset. Siquidem consummatus in brevi, explevit tempora multa ; placita enim erat Deo anima illius. Quinto igitur die ante ultimum diem suum, visitante se fratre quodam (Gerardo, qui hodie abbas est monasterii Longipontis), idem novitius exhilaratus plurimum, inter alia spiritualis gratiæ verba : Ecce, inquit, quinta moriar die. Hodie enim mihi pater noster dominus abbas apparuit cum multitudine monachorum, et blanda consolatione refovens, quinto die moriturum me esse dicebat. Exiit sermo inter fratres, et antequam impleretur divulgatum est verbum. Exspectabatur ab omnibus dies illa, sed præ omnibus ille beatus in exspectatione sua fuit. Jam dies quinta inclinabatur ad vesperam, illius autem spiritus magis ac magis elevabatur ad Dominum. Demum circa undecimam horam in ipso mortis agone positus, obducto prorsus, ut assolet, lumine oculorum, et nemini jam intendens, ad exitum festinabat. Interim visitans eum pater sanctus, velut ab alto somno revocat, et quasi retrahit commeantem, nec insalutatum abire permittit. Ad cujus vocem aperiens oculos, et mirum in modum facie serenata, aliquandiu intendebat in eum. Mirabamur omnes mortalem hominem, imo jam morientem eatenus triumphare de morte, ut in ipso mortis articulo exsultaret in gaudio, pulcherrime nobis exhibens illud poetæ :

Incipe, parve puer, risu cognoscere matrem.

Tum vero consolans eum pater sanctus, nihil timere

rien craindre, de se rendre tout droit auprès du Seigneur Jésus-Christ, et de lui présenter les humbles salutations de sa pauvre famille. Le moribond répondit à ces mots autant qu'il le put par un signe de tête et par un mouvement des lèvres, puis referma les yeux, et à l'heure même entra dans son repos éternel.

9. Il y eut beaucoup de choses que l'Esprit-Saint révéla à ce serviteur de Dieu, il y en eut beaucoup aussi qu'il prédit d'une manière étonnante, sans que Dieu les lui eût d'abord révélées. Nous allons en citer quelques unes en preuve de ce que nous disons-là. Un jour que notre saint Père se trouvait à Noyon, chez l'évêque de cette ville, nommé Simon, on lui présenta Hervée de Beaugency, jeune enfant on ne peut plus gracieux, qui avait du sang royal dans les veines et qui était neveu de l'évêque Simon. La nuit suivante, le Christ fit voir à son serviteur ce qui devait arriver longtemps après à cet enfant. Il lui sembla, en effet, qu'il donnait pendant la messe le baiser de paix à un ange, pour le porter ensuite à cet enfant. N'élevant aucun doute sur le sens de cette révélation, il annonça que ce même Hervée renoncerait au monde et serait un jour un dévot serviteur du Christ. Cette prophétie fut bientôt si connue et si répandue, que Hervée lui-même nous a dit dans la suite, que toutes les fois que, pendant sa jeunesse, il se sentait piqué de l'aiguillon de sa conscience qui lui faisait quelque reproche, il lui était toujours venu à l'esprit que, après la promesse si formelle du saint, il était impossible qu'il mourût dans l'habit séculier. Au surplus, il ne fut point déçu dans son espérance; car le vénérable Valeran, premier abbé d'Ourscamp, lui donna l'habit de moine, et, s'acquittant des fonctions de l'ange qu'avait vu Bernard, lui transmit le baiser de paix qu'il avait reçu lui même de la bouche de notre saint abbé. Depuis lors la vie d'Hervée fut telle qu'il se montra digne de l'oracle que Bernard avait prononcé à son sujet. Il succéda à l'abbé Valeran dont nous venons de parler, dans l'administration du couvent d'Ourscamp, et, tout dernièrement, bien qu'il fût en parfaite santé et fort bien portant, il eut connaissance de l'époque de sa mort, que Valeran lui révéla dans une vision, et il l'annonça lui-même d'avance.

10. Ce que nous allons rapporter est tout à fait semblable. Un jour notre saint abbé passait par le territoire de Paris; l'évêque de cette ville, Étienne, et beaucoup d'autres le conjurèrent instamment de s'arrêter dans cette cité, mais ne purent l'obtenir. Il évitait, en effet, avec le plus grand soin, toutes les réunions publiques, à moins qu'il n'eut un motif grave de s'y trouver. Le soir donc, il avait fixé son itinéraire pour aller d'un autre côté ; cependant, dès que le jour parut, sa première parole à ses frères fut pour leur dire : « Allez informer l'évêque que nous irons à Paris comme il nous l'a demandé. » Un nombreux clergé se réunit donc, car les clercs avaient l'habitude de le prier de leur faire entendre la parole de Dieu. Tout à coup trois d'entre eux touchés de componction, abandonnent les vaines études qui les charmaient, pour se livrer au culte de la sagesse, renoncent au siècle et s'attachent au serviteur de Dieu. Regardant fixement le premier des trois au moment où celui-ci, au milieu de l'entretien, lui demandait la permission de le suivre, Bernard se pencha un peu et dit à l'oreille d'un religieux assis près de lui. « C'est le même clerc que cette nuit même j'ai vu dans une vision venir à

---

jubet, sed recto protinus cursu pertingere ad Dominum Jesum-Christum, et offerre ei humilem pauperis suæ familiæ salutationem. Ad hanc vocem qua potuit capitis inclinatione et motu annuens labiorum, iterum clausit oculos, et eadem hora in pace quievit.

9. Multa quidem huic famulo Dei revelata per Spiritum, multa sine præcedenti revelatione mirabiliter ab eo prædicta cognovimus; ex quibus exempli gratia pauca subnectimus. Cum esset aliquando pater sanctus in urbe Noviomensium, in domo episcopi Simonis, adductus est ad eum Herveius de Baugenceio, puer admodum gratiosus, ortus ex regio sanguine, et ipsius episcopi nepos. De quo sequenti nocte famulo suo Christus ostendit, quod erat post tempora longa futurum; siquidem videbatur sibi tanquam in missarum celebratione angelo cuidam pacis osculum dare, quod ad puerum deferretur. Nec dubius de revelatione eumdem Herveium renuntiaturum seculo, et futurum aliquando devotum Christi famulum promittebat. Quæ promissio tam celebris exstitit et vulgata, ut ipse quoque Herveius nobis postea fateretur; adolescenti sibi ad omnes arguentis conscientiæ stimulos semper occurrere, impossibile esse ut post Viri sancti tale promissum, in seculari habitu moreretur. Nec fraudatus est spe sua ; siquidem venerabilis Walerannus, Ursi-campi cœnobii primus abbas, monachum illum fecit, et angelico functus officio, pacem quam ex ore patris sancti ipse susceperat, communicavit Herveio. Cujus talis postmodum apparuit conversatio, ut tali dignus oraculo videretur. Nam et prædicto Waleranno in regimine monasterii Ursi-campi ille successit ; et novissime obitum suum imminentem sanus adhuc et incolumis, eodem Waleranno per revelationem sibi annuntiante, præscivit atque prædixit.

10. Et quod addimus, huic simile fuit. Patrem sanctum fines Parisiorum aliquando peragrantem, ut ad ipsam diverteret civitatem, episcopus Stephanus et cæteri omnes qui pariter aderant, obnixe rogantes non poterant obtinere. Magno siquidem zelo, nisi c'usa gravis urgeret, conventus publicos declinabat. Cumque vespere iter suum alias ordinasset, mane ubi primum locutus est fratribus, dicere jubet episcopo, quia Parisios ibimus, ut rogasti. Conveniente igitur clero admodum copioso, sicut semper ab eo solebant expetere verbum Dei, continuo tres ex illis compuncti sunt, et conversi ab inanibus studiis ad veræ sapientiæ cultum, abrenuntiantes seculo, et Dei famulo

moi aussi distinctement que je le vois maintenant et c'est pour lui que le seigneur m'a conduit ici. » Ce clerc, en effet, ayant fait son noviciat, vécut ensuite avec une pureté et une dévotion qui le firent chérir de Dieu et des hommes et fit quelques années plus tard à Clairvaux une très-heureuse fin. Un jour que l'homme de Dieu se trouvait à Trèves, ses vénérables fils Gaudri et Gérard, qui étaient alors délivrés des liens de la chair, lui apparurent. Ils avaient été selon la chair, l'un son frère et l'autre son oncle. Comme ils passaient rapidement devant ses yeux, de la même manière que s'ils avaient été pressés de s'éloigner, il les rappela à lui et voulut les retenir, mais ils lui répondirent qu'ils avaient hâte de se rendre auprès de leur frère, le moine Geoffroy, leur compagnon dès les premiers temps de leur conversion à la vie monastique, et qui avait servi Dieu avec bien du courage en construisant un grand nombre de monastères. Aussitôt le saint abbé réveille ses frères, fait presser le départ. Il arrive le même jour au monastère et trouve ainsi qu'il le leur avait prédit ce même Geoffroy touchant à ses derniers moments.

11. — Le roi de France, Louis le Vieux, irrité un jour contre certains évêques de son royaume, les avait privés de leur siège et chassés de leur ville épiscopale. Aussi notre vénérable homme de Dieu lui écrivit-il, pour faire rendre la paix à ces prélats, plusieurs lettres dont on conserve encore des copies. Or, il arriva que, en présence de notre saint abbé, plusieurs évêques, pour fléchir le courroux du roi, se prosternèrent avec une entière humilité jusqu'à terre, lui baisèrent les pieds, sans pouvoir toutefois obtenir de lui une parole de grâce. L'homme de Dieu, transporté, à cette vue, d'une religieuse indignation, fit le lendemain de sévères reproches au roi pour avoir ainsi méprisé les prêtres du Seigneur, et lui fit connaître avec une entière liberté ce qui lui avait été révélé la nuit précédente. « Cette obstination sera punie par la mort de votre fils aîné Philippe. Car je vous ai vu en songe, vous et Louis, votre fils cadet, prosternés aux pieds des évêques que vous avez hier traités avec mépris, et sur-le-champ j'ai compris que Philippe vous sera bientôt ravi par la mort et que vous viendrez demander à l'Église, que vous opprimez aujourd'hui, de vous donner votre fils Louis pour successeur sur le trône. » L'événement ne tarda pas, en effet, à confirmer cette malheureuse prédiction. Philippe mourut et son père ne négligea rien pour faire sacrer Louis le Jeune, qui règne heureusement aujourd'hui.

CHAPITRE III

Divers événements à venir prédits par Bernard, en vertu du don de prophétie.

12. Le comte Thibaut, un prince plein de foi, fut éprouvé par de cruelles tribulations. Le Seigneur le délivra d'une manière aussi miraculeuse que miséricordieuse. Ce Seigneur, le plus puissant du royaume et le second après le roi, était cependant très-adonné aux aumônes, plein de zèle et de piété, et particulièrement dévoué à tous les serviteurs de Dieu en général et à Bernard de Clairvaux

adhærentes, quorum ille primum intuens, cum subito inter loquendum surgeret, peteretque vestigia ejus, inclinavit se modice, et fratri cuidam propius assidenti in aure locutus est, dicens : « Istum ego, sicut nunc video, venientem nocturna visione prævidi, propter quem etiam Dominus nos adduxit. » Qui nimirum novitius in multa postmodum puritate et devotione conversatus, plurimumque acceptus Deo et hominibus, in Clara-valle post annos aliquot beato fine quievit. Apparuerunt aliquando Viro Dei in Trecensium urbe posito venerabiles ejus filii, jam quidem carne soluti, Galdricus et Gerardus; quorum etiam secundum carnem alter germanus, alter avunculus ejus exstiterat. Cumque velut accelerantes ocius pertransirent, revocanti et retinere volenti respondebant eumdum sibi pro fratre Gaufrido monacho, qui eorum a prima conversione socius, strenue satis in multis cœnobiis exstruendis militaverat Deo. Continuo pater sanctus excitatis fratribus accelerari jubet, et ad monasterium veniens, ipso die, sicut eis prædixerat, eumdem Gaufridum jam positum reperit in extremis.

11. (Infensus aliquando rex Francorum senior Ludovicus quibusdam sui regni episcopis, suis eos sedibus et civitatibus exturbavit. Unde etiam hic Vir reverendus plures scripsit epistolas, pro eorum pace laborans, quarum hodieque exemplaria perseverant. Accidit autem, ut præsente eodem Patre sancto, episcopi multi indignationem regis flectere cupientes, tota humilitate prostrati solo tenus, ejus tenerent vestigia, et nec sic gratiam obtinerent. Qua ex re Vir Dei religiosa animositate permotus, die altera regem durius increpans, quod Domini sacerdotes sprevisset, libere quoque denuntiavit, quod eadem sibi nocte fuerat revelatum : « Hæc, inquit, obstinatio primogeniti tui Philippi regis morte mulctabitur. Vidi enim te cum minore filio tuo Ludovico ad pedes episcoporum, quos heri contempseras, inclinatum; et protinus intellexi, Philippo celeriter facto de medio, pro Ludovico substitutione Ecclesiam, quam non opprimis, te rogaturum. » Quod quidem non longe post miserabilis casus implevit : et decedente Philippo, egit pater, ut is, qui feliciter hodie regnat, Ludovicus junior ungeretur.)

CAPUT III.

De variis futuris eventibus spiritu prophetico ab eo prædictis.

12. Fidelissimum principem Theobaldum comitem, in magna tribulatione probatum, non minus mirabiliter quam misericorditer Dominus liberavit. Is nimirum potentissimus in regno, et secundus a rege, totus tamen eleemosynis deditus, et studio pietatis intentus, omniumque servorum Dei, sed specialiter Bernardi Claræ-vallensis amator devotissimus erat.

en particulier. Dieu permit qu'il fût soumis à de telles afflictions et attaqué par tant d'ennemis, car le roi et presque tous les princes voisins étaient ligués contre lui, qu'il désespérait même de pouvoir échapper à leurs coups, si bien que publiquement on insultait à ses sentiments de religion, on méprisait sa piété et on dépréciait ses aumônes. Des moines et des gens qui s'étaient convertis, voilà ce qu'on appelait ses inutiles archers et soldats. Ce n'était pas seulement parmi les étrangers, mais dans les propres villes et dans les châteaux même de Thibaut, qu'on faisait entendre ces blasphèmes. Enfin, plusieurs évêques et quelques autres personnes, parmi lesquelles se trouvaient l'homme de Dieu, se réunirent, et, pendant qu'on s'entretenait et qu'on délibérait sur ce qu'il y avait à faire, un évêque célèbre alors par son autorité et sa réputation de prudence dit : « Le comte Thibaut est dans les mains du roi, et il n'est personne qui puisse l'en tirer. » Un autre prélat répondit : « Il y a quelqu'un qui le peut. » Le premier, étonné de ce langage, cherchait quel était celui qui pouvait le faire. A la fin, en entendant qu'il s'agissait de Dieu, qui pouvait certainement tirer le comte du danger, puisqu'il peut tout, il s'emporta vivement et s'écria : « Sans doute il le peut, s'il se montre à découvert, s'il prend sa massue et frappe d'ici et de là ; mais jusqu'à présent il ne l'a point fait. » Dans une telle extrémité, comme le prince était vivement pressé de tous côtés, non-seulement par les étrangers, mais encore et surtout par les grands de son pays qui l'avaient presque tous abandonné, et qu'il n'était pas moins inquiet au sujet de la fidélité du petit nombre de ceux qui lui étaient demeurés attachés, mais que la défection des autres lui rendait suspects, l'évêque de Langres, Geoffroy, consultait souvent et intimement l'homme de Dieu, pour savoir de lui ce que le Seigneur lui révélait sur ce qui se passait. Déjà Bernard lui avait répondu que Dieu ne lui montrait rien à cet égard, que tribulation sur tribulation ; à la fin pourtant, un jour que ce prélat le questionnait encore, il lui répondit : « Dans cinq mois d'ici la paix sera faite. » Et, en effet, le dernier jour du cinquième mois, la paix fut conclue à sa prière et sur son intervention. En sorte qu'il n'est pas possible de douter que c'est surtout aux efforts et aux mérites du saint abbé, que ce pieux seigneur dût sa délivrance de si cruels périls qui le menaçaient.

13. — Quelques années après il s'éleva encore de graves inimitiés entre ce même roi de France et Geoffroy, comte d'Anjou. Le motif était que, malgré la défense du roi, le comte avait assiégé un noble, Gérard de Montreuil, dans son château fort, avait fait prisonniers lui, sa femme, ses enfants et ses proches, et détruit les fortifications de son château. Beaucoup de grands et d'évêques s'étaient réunis pour traiter de la paix, et notre saint fut chargé d'aviser aux moyens de la rétablir. Tout à coup le comte en proie à un fiel amer, les quitte tous sans saluer personne, monte à cheval et se retire. Tout le monde reste confondu, et déjà désespérant de la paix on allait se séparer ; Gérard s'approchant de l'homme de Dieu pour prendre congé de lui se préparait à retourner en prison comme s'il marchait à une mort certaine, car il n'était venu à la conférence qu'en donnant des ôtages. Pendant que l'homme de Dieu lui faisait entendre des paroles de consolation, il fondait en larmes et sanglotait amèrement en disant : « Ce n'est pas de mon sort

---

Quem eatenus impugnari et affligi passus est Deus, ut rege pariter et vicinis potentibus fere cunctis adversus eum conjurantibus, usque adeo de ejus evasione desperaretur, ut publice quoque jam insultaretur religioni, pietati detraheretur, eleemosynis derogaretur. Monachi et conversi, inutiles ejus milites et ballistarii dicebantur. Nec modo apud extraneos, sed in ipsis quoque ejus civitatibus et castellis ejusmodi jam blasphemiæ personabant. Denique congregatis aliquando episcopis pluribus, aliisque personis, præsente etiam Viro Dei, dum super his agerent et colloquerentur, episcopus quidam eo tempore, auctoritate et opinione prudentiæ celeberrimus aiebat : In manu regis est comes Theobaldus, non est qui possit eum eruere. Respondente alio quodam antistite : Est qui possit liberare eum ; multum ille miratus, quisnam crederetur posse, quærebat. Demum audiens quia potest eum eripere qui omnia potest Deus ; non parum substomachans : Potest, inquit, si manifestus appareat, si clavam teneat, hinc inde percutiat ; sed hactenus ista non fecit. In tanta igitur desperatione, cum prædictum principem vehementer urgerent extranei gravius tamen impugnarent qui ab eo defecerant universi pene potentes homines sui ; nec minus illum affligerent pauci qui residui videbantur, ex aliorum defectu ipsi quoque suspecti : Lingonensis episcopus Godefridus frequenter et familiariter Dei hominem consulebat, quidnam sibi Dominus super his revelaret. Cui ille, cum jam sæpius respondisset, nihil sibi apparere nisi tribulationem super tribulationem, demum aliquando sciscitanti, ait, « Quia quinto mense pax erit. » Sane ultima die quinti mensis reformata est pax, ipso quidem et orante, et operante ; ut non esset ambiguum ejus potissimum studio et merito piissimum illum principem a tam gravibus imminentibusque periculis liberatum.

13. (Post annos aliquot inter eumdem regem Francorum, et Gaufridum comitem Andegavensium exercebantur inimicitiæ graves. Causa erat, quod virum nobilem Gerardum de Monasteriolo, rege prohibente, in munitissimo oppido suo obsidens, comprehenderat cum uxore ac liberis et propinquis, ipsamque diruerat munitionem. Tractabat ergo Vir sanctus de reformanda pace, multis ad hoc ipsum episcopis et principibus congregatis ; cum subito comes ille amaritudinis felle commotus, insalutatos omnes relinquens, equo insiliit, et recessit. Confusis denique omnibus, jam conventus in desperatione pacis solvebatur, et prædictus Gerardus accedens ad hominem Dei, licentiam postulabat, velut in mortem et carcerem

que je me plains, mais je pleure sur tous les miens que je vois destinés à la mort. » Le saint, touché de compassion, lui repartit. « Ne craignez rien et et soyez sûr que Dieu vous secourra vous et les vôtres, beaucoup plutôt même que vous ne sauriez l'espérer. » Il venait, en effet, de se rappeler une vision qu'il avait eue en venant à cette conférence. Il lui avait semblé qu'il allait lire l'Évangile et qu'il demandait la bénédiction ordinaire au saint évêque Malachie, ce qui lui faisait penser, sans le moindre doute, que la paix ne pouvait manquer de se faire. En effet, Gérard en quittant le saint n'avait pas encore franchi le seuil de la maison, que, tout à coup, quelqu'un se présente en courant et annonce que le comte revient sur ses pas. Tout le monde fut saisi d'étonnement en voyant l'effet suivre de si près la promesse. Le comte arrive à l'instant même et la paix tant désirée se conclut sur le champ. Quant au comte, il se trouvait pour la même affaire frappé d'anathème par ordre exprès du souverain Pontife, et pour être absous il devait s'humilier et confesser sa faute, ce qu'il refusa péremptoirement de faire; bien plus, comme il était d'un caractère emporté et qu'il se croyait innocent et injustement chargé des liens de l'excommunication, il alla jusqu'à prier Dieu de ne jamais lui pardonner cette faute. Aussi notre saint abbé se sépara-t-il de lui le cœur navré de tristesse et en lui disant, car c'était un homme qui possédait à fond les saintes Écritures : « On se servira envers vous de la même mesure dont vous vous serez servi envers les autres (*Matth.* VII, 2). » Le même jour, comme plusieurs personnes s'entretenaient entre elles de la conduite coupable du comte, et disaient qu'il avait gravement péché, le serviteur de Dieu, enflammé d'un saint zèle, s'écria : « Sa témérité sera bien cruellement punie; il est impossible que cette année s'écoule sans qu'il meure ou reçoive quelque autre preuve évidente de la colère de Dieu. » Beaucoup de ceux qui étaient là et d'autres encore entendirent ces paroles; l'effet s'en fit si peu attendre, que quinze jours après le comte mourait.

14. Un jour, le serviteur de Dieu s'était rendu dans l'empire de Germanie, il faisait route en toute hâte vers Mayence pour rétablir la paix entre le roi Lothaire et les neveux de l'empereur Henri, son prédécesseur, Conrad, qui dans la suite succéda à Lothaire, et Frédéric, père du Frédéric qui succéda à Conrad et qui occupe encore maintenant le trône impérial. L'évêque métropolitain de Mayence, le vénérable Albert envoya au devant de l'homme de Dieu un clerc nommé Mascelin; comme ce clerc se disait envoyé par son Seigneur pour se mettre à sa disposition, l'homme de Dieu fixa un instant les regards sur lui, et lui dit : « C'est un autre Seigneur qui vous a envoyé et c'est pour le servir. » L'Allemand surpris, se demande ce qu'il voulait dire par là et proteste de toutes ses forces que c'est bien son Seigneur l'évêque de Mayence qui l'a envoyé vers lui. « Vous vous trompez, repartit l'homme de Dieu, c'est un Seigneur plus grand que celui-là, c'est Jésus-Christ même qui vous envoie... Cet homme, comprenant alors où tendait ce discours répond : « Peut-être pensez-vous que j'ai l'intention de me faire moine ? Il s'en faut bien que j'y aie jamais songé et qu'une pareille velléité me soit venue à l'esprit. » Il eut beau protester, le serviteur de Dieu n'en continua pas moins à affirmer que, de toute manière, il en

En 1133.

rediturus. Sub obsidibus enim ad colloquium illuc erat adductus. Cumque Vir Domini consolatur eum, gravius ille flens et ejulans : Meum, inquit, minus doleo sortem ; meos omnes lugeo pariter morituros. Compassus itaque Vir beatus : « Ne timeas, ait, Certus esto, quin Deus tibi tuisque subveniet, idque celerius, quam valeas vel sperare, » Siquidem recordatus visionis, quam veniens ad id colloquium viderat, tanquam lecturum se Evangelium, a sancto episcopo Malachia petere benedictionem, confisus est pacem sine dubio proventuram. Necdum Gerardus ille limen domus attigerat a facie ejus egrediens, cum subito quidam occurrens, redire comitem nuntiavit. Mirati sunt omnes, tam celerem audientes promissionis effectum. Eadem etenim hora comes rediit, et pariter pax desiderata provenit. Erat autem idem comes pro eodem negotio ex mandato summi pontificis anathematis vinculis innodatus ; sed absolvendus humiliari, ut debuit, vel culpam super hoc fateri suam, penitus recusavit; magis autem, ut erat plurimum animosus, Deum sibi culpam hujusmodi nunquam remittere imprecabatur, innocentem se reputans et injuste ligatum. Quamobrem discessit parte sanctus non parum tristis ab illo, dicens ei, siquidem litteras noverat, in qua mensura mensus fueris, remetietur tibi. Eadem autem die, causantibus super hac improbitate personis quibusdam, et principem illum graviter errasse dicentibus, accensus zelo Dei famulus, aiebat : « Graviter satis hæc temeritas punietur. Fieri omnino non potest quin hoc eodem anno comes ipse aut moriatur, aut evidentem aliam divinæ indignationis sentiat ultionem. » Hoc verbum et ex ipsis, et ex aliis audiere non pauci. Quod tam celeriter est impletum, ut comes idem infra diem quintum decimum moreretur.)

14. Ingressus aliquando servus Christi Germaniæ regnum, festinabat et partes Moguntinorum, pacem reformaturus inter regem Lotharium, et prædecessoris ejus imperatoris Henrici nepotes, Conradum scilicet, qui Lothario postea successit in regnum, et Fridericum patrem hujus Friderici, qui post Conradum electus obtinet hodie principatum. Venerabilis autem metropolitanus Moguntinorum Albertus honorabilem quemdam clericum, nomine Mascelinum, Viro Dei obviam misit. Hic igitur Mascelinus cum a domino suo missum se esse diceret ad serviendum ei, paulisper intuitus illum Vir Dei : « Alius, inquit, Dominus ad sibi serviendum te misit. » Expavit Teutonicus, et mi-

serait non pas selon que lui, Mascelin, avait pensé, mais selon ce que Dieu avait décidé. En effet, pendant le voyage même, ce clerc se convertit au Seigneur, renonça au monde, et, avec plusieurs autres personnes lettrées et distinguées que l'homme de Dieu avait enrôlées, il suivit le saint comme celui-ci le lui avait prédit.

15. Dieu changea de même le cœur de Henri, frère du roi de France, qui fait aujourd'hui la gloire du siège de Beauvais. Il arriva, en effet, que ce prince étant venu trouver l'homme de Dieu pour l'entretenir d'une certaine affaire du siècle, et ayant visité les religieux assemblés, se recommanda à leurs prières. Le saint abbé plaça ces paroles entre autres dans les saintes exhortations qu'il lui adressa; j'espère fermement de la bonté du Tout-Puissant, que vous ne mourrez point dans l'état où vous vous trouvez aujourd'hui et que vous apprendrez promptement par votre propre expérience combien vous seront utiles les prières que vous venez de demander à ces bons frères. » En effet, le jour même, au grand étonnement de tout le monde, ces paroles s'accomplirent, et tout ce monastère fut transporté de joie à la conversion de ce jeune homme. Cependant ses compagnons et les gens de sa suite le pleuraient comme s'il fût déjà mort, l'un d'eux même, un parisien, nommé André, allant plus loin que tous les autres, criait que Henri était soûl ou fou et ne lui épargnait ni les sarcasmes ni les mots piquants. De son côté Henri suppliait instamment le serviteur de Dieu de travailler à la conversion de ce malheureux. A cela l'homme de Dieu répondit en présence de beaucoup de monde qui l'écoutait : « Laissez aller cet homme ; pour le moment son âme est en proie à un amer chagrin, mais ne vous tourmentez pas trop pour lui, car il est à vous. » Mais Henri, plein d'espérance à ces mots, ayant insisté davantage encore pour que le saint parlât à André, Bernard, le regardant d'un air où il y avait de la sévérité, lui répliqua. « Qu'est-ce donc ? ne vous ai-je pas dit que cet homme est à vous ? » Quant à André qui était là, en entendant le saint parler ainsi, il se disait tout bas en lui-même, car il était extrêmement mal disposé et bien éloigné de se convertir au bien : « Pour le coup, voilà qui me prouve que tu n'es qu'un faux prophète, car s'il y a quelque chose de certain pour moi, c'est que ce que tu viens de dire ne sera jamais, et je ne manquerai point de te le reprocher un jour, dans quelque assemblée solonnelle, en présence du roi et des grands de sa cour, afin de faire connaître ta fausseté à tout le monde. » C'est de lui que nous tenons ce détail. — Mais que Dieu est admirable dans ses desseins sur les enfants des hommes, comme il se rit de leurs vains efforts et comme il sait arriver à ses fins, le jour et de la manière qui lui plaît ! En effet, le lendemain André s'en allait en maudissant de toute son âme le monastère où il avait laissé son maître, et en souhaitant que la vallée où il s'élève fût à cent pieds sous terre avec tous ses habitants. Tous ceux qui avaient entendu la prédiction du saint à son sujet n'étaient pas peu surpris et même ébranlés de voir cet homme s'en aller dans ces dispositions. Mais Dieu ne souffrit pas que leur pusillanimité et leur peu de foi fussent mis à une plus longue épreuve. Après avoir continué sa route et sa lutte en quelque sorte contre la grâce de Dieu, encore

---

ratus quid dicere vellet, firmius asserebat a domino suo Moguntino sese archiepiscopo destinatum. Econtra servus Christi : « Falleris, ait, major Dominus est, qui misit te, Christus. » Tunc demum intelligens homo quorsum vellet vibrare sermonem : Putas, inquit, quod monachus fieri velim ? Absit a me, non cogitavi, nec ascendit super cor meum. Nihilominus tamen renuente illo, Dei famulus affirmabat omnimodis fieri oportere, non quod ipse de se cogitaverat, sed quod de eo disposuerat Deus. In eodem denique itinere conversus ad Dominum seculo valefecit, et cum aliis pluribus litteratis honoratisque personis, quas collegit eo tempore servus Christi, ipse quoque, sicut sibi prædictum fuerat, secutus est eum.

15. Henricum quoque germanum regis Francorum, qui Belvacensem hodie cathedram ornat, non dissimili Dominus conversione mutavit. Accidit enim ut veniens idem Henricus ad hominem Dei super quodam seculari negotio locuturus, conventum etiam fratrum visitans eorum sese orationibus commendaret. Cui pater sanctus inter verba sanctæ exhortationis : « Confido, ait, in Domino, nequaquam in eo moriturum in quo nunc positus es, sed velociter experimento proprio probaturum, quantum tibi istorum prosit oratio quam expetisti. » Quod eodem postmodum die non absque multorum admiratione completum est, et de tanti juvenis conversione cœnobium omni exsultatione repletum. Lugentibus autem sociis et familia tota, ac si mortuum illum cernerent, ejulante, præ cæteris Andreas quidam Parisiensis Henricum ebrium, Henricum vociferabatur insanum, nec conviciis, nec blasphemiis parcens. Econtra sane, idem Henricus pro illius potissimum conversione Dei hominem dare operam precabatur. Cui Vir sanctus audientibus multis : « Dimitte, ait, hominem; modo anima ejus in amaritudine est, nec pro eo multum sollicitus sis, quia tuus est ille. » Cumque amplius spe concepta Henricus instaret ut loqueretur Andreæ, severius intuitus eum Vir Dei : « Quid hoc est ? ait. Numquid non jam dixi tibi, tuus est ille ? » Audiens hæc Andreas, adstabat enim et ipse, sicut plurimum improbus erat, et a sacra conversatione vehementer abhorrens, talia secum, ut hodieque fatetur, tacita cogitationibus volvebat : In hoc nunc scio falsum te esse Prophetam. Hoc enim certus sum quia locutus es verbum, et non fiet. Hoc tibi ego coram rege et principibus, in celebris quocumque conventu improperare non parcam, ut tua omnibus falsitas innotescat. Cæterum quam mirabilis Deus in consiliis super filios hominum, ridens eorum vana conamina, ut propositum suum quando, et quomodo ipse voluerit impleatur. Si quidem die altera ibat Andreas mala omnia impre-

toute cette journée, la nuit suivante, vaincu et comme enchaîné par l'esprit de Dieu qui l'entraînait à soi et lui faisait violence, il ne put attendre que le jour fût levé, mais, se levant avant l'aube, il revient en toute hâte au monastère, et nous montre en sa personne un second Saul, ou plutôt un autre Saul changé en un second Paul.

16. Dans le nombre de ceux que le Christ arracha aux vanités du monde par le ministère de son serviteur, il s'est trouvé une foule de nobles flamands, hommes savants et lettrés, qui embrassèrent, sous la conduite de Bernard, le saint esclavage de la croix. Au premier rang se place Geoffroi, de Péronne, qui devint plus tard prieur de Clairvaux, et mourut dans cette charge. On peut bien dire que c'est en eux surtout que s'est accomplie d'une manière évidente cette parole de l'Évangile : « Il y en a beaucoup qui vous diront, le Christ est ici, le Christ est là (*Matt.* XXIV, 8 et 23.) » En effet, on essaya de tous les moyens pour leur persuader de choisir un autre ordre, d'autres couvents pour y faire profession ; déjà même ils étaient sur le point de se disperser, quand le serviteur de Dieu se présenta à eux. Aux paroles de la grâce qui tombent de ses lèvres, toute hésitation cesse, et tous se rendent à ses avis, avec une volonté ferme, inébranlable, ce qui n'arriva point assurément sans qu'il se fît, dans l'esprit de plusieurs d'entre eux, un changement subit et tout à fait inattendu. Bref, le susdit Geoffroy suivait déjà l'homme de Dieu au monastère, quand il se sentit agité par une violente tentation. Un des frères l'ayant regardé alors, lui

En 1146 — la lettre i-sixième

dit : « Qu'est-ce donc, pourquoi cette figure toute bouleversée, et ce nuage de tristesse qui la couvre d'une ombre si épaisse? » « Hélas! répond Geoffroi, je vois bien qu'il n'y a plus un seul moment de joie pour moi désormais. » Le frère, vivement affecté de ce langage, en fit part au serviteur de Dieu, qui, apercevant le long de la route un pieux sanctuaire, y entra et se mit en prière. Les autres se tinrent à la porte en attendant ; quant à Geoffroy, accablé de tristesse et d'ennui, il s'assit sur une pierre et s'endormit. Quand tous deux sortirent, l'un de son sommeil et l'autre de son oraison, Geoffroy parut à ses compagnons aussi gai et content, qu'il leur avait semblé triste auparavant. Le frère dont nous avons parlé plus haut étant venu alors lui rappeler, en forme de reproche amical, les paroles de tristesse qui lui étaient échappées, Geoffroy lui dit : « Tout à l'heure, il est vrai, je disais que je n'aurais plus un moment de joie, mais à présent je puis affirmer que je n'en connaîtrai plus un seul de tristesse. »

17. Pendant son noviciat, ce même Geoffroy, tourmenté dans sa piété filiale pour le salut de son père, homme noble et puissant qu'il avait laissé dans le monde, supplia, du ton le plus affectueux, le saint abbé, de demander sa conversion à Dieu. L'homme de Dieu lui répondit : « Ne craignez pas il viendra dans cette maison de Clairvaux faire ses preuves en qualité de moine, et c'est moi-même qui l'ensevelirai de mes mains. » Ces deux prédictions se vérifièrent; il devint un moine exemplaire, et il fut enseveli à Clairvaux, des mains mêmes du

---

cans monasterio, ubi dominum dimittebat, ipsam quoque desiderans vallem funditus subrui cum habitatoribus suis. Nec parum moti sunt et mirati, qui prædictum Viri sancti de ipso audierunt verbum, cum taliter videretur abire. Sed non diu pusillanimitatem eorum et fidem modicam tentari passus est Deus. Illa tantum die procedens et repellens quodammodo gratiam Dei, nocte proxima victus et quasi vinctus trahente se et vim faciente Spiritu Dei, diem expectare non potuit, sed exsurgens ante diluculum, velociterque rediens ad monasterium, alterum nobis Saulum, vel magis de Saulo altero Paulum alterum exhibebat.

16. Inter cæteros quos de vana conversatione hujus seculi per ministerium servi sui Christus eripuit, de partibus Flandriæ multi aliquando nobiles, multi sapientes et litterati viri sub ipsius magisterio sacram professi sunt servitutem; quorum primus videbatur Gaufridus ille de Perona, qui postmodum in Claravalle prioris officio functus est, et defunctus in eo. In quibus evidenter satis evangelicum illud impletum est : *Multi dicent vobis : Ecce hic est Christus, ecce illic.* Plurimis enim persuasionibus actum est cum eis, ut aliam magis eligere professionem, et loca alia debuissent, donec occurrit Dei famulus jam prope dispersis ; et in verbis gratiæ, quæ procedebant de ore ejus, pristina omnis hæsitatio facta de medio, et omnium pariter in ipsius consilio irrefragabiliter est

firmata voluntas. Quod quidem non sine subita et penitus insperata quorumdam ex ipsis mutatione factum est animorum. Denique cum jam Dei hominem ad monasterium sequeretur prædictus ille Gaufridus, gravissima cœpit tentatione pulsari. Intuitus autem illum unus e fratribus : Quid est, inquit, quod facies tua exterminata, et tristitiæ quodam nubilo graviter obvoluta videtur? Cui Gaufridus : Scio, inquit, quod nunquam amplius lætus ero. Quod verbum cum ad Dei famulum idem frater satis anxius retulisset, videns ille sacram basilicam prope viam per quam gradiebantur, in eam divertit, et ingressus orabat. Cæteris autem deforis præstolantibus, Gaufridus ille gravatus tædio super lapidem obdormivit. Demum cum ambo pariter surrexissent, ille de oratione, iste de somno, apparuit idem Gaufridus tantum jucundior et hilarior cæteris, quantum tristior prius. Cumque ei prædictus frater verbum mœstitiæ quod locutus fuerat, amicabiliter improperaret : Etsi tunc, inquit, dixi : Nunquam amplius lætus ero; sed nunc dico : Nunquam amplius tristis ero.

17. Idem quoque Gaufridus primo tempore tirocinii sui pro patre suo viro nobili et potenti, quem in seculo reliquerat, filiali pietate sollicitus, patrem sanctum pro ejus conversione rogare Dominum, affectuosius exorabat. Cui vir Dei : « Ne timeas, inquit, ego illum probatum monachum manibus meis in hac Clara-valle sepeliam. » Utrumque secutum est ; et per-

saint, comme ce dernier l'avait annoncé. En effet, comme s'il n'eût pas pu mourir pendant l'absence de Bernard, cet homme demeura malade quinze mois entiers, et, quoiqu'il entendît en lui-même une fréquente et même une continuelle menace de mort, il se soutint pourtant jusqu'à ce que le saint abbé fût de retour, pour l'ensevelir, comme il l'avait lui-même annoncé longtemps d'avance.

18. — La reine de France, femme du roi Louis le Jeune, dont il a été parlé plus haut, avait vécu plusieurs années avec ce prince sans lui donner d'enfants. Notre saint se trouvant auprès du roi pour négocier une certaine paix, se voyait contrecarré dans cette affaire par la reine. Il l'engagea à renoncer à ses desseins, et à donner au roi de plus sages conseils. Dans la conversation elle se plaignit de sa stérilité et pria humblement Bernard de lui obtenir de Dieu d'être mère. « Si vous faites ce que je vous conseille, lui dit le saint, de mon côté je prierai le Seigneur de faire ce que vous sollicitez. » La princesse le promit et la paix ne tarda point à se conclure. Mais, une fois terminée, le roi à qui la reine avait fait part de la promesse du saint, pressa humblement ce dernier de la tenir. Elle s'accomplit si bien que, l'année suivante à peu près à la même époque, la reine accoucha.

19. Dom Rainard, abbé de Cîteaux, qui sortait de Clairvaux, et que ce saint abbé chérissait comme un fils et révérait comme un père, se rendit en Provence, pour mettre l'ordre dans certains monastères de cette contrée. L'homme de Dieu se trouvait alors à Clairvaux et s'entretenait avec un religieux. Tout à coup, par une inspiration soudaine, il s'écrie : « Le Seigneur de Cîteaux est mort ou sur le point de mourir. » Le religieux qui l'entendait ne fut pas peu surpris, mais son étonnement devint bien autrement grand lorsque, quelques jours après, on vint annoncer sa mort.

20. — L'année même où notre saint abbé devait quitter cette vie, trois jeunes gens d'une ville voisine, appelée Bar-sur-Aube, touchés de la grâce de Dieu, se convertirent et entrèrent à Clairvaux, mais le troisième d'entre eux, poussé par le démon, retourna à son vomissement, ce qui inspira, aux religieux, pour le salut des autres, de vives inquiétudes qu'ils témoignèrent en leur présence à l'homme de Dieu. Celui-ci leur répondit en désignant ces jeunes gens : « En voilà un qui ne saura jamais ce que c'est que la tentation ; quant à cet autre, il en sera bien éprouvé, mais il en triomphera. » Or, nous avons vu pour l'un et pour l'autre les choses arriver comme il l'avait annoncé. Aussi représentions-nous souvent à celui que la tentation éprouvait, toutes les fois que nous le voyions fortement ébranlé et sur le point de nous quitter, qu'il était impossible que le démon triomphât de lui, puisque le saint avait prédit qu'il triompherait lui-même de toutes ces tentations. — Une fois que le serviteur de Dieu, alors à Clairvaux, passait la nuit en oraison, et priait Dieu avec son recueillement habituel, il arriva qu'un pauvre, vraiment pauvre d'esprit, mourut dans une cellule destinée aux étrangers et que le saint abbé entendit le chant des anges qui accompagnaient son âme vers Dieu. Le lendemain matin il interrogea les frères qui avaient assisté aux derniers moments de cet

---

fectus monachus factus est; et a patre sancto, sicut ipse praedixerat, in Clara-valle sepultus. Tanquam enim mori illo absente non posset, quinque mensibus infirmatus, et creberrimum, imo continuum responsum mortis in seipso habens, sustinuit donec pater sanctus rediret, qui, ut olim promiserat, eum traderet sepulturae.

18. (Regina Franciae, supradicti Ludovici junioris uxor, plures cum eo fecerat annos, et sobolem non habebat. Erat autem Vir sanctus apud regem pro quadam pace laborans, et regina in contrarium nitebatur. Cumque eam moneret desistere coeptis, et regi suggerere meliora, inter loquendum illa coepit conqueri super sterilitate sua, humiliter rogans, ut sibi partum obtineret a Deo. At ille : « Si feceris, inquit, quod moneo, ego quoque pro verbo, quod postulas, Dominum exorabo. Annuit illa, et pacis non tardavit effectus. Qua reformata, praedictus rex, nam verbum ei regina suggesserat, a Viro Dei promissum humiliter exigebat. Hoc autem tam celeriter est impletum, ut circa idem tempus anno altero eadem regina pepererit.)

19. Dominus abbas Rainardus Cisterciensis, quem ex Clara-valle assumptum pater sanctus et ut filium amplectebatur, et reverebatur ut patrem, ob quorumdam monasteriorum ordinationem Provinciae partes intravit. De quo Vir Dei in Clara-valle consistens, dum fratri cuidam loqueretur, subita inspiratione permotus : « Dominus, ait, Cisteriensis, aut mortuus est, aut in proximo moriturus. » Nec parum ille frater miratus est audiens verbum ; magis tamen obstupuit, cum ejusdem abbatis post dies paucos audiret obitum nuntiari.

20. (Eodem anno, quo de hac vita pater sanctus fuerat exiturus, tres adolescentes de proximo oppido, quod Barrum dicitur super Albam, monasterium Clarae-vallis gratia conversionis intraverant, quorum tertius, suadente maligno, ad vomitum est reversus. Qua ex re pro duobus aliis magis solliciti fratres, ipsis quoque praesentibus, patri sancto super hoc loquebantur. At ille intuens in eos : « Hic, inquit, nulla unquam tentatione laborabit ; iste vero multa, sed tamen praevalebit. » Utrumque sicut audivimus, sic vidimus ; adeo ut frequentius alteri objiceremus, cum aliquoties in tentatione pene deficeret, et inciperet jam abire, impossibile esse ut vinceretur, quem vir sanctus dixerat nulla tentatione vincendum.) Pernoctabat aliquando Dei famulus in oratione, in suo Clara-vallensi coenobio constitutus, et solita intentione Dominum deprecabatur. Contigit autem eadem hora pauperem quemdam, et vere pauperem spiritu, in cella hospitum mori, cujus animam cum vocibus ca-

CHAPITRE IV

Grâces admirables et nombreuses procurées par le saint, surtout en France.

21. Quand le bienheureux évêque Malachie, dont notre saint a écrit avec soin la vie pleine de vertus, vint à rendre son âme à Dieu, à Clairvaux, selon le désir de son cœur, notre abbé offrit, pour son passage d'une vie à l'autre, l'hostie du salut, mais il connut, par une révélation de Dieu, que ce saint prélat était dans la gloire, et, cédant à l'inspiration que le ciel lui envoyait, à la fin du Sacrifice, il change la forme de l'oraison et récite la collecte des saints pontifes, au lieu de celle qui se dit à la messe des morts, et s'exprime ainsi : « Seigneur, qui avez daigné égaler le bienheureux pontife Malachie à ceux qui ont obtenu par leurs mérites d'être sanctifiés, accordez-nous, nous vous en conjurons, à nous qui célébrons aujourd'hui la fête de la précieuse mort, d'imiter les exemples de sa vie. » Après cela, il s'approche respectueusement des précieux restes de cet évêque et les baise avec la plus vive dévotion. Il ne voulut cependant ni parler à qui que ce soit, ni même rapporter, dans la vie du prélat, le fait et les détails de cette vision, et, quand on le pressait vivement de les faire connaître, il se contentait de répondre que cette vision touchait de trop près à sa propre personne. — Il n'est certainement pas douteux qu'il a caché plusieurs miracles semblables, que le Seigneur a permis qui restassent cachés. Ainsi, à Verdun, ville de Lorraine, pendant qu'il offrait le sacrifice de louange sur le tombeau du très-révérend Albert, évêque d'Ostie, récemment décédé, et priait pour le repos de son âme, il changea de même la collecte. On ne lui demanda pas quelle vision il avait eue et jamais non plus il ne s'expliqua sur ce sujet. Toutefois personne ne pense qu'il ait agi ainsi sans quelque révélation.

22. Pour ce qui est du don de guérir les maladies, Jésus-Christ a opéré tant de merveilles insignes en ce genre, par les mains de son serviteur, qu'il semble qu'on pourrait lui appliquer ce que l'évangéliste saint Jean a dit de Jésus-Christ même : « Jésus-Christ fit beaucoup d'autres choses encore, et si on les rapportait en détail, je ne crois pas que le monde entier pût contenir les livres qu'on en écrirait (*Joan.* XXI, 25.) » Au reste, nous allons en citer quelques-uns, pris comme exemples entre tous les autres. Dans un endroit que les habitants du pays appellent Châteauvillain, distant de Clairvaux de six milles environ, se trouvait une femme grosse, dont le terme était passé depuis bien longtemps; déjà même plusieurs mois s'étaient écoulés, et comme elle n'accouchait pas, on s'en étonnait de plus en plus. Enfin, sa délivrance tardait tellement à arriver, que sa grossesse parut plutôt une maladie qu'une grossesse, et qu'on finit par croire non pas qu'elle était enceinte, mais qu'elle était enflée. En effet, qui pourrait croire qu'un enfant pût demeurer un an entier dans le sein de sa mère? Cette femme, au désespoir, se fait conduire en cet état au monastère de l'homme de Dieu; elle s'arrête à la porte et raconte au frère portier la triste cause de sa venue. A la prière de cette malheureuse femme, il se laisse toucher par le récit d'une afflic-

---

noris in cœlum deferri pater sanctus audivit ; et interrogatis mane fratribus, qui adfuerant, illam fuisse horam obitus ejus comperit, qua prædictas audierat in sublime tendentium voces.

CAPUT IV.

De mirabilibus et variis beneficiis ab eo, præsertim in regno Galliæ, præstitis.

21. Cum beatus episcopus Malachias, cujus vitam virtutibus plenam Vir sanctus studiose descripsit, juxta desiderium cordis sui in Clara-valle beatam cœlo animam reddidisset ; offerens pro ejus transitu venerabilis abbas hostiam salutarem, gloriam ejus Domino revelante cognovit, et eodem inspirante, sacrificio jam expleto, formam mutavit orationis, et collectam intulit, quæ ad sanctorum pontificum celebritates, non ad commendationes defunctorum pertinet, ita dicens : *Deus, qui beatum Malachiam pontificem sanctorum tuorum meritis coæquasti, tribue quæsumus, ut qui pretiosæ mortis ejus festa agimus, vitæ quoque imitemur exempla.* Deinde reverenter accedens, sacra ejus vestigia devotissime osculabatur. Modum tamen et seriem visionis nec cuiquam aperire, nec in ejusdem episcopi vita scribere acquievit; hoc tantum respondens, cum plurimum rogaretur, nimis ad propriam sui ipsius pertinuisse personam (Nec sane dubium, plura eum similia occultasse similiter, quæcumque videlicet passus est Dominus occultari. Nam et Virduni aliquando, quæ est civitas Lotharingiorum, cum ad tumulum reverendissimi viri Alberti, episcopi Ostiensis, noviter ante defuncti, pro commendatione ejus sacrificium laudis offerret, collectam similiter in fine mutavit; de quo tamen quid vidisset, nec interrogatus est, nec confessus, cum sine certa revelatione id fecisse minime videatur.)

22. Super his quæ ad gratiam pertinent sanitatum, tam multa insignia per hunc famulum suum operatus est Christus, ut in eo quoque videretur exhiberi, quod de ipso Johannes evangelista testatur : *Si omnia scriberentur, ne ipsum quidem mundum capere eos qui scribendi fuerant libros.* Cæterum nos saltem pauca de pluribus exempli gratia proferamus. Castrum Villanum accolæ vocant, quod a Clara-valle, ut aiunt, sex milliariis distat, ubi mulier prægnans tempus omne transierat pariendi, et aliquantis mensibus jam decursis, cum needum pareret, amplius mirabatur. Cujus eo usque dilatus est partus, ut morbus potius videretur, nec jam crederetur esse prægnans, sed tumens. Quis enim credere posset infantulum anno

tion aussi inouïe, va trouver le saint abbé en suppliant, lui expose la position fâcheuse où se trouve cette femme, et remplit exactement la mission dont il était chargé. O admirable opération de la vertu divine, qui se hâte d'autant plus de terminer cet accouchement, qu'il avait été plus miraculeusement retardé. Comme si cet enfant n'avait si longtemps tardé à naître que pour venir au monde par ce moyen même, cette femme accouche au moment même, et le soulagement devançant les pas de celui qui l'apportait, le frère, en revenant à la porte, ne trouve plus trace du mal qu'il était allé annoncer à son abbé.

23. Une autre fois, c'était dans l'Auxerrois, à Cosne, une femme se trouvait en danger depuis plusieurs jours; elle était en travail d'enfant, mais les forces lui manquaient pour accoucher. Le serviteur de Dieu était alors dans la ville, elle lui fait demander sa bénédiction et il lui envoie de l'eau bénite. Cette femme en but et à l'instant elle accoucha d'un fils, que le vénérable évêque de Chartres, Geoffroy, baptisa et à qui il donna le nom de Bernard. Pendant ce même voyage et dans le même pays, comme une multitude de fiévreux venaient, selon qu'on avait la coutume de le faire partout, lui demander du pain bénit, un clerc nommé Girard, d'un château-fort, nommé Clamercy, un petit savant de mauvais aloi, se mit à rire de la foi du peuple et à la tourner en dérision. Mais, au milieu même de ses discours moqueurs, il se trouva pris d'un accès de fièvre des plus violents et contraint d'aller rejoindre à Auxerre l'homme de Dieu qui s'en était retourné. Après avoir témoigné de son repentir au saint lui-même, il finit à force d'instances par obtenir la même bénédiction, qui rendit la santé à tant de monde qu'on ne pouvait y voir que l'effet de l'intervention de Dieu, dont la vertu seule opérait ces miracles.

24. Nous avons vu dans le pays de Meaux un chevalier qui rendait de très-vives actions de grâces à l'homme de Dieu, pour avoir obtenu, rien qu'en goûtant du pain bénit par lui, la guérison d'une fièvre quarte dont il souffrait tellement depuis près de dix-huit mois, que, lorsque l'accès le prenait, il tombait dans une sorte de frénésie, et ne reconnaissait plus même sa mère. Nous avons aussi entendu le vénérable évêque de Limoges raconter qu'un jeune homme de sa maison, blessé mortellement à la tête, était étendu écumant et sans connaissance; on lui introduisit dans la bouche un petit morceau de pain bénit par l'homme de Dieu, dont il ressentit si promptement la vertu qu'à l'instant même il se leva complètement guéri. Il ne faut pas non plus passer cette particularité sous silence, c'est que la bénédiction du saint préservait si bien le pain lui-même de toute atteinte de la corruption, que nous avons vu bien des gens qui avaient gardé de ce pain sept ans et plus, sans qu'il perdît rien de son goût et de sa couleur. Il y peu de jours encore, les vénérables abbés Girard et Henri, qui arrivaient des pays scandinaves, nous attestèrent, lorsque nous nous entretenions avec eux de ces miracles, qu'ils avaient encore chez eux du pain bénit onze ans auparavant par le saint et qui s'était parfaitement conservé. Nous savons

---

integro intra viscera posse materna teneri? Desperata igitur mulier ad monasterium Viri Dei ducitur sic se habens. Sistitur ad portam misera, et portario fratri causa tam miserabilis intimatur. Rogatus ille, et inaudito compassus incommodo, supplex adiit patrem sanctum, fideliter ei necessitatem indicans mulieris, fideliter explens negotium susceptæ legationis. Et, o mira divinæ virtutis operatio, mirabilius accelerantis, quod mirabiliter tardabatur! Tanquam enim hoc solum tanto tempore nasciturus infans exspectaverit, hora eadem femina peperit, et præcurrente remedio, ad portam rediens frater ille incommodum quod nuntiaverat, non invenit.

23. Alio tempore in territorio Autissiodorensi, apud oppidum quod Cona vocatur, mulier quædam periclitabatur multis diebus, quod venisset filius usque ad partum, et vires non haberet parturiens. Cumque supervenisset interim servus Christi, postulanti benedictionem, aquam benedictam misit. Gustavit mulier et confestim natus est puer; quem venerabilis episcopus Carnotensis Gaufridus baptizavit, Bernardi ei nomen imponens. In eodem itinere et in territorio codem, dum febricitantium multitudo, sicut ubique solebant, a Dei homine panem peterent benedictum, Girardus quidam clericus ex castro, cui nomen est Clamiceium, male sciolus et subsannans fidem populi blasphemabat. In ipsis autem verbis blasphemiæ gravissima febre correptus, usque Autissiodorum abeuntem sequi coactus est Virum Dei; et pœnitentiam agens apud eum, ipsam, cui detraxerat, multis obtinuit precibus benedictionem. Tam multis vero gustata ejusmodi benedictio reddidit sanitatem, ut solius Dei, cujus hæc virtute fiebant, posset notitia comprehendi.

24. Vidimus in Meldensi territorio militem devotissimas referentem gratias Viro Dei, quod ad primum gustum panis ab eo benedicti, plenam receperit sospitatem a febre quartana, qua sic graviter laboraverat mensibus ferme decem et octo, ut in hora accessionis, quasi phreneticus, nec matrem agnosceret suam. Virum quoque venerabilem Gerardum Lemovicensem episcopum testantem audivimus, juvenem quemdam de familia sua lethaliter in capite saucium, cum jaceret spumans et impos mentis, immissa sibi in os buccellula panis, quem benedixerat homo Dei, tam celerem sensisse virtutem, ut incolumis surgeret ipsa hora. Neque illud tacendum, quod ipsam quoque substantiam panis ab omni corruptionis injuria eadem benedictio vindicabat, adeo ut plures viderimus, qui per septennium et ultra eosdem servaverint panes, nec colore, nec sapore mutato. Ante hos paucos dies, venerabiles abbates, Girardus et Henricus, de Sueciæ partibus venientes, dum super his conferremus, testati sunt nobis, panem ante annos undecim ejus bene-

que plusieurs de nous en ont conservé jusqu'à présent de pareil, et nous sommes fondés à croire qu'il s'en trouve de semblable chez beaucoup d'autres personnes. Au surplus, je vais rapporter une preuve assez évidente et assez concluante de ce prodige.

la lettre CCCXC.

25. Un grand, un Danois digne de la plus grande vénération, l'archevêque Eskile, ressentait une affection toute particulière pour notre saint abbé. Il avait construit un nouveau monastère et avait obtenu de Bernard un essaim de sa sainte famille pour l'y placer; mais, peu content de ne le voir que dans ses enfants, il conçut un si violent désir de le voir en personne, qu'un homme d'une telle considération, qui était investi dans ces îles d'une immense autorité tant civile qu'ecclésiastique, abandonna tous ses biens, et s'exposa lui-même à toutes sortes de périls et de dangers pour venir le voir. Quant aux dépenses qu'il fit pour ce voyage, c'est un détail de peu d'importance, quoique nous lui ayons entendu dire qu'il ne lui en coûta pas moins de six cents marcs d'argent. Cet homme tout à la fois si grand et si humble, que le zèle de la foi et une grande dévotion, non point la curiosité et le désir d'entendre des leçons de sagesse, avaient attiré du bout du monde, arriva donc à Clairvaux, où on ne saurait dire les larmes qu'il versa et ce qu'il fut, non pas seulement pour celui qu'il aimait par-dessus tout, mais pour le dernier des frères. Enfin, quand il fut sur le point de retourner en son pays, comme il voulait emporter et

conserver le plus longtemps possible du pain bénit par le serviteur de Dieu, il eut la précaution toute humaine de faire remettre ce pain au four, comme on fait pour le biscuit destiné à passer les mers. Le saint l'ayant appris, ne put souffrir qu'un homme aussi pieux tombât dans une pareille erreur; il le reprit amicalement de son peu de foi en cela, et lui dit : « Est-ce que la bénédiction de Dieu ne peut pas conserver ce pain beaucoup mieux que ne le ferait une seconde cuisson? » Refusant ensuite de bénir le pain que l'archevêque avait fait préparer, il se fit apporter du pain ordinaire, le bénit et dit au prélat : « Emportez ce pain avec vous et n'ayez pas peur qu'il se corrompe. » Eskile le prit, s'en retourna et se félicite encore aujourd'hui de voir son manque de foi confondu par un fait aussi évident; car, comme il n'a pu se résoudre à ne pas visiter le tombeau [a] du saint abbé, qu'il n'aime pas moins aujourd'hui qu'il ne l'aimait de son vivant, attendu que pour lui on ne saurait douter qu'il vive maintenant d'une vie plus véritable qu'autrefois, il nous a dit que le pain qu'il avait emporté trois ans auparavant avec la bénédiction du saint s'était jusqu'alors parfaitement conservé.

26. Des religieux qui étaient venus avec ce même archevêque nous ont aussi raconté un miracle digne de mémoire, opéré dans un monastère que ce prélat, comme nous l'avons dit plus haut, a établi dans son pays [b]. « Il y avait, nous dit l'un d'eux, dans la contrée, un jeune homme de bonne famille, proche parent de notre archevêque selon la chair,

[a] Eskile finit par se faire, en 1178, religieux à Clairvaux, où il mourut en 1182, selon la chronique de Clairvaux.
[b] Eskile fonda deux monastères en Danemark, l'un appelé Granade, dans le diocèse de Linden, et l'autre, l'abbaye d'Hesson, dans le diocèse de Roeskild. C'est de ce dernier monastère qu'il est question ici.

dictione signatum manere adhuc apud se penitus incorruptum. Nec dissimilem apud aliquos nostrum usque hodie novimus, et apud alios multos credimus esse repositum. Et nunc idoneum satis et evidens hujus rei testimonium proferamus.

25. Vir magnus et magnifice honorandus Danorum archiepiscopus Eskilus patrem sanctum unico venerabatur affectu, unica devotione colebat. Nec contentus est in filiis eum videre, cum novum cœnobium exstruxisset, et impetrasset ab eo desideratum sacræ congregationis examen. Prævaluit apud eum desiderium vehemens, ut homo tantæ auctoritatis, et in insulis illis tam ecclesiastica quam seculari auctoritate singulariter potens, expositis suis omnibus, etiam semetipsum periculis multis traderet et labori. Nam de expensis dicere non est magnum, quamvis eumdem audierimus protestantem, quod expenderit in itinere ipso argenti marcas amplius quam sexcentas. Venit ergo Claram-vallem tam humilis et sublimis, quem a finibus terræ non curiositas audiendæ sapientiæ, sed fidei zelus et plenitudo devotionis attraxerat. Ubi quantum fleverit, qualem sese non modo erga eum, quem tam unice suspiciebat, sed etiam erga minimos quoslibet fratrum exhibuerit, non est facile dictu. Demum rediturus ad propria, ut benedictum a Dei famulo panem referre possit, et diutius conservare, humano sensu præcipit ut in clibano recoquatur, sicut solent qui maria transeunt, panem ferre biscoctum. Audiens autem sanctus non est passus errare hominem tam devotum, sed amicabiliter arguens in hac parte fidem ejus modicam inveniri : « Itane, inquit, non poterit panem ipsum benedictio magis quam recoctio conservare? » Et non acquievit benedicere illum, sed communem sibi panem præcipiens exhiberi, benedixit, et dixit : « Ecce hunc tolle tecum, nihil deinceps de corruptione sollicitus. » Tulit, et ad suos rediens hodie gloriatur fidei suæ defectum evidentissima rei veritate convinci. Nec enim passus est patris sancti non visitare sepulcrum, nec minus erga eum nunc afficitur, nec minus quam olim in vivente confidit, nimirum quem verius vivere omnino non ambigit. Confessus est etiam nobis de pane quem retulit, quod nunc usque, cum jam tertius annus transierit, illæsum eum beati viri fides et benedictio custodivit.

26. Narraverunt etiam nobis viri religiosi, qui cum eodem archiepiscopo venerant, miraculum dignum memoria nuper factum in cœnobio, quod, ut supra meminimus, in terra sua ipse fundavit. Erat enim, inquit, in regione eadem adolescens nobilis, ipsius

peu goûté de lui à cause de ses nombreux désordres. Atteint d'une maladie très-grave, il finit, mais à grand peine, par obtenir une visite du prélat, par qui il se fit porter au monastère qu'il avait bâti. Là, pénétré des sentiments de la plus grande componction, il renonça au monde et persévéra, pendant quelques jours, dans une humble et fidèle pénitence, mais n'en continua pas moins d'être de plus en plus tourmenté par sa maladie. Comme elle ne faisait que s'aggraver, ce jeune homme comprit qu'une fin prochaine le menaçait; il témoigne alors, avec une admirable effusion de cœur, le désir de voir auprès de lui l'abbé et tous les religieux, et les prie avec une touchante piété de prendre leurs armes spirituelles, pour protéger le départ de l'âme qui leur a été confiée, et pour lui faire la conduite au milieu des traits cruels dont ses ennemis le menaçaient. Après leur avoir fait cette prière, et avoir reçu les divins sacrements, il expira plein d'une pieuse confiance dans l'appui des serviteurs de Dieu et dans les miséricordes du Seigneur, et laissa tous les assistants dans la plus complète sécurité pour son salut. Les religieux se mirent donc à offrir, avec toute la dévotion possible, pour le repos de son âme l'hostie salutaire du corps de Notre-Seigneur.

27. Tout à coup, l'ennemi du salut des hommes concevant, comme cela paraît indubitable, une violente colère de la délivrance d'une âme dont il se croyait depuis longtemps maître, donna avec la permission de Dieu un libre cours à sa rage, en remplissant d'une fureur subite un des religieux de la maison. Ce malheureux homme poussait des vociférations horribles, et c'est à peine si les efforts réunis de plusieurs personnes pouvaient le contenir. Enfin on vient à bout avec de grandes peines de l'emporter et de l'attacher sur son lit; mais là il cherche à déchirer avec ses dents les membres des assistants et ses liens même et se trouve en proie aux plus cruelles souffrances. On l'entend aussi s'exprimer, non pas dans sa langue maternelle, mais dans une langue étrangère tout à fait inconnue des personnes présentes. Sans rien comprendre à ce qu'il disait, on remarquait cependant qu'il prononçait, si nettement et avec si peu de difficulté, des mots qui ne manquaient même pas d'une certaine grâce, qu'on ne pouvait croire que c'était dans une langue connue qu'il s'exprimait. Cela durait depuis plusieurs heures, et les frères confondus se demandaient avec anxiété ce qu'ils pouvaient faire et se creusaient la tête à le chercher, quand le Seigneur inspira à l'un d'eux une pensée salutaire. L'archevêque avait rapporté cette année-là, comme de précieuses reliques, une mèche de cheveux et quelques poils de la barbe avec une dent de notre saint abbé; le religieux émet l'avis qu'on les apporte et qu'on les place sur la poitrine du malade. A peine l'eût-on fait, que l'esprit malin se mit à s'écrier en langue allemande avec des vociférations horribles: « Otez, ôtez-moi cela, débarrassez-moi de Bernard. Ah! ajoutait-il, que tu es donc devenu lourd, ô Bernard, que je te trouve pesant, comme tu m'es insupportable! » Après avoir parlé ou plutôt vociféré ainsi, il se fit un moment de silence, et à l'instant ce religieux, délivré par la miséricorde de Dieu, ouvrit les yeux, et comme s'il sortait d'un profond sommeil il se mit à regarder les religieux qui l'entouraient, bien étonné de se voir garrotté

---

quoque archiepiscopi secundum carnem propinquus, sed ob multa sua flagitia minus carus. Correptus autem gravissima valetudine, visitationem ejus vix impetravit, et per manum ejus ad monasterium quod fundaverat, ille se contulit. Ubi et cum maxima cordis compunctione renuntians seculo, per dies aliquot in humili et fidelissima confessione persistens, magis ac magis eadem ægritudine laborabat. Qua demum invalescente exitum sibi imminere cognoscens, abbatis et fratrum præsentiam miro amplectebatur affectu, mira eos devotione monebat, ut spiritualia arma corriperent, egressuram protinus animam sibi commendatam efficaciter protecturi, et exhibituri fideliter necessarium prorsus hostium imminentium crudelissima tela conductum. Cumque in hujusmodi supplicatione divinis jam sacramentis munitus, et de eorumdem servorum Dei patrocinio, et Domini miseratione piissima devotione præsumens, ac proinde circumstantibus omnibus multam suæ salutis relinquens fiduciam exspirasset; offerebant fratres pro commendatione animæ ejus, quam devotissime poterant, Dominici corporis hostiam salutarem.

27. Tum subito inimicus humanæ salutis, ex ejusdem, sicut indubitabile esse videtur, liberatione animæ, quam ex multis diebus irreparabiliter sese occupasse credebat, iram magnam concipiens, et eamdem permittente Deo crudeliter satis exercens, unum et fratribus repentino furore pervasit Clamabat igitur horrendis vocibus miserabilis homo, et vix multorum manibus tenebatur. Demum cum maximo quidem labore asportatus, et in lectulo religatus tam sua quam adstantium membra dentibus appetens, dirissime vexabatur. Nec illa quam prius nosset lingua, sed nova quadam, quam nec adstantium quisquam noverat, loquebatur. Et cum nihil quod diceret intelligerent, tam lenes tamen et sine offendiculo non inconcinnas cum audiebant edere voces, ut indubitanter crederent quod lingua aliqua loqueretur. Post aliquantas igitur horas, cum vehementer confusi fratres quid agere possent anxie cogitarent, et studiose conquirerent; unus ex eis salubre consilium Domino inspirante concipiens, sacra pignora ab ipso archiepiscopo eodem anno istic deposita, videlicet de capillis et barba, et dentem unum beati patris nostri Bernardi afferri monet, et ejus pectori superponi. Quod ut factum est, Germanica lingua per os ejus cœpit horrendis vocibus nequam spiritus exclamare ; Tollite, tollite, amovete Bernardum, et dicebat : Heu, quam ponderosus factus es, Bernarde! quam gravis, quam intolerabilis factus es mihi! Cumque hæc et

comme il l'était, et demanda avec une sorte de honte ce que signifiaient tout ce qu'il voyait et ce qui était arrivé. Dès ce moment il recouvra sa première sanité de corps et d'esprit par les mérites de notre saint et bienheureux père, et ne se ressouvint jamais de ce qu'il avait dit ou fait dans l'état grave où il était tombé. Tous ces détails que nous avons rapportés ici en anticipant un peu sur l'ordre des temps, nous ont été donnés par un témoin digne du plus grand respect, par Eskile, archevêque des Danois, à l'occasion du pain que l'homme de Dieu avait bénit. Maintenant nous allons reprendre où nous en étions, ce qui nous reste à dire.

28. Ce n'était pas seulement aux hommes, mais aussi aux troupeaux et aux bestiaux que profitait souvent la bénédiction du saint; aussi reprit-il sévèrement un jour le célérier du monastère, de ce qu'il avait laissé périr, sans lui en parler, des animaux qui auraient pu servir à secourir les pauvres. A partir de ce moment, il prit l'habitude de bénir du sel et de le faire donner aux bestiaux; dès lors l'épizootie cessa complètement. Nous avons su et appris nous-mêmes, qu'en apprenant que dans d'autres monastères les bestiaux mouraient aussi, il employa le même remède, souvent sans attendre qu'on l'en priât, et donna le premier l'idée d'y recourir. Une fois, le saint homme allait passer la nuit dans un domaine qui appartenait aux moines de Chézy, et qu'on appelle Gaude; on lui présenta un jeune homme qui était boiteux, il pria pour lui, le bénit et le guérit si bien que peu de jours après, en repassant par le même endroit, il le vit se présenter à lui sain et sauf et plein de reconnais-sance. Dans la même contrée, au village d'Augour, on lui amena comme il passait une femme atteinte de frénésie; il lui imposa les mains, pria pour elle et la renvoya guérie, puis il continua sa route. Nous l'avons vue plus tard, dans ce même village, accourir au-devant de l'homme de Dieu, en lui rendant des actions de grâces.

29. Le don des miracles le suivit dans les contrées les plus éloignées, partout où l'attiraient les besoins de l'Église. A Vertfeuil, château-fort du Toulousain (nous avons vu plus haut que notre saint abbé parcourut un jour cette contrée et s'y rendit célèbre par une foule de miracles), un enfant perclus des bras et des jambes dès le sein de sa mère avait recouvré, auprès du tombeau d'un martyr, l'usage des jambes et d'un bras; il semblait que l'autre bras était resté perclus par une permission de Dieu, pour qu'il devînt manifeste pour tous que notre saint abbé, qui le guérit en le bénissant, participait au pouvoir des saints. A la même époque, l'homme de Dieu passa par une ville d'Aquitaine appelée Cahors; là, entre autres bienfaits qu'il répandit sur une foule de malades, il rendit la vue, en le touchant de la main, à un des serviteurs de l'évêque de cette ville, qu'une blessure grave avait rendu borgne. A Angoulême, à l'endroit appelé Châtelar, après l'oblation de l'hostie du salut, on amena au serviteur de Dieu, en présence des vénérables Lambert, évêque d'Angoulême, et Gérard, évêque de Limoges, un enfant perclus des quatre membres dès le sein de sa mère; il avait les coudes arrondis en forme de boules qui venaient avec les genoux se rejoindre sur le nombril,

---

similia aliquandiu clamitans loqueretur, factum est breve silentium, et subito frater idem Domino miserante purgatus, aperuit oculos, ac velut de gravi somno evigilans, circumstantes fratres et sua plurimum vincula mirabatur, verecunde satis quidnam sibi vellent hæc, vel quid accidisset, interrogans. Ex ea igitur hora pristinam sanitatem mentis et corporis per beati patris merita sancta recepit, nil penitus quod in illo tam gravi casu fecerit aut locutus fuerit, recordatus. Hæc quidem a nobis de testimonio viri reverendissimi Eskili Danorum archiepiscopi ex occasione panis a Dei homine benedicti, non sine quadam anticipatione sunt dicta. (De cætero jam ex ordine reliqua prosequamur.)

28. Non modo autem hominibus, sed pecoribus etiam et armentis tam frequenter ejus benedictio profuit, ut monasterii sui cellerarium dure aliquando increparit, quod sibi non indicans, mori animalia permisisset, unde fuerant pauperes sustentandi. Dehinc ut solitus erat, benedixit sal, et animalibus jussit apponi, et protinus lues orta cessavit. Quod in aliis quoque monasteriis vidimus et cognovimus, ut audiens fratrum animalia mori, interdum etiam non rogatus, sed ipse prior admonens eos eodem remedio subveniret. Gaudum dicitur locus quidam Caziacensium monachorum, ubi vir sanctus cum aliquando pernoctaret, exhibitum sibi juvenem claudum oratione et benedictione sanavit, ita ut post dies paucissimos per eumdem locum redeunti incolumis et devotus adstaret. In eisdem partibus, vico cui nomen Algorrium, mulierem phreneticam populus obtulit transeunti: cui manus imponens et orans, sanam dimisit, et abiit. Hanc in eodem vico postea vidimus, Viro Dei cum gratiarum actionibus occurrentem.

29. In remotis etiam regionibus, quocumque eum Ecclesiæ sanctæ necessitas traxit, virtus est prosecuta signorum. Apud Viride-folium (sic enim dicitur castrum territorii Tolosani, quod ut superiore libro meminimus, aliquando pater sanctus introiens, multis ibidem virtutibus claruit) puer mancus et claudus ex utero matris suæ, ad cujusdam memoriam martyris, utriusque pedis et alterius manus receperat sospitatem. Hujus alteram manum adhuc invalidam, tanquam divinitus sibi præstitam servatam sibi, pater sanctus benedicendo sanavit, ut sanctorum innotesceret particeps esse virtutis. Caturcium dicitur civitas Aquitaniæ, per quam Vir Dei ipso tempore transitus fuit. Ibi præter alia beneficia quæ præstitit infirmantibus multis, unus de pueris episcopi civitatis ipsius, qui ex vulnere gravi alterius oculi lumen amiserat, sub manu ejus visum recepit. In pago quoque Engolismensi, loco cui nomen est Castellare, post oblationem hostiæ salutaris, adstantibus venerabilibus episcopis, Lamberto Engolismensi, et Gerardo Lemovicensi, puerum ex

et ses pieds étaient collés à son derrière. Notre saint commençant par faire un signe de croix sur chaque membre, les tire ensuite, les replace avec une étonnante facilité dans leur état naturel, et les guérit; puis, prenant l'enfant par la main, il le fait lever sur ses pieds et le renvoie; il marchait sans aucune difficulté. A la vue de ces éclatants miracles, le peuple célébrait à haute voix la gloire du Seigneur. Le lendemain, se trouvant sur le territoire de Limoges, dans un bourg nommé Saint-Germain-Laval, il opéra encore de nombreux et éclatants miracles. On lui apportait de tous les côtés des personnes atteintes de maladies et, par la vertu qu'il tenait de Dieu, il les guérissait tous. Dans le nombre se trouvait un enfant de dix ans environ, aveugle de naissance; on l'amena en présence de tout le peuple à l'homme de Dieu, qui, crachant sur ses doigts, lui frotta les yeux avec sa salive, fit une courte prière, et, au nom de Jésus-Christ, lui ouvrit les yeux qu'il avait fermés dès le sein de sa mère.

CHAPITRE V.

Divers miracles opérés par saint Bernard, en Allemagne, à Constance, à Bâle, à Francfort, à Trèves et en d'autres lieux encore.

30. Le saint pénétra un jour dans le royaume d'Allemagne, il y brilla d'un tel éclat par le don de guérisons miraculeuses qu'on ne saurait l'exprimer par des paroles, ni le rendre croyable en le dépeignant. Ainsi, nous savons de personnes qui se trouvaient dans le pays de Constance, près du bourg de Doningen, qui ont vu de leurs yeux, et examiné les faits avec la plus grande attention, qu'en un seul jour il rendit la vue à douze aveugles à qui il imposa les mains, guérit dix hommes perclus des bras et redressa dix-huit boiteux. Mais, pour que notre récit ne semble pas trop pauvre dans une telle abondance de faits, nous allons en rapporter quelques uns pris dans ce nombre et deux qui se sont passés dans les endroits les plus connus. L'homme de Dieu étant venu à Constance et le bruit de son pouvoir de faire des miracles s'étant répandu partout, l'abbé d'Auge, monastère antique et célèbre situé dans une île du lac Léman, lui envoya un pauvre aveugle, qu'il soutenait de ses aumônes, et il lui revint aussitôt ayant recouvré la vue. Il y a un lieu nommé Heytereseim du diocèse de Constance mais fort éloigné de cette dernière ville; le Seigneur y fit éclater sa gloire comme en beaucoup d'autres endroits de la province par où il passa, en opérant une multitude de miracles par les mains de son serviteur: là aussi il y eut un aveugle né, qui recouvra la vue à la seule imposition de ses mains. Il rendit aussi l'ouïe et la parole à un sourd-muet de la même ville. A Bâle, après avoir, selon sa coutume adressé la parole au peuple, comme si on eût voulu accomplir en lui ce qui est dit des apôtres, qui se répandirent dans le monde en prêchant l'Évangile, Dieu coopérant avec eux et appuyant leurs paroles par les miracles dont elles étaient suivies, on lui présenta une femme muette, et à peine eût-il prié pour elle qu'elle parla. On lui amena aussi un boiteux, qui se mit à marcher droit et un aveugle qui recouvra la vue.

---

matris utero claudum et mancum, cujus in modum pilæ cubiti cum genibus umbilico, pedes autem natibus adhæsissent, Dei famulo offerebant. At ille singula membra edito prius signo crucis attrectans, mira facilitate extendit protinus et sanavit. Apprehendens denique manum ejus erexit illum, et dimisit libere gradientem. Populus autem pro tantis nimirum virtutibus, magnis vocibus Dominum collaudabat Nam et die sequenti in pago Lemovicensi, in vico, quem sancti Geniani* nomine vocant, signa per eum plurima claruerunt Undique enim confluebant qui incommodis variis laborabant, et virtus erat Domini ad sanandum eos Ubi inter cæteros puer ferme decennis cæcus ex utero matris suæ, coram omni populo oblatus est Viro Dei. Qui in digitos suos exspuens, et liniens oculos ejus, brevem fecit orationem, et in nomine Christi aperuit oculos cæci nati.

al. Germani.

CAPUT V.

De variis miraculis a beato Bernardo per Germaniam, Constantiæ, Basileæ, Francofurti, Treviris, etc., patratis.

30. Regnum quoque Germaniæ cum introisset aliquando vir beatus, tam excellenter enituit in gratia sanitatum, ut nec verbis exprimi, nec credi valeat si dicatur. Nam et testati sunt qui affuere in territorio Constantiensi, circa vicum quem Doniguem nominant, ex iis qui diligentius vestigarunt et viderunt oculis suis, una die illuminatos ad ejus impositionem manus cæcos undecim; sanatos etiam mancos decem, et claudos erectos decem et octo. Cæterum ne fecisse nos inopes copia videatur, ex innumera multitudine saltem pauca memoriæ commendamus, quæ in locis celebrioribus facta noscuntur. Cum venisset Constantiam homo Dei, et undique se virtutum ejus fama diffunderet, abbas Augiensis (quod intra lacum Lemanum antiquum exstat et nobile monasterium) hominem, quem suis eleemosynis sustentabat, cæcum misit ad eum, et confestim videntem illum recepit. Heytereseim dicitur locus ad ejusdem diœcesim pertinens civitatis, sed plurimum a civitate remotus. Ibi quoque sicut et in cæteris illius provinciæ per quæ transiit locis, multis in servo suo miraculis glorificatus est Deus; ubi etiam cæcus natus sub manu ejus visum recepit. Item alteri a nativitate surdo et muto auditus redditus est et loquela. In civitate etiam Basilea cum ex more sermonem habuisset ad populum, ut impleretur in eo quod de sanctis Apostolis legitur, qui videlicet profecti prædicaverunt ubique, Domino cooperante, et sermonem confirmante sequentibus signis, oblata est ei femina muta, et confestim orante eo locuta est. Oblatus est claudus, et ambulavit; oblatus est cæcus, et vidit.

31. A Spire, en présence de Conrad, roi des Romains, qui conduisait lui-même, avec la plus profonde piété, le serviteur de Dieu de l'église à son logement, on présenta au saint abbé un enfant boiteux, en le priant de vouloir bien lui imposer les mains. A peine eût-il fait le signe de la croix sur lui qu'il se leva, se tint sur les pieds et se mit à marcher sans aucune difficulté, aux applaudissements de la foule qui louait Dieu. Dans la chapelle de l'évêque de la même ville, sous les yeux même du roi, Bernard rendit la vue à une femme aveugle, et fit marcher droit un boiteux de naissance. Jésus-Christ fit encore beaucoup d'autres miracles par ses mains; il suffira d'en rapprocher quelques-uns comme exemple. Le roi vint présenter lui-même avec piété au saint un certain nombre de petits enfants pauvres, et eut le bonheur de les voir tous guéris. Ce n'est pas seulement à Spire, mais aussi à Francfort, dans le diocèse de Mayence, que le serviteur de Dieu, donna de nombreuses preuves de son pouvoir miraculeux. En effet, tout ce qu'il y avait de malades dans la contrée lui était amené, et le concours était si considérable, que le roi ne pouvant point un jour écarter la foule qui se pressait autour du saint, déposa son manteau, et prenant Bernard dans ses bras, le fit ainsi sortir de la basilique. Dans le nombre de ceux qui recouvrèrent la santé dans cette ville, il y eut un vieillard paralytique; c'était un homme très-connu et fort honorable des environs, ce ne fut qu'à force de prières de la part de ses parents et à grand'peine, qu'on parvint à le faire arriver jusqu'auprès de l'homme de Dieu, celui-ci récita selon sa coutume une toute petite prière pour lui. A l'instant on vit le vieillard se lever, il était guéri; et, non-seulement il n'avait pas conservé trace de son infirmité, mais encore il semblait si plein de force qu'en le voyant on ne l'aurait jamais pris pour le malade qu'on venait d'avoir sous les yeux, mais pour un autre homme. Déjà même, comme il s'en allait d'un pas vigoureux et qu'on se préparait à enlever le lit sur lequel on l'avait emporté, un des assistants, Hugues, archidiacre de l'église de Toul, se souvenant du paralytique de l'Évangile, le rappela en lui disant : Ce n'est pas comme cela que les choses doivent se passer, vous ne pouvez vous en retourner les mains vides, emportez votre lit et allez-vous-en; en même temps il lui mit le lit sur les épaules et le renvoya d'un pas dégagé; tout le peuple, à la vue de ce miracle, célébra hautement les louanges du Seigneur. Dans le même lieu, un enfant sourd muet dès le ventre de sa mère, s'aidant d'une échelle, se présenta par la fenêtre à l'homme de Dieu, qui lui imposa les mains et lui rendit ainsi l'ouïe et la parole. Une femme paralytique du même pays, riche et très-considérée, recouvra aussi la santé qu'elle avait perdue depuis bien longtemps. En la voyant se lever et marcher, tous les assistants furent transportés d'allégresse, mais ceux qui témoignèrent une joie plus grande que les autres, ce furent les hommes d'armes qui l'avaient apportée et présentée au saint. Il semblait à leur pieuse dévotion qu'ils étaient pour quelque chose dans la guérison miraculeuse. A la même époque, le saint passait près d'un village situé sur le bord du Rhin, appelé Bobbare; comme il guérissait les différents malades de la contrée qu'on lui ammenait, on lui présenta un paralytique sur son lit. Cet homme,

---

31. Apud Spirensium civitatem, præsente Romanorum rege Conrado, qui Dei hominem ab ecclesia ad hospitium devotissime deducebat, offerebant puerum claudum, rogantes ut ei manum imponere dignaretur. Quem signatum protinus erigens, super pedes statuit, et libere gradiebatur, in Dei laudem acclamantibus universis. In capella episcopi civitatis ipsius, rege ipso vidente, visum reddidit cæcæ cuidam mulieri, et claudo nato gressum donavit. Multa quidem et alia in manu ejus ibidem Christus effecit, sed ad exemplum pauca sufficiant. Nonnullos etiam pauperculos pueros rex ipse devotus suis illi manibus offerens, de multorum curatione meruit gratulari. Nec modo apud prædictam Spirensium urbem, sed apud Francovadum Moguntinæ diœcesis locum, innumeris virtutibus idem Dei servus effulsit. De tota siquidem regione quotquot patiebantur, afferebant ad eum, et tantus erat concursus ut prædictus rex, cum aliquando populum comprimentem coercere non posset, deposita chlamyde virum sanctum in proprias ulnas suscipiens, de basilica exportavit. Inter plurimos sane qui ibidem adepti sunt sanitatem, senex quidam paralyticus de vicinia illa, homo notus et honoratus, multis suorum precibus, non sine multo labore introductus est ad hominem Dei; a quo post brevissimam, ut solebat, orationem erectus protinus et sanatus, non modo incolumis, sed et fortis apparuit, ut posses credere, si videres, non tam alteratum hominem esse, quam alterum. Jamque eo viriliter procedente parabant alii tollere lectum ejus in quo advectus erat, cum revocans eum unus ex circumstantibus Hugo Tullensis, ecclesiæ archidiaconus, evangelici illius paralytici memor : Non sic, ait, non sic vacuus reverteris, tolle grabatum tuum, et ambula. Et imponens in humeros ejus, dimisit eum libere procedentem; et omnis plebs ut vidit, dedit laudem Deo. Ibidem etiam puer surdus et mutus ex utero matris suæ, sublevatus per scalam, et in fenestra accedens ad virum Dei, sub manu ejus auditum recepit pariter et loquelam. Sed et paralytica quædam mulier de eadem regione, dives et honorata, ibidem recepit amissam ex multo tempore sospitatem. Dumque exiliens ambularet, omnes quidem lætati sunt qui videbant, sed præ cæteris exsultavere milites qui attulerant et obtulerant eam. Nam et ipsius sibi particeps esse virtutis religiosa devotio videbatur. Per idem tempus transeunte sancto prope vicum in littore Rheni positum, quem Bobardum vocant, et varios per universam provinciam curante languores, oblatus est

en apprenant les miracles que Bernard opérait, s'était fait porter dudit village à l'endroit où passait le saint. Ce dernier lui imposa les mains, au milieu d'un grand concours de peuple, le fit lever et le renvoya chez lui parfaitement guéri.

32. La même année, en arrivant à Trèves, le serviteur de Dieu vit, comme cela se faisait partout, le peuple tout entier se précipiter au-devant de lui. On lui présenta deux sœurs qui, depuis quatre ans, avaient l'une et l'autre perdu la vue. Le saint fit le signe de la croix sur chacune d'elles et leur fit voir clair, et, toutes deux, voyant distinctement l'homme de Dieu, le suivirent avec la foule. Dans la principale église de la même ville, notre saint, qui était doué de la grâce apostolique, venait d'offrir l'immortelle Hostie du salut, quand on lui présenta un boiteux qui se mit à marcher droit, un aveugle qui recouvra la vue, une femme muette qui retrouva la parole. Cette femme disait qu'elle avait été avertie en songe d'aller trouver l'homme de Dieu qui la guérirait. A Coblentz, château-fort du diocèse de Trèves, situé au confluent de la Moselle et du Rhin, comme le serviteur de Dieu avait déjà un peu dépassé les murs, on lui présenta un boiteux sur qui il fit le signe de la croix ; puis, l'ayant fait mettre à terre, il lui ordonna de marcher, mais le boiteux n'obéit point. A l'instant même, le boiteux s'écrie que le nerf de sa cuisse, qui était retiré, vient de se détendre de lui-même, il ne sait comment, et que ses genoux s'écartent l'un de l'autre, ce qu'il n'avait pas pu faire jusqu'alors malgré les plus grands efforts. Tout le monde est dans l'admiration, et on veut s'assurer sur le champ de la vérité de ce qu'il dit ; on le met à terre, à l'instant même il marche, et on ne peut douter un moment qu'il ne soit guéri et complétement rétabli.

CHAPITRE VI

Divers miracles éclatants opérés par saint Bernard à Cologne, à Aix-la-Chapelle, à Liége, à Cambrai, ainsi qu'en Espagne.

33. Nous ne devons point passer Cologne sous silence ; c'est une grande ville, la puissance miraculeuse du serviteur de Dieu s'y est montrée grande, et le peuple l'y honora avec une grande piété. On montre encore de nos jours, dans le cloître de Saint-Pierre, selon ce que nous ont rapporté des personnes dignes de foi, un jeune homme qui a été boiteux jadis et qui, ayant été présenté à l'homme de Dieu, recouvra, à l'imposition de ses mains, la faculté de marcher droit, ce qui le fait appeler généralement le fils de saint Bernard. L'abbé Henri, de Suède, dont nous avons parlé plus haut, nous a rapporté dernièrement qu'une dame noble, qui avait été la femme de son frère, étant tombée, par la douleur à la mort de son mari, dans une sorte de frénésie, resta dans le même état pendant bien longtemps ; on était obligé de la lier. On la présenta dans cette ville au saint abbé. A peine eut-il fait un petit signe de croix sur elle, au milieu de la foule qui la pressait de toutes parts, qu'elle recouvra la santé et l'esprit, pendant qu'on l'emmenait encore chargée de ses liens. Il y avait dans la même ville une fille sourde, que ses parents d'une famille noble de la ville présentèrent au saint abbé. Ils disaient que, dans son enfance, ils l'avaient placée dans une maison religieuse, qu'elle y avait perdu l'ouïe et était

---

paralyticus in grabato. Audita siquidem fama virtutum, a prædicto vico in occursum ejus se fecerat apportari. Cui in medio populi manus imponens, erexit hominem, incolumemque remisit ad propria.

32. Eodem anno ingredienti urbem Treverensium Christi servo, ex more obviam ruit populus universus. Offerunt autem ei sorores duas, quæ ab annis quatuor, amborum lumen amiserant oculorum. Quarum ille utrique imprimens signum crucis, visum reddidit lucis ; et videntes virum Dei cum cæteris sequebantur. In ejusdem basilica civitatis, cum ad altare beati Petri apostoli Vir apostolicæ gratiæ immortalitatem hostiam immolasset, oblatus est ei claudus, et ambulavit ; oblatus et cæcus, et vidit ; oblata est surda mulier, et audivit. Hæc in somnis admonitam se esse dicebat, ut Dei hominem peteret, cujus beneficio receptura esset auditum. Apud Confluentiam, Treverensis diœcesis nobile castrum ad Mosellam fluvium, qui ibidem in Rhenum labitur, Dei famulus pertransibat ; cumque paululum processisset, oblatum sibi et signatum hominem claudum deponi jussit et ambulare, sed non fuit qui obediret. Nec mora, claudus idem retractum femoris nervum clamat sponte laxari, et dum nescit, extendi velut ab altero genu suum, quod quamlibet ante conatus, nullo modo potuisset. Mirantur omnes, probatur sub omni velocitate quod dicitur ; deponitu illico, illico graditur, illico sanus et incolumis innotescit.

CAPUT VI.

De variis et illustribus miraculis Coloniæ, Aquisgrani Leodii, Cameraci, et in Hispania factis.

33. Non est nobis Colonia transeunda. Magna est civitas ; magna illic Dei famulo virtus affuit ; magna illum devotio coluit populorum. Ostenditur usque hodie in claustro beati Petri, sicut a personis veridicis nuper accepimus, adolescens olim claudus, nunc libere gradiens, qui oblatus Viro Dei, ad impositionem manus ejus gressum recepit, unde etiam filius ejus publice cognominatur. Abbas Henricus de Suecia, cujus nos supra fecimus mentionem, nuper retulit nobis, feminam nobilem, germani sui olim uxorem, cum post obitum viri sui præ dolore phrenesim incurrisset, et multo tempore sic se habens, in vinculis teneretur, eidem patri sancto in præfata urbe oblatam, et vix tenuiter in turba circumstrepente signatam, dum ex more ligata revehitur, mentem pristinam atque integram recepisse salutem. In eadem etiam

depuis plusieurs années affligée de cette infirmité. Le saint lui fit un signe de croix sur les oreilles, et rendit ainsi l'ouïe à la jeune fille, et la jeune fille à ses parents. Sur ces entrefaites, survint une femme de qualité, également habitante de Cologne, qui avait perdu l'usage d'un œil et qui avait, comme elle le disait, depuis cinq ans entiers, dépensé inutilement de grosses sommes d'argent avec les médecins. Il lui rendit à l'instant la vue par un simple signe de croix ; mais ce fut gratuitement qu'il exerça un pouvoir qu'il tenait gratuitement du ciel. On cite encore une autre dame qui lui fut présentée dans son lit, dans la basilique de Saint-Pierre ; le serviteur de Dieu la fit lever à l'instant, et, après lui avoir rendu la santé, lui ordonna de s'en retourner à pied. Les nerfs de ses cuisses étaient tellement retirés depuis bien des années, qu'elle ne pouvait plus ni se lever ni se tenir debout sur ses jambes. Les témoins oculaires qui ont observé le fait avec le plus grand soin assurent que, pendant les trois jours que le saint séjourna dans cette ville, par l'effet de ses prières et de l'imposition des mains, il redressa douze boiteux, guérit deux perclus des bras, rendit la vue à cinq aveugles, la parole à trois muets et l'ouïe à dix sourds.

34. A Aix-la-Chapelle, pendant que notre saint célébrait le sacrifice solennel de la messe dans la chapelle de ce royal séjour, si fameux dans tout l'empire romain, le Roi des rois, le Seigneur des seigneurs guérit par les mains de son serviteur un boiteux qu'il fit marcher droit, quatre aveugles à qui il rendit la vue par l'effet de sa puissance miraculeuse. La même année, dans le pays de Liège, sans parler d'une multitude d'autres miracles que je passe sous silence afin d'abréger, le Seigneur, près d'une ville fortifiée appelée Fontaine, ouvrit, à la prière de Bernard, les yeux à un aveugle-né. Cet homme non-seulement était aveugle de naissance, mais encore il avait les paupières closes et comme mortes. Le bienheureux les ouvrit de ses doigts sacrés, et, par un effet de la bonté divine, il rendit en même temps les forces à ses paupières, et la clarté du jour à ses pupilles. Aussitôt l'aveugle, admirant la lumière qui lui était demeurée inconnue jusqu'alors, s'écriait dans les plus grands transports de joie : « Je vois le jour, je vois les hommes, je les vois avec leurs chevaux! » Puis, frappant des mains et trépignant de bonheur, il ajoutait : « O mon Dieu, à partir de maintenant je ne heurterai plus mes pieds contre les pierres. » A Cambrai, pendant que le saint célébrait une messe solennelle, on lui présenta un enfant sourd-muet dès sa naissance, et sur le champ il entendit et parla. Ceux qui se trouvaient auprès de lui le firent monter sur un banc de bois, afin que de ce lieu élevé il pût saluer le peuple avec la parole qui venait de lui être rendue. Aussi ne faut-il pas s'étonner si, touchée d'une admirable piété, la foule célébra ce prodige par des cris d'admiration. Demeurons-en à ces quelques merveilles, choisies entre toutes celles que Dieu a daigné opérer dans le royaume de Germanie par les mains de son serviteur.

35. Pour l'Espagne, où il n'alla jamais en personne, elle vit aussi éclater les preuves de sa sainteté. En effet, comme ce fidèle et prudent servi-

---

civitate filiam surdam eidem patri sancto parentes nobiles obtulerunt. Hanc aiebant a pueritia traditam sanctimonialium monasterio feminarum, ibidem amisisse prorsus auditum, et annos plures in eodem incommodo peregisse. Cujus auros signo crucis edito pater sanctus attrectans, protinus et auditum ei, et parentibus eam reddidit audientem. Accedens inter hæc mulier honorata, Coloniensis itidem civis, quæ alterius oculi lumen amiserat, plurima jam per quinquennium inutiliter sese in medicos expendisse dicebat. Et ipsam quoque continuo per signum crucis illuminans Vir beatus, quod gratis acceperat, gratis dedit. Sed et matronam alteram in beati Petri basilica oblatam in lectulo, idem Christi servus erexit protinus, et incolumem suis pedibus abire præcepit. Hujus ex multo tempore nervi femorum fuerant sic retracti, ut nec erigi ullatenus posset, nec consistere pedibus suis. Nam ex personis aliis perhibebant, qui studiosus observarunt, ad ejusdem Viri sancti orationem et manus impositionem, in civitate prædicta, intra triduum quod ibi fecit, duodecim claudos erectos, mancos duos sanatos, quinque cæcos illuminatos, loquelam redditam mutis tribus, et decem surdis auditum.

34. Aquisgrani sed regia, dum in illa famosissima toto Romanorum orbe capella Vir beatus missarum solemnia celebraret, claudo homini gressum et cæcis, quatuor visum sub manu ejusdem servi sui, Rex regum et Dominus dominantium reparavit, et potenti virtute restituit. Eodem etiam tempore intra Leodiensium fines, præter innumera alia, quæ brevitatis studio preterimus, juxta oppidum quod Fontanas vocant, orante eo aperuit Dominus oculos cæci nati. Hujus non modo oculi cæci, sed etiam ipsæ quoque palpebræ clausæ et emortuæ erant; quas sacratissimis digitis suis aperiens Vir beatus, divino munere et vigorem palpebris, et pupillis præstitit claritatem. Confestim denique idem puer lucem miratus ignotam, maxima cum exultatione clamabat : Video diem, video omnes homines, video capillatos. Plaudens quoque manibus et tripudians ; Deus, inquit, ex hoc jam non offendam ad lapides pedes meos. In urbe etiam Cameraco celebranti missarum solemnia Viro Dei surdum et mutum a nativitate puerum offerebant. Quem audientem protinus et loquentem, qui propius aderant, super gradum ligneum statuere, ut de eo loco eminentiori novo sermone populum salutaret. Nec mirum quod mira plebis devotio, mira protinus vociferatio sit secuta. Et hæc quidem super iis quæ in regno Germaniæ in manu servi sui mirabiliter operatus est Deus, e pluribus pauca sufficiant.

35. Nam et in Hispanis, ubi præsens ipse non fuit, sanctitatis ejus indicia claruerunt. Cum enim fidelis servus et prudens, et pretiosum Dominicæ crucis

teur rassemblait de toutes parts les précieux fruits de la croix du Seigneur, pour les répandre ensuite par tout le monde, il lui arriva d'envoyer plusieurs de ses enfants en Espagne, où il désirait produire quelque fruit comme parmi les autres nations de la terre. Parmi eux se trouvait un nommé Albert, artisan de son état, dans l'endroit appelé Sobrado; atteint d'une maladie très-grave, il était depuis bien longtemps étendu sans mouvement sur son lit. A la fin, il fit connaître à notre saint son fâcheux état, par son abbé, et le pria d'avoir pitié de lui. Or, le jour même où le bienheureux priait pour lui, à Clairvaux, à la demande de son abbé, les paroles miraculeuses de Bernard et la vertu de sa prière volèrent si rapidement, que ce religieux à l'instant même, éprouva un effet semblable à celui qu'il aurait ressenti si on lui avait versé un seau d'eau sur la tête, recouvra la santé. A son retour, l'abbé ayant trouvé ce moine en parfaite santé, lui demanda en détail la manière dont il s'était trouvé guéri et le moment où cela s'était fait; il vit, à n'en pouvoir douter, que pendant que le serviteur de Dieu priait en France, le malade s'était senti guéri en Espagne.

36. Puisque nous parlons de l'Espagne, disons aussi ce qui est arrivé à un homme de Dieu, le très-révérend Pierre, évêque des Asturies. Ce Pierre, de noble extraction, moine de profession et d'une très-grande piété, se sentit pris de si violents maux de tête, dans un couvent qu'il dirigeait alors, qu'il ne pouvait ni observer les jeûnes de règle, ni rester un seul instant sans un bonnet de fourrure ᵃ. En apprenant les merveilles que la renommée publiait de l'homme de Dieu, il envoie un de ses religieux lui porter sa prière, et lui demander le secours de son intercession. Le saint homme lui envoya le bonnet de laine qu'il portait lui-même, avec l'assurance que, par la vertu d'en haut, ce bonnet serait un remède à ses maux. Pierre reçut la bénédiction qui lui était envoyée, avec la plus grande dévotion et le plus profond respect; car, après avoir confessé du mieux qu'il put tous ses péchés, il se revêtit de ses ornements sacerdotaux, et, en cet état, comme s'il allait toucher à la frange du manteau même de Jésus-Christ, il prit le bonnet du serviteur de Dieu et le plaça sur sa tête. Sa foi ne tarda point à produire son fruit et à recueillir les effets de la bénédiction du saint : la guérison fut si soudaine, qu'il en fut lui-même frappé d'admiration, et depuis lors se trouvant dans un état parfait de guérison et de santé, il publie, à quiconque veut l'entendre, le miracle dont il a eu la grâce d'être l'objet. Devenu évêque dans la suite, il a partagé en deux la relique du saint, en a emporté, avec toute la pompe possible, un morceau dans le trésor de son évêché, et a déposé l'autre, avec piété, dans son monastère, ne voulant priver d'une telle bénédiction, ni le monastère qu'il quittait, ni le siège épiscopal où il était appelé.

ᵃ Pierre le Vénérable parle dans son écrit sur les vêtements des Frères, de *calottes d'agneau ou de chevreau*, à l'endroit où il prescrit au prieur de donner à chaque religieux « des tuniques appelées vulgairement frocs, des capuchons de peau, des calottes d'agneau ou de chevreau, des étamines, des caleçons, des plumes, c'est-à-dire des couvertures de lit. » On peut voir sur ce sujet nos notes à la première lettre de saint Bernard.

---

fructum undique colligeret, atque iterum propagaret ubique; contigit ut de filiis suis in Hispanias mitteret, in illis quoque sicut in cæteris gentibus fructum aliquem habere desiderans. De quorum numero Albertus quidam faber in loco, cui nomen est Superadum, gravissima valetudine occupatus, per multum jam tempus jacebat paralyticus in grabato. Interim per abbatem suum incommodum suum nuntiat patri sancto, et ut sui misereatur exorat. Eadem autem die, qua vir beatus in Clara-valle pro eodem paralytico ad petitionem sui illius abbatis oravit, currente velociter verbo virtutis, et virtute orationis, ille in Hispaniis repente convaluit, tanquam vas plenum aqua suo sentiens capiti superfundi. Regressus quidem abbas cum prædictum fratrem incolumem reperisset, diligenter sciscitatus ab eo modum et tempus suæ liberationis, certissime comperit orante in Galliis Dei famulo, illum in Hispaniis esse curatum.

36. Et quia semel ad Hispanias vertimus stilum, illud quoque quod contigit de viro Dei reverendissimo Petro, Asturiensi episcopo, prosequamur Is quidem Petrus, nobilis genere, monachus professione, pietate devotus, in cœnobio quodam, quod eo tempore ipse regebat, tam vehementi dolore capitis laborabat, ut nec regulam observare jejunii, nec sine pelliceis posset pileis stare. Audiens autem celeberrimam virtutum famam quæ per Dei hominem efficiebantur, per quemdam fratrem legationem mittit suæ supplicationis, et opem flagitat suæ intercessionis. Cui Vir sanctus laneum, quo ipse utebatur, pileum misit, et promisit ægro capiti de Domini virtute remedium. Suscepit ille missam sibi benedictionem maxima cum reverentia et devotione. Confitens enim quam sollicite potuit delicta sua, et stola sese induens sacerdotali, ita demum velut Christi fimbriam tangens, servi Christi pileum sumpsit, et imposuit capiti suo. Nec tardavit fidei fructus, et benedictionis effectus; sed miratus et ipse est, celerem protinus sentiens medicinam, et extunc usque hodie ab hujusmodi languore sanus et incolumis annuntiat omnibus quam experiri meruerit ipse virtutem. Nam et episcopus factus xenia illa divisit, patrem mediam suis secum in scriniis honorificentissime ferens, mediam in monasterio sub eadem veneratione deponens; nec locum scilicet unde vocatus, nec sedem cui prælatus est, volens tanta benedictione fraudari.

CHAPITRE VII.

Miracles opérés par saint Bernard dans sa patrie et dans le voisinage de Clairvaux.

37. Revenons maintenant aux miracles qu'il opéra dans son propre pays, car, à ce point de vue, il semble qu'on peut bien dire de lui qu'il s'est montré plus que prophète, puisque le renom de prophète ne lui a pas manqué même dans son pays. — Un certain Henri, homme considérable et puissant de la maison et de la cour du duc de Bavière, était depuis longtemps atteint d'un mal affreux et digne de pitié, qui ne laissait plus aucun espoir de guérison. Il sentait comme un être vivant qui remuait dans ses entrailles, et il entrait dans de tels accès de frénésie, qu'on ne pouvait ni le calmer, ni le consoler. Il était impossible de pouvoir découvrir quelle était la cause de ses craintes et de ses souffrances, on soupçonnait seulement que c'était l'œuvre du démon. En cet état, il se fit conduire de Bavière à Clairvaux, auprès de l'homme de Dieu, et il eut le bonheur d'obtenir sa guérison. Le saint lui traça ensuite une règle de vie, lui donna des conseils de conduite, et le renvoya chez lui entièrement guéri. Jusqu'à ce jour, nous le tenons de personnes dignes de foi, cet homme observe avec une entière obéissance ce qui lui a été prescrit, et, non-seulement se montre content de ses émoluments, mais s'en sert même pour en faire de bonnes œuvres; aussi son changement de vie ne semble-t-il pas un moindre miracle que sa guérison. — A Mussy-l'Évêque, villa située sur le bord de la Seine, à quelques lieues de Clairvaux, on amena un hydropique à l'homme de Dieu, qui lui imposa les mains, pria pour lui, et lui ceignit le ventre, qu'il avait énormément enflé, de sa propre ceinture, qu'il lui recommanda de lui rapporter dès qu'il serait guéri. La guérison ne se fit pas longtemps attendre et peu à peu l'enflure disparut. Le vingtième jour il revint mince et bien portant, et rendant à son sauveur sa ceinture et mille actions de grâces. Un jour, comme il sortait du cloître, on lui présenta un vieillard paralytique d'un petit village voisin, appelé Meurville. Il s'arrête un instant, fait un mot de prière, touche l'homme et lui dit de s'en aller; il était guéri. En le voyant partir, tout le peuple, qui s'était précipité au devant de l'homme de Dieu, loua le Seigneur en versant un torrent de larmes. De même, une autre fois, comme il revenait de route, on lui offrit, aux portes même du monastère, un enfant sourd-muet. Il lui toucha la langue avec sa salive, et lui mit les doigts dans les oreilles : à l'instant même, les barrières qui les bouchaient disparurent, et le lien de sa langue se rompit.

38. A trois milles environ de Clairvaux est un endroit appelé Marenville. Un jour que le bienheureux passait par là, il toucha et guérit une jeune fille percluse des bras. Nous avons appris dernièrement qu'elle vit encore et se porte toujours bien. A la même époque, et dans le même pays, à un château appelé Bourlemont, deux chevaliers conféraient ensemble sur le pouvoir miraculeux du père ; l'un des deux, plus lent que l'autre à croire, dit : S'il guérit cet enfant je croirai fermement en sa puissance. Il parlait d'un enfant sourd-muet élevé chez

---

CAPUT VII.

De miraculis in patria et vicinia Claræ-vallis per beatum Bernardum factis.

37. Ex hoc nobis ad ea quoque quæ mirabiliter egit in regione propria, redeundum. Nam in eo forte etiam plusquam propheta dici posse videtur, quod propheticus ei non defuerit honor, ne in patria sua quidem. (Henricus quidam, vir magnus et potens in domo et familia ducis Bavarorum, ex multo jam tempore, misero penitus et miserabili quodam incommodo desperabiliter laborabat. Siquidem tanquam vivum aliquid et motabile intra præcordia sentiens, et ex magna parte phreneticus, nec consolari poterat, aut securus esse; nec quid timeret aut pateretur, agnoscere, nisi quod dæmonium esse suspicabatur. Talis ad Dei hominem de Bavaria Claram-vallem usque perductus, ejus oratione perfectam meruit sospitatem. Cui etiam formam vitæ et mandata, quæ deinceps observaret, idem sanctus imponens, incolumem remisit ad propria. Nam et usque in præsentem diem, sicut certa relatione didicimus, tam obediens perseverat, ut non modo suis contentus sit stipendiis, sed operibus etiam pietatis intentus; ita ut mirabilior ejus morum conversio, quam curatio videatur.) Musseium dicitur villa super Sequanam fluvium, paucis a Clara-valle milliaribus distans. Ex hac virum hydropicum ad Dei hominem adduxerunt. Cui manus imponens, et orans, proprio quoque cingulo tumentem enormiter uterum ejus accinxit, præcipiens ut incolumitate recepta, præstitutum sibi cingulum reportaret. Nec tardavit sanitas, sed paulatim tumor abscessit. Denique circa vicesimum diem gracilis incolumisque reversus, cingulum simul et gratias multas suo retulit curatori. Exeunti alio tempore monasterii claustra, senem paralyticum ex proximo viculo, qui Mundivilla dicitur, obtulerunt. Subsistens autem modice, et breviter orans, tetigit hominem, et incolumem suis precibus abire præcepit. Quo abeunte, populus multus qui in occursum Viri Dei confluxerat, non sine lacrymis Dominum collaudabat. Item redeunti aliquando de via, præ foribus monasterii oblatus est puer surdus et mutus. Exspuens igitur tetigit linguam ejus, et digitos immisit in aures. Protinus autem aurium ejus obstacula facta de medio, et solutum est vinculum oris ejus.

38. Malenvilla dicitur vicus, tribus circiter milliariis a monasterio distans. Hunc quandoque pertransiens Vir beatus, mancam puellam tetigit et curavit, quam nunc usque superstitem et incolumem esse nuper accepimus. Per idem tempus in finibus illis, apud

eux, et qui n'avait jamais proféré une seule parole, ni entendu un seul mot. Quelques jours après, le saint abbé passant près de là, nos deux chevaliers emmènent l'enfant et le lui présentent. Bernard lui impose les mains, lui fait le signe de la croix sur la bouche et sur les oreilles, et lui adresse quelques mots et le renvoie; il entendait et parlait. A Rissenel, bourg du même pays, on voit encore un jeune homme, appelé Simon, et fort connu, qu'on amena boiteux au serviteur de Dieu, et qui, au seul contact de sa main, recouvra la faculté de marcher droit. A Bar-sur-Aube, petite ville distante de trois lieues de Clairvaux, l'homme de Dieu, à ce qu'on dit, fit aussi bien souvent éclater la puissance miraculeuse qui lui venait du ciel. En effet, sans compter tous les miracles dont nous n'avons pu prendre une connaissance détaillée, parce que le nombre en est tel qu'il eût accablé notre curiosité, le Christ a fait marcher droit quatre boiteux, à sa prière et par l'imposition des mains du saint, a rendu la vue à deux aveugles, l'ouïe et la parole à deux sourds-muets. A Bar-sur-Seine, à son simple toucher, un aveugle de naissance marcha droit.

39. Quand notre très-révérend pape Eugène III, qui de moine de Clairvaux et d'abbé de Saint-Anastase de Rome, était monté dans la chair de saint Pierre, vint en France, notre saint l'accompagna; or, si la dignité apostolique brillait dans l'un, chez l'autre on pouvait remarquer le don des miracles qui avait aussi distingué les apôtres. Il se faisait autour du saint un tel concours de gens atteints de différentes maladies, que, lorsque le souverain pontife venait à entrer dans une église où il célébrait les saints mystères, il lui arrivait, à la fin de la messe, de se trouver un peu pressé lui-même par la foule de ceux qui désiraient obtenir leur guérison, et ne s'en dégageait qu'avec peine, grâce encore aux efforts de ses gens. Notre abbé fit un grand nombre de miracles pendant qu'il accompagnait ainsi le pape; nous nous contenterons d'en rapporter deux que la grandeur de la joie dont nous avons vu qu'ils furent la cause ne nous permet pas d'oublier. A Charlette, petit bourg situé entre Provins et la Seine, se trouvait un enfant de dix ans environ, tellement paralysé depuis un an, qu'il ne pouvait presque plus remuer la tête qu'avec l'assistance d'une autre personne. Sa mère et ses autres parents l'apportèrent sur un matelas, et le présentèrent à l'homme de Dieu qui passait non loin de là en suivant la grande route. Celui-ci, après un signe de croix, fit lever l'enfant, le mit sur ses pieds et lui dit de marcher. A l'instant même, l'enfant se mit à sauter et à marcher en louant Dieu, et suivit le saint qui continuait sa route jusqu'à ce qu'il l'eût contraint, à son grand déplaisir, de retourner à son village, où il fut reçu par tout le monde avec une joie et une admiration extraordinaires. Mais celui de tous qui se distingua le plus, fut le jeune frère de cet enfant, qui se précipita dans ses bras comme dans les bras d'un ressuscité. Ce spectacle fit couler les larmes des yeux de beaucoup des assistants. Quatre ans après, dans le même village, la mère de cet enfant le présenta à notre saint, dont elle lui fit baiser les pieds en

---

castrum quod nominant Burdemontem, duo milites de beati patris virtutibus conferebant : sed minus credulus alter, Si hunc, inquit, sanaverit puerum, ex tunc firmius credam. Dicebat autem surdum quemdam et mutum, qui apud eos nutritus, nec locutus fuisset aliquando, nec audisset. Post dies paucos transeunte propius patre sancto, ambo pariter puerum tollunt, et offerunt ei. Imposita igitur manu puero, et signans os illius et aures, allocutus est eum, et loquentem protinus et audientem dimisit. Apud Risnelmum oppidum regionis ejusdem usque modo cernere est adolescentem, Simonem nomine, satis notum, qui præfato Dei famulo claudus oblatus est, et sub ejus manu gressum recepit. Barrum super Albam dicitur oppidum, tribus (ut aiunt) leucis distans a monasterio Claræ-vallis. Ibi quoque sæpius per hunc hominem Dei divinæ virtutis opera claruerunt. Siquidem præter ea quæ minus diligenter curavimus vestigare, quod omnis nostra curiositas signorum multitudine vinceretur, quatuor illic claudos ad ipsius orationem et manus impositionem diversis temporibus Christus erexit, cæcos duos illuminavit, duobus æque surdis et mutis auditum præstitit et loquelam. Sed et juxta alterum Barrum super Sequanam ad ejus tactum illuminatus est cæcus, convaluit etiam paralyticus, gressum recepit puer claudus ex utero matris suæ.

39. Cum reverendissimus papa noster Eugenius tertius, ex monacho Claræ-vallensi et abbate sancti Anastasii in urbe Roma, ad apostolicam assumptus cathedram, Gallias introisset; ibat cum eo Vir sanctus, nec minus apostolica virtus in illo, quam in illo dignitas præeminebat. Tantus enim ad beatum Virum concursus erat incommodis variis laborantium, ut cum aliquando summus pontifex basilicam, ubi ille missarum solemnia celebrabat, devotus intrasset; expleto sacrificio, ex more accedentibus eis qui curam desiderabant, paulus minus idem papa comprimeretur a turbis, et vix potuerit per ministrorum manus educi. E plurimis sane quæ in ejusdem apostolici viri facta sunt comitatu, duo scribimus quæ nos oblivisci ipsa quam vidimus magnitudo lætitiæ non permittit. Chaleta dicitur vicus inter Provignum castrum, et Sequanam fluvium constitutus, ubi puer ferme decennis ab anno priore paralyticus sic jacebat, ut nec ipsum caput flecteret, nisi ab altero moveretur. Quem afferentes in culcitra mater ejus cæterique propinqui offerebant Viro sancto, prope eumdem locum per stratam publicam transeunti. At ille signatum erigens statuit supra pedes suos, et ire præcepit. Nec mora, exsiliit puer, et ambulabat magnificans Deum; qui tandiu sanctum prosecutus est abeuntem, donec ille invitum licet et renitentem redire præcepit. Ubi non immerito quidem magna admodum facta est admiratio, magna exsultatio omnium qui videbant; sed præ cæteris fra-

disant : « C'est lui qui t'a redonné la vie et rendu à ta mère. »

En 1148. 40. La même année, tous les abbés étant réunis à Cîteaux, selon la coutume, le vénérable pape dont il vient d'être parlé assista à leur assemblée, bien moins pour la présider en vertu de son autorité apostolique, que pour se confondre avec eux tout comme l'un des leurs, par l'effet de la charité fraternelle. Là, le serviteur de Dieu étant rentré le soir après la tenue de l'assemblée, dans la cellule où il couchait, on lui présenta un enfant sourd-muet. Cet enfant était du voisinage et, comme nous l'avons su depuis, il s'était trouvé longtemps auparavant frappé de surdité, par une terreur soudaine, pendant qu'il était occupé à la garde des troupeaux et il en était resté sourd. Le saint abbé pria donc, et imposa les mains à cet enfant, il lui demanda s'il entendait. Oui, Seigneur, j'entends, s'écrie l'enfant dans un pieux ravissement, et il embrassa Bernard avec tant de force qu'il eut grand peine à se tirer de ses bras. Le bruit de cette guérison se répandit, on présenta l'enfant au souverain pontife et à d'autres personnes : ce miracle fit beaucoup de bruit. Le saint vint un jour au monastère de Charlieu, qui se trouve dans le diocèse de Besançon ; il était accompagné d'un grand nombre d'abbés de son ordre. Là, une dame de la contrée, qui était boiteuse depuis longtemps, se fit amener dans une voiture et présenter à l'homme de Dieu. Après une courte prière, il fit le signe de la croix sur elle au nom du Seigneur, la fit lever sur ses pieds, et la guérit si bien qu'elle put retourner à l'heure même chez elle en parfaite santé. A Morimond, une des premières abbayes de l'ordre de Cîteaux, un moine était étendu sur son lit, atteint d'une paralysie des membres si générale qu'il ne pouvait remuer ni pied ni main. Sur ces entrefaites, survient le bienheureux, qui fait une visite au paralytique et lui impose les mains, à sa prière. A l'instant même le malade se sentit soulagé. Toutefois, pour qu'il appréciât davantage le bienfait du miracle, ce ne fut pour ainsi dire que par degré qu'il recouvra d'abord l'usage de l'une de ses mains, puis de l'autre. Avant de partir, Bernard, à sa demande, le couvrit de son manteau, et à l'instant même la santé du reste du corps lui fut rendue. Au monastère d'Auberive, un moine, jeune encore, avait perdu la voix au point qu'il ne pouvait plus chanter avec ses frères, ni se faire entendre de personne à moins qu'on ne fût très-près de lui. Le saint, visitant ce monastère, bénit du vin et de l'eau et lui en donna à boire ; il commença par ressentir un peu de froid, puis tout à coup la sueur se déclara sur sa poitrine avec un sentiment d'incroyable bien être. Le jour même, débarrassé de son infirmité, il se mit à chanter comme les autres et cette cure dure encore aujourd'hui. Il y en a plusieurs qui ont connu un jeune homme qui, après avoir été enfant de l'église de Lyon, est devenu moine de Cîteaux et suit les exemples que lui a laissés son oncle Hugues, évêque de Grenoble, dont il a mérité de porter le nom. Le saint ayant appris sa conversion, s'en réjouit beaucoup parce qu'il avait été lié d'une amitié toute particulière avec son oncle, et lui écrivit une lettre de félicitation. Or il arriva à cette époque que ce

---

ter junior in ipsius tanquam redivivi oscula ruens, multos eorum ad lacrymas usque permovit. Hunc quidem puerum et post annos quatuor in eodem vico beato Viro mater ejus offerens, sacros monebat osculari pedes ; Hic est, inquiens, qui tibi vitam reddidit, et te mihi.

40. Eodem anno apud Cistercium juxta morem abbatibus congregatis, prædictus papa venerabilis adfuit, non tam auctoritate apostolica præsidens, quam fraterna charitate residens inter eos, quasi unus ex eis. Ubi cum ad cellulam, in qua jacebat, facto vespere et conventu soluto, Dei famulus divertisset, surdum ei puerum obtulerunt. Erat autem puer ille de vicinia eadem, et, sicut postea didicimus, ex longo ante tempore vigilans in custodia gregis sui, subito terrore percussus, amiserat prorsus auditum. Orans itaque pater sanctus, et puero manus imponens, utrum audiat sciscitatur. At ille mira devotione proclamans, Audio, domine, audio ; tam firmiter amplexatus est eum, ut vix ab eo posset avelli. Auditum est verbum oblatus est puer summo pontifici, aliisque personis, celeberrimumque hoc miraculum fuit. Venerat pater sanctus ad monasterium in diœcesi Bisuntina, cui nomen est Carus-locus, et erant cum eo ex abbatibus sui ordinis multi, ubi matrona quædam de finibus illis ex multo jam tempore clauda, in carro allata et oblata est ei. Orans vero breviter, et signans eam in nomine Domini erexit et sanavit, ut eadem hora incolumis remearet ad propria. Eodem tempore in monasterio Morimundo, quæ est Cisterciensis ordinis abbatia una de primis, monachus quidam jacebat usque adeo paralysi dissolutus ; ut omnibus pene membris officio proprio destitutis, non manum posset movere, non pedem. Interea superveniens Vir beatus paralyticum visitat, manum postulatus imponit, et continuo opem sensit ægrotus. Ut tamen gratius esset miraculum, velut gradatim prius alteram manum, secundo alteram recuperavit. Exinde profecturus palliolo suo operuit postulantem, et subito in brevi obtinuit etiam reliqui corporis sospitatem. In monasterio Albæripæ monachus quidam adolescens usum vocis amiserat, ut nec psallere inter fratres, nec a quoquam, nisi multum proximo sibi, intelligi posset quid loqueretur. Cui Vir sanctus, dum idem monasterium visitaret, aquam cum vino benedicens potum dedit ; et post paululum frigidus ex ejus pectore mira cum suavitate sudor erupit. Deinde ipsa die ab eodem incommodo liberatus, psallere cœpit quasi unus de cæteris fratribus ; et hoc illi beneficium usque hodie perseverat. (Norunt multi devotum juvenem, qui Lugdunensis olim ecclesiæ filius, modo monachus Cisterciensis, patrui sui S. Hugonis, episcopi Gratianopolitani, cujus et nomen meruit, mores imitatur. Hujus conversione Vir sanctus audita, gavisus est, quia

C'est la lettre trois cent vingt-deuxième.

jeune homme se vit atteint de la fièvre et devint gravement malade. Il prit donc la lettre de Bernard avec tout le respect qu'elle méritait, et la suspendit à son cou avec un sentiment plein de foi et de dévotion, comme un remède propre à le guérir, et il se félicite encore à présent d'avoir obtenu par ce moyen le retour de sa santé.

41. Un jour que le saint abbé se trouvait au monastère de Trois-Fontaines, on lui présenta un clerc, de ceux qu'on appelle réguliers, déjà fort avancé en âge et aveugle. Il lui imposa les mains, fit une courte prière, selon sa coutume, et, à l'heure même, il le renvoya à son église voyant clair. A Troyes, il se fit beaucoup de miracles éclatants par le moyen du serviteur de Dieu. J'en rapporterai deux qui eurent lieu en présence de Geoffroy, évêque de Langres, et de Henri, évêque de Troyes. C'était dans la maison même de l'évêque de cette ville; les parents et les connaissances d'une jeune fille contrefaite, vinrent la présenter au saint, en le pressant de leurs prières. Le concours des spectateurs était si grand, que, lorsque le serviteur de Dieu eut fait le signe de la croix sur elle, l'eut redressée et massée de ses mains sacrées, comme une cire molle, et lui eut dit de se tenir droite et de marcher, elle n'avait pas de place pour se mouvoir. On la mit sur une grande table qui se trouvait là, et on la vit se tenir bien droite et marcher. Tout le monde alors fit éclater les louanges de Dieu. Je tiens de personnes qui l'ont connue, que cette femme vit encore maintenant. Dans la même ville, une mère présenta au saint abbé sa fille qui était muette; un accès d'épilepsie lui avait fait perdre la parole. A l'heure même où le serviteur de Dieu lui imposa les mains, le lien qui retenait sa langue captive se rompit, et elle se mit à parler sans aucune difficulté. Dans un endroit du même diocèse, nommé Dormans, le saint venait de célébrer la sainte messe, quand un père lui amena son fils qui était aveugle. Bernard crache sur ses doigts et lui frotte les paupières avec sa salive et rend à l'instant même ce fils à son père; il voyait clair. Non loin de ce bourg, dans un lieu appelé Argilly, après la célébration de la messe, il guérit d'un signe de croix, en sortant de l'église, une femme qui boitait et qui depuis bien longtemps demandait l'aumône, ce qui remplit de joie et d'admiration une foule de gens qui étaient accourus de toutes parts. En quittant l'endroit appelé Rosny, on lui présenta un paralytique, qui était devenu tellement maigre qu'il semblait n'être qu'une image de la pâle mort. Comme l'homme de Dieu passait, on le lui présenta porté sur une charrette. A peine le saint eut-il fait le signe de la croix sur lui, qu'il le fit descendre de voiture et lui dit de marcher; il se mit en effet à suivre sa charrette à pied; il était guéri, au grand étonnement de tous les assistants qui se mirent à faire retentir les airs des louanges de Dieu.

42. Une autre fois, il passait par le château de Brienne, qui n'est pas du tout éloigné de Clairvaux, quand il vit venir à sa rencontre une foule nombreuse, car toujours et partout on venait en foule innombrable se placer sur son passage. Là, en présence de tout le monde, il toucha et redressa sur ses jambes une femme boiteuse de cet endroit. Dans la suite, nous l'avons vue dans ce même lieu

---

patruo ejus singulari fuerat charitate devinctus, et consolatorias illi litteras misit. Contigit autem, ut eodem tempore idem juvenis febre correptus, graviter laboraret. Susceptam igitur debita veneratione epistolam, fideli devotione collo suo ob remedium salutis appendit, et usque modo gratulatur perfectam se protinus obtinuisse sospitatem.)

41. Cum venisset aliquando pater sanctus ad monasterium Trium Fontium, oblatus est ei clericus quidam ex his qui regulares nominantur, homo grandævus et cæcus. Imposuit ei manum, et brevem ex more fecit orationem, et eadem hora videntem illum remisit ad ecclesiam suam. In Trecensium urbe multa per hunc Dei famulum miracula claruerunt; e quibus duo quæ præsentibus episcopis Godefrido Lingonensi, et Henrico Trecensi facta sunt, memoriamus. Puellam curvam, in prædicti Trecensi episcopi domo, propinqui et noti cum multis ei precibus offerebant. Tantus vero concursus erat, ut cum eam signatam Dei famulus, ac si molle lutum intra sacras manus mirabiliter formans erexisset, et erectam incedere præcepisset, locus non potuerit inveniri. Demum super mensam magnam quæ prope posita erat, statuerunt illum, et erecta libere gradiebatur, magnifice Dominum collaudantibus universis. Hanc quoque adhuc superstitem ab his qui eam novere, nuper audivimus. In eadem urbe filiam mutam patri sancto obtulit mater, cui morbus epilepsiæ loquendi ademerat facultatem. Nec mora, servo Christi imponente ei manum, solutum est vinculum oris ejus, et loquebatur recte. In ejusdem urbis diœcesi loco, cui nomen *Domnamant*, cum Vir sanctus missarum solemnia celebrasset, cæcum illi filium obtulit pater. Exspuens autem in digitos suos, et palpebras ejus liniens, eadem hora videntem illum reddidit patri suo. Nec longe ab eodem vico, apud oppidum Argillerias, post missarum similiter celebrationem feminam claudam, quæ ibidem multo tempore mendica vivebat, cum basilicam egrederetur, signans et sanans, populum multum qui undique fuerat congregatus, admiratione et exsultatione replevit. In exitu quoque oppidi quod Rosnaium vocant, paralyticum hominem sic extenuatum corpore, ut solam circumferre videretur pallidæ mortis imaginem, impositum plaustro transeunti viro Dei offerunt. Ut quoque ubi signatus est, deponi et incedere jussus, plaustrum suum suis pedibus incolumis sequebatur, vehementer stupentibus et in Dei laudem acclamantibus universis.

42. Alio tempore proximum castrum Brenam transiens, obvium habuit populum multum, sicut ubique semper et undique in ipsius occursum confluebat innumera multitudo. Ubi cernentibus cunctis, feminam claudam ex eodem oppido tetigit et erexit, quam et ibidem postea vidimus occurrentem ei cum

se précipiter avec les autres au-devant de lui, et lui rendre plus d'actions de grâces que les autres. Dans le pays de Sens, à Trainel, au milieu même du saint sacrifice de la messe, une femme dont la cécité était connue depuis dix ans en cet endroit, recouvra la vue à l'admiration de tout le monde, au toucher de l'homme de Dieu. A Montereau, au confluent de l'Yonne et de la Seine, en présence du très-pieux comte Thibaut et d'un grand nombre de puissants seigneurs, on présenta au saint une femme paralytique, pendant qu'il offrait les saints mystères. A peine eut-il terminé le sacrifice, qu'il la toucha, la fit tenir debout, et, la guérissant à l'heure même, lui ordonna de retourner chez elle, où elle se rendit de son pied; nous avons vu dans l'église le lit vide sur lequel on l'avait apportée. Comme le serviteur de Dieu passait par un autre château-fort du même diocèse, appelé Joigny, on lui amena sur la voie publique une femme aveugle; il s'arrêta, fit un mot de prière pour elle, et lui imposa les mains. Le Seigneur lui ouvrit les yeux. A peine s'aperçut-on qu'elle voyait, que tout le monde fut dans la plus grande allégresse; on se criait les uns aux autres : « Anne a recouvré la vue, Anne a recouvré la vue; » Anne était son nom, et tous les jours on accourait de tous côtés en plus grand nombre vers le saint.

43. Cependant le saint cherchait, en accélérant sa marche, à échapper à la multitude; déjà même il sortait du château, quand un jeune homme, borgne de naissance, se mit à le suivre et finit par l'atteindre. Bernard le bénit et lui rendit incontinent la vue, ce qui redoubla la joie du peuple qui le suivait. — Un jour que le saint homme s'était rendu à Auxerre, il entra pour faire sa prière dans l'église des religieux, où repose en paix un glorieux confesseur de Jésus-Christ, l'évêque Germain ; comme il en sortait, une femme boiteuse qui rampait sur les mains et les genoux, le supplia d'avoir pitié d'elle. Bernard fit un signe de croix, la prit par la main et la releva, et, la quittant, il la laissa guérie, en lui disant d'aller au tombeau du saint évêque rendre grâce de sa guérison, ce qu'elle fit en marchant sur ses pieds. Il y a dans le bourg de Chably une basilique insigne de saint Martin, qui s'élève sur un terrain appartenant encore à l'église de Tours, où repose le corps de ce très-glorieux confesseur. Un jour que le saint passait par ce bourg, le peuple lui amena un jeune homme boiteux ; à peine le serviteur de Dieu eut-il prié, que, parfaitement droit sur ses jambes, il marcha sans difficulté. On le conduisit à l'église de saint Martin, dont nous venons de parler, en louant Dieu hautement d'avoir suscité l'esprit de son cher Martin dans Bernard.

CHAPITRE VIII.

Différents prodiges et miracles opérés en divers lieux par Bernard, et dont il avait auparavant connu l'événement par des visions.

44. Le fidèle serviteur du Christ connut par des visions un certain nombre de guérisons, que son maître opéra par ses mains; il y en a aussi plusieurs dont il eut conscience dans son âme, au moment où elles avaient lieu ; il en est enfin qu'il a

---

cæteris, et præ cæteris gratias referentem. In pago Senonico apud castrum quod Triangulum vocant, inter missarum sacra solemnia, femina cujus ibidem per annos decem cæcitas omnibus innotuerat, sub manu viri Dei mirantibus omnibus visum recepit. Apud Monasteriolum quoque, ubi Yona et Sequana confluunt, præsente piissimo principe comite Theobaldo, aliisque adstantibus non paucis potentibus viris, offerenti divina sacrificia Viro Dei paralyticam feminam obtulerunt ; quam expletis solemnibus tangens et erigens, ipsa hora sanam remisit ad propria, ita ut suis illa pedibus abeunte, grabatum in quo fuerat apportata, in eadem basilica vacuum videremus. Ejusdem quoque diœcesis castrum Joviniacum transeunti eidem famulo Christi, in strata publica cæcam feminam offerebant; substitit, et breviter orans eidem feminæ manus imposuit, et Dominus aperuit oculos ejus Ut autem videre visa est, et exsultatio magna secuta est omnium qui aderant, et clamantes alter ad alterum, Anna videt, Anna videt (hoc enim eidem feminæ nomen erat) copiosius undique confluebant.

43. Interea Vir sanctus accelerans declinabat turbas, et egrediebatur, cum juvenis quidam, altero oculo cæcus ab utero matris suæ, secutus est et consecutus est eum. Qui quidem et ipse continuo ad ejus benedictionem visum recepit, et geminata est lætitia populi prosequentis (Autissiodorum aliquando veniens vir beatus, orationis causa monachorum basilicam introivit, ubi confessor Domini gloriosus Germanus episcopus requiescit; cui post orationem regredienti mulier clauda, genibus repens et manibus, ut sui misereretur, supplicabat. At ille signo crucis edito, apprehendit manum ejus, et erexit eam ; exiensque dimisit incolumem, et Deo gratias redditurum ad prædicti confessoris memoriam misit, suis pedibus gradientem.) Chableia nomen est vico, qui insignem beati Martini basilicam habet. Nam et fundus ipse ad possessionem spectat ecclesiæ Turonensis, ubi corpus jacet ejusdem gloriosissimi confessoris. Hunc vero vicum Dei famulo transeunti claudum adolescentem populus offerebat, quem ad ejus orationem erectum protinus, et libere gradientem, ad prædictam beati Martini basilicam deduxerunt, magnifice Dominum collaudantes, qui Martini sui spiritum suscitaverat in Bernardo.

CAPUT VIII.

De variis signis et miraculis promiscue editis, de quorum eventu prius in visu edoctus fuerat.

44. Nonnullas etiam sanitates, quas in manu fidelis servi sui mirabiliter Christus effecit, per visum ei mirabilius præostendit ; multas ipse, cum fierent, animi virtute persensit ; ad aliquas etiam spiritu sug-

accomplies de lui-même et sans en être prié, à la seule suggestion du Saint-Esprit. Pour que notre récit ne s'étende point à l'infini, nous nous contenterons d'en rapporter quelques exemples, en avertissant le lecteur de ne point s'étonner que de si grandes choses soient racontées en si peu de mots ; la cause en est que la plupart de ces miracles, nous les avons vus s'accomplir en si peu de temps, que nous n'aurions pas pu les rapporter aussi vite qu'ils se faisaient. Et, bien qu'il soit passé en usage de dire qu'il n'y a rien de plus facile que de prononcer un mot, cependant, pour le serviteur de Dieu, à cause de la vertu qu'il tenait d'en haut, il semble qu'il était plus facile de faire des miracles qu'il ne nous l'est à nous de les raconter. Un jour qu'il sortait du monastère, un homme de la contrée accourt à lui et lui présente son fils à guérir. Bernard ne consentait, en effet, que fort difficilement à imposer les mains aux malades quels qu'ils fussent dans l'intérieur du cloître, dans la crainte que, s'il le faisait, il ne s'y fît un trop grand concours de peuple, et que la paix du cloître ne fût troublée et la discipline ne se relâchât. Or, cet enfant était fou, idiot, boiteux, sourd et muet. A l'instant même, par le seul effet de la prière et de l'imposition des mains, il se trouva tout à coup délivré de toutes ses infirmités à la fois. Il entendait, parlait et marchait, il avait recouvré un esprit sain, et cessa incontinent d'être en proie à la fureur et à l'agitation qui le tourmentaient auparavant. Comme le père de cet enfant, qui était un homme dévot, conduisait son fils rendu à la santé, à une chapelle de la bienheureuse mère de Dieu, pour lui rendre grâce, les religieux s'entretenaient entre eux des nombreuses infirmités dont cet enfant était affligé.

V. les notes

45. Le saint abbé leur dit: « C'était un châtiment de Dieu et une cruelle vexation de l'esprit malin. J'ai vu en effet en songe, la nuit dernière, à cette place même (c'était près de l'Aube où l'enfant avait été guéri.), j'ai vu, dis-je, ici même un jeune garçon tout semblable à celui-ci, qui m'était présenté, recouvrer une santé complète et l'usage de ses membres après que l'esprit malin se fut éloigné de lui. » Le bienheureux, parlant toujours de cette vision, ajouta: « Et, comme je m'avançai un peu plus loin dans le chemin même où nous cheminons en ce moment, et près de ce bourg que nous apercevons (il parlait de l'endroit appelé Long-Champ), il me sembla qu'on m'amenait une fille boiteuse et que le Seigneur lui rendait la faculté de marcher. » A ce discours, les frères se sentirent frappés d'étonnement, et bien plus préoccupés de la pensée du miracle qui allait encore s'opérer que du souvenir de celui qu'il venaient de voir. En effet, le monde a-t-il jamais rien entendu de pareil? On arriva à l'endroit indiqué et on y trouva la jeune fille boiteuse, qui attendait le passage de l'homme de Dieu, comme elle était elle-même attendue par les frères qui passaient, d'après ce que Bernard leur avait prédit. Ceux qui l'avaient apportée la présentèrent donc à l'homme de Dieu, qui fit sur elle le signe de la croix, et, par la grâce de Dieu, lui rendit la possibilité de marcher. Elle s'en retourna en rendant grâce à Dieu.

46. L'année suivante, le saint homme se vit obligé d'aller à Langres, pour mettre fin à un

---

gerente non rogatus accessit. E quibus ne videatur in immensum processisse narratio, exempla pauca subjicimus, illud etiam e regione monentes, ne quis forte tam breviter scribi opera tanta miretur, siquidem multa ex his in tam brevi fieri vidimus, ut tam celeriter ea proloqui nequeamus. Et cum dici soleat nihil esse facilius dicto; huic tamen Dei famulo per gratiam quam acceperat, signa facere magis facile videbatur, quam nobis facta narrare. Egredienti aliquando monasterium patri sancto, homo quidam de finibus illis occurrens, sanandum filium offerebat. Nam intra monasterium quidem infirmis imponere manum difficilius acquiescebat, ne videlicet, si concursus illuc hominum fieret, quis cœnobii turbaretur, et disciplina periret Erat autem prædictus puer ille fatuus et mentis inops, claudus quoque, et surdus, et mutus. Qui eadem hora per ipsius orationem et manus impositionem ab omni simul incommodo liberatus audiebat, loquebatur, et ambulabat, et sanæ mentis effectus, a priori penitus inquietudine et furore cessabat. Cumque eumdem jam incolumem filium pater devotus ad oratorium beatæ Dei Genitricis cum gratiarum actione deduceret, loquebantur mutuo fratres, de tam multiplici unius incommodo pueri conquirentes.

45. Ad quos pater sanctus : « Flagellum, inquit, Dei erat, et maligni spiritus dira vexatio. Vidi enim nocte præterita hoc eodem in loco (erat autem juxta fluvium Albam, ubi sanatus est puer); hic, inquit, vidi oblatum mihi puerum talem, exeunte ab eo spiritu nequam, omnem protinus recipere sospitatem, usumque membrorum. » Addidit etiam Vir beatus de eadem scilicet visione. « Cumque paululum processissem in eodem itinere, quo nunc pergimus, juxta proximum vicum (dicebat autem de eo quem nominant Longumcampum) offerebatur mihi puella clauda, et Dominus ei gressum reddebat. » Audierunt et mirati sunt fratres, futuri magis attoniti exspectatione miraculi, quam recordatione præteriti. Quid enim unquam simile mundus audivit? Ventum est ad locum, inventa est ibi protinus puella clauda exspectans Dei hominem transiturum, et a simul transeuntibus, juxta verbum quod ipse dixerat, exspectata. Oblata igitur ab eis qui attulerunt eam, signata ab homine Dei, ex Dei munere gressum recepit, et ibat gratias agens.

46. Anno altero causa exstitit ut vir sanctus Lingonas peteret, inter episcopum et clerum civitatis illius orta gravi admodum simultate. Ubi cum prima die inefficaciter laborasset, et mane facto pararet abire, dicebat fratribus, « quia vidi per visum noctis in-

grave différend qui s'était élevé entre l'évêque de cette ville et son clergé. Après avoir travaillé le premier jour à les réconcilier sans avancer à rien, le lendemain matin il se préparait à s'en retourner, et disait à ses frères : « Dans une vision que j'ai eue cette nuit, je vis qu'on m'amenait une femme boiteuse au moment où j'entrais dans l'église et qu'elle fut guérie. » Environ une heure après, le clergé s'étant de nouveau réuni, la paix se fit d'une manière tout à fait inespérée, et, à force de prières on engagea le saint à entrer dans l'église du martyr saint Mammert, et de dire quelques mots pour exhorter le peuple à faire l'aumône, attendu que la famine sévissait alors. Et là, pendant qu'il prêchait, on lui amena, comme il l'avait prédit, une femme boiteuse ; il lui redressa les jambes, un grand étonnement de tout le monde, mais surtout de ceux qui voyaient que la chose se passait exactement comme ils se souvenaient que Bernard le leur avait annoncé.

47. Dans le pays de Trèves, se trouve un monastère antique appelée Rutina. Un jour que Bernard y célébrait la messe, et qu'une multitude innombrable y était réunie, Gontran de Sures, petite ville peu éloignée du monastère, fit apporter une femme boiteuse. Depuis longtemps elle se traînait par terre et ne pouvait plus du tout se tenir debout. Elle avait un petit chevalet dans chaque mains, et s'était habituée à traîner après elle ses reins à moitié morts. Mais comme la foule l'empêchait d'arriver jusqu'à l'homme de Dieu, elle se trouva tout à coup guérie au milieu même de l'église. Alors elle se mit à sauter de joie et à marcher, en rendant grâces à Dieu, avec un torrent de larmes. Dans son allégresse, le peuple alla porter sur le champ un de ses petits chevalets à l'autel pour le vouer au Seigneur et à saint Bernard son serviteur. Ce saint abbé nous dit en parlant de cette cure, qu'elle lui avait été prédite la nuit précédente. « Il lui avait semblé, dit-il, qu'il se trouvait dans cette même église, au milieu de la foule qui l'environnait de tous côtés, et qu'il touchait cette femme en passant, sans qu'on le vît, à l'insu de tout le monde, et qu'il la voyait tout à coup guérie, pendant que de son côté il se félicitait et se réjouissait beaucoup de n'avoir été reconnu de personne. » Le même jour, la lumière du ciel brilla aux yeux de l'homme de Dieu. Dans une bénédiction, il rendit à deux femmes également boiteuses, la faculté de marcher, et celle de voir à deux autres qui étaient aveugles. Au surplus, il lui arrivait bien souvent que, pendant son oraison, ce serviteur de Dieu reconnaissait, à n'en point douter, la présence de la vertu divine en lui, mais il avouait qu'il manquait d'expressions pour rendre la manière dont elle se manifestait à lui.

48. Quelquefois, après avoir fait le signe de la croix sur quelques malades, il passait outre en disant qu'ils étaient guéris ; alors si quelqu'un de ceux qui l'avaient entendu parler ainsi retournait sur ses pas, il trouvait qu'il en était en effet comme il avait dit. Un jour qu'il sortait de Bâle, il fit le signe de la croix sur un sourd-muet et passa outre. Après avoir fait quelques pas, il appela Alexandre de Cologne et lui dit : « Allez voir si cet homme a recouvré l'ouïe. » Il retourne, et il trouve que cet homme entend. Le même jour, le même fait se produisit une seconde fois ; en effet, après avoir fait le signe de la croix sur un homme qui était borgne, il avait continué son chemin en disant : «Dieu

---

troeunti mihi ecclesiam offerri claudam feminam, et sanari. » Post unam fere horam, cum iterum clerici convenisset, praeter spem omnium] reformata pace multis precibus coegerunt illum beati Mammerti martyris intrare basilicam ; et quia fames invaluerat, populum ad eleemosynam exhortati. Ubi inter loquendum (sicut praedixerat) oblata est ei clauda mulier, et erecta, mirantibus quidem omnibus, sed eis amplius, qui sicut videbant factum, ita sese recordabantur audisse futurum.

47. In pago Treverensi antiquum exstat coenobium, quod Rutinense vocatur ; ubi celebrante aliquanda missarum solemnia viro Dei, innumerabilis aderat multitudo. Interea Guntranus de Sura, quod est oppidum eidem proximum monasterio, claudam feminam fecit afferri. Haec ex multo jam tempore repens humi, erigi penitus non valebat ; sed scabellula tenens manibus, renes emortuos post se trahere consueverat. Cum autem prae multitudine populi ad Dei hominem introduci femina non valeret, in basilica media repente convaluit ; et exsiliens ambulabat, non sine lacrymis agens gratias Deo ; cujus scabellula populus jubilans tulit protinus ad altare, ut sisterent ea Domino, et Bernardo servo ejus. De cujus nobis curatione confessus est pater sanctus, quod praecedenti nocte sibi praeostensa fuisset. Videbatur enim sibi in eadem basilica, in medio populi circumstantis, clandestinus et ignotus ejusmodi feminam tangere et transire, ac protinus eamdem videre sanatam, plurimum que ipse congratulans et exsultans, quod agnitus non fuisset. Eadem etiam die rutilavit Rutinae in beati viri praesentia lux coelestis, cujus benedictio aliis quoque cluandis duabus, feminis gressum visum reddidit caecis aeque duabus. Saepissime vero contigit, ut inter orandum indubitanter Dei servus agnosceret virtutem adesse divinam. Cujus tamen modum cognitionis nullis se posse verbis exprimere fatebatur.

49. Nonnunquam vero cum signasset aliquos et transisset, sanatos esse dixit, et regressus aliquis ex his qui audierant, sicut dictum erat, invenit. Egressus aliquando Basileam urbem, surdum quemdam signaverat, et transierat Cumque paululum processisset, vocans Alexandrum Coloniensem : « Revertere, ait, quaere utrum audiat homo. » Rediit ille, et illum reperit audientem. Similiter ipso die cum signasset alium caecum altero oculo et abiret, » Deus, inquit, aperuit oculum ejus. « Hoc etiam praedictus Alexander, cum ad inquirendum reflexisset iter, ita esse cognovit. Iste

lui a ouvert l'œil à la lumière. » Alexandre retourna, cette fois-là encore sur ses pas, pour voir ce qui était arrivé, et il trouva qu'il en était ainsi. Cet Alexandre est le même que celui qui, pour jouir des saintes instructions de l'homme de Dieu et contempler les miracles qu'il opérait, renonça au siècle avec une trentaine de ses compagnons environ, et se mit à sa suite. Bernard, peu de temps après, le fit abbé d'un monastère situé dans le diocèse de Toulouse, appelé Grand-Selve. Dans le diocèse de Constance, près du château de Fribourg, Bernard ayant imposé les mains à un aveugle qui se trouvait sur le chemin, envoya ensuite quelqu'un pour s'assurer qu'il avait recouvré la vue, et il se trouva qu'en effet il voyait. La même chose eut lieu pour deux autres aveugles, dans le pays de Cologne, à un endroit appelé Brumvillers, et quand on vint lui rapporter qu'ils avaient recouvré la vue, il confessa que lui-même, de son côté, avait senti l'effet de la vertu d'en haut s'opérer.

49. Dans le territoire de Sens, à Saint-Florentin, on amena à l'homme de Dieu une femme atteinte de surdité : il lui imposa les mains et il sentit par un effet du Saint-Esprit que le miracle s'opérait, bien que cette femme encore toute interdite et troublée, comme il arrive de l'être à ces sortes de gens, et comme elle l'était en effet auparavant, criât à tue tête qu'elle n'entendait pas. Le lendemain matin, comme elle ne reparaissait point et que personne ne donnait de renseignements sur son compte, le saint, qui connaissait qu'elle avait éprouvé les effets de la miséricorde de Dieu, fait appeler cette femme. On trouva qu'elle avait recouvré l'ouïe, elle revint en glorifiant Dieu, et en rendant grâce à son serviteur. Le saint abbé sortait un jour de Metz, et, selon la coutume le peuple lui faisait pieusement la conduite, avec l'évêque de la ville, nommé Etienne, son frère Rainaud, comte de Bar, et plusieurs autres membres du clergé et de l'armée. Il prit alors occasion d'un mot de l'évêque et de ce que disaient plusieurs personnes présentes, pour prier Henri de Salm, un homme de haut rang, d'accorder la paix à la ville de Metz et à son peuple qu'il traitait en ennemi cruel. Celui-ci refusa net en protestant qu'il n'en ferait rien, et se montra inflexible à toute espèce de prières. Sur ces entrefaites, surviennent des gens qui présentent à l'homme de Dieu un sourd à qui ils le conjurent de vouloir bien faire la grâce d'imposer les mains. Bernard alors, enflammé du zèle de la foi, et prenant, comme cela lui arrivait quelquefois en de grandes circonstances, un visage qui inspirait une sorte de terreur et où régnait un air d'autorité surhumaine, se tourne vers le seigneur dont nous venons de parler en s'écriant : « Ainsi vous refusez d'entendre celui pour qui ce sourd même va avoir des oreilles ! » A ces mots; il impose les mains au sourd et lui met les doigts dans les oreilles. A l'instant même le sourd entendit : Henri, saisi de terreur et tout tremblant, se précipite aux pieds de l'homme de Dieu, lui demande humblement pardon et souscrit avec empressement à ce qui lui était demandé.

50. Un jour que le serviteur du Christ passait par la ville de Brienne, il vit une femme aveugle qui mendiait sur la place publique ; après l'avoir considérée pendant quelques instants, comme elle demandait l'aumône aux passants selon son habi-

---

est Alexander, qui in eisdem diebus ad Viri Dei sacra monita, ostensionemque virtutum, cum aliis ferme triginta seculo valefecit, et secutus est eum; a quo etiam post modicum tempus abbas est ordinatus in monasterio Tolosanæ diœcesis, quod Grandissilva vocatur. In Constantiensi quoque diœcesi prope castrum *Frieborg*, cum homini cæco in via manum imposuisset, remisit qui videret eum, et inventus est videns Quod de duobus aliis cæcis in pago Coloniensi prope monasterium, quod Brumvillare dicitur, similiter fecit ; et cum videre renuntiarentur, confessus est se quoque sensisse virtutem.

49. In territorio etiam Senonensi, in oppido quod sancti Florentini nomine vocant, oblata est viro Dei mulier surda; cui manus imponens, per spiritum sensit virtutis effectum, cum illa adhuc stupida et tumultuosa (ut est genus istud) et ut ipsa ante solebat, nihil se audire clamaret. Mane autem facto, cum nec illa rediret, nec alter aliquid indicaret de ea; sciens sanctus divinam illi misericordiam adfuisse, accersi sibi feminam jubet. Inventa igitur auditum recepisse, venit glorificans Deum, et Dei famulo gratias agens. Egrediebatur idem pater Metensium civitatem, et ex more devotus eum populus deducebat, cum episcopo eorum Stephano, et fratre ejus Rainaldo Barrensi comite, aliisque personis tam ex clericali quam ex militari ordine multis. Interim causa exstitit, ut rogaret nobilem virum Henricum de Salmis super verbo quodam, quod ipse ei episcopus et alii qui convenerant, suggerebant; ut videlicet Metensi civitati et populo pacem daret, qui graviter inimicabatur. Ille vero renuere penitus et abjurare, nec ullis precibus flecti. Inter hæc supervenientes alii offerebant beato Viro hominem surdum, obsecrantes ut ei manum imponere dignaretur. At ille fidei zelo succensus, sicut interdum ob causas necessarias terror quidam emicabat et auctoritas supra hominem in ejus facie rutilabat, conversus ad militem : « Tu nos, inquit, audire contemnis, quos continuo coram te audiet surdus. » Et imponens manus homini, signavit eum, et in aures ejus digitos misit. Quo protinus audiente, pavens Henricus et tremens ruit ad pedes hominis Dei, humiliter satisfaciens, et libere annuens quidquid fuerat postulatus.

50. Transiens aliquando servus Christi Brenam oppidum, mendicantem in platea vidit feminam cæcam ; quam aliquantisper intuitus, cum ex more a transeuntibus eleemosynam flagitaret : « Tu, inquit, petis argentum, et Deus tibi visum donabit. Accedens ergo tetigit eam, et oculos ejus aperuit. Quæ beneficium

tude, Bernard lui dit : « Vous ne demandez que de l'argent et Dieu va vous donner la vue. » Puis s'approchant d'elle, il la touche et lui ouvre les yeux. En recevant ce bienfait si peu attendu, elle ne se sent pas moins touchée de la grande bonté de Dieu que de la vue du jour auquel elle n'était plus habituée. Parmi les premiers rejetons que produisit la vigne de Clairvaux, un de ceux qui prit le mieux racine, est le monastère d'Igny, dans le diocèse de Reims. Un jour que le saint était allé le visiter, il passa, en revenant, par un bourg situé sur le bord de la Marne, nommé Rivoles ; il était accompagné par un homme considérable, rempli pour sa personne d'un dévouement plein d'affection, c'était Samson, archevêque de Reims, qui le reconduisait avec toutes les marques ordinaires de son respect. Or, il y avait sur le chemin un boiteux qui demandait son pain, un des frères lui fit l'aumône. Le saint abbé qui venait après lui avait déjà dépassé cet homme, lorsque, se retournant et le fixant un moment avec attention, il demande aux assistants de quoi souffre ce malheureux et ordonne qu'on le lui amène. Tout le monde pensait qu'il allait lui faire une aumône plus abondante : « Seigneur, lui répond-on, il est estropié et ne peut marcher, nous allons lui porter ce que vous voulez lui donner. » Bernard reprit alors : « Prenez-le dans vos bras et apportez-le moi. » Comme on ne savait ce qu'il allait faire, on se regarde avec étonnement, mais quand on le reconnut on se mit à crier : « C'est l'abbé de Clairvaux, il va certainement le guérir. »

51. Bernard s'efforçait, en effet, autant qu'il le pouvait, de ne point se faire connaître dans les hameaux où il passait, et défendait à ceux qui l'accompagnaient de dire qui il était à ceux qu'on rencontrait. Le serviteur de Dieu étant donc reconnu cette fois, on se précipite en foule, on enlève cet homme et on vient le présenter à Bernard, qui lui impose les mains sur la tête, lève les yeux au ciel, fait une courte prière et dit qu'on le mette à terre, et en même temps il lui ordonne de marcher. Ce pauvre homme s'excuse de le faire en disant : « Je ne le puis pas. — Eh bien, dit le saint, c'est moi qui te l'ordonne au nom du Seigneur et en vertu de sa toute-puissance ; va-t'en et sois guéri à l'instant même. » Bref, à peine est-il mis par terre qu'il se sent guéri, tout stupéfait et tout émerveillé de ce qui vient de lui arriver, il se met à l'instant même à marcher sans aucune difficulté. Ses voisins et ses connaissances louaient Dieu et remerciaient le Seigneur, qui avait fait pour ce malheureux homme, au-delà de ses mérites et de ses vœux même. Aussi, encore aujourd'hui, les habitants montrent le lieu où s'est opéré cet éclatant miracle de la puissance de Dieu, et où ce vieillard estropié, dont la moitié inférieure du corps était depuis tant d'années morte d'avance, car depuis les reins jusqu'au bas il était entièrement privé de l'usage de ses membres, a obtenu sa guérison complète quand il ne demandait qu'une obole. Ce voyage fut le dernier que notre saint fit dans le Rémois. Ce miracle s'accomplit, en effet, un an avant sa mort. Il nous reste à parler maintenant, dans une dernière partie de notre récit, de cette bienheureuse fin de tous les actes de son heureuse vie. Mais ce serait tomber dans une grande erreur que de croire qu'on peut raconter tous les prodi-

---

sentiens insperatum, non minus misericordiæ magnitudinem, quam lucem insolitam mirabatur. Inter primas propagines, quas hæc abundantissima vitis emisit, in Remorum parœcia monasterium Igniacense plantatum feliciter radicavit. Quod aliquando visitans idem sanctus vicum Maternæ fluvio proximum, quem Rivolium nominant, pertransibat. Vir quoque magnificus, et devotissimus ejus amator, Samson Remorum archiepiscopus, comitabuntar illum, solita veneratione deducens. Senex autem claudus ad mendicandum positus erat in via, cui unus e fratribus eleemosynam dedit. Secutus abbas sanctus, cum jam hominem pertransisset, convertit se; et paulisper intendens in eum, quid patiatur interrogat circumstantes, et sibi illum præcipit exhiberi. Suspicati homines quod esset ei amplius aliquid ipse daturus ; Domine, inquiunt, claudus est, nec moveri potest, nos ad eum feremus quod volueris dare. Quo respondente verbum et dicente : « Tollite eum, et afferte ad me : » primo quidem præ admiratione mutuo sese intuebantur, ignorantes quid esset facturus. Demum agnoscentibus eum, clamabant ad invicem : Abbas est Claræ-vallis, et protinus illum sanabit.

51. Nimirum solitus erat, quoties poterat, operam dare ne in vicis agnosceretur, et interdicere sociis ne cui ex occurrentibus manifestarent eum, aut de eo aliquid loquerentur ; sed quærentibus quis transiret, dicerent monachos esse, aut aliquem de personis simul euntibus nominarent. Igitur agnito Dei famulo ruunt undique, et levantes hominem ferunt, et offerunt ei. Qui imponens utramque manum capiti ejus, et in cœlum suspiciens ac breviter orans, deponi illum jubet, et ambulare. Excusante eo et dicente. « Non possum : Ego tibi, ait, in nomine Domini et ejus virtute præcipio, vade, et sanus esto jam ab hac hora. » Quid plura ? Statim depositus, statim sanatus est, statim libere gradiebatur repletus stupore et ecstasi in eo quod contigerat sibi. Sed et vicini ejus et noti pariter congratulantes Dominum collaudabant, qui miserabilis hominis meritum simul et votum abundantia suæ pietatis excessit. Unde etiam usque hodie locus ab incolis demonstratur, ubi signum tam evidens divinæ virtutis effulsit, ubi senex claudus ex multis annis toto inferiori corporis sui patre præmortuus, et a renibus deorsum omni prorsus membrorum destitutus officio, dum stipem postulat, sanitatem recepit. Hic fuit Viri sancti novissimus in Remorum partes ingressus ; siquidem factum est hoc ante sacram ejus depositionem corporis anno uno. De qua felicium ejus actuum felicissima consummatione

ges et tous les miracles opérés par notre saint; on est contraint d'en passer un grand nombre sous silence, car il serait tout à fait impossible de les rapporter tous.

FIN DU LIVRE QUATRIÈME.

erit nobis jam, sed sub alia narratione dicendum. Nimis enim fallitur, si quis arbitratur hujus sanctissimi Viri facta mirifica posse cuncta narrari; et tam necesse est multa sileri, quam impossibile omnia comprehendi.

FINIS LIBRI QUARTI.

VIE DE SAINT BERNARD,

ABBÉ DE CLAIRVAUX.

LIVRE V.

PAR GEOFFROY, MOINE DE CLAIRVAUX.

CHAPITRE I.

Saint Bernard rétablit la paix entre la ville de Metz et quelques princes voisins. Miracles qu'il fit à cette occasion.

1. Quand le Seigneur se disposait à donner à son bien-aimé serviteur Bernard, abbé de Clairvaux, le sommeil d'une pieuse mort auquel il aspirait depuis si longtemps, et à le faire entrer dans son propre repos, après tant de sueurs et de si nombreux travaux, on vit l'esprit se montrer en lui de plus en plus actif, à mesure que la chair affaiblie baissait davantage. Le saint homme, en effet, connaissant que le prix de la course qu'il était en train de fournir approchait, courait avec plus d'ardeur que de coutume, et, sentant que sa demeure terrestre marchait à une ruine imminente, il soupirait plus ardemment après la demeure du ciel, après cette habitation éternelle que Dieu seul a faite et à laquelle la main des hommes n'a point travaillé. La flamme de ce saint désir ne pouvant se renfermer dans son cœur si pur, éclatait souvent au dehors par des signes certains, et ses paroles de feu décélaient vivement la violence de l'incendie qui dévorait son cœur; il en était de lui comme des animaux sacrés dont parle le prophète, dont s'élançaient des étincelles embrasées comme il en jaillit de l'airain en feu (*Ezech.* I, 7). Son corps étendu sur un petit lit était éprouvé par mille infirmités; mais son esprit n'en était ni moins libre ni moins puissant; il s'exerçait, sans se laisser abattre, à toutes les choses de Dieu, et au milieu de ses plus grandes douleurs, il ne cessait de méditer ou de dicter sur quelque sujet sacré, de prier avec le plus tendre amour, et de prodiguer, avec le zèle le plus pieux, ses exhortations à ses religieux. Dans l'oblation de l'hostie du salut, qu'il omit à peine quelquefois de faire jusqu'à son dernier jour, son esprit seul, par sa vigueur, soutenait ses membres qui semblaient

Messe célébrée chaque jour par saint Bernard.

DE VITA S. BERNARDI ABBATIS
LIBER QUINTUS.
AUCTORE GAUFRIDO MONACHO CLARÆ-VALLENSI.

CAPUT I.
De Pace inter civitatem Metensem et vicinos quosdam principes opera B. Bernardi reformata; editisque ea occasione miraculis.

1. Cum post tantos et tam multos jam labores ac sudores Dominus dilectio suo Bernardo Claræ-vallensi ablati diu desideratum pretiosæ mortis somnum dare disponeret, et fidelem servum in requiem introducere suam; cœpit magis ac magis promptus in ipso pro- ficere spiritus, et caro infirma deficere. Cognoscens enim Vir sanctus prope esse jam bravium, solito currebat alacrius, et terrestris suæ habitationis dissolutionem sentiens imminere, votis uberioribus aspirabat ad habitationem ex Deo, domum non manufactam æternam in cœlis. In cujus purissimo pectore sacri sese desiderii flamma non capiens, crebris erumpebat indiciis, et ignitum eloquium vehementer fervoris interni vehementiam declarabat, sicut in sanctis animalibus per Prophetam inter cætera describuntur scintillæ *quasi aspectus æris candentis*. Corpus lectulo decubans variis exercebatur incommodis; animus tamen nihilo minus liber et potens, quæ Dei erant exercebat invictus, non cessans in mediis quoque doloribus meditari sacrum aliquid aut dictare, orare affectuosius, fratres studiosius exhortari. In oblatione

ne plus tenir ensemble, et il s'offrait ainsi lui-même comme une victime d'une agréable odeur, que Dieu devait avoir pour acceptable. C'est vers ce temps que, dans une lettre adressée à son oncle André, chevalier du temple, que l'on regardait comme la plus grande colonne du royaume de Jérusalem, il lui disait entre autres choses : « Je m'affaiblis beaucoup et je ne crois pas que mon pèlerinage se continue désormais bien longtemps sur la terre (*Epist*, CCLXXXVIII, 2). »

2. Sur ces entrefaites, il survint une affaire qui nécessita l'envoi d'un religieux dans les contrées éloignées de l'Allemagne, pour y traiter de certaines choses. Ce fut le frère Henri qu'on chargea de cette mission ; c'était un religieux que, six ans auparavant, notre saint abbé avait ramené avec plusieurs autres, du diocèse de Constance. Au moment de partir, ce frère redoutait les dangers d'un long voyage, car on était en hiver ; mais, ce qu'il appréhendait plus que tout le reste, c'était que le saint abbé ne quittât cette terre avant qu'il fût lui-même de retour, et de se voir ainsi privé, par son éloignement, de sa dernière bénédiction. Bernard lui dit en le bénissant : « N'ayez aucune inquiétude, vous reviendrez sain et sauf, et vous me retrouverez encore, comme vous le désirez. » Il le renvoya donc tout consolé par ces paroles. Ce frère se mit donc en route, et, arrivé à Strasbourg, il traversait le fleuve que le froid avait fait prendre, quand tout à coup la glace se rompt sous les pieds de la mule qui le portait ; il enfonce, et se voit entraîné sous la glace par la violence du courant. Que faire ainsi sous l'eau et enfermé sous la glace ? Il se rappelle le souvenir de son saint abbé, et la promesse qu'il en a reçue, laquelle ne pouvait être vaine. En effet, à l'instant même, comme il nous l'a conté, il lui sembla voir le saint abbé se présenter à lui, et cette vue le pénétra d'un si grand bien-être, qu'il ne sentit plus ni la violence du courant, ni le piquant du froid, ni la moindre difficulté à respirer, ni aucune autre incommodité, ni la moindre appréhension. Bientôt après, entraîné par une force toute divine, et sans qu'il s'aidât lui-même du moindre effort, il se trouva ramené contre le courant, à l'ouverture même du trou par où il était tombé dans l'eau ; alors, il s'accroche aux bords de la glace, sort de l'eau sans crainte, se tire de ce danger sans aucun mal, et revient sain et sauf de son voyage après avoir rempli sa mission ; et, trouvant toutes choses à son retour, comme le saint le lui avait promis, il en rendit à Dieu de vives actions de grâces. Aussi le voit-on encore aujourd'hui prier constamment avec d'autant plus de dévotion sur son tombeau, qu'il sait qu'il a été lui-même, par le mérite de Bernard, tiré d'un tombeau encore plus horrible que celui où il repose. Mais je ne veux point m'étendre en longs discours sur ce sujet. Que d'autres rapprochent de ces miracles, si cela leur plaît, les miracles d'autrefois, et disent que ce religieux n'a pas été moins miraculeusement sauvé du danger, que ne le fut le jeune Placide par notre père saint Benoît, que ceux mêmes qui ont vu ce religieux vomi par le fleuve glacé, le comparent à celui que la baleine a rejeté de son sein, pour nous, nous nous en tiendrons à ce court et simple récit.

3. Pendant que le saint abbé, dans son monastère de Clairvaux, étendu sur son modeste lit, terminait

---

hostiæ salutis, quam usque ad defectum ultimum vix aliquando intermisit, artus sibi vix cohærentes vigore spiritus sustentabat, semetipsum pariter offerens acceptabilem hostiam Deo in odorem suavitatis. Quo tempore ad avunculum suum Andream militem Templi qui et regionis Jerosolymitanæ maxima columna habebatur, epistolam scribens inter cætera ait : « Ego enim delibor, nec puto me longum facere super terram. »

2. In illis diebus causa exstitit, ut fratrum aliquis in remotas Germaniæ partes pro quibusdam mitteretur agendis. Et missus est frater Henricus monachus, quem ante sex annos de Constantiensis diœcesis partibus cum pluribus aliis idem pater sanctus adduxerat. Hic ergo dum mitteretur, longioris itineris pericula timens (nimirum hiems erat), illud tamen maxime verebatur, ne contingeret, ut idem pater sanctus, priusquam ipse rediret, ab hac vita migraret, et absens ipse benedictionis extremæ participio fraudaretur. At ille benedicens ei, et dicens, « Ne timeas, et incolumis reverteris, et me quoque sicut desideras, invenies ; » consolatum illum emisit. Profectus idem frater, in territorio Argentinensium adstrictum glacie fluvium pertransibat. Tum subito fracta glacie sub pedibus muli, quo vehebatur, corruit, et sub glaciem vehemens illum unda trahebat. Quid faceret mersus flumine, glacie clausus ? Recordatus est patris sui, recordatus est promissionis ejus, quæ inanis esse non potuit. Continuo siquidem, ut hodie quoque fatetur, patrem sanctum sibi visus est habere præsentem ; tantaque suavitate perfusus est, ut nec impetum amnis, nec molestiam frigoris, nec spirandi difficultatem, nec ullum denique incommodum sentiret aut metum. Nec mora, contra fluminis impetum sine suo conatu divina virtute reductus, ad ipsum, per quod ante ceciderat, foramen se reperit, marginem arripit, exit intrepidus, illæsus evadit, expleto negotio redit incolumis, et fideli promissione, sicut ipse promisit, inventa, multiplices gratias agit ; ad sacrum cujus tumulum tam devotus hodieque persistit, quam certus est ejus sese meritis, velut de tumulo, et quidem satis horribili, revocatum. Sed non est nobis super hoc declamandum. Alii antiqua miracula conferant ; nec minus hunc mirabilitér, quam beati Benedicti puerum Placidum nec minori asserant a periculo liberatum ; qui etiam, si viderent quem adstrictus glacie reddidit fluvius, ei comparent, quem evomuit cetus ; nobis sufficit brevis et pura narratio.)

3. Cum adhuc pater sanctus in suo Claræ-vallensi cœnobio, licet lectulo decubans, cursum vitæ viriliter

courageusement sa vie, une grande plaie vint affliger les habitants de Metz. Comme ils étaient sortis en nombre imposant contre les princes leurs voisins, par lesquels cette ville importante souffrait avec indignation de se voir molestée au delà de tout ce qu'on peut imaginer, ils tombèrent en grand nombre aux mains d'une poignée d'ennemis. Enfermés entre les gorges de Froidmont, comme on les appelle, et la Moselle, et, se blessant mutuellement de leurs propres armes, ils virent, à ce qu'on dit, en moins d'une heure, plus de deux mille d'entre eux périr les uns par le fer, les autres dans les flots. Saisis d'une violente indignation, cette noble cité se préparait de toutes ses forces à tirer vengeance de l'ennemi, que d'un autre côté un butin abondant avait rendu plus fort, en même temps que le succès avait augmenté son audace. Toute la province se voyait menacée d'une dévastation certaine, lorsque leur vénérable métropolitain, Illin, archevêque de Trèves, le cœur brisé par les derniers évènements, plein d'appréhension d'en voir bientôt de plus terribles encore, et, animé d'une pieuse sollicitude pour ses enfants, eut recours à l'unique refuge qui lui restait en pareille occurrence, et sollicita le secours de l'homme de Dieu. Etant donc venu à Clairvaux, il se prosterna avec une entière humilité aux pieds du saint abbé et de tous les religieux, en les priant et les suppliant de vouloir bien s'opposer à de si grands maux auxquels personne autre ne semblait en état de mettre un terme. Le Seigneur, qui avait toujours dirigé les voies de son fidèle serviteur, et qui s'en était servi dans des circonstances difficiles, comme d'un excellent instrument, avait, peu de jours auparavant, donné quelque relâche aux souffrances corporelles de Bernard. C'est à cette époque que, répondant au vénérable Hugues, évêque d'Ostie, il lui disait : « On ne vous a rien dit de trop, j'ai été malade à la dernière extrémité ; j'en suis revenu ; mais je sens que je n'irai pas loin (*Epist.* cccvii, 2.) » Il regardait cette vie mortelle plutôt comme une mort que comme une vie, et il se plaignait d'être rappelé non de la mort mais à la vie, quand il se sentait arraché au trépas quoiqu'il sentît bien que sa fin ne serait pas longtemps différée.

4. La divine Providence, qui tenait son âme dans ses mains et en disposait à son gré, disposa souvent les choses, à l'égard de notre saint, de manière que, à la grande admiration de tout le monde, toutes les fois que quelque circonstance importante l'exigeait, son esprit triomphait de tout, les forces même du corps lui revenaient, et il supportait la fatigue mieux que les hommes les plus robustes. Mais une fois les choses terminées, il semblait revenir à son état naturel, et retombait dans ses nombreuses infirmités, en sorte que, rendu au repos, tout ce qu'il pouvait faire, et même à grand peine, c'était de vivre, lui, qui au milieu des occupations, ne connaissait point la défaillance. Dans cette dernière occasion, il fut si manifestement et si merveilleusement soutenu par une vertu d'en haut, qu'on aurait dit qu'il puisait des forces nouvelles dans la fatigue même. Or, au moment où les deux partis se tenaient campés chacun sur une rive de la Moselle, il arriva que le fidèle médiateur, les ayant priés tous les deux pour les amener à faire la paix, celui que le carnage qu'il avait fait des ennemis remplissait de fierté, refusait avec opiniâtreté d'accorder ce qu'on lui demandait. A la fin, tous ceux de ce parti se retirèrent comme s'ils étaient en proie

---

consummaret, gravis admodum plaga Metensi populo supervenit. Egressi enim in multitudine gravi adversus vicinos principes, a quibus praeter morem lacessitam se esse tanta civitas indignabatur, traditi sunt multi in manus paucissimorum. Conclusi denique inter Frigidi-montis (sic enim eum appellant) et Mosellae amnis angustias, ac mutuo sese impetu collidentes, una hora (sicut dicebatur) plusquam duo millia corruerunt, quidam gladiis trucidati, plures amne submersi. Vehementi igitur indignatione concepta, nobilis illa civitas totis ad ultionem viribus parabatur, cum e regione adversarios quoque et fortiores praeda copiosa, et audaciores fecisset eventus. Imminebat totius provinciae certa vastatio, cum venerabilis eorum metropolitanus Illinus, archiepiscopus Treverensis, dolens anxie de praeteritis, sed adhuc graviora formidans, et dignam gerens suorum sollicitudinem filiorum, unicum in tanta necessitate petiit refugium et expetiit Virum Dei. Veniens ergo Claramvallem, ipsius atque omnium fratrum vestigiis tota humilitate prostratus, rogabat et obsecrabat, ut se tantis dignaretur opponere malis, quibus alter nemo posse modum ponere videretur. Dominus autem, sicut semper fidelis servi sui direxerat vias, et in praecipuis quibusque causis aptissimo usus fuerat instrumento, ex paucis ante diebus aegritudinem corporis ejus aliquatenus relevarat. Quibus diebus cum ad litteras venerabilis Hugonis Ostiensis episcopi rescriberet, ait : « Verum est quod audistis. Infirmatus sum usque ad mortem ; sed interim, ut sentio, revocatus ad mortem, atque hoc, ut me sentio, non diu. » Vitam quippe mortalem, mortem magis, quam vitam reputans, non a morte, sed ad mortem revocatum se sentiebat, cum ab exitu revocaretur, licet sentiens haud diutius differendam.

4. Quod quidem saepius erga eum providentia divina disposuit, in cujus manu placita erat anima illius, ut quoties eum grandis aliqua necessitas evocaret, vincente omnia animo, vires corporis non deessent, mirantibus qui videbant eum, et robustos homines in tolerantia superare. Expletis namque negotiis, velut in se rediens, multiplicibus infirmitatibus laborabat, ut vix viveret feriatus, qui occupatus deficere nesciebat. Cui in opere novissimo tam manifeste, tamque magnifice divina adfuit virtus, ut ex laboribus vires capere videretur. Accidit autem cum in praedicti Mosellae fluvii littore residentibus hinc inde partibus mediator fidelis rogaret quae ad pacem erant, ut pars altera,

aux furies, sans saluer l'homme de Dieu, et ne laissant plus à leurs adversaires aucun espoir de conclure la paix. Cependant, ce n'est pas par un sentiment de mépris, mais de respect pour le saint qu'ils prirent ainsi le parti de la retraite ; car ils craignaient, s'ils restaient là en présence du saint, qu'il ne réussît facilement à les toucher, quelque mal disposés qu'ils fussent : ils oubliaient en cela ce qu'il pouvait sur les absents même par le moyen de celui qui n'est absent nulle part. Déjà la conférence se séparait dans une grande agitation, déjà même de part et d'autre on ne songeait plus qu'à en appeler aux armes, et on ne formait que de sinistres projets, quand l'homme de Dieu consola les frères qui l'avaient accompagné en leur disant : « Ne vous troublez point, car la paix tant désirée se fera, quoique avec bien des difficultés. » Il leur apprit ensuite comment il le savait : « J'ai eu, leur dit-il, un songe où il me semblait que je célébrais la messe; en terminant la première oraison ; je me souvins que le cantique des anges, *Gloria in excelsis Deo*, aurait dû la précéder, selon la coutume, je rougis, j'entonnai ce cantique que j'avais omis par oubli, et je le continuai jusqu'à la fin avec vous. » Déjà la moitié de la nuit s'était écoulée, lorsque le saint homme reçut une députation chargée de lui témoigner le repentir des chefs dont il a été parlé plus haut. Alors, se tournant plein de joie vers les siens, il leur dit : « Vous voyez que nous devons nous préparer à chanter, selon la promesse qui m'en a été faite, le cantique de gloire et de paix. » Cependant, on rappelle les deux partis, et, pendant plusieurs jours, on traite de la paix, non sans désespérer souvent du succès, à cause des difficultés qui surgissaient des deux côtés. Mais ce qui consolait tout le monde, c'est qu'on savait que le saint abbé avait promis que certainement la paix se ferait. Le retard que la conclusion de cette paix éprouva, ne servit pas peu à ceux surtout qui, affligés de diverses maladies, venaient chercher auprès de Bernard des remèdes à leurs maux, et à ceux qui, en voyant le saint homme, en étaient édifiés dans leur foi. Leur concours était si grand, que toutes ces gens par leur multitude et leur importunité mettaient des empêchements presque insurmontables à ce qu'on pût conclure la paix. On finit par choisir une île située au milieu de la rivière, où des principaux personnages de chaque parti se rendirent en barque. Là, tout se conclut selon que le régla le fidèle arbitre, on se donna la main et le baiser de paix en signe de réconciliation.

5. De toutes les guérisons que Dieu opéra en cet endroit par les mains de son serviteur, la plus célèbre fut celle d'une femme qu'une cruelle maladie tourmentait depuis huit ans; tous ses membres étaient agités d'un violent tremblement et s'entrechoquaient dans des mouvements convulsifs. Au moment où il semblait que les plus grands obstacles s'élevaient contre la paix et avaient presque fait évanouir tout espoir de la voir se conclure, cette femme, dont tout le corps était agité par un grand tremblement, qui ne la rendait pas moins horrible à voir que digne de pitié, vint, par un effet de la permission de Dieu, trouver le serviteur de Dieu. Tout le monde accourut pour être témoin de ce qui allait se passer. Le serviteur de Dieu se mit en

---

ex tanta siquidem hostium strage ferocior, quod exigebatur, obstinata animositate renueret. Subito denique tanquam agitati furiis discesserunt, Virum Dei insalutatum, solam vero cæteris omnibus relinquentes desperationem pacis. Nec sane ex contemptu aliquo, sed ex motu reverentiæ ejus iniere fugam ; siquidem verebantur, ne præsentium mentes, quamlibet improbas, facile flecteret ; minus considerantes quid ille per spiritum nusquam absentem posset etiam in absentes. Jam conventus in magno turbine solvebatur, sola utrimque meditabantur arma, sola inibant consilia malignandi, cum Vir sanctus eos qui secum venerant consolatus fratres ; « Ne turbemini, inquit licet enim per multas difficultates, omnino tamen pax desiderata proveniet. » Quibus etiam unde id nosse innotuit, dicens : « Videbar mihi per nocturnum soporem missam celebrare solemnem. Cumque expleta paulominus oratione prima recordarer, angelicum ex more canticum, id est *Gloria in excelsis Deo*, præcedere debuisse, erubui, et quod oblitus omiseram canticum inchoans, vobiscum pariter ad finem usque complevi. » Jam medium noctis transierat, cum Vir sanctus de prædictorum pœnitudine principum legatione suscepta, jucunde satis conversus ad suos : « Agnoscite, ait, promissæ nobis canendæ gloriæ et cantici pacis præparationem. » Interim ergo partibus convocatis, per dies aliquot de pace tractatum est, et ob maximas difficultates occurrentes utrimque sæpius desperatum, nisi quod omnes jam consolabatur, quæ omnibus innotuerat, abbatis sancti tam certa de reformanda pace promissio. Nec parum ipsa dilatio profuit, his præsertim qui variis incommodis laborantes remedia consequebantur in carne, seu etiam qui videntes ædificabantur in fide. Tantus enim incursus erat, ut multitudine pariter atque importunitate sua ipsum quoque negotium componendæ pacis pene desperabiliter impedirent ; donec quæsita tandem in medio flumine insula, partis utriusque primarii in naviculis accesserunt ; ubi compositis omnibus secundum quod fidelis arbiter diffinivit, datis sibi invicem dextris reconciliati sunt in osculo pacis.

5. Inter omnes sane quas per manum servi sui ibidem præstitit Dominus sanitates, celeberrima fuit cujusdam curatio mulieris. Hæc ab annis octo pessima ægritudine laborabat, vehementi tremore et validis motibus universa pariter membra concutiens. Cum autem videretur gravioribus ortis difficultatibus propemodum excidisse spes pacis, Domino disponente venit mulier ita tremens, nec minus horribilis, quam miserabilis, et omnes pariter ad spectaculum convenerunt. Orante denique Dei famulo, sub oculis omnium paulatim concussione sedata, perfec-

prière, et peu à peu, au vu de tout le monde, le tremblement s'apaisa, et cette femme infortunée revint incontinent à la santé. Cet événement remplit de tant d'admiration les cœurs mêmes les plus durs, que tous les assistants, se frappant la poitrine, furent environ une demi-heure à pousser des acclamations et à répandre des larmes. A la fin, l'empressement et le concours de tous ceux qui venaient se précipiter aux pieds du saint et baiser les traces de ses pas, furent tels, qu'il eût été presque étouffé par la foule, si les religieux ne l'eussent enlevé pour le placer dans une petite barque afin de l'éloigner un peu du rivage. Les chefs des deux partis s'approchèrent alors de lui, et comme il les suppliait, ainsi qu'il l'avait déjà fait, de donner la paix à la ville de Metz, ils lui dirent en soupirant : « Il faut bien que nous écoutions favorablement un homme que nous voyons si aimé et si écouté de Dieu même. Et quand nous l'aurons écouté, nous devons faire beaucoup pour celui pour qui Dieu même a tout fait sous nos yeux. » A cela, le saint homme qui était toujours prêt à décliner avec juste raison une semblable gloire, répondait : « Ce n'est pas pour moi, mais pour vous que le Très-Haut opère ces merveilles. »

6. Le même jour, par un miracle pareil et arrivé dans un moment non moins favorable, le Seigneur inclina vers la paix le cœur des gens de Metz. En effet, le saint étant entré dans leur ville, pressait vivement l'évêque et le peuple d'en venir à un accommodement. Mais le souvenir de l'échec qu'ils avaient subi leur était d'autant plus pénible qu'ils s'étaient vus dans la nécessité, malgré qu'ils en eussent, de céder à ceux à qui ils avaient espéré pouvoir résister assez vigoureusement. Dans ce moment même, une femme paralytique de la ville fut présentée au saint qui lui imposa les mains, pria pour elle, daigna même étendre sur elle le petit manteau dont il se servait, et, le donnant à tenir à l'évêque qui se trouvait près de lui, il se mit lui-même dessous avec cette femme et toucha ses membres affaiblis. A peine eut-il terminé sa prière et donné sa bénédiction, que cette femme se leva, et, à l'admiration générale se mit à marcher dans les rangs de ceux qui l'avaient apportée sur son lit. Comme il était dans une petite barque, sur la Moselle, pour éviter d'être étouffé par la foule intolérable de ceux qui accouraient de toutes parts, un de ceux qui voulaient être guéris de sa cécité, criait sur la rive qu'on le menât au saint. Mais comme Bernard était passé, l'aveugle, en entendant un pêcheur qui naviguait dans une autre barque à la suite de l'homme de Dieu, détacha le manteau dont il était couvert, et offrit de le lui donner s'il voulait le recevoir dans son bateau. La proposition fut acceptée, et dès que l'aveugle fut arrivé auprès du saint, il recouvra la vue par la seule imposition des mains de Bernard, et avec une rapidité égale à la grandeur de la foi qu'il avait montrée. Alors il s'écrie plein d'admiration, qu'il voit les collines, les hommes, les arbres et tous les autres objets.

7. A quelques milles de là est un monastère de saint Benoît, où se trouvait un jeune garçon boiteux, entièrement privé de l'usage de ses membres depuis les reins jusqu'en bas, et qui ne se remuait qu'à l'aide de ses mains et de ses reins, en traînant après lui ses pieds paralysés. Son père l'avait amené là de Bourgogne, quatre ans auparavant, et l'avait

---

tam adepta est protinus sospitatem. Quæ res in tantam admirationem etiam durissimos quosque permovit, ut percutientes pectora sua, per horam fere dimidiam cum lacrymis acclamarent. Tantus denique factus est impetus et concursus providentium et deosculantium viri Dei sacra vestigia, ut propemodum comprimeretur. donec tollentes eum fratres, et imponentes in naviculam a terra modice subduxerant. Cumque accedentes ad se principes, ut cœperat, pro pace rogaret, suspirantes dicebant : Oportet nos libenter eum audire quem, ut ipsi cernimus, Deus diligit et exaudit ; et audito eo multa facere, pro quo tanta faciat Deus in oculis nostris. Quibus ille (ut semper cautus erat competenter hujusmodi gloriam declinare) : « Non propter me, inquit, sed propter vos facit. »

6. Simili quoque miraculo et in simili opportunitate, ipsa etiam die Metensium animos Dominus inclinavit ad pacem. Ingressus enim sanctus Metensium civitatem, episcopum simul et populum ad ea quæ pacis erant, vehementer urgebat. Graviter autem urebat illos vulnus acceptum ; quibus enim valde satis reponere cogitaverant, secus quam vellent remittere cogebantur In ipsa hora oblata est ei mulier paralytica, de civitate eadem ; cui manus imponens, et orans, dignatus est palliolum quoque proprium, quo utebatur ipse, superextendere ei, tenendumque episcopo tradere prope adstanti, et sub eodem velamine debilia tangere membra. Expleta autem oratione et benedictione data, erexit illam; omnibusque mirantibus, per medium illorum incolumis ibat, quam attulerant in grabato. In flumine quoque Mosella, dum ob intolerabilem concurrentium multitudinem Vir beatus navicula veheretur, unus ex his qui curari desiderabant, cæcus clamabat in littore, obsecrans ut duceretur ad eum. Cumque ille jam pertransiret, audiens homo navigantem post eum in navicula altera piscatorem, diffibulatam protinus chlamydem, qua erat opertus, porrigens dabat illi, ut in navicula reciperetur. Factum est ; et ut pervenit ad sanctum, juxta suæ fidei magnitudinem magna velocitate sub manu ejus visu recepto, miratus clamabat videre se colles, videre homines, videre arbores, et cætera universa.

7. Paucis ab eodem loco milliariis distat cœnobium, quod S. Benedicti nomine vocant ; ubi puer claudus, et a renibus infra omni prorsus membrorum destitutus officio, solis ad movendum manibus utebatur et renibus, pedes emortuos post se trahens ; quem ex Burgundiæ partibus pater advectum ante annos quatuor ibi reliquerat, et extunc fratrum eleemosynis

laissé dans ce monastère, où il vivait depuis lors des aumônes des religieux. Quand le bruit se répandit dans toute la contrée de l'arrivée du saint abbé et des miracles que Dieu opérait par ses mains, les religieux de ce monastère placèrent cet enfant sur une charrette et l'amenèrent à saint Bernard, en le priant de vouloir bien venir à son secours avec sa charité accoutumée. Bernard acquiesça à leur demande, lui imposa les mains, fit une prière, et à l'instant même le guérit, le remit sur ses pieds et le fit marcher sans broncher. Enfin, selon ce que l'abbé de ce même monastère nous a certifié, aujourd'hui encore, ce garçon conduit et garde les troupeaux, et si on veut savoir son nom, il s'appelle Jean. Il se trouvait encore un autre boiteux dans le voisinage de ce même monastère, qui fut guéri après avoir reçu la bénédiction du saint abbé, et qui marche depuis lors. Non loin de Toul, au lieu qu'on nomme Gondreville, le même homme de Dieu rendit la vue à une femme qui en était privée, en présence de beaucoup de gens accourus de toute la contrée voisine. Au surplus, il serait bien difficile, ou même tout à fait impossible de rapporter ici tous les prodiges accomplis dans ce voyage. D'ailleurs, nous n'avons point le dessein de l'entreprendre et nous ne nous proposons point de consacrer notre travail à relater tous les miracles qu'il a faits. Ce voyage, ô Père bien-aimé, fut le terme de vos courses, et marque la fin de vos travaux. Celui qui n'a cessé de vous glorifier dans vos œuvres, et qui maintenant vous glorifie dans son nom, et glorifie son nom en vous, le roi de gloire, le Seigneur votre Dieu a glorieusement couronné vos travaux dans ce voyage que vous avez entrepris, pour l'œuvre non moins utile que difficile, mais non moins désespérée que nécessaire, de la paix.

CHAPITRE II.

Mort du saint, très-heureuse pour lui, mais bien triste pour ses frères.

8. Dès que le saint abbé eut terminé la réconciliation des gens de Metz avec les princes voisins, il revint à son monastère, de plus en plus affaibli par la gravité des infirmités dont il était atteint ; il s'approchait chaque jour de sa fin avec cette joie du cœur et cette satisfaction de l'esprit que montrerait un nautonnier qui, sur le point d'entrer au port, baisserait peu à peu les voiles. Il s'adressait en ces termes précis à ses religieux. « Je vous disais, l'hiver dernier, quand j'étais malade, ne craignez rien encore ; si je m'en crois moi-même, c'est l'été prochain que mon corps est menacé de dissolution. » Comme nous avons ressenti par notre propre expérience ce que les saints évangiles rapportent des apôtres, quand ils nous disent que lorsque le Seigneur leur prédisait sa passion, ses paroles étaient pour eux un mystère qu'ils ne pouvaient comprendre, notre cœur ne pouvait se décider à croire ce qu'il redoutait le plus, d'autant moins que Bernard, pour ménager la douleur de ses enfants, s'abstenait de revenir sur ces paroles. Mais ses actions semblaient en quelque façon nous crier : « J'ai terminé les œuvres que mon Père m'avait données à faire. » En effet, on le vit de plus en plus cesser d'agir, se détacher de toute affection, se concentrer profondément dans les liens de ses saints désirs pour s'attacher plus fortement au ri-

---

lebatur. Itaque cum beati patris adventum, et virtutes quas Dominus operabatur in ipso, per omnem circa provinciam celebris fama vulgaret ; impositum plaustro eumdem puerum fratres prædicti cœnobii adduxerunt ad eum, rogantes ut solita pietate misero subveniret. Acquievit, imposuit manus, oravit, et eadem hora sanum reddidit, firmiter stantem, firmiter ambulantem. Denique, sicut ab ejusdem loci abbate nuper accepimus, usque hodie fratrum pecora idem puer incolumis sequitur et custodit ; et si quis desiderat scire, Johannes est nomen ejus. Alter etiam claudus, in ejusdem monasterii vicinia degens, eodem tempore ad prædicti patris sancti benedictionem sanatus est, et gressum recepit. Sed et prope Leucorum urbem, loco cui nomen est Gundervilla, idem vir Dei feminam cæcam illuminavit sub oculis plurimorum, qui de tota confluxerant regione. Cæterum nimis difficile, aut omnimodis impossibile foret, itineris illius magnalia universa complecti. Sed neque propositi nostri est ejusmodi modo prosequi signa, et narrandis virtutum operibus operam dare. Hic enim viarum tuarum, pater dulcissime, finis beatus, et hic labor ultimus fuit. In hoc opere non minus utili, quam difficili, nec minus desperatæ, quam necessariæ pacis labores tuos gloriose complevit, qui magnifice semper honestavit te in laboribus tuis, te in suo nomine, et nomen suum in te glorificans, rex gloriæ Dominus Deus tuus.

CAPUT II.

De felicissima, sed fratribus tristissima, beati Viri morte.

8. Ut expleta Metensium reconciliatione, et provinciæ illi pace reddita, abbas sanctus ad monasterium rediit, gravi admodum jam jamque deficientis incommodo corporis occupatus, in tanta animi suavitate, et dulcedine spiritus quotidie propinquabat ad exitum, ac si in portu navigans paulatim vela deponeret. Evidenter quoque fratribus aiebat : « Hæc sunt verba quæ loquebar ad vos, cum præterita hieme ægrotarem, non vobis esse quod adhuc timeretis ; æstate proxima imminere (me mihi credere) hujus corporis dissolutionem. » At quam evidenter proprio didicimus experimento, quod de sanctis apostolis evangelia sacra testantur, quod dum suam illis prædiceret Dominus passionem, erat verbum absconditum ab eis, et capere non valebant. Nimirum quod tam vehementer horrebat animus, minus facile persuadebatur ut crederet, præsertim cum et ipse compatiens filiis ejusmodi verba supprimeret. Cæterum factis quodammodo clamans, opera consummavi, quæ dedit mihi pater ut facerem ; magis ac magis actus omittere, affectus retrahere, et sacrorum funibus de-

vage et aborder plus sûrement. Aussi, lorsque le vénérable évêque de Langres, Geoffroi, le pressait de s'occuper encore de quelques affaires importantes à régler, et s'étonnait qu'il n'y donnât aucune attention, il lui disait : « N'en soyez pas surpris, car je ne suis déjà plus de ce monde. »

9. Cependant, notre saint abbé qui avait des entrailles toutes de compassion et de miséricorde, en voyant ses frères et ses enfants bien-aimés, maigrir et se dessécher misérablement dans la crainte et dans l'attente de l'affreuse désolation et de la perte lamentable dont ils étaient menacés, cherchait à les ranimer par de douces paroles de consolation ; il leur recommandait de jeter dans le sein de la divine clémence, comme dans un port sûr, l'ancre de la foi et de l'espérance, par le moyen d'une inébranlable charité, et leur promettait de ne les point abandonner plus tard. Il s'efforça encore avec plus d'ardeur que mes paroles ne pourraient le rendre, par ses prières et ses recommandations entrecoupées de sanglots, d'imprimer dans nos âmes la crainte de Dieu et l'amour de la sainte chasteté et de toutes les perfections ; il nous conjurait et nous pressait avec larmes de tâcher, si jamais il nous avait, par ses exemples et par ses discours, inspiré le goût de quelque vertu, de persévérer avec fermeté dans cette voie, et d'y faire des progrès. En un mot, il nous disait en d'autres termes, mais dans le même esprit que l'Apôtre ; « Je vous supplie et vous conjure en Notre Seigneur Jésus, puisque vous avez appris de nous comment vous devez marcher dans la voie de Dieu pour lui plaire, d'y marcher de telle sorte que vous y avanciez tous les jours davantage (I Thess. IV, 1). » Et plût à Dieu que ses avis eussent été aussi efficaces pour nous que ses paroles étaient affectueuses. Si on veut connaître malade combien il était il existe à ce sujet une lettre qu'il écrivit à un de ses amis peu de jours avant sa sainte séparation d'avec nous. Nous nous sommes décidé à l'insérer dans notre récit, bien qu'elle soit étrangère à ce que nous rapportons de ce saint homme, parce que nous trouvons un plaisir extrême dans les paroles qui lui échappent sur lui-même.

10. « J'ai reçu les marques de votre affection avec reconnaissance, je ne saurais dire avec bonheur, mes souffrances sont trop grandes pour cela ; encore ce que j'endure me semble-t-il tolérable en comparaison de ce que je ressens quand je suis obligé de prendre quelque chose. Je ne connais plus le sommeil, de sorte que je souffre sans relâche. Tout mon mal se résume dans une grande faiblesse d'estomac, qui a besoin jour et nuit d'être un peu remonté par quelques boissons ; il n'est plus en état de supporter rien de solide ; encore n'est-ce pas sans des souffrances excessives qu'il reçoit le peu qu'on lui donne. Il est certain que le mal ne pourrait que s'aggraver davantage, si je ne prenais plus rien, mais, une goutte de trop me cause des douleurs incroyables. Mes pieds et mes jambes sont enflées comme si j'étais hydropique, et, au milieu de tout cela, car je ne dois pas vous laisser ignorer l'état d'un ami auquel vous vous intéressez, je vous avouerai, à ma honte, que, dans l'homme intérieur, l'esprit est prompt encore, quoique la chair soit accablée d'infirmités. Priez notre Sauveur, qui ne veut pas la mort du pécheur, de ne pas différer de m'appeler à lui, car il est

---

sideriorum sedula intentione præejactis, vicino jam littori hærere firmius, et commodius applicare. Denique cum venerabilis antistes Lingonicæ Godefridus de quibusdam eum sollicitaret agendis, et minus apponere animum miraretur ; « Ne mireris, inquit, ego enim jam non sum de hoc mundo. »

9. Videns autem pater sanctus, compassionis et misericordiæ visceribus affluens, charissimos sibi fratres, et filios miserabiliter admodum tabescentes et arescentes præ timore et exspectatione supervenientis desolationis gravissimæ et lamentabilis orbitatis, dulcissimis eos consolationibus refovebat ; et monens eos in tuto divinæ clementiæ sinu spei fideique suæ anchoram per inconvulsibilem charitatem firmius radicare, se quoque promittebat nec post mortem aliquando defuturum. Propensius autem, quam noster queat exprimere sermo, rogans obsecransque per multas lacrymas, timorem Dei et sacræ puritatis, ac totius perfectionis amorem nostris imprimere animis conabatur. Sed et monebat, et cum lacrymis obtestabatur, ut si quid forte virtutis, aut exemplo nobis aliquando commendasset aut verbo, id æmularemur, id firmiter teneremus, et proficeremus in eo ; aliis quidem verbis, sed eodem spiritu illud apostolicum loquens : *Rogamus vos et obsecramus in Domino Jesu, ut quedmadmodum accepistis a nobis quomodo vos oporteat ambulare ei placere Deo per omnia, sic et ambuletis, ut abundetis magis.* Atque utinam tam efficaciter persuaserit, quam affectuose suasit. Modum autem ægritudinis ejus si quis nosse desiderat, exstat epistola, quam ad amicum quemdam paucissimis diebus ante sacram a nobis profectionem suam ipse dictavit ; quam nimirum huic nostræ narrationi duximus inferendam, quod videlicet etsi aliena quoque de ipso, amplius tamen nos ipsius de eo verba delectent.

10. « Suscepimus charitatem vestram in charitate, et non in voluptate. Quæ enim voluptas, ubi sibi totum vindicat amaritudo ? Nisi quod solum nihil comedere, utcumque delectabile est. Somnus recessit a me, ut nec beneficio sopiti sensus dolor unquam recedat. Defectus stomachi fere totum quod patior est. Frequenter in die et nocte exigit confortari modico admodum liquore. Nam ad solidum omne inexorabiliter indignatur. Hoc parum quod dignatur admittere, non sine gravi molestia sumit : sed timet graviorem, si sese vacuum omnino dimiserit. Quod si plusculum quid interdum admittere acquiescat, id gravissimum. Pedes et crura intumuerunt, quemadmodum hydropicis contingere solet. Et in his omnibus ne quid lateat amicum de statu amici solli-

temps qu'il le fasse, et de me soutenir dans ce passage. Protégez par vos prières, les pieds d'un ami qui s'avance nu de tout mérite; empêchez l'ennemi qui tend des pièges sous mes pas de me mordre au talon et de me faire une blessure mortelle. J'ai voulu, malgré l'état où je suis, vous écrire moi-même cette lettre, afin que vous jugiez, en voyant les caractères que j'ai tracés de ma main, combien je vous aime (*Epit.* cccx). »

11. Cette lettre, le saint père abbé l'écrivit, comme nous l'avons dit et comme ses propres paroles le montrent, au moment où la mort était suspendue sur sa tête. Un lecteur attentif peut y reconnaître, du moins en partie, combien était saint le cœur de Bernard, jusqu'où allaient, au milieu même de la destruction de son corps, la tranquillité de son esprit, la sérénité de son âme et la douceur de ses pensées, et comme il avait jusque dans l'excès de sa confiance une humilité profonde. Il lui sera possible aussi d'apprécier et de se représenter jusqu'à un certain point l'étendue de notre inconsolable chagrin dans un si cruel malheur. S'il est doué de quelque sensibilité, il se peindra facilement la pâleur des enfants du saint homme; leurs figures décomposées, leurs visages abattus, leurs joues inondées de larmes, les sanglots et les soupirs qui soulevaient leurs poitrines. — Quels n'étaient pas, en effet, le tumulte de nos pensées, et le naufrage de nos âmes, quand nous nous voyions ravir à notre face, sous nos yeux, un si aimable trésor, et qu'il ne nous restait plus d'espoir de le retenir au milieu de nous ni moyen de le suivre! C'était un père qui semblait sur le point de nous quitter, et quel père! Nous le possédions en propre, si je puis parler ainsi, mais véritablement il appartenait à tout le monde; il était, en effet, si bien un sujet de gloire pour tous les gens de bien, et de crainte pour les méchants, qu'il ne semble pas déplacé de lui appliquer ces paroles du Psalmiste : « Les justes le verront et seront remplis de joie, les méchants auront la bouche close (*Psal.* cvi, 42). » En sa présence, tout homme saint se sentait dans la joie, les présomptueux se modéraient et les cœurs durs s'attendrissaient. Etait-il là, il n'y avait plus de réunion si considérable qu'elle fût, qui ne semblât éclairée d'un soleil resplendissant de lumière; manquait-il, elle retombait dans les ténèbres et le silence, si je puis ainsi parler. Avec quels sentiments de dévotion et de piété chacun de nous ne doit-il pas s'écrier encore aujourd'hui : « Mon père, mon père, vous étiez le char d'Israël et son conducteur (IV, *Reg.* II, 12)! » Vous étiez le port pour les hommes que ballottent les flots, le bouclier des opprimés, et, comme Job le disait de lui-même, vous avez été l'œil de l'aveugle, et le pied du boiteux. En vous se trouvaient le modèle de la perfection, le type de la vertu, le miroir de la sainteté. Vous étiez la gloire d'Israël et la joie de Jérusalem, vous étiez les délices de votre siècle et l'unique ornement de votre temps. Olivier chargé de fruits, vigne abondante, palmier fleuri, cèdre riche en rejetons, platane élevé, vous étiez tout cela, vous étiez un vase d'or massif enrichi de toute sorte de pierres précieuses, un vase de foi et de sainteté massif, qu'ont orné des grâces diverses comme autant de perles fines. Vous avez été une des colonnes de l'Église, la plus forte et la plus brillante, vous étiez la trompette puissante de Dieu, le très-doux organe du Saint-Esprit, encourageant

---

citum, secundum interiorem hominem (ut minus sapiens dico) spiritus promptus est in carne infirma. Orate Salvatorem, qui non vult mortem peccatoris, ut tempestivum jam exitum non differat, sed custodiat Curate munire votis calcaneum nudum meritis: ut is qui insidiatur, invenire non possit unde figat dentem et vulnus infligat. Hæc ipse dictavi, sic me habens, ut per notam vobis manum agnoscatis affectum. »

11. Hoc exemplar epistolæ, quam, ut nos diximus, et ipsa quoque ejus verba declarant, pater sanctus exitu jam imminente dictavit. Ex cujus tenore posset nimirum diligens lector sacrum illius vel ex parte aliqua pectus agnoscere, quanta illi in ipsa sui ruina corporis tranquillitas mentis, serenitas animi, suavitas spiritus, quanta sub fiduciæ culmine radix humilitatis. Sed nostrum sub tam gravi articulo inconsolabilem luctum aliquatenus illi æstimare, ac sibimet exhibere licebit, pallidasque, si pie senserit, turmas imaginabitur filiorum, exterminatas facies, vultus exsangues, genas lacrymis sordentes, suspiria quoque pectorum ac singultus. Quis enim apud nos erat tumultus cogitationum, quod naufragium animorum, cum thesaurus tam amabilis raperetur a nobis, et præsentibus, et cernentibus, quia nec spes esset retinendi, nec facultas aliqua commeandi? Pater erat; sed qualis pater qui videbatur abire ? Nobis quodammodo proprius, verius tamen toti mundo communis. Erat enim omnium et bonorum gloriatio, et malignantium metus, ut de eo non incongrue videretur esse psallendum : *Videbunt recti, et lætabuntur, et omnis iniquitas oppilabit os suum.* Quo præsente, sanctitas omnis jucundabatur, præsumptio frenabatur, duritia compungebatur. Quo præsente celebris quisque conventus velut quodam sole resplenduit; absente, caliginosus et quodammodo mutus apparuit. Quam devote, quam pie singulis nostrum et tunc hodieque clamandum : *Pater mi pater mi, currus Israel, et auriga ejus!* Tu fluctuantium portus, clypeus oppressorum et, ut de seipso beatus Job loquitur, cæco fuisti oculus, et pes claudo. Tu perfectionis exemplar, virtutis forma, speculum sanctitatis. Tu gloria Israel, tu lætitia Jerusalem, tu deliciæ tui seculi, et unicum tui temporis decus; oliva fructifera, vitis abundans, palma florida, cedrus multiplicata, platanus exaltata. Vas electionis, et vas honoris in domo Dei; vas auri solidum, ornatum omni lapide pretioso, fide et sanctitate solidum, et variis charismatibus tanquam gemmis ornatum. Tu Ecclesiæ sanctæ fortissima splendidissimæque columna, tu vehemens tuba Dei, tu dulcissimum sancti Spiritus organum, pios oblectans, desides excitans, debiles portans. Cujus medicinalis manus et lingua

les âmes pieuses, excitant les cœurs languissants, et soutenant les faibles. Votre main et votre langue étaient comme deux médecins qui guérissaient les maladies du corps et celles de l'âme. Vos manières et votre extérieur étaient simples, votre physionomie douce, votre aspect gracieux. Enfin, vous avez eu une vie utile, et votre mort a été précieuse, car si Jésus-Christ fut pour vous une vie, la mort fut un gain. La première fut peut-être plus avantageuse pour nous, mais la seconde le fut bien davantage pour vous. Aussi, ce qui vous a été si utile ne peut-il que nous être agréable. Après tout, s'il est pieux à nous, père bien-aimé, de nous réjouir avec vous de ce que vous êtes entré dans la joie de votre Seigneur, cependant nous pouvons bien aussi, sans impiété, pleurer sur nous, que votre départ laisse en proie plus cruellement que précédemment à un double sentiment de peine, puisque maintenant la vie nous est un ennui et la mort un objet de terreur. Si la piété veut que nous nous félicitions avec vous de ce que, par un heureux passage de la vie à la mort, vous vous êtes approché du torrent de délices après lequel vous soupiriez ardemment; elle ne nous défend pourtant pas de pleurer sur notre sort, à nous à qui tout le bonheur de la vie a été enlevé, sans qu'une assurance de bien mourir nous ait été donnée. S'il est pieux à nous de vous féliciter, heureuse âme qui tressaillez maintenant de bonheur au sein de la lumière, elles n'ont pourtant rien d'impies nos lamentations d'enfants abandonnés. Après la merveilleuse clarté où nous avons eu le bonheur de vivre jusqu'à ce jour, nous ne pouvons, sans un sentiment d'horreur, retomber dans les ténèbres; après l'âge d'or dont nous jouissions, il n'y a que peu de temps encore, il nous semble bien dur d'avoir à supporter cet âge de fer qui a succédé au premier. Mais revenons à la suite de notre récit et payons, autant que nous le pouvons, un juste tribut d'hommage à la fin de notre patron, fin si triste pour nous, mais si triomphante pour lui.

12. Peu de jours donc avant la mort de notre père, les enfants qu'il avait engendrés par l'Évangile s'approchèrent de lui, ils remuèrent puissamment son âme si pleine de charité, par leurs larmes et leurs supplications, en lui adressant ces paroles et d'autres analogues : « Père, n'aurez-vous donc point pitié de ce monastère ? Ne vous laisserez-vous point toucher de compassion pour nous, que vous avez nourris du lait de votre sein maternel, avec de tels sentiments d'amour et que vous avez portés et consolés dans vos bras paternels ? Comment pouvez-vous consentir à exposer à tant de dangers le fruit de tant de travaux que vous avez accomplis en ces lieux ? Comment abandonnez-vous ainsi des fils que vous avez tant chéris jusqu'à ce jour ? » Bernard alors, pleurant avec eux, levant au ciel ses yeux où brillait la douceur de la colombe, et se sentant l'âme toute pénétrée de l'esprit même de l'Apôtre, s'écriait qu'il se sentait fortement attiré des deux côtés à la fois, et que, ne sachant pas ce qu'il devait préférer dans son choix, il remettait le tout entre les mains de la bonté divine. En effet, d'un côté son amour de père le pressait de se rendre aux vœux de ses enfants et de rester parmi eux, et de l'autre le désir d'être avec Jésus-Christ le portait à quitter la terre. Cependant, l'humilité, si profondément et depuis si longtemps enracinée dans son âme, l'avait toujours porté à dire avec la plus intime conviction du cœur, qu'il n'était qu'un serviteur inutile, et à se regarder comme un arbre stérile qui de sa vie ne pouvait porter un fruit

---

morbos utraque curabat, illa corporum, ista animorum. Cujus erat simplex habitus, simplex vultus, dulcis facies, gratiosus adspectus. Cujus denique vita fructuosa, cujus mors pretiosa : quia tibi quoque Christus vivere fuit, et mori lucrum. Quod si nobis alterum fortassis utilius, sed alterum multo melius tibi Et quod tibi tam commodum, nobis, si pie sapimus, non potest non esse jucundum. Cæterum etsi pium est congaudere tibi, pater bone, qui in gaudium Domini tui feliciter introisti; non tamen impium super nos ipsos flere, quos nimirum, abeunte te, solito gravius horror geminus circumsæpit, dum nobis est vita tædio, mors timori. Et si pium congaudere tibi, qui beato transitu mortis ad torrentem voluptatis, quem ardenter sitiebas, accessisti : nostram tamen vicem dolere non impium, quibus et vivendi omnis pariter est sublata suavitas, et moriendi necdum collata securitas. Et si pia tibi impenditur gratulatio, felix anima, quæ in plenitudine lucis exsultas ; non tamen impia super nos assumitur lamentatio, qui relicti sumus ; post mirificam, in qua hactenus exsultavimus, claritatem, horrere magis tenebras subintrantes : post aurea, quæ paulo ante vidimus, secula gravius ferre hoc plane ferreum, quod successit. Sed reflectamus stilum ad ordinem narrationis, et patroni, quibus possumus votis, exitum nobis lugubrem, nam illi potius triumphalem)

12. Igitur ante patris hujus excessum accedentes ad eum filii, quos per Evangelium ipse genuerat, piissimum ejus animum lacrymabili supplicatione pulsabant, et hæc atque hujusmodi loquebantur : Numquid non misereris huic monasterio, pater? numquid non compateris nobis, quos tanto pietatis affectu materno luctasti uberibus, paterna consolatione fovisti ? Quomodo sic exponis labores tuos, quos in loco hoc laborasti ? quomodo tam dilectos hactenus filios sic relinquis ? Tunc vero flens ipse cum flentibus, et columbinos oculos in cœlum porrigens, ac mente tota apostolicum illum concipiens spiritum, testabatur coarctatum se e duobus, et quid eligeret ignorantem, et divinæ totum tribuere arbitrio pietatis. Nam et hinc paterna illum urgebat charitas, filiorum votis annuere, ut maneret; et inde trahebat Christi desiderium, ut migraret. Cui tamen ab olim jam atque altius radicata in pectore ejus humilitas persuaserat, ut ex intimo cordis affectu servum inutilem se esse diceret, et arborem sterilem reputaret, ex cujus vita nullus sibi

avantageux pour lui ni pour qui que ce fût. Il disait ordinairement, en effet, dans ses entretiens intimes : « Qu'il ne pouvait se persuader que les hommes le crussent aussi utile qu'ils le disaient; il assurait même qu'il avait eu à soutenir en soi à ce sujet de bien grandes luttes de pensées, parce que, ne pouvant croire que tant d'hommes véridiques eussent voulu le tromper, ni que tant d'hommes sages pussent se tromper ainsi, tandis que de son côté pourtant il ne savait comment ne point les trouver dans l'erreur. » Tout le monde l'admirait ; il n'y avait que lui, ce qui le rendait plus admirable encore, qui ne vit point la splendeur de ses œuvres et de ses conseils; il ressemblait par là à cet homme simple et droit, qui disait « qu'il ne se souvenait pas d'avoir jamais vu le soleil dans tout son éclat, ni la lune dans toute sa splendeur (*Job,* XXXI, 26.)»

13. Enfin, quand tous les liens de sa demeure visible, se brisant de toutes parts, laissaient un libre essor à cette âme désireuse de partir, quand brilla ce grand jour qui vit se lever pour Bernard le jour éternel, les évêques du voisinage et une foule d'abbés et de religieux se réunirent pour assister à sa mort. Vers la troisième heure du jour, celui qui avait été le flambeau unique de son siècle, le saint et vraiment bienheureux abbé Bernard, passa heureusement, sous la conduite du Christ, de ce corps de mort dans la terre des vivants ; du milieu de ses enfants qui l'entouraient en chantant en chœur des psaumes mêlés de larmes abondantes et de sanglots suffocants, il alla rejoindre la troupe joyeuse de ceux qu'il avait envoyés devant lui dans ce ciel, et les bataillons des saints empressés à le féliciter, et les phalanges d'esprits angéliques qui s'avançaient à sa rencontre. O âme bienheureuse, c'étaient vos éclatants mérites qui vous élevaient ainsi, tandis que les vœux de vos enfants que vous laissiez sur la terre vous suivaient pieusement dans les cieux et que les saints désirs des habitants du ciel vous attiraient à eux. Oui, ce fut pour lui un jour vraiment serein que celui où le Christ a brillé à ses yeux dans l'éclat d'un soleil à son midi ! Ce jour, il l'attendait tous les jours de sa vie avec les plus impatients désirs, il l'appelait de tous ses vœux, il en faisait le sujet de toutes ses méditations, et s'y préparait par ses prières. Heureux passage du travail au repos, de l'attente à la récompense, de la lutte au triomphe, de la mort à la vie, de la foi à la pleine connaissance, de l'exil à la patrie, de ce monde à celui qui en est le père ! Nous savons que bien des personnes ont eu des apparitions dignes d'être rapportées, au sujet de la mort de ce saint homme; mais il serait trop difficile de les examiner chacune en particulier, et beaucoup trop long de les décrire. Jusqu'à présent c'est de bien des manières que son amour de père pour ses enfants, amour qui vit véritablement et est plein de force maintenant, que dis-je, qui n'a jamais été plus vivant et plus fort, daigne par de nombreuses révélations sécher leurs larmes, dissiper leur chagrin, et leur apprendre à se réjouir avec plus de douceur de son sort et à gémir avec moins d'amertume du leur. Cependant si le lecteur désire connaître quelques-unes des merveilles qu'il a opérées, et en particulier celles qui ne demanderont point un trop long récit, nous le renverrons à un chapitre spécial, que nous croyons devoir réserver pour la fin et consacrer tout particulièrement à ce récit.

14. Cependant, tout en poursuivant notre récit, faisons-nous toute la violence possible pour dé-

---

fructus, nullus alteri cuiquam proveniret. Nam et solitus erat in familiari collocutione fateri, vix credere se hominibus, quod sic eum sibi utilem crederent ut dicebant. Sed nec parvum sese in suis super hoc cogitationibus perhibebat aliquando sustinuisse conflictum, quod nec tam veraces homines fallere vellе, nec tam prudentes falli posse veri simile videretur, cum alterutrum excusare non posset. Quem enim totus mirabatur orbis, solus ipse (quod erat mirabilius) non videbat suæ videlicet operationis opinionisve splendorem, sicut ille quondam vir simplex et rectus, nec solem cum fulgeret, nec lunam incedentem clare vidisse se memorabat.

13. Novissime cum exterioris habitaculi undique jam soluta compago, desideranti animæ liberum præstaret egressum, magnus ille dies illuxit, quo perpetuus illi ortus est dies, ad cujus exitum vicini episcopi cum abbatum et fratrum copiosa multitudine fuerant congregati. Hora autem diei pene tertia singularis lucerna suæ generationis, sanctus ac vere beatus abbas Bernardus, a corpore mortis in terram viventium feliciter Christo duce migravit, ex filiorum circumstantium et inter graves singultus ac lacrymas ubere utcumque psallentium choro ad multorum, quos ipse præmiserat, cœtus transiens lætabundos, ad sanctorum cuneos gratulantes, ad obvia agmina angelorum. Felix anima, quam sic levabant excelsa suorum privilegia meritorum, quam sic pia filiorum prosequebantur inferiorum vota; sic quoque superiorum desideria sacra trahebant! Felix illi et vere serenus dies, quo plenus ei meridies Christus illuxit! Dies cunctis vitæ suæ diebus tantis ab eo exspectatus desideriis, expetitus suspiriis, frequentatus meditationibus, orationibus præmunitus! Felix transitus de labore ad refrigerium, de exspectatione ad præmium, de agone ad bravium, de morte ad vitam, de fide ad notitiam, de peregrinatione ad patriam, de mundo ad Patrem! De quo etiam transitu ejus multa novimus apparuisse quam multis, et quidem non indigna relatu, sed difficile nimis singula vestigare, et scribere omnia nimis longum. Nam et usque modo multifarie multisque modis paternus erga filios amor, vere etiam nunc, imo nunc verius vivens et vigens, crebris revelationibus eorum dignatur solari lacrymas, relevare mœstitiam, ut quo dulcius ei congaudent, minus anxie doleant sibi. Si qua tamen ex his, minus prolixam desiderantia narrationem, lector scire desiderat, proprio magis et novissimo credimus reservanda capitulo.

14. Interim cætera prosequentes, quanta possumus

tourner notre âme des gémissements, des rugissements profonds que fit entendre votre malheureux troupeau, quand notre pasteur quitta cette vie. Épargnons ces pages, et autant qu'il nous sera possible, commandons à nos yeux, secouons de nos paupières les larmes dont notre vallée fut inondée, quand celui qui en était la lumière s'est éloigné d'elle. Elle devait épancher le calice de sa douleur sur cette Église même, sur qui jusqu'à présent elle n'avait fait que répandre la rosée du bonheur, verser des torrents de joie, couler des fleuves de consolations. Tandis que Bernard, ce ministre et ce prêtre fidèle du Très-Haut, entrait heureusement dans le sanctuaire de son admirable tabernacle, pour offrir sur l'autel de Dieu, la sainte et agréable hostie de son âme, son corps, paré et orné selon l'usage de ses habits sacerdotaux, est déposé dans la chapelle de la bienheureuse mère de Dieu. De nombreuses troupes de nobles et de gens du commun accoururent aussitôt de tous les environs, et remplirent la vallée tout entière de gémissements, de pleurs et de cris déchirants. Aux portes du couvent, le sexe sensible, les femmes, pleurait d'autant plus amèrement que la règle [a] de notre ordre lui interdisait rigoureusement l'entrée du monastère, tandis qu'il était permis aux hommes d'approcher des restes bienheureux du saint. Le pasteur mort demeura deux jours entiers au milieu de son troupeau, et la grâce pleine de douceur que respirait autrefois son visage, bien loin de diminuer, était plutôt augmentée, et attirait les regards de tous les assistants, charmait leurs cœurs, et entraînait leurs sentiments jusque dans le tombeau où Bernard allait descendre. Cependant la foule qui de toutes parts se précipitait dans le couvent augmentait sans mesure, déjà même on était embarrassé de l'empressement et du concours de tous ces hommes qui aspiraient à embrasser ses pieds, à baiser ses mains, à lui faire toucher des pains, des baudriers, de l'argent et d'autres objets qu'ils voulaient conserver comme autant de sources de bénédictions et de secours dans une foule de nécessités. C'est surtout pour le troisième jour de sa mort qu'on se préparait en bien plus grand nombre encore dans les environs pour attendre l'heure de l'inhumation de son saint corps. Mais déjà le second jour, vers midi, la multitude rassemblée à Clairvaux se pressa en si grand nombre autour du corps du saint avec une pieuse ardeur, qu'on ne pût obtenir d'elle presque aucun égard pour les évêques, aucun même pour les religieux. Aussi, dans la crainte qu'il n'arrivât quelque chose de semblable ou même de pis, le troisième jour, on devança l'heure de l'enterrement et on célébra dès le matin le service divin, selon les rites en usage, comme les deux jours précédents on avait fait pour les messes et la psalmodie, puis on déposa ce baume si pur dans le vase destiné à le recevoir, et on plaça dans un cercueil de pierre cette pierre précieuse, cette perle incomparable.

15. Après avoir consommé heureusement le temps de sa vie, à l'âge d'environ soixante-deux ans accomplis, l'ami du Seigneur, Bernard, pre-

---

[a] Cette règle était en vigueur à Clairvaux comme à Cîteaux, où elle ne souffrait d'exception que le jour de la fête de la Dédicace ; jour-là, en effet, les femmes pouvaient entrer dans les églises de l'ordre.

---

violentia animos avertamus ab illo tam gravi gemitu et rugitu, quo nimirum grex miserabilis, pastore migrante, personuit. Parcamus paginæ, et quantum possumus, stringamus oculos, palpebras complodamus adversus lacrymas, quibus in illo suæ claritatis abscessu vallis nostra fluebat, Ecclesiæ protinus universæ calicem sui propinatura mœroris, cui hactenus consueverat stillare dulcedinem, gaudia fundere, fluere consolationes. Dum fidelis minister et sacerdos Altissimi feliciter ingreditur in locum tabernaculi admirabilis, ad altare Dei, sacram si et acceptabilem hostiam sui spiritus oblaturus ; corpus etiam rite paratum et ornatum sacerdotalibus indumentis, oratorio beatæ Dei Genitricis infertur. Plurima quoque nobilium et ignobilium de vicinis quibusque locis gemebunda protinus turba convenit, et vallem totam ploratus et ululatus multus implebat. Amarius tamen pro foribus monasterii lamentabatur sexus miserabilior mulierum, quod accedentibus ad beata vestigia viris, monastici ordinis disciplina inexorabiliter eis etiam tunc negaret ingressum. Biduo mansit in medio gregis pastor exstinctus, dum pristina illa dulcissimi gratia vultus nil minorata, sed aucta, magis omnium in se figeret oculos, animos traheret, sepeliret affectus. Crescebat autem supra modum ruens undique populi multitudo, et intolerabilis jam fiebat impetus concurrentium ; ac desiderabiles tenentium pedes, osculantium manus, applicantium panes, baltheos, nummos, et alia quæque servanda sibi pro benedictione, et variis necessitatibus profutura. Maxime tamen parati in diem tertium solemnem per loca proxima præstolabantur reponendi sacri corporis ejus horam, copiosius undique conventuri. Nam et secunda die tantus circa meridiem populus fuerat congregatus, et tanto pietatis zelo stipati undique sacrum corpus obsederant, ut nulla pene episcopis reverentia, nulla fratribus haberetur. Unde veriti ne quid simile aut forte gravius accideret die tertia, præoccupantes horam, et mane divina ex more sacrificia consummantes, sicut et biduum jam in celebratione missarum et jugi fecerant psalmodia, purissimum illud balsamum suo vasculo commisere, in lapide reponentes lapidem pretiosum, optimam margaritam.

15. Consummatis ergo feliciter vitæ suæ diebus, et annis circiter sexaginta tribus expletis, dilectus Domini Bernardus, Claræ-vallensis cœnobii primus abbas, aliorum quoque amplius quam centum sexaginta monasteriorum pater, decimo tertio kalendas septembris inter filiorum manus obdormivit in Christo. Sepultus est autem undecimo kalendas ejus-

mier abbé de Clairvaux, père [a] de plus de cent soixante autres monastères, s'endormit le vingt d'août en Jésus-Christ, dans les bras de ses enfants. Il fut enterré le vingt-deux du même mois, devant le saint autel de la bienheureuse Vierge Mère, dont il s'était toujours montré un prêtre très-dévot. Dans son tombeau et sur son cœur on plaça une petite boîte contenant des reliques du bienheureux apôtre Thaddée, qui lui avaient été envoyées de Jérusalem cette année-là même, et qu'il avait demandé qu'on plaçât sur son corps. C'était évidemment dans cette pensée de foi et cette espérance, qu'à la résurrection générale il demeurerait attaché au saint apôtre. — Toutefois, avant que le très-saint corps fût déposé dans le sépulcre, un des frères, qui, depuis des années, était tourmenté par de graves accès de mal caduc, s'approcha du saint avec une foi entière, pour implorer son secours. Nous le connaissons, il vit encore à présent, et, à partir de ce moment, il n'a ressenti aucune atteinte de son ancienne maladie.

16. Tout cela eut lieu l'année même où notre bienheureux père Eugène III, un des enfants de notre saint abbé dans la vie religieuse, passa de cette lumière, ou plutôt de nos ténèbres à la lumière, après avoir, par ses vertus, jeté un vif éclat par les miracles qu'il opéra dans la ville même où il avait si glorieusement occupé le premier rang. Cette année-là, la onze cent cinquante-troisième depuis l'incarnation de Notre Seigneur, Anastase, successeur d'Eugène, occupait le Saint-Siége, l'empire romain était gouverné par l'illustre Frédéric, et en France régnait le très-pieux Louis, fils de Louis. Le sceptre de l'Église universelle et l'empire sur toute créature visible ou invisible étaient entre les mains de Jésus-Christ, fils de Dieu, Dieu lui-même, vivant et régnant avec son Père et le Saint-Esprit, dans les siècles des siècles. Ainsi soit-il.

CHAPITRE III.
Diverses révélations arrivées après la mort du saint abbé.

17. Puisque je me propose maintenant de dire quelques mots des révélations dont il a été parlé plus haut, je vais commencer par un fait qui a été prédit sept ans avant qu'il arrivât. Il y avait dans le monastère deux frères qui s'entretenaient ensemble de sa sainte vie et du succès de ses entreprises. L'un d'eux, qui, depuis les premières années de son adolescence, avait été élevé dans le monastère, dit à l'autre : « Savez-vous combien d'années notre bienheureux père a encore à vivre ? Je ne sais répondit l'autre. — Eh bien moi, reprit le premier, je sais qu'il n'a plus que six ou sept ans à vivre dans son enveloppe charnelle. » Comment ce religieux savait-il cela ? c'est ce que nous n'avons jamais pu pénétrer, car il ne le dit pas quand il parla ainsi, et il mourut lui-même avant le père. Quant au discours qu'il a tenu, nous l'avons appris de celui qui l'a entendu et qui vit encore, et qui fut d'autant plus étonné de ce qu'il entendit alors,

---

[a] Il en était le père, soit parce qu'il les avait lui-même fondés, soit parce que c'étaient des abbayes qui s'étaient soumises à Clairvaux. Quant aux abbayes fondées directement ou adoptées par saint Bernard, elles ne sont qu'au nombre de soixante-douze environ, dont trente-cinq en France, onze en Espagne, six en Belgique, cinq en Angleterre, cinq en Savoie et en Irlande, quatre en Italie, deux en Allemagne, deux en Suède, une en Hongrie et une autre en Danemark, d'après notre chronologie.

---

dem mensis ante sanctum altare beatæ Virginis Matris, cujus fuerat devotissimus ipse sacerdos. Sed et pectori ejus ipso tumulo capsula superposita est, in qua beati Thaddæi apostoli reliquiæ continentur, quas eodem anno ab Jerosolyma sibi missas, suo jusserat corpori superponi; eo utique fidei et devotionis intuitu, ut eidem apostolo in die communis resurrectionis adhæreat. (Prius tamen, quam sacratissimum illud corpus tumulo redderetur, unus e fratribus, qui ex multis annis caduco morbo graviter laboravit, plena fide opem flagitaturus accessit. Quem nunc usque superstitem novimus, et nihil unquam ex ea hora prædictæ infelicitatis expertum.)

16. Facta sunt hæc eodem anno quo beatus papa noster Eugenius tertius, ejusdem patris sancti in conversatione sancta filius, ab hac luce, vel ab hac magis caligine migravit ad lucem, cujus merita in ipsa cui insigniter præfuit urbe miraculis pluribus illustrata coruscant; successore ejus Anastasio Romanæ ecclesiæ præsidente, regnantibus autem in Romanorum imperio Frederico illustri; in Francorum regno piissimo rege Ludovico, filio Ludovici; principatum Ecclesiæ universæ ac totius creaturæ visibilis et invisibilis monarchiam tenente Dei filio Jesu-Christo, anno ab Incarnatione sua millesimo centesimo quinquagesimo tertio, qui cum Patre et Spiritu sancto vivit et regnat Deus in secula seculorum. Amen.

CAPUT III.
De revelationibus diversis post sancti patris obitum factis.

17. Jam de supra memoratis revelationibus pauca dicturi, ab eo sumamus initium quod prædictum est anno septima ante quam fieret. Erant duo fratres in monasterio, de sacra beati patris vita et felicibus ejus actibus colloquentes; quorum alter ab ineunte adolescentia educatus ibidem, ad alterum ait : Nosti quot annos sit victurus hic beatissimus pater noster? Cui ille : Nescio, inquit. Et alter : Ego, ait, novi eum sex aut septem annos adhuc in carne victurum. Hoc autem unde sciret, minime jam scire possumus, quia nec tum indicavit, et ante patrem sanctum ipse decessit. Porro alterius hodieque superstitis relatione hoc verbum nobis innotuit, qui tunc magis miratus est se audisse, quando vidit ut ab olim audierat, ita vidit. Talis vero ille est, de cujus testimonio nec nos ambigimus, nec cuilibet alteri qui eum noverit, credimus

qu'il voit maintenant ces choses arriver comme on le lui avait annoncé. Or, ce religieux est un homme tel, que nous n'élevons pas le moindre doute sur la véracité de son temoignage, et que nous sommes convaincu que quiconque le connaît, a en lui la même confiance. Au reste, ce n'est pas seulement l'époque de la mort de Bernard, mais encore, ce qui ne semble pas moins surprenant, le nom et la personne de son successeur qu'il déclare avoir connu alors par les révélations du même religieux. En effet, dans le même moment, celui-ci lui annonça que dom Robert, qui était alors abbé des Dunes, serait abbé de Clairvaux après notre saint père. Quant aux expressions dubitatives de six ou sept ans, qu'il disait que saint Bernard avait encore à vivre, elles semblent avoir été employées pour indiquer que sa mort arriverait après la sixième année, mais avant la fin de septième.

18. Le terme fatal approchait, et notre saint abbé avançait rapidement vers le but. En effet, le mal faisait des progrès, comme je l'ai dit au commencement de ce livre, mais il semblait que les souffrances perfectionnaient sa vertu et annonçaient une fin prochaine. Les frères, cependant, ne cessaient d'adresser à Dieu des prières et des supplications aussi pressantes qu'ils le pouvaient. Le saint ayant éprouvé pendant quelque temps un peu de mieux selon le corps, et voyant que leurs prières retardaient l'accomplissement de ses vœux, les rassembla tous et leur parla en ces termes : « Pourquoi retenez-vous ici-bas un pauvre homme comme moi ? Vous êtes les plus forts et vous en profitez. Épargnez-moi, je vous en conjure, et laissez-moi partir. » Déjà auparavant, comme tous les frères, frappés de crainte à l'idée du cruel mal-heur qui les menaçait, humiliaient leurs âmes dans la prière, un d'eux eut une vision. Il lui semblait voir une multitude innombrable accourir avec de grands transports de joie au devant de l'homme de Dieu, en dehors de la clôture du monastère, mais dans le nombre il ne reconnut que les quatre personnes qui marchaient en tête ; c'étaient Geoffroy de Chartres, cet homme qui aimait autant le saint qu'il en était aimé lui-même, et dont Bernard a parlé dans son quatrième livre de la Considération ; puis Humbert, qui avait été le premier abbé du monastère d'Igny, et enfin Gui et Gérard, frères du bienheureux. Accueilli de tous avec respect, le bienheureux et saint abbé, après le baiser de paix, s'entretint avec eux comme un ami avec des amis, et demeura longtemps avec eux quatre, pendant que le reste de la foule attendait à l'écart. Enfin les quatre personnages dont nous venons de parler saluèrent Bernard, en disant qu'ils étaient obligés de se retirer. Il pâlit à ces mots, la tristesse répandue sur son visage trahit le chagrin qu'il ressentait intérieurement, et il s'écria : « Pourquoi donc voulez-vous vous en aller sans moi ? » Mais eux lui répondirent : « Vos désirs et les nôtres ne peuvent être accomplis qu'à l'époque des choses nouvelles. » Par cette époque des choses nouvelles ils voulaient parler de l'époque où on recueille les les fruits nouveaux, ainsi que l'événement le prouva clairement dans la suite, puisque Bernard mourut au mois d'août. Le lendemain matin, le frère qui avait eu cette vision, raconta ce qu'il avait vu et entendu, et consola les autres religieux qui regardaient la mort du père comme imminente, car on était encore en hiver.

19. Vers le même temps, une autre vision vint

---

dubitandum. Neque id solum, sed quod non minori dignum admiratione videtur, nomen quoque et personam successoris ipsius, indicante sibi eodem fratre extunc innotuisse testatur. Manifeste enim eadem hora frater ille prædixit, quia dominus Robertus, qui hodie abbas est de Dunis, post hunc beatum patrem abbas futurus est Claræ-vallis. Nam quod disjunctive sex vel septem annos victurum dicebat, ad hoc pertinuisse videtur, quod inventus sit terminus idem ultra sextum annum, intra septimum tamen.

18. Prope erat jam tempus, et festinabat pater sanctus ad metam. Infirmabatur enim, sicut in hujus libelli principio memoravimus, adeo ut illa jam infirmitate ipsius perfici virtus, jam imminere exitus videretur. Interea fratres instare supplicationibus et obsecrationibus, quibus poterant, apud Deum. Unde etiam sanctus ipse cognoscens eorum precibus desiderium suum differri, cum aliquanto melius secundum corpus habere cœpisset, congregatis fratribus hæc eadem verba locutus est. « Quid tenetis miserum hominem ? Fortiores estis, et invaluistis. Parcite quæso, parcite, sinite me abire. » Prius tamen cum in summo periculo et timore fratres omnes in orationibus humiliarent animas suas, uni eorum visio talis apparuit. Occurrebat cum multa exsultatione Viro Dei extra monasterii claustra innumerabilis multitudo. In qua tamen processione, solos præeuntes idem frater qui videbat agnovit, magnum illum dilectorem ejus dilectum, cujus et ipse in libro quarto de Consideratione cum laude meminit, Gaufridum episcopum Carnotensem, Humbertum quoque qui Igniacensis cœnobii fuerat primus abbas ; et duos ejus fratres germanos, Guidonem scilicet et Gerardum. Exceptus itaque reverenter, et post osculum pacis amica diu colloquia miscens pater sanctus ac beatus, cum his quatuor stabat, exspectante seorsum multitudine cæterorum. Novissime salutantes eum prædicti viri, ex hoc sibi jam redeundum esse dicebant. Tum vero expalluit ille, et circumfusa sibi mœstitia internum declarans animi dolorem : « Quid ergo, ait, sine me vultis abire ? » Et illi : « Non potest adhuc tuo, et nostro satisfieri desiderio, donec veniat tempus novorum. » Dicebant autem tempus novorum, quo fruges novæ colligerentur, sicut evidenter postmodum probavit eventus, dum in augusto mense decessit. Mane ergo frater ille, cui hoc ostensum fuerat, consolatus est cæteros, velut jam imminentem patris obitum formidantes, et quod viderat et audierat indicavit. Adhuc autem hiems erat.

19. Eodem tempore altera quoque viso prioris con-

confirmer la précédente, en sorte que la complète exactitude de l'une et de l'autre montrât jusqu'à la dernière évidence que le Seigneur avait clairement indiqué dans ces deux visions ce qui devait arriver. En effet, voici la vision qu'eut un certain frère. Le bienheureux se préparait à se rendre à Jérusalem, et déjà même il était sur point de se mettre en route. Alors le vénérable Eudes, qui, depuis ses premières années, avait embrassé, avec un courage digne d'éloges, la vie religieuse dans le monastère de Clairvaux et remplaçait ordinairement les religieux chargés d'emplois quand ils étaient absents, s'approcha avec respect de Bernard et lui dit qu'il allait le devancer. On vit l'accomplissement de cette vision dans le fait que ce saint homme si agréable à Dieu, après s'être acquitté heureusement de sa mission sur la terre, précéda, dans la Jérusalem céleste où règne la vraie vision de la paix, notre saint abbé, qui était lui-même sur son départ et qui devait le suivre peu de temps après.

20. Peu de jours encore avant celui où notre père eut le bonheur de quitter cette terre, un abbé du voisinage, qui lui était bien affectueusement dévoué, le vit en songe, revêtu des ornements sacerdotaux, resplendissant d'une gloire éclatante, et conduit à l'autel en grande pompe. A son entrée, l'église qui était grande, retentit des accents d'une multitude de voix fortes, qui criaient : « Un enfant nous est né ! » Bernard, en effet, était un véritable enfant, doux et humble de cœur, et qui recevait, comme l'enfant qui vient de naître, le royaume de Dieu. Charmée des mérites dont il était enrichi en naissant, la foule des anges et toute l'assemblée des saints se félicitaient qu'il naquît pour elles au moment même où, pour nous il semblait mourir; en le voyant arriver au terme de sa carrière, elles se mirent à témoigner leur joie, sinon par des sons retentissants, du moins par des vœux unanimes. Car, si à la pénitence d'un seul pécheur toute la cour céleste est dans la joie, de quelle allégresse ne se sentit-elle point inondée quand elle vit paraître celui par qui elle avait eu si souvent à se réjouir de la conversion et de la pénitence d'un si grand nombre de pécheurs. Qui pourrait supputer, en effet, combien de gens, qui ne quittèrent cependant ni les vêtements ni la vie du siècle, combien d'hommes et de femmes qui avaient passé du monde dans les différentes congrégations, combien d'âmes, enfin, le Seigneur conduisit par son ministère à la pénitence et au salut? Enfin, qui pourrait dire le nombre de ceux qui, sous sa conduite, dans cent soixante monastères, furent dirigés par la bonté de Dieu dans les voies de la pénitence? Sans compter, en effet, ceux qui avaient heureusement achevé le cours de leur vie, ni ceux qui s'étaient répandus au loin, le jour où notre saint abbé eut le bonheur de quitter Clairvaux pour aller habiter une plus brillante colline, il laissa, en ne faisant mention que de ceux qui semblaient être plus spécialement ses enfants et qui habitaient son monastère, environ sept cents * âmes dévouées au services de Dieu. Faut-il s'étonner, après cela, qu'on le croie cher à la cour céleste, agréable au grand Roi, accueilli avec des témoignages de joie et d'allégresse? En qui la grâce de Dieu fut-elle plus féconde ? Il a, plus que tous ceux de son temps et des temps passés, travaillé avec bonheur et succès.

---

^d Pour le nombre des novices, on peut voir ce qui est dit plus loin, au livre VII, chapitres XII et XIX.

---

firmatio fuit; nisi quod evidentius jam utriusque completa veritas probat, quam evidenter in utraque quod futurum erat, Dominus revelavit. Videbat enim frater quidam, et ecce parabat Vir beatissimus ascendere Jerosolymam, jamque ipso in prociuctu itineris erat. Ad quem venerabilis Odo, qui a primis fere annis strenue satis et laudabiliter conversatus in monasterio, absentium consueverat præpositorum supplere vices, reverenter accedens, dicebat se præcessurum. Cujus visionis sic ostensa est veritas, ut prædictus Vir Deo dignus ad cœlestem Jerusalem, ubi vere viso pacis, parantem jam egredi, et paulo post secuturum patrem sanctum, felici functus legatione præiret.

20. Sed et abbas quidam, satis ei habitatione vicinus, nec minus affectione devotus, paucis diebus ante felicissimum patris hujus excessum, videbat eum pretiosissimis ornatum sacerdotalibus indumentis, et excellenti perfusum gloria, cum ingenti solemnitate ad altare deduci. Ad cujus introitum ecclesia magna magnis resultans vocibus conclamabat: *Puer natus est nobis.* Vere etenim puer ipse erat mitis et humilis corde, et sicut parvulus accipiens regnum Dei ; in cujus merito gratulabunda natali angelica multitudo, et omnis pariter sanctorum ecclesia, dum nobis videretur mori, sibi illum nasci; dum hic consummaretur, ibi incipere, non tam sonoris vocibus, quam votis paribus concinens exsultabat. Si enim ad unius pœnitentiam peccatoris tota illa cœlestis regio in lætitiam suscitatur ; quænam illi gaudia exhibuisse credendus est, per quem gaudia tanta receperat de tam multorum conversione et pœnitentia peccatorum ? Quis enim valeat æstimare, quantis in seculari habitu et conversatione manentibus, quantis etiam ad alias virorum seu feminarum congregationes transeuntibus, per hujus fidelis famuli ministerium dedit Dominus pœnitentiam ad salutem? Aut quis numeret eos qui sub ejus cura in centum sexaginta monasteriis per Dei benignitatem ad pœnitentiam sunt adducti? Nam ex his solis, qui speciales ejus filii videbantur, præter eos qui jam cursum vitæ feliciter consummaverant, præter eos qui per alia loca fuerant propagati, ea die qua felicissimus pater ex Clara-valle montem ascendere meruit clariorem, reliquit habitantes in ea septingentas ferme animas, Domino servientes. Quid igitur mirum si gratus curiæ, si acceptus regi, si exceptus cum lætitia et exsultatione credatur? in quo gratia Dei, usque adeo vacua non fuit, qui tam feli-

Qui a fait produire au talent qu'il avait reçu des profits aussi abondants ? Qui a recueilli tant d'avantages de son négoce ? Mais c'en est assez sur ce sujet, arrêtons-nous là, de peur qu'on ne nous accuse de sortir des bornes où nous avons promis de nous renfermer.

21. Bernard apparut au prieur du monastère de l'abbé dont nous venons de parler, qui avait si bien prévu sa naissance dans le ciel, la dernière nuit que notre saint abbé passa avec nous, et lui fit ses adieux en lui disant : « Sachez que je vais partir, je ne dois pas rester plus longtemps ici-bas. » Celui-ci rapporta sur le champ sa vision à son abbé, qui partit en toute hâte pour Clairvaux et il se trouva que c'est précisément ce jour-là même que le saint abbé était passé de cette vie dans l'autre, selon ce qu'il avait annoncé.

22. Le frère Guillaume, de Montpellier, dont nous avons fait mention plus haut, avait jeté autrefois un certain éclat dans le siècle et en avait jeté un bien plus grand dans la manière dont il avait fui le siècle. S'étant fait moine dans le monastère de Grandselve, il vint faire une visite avec la plus vive piété à notre saint père abbé. Au moment de repartir pour son monastère, il se plaignait avec larmes de ce qu'il n'aurait plus le bonheur de le voir. L'homme de Dieu lui dit : « Ne craignez rien, vous me reverrez certainement encore. » Le pieux Guillaume, attendait l'effet de cette promesse, quand la nuit même où notre bienheureux père quitta cette vie, il eut le honneur de le voir lui apparaître dans son monastère de Grandselve et de l'entendre lui dire : « Frère Guillaume ? » Il lui répondit : « Me voici, Seigneur. » « Venez avec moi, » repartit Bernard, et ils marchèrent ensemble et parvinrent à une montagne très-élevée. Le saint demanda à son compagnon s'il savait où ils étaient arrivés ; Guillaume répondit qu'il l'ignorait ; alors Bernard reprit : « Nous sommes au pied du mont Liban ; pour vous, demeurez ici, quant à moi je vais gravir la montagne. » Guillaume lui ayant demandé pourquoi il voulait ainsi monter sur la montagne : « Je veux m'instruire. » Guillaume étonné lui dit : « Et de quoi voulez-vous donc vous instruire, père, vous qui, je crois, n'avez point aujourd'hui votre égal en science ? » Le saint lui repartit : « Ici bas il n'y a ni science, ni connaissance de la vérité. C'est en haut que se trouve la plénitude, la vraie science de la vérité. A ces mots il le quitte et s'élève à ses yeux au plus haut de la montagne. Pendant qu'il le regardait s'élevant ainsi, il se réveilla, et la première pensée qui se présenta à son esprit fut celle qui descendit en ces termes des cieux à l'oreille de saint Jean. Heureux les morts qui meurent dans le Seigneur. Le lendemain matin, en racontant ces choses à son abbé et à ses frères, il leur dit que notre saint père avait quitté cette vie. On nota le jour et les informations, qu'on prit ensuite avec tout le soin possible, firent connaître que les choses étaient arrivées ainsi que Guillaume l'avait dit. Ainsi donc, ô saint abbé, vous qui, dans cette vallée de larmes, vous êtes préparé des degrés pour vous élever, dans votre cœur, vous voilà maintenant, de la vallée de Clairvaux, arrivé heureusement sur les hauteurs du Liban, de la montagne de la candeur, du séjour de la lumière, du comble de la clarté. Les mains innocentes et le cœur pur, vous vous

citer, tam efficaciter, plus omnibus sui temporis et multarum retro generationum laboravit ; qui talentum sibi traditum tam copiose multiplicavit ; tanta denique lucra retulit de negotio. Sed de his hactenus, ne quis nos arguat ejus quam polliciti sumus metas excedere brevitatis.

21. Sane in monasterio prædicti illius abbatis, qui sic ejus natalem præviderat ea nocte, quam nobiscum pater sanctus mane profecturus ultimam fecit, venerabili ejus præposito apparens, valefecit illi, et ait : « Noveris quia jam migro, nec ulterius hic morabor. » Quod ut ille indicavit abbati, accelerans abbas et Claram-vallem veniens, ipso die abbatem sanctum, sicut dixerat, reperit jam migrasse.

22. Frater Guillelmus de Monte-Pessulano, cujus et supra fecimus mentionem, vir magnificus olim in seculo fuit, sed magnificentior in seculi fuga. Hic in monasterio Grandis-silvæ monachus factus, patrem sanctum devotissime visitavit. Rediturus autem lacrymabiliter querebatur, quod non esset eum ultra visurus. Cui vir Dei : « Ne timeas, ait, adhuc sine dubio me videbis. » Hujus effectum promissionis devotissimus ille Guillelmus exspectans, ipsa nocte cum beatus pater ex hac vita decessit, in monasterio Grandis-silvæ apparentem sibi videre meruit, et dicentem : Frater Guillelme. Et ille : Ecce ego domine, « Veni, inquit, mecum. » Ibant igitur pariter, et ad montem quemdam altissimum pervenerunt. Interrogabat autem sanctus an sciret quo venissent. Ille vero se nescire professus est. « Cui ipso : Ad radices, inquit, montis Libani venimus. Et nunc manebis hic, ego autem ascendam in montem. Interrogatus qua de causa vellet ascendere. Discere volo, inquit. Miratus ille : Quid, inquit, vis discere pater, quem nulli hodie in scientia credimus esse secundum ? Ad quem sanctus : Nulla, ait hic scientia, nulla veri cognitio ; sursum scientiæ plenitudo, sursum vera notitia veritatis. » Et in hoc verbo dimittens eum, in montem altissimum subiit coram illo. Cumque intueretur euntem illum, expergefactus est, et occurrit protinus ei verbum illud, quod ad Johannem olim de cœlo sonuit : *Beati mortui qui in Domino moriuntur*, Ut ergo mane locutus est abbati suo et fratribus, patrem sanctum ex hac vita migrasse dicebat. Et notantes diem ac diligentibus inquirentes, ut audierant invenerunt. Euge pater sancte, qui ascensiones in corde disposuisti in valle lacrymarum, feliciter jam ascendisti de Clara-valle in montem Libani, montem candidationis, plenitudinem lucis, celsitudinem claritatis. Innocens manibus et mundo corde ascendisti

êtes élevé jusque sur la montagne du Seigneur, jusqu'aux riches sources du salut, aux trésors de science et de sagesse, où, d'un œil pur, vous contemplez la vérité pure, où avec tous les saints vous n'avez plus qu'un maître qui est Jésus-Christ, où vous ne recevez plus tous ensemble que les leçons de Dieu. Attirez-nous à vous, nous vous en prions, et du haut de cette montagne jetez un regard de compassion sur votre chère vallée. Assistez-nous dans nos travaux, secourez-nous dans nos périls, tendez-nous la main pour nous aider à monter après vous. Ce qui nous inspire quelque confiance, c'est votre bonté connue de nous depuis longtemps et qui n'a fait que s'accroître, bien loin de s'éteindre dans le néant. Il y a plus, la vision que nous allons rapporter fortifie encore notre confiance.

23. La nuit qui suivit le jour où le corps sacré du saint fut confié à la terre, notre saint abbé manifesta clairement quelle sollicitude il conservait encore pour ses enfants, et qu'il aimerait jusqu'à la fin ceux qu'il avait aimés dans le monde. En effet, il apparut à un frère, environné de gloire, dans un vêtement éclatant et avec un visage brillant de lumière. Ce religieux voulait le retenir, mais lui, passant outre sans s'arrêter, lui dit : « Je ne suis venu que pour un frère à l'âme bien simple. » Au récit de cette apparition, tout le monde fut dans l'admiration, mais vers les trois heures, on reconnut le sens de cette vision. En effet, il mourut alors un frère bien connu par sa simplicité d'esprit, et comme cela est tout à fait croyable, Bernard, qui avait annoncé qu'il ne venait que pour ce frère, emmena avec lui au ciel son âme heureuse de s'y présenter en compagnie d'un tel guide. Quelques jours après, Bernard se montra encore dans un appareil magnifique à un autre religieux, se plaignit à lui de la douleur que nous avions témoignée à son départ du milieu de nous, et, après lui avoir fait entendre des paroles de consolation, et lui avoir donné des promesses d'une éternelle félicité pour ceux qui persévéreraient dans la soumission à sa règle et dans sa doctrine, il ajouta : « Sachez de plus et dites à nos frères, que dans la chapelle se trouve le corps d'un saint dont je porte l'habit. » Il voulait parler de l'évêque Malachie. Il avait conservé la tunique dans laquelle ce saint était mort, il s'en servait pour célébrer la sainte messe et avait demandé qu'on l'ensevelît dans cette tunique, comme il avait enseveli Malachie dans la sienne. Or ce fait était demeuré jusque alors complètement ignoré du moine dont il s'agit, et de plusieurs autres. Heureux le pontife dont notre saint abbé a de son vivant et après sa mort même tant célébré les vertus. Quelle gloire pour ces deux pères, de n'avoir point été séparés dans la mort après s'être tant aimés pendant leur vie !

24. Environ quarante jours plus tard, un abbé de la Grande Bretagne eut le bonheur d'éprouver par lui-même la vertu de leur sainte amitié. En effet, à l'époque dont nous parlons, il se rendait avec d'autres abbés ses collègues, selon l'usage, à Cîteaux ; il resta à Clairvaux où il fut atteint en même temps de deux maladies qui le mirent dans un état désespéré ; c'était une pleurésie accompagnée d'une fièvre quotidienne. Déjà même la longueur

---

in montem Domini, ad divitias salutis; ad thesauros sapientiæ et scientiæ perveniati, ubi pure puram videas veritatem, ubi unus tibi cum omnibus sanctis magister est Christus; ubi omnes jam docibiles Dei. Trahe nos post te, quæsumus, et de monte excelso misericorditer respice Vallem tuam. Adesto laborantibus, subveni periclitantibus, ascendentibus manum porrige. Dat fiduciam tua nobis ab olim experta, nec exinanita modo, sed amplius cumulata benignitas. Quin etiam visio, quam subnectimus, ab eadem nostra præsumptione non discrepat.

23. Proxima nocte postquam sacrum corpus sepulturæ traditum fuerat, quantam adhuc pro filiis sollicitudinem gereret pater sanctus, et quomodo suos quos in mundo dilexerat, in finem quoque diligeret, evidenter ostendit. Apparens enim cuidam fratri in multa gloria, et fulgore magno vestis ac vultus, et desiderantem tenere cito pertransiens, aiebat, quia pro quodam fratre simplice veni. Audierunt hoc fratres et mirabantur; sed circa horam diei tertiam veritas comprobata est visionis. Defunctus est enim quidam frater laudabilis admodum simplicitatis, et, sicut omnino credibile est, animam ejus tanto duce felicem qui pro eo se venire dixerat, secum tulit. Paucis quoque expletis diebus, alteri cuidam fratris magnifice satis apparens, et arguens de suo nos doluisse discessu, post verba multæ consolationis, et promissionem felicitatis æternæ in sua perseverantibus obedientia et doctrina : « Hoc etiam scito, ait, et dicito fratribus, cujusdam vere sancti corpus, cujus et ego habeo vestem, in oratorio esse sepultum. » Dicebat autem episcopum Malachiam. Ipsius enim tunicam, in qua sanctus ille feliciter obdormierat, ad missarum sibi servaverat celebrationem, et moriturus in ea sese jusserat sepeliri, sicut et sanctum illum in sua sepelierat veste. Quod tamen verbum et ipsi fratri, et quam pluribus aliis usque ad hanc visionem prorsus erat ignotum. Felix pontifex, cujus merita pater sanctus et vivens prædicaverat, et defunctus. Felix charitas, quæ in morte non excidit. Felix societas, quam nec illud divortium tam crudele diremit. Gloriosi siquidem patres quemadmodum in vita sua dilexerunt se, ita et in morte non sunt separati,

24. Nam et post dies circiter quadraginta abbas quidam ex majoris Britanniæ insula, sacræ illius societatis virtutem feliciter experiri meruit in seipso. Qui eodem tempore cum cæteris coabbatibus suis ex more Cistercium petens, in Clara-valle remanserat, gemino quodam desperabiliter occupatus incommodo, pleuresis scilicet, et febris quotidianæ. Jamque eatenus longa vexatione defecerat, ut solum animæ ejus exitum fratres qui ei nunquam deerant, observarent. Cumque animum ejus angeret non tam desiderium vitæ præsentis, quam absentium desolatio filiorum,

du mal l'avait tellement affaibli, que les frères, qui ne l'avaient pas quitté un instant, n'attendaient plus que le moment où son âme allait s'envoler. Cependant, comme il était tourmenté non pas tant de regret de quitter la vie que de la pensée de la désolation que ressentiraient ses enfants absents, s'il mourait en pays étranger, il demanda avec instance qu'on le portât au tombeau du saint abbé. Après y avoir prié avec toute la dévotion possible, il conçut la pensée de visiter aussi le tombeau de l'évêque Malachie, qui se trouvait dans le côté nord de la chapelle, et d'y implorer son secours; mais, comme il craignait la fatigue qui devait en résulter pour lui, et comme il était déjà presque assuré de sa guérison, il ne donna pas suite à sa pensée. Le lendemain, il rappelle les prêtres et les prie de l'aider à se rendre à la chapelle. Sur les observations qu'ils lui firent, car ils craignaient pour lui quelque danger dans ce déplacement, il faut, dit-il, à tout prix que j'aille au tombeau de Malachie, car, la nuit dernière, après un demi-sommeil que j'ai eu, je me suis trouvé tout à coup éveillé, et j'entendis une voix qui me disait : Maintenant que vous êtes guéri de l'une de vos deux maladies, si vous voulez obtenir la guérison de la seconde, adressez-vous à l'évêque Malachie. On se rendit à ses vœux ; et à l'instant même il lui fut fait selon ce qui lui avait été promis. Guéri le jour même, il se remit en voyage peu de jours après et revint très bien portant parmi les siens.

25. En cela, très-doux père, nous reconnaissons votre zèle et la considération que vous aviez pour Malachie. C'est bien là votre manière de faire, c'est là votre déférence pour votre collègue, vous avez partagé cet honneur et cet amour avec lui et vous vous trouvez par là plus véritablement et plus heureusement glorifié dans les cieux parce que vous l'êtes avec lui, ou plutôt, ô mon Dieu, ce sont là vos œuvres et vos dons à vous. Car dès le commencement du monde, vous avez rempli la terre entière de la présence de votre divinité, et vous devez un jour la remplir tout entière de la gloire de votre majesté ; mais, en attendant ce jour, vous en visitez plus particulièrement quelques parties et certains endroits qui sont l'objet de vos éternelles préférences, et vous les remplissez de la grâce spéciale de la sainteté. Seigneur, faites que toujours les fruits abondent dans notre vallée que vous avez voulu rendre claire de fait plus encore que de nom, quand vous l'avez honorée par la présence de ces deux astres d'un si parfait éclat. Gardez la maison où se garde pour vous ce double dépôt, faites enfin que pour nous, selon cette parole, là où est votre trésor, là aussi soit votre cœur, là votre grâce et votre miséricorde, là soit ouvert l'œil de votre continuelle bonté sur tous ceux qui s'y trouvent rassemblés en votre nom, qui est au-dessus de tout autre nom, de même que vous êtes par dessus tout le Dieu béni dans les siècles des siècles. Ainsi soit-il [a].

26. Le juste dont le Seigneur a voulu que le souvenir fut éternel n'a pas perdu de son côté le souvenir de ses enfants, car, après sa mort, il a fait et accompli pour eux, par ses miracles, ce qu'il leur avait prédit de son vivant. Dans les œuvres de sa puissance, on retrouve sa parole pleine de vie et d'efficacité, et le testament digne de foi qu'il avait laissé à ses enfants bien-aimés, quand il leur

[a] Dans le manuscrit du Vatican, portant le n. 676, ce livre ne compte que vingt-trois alinéas, dont le dernier fait défaut dans les éditions qui ont paru de ce manuscrit. Or ce dernier alinéa se termine ainsi.

---

quod peregre moreretur, obnixe petiit ut ad tumulum sancti deportaretur abbatis ; ubi cum tota devotione qua potuit, beati quoque episcopi Malachiæ in aquilonari ipsius oratorii latere positum cogitavit visitare sepulcrum, auxilium flagitare ; sed fatigationem veritus, et quasi jam securus de incolumitate, quod cogitaverat non implevit. Die altera iterum fratres advocans, ut ad oratorium veniat opem sibi postulat exhiberi. Causantibus illis (periculum siquidem verebantur), omnimodis, inquit, oportet sancti Malachiæ tumulum petam. Cum enim nocte præterita vix tenuiter obdormissem, expergefactus subito audiebam vocem dicentem mihi : Sanatus jam ab altera ægritudine tua, si ab altera vis sanari, episcopum pete. Fecerunt illi ut ille voluit, et continuo factum est sicut dictum erat ad illum. Eadem die sanus factus, post paucissimos dies iter arripuit, et incolumis reversus est ad suos.

25. Tuum in hoc opere spiritum, tuum agnoscimus, pater dulcissime, zelum, tuam considerationem ; tuum hoc opus, sic deferre collegæ tuo, ut hunc quoque et communicares honorem et amorem, cum quo verius et felicius honorificaris in cœlis. Imo vero tui sunt hæc omnia operis, tui muneris, Deus noster. Tu enim omnem replesti ab initio temporis terram præsentia tuæ divinitatis, omnem aliquando repleturus gloria majestatis ; cujus tamen partes interim quasdam, et æterno præelecta loca consilio excellentius visitans, reples speciali gratia sanctitatis. Fac Domine spirituali semper abundare frumento Vallem, quam ut faceres re quam nomine clariorem, dignatus es tam eximiæ claritatis sideribus illustrare duobus. Custodi domum, in qua tibi geminum hoc tam pretiosum depositum custoditur. Fiat nobis denique juxta verbum tuum, ut ubi est thesaurus tuus, ibi sit et cor tuum, ibi gratia et misericordia, et respectus assiduæ pietatis omnibus adsit in tuo ibidem nomine congregatis, quod est super omne nomen, sicut et tu super omnia Deus benedictus in secula. Amen.

26. In memoria æterna justus Domino constitutus et suorum non negligit memoriam filiorum ; agens post mortem peragensque miraculis, quod suis adhuc vivens oraculis prædicebat. Cernitur in operibus virtutis ejus sermo ille vivus et efficax, et testamentum fidele, quod disposuit dilectis suis : « Agam, inquit, assiduæ Claravallensis familiæ curam, et plantationem meam conti-

avait dit : « Je prendrai un soin assidu de ma famille de Clairvaux, je ne cesserai d'arroser de ma bénédiction cette plantation de ma main, et je lui ferai sentir ma présence par mes bienfaits, en sorte qu'il ne semblera pas que je l'aie quittée. » Et, en effet, partout il nous cherche des motifs de consolation, à tel point que, naguère encore, on l'a vu s'occuper jusque dans les pays d'outre-mer, de venir à notre secours. Il arriva, en effet, plusieurs années après la mort de notre saint, que les signes de sa sainteté ont brillé d'un vif éclat par l'étendard même de la croix, et que celui qui a donné à cet instrument toute sa vertu, a montré avec quelle pieuse ardeur il avait ambitionné pour nous le secours de la croix de vie. En effet, Sarracon, chef des Turcs, se disposant à fondre sur la ville d'Alexandrie et sur la province d'Égypte qui y est adjacente, pour la soumettre à son empire, le roi de Jérusalem, le très-chrétien Amaury, à la demande des Sarrasins d'Égypte, vola au secours de cette contrée, dont il tirait des tributs. Mais, en homme qui sait se précautionner contre l'avenir, il craignait que, si les Turcs parvenaient à s'établir en Égypte, ils ne fussent une source de grands dommages pour les Chrétiens, à cause du voisinage des deux pays, et qu'ils ne le privassent lui-même des sommes qu'il percevait en Égypte à titre de tribut. Ayant donc rassemblé quelques chevaliers et levé quelques troupes, il se met en marche; Sarracon s'avance à sa rencontre, et arrive jusque auprès du Nil qui, après avoir pris sa source dans le Paradis terrestre, féconde les déserts de l'Égypte. Arrivé sur les bords du fleuve, Amaury s'en ouvre le passage au moyen d'un pont de bateaux, laisse un fort détachement d'infanterie pour la garde des deux têtes du pont, et se met de sa personne, avec trois cents chevaliers, à la poursuite de Sarracon qui avait pris la fuite, et le presse vivement lui et son armée qui était fort considérable, puisqu'elle comptait quatorze mille Turcs et trois mille combattants Arabes. Après avoir fui l'espace d'un jour entier devant le roi Amaury, il ne manquait pas d'arriver aux deux armées des messagers qui venaient des pays situés entre elles, dont les uns disaient au roi qu'il n'avait qu'à fondre sur cette multitude déjà épuisée par la faim et la fatigue pour l'exterminer en un instant, et les autres engageaient, au contraire, les Turcs à s'arrêter, en leur disant qu'il leur serait bien facile, nombreux comme ils l'étaient, d'envelopper la poignée d'hommes qui les poursuivait. L'armée de Sarracon fait donc volte-face, elle attend le roi de pied ferme pour lui livrer bataille, après avoir commencé par se laisser emporter par une fuite précipitée. Comme la nuit approchait, on campa près d'un cours d'eau fort étroit, qui séparait seul les deux armées. Comme le roi, couché dans le creux de son bouclier, prenait quelque repos, il vit tout à coup, au milieu de son sommeil, saint Bernard lui apparaître, lui rappelant et lui reprochant ses péchés et lui disant qu'il n'était pas digne de porter dans ce combat le fragment de la croix vivifiante qu'il avait, selon la coutume, pendu à son cou. Aussitôt ce roi, saisi de trouble et de terreur, demande pardon, et confesse avec larmes ses péchés au saint qui venait de lui parler. Alors, le bienheureux Bernard, approchant la main, s'empare de la croix qui pendait au cou du roi, et, le bénis-

Saint Bernard apparaît au roi Amaury en guerre contre les Turcs.

Bernard ordonne à Amaury de donner la croix à Clairvaux.

---

nue fovens benedictionis irriguo, sic me præsentem beneficiis exhibebo, ut inde non videar aliquando recessisse. » Undique nobis materiam consolationis exquirit; ita ut nuper in ipsis patribus transmarinis, nostris inventus sit inhiare subsidiis. Factum enim post annos plurimos ab obitu sancti hujus, ut sanctitatis suæ signa de crucis signaculo radiarent, et quam pia cupiditate virtutem vivificæ crucis ambiret, ipse crucis consecrator ostenderet. Cum enim Sarracon, dux Turcorum, urbem Alexandriam et adjacentem Ægypti provinciam disposuisset invadere, suæque subjicere ditioni; et rex Jerusalem, christianissimus Amalricus, requisitus a Saracenis Ægypti, repentino impetu in præsidia subvectionis accingitur, timens videlicet et præcavens in futurum, ne si forte Turcos in Ægypto dominari contingeret, et majorem in Christianos agerent pro locorum vicinitate perniciem, et ipse interim ex Ægypto tributariam perderet functionem. Electis igitur militibus, et instructo progressus exercitu, in occursum properat Sarraconis, vadens et progrediens usque ad alveum Nili fluminis, quod de paradisi fonte dissiliens, aridas Ægyptiorum irrigat regiones. Cumque venisset ad flumen, fecit illud navium potestate meabile, et relinquens in custodia pontis ex utraque parte fluminis milites peditesque non paucos, et ipse cum trecentis equitibus fugientem Sarraconem insequitur, persequens eum et exercitum ejus grandem, quatuordecim millia Turcorum, et tria millia pugnatorum Arabum contrahentem. Illis autem itinere diei unius ante regis impetum fugientibus, non deerant hinc inde nuntii de medio concurrentes, quorum alii suggerebant regi, ut multitudinem illam contritam, et fame et lassitudine dissolutam jamjam consumpturus invaderet, et alii è contrario Turcos hortabantur, ut starent; facile admodum fore concludi paucos in manu tantæ multitudinis affirmantes. Convertitur ergo Sarraconis exercitus, et exspectato rege instruuntur ad pugnam, qui prius præcipites ferebantur in fugam. Adveniente autem nocte, castrametati sunt juxta aquas, quæ utrumque exercitum stricto satis alveo dirimebant. Cumque obdormisset rex in ipso clypei sui concavo requiescens, confestim sibi in somnis beatus Bernardus apparuit, exprobans et improperans ei peccata sua, et quod non esset dignus vivificæ crucis lignum (quod de consuetudine appensum collo gestabat) in illo certamine circumferre. Statimque rex territus et turbatus veniam petit, et sancto qui loquebatur ad eum, peccata sua flebiliter confitetur. Tunc beatus Bernardus admota propius manu crucem sanctam quæ collo regis pendebat, accepit; et benedicens

sant trois fois avec la croix sainte, il le console en lui disant : « Roi, ayez confiance, vous vaincrez par ce signe, et vous échapperez sain et sauf à vos ennemis du milieu du plus grand péril auquel vous ayez jamais été exposé. » A ces mots, il sembla à Amaury qu'il voulait se retirer, en emportant avec lui la croix qu'il avait détachée de son cou ; mais le monarque le retenant, lui dit : « Je ne vous laisserai point aller que vous ne m'ayez rendu ma croix. » Le saint lui repartit : « Non, non, prince, car j'ai encore d'autres enfants à qui je dois avec cette croix procurer les bénédictions du ciel. » A ces mots, le roi se réveille, l'Aurore paraît, le soleil répand à flots son éclatante lumière et les deux armées s'avancent pour en venir aux mains. La petite troupe du roi fond sur la multitude des ennemis. Au milieu de cette foule, le roi paraît comme englouti au sein des flots de la mer; cependant, par la vertu du signe de la foi, il fait mordre la poussière aux ennemis de la croix du Christ. Il en tombe mille à sa gauche et des milliers à sa droite et les chrétiens portent partout la victoire au nom du Christ; mais, pendant que les uns sont occupés à combattre d'un côté et les autres de l'autre, le roi reste seul sur un tertre de sable amoncelé, d'autant plus près de la mort et de l'extermination, qu'il est plus loin de siens et plus privé de tout espoir de secours. Du haut de l'éminence qu'il occupait, il voyait les Turcs accourir de tous côtés, déjà même il n'attendait plus que la mort qui le menaçait de toutes parts, et n'avait plus d'espérance de salut que dans ce qu'il savait qu'il n'était pas connu des ennemis. Se rappelant alors la vision qu'il avait eue, il fit un vœu au dedans de lui, et promit à Dieu et à saint Bernard, s'il échappait vivant aux mains des ennemis, de donner aux religieux de Clairvaux la croix que leur père lui avait demandée pour eux. Tout à coup, trente chevaliers, qui ont de loin reconnu leur roi, fondent vigoureusement sur les Turcs pour détourner leurs efforts contre eux-mêmes, en sorte que, tout l'effort du combat se concentrant sur eux, les ennemis ne reconnussent point le roi, et cessassent de le presser. A cette vue, quinze autres chevaliers de la sainte milice du Christ s'élancent au plus épais de la mêlée et, selon ce qui est écrit, « Dans ces milliers d'ennemis, on voit un seul homme en mettre mille en fuite et on en voit deux en mettre des milliers en déroute. » Ces quinze chevaliers, réunis aux trente autres, dispersent ou massacrent tout ce qui se présente, rejoignent leur roi, tout joyeux de la victoire qu'ils viennent de remporter. Voilà comment il arriva que ce prince, suivant la parole de notre saint abbé, obtint la protection de la croix par les mérites de ce saint père. Ce même prince fit ensuite le récit détaillé de la vision qu'il avait eue, à Richer, abbé du Saint-Sépulcre, qui l'a ensuite fidèlement racontée en Gaule. C'était un homme jouissant d'une grande considération, d'une vie sainte et autant au dessus de tout soupçon de mensonge, qu'il était, par la grâce de Dieu, étranger aux corruptions du monde. Ainsi soit-il.

---

ei trino signaculo sanctæ crucis, consolabatur eum dicens : « Confide rex in hoc signo vinces, et in periculo timoris magni, quale nunquam hactenus expertus es, sine læsione tui hostes evades. » Cumque hoc dixisset, visus est velle discedere, crucem quam à collo regis acceperat portans secum. Rex autem apprehendens eum ait : Non dimittam te nisi crucem dimiseris mihi. Ad quem sanctus : « Noli, inquit, nolis, rex; alios filios habeo quos oportet crucis hujus signaculo benedici. » Et his dictis somnus abiit, et fulgor matutinus illuxit, factaque copia splendoris et lucis, uterque exercitus sibi invicem ad ineunda certamina propinquavit. Aggreditur regis cuneus multitudinem copiosam, et in medio ejus qui in pelago maris absorptus inimicos crucis Christi sub crucis vexillo prostravit. Cadunt à latere suo mille, et multa millia à dextris ejus, et discurrunt undique triumphantes in Christi nomine Christiani ; ita ut dum illi diversis pugnæ partibus dividuntur, rex ipse solus in quodam congesti sabuli tumulo remaneret tam morti et internecioni proximus, quam longe erat suorum omnium solatio destitutus. Cernebat ex eminenti stationis suæ loco Turcos undique concursantes. Nam jamque imminentem sibi exspectabat interitum, nisi quia in eo quodam modo confidebat, quod se illis non ignorabat ignotum.

Recordatus illico præteritæ visionis, et pia intra se votà conficiens, pollicitus est Deo et beato Bernardo, quod si de manu inimicorum vivus evaderet, crucem quam sanctus petierat, filiis ejus Clara-vallensibus destinaret. Continuo igitur triginta de militibus suis regem ipsum à longe cognoscentes, aeri in se certamine Turcos provocant ad pugnandum, ut vergente in illo fortitudine tota conflictus rex iterum ab hostibus et ignotus persisteret et securus. Quod cum quindecim milites de sacra Christi militia conspexissent per confertissimos hostes violenter irrumpunt, persequentes juxta quod scriptum est, unus mille, et duo fugantes decem millia in millibus suis. Associati ergo aliis triginta militibus, divisis et cæsis occurrentibus inimicis ad regem suum cum lætitia et victoria pervenerunt. Sicque factum est, quod et rex juxta verbum sancti patris nostri de beneficio sanctæ crucis donum ejusdem sancti patris meritis apprehendit. Porro supradictæ ordinem visionis idem ipse rex Richero abbati Salvationis ore proprio diligenter exposuit, qui eam postmodum in Gallicanis partibus fideliter nuntiavit, vir utique testimonii boni et conversationis honestæ, tam a mendacii suspicione remotus, quam a vitæ corruptionibus alienus. Deo gratias. Amen.

AU LECTEUR,

PRÉFACE DE HORSTIUS

SUR LE LIVRE SUIVANT DES MIRACLES DE SAINT BERNARD.

I. Parmi tous les saints que leurs miracles ont rendus célèbres, saint Bernard me semble occuper un des premiers rangs, sinon le premier. Il y a là de quoi fermer la bouche de tous ceux qui disent des choses injustes et qui révoquent en doute les miracles des derniers temps. Il ne manque pas, en effet, de Pharaons qui endurcissent leur cœur à la vue et au récit de tant d'insignes merveilles, pour ne pas être contraints de reconnaître que Dieu est admirable dans ses saints; oui, on rencontre encore de ces serpents et de ces aspics qui se rendent sourds en se bouchant les oreilles afin de ne point entendre les paroles du sage enchanteur. Bien plus on trouve, même de nos jours, de ces pharisiens aveugles et opiniâtres ou même pires que cela encore, qui ne font aucune difficulté d'attribuer ces miracles au pouvoir de Satan. Ils regardent les miracles comme superflus depuis que l'Évangile prêché par tout le monde y répand sa lumière, aussi tous ceux que les hommes les plus dignes de foi nous racontent comme s'étant accomplis depuis lors, bien qu'ils se soient passés au su et au vu de l'univers entier, ils les rangent au nombre des fables et des inventions ou les expliquent même par des tours d'adresse. O hommes aveugles et misérables, qui voyez et ne discernez point, qui entendez et ne comprenez point ! Non, le bras du Seigneur n'est point raccourci, et aujourd'hui encore il peut faire par ses fidèles serviteurs des choses qui surpassent les sens des hommes et les forces de la nature, si la nécessité s'en fait sentir. Nous n'avons point à prouver cette thèse, c'est à celui qui a tout fait avec poids et mesure, à celui dis-je, dont la « sagesse atteint avec force d'un bout jusqu'à l'autre et dispose tout avec douceur, » d'en montrer la vérité. Il y aurait témérité, impiété même, à fixer sur ce point des lois et des limites à la puissance et à la providence de Dieu. Jetez seulement les yeux sur cette vie de saint Bernard, vous qui en voulez à la gloire du saint, et vous verrez que sa sainteté tout à fait exceptionnelle est attestée, je ne dis pas seulement par ses écrits, et encore par ses œuvres, mais aussi par tant et de si irrécusables témoignages que la calomnie n'oserait même pas se permettre de l'atteindre, et qu'elle est telle qu'elle commande le respect même à ses ennemis les plus déclarés. Quant aux miracles, bien que par eux-mêmes, ils ne soient pas des preuves indubitables et irréfragables de sainteté, cependant en Bernard, la sainteté de la vie et le don des miracles sont si étroitement liés qu'il faudrait être ou insensé ou impie pour essayer de les séparer l'un de l'autre dans ce saint homme.

Les hérétiques révoquent les miracles en doute.

Saint Bernard s'est distingué par le don des miracles.

II. Aussi, que les uns fassent son éloge d'une manière et les autres d'une autre, pour moi j'applaudis de tout mon cœur à leurs efforts, parce que je ne trouve aucun éloge qui soit à la hauteur de ce qu'il mérite. Cependant, je ne puis pas ne point lui donner par excellence, le nom de thaumaturge, en voyant tous les miracles qu'il a faits, et la manière aussi admirable que familière dont la puissance de Dieu s'est montrée en lui. Je veux bien qu'il n'y ait pas de saint qui puisse depuis bien longtemps revendiquer ce titre, on ne saurait pourtant se refuser à reconnaître que saint Bernard peut réclamer pour lui le double honneur de la sainteté et du pouvoir de faire des miracles, bien qu'on ne voie pas de saints ardents à ambitionner pour eux l'honneur et la gloire. Après tout, il est certain que Bernard s'est toujours tout particulièrement appliqué à repousser la gloire loin de lui, pour l'attribuer à celui qui « seul fait tout en tout et seul fait des miracles. » Mais nous, nous devons malgré cela louer Dieu dans ses saints et nous rappeler d'autant plus soigneusement les miracles que, par la vertu de Dieu, ils ont

Quelle est la fin des miracles.

faits, soit pour faire éclater la gloire de Dieu, soit pour confirmer la foi, soit enfin pour assurer le salut du peuple chrétien si nous ne voulons point les priver de la fin pour laquelle ils ont été faits, ce qui ne manquerait pas d'arriver si nous les négligions à dessein et si nous n'en parlions point, par indifférence ou plutôt par irréligion. Or, la fin principale des miracles, c'est de faire éclater la gloire de Dieu, de montrer sa puissance, d'établir surtout l'orthodoxe vérité de la foi, de confondre les incrédules, ou enfin d'affermir les fidèles dans leur croyance. Enfin, pour ne point parler des miracles des autres saints, je trouve que ceux de Bernard seul fournissent de si nombreux et de si éclatants appuis à la foi, que tout chrétien peut dire avec Richard de Saint-Victor, s'il se sent pressé par le démon du doute : « Seigneur, si je me trompe, mon erreur vient de vous. Car toutes ces vérités se trouvent confirmées à nos yeux par des signes et des prodiges et par des merveilles tels qu'ils ne peuvent venir que de vous. Certainement, elles nous ont été transmises par des hommes d'une suprême sainteté, et se sont trouvées appuyées sur des preuves décisives et authentiques par vous-même, qui avez coopéréré avec eux et qui avez confirmé leurs paroles, par les merveilles dont vous les avez fait suivre. » C'est en ces termes que s'exprimait Richard. Je crains de pousser trop loin mes remarques, et, pourtant, je ne puis me défendre de rapporter ici les paroles de saint Grégoire le Grand, tant elles trouvent ici naturellement leur place. Après avoir comparé les miracles des saints à des remparts, et leurs vertus à des boucliers dont les chrétiens se servent pour se défendre et se mettre à couvert, il continue en ces termes: « Ce qui prouve la vérité de ce que les saints nous ont dit de Dieu, ce sont les miracles qu'ils ont faits, attendu qu'ils n'auraient pu en opérer de pareils par son intervention, si ce qu'ils nous disaient de sa part n'eût point été la vérité. Ce qui nous montre aussi combien ils étaient pieux, humbles et bons, ce sont les œuvres qu'ils ont accomplies. Si donc nous avons quelques tentations contre la foi que nous tenons de leur prédication, jetons un regard sur les miracles qui ont accompagné leur parole, et nous nous sentirons raffermis dans la foi que nous avons reçue d'eux. Que faut-il voir dans leurs miracles, sinon les remparts de notre foi ? Car nous pouvons par eux nous abriter contre les camps des ennemis, et pourtant nous ne les tenons point dans la main de notre libre arbitre. En effet, nous ne saurions en faire de pareils, etc. » Il m'a semblé que je devais m'arrêter ainsi un peu plus longuement sur ce sujet, à cause de ceux qui n'ont qu'une foi médiocre aux miracles, ne leur accordent pas toute l'importance qu'ils ont, déchirent l'auréole de gloire des saints et n'honorent point ceux que Dieu a voulu honorer par ces merveilles. J'espère donc que ce qui précède n'aura été ni désagréable, ni inutile au lecteur. Ce dont je suis sûr, c'est que nul admirateur de saint Bernard ne me blâmera de l'avoir écrit.

III. A ces paroles de Horstius, qu'il nous soit permis d'ajouter que les miracles de saint Bernard ont paru si éclatants de son vivant, et même avant la prédication de la seconde croisade dont il sera parlé dans le livre suivant, que Bérenger même, le disciple et le défenseur d'Abélard, ne fait aucune difficulté dans son Apologie pour son maître, de les regarder comme indubitables, malgré son hostilité contre saint Bernard. Voici, en effet, en quels termes il s'adresse à saint Bernard lui-même : « Depuis longtemps, la renommée, au vol rapide, a répondu par tout l'univers et préconisé vos vertus, raconté vos miracles. Nous déclarions bienheureux les siècles modernes que l'éclat d'un astre si brillant a illustrés, et nous pensions que ce n'est que grâce à vos vertus que ce monde, depuis longtemps destiné à périr, était encore debout. Nous espérions que votre langue serait l'arbitre qui déciderait de la clémence de l'air, de la tempérie des saisons, de la fertilité de la terre et de la bénédiction des moissons. Votre tête touchait aux nues, et, comme on dit vulgairement, vos rameaux dépassaient l'ombre des montagnes. C'est dans cet état que vous avez longtemps vécu, et que vous avez doté l'Église d'établissements si purs, qu'à la vue seulement de la ceinture de vos reins il nous semblait entendre les démons rugir, et que nous nous félicitions d'avoir dans notre bassesse un si grand protecteur. » C'est ainsi qu'il parlait, rendant de cette manière, même malgré lui, témoignage à la vérité ; ce qui ne l'a pas empêché de citer plus loin Bernard au tribunal de l'opinion publique, pour avoir attaqué Abélard. (Note de Mabillon.)

VIE DE SAINT BERNARD

PREMIER ABBÉ DE CLAIRVAUX.

LIVRE SIXIÈME

COMPRENANT LES MIRACLES OPÉRÉS PAR LUI EN L'ANNÉE 1146, DANS L'ALLEMAGNE, LA BELGIQUE ET LA FRANCE, ET DIVISÉS EN TROIS PARTIES, AYANT CHACUNE UN AUTEUR DIFFÉRENT.

Herbert [a], abbé de Mores, raconte comment le livre des miracles de saint Bernard s'est trouvé miraculeusement conservé.

Dernièrement, pendant une visite que le vénérable Pierre, abbé de Clairvaux, faisait à ses monastères [b], qui fleurissent d'une manière admirable dans la province de Reims, par un effet de la grâce du Saint-Esprit, nous arrivâmes avec lui au monastère de Valleroy. Nous y trouvâmes une multitude incroyable de miracles de saint Bernard, que la crainte de fatiguer le lecteur ne permit pas d'insérer dans l'histoire de sa vie, attendu que, si on les avait rapportés tous, il y aurait eu de quoi en composer plusieurs volumes. Nous empruntâmes et apportâmes avec nous ce livre de miracles, qu'il se trouvait que nous ne possédions point à Clairvaux, afin de le faire copier. On l'avait placé dans une valise avec sept autres livres, dont les uns étaient plus, les autres moins volumineux. Or, à notre arrivée, au monastère de Longpont, on conduisit à l'abreuvoir avec les autres chevaux celui qui portait ces livres; mais on eut l'imprudence de lui lâcher la bride sur le cou au moment où il s'engageait dans le gué, il tomba dans un trou, et, pendant l'espace d'une heure, il flotta et nagea un peu au hasard et dans un danger de se perdre. Tous ceux qui étaient là criaient qu'un cheval chargé de livres et de vêtements était sur le point de se noyer avec le garçon qui le montait. On accourut de tous côtés pour lui porter secours. Cependant la bête et son cavalier avaient disparu

[a] Herbert devint plus tard archevêque de Turin, en Sardaigne. Il a écrit trois livres sur les miracles de saint Bernard et d'autres saints, ses disciples, dont il sera parlé plus loin.

[b] Il s'agit ici des abbayes de Foigny, de Bonnefontaine et de Ligny.

DE VITA S. BERNARDI ABBATIS
LIBER SEXTUS

SEU MIRACULA AB EO PER GERMANIAM, BELGIUM, GALLIAMQUE PATRATA, ANNO MCXLVI, IN TRES PARTES DISTRIBUTA, QUÆ SINGULÆ SUOS PREFERUNT AUCTORES.

Narratio Herberti abbatis cænobii Morensis, de libro Miraculorum S. Bernardi, per insigne miraculum servato.

Visitante nuper venerabili abbate Claræ-vallensi Petro monasteria sua, quæ in Remensi provincia flante spiritu Dei venustissime florent, nos quoque cum illo profecti venimus die quadam una cum ipso ad monasterium Vallis-Regis. Invenimus autem ibidem miraculorum sancti Bernardi multitudinem copiosam, quæ propter legentium tædium in codice vitæ ejus inseri non potuerunt. Nam si prolixius scriberentur, plurima inde volumina conficerentur. Hunc ergo MIRACULORUM LIBRUM, quem in CLARA-VALLE non haberi comperimus, acceptum mutuo nobiscum ferre curavimus, ut eum transcribi faceremus. Portabatur autem in mantica, cum aliis septem libris, tam majoris quam minoris voluminis. Venientibus itaque nobis ad monasterium Longi-pontis, contigit ut eorumdem librorum portitor equus cum cæteris ad aquam duceretur. Qui dum incaute dimissis habenis vadum excederet, lapsus in profundum stagni fluctuando et natando ferme unius horæ spatio huc et illic anxie pervagabatur. Exclamantibus autem qui aderant, quod equus ille librorum atque vestimentorum sarcinam

sous l'eau, et on ne voyait plus que leurs bouches paraître un peu à la surface. Un jeune homme se dépouilla de ses vêtements, et pendant assez longtemps essaya de leur porter secours, il fit tous ses efforts pour les tirer de danger, mais le cheval lui échappa et il ne put y réussir. Enfin on arriva avec un petit bateau qu'on était allé prendre fort loin de là, et, par la grâce de Dieu, on put tirer du danger et ramener à terre le jeune garçon et son cheval, non-seulement pleins de vie l'un et l'autre, mais complètement sains et saufs; quant à la valise où se trouvaient les livres, on la recueillit aussi, mais toute pleine et gonflée d'eau comme une outre. On eut la négligence de la laisser très-longtemps sans l'ouvrir, et, lorsque enfin on l'ouvrit, il se trouva que tous les livres, depuis le plus grand jusqu'au plus petit, avaient été tellement mouillés qu'ils étaient effacés comme s'ils avaient passé bien longtemps au fond de l'eau. Toutefois, le livre des miracles, qui était avec tous les autres que l'eau avait atteint et complètement mouillés, se trouva si sec et si intact, si beau et si frais, qu'on n'aurait jamais pu croire qu'il sortait de l'eau, on aurait plutôt dit qu'on venait de le prendre sur les tablettes d'une bibliothèque. En effet, comme on peut le voir encore aujourd'hui, l'eau n'avait pas altéré la moindre lettre, ni grande ni petite; bien plus, elle ne l'avait pas même mouillé, tandis que tous les autres, comme je l'ai dit, avaient tellement souffert de leur séjour dans l'eau, qu'ils étaient redevenus comme du parchemin qu'on vient de préparer, et se trouvaient tout à fait impropre à quelque usage que ce fût. Pleins d'admiration à la vue de cette merveille et transportés de joie, nous nous mîmes à rendre grâces à Dieu, qui avait voulu glorifier par ce miracle les mérites vénérés de Bernard son bien-aimé. Amplement consolés par là, nous avons supporté la perte que nous avions faite des autres livres, non-seulement très-facilement mais même très-gaiement, d'autant plus que dans cette heureuse pêche qui nous rendait ce livre, nous avions rapporté du fond des eaux un tel et si grand miracle. Nous avions deux motifs de nous sentir pleins d'allégresse, d'abord l'éclat même des miracles racontés dans ce livre, dont le présent miracle nous rendait encore plus sûrs; en second lieu, la vie du jeune garçon qui s'était sauvé par ce moyen, et dont nous ne pouvons attribuer le salut à autre chose qu'aux prières et aux mérites de notre très-saint confesseur.

---

habens cum puero superposito mergeretur, accurritur undique ut ei succurratur. Interim autem quadrupes, et ipse puer sub aqua latebant, nisi quod ora protensa modice superius apparebant. Quidam vero juvenis indumentis exutus, et natando diutius insecutus pereuntes; eripere voluit, sed fugiente caballo minime potuit.

Tandem vero quæsita et de longe adducta navicula, miserante Domino, reducti et liberati sunt simul adolescentulus, et caballus, non modo viventes, verum etiam salvi et alacres; mantica vero continens ipsos libros inventa est aquis, in modum utris, plena atque distenta. Quæ dum postmodum incuria ministrorum clausa diutissime permaneret, tandem ea reserata inventi sunt libri a minimo usque ad maximum, ita madefacti atque deleti, ac si in profundo stagni diutius jacuissent. Verumtamen solus ille MIRACULORUM LIBER, cum tamen cæteris aqua imbutis atque submersis esset immixtus, ita repertus est incorruptus et siccus, ita pulcher ac floridus, ut minime tunc extractum de vivario crederes, sed potius assumptum de armario diceres. Nam quemadmodum usque hodie cernitur, ne unam quidem in eo litterulam magnam vel modicam aquæ stilla delevit, aut tetigit, cum cæteri, sicut dictum est, libri ita fluctibus obliterati, et pellium more confecti viderentur, ut nullis deinceps usibus judicarentur apti. Unde mirati et magna jucunditate repleti, gratias egere multimodis divinæ clementiæ, qui dilecti sui Bernardi merita veneranda voluit etiam nunc hujusmodi signo glorificare. Nos quoque magnifice consolati, proprium damnum de submersione librorum non modo levissime, verum etiam lætissime tulimus; quippe qui in ejus restitutione, jucunda vere piscatione, tantum et tale miraculum de immensitate aquarum cum libris extulimus. Et quidem duplex nobis incubuit exsultandi materia, tum pro ipsa miraculorum gloria commendata, de quorum certitudine præsenti miraculo certiores existimus; tum pro ipsa pueri vita donata, cujus liberationem sanctissimi confessoris hujus precibus et meritis attribuendam esse non dubitamus.

PRÉFACE DE PHILIPPE DE CLAIRVAUX,

SUR LE LIVRE DES MIRACLES DE SAINT BERNARD,

A SAMSON, ARCHEVÊQUE DE REIMS.

Au très-cher père et Seigneur, par la grâce de Dieu, archevêque de Reims, le frère Philippe de Clairvaux, salut et vœu qu'il s'avance de clarté en clarté comme poussé par l'esprit du Seigneur.

Ce serait à moi une grande présomption, si ce n'était l'effet d'une très-grande affection, d'oser écrire à Votre Sublimité. Que peut-il y avoir de commun, en effet, entre le serviteur et son seigneur, entre le disciple et son maître, entre un moine et un évêque. Non, il n'y a rien de commun entre Votre Sublimité et moi, puisque d'un côté se trouve une dignité suprême et de l'autre un abaissement profond. Celui qui est une fois enseveli pour le monde ne doit plus être rappelé dans le monde, et quand on a imposé silence à ses lèvres, on ne doit plus rentrer dans les luttes de la parole et poursuivre la gloire de l'éloquence. Vous savez bien, mon seigneur et père, qu'un moine ne connaît point l'art d'écrire, qu'un ignorant n'a rien de ce qu'il faut pour l'exercer, et qu'un pénitent ne doit point placer dans cet art ses affections. D'ailleurs, il m'est dur et pénible, quand tous les autres religieux vaquent à la prière et voient combien le Seigneur est doux, de manier le stylet et les tablettes, et vous savez que ce qui devrait être mon partage, c'est le martyre d'une rude pénitence. J'ai appris que, en vérité, il n'y a rien de plus efficace pour mériter les richesses de la grâce du Seigneur, que de demeurer en silence et de partager les sentiments des hommes humbles. L'humilité est la reine des vertus, et son fils aîné est le silence ; c'est en cela et de cela que dépend le culte de la justice, selon ce que nous assure un juste, qui a dit : « Le culte de la justice, c'est le silence (*Isa.* XXXII, 17.) » Mais je m'avance beaucoup trop loin et je dois interrompre la marche de mon discours. C'est bien mal commencer, en effet, que de contraindre à se fixer trop longtemps sur ces lignes des regards que vous devez à tant d'autres que moi. Mais, après tout, la bassesse, le néant de votre serviteur aurait-il osé se permettre de le faire, si l'humilité de Votre Grandeur ou plutôt la grandeur de votre humilité, très-aimable père, ne m'eût prévenu et ne fût intervenu entre vous et moi ? Vous m'avez demandé, en effet, de vous écrire tout ce que je pourrais découvrir touchant les miracles de notre père, votre ami, de celui qui vous a aimé non point en parole et du bout des lèvres, mais en œuvre et en vérité. Ces miracles réclamaient une critique plus habile et un critique plus entendu, bien que, à vrai dire, je me sois contenté de les recueillir plutôt que de les décrire. Ce dont je suis certain, c'est que j'ai tout

PHILIPPI DE CLARA-VALLE PRÆFATIO
IN LIBRUM MIRACULORUM S. BERNARDI,
AD SAMSONEM ARCHIEPISCOPUM REMENSEM.

Charissimo patri et domino S. Dei gratia Remorum archiepiscopo, frater PHILIPPUS de Clara-valle, ambulare a claritate in claritatem tanquam a Domini Spiritu. Multa esset præsumptio, si non multa esset dilectio, quod Vestræ præsumo scribere Sublimitati. Quid enim servus ad dominum, discipulus ad magistrum, ad episcopum monachus ? Nihil mihi et illi, cum illum summa dignitas, me vilitas alta componat Sepultus inter homines, non est revocandus ad homines, nec revocari debet ad phaleras gloriamque verborum, qui silentium imposuit ori suo. Scitis et vos, domine pater, quia scribere nec monacho in usu, nec indocto in promptu, nec pœnitenti esse debeat in affectu. Durum quoque est, ut cum alii vacent et videant quoniam ipse est Dominus, ego stilum tabulasque involvam, quem non ignoratis durioris pœnitentiæ martyrio confringendum. In veritate didici nihil esse efficacius ad promerendum divitias gratiæ Domini, quam sedere et tacere, et semper humilibus consentire. Humilitas virtutum regina, primogenitum filium suum silentium parit ; in quo, et de quo cultus justitiæ pendet, justo attestante qui ait : *Cultus justitiæ silentium.* Sed nimis progredior, et interrumpendus est cursus sermonis ; quia fortassis incommoda prælibatio est, si quos pluribus debetis oculos, detineam pagina longiori. Idipsum autem quando præsumpsisset pusillitas, vel pusillanimitas mei, servi vestri ; nisi prævenisset vel intervenisset vestra humilis sublimitas, imo sublimis humilitas, amantissime pater ? Rogatis igitur, ut scribam vobis, quæ comperta habeo de miraculis patris nostri, amici vestri, qui vos diligit non verbo neque lingua, sed opere, et veritate. Et illa quidem egebant diligentiori disputatione, et doctiori dispu-

entendu de mes oreilles ou vu de mes yeux ; j'en excepte pourtant ce qu'il a fait dans son voyage pour aller au concile d'Étampes et pour en revenir; cela je ne l'ai ni vu ni entendu, mais d'autres que moi, à qui je crois comme à mes propres yeux, l'ont vu et entendu et me l'ont rapporté. C'est à cette époque, en effet, que je suis entré à l'école du Christ et que j'ai dit adieu au siècle, pour les siècles des siècles. J'ai résolu de confier le récit de tous ces miracles et de ce qui s'est passé durant le cours du voyage d'Étampes, et qu'on a fidèlement recueilli, à un homme doué d'une plume élégante et religieuse, qui sache mettre en lumière ces œuvres de lumière avec toute la puissance du style. Pour vous, quand vous recevrez cette lettre, priez pour votre Philippe, qui toute sa vie sera vôtre dans les entrailles de Jésus-Christ.

PREMIÈRE PARTIE,

PAR PHILIPPE, RELIGIEUX DE CLAIRVAUX.

CHAPITRE PREMIER.

Bernard va à Constance. Noms et qualités de ceux qui ont été les témoins oculaires des miracles qu'il a opérés.

1. Pendant que le serviteur de la croix prêchait la croisade dans le royaume Teutonique, il se vit obligé d'aller trouver le roi Conrad, pour négocier une paix. Il le rencontra à Francfort, château-fort situé sur le Mein, dans le territoire de Mayence, et tirant son nom de ce qu'il y avait en cet endroit un passage appelé le gué des Francs. L'évêque de Constance, Hermann, homme religieux, s'y trouva aussi pour le prier de vouloir bien lui faire l'honneur de monter jusque dans son pays. Bien des choses s'opposaient à ce que Bernard accédât à ce désir. La première et la plus importante de toutes, c'était sa sollicitude profonde, son amour extrême pour ses chers enfants de Clairvaux, qu'il avait hâte d'aller rejoindre, car une mère ne saurait oublier le fruit de ses entrailles, et il souffrait de se voir séparé de ses enfants depuis près d'une année. Cependant les instances de monseigneur l'évêque de Constance triomphèrent de ses résistances, car il agit auprès de lui à temps et à contre-temps, par lui-même, par le roi et par les évêques, pour obtenir son consentement, qu'il donna enfin, tant il en coûtait à son extrême bonté de voir toutes ces personnes en suspens et contristées par son fait. Cependant, la crainte du Seigneur l'emporta et son esprit lui ouvrit la porte toute grande à ce voyage. Car il avait pour règle de conduite et pour habitude, quel que fût le penchant de son cœur, de ne rien accorder à son propre attrait dans la délibération des choses qui se présentaient à faire et de ne s'inquiéter que de connaître la volonté de Dieu. Il consentit donc à accompagner l'évêque de Constance, et, le premier dimanche de l'Avent, il arriva sur les terres de son évêché, dans une villa nommée Kentzigen, dont les habitants le reçurent avec une grande dévotion. A partir de ce moment on vit se produire des prodiges et des miracles, que les pierres mêmes se chargeraient de publier si nous les passions sous silence. Comme je me trouvais présent sur les lieux mêmes, j'ai jugé à propos d'en tenir note, afin d'éviter toute confusion et d'ôter tout prétexte au doute. En effet,

---

tatore ; cum illa tamen ego non scripserim, sed collegerim ; certus autem quod auribus meis audierim, et perspexerim oculis universa ; ipsa tamen quæ in itu et reditu Stampensis collocutionis effecit, ego nec vidi, nec audivi; sed viderunt et audierunt, qui ministri fuerunt sermonis, et quibus credo sicut oculis meis. Ego enim tunc intravi scholam Jesu, et valedixi seculo in seculum, et in seculum seculi. Decrevimus autem et hæc, et alia quæ fideli stilo a principio itinerarii ipsius excerpta sunt, alicui de linguis insignibus et religiosis commendare, qui potenti virtute verborum facta lucida perducat in lucem. Vos quoque, cum hanc epistolam susceperitis, orate pro Philippo vestro, qui vester ero, quandiu fuero, in visceribus Jesu-Christi.

PARS I.

AUCTORE PHILIPPO MONACHO CLARÆ-VALLENSI.

CAPUT I.

De profectione Bernardi Constantiam versus ; item de personis et nominibus eorum, qui miraculorum oculati testes fuerunt.

1. Cum in regno Teutonicorum verus crucis servus Bernardus verbum crucis annuntiaret; necesse fuit, ut regi Conrado pro quodam pacis negotio loqueretur. Occurrit autem *Franckevært* quod in territorio Moguntino super Mogum* situm est castrum, et a Francorum vado nomen accepit. Ibidem quoque Constantiensis episcopus, Hermannus nomine, vir religiosus, adfuit, obnixius supplicans, ut ad partes suas ascendere dignaretur Cujus petitioni multa quidem negotia resistebant ; maxime tamen Claræ-vallensium suorum intima sollicitudo et præcordialis affectus, ad quos redire omnimodo festinabat; neque enim filiorum uteri sui mater poterat oblivisci, sed toto fere anno avelli a se viscera sua gravissime querebatur. Vicit tamen constantia domini Constantiensis, cum opportune, importune modo per se, modo per regem et episcopos supplicaret. Sic nimirum intolerabile sibi indicat vir benignissimus pro se anxios contristari. Magis autem prævaluit timor Domini, et spiritus ejus suggerens apertum sibi esse ostium magnum. Hoc enim studium ejus, hæc consuetudo est, ut licet animum habeat affectione plenissimum, nullum tamen apud eum propria obtineat affectio locum in deliberatione faciendorum, sed totum sibi vindicet divinæ inquisitio voluntatis. Acquievit ergo venire cum episcopo. Et dominica prima adventus Domini ingressi sumus fines episcopatus Constantiensis ; et

* Mœnus.

j'ai tenu compte des noms de chacun, et tous tant que nous sommes qui étions présents quand ces miracles se sont opérés, nous en attestons la vérité de toutes nos forces. Or, ceux qui se trouvaient avec Bernard étaient, sans me compter, Hermann, évêque de Constance, Eberhard, son chapelain, deux abbés, Baudouin et Frowin [a], deux moines, Gérard et Geoffroy, trois clercs, Philippe, archidiacre de Liége, Otton et Francon. A ces personnes s'ajouta, pendant le voyage, Alexandre de Cologne, qui se rendait à Rome; mais, en voyant les œuvres de la puissance divine qu'opérait notre père, et en entendant ses fréquentes exhortations, il se sentit touché de repentir et se convertit. On trouvera chaque personnage indiqué par la première lettre de son nom.

CHAPITRE II.

Miracles opérés par saint Bernard à Fribourg, à Bâle et dans les lieux voisins de ces deux villes.

2. *L'évêque Hermann.* Un prêtre de la villa appelée Herenheim, que j'avais mandé exprès, indiqua un homme qui était aveugle depuis déjà dix ans; il était de sa maison, il se croisa au passage du saint, le premier jour de l'Avent, et à peine était-il rentré chez lui qu'il voyait clair. J'avais déjà entendu rapporter ce miracle auparavant et il n'est rien de plus certain que ce fait dans toute la contrée.

Eberhard. Deux hommes honorables, l'un prêtre et l'autre moine, m'ont rapporté que, dans la ville de Lapenheime, deux aveugles, qui s'étaient croisés le même jour, recouvrèrent la vue.

Philippe. Le lundi, en ma présence, un vieillard aveugle fut amené à l'église; le saint lui imposa les mains, comme vous l'avez tous entendu raconter, et tout le peuple s'écria que l'aveugle voyait clair.

L'abbé Frowin. J'ai vu cet homme, il avait recouvré la vue, et le frère Geoffroi le vit comme moi.

Francon. Le mardi, à Fribourg, une mère présenta le matin son enfant qui était aveugle à la maison où Bernard recevait l'hospitalité, elle le remportait après qu'il lui eût imposé les mains; le père nous ordonna de demander à l'enfant s'il voyait clair, je suivis cette femme et, quand j'eus interrogé l'enfant, il me répondit qu'il voyait, ce qu'il nous prouva de plusieurs manières.

Geoffroy. A peine étions nous entrés dans l'église, qu'un jeune homme qui était boiteux, se mit à marcher droit dès qu'il eut pris sur lui le signe de vie.

L'évêque. Tous, nous, l'avons vu devant l'autel, au moment où tout le peuple se mit à chanter les louanges de Dieu.

Eberhard. Le même jour je vis trois autres boiteux guéris.

Francon. Vous avez tous vu une femme aveugle, qui recouvra la vue en entrant dans l'église et qu'on a montrée ensuite au peuple.

---

[a] Frowin était moine dans l'abbaye d'Einsiedel, quand il devint abbé de Mont-Angel, en Suisse. Il écrivit avec talent plusieurs opuscules que nous trouvons dans la bibliothèque d'Einsiedel.

---

in villa cui nomen est *Kentingen* [al. Kentzigen prope Friburgum Brisgolæ], maxima populi devotione suscepti. Multa ex hoc divinæ miracula virtutis claruerunt; quæ etsi nos tacuerimus, lapides clamabunt. Propterea qui præsentes fuimus, dignum duximus annotare ea vitandæ gratia confusionis, et dubitationis abigendæ. Singulorum enim præscripsimus nomina; et singuli quod vidimus et audivimus, certa veritate testamur. Eramus autem cum eo ego Hermannus Constantiensis episcopus, et Eberhardus [al. Everardus] capellanus ejus [al. meus]; abbates duo Baldowinus, et Frowinus; monachi quoque duo, Gerardus, et Gaufridus; clerici tres, Philippus Leodiensis archidiaconus, Otto, et Franco; quibus additus est in ipso itinere Alexander [V. de eodem sup. lib. 4. n. 48. et lib. I. de viris illust. Ord. Cisterc. c. 27. Item inf. lib. 7. cap. 20. De Alex. Menol. Cist. 29 Jul.] Coloniensis. Romam enim proficiscebatur; sed videns opera divinæ virtutis, et audiens crebram patris exhortationem, compunctus est et conversus. Singulorum nomina ex præscriptione primarum invenies litterarum.

CAPUT II.

De miraculis per beatum Bernardum factis Friburgi, Basileæ, locisque vicinis.

2. *Hermannus episcopus.* Mihi sacerdos villæ *Herenheim* [al. Kipenheim] ob hoc ipsum vocatus indicavit hominem cæcum jam annis decem, qui de domo sua erat, Dominica prima Adventus signatum in transitu; ubi domum rediit statim illuminatum esse. Hoc ab eo prius audieram et in tota regione certissimum est.

Eberhardus. Ego a duobus honestis viris, quorum alter sacerdos, alter monachus erat, audivi duos in villa *Lapenheim* ipsa die signatos similiter illuminatos.

Philippus. Secunda feria me præsente cæcus senex adductus est in ecclesiam, et post manus impositionem, sicut omnes audistis, illuminatum eum populus acclamavit.

Frowinus abbas. Ego hominem illum videntem vidi et frater Gaufridus mecum.

Franco. Tertia feria in *Frienburg* puerum cæcum mater obtulit mane in hospitio; dumque reportaret eum post manus impositionem, jussit pater inquiri a puero an videret; et ego ipse secutus sum; et cum interrogassem puerum, clare se videre respondit; quod et in multis probatum est argumentis.

Gaufridus. Statim ut ingressi sumus ecclesiam, adolescens claudus per signum vitæ gressum accepit.

Episcopus. Omnes vidimus eum ante altare cum populus in Dei laudibus acclamaret.

Eberhardus. Ego illa ipsa die tres alios claudos erectos vidi.

Geoffroy. Et la jeune fille à la main desséchée, dont la guérison fut célébrée par des chants pendant l'offrande.

Gérard. Le même jour j'ai vu, moi, un jeune enfant aveugle recouvrer la lumière.

Otton. Le mercredi, quand le père après la célébration de la messe retournait à l'église, il toucha les mains d'une femme; elles étaient desséchées, il les rendit, peu d'instants après, à la santé. Vous avez entendu les chants du peuple; Francon et moi nous avons vu les mains de cette femme.

Geoffroy. La même chose arriva à un enfant à qui le saint, en sortant du bourg, rendit sous nos yeux l'usage de la main. Il y eut aussi une femme boiteuse, que, sur l'ordre du père, notre cher Henri était allé chercher et avait rapporté sur son cheval, parce qu'elle ne pouvait point nous suivre; elle put marcher sous nos yeux et à la place même où une enfant boiteuse dès le ventre de sa mère, avait commencé aussi à marcher elle-même, et toutes les deux pouvaient courir.

Francon. Pendant le voyage, une jeune fille recouvra l'usage de sa main qui était desséchée: je lui présentai le bâton de l'abbé et elle le serrait très-fort.

3. *L'évêque.* Pourquoi donc avez-vous omis de raconter que, le premier jour de son arrivée à Fribourg, il ordonna de faire une prière pour les riches, afin que Dieu fît tomber de devant leurs yeux le voile qui les aveuglait; car, tandis que les pauvres venaient recevoir la croix, ils hésitaient à le faire? Cette prière ne fut pourtant point inutile, car, comme vous le savez fort bien, les plus riches et même parmi eux les plus mauvais habitants du bourg se croisèrent.

Philippe. Vous n'avez point oublié sans doute cet aveugle-né qui se croisa à notre passage, et vous vous rappelez comment le saint abbé sentit qu'une vertu était sortie, non pas de lui, mais d'une parole de vertu et du signe de vie. En effet, à peine l'avions-nous dépassé de quelques pas, que le saint envoya voir s'il avait recouvré la vue, et on trouva qu'il voyait.

Geoffroy. Bernard nous a lui-même secrètement avoué qu'il lui arrivait bien souvent de pressentir les grâces qui devaient un jour être accordées à ceux à qui il donnait la croix. Pour ce qui est des deux femmes sourdes dont, le même jour, recouvrèrent devant nous la faculté d'entendre, le même jour que nous avons passé par la villa de Crocingen, en touchant la première des deux, je le tiens de lui-même, il s'adressa à Dieu, parce qu'il n'avait pas connaissance d'un seul cas de sourd qui eût obtenu sa guérison, puis il les toucha sans hésiter.

Eberhard. Eh bien! moi, j'ai vu aussi avec ces deux femmes un jeune homme qui vit clair à l'instant même.

L'évêque. Le mercredi matin, à Herzeretheim, après la célébration de la messe, j'ai amené à Bernard une jeune fille à qui il rendit l'usage de l'une de ses mains.

Philippe. Et moi je lui ai présenté un enfant sourd-muet de naissance, qui, à l'instant même, a entendu et parlé distinctement comme vous l'avez vu.

4. *L'évêque.* J'ai même adressé la parole à cet

Franco. Mulierem cæcam, quæ in ingressu ecclesiæ illuminata est et populo præsentata, omnes vidistis.

Gaufridus. Et puellam, cujus arida manus restituta est sanitati, de qua inter oblationes cantatum est.

Gerardus. Ego ipsa die puerum illuminatum vidi.

Otto. Quarta feria, cum post missarum celebrationem pater regrederetur ecclesiam, mulieris manus aridas tetigit, quas post paululum incolumitatem recepit. Cantum omnes audistis; ego et Franco vidimus ipsas manus.

Gaufridus. Sic et puero, cum egrederetur vicum, manus reddita est coram nobis. Sed et mulier clauda, quam patris jussu, dum consequi nos non valeret, reversus Henricus noster super equum suum attulerat, nobis videntibus, gressum recepit in ipso loco, ubi puella clauda ex utero cœperat ambulare, et simul duæ currebant.

Franco. In ipso itinere puellæ cuidam manus arida restituta est. Et ego ei baculum abbatis tradidi, et fortiter eum tenebat.

3. *Episcopus.* Quid illud omisistis, quod prima die in *Friæburg* pro divitibus jussit fieri orationem, ut auferret Deus velamen de cordibus ipsorum, quia pauperibus accedentibus, ipsi crucem suscipere cunctarentur? Neque enim otiosa fuit oratio; sed, ut scitis, ditissimi quique, etiam pessimi, vici illius signati sunt.

Philippus. Meministis etiam cæci illius senis, qui in via signatus est, et quemadmodum sensit pater sanctus exisse virtutem, non a se quidem, sed a verbo virtutis et signaculo vitæ; remisit enim cum paululum processissemus, qui inquirerent an videret, et inventus est videns.

Gaufridus. Ipse nobis secreto confessus est, quod sæpius futura erga eos quos signabat beneficia præsentiret; et de surdis illis mulieribus, quæ eadem illa die in villa *Crocingen,* per quam transivimus videntibus nobis auditum receperunt, ad tactum prioris, sicut ex ipsius ore audivi, locutus est Deo, quod nullum adhuc surdum hac vice beneficium sensisse cognovisset, et sine hæsitatione tetigit eas.

Eberhardus. Ego cum duabus illis etiam adolescentem vidi, qui in ipsa hora fuerat illuminatus.

Episcopus. Herzeretheim[*] quarta feria mane, post missarum solemnia, puellam, cui restituta manus est, ego obtuli.

[* al Heyreresheim ut c. 4. n. 30.]

Philippus. Et ego puerum surdum et mutum ab utero, quem protinus audistis recte loquentem et audientem clare.

4. *Episcopus.* Ego ipse allocutus sum puerum, ubi

enfant dès qu'il se fut croisé, et il m'a sur-le-champ répondu sans difficulté; aussi vous avez vu comme tout le monde s'est mis à pousser des cris de joie.

Geoffroy. Mais comment pouvait-il prononcer des mots qu'il n'avait jamais entendu articuler?

L'évêque. Ce pouvoir lui venait de celui qui rend la langue des enfants même éloquente.

Gérard. C'est ce que ce père nous avait répondu lui-même le soir précédent, dans un entretien intime que nous avions avec lui, en nous disant qu'il n'avait pas encore vu de sa vie un muet parler; d'autant plus, ajouta-t-il un peu après, que ceux qui sont muets de naissance, sont ordinairement sourds aussi. Je serais donc bien étonné, si on parvenait à les guérir, qu'ils pussent tout à coup entendre et parler une langue qui leur était parfaitement étrangère jusque-là.

Philippe. Nous avons vu tous cette jeune fille boiteuse qu'il a redressée au même endroit et à qui il a rendu la faculté de marcher, ainsi que l'enfant aveugle à qui il rendit la vue.

L'abbé Frowin. Une mère avait apporté son tout petit enfant qui était aveugle; à peine eut-il reçu la croix, qu'il recouvra la vue, mais la mère ne s'en aperçut que lorsque j'offris un fruit à l'enfant qui étendit la main et le prit, ce qui montra bien qu'il voyait clair.

Eberhard. Comme on reconduisait le saint, ou plutôt comme on l'emportait de l'église, il remit la croix en ma présence et sous mes yeux à un boiteux qui se trouvait à la porte et lui prit son bâton; le boiteux se mit à marcher et à sauter.

Philippe. Il y eut un enfant aveugle de naissance à qui le saint rendit la vue, au moment où nous sortions. Je l'ai vu de mes propres yeux ainsi qu'une multitude de gens qui se trouvaient là, ou plutôt nous en avons presque tous été témoins. De même un homme qui se trouvait paralysé de la moitié du corps, que le saint embrassa après lui avoir donné la croix, se trouva guéri à l'instant même sous nos yeux; déjà auparavant Bernard lui avait rendu saine une de ses mains qu'il avait desséchée. Dans la villa appelée Stieng, une femme qui était atteinte de cécité depuis quatorze ans se trouva guérie au moment même où le saint passait l'eau, ainsi que nous l'avons vu presque tous.

Gérard. Eh bien, moi, pendant le même voyage, j'ai vu une petite fille dont la main, qui était desséchée, fut guérie à la vue d'une foule de gens qui se mirent à applaudir.

5. *L'évêque.* A Bâle, le vendredi, après le sermon et la distribution des croix, on présenta à l'homme de Dieu une femme muette, dont la langue se délia dès qu'il l'eut touchée, en sorte qu'elle parlait comme il faut. Je l'ai vue de mes yeux, je lui ai même adressé la parole; mais qui n'a pas vu avant elle un boiteux dont la guérison excita de si grands applaudissements parmi le peuple?

Otton. Nous l'avons tous vu.

Eberhard. Ce même vendredi, les chevaliers de mon seigneur et moi, nous avons vu un enfant que sa mère avait amené aveugle à la demeure du saint, et qu'elle remmenait voyant clair.

Gérard. Il s'est fait ce jour-là beaucoup d'autres miracles que l'agitation de la foule nous a empêchés de voir; j'ai appris, en effet, de quelqu'un que

---

signatus est; et libere statim respondit, et omnes audistis populi vociferationem.

Gaufridus. Unde ei verba quæ nunquam audierat?

Episcopus. Ab eo qui linguas infantium facit desertas.

Gerardus. Hoc erat quod præcedente vespera secreto colloquentibus pater dixerat: Neminem adhuc mutum in hac vita se vidisse loquentem. Et post paululum: Cum soleant, inquit, qui muti sunt a nativitate, etiam surdi esse; mirum valde est an aliquando sic curentur, ut linguam, quam penitus ante non noverant, subito intelligant, et loquantur.

Philippus. Puellam claudam, quæ ibidem erecta est, et gressum recepit, et puerum illuminatum omnes vidimus.

Frowinus abbas. Infantulum cæcum mater attulerat, et signatus receperat visum; sed illa adhuc nesciebat, donec ego puero pomum obtuli, et extensa manu apprehendit illud. Et ex hoc probatus est videre.

Eberhardus. Cum educeretur Vir sanctus de ecclesia, imo deportaretur magis, ante ostium me præsente et vidente claudum signavit, et tulit baculum ejus, et ille exsiliens ambulabat.

Philippus. Cæcum a nativitate puerum, cujus, dum egrederemur, pater beatus aperuit oculos, et ego vidi, et populus multus qui aderat; et nos fere omnes. Similiter ex media parte corporis paralyticum, cui etiam osculum dedit post signaculum, et statim sanus factus est coram nobis, nam et manum ejus aridam ante curaverat. In villa *Stieng* cæca ab annis quatuor mulier in aquæ transitu illuminata est coram populo, et omnes fere vidimus eam.

Gerardus. Ego in eadem via puellam vidi, cujus manus arida sanata est, videntibus et acclamantibus multis.

5. *Episcopus.* Sexta feria, Basileæ, post sermonem habitum et datas cruces, mulier muta oblata est Viro Domini: cujus cum tetigisset linguam, statim solutum est vinculum oris ejus, et loquebatur recte. Hanc ego vidi, et ei locutus sum; sed claudum qui antea gressum receperat, de quo sic acclamavit populus, quis vestrum vidit?

Otto. Omnes vidimus eum.

Eberhardus. Ego et milites domini mei ipsa die, id est, sexta feria, puerum vidimus, quem ad hospitium sancti viri cæcum mater adduxerat, et reducebat videntem.

Gerardus. Multa eo maxime die facta sunt, quæ præ tumultu scire nequivimus. Audivi enim ipsum di-

le saint avait touché ce même jour des aveugles qu'il croyait tout à fait guéris ou du moins qui ne tarderaient point à l'être.

L'évêque. Le samedi, près du château de Rinvel, un enfant boiteux se trouva redressé; en entendant les cris qu'on poussait derrière moi, car je marchais devant, je revins sur mes pas et je vis ce boiteux marcher droit au milieu de la foule en délire.

Eberhard. Le soir de ce samedi-là, au moment où l'homme de Dieu sortait de l'église de Secking, on lui présente un enfant dont les nerfs du cou étaient raidis et qui ne pouvait ni lever ni tourner la tête; à peine eut-il reçu la croix qu'il revint les nerfs détendus, il pouvait lever la tête et la tourner dans tous les sens. Mon domestique, qui a passé la nuit dans la même maison que le saint et qui a vu cet enfant, m'a raconté ce fait ainsi qu'à mes autres compagnons.

Dimanche l'Avent. 6. *Geoffroy.* Dans cette même ville, le dimanche matin, un enfant recouvra l'usage d'une main, un autre, qui était boiteux de naissance, l'usage de sa jambe; deux autres personnes, un homme et une femme, qui boitaient tous les deux, se trouvèrent guéris en quittant la ville, et, rejetant loin d'eux le bâton sur lequel ils s'appuyaient, ils se mirent à marcher sans aucune difficulté en louant le Seigneur. A peine avions-nous fait quelques pas, qu'une femme qui avait une main impotente ayant reçu la croix se trouva guérie. Nous avons tous vu ces choses-là, de grands cris et un vrai délire de bonheur les ont accueillies. Il s'est trouvé aussi un homme qui n'avait plus l'esprit à lui, le père lui remit la croix dans cette ville, et nous l'avons vu à l'instant même redevenir calme, parler sainement et rendre grâce à Dieu. Depuis nous avons appris que sa guérison ne s'était pas démentie. En revenant près de cette ville, nous avons parlé à un prêtre qui nous a nommé tous ceux qui, ce jour-là, s'étaient certainement trouvés redressés ou rendus à l'usage de la vue. Le soir même, au moment où le duc Conrad arriva, un enfant boiteux recouvra l'usage de ses jambes en présence du prince, de tous ses chevaliers et sous nos yeux à tous.

L'évêque. Dans ce même endroit, il arriva encore une chose que je ne vous ai pas dite tout à l'heure, mais que je voudrais vous voir relater en son lieu.

Eberhard. Ce jour-là, en entrant dans l'église de Domingen, nous avons vu un autre boiteux redressé et marchant droit. Le lundi matin, un boiteux de naissance, recouvra, en ma présence et sous mes yeux, l'usage régulier de ses jambes en entrant dans la même église. Il y eut aussi un enfant muet, que nous avions vu le matin à notre hôtellerie, qui se mit à parler devant nous. Notre hôtesse nous assura même que sa petite fille qui, depuis l'âge de quatre ans avait perdu la vue, la recouvra ce même jour, après en avoir été privée pendant quarante ans.

Gérard. Le même jour, de mon côté et dans le même hôtel, j'ai vu un enfant aveugle à qui la vue avait été rendue.

Philippe. Et moi j'ai vu une jeune fille privée de la vue, qui en recouvra l'usage près de la villa, et beaucoup des nôtres ainsi qu'une grande partie du peuple l'ont vue aussi.

7. *Geoffroy.* Nous avons vu ce jour-là encore, beaucoup de choses dont nous ne pouvons nous souvenir; pourtant il m'en revient une en mémoire,

---

centem, quod caecos eo die tetigisset, quos credebat omnino illuminatos esse, aut cito illuminandos.

Episcopus. Sabbato juxta castrum *Rinvel*, puer claudus erectus est : et ego cum audivissem vociferationem, praecedebam enim, redii, et inveni ambulantem claudum in medio populi exsultantis.

Eberhardus. Secking vespere sabbati, dum egrederetur ecclesiam homo Dei, puer, cujus erant nervi cervicis indurati, et caput erigere, aut circumducere non valebat, oblatus est, et ubi signatus est rediit solutis nervis, erexit caput, et libere circumspexit. Serviens meus, qui in ipso hospitio pernoctavit et puerum vidit, mihi hoc indicavit, cum aliis sociis meis.

6. *Gaufridus.* Ipsa est villa, ubi mane die dominica, puero manus restituta est : et alter claudus a nativitate gressum recepit; et duo claudi, alter vir, et altera mulier, in egressu villae erecti sunt, et baculis quibus sustentabantur abjectis, libere incedebant magnificantes Dominum. Nec longe processeramus, et ecce mulieris manus invalida signata est, et sanata. Omnes hoc vidimus, et ad singula clamor factus est, et exsultatio magna. Hominem etiam mente captum, quem in eadem villa pater signaverat, et statim quietum, ac sane loquentem, et agentem gratias vidimus, et ex hoc sanum permansisse audivimus. Redeuntes juxta eamdem villam sacerdoti locuti sumus; et dixit ex his de quibus certi erant, ipsa die ibi aut erectos aut illuminatos. Vesperi quoque, ut dux Conradus occurrit, claudus puer coram eo et militibus gressum recepit, videntibus etiam nobis.

Episcopus. Ibidem contigit, quod modo sileo, sed suo loco a vobis velim commemorari.

Eberhardus. Ipso die in ingressu ecclesiae *Doningen*, alterum claudum erectum vidimus et ambulantem. Mane secunda feria, ex utero claudus in ingressu ejusdem ecclesiae, me praesente et vidente, gressum recepit. Puer quoque, quem in hospitio nostro mane mutum videramus, coram nobis locutus est. Sed et hospita nostra nobis testabatur, neptem suam, quae quadraginta annis caeca fuerat, a quarto anno aetatis suae, ipsa die illuminatam.

Gerardus. Ego in hospitio die ipsa puerum caecum illuminatum vidi.

Philippus. Et ego adolescentulam caecam quae prope villam illuminata est, quam et ex nostris, et ex populo multi viderunt.

7. *Gaufridus.* Multa eo die vidimus quorum jam non possumus recordari. Unum tamen occurrit, ipsa quam

en me rappelant la grandeur de la joie qu'elle a causée. Je veux parler d'une femme qui était boiteuse, et que nous avons tous vue guérie dans une villa par où nous passions.

Eberhard. J'ai fait, avec les chevaliers de mon seigneur, le compte de tous les miracles qu'eux et moi nous avons vus ce jour-là, et il se trouve que leur nombre s'élève à trente-six, qui se décompose ainsi : onze aveugles qui ont recouvré la vue, dix-huit boiteux qui ont retrouvé l'usage de leurs jambes, onze infirmes dont les mains sont revenues dans leur état normal, et un sourd qui fut guéri de sa surdité. Si la somme des guérisons dépasse le nombre trente-six, cela vient de ce que j'avais d'abord commencé par noter le nombre des personnes, et que, ensuite, j'ai fait le compte des miracles opérés en leur faveur. En effet, nous en trouvons plusieurs accomplis pour une seule petite fille qui se trouvait en même temps aveugle, boiteuse des deux pieds, muette et estropiée d'un bras. Nous avons entendu le peuple qui nous suivait faire entendre des chants de joie à l'occasion d'autres miracles, mais comme nous n'avons pas pu revenir sur nos pas, nous ne les avons point vus de nos propres yeux.

8. *Philippe.* Le mardi, à Schaffouse, nous avons perdu beaucoup de miracles à cause du tumulte qui était grand. Ce fut au point que le père fut contraint de s'abstenir de bénir les malades et même de fuir; la foule était si grande qu'on s'écrasait les uns les autres.

Eberhard. Et même au pied de l'autel je le conjurais de toutes mes forces de n'imposer les mains à personne, car je ne voyais pas comment il pourrait se dégager de la foule.

Philippe. Pourtant, en entrant à l'église, une boiteuse se trouva guérie; j'étais présent au miracle, et vous avez tous entendu les chants que le peuple fit entendre alors. Nous avons encore vu une autre boiteuse, qui, au moment où nous sortions de la villa, reçut la croix, au haut de la côte, et qui, sentant à l'instant même les nerfs se détendre, se mit à marcher sans aucune difficulté.

Eberhard. J'ai vu aussi, dans la même villa, un sourd recouvrer l'ouïe, et une femme qui boitait des deux pieds se mettre à marcher droit. De plus, j'ai appris d'un chevalier de mon seigneur, qui, au milieu de la foule, protégeait le saint du Seigneur et ne le quittait pas d'une minute, qu'il y eut encore un bras aride rendu à son état sain et une jambe de boiteux redressée.

L'évêque. Le mercredi, en entrant à l'église, j'ai vu, en ma présence et sous les yeux du peuple et de nos frères, un homme boiteux des deux pieds, qui de plus avait une main desséchée, guéri de ses deux infirmités, marcher sans aucune difficulté et remuer librement sa main.

Philippe. Et moi j'ai vu, au même endroit, un enfant aveugle recouvrer la vue.

CHAPITRE III.

Miracles opérés par saint Bernard, tant à Constance que dans les environs de cette ville.

9. *L'abbé Baudouin.* A peine eûmes-nous passé le Rhin, que les chants que vous avez entendus, vous autres qui étiez restés sur la rive opposée parce que la foule s'était emparée de toutes les barques, étaient pour célébrer la guérison d'un

---

vidi lætitiæ magnitudine ad memoriam revocante. Dico autem de muliere, quam diu claudam in villa quadam, per quam transivimus, erectam vidimus omnes.

Eberhardus. Ego cum militibus domini mei contuli, et ex his quæ tam illi viderunt, quam ego ipse, numeravimus triginta sex miracula, quæ facta sunt ipso die. Cæci undecim illuminati sunt; claudis decem et octo gressus redditus est ; mancis undecim manus restitutæ, surdus unus audivit. Si plus in summa veniunt quam triginta sex, inde est, quod prius personas numeraveram, modo signa. Nam erga puellam unam multa sunt facta, quæ cæca, clauda utroque pede, et muta erat, et alteram manum aridam habens : ad multa etiam alia cantantem audivimus populum qui sequebatur nos ; sed quia reverti nequivimus, non vidimus ea.

8. *Philippus.* Tertia feria *Scafhusen* multa amisimus, quia tumultus intolerabilis erat, et omnino abstinere oportuit patrem a benedictione infirmorum, et fugere, adeo se populus invicem comprimebat.

Eberhardus. Ego ipse ante altare rogabam obnixius, nec cui manus imponeret, prorsus ignorans qua ratione posset educi.

Philippus. In ingressu tamen ecclesiæ clauda gressum receperat, me præsente, et populi cantum omnes audistis. Vidimus et alteram claudam quæ egredientibus nobis de villa supra montem signata est, et confestim solutis nervis, libere ambulavit.

Eberhardus. Me vidente in eadem villa surdus recepit auditum, et mulier gressum quæ clauda fuerat utroque pede. Audivi etiam a milite quodam domini mei, qui in ipsa turba sanctum Domini defendebat, et præsens erat omni hora, quod aridum brachium cujusdam sanatum sit, et claudus ambulaverit.

Episcopus. Feria quarta mane in ingressu ecclesiæ, me præsente, et vidente cum populo, et fratribus nostris, claudus utroque pede, et manum habens unam aridam, ab utroque incommodo liberatus est, et libere ambulabat, et movebat manum.

Philippus. Cæcum puerum, qui ibidem illuminatus est, ego vidi.

CAPUT III.

De miraculis Constantiæ, et per viciniam a beato Bernardo editis.

Baldowinus abbas. Ubi Rhenum transivimus, cantus ille quem audistis, omnes enim in altera parte

enfant boiteux ; je l'ai vu se redresser sur sa jambe de mes propres yeux.

Geoffroy. Et moi, j'ai vu un vieillard aveugle, au moment où nous traversions la villa, et une femme boiteuse depuis bien longtemps déjà, qui se mit à sauter après avoir reçu la bénédiction du saint. Tous ceux qui la connaissaient auparavant la félicitaient en la voyant s'en retourner à pied après s'être fait amener en voiture.

Philippe. Le père donna la croix à un enfant estropié des deux bras. Il en étendit un à l'instant, et, comme un des chevaliers présents se préparait à présenter l'autre au père, tout le monde vit cet enfant l'étendre également.

Geoffroy. Vous avez vu tous les transports de joie de cette femme à la vue de la lumière du jour dont elle n'avait jamais joui, et qui lui fut rendue sur le bord même du lac.

L'évêque. Nos chevaliers nous ont affirmé qu'ils avaient vu un enfant dont la moitié du corps était paralysée, parfaitement guéri, dès qu'il eut reçu la croix. Il y eut aussi un enfant d'un chevalier, qui avait une main aride, il me semblait âgé à peu près de douze ans ; j'étais là quand on l'amena. Au même instant j'ai entendu des chants de joie éclater, j'en ai demandé la cause ; un chevalier me répondit que la main de l'enfant de son seigneur était guérie.

Alexandre. Je l'ai vu, il était guéri.

Geoffroy. Et moi j'en ai vu un autre, c'était un enfant aussi, mais pauvre ; il avait aussi la main desséchée, il fut guéri dans la villa qui se trouve près de Constance.

10. *L'abbé Frowin.* A Constance, le tumulte était tel que bien peu de monde put voir les miracles qui s'y sont opérés ; pourtant j'ai vu de mes yeux, le jeudi, un aveugle qui fut guéri au pied de l'autel. L'abbé de Weiman l'avait fait approcher, c'était un mendiant de cette ville. Un enfant de notre hôtel, que j'avais fait amener aussi, reçut la croix le même jour ; il était boiteux, il recouvra l'usage de sa jambe. Il se fit encore trois autres miracles à l'église, qui furent célébrés par des chants de joie et le son des cloches, mais aucun de nous ne put voir ce qui s'était passé.

Geoffroy. Nulle part, nous n'avons été, comme à Constance, dans l'impossibilité de savoir ce qui s'est passé, attendu que personne de nous n'a osé se jeter dans la foule. Or, nous nous sommes proposé de ne parler ici que de ce que nous avons vu. Ainsi, je ne crois pas qu'il y en ait un seul parmi nous qui ait vu les miracles opérés le vendredi. Seulement, le samedi, dès le matin, au milieu du saint sacrifice, nous avons vu un enfant qui rendait, avec beaucoup de dévotion, de grandes actions de grâces au père, dont la prière lui avait obtenu, la veille, qui était le vendredi, la faculté de marcher qu'il avait perdue. En voyant la piété de cet enfant, le saint se tourna de mon côté et me dit : « Il ne s'en est pas trouvé d'autre que cet enfant qui revint pour rendre gloire à Dieu. » Un peu auparavant, pendant le sacrifice même de la messe, un jeune homme qui était sourd depuis douze ans, à ce qu'il nous dit, avait à peine reçu la bénédiction du saint que, sentant le bien qu'elle lui faisait, s'écria, avec des transports de joie et de bonheur, qu'il avait recouvré l'ouïe. Nous l'avons tous vu, et plusieurs d'entre nous lui ont même parlé. Nous

---

remanseratis, populo præoccupante naves, fuit pro erectione claudi cujusdam pueri, quem ego vidi.

Gaufridus. Cæcum senem, qui in eodem itinere, dum transiremus villam, lumen recepit, ego vidi, et mulierem claudam longo jam tempore, quæ sub manu benedicentis exsiliit : cui sic congratulabantur omnes qui noverant eam prius ; curru enim venerat, et pedibus revertebatur.

Philippus. Puerum utroque brachio impotentem pater signaverat, cujus dum alterum brachium extendisset, unus ex militibus alterum dum ei offerre vellet, coram omnibus nobis extendit.

Gaufridus. Omnes vidistis quantum exsultavit mulier insolitam lucem mirata, quæ juxta lacum illuminata est.

Episcopus. Puerum paralyticum parte media signatum atque sanatum milites nostri se vidisse testantur. Filium quoque militis cujusdam, cujus erat manus arida, ut videbatur, fere duodennem, cum adduceretur ego vidi : statim vero cantantes audivi, et inquisivi quid accidisset. Miles autem quidam respondit, sanatam manum filii domini sui.

Alexander. Ego hunc sanatum vidi.

Gaufridus. Ego alterum vidi pauperem adolescentulum, cui manus arida restituta est, in villa proxima Constantiæ.

10. *Proximus abbas.* Quæ Constantiæ facta sunt, præ tumultu pauci viderunt ; ego tamen cæcum illum, qui feria quinta ante altare illuminatus est, vidi. Abbas Augiensis adduci præceperat eum, cujus mendicus erat. Puer quoque de hospitio nostro, quem ego ipse adduci feceram, ipsa die signatus, claudus enim erat, gressum recepit. Sed et pro tribus aliis signis in ecclesia cantatum est, et campanæ pulsatæ sunt, licet nemo nostrum viderit quid ageretur.

Gaufridus. Nulla sic ignoravimus, sicut ea quæ Constantiæ facta sunt, quia nemo nostrum se turbis immiscere audebat : et nos hæc quæ vidimus, loqui proposuimus. Ex eis quæ feria sexta facta sunt, nihil, vos vidisse arbitror ipsa die. Nam sabbato mane inter oblationes puerum vidimus cum multa devotione gratias agentem patri, cujus oratione ipsa feria sexta amissum recepit gressum. Cujus devotionem Vir sanctus intuens, ad meipsum conversus, ait : *Non est inventus qui rediret, et daret gloriam Deo, nisi puer iste.* Prius autem in ipsa oblatione, adolescens surdus jam duodecim annis, sicut ipse confessus est, sub manu signantis beneficium sentiens exclamaverat in gaudio et exsultatione, quod recepisset auditum. Omnes eum vidimus ; aliqui etiam ex nostris locuti sunt ei. Sic et mulierem claudam, quæ ibidem gressum recepit, vidimus, et puellam claudam, quæ similiter

avons vu aussi une femme boiteuse qui fut guérie au même endroit, ainsi qu'une jeune fille également boiteuse dans la jambe se redressa. Une autre fille, sourde, recouvra l'ouïe. Tous ces miracles, comme vous le savez, se sont opérés le samedi dans la chapelle de monseigneur l'évêque de Constance.

11. *Philippe.* Sur le seuil même de la porte, au moment où Bernard se disposait à sortir, une femme qui avait la main impotente, se trouva guérie ; nous l'avons vue tous.

L'abbé Baudouin. Moi, au moment même où le peuple faisait éclater la joie par des cris, j'ai adressé la parole au jeune homme qui avait recouvré l'ouïe au sortir de la ville.

Philippe. Le samedi soir, à l'hôtel, près de Winterthur, vous avez vu une jeune fille muette, que sa mère amenait ; vous savez tous qu'elle revint parlant, elle répondit, en effet, avec facilité à toutes les questions qu'on lui adressait. Le lendemain matin, qui était le dimanche, le tumulte de la foule vous fit sortir de l'église et vous n'avez pu connaître ce qui s'était fait, bien que vous entendissiez les cris du peuple à l'intérieur. Quant à moi, j'ai vu un enfant paralysé de la moitié du corps, ne pouvant se servir de ce côté-là ni du bras, ni de la main, ni de la jambe ni du pied, qui recouvra la santé par la grâce de Dieu, en recevant la bénédiction du père. Il y eut aussi deux femmes, dont l'une boitait d'un pied et l'autre des deux, qui recouvrèrent la faculté de marcher droit ; je les ai vues de mes propres yeux.

Alexandre. Le même jour, pendant la route, nous vîmes un enfant boiteux qui se mit à marcher, et une jeune femme sourde à qui l'ouïe fut rendue. Près de Zurich, en présence d'un grand concours de monde, un boiteux fut redressé.

Geoffroy. A Zurich même, le lendemain de notre arrivée, dès le matin, une femme aveugle recouvra la vue dans l'église. Je l'ai vue quand on l'a amenée, j'étais là aussi quand Bernard lui imposa les mains, et à l'instant même nous vîmes que la vue lui était rendue.

Francon. Dans la même église, une petite fille qui était boiteuse, recouvra la faculté de marcher droit, et un muet celle de parler ; nous étions tous là présents et nous les avons vus.

Philippe. Il y eut aussi une enfant aveugle qui vit clair ; la foule, qui se pressait de tous côtés, nous a empêchés de voir beaucoup d'autres miracles encore qui se sont accomplis en cet endroit.

12. *Gérard.* A l'endroit où nous avons passé la Limma, sur les bords de laquelle s'élève Zurich, à moins d'un demi-mille de distance, deux enfants infirmes des bras recouvrèrent l'usage de leurs mains, un muet parla, un sourd entendit, un vieillard aveugle vit clair, en notre présence. Tous ces miracles, nous les avons vus et nous les avons vérifiés avec la plus grande attention et reconnus avec la plus entière certitude aux acclamations avec lesquelles le peuple qui accompagnait le saint du Seigneur les accueillait les uns après les autres, avec des transports de joie et de bonheur.

Philippe. Pendant ce même trajet, une femme boiteuse eut la jambe redressée ; on la portait sur les épaules, le saint lui donna la croix, la fit mettre à terre et lui ordonna de marcher. Ses voisines et toutes les femmes qui la connaissaient la félicitaient. Le même jour, un sourd recouvra l'ouïe en notre présence, tout près d'un hameau que nous venions de traverser.

Gérard. Le mardi, nous quittâmes de bon matin

---

est erecta. Altera quoque puella quæ surda erat, ibidem recepit auditum. Hæc, ut scitis, Constantiæ in capella domini episcopi facta sunt sabbato.

11. *Philippus.* In Solio, cum jam pararet exire, mulieris manus invalida sanata est, et hanc ego vidi.

Baldowinus abbas. Ego adolescenti illi qui in exitu civitatis auditum receperat, locutus sum, cum populus exsultans vociferaretur.

Philippus. Vespere sabbati in hospitio apud *Winterthur* puellam mutam vidistis, cum eam mater adduceret ; et quomodo postea redieritloquens, ipsi scitis : de multis enim interrogata libere respondit. Nam mane dominica die præ tumultu omnes existis ecclesiam, nec vidistis quæ fiebant, licet clamorem populi vociferantis audiretis. Ego autem vidi puerum media parte corporis paralyticum, cui et brachium, et manum, et tibiam simul, et pedem, quæ omnia invalida erant, virtus divina restitui ad patris benedictionem. Duabus quoque claudis, alteri quidem uno, alteri vero utroque, gressus redditus est, et has præsens vidi.

Alexander. Ipsa die in via nobis videntibus puer claudus gressum, et mulier surda auditum recepit ; sed prope Turegum coram multis qui occurrerant, claudus erectus est.

Gaufredus. Turegi secunda feria mane in ecclesia cæca mulier illuminata est. Hanc ego vidi cæcam cum adduceretur ; et cum manus ei imponeretur præsens adfui, et protinus illuminatam vidimus universi.

Franco. In eadem ecclesia, puella clauda gressum recepit, et mutus loquelam præsentibus et videntibus nobis.

Philippus. Similiter et puella cæca, visum. Multa quoque ibidem facta sunt, quæ nemo ex nobis videre potuit præ tumultu.

12. *Gerardus.* Ubi fluvium *Lindemach* transivimus, cui superpositus est vicus ille, infra dimidium milliare duo pueri manci manus, mutus unus loquelam, surdus unus auditum, senex cæcus visum, coram omnibus receperunt. Hæc nos omnia vidimus, et certissime ac diligentissime probavimus acclamante ad singula multitudine, quæ sanctum Domini deducebat in lætitia et exsultatione.

Philippus. In ipso itinere clauda erecta est, quam in humeris deportatam ubi signavit pater, deponi jussit et ambulare. Hæc erat cui sic congratulabantur vicinæ mulieres, et omnes qui noverant eam. Sed et surdus quidam ipsa die juxta viculum per quem transivimus, coram nobis recepit auditum.

Gerardus. Feria tertia profecti mane a viculo cui

VIE DE SAINT BERNARD, LIVRE VI, PARTIE I, CHAP. III.

le petit village appelé Birbovermesdorff, mais avant de passer la Reuss, nous vîmes deux femmes boiteuses qui furent guéries sur la route même. Le père n'eut point de peine à reconnaître de quel côté chacune d'elle boitait, car, s'étant arrêté, il les fit mettre à terre, et aussitôt elles se mirent à marcher sans difficulté et à rendre gloire à Dieu.

Alexandre. Le même jour, non loin d'un petit village, un enfant dont le cou était raide et tourné, fut guéri sous nos yeux et se mit à remuer la tête sans peine.

Eberhard. Vous oubliez un miracle encore que j'ai vu de mes yeux, comme le virent aussi tous les habitants de la villa appelée *Frichen*. Vous ne l'avez point vu parce que vous alliez tous un peu en avant. Dans cet endroit donc, un clerc de la villa nommée *Seckingen*, vint prier avec toute sorte d'instances le saint homme du Seigneur, au moment où il entrait dans la villa, de vouloir bien faire un miracle, attendu que les habitants de cet endroit avaient le cœur bien dur. Au même instant on lui présenta une femme qui était boiteuse depuis vingt ans. A peine le père lui eut-il donné la croix et l'eut-il fait mettre à terre, qu'elle se mit à marcher sans aucune difficulté.

13. *Alexandre.* Le mercredi matin, près du château-fort de Rinvelt, où nous avions passé la nuit, sous le porche même de l'église et avant d'y entrer, le saint homme guérit un enfant qui avait le cou tordu, et rendit saine la main infirme d'une jeune fille.

Geoffroy. Et dans l'église, après la célébration de la messe, nous lui avons présenté une jeune fille qui était aveugle dès le ventre de sa mère ; c'est à peine si elle pouvait reconnaître la lumière du soleil ; pour le reste, elle était hors d'état de rien discerner. Le saint abbé lui mouilla les yeux avec de la salive, et à l'instant même elle vit clair et distingua très-bien tous les objets. Au même endroit, un sourd recouvra l'ouïe et un aveugle la vue.

Alexandre. Il y eut aussi un autre enfant dont les nerfs du cou s'étaient retirés et raidis, au point qu'il ne pouvait tourner la tête ; il fut guéri dans l'église à l'heure même. Pendant le trajet, une femme toute ramassée sur elle-même et complètement impotente, qu'on avait apportée dans un van sur le passage de saint homme, eût à peine reçu le signe de la croix qu'il fit sur elle, qu'elle sauta à bas du van en poussant un cri, et une grande joie se répandit dans le peuple. Près de Bâle, un homme qui entendait dur recouvra une ouïe claire et distincte.

14. Le jeudi, nous partîmes avant le jour pour nous rendre en toute hâte à Ronascle. Pendant le trajet, un sourd recouvra l'ouïe, un enfant borgne vit aussi bien du second œil que de l'autre. Le père n'ignorait point qu'il en était ainsi, cependant, quand nous eûmes fait quelques pas et dépassé ces gens, il envoya l'un de nous s'assurer de ce qu'il en était, et il se trouva que les choses étaient arrivées comme je viens de le dire.

Eberhard s'adressant à Alexandre. Pendant qu'il vous envoyait ainsi pour voir si l'enfant avait recouvré la vue, le père me dit, car je marchais alors à côté de lui : « Le Seigneur a ouvert les yeux à cet aveugle. » Le vendredi, dans l'église de Ronascle, où le père était entré, on lui présenta un enfant qui était complètement privé de l'usage de l'un de ses yeux et voyait à peine de l'autre, sur le champ il vit clair de ses deux yeux. Nous l'avons tous

---

nomen *Birbovermesdorff*, priusquam fluvium Rufam transivimus, duas mulieres claudas vidimus in itinere erectas. Utriusque directionem pater, dum eas agitaret, sine ulla hæsitatione cognovit. Substitit enim, et utramque deponi fecit, et libere ambulabant magnicantes Deum.

Alexander. Ipso die juxta viculum puer intorto et rigido collo, sanatus est coram nobis, et libere caput movebat.

Eberhardus. Unum omisistis quod ego vidi, et populus multus villæ quæ dicitur *Frichen* ; omnes enim præcedebatis. Ibi clericus quidam de villa quæ dicitur *Seckingen*, obnixius rogavit sanctum Domini, dum ingrederetur villam, ut aliquod faceret signum, quia populus durissimus erat ; et ecce mulierem claudam ab annis viginti, offerebant ; quam ubi signavit pater, jussit deponi, et libere ambulavit.

13. *Alexander.* Mane quarta feria apud castrum *Rinvelt*, ubi pernoctaveramus, priusquam intravit Vir sanctus ecclesiam, in atrio exteriori intortum collum pueri sanavit, et puellæ manum invalidam reddidit sospitati.

Gaufridus. In ecclesia post missæ celebrationem, puellam ei obtulimus, quæ ex utero matris suæ cæca, vix lucem solis videre poterat, nec aliud discernere. Cujus oculos sputo linivit pater beatus, et continuo clare vidit, et omnia discernebat. Ibidem quoque surdus auditum, et cæcus quidam visum recepit.

Alexander. Puer etiam alter, cujus nervi cervicis obdurati et retracti caput circumducere non sinebant, in ecclesia sanatus est ipsa hora. In via quoque, contracta mulier et omnio impotens, quam in ventilabro deportaverant in occursum sancti Viri, ut signata est, exsiliit clamitans, et facta est lætitia magna in populo. Sed et prope Basileam, vir quidam, qui graviter audiebat, clarum recepit auditum.

14. Quinta feria ante lucem egressi festinavimus *Ronascle*. In ipso autem itinere surdus quidam recepit auditum, et puer altero oculo cæcus, vidit utroque : nec latuit patrem, sed cum paululum pertransisset eos, misit qui scrutarentur, et inventum est ita.

Eberhardus. Cum misisset te, inquit, ad Alexandrum, ut videres an puer illuminatus esset, conversus ad me qui propius incedebam, ait, *Deus aperuit oculum pueri illius.* Sexta feria in Ecclesia *Ronascle*, ubi intravit, puer allatus est, altero oculo parum, altero nihil

VII. Au même moment un autre miracle excita des cris de joie, on disait qu'un aveugle venait de recouvrer la vue, mais le tumulte nous a empêché de le voir.

Francon. Après le sermon fait au peuple, j'ai vu dans l'église un enfant boiteux redressé, aux cris de joie des assistants, il s'est mis sous mes yeux à marcher droit au milieu de la foule qui l'acclamait.

L'évêque. Le samedi, dans l'église de Berche, après la messe, un clerc qui avait perdu un œil depuis cinq ans, recouvra la vue, je l'ai vu rendre grâces à Dieu et sauter de joie.

Otton. Un peu auparavant, dans la même église, un enfant qui avait le cou de travers fut à peine touché par le père qu'il sentit ses nerfs craquer et se détendre ; son père et cet enfant lui-même étaient dans un bonheur incroyable. Vous avez tous entendu les chants du peuple et moi j'ai vu cet enfant de mes yeux.

Gérard. Nous avons vu tous aussi un jeune homme dont la main et le bras tout entier étaient desséchés, guéris au même endroit. Nous avons vu aussi une jeune fille qui, le quatrième dimanche de l'Avent, fut redressée dans l'église de Strasbourg, après la célébration de la messe. Et la joie de son père n'était pas plus grande que celle de tout le peuple, qui la témoigna par ses cris.

Philippe. Le même jour, avant de monter en bateau, un enfant boiteux fut redressé et se mit à marcher librement devant tout le peuple. Tous les assistants, comme vous l'avez entendu, se mirent à pousser des cris de joie. Le lundi, nous partîmes en bateau et les malades ne purent approcher du père. Mais le soir, à Bagenback, à l'hôtel, une femme boiteuse fut redressée.

Gérard. A l'heure même, où cette femme survint nous nous plaignions les uns aux autres de n'avoir point vu de miracle ce jour-là ; c'est à ce moment-là même que cette femme rejetant son bâton, se mit à marcher, toute heureuse et rendant gloire à Dieu.

CHAPITRE IV.

Saint Bernard arrive à Spire la veille de Noël pour le congrès de l'empereur et des princes. Miracles qu'il opère en cette ville.

15. Le mardi, veille de Noël, nous arrivâmes par eau à Spire. Le roi Conrad y célébra la fête de la naissance du Sauveur, et y fut couronné ; c'est aussi que se tint le congrès des évêques et des princes. Notre saint abbé y arriva avec la pensée de travailler à rétablir la paix entre plusieurs princes qui se trouvaient empêchés de prendre part à la croisade par leurs guerres personnelles. Ces sortes de congrès ne sont point ordinairement signalés par de nombreux miracles, et Dieu n'aime guère, dans une telle foule, à révéler sa gloire. Pourtant l'arrivée du saint abbé ne fut point sans porter ses fruits ; car il se fit en cet endroit ce qu'on peut appeler le miracle des miracles, pour me servir des expressions même de saint Bernard. En effet, le roi se croisa contre l'attente de tous ceux qui s'étaient rendus à cette réunion. Cette nouvelle se répandit comme une parole pleine de vie et d'efficacité, et on reconnut par là la vérité de ce mot, que le cœur des rois est dans la main de Dieu. En effet, quelque temps auparavant, à Francfort, le

---

videns : et continuo clare vidit utroque. Omnes vidimus eum. Nam continuo etiam alio signo conclamatum est, et dicebant cæcum illuminatum esse, sed videre eum nequivimus præ tumultu.

Franco. Puerum quemdam claudum, qui post sermonem habitum ad plebem, erectus est in ipsa ecclesia, de quo etiam vociferati sunt, ego ambulantem vidi in medio populi acclamatis.

Episcopus. Sabbato in ecclesia *Berche* post missarum celebrationem, clericus altero oculo cæcus jam per quinquennium, visum recepit. Et ego eum vidi agentem gratias et exsultantem.

Otto. Prius ibidem convaluerat puer intortum habens collum, cujus, sub manu patris, nervi crepuerunt et relaxati sunt, et pueri pater ipse incredibiliter lætabantur. Omnes audistis cantantem populum ; ego puerum vidi.

Gerardus. Adolescentem, cujus arida erat manus cum brachio toto, et ibidem curatus est, omnes vidimus. Et puellam, quæ Dominica quarta Adventus Argentinæ in ecclesia post missarum celebrationem erecta est ; de qua sic exsultabat pater, sic populus acclamabat.

Philippus. Ipsa die priusquam navem ingrederemur, puer claudus erectus est, et coram populo libere ambulabat, et qui aderant vociferabantur cum gaudio sicut omnes audistis. Secunda feria in navi proficiscebamur, et non poterant accedere qui infirmabantur. Vespere tamen *Bagenbach* in hospitio mulier clauda gressum recepit.

Gerardus. Ipsa hora qua mulier supervenit, querebamur invicem nihil nos ea die vidisse, et illa statim sine baculo ambulare cœpit gratulabunda et laudans.

CAPUT IV.

Beatus Bernardus venit Spiram in vigilia Natalis Domini ad conventum imperatoris et principum, et de miraculis ibidem patratis.

15. Tertia feria, vigilia fuit dominicæ Nativitatis, et navi venimus Spiram : ibi enim diem festum celebravit rex Conradus, ibi coronatus est : ibi adfuit episcoporum principumque conventus. Illuc pater sanctus advenit, inter principes quosdam pacem cupiens reformare ; quorum inimicitiis ab exercitu crucis Christi multi detinebantur. Verumtamen non crebra solent in illis conventibus apparere miracula, nec dignatur Deus, ubi tantus est concursus multitudinis curiosæ, revelare gloriam suam. Sed non fuit otiosus patris adventus, ibi enim factum est, ut ipsius verbis

saint homme était allé trouver le roi, pour l'engager à penser à son salut pendant qu'on était dans des jours si pleins de miséricorde. Le roi lui ayant répondu qu'il n'avait aucune intention de prendre part à cette expédition, le très-doux abbé avait gardé le silence en se contentant de dire qu'il ne convenait pas à un homme d'aussi peu d'importance que lui de presser sa majesté avec un excès d'importunité. A Spire, dans le second sermon qu'il fit au peuple, après avoir engagé publiquement le roi, comme il l'avait fait auparavant, à s'enrôler pour la guerre sainte, il alla le trouver en secret avec sa douceur ordinaire, le troisième jour de Noël, fête de Saint Jean, et le pressa de ne point laisser perdre une pénitence légère, courte, honorable et salutaire que la divine providence avait imaginée pour sauver les pécheurs. Il en reçut enfin cette réponse, qu'il y réfléchirait, prendrait conseil des siens, et lui rendrait réponse à ce sujet le lendemain. Cependant, au milieu même du saint sacrifice de la messe, l'esprit de Dieu pressa l'esprit de notre saint abbé d'adresser, contre la coutume et quoique personne ne l'en priât, la parole aux assistants et de ne point laisser passer la journée sans faire un sermon. Bref, il parla et quand il eût fini il alla trouver le roi en toute liberté, non pas comme roi mais comme homme. Il lui représente le jugement dernier, et le peint à ses yeux, lui simple mortel, debout au tribunal de Jésus-Christ, et ce dernier prenant la parole sur le ton d'un maître qui commande, et lui disant : « O homme, qu'ai-je dû faire pour toi que je n'aie point fait ? » Puis il lui montre l'un après l'autre, le souverain pouvoir royal, ses richesses, ses conseils, cette âme virile, et sa force corporelle. Ces paroles et d'autres semblables touchent l'homme au point que, pendant que Bernard lui parlait encore, il s'écrie en versant des larmes : « Je reconnais, oui, je reconnais, tous les dons de la grâce divine, et désormais, moyennant son secours, je ne veux plus agir en ingrat. Me voici tout disposé à le servir puisque je suis engagé vivement de sa part à le faire. » A peine avait-il parlé ainsi, que le peuple recueillant la parole qui venait de sortir de la bouche du roi éclate en actions de grâces à Dieu, la terre résonne du bruit de leurs voix. A l'instant même le roi prit la croix * et reçut au pied de l'autel l'étendard que lui remit le père et qu'il devait porter lui-même à la main dans l'armée du Seigneur. Son petit-fils, le duc Frédéric le jeune, prit la croix avec lui ainsi qu'un nombre considérable de seigneurs. Ce jour-là, près de la chapelle où le saint avait célébré la messe, je vis un enfant boiteux, qui venait d'être redressé.

16. *Eberhard.* Le samedi matin, jour des saints Innocents, comme ce saint abbé quittait son hôtel, je me présentai à lui, conduisant un chevalier qui voulait se croiser, et au même instant, apercevant

---

* Otton de Freisingen, dans le livre I des Faits et Gestes de Frédéric, chapitre XXXIX, parle de ce fait et rapporte que saint Bernard, pour qui d'ailleurs il ne montre guère de partialité, « fit plusieurs miracles tant en public qu'en particulier. » Il ajoute que Rodolphe ou Radulphe, le moine qui prêchait hautement le massacre des Juifs, comme on le voit par la lettre trois cent vingt-deuxième de saint Bernard, fut mandé par ce dernier, puis chassé d'Allemagne, avec défense de prêcher dans la suite, et obligé de se renfermer dans son monastère, « au grand mécontentement du peuple, qui fut sur le point de se révolter. Enfin il ajoute, dans les chapitres suivants, qu'une lettre de saint Bernard, lue par Conrad dans le congrès de Ratisbonne, a déterminé une multitude de gens à prendre la croix.

---

utar, miraculum miraculorum. Siquidem rex signatus est præter spem omnium, qui convenerant ; cucurrit velociter sermo vivus et efficax ; vere ibi probatum est, quod cor regis in manu Dei est. Prius enim apud *Frankenvoert* regem secreto convenerat Vir beatus, admonens ut ipse saluti propriæ provideret in tempore misericordiæ uberis. Cui cum respondisset, nullum sibi hujus militiæ inesse propositum : tacuit Vir mansuetissimus dicens, non esse parvitatis suæ importunius instare regiæ majestati. Sic et Spiræ cum in sermone publico jam secundo Regem, sicut prius, peregrinationis admonuisset ex nomine, die tertia cum beati Joannis festivitas ageretur, secreto aggressus cum solita mansuetudine, suggerens providendum omnino, ne sic præteriret eum pœnitentia levis, brevis, honorabilis, salutaris quam ad salvandos peccatores divina pietas excogitaverat. A quo hoc tandem responsum obtinuit, quod deliberaret secum et consuleret suos, sequenti die super hoc responsurus. Exinde intra missarum solemnia, beati patris animum cœpit Spiritus stimulare divinus, ut præter morem, nullo rogante, diceret, non oportere sine sermone præterire diem. Quid multa ? locutus est, et in fine sermonis regem, non ut regem, sed ut hominem tota libertate convenit. Proponebat enim futurum judicium, hominem ante tribunal Christi adstantem, imperantem Christum, et dicentem : « O homo ! quid debui tibi facere, et non feci ? » Ex hoc autem numerans regni culmen, divitias, consilia, virilem animum et corporis robur ; his et hujusmodi verbis commovit hominem, ut in medio sermone non sine lacrymis exclamaret : Agnosco prorsus divina munera gratiæ, nec deinceps, ipso præstante, ingratus inveniar ; paratus sum servire ei, quandoquidem ex parte ejus submoneor. Dixit, et ecce populus rapiens verbum de ore loquentis, exclamat in laudem Dei, et resonabat terra in voces eorum. Continuo signatus est rex, et vexillum ab altari per manum patris suscepit, quod ipse in exercitu Domini manu propria deportaret. Signatus cum eo nepos ejus dux Fridericus junior, signati alii principes, quorum non est numerus. Ipsa autem die juxta capellam, ubi pater sanctus missam celebravit, puer claudus me præsente gressum recepit.

16. *Eberhardus.* Sabbato mane cum Innocentum festus ageretur dies, exeunti de hospitio patri sancto occurrebam, adducens mecum militem qui signari volebat, et ecce in media turba puerum cæcum intuens : « Quid vult, inquit, puer iste ? » Cujus verba cum minus intellexissem, quod romana lingua loqueretur : « Adduc, inquit, puerum ad me. » Factum est ut impe-

dans la foule un enfant aveugle, dit : « Que demande cet enfant ? » Comme je ne comprenais pas bien ce qu'il me disait parce qu'il parlait en latin, il reprit : « Amenez-moi cet enfant. » Je fis ce qu'il demandait, et, au moment où il remit la croix à l'enfant, cet enfant se trouva guéri, et j'ai pu m'assurer par de nombreuses expériences qu'il voyait bien clair.

Gérard. Après la messe on amena l'homme de Dieu dans la chapelle qui touche au dortoir des chanoines ; il donna la croix à un homme borgne, qui recouvra à l'instant même l'usage de son œil. Or, on s'assura avec beaucoup de soin qu'il était d'abord privé de l'usage de cet œil et qu'il en voyait très-bien ensuite. Comme il revenait de l'église, il rendit l'ouïe à un sourd sur qui il fit le signe de la croix et à qui il mit le doigt dans les oreilles. Ce miracle nous l'avons vu et constaté.

L'évêque. C'est comme pour cet aveugle qui recouvra la vue le dimanche, au pied de l'autel pendant qu'on chantait le graduel, c'est moi qui le présentai au père.

Eberhard. Je crois qu'il se fit en cet endroit beaucoup de miracles que nous n'avons pu voir ; car nous avons bien souvent entendu le peuple faire éclater des chants d'action de grâces, mais aucun de nous ne put percer la foule pour aller voir ce qui se passait. Pourtant j'ai vu, car c'est moi qui l'ai présenté au père, un sourd qui recouvra l'ouïe en cet endroit.

CHAPITRE V.
Autres miracles de saint Bernard à Spire.

17. *Philippe.* Le même jour, le congrès s'assembla et le Saint-Esprit y donna des preuves manifestes de sa présence dont personne ne put douter. En effet, le roi y convoqua tous les princes et les chevaliers qui avaient pris la croix, et, tout le monde étant réuni, le saint abbé fit entendre à l'assemblée des paroles plutôt divines qu'humaines. Comme nous sortions, et que le roi en personne avec les princes conduisait le saint homme de Dieu, pour qu'il ne fût pas écrasé par la foule, on lui amena un enfant boiteux en présence du roi. Bernard fait un signe de croix, redresse l'enfant et lui ordonne de marcher aux yeux de tout le monde. Impossible de décrire avec quels transports de joie et d'allégresse on reconduisit cet enfant chez lui. Le saint, se tournant alors vers le roi, lui dit : « C'est pour vous que j'ai fait ce miracle, c'est afin que vous sachiez bien que Dieu est véritablement avec vous, et que votre entreprise lui est agréable. » Au moment où nous allions sortir de l'hôtel, une jeune fille boiteuse fut redressée, et une femme aveugle recouvra la vue.

Eberhard. Le lundi matin, en se rendant à l'église, le saint et nous, nous ne pouvions passer à cause de la multitude des malades, nous leur dîmes d'avancer. A l'instant même, un boiteux se trouva redressé devant l'autel ; je ne sais pas s'il avait la croix, mais je l'ai vu marcher et j'ai vu sa jambe de bois suspendue dans l'église.

Otton. Dans la chapelle du roi, en présence même de ce dernier, un enfant boiteux dès le ventre de sa mère recouvra l'usage de sa jambe.

Eberhard. Le même jour, deux autres enfants, dont l'un était boiteux, et l'autre courbé en deux, se redressèrent, et j'ai vu tout le peuple les conduire à l'église principale, et vous avez tous entendu les cris de la foule et le son des cloches. A peine

---

ravit, et confestim signatus puer visum recepit. Ego ipse in multis probavi quod clare videret.

Gerardus. Post missæ celebrationem in capellam, quæ dormitorio canonicorum adjacet, inductus Vir Dei, virum signavit uno cæcum oculo, et visum statim recepit ; cujus et cæcitas prima, et illuminatio secunda diligentissime probata est. Sic et surdum, dum ab ecclesia rediret, impresso crucis signaculo fecit audire, immittens digitos in aures ejus ; et hoc vidimus, et probavimus.

Episcopus. Sic et cæcum illum, qui dominica ante altare illuminatus est, dum graduale cantaretur, quem ego ipse obtuleram.

Eberhardus. Multa ibidem facta arbitror quæ non vidimus. Sæpe enim cantantem audivimus populum, et nemo ex nobis irrumpere potuit, ut videret quid ageretur. Unum tamen surdum, qui ibidem recepit auditum, ego vidi, et ego obtuli eum.

CAPUT V.
De aliis miraculis Spiræ factis.

17. *Philippus.* Ipso die conventus factus est, ubi manifeste Spiritus adfuit ; neque hinc cuiquam dubitare licebit. Convocavit enim rex omnes principes et milites qui signati erant, simulque residentibus universis, exhortatus est eos pater sanctus, non humanis sermonibus, sed divinis. Ubi vero egressi fuimus, et rex ipse cum principibus sanctum Domini deducebat, ne comprimerent eum turbæ, puer claudus oblatus est ei coram rege. At ille signo crucis edito puerum erigit, et jubet coram omnibus ambulare. Quanta lætitia, quanta exsultatione puer deductus sit, quis loquatur ? Conversus autem pater sanctus ad regem : « Propter vos, inquit, factum est hoc, ut noveritis, quia Deus vere vobiscum est, et acceptum est ei quod cœpistis. » Ipsa hora, priusquam egrederemur hospitium, puella erecta est, et cæca mulier illuminata.

Eberhardus. Mane secunda feria, cum ad ecclesiam Vir sanctus proficisceretur, multitudo languentium impediebat nos, et omnes præcedere jussimus. Nec mora claudus quidam ante altare erectus est ; utrum esset signatus, ignoro. Ambulantem tamen vidi, et ligni pedem in ecclesia pendentem.

Otto. In capella regis ipso præsente puer claudus ex utero gressum recepit.

Eberhardus. Eadem die alii duo, claudus alter, et alter curvus, erecti, et me præsente ad majorem

étais-je de retour à la maison, que de nouveaux cris se firent entendre, et qu'une autre volée de cloches retentit dans les airs. Je courus à l'église, on y avait amené deux autres boiteux qui s'étaient trouvés redressés à l'instant même.

18. *Gérard.* Le soir, comme le père revenait de la cour du roi, il trouva sa porte assiégée par une multitude de malades. Nous les fîmes asseoir en rang, puis il les toucha tous les uns après les autres et les guérit. Là, il se trouva un enfant boiteux dès le ventre de sa mère, qui reçut la faculté de marcher droit; il y en eut un autre qui était borgne, il recouvra la vue, et un boiteux de dix ans se redressa. Ceux-là, je les ai vus tous guéris à l'instant même où le saint étendit la main pour le guérir. Un de nos frères nous a rapporté qu'il avait vu un autre sourd recouvrer l'ouïe, et une femme qui rendait grâce à Dieu d'avoir été guérie d'une douleur de tête.

Eberhard. Le mardi, il y eut un enfant aveugle qui vit clair, je l'ai vu moi-même.

Philippe. Le même jour, en présence du roi et des princes, un homme recouvra l'usage d'un œil. Ce miracle eut lieu dans un endroit qui lui valut bien des félicitations, attendu qu'un des Grecs envoyé par l'empereur de Constantinople, se trouvait présent, quand il s'accomplit. Cet ambassadeur s'entretenait dans la chapelle du roi avec notre père, quand on vint présenter à ce dernier une femme aveugle; à peine eut-elle reçu la croix devant lui, qu'elle recouvra la vue; cet ambassadeur fut ému jusqu'au fond de l'âme à la vue de ce miracle. Vers le soir encore, et en présence du prince, du duc et de plusieurs seigneurs, on amena un enfant boiteux. L'homme de la foi lui adresse la parole avec confiance, tout le monde l'écoutait, et lui dit : « Au nom de Jésus-Christ, je te l'ordonne, lève-toi et marche. » Cette parole de puissance retentit aux oreilles de cet enfant, et l'effet ne s'en fit pas attendre : à l'instant il se lève et se met à marcher sans difficulté ; il est vrai que d'abord ses membres et ses jambes tremblaient quand il se mit à marcher, mais peu à peu, aux yeux de tout le monde, ils se raffermirent.

19. *Gérard.* Anselme, ª évêque de Havelberg, souffrait si cruellement du front et de la gorge, qu'il ne pouvait presque rien prendre ni rien dire. S'adressant donc au saint homme, il lui dit : « Vous devriez bien me guérir. » Bernard lui répondit en riant : « Si vous aviez autant de foi que les bonnes femmes, peut-être vous serait-elle utile. » « Mais si je n'ai pas la foi, repartit l'évêque, que la vôtre du moins me sauve. » Le père fit enfin le signe de la croix sur lui et le toucha ; à l'instant même, l'enflure disparut, et toute douleur disparut avec elle.

Philippe. Notre curiosité s'est trouvée vaincue, car il ne se passait point de jours qu'il n'y eût de nombreux miracles. Le jour de l'octave de la Nativité de la Sainte Vierge, pendant que nous nous rendions à l'Église, un enfant boiteux se trouva redressé dans le cloître des chanoines, et se mit à marcher, avec des transports de joie, devant notre abbé.

ª Cet Anselme, évêque de Havelberg, est le même que l'auteur de trois dialogues contre les Grecs, édités dans le tome XIII du Spicilége. Le pape Eugène fait mention de lui dans Otton de Freisingen, livre I, des Faits et Gestes de Frédéric.

---

ecclesiam ab universo populo sunt deducti. Nam vociferationem et sonantes campanas omnes audistis. Vix redieram domum; et ecce iterum clamor, iterum compulsatio. Festinavi ad ecclesiam, et duos iterum claudos adduxerant, qui ipsa hora receperant gressum.

18. *Gerardus.* Vespere dum rediret pater a curia regis, multitudo languentium hospitii januas obsidebat; quos in ordinem fecimus residere, et singulos tetigit ac sanavit. Ibi puer claudus ex utero gressum recepit. Alter cæcus uno oculo illuminatus, et vir claudus ab annis decem erectus. Hos ego vidi statim sanatos sub manu benedicentis. Unus e fratribus nostris, unum adhuc surdum qui auditum recepit, se vidisse testatur; et mulierem gratias referentem, quod a dolore capitis convaluisset.

Eberhardus. Feria tertia puer cæcus illuminatus est, quem ego vidi.

Philippus. Item vir quidam in præsentia regis et principum, unius oculi visum recepit. In ipso loco factum est unde plurimum congratulabamur, eo quod præsens esset dux quidam græcus, missus a rege Constantinopolitano. Hic in capella regis loquebatur patri nostro, cum mulier cæca oblata est; ubi vero signata est coram eo, statim illuminata est, et homo ille compunctus est plurimum in hoc verbo. Sic et circa vesperam adstante rege, et ipso duce, et principibus multis, puer claudus offerebatur. Protinus autem fiducialiter loquens vir fidelis, audientibus omnibus ait : In nomine Jesu-Christi tibi præcipio, surge et ambula. Sonuit vox virtutis, et secuta est virtus ; surgensque puer, libere ambulabat, et prius quidem trementibus membris vel tibiis ibat, sed paulatim sub oculis omnium roborabatur.

19. *Gerardus.* Anselmus, episcopus Havenbergensis, in fronte et faucibus gravissime patiebatur, ut vix aliquid gustare posset, aut loqui. Hic ergo rogabat beatum Virum dicens, quia deberes etiam me curare. Cui jucunde respondens : « Si eamdem, inquit, haberes fidem, quam habent mulierculæ, posset tibi forte prodesse. » At ille : « Et si ergo, ait, fidem non habeo, salvum me faciat fides tua. » Tandem signavit eum pater et tetigit ; et continuo dolor, omnisque tumor abscessit.

Philippus. Victa est curiositas nostra, quia crebra miracula quotidie coruscant. In octavis Nativitatis Mariæ, dum ad ecclesiam proficisceremur, in claustro canonicorum puer claudus gressum recepit, et coram ipso patre nostro ambulabat exsultans.

Gérard. Pendant la célébration de la messe, un enfant qui était tout courbé fut redressé; je l'ai vu au moment où sa mère le conduisait bien portant à l'autel pour y faire brûler une chandelle, en reconnaissance de la santé qui lui était rendue.

Otton. Après la célébration de la messe, une femme qui était boiteuse se vit redressée, et nous l'avons tous vue marcher droit.

Gérard. Le roi lui-même vit, ce jour-là et le jour suivant, bien des grâces accordées à des personnes malades; la cour et la ville de Spire tout entière, qui ne pourra jamais en perdre le souvenir, les virent avec lui. Le papier sur lequel nous avions noté tous ces miracles s'est trouvé perdu par la négligence d'un frère, que Dieu le lui pardonne. Il m'en revient trois en mémoire, le temps me manque pour rechercher les autres. Le jeudi, deux enfants borgnes recouvrèrent l'usage de leur œil, à l'hôtel même du saint, et un paralytique qu'on y avait apporté sur un lit obtint aussi sa guérison.

Philippe. Dans la chapelle du roi, pendant que le saint mettait la dernière main à l'œuvre de réconciliation qui l'avait amené, il fit le signe de la croix sur un homme dont la tête tremblait sans cesse, et cet homme fut guéri à l'heure même; à la même heure et dans le même endroit, un enfant boiteux fut également guéri.

Gérard. Le soir, à l'hôtel, nous avons vu deux aveugles guéris. Le vendredi matin, un aveugle encore recouvra la vue en notre présence.

20. Mais il nous faut partir, et celui qui doit emporter ce récit a lui-même hâte de se mettre en route, nous prions donc le seigneur évêque de nous dire ce qu'il a réservé.

L'évêque. Vous avez bien fait de me rappeler à l'ordre, car, je l'avoue, cela m'était sorti de la mémoire. Un archer, au service du duc Conrad, au moment où le duc vint à notre rencontre, parlait mal de la prédication de la croisade et de notre saint seigneur, en disant : Il ne fait pas plus de miracles que moi. Lors donc que le père s'arrêta pour imposer les mains à des malades, cet homme s'approcha et il vit à quel saint il avait manqué, tomba sans connaissance et demeura longtemps dans cet état.

Alexandre. Je me trouvais tout près de lui quand il tomba, son cheval demeura sur ses pieds, immobile. Quant à cet homme inique, frappé tout-à-coup par la puissance de Dieu, il tomba à la renverse. Nous fûmes tous stupéfaits; nous avons appelé le père, et le malheureux archer ne put se relever qu'après que Bernard fût descendu de cheval et eût prié pour qu'il pût se relever. Voilà comment il connut par sa propre expérience la vertu à laquelle il avait d'abord insulté dans son incrédulité. Le lendemain, il prit la croix sur l'ordre que lui en donna notre abbé, et se tint prêt à aller rejoindre l'armée du seigneur.

L'évêque. En tout la bonté de Dieu est bénie, mais elle l'est surtout en ce qu'elle a montré à cette génération au moins un saint comme on en avait vu autrefois, afin que, semblable à une lampe bien ardente, il pût sanctifier les ténèbres de ce siècle par sa vie, sa doctrine et ses miracles. Heureux êtes-vous, vous autres qui vivez pleins d'espérance à l'abri de ses ailes, et qui vous rassasiez de ses abondantes consolations! Heureuse la congrégation qui a eu le bonheur de posséder un tel

---

Gerardus. Inter missarum solemnia curvus puer erectus est; et hunc vidi cum ad altare deduceret mater incolumem, ut offerret pro adepta salute candelam.

Otto. Post missarum celebrationem mulier clauda gressum recepit, quam nos vidimus omnes ambulantem.

Gerardus. Multa quidem et hac die, et sequenti collata beneficia languentibus vidit rex ipse, vidit curia, vidit universa civitas Spirensis, a cujus memoria deleri non poterunt in æternum. Nostra quidem schedula, ubi hæc annotaveramus, negligentia cujusdam fratris amissa est; parcat ei Deus. Tria tamen occurrunt memoriæ, nam cætera investigare non vacat. Feria quinta pueri duo, quorum uterque oculi unius lumen amiserat, in hospitio illuminati sunt, et paralyticus curatus est, quem deportaverant in grabato.

Philippus. In capella regis, dum perficeretur reconciliatio, pro qua nominatim venerat pater beatus, signavit hominem, cujus caput sine intermissione tremebat, et sanatus est ipsa hora. Puer etiam claudus ibidem erectus est.

Gerardus. Vespere in hospitiis duo cæci illuminati sunt coram nobis. Mane sexta feria coram nobis cæcus visum recepit.

20. Sed eumdem est nobis, et qui hæc deportaturus est, nuntius jam festinat. Quærimus proinde, quid dominus episcopus reservavit.

Episcopus. Optime factum est, ut me commoneres; nam mihi, fateor, prorsus memoria exciderant. Sagittarius quidam serviens ducis Conradi, cum nobis dux occurrisset, detrahebat verbo crucis, et sanctum Dominum blasphemabat, dicens, quia non plus ille signa facit quam ego. Ubi ergo ad imponendam manum infirmis pater substitit, accessit homo, et vidit cui derogaverat; statim cecidit exanimis, et diu jacuit sine sensu.

Alexander. Ego illi proximus eram quando cecidit, et equus quidem immobilis stabat. Iniquus autem ille impulsus, subito virtute divina cecidit retro. Obstupuimus omnes, et advocavimus patrem; nec prius ille miser surrexit, quam descendens et orans erigeret eum. Sic in seipso cognita virtute, cui prius detrahebat, incredulus, sequenti die signatus est ad præceptum patris nostri, in exercitum Domini profecturus.

Episcopus. Per omnia benedicta miseratio Domini, qui novissimæ huic generationi unum saltem ex antiquis sanctis reservavit, ut tanquam lucerna ardentissima temporis hujus tenebras vita, doctrina, miraculis consecraret. Felices vos, qui sub pennis

père, dont nous autres aussi, quoique dans le siècle, nous nous glorifions cependant encore un peu !

SECONDE PARTIE

DES MIRACLES DE SAINT BERNARD.

CHAPITRE VI.

Lettre des moines de Clairvaux et des compagnons de saint Bernard aux clercs de l'église de Cologne.

21. A leurs seigneurs et amis, les clercs de l'église de Cologne, Salut de la part de leurs frères et amis Everhard, Gérard et Geoffroy, moines indignes, Philippe de Liége, Volmare de Constance, et autres recrues de la milice spirituelle que le saint homme a levée au sein de Babylone. Mais avant tout, nous devons du fond du cœur vous rendre grâce, à vous, Seigneur notre Dieu, car vous avez multiplié parmi nous la preuve de votre miséricorde et fait de grandes choses au milieu de nous; oubliant toutes nos iniquités que l'enfer même n'aurait pas suffi à punir. D'où nous est venu cette faveur, à nous les pires des pécheurs, à nous, dis-je, que, par le fait de votre patience, la terre supporte malgré elle? D'où nous vient ce bonheur de respirer sous le patronage d'une telle sainteté ? O comble vraiment admirable de miséricorde ! ô abîme incompréhensible de la bonté divine! Elle a accumulé les présents de sa grâce sur l'homme qu'elle a choisi, afin de grouper les pécheurs les plus désespérés autour de lui, en qui ils pussent trouver, avec une entière sécurité, la sainteté mise comme en dépôt. Pour vous, mes chers amis, jusques à quand aurez-vous le cœur appesanti? Est-ce que si les miracles qui ont été faits parmi vous pendant les jours qui viennent de s'écouler, avaient été opérés au sein de Tyr et de Sydon, ces villes n'auraient pas fait pénitence dans la cendre et le silice? Nous lisons que, autrefois, un miracle a suffi pour convertir une multitude d'hommes qui appartenaient à un peuple à la tête dure; trois mille hommes, dis-je, à la vue d'un boiteux qui mendiait à la porte du temple et que Pierre guérit d'un mot plein de puissance. Quel nombre de boiteux Cologne ne vit-elle point redressés en quelques jours? Il est vrai qu'un certain nombre de ses habitants se convertirent, comme ils étaient conviés à le faire, et reçurent avec une grande dévotion l'indulgence qui leur était offerte par le souverain pontife, et firent pénitence comme il leur était dit.

22. Mais il est certain que si votre justice n'est pas plus abondante que la leur, vous n'entrerez point dans le royaume des cieux. Les laïcs sont du monde, et il leur est permis d'avoir les pensées que l'on a dans le monde. Mais aux apôtres, il a été dit : « Pour vous, vous n'êtes point du monde, car je vous ai choisis du monde (*Joan.* VIII). » Or, vous tenez aujourd'hui leur place, vous vivez de leurs revenus, vous avez en main leur puissance, vous êtes investis de leur autorité, vous avez hérité de leur rang et, si vous me permettez de le dire, vous partagez tout avec eux, tout, excepté leur conversion et leur manière de vivre, excepté leurs

---

ejus speratis, et satiamini ab uberibus consolationis ejus ! felix congregatio, quæ tanto patre lætatur ; cujus nos miseri seculares tenui saltem notitia gloriamur ?

PARS II.

MIRACULORUM SANCTI BERNARDI.

CAPUT VI.

Epistola monachorum Claræ-vallensium et comitum sancti Bernardi ad clericos ecclesiæ Coloniensis.

21. Dominis et amicis suis clericis ecclesiæ Coloniensis, salutem dicunt fratres et amici eorum, Everhardus, Gerardus, et Gaufridus monachi qualescumque, Philippus Leodicensis, Volmarus Constantiensis, et cæteri tirones spiritualis militiæ, quos Vir sanctus eripuit de medio Babylonis. Ante omnia decet nos ex ipsis medullis cordium tibi gratias agere, Domine Deus noster. Multiplicati enim super nos misericordiam tuam, et magnificasti facere nobiscum, immemor omnium iniquitatum nostrarum, quibus digne puniendis nec ipsa quidem gehenna sufficeret. Et unde hoc nobis, peccatoribus utique pessimis omnium, quos tua ordinante patientia, tellus invita cogitur sustinere? Unde hoc nobis, ut sub tantæ sanctitatis patrocinio respiremus ? O veri inæstimabilis cumulus miserationis ! o incomprehensibilis divinæ pietatis abyssus ! Accumulavit gratiæ suæ munera super virum quem elegit, ut ad ipsum colligat undique desperatissimos peccatores, in quo securius habeant sibi repositam sanctitatem. Vos autem, charissimi, usquequo gravi corde ? Nonne si in Tyro et Sydone factæ essent virtutes, quæ in vobis factæ sunt his diebus, egissent pœnitentiam in cinere et cilicio? Ad signum unum aliquando conversa legimus de populo, utique duræ cervicis, hominum tria millia, cum in porta templi mendicantem claudum de ore Petri prolata vox virtutis ambulare fecisset. Quantos in brevi civitas Coloniensis vidit erectos? Et multi quidem de populo, ad quod vocabantur, conversi sunt, et oblatam sibi a summo pontifice indulgentiam, et indictam pœnitentiam devotissime susceperunt.

22. Sed certe nisi abundaverit justitia vestra plusquam eorum, non intrabitis in regnum cœlorum. Laici de mundo sunt; licite cogitant quæ mundi sunt. Apostolis dictum est : *Vos de mundo non estis, sed ego vos elegi de mundo ;* quorum vos hodie occupatis loca, quorum stipendiis vivitis, quorum potestatem tenetis, quorum auctoritate polletis, quorum vobis vindicatis honorem, cum quibus, ut pace vestra dixerimus, communia vobis sunt omnia, præter conversionem et conversationem, præter opera et voluntatem, præter vitam denique et opinionem. Si in terra pasci gre-

œuvres et leur volonté, excepté leur vie enfin, et leur opinion. Qui s'étonnera de voir en vous des pasteurs? Mais y voir comme maintenant des pasteurs courbés vers la terre, soupirant après les biens de la terre, recherchant les choses d'en bas; n'est-ce point ridicule, n'est-ce point un grand abus? « Et maintenant, ô Sydon, rougissez, dit la mer (*Isa.* XXIII, 4), les publicains et les pécheurs auront une plus belle place que vous dans le royaume des cieux (*Matt.* XXI, 31). » Hélas! hélas! nous voyons le poison versé dans la coupe de l'Église, selon ce qui a été dit de Louis, surnommé le pieux, qui a enrichi tant d'églises. En effet, nous lisons dans son histoire qu'il entendit une voix qui lui disait [a] : « Tu as versé du poison dans la coupe de l'Église. » Ne vous semble-t-il pas étrange que le poison dont il est question là, ce soient les richesses! Jésus-Christ lui-même, dans son Évangile, les appelle des épines (*Marc.* IV, 18,) et l'Apôtre les définit, « le filet du diable (I *Tim.* VI, 9). » En effet, il dit : Quiconque veut devenir riche en ce monde, tombe dans la tentation et le filet du diable. » Qu'ils s'en échappent donc, ceux qui veulent devenir pauvres, et ils chanteront ensuite en pleine sécurité: « Le filet s'est rompu et nous avons été délivrés (*Psal.* CXXIII, 7). » Entendez une bonne parole, vous qui vous êtes échappés de ce filet, je veux parler de ceux de vos frères qui ne sont encore parmi vous que de corps ; car, le discours du Seigneur aux clercs n'a point été perdu, et ceux qui persévèrent encore dans les voies de la perdition n'en sont que plus inexcusables ; que dis-je, les autres seront plus facilement tirés par le triple lien qui ne se rompt pas aisément, je veux parler du lien formé par la prédication et les miracles auxquels s'ajoute le lien du bon exemple. Vous le voyez, l'abondance du sujet et l'ardent désir que nous éprouvons en Jésus-Christ de vous voir devenir nos compagnons, nous font prolonger cette lettre, mais il faut en demeurer là, d'autant plus que notre père abbé vous a annoncé toutes ces choses avec plus d'abondance et d'efficacité que nous, le Seigneur appuyant les paroles par les miracles dont elles étaient suivies. Il y en a plusieurs parmi vous qui ont lu le petit livre que nous avons adressé à l'illustre Henri [b], dont l'esprit plus encore que le sang a quelque chose de royal, et dans lequel nous avons relaté tous les miracles dont nous avons été témoins depuis le premier dimanche de l'Avent jusqu'à notre départ de Spire qui a eu lieu dernièrement. Bien des personnes nous demandent encore de ne pas négliger de faire suivre ce récit de celui des miracles qui se sont passés parmi vous, attendu que nous avons toujours une plus grande prédilection pour ce que nous avons vu arriver sous nos yeux. Trois raisons nous ont porté à le faire : la première, pour réchauffer un peu le zèle de ceux de nos nouveaux frères qui sont restés dans le monde pour terminer leurs affaires ; la seconde, pour donner aux autres frères l'occasion de penser quelle faute ils commettent, en différant de confier, comme Dieu les y convie, leur âme à un tel père, que Dieu ne leur aura pas plutôt ravi qu'ils le pleureront de toutes les larmes de leurs yeux, et qui refusent de le faire, parce que leurs passions les attirent ailleurs, ou tremblent de le faire parce que la pusillanimité retient leur cœur. Enfin, c'est pour donner, comme il n'est que trop juste, à la noble église de Cologne,

---

[a] Certains auteurs rapportent cette anecdote à Constantin. V. Bossée, ser. IV de la première semaine de carême.

[b] Il s'agit ici du frère de Louis le jeune, roi de France.

---

gem viderit, quis miratur ? Pastorem autem similiter incurvari deorsum, similiter inhiare terrenis, et quæ inferius sunt quærere numquid non ridiculum est, et abusio magna ? *At nunc erubesce Sydon*, ait mare : *Publicani et peccatores præcedent vos in regnum Dei*. Desperata est plaga cleri hujus ; a planta pedis usque ad verticem non est in eo sanitas. Ditata est Ecclesia terrenis possessionibus, sed virtutibus spoliata. Neque enim longa eis esse potuit cohabitatio, ex quo pauper factus propter nos rex gloriæ ita paupertatem elegit ut diceret : *Nisi quis renuntiaverit omnibus quæ possidet, non potest meus esse discipulus*. Heu! heu! videmus venenum additum Ecclesiæ, sicut dictum est Ludovico, quem nominatis Pium, qui præcipue ditavit ecclesias. Legimus enim in historia ejus, quod audierit vocem dicentem sibi : *Venenum Ecclesiæ addidisti*. An forte vobis videtur absonum, venenum interpretari divitias ? Christus etiam in Evangelio *spinas* vocat; et Apostolus eas, *laqueum* definit esse *diaboli*. *Quicumque*, inquit, *divites volunt fieri in hoc seculo, incidunt in tentationem et laqueum diaboli*. Evadant ergo, qui volunt fieri pauperes, et secure decantent, quia *Laqueus contritus est, et nos liberati sumus*. Agnoscite vocem jucundam, qui laqueum hunc transsilistis (fratres vestros loquimur, qui adhuc inter vos solo tantum corpore detinentur). Neque enim otiosus fuit, videlicet ad clerum, sermo Domini, ut magis inexcusabiles sint, qui adhuc in perditione persistunt ; imo facilius trahat cæteros funiculus triplex, qui difficile rumpitur ; cum verbo et signis, etiam proximorum accedat exemplum. Protrahunt epistolam, ut videtis, ubertas materiæ et desiderium fervens, quo vos omnes habere cupimus socios in visceribus Jesu-Christi. Veruntamen supersedendum est nobis, præsertim quod copiosus hæc et efficacius ab ipso patre nostro annuntiata sunt vobis, Domino cooperante, et sermonem confirmante sequentibus signis. Multi ex vobis curiose legerunt exemplar libelli, quod ad illustrem Henricum, regium spiritu magis quam sanguine, misimus de signis quæ vidimus a prima dominica Adventus usque ad discessum nostrum a curia, quæ nuper Spiræ habita est. Multi adhuc petunt, ut quæ facta sunt apud vos, non negligamus adjungere ; quod hæc vobis dulcius sapiant quæ præsentes ipsi vidistis. Quod triplex nobis consideratio persuasit, ut et novi fratres, dum secularibus adhuc terminandis negotiis detinentur, in lectione hac recalescant ; et cæteri cogitent, quale sit quod

un memento éternel des événements dont l'accomplissement dans son sein a exalté sa gloire. Notre pensée n'a pas été de faire un livre qui dût se conserver, mais de fournir la matière d'un livre plus brillant et plus digne à ceux qui ont le don d'écrire, et qui peuvent donner leurs soins à cet art. Nous ne doutons pas qu'il a éclaté parmi vous et dans ce voyage, beaucoup d'autres miracles que ceux qu'il nous a été possible de connaître et que nous sommes capables de nous rappeler. Nous nous sommes contentés de citer les plus certains et les mieux prouvés, et nous nous proposons, de plus, d'en faire suivre le récit de tous ceux que, tous les jours, la vertu du Tout-Puissant opère encore par les mains de son fidèle et dévot serviteur. Nous avons également jugé à propos d'ajouter à notre récit les miracles que nous avons vus se produire depuis Spire jusqu'à Cologne, pour relier par là cette relation à la première. Nous avons rapporté sous les noms de Thierri, [a] et Herwin, vénérables abbés de Campen et de Steinfeld ceux dont ils ont été témoins, tels que nous les avons recueillis de leur bouche.

CHAPITRE VII.

Miracles de saint Bernard durant son voyage de Spire à Cologne.

23. Puisque le révérend évêque de Constance nous manque, ce sera un de ses clercs, notre frère Wolkemare, qui le remplacera dans notre récit; il parlera même le premier.

Wolkemare. Plaise à Dieu que mon nom soit inscrit parmi les noms des saints! Je m'estimerais heureux, grâce aux prières et aux mérites de Bernard, à la louange de qui, avant tout, il a plu à votre sainteté de faire ce récit, s'il se trouvait même le dernier. Le vendredi donc, selon ce qui est dit à la fin du livre précédent, la cour quitta Spire et nous nous mîmes en marche pour aller à Worms, où notre saint abbé, malgré les instantes prières qui lui furent faites, ne voulut pas séjourner, il disait : « Il faut que j'évangélise dans d'autres contrées. » Il avait passé par cette ville, deux mois environ auparavant, et, à la suite d'un sermon qu'il avait fait au peuple, il avait donné la croix à une multitude de personnes. Cependant, avant de sortir de la ville, c'était le samedi, il toucha les malades qui se trouvaient réunis; parmi eux il se trouva deux sourds que je présentai moi-même au père, et qui, en présence du peuple qui nous entourait et qui poussa des cris de joie, s'écrièrent avec le plus grand bonheur que l'ouïe leur était rendue.

Philippe. Pendant la route, un enfant boiteux fut redressé, et il n'est personne de vous qui ne l'ait vu.

Geoffroy. Le lundi, fête de l'Epiphanie, au château de Cruzenach, comme il revenait de

[a] Thierry fut élu abbé de Campen en 1136. Quant à Herwin, qui devint abbé de Steinfeld, il en fut d'abord prévost; c'est de lui qu'il sera parlé plus loin, au n. 26. Il écrivit à saint Bernard une lettre qui se trouve placée avant le soixante-cinquième sermon sur le Cantique des cantiques; on l'appelle aussi Evervin.

CAPUT VII.

De miraculis a Spira Coloniam usque per beatum Bernardum editis.

23. Jam quia reverendus episcopus Constantiensis abest, locum ejus clericus ipsius, noster jam frater, Wuolkemarus suppleat in hac relatione, et primus ipse loquatur.

Wuolkemarus. Utinam inter nomina electorum nomen meum jubeat Deus adscribi! Utinam in libro vitæ vel ultimum inveniatur ipsius oratione et meritis, in cujus laude præsenti, primum id fieri vestræ placuit sanctitati. Sexta igitur feria, sicut prioris libri finis declarat, soluta est curia Spiræ, et nos Vuormaciam festinavimus; ubi pater sanctus, licet obnixius rogaretur, moram facere noluit, dicens, « quia oportet me et aliis civitatibus evangelizare. » Transierat enim per Wuormaciam ante duos menses, et sermone habito innumerabilem ibi signaverat populum signaculo militiæ Christianæ. Prius tamen quam egrederemur die sabbati, infirmos tetigit, qui convenerunt; ubi inter manus meas surdi duo, quos offerebam, abstante populo et acclamacio sibi redditum fatebantur cum multa exsultatione.

Philippus. In itinere puer claudus erectus est, quem omnes vere vidistis.

Gaufridus. Secunda feria, die festo Epiphaniæ apud castrum *Gruzenach*, regrediens ab ecclesia pater

l'église, le bienheureux abbé toucha et redressa un enfant que ses parents disaient être boiteux depuis six ans, ce que tout le peuple, qui l'entourait et le connaissait, attestait unanimement. Nous l'avons vu tous marcher sur le champ, et retourner à l'église au milieu des chants d'action de grâces proférés par tout le monde.

Wolkemare. Le mardi, à Pickenbach, c'est le nom qu'on donne au petit bourg où nous avons passé la nuit, le jour même de l'Apparition, au matin, se produisirent trois miracles que j'ai vus de mes propres yeux. Ainsi, en entrant dans l'église, un sourd fut présenté au saint, et le saint homme de Dieu le guérit à l'instant même de sa surdité en le touchant de ses doigts sacrés. Au même moment et sur le seuil de la porte, une jeune fille qui boitait d'un pied recouvra la faculté de marcher. Le saint n'était pas encore sorti de cette villa, qu'on lui présenta un paralytique couché sur son lit ; cet homme, en apprenant les guérisons miraculeuses du saint, s'était fait apporter en voiture d'un grand bourg situé sur le Rhin et appelé Bobard. Il lui donna la croix, le toucha, le redressa et le renvoya complétement guéri chez lui.

24. *Geoffroy.* Dans la paroisse de Trèves se trouve un bourg fameux, au confluent du Rhin et de la Moselle, et qui a pris de là le nom de Coblentz. Il se fit là beaucoup de miracles en présence de tout le peuple, mais ils ont tous échappé à ma mémoire. Cependant je me rappelle avoir vu dans l'église de Saint-Florin, après la célébration de la messe, un jeune homme boiteux redressé. Notre Frédéric, qui est de ce bourg, et qui a suivi le saint du Seigneur avec un excellent jeune homme appelé Adolphe, nous assure aussi de son côté qu'il y a eu un aveugle qui recouvra la vue. Cet Adolphe passa la Moselle avec nous à l'insu de ses proches et de ses amis, revêtu seulement d'un surplis, tel qu'il était en venant de l'église de Saint-Castor, où il était chanoine. Nouveau Joseph, il laissa son manteau entre les mains de l'adultère, s'échappa des mains des Égyptiens et s'enfuit. Dans le même voyage, comme nous avions déjà fait un peu de chemin, un boiteux, très-connu dans toute la contrée, se présenta monté sur un cheval. Le nerf de sa cuisse s'était tellement desséché, que son genou s'était replié de la mesure d'une palme, et la jambe malade semblait plus courte que l'autre. Le saint lui donna la croix, et, ne doutant point de l'effet miraculeux, le fit descendre et lui dit de marcher. Le boiteux ne put obéir, peut-être parce que quelques assistants eurent moins de confiance, ou peut-être aussi parce qu'ils ne comprirent pas l'idiome du père. Celui-ci se tut donc, mais la voix de la vertu miraculeuse ne garda pas le même silence, car, à l'instant même, cet homme s'écria qu'il sentait ses nerfs se détendre et son genou s'allonger le long du cheval qu'il montait. Étant donc descendu à l'instant, il se mit à marcher sans difficulté en louant Dieu, et toute la journée il suivit celui qui l'avait guéri. Il y en eut encore un autre dont le nerf fémoral s'était aussi desséché, au point que c'est à peine si du pied malade il pouvait toucher la terre de l'extrémité des doigts : il fut guéri pendant la même route, si bien qu'il pouvait, sans difficulté, appuyer le talon et marcher sans bâton.

Wolkemare. Le jeudi, près du petit bourg de

---

beatus, puerum tetigit et erexit, quem sex annis penitus claudum fuisse parentes sui, et alii plures de populo circumstante, qui eum noverant, testabantur. Hunc nos ipsi statim vidimus ambulantem, dum ad ecclesiam deduceretur, in laudem Dei acclamantibus universis.

Wolkemarus. Tertia feria, *Pichenbach* (sic enim nominant viculum ubi pernoctavimus) die Apparitionis mane tria apparuerunt miracula, quæ præsens vidi oculis meis. Siquidem in ingressu ecclesiæ surdus oblatus est, a quo statim vir Domini sacratis digitis suis surditatem repulit, et immisit auditum. In ingressu quoque gressum puella altero pede clauda recepit. Necdum exierat villam pater beatus, et ecce offerunt ei paralyticum in grabato, qui audita fama virtutum ejus a vico magno, qui supra Rhenum situs est, et nominatur Bobardus, plaustro sese fecerat deportari ; et hunc quoque signavit, tetigit, et erexit, et ad propria misit incolumem.

24. *Gaufridus.* In parochia Treverensi situs est famosissimus vicus, ubi Rhenus et Mosella confluunt, unde et Confluentia nominatur. Ibi multa coram omni populo ostensa sunt signa, quæ nostram notitiam aut memoriam effugerunt. Claudum tamen puerum, qui in ecclesia sancti Florini post missarum celebrationem erectus est, memini me vidisse. Sed et cæcum ibidem illuminatum asserit Fredericus noster, qui ab eodem vico secutus est sanctum Domini una cum Adulfo optimo adolescente. Hic ignorantibus propinquis et amicis nobiscum transiit Mosellam, indutus tantum superpelliceo, sicut venerat ab ecclesia sancti Castoris, in qua canonicus erat. Reliquit alter Joseph pallium cum adultera, fugitque Ægyptios, et effugit. In eodem itinere cum paululum processissemus, claudus quidam notissimus in terra illa equo advehebatur. Hujus ita nervus femoris aruerat, ut replicato genu quantum mensura est palmi unius, tibia illa brevior altera videretur. Signavit autem eum Vir sanctus, et nihil hæsitans de virtutis effectu deponi jussit, et ambulare ; sed non fuit qui obediret, forte quia minus speraverunt id qui adstabant, aut quia minus intellexerunt verbum. Siluit ergo pater, sed non siluit vox virtutis ; subito siquidem exclamavit homo laxari sentiens nervum, et extendi genu super equum quo vehebatur. Statim vero depositus, libere ambulabat magnificans Deum, et tota illa die suum secutus est curatorem. Alter quoque, cujus similiter femoris nervus aruerat, ut vix summis digitis pedis unius terram tangeret, sanatus est in via eadem, ita ut libere talum deponeret, et sine baculo graderetur.

Wolkemarus. Feria quinta apud viculum *Riegemach*,

Romagne, le matin avant de partir, je vis en ma présence un enfant recouvrer la faculté de marcher, après en avoir été privé pendant six ans, selon ce que ses parents même m'ont dit. Au même endroit, il y eut aussi une femme sourde et un homme aveugle, ou plutôt borgne d'un œil, et voyant si mal de l'autre qu'il ne lui servait presque à rien, qui recouvrèrent l'un l'ouïe et l'autre la vue.

25. *Geoffroy.* Que la ville de Cologne se souvienne à jamais du jour où elle a eu le bonheur de recevoir le saint homme qu'elle avait toujours désiré posséder dans son sein. Comme il arriva sans être attendu, le peuple fut peu nombreux sur son passage. D'ailleurs, notre saint foulait tellement aux pieds la gloire des réceptions solennelles, qu'il les évitait autant qu'il était en lui, et qu'il préférait, par goût, entrer en secret dans les villes. Cependant, ses vœux ne pouvaient que rarement être exaucés, d'autant plus que la gloire vient plus abondante à ceux qui la repoussent. Le vendredi matin, avant d'aller dans l'église, lorsque nous étions encore à notre hôtel, une femme, qui avait perdu un œil depuis dix ans, recouvra la vue sous nos yeux au simple attouchement de la main du saint. Elle alla aussitôt se présenter au clergé dans l'église, et demeura longtemps prosternée à terre devant l'autel, en rendant grâce à Dieu. En même temps un enfant aveugle fut également guéri, toujours dans notre hôtel. Quand le saint abbé fut entré dans l'église, il se dirigea vers l'autel de la Vierge, qui se trouve placé à l'orient de l'église, il y dit la messe. A peine eut-il fini que, en présence de tout le peuple, une jeune fille aveugle recouvra la vue ; en même temps, une dame de la ville, riche et bien connue, dont les jambes étaient desséchées depuis trois ans et ne pouvaient plus s'étendre, sentit ses nerfs se délier au seul signe de la croix, et à l'instant même elle se tint debout sans aucune difficulté. Comme Bernard se tenait au pupitre pour adresser la parole au peuple, un vieillard aveugle recouvra la vue. Il se fit, le même jour, beaucoup d'autres miracles encore que des cris de bonheur saluaient à chaque instant, mais personne de nous n'eut la curiosité de chercher à les connaître. Le samedi, nous en vîmes beaucoup aussi opérés à l'hôtel, et nous avons eu connaissance de tous ; mais comme nous avons omis de les noter à cause de la multitude de ceux qui se faisaient, nous les avons complètement oubliés. Les paroles qu'il adressa au clergé, car il ne voulut pas sortir ce jour-là, et par lesquelles il montra combien la règle de vie des clercs, si toutefois on peut appeler cela une règle de vie, est contraire à tous les témoignages des Saintes-Écritures, sont encore présentes, je le pense, à tous les esprits. « C'est vous, disait-il, que le prophète voulait désigner, quand il disait : Ils ne participent point aux travaux et aux fatigues des hommes, et ils n'éprouvent point les fléaux dont les autres sont atteints ; c'est ce qui les rend superbes (*Psal.* LXXII, 5 et 6). » C'est de vous encore, continuait-il, que le prophète Isaïe, sinon Dieu lui-même par sa bouche, disait dans un même esprit : « Faisons grâce à l'impie, il n'apprendra point à être juste ; il a fait des injustices dans la terre même des justes, et il ne verra point la gloire du Seigneur (*Isa.* XXVI, 10). » Enfin, c'est de vous encore qu'un autre prophète a dit, avec plus d'énergie et en vous nommant : « Les princes de mon peuple seront

Saint Bernard a fait un sermon aux clercs de Cologne.

---

mane priusquam egrederemur, me præsente puer quidam gressum recepit, qui sex annis claudus exstiterat, sicut ab ipsis parentibus ejus accepi. Ibidem etiam mulier surda audivit, et vir cæcus illuminatus est, cui unus tantum oculus erat, et hic quoque ad nihilum valens.

25. *Gaufridus.* Memor sit in æternum diei hujus civitas Coloniensis, qua suscipere meruit hominem sanctum, quem semper optaverat. Quia tamen insperatus advenit, minor eo die fuit frequentia populorum. Sic nimirum gloriæ calcator humanæ solemnes semper exceptiones, quoad in se est, fugere consuevit, et elegit magis occulte ingredi civitates. Raro tamen id potest, quia sequitur major gloria repellentem. Mane sexta feria, priusquam ingrederemur ecclesiam, in hospitio nostro mulier cæca oculo uno ab annis decem, ad tactum beatæ manus coram nobis visum recepit. Hæc in ecclesia statim præsentata est clero, et diu jacuit ante altare gratias agens Deo. Interea puer quoque cæcus in ipso hospitio est illuminatus. Ex quo ingressus ecclesiam pater sanctus ad altare beatæ Mariæ, quod in orientali parte locatum est, missam celebravit ; ubi vero complevit, coram omni populo puella cæca illuminata est, et matrona dives et nota in civitate, cujus crura arida ab annis tribus extendi penitus non valebant, resolutis nervis ad signum vitæ sine dilatione stetit erecta. In pulpito quoque dum sermonem habiturus ad populum ascendisset, cæcus senex visum recepit. Multa quidem et alia signa facta sunt in ipso die, et sæpius acclamabant. Sed nemo nostrum inquirendo exstitit curiosus. Sabbato quoque multa in hospitio vidimus, et cognovimus ea ; sed quia annotare neglexerimus superveniente multitudine cæterorum, nobis jam penitus exciderunt. Verba tamen quæ ad clerum habuit (neque enim exire voluit ad populum ea die) et quomodo formam hanc clericorum, imo vitam prorsus informem, omnibus divinarum testimoniis scripturarum probaverit esse contrariam, non omnibus eis arbitror excidisse. Vos inquit, Propheta notabat, cum diceret : « *In laboribus hominum non sunt, et cum hominibus non flagellabuntur, ideo tenuit eos superbia.* Et Isaias eodem spiritu, imo Deus per Isaiam : *Misereamur,* inquit, *impio, et non discet facere justitiam ; in terra sanctorum iniqua gessit, et non videbit gloriam Domini.* Et expressius ac nominatim in alio Propheta : *Principes populi mei,* inquit, *ejicientur de domibus deliciarum propter pessimas voluntates suas, et cleri eorum non proderunt eis.* »

CHAPITRE VIII.
Divers miracles de saint Bernard à Cologne.

26. Le dimanche, avant la messe, un aveugle recouvra la vue par le signe de la lumière et de la vie, et fut conduit au pied de l'autel, car, ce jour là, il s'était réuni pour le sermon annoncé une telle foule de monde, que les clercs disaient n'en avoir jamais vu une pareille jusqu'alors. Le saint abbé célébra la messe à l'autel de saint Pierre, qui se trouve du côté occidental de l'église et qui est le maître-autel. Là, après la messe, il arriva une mltitude de miracles sous les yeux même de la foule. Une femme de distinction, très-connue dans la ville, privée d'un œil depuis cinq ans entiers, et qui disait qu'elle avait dépensé beaucoup d'argent sans succès en médecins, recouvra la vue au simple toucher de la main du saint. Il y en eut une autre encore qui vit clair également.

L'abbé de Campen. De tous les miracles que j'ai vus en cet endroit, deux seulement me reviennent en mémoire. Une jeune fille sourde et muette entendit et parla sur le champ, et un jeune homme qui boitait vit sa jambe redressée par la vertu d'en haut à la prière du serviteur de Dieu.

Herwin, abbé de Steinfeld. Sur la place, où le saint fit un sermon, parce que l'église ne pouvait contenir tous les habitants, un aveugle recouvra la vue devant nous, et un manchot d'un bras vit sa main, qui était desséchée, rendue à son état de santé.

L'abbé de Campen. Comme nous retournions à l'hôtel après le sermon, le saint n'avait pas encore franchi le seuil de la porte extérieure, qu'il redressa en ma présence un enfant qui était courbé, rendit la raison à une femme qui l'avait perdue, fit marcher une boiteuse et rendit l'usage de son œil à une dame qui était borgne.

Gérard. C'est d'elle que l'un de nos frères disait avec humeur qu'elle avait obtenu sa guérison si vite parce qu'elle était riche, et de fait elle avait été d'une rapidité extrême, car elle semblait n'avoir pas encore reçu la croix que déjà elle s'écriait qu'elle voyait clair.

27. *Eberhard.* Après le dîner, les miracles ne nous ont plus manqué de la journée. Nous les avons tous vus avec certitude et examinés avec soin. Le saint se tenait à la fenêtre et on venait lui présenter des malades à l'aide d'une échelle, car personne n'osait ouvrir la porte de la maison, tant le peuple se pressait et le tumulte était grand. Là, on vit la fille d'un homme riche, bien connu dans la ville, recouvrer l'ouïe qu'elle avait complétement perdue depuis plusieurs années. Les parents l'avaient auparavant placée dans un cloître, mais les religieuses la leur avaient rendue parce qu'elle était devenue tout à fait sourde. Elle était restée bien longtemps en cet état sans rien entendre, lorsque, au simple toucher du saint, Dieu lui ouvrit les oreilles ; peu de temps après une femme qui était courbée en deux se redressa et se mit à marcher.

Sed hæc alias. Jam ad narrationis ordinem revertamur.

CAPUT VIII.
De variis miraculis Coloniæ Agrippinæ factis,

26. Dominica, priusquam missa celebraretur, cæcus quidam per signaculum lucis et vitæ illuminatus et adductus est ad altare. Ea siquidem die ad promissum sermonem convenerat populus inæstimabilis, quantum nemo clericorum sese aliquando in ecclesia illa vidisse dicebat. Celebravit autem missam pater sanctus ad altare beati Petri, quodam occidentali parte situm, obtinet in ecclesia principatum. Ibi post missæ celebrationem, innumera coram omnibus miracula contigerunt. Honorata mulier et notissima in civitate, quæ per quinquiennium uno oculo cæca, multa sese in medicos fatebatur inutiliter expendisse, sub manu signantis visum recepit. Altera quoque similiter illuminata est.

Abbas Campensis. De multis quæ ibidem vidi, duo tantum occurrunt memoriæ. Dico autem de puella surda et muta quæ confestim audivit et locuta est; et de juvene claudo, quem ad servi sui orationem divina virtus erexit.

Hervinus, abbas Steinveldensis. In platea ubi sermonem habuit, Vir beatus, eo quod ecclesia populum capere non sustineret, nobis adstantibus cæcus quidam visum, et mancus aridæ manus simul et brachii adeptus est sanitatem.

Abbas Campensis. Ubi finito sermone domum regressi sumus, ex quo januam intravit exteriorem, priusquam hospitii limen attingeret, me præsente. curvum erexit puerum; mulieri insanæ reddidit mentem; claudam ambulare fecit, et cæcam uno oculo matronam pater beatus illuminavit,

Gerardus. Hæc fuit de qua sic mirabatur unus e fratribus nostris, quod et divitii beneficium tam facile præstaretur; et vere digna fuit omni admiratione celeritas. Prius enim quam signata videretur, illuminatam se esse clamavit.

27. *Eberhardus.* Ex quo pransi sumus, nunquam nobis illa die miracula defuerunt. Et hæc quidem certius novimus, diligenter probavimus ea. Stabat enim Vir sanctus in fenestra, et per scalam offerebantur. infirmi, siquidem ostium domus aperire nullus audebat, tantus erat impetus et tumultus. Ibi quoque filia divitis cujusdam viri notissimi in civitate auditum recepit, quem ex multis annis prorsus amiserat. Hanc in claustro quodam parentes ante locaverant, sed remiserant eam sanctimoniales, eo quod penitus amisisset auditum. Diu quoque sic manserat nihil audiens, donec ad tactum sacratæ manus Deus aperuit aures ejus. Post paululum quoque contracta mulier erecta est, et ambulabat.

Gérard. Vous avez vu tous cet enfant contrefait qui fut redressé ce même jour et ces nombreux aveugles qui recouvrèrent la vue.

Wolkemare. Quant à moi, parmi tous ceux que j'ai vus, et dont je me souviens, j'en ai compté cinq, dont les uns étaient borgnes et les autres aveugles.

L'abbé de Campen. Vers le soir une femme recouvra la vue, après être restée deux ou trois heures encore aveugle même après l'imposition des mains du saint. Voulant enfin se retirer et n'ayant personne pour la conduire, elle touchait tristement la muraille, en pleurant et en sanglotant. Nous avions tous pitié d'elle, mais bientôt nous n'eûmes plus qu'à la féliciter, car tout à coup elle s'écria qu'elle voyait clair, nous accourûmes à elle et nous pûmes constater de plusieurs manières qu'en effet, elle voyait.

28. *Gérard.* Pendant que tout cela se passait à l'intérieur, moi je me tenais dehors et je ne pouvais parvenir à entrer. Depuis la neuvième heure jusqu'au soir je restai ainsi avec quelques-uns de nos frères, sans pouvoir même approcher de la porte ni de l'échelle, tant la foule était grande. Je ne pus entrer qu'à minuit, lorsque la multitude eut fini par se retirer, et nous avons vu en entrant un sourd recouvrer l'ouïe. Après le souper, comme le nombre des malades était grand, nous avons prié le père de sortir pour leur faire le signe de la croix ; et à l'instant nous avons vu le Seigneur rendre la parole par le simple toucher de la main sacrée de son serviteur à deux jeunes sourdes-muettes.

Eberhard. A la même place un enfant et une dame de la ville qui boitaient tous les deux furent redressés.

Philippe. Le lundi de très-bonne heure, un sourd recouvra l'ouïe et une jeune aveugle, la vue. Peu de temps après une femme aveugle vit clair, et il se fit alors un si grand concours de peuple et un tel tumulte qu'on eut toutes les peines du monde à faire rentrer le saint dans l'hôtel, et je ne sais si le plus grand miracle qu'il ait fait n'est pas celui de s'être tiré sain et sauf d'une pareille cohue.

Gérard. Vers la troisième heure, une multitude de malades invoquaient le saint avec des instances d'autant plus importunes qu'ils semblaient n'avoir plus beaucoup de temps à le posséder. Il sortit donc sur la place et donna la croix successivement à tous ceux qui s'y trouvaient déposés, et, aux yeux de tout le monde, à l'instant même, quatorze furent guéris ; il y avait sept boiteux, cinq sourds, un enfant manchot et une femme aveugle : chacun reçut le bienfait qu'il désirait. A chaque miracle le peuple poussait des cris et ces mots éclataient comme un tonnerre à la louange de Dieu : *Christ uns genade, Kyrie eleison, die Heiligenalle helssen uns* [a].

29. Or, l'archevêque de la ville se tenait aussi dans l'hôtel, et en sa présence le saint abbé à peine sorti rendit la vue à un enfant aveugle.

L'abbé de Campen. A partir de ce moment, la foule était excessive, personne ne pouvait plus sortir de l'hôtel. On résolut donc d'aller dans la maison de l'archevêque, d'où il serait plus facile de sortir. Là, un enfant de bonne maison, fils de la sœur de l'avocat de Cologne qui, depuis long-

[a] C'est-à-dire : Christ, ayez pitié de nous, Seigneur, écoutez-nous, tous les saints, secourez-nous.

Gerardus. Puerum curvum, qui erectus est ipsa die, et cæcos multos qui illuminati sunt, omnes vidistis.

Wolkemarus. Ego ex iis quos vidi, et quorum memini, numeravi quinque, quosdam uno oculo cæcos, quosdam utroque.

Abbas Campensis. Circa vesperam illuminata est mulier, quæ post manus impositionem duabus aut tribus horis residebat cæca. Tandem abire volens, nec habens a quo duceretur, palpabat miserabiliter ad parietem cum fletu et ejulatu. Omnes miserabamur eam, sed statim congratulati sumus. Acclamavit enim subito, quia videret ; et festinantes ad eam multis hoc probavimus argumentis.

Gerardus. Dum hæc intus agerentur, ego foris adstabam, nec ullatenus poteram introire ; ab hora nona, usque ad vesperam sic permansi cum quibusdam fratribus nostris, nec accedere quidem valens ad ostium, vel ad scalam, tanta erat undique multitudo. Vix tandem nocte secedentibus turbis ingressus, vidi confestim hominem surdum qui recepit auditum. Ubi cœnavimus, quia languentium convenerat multitudo, rogavimus patrem puellis duabus surdis et mutis ad tactum sacratæ manus coram nobis Deus auditum reddidit et loquelam.

Eberhardus. Ibidem puer quidam, et matrona de civitate ipsa, ambo claudi, ambo erecti sunt.

Philippus. Secunda, feria summo mane, vir surdus auditum, et cæca puella visum recepit. Post paululum quoque mulier cæca illuminata est, et tantus ibi tumultus factus est et concursus, ut vix potuerit in hospitium retrahi Vir beatus; et nescio an fuerit ibi majus miraculum, quam quod evaserit incolumis.

Gerardus. Circa horam tertiam exiturum Virum Dei exoptabat languentium multitudo, eo importunius instantes, quo modicum jam tempus viderentur habere. Egressus igitur in plateam signavit ex ordine residentes, et sub oculis omnium ipsa hora quatuordecim sunt sanati, claudi septem, surdi quinque, puer mancus et mulier cæca, optatum quique beneficium perceperunt. Ad singula populus acclamabat, et in laudes Dei voces tonant per nubila : *Christ uns genade, Kyrie eleison, die Heiligenalle helssen uns.*

29. Porro archiepiscopus civitatis in ipso residebat hospitio, et coram eo quoque pater sanctus ubi egressus est, puerum cæcum illuminavit.

Abbas Campensis. Ex hoc jam turba erat intolerabilis, ut nemini prorsus egredi domum ingredive liceret. Consilium ergo fuit, ut in domum archiepiscopi deduceretur, liberius exinde profecturus. Ibi vero nobilis puer filius sororis advocati Coloniensis, ex longo

temps, n'entendait et ne parlait plus, recouvra, en présence de nous tous, l'ouïe et la parole, par l'imposition des mains de Bernard. Il y eut aussi un aveugle qui recouvra la vue, et un homme qui avait une jambe desséchée et dont il ne pouvait se servir, se vit guéri. Une jeune fille, dont la langue s'était attachée au palais, et qui ne parlait qu'avec de grandes difficultés, eut aussi, à l'instant même, sa langue déliée. Nous avons tous été témoins de ces miracles, et la ville de Cologne les a vus comme nous. Ils ne se sont point accomplis dans quelque coin, mais en public, afin que Dieu fût glorifié par tout le monde, lui qui est glorieux dans ses saints. Si, par hasard, il se trouve quelque incrédule ou quelque curieux, il pourra facilement acquérir la preuve de ces miracles, surtout de ceux qui ont été opérés en faveur de personnes de distinction et connues.

CHAPITRE IX.

Miracles de saint Bernard opérés pendant son voyage de Cologne à Liége, c'est-à-dire à Juliers, à Aix-la-Chapelle et à Utrech.

30. Nous quittâmes enfin Cologne, non sans peine, et nous arrivâmes à Bronvyler, monastère qui se trouve à deux milles de cette ville. Dans le trajet, en présence de tout le peuple de Cologne, qui suivait le saint avec la dévotion qui convenait, deux sourds lui furent présentés, dont le Seigneur ouvrit les oreilles, lorsque le bienheureux père leur eut mis les doigts dans les oreilles et leur eût soufflé l'ouïe de sa bouche sacrée.

Eberhard. Le mardi matin, dans l'église de Saint-Nicolas, car le monastère de Bronvyler, qui signifie la villa noire, est dédiée à ce saint, un enfant aveugle fut guéri au pied du maître-autel, où il fut présenté au saint par le seigneur abbé de Campen. A peine les cris de joie du peuple s'étaient-ils apaisés, qu'un sourd-muet recouvra l'ouïe et la parole.

Wolkemare. Un autre sourd recouvra aussi l'ouïe devant nous.

L'abbé de Campen. Le premier miracle que nous vîmes ce jour-là, pendant que nous étions en marche, ce fut la guérison d'un bras et d'une main desséchés.

Gérard. Nous avons vu bien des miracles ce jour-là, car la ville était pleine de monde, et la campagne était comme la ville, sur notre passage. Si je ne me trompe, le second miracle fut la guérison instantanée d'un borgne. Au même endroit arriva un autre miracle, qui nous jeta tous dans la plus grande admiration. En effet, une femme vint présenter au saint sa fille déjà grande, qu'elle disait sourde-muette de naissance, et parmi les assistants un grand nombre de personnes attestaient qu'il en était ainsi. Or, par la seule imposition des mains, elle se trouva guérie sur le champ, entendit et parla sans difficulté devant nous. Nous avions fait à peine quelques pas qu'un sourd recouvra l'ouïe.

Geoffroy. Jusqu'à ces miracles, je marchai en avant, mais en entendant retentir à chaque instant les chants d'actions de grâce de la foule, je m'arrêtai et j'examinai dès lors, avec le plus grand

---

jam surdus et mutus, coram omnibus nobis per manus impositionem recepit auditum pariter et loquelam. Ibidem quoque cæcus quidam visum, et alter cujus erat crus aridum et inutile, adeptus est sanitatem. Sed et puella quædam, cujus adhæserat lingua faucibus, et vix poterat loqui, curata est ipsa hora soluto vinculo oris Horum omnium testes sumus, testis est civitas Coloniensis. Neque in angulo facta sunt, sed in publico, ut ab omnibus Deus glorificetur, qui in sanctis suis gloriosus est. Si quis forte aut incredulus aut curiosus exstiterit, multa ex his facile ei probare licebit, præsertim quæ in personis facta sunt non infimis, nec ignotis.

CAPUT IX.

De miraculis in itinere, Colonia Leodium usque, id est Juliaci, Aquisgrani, Trajecti, factis.

30. Vix tandem egressi Coloniam venimus *Brunvillare*, quod est monasterium duobus a civitate millibus distans. In via quoque præsente populo Coloniensi, qui devotione debita sanctum prosequebatur, surdi duo oblati sunt, quorum Deus aperuit aures, cum injecisset pater beatus digitos, et ore sacrato inspirasset auditum.

Eberhardus. Tertia feria, mane in ecclesia beati Nicolai, in ipsius siquidem honore dedicatum est monasterium *Brunvuiler*, quod Nigrum-Villare interpretatur, coram altari puer cæcus illuminatus est, quem offerebat dominus abbas Campensis. Vix adhuc exsultantis populi siluerat vociferatio, et ecce surdus et mutus auditu donatus est, et loquela.

Wolkemarus. Alter etiam surdus adstantibus nobis recepit auditum.

Abbas Campensis. Primum quod in via ipso die vidimus miraculum, aridi cujusdam brachii et manus restitutio fuit.

Gerardus. Crebra vidimus in ipso die miracula; plena siquidem erat populis, et campus omnis nobis civitas erat. Secundum, nisi fallor, miraculum fuit cæcus uno oculo, qui confestim illuminatus est. In ipso autem loco contigit unde magis constupuimus universi. Obtulit enim mulier filiam jam adultam, quam ex utero surdam et mutum esse dicebat, et idipsum multi ex circumstantibus qui eam noverant testabantur. Hæc autem per manus impositionem curata est ipsa hora, et audivit, et locuta est libere coram nobis. Nec longius adhuc processeramus, quando vir surdus recepit auditum.

Gaufridus. Usque ad hæc miracula ego turbas præcedebam; audiens autem tam crebros populi cantus substiti, et quæ deinceps facta sunt in itinere diligentissime probavi. Surda et cæca mulier audivit et vidit; surdi tres audierunt, clauda una ambulavit; illumi-

soin, tous les miracles qui arrivèrent pendant le trajet. Une femme sourde et aveugle vit et entendit distinctement; trois sourds recouvrèrent l'ouïe, une boiteuse marcha droit; cinq aveugles virent clair, les uns parmi eux n'étaient privés de l'usage que d'un œil, les autres des deux. Il y eut aussi un enfant qui était tout à fait aveugle, dont nous sommes sûrs que le saint abbé connut en esprit la guérison. Il s'arrêta, en effet, et se tournant vers lui, il nous dit de nous assurer s'il voyait clair.

31. *L'abbé de Campen.* Il avait agi de la même manière auparavant avec un autre aveugle, et, après avoir fait quelques pas, il m'avait envoyé pour m'assurer de sa guérison. Comme je revenais en lui annonçant qu'il voyait clair, il me dit : « Je l'avais senti. » Le soir, nous arrivâmes à Juliers, château-fort construit par Jules César, qui lui a donné son nom. Là, étant entré dans l'église, le saint abbé jeta les yeux sur une femme boiteuse couchée devant l'autel, et la regarda avec une ferveur nouvelle pour nous, et, à notre grand étonnement, il la prit par la main et la fit lever avec une facilité aussi grande qu'était grande sa foi. De même, sous le porche de l'église, comme il entrait, il avait, sous nos yeux et en présence de tout le peuple, rendu la lumière à un aveugle.

Gérard. Le matin, dans l'église, après la célébration de la messe, un enfant aveugle recouvra la vue, et un homme sourd l'ouïe ; une femme de distinction, nièce du comte de Juliers, qui depuis cinq ans était privée complètement d'un œil et presque entièrement de l'autre, au point de voir à peine pour se conduire, n'eut pas plutôt reçu la croix, qu'elle vit distinctement de ses deux yeux. L'avocat de ce château-fort, qui depuis vingt ans était aveugle, recouvra aussi la vue ce jour-là. Il se fit encore beaucoup d'autres miracles, et à chaque instant le peuple faisait entendre son chant habituel : *Christ uns genade*, aussi bien dans le château que le long de la route, mais, le peu que nous en avons cité dans le nombre suffit.

Eberhard. Pendant le trajet, voici ceux dont je me souviens : un enfant sourd recouvra l'ouïe; une femme aveugle, la vue ; une autre, qui était boiteuse, marcha droit devant nous. Aix-la-Chapelle est un séjour très-célèbre et très-agréable, non moins charmant, au point de vue des plaisirs du corps que dangereux pour le salut des âmes, s'il est vrai que la prospérité des sots est leur mort et que l'infortune attend toute maison d'où la discipline est bannie. Ce que je dis n'est point pour qu'on détruise cette ville, mais que ces mots tombent sous les yeux de celui qui peut remédier au mal; plaise à Dieu aussi que quelques-uns de ses habitants rentrent en eux-mêmes, se convertissent et vivent. Là donc, dans la chapelle du roi, à l'autel de la Sainte-Vierge, une jeune fille aveugle recouvra la vue. En ce moment, j'assistais le saint abbé ; mais le tumulte fut si grand que je fus obligé de m'éloigner de lui.

Philippe. Un vieillard boiteux se trouva guéri dans le même endroit et aussitôt on suspendit ses béquilles dans l'église en témoignage de sa guérison. Je l'avais longtemps écarté parce que je ne savais pas pourquoi il voulait s'approcher, ni ce qu'il demandait.

Eberhard. Deux femmes qui avaient les mains desséchées se trouvèrent guéries dans le même lieu et à la même heure.

32. *L'abbé de Campen.* Le saint abbé étendit de

---

nati sunt quinque cæci ; alii quidem uno oculo, alii vero utroque ; et unius quidem pueri, qui omnino cæcus erat, illuminationem certi sumus patrem sanctum in spiritu cognovisse. Substitit enim et ad eum conversus, inquiri fecit utrum videret.

Abbas Campensis. Sic et de cæco alio fecerat prius, et meipsum, cum pertransissem, remiserat ad inquirendum ; cumque redirem, et illuminatum eum nuntiassem ; Et *ego senseram*, inquit. Vespera venimus Juliacum, quod a Julio Cæsare castrum ædificatum, et ejus nomine est insignitum. Ingressus autem ecclesiam pater beatus, et intuitus mulierem claudam jacentem coram altari, novo quodam fervore spiritus ; ita ut omnes miraremur, apprehendit manum ejus, et elevavit eam quanta fide, tanta etiam facilitate. Sic et in atrio ecclesiæ, cum ingrederetur, coram nobis et omni populo cæcum illuminavit.

Gerardus. Mane in ecclesia post missæ celebrationem cæcus puer visum recepit, et vir surdus auditum. Honorata quædam mulier, neptis comitis Juliaci, ab annis quinque altero oculo nihil, altero tam parum videns, ut vix posset sine duce tenere viam, ubi signata est, clare vidit utroque. Advocatus etiam castri illius viginti annis vixerat cæcus, et illuminatus est ipsa die. Multa quidem et alia facta sunt, sæpiusque clamabat populus suum illud, *Christ uns genade*, et in castro, et in itinere, sed nobis et plurimis pauca sufficiunt.

Eberhardus. In via quorum ego memini, surdus puer auditum recepit, mulier cæca visum, altera quoque clauda gressum coram omnibus nobis. Est autem Aquisgranum sedes, celeberrimus et amœnissimus locus, voluptati corporum accommodatior, quam animarum saluti, siquidem prosperitas stultorum occidit illos, et væ domui indisciplinatæ. Non ad destructionem loquor, sed utinam legat qui corrigat; utinam et aliquis ipsorum recogitet, convertatur et vivat. Illic ergo in capella regia, ad altare B. Mariæ, feria quinta, puella cæca visum recepit ; ego ipse patri adstabam, sed tantus illico tumultus ut cedere oporteret.

Philippus. Claudus quidam senex ibidem erectus est, cujus baculos in ipsa statim ecclesia ad testimonium suspenderunt. Hunc ego ipse diu repuleram, ad quid vellet accedere, aut quid expeteret ignorans.

Eberhardus. Mulieres duæ, quarum manus omnino aruerant, ibidem sanatæ sunt ipsa hora.

32. *Abbas Campensis.* Alterius quidem manum pater

sa propre main la main de l'une de ces femmes ; quant à l'autre femme, elle ne se trouva guérie que par le contact de la frange de son vêtement. En effet, elle se tenait derrière lui, et se plaignait de ne pouvoir approcher de la main du saint. Je lui dis alors : Touchez son vêtement de la main si cela vous est possible ; elle suivit mes conseils, et aussitôt elle se mit à tenir la cuculle du père ; en même temps, ses doigts se détendirent et elle se trouva guérie.

Gérard. Nulle part le père ne s'est trouvé pressé, pendant ce voyage, comme il le fut dans cette chapelle qui était fort étroite et vers laquelle les flots de la foule se pressaient les uns les autres comme ceux de la mer ; aussi, ignorons-nous plusieurs des miracles qui s'y sont opérés. Notre cher Gérard, qui était alors chanoine de cette église et qui, ce jour-là même, renonça en même temps et à sa prébende et au monde, nous assure avoir vu, dans cette chapelle, cinq aveugles recouvrer la vue.

Wolkemare. Dans un endroit appelé *Utrecht*, où autrefois se trouvait le siége épiscopal de Liége, qui y avait été transféré de la ville de Tongres par le bienheureux confesseur Servat, nous avons passé la nuit du mercredi dans l'église de la sainte Vierge. Le jeudi matin, après la célébration de la messe, nous avons conduit le père dans un lieu élevé, afin qu'il put guérir les malades sans être écrasé par la foule. J'étais tout prêt de lui, j'ai parfaitement vu tout ce qui s'est passé, et je l'ai soumis à un examen fort attentif. Il y eut cinq aveugles qui recouvrèrent la vue, un sourd qui entendit et un muet qui parla. Il y eut aussi un autre sourd qui recouvra l'ouïe et des estropiés dont les mains furent guéries.

Gérard. Le même jour à l'hôtel, on présenta au saint un enfant qui était sourd-muet ; pendant que le saint abbé lui donna la croix, un jeune homme de distinction, nommé Conrad, chanoine de Cologne, renonçait au siècle et se remettait entre ses mains. Bernard se leva pour le recevoir et, à l'instant même, l'enfant parla et entendit. Tout le peuple attendait dehors et lorsque l'enfant fut remis entendant et parlant à sa famille, ce furent des transports de joie universels, car cet enfant étant fort connu dans la ville, sa guérison fit grand bruit dans le peuple. Une femme qui boitait recouvra l'usage de ses jambes, trois aveugles virent clair et furent reconduits un à un dans la foule avec de grands témoignages de joie et de bonheur.

33. *Philippe.* En sortant d'Utrecht, le saint homme se détourna de sa route pour visiter l'église de Saint-Servat ; il y était conduit par une affaire concernant le frère Norbert, chanoine de cette église, mais ce dernier renonça à l'instant même à sa prébende et au monde. Pendant la route, un enfant boiteux fut redressé sous nos yeux, et, dans l'église de Saint-Servat, on présenta à notre abbé un homme qui boitait en le priant de lui imposer les mains. Bernard répondit : « Je ne sais pas si saint Servat verra d'un bon œil que nous nous permettions cela dans sa maison. Tout le monde s'écria en disant : « Non, Seigneur, » il ne le verra pas d'un mauvais œil. » Alors Bernard dit : « Au nom de notre Seigneur Jésus-Christ et de saint Servat, levez-vous et tenez-vous sur vos pieds. » Il se leva, en effet, à l'instant même et sans hésiter, la joie fut extrême dans le peuple. C'est hier que ces choses se passaient à Utrecht. Aujourd'hui, tout le clergé de Liége s'était réuni, or il est très-nombreux dans cette ville, et

---

sanctus sua extendit manu, sed altera sanata est velut in fimbria vestimenti. Stabat enim post tergum ejus, et conquerebatur quod ad manum accedere non valeret. Cui ego : Applica, inquam, vestimento ejus manum, si forte palpare possis. Fecit ut ei consului, subitoque cœpit tenere cucullam ; et dum traheret eam, digiti extendebantur, et sanata est statim.

Gerardus. Nusquam in itinere illo sic compressus[*] est pater, ut in capella illa, quia locus augustus erat, et turba impellebat turbam, sicut unda solet undam præcipitare. Propter hoc multa ex his quæ facta sunt, ignoramus. Gerardus noster, tunc Canonicus ipsius ecclesiæ, qui eadem die præbendam seculumque pariter reliquit, illuminatos ibidem asserit cæcos quinque.

[* al. Comprehensus.]

Wuolkemarus. Trajectum vocatur locus, ubi quondam sedes Leodiensis erat, a beatissimo confessore Servatio a Tungrensi civitate translata. Illic feria quarta pernoctavimus in ecclesia beatæ Mariæ. Mane vero feria quinta, post missæ celebrationem, in eminentem locum patrem deduximus, ut sine oppressione sanaret infirmos. Ego illi proximus eram, et quæ fiebant novi plenius, et diligentius universa probavi. Ibi cæci illuminati sunt quinque, vir surdus audivit, mutus locutus est. Item surdus alter auditum, et manci manuum incolumitatem receperunt.

Gerardus. Ipso die in hospitio surdus et mutus puer oblatus est ; cumque signaret eum pater sanctus, honestus quidam juvenis Conradus, Coloniensis canonicus, abrenuntians seculo sese reddebat in manus ejus. Elevavit se ut susciperet eum, et continuo puer locutus est, et audivit. Populus autem præstolabatur foris ; et ecce puer audiens et loquens parentibus redditur, et sequitur exsultatio copiosa. Notus enim erat in civitate puer ; et hoc famosissimum fuit in populo. Nec mora etiam clauda mulier gressum recepit ; tres quoque cæci illuminati sunt, et singuli quique deducti in populum cum lætitia et exsultatione.

33. *Philippus.* Cum egrederetur vir sanctus Trajectum, causa exstitit ut ad ecclesiam beati Servatii declinaret pro negotio fratris Norberti, qui canonicus erat ejusdem ecclesiæ ; sed is continuo præbendæ abrenuntiavit et seculo. In ipso autem itinere puer claudus erectus est coram nobis. In ecclesia quoque beati Servatii offerentes claudum hominem patri nostro, rogabant ut ei manum imponeret. At ille : « Nescio, inquit, si displicebit beato Servatio, si id in domo ejus præsumimus. » Acclamantibus omnibus et

vint attendre le père dans la demeure de l'évêque dans la pensée que le saint lui adresserait la parole. Mais voilà que le Seigneur les prévint par une parole pleine de force ; en effet, un clerc qui boitait et qui était tellement déhanché qu'il ne pouvait pas se tenir sur ses pieds, fut amené à l'homme de Dieu. Le saint fit le signe de la croix sur ses membres débiles, les toucha et lui dit : « Au nom de Jésus-Christ, marchez. » A l'instant même, cet homme, raffermi sur ses jambes, se mit à marcher. Le bruit de ce miracle se répandit dans tout le clergé et on entendit ces exclamations : « Christ, voilà vos œuvres à vous qui glorifiez ainsi vos saints. » Que la gloire et l'empire soient à ce Christ, maintenant et dans tous les siècles des siècles. Ainsi soit-il.

TROISIÈME PARTIE.

PAR GEOFFROY, MOINE DE CLAIRVAUX.

CHAPITRE X.

Lettre de Geoffroy, moine de Clairvaux, à Hermann évêque de Constance.

34. A mon bien-aimé Seigneur et très-révérend père Hermann, par la grâce de Dieu évêque de Constance, un enfant de sa sainteté, Geoffroy, moine indigne de Clairvaux, salut et prière qu'il se souvienne de ses fils dans ses oraisons. Nous avons vu et nous connaissons les miracles qui se sont faits depuis Spire jusqu'à Liége, nous en avons envoyé au clergé de Cologne la relation écrite dans le genre adopté pour le récit des premiers miracles. Nous les avons racontés sous forme de dialogue, chacun de nous, rapportant ceux dont il avait été le témoin. Comme je pense, mon bien heureux père, qu'un exemplaire de ce récit ne peut manquer d'être remis entre les mains de Votre Diligence, j'ai résolu d'écrire le reste et d'en destiner le récit à Votre Sainteté. Il est bien certain qu'un grand nombre des premiers miracles nous a échappé, car il n'est personne qui aurait pu les recueillir tous en passant. Mais ce qui a nui le plus au recueil de ces faits miraculeux, c'est que, une fois sortis du pays des Teutons, on n'entendait plus les gens crier dans votre langue : *Christ uns genade*. Personne ne le proférait plus, car, dans vos pays, le peuple qui parle le latin n'a point de ces chants particuliers par lesquels à chaque miracle il puisse rendre grâce à Dieu. Aussi, s'en est-il trouvé un grand nombre qui, cachés par le silence ne parvinrent point à notre connaissance, et, d'un autre côté, dans la quantité de ceux dont j'ai eu une connaissance bien certaine, j'en ai omis sciemment un grand nombre, dans la crainte que peut-être le récit n'en devînt fatiguant même pour ceux qui sont le plus désireux de l'entendre. Ce n'est certainement pas pour vous que je parle ainsi, car je sais combien vous êtes porté à les croire, mais c'est pour les autres, c'est pour ceux entre les mains de qui ce récit peut tomber ; je n'ai rien écrit que je n'aie vu de mes yeux ou appris de quelques-uns de nos frères, témoins oculaires et dont le récit pour moi est d'une complète certitude.

---

dicentibus, Domine, non displicebit. « In nomine, inquit, Domini nostri Jesu-Christi et beati Servatii surge, et sta super pedes tuos. » Surrexit igitur sine mora et cunctatione, et facta est lætitia magna in populo. Heri facta sunt hæc apud Trajectum. Hodie Leodii clerus convenerat universus, qui in civitate illa copiosissimus est, et in camera episcopi patrem præstolabantur, ut sermonem haberet ad eos ; et ecce prævenit eos Dominus sermone virtutis, et claudus quidam clericus ab renibus deorsum sic dissolutus, ut omnino non posset stare super pedes suos, oblatus est Viro Dei ; at ille debilia membra signans et attrectans, « Ambula, inquit, in nomine Jesu-Christi. » Protinus autem confortatus ambulare cœpit. Et egressus est sermo in clerum, et exclamaverunt: Tua sunt hæc, Christe, opera, qui sanctos tuos ita glorificas. Ipsi gloria et imperium nunc, et in omnia secula seculorum, amen.

PARS III.

AUCTORE GAUFRIDO MONACHO CLARÆ-VALLENSI.

CAPUT X.

Epistola Gaufridi monachi Clara-vallensis ad Hermannum episcopum Constantiensem.

34. Domino dilectissimo, et reverendissimo patri Hermanno, Dei gratia Constantiensi episcopo, puer sanctitatis ejus Gaufridus Claræ-vallis monachus qualiscumque, in orationibus suis filiorum meminisse, suorum. Ea quidem miracula, quæ a Spira usque Leodium facta vidimus et cognovimus, ad clerum Coloniensem eo descripsimus modo, quo priora fuerant ante descripta, ut ad instar collationis, vicissim ea, quibus adfuimus, singuli loqueremur. Quia ergo libelli illius exemplar vestram, pater beatissime, diligentiam effugere non poterit, ut confido, reliqua describere, et sanctitati vestræ dirigere non neglexi. Multa quidem nos et ex prioribus ignorasse certissimum est. Nemo quippe in transcursu prosequi poterit universa. Maxime tamen nocuit, ubi Teutonicorum exivimus regionem, quod cessaverat vestrum illud, *Christ uns genade*; et non erat qui vociferaretur. Neque enim secundum vestrates propria habet cantica populus romanæ linguæ, quibus ad singula quæque miracula referrent gratias Deo. Multa proinde tecta silentio ad nostram non pervenere notitiam ; licet ex his quoque quæ certissime novi, omiserim non pauca scienter, veritus equidem ne forte quamlibet curioso pareret copia tanta fastidium. Illud sane non tam vobis loquor, de cujus credulitate non dubito, quam cæteris, in quorum manus hæc poterunt devenire ; nil me scripsisse, nisi quod aut vidi oculis meis, aut fratrum nostrorum qui præsentes fuerunt certissima relatione cognovi.

CHAPITRE XI.

Miracles de saint Bernard à Liège, à Gembloux, à Villers, à Mons, à Valenciennes et dans d'autres lieux.

35. Le dimanche après l'octave de l'Épiphanie et le lundi suivant, nous restâmes à Liège, pendant que notre cher Philippe terminait les affaires qui le retenaient encore dans le monde. Le dimanche donc, au moment où notre saint abbé finissait de célébrer la sainte messe à l'autel de la bienheureuse Vierge, en présence de tout le peuple, dans l'église principale de la ville, on lui présenta un enfant boiteux, dit-on, dès le ventre de sa mère. A peine eut-il fait le signe de la croix sur ses jambes et touché ses reins, que, lui prenant la main, il le fit à l'instant tenir debout sur ses pieds, et marcher devant lui. Tout le clergé se mit aussitôt à chanter le *Te Deum*; mais les pleurs et les sanglots étouffèrent ces chants de louanges. Le peuple qui ne savait pas chanter versait des larmes au lieu de faire entendre des chants. Le saint toucha et guérit de même deux mains arides, qui recouvrèrent en même temps la sensibilité et le mouvement. Il ne s'était pas encore éloigné de l'autel, qu'il guérit un vieillard aveugle en lui faisant le signe de la croix sur les yeux : il fit aussi marcher, en présence de tous les fidèles qui s'étaient réunis là, un autre vieillard qui était boiteux. Le lundi matin, dans la demeure de l'évêque, après la célébration de la messe, un jeune homme, qui avait perdu l'usage d'un œil, vit clair de cet œil au simple toucher de la main du saint, et, pendant que ce dernier faisait un signe de croix sur lui, il se mit à sauter de joie en s'écriant qu'il voyait clair. Au même instant, on lui amène un tout jeune homme privé de l'usage de ses deux yeux, et à l'instant même il recouvrait la vue. L'évêque de la ville était présent et examinait avec soin tous les miracles que Bernard opérait; en entendant parler le jeune homme qui avait été guéri et s'écrier plein de joie qu'il voyait clair, il s'approcha pour s'en assurer; il fit une foule de questions auxquelles le jeune aveugle répondit sans hésiter. Le même jour, vers la sixième heure, le saint abbé sortit pour faire le signe de la croix sur les malades, et à l'instant un boiteux recouvra l'usage de sa jambe. Lorsqu'on apprit que Bernard s'était rendu dans une maison spacieuse pour guérir les malades, il en vint à lui un nombre beaucoup plus grand que précédemment. Vers la neuvième heure, le saint abbé se présenta à eux et fit sur eux le signe de la croix dans l'ordre où ils se trouvaient; à l'instant même, parmi ceux dont la guérison est pour nous certaine, nous avons compté cinq aveugles qui recouvraient l'usage des yeux et trois boiteuses l'usage de leurs jambes, à la grande admiration de tout le monde. Le soir du même jour, dans la chapelle de l'évêque, un sourd recouvrait l'ouïe. Le mardi, avant de partir, trois boiteux furent guéris dans la maison même de l'évêque; c'étaient deux femmes et un enfant. Il fit encore beaucoup d'autres miracles à Liège et pendant la route, mais il suffit d'en avoir cité quelques-uns dans le nombre.

36. Le mercredi, nous partîmes d'une ville appelée Huy, pour nous rendre à un monastère qu'on nomme Gembloux. Pendant la route, un vieillard

---

CAPUT XI.

De miraculis Leodii, Gemblaci, Villarii, Montibus, Valencenis, etc. factis.

35. Igitur dominica post octavas Epiphaniæ, et secunda feria. Leodii mansimus, dum Philippus noster ea quibus tenebatur implicitus, secularia negotia consummaret. Factum est autem dominica die, cum ad altare beatæ Mariæ, in majori ecclesia pater sanctus missarum solemnia celebrasset coram universo populo, puer oblatus est, quem ex utero claudum esse dicebant; ubi vero signavit tibias ejus et renes tetigit, apprehendens manum ipsius erexit eum protinus, et deduxit. Conclamatum est statim a clero, *Te Deum laudamus*; sed mugitus fletuum et singultus vociferationem laudis evicit. Dabat pro cantu lacrymas plebs ignara canendi. Duas quoque aridas manus ibidem tetigit et curavit, ut sensum pariter motumque reciperent. Necdum ab altari dimotus, senem cæcum per signum crucis illuminavit, et alterum claudum ambulare fecit in facie totius ecclesiæ, quæ convenerat. Feria secunda in domo episcopi mane, post missarum celebrationem, cæcus uno oculo juvenis ad tactum sacræ manus illuminatus est, et sub manu signantis exsiliit clamitans, quia visum recepit. Nec mora afferebatur alter utroque oculo cæcus, et hic quoque ibidem illuminatus est ipsa hora. Aderat autem episcopus civitatis, explorator diligens omnium quæ fecerat Audiens igitur adolescentem illuminatum se esse gratulabundis vocibus acclamantem, ut probaret an verum esset, de multis interrogabat eum, et incunctanter ille ad singula respondebat Ipsa die circa horam sextam exiit pater sanctus ut signaret ægrotos, et ibi statim claudus quidam gressum recepit Audientes autem quia semel exisset ad infirmos in spatiosiorem domum, multo plures prioribus pervenerunt. Post horam igitur nonam egressus ad eos, signavit ex ordine residentes. Et continuo ex his, de quibus certi sumus, illuminati sunt cæci quinque, et claudi tres receperunt gressum, digne admirantibus universis; vespere quoque in capella episcopi surdus quidam recepit auditum. Tertia feria priusquam egrederemur, tres in ipsa episcopi domo claudi erecti sunt, mulieres duæ et puer unus. Multa quidem et alia signa Leodii et in itinere facta sunt; sed e multis pauca sufficiant.

36. Feria quarta profecti ab oppido cui nomen *Huy*, festinavimus ad monasterium quod Gembolium vocant. In ipso autem itinere senex cæcus uno oculo, et

qui était borgne et un jeune homme atteint de la même infirmité recouvraient l'un et l'autre l'usage de leur œil. Le jeudi au matin, dans ledit monastère de Gembloux, on présenta à l'homme de Dieu un enfant boiteux, sur lequel il fit le signe de la croix et qui, sur le champ, recouvra l'usage de sa jambe et se mit à marcher devant tout le monde. Peu de temps après, comme il entrait dans les rues de Gembloux, un autre enfant, qui avait les pieds et les mains retournés sur eux-mêmes, recouvra, sous les yeux de tout le monde, l'usage de ses membres parfaitement redressés. A peine le saint avait-il fait quelques pas, qu'on lui présenta, au milieu de la route, un muet de naissance ; il fit aussi sur lui le signe de la croix et le guérit ; aussitôt sa langue se trouva déliée et, il se mit à parler sans aucune difficulté. Pendant qu'il marchait, on lui présenta deux sourds, et, de même qu'il avait rendu la parole à un muet, il rendit l'ouïe à ces deux sourds. On construit dans cette contrée un monastère appelé Villiers, où le saint abbé avait envoyé peu de temps auparavant une congrégation de moines. Il voulut donc, puisqu'il passait par là, visiter cette nouvelle plantation, et consoler ceux de ses enfants qu'il y avait envoyés. Comme il approchait du monastère, il toucha une femme boiteuse, fit sur elle le signe de la croix, la redressa et lui ordonna de marcher comme tout le monde. Arrivé au monastère, il rendit l'usage de leurs jambes à deux autres femmes boiteuses, et l'usage d'un œil à un jeune homme qui était borgne. Tout cela se passa devant les religieux et devant une foule d'autres personnes qui s'étaient rassemblés là.

37. Bernard partit aussitôt pour se rendre à une petite ville appelée Fontaine, où notre cher Philippe avait prié le saint de vouloir bien accepter l'hospitalité chez des personnes de sa famille. Pendant le voyage, on lui présenta un aveugle de naissance qui ne pouvait même pas ouvrir les paupières. Ceux mêmes qui avaient vu un grand nombre de très-grands miracles opérés par notre saint, désespéraient de lui voir opérer celui-ci ; mais lui, après avoir imposé, sans retard, les mains sur cet enfant, et fait, selon sa coutume, une très-courte prière, lui toucha les paupières avec ses doigts, et lui demanda s'il voyait clair. L'enfant lui répondit : Oui, seigneur, je vois vous, et tous les hommes avec leur longs cheveux. Puis, dans un transport de joie et de bonheur excessifs, il se mit à crier : « Mon Dieu, mon Dieu, je ne heurterai plus jamais mes pieds contre les pierres. » Le vendredi, avant de sortir de Fontaine, une jeune fille, qui avait une main retournée et desséchée, la vit se redresser ; elle était guérie. En chemin, près d'un petit village, un enfant boiteux recouvra l'usage de ses jambes. Nous arrivâmes ensuite à un château appelé Pins, d'où une si grande foule vint au devant de nous, que le peuple couvrait la plaine entière. On présenta en cet endroit à l'homme de Dieu un enfant boiteux, qu'on avait apporté sur les épaules ; le saint, après avoir fait le signe de la croix sur lui, le fit mettre à terre pour qu'il pût marcher. La foule était si compacte et la presse si grande, qu'on eut toute les peines du monde à faire faire à cet enfant un peu de place pour exercer ses jambes. On le déposa cependant à terre, et il se mit à marcher au milieu de tout le monde. On le conduisit dans un endroit de la campagne où la foule était moins grande ;

---

adolescens eodem laborans incommodo, ambo simul illuminati sunt. Feria quinta mane in monasterio prædicto Gembolio, puer claudus oblatus est Viro Dei, et confestim signatus ab eo gressum recepit, et coram omnibus ambulabat. Post paululum quoque in ingressu ejusdem vici, puer alter pedibus manibusque contractus sub oculis omnium, utrorumque membrorum adeptus est sanitatem. Nec longe processerat, et ecce puer mutus ex utero offerebatur in via ; et hunc quoque signavit et sanavit, statimque solutum est vinculum oris ejus, et loquebatur sine ulla. In ipso itinere oblati sunt surdi duo, et qui mutum fecerat loqui, surdos fecit etiam audire. Novum in partibus illis ædificatur monasterium, cui Villare nomen est, et ante paucos menses illuc pater sanctus congregationem miserat monachorum. Voluit ergo plantationem novellam vel in transitu visitare, et peregrinantes filios consolari. Factum est autem cum monasterio appropinquare cœperat, claudam mulierem tetigit, signavit, erexit, et precepit libere ambulare. Duabus quoque claudis in ipso loco gressum, et juveni cuidam amissum unius oculi visum reddidit coram fratribus ipsis, et aliis plurimis qui convenerant.

37. Exinde festinabat ad oppidum, cui Fontanæ nomen est, ubi Philippus noster apud propinquos suos eum rogaverat hospitari. In eodem vero itinere offerebant ei cæcum a nativitate puerum, qui nec ipsas quidem poterat aperire palpebras oculorum. Desperabant omnes, etiam qui plurima viderant maximaque miracula ; at ille nihil cunctatus manum imposuit puero, factaque oratione brevissima (ut solebat) digitis suis palpebras ejus aperuit, et sciscitatus est an videret. Cui puer : Video, inquit, domine, video vos ; et omnes homines video capillatos. Plaudensque et vehementer exsultans aiebat : Deus, Deus, ultra non offendam ad lapidem pedes meos. Feria sexta Fontanis priusquam egrederemur, puellæ contracta et arida manus sanata est et extensa. In via quoque juxta vicum quemdam, puer claudus gressum recepit. Ex hoc accessimus ad castrum quod nominant Bins, unde tanta occurrit hominum multitudo, ut totam camporum planitiem populus operiret. Illic puerum claudum humeris offerebant, quem Vir Domini signans deponi jussit ut ambularet. Vix potuit novis gressibus via parari, tantus erat concursus, tantusque tumultus ; depositus tamen ambulare cœpit in medio populi, et deducebant eum in liberum campum plurimi successerunt. Aderat enim mater, aderant propinqui ejus et multi qui noverant eum, ipsa sua exsultatione fidem

beaucoup de monde marchait sur ses pas. En effet, il était suivi de sa mère, de ses proches et d'une foule de gens qui le connaissaient, et qui tous attestaient la vérité du miracle par les transports de leur joie. Pendant ce temps-là, comme une bonne partie du peuple s'était retirée avec l'enfant, un nouveau sujet de joie fut donné à la foule ; car un autre enfant, également boiteux, recouvra l'usage de ses jambes de la même manière. Un troisième boiteux, c'était un homme, eut sa jambe redressée à la même place que les deux autres, et se mit à marcher devant tout le monde, et à courir plein de joie et de bonheur et en louant Dieu. Près du même château, un aveugle vit clair, deux sourds recouvrèrent l'ouïe à l'endroit même où le saint s'était arrêté pour bénir le peuple et le congédier. Le premier château qu'on rencontre dans le Hainaut est Mons ; nous y passâmes la nuit du vendredi. Là, le samedi matin, avant notre départ, un vieillard d'une villa voisine, bien connu de beaucoup de ceux qui se trouvaient là et en particulier de notre cher Philippe, recouvra l'usage de ses yeux qu'il avait perdus depuis bien des années. Un jeune enfant de l'école, qui était borgne, recouvra l'usage de son œil, avec une telle rapidité que le saint abbé n'avait point encore retiré sa main que l'enfant s'écriait, au grand étonnement de tout le monde : Je vois clair, seigneur.

38. Tout cela se fit à l'hôtel, en présence du vénérable évêque de Cambrai, Nicolas, de ses clercs et d'une multitude de religieux qui, de tous les points de la province, étaient venus au devant de l'homme de Dieu. En présence de tout ce monde, comme nous sortions de ce château, le saint guérit une femme qui avait une main desséchée ; il rendit à un boiteux l'usage de sa jambe ; le même jour, il fit beaucoup d'autres miracles, en si grand nombre, que j'en ai oublié beaucoup. Cependant il y en a quelques-uns dont je me souviens parfaitement. Deux femmes sourdes recouvrèrent l'ouïe, en chemin, et un enfant borgne, l'usage de son œil. A peine avait-on fait quelques pas dans la campagne, qu'une femme qui avait perdu l'usage de l'œil depuis fort longtemps le recouvra. Le long du chemin, environ à deux milles du château dont nous avons parlé, se trouve une petite chapelle, où s'était réunie une foule considérable de gens qui voulaient voir le vénérable serviteur de Dieu et recevoir sa bénédiction. Le Seigneur ne frustra pas son peuple dans sa pieuse espérance, et lui montra les preuves merveilleuses de sa puissance qu'il désirait voir. En effet, dans cet endroit même, et en présence de tout le monde, un vieillard, aveugle depuis vingt ans, m'a-t-on dit, recouvra la vue, et une femme qui était sourde entendit distinctement à la grande joie d'elle et du peuple. Dans un autre endroit, comme nous nous étions arrêtés, on présenta au saint deux enfants borgnes et une femme sourde. On ne laissa pas Bernard s'éloigner avant qu'il eût rendu la vue aux deux enfants et l'ouïe à la femme. Pendant le même voyage, près du torrent appelé Huns, au moment où nous allions le traverser, un jeune enfant aveugle recouvra la vue, et, quand nous l'eûmes passé, deux femmes sourdes recouvrèrent l'ouïe. Comme nous approchions de l'hôtel, le saint imposa les mains sur une femme boiteuse et la fit marcher, en présence d'une foule immense de peuple qui était venue au devant du saint abbé de toute la contrée voisine. Il y eut encore une foule de gens faibles ou malades qui

---

miraculo facientes. Interim sane dum secessisset cum puero pars non modica populi, geminata lætitia est, et alter quoque puer similiter claudus similiter gressum recepit. Tertius in eadem planitie claudus vir erectus est, et coram omnibus ambulabat, et currebat gratulabundus et laudans. Prope idem castrum cæcus unus illuminatus est, et surdi duo receperunt auditum ipso loco ubi substiterat, ut populo benediceret, et dimitteret eos. *Mons* vocatur castrum primum in provincia Haynonensium, ubi sexta feria pernoctavimus. Illic mane sabbato priusquam proficisceremur, senex quidam de proxima villa multis eorum qui aderant, et Philippo nostro non incognitus, quod a multis jam annis amiserat, oculorum lumen recepit. Sed et puer quidam scholaris cæcus altero oculo illuminatur tanta cæleritate, ut non prius amoveret pater beatus manum, quam puer clamaret, Video, domine, stupentibus universis.

38. Hæc in hospitio facta sunt coram venerabili episcopo Cameracensi Nicolao, et clericis ejus etiam, et multis religiosis viris, qui de tota provincia occurrerant Viro Dei. Iisdem quoque adstantibus, cum egrederetur castrum, mulieris aridam manum sanavit, et gressum reddidit claudo. Plurima ipso die miracula coruscaverunt, adeo ut multa ex ipsis a memoria elaberentur. Horum tamen certissime recordamur. Surdæ duæ auditum receperunt in via, et puer quidam unius oculi visum. Nec longe processeramus, et ecce in campo mulier amissum ex longo unius oculi lumen recepit. In eadem strata, capellula quædam est duobus a predicto castro millibus distans ; illuc in occursum Viri Dei venerabilis convenerat multitudo, ut faciem ejus videret, et susciperet benedictionem. Nec fraudavit Dominus populi sui devotionem, quin desiderata eis virtutis suæ magnalia demonstraret. Ibidem enim coram omnibus senex quidam, qui viginti, ut dicebatur, annis cæcus manserat, factus est videns, et mulier surda audivit non sine multa ipsorum et populi exsultatione. Alio quoque in loco cum substitisset, oblati sunt pueri duo, quorum uterque uno tantum videbat oculo, et mulier surda. Nec ante dimotus est, quam et pueris visum, et mulieri reddidisset auditum. Adhuc autem in eodem itinere prope torrentem *Huns* ante transitum puer cæcus illuminatus est ; post transitum duæ surdæ receperunt auditum. Jam appropinquabamus hospitio, et ecce clauda mulier per manus impositionem gressum recepit coram multitudine copiosa plebis ; quæ in occursum

reçurent le soulagement qu'ils étaient venus chercher, mais il serait trop long de rapporter tous ces miracles en détails. Nous passâmes la nuit à Valenciennes, qui est une ville grande et populeuse. A la porte même de notre hôtel, avant d'y entrer, le saint abbé fit le signe de la croix sur une femme boiteuse, bien connue de la ville entière; il la redressa et la fit marcher devant tout le monde. Nous quittâmes cette ville et nous arrivâmes le dimanche à Cambrai.

CHAPITRE XII.
Miracles de saint Bernard à Cambrai.

39. Il fit beaucoup de miracles dans ce château et pendant le trajet qui nous y conduisit; je n'en citerai que quelques-uns dans ce livre. Dans l'église de saint Jean, après la célébration de la messe, un enfant sourd-muet de naissance entendit et parla; tout le monde fut dans l'admiration. Ce sourd-muet s'était assis à côté de moi, c'est devant moi qu'on le présenta au saint; il entendit et parla à l'instant même. Les cris de joie de tout le clergé avaient à peine cessé, qu'un vieillard boiteux se trouva redressé et se mit à marcher. Mais il arriva en cet endroit encore un autre miracle qui nous a beaucoup plus étonnés. C'était un enfant aveugle de naissance, dont les yeux, si tant est qu'on puisse donner ce nom à un endroit de la tête qui n'avait ni la couleur, ni la fonction, ni la cavité même des yeux, étaient couverts d'une taie, recouvra la vue à l'imposition des mains du saint. Nous nous sommes assurés de ce miracles par de nombreuses épreuves, tant nous avions de peine à nous en rapporter au témoignage de nos yeux, et à croire qu'on pût rendre la vue à de pareils organes. Dans le même endroit, une femme qui avait la main desséchée recouvra la santé. Alors comme la foule accablait le saint, on le conduisit avec beaucoup de peine dans la demeure des chanoines réguliers, où il guérit encore une multitude de malades; nous ne nous rappelons que la guérison de deux boiteux, d'un enfant et d'une femme aveugles.

40. Le lundi, à Cambrai, dans l'église de la sainte Vierge, le saint abbé célébra la messe solennelle au maître-autel, afin que de cet endroit élevé il pût être vu du peuple sans être écrasé. Parmi la foule qui se présentait à l'offrande, se trouva un enfant sourd-muet de naissance. Comme il était d'un village voisin, beaucoup des assistants le connaissaient. Ceux qui le conduisaient se mirent à supplier le saint de vouloir bien imposer les mains à cet enfant. Mais, comme nous craignions que le saint abbé ne fût accablé par la foule, nous les éloignions en leur disant de ramener l'enfant après la messe. Mais le miracle ne souffrit point de retard, car l'enfant, en passant à l'offrande, baisa, comme c'est la coutume, la main du saint et passa outre. Au même instant, un des officiers du susdit évêque dit à l'enfant : « Oz-tu? » Ce qui veut dire : entends-tu? A l'instant même l'enfant lui répondit : « Oz-tu. » Car, comme il était sourd de naissance, il ne répétait que les mots qu'il avait entendu prononcer à celui qui l'avait interrogé. L'officier se mit donc à lui parler et lui apprit à invoquer Dieu et à prononcer le nom de la sainte Vierge, etc. Comme l'enfant répétait tout sans hésiter, les clercs qui se tenaient le plus près de lui se réunirent, et, s'étant assurés de la vérité du

---

beati Viri de tota venerat regione. Alii quoque debiles et ægroti desiderata adepti sunt beneficia. Sed longum est singula quæque referre. Valencenas nominant oppidum, ubi ea nocte mansimus, oppidum grande et populosum. Illic sane prius quam ingrederemur hospitium, mulierem claudam, notissimam populo, signans et erigens pater sanctus, fecit coram omnibus ambulare. Inde profecti, dominica die venimus Cameracum.

CAPUT XII.
De miraculis Cameraci, etc., patratis.

39. Plurima autem et in castro ipso, et in itinere miracula contigerunt; sed e pluribus pauca collegimus. In ecclesia beati Joannis, post missæ celebrationem, puer surdus et mutus ex utero matris suæ audivit, et locutus est, et admiratæ sunt turbæ. Hic juxta me resederat mutus et surdus, et coram me præsentatus audivit et locutus est ipsa hora. Vix cessaverat cleri jubilatio, et ecce senex claudus erectus est et ambulabat. Ibidem contigit, unde præ cæteris miraculis obstupuimus. Puer enim cæcus a nativitate, opertis albugine oculis (si tamen oculi dicendi erant quibus nec color, nec officium, nec ipsa saltem cavitas inerat oculorum), ad impositionem beatæ manus visum recepit. Multis hoc indiciis probavimus, vix credentes oculis nostris, quod talibus oculis visus posset inesse. In ipso loco etiam arida mulieris manus adepta est sanitatem. Ex hoc cum beatum Virum turbæ comprimerent, vix deductus est in domum regularium canonicorum. Ibi quoque plurima languentium beneficia contulit; sed hæc sunt quorum certissime recordamur. Claudi duo ibi erecti sunt, puer cæcus et mulier cæca visum receperunt.

40. Secunda feria in urbe Cameracensi, in ecclesia beatæ Mariæ ad altare sublimius pater sanctus missarum solemnia celebravit, ut in eminentiori loco positus videre posset populus, et non comprimeret. Accedentibus ergo cæteris ad oblationem, puer adductus est surdus et mutus ex utero matris suæ. Hic in proximo vico natus, multis eorum qui adstabant, non incognitus erat. Cœperant autem, qui adduxerant, obsecrare hominem Dei, ut puero manum imponere dignaretur; sed nos concursum populi metuentes, prohibuimus, dicentes, ut finita missa adducerent eum. Prævenit tamen exspectationem virtutis effectus. Offerens enim puer, sacratam manum ex more osculatus est, et pertransiit. Nec mora, accedens unus ex militibus prædicti fratris episcopi interrogavit puerum dicens : *Oz tu?* quod latine interpretatur, Audis tu?

miracle, ils élevèrent la voix pour louer Dieu qui a donné un si grand pouvoir aux hommes. L'enfant élevé dans les bras salue le peuple ; toute la ville de Cambrai est dans des transports d'allégresse, en entendant parler un enfant qui n'avait jamais ni entendu ni parlé dès le ventre de sa mère. Le même jour, dans la maison de l'évêque, qui avait reçu le saint avec une grande dévotion, une jeune fille qui avait une main infirme se trouva guérie au simple contact du saint aimé, et sa main s'étendit ; le soir, un père vint présenter à l'homme de Dieu sa fille qui était boiteuse depuis bien longtemps, et il eut la joie de la remmener guérie chez lui. Parti le mardi, Bernard guérit deux mains desséchées, et une femme qui était boiteuse éprouva que le don de guérir les maladies résidait dans la main de Bernard; il y eut aussi un enfant aveugle qui recouvra la vue à la porte de la ville au moment où le saint en sortait. Lorsqu'il fut dans la campagne, il rendit l'ouïe à un jeune homme qui était sourd, et la parole à un muet, en présence du clergé et du peuple de la ville.

41. A trois mille de Cambrai, se trouve un monastère appelé Vauchelles, que notre saint abbé avait fondé autrefois avec des religieux envoyés de Clairvaux. C'est là que le mardi il passa la nuit, parce qu'il ne voulait pas priver ses enfants de la vue et de la consolation de leur père. Le mercredi matin, avant de quitter ce monastère, il guérit, par la vertu d'une bénédiction, un chevalier de ce pays-là, qui depuis bien longtemps était atteint d'une telle faiblesse de pieds et de jambes qu'il ne pouvait marcher, et il le renvoya louant Dieu de sa guérison qui était complète. Pendant la route, un homme qui était sourd d'une oreille, recouvra l'ouïe. Dans la ville de Gom, au monastère des chanoines réguliers qu'on appelle le Mont-Saint-Martin, on présenta au nouveau Martin de notre siècle une jeune fille qui était boiteuse. Bernard fit sur elle un signe de croix en disant : « Allez, au nom de Jésus-Christ. » On la déposa aussitôt à terre, et elle se mit à sauter, à marcher et à courir, en louant Dieu. Le jeudi, au monastère d'Humblières, un père présenta à l'homme de Dieu sa fille paralysée de la moitié du corps. Cette enfant, par la force de la maladie, avait perdu l'usage du bras, de la jambe, du pied et même de la langue. A peine le saint abbé eut-il fait sur elle le signe de la croix, qu'elle fut guérie, se mit à parler et à marcher devant tout le monde, et remua facilement les mains. Le même jour, nous arrivâmes à Laon où, le vendredi, un homme sourd recouvra l'ouïe, en présence de tout le monde, dans le monastère de Saint-Jean, où Bernard logeait. Le samedi, à Reims, comme nous nous préparions à nous mettre en route, le saint abbé rendit la vue, par un signe de croix, à un enfant qui était borgne, et cela en présence d'une grande multitude de clercs et d'habitants.

Protinus autem ad ipsum puer quoque respondit dicens : *Oz tu.* Surdus nimirum ex utero ea tantum loquebatur, quæ ex ore interrogantis audivisset. Addidit ergo miles loqui ad eum, et docebat invocare Deum et beatam Virginem nominare, etc. Singula vero incunctanter puero respondente, qui proprius adstabant clerici convenerunt ; congnitaque miraculi veritate levaverunt vocem magnificantes, et laudantes Deum, qui dedit potestatem talem hominibus. Elevatus puer salutat populum, et exsultat in gaudio civitas Cameracensis, loquentem audiens puerum, qui ex utero suæ nec loculus est aliquando, nec audivit. Ipsa die in domo episcopi, ubi Virum sanctum magna cum devotione susceperat, puellæ manus invalida ad tactum ejus sanata est ex extensa. Vespere quoque claudam longo tempore filiam pater obtulit, et recepto gressu lætus reduxit ad propria. Tertia feria aridas manus duas sanavit, et mulier clauda experta est, quia efficax in Bernardi manu gratia curationum. Puerum quoque cæcum, cum jam egrederetur, illuminavit in porta, et in campo adolescentem surdum fecit audire, et mutum loqui coram universo clero et populo civitatis.

41. Valcellam vocant monasterium tribus ab ipsa civitate millibus distans, quod idem pater noster missis olim a Clara-valle fratribus ædificaverat. Illic feria tertia pernoctavit, nolens fraudare filios visitatione et consolatione paterna. In ipso sane monasterio mane feria quarta priusquam egrederetur, militem quemdam de regione eadem, qui a diebus multis debilis pedibus simul et cruribus ambulare non poterat, benedictionis virtute sanavit, referentem gratias ad sua remisit incolumem. In via quoque surdus vir aure altera recepit auditum. In oppido cui nomen *Gom,* juxta monasterium canonicorum regularium, Montem sancti Martini vocant, novo temporis nostri Martino claudam puellam offerebat. At ille signo crucis edito : Vade, inquit, in nomine Jesu-Christi. Statim vero deposita exsiliit, et ambulabat, currens et laudans Deum. Feria quinta in monasterio quod Humblerias vocant, paralyticam media parte corporis filiam pater obtulit Viro Dei. Hæc et manus, et brachii, et tibiæ simul et pedis, etiam et linguæ officium morbo invalescente perdiderat ; ubi vero signavit eam pater beatus, sanata est, evidentissime loquens et ambulans, et libere movens manus. Ipsa die Laudunum venimus, ubi sexta feria in monasterio beati Joannis (illic enim hospitabatur) coram omnibus vir surdus auditum recepit. Sabbato quoque Remis, cum jam pararetur iter, cæcum uno oculo puerum per signum crucis pater sanctus illuminavit adstante clericorum et civium multitudine.

CHAPITRE XIII.

Miracles de saint Bernard, pendant son voyage pour retourner à Clermont.

42. Le dimanche, fête de la Purification de la sainte Vierge, le roi de France Louis, prince très dévot et très chrétien, vint à la rencontre de l'homme de Dieu à Châlons-sur-Marne. Là, plusieurs princes des deux royaumes, les ambassadeurs du roi des Romains, et de l'insigne duc Wolfon s'étaient donné rendez-vous, pour traiter en commun la question de l'expédition de Jérusalem. L'homme de Dieu fut retenu dans ce conseil pendant les deux jours qui suivirent son arrivée, ce qui l'empêcha de se montrer au peuple malgré l'ardent désir que celui-ci avait de le voir. Il devait, en effet, préférer le bien public aux vœux des particuliers. Mais le mardi, comme ils sortaient, une femme qui avait une main desséchée se présenta à lui, en le priant de la guérir. Il lui fut fait selon ce qu'elle avait cru, à l'heure même elle fut guérie ; Bernard fit ce miracle au milieu de ses voisins et d'une population qui le connaissait, en sorte qu'on ne pouvait lui dire comme dans l'Évangile: « Faites en votre pays, d'aussi grandes choses que celles que nous avons entendu dire que vous avez faites à Capharnaum (*Luc.* IV, 23). » En effet, il y avait là présent le vénérable évêque de Langres, Geoffroi, qui avait été autrefois le fils du saint, par sa profession religieuse, et qui en était devenu le père, par la dignité de sa charge. Il y avait aussi là en grand nombre, des princes et des chevaliers de notre pays. Le mercredi, comme notre abbé bien-aimé s'approchait de plus en plus de son bien-aimé Clairvaux, les miracles se multiplièrent ; et, pour qu'il fût évident qu'il était plus que prophète, le don de prophétie ne lui fit point défaut dans sa patrie. En effet, le même jour, dans un village de Champagne, appelé Davamant, il célébra la messe solennelle en l'honneur de sainte Agathe, dont c'était la fête : il n'était pas encore descendu de l'autel, lorsqu'un homme vint lui présenter son fils qui était aveugle : il lui frotta les yeux avec de la salive, et il le fit voir clair à l'instant même.

43. A Rosnay, on lui amena sur un charriot un homme languissant et très faible, qui semblait n'avoir plus d'autre perspective que le tombeau. Il lui imposa les mains devant tout le peuple, et, en présence d'un grand nombre de chevaliers, il le fit marcher à l'instant même. Tout le monde le vit avec étonnement suivre à pied et parfaitement guéri le charriot sur lequel on l'avait apporté. De même, il fit le signe de la croix au moment où il quittait la ville sur un enfant qui, depuis bien longtemps, ne pouvait plus faire un pas, et cet enfant se mit à l'instant à marcher sans aucune difficulté. Sur la même route se trouve un autre château que les habitants du pays appellent Brienne. Comme l'homme de Dieu passait par là, qu'il guérit par une prière et une bénédiction une jeune fille boiteuse. A sa sortie de Brienne une pauvresse aveugle lui demanda l'aumône. L'homme de Dieu la regarda d'un air de compassion, et lui dit : « Vous me demandez de l'argent, mais Dieu vous rend la vue. » A ces mots il s'approche d'elle, lui fait un signe de croix, et la guérit à l'instant même. Il lui demanda depuis combien de temps elle était aveugle. Elle lui ré-

CAPUT XIII.

De miraculis in itinere versus Claram-vallem editis.

42. Dominica die festum erat Purificationis beatæ Mariæ ; et Francorum rex Ludovicus, devotissimus et Christianissimus princeps, Catalaunum occurrebat Viro Dei. Plurimi quoque ex principibus utriusque regni convenerant, et legati regis Romanorum, et Wolfonis inclyti ducis, ut de via Jerosolymitana communi consilio tractaretur. Quo Vir Domini colloquio sic detentus est per biduum illud, ut ad populum exire nequiverit, licet vehementissime desideraretur. Oportebat enim generale bonum votis anteferre privatis. Egredienti vero feria tertia, mulier quædam occurrit aridæ manus postulans curationem ; et juxta fidem ejus factum est ei, ut fieret ipsa hora sana. Et hoc quidem miraculum jam inter vicinos et notos factum est, ne quis objiceret illud de Evangelio : *Quanta audivimus facta in Caphar aum? fac et hic in patria tua.* Aderat enim venerabilis episcopus Lingonensis Godefridus, beati Viri quondam filius professione, nunc pater officii dignitate. Aderant et principes quidam, et milites terræ nostræ non pauci. Quarta feria, cum jam desideratæ Valli magis appropinquaret desideratus et ipse ; multiplicata sunt miracula manifesta ; ut plusquam propheta probaretur, propheticus honor non deerat, ne ipsa quidem in patria sua. Ipsa siquidem die in vico Campaniæ, cui nomen *Davamant,* in honore beatæ Agathæ, cujus festivitas agebatur, missarum solemnia celebravit. Necdum secesserat ab altari, et ecce vir quidam cæcum filium offerebat, cujus oculos sputo liniens tetigit, et illuminatus est ipsa hora.

43. In oppido cui nomen *Rosnay,* languidum et penitus debilem virum plaustro deportabant, cui solum videbatur superesse sepulcrum ; et huic quoque coram omni populo et militibus multis manum imponens, ambulare eum fecit sine dilatione ; et stantibus universis, quo prius fuerat, deportatus, plaustrum sequebatur incolumis. Similiter et puerum, qui et ipse a diebus multis ne unum quidem passum poterat ambulare, signavit, ubi castrum est egressus ; et statim libere ambulavit. In eadem strata, aliud situm est castrum, quod Brena ab indigenis nominatur. Illic transeunte Viro Dei, per orationem et benedictionem ejus puella clauda gressum recepit. Ubi vero egressus est, stipem quærebat ab eo cæca mulier et mendica. Intuens autem vir in eam misericorditer : « Tu, inquit, argentum quæris, sed Deus tibi visum restituet. » Accedensque signavit eam, et coram omnibus illuminata est ipsa hora. Interrogata vero quandiu cæca

pondit : « Il y a onze ans que je ne vois absolument plus rien. » Voilà comment cet homme apostolique, imitant l'exemple des apôtres, dépassa de beaucoup, par sa pieuse libéralité, la demande et l'espérance de cette mendiante. Il avait fait à peine quelques pas, lorsque un enfant qui était borgne vint lui demander de vouloir bien le bénir et le toucher. Que pouvait-il lui refuser, lui qui avait donné à une mendiante ce qu'elle ne lui demandait pas ? Sans retard il lui fit donc un signe de croix sur l'œil dont il ne voyait pas, et, lui fermant avec la main l'œil dont il voyait auparavant, il remua un doigt devant lui en lui demandant ce qu'il faisait. Des voyageurs, en apprenant que l'homme de Dieu passait, lui présentèrent un de leurs compagnons qui était sourd, et le prièrent pour lui. Bernard lui frotta les oreilles avec de la salive, et, y introduisant ses doigts, il lui rendit l'ouïe à l'instant même. Quelques temps après, ayant fait quelques pas, il vit cet homme venir à lui, en lui rendant grâce ; il reçut le signe de la croix de ses mains pour s'enrôler dans l'armée du Seigneur.

44. Le même jour, nous arrivâmes à Bar-sur-Aube, ville très connue, à trois milles de Clairvaux. Le jeudi, le saint célébra la messe solennelle dans l'église de Saint-Nicolas. C'est là que les habitants de Bar virent avec étonnement de nouvelles merveilles de la puissance de Dieu ; le Seigneur voulut encore grandir son serviteur, et, par sa main, il ouvrit les yeux d'un enfant aveugle-né. Dans la même basilique, après la célébration de la messe, une jeune fille contrefaite, dont les talons étaient appliqués sur les reins, se trouva redressée et se mit à marcher sans peine. Une autre fille encore, qui ne pouvait pas non plus se tenir sur ses jambes, recouvra la santé au même endroit. Une femme boiteuse retrouva aussi l'usage de ses jambes, et n'eut pas plutôt reçu le signe de la croix, qu'elle en sentit la vertu, et fit sonner les cloches comme on avait coutume de le faire à chaque miracle. Dans le même endroit, deux sourds-muets de naissance recouvrèrent l'ouïe en même temps que la parole. L'un d'eux n'était encore qu'un enfant, l'autre était un jeune homme bien connu de la ville. Il y eut encore un sourd qui recouvra l'ouïe, et une jeune fille impotente des mains, dès le ventre de sa mère, qui fut guérie à l'instant même. Une autre, qui avait une main desséchée, recouvra la santé devant la porte d'une maison de charité, au moment où le saint en sortait. Le même jour, ce bon dispensateur des nombreuses grâces de Dieu rentra à Clairvaux, rapportant avec lui les germes d'une précieuse moisson : il revenait, comme le patriarche Jacob, à la tête de deux grandes troupes. En effet, il ramenait avec lui, trente homme et il en attendait à peu près autant, qui avaient promis de venir un jour fixé. Que dire après cela ? Heureux mille fois celui dont la prière est si bien exaucée, dont le toucher est si salutaire, dont la parole se trouve si vive et si efficace ! Heureuse l'âme que le Seigneur a comblée de l'huile de sa grâce, plus que toutes celles qu'il a admises à partager son bonheur. Heureuse la langue qui sait appliquer un remède salutaire sur les blessures désespérées de tant d'âmes ! Heureuse la main qui est pleine de grâces de guérison et qui abonde en tant de signes miraculeux !

---

fuisset, ab his undecim annis nihil penitus se vidisse respondit. Sic apostolicus Vir apostolicum imitatus exemplum, et petitionem mendicantis, et spem liberalitate sanctissima superavit. Nec longe processerat, et ecce puer uno oculo cæcus benedictionem flagitat, tactum requirit. Quid ei negaret, qui dederat non petenti ? nihil cunctatus signavit oculum cæcum, et eum quo videre solebat manu claudens movit digitum coram eo, et quid ageret inquisivit. Audientes peregrini quidam quod homo Dei transiret, socium suum surdum ei cum precibus obtulerunt : cujus aures sputo liniens, et immittens digitos suos, auditum reddidit ei ipsa hora. Exinde cum paululum processisset, secutus homo eum, gratias egit, et signum crucis ab eo accepit, ut in exercitum Domini proficisceretur.

44. Ipsa die venimus Barrum super Albam, quod nominatissimum oppidum est, tribus a Clara-valle millibus distans. Quinta igitur feria vir sanctus missarum solemnia celebravit in ecclesia sancti Nicolai. Illic ad nova divinæ virtutis magnalia obstupuere Barrenses. Addidit adhuc magnificare famulum suum Dominus, et oculos pueri cæci nati sub manu ejus aperuit. In eadem basilica post missarum celebrationem, puella contracta, cujus tali adhæserant renibus, erecta est et libere ambulabat. Altera quoque puella, quæ stare omnino non poterat, ibidem adepta est sanitatem. Item mulier clauda gressum recepit, et quam cito signata est, virtutem sentiens, jussit pulsari campanas, sicut et singula quæque miracula faciebant. In eodem loco, duo surdi et muti a nativitate receperunt auditum, pariter et loquelam. Alter quidam puer, alter adolescens erat notissimus in oppido illo. Adhuc autem surdus unus auditum recepit, et puella ex utero matris suæ impos manibus, sanata est ipsa hora. Alteri quoque manum aridam ante domum eleemosynariam, cum jam proficisceretur, restituit sanitati. Ipsa die dispensator bonus multiformis gratiæ Dei fuit redditus Claræ-valli, reportans manipulos pretiosos, instar Patriarchæ Jacob cum duabus turmis regrediens. Nam et triginta secum adduxit, et totidem fere facto jam voto et constituta die venturos præstolabatur. Quid ergo dicemus ad hæc ? Felix nimirum, cujus oratio tam accepta, tam salubris tactus, sermo tam vivus et efficax invenitur ! Felix anima, quam implevit Dominus oleo gratiæ præ participibus suis ! felix lingua tot animarum medens vulneribus desperatis ! felix manus gratia sanitatum, et tot virtutum affluens signis !

CHAPITRE XIV

Miracles de saint Bernard à Clairvaux, à Troyes, à Etampes, à Sens et dans tous les environs.

45. Pendant quelques jours seulement que le saint abbé passa à Clairvaux, il défendit, dans l'intérêt de la paix de ses religieux, qu'on fît entrer des malades dans le monastère. Cependant, le jour où il devait en sortir, notre vénérable évêque lui amena de Langres un jeune homme, qui, depuis plusieurs années, avait l'oreille un peu dure. A l'instant même, ce jeune homme entendit distinctement et rendit grâce au père de sa prompte guérison. Comme le saint sortait du monastère, il trouva une multitude de gens atteints de maladie, d'aveugles, de boiteux et de personnes ayant des membres desséchés ; beaucoup d'entre eux au milieu de la foule recouvrèrent la santé qu'ils désiraient, sous la main du saint qui leur donnait sa bénédiction. Lorsqu'il fut arrivé sur le haut de la montagne, il rencontra un enfant sourd-muet, qui avait passé plusieurs jours avec nos frères à Fontarcie ; il ne parlait que par signes. Bernard lui toucha la langue avec sa salive, lui mit les doigts dans les oreilles, et ordonna à l'enfant d'articuler le nom de Dieu : l'enfant commença à parler peu à peu ; mais la parole expirait encore sur ses lèvres. Un de nos pères le remarqua, et ramena l'enfant vers le saint abbé, en le priant de lui imposer les mains sur le cou. Aussitôt il parla distinctement, et rendit grâces à Dieu en versant un torrent de larmes. Il avait été si longtemps sourd et muet, qu'il avait perdu le souvenir même de son propre nom, et ne se rappelait comment il se nommait ; c'est à peine même s'il se souvenait de sa ville natale, il se disait de Paris. Dans le même trajet, un autre sourd entendit, deux enfants boiteux marchèrent, et, près de Meurville, c'est ainsi qu'on appelle un petit village à deux milles environ du monastère, un vieillard paralytique fut guéri en notre présence et aux cris d'admiration de la foule. Nous passâmes la nuit ce jour-là à Arnaville ; le lendemain matin, après la messe dans la basilique, un jeune homme qui avait une jambe repliée sur elle-même eut à peine reçu le signe de la croix que l'homme de Dieu fit sur lui, que le nerf de sa cuisse se détendit, et qu'il se mit à marcher plein d'allégresse en présence de tout le peuple. Dans le même endroit, étant entré à l'hôtel, il vit la foule se précipiter vers lui, et, avec sa bénédiction habituelle, il guérit un enfant qui était borgne et une jeune fille qui était muette de naissance. L'enfant vit clair et la jeune fille se mit à parler en présence de la foule qui l'entendit avec admiration. Sur la place où le peuple l'empêchait de passer, comme il sortait de l'hôtel, il guérit deux hommes estropiés des bras ; l'un d'eux recouvra de plus l'usage d'un œil qu'il avait perdu, et à ce double bienfait il ressentit une double joie.

46. Le même jour, près du château de Bar, dont la Seine baigne le pied, en présence d'une immense multitude de peuple qui s'était rassemblée là de toute la contrée voisine, Bernard guérit un enfant et un homme aveugles, une jeune fille estropiée, et un vieillard paralytique. Ce dernier avait été amené dans un charriot, il était tellement malade depuis six ans, à ce que l'on disait, qu'il ne

---

CAPUT XIV.

De miraculis Claræ-valli, Trecis, Stampis, Senonis, et vicinis locis per Bernardum patratis.

45. Paucos dies Claræ-valli faciens pater sanctus, ne intromitterentur infirmi, fratrum quieti providens interdixit. Ipsa tamen die qua exiturus erat, juvenem Lingonensem, cujus auris altera ab annis multis penitus obsurduerat, venerabilis episcopus noster obtulit ; et confestim audivit homo, et gratias egit celeri medicinæ. Egrediens autem pater monasterii januam, invenit languentium multitudinem, cæcorum, claudorum, aridorum ; plurimique in tumultu illo sub manu signantis desideratam adepti sunt sanitatem. Ubi vero montem ascendit, obvium habuit puerum surdum, qui diebus multis inter fratres nostros Fontarciæ manserat, tantum innuens eis. Hujus linguam sputo liniens, et auribus ejus immittens digitos suos, Deum nominare jussit, cœpitque puer paulatim loqui ; sed adhuc vox in gutture laborabat. Quod advertens unus ex fratribus nostris, rursum obtulit eum, rogans ut gutturi ejus manum imponeret. Statimque locutus est libere, cum multis lacrymis gratias agens Deo. Tandiu siquidem surdus et mutus exstiterat, ut et nomen proprium penitus excidisset, et nesciret quis vocaretur. Vix recordatus civitatis nomen unde fuerat oriundum, Parisiensem se esse dicebat. In eodem itinere surdus alter audivit, pueri duo claudi gressum receperunt ; et prope Mundivillam (sic enim vocatur viculus, duobus ferme a monasterio millibus distans), curatus est paralyticus senex nobis adstantibus, turbis acclamantibus vehementer. Villa super Arnam nominatur, ubi pernoctavimus ipsa die. Mane vero in basilica post missæ celebrationem adolescens altero crure contractus, ubi a Viro Dei signatus est, extendit nervum, et coram omni populo gradiebatur exsultans. In eodem vico, ingressus hospitium, et irruentibus multis, cæcum uno oculo puerum, et puellam mutam a nativitate, consueta benedictione sanavit. Siquidem et puer illuminatus, et puella locuta est, audientibus et admirantibus universis. In platea quoque cum detineret eum populus egredientem, sanati sunt manci duo ; quorum alter etiam unius oculi lumen recepit amissum, duplicique liberatus incommodo duplex gaudium reportavit.

46. Eadem die juxta castrum Barrum, quod alluit Sequana fluvius, coram multitudine copiosa plebis, quæ de tota regione convenerat, curati sunt puer cæcus, et vir cæcus, puella manca, et paralyticus

pouvait ni se mettre sur son séant, ni même changer de côté, sans le secours d'un autre. En entrant dans une villa nommée Barjols, un enfant qui était boiteux de naissance eut la jambe redressée, et, au sortir de cette villa, une femme qui, depuis quatre ans, ne pouvait plus marcher se trouva guérie. Nous n'avions pas encore fait beaucoup de chemin, lorsque nous vîmes accourir derrière nous une femme qui avait perdu un œil. A peine fut-elle arrivée près de l'homme de Dieu que celui-ci lui fit un signe de croix, lui rendit la vue et la renvoya pleine de joie et louant Dieu. En arrivant sur le diocèse de Troyes, dans un bourg appelé Fouchères, le peuple présenta au saint un enfant qui était sourd et muet de naissance, et qui se trouva à l'instant même guéri de sa double infirmité. Pendant ce voyage encore, en quittant le diocèse de Troyes, une jeune fille qui avait une main desséchée et contournée, la vit s'étendre au toucher de la main bénie de Bernard, comme si elle eut été de cire. Elle fut guérie à l'instant même, si bien qu'elle retint avec force un bâton que nous lui présentâmes. Tout ceux qui accompagnèrent l'homme de Dieu étaient dans l'admiration, c'étaient des nobles et des seigneurs de la contrée. Mais, où ils furent plus émerveillés encore, c'est auprès d'un bourg appelé Wanda, quand ils virent une jeune fille boiteuse et muette dès le sein de sa mère, marcher droit après avoir reçu la bénédiction du saint, et quand ils l'entendirent parler.

47. Un autre jour, dans l'église de Troyes, une foule innombrable de peuple s'était rassemblée pour entendre le saint annoncer la parole de Dieu. Mais la foule fut si grande, et la presse si considérable, qu'on craignit que le saint ne fût étouffé, il ne sortit pas; lorsqu'il se fut retiré dans la demeure de l'évêque, il y fut suivi d'un grand nombre de malades qui attendaient à la porte de la maison. Une jeune fille boiteuse entra, le saint fit sur elle le signe de la croix, elle fut guérie sous nos yeux et marcha sans difficulté. — Cette jeune fille était bien connue dans la ville, et elle se trouvait en ce moment accompagnée de plusieurs de ses parents. Peu de temps après, un jeune enfant borgne recouvra l'usage de son œil. Deux autres personnes qui avaient les mains desséchées, furent également guéries, à l'admiration et à la joie de tout le monde. Le soir, le saint fit placer tous les malades qui attendaient, près d'une fenêtre grillée de l'église, il sortit et fit sur chacun d'eux, en particulier, le signe de la croix; or, il y avait là présents deux vénérables évêques, Geoffroy, évêque de Langres, qui fut témoin oculaire de presque tous les miracles que nous décrivons, et Henri, évêque de Troyes. Il s'y trouvait aussi des clercs et beaucoup de laïques de la ville. En présence de tout ce monde, on présenta au saint une jeune fille boiteuse et muette. A peine Bernard eut-il fait le signe de le croix sur elle, et l'eut-il prise par la main, qu'elle se mit à parler, et dit : « Je ne puis pas marcher, seigneur. » Nous fûmes tous surpris. Nous le priâmes de faire sur elle une seconde fois le signe de la croix, et aussitôt elle put marcher. Au même endroit, il mouilla, avec de la salive, l'œil d'un enfant borgne, à qui il en rendit l'usage. Il y avait une femme boiteuse depuis quinze ans, que les religieuses de Sainte-Marie nourrissaient dans leur monastère; il fit le signe de

---

senex. Hunc in plaustro detulerant, et ab annis sex sic elanguisse dicebant, ut nec sedere quidem, nec sine alio posset mutare latus. In ingressu villæ, quam Bargonium vocant, erectus est puer claudus ex utero matris suæ; in egressu quoque mulier quædam amissum ab annis quatuor gressum recepit. Non longe progressi eramus, et ecce currebat post nos mulier cæca uno oculo; et hæc quoque ubi pervenit ad Virum Dei, ab eo signata est continuo, et visum recepit, et revertebatur gratulabunda et laudans. In ingressu diœcesis Tricassinæ, in vico, cui Fulceriæ nomen est, oblatus a populo puer a nativitate surdus et mutus, ab utroque morbo sanatus est ipsa hora. In via quoque, cum egrederemur, puellæ manum a nativitate aridam et contractam benedicta Bernardi manus extendit, quasi esset cerea; et sanata est statim, ita ut teneret fortiter baculum, quem tradidimus ei. Mirabantur omnes, qui deducebant sanctum Dei, viri de eadem regione nobiles et potentes. Magis autem mirati sunt juxta vicum, qui Wanda vocatur, puellam claudam, mutam ex utero matris suæ, benedictione percepta ambulantem videns, audientesque loquentem.

47. Altera autem die in majori ecclesia Trecensi congregatus est populus innumerabilis, ut audiret a Dei homine verbum ejus. Factus est ergo tumultus intolerabilis comprimentium sese turbarum, et periculum metuens egressus et Vir beatus; cumque in hospitio episcopi se recepisset, sequebatur eum languentium multitudo et pro foribus exspectabat. Ingressa est autem puella clauda, et sub oculis omnium signante Viro Dei adepta est sanitatem, et libere ambulavit. Erat autem nota in civitate puella, et ex propinquis ejus aderant eadem hora nonnulli. Post paululum quoque cæcus uno oculo puer illuminatus est, et alii duo, quorum erant aridæ manus, sanati sunt admirantibus et exsultantibus universis. Vespere quoque exspectantes infirmos juxta cancellum ecclesiæ seorsum poni præcipiens, exivit ad eos, et signavit ex ordine residentes. Aderant autem venerabiles episcopi Godefridus Lingonensis, qui fere omnia, quæ scribimus, præsens vidit, et Henricus Trecensis ; aderant clerici et laici de civitate non pauci. Coram his omnibus puella clauda et muta oblata est Viro Dei. Cumque signatam apprehensa manu deduceret, loqui cœpit, et ait : Non possum domine ambulare, non possum. Obstupuimus omnes; iterum signari rogavimus eam, et gressum quoque recepit Ibidem quoque cæcum oculum pueri sputo liniens illuminavit. Mulierem claudam ab annis quindecim, quæ in ecclesia beatæ Mariæ a sanctimonialibus alebatur, signans et attrectans curavit protinus; ita ut quod ante non

la croix sur elle, la prit par la main, elle était guérie, et pouvait s'asseoir et marcher sans aucune difficulté, ce qu'elle n'aurait pu faire auparavant. Dans les transports de sa joie qui était grande, elle prit les béquilles dont elle se servait auparavant, pour les suspendre dans l'église de saint Pierre. De même, un jeune employé de cette église, qui avait perdu l'ouïe depuis quinze ans, la recouvra. Voici quelques miracles encore, arrivés dans la même ville de Troyes. Un artisan, qu'une longue maladie avait rendu boiteux et qui ne pouvait marcher sans le secours d'un bâton, eut à peine reçu le signe de la croix que le père fit sur lui, qu'il retourna tout joyeux dans sa demeure en se servant de ses jambes. Après cela, une femme présenta au saint abbé sa fille épileptique, qui, par suite de son mal, avait perdu la parole. Le saint lui imposa les mains, fit le signe de la croix sur elle, et elle fut guérie à l'instant même sous nos yeux.

48. Le matin, en sortant de Troyes, comme le saint passait par une villa qu'on appelle Prunet, on lui présenta un enfant dont les nerfs du pied étaient tellement retirés, que ce membre se trouvait retourné en sens contraire, en sorte qu'il ne pouvait pas faire un pas. Tous ceux qui se trouvaient réunis là poussaient de grands cris et levaient les mains vers le ciel, pendant que l'homme de Dieu touchait l'enfant. Le saint fit à l'instant le signe de la croix sur ce pied, le remit à sa place, fit déposer l'enfant à terre, et tout le monde put le voir marcher; il était guéri. Dans la ville appelée Trainel, c'était un vendredi après la messe, on amena au pied de l'autel, en présence de tout le monde, une femme aveugle de ce château-fort. A peine le saint lui eut-il imposé les mains, qu'elle répondit à tous ceux qui lui demandaient si elle voyait clair : « Je vais voir tout à l'heure. » Quelques instants après, elle s'écria : « Je vois clair, je vous vois tous, béni soit Dieu qui m'a traitée avec miséricorde. » Une autre femme qui était aveugle depuis quinze ans, recouvra aussi la vue. A la même place, une femme boiteuse recouvrait l'usage de la jambe, un muet l'usage de la parole. Tout le monde poussait de grands cris, surtout les habitants de ce château qui n'avaient jamais rien vu de semblable jusqu'alors. Le même jour, en passant près du château de Braie (ce mot dans la langue du pays signifie boue), le saint rencontra un homme qui portait sa fille sur ses épaules. Cette enfant n'avait jamais pu ni parler, ni même se tenir sur ses jambes. Elle se trouva guérie à l'instant même, sous les yeux de tout le monde, de sa double infirmité.

49. A Montereau-Faut-Yonne, à l'endroit où l'Yonne se jette dans la Seine, en présence du comte Thibaut et d'un grand nombre de nobles et de roturiers, trois femmes recouvrèrent la santé; l'une était sourde, la seconde borgne depuis quinze ans, et la troisième paralytique. Cette dernière même avait été apportée à l'église sur un lit. A peine le saint eut-il fait le signe de la croix sur elle, et lui eut-il ordonné de se tenir sur ses pieds, qu'elle se mit debout, en présence de tout le monde ; elle était guérie, elle laissa là son lit et regagna toute joyeuse sa demeure. Le même jour, à Moret, près de la léproserie, on lui présenta un enfant sourd-muet de naissance. A l'instant même, ses oreilles s'ouvrirent et sa langue se délia. En sortant du château, nous traversâmes le

---

poterat, et sederet, et libere graderetur. Exsultans igitur vehementer tulit baculos, quibus antea utebatur, in beata Petri ecclesia suspendendos. Item juvenis quidam, ejus ecclesiæ servus, amissum ab annis quinque ibidem recepit auditum. In eadem civitate facta sunt quæ sequuntur. Faber quidam longa ægritudine claudicans, ut sine baculo incedere omnino non posset, ubi a beato patre signatus est, lætus rediit gradiens pedibus suis. Deinde mulier epilepticam ei obtulit filiam, cui morbus ille loquendi prorsus ademerat facultatem; cui Vir beatus manus imponens signavit eam, statimque locuta est coram nobis.

48. Mane egressus Trecas, dum transiret Vir sanctus villam, quam Prunetum vocant, oblatus est ei puer, cujus pedem retracti nervi torserant in perversum, ita ut ambulare omnino non posset. Acclamabant autem qui convenerant, levantes manus in cœlum, dum vir Domini puerum attrectaret. Nec mora signatam pedem omni facilitate detorquens, deponi jubet; et coram omnibus ambulare cœpit incolumis. In oppido quoque, quod Romana lingua Triangulum vocant, post missarum celebrationem feria sexta, coram omnibus ad altare adducta est mulier cæca ejusdem indigena castri. Cumque ei Vir beatus imposuisset manum, interrogata a circumstantibus, Jam cito videbo, inquit, et post paululum, Video, ait, clare, omnes vos video; benedictus Deus qui fecit mecum misericordiam. Altera quoque illuminata est, quam ab annis decem cæcam fuisse testabantur. Ibidem clauda mulier gressum recepit, et mutus loquelam, acclamantibus omnibus, maximeque illius castri, qui nulla prius similia viderant. Ipsa die transeunti prope castrum Braium (quod lutum interpretatur) occurrit vir quidam filiam portans in humeris, quæ nec loqui unquam potuerat, nec stare supra pedes suos; statimque sub omnium oculis ab utroque est incommodo liberata.

49. Apud Monasteriolum, ubi Iona fluvius in Sequanam influit, præsente comite Theobaldo, et multis aliis nobilibus pariter et ignobilibus, mulieres tres, prima auditum recepit, secunda amissum ab annis septem unius oculi visum, tertia paralytica sanitatem. Hæc in grabato in ecclesiam fuerat deportata ; et ubi signata est, et jussa stare supra pedes suos, in medio populi stetit incolumis, et relicto grabato suo gratulabunda repetiit domum suam. Ipso die, apud Moretum oppidum, juxta leprosorum domos, surdum et mutum a nativitate puerum offerebant, cujus statim aures apertæ sunt, et solutum vinculum oris ejus. Ubi vero castrum egressi, flumen transivimus quod

Loing, et nous trouvâmes, sur la rive opposée, une foule innombrable de peuples, accourue au-devant de l'homme de Dieu. On lui présenta en cet endroit un enfant connu de tous les assistants : il avait perdu l'usage de la parole, le saint le bénit et le lui rendit.

50. A Étampes, où la question de l'expédition de Jérusalem et celle du royaume de France avaient réuni un grand nombre de personnages parmi lesquels se trouvait le saint, il rendit l'ouïe à un sourd, un esprit sain à un frénétique qu'on lui avait amené garrotté, la vue à deux femmes, dont l'une était borgne et l'autre aveugle. En se retirant, lorsque le concile fut terminé, il rendit la vue, par un signe de croix, à une jeune fille aveugle. Au petit village de Maisse, éloigné d'Étampes de trois milles, en présence de tout le peuple qui s'était assemblé, il s'était guéri deux sourds, un homme et une vieille femme. Le même jour, en passant par Milly, on lui présenta une femme tombée en langueur, et si faible qu'elle ne pouvait faire un pas, ni même se tenir sur ses pieds. Il fit le signe de la croix sur elle et la guérit. Elle retourna sur ses jambes à sa maison, d'où elle était venue sur les jambes d'autrui. Au même endroit, un clerc qui avait perdu l'usage d'un œil, le recouvra, et un enfant boiteux marcha. De même à Moret, un homme qui était borgne s'étant rencontré sur le passage du saint, comme il sortait de cette ville, se trouva guéri par une bénédiction qu'il en reçut. A Sens, jadis une des plus grandes villes de France, en présence du clergé qui s'était réuni pour le recevoir, le saint imposa les mains à une femme sourde et aveugle, et lui rendit l'ouïe. Il fit encore beaucoup d'autres miracles que nous passons sous silence, de crainte d'être trop longs. Comme il entrait à Joigny, on lui présenta une femme aveugle, dont l'infirmité fut guérie tout à coup, et d'aveugle qu'elle était, elle devint voyante. Depuis, ce miracle se répandit dans le peuple, et partout on entendit ses paroles retentir : « Anne voit clair; » car tout le monde la connaissait. Comme nous sortions de la ville, la joie du peuple fut doublée. En effet, sous les yeux de tout le monde, un enfant borgne de naissance recouvra la vue, et, par le bienfait de la grâce, son œil retrouva ce que la nature lui avait refusé.

CHAPITRE XV.

Miracles de saint Bernard à Auxerre, à Molesme et en d'autres lieux.

51. En arrivant à Auxerre, le très-saint abbé entra, pour faire sa prière, dans une église de religieux où se trouve le précieux trésor du très saint corps du glorieux Germain. En sortant de cette église, une femme boiteuse, qui ne pouvait marcher qu'en se traînant sur ses genoux et sur ses mains, se présenta au saint sous le porche et s'attacha à ses pas : elle s'efforçait, par ses cris lamentables, d'exciter sa commisération. L'homme de Dieu lui fit un signe de croix sur les reins et sur les genoux, la toucha de sa main, la fit lever au nom du Seigneur, et l'envoya à l'autel du très-saint confesseur, où elle se rendit en marchant sur ses pieds. Tout le peuple qui était présent avait invoqué le nom de saint Germain pendant que cette femme se levait. Ce miracle fut bien connu dans toute cette ville où il fit grand bruit; en effet,

---

Luten vocant, occurrit Viro Dei populus innumerabilis ; et ibi quoque puer, quem bene noverant circumstantes, amissam loquelam ejus benedictione recepit.

50. Stampis negotio Jerosolymitanæ expeditionis, et regni Franciæ, tam ipse, quam cæteri qui convenerant, intendebant. Reddidit tamen illic auditum surdo ; phrenetico, quem ligatum attulerunt, mentem ; mulieribus duabus visum, alteri quidem unius oculi, alteri utriusque. Exiens quoque finito concilio, cæcam puellam per signum crucis illuminavit. Apud viculum Messam, qui tribus a Stampis milliaribus distat, coram universo populo qui convenerat, surdis duobus, viro et vetulæ mulieri, restituit auditum. Milliacum oppidum transiens ipsa die, mulierem languidam et viribus corporis adeo destitutam, ut nec ambulare, nec stare posset; signavit atque sanavit, propriisque pedibus est reversa quæ fuerat apportata pedibus alienis. Illic etiam clericus quidam amissum unius oculi lumen adeptus est, et puer claudus incessum ; sic et Moreti vir cæcus uno oculo, qui Viro Dei occurrebat ingredienti, confestim illuminatus est ad ejus benedictionem. Senonis, quæ Galliæ olim maxima civitas erat, in conspectu cleri qui ad eum fuerat congregatus, mulierem surdam et cæcam per manus impositionem auditu donavit; et præter alia, quæ scribere supersedimus vitantes prolixitatem; ingredienti oppidum, cui Joviniacum nomen est, oblata est mulier cæca. Confestim in habitum versa privatione, de cæca facta est videns, exitque sermo in populum, et undique acclamabant, Anna videt; quia omnes noverant eam. Ubi vero egressi sumus, geminata est populi lætitia, et sub oculis omnium puer a nativitate cæcus uno oculo, negatum a natura manus adeptus est gratiæ beneficio.

CAPUT XV.

De miraculis Autisiodori, Molismi, etc., factis

51. Adveniens igitur Autisiodorum Vir beatissimus, orationis causa monachorum basilicam introivit, ubi pretiosus ille thesaurus jacet, ubi Germani gloriosi corpus sacratissimum requiescit. Regredienti vero mulier clauda, quæ genibus tantum et manibus gradiebatur, occurrit in porta, tenensque vestigia ejus misericordiæ viscera miserabili supplicatione pulsabat; cujus renes et genua signo crucis edito Vir beatus attrectans, elevavit eam in nomine Domini; et ad sanctissimi confessoris altare misit suis pedibus gradientem. Ipsius etenim nomen, dum mulier elevaretur, universus qui convenerat populus invocabat. Hoc in civitate illa notissimum celeberrimumque miraculum

cette femme était connue de tout le monde, et depuis trois ans on la voyait porter sur un lit. Le saint logeait dans la demeure de l'évêque, où, sous les yeux de beaucoup de monde, il étendit sans peine la main desséchée d'une femme et la guérit. De même, le matin comme il sortait, il procura de sa main bénie le même bienfait à une autre femme atteinte de la même infirmité. Le même jour, comme il passait à Châbly, on lui présenta un enfant boiteux, qu'il guérit à l'instant et qu'on conduisit à l'église de saint Martin. Cette église et ce bourg se trouvent, en effet, dédiés à ce saint, que la population voyait avec admiration revivre en saint Bernard. La foule le suivait encore, lorsque une jeune fille infirme d'un pied et d'une main se trouva guérie de sa double infirmité en présence de tout le monde. A Tonnerre, le même jour, nous le vîmes, par un signe de croix, à l'hôtel, rendre l'usage d'un œil à une femme qui était borgne, laquelle louait Dieu en s'en allant. Le mercredi, dans l'église de saint Agnan, au moment où le saint abbé s'asseyait pendant la messe, on lui présenta un enfant aveugle, dont la vertu d'en haut ouvrit aussitôt les yeux, sous la main du serviteur fidèle. De même, une jeune fille aveugle, au moment où nous quittions le château de Tonnerre, recouvra, en présence de la foule qui suivait l'homme de Dieu, et sous un signe de croix de sa main, la vue qu'elle avait perdue depuis bien des années. Une autre jeune fille borgne recouvra l'usage de son œil, sur les bords de l'Armençon.

52 Le même jour, nous arrivâmes à Molesme,

monastère d'où sortirent autrefois nos pères, qui jetèrent les premiers fondements de Cîteaux. Il existe un livre * des usages de Cîteaux, où le lecteur diligent trouvera tout cela rapporté en détail. C'est donc là, comme nous l'avons dit, que le mercredi, l'homme de Dieu fut reçu avec une grande dévotion. Pendant qu'il prenait un peu de repos à l'hôtel, un homme borgne entra, et, mettant un genou en terre, il implora la pitié du père. A peine le saint eut-il fait le signe de la croix sur lui avec ses doigts sacrés, et touché l'œil dont il ne voyait pas, que cet homme vit clair et rendit grâce à Dieu. Une heure après, la nuit approchait et le jour touchait à son déclin ; le saint sortit pour bénir les malades qui attendaient à la porte ; le premier qui recouvra la santé fut un enfant qui avait perdu l'œil droit. Le père fit un signe de croix sur cet œil, et l'enfant, se fermant des doigts l'œil dont il voyait auparavant, distinguait tous les objets qu'on lui montrait et nous en disait le nom sans difficulté, quand nous le lui demandions. Dieu accorda le même bienfait, par l'entremise de Bernard, à trois autres personnes atteintes de la même infirmité ; c'étaient une jeune fille, un vieillard et une femme, et on s'assura avec le même soin qu'ils étaient guéris. Dans le même endroit, une toute petite fille, dont les jambes étaient extrêmement faibles et qui était boiteuse dès le sein de sa mère, se trouva guérie par l'imposition des mains. Sa mère tressaillait de joie, en la voyant pour la première fois se tenir sur ses pieds et marcher.

53. Le jeudi, en quittant le monastère de Mo-

* On lit cela dans le petit *Exorde de Cîteaux*, dont diffère un peu le livre des *Us de Cîteaux*, qui peut-être alors ne faisait qu'un même livre avec l'*Exorde*. Ce passage montre l'ancienneté du livre des *Us de Cîteaux*, qui depuis lors s'accrut de quelques additions.

---

fuit. Omnibus siquidem nota erat mulier illa, et tribus ferme annis in grabato viderant eam deportari. Hospitatus est autem vir sanctus in domo episcopi, et illic quoque videntibus multis aridam manum mulieris extendit libere, et sanavit. Sic et mane, cum egrederetur, simili incommodo laboranti beneficium simile contulit manus benedicta. Ipsa die Cableïam pertranseunti claudum puerum offerebant, quem sanatum protinus, et erectum in beati Martini ecclesiam deduxerunt. Ad eum siquidem et illa ecclesia pertinet, et vicus ipse, quem in Bernardo revixisse mirabantur. Adhuc enim prosequentibus eum turbis, puella clauda et alteram manum invalidam habens, ab utroque incommodo liberata est coram eis. In castro Tornodorensi, eadem die videntibus nobis in hospitio mulier cæca uno oculo per signum crucis illuminata est ; et exiit magnificans Deum. In ecclesia etiam beati Aniani feria quarta, dum ad oblationem inter missarum solemnia resedisset, obtulerunt puerum cæcum ; cujus statim oculos sub manu fidelis servi, divina virtus aperuit. Similiter et puella cæca, cum jam egrederemur castrum, coram omnibus, qui prosequebantur beatum virum, amissum ab annis multis signante eo visum recepit, et altera cæca uno oculo illuminata est prope fluvium qui Armantia nominatur.

52. Ipsa die Molismum venimus, quod est monasterium unde egressi sunt olim patres nostri, a quibus Cisterciensis ecclesia sumpsit exordium. Exstat liber Usuum cisterciensium, ubi plenius id scriptum diligens lector inveniet. Illic ergo (ut dictum est) quarta feria virum Domini magna cum devotione susceperunt ; cumque in hospitio resedisset, vir quidam cæcus uno oculo ingressus est, et genu flexo misericordiam precabatur ; ubi vero signavit eum sacris digitis, cæcum tetigit oculum, et confestim illuminatus est, et gratias egit Deo. Factum est autem post unam horam, cum advesperasceret, essetque inclinata jam dies, egressus est vir beatus ut signaret infirmos qui pro foribus exspectabant. Primus illic convaluit puer cæcus oculo dextro, qui signatus sinistrum claudebat oculum quo prius videre solebat, et clare discernens omnia sciscitantibus nobis, quidquid ostenderetur continuo respondebat. Id ipsum tribus aliis eodem laborantibus incommodo, per manum Bernardi sui beneficium præstitit Deus ; puellæ videlicet, et seniori viro et mulieri, similique et in eis probatum est diligentia. Adhuc autem in ipso loco puellula debilis pedibus et clauda ex utero matris, sanata est per manus impositionem, et exsultabat in gaudio mater, quod tunc primo stantem eam et ambulantem cernere mereretur.

53. Feria quinta egredientem Molismense cœnobium

lesme, l'homme de Dieu fut accompagné, avec tout le respect qu'il méritait, par une multitude innombrable de personnes venues de touts les points de la contrée. On avait amené sur un charriot une femme boiteuse, sur laquelle le saint n'eut pas plutôt fait le signe de la croix qu'elle s'en retourna sur ses pieds, au milieu de la foule qui la félicitait. Dans le même voyage, comme nous entrions dans une forêt, un jeune homme sourd recouvra l'ouïe, et une femme, qui était borgne depuis douze ans, l'usage de son œil, par la simple imposition des mains de l'homme de Dieu, en présence et sous les yeux d'une foule de gens. Après cela, deux hommes, qui avaient l'un et l'autre perdu complètement la vue, se présentèrent au saint et recouvrèrent ce qu'ils avaient perdu. Nous avions à peine fait quelques pas, et au milieu d'une foule de peuple qui s'était rassemblé de tout côté, un enfant boiteux qu'on avait apporté, se trouva guéri au simple toucher du bienheureux père, et se mit à marcher sans difficulté en tressaillant de joie. Le même jour, nous traversâmes Confinium, petite villa voisine de notre pays, où l'homme de Dieu guérit également par un signe de croix et en les touchant, un enfant et une femme qui étaient boiteux, celle-ci dès le ventre de sa mère; il rendit aussi la vue la vue à un aveugle et fit marcher un boiteux.

Il revient à Clairvaux. Enfin, comme il arrivait à Clairvaux, un des nôtres vint à sa rencontre, lui amena un enfant sourd-muet, qui depuis quinze jours, attendait l'arrivée du saint. Ce pieux enfant ne fut pas déçu dans ses espérances, car, à peine le saint eut-il fait sur lui le signe de la croix, qu'il recouvrait en même temps l'ouïe et la parole. Toutefois, dans le commencement, c'est à peine s'il pouvait prononcer le nom de Dieu, mais, sur nos ordres, il se mit à invoquer le nom de la bienheureuse Vierge; et enfin, sa langue s'étant complètement déliée, il prononça tous les mots en fondant en larmes dans l'excès de sa joie; beaucoup de frères qui l'avaient connu auparavant, quand il ne pouvait ni parler ni entendre, prononçaient quelques mots à son oreille, et l'entendaient répéter tous les mots en entier. On lui demanda depuis combien de temps il était sourd et muet, il répondit : « Il y a trois ans passés que j'ai cessé d'entendre et de parler, je ne faisais que des signes. » En s'exprimant ainsi, il fondait en larmes, et bénissait le Seigneur d'avoir eu pitié de lui. Nous aussi, nous rendons grâce à Dieu, autant que nous le pouvons, pour un tel père, un tel patron, sans cesser de glorifier et d'aimer Dieu qui est béni par-dessus tout dans les siècles des siècles.

CHAPITRE XVI.

Miracles de saint Bernard à Trèves, à Rutila et à Francfort.

54. Le 27 mars, comme l'homme de Dieu entrait à Trèves, tout le peuple se précipita au devant de lui, ainsi que cela avait lieu partout. On lui présenta deux toutes petites filles qui étaient sœurs, et natives de Trèves, une de cinq ans, l'autre de quatre ans, frappées toutes les deux de la triste infirmité de la cécité. A peine le saint eut-il fait sur elles le signe de la croix, qu'elles virent clair; elles furent conduites dans l'église de Saint-Pierre, où Bernard célébra à la même heure la messe solennelle.

---

hominem Dei, devotione debita prosequens innumerabilis multitudo, quæ de tota convenerat regione, mulierem claudam quæ plaustro subvecta fuerat, ubi signata est ab eo, suis gradientem pedibus gratulabunda reduxit. In eodem itinere, dum silvam ingrederemur, adolescens surdus auditum, et mulier quædam amissum ab annis duodecim alterius oculi visum, per manus hominis Dei impositionem receperunt, præsentibus et videntibus multis. Occurrentes deinde viri duo, et ipsi quoque quod amiserant singulorum lumen adepti sunt oculorum. Nec longe processeramus, et ecce concurrentibus turbis undique puer claudus, quem attulerant, ad tactum beati viri sanatus est, et libere gradiebatur exsultans. Confinium dicitur villa nostris proxima finibus, per quam transivimus ipsa die. Ibi quoque, sub oculis omnium qui convenerant, puerum claudum et mulierem claudam ex utero matris suæ signans vir Domini et attrectans, amissum reddidit alteri visum, alteri novum contulit gressum. Ingredienti denique Claram-vallem, unus de nostris occurrit, adducens surdum et mutum puerum, qui in monasterio diebus jam quindecim sancti præstolabatur adventum. Nec fraudatus est a desiderio suo puer fidelis, sed continuo ut signatus est, recepit auditum pariter et loquelam. Et primo quidem vix potuit nominare Deum, ac deinde præcipientibus nobis invocare cœpit beatæ Virginis nomen ; tandemque soluto penitus oris vinculo omnia loquebatur, ubertim gaudii lacrymas fundens. Multi etiam fratrum qui eum noverant prius, nec audientem penitus nec loquentem, locuti sunt in auribus ejus, et audierunt eum ad plenum verba omnia formantem. Interrogatus autem quandiu mutus et surdus pertransisset: Tertius, inquit, annus transivit ex quo obsurdui et obmutui, et eram innuens tantum. Et hæc dicens cum lacrymis benedicebat Dominum, qui fecerat cum eo misericordiam. Ipsi et nos pro tanto patre et patrono quantas possumus gratias referimus, glorificantes semper et laudantes Deum, qui est super omnia benedictus in secula.

CAPUT XVI.

De miraculis quibusdam Treviri, Rutilæ, et Francofurti per Bernardum editis.

54. Sexto calendas aprilis, ingrediente viro Dei Treverim, obviam ruit ex more populus universus; et ecce offerebant ei puellulas sorores duas ex eadem civitate, alteram quinque, alteram quatuor annis miserabili cæcitatis incommodo laborantes ; ubi vero signavit eas vir sanctus, ambæ illuminatæ sunt, et in

Tout le clergé et tout le peuple les vit là; nous nous assurâmes avec soin de la vérité du miracle. Enfin, après avoir terminé le saint sacrifice, l'homme de Dieu alla s'asseoir auprès de l'autel pour imposer les mains aux malades et les guérir. On lui présenta aussitôt un boiteux qui se mit à marcher droit, un aveugle qui vit clair, et une femme sourde qui recouvra l'ouïe. Cette dernière racontait que, dans un songe, elle avait été avertie d'aller vite trouver le saint qui lui rendrait l'ouïe en la bénissant. Je ne doute pas qu'il y ait beaucoup d'autres miracles encore, qu'un investigateur diligent pourrait découvrir; mais je pense que ceux-là suffisent pour mémoire. Cependant, nous nous rappelons encore que, dans la demeure de l'archevêque, il y eut un enfant borgne qui recouvra l'usage de son œil.

55. Craignant que notre brièveté ne vous fasse de la peine, j'ai ajouté ici quelques miracles opérés par saint Bernard à Rutila. Le saint abbé avait vu en songe, ainsi qu'il nous le confia en secret, une femme boiteuse qui le cherchait dans l'église, bien qu'il ne fût connu ni d'elle ni du peuple. Il se flattait, en effet, d'être inconnu, et s'étant approché de cette femme en secret, il l'a bénit d'un signe de croix, et passa outre : tout à coup, cette femme se lève transportée d'admiration. Le sens de cette vision parut manifeste. En effet, tandis que le saint célébrait la messe solennelle dans cette église, on lui amena une femme contrefaite, qui, depuis bien des années rampait à terre, et ne pouvait se redresser ; elle se traînait là où elle voulait aller, sur ses genoux en s'aidant de petits bancs qu'elle tenait à ses mains. C'est là que Gontran de Sirc, château situé sur la Moselle à une petite distance de Rutila, avait fait apporter cette femme dans l'église. Elle n'était pas encore à la portée de la main du saint, que la vertu de son esprit s'approcha d'elle comme il l'avait prévu; et tout à coup, cette femme se redressa et se mit à marcher en louant Dieu, et en le glorifiant. A cette vue, le peuple qui savait qu'elle avait été boiteuse auparavant, fit éclater les louanges de Dieu, et, s'emparant des petits bancs dont elle se servait, les porta à l'autel, et présenta cette femme au Seigneur et à son serviteur. Là, au toucher de Bernard, une femme du même bourg, boiteuse depuis sept ans, et contrefaite depuis son enfance, (car les nerfs de ses deux cuisses étaient devenus si raides, qu'elle ne pouvait allonger la jambe, ni se tenir sur ses pieds), recouvra, en présence de tout le monde, la faculté de marcher qu'elle désirait tant. On lui présenta aussi un homme et une femme aveugles : à peine les eut-il bénis d'un signe de croix, qu'il dissipa leurs ténèbres et leur rendit la lumière du jour. Mais, peut-être notre récit, trop court pour ceux qui aiment ces détails, paraîtra-t-il trop long pour ceux qui les négligent. Nous allons donc travailler pour ces derniers, et, comme dit le proverbe, serrer notre récit. L'église de Trèves retentissait de cris d'allégresse parce que Bernard, par le simple toucher, faisait marcher droit un boiteux, entendre un sourd, voir un aveugle. L'homme de Dieu rendit également la vue, en entrant dans la ville, à deux sœurs aveugles, et, à la maison, l'usage de l'œil à un enfant borgne. La lumière du ciel se montra rutilante à Rutila à la présence de Bernard, dont une bénédiction rendit l'usage des jambes à deux boiteuses, et

---

ecclesiam beati Petri deductæ, ubi eadem hora missarum solemnia celebravit. Illic eas vidit clerus et populus ; illic probavimus diligenter miraculi veritatem. Consummato demum sacrificio, vir Domini juxta altare resedit, ut super ægros manus imponeret et bene haberent. Protinus autem claudus oblatus est, et ambulavit ; oblatus est cæcus, et vidit; oblata est mulier surda, et audivit. Et hæc quidem in somnis admonitam se esse dicebat, ut festinaret ad eum, cujus benedictione receptura esset auditum. Non dubito quin et alia multa diligens inveniat investigator ; sed hæc ad memoriam arbitror posse sufficere. Adhuc tamen in domo archiepiscopi puerum cæcum uno oculo coram nobis illuminatum certissime recordamur.

55. Veritus autem molestam vobis esse brevitatem, ex his quoque quæ Rutilæ facta sunt, nonnulla subjunxi. Viderat pater sanctus in somnis, quod nobis secretius intimavit, mulierem claudam in ecclesia quærentem se, cum nec ab ea, nec a populo cognosceretur. Gloriabatur autem quod ignotus esset, et accedens clanculo signabat eam, et pertransibat, subitoque admirans illa erigebatur. Hujus autem visionis effectus apparuit manifestus. Siquidem dum in ecclesia illa missarum solemnia celebraret vir beatus, allata est contracta mulier, quæ a diebus multis per terram repens erigi penitus non valebat, sed genibus et scabellulis, quæ gestabat manibus, utcumque gradiebatur. Guntrannus de Sirco, quod super Mosellam situm est castrum, a prædicto monasterio paululum distans, mulierem illam in ecclesia fecerat deportari. Necdum ab beati patris manum accesserat, et ecce accessit ad eam spiritus ejus occulte, sicut prævide-rat, subitoque curvata exsiliit, et ambulabat laudans et magnificans Deum. Videns autem populus, qui claudam prius noverat eam, exclamavit in laude Dei, tollentesque scabellula ad altare protinus detulerunt, ut sisterent eam Domino, et Bernardo servo ejus. Ibidem sane ad tactum ejus mulier de eodem vico clauda ab annis septem, et puellula contracta, cujus obstupuerant nervi femoris utriusque, ut extenderet genua, aut erecta stare non posset, desideratum gressum coram omnibus receperunt. Oblati sunt et vir quoque cæcus et mulier cæca, et confestim edito signaculo crucis ab utroque repulit tenebras, et utrique lucem restituit. Sed forte hæc nostra descriptio, licet studiosis brevior, obliviosis prolixior videatur. Et ipsis itaque providentes, instar proverbii, quæ dicta sunt, perstringamus. Resultabat canoris vocibus ecclesia Treverensis ad Bernardi tactum ambulante claudo, audiente surda, cæco vidente. Duas quoque sorores cæcas idem vir Domini in ingressu civitatis illumina-

la vue à deux aveugles. Dans la même église, une femme boiteuse, qui se traîna sur ses genoux à l'aide de petits bancs, se redressa avant d'être arrivée auprès de l'homme de Dieu.

56. Le saint père était un jour assis, à Francfort, sur une terrasse, et des infirmes lui étaient présentés par la fenêtre pour qu'il les touchât de la main ; il y en avait un grand nombre qui s'étaient rassemblés là de tous les côtés. On lui présenta entre autres un jeune homme qui était sourd et muet depuis le ventre de sa mère. Le saint le toucha de la main, et le guérit à l'instant même, en sorte qu'il entendait et parlait librement. Cependant il ne connaissait aucune langue, il ne faisait que répéter les paroles qu'il entendait prononcer à ceux qui lui parlaient. Ce fut là surtout ce qui engagea notre Hugues à nous demander de lui décrire ce miracle. Quant à nous, nous en avions vu beaucoup de pareils. On porta sur la même terrasse une dame riche et de qualité, du même pays, il y avait longtemps qu'elle était couchée et paralytique. L'homme de Dieu fit un signe de croix sur elle, lui prit la main, la remua, et lui ordonna de marcher, au nom de notre Seigneur Jésus-Christ, et en vertu du Saint-Esprit. A peine avait-il parlé, que le miracle était fait ; elle saute à bas de son lit, elle se met à marcher. Ce n'est qu'un cri de toutes parts, mais les plus transportés de joie, c'étaient les soldats qui l'avaient apportée sur leurs épaules et qui la voyaient retournée chez elle à pied. Ils leur semblait que le pieux service qu'ils lui avaient rendu était pour quelque chose dans ce miracle. C'est aussi ce qui nous a porté à regarder comme mal de passer ce miracle sous silence.

57. Voici le troisième miracle tout pareil aux autres. En effet, il y avait, dans un bourg du voisinage, un homme paralytique depuis huit ans, bien connu de tout le monde, et digne de la pitié de chacun. En effet, il n'aurait pas pu remuer un membre, même si le feu avait pris aux quatre coins de la maison où il était. En notre présence et sous les yeux de beaucoup d'autres encore qui se trouvaient alors autour du saint, on l'apporta sur un matelas, et on le déposa aux pieds de Bernard, qui fit sur ses membres débiles le signe du salut. A l'instant même il se releva, et se trouva si parfaitement guéri, qu'il s'engagea dans l'armée du Seigneur, et prit la croix dont il avait éprouvé la vertu non moins grande que prompte. Comme les autres se chargeaient de son lit, le vénérable Hugues s'écria : « Non, non, ne faites pas cela, il le portera plutôt lui-même. » On le lui chargea sur les épaules et on le laissa aller, il marchait d'un pas aussi ferme que s'il n'avait jamais été paralysé. Le quatrième miracle que Hugues nous a demandé de lui écrire, fut le redressement d'une jeune fille. Ceux qui l'avaient apportée sur leurs épaules la lui présentèrent le soir, à son hôtel. Pendant que le saint homme faisait le signe de la croix sur ses genoux, il sentit ses nerfs qui s'étaient contractés et endurcis comme des baguettes, et dit : « Oh, ses nerfs sont tout à fait retirés, et elle ne peut ni fléchir le genoux ni étendre la jambe une fois qu'elle est pliée. » Il en était en effet ainsi, et, depuis bien longtemps, elle ne pouvait marcher sur les pieds ; elle se traînait sur les mains et sur les jambes, là où elle voulait aller. Mais, à la bénédiction du père, les deux nerfs se détendirent, un de nos frères la leva. Cependant le

---

vit, et in domo puerum cæcum uno oculo. Rutilavit Rutilæ in Bernardi præsentia lux cœlestis, cujus benedictio claudis duabus gressum, visum reddidit cæcis æque duobus. In eadem ecclesia, mulier clauda, quæ genibus et scabellulis ferebatur, erecta est, priusquam pervenieret ad hominem Dei.

56. Residebat aliquando *Frankenvoert* in solio pater sanctus, et per fenestram ad manum ejus admittebantur infirmi, quorum innumerabilis multitudo undique fuerat congregata Et ecce oblatus est inter cæteros adolescens quidam surdus et mutus ex utero matris suæ ; cui vir beatus manum imponens confestim curavit eum, et libere audiebat, et loquebatur. Nullam tamen noverat linguam, sed ea tantum proferebat verba, quæ ex colloquentis ore audivisset. Hoc fuit quod maxime nostrum movit Hugonem, ut describi hoc miraculum postularet ; sed nos multa similia videramus. In ipso quoque solio, matrona quædam dives et honorata de regione eadem deportata est, quæ ex longo tempore jacuerat paralytica. Et hanc quoque signans homo Dei, tenuit manum ejus et erexit eam, præcipiens ut libere ambularet in nomine Domini nostri Jesu-Christi, et in virtute Spiritus-sancti. Dixit, et factum est ; exsiliensque ambulabat. Tunc vero acclamabant omnes ; sed specialiter exsultabant milites, qui propriis humeris deportaverunt, quam videbant regredientem pedibus suis. Nimirum videbatur sibi quodammodo miraculi particeps pia devotio. Et hæc quoque excitavit amicum nostrum, ut sileri miraculum hoc, nefarium judicaret.

57. Tertium autem simile est huic. Erat siquidem in proximo vico vir paralyticus ab annis octo, notus omnibus, et omnium dignus miseratione. Neque enim movere poterat membra, nec si domus in qua jacebat, undique flagrare cœpisset incendio. Hic ergo coram nobis et aliis quampluribus qui beato patri tunc assidebant, subvectus in culcitra, depositus est coram eo ; cujus debilia membra edito signaculo salutis attrectans, confestim erexit eum, et tam perfecte curatus est, ut ad exercitum Domini profecturus illico susciperet signum crucis ; nimirum, cujus virtutem tantam, et tam celerem esset expertus. Cumque tollerent alii lectum ejus : Non sic, ait venerabilis Hugo, sed magis ipse portabit, et imponens in humeros ejus dimisit eum, et tam viriliter ambulabat, ac si nihil prius sustinuisset incommodi. Quartum quod describi Hugo miraculum postulabat, puellæ cujusdam erectio fuit. Hanc in hospitium vespere obtulerunt humeris deportantes. Cujus cum signaret genua vir beatus, contractos et obduratos quasi in modum virgæ ligneæ nervos sentiens : Heu, inquit, hujus ex toto retracti sunt nervi, et flectere genua, imo flexa exten-

père lui tenait les jambes qui s'allongèrent peu à peu; et, comme elle se mit à marcher, parfaitement guérie, nous fûmes tous dans une grande admiration. Le saint, qui la partageait avec nous, se signa en rendant grâce au Dieu des vertus.

CHAPITRE XVII.
Miracles de saint Bernard à Toul.

58. Arrivons maintenant aux miracles qu'il a faits à Toul. Le saint vint quatre fois, cette année-là, dans cette ville, et ce ne fut jamais sans y opérer des miracles. La première fois, c'était le dimanche avant la Pentecôte, il célébrait la messe au maître-autel de l'église Saint-Étienne : on lui présenta un enfant aveugle de la ville, où il était bien connu; il recouvra la vue par l'imposition des mains du saint; et, jusqu'à ce jour, l'église de Toul a dans cet enfant une preuve et un témoignage incontestables des vertus de Bernard. Le second miracle eut lieu au moment où il approchait de la ville, et traversait un tout petit hameau appelé Calmas. Tout-à-coup, dans sa dévotion, le peuple se précipite vers saint Bernard, en lui apportant de l'eau sur laquelle il devait faire le signe de la croix et qu'il devait bénir. Il la bénit, en effet, et, comme il est arrivé dans l'Évangile, par sa bénédiction, il donna à cette eau le goût et l'odeur du vin : ceux qui en ont goûté en rendent témoignage à tout le monde. Aussi est-ce maintenant, dans toute la contrée, un miracle aussi certain que célèbre, que saint Bernard, à Calmas, a changé par une bénédiction de sa main l'eau en vin. Il avait été répandu quelques gouttes de ce vin nouveau sur les habits des assistants, au moment où tout le monde se précipitait à l'envi pour emporter le vase, et, pendant plusieurs jours, ces vêtements exhalaient l'odeur d'un vin très-précieux.

59. La troisième fois qu'il vint à Toul, il appréhendait la foule, et, comme il lui restait une longue route à faire, il se proposa de partir la nuit. Plusieurs des habitants qui soupçonnaient cela, le guettaient, et même en sortant la nuit il ne put éviter la foule. Ceux qui se pressaient autour de lui, lui présentèrent sur un lit une femme paralytique; le saint la soulevant aussitôt, fit sur elle le signe de la croix au nom du Seigneur et la guérit. Cette cure fut connue de toute la ville où cette femme, toujours bien portante, habite encore aujourd'hui, après y être demeurée longtemps paralytique. De même, une autre femme qui était borgne lui fut présentée hors de la ville. Il fit sur elle le signe de la croix et elle recouvra la vue, ce dont nous nous sommes assurés avec une entière certitude, pendant ce voyage. Dernièrement l'homme de Dieu reçut l'hospitalité à Saint-Aper, monastère qu'il rendit célèbre par plusieurs miracles. Il y redressa un enfant boiteux, il rendit l'ouïe à un jeune homme qui était sourd, il y rendit aussi la vue à trois aveugles, au nom du Dieu trin et un. Je ne doute pas qu'il ait fait encore plusieurs autres miracles; mais il n'y a que ceux-là qui aient été faits devant moi, dont je suis parfaitement sûr et que j'ai rapportés avec la plus grande exactitude.

---

dere omnino non potuit. Et certe sic erat, nec poterat a diebus multis gradi pedibus, sed manibus et pedibus reptabat utcumque. Igitur ad patris benedictionem laxatus est statim nervus uterque, et elevavit eam unus e fratribus; ipse vero tenebat tibias, et paulatim extendebantur; cumque ambulare cœpisset incolumis, obstupuimus vehementer omnes; sed et sanctus ipse præ admiratione se signans, Domino virtutum gratias referebat.

CAPUT XVII.
De miraculis, quæ Tulli per B. Bernardum contigerunt.

53. Jam ad ea quæ Tulli facta sunt, veniamus. Quater siquidem hoc in anno vir sanctus illam ingressus est civitatem; nec unquam transiit absque miraculis. Primum siquidem dominica ante Pentecosten in ecclesia beati Stephani ad altare majus missas celebranti, oblatus est puer cæcus notus in civitate eadem, qui per manus impositionem visum recepit; et hunc usque hodie Tullensis habet ecclesia virtutum beati Bernardi speculum testimoniumque fidele. Secundo quoque accedens civitati, proximam villulam, quam Calmas nominant, pertransibat. Et ecce ruit obvia plebs devota, aquam afferens signandam atque benedicendam, quam protinus evangelici instar miraculi sapore pariter et odore vini benedictione ipsa donavit; et qui gustaverunt, omnibus perhibent testimonium. Unde et nunc in tota regione illa certissimum est celeberrimumque miraculum, apud villam Calmas sub Bernardi manu aquam in vinum esse mutatam. Nam super vestem cujusdam sparsum est vinum novum, dum undique concurrentes certatim traherent vasculum, et multis diebus vini pretiosissimi servavit odorem.

59. Tertio deinde prædictam Tullensium civitatem ingressus timuit turbas, et quia grandis ei restabat via, noctu egredi festinavit. Idipsum autem suspicati nonnulli de populo observabant eum, nec exire vel nocte potuit sine turba; inter quos oblata est paralytica mulier in grabato, quam protinus elevans vir beatus, in nomine Domini signavit, atque sanavit. Hujus quoque curatio universæ innotuit civitati, quam nimirum adhuc hodie incolumis mulier inhabitat, quæ in ea diu jacuerat paralytica. Similiter autem et altera mulier cæca uno oculo, quæ ad eum deducta est extra civitatem, signante eo visum recepit, quod in hoc adventu verissime certissimeque probavimus. Nuper sane apud beatum Aprum vir Domini susceptus hospitio, monasterium illud plurimis miraculis illustravit, claudum erigens puerum, auditum surdo reddens adolescenti; tres quoque cæcos, uno visionis munere donans in ipsius nomine qui Trinus adoratur et Unus; ubi plurima quoque miracula claruisse non dubito, sed hæc coram me facta novi certius, fiducialiusque scripsi.

LETTRE DU MOINE GEOFFROY DE CLAIRVAUX

Où se trouve rapporté plusieurs miracles de saint Bernard.

A son très-cher maître Archenfred, et aux deux capitoules, ses deux frères utérins, le frère Geoffroy : souvenez-vous de celui qui vous aime en vérité.

1. Cher maître, je sais par une expérience certaine, qu'il n'est pas nécessaire que je recourre à votre égard, à des paroles de flatteries. Car il n'a pas pu échapper à votre fils bien-aimé, que vous avez toujours traité avec plus de tendresse que les autres, et embrassé avec plus d'amour, que vous regardiez cela, non seulement comme peu digne, mais encore comme tout à fait indigne de vous ; non, dis-je, il n'a pu échapper à celui qui s'est toujours tenu à vos côtés, combien peu de cas vous faites de tous ceux qui vendent leurs paroles, et que vous êtes complètement de l'avis de l'Apôtre, qui a dit : « Le royaume de Dieu n'est pas dans les paroles, mais dans la vertu. » Pourquoi donc multiplier les paroles ? Vous savez, seigneur, que je vous aime, vous savez aussi que j'ai un grand besoin de vos prières, et de celles des vôtres ; vous savez, enfin, jusqu'à quel point je vous aime, et à quel point j'ai besoin de vos prières. Aussi, ne vous parlerai-je pas de moi, je n'ignore pas que celui à qui j'écris me connaît parfaitement. D'ailleurs, quand je me rappelle dans quelle sollicitude je vous ai laissé, et Clairvaux tout entier, parce que la volonté du seigneur abbé, au sujet de ce voyage, semblait incertaine, je vous écris sans hésiter, tout ce que nous avons vu et entendu pendant ce voyage, afin de vous consoler et de consoler en même temps les vôtres, mais sachez bien que je ne vous écrirai rien qui ne soit parfaitement vrai.

2. Comme nous approchions de Poitiers, le seigneur abbé tomba malade, si bien, qu'il s'en fallait de peu qu'il se repentît, non pas du fardeau dont il s'était chargé, mais du voyage qu'il avait commencé. Mais là, une voix se fit entendre, la nuit, dans une vision, pour notre consolation et la sienne ; cette voix disait : « La maison a été remplie de l'odeur du parfum. » Le chant de ces paroles ressemblait à celui d'un verset, et il ne manquait que le point final en cette manière : « La maison fut remplie de l'odeur du parfum. » La suite vous a montré ce que signifiait l'absence du point final. Le lendemain, comme il était encore resté au lit, ses lèvres s'ouvrirent pour faire entendre son nouveau cantique : « Le juste se réjouira dans le Seigneur ; » toutes les fois qu'il se réveillait ensuite, il ne lui revenait pas d'autre pensée à l'esprit. A Poitiers, une nuit que nous étions assis, et que lui se promenait seul avec une bougie à la main, sa bougie s'éteignit, et l'abbé de Charlieu le vit se promener sans lumière. Puis quelques temps après, il entendit un bruit, ainsi qu'il nous l'a dit lui-même, et la bougie se ralluma, et il la rapporta jusqu'à nous allumée.

3. A Bordeaux, il se passa un fait digne d'être appelé miraculeux. En effet, il changea si bien les dispositions du clergé qui était très obstiné, qu'il l'amena à permettre qu'on plaçât sur le siège épiscopal des chanoines réguliers. Excommunié pendant sept ans pour cette chose, ce clergé s'en était mis peu en peine, et, pendant cinq ans entiers, l'archevêque de cette ville en avait été éloigné, et

---

EPISTOLA GAUFRIDI MONACHI CLARÆVALLENSIS,

Quædam S. Bernardi miracula recensens.

Magistro suo charissimo Arcbenfredo, et utrique Capitulo, fratribus suis uterinis, frater Ganfridus : memores ejus esse, qui diligit vos in veritate.

1. Nullis mihi ad te, magister, verborum blanditiis utendum esse certis experimentis cognovi. Latere enim non potuit familiarem filium, quem præ cæteris fovere solebas tenerius, et amplecti charius, non quod dignum, sed quia indignum esse sentires ; adhærentem inquam, lateri tuo latere non potuit, quam parum acceptos eos qui verba venantur, sentiens plane cum Apostolo, *Regnum Dei non esse in sermone, sed in virtute.* Ut quid ergo verba multiplicantur ? Tu scis, domine, quia amo te ; tu scis, quia tuis et tuorum orationibus egeo, et quantum diligam, et quantum egeam, non ignoras. Sileo proinde de me ipso, sciens quod scienti me scribam. Cæterum cum memor sum in quanta sollicitudine reliquerim vos, et totam pariter Claram-vallem, eo quod dubia videretur domini abbatis de itinere isto voluntas ; scribo vobis de quo magis præsumo, quæ in eo vidimus et audivimus, ut habeatis consolationem, et vestris eam nihilo minus præbeatis. Hoc autem scitote nihil me scribere, nisi veritate compertum.

2. Dum appropinquaremus Pictavim, cœpit dominus abbas infirmari, ita ut paulo minus eum pœniteret inciperet oneris, non itineris hujus. Ibi ad nostram et ipsius consolationem facta vox ad eum in visione cantans, *Et domus impleta est ex odore unguenti.* Erat autem cantus ut versiculi, et tantummodo punctum ultimum deerat in hunc modum : *Et domus impleta est ex odore unguenti.* Quo defectu quid significatum credamus, sequentia manifestant. Altera die cum iterum decubaret, sic in os ejus missum est canticum novum, *Lætabitur justus in Domino,* ut evigilans sæpius nil aliud posset cogitare. Pictavi, dum nocte sederemus, et ipse cum candela solus deambularet, exstincta est candela, et abbas Cari-loci vidit eum sine lumine ambulantem. Proinde autem cum sonitu quodam, ut ipse confessus est, candela reaccensa est, et ardentem eam usque ad nos deportavit.

3. In urbe Burdegali res facta est digna miraculo, quod obstinatissimos animos clericorum convertit, ut concederent in sede episcopali regulares ordinari canonicos, pro qua re per septem annos excommunicati parvi pendebant omnino ; ita ut quinquennium exsularet archiepiscopus, vacaret ecclesia ; reditus illi

son église était demeurée dans le veuvage ; ses revenus lui avaient été arrachés avec violence, et cet archevêque était devenu si odieux à tout le peuple, que, lorsque nous entrâmes dans la ville, on disait, par forme de reproche, en nous montrant, ce sont des partisans de l'archevêque. Mais la parole de Dieu, qui est vive et efficace, changea la disposition de tous les esprits, au delà de tout ce que pouvaient espérer ceux qui connaissaient les difficultés de l'entreprise, et les embarras de tous genres qui l'environnaient. Dans le château de Bergerac, on lui présenta un homme de distinction, qui était atteint d'une maladie bien grave, et qui, à partir de ce moment, se porta bien, ainsi que nous l'avons appris depuis. Un homme de cette ville, pauvre et dénué de tout, loue aujourd'hui le nom du Seigneur ; ses forces s'étaient beaucoup affaiblies par une longue maladie, en sorte qu'il ne pouvait se livrer à aucun travail, ni même à la moindre occupation. Il mangea du pain bénit pendant les quelques jours qu'il nous suivit, et il retourna chez lui plein de force et de santé. A Cahors, un serviteur de l'évêque avait perdu un œil à la suite d'un coup qu'il avait reçu à la tête. L'abbé fit le signe de la croix sur lui, et lui rendit la vue. Dans la même ville, un bourgeois but de l'eau qu'il avait bénite, et il lui sembla qu'il se passait en lui quelque chose comme s'il avait reçu un seau d'eau sur la tête, mais, à l'instant même, il se trouva guéri d'une fièvre dont il souffrait depuis sept ans.

4. A Périgueux, le peuple se montra d'une dévotion indescriptible. Il s'en fallut de peu qu'il n'étouffât l'abbé ; aussi, dût-on le soustraire en secret à cet empressement. A Toulouse, on le reçut avec assez de dévotion, et les habitants de cette ville, pendant quelques jours, lui témoignèrent un empressement, non-seulement assez grand, mais même un peu excessif. Cette ville comptait quelques habitants favorables à l'hérétique, et quelques tisserands qu'on appelait Ariens. Ceux qui étaient favorables à l'hérésie des Ariens étaient assez nombreux, et comptaient parmi les plus importants de la ville. Enfin, peu de temps avant notre arrivée, les Ariens avoient séduit un des plus riches habitants de la ville avec sa femme, qu'ils avaient décidés à quitter tous leurs biens, et à abandonner leur enfant en bas âge, pour aller habiter dans une maison d'hérétiques, d'où leurs proches ne pouvaient les faire sortir par aucune raison. On appela donc Henri, on appela aussi les Ariens, et le peuple leur déclara que désormais personne ne les recevrait plus s'ils ne venaient s'expliquer en public. Il serait trop long de raconter toutes les fuites de Henri, et les cachettes des Ariens. Ceux, parmi ces derniers, qui se trouvaient dans la ville, prirent, en effet, la fuite, en apprenant les miracles et les choses merveilleuses qui arrivaient. Leurs fauteurs les abandonnèrent, et nous croyons que la ville se trouva complètement délivrée de la contagion de la funeste hérésie. Parmi les chevaliers, plusieurs s'engagèrent à les chasser désormais, et à ne plus les cacher. S'il s'en est trouvé quelques-uns de cupides et qui voulurent agir autrement, parce qu'ils aimaient les présents des hérétiques, on prononça une sentence contre ces derniers, contre leurs fauteurs et contre ceux qui les cachaient, défendant de recevoir leurs témoi-

---

violenter diripuerant, et tam exosus esset omni populo archiepiscopus, ut in ingressu etiam omnibus nostris exprobrarent. dicentes, quoniam isti sunt de patronis archiepiscopi. Sed mutavit animos eorum sermo Dei vivus et efficax, præter spem universorum, qui noverant negotii difficultatem et obligationes pessimas nimis. In castro quod dicitur *Brageruch*, allatus est ad eum vir nobilis, gravissima infirmitate laborans, et ex illa hora convaluit, ut postea didicimus. Homo civitatis illius, pauper et inops, laudat hodie nomen Domini, qui longa infirmitate fractus viribus, laborare non poterat, aut operari quidquam ; sed benedicto pane vescens, cum per aliquot dies sequeretur nos, fortis et incolumis est reversus. In Caturcensi urbe quidam serviens episcopi percussus in capite, oculi unius lumen amiserat ; sed signante eo visum recepit. Ibidem burgensis quidam bibit aquam ab eo benedictam, et visum est ei ac si projiceretur super caput plenum vas aquæ ; et ex hora convaluit a febre, qua per septem annos laboraverat.

4. Jam vero Petragorici populi devotionem quis explicet ? Paulo minus suffocabant eum ; adeo ut necesse habuerit clam discedere ab eis. In Tolosana urbe satis devote susceptus est, sed per paucos dies plus quam satis, et etiam plus quam nimis fuere devoti. Paucos quidem habebat civitas illa, qui hæretico faverent ; de textoribus, quos Arrianos ipsi nominant, nonnullos. Ex his vero qui favebant hæresi illi plurimi erant, et maximi civitatis illius. Denique non longe ante adventum nostrum unum e ditioribus civitatis illius cum uxore ejus seduxerant, ut relicta substantia sua et parvulo filio in villam secederent, quæ hæreticis plena est, et nullis deinceps propinquorum persuasionibus reduci potuerant. Vocatus est ergo Henricus, vocati sunt Arriani ; et pollicitus est populus, quod nemo eos deinceps susciperet de cætero, nisi venirent et palam loquerentur. Fugas Henrici, et Arrianorum latibula longum est enarrare. Fugerunt siquidem qui in civitate erant Arriani, audientes signa et mirabilia quæ fiebant. Fautores eorum abnegaverunt eos, et credimus omnino perfecte liberatam civitatem ab omni hæreticæ contagio pravitatis. De militibus promisere nonnulli, quod deinceps expellerent, et non manu-tenerent eos. Si qui vero cupidi fuerint, et aliter voluerint agere, hæreticorum munera diligentes, data est sententia in hæreticos et in fautores eorum, atque in omnes qui manu tenuerunt eos, ut neque in testimonio, neque in judicio suscipiantur,

gnages et de le entendre en jugement, interdisant aussi, à tout le monde, de les recevoir à table et d'avoir commerce avec eux. Nous nous mîmes à la poursuite de Henri, mais plus nous le poursuivions, plus il s'enfuyait.

5. Le Seigneur abbé alla prêcher aussi dans les châteaux que l'hérétique avait séduits, et tous ceux qui étaient prédestinés à la vie l'écoutaient volontiers, et crurent à sa parole. Nous trouvâmes bien quelques chevaliers obstinés; mais qui se montraient tels, beaucoup moins par attachement pour l'erreur, à ce qu'ils nous parut, que par cupidité et par mauvais vouloir. En effet, ils haïssent les clercs, et préfèrent les facéties de Henri, qui, dans ses discours, leur fournit des raisons pour excuser leur malice. Cependant, tous assuraient que désormais ils ne se cacheraient plus, puisqu'il avait refusé de se rendre au colloque du seigneur abbé. On porta donc une sentence contre l'hérétique et contre ces fauteurs, on découvrit à tout le peuple sa détestable conduite, on publia comment, dans le concile de Pise, il avait abjuré les hérésies qu'il prêchait maintenant, comment encore, remis entre les mains du seigneur abbé, il avait reçu de lui, des lettres à Clairvaux même, pour y embrasser la vie monastique. Nous espérons, avec la grâce de Dieu, que sa malice prendra bientôt fin. Ce pays, séduit par une multitude d'erreurs, aurait bien besoin d'une longue mission, mais le seigneur abbé ne paraît pas assez fort pour suffire à une pareille fatigue, et il craint d'ailleurs beaucoup d'être à charge à ses frères ; c'est, si nous ne nous trompons pas, ce que signifie l'absence d'un point dans le chant du verset dont j'ai parlé plus haut.

6. Ayant donc reçu de Clairvaux un grand nombre de lettres, que les uns et les autres écrivaient, il s'en retourna en toute hâte; et nous croyons, avec la grâce de Dieu, que vous verrez vos désirs accomplis, et le retour de cet homme justement désiré, peu de temps après l'octave de l'Assomption de la Sainte Vierge. Plût au ciel que nous connussions quel don inestimable, Dieu nous a fait, dans la personne de ce saint abbé, de cet avocat fidèle, de ce patron puissant, de ce pasteur bon et plein de grâce et de vertu, devant Dieu et devant tous les hommes ! Nous nous sommes assurés d'une manière certaine que, dans bien des endroits, il cache par humilité les miracles qu'il opère ; car c'est après qu'il avait quitté ces lieux, que les malades se trouvaient guéris. De cette manière, ils se trouvaient rendus à la santé, et lui de son côté échappait aux louanges. Mais lorsqu'il le fallait, il savait s'exposer au danger de la tentation, plutôt que d'omettre de les guérir.

7. Il y avait dans le monastère de saint Saturnin, où nous habitions, un chanoine régulier, du nom de Jean, très-versé dans l'art de guérir. Depuis sept mois, à ce qu'on disait, il était au lit, tellement malade depuis le jour de Pâques, que, à chaque instant on n'attendait plus que sa mort. Ses jambes avaient tellement maigri, qu'elles ne paraissaient pas plus grosses que les bras d'un enfant. Le nerf de sa cuisse droite, en particulier, s'était tellement desséché, que, le jour de Pâques, il ne pouvait plus étendre la jambe, même un peu. Le pauvre malheureux languissait à demi-mort, tous les jours semblaient devoir être le dernier pour lui, il ne pouvait même plus se lever, pour satisfaire aux besoins de la nature. La mauvaise odeur qu'il répandait et l'état de langueur ou il se trouvait avaient

---

nemo communicet in convivio, neque in commercio. Henricum fugientem secuti et persecuti sumus, sed ille eo amplius fugiebat.

5. In ipsis sane castellis, quæ seduxerat, locutus est dominus abbas, et libenter audiente populo crediderunt, qui erant præordinati ad vitam. Milites quidem nonnullos invenimus obstinatos ; sed non tam errore, ut nobis videtur, quam cupiditate et voluntate mala. Oderunt enim clericos ; et gaudent facetiis Henrici, et quia id loquitur eis unde occasionem habeant et excusationem malitiæ suæ. Omnes tamen affirmabant, quod deinceps non manu-tenerent eum, siquidem domini abbatis colloquium refugisset. Data proinde sententia est in hæreticum et in fautores ejus, et patefacta est omni populo pessima ejus vita, et quomodo in Pisano concilio omnes nunc prædicat hæreses abjuraverit, et redditus domino abbati, litteras acceperit ab eo in Clara-valle, ut ibi monachus fieret. Credimus annuente Domino malitiam ejus finiendam brevi. Terra tam multiplicibus errorum doctrinis seducta, opus haberet longa prædicatione ; sed dominus abbas nec tanto labori sufficere videtur, et multo magis timet molestus esse fratribus suis ; et hic est, ni fallimur, ejus quem prædiximus puncti defectus in cantu versiculi quem audivit.

6. Acceptis ergo a Clara-valle multis hinc inde litteris, cum omni festinatione revertetur ; et credimus annuente Deo quod non longe post octavam Assumptionis beatæ Mariæ visuri sitis desiderium, merito desiderabilem virum. Utinam enim nossemus, quantum et quam inæstimabile donum dederit nobis Deus patrem sanctum ; advocatum fidelem, patronum potentem, pastorem bonum, plenum gratia et virtutibus coram Deo et omni seculo ! Denique quod in certis locis virtutes occultet humilitate, certis didicimus experimentis, quando per ejus discessum continuo sanabantur infirmi ; uti sic esset illis bene, ut ipsum nemo magnificaret. Ubi vero necesse fuit, maluit, ut ipse confessus est, sustinere proprium periculum, quam saluti eorum non providere.

7. Erat in ecclesia sancti Saturnini, in qua hospitabamur, canonicus quidam regularis, Johannes nomine, peritissimus medicæ artis. Is ergo septem, ut dicebatur, mensibus decubans, a sancto Pascha ita languebat, ut quotidie solum ejus obitum expectarent. Defecerant tibiæ ejus, ita ut nequaquam viderentur puerilibus brachiis grossiores. Specialiter sane dextri femoris nervus aruerat, ut a sancto Pascha ad modicum quidem posset extendere genu. Languebat miser semivivus, et quotidie responsum mortis ha-

déterminé les autres chanoines, qui ne pouvaient plus supporter sa présence, à le transporter hors du monastère, et à le placer dans un bourg. Il prie avec instance, qu'on le porte vers le seigneur abbé, six hommes le transportent en effet sur un lit, dans une chambre voisine de notre hôtel. Là, il reçut la visite du seigneur abbé, lui fit la confession de ses péchés, et le pria, avec toutes les instances possibles, de vouloir bien le délivrer de ses souffrances et le guérir. A peine le seigneur abbé l'eut-il béni qu'il sortit de sa chambre, et nous sortîmes avec lui. En s'en allant, il pensait en lui-même et disait comme le serviteur fidèle : « Seigneur, on demande des miracles, et nous n'avançons à rien autrement, tant que vous faites comme si vous ne nous entendiez pas. » Aussitôt il se mit à sauter et à courir derrière nous, si bien que nous étions à peine entrés à l'hôtel, que nous le vîmes arriver; il nous suivait et marchait, comme il le disait lui-même, non par ses propres forces, mais par la vertu de Dieu. Ensuite, il se dirigea vers l'église en rendant grâce à Dieu. Les pères chantaient avec lui le *Te Deum laudamus*. Avec quelle dévotion il baisait les pieds du seigneur abbé, c'est ce qu'on ne peut savoir si on ne l'a pas vu.

8. Un enfant de sept ans, a ce qu'on dit, se trouvait couché languissant dans les bras de sa mère, qui ne savait pas la cause de ses souffrances. Comme elle le remportait après qu'il eut été béni par le seigneur abbé, il rendit par la bouche une pierre, que beaucoup de personnes ont vue, et, à partir de ce moment il fut guéri. Dans la même ville, il rendit par un signe de croix l'usage d'un œil à un vieillard qui était borgne. Il rendit également la vue à deux enfants aveugles, dont l'un était tout jeune encore, et l'autre un peu plus grand. Il y avait, toujours dans la même ville, une femme qui, se sentant prise tout à coup d'un violent mal de tête, dit : Je ne mangerai pas avant d'être allé trouver l'homme de Dieu. Après cela, comme son mari la força de manger, elle eut à peine mangé un peu de pain, qu'il s'en fallut de peu qu'elle n'étouffât. Elle ressentait une grande constriction à la gorge, le démon s'était emparé d'elle. Pendant trois jours, elle ne put ni boire ni manger quoi que ce fût, jusqu'à ce qu'elle eût été présentée au seigneur abbé, et qu'elle eût mangé et bu du pain et de l'eau bénits par lui ; ensuite, le seigneur abbé lui ordonna de passer la nuit près de nous, dans la chapelle, parce qu'il voulait s'approcher d'elle, loin de la foule, et en secret. Mais, pendant la nuit, elle se mit à pousser de grands gémissements, et on entendit alternativement, tantôt le démon, tantôt cette femme, parler : sa langue se tournait à gauche ou à droite, suivant que c'était elle ou lui qui parlait. Le démon disait à tout ceux qui étaient là : « Je ne sortirai pas d'ici tant que cet abbé, cet abbaticule ne viendra pas. » Cependant, le seigneur abbé averti en songe de ce qui se passait vint vers cette femme. Il la trouva cruellement tourmentée, mais il la laissa parfaitement calmée, puis, dès le matin, il célébra la messe solennelle, lui donna la sainte communion, et la renvoya chez elle parfaitement guérie.

9. Il guérit à Toulouse trois personnes qui avaient

---

bens in seipso, et ne ad urinam quidem aut egestionem surgere omnino valebat. Ob fœtorem denique et languorem extra monasterium factus, erat in burgo collocatus, non sustinentibus canonicis præsentiam ejus. Rogat ergo obnixius ut prope dominum abbatem deferatur, et portant sex viri in grabato in cameram, quæ proxima erat hospitio nostro. Ibi visitatus a domino abbate, confessus est ei peccata sua, et pro sua liberatione et sanitate obnixius obsecrabat. Ubi ergo benedixit ei dominus abbas, exivit de camera, et ivimus nos quoque cum eo. Ibat autem secum cogitans et dicens tanquam servus fidelis ; en, domine, signa quærunt ; et nihil proficimus aliter, quo usque dissimulaveris. Et continuo exsiliens ille cucurrit post nos, ita ut vix ingressi essemus hospitium, quando sequentem nos vidimus, et ambulantem, ut ipse dicebat, non viribus, sed virtute divina. Exinde pergit ad ecclesiam gratias agens Deo, et fratres cantantes cum eo, *Te Deum laudamus*. Quanta devotione domini abbatis oscularetur pedes, scire potest nemo nisi qui vidit.

8. Puer quidam septennis, ut dicebatur, languens inter brachia matris ignorantis quænam esset passio cum benedictus a domino abbate reverteretur, continuo vomuit lapidem, quem multi quoque viderunt, et sanus factus est ex illa hora. In ipsa civitate hominem jam senem, qui unius oculi lumen amiserat, per signum crucis illuminavit. Sic et puerum, qui utroque oculo cæcus erat, alterum vero jam majoris ætatis cæcum similiter illuminavit. Fuit in ipsa urbe mulier quædam, quæ subitum in capite dolorem sentiens dixit, quia non comedam donec veniam ad virum Dei; dehinc cum cogeret eam vir ejus, ut comederet, ubi primum gustavit panem, paulo minus suffocata, et arctata gutture pervasa est a dæmonio. Exinde per triduum non poterat comedere aut bibere quidquam, donec præsentata domino abbati, benedictum panem et aquam sumpsit de manu ejus. Præcepit deinde dominus abbas, ut juxta nos in capella pernoctaret, volens ad eam sine turba venire secretius. In nocte vero conqueri cœpit vehementius, ita ut nunc quidem dæmon, nunc femina loqueretur, et modo in sinistram, modo in dexteram partem vertebatur lingua, secundum quod mutabatur loquentis persona. Dicebat dæmon audientibus universis qui adstabant, quia non egrediar donec veniat abbas, donec veniat abbaticulus. Admonitus interim dominus abbas in somnis venit ad eam ; et quam in tanto cruciatu invenerat, quietam omnino dimisit. Et protinus mane facto celebrans missarum solemnia, dedit ei communionem sanctam, et incolumem remisit in domum suam.

9. Ex his qui manus habebant intortas in partem

les mains retournées à l'envers et les doigts contractés : il en guérit trois autres qui étaient dans le même état, dans la campagne qui environne la ville. En effet, on lui présenta une jeune fille ; il la bénit par un signe de croix, lui prit les doigts et lui ouvrit la main sans aucune difficulté. Il fit de même pour les deux autres, avec cette différence que pour l'un d'eux, qui avait les deux mains tout à fait contournées, il se contenta, par respect pour les évêques qui étaient présents, de lui ouvrir un peu la main, et le remit ensuite à un chevalier du Temple, pour qu'il achevât de l'ouvrir. La quatrième personne qu'il guérit de la même infirmité, était un enfant qui se trouvait près de Dameyseria, sous les yeux de monseigneur l'évêque d'Angoulême, qui s'étonna beaucoup de voir que dès que Bernard eut fait le signe de la croix sur la main de cet enfant, et l'eut renvoyé, sa main, comme si c'eût été une corde, reprit son état normal, et ses doigts s'ouvrirent. Au même endroit, et à peu près à la même heure, il fit entendre un sourd et parler un muet. Le cinquième était un manchot, il le guérit au château de Vertfeuille, où est le siège de Satan, et cet enfant, si je ne me trompe, était fils d'un affreux hérétique. Le sixième qu'il guérit au château de Saint-Paul, était un des serviteurs de monseigneur le légat ; une très-grande fièvre l'aurait forcé à rester en pays étranger, s'il n'avait eu le secours d'un remède céleste, dans un morceau de pain bénit.

10. A Alby, eut lieu un miracle, qui, si nous ne nous trompons pas, doit être placé avant tous les autres miracles. En effet, tous les habitants de cette ville, entre tous ceux de ces contrées, étaient particulièrement infestés par l'hérésie, à ce qu'on nous a dit. C'était au point que, à l'arrivée de monseigneur le légat, qui nous avait précédés de deux jours dans ces contrées, bien qu'on fût allé à sa rencontre avec des tambours et des cymbales, quand on sonna les cloches pour appeler le peuple à l'église, afin d'assister à la célébration de la messe, il ne se trouva qu'une trentaine d'habitants dans l'église. La troisième jour, le seigneur abbé fut reçu par le peuple avec de grandes démonstrations de joie. Mais il avait entendu dire tant de mal des habitants de cette ville, qu'il n'avait pas grande confiance dans toutes ces démonstrations de dévouement. Le lendemain, fête de saint Pierre, il y eut tant de monde pour entendre la parole de Dieu, que la grande église se trouva trop petite pour contenir la foule. Le seigneur abbé leur adressa la parole en ces termes : « J'étais venu semer, mais j'ai trouvé la terre occupée par une très mauvaise semence. Cependant, comme c'est un champ raisonnable, car c'est vous qui êtes le champ cultivé du père de famille, je viens vous offrir deux semences, afin que vous sachiez laquelle vous devez préférer. » Puis, commençant par le Sacrement de l'autel, il exposa, chapitre par chapitre, avec beaucoup de soin, la doctrine de l'hérétique et les vérités de foi. Ensuite, il leur demanda quel était leur choix ; tout le peuple répondit qu'il avait en abomination et en horreur les erreurs de l'hérésie, et qu'il recevait avec la joie la parole de Dieu et la vérité catholique. Bernard repartit : « Faites donc pénitence, vous tous qui avez été souillés par l'hérésie, et revenez à l'unité de l'Église. Mais, pour que nous sachions quels sont ceux qui font péni-

---

alteram, et digitos in partem replicatos, tres sanavi, Tolosæ, tres in confiniis ejus. Allata est enim ad eum puella quædam dum oblationem susciperet; et signans manum, atque apprehendens digitos cum omni facilitate aperuit. Idipsum quoque de duobus aliis fecit nisi quod ulterius, cujus erat manus contracta utraque, erubescens propter episcopos qui præsentes erant, parumper aperuit, et sic tradidit militi cuidam de Templo qui præsens erat, ut ipse perficeret Quartum ab hoc incommodo liberavit infantem quemdam apud Dameyseriam, vidente domino Engolismensi episcopo, et stupente quod ubi signavit manum et dimisit, ipsa quasi esset chorda quædam, in bonum statum conversa est, et digiti aperiri cœperunt Ibidem sane in hora eadem et surdum fecit audire, et mutum loqui. Quintum mancum sanavit in castro quod dicitur Viride-folium, ubi sedes est satanæ, et ipse pessimi (ni fallor) hæretici puer erat. Sextum sanavit in castro quod dicitur Sanctus-Paulus, quos ex servientibus domini legati remanere in terra aliena febris gravissima coegisset, nisi subvenisset eis cœlestis medicina panis benedicti.

10. In Albigensi civitate factum est, quod cæteris non immerito miraculis credimus præferendum. Erat enim populus civitatis illius super omnes qui in circuitu ejus sunt, hæretica pravitate contaminatus, ut audivimus ; ita ut domino legato, qui per biduum nos venerat, cum asinis et tympanis exierint obviam et cum signa pulsarent ad populum convocandum, ad missarum solemnia celebranda, vix convenere XXX. Tertia die dominus abbas cum multa populi lætitia susceptus est. Sed tanta mala de illis audierat, ut penitus non acceptaret devotionem eorum. Sequenti vero die, cum beati Petri solemnitas esset, tanta ad audiendum verbum Dei multitudo convenit, ut non caperet eos grandis ecclesia. Quos allocutus dominus abbas, « Seminare, inquit, veneram, sed præoccupatum a semine pessimo agrum inveni. Verumtamen, quia rationalis est ager, Dei enim agricultura vos estis, ecce ostendo vobis semen utrumque, ut sciatis quid eligere debeatis. » Et incipiens a sacramento altaris per singula capitula, quid hæreticus prædicaret, quæve esset Fidei veritas, diligentius exponebat. Demum interrogavit eos quid eligerent ; et respondens omnis populus cœpit abominari et detestari hæreticam pravitatem, et cum gaudio suscipere verbum Dei, et catholicam veritatem. « Pœnitemini, inquit, igitur quicumque contaminati estis, redite ad

tence, et qui reçoivent la parole de vie, levez la main vers le ciel en signe d'unité catholique. » Tout le monde leva la main vers le ciel avec des transports de joie, et Bernard mit fin à son sermon. Faisons de même et mettons aussi fin à notre lettre. Adieu.

FIN DU LIVRE SIXIÈME.

Ecclesiæ unitatem. Et ut sciamus quis pœnitentiam agat et suscipiat verbum vitæ, levate in cœlum dextras in signum catholicæ unitatis. » Factum est ergo, ut evantibus omnibus dextras in cœlum cum exultatione, ipse sermoni finem imponeret. Et nos quoque epistolam terminemus. Valete.

FINIS LIBRI SEXTI.

VIE DE SAINT BERNARD

ABBÉ DE CLAIRVAUX.

LIVRE SEPTIÈME,

EXTRAIT D'UN LIVRE INTITULÉ

GRAND EXORDE DE CITEAUX.

DISTINCTION SECONDE.

CHAPITRE Ier.

Apparition à saint Bernard d'un moine défunt et révélation de ceux des religieux de Clairvaux qui devaient être sauvés.

Après que, par la grâce de Dieu, les vignes du Seigneur de Sabaoth, je veux dire la communauté de Cîteaux, eut commencé à se provigner, par la fondation des abbayes de la Ferté et de Pontigny, celle de Clairvaux se fonda en troisième lieu, au nom de la sainte et divine Trinité, en l'année de l'Incarnation de Notre-Seigneur, 1115. Le seigneur de bonne mémoire, Étienne de Cîteaux, ordonna notre bienheureux père Bernard, premier abbé de cette maison. Quoique le livre de sa vie eût mis en plein jour sa vie admirable, sa sainteté unique, son pouvoir miraculeux de guérir les malades, cependant j'ai cru à propos de rapporter ici à la mémoire de ce grand homme, et pour l'édification de mes lecteurs, quelques-unes des choses omises dans sa vie, pour ne point paraître avoir voulu passer sous silence, dans ce livre où se trouve redressée la vie d'hommes insignes, la plus splendide colonne sur laquelle s'appuie notre ordre tout entier.

Il arriva un jour à Clairvaux que, pendant la célébration de la messe conventuelle, en présence de ce vénérable père, après l'évangile, l'eau qui devait servir à laver les mains du prêtre manqua, par suite de négligence ; on attendit pendant quelque temps qu'on en apportât, et,

DE VITA S. BERNARDI ABBATIS,

LIBER SEPTIMUS,

EXCERPTUS EX LIBRO CUI TITULUS,

EXORDIUM MAGNUM CISTERCIENSE.

DISTINCTIONE SECUNDA.

CAPUT I.

De apparitione monachi defuncti et revelatione salvandorum e Clara-valle, Bernardo facta.

Postquam divina largiente gratia, vinea Domini Sabaoth, Cisterciensis videlicet ecclesia, propagines suas emittere cœpit, fundatis jam domibus de Firmitate, et de Pontiniaco, tertio loco in nomine sanctæ et individuæ Trinitatis, ab Incarnatione Domini M. C. quinto-decimo fundata est domus Claræ-vallis, cui etiam beatæ memoriæ dominus Stephanus Cisterciensis abbas beatissimum patrem nostrum Bernardum primum ordinavit abbatem ; de cujus admirabili conversatione, singulari sanctitate, speciali signorum atque virtutum prærogativa, liber licet Vitæ plenius disserat, tamen aliqua, quæ illic prætermissa sunt, ad memoriam tanti viri simul et ad ædificationem legentium scribere congruum puto, ne in hoc libello, qui de viris virtutum cuditur, splendidissimam columnam, qui universitas ordinis nostri innititur, sub silentio transisse videamur.

Accidit aliquando in Clara-valle, dum missa in conventu celebraretur, eodem venerabili patre præsente, ut lecto evangelio, sacerdotis manibus lavandis aqua per negligentiam deesset ; quæ cum aliquan-

pendant ce temps-là, tous les religieux se tenaient tournés vers l'orient. Le saint abbé était à sa stalle, dans la partie du chœur réservée aux prêtres. Un moine qui était mort peu de jours auparavant, lui apparut visiblement et se plaça devant lui, en lui faisant signe de la tête, comme s'il avait voulu lui faire quelques reproches. Le serviteur de Dieu le vit, le reconnut et lui demanda pourquoi il lui faisait ce signe de tête. Le moine lui répondit : « O si vous saviez quels compagnons vous aurez dans les cieux, certainement vous vous tiendriez en garde contre toute négligence. » Le saint, plein de reconnaissance pour ces paroles, lui répondit : «Pensez-vous, véritablement, que tous ceux qui sont dans ce monastère seront sauvés ? » « Oui, repartit l'autre, et non-seulement eux, mais encore tous ceux qui vivront avec obéissance et humilité dans notre ordre. » Le pieux abbé se souvint d'un frère qu'il était obligé de corriger souvent à cause de sa négligence et de sa dureté de cœur, et qui lui donnait beaucoup de chagrin ; il dit donc à l'apparition : « Savez-vous quelque chose de certain touchant le salut de ce frère? » « La miséricorde de Dieu ne lui fera pas non plus défaut, répondit le moine. » En entendant cela, l'homme de Dieu se sentit transporté d'une grande joie, et garda les dures voies du Seigneur, avec ses frères, d'autant plus joyeusement, à cause de ces paroles, qu'une espérance plus certaine de la récompense éternelle se trouvait ainsi déposée dans son cœur.

CHAPITRE II.

Un religieux défunt est délivré des peines du purgatoire par le secours de la prière et du saint sacrifice de la messe offert à son intention.

Une fois, un frère convers vint à mourir à Clairvaux. Tous les religieux s'étant réunis, selon la coutume, pour réciter les prières de la recommandation de l'âme, un vieux religieux, d'une grande piété, entendit les démons qui passaient en troupe, crier à haute voix, et dire : « Bravo, bravo ! voilà du moins une âme que nous avons entraînée de cette maudite vallée, pour partager notre sort. » La nuit suivante, le même vieillard qui avait entendu ces paroles, goûtait le repos du sommeil, lorsque le frère défunt lui apparut triste et morne, et lui dit : « Vous avez entendu hier les démons se réjouir de mes supplices, venez, et voyez à quels affreux tourments le Dieu tout-puissant m'a condamné par un sage jugement. » Il le conduisit, en effet, sur le bord d'un puits d'une grande largeur, et d'une profondeur effrayante, et lui dit : « Voilà le puits où, à chaque instant, je suis précipité par les démons avec une telle cruauté que, si je pouvais choisir, je préférerais me voir jeté cent fois par les hommes, plutôt qu'une fois par les démons. »

Le matin, pendant que le vieux religieux dont nous avons parlé racontait au saint abbé Bernard ce qu'il avait vu et entendu, bien qu'il le connût aussi lui-même par une révélation, celui-ci poussa un soupir, et dit : « Je sais bien que, sans une cause

---

tulum diutius exspectaretur, conventus interim versis vultibus ad Orientem stabat. Cumque pater sanctus in stallo suo inter gradum presbyterii staret, monachus quidam ante paucos dies defunctus ei visibiliter apparuit ; et stans contra eum, caput quasi redarguendo movere cœpit, quem famulus Dei videns, agnovit, et quare caput contra se agitaret, quæsivit. Cui ille: « O si sciretis, quantos et quales socios haberetis in cœlis ! profecto caveretis vobis ab omni negligentia. » Quod verbum sanctus gratanter audiens, respondit : «Verene putas quod omnes qui in hoc monaterio sunt fratres, salvabuntur ? Etiam, inquit, salvabuntur. Et non solum ipsi, sed et omnes qui in ordine nostro obedienter et humiliter fuerint conversati, salvabuntur.» Recordatus vero pius pater cujusdam fratris, quem pro negligentia et duritia cordis sui frequentius corripi oportebat, et ob hoc super eo multum contristabatur, subintulit dicens : « Numquid de salute fratris illius certi aliquid nostri ? Respondit, nec ipsi deerit misericordia Dei. » Quo audito vir Domini vehementer gavisus est, et tanto alacrius cum fratribus suis propter verba labiorum Domini custodiebat vias duras, quanto certius spem mercedis æternæ sinu suo repositam tenebat.

CAPUT II.

De quodam fratre defuncto, orationibus et missarum oblationibus e purgatorii pœnis liberato.

Defunctus est quadam vice conversus quidam in Clara-valle. Cumque concurrentibus fratribus commendationis officium ex more fieret, monachus quidam senior, magnæ religionis vir, audivit turbas dæmonum per catervas suas incedentium, cum magni strepitus vociferatione clamare, et dicere: Eia bene, Eia modo bene! solummodo de hac mala valle unam animam in nostræ sortis partem acquisivimus. Cum vero idem senior, qui hæc audierat, per noctis quietem sopori membra dedisset, frater defunctus ei in visu apparuit tristi et lugubri vultu, dicens ad eum : Quia audisti heri dæmones de meis suppliciis exsultantes, veni et vide, quam terribili tormento Dei omnipotentis justo judicio traditus sum. Et duxit eum ad puteum quemdam magnæ latitudinis et horrendæ profunditatis, et dixit ei : Ecce in hunc puteum frequenter a dæmonibus mittor, quorum tanta est crudelitas, ut si optio daretur, mallem centies ab hominibus, quam semel a dæmonibus hic immergi.

Mane autem facto, dum quæ audierat et viderat, præfatus senior beato patri Bernardo retulisset, licet ipse quoque per spiritum ea cognovisset, ingemuit, et ait : « Scio quia nisi gravis causa exsisteret, nun-

grave, jamais les démons n'auraient eu une pareille audace. » Étant donc entré dans le chapitre des religieux, il exposa devant eux le malheur du religieux défunt, puis, par une exhortation salutaire, il s'adressa à la conscience de chacun d'eux, en les exhortant à marcher avec plus de précaution dans la voie de la sainte religion. Il ajoutait que, si la malice des démons était grande sur tous les chrétiens, elle l'était particulièrement contre ceux qui avaient embrassé la vie monastique. Après cela, il les engagea ardemment à venir au secours de l'âme qui se trouvait au milieu des supplices, et à apaiser, par la prière et par la célébration de la messe, la colère du Seigneur, attendu que, peut-être ce bon père touché par leurs prières, ainsi que par l'immolation de l'hostie du salut, daignerait confondre l'orgueil des démons et délivrer l'âme du frère défunt de leur méchanceté. Les religieux s'étant acquittés de cela avec la plus grande dévotion, le même frère défunt apparut de nouveau au bout de quelques jours au vieillard dont nous avons parlé, et lui fit comprendre à son extérieur gai et heureux que son état était meilleur. Comme le vieillard lui demandait comment il se trouvait, il répondit : « Grâce à Dieu, je me trouve bien! » Mais à cette autre question : « Comment avez-vous été délivré, » il répondit : « Venez et voyez. » Et à l'instant, il le conduisit à l'oratoire de Dieu, où il y avait un prêtre à chaque autel, qui célébrait avec une extrême dévotion l'immolation de l'hostie. « Voici, dit-il, les armes de la grâce de Dieu, par lesquelles j'ai été délivré ; voici la vertu de la miséricorde de Dieu qui demeure invincible : voici cette hostie unique qui efface tous les péchés du monde. Car je vous dis en vérité que, à ces armes de la grâce de Dieu, à la vertu de sa miséricorde, à cette hostie salutaire, il n'est rien qui puisse résister, si ce n'est un cœur impénitent. » Le vieillard se réveilla, plein de joie de la délivrance de l'âme du frère; il fit part aux autres religieux de la vision qu'il avait eue, ce qui les rendit d'autant plus dévots pour l'immolation de l'hostie salutaire, qu'ils avaient éprouvé dans la délivrance d'un des leurs, combien est grande son efficacité.

CHAPITRE III.

Bernard, dans une vision, voit les mérites différents des religieux qui psalmodiaient au chœur.

Le saint abbé assistait un jour à l'office de la nuit, avec cette pureté et cette dévotion qui lui étaient habituelles, et que lui seul et Dieu connaissaient. Comme le chant de la psalmodie par sa durée prolongeait les vigiles, le Seigneur lui ouvrit les yeux. Il regarda et vit un ange qui était debout à côté de chaque religieux, et qui tenait soigneusement compte sur un registre, à la manière d'un secrétaire, de ce que chaque religieux chantait, et n'omettait aucune syllabe, pas même la plus petite, avec quelque négligence qu'elle fût prononcée. Mais ces anges écrivaient d'une manière différente ; quelques-uns écrivaient avec de l'or, d'autres avec de l'argent, ceux-ci avec de l'encre, ceux-là avec de l'eau, plusieurs même n'écrivaient rien du tout. L'esprit qui révélait ces choses à Bernard, lui donnait en même temps l'intelligence de ces différentes écritures. Ceux qui écrivaient avec de l'or marquaient le zèle le plus fervent pour

---

quam dæmones talem ausum præsumpsissent. » Itaque capitulum fratrum ingressus, coram omnibus calamitatem fratris defuncti exponit; dehinc salubri exhortatione singulorum conscientias conveniens, monebat, ut cautius in via sanctæ religionis ambularent; multam esse malitiam dæmonum erga omnes Christianos, tamen præcipue contra monasticæ religionis professores, affirmans. Post hæc fratris animæ in suppliciis constitutæ subvenire eos attentius monens, psalmis et orationibus, missarum quoque celebrationibus iram Domini placare hortatur, si forte pius pater pulsatus precibus eorum per salutaris hostiæ immolationem, tyrannicam dæmonum superbiam debellare, et ab eorum nequitia fratris animam dignaretur liberare. Quod cum fratres devotissime facerent, paucis evolutis diebus idem frater defunctus supradicto seniori iterato apparuit, hilaritate vultus statum suum melioratum esse significans. Quærente vero sene, quomodo se haberet, respondit : Deo gratias, bene. Rursus requisitus, quomodo liberatus esset, ait: Veni et vide. Et continuo introduxit eum in oratorium ejusdem loci, ubi ad singula altaria sacerdotes stabant, hostiæ immolationem summa devotione celebrantes. Ecce, inquit, hæc sunt arma gratiæ Dei, quibus ereptus sum; hæcce est virtus misericordiæ Dei, quæ invincibilis permanet; hæc est hostia illa singularis, quæ totius peccata mundi tollit. Et vere dico tibi, quod his armis gratiæ Dei, huic virtuti misericordiæ Dei, huic hostiæ salutari, non est quidquam quod resistere valeat, nisi cor impœnitens Evigilans autem senex, de liberatione animæ fratris oppido gavisus est; modum quoque visionis ejusdem cæteris fratribus expouens, tanto eos devotiores ad immolationem hostiæ salutaris reddidit, quanto certius ejus efficaciam in fratris ereptione meruerant experiri.

CAPUT III.

De visione beato Bernardo oblata, quæ diversa in choro psallentium merita ipsi repræsentabat.

Intererat aliquando nocturnis vigiliis pater sanctus, ea puritate et devotione qua solebat, Deo tantum nota et sibi. Cumque morosa psalmodiæ modulatio vigilias protelaret, aperuit Dominus oculos ejus; et ecce respiciens vidit singulos angelos juxta singulos monachos stantes, et quod quisque eorum psallebat, in schedulis more notariorum, tam diligenter excipientes, ut nec minimam syllabam, quantumcumque negligenter prolatam, omitterent. Scribebant vero diverso modo. Nam quidam eorum scribebant auro, alii argento, nonnulli atramento, aliqui etiam aqua, quidam vero penitus nihil scribebant. Spiritus autem

le service de Dieu, et une attention d'esprit complète à ce qui se chantait. L'argent indiquait une ferveur moins grande, mais la dévotion et la pureté de cœur de ceux qui chantaient. L'écriture faite avec de l'encre signifiait la bonne volonté habituelle de ceux qui psalmodiaient, tout en montrant qu'ils ne le faisaient pas avec beaucoup de dévotion. Les anges qui écrivaient avec de l'eau, notaient ceux qui, cédant à la somnolence ou à la paresse, ou se laissant aller à des distractions, paraissent prononcer quelque chose, mais ont le cœur bien loin, et en désaccord avec les lèvres. Et, ô merveilleuse clémence de Dieu ! De même qu'il n'y a pas de mal impuni, ainsi n'y a-t-il pas de bien, si petit qu'il soit, et si négligemment qu'on le fasse, qui demeure sans récompense. Quant à ceux qui n'écrivaient rien, ils accusaient la lamentable dureté de cœur de quelques religieux qui, oubliant leur profession et perdant le souvenir de la crainte de de Dieu, se laissent aller avec facilité à un sommeil de mort, ou bien, s'ils veillent, ont la bouche fermée, et se laissent emporter, non par faiblesse, mais par distraction volontaire, à des pensées vaines et nuisibles, et qui, en présence du Seigneur, ne craignent pas, malgré le précepte de la loi, de paraître vides. Le saint abbé qui voyait ces choses, se rappela ces paroles de l'Écriture : « Ce sont tous des esprits qui tiennent lieu de serviteurs et de ministres, et qui sont envoyés pour exercer leur ministère, en faveur de ceux qui doivent être les héritiers du salut (*Hé.* i, 14). » Et de même qu'il se réjouissait de la ferveur de ceux qui faisaient des progrès, ainsi, dans son cœur de père, il s'affligeait de la tiédeur de ceux qui se ralentissaient.

CHAPITRE IV.

Il faut chanter avec piété et dévotion les hymnes divins, combien cela est agréable aux anges.

Un jour, on célébrait des vigiles solennelles et l'homme de Dieu y assistait avec les autres frères. Quand on entonna le *Te Deum laudamus*, il vit les saints anges, tout brillants de clarté et exprimant leur dévotion par un visage merveilleusement épanoui, parcourir les deux chœurs, en excitant tantôt l'un, tantôt l'autre. Ils assistaient ceux qui chantaient, et se tenaient auprès d'eux, comme pour les féliciter, puis s'efforçaient, par tous les moyens, de faire chanter cet hymne divin avec dévotion. Le saint homme comprit donc que cet hymne leur était familier, puisqu'ils s'appliquaient avec tant de soin à le faire chanter aux frères en l'honneur de Dieu, avec ferveur et dévotion. Un frère avancé en spiritualité eut aussi la grâce de voir, pendant le chant de cet hymne, une flamme de grande splendeur s'échapper des lèvres de celui qui l'entonnait et monter vers les cieux.

CHAPITRE V.

Pusillanimité des frères excitée à la confiance dans la miséricorde de Dieu, par un mot remarquable de Bernard.

Un jour, Bernard prêchait la parole de Dieu aux

---

qui hæc revelabat, intelligentiam quoque diversitatis scripturæ cordi ejus inspirabat. Qui enim auro scribebant, ferventissimum in Dei servitio studium, et absolutam cordis intentionem, in his quæ psallebantur, significabant. Qui autem argento, minorem quidem fervorem, puram tamen psallentium devotionem declarabant. Qui vero atramento, continuum quorumdam bonæ voluntatis usum in cæsalmodia, licet non cum multa devotione, notabant. Sed qui aqua scribebant, exprimebant eos, qui somnolentia seu pigritia pressi, vel variis cogitationibus a se abducti, videntur quidem aliquid sonare, sed cor eorum longius abstractum, non concordat voci. Et o mira Dei clementia ! Sicut enim nullum malum impunitum, ita nullum bonum, quantumcumque modicum, quantumcumque negligenter factum, erit irremuneratum. Cæterum illi qui nil scribebant, lamentabilem quorumdam duritiam cordis redarguebant, qui obliti professionis suæ, timoris Dei immemores, aut lethali somno, prona se voluntate immergunt ; aut certe vigilantes clauso ore, vanis et noxiis cogitationibus, non ex infirmitate, sed ex voluntaria intentione occupantur ; et in conspectu Domini contra legis præceptum apparere vacui non pertimescunt. Pater itaque sanctus qui hæc videbat, recordatus sententiæ illius, quoniam *omnes administratorii spiritus sunt in ministerium missi propter eos, qui hæreditatem capiunt salutis*, sicut proficientium congratulabatur fervori, sic paterno pietatis affectu deficientium miserebatur tepiditati.

CAPUT IV.

De divinis hymnis pie et devote canendis, et quam id gratum angelis.

Celebrabantur aliquando solemnes vigiliæ et vir Domini cum cæteris fratribus aderat. Cumque hymnus *Te Deum laudamus* cantaretur, vidit sanctos angelos multa claritate fulgentes, mira etiam vultus alacritate devotos, qui utrumque chorum percurrentes, modo hunc, modo illum excitabant ; cantantibus aderant, et quasi congratulantes adstabant, et ut divinus ille hymnus cum devotione percantaretur, modis omnibus elaborare satagebant. Intellexit ergo vir sanctus, hymnum illum vere esse familiarem ipsis, quos tanta instantia videbat operam dare, quatenus a fratribus ad honorem Dei cum fervore devotionis cantaretur. Cuidam etiam fratri spirituali videre concessum est, dum idem hymnus inciperetur ; quod ab ore incipientis flamma magni splendoris erumpebat, et sursum conscendebat.

CAPUT V.

De pusillanimitate fratrum, notabili verbo ad fiduciam divinæ misericordiæ per beatum Bernardum erecta.

Loquente aliquando verbum Dei fratribus beato

frères, s'élevait avec force contre les vices, et excitait dans les âmes une grande appréhension les jugements de Dieu. Il sentit en esprit que plusieurs de ceux qui étaient assis dans l'assemblée éprouvaient de grands troubles de conscience et étaient presque tombés dans le gouffre du désespoir. Alors, tout embrasé du feu de la charité fraternelle, il s'écrie, au grand étonnement des assistants : « D'où vient mes frères, que vous êtes troublés dans vos consciences? pourquoi considérez-vous ainsi le nombre et l'énormité de vos crimes, comme si vous oubliiez que les entrailles de la miséricorde de Dieu sont inépuisables ? Je vous dis donc en vérité que si Judas, l'enfant de la perdition qui a vendu et livré le Seigneur, se trouvait assis dans cette école du Christ, et incorporé à cet ordre, il obtiendrait son pardon par la pénitence. » En entendant ces consolantes et magnifiques paroles, non-seulement ceux qui par faiblesse d'esprit étaient déjà presque tombés dans le désespoir, mais encore tous ceux qui étaient présents, ouvrant leur âme à l'espoir de la grâce divine, se mirent à glorifier Dieu.

CHAPITRE VI.
Un moine niait la vérité du Sacrement du corps et du sang de Jésus-Christ, Bernard le ramène miraculeusement à la foi.

Un moine de ce saint abbé avait été entraîné, par les ruses du démon, et par la simplicité de son propre esprit, dans une telle faiblesse d'esprit, qu'il disait que le pain et le vin offerts sur l'autel ne sauraient être transubstanciés dans le vrai corps et le vrai sang de notre Seigneur Jésus-Christ. En conséquence, il dédaignait de recevoir le sacrement de vie parce qu'il ne pouvait lui faire aucun bien. Remarqué enfin par ses frères comme ne participant pas au sacrement de l'autel, il se vit repris en secret par les religieux les plus anciens. On lui demande la cause de sa conduite, il ne la nie pas, et dit qu'il n'a aucune confiance dans les sacrements ; mais eux l'instruisent et le raisonnent, et comme ils n'avançaient en rien, car il n'acceptait pas le témoignage des Écritures qu'on lui citait, la chose fut portée au vénérable abbé. Celui-ci fit venir le religieux et se mit à confondre son incrédulité, avec toutes la sagesse dont il était doué. Le religieux lui répondit : « Il n'y a pas d'assertion qui puisse m'amener à croire que le pain et le vin qui ont été offerts sur l'autel soient le vrai corps et le vrai sang de Jésus-Christ, et je sais que pour cela j'irai en enfer. »

En entendant ces mots, l'homme de Dieu qui, toutes les fois que les choses étaient dans un état désespéré, avait coutume de déployer une admirable autorité, s'écria? « Et quoi, un de nos moines descendra dans l'enfer? Non, non, et si vous n'avez pas la foi, je vous ordonne en vertu de la sainte obéissance d'aller communier, en vous en reposant sur ma foi ª. » O père charitable! O médecin vraiment sage des âmes, à qui l'onction de la grâce, enseigne

---

ª Il ne s'agissait évidemment ici que d'une tentation involontaire; car saint Bernard rapporte que saint Malachie agit autrement envers un prêtre qui soutenait opiniâtrement la même erreur, et qui, finissant par se repentir dans sa dernière maladie, « confessa sa faute, reçut l'absolution et demanda le Viatique. »

Bernardo, cum vehementer vitia corriperet, terroremque tremendi judicii Dei mentibus incuteret ; sensit in spiritu quosdam de sedentibus graviter in conscientiis suis turbari, et fere in baratrum desperationis prolabi. Tunc vero spiritu fraternæ charitatis totus flammescens, mirantibus omnibus qui aderant, in hæc verba prorupit : « Quid est quod in conscientiis vestris turbamini, fratres mei ? Ut quid enormitatem, et innumerositatem criminum vestrorum sic intuemini, ut inexhausta viscera miserationum Domini obliviscamini? In veritate dico vobis, quod si filius ille perditionis Judas, qui vendidit et tradidit Dominum, in hac Christi schola sederet, et huic ordini incorporatus esset, per poenitentiam veniam consequeretur. » Audito itaque tam magnifico consolationis verbo, non solum illi, qui præ pusillanimitate spiritus jam fere desperabant, sed et omnes qui aderant, in spem divinæ gratiæ respirantes Dominum glorificabant.

CAPUT VI.
De monacho quodam, veritatem sacramenti corporis et sanguinis Christi negante, sed cura Bernardi mirabiliter ad fidem perducto.

Quidam monachus hujus sancti patris, per fallacias dæmonum, et per proprii sensus simplicitatem, in tantam cordis inopiam devenerat, ut diceret panem et vinum aqua mixtum, quæ proponuntur in altari, nequaquam transsubstantiari posse in verum corpus et sanguinem Domini nostri Jesu-Christi. Quapropter vivifica sacramenta, tanquam nihil profutura sibi, sumere despiciebat. Notatus denique a fratribus, quod sacramentis altaris non participaret, convenitur secreto a senioribus suis. Requisitus causam non negat ; dicit sacramentis se nequaquam fidem adhibere ; quibus docentibus et monentibus, dum non acquiesceret, nec sanctarum scripturarum testimoniis in medium prolatis crederet, ad venerabilem abbatem res delata est. Cumque vocatus venisset, et abbas sanctus secundum datam sibi sapientiam infidelitatem illius confutaret, ille respondit : Ego nullis assertionibus ad hoc potero induci, ut panem et vinum, quæ in altari proponuntur, credam verum esse corpus et sanguinem Christi ; et propterea scio, me in infernum descensurum,

Quod audiens vir Dei, sicuti semper rebus in arcto positis mirabilem solebat auctoritatem ostendere, dixit : « Quid? Monachus meus in infernum descendet? Absit. Si tu fidem non habes, per virtutem obedientiæ præcipio tibi ; vade, communica fide mea. » O pium patrem ! o vere sapientem medicum animarum, per unctionem gratiæ docentem se de omnibus,

en toute chose comment il il doit guérir les tentations des faibles ! Il ne dit pas : « Fuyez hérétique ; allez damné, retirez-vous maudit! » Au lieu de cela, il dit avec confiance : « Allez communier en vous en reposant sur ma foi. » Il croyait fermement que ce fils qu'il engendrait du sein d'un sacré désir, jusqu'à ce que le Christ fût formé en lui, ne pouvait pas plus être arraché des fondements de la foi, que des entrailles de sa charité. Aussi ce religieux, lié par la vertu de l'obéissance, s'approcha de l'autel, bien qu'il n'eût pas la foi, du moins à ce qu'il lui semblait. Il communia, et, par les mérites du saint abbé, il fut éclairé à l'instant, et eut la foi au sacrement. Il la garda sans tache jusqu'au jour de sa mort.

CHAPITRE VII.
Le crucifix embrasse Bernard.

Dom Ménard, abbé de Mores, monastère voisin de de Clairvaux, homme religieux a rapporté à ses amis, comme étant arrivée à un autre, une chose merveilleuse, qui, croyons-nous, est arrivée à lui-même. Voici comment il s'exprimait : « Je connais un moine, qui a trouvé un jour le bienheureux abbé Bernard priant seul dans une église. Il était prosterné devant l'autel, et il lui semblait voir une croix avec le crucifix sur le pavé de l'église, placée devant lui, et que le bienheureux abbé adorait et baisait avec la plus grande dévotion. Or, il semblait que la majesté divine, détachant ses bras de ceux de la croix, embrassait le serviteur de Dieu, et le pressait contre lui. Ce que le moine ayant considéré pendant quelque temps il se trouva comme pétrifié sur place dans l'excès de son admiration, et comme transporté hors de lui. A la fin, craignant d'offenser ce saint abbé s'il le voyait si près de lui, et appréhendant qu'il le regardât comme un espion de ses secrets, il se retira en silence, comprenant assez et sachant au sujet de ce saint homme, que toute sa prière et toute sa vie étaient bien audessus de l'homme.

CHAPITRE VIII.
Bienfait ou grâce obtenue de Dieu par Bernard à un épileptique.

Un jour, le saint abbé sortit pour aller visiter ses frères, qui faisaient la moisson dans un champ. Mais, comme il était trop faible pour aller à pied, il monta sur un petit âne. Le religieux qui marchait avec lui et menaçait l'âne du bâton, était depuis longtemps sujet aux accès du mal caduc. Il tomba tout à coup le long du chemin, sous les yeux de Bernard, saisi d'une violente attaque d'épilepsie. En voyant cela, le saint eut pitié de lui, et pria le Seigneur que ces accès ne le prissent plus ainsi à l'improviste. Depuis ce moment-là, jusqu'au jour de sa mort, c'est-à-dire pendant plus de vingt ans qu'il vécut encore, il lui arriva ce qu'il ne lui était jamais arrivé auparavant, et n'arrive presque jamais aux autres épileptiques. En effet, toutes les fois qu'il allait avoir un accès de son mal, il en pressentait l'approche un peu d'avance, et il avait le temps d'aller se jeter sur son lit, et évitait ainsi les contusions d'une chute imprévue. Nous croyons

---

qualiter infirmantium tentationibus mederi deberet ! Non dixit, Fuge, hæretice ; vade, damnate ; recede, perdite ; sed confidenter dixit : Vade communica fide mea, credens indubitanter, parvulum filium suum, quem sacri desiderii vulva parturiebat, donec Christus in eo formaretur ; sicut nequaquam a visceribus charitatis suæ, sic nec a fundamento fidei suæ alienum existere. Constrictus itaque virtute obedientiæ monachus, penitus sine fide, ut sibi videretur, ad altare accessit ; communicavit, sanctique patris merito confestim illuminatus, fidem sacramentorum recepit ; quam etiam intemeratam usque ad diem mortis suæ conservavit.

CAPUT VII.
De crucifixo Bernardum amplexante.

Dominus Menardus abbas de Moris, quod est monasterium vicinum Claræ-valli, vir religiosus, mirabilem quamdam rem, quasi de alio, retulit familiaribus suis, quam tamen sibimet evenisse putamus; ita dicens Notus est mihi monachus, qui beatum Bernardum abbatem aliquando reperit in ecclesia solum orantem, qui cum prostratus esset ante altare, apparebat ei quædam crux cum suo crucifixo super pavimentum, posita coram illo, quam idem vir beatissimus devotissime adorabat, ac deosculabatur. Porro ipsa majestas, separatis brachiis a cornibus crucis, videbatur eumdem Dei famulum amplecti, atque adstringere sibi ; quod cum monachus ille aliquandiu cerneret, præ nimia admiratione stupidus hærebat, et quasi extra se erat. Tandem vero metuens ne patrem suum sanctum offenderet, si eum, veluti secretorum suorum exploratorem, ita sibi de proximo imminere conspiceret, silenter abscessit, intelligens nimirum ac sciens de illo homine sancto, quod vere supra hominem esset tota ipsius oratio, atque conversatio.

CAPUT VIII.
De beneficio seu gratia quadam epileptico divinitus impetrata.

Exiit aliquando pater sanctus ad visitandum fratres suos metentes in agro. Sed quoniam infirmus erat, et pedes ire non poterat, perrexit asello. Porro monachus quidam cum eo tunc ambulans, atque asinum minans, cum ab olim pateretur caducum morbum, subito coram eo in ipso itinere corruit, et cœpit ab eadem epilepsia graviter torqueri ; quo viso vir sanctus condoluit ei; unde et deprecatus est Dominum pro eo, ut passio illa non apprehenderet amplius improvisum. Igitur ex eodem tempore usque in diem mortis suæ, per viginti et eo amplius annos, quibus postea supervixit, datum est ei quod antea non ha-

même que le saint abbé, qui lui avait obtenu cette faveur du ciel, aurait pu lui obtenir sa guérison complète, si cela eut été utile à son salut. Mais, comme cet homme avait peu de résignation pour supporter son mal, et que son cœur était dur, il semblait que, pour être sauvé, il dût sentir en même temps la verge de la correction et le bâton de la consolation. La miséricorde de Dieu lui accorda la grâce prévoir et d'éviter le péril des accès subits de son mal, sans le priver de l'aiguillon salutaire de sa maladie.

CHAPITRE IX.
Sur l'ordre de Bernard, un moribond diffère, pendant quelque temps, de mourir

Un religieux de Clairvaux était arrivé à ses derniers moments, lorsque saint Bernard entra dans sa chambre après Complies, pour lui faire visite; le trouvant près de mourir, et sur le point d'expirer, il lui dit. » Vous savez, mon très-cher frère, que notre couvent est fatigué par le travail, et que bientôt il va être obligé de se relever pour aller à l'office de la nuit : si vous interrompiez son repos, il en souffrirait beaucoup, et nos grandes vigiles en seraient moins solennelles. Pour que tout soit pour le mieux, et que vous viviez éternellement dans la terre des vivants, que vous allez posséder en quittant ce monde, je vous ordonne, au nom de Notre-Seigneur Jésus-Christ, de nous attendre pour mourir jusqu'à l'heure de l'office divin. » Le malade lui répondit : « Je ferai volontiers, seigneur, ce que vous me demandez, à condition que de votre côté, vous favorisiez mes vœux par vos prières. » Le saint abbé s'en alla donc en silence au dortoir, et celui qui était sur le point de rendre le dernier soupir, ne mourut pas avant le moment indiqué. Mais, au moment où on sonna les Vigiles, son heure sonna aussi et il mourut. Ce fait ne se produisit pas seulement pour ce frère, mais il arriva également plusieurs fois pour d'autres que leur dernier moment se trouva retardé à la volonté et au bon plaisir du bienheureux abbé.

CHAPITRE X.
Un religieux beaucoup plus préoccupé des biens de la terre que de la charité fraternelle, est, en punition de sa faute, condamné à mourir hors de Clairvaux.

Une fois, l'homme de Dieu ayant appris qu'un de ses enfants spirituels, homme de bien et religieux, qu'il avait envoyé en Normandie, s'y trouvait atteint d'une maladie désespérée, il résolut d'envoyer quelqu'un le chercher pour le ramener auprès de lui, afin que ce pieux frère mourût dans son nid, et ne fut pas privé de la sépulture qu'il désirait avoir. Cependant, un de ses frères selon la chair, nommé Gui, s'efforçait de combattre ce projet, parce que, étant un des pourvoyeurs de Clairvaux, il avait la pensée, je crois, d'épargner la dépense et la fatigue. Comme il s'opposait avec vivacité à ce dessein, le bienheureux Bernard lui dit : « Est-ce que vous vous mettez plus en peine de l'argent et des bêtes de somme, que de vos frères ? Puis, donc que vous ne voulez pas que nos frères reposent avec nous dans cette vallée, vous n'y reposerez

---

bebat, quodque cæteris epilepticis vix contingit. Quoties enim ex eodem morbo cadere debebat, passionem ipsam per aliquantum temporis spatium præsentiebat, ita ut opportune posset lecto decumbere, et repentini casus elisionem jugiter præcavere. Et quidem pater sanctus, qui hoc ei munus a Domino impetravit, credimus quia perfectam ei sanitatem obtinere potuisset, si hoc saluti animæ expedire cognovisset. Sed quia homo ille gravis moribus ad portandum, et duri admodum cordis erat, cui salvando et virga correctionis, et baculus consolationis semper necessaria videbantur; concessum est ei misericorditer, ut subitanei casus periculum præsciendo jugiter declinaret, et salutiferi morbi stimulo non careret.

CAPUT IX.
De quodam moribundo, ex mandato beati Bernardi mortem differente.

Quidam de fratribus Claræ-vallis, cum esset positus in extremis, ingressus est ad eum visitandum beatus Bernardus post completorium; et videns hominem morti proximum, jamjamque migraturum, dixit ad eum : Nosti, charissime frater, quod conventus noster modo fatigatus est labore ; et jam post modicum habet ad vigilias surgere ; quod si te interim obdormiente oportet illum suam interrumpere dormitionem, nimis vexabitur, et prægrandes vigilias minus solemniter exsequetur. Ut ergo bene tibi sit, et æternaliter vivas in terra viventium, ad quam ingrederis possidendam, in nomine Domini nostri Jesu Christi, præcipio tibi, quatenus usque ad horam divini officii exspectes nos « Cui æger respondit : « Faciam, domine, libenter, ut imperasti, si tamen voto meo tuæ preces suffragerís. » Abiit itaque abbas sanctus cum silentio in dormitorium ; et ille qui extremum fere anhelitum trahebat, non obiit ante terminum constitutum. Mox itaque ut signum ad vigilias pulsari cœpit, pulsata est etiam tabula, et ille decessit. Quod non modo de iste fratre, sed etiam de pluribus aliis pluries accidit, ut ad nutum et voluntatem beatissimi patris eorum finis protelaretur.

CAPUT X.
De fratre magis rei familiaris, quam fraternæ charitatis studioso, et in pœnam extra Claram-vallem mortuo.

Cum audisset aliquando vir Domini, quemdam de filiis suis spiritualibus, virum bonum et religiosum, missum ab eo in Normanniam, desperata ibidem ægritudine laborantem, decrevit mittere et redacere eum ad se, ut devotus frater in nidulo suo moreretur, et desiderata sibi sepultura non privaretur. Verumtamen unus de fratribus ejus carnalibus, nomine Guidone, nitebatur huic obviare consilio ; quia cum esset unus ex provisoribus Claræ-vallis, intendebat, ut credo,

pas non plus. » C'est ce qui arriva; car ce même Gui, quoique d'ailleurs homme de bien et bon religieux, ne mourut pas à Clairvaux, pour que la parole du saint s'accomplît, mais à Pontigny, où il tomba malade, se mit au lit, et, par une disposition particulière de Dieu, termina sa vie et fut enterré.

CHAPITRE XI.

Saint Bernard est présent en esprit à ses frères de Clairvaux, bien qu'il en soit éloigné de corps.

Une fois le vénérable abbé Bernard fit un séjour de trois ans à Rome, et en divers endroits d'Italie, pour mettre fin au schisme de Pierre de Léon. Pendant ce temps-là, Notre-Seigneur Jésus-Christ honora grandement son serviteur. Enfin, revenu à Clairvaux, il commença par aller faire sa prière, puis entra au chapitre. Comme il était fatigué du voyage, il ne put pas parler longtemps; il ne dit donc que quelques mots, mais bien consolants, conçus en ces termes : « Béni soit Dieu, qui vous a rendus à moi, vous mes frères bien-aimés, et qui vous a rendu à vous, votre humble père. Pour moi, mes petits enfants, quoique pendant les trois ans qui viennent de s'écouler, j'aie paru être éloigné de vous, ne croyez pas pourtant que je fus toujours absent. Sachez même que, à trois reprises différentes, pendant cet intervalle de temps, je suis revenu vers vous, j'ai visité cette maison, j'ai parcouru vos ateliers, et toujours je suis reparti le cœur gai et l'esprit consolé, en voyant votre unanimité et votre zèle à persévérer dans les observances de votre ordre. » Il y a une multitude d'autres choses que le serviteur de Dieu a dites et faites, et qui montrent manifestement qu'il était doué du don de prophétie, et que bien souvent il fut présent par l'esprit, d'où il semblait absent par le corps. Il y en a beaucoup aussi qui étaient cachées ou même placées fort loin de lui, et que, par la grâce du Seigneur qui les lui révélait, il connut quand elles semblaient être complètement ignorées de lui. C'est ce que nous a appris dom Gérard, autrefois abbé de Longpont, un des plus anciens religieux de Clairvaux, qui s'attacha, avec beaucoup de soin, à recueillir les paroles et les actions du saint abbé. Nous lui avons entendu dire que ce saint homme de Dieu, un jour que, dans un chapitre de moines, il prêchait la parole de Dieu, deux religieux qui étaient présents le virent sur l'escabeau où il était assis, suspendu en l'air, et élevé de terre à la hauteur d'environ un pied.

CHAPITRE XII.

Dieu accorde à saint Bernard le don de connaître de loin les besoins de ses religieux.

Ce dispensateur et fidèle des biens du Seigneur s'était vu un jour retenu hors de son monastère, pour les intérêts de l'Église, plus longtemps que de coutume. Car, il était bien souvent obligé de sortir malgré lui de son monastère, à la demande

---

parcere sumptui et labori, qui cum pertinaciter hujusmodi persuasioni insisteret, dixit ad eum beatus Bernardus : « Numquid major cura est tibi de pecunia vel jumentis, quam de fratribus tuis ? Quia ergo non vis ut fratres nostri nobiscum requiescant in valle ista, nec tu ipse requiesces in ea. » Et factum est ita; nam idem Guido, quanquam alias vir bonus et religiosus esset, tamen ut sermo sancti impleretur, non est consummatus in Clara-valle, sed apud Pontiniacum præventus ægritudine lecto decubuit, et ibique disponente Deo terminum vitæ, et locum sepulturæ accepit.

CAPUT XI.
De sancto Bernardo, spiritu suis in Clara-valle fratribus præsente, etiam dum foris ageret.

Venerabilis pater Bernardus cum aliquando per annos tres moratus fuisset in urbe Roma atque in partibus Italiæ, pro sedando schismate Petri Leonis, in quo videlicet tempore eumdem famulum suum Christus Dominus magnifice honestavit; tandem reversus Claram-vallem, statim post factam orationem, capitulum fratrum intravit; et quia fatigatus ex itinere, diu loqui non poterat, brevem quidem sermonem, sed consolatione plenum protulit, ita dicens : « Benedictus Deus, qui vos dilectissimos fratres meos mihi reddidit, et me qualemcumque patrem vestrum vobis. Et ego quidem, filioli, quamvis per hoc triennium visus fuerim longe remotus a vobis, non tamen putetis me semper absentem fuisse. Sciatis enim quod tribus vicibus interim reversus sum ad vos, visitans domum istam, officinasque perambulans, et semper exhilaratus et consolatus abcessi, videns unanimitatem atque instantiam vestram in proposito ordinis vestri. »
Innumera sunt alia quæ iste famulus Dei dixit et fecit, in quibus manifeste apparebat eum prophetali gratia præditum, multoties ibi præsentem esse spiritu, ubi absens corpore videbatur; multaque abscondita, et etiam longius posita Domino revelante cognoscere quæ ipsum latere videbantur. Hæc autem significavit nobis dominus Gerardus, quondam abbas Longi-Pontis, qui unus ex antiquis senioribus Claræ-vallis, dicta et facta sancti patris rimari studiose satagebat. Ipso quoque referente audivimus, quod iste Dei sanctus, dum in quodam monachorum capitulo verbum Dei prædicaret, duo ex fratribus qui aderant, viderunt eum in subsellio, in quo residebat, in aere suspensum, et quasi mensura unius pedis a terra sublevatum.

CAPUT XII.
De gratia beato Bernardo divinitus concessa, qua absens suorum necessitates noverat.

Iste fidelis et prudens dispensator annonæ Dominicæ quodam tempore pro causis Ecclesiæ solito diutius foris moratus fuerat. Siquidem pro pace facienda, pro schismate resarciendo, pro hæresibus

du souverain pontife, pour aller traiter de la paix, pour apaiser un schisme et pour confondre l'hérésie. Quand il avait résolu les difficultés pour lesquelles il était sorti de son monastère, il y revenait, et, dès qu'il le pouvait, il se rendait à la salle des novices. C'était pour lui comme de petits enfants dans l'âge le plus tendre, qu'il nourrissait de lait, et à qui il devait prodiguer d'autant plus abondamment le lait de la consolation, qu'ils avaient plus longtemps manqué de la douceur de ses saintes exhortations. En quelque lieu que le saint abbé allât, il semait la parole de Dieu sur toutes les eaux, et il était bien rare qu'il revint sans avoir recueilli quelque avantage spirituel ; il remplissait la salle des épreuves d'une multitude de novices, dont le nombre s'élevait quelquefois jusqu'à cent, tellement que, aux heures de l'office divin, ils remplissaient le chœur en entier, et que, à l'exception de quelques vieux religieux qui y pénétraient avec eux pour y maintenir la discipline, tous les autres étaient contraints de rester dehors[a].

Bernard même absent, connaît les tentations d'un novice.

Étant donc entré, comme nous l'avons dit plus haut, dans la salle des novices, et, par sa parole, ayant porté le calme, l'édification et la joie dans les esprits et rendu ces novices plus fervents à observer leurs saints engagements ; il en appela un à l'écart et lui dit : « Mon cher fils, d'où vous vient cette tristesse qui ronge d'une manière fâcheuse le fond de votre cœur ? » Comme le novice, par respect, n'osait pas lui répondre, Bernard, en homme vraiment doux et humble de cœur, qui savait se conduire envers tous les siens, non en mercenaire, mais en pasteur, lui dit : « Je sais, mon très-cher fils, je sais ce qui se passe en vous, voilà pourquoi je compatis à votre état avec des sentiments de père. Pendant ma longue absence, qui me priva si longtemps de la vue bien-aimée de mes frères, le Seigneur, par sa grâce, m'a accordé de suppléer par l'esprit ce que je ne pouvais faire de corps. Je revenais donc en esprit, je parcourais un à un tous les ateliers, me rendant compte avec soin de l'état dans lequel se trouvaient mes frères, j'entrais aussi dans la salle des novices. Là, après avoir vu tous ceux qui s'y tenaient, pleins de joie dans la crainte de Dieu, et ardents aux travaux de la pénitence, je vis que seul vous dépérissiez de tristesse, et j'en ai gémi. Lorsque, par des caresses, je voulais vous attirer vers moi, vous vous teniez de côté, vous détourniez votre visage de moi, et vous pleuriez si amèrement, que vos larmes inondaient mon capuchon. » En disant ces mots, le saint abbé fit entendre à son captif des avis spirituels, dissipa ses chagrins, et le tira de l'abîme de la tristesse, pour le faire jouir de la liberté et de la joie de l'esprit.

Dieu est véritablement admirable dans ses saints : il est ineffable, et ses œuvres ne peuvent se raconter. En effet, je ne sais ce que je dois admirer le plus dans notre bienheureux abbé, de cette grâce si grande et si extraordinaire qu'il a mérité de recevoir, non une fois mais bien des fois, ou de ce que, après avoir reçu une grâce aussi excellente, il n'en garda pas le secret pour lui, satisfait du seul témoignage de sa conscience;

[a] Sept cents moines se trouvaient à Clairvaux à l'époque de la mort de saint Bernard, nous apprend Geoffroy. Voir plus haut,

livre V, n. 20.

---

confutandis, frequenter ex mandato summi pontificis, licet invitissimus, exire cogebatur.. Explicitis itaque causarum nexibus, pro quibus exierat, ad monasterium revertitur; et quam citius opportunitas datur, cellam novitiorum ingreditur ; quatenus novelli et teneri filioli, quos lacte nutriebat, quanto diutius sacræ exhortationis ipsius dulcedine caruerant, tanto copiosius ab uberibus consolationis ejus reficerentur. Quaquaversum enim sanctus pater exibat, verbum Dei seminabat super omnes aquas, et vix unquam absque fœnore spiritualis lucri redibat; implens cellam probationis multitudine novitiorum, quorum numerus aliquando ad centum extendebatur, ita ut ad horas divini officii, novitiis chorum replentibus, exceptis paucis senioribus, qui disciplinæ providebant, monachi foris stare cogerentur.

Cum ergo, sicut prædiximus, cellam novitiorum intrasset, et in lingua sua illa placabili et ædificatoria cunctos hilares, et ad observantiam sacri propositi ferventiores reddidisset ; unum ex eis seorsum revocans dixit ad eum : « Fili charissime, unde tibi hæc tristitia, quæ intimos recessus cordis tui tam perniciose depascitur ? » Novitio autem præ verecundia vix aliquid loqui audente, ait ille vere mitis et humilis corde, qui se pastorem, et non mercenarium omnibus exhibere noverat : « Scio, fili dilectissime, scio, quæ circa te aguntur ; et propterea paterno pietatis tibi compatior affectu. In hac namque tanta mora absentiæ meæ, cum disideratissima semper mihi fratrum meorum præsentia corporali carere compulsus fuissem ; et per Domini gratiam concessum mihi esset, ut quod corporaliter non poteram, spiritaliter supplerem ; rediens in spiritu singulas circuirem officinas, qualiter se fratres haberent, diligentius explorans, etiam ad cellam novitiorum accessi ; in qua universos in timore Dei exsultantes, et ad pœnitentiæ labores accinctos invenissem, te solum nimia tristitia deperire considerans, ingemui. Cumque blandiendo tibi et mihi adstringere vellem, tu me aversatus, faciem a me avertens, amarissime flebas, ita ut cuculla nostra lacrymis tuis infunderetur » Hæc dicens pater sanctus, et spiritualibus monitis aggressus captivum, mœrorem fugavit, et in spiritalis lætitiæ libertatem, jam pene tristitia absorptum revocavit.

Vere mirabilis Deus in sanctis suis : vere ineffabilis Deus, et ineffabilia opera ejus. Quid enim in hoc beatissimo patre nostro magis admirer, nescio; an quod tantam et tam insolitam gratiam a Domino percipere non semel, sed pluries meruit ; seu quod tam excellentem gratiam percipiens, non eam apud se servavit, teste conscientia; sed nec paucis familiaribus suis eam revelavit, quod certe et ipsum sine pe-

et cependant n'en donna pas même connaissance à ses amis les plus intimes, ce qu'il lui paraissait à peine possible de faire, même à lui, sans danger. Mais, dans une assemblée publique, comme nous l'avons rapporté plus haut, en présence de tous les frères assemblés, il fit connaître que cette grâce lui avait été accordée, et que néanmoins, son âme avait été tellement affermie dans la crainte de Dieu, qu'il ne craignait pas de la voir ébranlée par les tentations de la vanité. On trouve dans les faits et gestes de ce saint homme que, lorsqu'il était encore vivant en ce monde, un novice de Clairvaux étant tombé dangereusement malade, il lui apparut en esprit avec une multitude de moines, et lui prédit que cinq jours après il mourrait, et que, le cinquième jour arrivé, comme le soleil allait se coucher, il visita de nouveau le novice, en lui disant d'avoir confiance et de ne rien craindre, de prendre son essor à l'instant même vers le Seigneur Jésus-Christ et de lui présenter les humbles salutations de sa famille de Clairvaux. A ces mots, le moine montra, comme il put, par une inclinaison de tête, et par un mouvement des lèvres, qu'il acceptait la commission ; il ferma les yeux, et, à l'heure même, il s'endormit dans le Seigneur.

Bernard ne naît pas les ations de vanité.

CHAPITRE XIII.

Vocation religieuse de plusieurs clercs de Paris.

Un jour, Bernard, l'homme de Dieu, eut un motif de venir à Paris, et, à la prière des clercs, il se rendit suivant son habitude à leurs écoles. Il leur montra la forme de la vraie philosophie, en les engageant à mépriser le monde, et à embrasser, pour notre Seigneur Jésus-Christ, la pauvreté volontaire. Le sermon fini, comme aucun clerc ne se convertissait, Bernard sortit la tristesse dans l'âme de ce que ses vœux n'étaient point accomplis comme ils l'étaient ordinairement, et, en arrivant à la maison d'un archidiacre, qui l'avait décidé à recevoir l'hospitalité chez lui, il se retira dans l'oratoire qu'on lui avait préparé. S'étant mis en prière avec une grande ardeur, il fondit en larmes, dans des sentiments d'une vive componction, au point que, du dehors, on entendait ses gémissements et ses sanglots, qu'il ne pouvait étouffer. En voyant cela, l'archidiacre dont nous avons parlé s'informa auprès des compagnons du saint, de ce qui pouvait être la cause d'une si grande douleur. L'un d'eux, un religieux, ancien abbé de Foigny, nommé Rainaud, qui était dans le secret des sentiments du serviteur de Dieu, lui répondit, comme nous l'avons appris de sa bouche : « Cet homme admirable, tout entier consumé par le feu de la charité, tout entier absorbé en Dieu, ne désire rien tant au monde, que de pouvoir ramener dans la voie de la vérité ceux qui s'en écartent, et de gagner leurs âmes à Dieu, et comme il vient de semer la parole de vie dans les écoles, et qu'il n'a pas recueilli le fruit de son sermon sur la conversion des clercs, il pense que Dieu est irrité contre lui, puisqu'il ne sent pas aujourd'hui son regard dans sa prédication. Voilà d'où viennent ses nombreux gémissements et ses torrents de larmes, et j'espère bien que la fertilité de la moisson de demain le récompensera, par son abondance, de la stérilité d'aujourd'hui.

Bernard gémit de voir sa prédication privée du fruit qu'il en attendait.

---

riculo vix fieri posse videretur. Verum in publico conventu, sicut supra retulimus, coram universitate fratrum, eam sibi collatam esse manifestavit, et tamen mentem adeo in timore Dei solidatam habuit, ut vanitatis spiritu nequaquam pulsari timeret. Invenitur etiam in gestis hujus beati viri, quod adhuc in carne degens, novitio cuidam in Clara-valle graviter ægrotanti, cum multitudine monachorum in spiritu apparuit, prædicens ei, quod quinta die foret moriturus ; et quod ipsa quinta die, sole jam ad occasum vergente, visitans eum jussit confidere, et nihil timere, sed recto protinus cursu pertingere ad Dominum Jesum Christum, et offerre ei humilem suæ Claræ-vallensis familiæ salutationem. Ad quam vocem novitius qua potuit capitis inclinatione, et motu annuens labiorum, clausis oculis eadem hora obdormivit in Domino.

CAPUT XIII.

De vocatione plurium clericorum Parisiensium ad religionem.

Quadam præterea die cum vir Domini Bernardus, causa exigente Parisios adiisset, rogatu clericorum ingressus est de more scholas eorum. Quibus ostendens formam veræ philosophiæ, monebat eos attentius de mundi contemptu, et subeunda pro Christo Domino voluntaria paupertate. Explicito vero sermone, cum nemo ex eis converteretur, tristis egressus est, eo quod præter votum, et præter solitum id ei accidisset ; veniensque ad domum cujusdam archidiaconi, qui eum ad hospitium suum traxerat, recessit in oratorium ibidem constitutum. Cumque cœpisset orare in spiritu vehementi, validissima compunctione totus in lacrymas resolutus est ; ita ut gemitus et singultus, quos cohibere non poterat, foris audiri contingeret. Quo comperto præfatus archidiaconus a sociis ejus requirere cœpit, quænam esset causa tanti mœroris. Respondens autem unus ex eis, vir religiosus, quondam abbas Fusniaci, nomine Rainaldus, qui secretorum famuli Dei magis conscius erat, et ejus etiam relatu ista cognovimus, dixit ad eum : Homo iste mirabilis, totus igne charitatis accensus, et totus in Deum absorptus, nihil aliud in mundo desiderat, nisi tantummodo, ut valeat errantes ad viam veritatis reducere, et eorum animos Christo acquirere ; et quia modo verbum vitæ seminavit in scholis, et de conversione clericorum fructum verbi sui non recepit, Deum sibi putat iratum, cujus hodie in sua prædicatione non sensit respectum. Hinc ista procella gemituum ; hinc effusio lacrymarum ; proinde hinc certissime spero, quod hodiernam sterilitatem crastinæ satisfactionis ubertas grandi fœnore compensabit.

Le matin étant donc venu, notre admirable prédicateur retourna aux écoles, et, selon le désir du Seigneur il conduisit la barque de sa pensée en haute mer, et jeta, pour la pêche, les filets de la sainte Écriture. A la fin de son sermon, plusieurs clercs se rendirent par ses mains au Seigneur. Il les retira aussitôt des périls du monde, comme du milieu des flots de la mer, et, ayant loué des chars pour eux, il les fit conduire sans retard dans le port assuré de Clairvaux. Il quitta enfin la ville, suivi de son cortège ordinaire, et se rendit à Saint-Denis, où il passa la nuit. Le lendemain, de grand matin, comme ses frères pensaient qu'il allait continuer sa route directement, il leur dit : « Nous devons retourner tous à Paris, car il y a encore dans cette ville quelques-uns des nôtres qu'il faut que nous en tirions pour les conduire dans la bergerie du Seigneur, afin qu'il n'y ait plus qu'un seul troupeau et qu'un seul pasteur. » A peine entrait-il dans la ville, qu'il vit de loin trois clercs venir à sa rencontre. Il dit alors à ses compagnons : « Le Seigneur nous rend notre liberté, nous pouvons continuer notre route, car c'est pour ces clercs que nous étions revenus sur nos pas. » Ceux qui venaient, en apprenant que Bernard n'était pas loin, ressentirent une grande joie, et s'écrièrent : « Comme vous arrivez bien à propos, ô notre bienheureux père ; nous avions l'intention d'aller vous rejoindre, mais vous étiez parti, nous ne pensions pas pouvoir vous atteindre. » Bernard leur répondit en ces termes : « Je le savais bien, mes chers amis, aussi avais-je hâte d'aller à votre rencontre dans votre fuite, avec des pains à la main. Marchons donc maintenant ensemble, et, avec la grâce de Dieu, je vous montrerai la route. » Il réunit donc à sa troupe ceux dont nous venons de parler ; ils suivirent le saint, s'attachèrent à lui et, à son école, ils firent la guerre spirituelle tous les jours de leur vie.

CHAPITRE XIV.

Don admirable de prophétie dans saint Bernard : acomplissement de quelques-unes de ses prédictions.

Un jour, en recevant la bénédiction du saint abbé Bernard, quelques-uns de ses novices avaient dépouillé le vieil homme avec toutes ses œuvres, et revêtu le nouvel homme qui a été créé selon Dieu dans la justice et dans la sainteté de la vérité. Le saint, inspiré de Dieu, leur adressa la parole, et leur prédit qu'ils recevraient tous la grâce d'une dignité spirituelle, et qu'ils auraient le nom et l'office d'abbé. Avec les années, chacun d'eux en son temps reçut l'accomplissement de cette prophétie, mais il y en eut un, nommé Pierre, que le saint abbé avait envoyé ensuite à Nidar, qui vécut bien des années après la mort de Bernard, et arriva jusqu'à une vieillesse avancée et presque décrépite, sans avoir occupé le poste prédit, parce qu'il était d'une grande simplicité et ne paraissait pas capable d'occuper un poste aussi élevé. Mais quoi, est-ce que même au bout du monde, et sous les glaces de l'âge le plus avancé, quelqu'un pourra se soustraire à la toute-puissance du Saint-Esprit, en sorte que ce qu'il avait prédit

---

Mane itaque facto cum scholas repetisset prædicator egregius, ad nutum Domini navem cogitationis duxit in altum, et sacræ Scripturæ retia laxavit in capturam. Finito vero sermone, plurimi ex eisdem clericis per manum illius sese Domino reddiderunt. Quos ille protinus de mundi periculo, tanquam de marinis fluctibus extractos, et vehiculis conductis impositos in salvatorium Claræ-vallis inferre non distulit. Tandem egressus de civitate cum comitatu suo usque ad villam sancti Dionysii venit, ibique pernoctavit. Summo vero mane, cum eum recto itinere profecturum fratres illius æstimarent, dixit : « Redeundum est nobis omnibus Parisiis, quia sunt adhuc ibi aliqui ex nostris, quos etiam oportet nos inde abducere, et jungere huic ovili Dominico, ut fiat unus grex, et unus pastor. » Cum ergo cœpissent introire civitatem, vidit clericos tres a longe in occursum ejus venientes, dixitque ad socios suos : « Expedivit nos Dominus ; jam in viam nostram proficiscemur. En isti sunt clerici, propter quos venimus. » Illi cum adesse cognoscerent, gavisi sunt gaudio magno, et dixerunt : « O quam desideratus advenis, beatissime pater, quia propositum nostrum erat adire te, et vix putabamus abeuntem consequi posse. Qui respondens, dixit ad illos : « Et ego noveram, dilectissimi, propterea festinabam cum panibus occurrere fugientibus vobis. Gradiamur itaque simul, eroque per gratiam Dei ductor itineris vestri. » Adjunctis ergo cæteris supra nominatis, secuti sunt hominem sanctum adhærentes ei, et sub disciplina magisterii ejus spiritualem militiam exercentes cunctis diebus vitæ suæ.

CAPUT XIV.

De mirabili dono prophetiæ in sancto Bernardo, et de prædictionibus ejus impletis.

Ad benedictionem hujus sancti patris Bernardi, quidam aliquando novitii ejus veterem hominem cum actibus suis exuentes, novum qui secundum Deum creatus est in justitia et sanctitate veritatis, induerunt ; de quibus vir beatus in spiritu Dei loquens prædixit, omnes eos gratiam spiritalis dignitatis adepturos ; nomen et officium abbatis sortituros. Cumque succedentibus annis, temporibus opportunis in singulis eorum verbum prophetiæ hujus effectui manciparetur, unus ex eis, nomine Petrus, quem in Suecia ad domum Novæ-vallis abbas sanctus direxerat, post obitum ipsius per annos quamplurimos, usque ad senectam, imo pene decrepitam ætatem absque hoc munere gratiæ vixit, eo quod simplicioris esset naturæ ; et ad tantum officium administrandum minus idoneus existimaretur. Sed quid ? numquid vel in extremis finibus mundi latens, vel gravioris ætatis incommoda sustinens, omnipotentiam sancti Spiritus

autrefois, tant de temps auparavant, par la bouche de son prophète Bernard ne s'accomplira pas?

Enfin, après un si long espace de temps, lorsque déjà ce que le saint abbé avait prédit de cet homme, en qui était la simplicité de la colombe, se trouvait presque oublié, il arriva que les religieux d'une maison dépendant de Nidar, dans une île appelée Gothland, qui avaient perdu leur abbé, recoururent, suivant la coutume générale de l'ordre, à leur maison mère, afin d'obtenir à la tête de leur communauté, par la prudence et la sollicitude du père abbé, un dispensateur digne et fidèle. Or Dieu, sans la permission de qui ni une feuille d'arbre, ni un passereau ne tombent à terre, permit que le père abbé et tous ceux qui prenaient part à l'élection choisissent ce vieillard pour l'admettre à partager leur sollicitude. Ce religieux devait avoir d'autant plus de confiance dans la bonté de Dieu, et dans les mérites de son très-saint abbé, qu'il en avait moins, à cause de sa grande humilité, dans ses propres talents. Quand cette élection fut terminée, on se rappela la prédiction que le saint avait faite autrefois, et le bruit s'en répandit partout. Tous ceux qui en entendirent parler furent dans l'admiration, et disaient que la promotion de ce vieillard si simple à une si grande dignité était le fait d'une disposition de la Providence, qui n'avait pas voulu qu'un seul iota, un seul point des prédictions de l'homme de Dieu parût avoir été prononcé en vain.

CHAPITRE XV.

Saint Bernard arrache au supplice de la croix un brigand, qu'il attache ensuite à la croix de l'état religieux.

Il arriva une fois que le même serviteur de Dieu alla trouver le comte Thibaut pour certaines affaires. Comme il approchait de la ville où était le comte, il rencontra une grande multitude de monde qui, par l'ordre du comte conduisait au supplice un brigand fameux et chargé de crimes. En l'apercevant, le très-clément abbé saisit de sa main la corde dont le malheureux était attaché, et il dit à ses bourreaux : « Abandonnez-moi ce bandit, je veux le pendre de mes propres mains. » Le comte, en apprenant l'arrivée de Bernard, s'était empressé d'aller à sa rencontre, car il l'avait toujours eu en singulière affection et traité avec honneur. En le voyant tenir à la main la corde avec laquelle il conduisait le brigand derrière lui, il fut pris d'une violente horreur, et s'écria : « Ah ! mon vénérable père, qu'est-ce donc que vous voulez faire, et pourquoi avez-vous ramené de l'enfer ce pendard mille fois condamné ? Est-ce que vous pourrez le sauver ? il est devenu diable dans toute sa personne, sa conversion est une chose complétement désespérée, et il ne fera jamais rien de bien, si ce n'est de mourir. Laissez-le donc, seigneur abbé, laissez cet homme de perdition périr, car sa vie, comme celle d'un pestiféré, est un danger pour la vie de tous les autres. »

effugere potuit, quo minus impleretur de eo, quod per os prophetæ sui Bernardi idem Spiritus tanto ante prædixerat ?

Denique per tanti temporis spatium, cum jam fere in oblivionem venisset, quod de hoc columbinæ simplicitatis homine pater sanctus prædixerat, accidit ut fratres de quadam domo Novæ-vallis, in insula, quæ Gotlandia dicitur, sita, destituti pastore, secundum generalem consuetudinem ordinis ad matrem suam recurrerent, quatenus per providentiam et sollicitudinem patris abbatis domui ipsorum dignus dispensator constitueretur. Et volente Domino, sine cujus nutu nec folium arboris, nec unus passerum in terram cadit, tam patri abbati, quam cæteris, qui electioni intererant, placuit, ut prædictum senem in hanc partem sollicitudinis assumerent, qui tanto fiducialius de pietate Dei sanctissimique patris sui meritis confideret, quanto humilius de sua insufficientia diffideret. Quod ubi factum est, et verbum quod olim sanctus prædixerat, ad memoriam revocatum, ubique divulgatum est ; mirati sunt omnes qui audierunt, dicentes, promotionem tam senis et simplicis hominis ad hoc tantum divina dispensatione fuisse provisam, ne ex omnibus, quæ per spiritum prophetiæ locutus est homo Dei, unum saltem iota vel unus apex incassum prolata viderentur.

CAPUT XV.

De latrone a crucis supplicio per sanctum Bernardum liberato, sed cruci religiosæ deinceps addicto.

Contigit aliquando, eumdem Dei famulum pro quibusdam negotiis adire comitem Theobaldum. Cum appropinquaret oppido, ubi ille tunc erat, obviam habuit turbam hominum copiosam, qui jubente comite latronem quemdam facinorosum atque famosum ad supplicium pertrahebant. Quo viso clementissimus pater apprehendens manu sua lorum, quo erat miser adstrictus, ait tortoribus ejus : « Dimittite mihi sicarium istum : ego enim volo manibus meis suspendere eum. » Audiens autem comes adventum hominis Dei, festinavit illico occurrere ei ; miro namque devotionis affectu semper eum dilexit, atque eum honoravit. Cumque videret funem in manu ejus, quo latronem post se trahebat, exhorruit vehementer, et dixit : Heu venerabilis pater, quid est quod facere voluisti ? ut istum furciferum istum millies condemnatum a porta inferi revocasti ? numquid eum salvum facere poteris, quia jam totus diabolus factus est ? Desperata est penitus correptio illius, nec unquam bene facere poterit, nisi moriendo. Sine ergo, domine pater ; sine perditionis hominem perditum iri, quoniam de pestifera vita ejus multorum vita periclitatur.

Le saint père lui répondit: « Je sais bien, ô homme, le meilleur des hommes, je sais que c'est un scélérat fieffé, et qu'il est digne des plus cruels tourments. Aussi, n'allez pas croire que je veux laisser un pareil pécheur impuni, bien loin de là ; je songe, au contraire, à le livrer aux bourreaux et à tirer de lui un châtiment d'autant plus complet qu'il sera plus long. Vous ne l'aviez condamné qu'à un supplice de courte durée, à une mort d'un moment ; moi, je le soumettrai à une longue torture, et le ferai mourir à petit feu. Pour vous, après l'avoir attaché au gibet, vous laisserez son cadavre exposé pendant un jour ou un pendant quelques jours à peine ; pour moi, je veux le laisser attaché à son gibet et vivre pendant de longues années dans ce supplice. » En l'entendant parler ainsi, le prince très-chrétien garda le silence et n'osa pas contredire davantage le saint. A l'instant donc, le bienheureux abbé se dépouillant de sa propre tunique [a], en revêtit son captif, lui coupa les cheveux et le fit entrer dans le bercail du Seigneur : il avait changé un loup en agneau, et un brigand en religieux convers. Il revint avec lui à Clairvaux, et cet homme, devenu désormais obéissant jusqu'à la mort, se montra, par sa constance dans la vie qu'il avait embrassée, digne du nom de Constant qui lui avait été donné. Il vécut donc, si je ne me trompe, trente années et plus, dans l'ordre, puis s'en alla vers le Seigneur qui, par les mérites de notre bienheureux abbé, lui avait fait la grâce de l'arracher miséricordieusement à la double mort du corps et de l'âme.

[a] De ce passage, Manrique, chap. VIII, conclut, non sans raison, qu'en l'année 1146, l'usage s'était déjà introduit pour les novices, de porter non des vêtements séculiers, mais des habits religieux, la tunique, le capuchon et même la tonsure, ainsi que la règle le prescrit et que le rapporte saint Bernard, dans sa lettre première.

CHAPITRE XVI.

Témoignages de respect avec lesquels saint Bernard est reçu à Milan.

Nous savons par dom Rainaud, dont nous avons parlé plus haut, que le serviteur de Dieu, Bernard, étant venu un jour à Milan, pour faire cesser le schisme de Pierre de Léon, fut accueilli par tous les habitants avec de si grandes démonstrations de joie, que la ville entière se porta, une lieue loin, au devant de lui ; il y eut même un grand nombre d'habitants qui s'avançaient à sa rencontre jusqu'à quatre et cinq milles. Il plut tellement à tous les habitants, que, bien qu'ils ne l'eussent jamais vu auparavant, ils le portèrent, plutôt qu'ils ne l'élurent, d'un consentement unanime au siége archiépiscopal, lorsqu'il fut arrivé dans la ville. Comme il refusait cet honneur, les habitants se disposaient à lui faire violence, s'il ne s'était dérobé à eux en s'enfuyant secrètement. Un jour donc, qu'il se trouvait dans une très-grande maison, il se vit entourer d'une telle foule, que personne ne pouvait y entrer. Cependant, un habitant de Milan, d'une mise et d'un extérieur honorables, voulant à tout prix se présenter devant l'homme de Dieu, et ne pouvant pénétrer jusqu'à lui par aucune voie, se jeta au milieu de la foule, et s'aidant des pieds et des mains, il s'avança sur la tête des assistants, jusqu'à ce qu'il fût arrivé à celui qu'il désirait atteindre. Alors, il lui prend les pieds dans ses mains et se met à les baiser et à les embrasser avec une

Respondens autem pater sanctus dixit : « Scio quidem, virorum optime, scio hunc latronem esse sceleratissimum, omniumque tormentorum acerbitate dignissimum. Non me ergo existimes hujusmodi peccatorem impunitum velle relinquere, quin potius cogito ipsum tortoribus tradere, et dignam ex eo capere ultionem, quæ utique tanto dignior erit, quanto diuturnior. Tu illum decreveras brevi supplicio et momentaneo interitu consummari ; sed ego eum faciam diuturno cruciatu, et morte longissima mori. Tu furcis appensum per unum, aut per plurimos dies mortuum in patibulo manere permitteres ; ego crucifixum per annos plurimos faciam in pœnis jugiter vivere et pendere. » Quo audito princeps christianissimus siluit, nec ausus est ultra contradicere sermonibus sancti. Protinus ergo benignissimus pater exuta tunica sua, ex ea induit captivum suum, et attonsa coma capitis ejus sociavit illum ovili Dominico, de lupo faciens agnum, de latrone conversum. Qui veniens cum eo ad Claram-vallem, factus est deinceps obediens usque ad mortem, pulchre nominis sui etymologiam exprimens in constantia propositi sui : Constantius enim vocabatur. Itaque triginta, nisi fallor, et eo amplius annos in ordine supervivens, migravit ad Dominum, qui eum per merita beatissimi patris nostri a duplici morte, corporis videlicet et animæ misericorditer eripere dignatus est.

CAPUT XVI.

Qua reverentia sanctus Bernardus susceptus est Mediolani.

Domno Rainaldo, cujus supra mentionem fecimus, indicante cognovimus, quod famulus Dei Bernardus, cum venisset aliquando Mediolanum pro reconciliando schismate Petri Leonis, cum tanta exsultatione universorum susceptus est, ut tota civitas fere per unam leucam rueret in occursum ejus. Multi vero eorum per quatuor aut quinque milliaria processerunt. Ita denique sibi in ipso complacuerunt, ut cum antea non vidissent, ingressum in urbem mox in archiepiscopum unanimi consensu raperent potius quam eligerent. Quod cum ille recusasset ; parati erant omnino vim facere, nisi fuga latenter evasisset. Cum ergo ibi sederet in quadam amplissima domo, tanta circa eum erat hominum multitudo, ut nullus ingredi posset. Interea quidam de civibus ejusdem urbis, vestitu et vultu honorabilis, cum Dei hominem omnimodis adire cuperet, et nusquam aditum reperiret, mediis se turbis ingessit, manibus ac pedibus reptans, et super colla sedentium gradiens, quousque

dévotion extraordinaire. Ce que voyant Rainaud qui était assis près de lui, il s'approcha pour l'écarter, parce qu'il savait bien que le saint ne pouvait souffrir, qu'on lui témoignât ces respects et cette vénération. Cet homme lui dit alors : « Laissez-moi, je vous en prie, laissez-moi toucher un homme si près de Dieu, cet homme apostolique, car, je vous l'assure et vous l'atteste sur la foi d'un chrétien, je l'ai vu parmi les apôtres du Christ. » En entendant cela, ce moine fut frappé d'admiration, et, désirant en savoir plus long sur ce point, il voulait le questionner sur la vision dont il parlait; mais, intimidé par le nombre des assistants, il n'osa pas le faire ; cependant, il fut bien convaincu que cet homme ne se montrait rempli d'un si profond respect pour le serviteur de Dieu, que parce qu'il avait eu une grande vision à son sujet.

CHAPITRE XVII.

Bernard repousse et confond d'une manière plaisante l'insolence d'un hérétique qui l'insultait.

Un jour, le légat du pape et quelques évêques avaient amené avec eux Bernard dans le pays de Toulouse, pour confondre l'hérésie des Manichéens. Les frères lui avaient préparé un cheval un peu meilleur que sa monture habituelle et qui pouvait suffire pour un si long voyage. Comme il arrivait dans ce pays, en compagnie des évêques, un moine noir, nommé Henri, qui était devenu apostat et chef des hérétiques portant son nom, ayant connaissance de l'arrivée du serviteur de Dieu, n'osa se présenter devant lui, sachant bien qu'il ne pouvait résister à la sagesse et à l'esprit qui parlaient en lui. Il prit donc bien vite la fuite, et se cacha si bien, qu'on ne put pas le retrouver alors. Dans cette ville, le Seigneur glorifia son serviteur en présence de tout le peuple et des grands du pays, par les prodiges et les grands miracles qu'il opérait par sa main dans le peuple. On ne saurait croire quelle foule suivait toute la journée cet homme apostolique ; les uns venaient chercher auprès de lui l'enseignement, les autres la guérison de leurs maladies, tous sa bénédiction. Un jour donc, en présence d'une innombrable multitude de peuple qu'il avait engagée par un discours plein d'abondance, à conserver la foi catholique, et à éviter la société immonde des hérétiques, il arriva qu'il se trouvait là un de ces derniers, qui semblait plus puissant et plus prudent que les autres. Comme il voyait d'un mauvais œil le respect que le peuple témoignait au serviteur de Dieu, il cherchait à faire quelque chose qui pût ternir l'éclat dont il était environné, et faire tache à sa gloire. Après avoir terminé tout ce qu'il croyait nécessaire pour le moment, l'homme de Dieu était remonté à cheval, pour s'en aller. Alors, l'hérétique dont nous venons de parler, tel qu'un serpent tortueux, se mit à relever la tête devant l'homme de Dieu, et à s'écrier en présence de la foule : « Seigneur abbé, sachez que la monture de notre maître, qui vous semble si mauvaise, n'a pas une si belle encolure et n'est pas aussi grasse que la vôtre. » En entendant ces paroles, l'homme de Dieu, plein de douceur et de patience, lui répondit aussitôt avec un visage et une âme tranquilles : « Mon ami, je ne vais pas à l'encontre de ce que vous dites. Pourtant, il faut que vous sachiez que cette monture, à l'occasion de laquelle vous m'insultez, n'est qu'une bête brute, pareille à celles que la nature a fait penchées vers la terre et soumises

---

ad ipsum quem desiderabat perveniret. Cumque apprehendisset pedes ejus, cœpit eos mira devotione amplecti, et deosculari. Quod videns supradictus Rainaldus, qui propius assidebat, accessit ut amoveret eum, sciens utique, quia vir sanctus hujusmodi venerationibus et obsequiis nimis gravabatur. Ille vero conversus dixit ad eum : « Dimitte me, obsecro, dimitte me videre et tangere hominem proximum Deo, et vere apostolicum virum; dico enim tibi, et in fide Christiana testificor, quia vidi illum inter apostolos Christi. » Quod audiens monachus ille miratus est, et cupiens plenius nosse, volebat ab eo inquirere modum visionis hujus, sed præ pudore propter adstantes non præsumpsit ; verumtamen magnam exstitisse revelationem ipsam certissime credidit, pro qua vir ille tam vehementer affectus erat erga famulum Dei.

CAPUT XVII.

De petulantia hæretici cujusdam, Bernardo insultantis, lepide retusa et confusa.

Quodam tempore, cum legatus domini papæ, aliqui quoque episcopi pro confutanda hæresi Manichæorum ad partes Tolosanas sanctum Domini Bernardum secum traherent, paraverunt ei fratres equitaturam solito meliorem, quæ tam longo itineri sufficere posset. Qui cum ad illas partes comitantibus episcopis devenisset, Henricus quidam, quondam monachus niger, tunc autem apostata vilis, et eorumdem hæreticorum princeps, cognito adventu famuli Dei, veritus est a facie ejus, sciens quod non posset resistere sapientiæ et spiritui, qui in eo loquebatur. Proinde maturata fuga delituit, et minime potuit usquam eo tempore reperiri. Ibi quoque glorificavit Dominus servum suum in conspectu totius populi et principum terræ, faciens quotidie per manus illius signa et prodigia magna in plebe. Nec facile credi potest, quanta turbarum infinitas apostolicum virum tota die prosequebatur, dum alii eruditionem, alii curationem, universi ab eo benedictionem postularent. Quadam igitur die, præsente innumerabili hominum multitudine, cum eos copiosius de fide catholica conservanda, et de immunda hæreticorum societate vitanda commonuisset ; contigit quemdam adesse de hæreticis illis, qui potentior cæteris atque prudentior videbatur ; qui cum amaro oculo cerneret venerationem, quam Dei famulo populus impendebat ;

à leur appétit. Si donc elle mange à sa faim et s'engraisse ainsi, elle ne blesse en rien par là la justice de Dieu et ne l'offense en quoi que ce soit; car c'est une bête et elle ne fait que ce qui est le propre de sa nature. Par conséquent, ni votre maître ni moi, nous n'aurons à répondre au jugement de Dieu de l'état du cou de nos bêtes, mais nous répondrons chacun de l'état du nôtre. Maintenant donc, regardez, s'il vous plaît, mon cou et voyez s'il est plus gros que celui de votre maître, afin de vous assurer si, par hasard, vous pouvez m'accuser justement ». Ce disant, il abaisse son capuchon [a], et se découvrit la tête jusqu'aux épaules, on vit alors son cou long et maigre, mais qui tout décharné et dépourvu d'embonpoint qu'il se trouvait, était cependant, par un don du ciel d'une grande beauté et d'une extrême blancheur, comme le cou d'un cygne. Tous les assistants en le voyant, furent transportés de joie, et se mirent à bénir le Seigneur, de ce qu'il avait suggéré à son serviteur, une réponse si prompte et si convenable, pour confondre l'hérétique et fermer la bouche à cet homme au langage cynique.

CHAPITRE XVIII.

Un aveugle recouvre la vue par sa confiance étonnante et par son respect pour la trace des pas du saint abbé.

Comme le très-révérend abbé séjournait un peu dans ce pays et, comme un apôtre, allait de château en château et de ville en ville, annonçant l'Évangile, guérissant les malades, attaquant, confondant et réfutant les honteux égarements des hérétiques, il arriva qu'un aveugle des environs ayant entendu parler des merveilles et des miracles que l'homme de Dieu opérait tous les jours en grand nombre, conçut l'espérance de recouvrer la vue et prit la résolution d'aller trouver le serviteur de Dieu, dans la pensée que peut-être, par l'effet de la grâce de Dieu, qui se répandait par ses mains si abondamment sur les malheureux mortels, la douce lumière du jour serait rendue à ses yeux guéris de leur cécité. Il se met donc en route sans retard, et s'enquiert de l'endroit où il pourrait trouver le saint homme de Dieu. On lui dit qu'il était dans une assemblée célèbre et qu'il annonçait la parole de Dieu au milieu d'une grande multitude de monde. Y étant arrivé tout essoufflé, après une course où il avait heurté du pied toutes les pierres du chemin, il eut la tristesse d'apprendre que l'homme de Dieu était reparti de cet endroit pour se rendre ailleurs. Que faire pourtant? En même temps que le désir de recouvrer la santé le pressait de continuer sa course plus loin encore, les épaisses ténèbres qui pesaient sur ses yeux lui ôtaient tout courage et ralentissaient sa marche. Découragé, il sentait son âme en proie à un flot de tristes pensées ; tout à coup, par une inspiration de Dieu et plein d'espérance au fond du cœur dans les mérites du très-saint homme, il dit à

[a] On peut rapporter ici ce que Othon de Freisingen a écrit des cénobites de son temps dans le livre VII, chapitre XXXIII de sa chronique : « Ils portent sur la peau, dit-il, des tuniques très-dures et par-dessus ils en ont d'autres plus larges, avec un capuchon. Ils diffèrent en ceci que les uns, pour exprimer le mépris qu'ils font du monde, portent cette tunique de couleur noire, tandis que les autres, sans s'arrêter ni à la couleur, ni à la finesse de l'étoffe, la portent blanche ou grise, ou de toute autre teinte, ne songeant qu'à une chose, c'est de l'avoir peu élégante et rude. »

---

moliebatur aliquid agere, unde claritatem opinionis ejus aliquatenus obnubilaret, et daret maculam in gloriam illius. Jamque expletis omnibus, quæ ad præsens necessaria videbantur, vir Dei equum suum ascenderat, ut abiret; et ecce, prædictus hæreticus quasi coluber tortuosus, erecto capite venit ante hominem Dei, et clamans coram omnibus ait : « Domine abbas, sciatis quia caballus magistri nostri, qui tam malus vobis apparet, non ita cervicosus et pinguis est, sicut iste sonipes vester ». Quo audito, vir mitis et patiens respondit ei mox tranquillo vultu et animo, dicens. « Non diffiteor, amice, quod adstruis. Verumtamen scire te convenit, quia jumentum istud, de quo mihi insultas, brutum est animal, unum utique ex illis, quæ natura prona atque ventri obedientia fluxit. Quod si pro libitu suo comedit, atque pinguescit ; nihil inde justitia læditur, nihil Deus offenditur ; quia jumentum, quod suum est facit. Proinde non erimus arguendi in judicio Dei, ego et magister tuus de cervicibus jumentorum, sed unusquisque de collo suo judicabitur. Nunc ergo, si placet, respice collum meum, et vide si grossius sit collo magistri tui, unde me juste forsitan reprehendere poteris. » Hoc itaque dicto capucium exuit, et capite denudato usque ad humeros, apparuit ipsius collum, ut erat productum et gracile ; quod quamvis esset carnibus exesum et tenue, erat tamen ex dono cœlesti pulchrum et candidum nimis, atque collum oloris, quod cum viderent universi qui aderant, lætati sunt lætitia magna, benedicentes Dominum, qui dedit in ore famuli sui tam paratum et conveniens responsum ; unde confunderetur, et obstrueretur os loquentis iniqua.

CAPUT XVIII.

De cæco, mirabili fiducia et devotione erga ipsa sancti Patris absentis vestigia, visum recipiente.

Dum adhuc in eadem regione reverendissimus pater moraretur, et tanquam ex apostolis unus circuiret per castella et civitates evangelizando et curando omnes languores, hæreticorum quoque turpissima deliramenta redarguendo, convincendo, confutando ; accidit, ut cæcus quidam in vicinia eadem, comperta fama virtutum atque signorum, quæ per manus hominis Dei multiplicabantur per dies; spe recuperandæ sanitatis animatus, eumdem Dei famulum adire decreverit, si forte beneficio cœlestis gratiæ, quæ per ipsum miseris mortalibus copiose tribuebatur, sibi quoque cæcitatis caligine detersa lumen dulce restitueretur. Accelerans itaque, et ubinam sanctum Dei reperire posset, sollicitus inquirens, audivit eum in quodam celebri conventu, in medio magnæ multitu-

ceux qui l'entouraient. « Je vous en prie, au nom de la miséricorde de Dieu, conduisez-moi à la place où vous êtes bien sûrs que l'homme de Dieu a été. Ayant vu ses vœux exaucés par la bienveillance de ceux qui étaient là, il n'est pas plutôt arrivé à l'endroit que le saint avait occupé, qu'il se prosterne tout de son long à terre, baise avec une grande dévotion la poussière où le saint avait mis le pied, et implore, avec ardeur, la miséricorde du Seigneur par les mérites de son serviteur. Après l'avoir fait pendant assez longtemps avec une foi entière et s'être frotté les yeux avec la poussière de l'endroit, tout à coup, par un effet de la miséricorde du Seigneur, qui daigna, par cette grâce, attester la sainteté de son serviteur absent, il recouvra l'usage des yeux. Cet événement, non-seulement confirma la foi orthodoxe dans les âmes des catholiques, mais encore augmenta la honte et la confusion des hérétiques que tourmentait un mauvais amour de la gloire. D'ailleurs, qui pourrait rapporter comme il convient, combien le saint homme était solidement établi dans l'humilité, soumis dans la crainte, et timide dans sa circonspection, au milieu des témoignages de respect et des honneurs qu'il recevait de tous les peuples, de toutes les tribus et de toutes les langues, en quelque lieu du monde que les intérêts de l'Église le fissent aller? Car, sans parler des populations qui habitent dans d'autres contrées et qui sont éclairées des pures lumières de la foi catholique, celles de la Gascogne, que le saint abbé rappelait des gouffres de la plus profonde hérésie, comme des entrailles même de l'enfer, par la parole de sa prédication, par les signes et les prodiges étonnants qu'il opérait, avaient pour lui une telle dévotion que, cédant quelquefois à leurs importunités, il montait en chaire et se mettait à leur discrétion. La foule de ceux qui se précipitaient vers lui pour lui demander sa bénédiction et baiser ses très-saintes mains, était telle que souvent il ne pouvait, à cause de la délicatesse extrême, de la faiblesse même de sa constitution, supporter la pression et l'empressement de ceux qui se précipitaient sur lui pour le baiser, et que ses mains et ses bras en devenaient tout enflés comme ceux des pugilistes. Ce qui était pour la foule une source de bénédictions, à cause des vertus qui sortaient de lui, était pour lui une cause d'épuisement tel que souvent il en était abattu de fatigue et en ressentait de vives douleurs dans tout son corps. En tout cela béni soit Dieu, qui, dans ces derniers jours, a daigné susciter dans l'ordre de Cîteaux, un homme d'une religion si parfaite et d'une justice aussi consommée, pour faire refleurir dans l'ordre monastique, l'antique vigueur de la vie religieuse, et pour accabler son Église des bienfaits de sa miséricorde divine par le don apostolique des miracles qu'il lui accorda.

---

dinis consistere, verbumque vitæ disseminare. Quo cum pedibus offendens, et anhelus currens pervenisset, tristi rumore percellitur, quoniam vir Domini jam inde recesserat, et ad alia loca transmigraverat. Quid tamen ageret? Siquidem desiderium recipiendæ sanitatis cum eum ulterius currere compelleret, densissimæ tenebræ quæ ejus oculos obsederunt, pigrum et minus expeditum reddebant. Cumque in defectione mentis multa tristitia tabesceret, subito divina gratia inspiratus, et de meritis beatissimi viri spem toto corde concipiens, circumstantibus ait : Rogo, per misericordiam Dei, ducite me ad locum illum, in quo hominem Dei stetisse certissime scitis. Quod cum benevolentia eorum, qui aderant, continuo consecutus fuisset ; veniens ad locum, toto corpore in terram prosternitur, mira devotione pulverem ipsum, in quo sacra Viri Dei vestigia steterant, deosculando, Dominique misericordiam per merita servi sui enixius implorando. Quod cum diutius faceret, et de ipso pulvere fide plenus oculos suos confricaret; repente, miserante Domino, qui sanctitatem famuli sui, licet absentis, etiam in hac gratia declarare dignatus est, lumen oculorum recepit. Quod factum non solum catholicis fidei orthodoxæ firmamentum contulit, verum etiam malegloriis hæreticis confusionis et opprobrii notam adauxit. Cæterum quis digne referre sufficiat, quam fundatus in humilitate, submissus in timore, pavidus circumspectione fuerit hic vir beatus, in omni gloria et honore, quo colebatur a populis, tribubus, et linguis, quocumque eum negotiorum ecclesiasticorum causa devenire contigisset? Ut enim de cæterarum regionum nationibus taceam, qui catholicæ fidei puritate illustrabantur, certe hi ipsi Gasconiæ populi, quos de faucibus profundissimæ hæreseos pater sanctus verbo prædicationis, signis etiam et prodigiis admirandis, tanquam de ventre inferi revocabat, ipsum tanto devotionis venerabantur fervore, ut cedens aliquando importunitati eorum, et in cathedra residens, seipsum voluntati exponeret. Tantaque fuit multitudo irruentium populorum benedictionem poscentium, ac sacras manus deosculantium, ut tenerrima prorsusque attenuata carne ipsius compressionem et impetum crebro deosculantium ferre non valente, manus et brachia sacra in modum pugnorum intumescerent, et unde alii benedictionem sibi, per virtutem quæ de illo exibat, procurabant, inde ipse debilitatus, et penitus conquassatus, graves corporis molestias sustineret. Per omnia benedictus Deus, qui his novissimis diebus in Cisterciensi ordine, tam perfectæ religionis et consummatæ justitiæ hominem suscitare dignatus est, per quem monasticus ordo in antiquum sacræ religionis vigorem reflorescerent, et Ecclesia Dei per apostolicam gratiam ipsi collatam divinæ misericordiæ beneficia plurima consequeretur.

CHAPITRE XIX.

Saint Bernard ressuscite d'entre les morts un impie blasphémateur.

A l'époque où les Sarrasins occupaient la terre de Jérusalem, saint Bernard, dont le glaive de la désolation chrétienne avait percé l'âme avec un déchirement cruel, allait de tous les côtés, poussant, non-seulement par ses discours, mais encore par les miracles et les prodiges qu'il opérait, les bataillons chrétiens à venger l'injure faite au Sauveur, et à chasser des lieux saints une nation infidèle. Or, il arriva que, à l'époque où il était en Allemagne, lorsqu'il partit de la ville mémorable de Fribourg en Brisgau, il fut conduit par un jeune noble, nommé Henri, dans une de ses habitations, pour y passer la nuit. Il était précédé et suivi d'une foule considérable. Henri, qui venait de prendre la croix, avait résolu de ne point faire le trajet à cheval, mais d'aller à pied, jusqu'à ce qu'ayant rassemblé la somme nécessaire pour pourvoir aux dépenses de l'expédition, il pût se mettre en route pour la Terre Sainte; mais le saint abbé ne lui en donna pas moins l'ordre de monter aussi à cheval et de le suivre; c'est ce qu'il fit à l'instant même. Un fils de Bélial le vit et en conçut un mauvais sentiment. C'était un des serviteurs de Henri, un homme d'une complète perversité, et d'une entière incrédulité pour tout ce qui est bien. Il se mit donc à très-mal penser du serviteur de Dieu et à poursuivre son maître d'invectives semblables : « Allez, maintenant, suivez ce diable et que le diable vous emporte. » Cependant, deux pauvres femmes apparaissent d'un autre côté en portant une troisième entre elles d'eux ; celle-ci était toute contrefaite et avait perdu l'usage de plusieurs de ses membres; elles voulaient prier l'homme de Dieu de soulager en même temps la pauvre infirme en la guérissant, et celles qui la portaient, en exauçant leurs vœux.

Henri, en voyant cette femme, en eut pitié et dit : Placez la malade sur mon cheval et allez, en toute hâte, de votre côté, implorer le secours du serviteur de Dieu. A ces mots, le serviteur dont nous venons de parler, ne pouvant supporter la charité de son maître, entra en fureur et se mit à l'accabler des injures les plus piquantes, en lui disant que c'était à un jongleur, à un perturbateur des consciences, qu'il allait porter cette malheureuse femme. Henri lui répondit : Non, ce n'est point cela, mais je la porte vers l'homme de Dieu, pour qu'il la bénisse et qu'elle recouvre le santé, et je te promets, tant je suis certain qu'il la guérira, que s'il ne le fait point, je te donnerai le cheval que je monte en ce moment. Cet homme, plein de joie et de bonheur, en entendant ces mots, et bien convaincu d'un autre côté que le miracle ne se ferait point, se mit à rire et à plaisanter ; il était aussi sûr d'avoir le cheval, qu'il l'était qu'elle ne serait point guérie. Mais à peine cette femme fut-elle présentée au saint et eut-elle reçu sa bénédiction, comme elle le désirait si ardemment, que, à l'instant même, elle se leva guérie, et n'ayant plus besoin comme précédemment de personne qui la portât. Le serviteur d'Henri, à cette vue, est stupéfait et, poussé par l'esprit du mal qu'il avait dans le cœur, il s'avance rapidement de quelques pas, se retourne vers l'homme de Dieu et vomit contre lui, avec une violence extrême, sous

CAPUT XIX.

De impio quodam et blasphemo, a mortuis per beatum Bernardum resuscitato.

Terram Jerosolymorum tempore quodam occupantibus Sarracenis, beatus Bernardus (cujus animam Christianæ desolationis gladius acerbitate singulari perfoderat) circumquaque discurrens, ad ulciscendam Salvatoris injuriam, et ad expugnationem gentis incredulæ, turmas fidelium non verbis tantum, sed signis ad virtutibus hortabatur. Accidit autem cum in Alemanniam deveniret, et egredientem die quadam, de *Friburg* oppido memorabili in partibus Brisgaudiæ constituto, a quodam Henrico, viro nobili, et adhuc juvenculo, ad quamdam mansionem ipsius, ubi erat in vespera pernoctandum, deduci, præeunte copiosa multitudine, et sequente. Cum autem idem Henricus accepto jam crucis signaculo non equitare, sed pedes proposuisset incedere, donec expensarum apparatu collato, propositæ peregrinationis iter arriperet; nihilominus abbas sanctus ipsum ascenso equo secum comitari præcepit. Ascenso igitur equo secutus est protinus abbatem. Videns hoc, et invidens quidam vir Belial, serviens ejusdem Henrici, homo totius pravitatis amator, et boni totius incredulus, in servum Dei cœpit graviter blasphemare, et dominum suum talibus insequi maledictis : « Ite modo, et diabolum illum sequimini, et ipse vos diabolus apprehendat. » A latere vero duæ mulierculæ venientes, inter se tertiam deportabant, pedum et quorumdam membrorum destitutam officio et contractam, virumque Dei rogare volebant, ut calamitatem infirmæ et bajularum angustias curationis optatæ remedio relevaret.

Porro Henricus hanc intuens et misertus, « Ægram, inquit, super collum equi mei mihi porrigite, et vos ad servum Domini properantes subsidium implorate. » Præfatus vero serviens ad hoc etiam pietatis opus domini sui indignans et impatiens, usquequaque ipsum invectione arguit acriore, quia ad incantatorem et maleficum et mentium eversorem esset miseram delaturus. Cui Henricus : « Non, inquit, sed defero, ut ad benedictionem viri Dei recuperet sanitatem, et ex certissima ejus salutis fiducia tibi polliceor, quod si non eam sanaverit, equum cui insideo, tibi dabo. » Verbum igitur hoc ille gratanter et gratulanter accipiens, tota diffidentia faciendæ virtutis risit pariter et irrisit, tam de curatione diffidens, quam de equi adeptione prægaudens. Illa vero dum ad sanctum Domini delata fuisset, et desideratam sibi benedictionem illius adepta, illico surrexit incolumis, alieno

l'inspiration de Satan, toutes les malédictions et toutes les injures les plus honteuses et les plus horribles qu'il put trouver. Mais la vengeance du Seigneur ne se fit pas longtemps attendre : il tombe en effet, à la renverse, se brise la tête et expire. Henri, saisi aussitôt de douleur à la vue de cette mort malheureuse, annonce à l'abbé la triste chute que vient de faire cet homme et les conséquences qu'elle a eues pour lui, et le supplie, comme il avait déjà passé outre, de revenir un peu sur ses pas pour voir ce triste spectacle, et ajoute en même temps : « C'est à votre occasion que ce malheur lui est arrivé, c'est parce qu'il n'a pas craint de s'emporter en paroles d'insulte et de mépris contre vous. Hélas! dit Bernard, à Dieu ne plaise que jamais j'aie le malheur que quelqu'un meure à cause de moi ! »

Il eut alors recours à la prière, son unique ressource dans toutes ses difficultés, et pria sur l'infortuné, la durée d'un *Pater noster*, puis aussitôt il dit aux assistants de le relever. Quand il fut debout comme il avait cessé de vivre, sa tête privée du soutien du cou tombait tristement tantôt d'un côté, et tantôt de l'autre. Bernard reprit alors : « Tenez-lui bien la tête. » Puis s'approchant, il oint et soigne sa blessure avec un peu de salive, remède dont il faisait souvent usage, et ajoute : « Au nom du Seigneur, lève-toi; » puis, un peu après: « Au nom du Père, du Fils et du Saint-Esprit, que Dieu te rende le soufle. » A l'instant même, le soufle lui revint; il était vivant ou plutôt revivant, au grand étonnement et à la grande joie de tous les assistants,

qui firent éclater leurs chants de louange vers le ciel, en voyant un homme dont la mort était si manifeste rendu à la vie. Interrogé ensuite par le saint homme de Dieu comment il allait vivre désormais et quelle conduite il allait mener, il répondit : « Seigneur, je vivrai de la manière que vous l'ordonnerez, et je ferai tout ce que vous ordonnerez, tout ce que vous voudrez. « Les assistants lui demandèrent s'il était bien mort. « Oui répondit-il, je l'étais, déjà même ma condamnation était portée, et, si le saint abbé ne s'était hâté de venir à mon secours, j'allais être entraîné dans l'enfer. » Sur les instances de ceux qui étaient présents, il prit la croix et il partit avec les autres pour la Judée. Quant à Henri, dans le même voyage il se rendit à Dieu et à saint Bernard et devint dans la suite religieux à Clairvaux. Il avait vu ce miracle de ses propres yeux, et il croyait que les historiens de la vie du saint abbé le connaissaient très-bien ; en découvrant qu'il avait été enseveli dans le silence, il en éprouva de la peine, et il le raconta, à la gloire de Dieu et de son saint, suivant qu'il s'était passé sous ses yeux, afin que toutes les générations futures, de siècle en siècle, sussent et comprissent en quel honneur devait être un saint que le Très-Haut a comblé d'une telle gloire.

CHAPITRE XX.

Alexandre, chanoine et docteur de Cologne, est appelé d'une manière merveilleuse à la vie religieuse par saint Bernard.

A Cologne, capitale remarquable de la Germanie

---

jam, sicut hactenus, ministerio non gestanda. Viso hoc serviens stupefactus, in impetu spiritus maligni, quem gerebat in pectore, festinavit præire parumper, ut conversus in faciem viri Dei, quidquid nequius vel turpius adspirante Satana concepisset interius, in ipsum toto conamine maledicens et convicians jactitaret. Verum ultione Domini protinus concurrente, ipse retro corruit resupinus, et cervice collisa spiritum exhalavit. Unde subito lamentandæ mortis ejus dolore perculsus Henricus, casum lugubrem et occasum nuntiavit abbati, supplicans ut cum paulum processisset, ad tam triste spectaculum remearet, dicente quoque eodem Henrico : « Hoc ei propter vos accidit, quoniam in vos blasphemus esse et contumeliosus non timuit. Heu, inquit, nolit hoc Dominus, ut propter me quispiam moriatur. »

Retrogressus igitur ad orationem, in qua sola in omni difficultate fidebat, se contulit, et ad longitudinem unius *Pater noster*, super eum silenter oravit; et mox præcepit adstantibus illum erigere, qui erectus, utpote jam defunctus, caput, carens cervicis suffragio, agebat miserabili circumflexu, rursusque ait : « Tenete, tenete firmiter ei caput. » Demum appopinquans, et saliva sua, cujus medicinali unctione persæpius utebatur, loca læsuræ deliniens et consignans : « In nomine Domini, ait, surge. » Et iterum : « In nomine Patris et Filii et Spiritus sancti Deus tibi spiritum tuum reddat. » Ille vero recepto mox spiritu

factus est in animam viventem, vel potius redivivam, mirantibus præ gaudio, et in cœlum voces ac laudes tollentibus universis qui aderant, et viderant tam manifeste mortuum revixisse. Interrogatus denique ab eodem sancto Dei, quomodo victurus, quid acturus esset in reliquum ; Domine, ait, modo quo jusseris vivam, faciamque quidquid præcipies, quidquid voles. » Ab adstantibus utrum esset jam mortuus : « Mortuus, inquit, eram, et sententiam damnationis acceperam, ac nisi abbas sanctus festinasset accurrere, eram ad inferna ducendus. » Ad exhortationem quorumdam adstantium crucis accepit signaculum, et cum cæteris Jerosolymam est profectus. Henricus iste in eodem itinere Deo et beato Bernardo se reddidit, et in Clara-valle postmodum monachus ejus fuit. Hoc ipse miraculum cum fidelibus oculis esset intuitus, crederetque scriptoribus Vitæ sancti patris esse notissimum ; deprehenso tandem fuisse silentio missum, indoluit, et ad gloriam Dei et sancti sui, juxta quod præsentaneæ fuerat contemplatus, narravit, ut in quanta gloria sit habendus, quem ita glorificavit Altissimus, audiat et intelligat omnis generatio in seculum seculi secutura.

CAPUT XX.

De Alexandro canonico et doctore Coloniensi, per sanctum Bernardum ad religionem mirabiliter vocato.

Apud Coloniam Agrippinam, quæ est insignis me-

seconde, se trouvait un certain maître Alexandre; c'était un chanoine et docteur, en grand renom dans cette ville. Or, il arriva que le grand serviteur de Dieu, Bernard, abbé de Clairvaux, sur l'ordre du pape Eugène, alla en Germanie, pour y prêcher l'expédition de Jérusalem à l'empereur Conrad et à tous les habitants de cette contrée. Il jeta dans ces pays un grand éclat par ses signes et ses innombrables miracles. En voyant les grandes merveilles que le Seigneur faisait éclater par lui, l'empereur se sentit touché dans l'âme et reçut la croix des mains de Bernard pour prendre part à l'expédition de Jérusalem. Mais la multitude infinie d'hommes qui se croisaient ne lui permettait point de retarder le moment de leur donner la croix; dans leur ardeur incroyable, ils se disputaient à l'envi les morceaux et les franges des vêtements du serviteur de Dieu, ce qui le forçait à chaque instant à en prendre de nouveaux; on se trouvait malheureux quand on ne pouvait avoir une croix faite avec un morceau de sa tunique. Il y eut aussi une foule de nobles et de sages qui se donnèrent au Seigneur par ses mains. Il les conduisit à Clairvaux, où ils devinrent moines et portèrent plus tard de grands fruits dans l'Église de Dieu. Parmi ces derniers se trouvait Alexandre, le noble personnage dont nous avons parlé plus haut, qui vivait à cette époque, et qui avait l'esprit enflé par la science du monde. De plus, il jouissait de grandes richesses et se trouvait couvert des insignes des honneurs fugitifs du siècle. Toutefois, il accomplit, de la manière la plus admirable dont je vais le raconter, une conversion à laquelle il ne songeait guère, avec l'aide de Dieu qui sait se saisir des sages dans leurs ruses même.

En effet, le très-saint abbé Bernard lui parlait de sa conversion; mais, comme il était enflé par la science et par les richesses de ce monde, il avait constamment répondu que, pour le moment, il ne pensait à rien moins qu'à prendre l'habit monastique. La nuit suivante, au moment où le sommeil reposait ses membres, il eut une vision, et vit le même homme qui le levait de son lit, où il semblait retenu couché par une maladie grave, et le rendait à la santé. Ensuite, il prit l'habit dont il était revêtu lui-même et en couvrit Alexandre qui, après l'avoir repoussé une ou deux fois de ses épaules avec impatience, finit par l'accepter la troisième fois qu'il fut placé sur son cou, et à le retenir avec force quand il s'en vit revêtu. Ensuite ce saint abbé lui remit le bâton qu'il avait à la main, en signe de la prélature qui l'attendait, et puis lui ordonna de se retirer. A son réveil, Alexandre ne se sentit pas encore amolli par cette révélation, et demeura dans son premier endurcissement d'âme.

Vertu de la bénédiction de saint Bernard.

Le même jour, comme le bienheureux abbé se trouvait à table, on lui offrit un poisson qu'on appelle perche, pour qu'il en mangeât. En le voyant, l'homme de Dieu leva les yeux au ciel, pria quelque temps sur ce poisson et, après l'avoir béni, le donna à manger à Alexandre. A peine ce dernier en eut-il goûté, qu'il eut la grâce de ressentir au fond de son âme, dès la première bouchée, la vertu de la bénédiction du serviteur de Dieu. En effet, il se sentit à l'instant même un tout autre homme, son cœur était pénétré de componction, et

---

tropolis Germaniæ secundæ, fuit magister quidam Alexander nomine, canonicus *, doctorque famosissimus in eadem urbe. Accidit autem, ut Dei famulus beatus Bernardus, Claræ-vallensis abbas, jubente Eugenio papa Germaniam ingrederetur, Jerosolymitanum iter Conrado imperatori, et populo terræ prædicaturus Cumque ibidem signis et virtutibus innumeris coruscaret, videns imperator mirabilia magna quæ Dominus per eum ostendebat, compunctus corde, crucis signum de manu illius accepit, Jerosolymam profecturus. Nec distulit hoc idem facere infinita hominum multitudo, ita ut incredibili fidei ardore succensi scissuras et fimbrias de vestimentis famuli Dei, qui propter hoc ipsum nova frequenter accipere cogebatur, undique certatim diriperent, seque infelices arbitrarentur, quicumque indumentis ejus cruces habere non mererentur. Multi quoque ex his nobiles et sapientes viri per manum illius sese Domino reddiderunt, qui in Claram-vallem ab eo deducti, et monachi facti, maximum deinceps in Ecclesia Dei fructum Deo attulerunt. Ex quibus etiam erat unus supra memoratus vir nobilis Alexander, qui eo tempore vivens, et secularis scientiæ typho turgens; divitiarum quoque et transitorii honoris infulis adornatus, nihilominus conversionem, quam non cogitabat, sed Deus qui comprehendit sapientes in astutia sua, mirabili hoc ordine, sicut sequentia declarabunt, adimplevit.

Cum enim beatissimus pater Bernardus ipsum de conversione monuisset, ille seculari scientia vel opulentia tumens, respondit se ad præsens nihil minus cogitare vel velle, quam habitum sumere monachalem. Eadem igitur nocte, cum membra sopori dedisset, apparuit ei in visione idem homo, erigens eum de grabato, in quo graviter languens jacere videbatur, ac restituere sanitati; deinde tulit habitum suum, quo erat ipse indutus, et ex eo contexit Alexandrum, qui cum eumdem habitum semel et secundo rejecisset ab humeris indignanti animo repulisset, tertia tandem vice collo ejus injectum, et corpori valenter adstrictum compulsus est retinere. Deinde pater sanctus baculum, quem manu tenebat, ipsius manui tradens, futuræ prælationis gratiam denotavit, et ita abire præcepit. Evigilans autem Alexander, nihil adhuc pro hujusmodi revelatione mollescere poterat, sed in eadem animi duritia persistebat.

Eodem vero die cum ille beatissimus abbas ad mensam recumberet, oblatus est ei piscis, qui perca nominatur, ut ex eo reficeretur. Quo viso vir Dei, erectis in cœlum oculis, super eumdem piscem diutius oravit, et benedicens illum præfato Alexandro pro pitantia transmisit; quem cum ille gustare inciperet,

il se mit à verser des larmes sur le poisson qu'il mangeait. Cependant il était tout étonné de lui-même, et ne savait ni ce qu'il avait, ni pourquoi il pleurait. Se ressouvenant enfin de la vision qu'il avait eue la nuit précédente, il comprit que le Seigneur l'avait prévenu gratuitement de ses miséricordes. Rendant donc grâce, du fond de son âme, à Dieu qui l'appelait d'en haut, il se donna à l'instant même au bienheureux serviteur de Dieu, qui le reçut avec bonté. Il se fit moine à Clairvaux et devint, ensuite, abbé de Grandselve. Il fit de tels progrès dans cette vie de sainteté, qu'il devint plus tard abbé de Cîteaux et père*de l'ordre tout entier. Nous tenons de la bouche même du serviteur de Dieu, Alexandre, tout ce que nous avons consigné ici dans une narration fidèle.

*Tiré d'un manuscrit de Barbeaux.

CHAPITRE XXI.

Admirable conversion d'un prêtre concubinaire qui avait été moine à Clairvaux.

Un religieux, après avoir abandonné le monastère de Bernard, renoncé à sa règle et quitté l'habit religieux avait reçu l'administration d'une paroisse, car il était prêtre. Mais, comme il arrive souvent qu'un péché est puni par un autre péché, après avoir déserté son ordre il tomba dans le vice de l'incontinence. Il prit une concubine, à l'exemple de beaucoup d'autres, qui habita chez lui et lui donna des enfants. Mais, après quelques années, le Seigneur eut pitié de lui, car il ne veut pas que personne périsse, et le saint abbé vint à passer par la villa où demeurait ce moine et à lui demander l'hospitalité. Ce religieux, qui connaissait Bernard, le reçut comme son père avec une grande révérence, le servit avec dévouement et pourvut à tout ce qui était nécessaire tant pour lui que pour ses montures. Toutefois l'abbé ne savait pas qui il était. Le matin, quand le saint homme après avoir dit ses matines se préparait à partir, et ne pouvait parler au prêtre lui-même, parce qu'il s'était levé pour les matines et était allé à l'église, il s'adressa à son fils et lui dit : « Allez annoncer à votre maître que je pars. » Or, cet enfant était muet de naissance ; mais il n'obéit pas moins à cet ordre ; et, sentant au dedans de lui la vertu de celui qui le lui avait donné, il court vers son père et lui répète mot pour mot ce qu'avait dit le saint abbé en ajoutant ; « Voilà ce que l'abbé te mande. » Le père, en entendant pour la première fois la voix de son enfant, répand des larmes de joie, et l'invite à lui redire une seconde et une troisième fois la même chose, et s'enquiert en même temps de ce que l'abbé lui avait fait. Cet enfant lui répondit : « Il ne m'a pas fait autre chose que de me dire : « Allez et dites cela à votre maître. » A la vue d'un miracle aussi manifeste, le prêtre se sentit l'âme toute pénétrée ; il accourt en toute hâte vers le saint et se prosterne à ses pieds, en fondant en larmes et en s'écriant : « Seigneur père, je suis un tel qui fut votre moine, et depuis telle et telle époque j'ai quitté votre monastère. Je prie donc votre paternité de vouloir bien me per-

* Ce passage est bien propre à faire ressortir toute la dignité de l'abbaye de Cîteaux. On peut en rapprocher ce que Bernard en a dit dans sa lettre IV, n. 3, et dans sa lettre V, n. 1. où il l'appelle *commissor*. Ce même abbé est encore appelé « le Père de l'ordre entier, » par Herbert, un peu plus loin, au n. 1.

---

ad primum illico morsum meruit in semetipso feliciter experiri, quantæ virtutis esset oratio famuli Dei. Nam repente mutatus in alium virum, compunctus est valde, et cœpit super eumdem piscem lacrymas fundere. Mirabatur vero seipsum, nesciens quid haberet, vel cur fleret. Tandem recordatus visionis, quam nocte præterita viderat, intellexit a Domino gratuita ejus miseratione se esse præventum. Unde supernæ vocationi ex intimo corde gratias agens, beato Dei famulo incontinenti se reddidit. A quo benigne susceptus, et in Clara-valle monachus factus, et deinde Grandis-silvæ pastor effectus, adeo in sanctitate vitæ profecit, ut postmodum fieret Cisterciensis cœnobii abbas, ac totius ordinis pater universalis. Hæc nos, sicut ab eodem Dei famulo Alexandro audivimus, fideli relatione deprompsimus.

CAPUT XXI.

De mira sacerdotis concubinarii, et monachi quondam Claræ-vallensis, conversione.

Monachus quidam de monasterio ejus et disciplina exiens, rejecto habitu, suadente diabolo ad seculum rediit, et parœciam quamdam regendam suscepit. Erat quippe sacerdos ; et quia sæpe peccatum peccato punitur, desertor ordinis in vitium labitur libidinis. Concubinam, sicut multis consuetudinis est, ad sibi cohabitandum accepit, de qua et liberos genuit. Accidit ut post annos plurimos, miserante Domino, qui neminem vult perire, sanctus abbas per villam, in qua morabatur idem monachus, transiret, et ad domum illius hospitandi gratia diverteret. Quem ille cognoscens, et quasi proprium patrem cum multa reverentia excipiens, devote ministravit, et tam ipsi, quam jumentis necessaria copiose procuravit ; non tamen cognitus est ab abbate. Mane cum vir sanctus dictis matutinis paratus esset ad eumdem, nec posset loqui sacerdoti, eo quod matutinis surgens isset ad ecclesiam, ait filio ipsius sacerdotis ; Vade defer nuntium istud domino tuo. Erat autem puer idem mutus a nativitate, qui præcepto obediens, et præcipientis sentiens in se virtutem, ad patrem cucurrit, et sancti patris verba verbis valde absolute expressit, dicens : Hæc et hæc mandat tibi abbas. Pater primam filii vocem audiens, et præ gaudio lacrymans, ut secundo ac tertio eadem verba repeteret, admonuit ; et quid sibi abbas fecerit, inquisivit. Cui ille : Nihil aliud mihi fecit, sed solummodo mihi dixit : Vade, dic domino tuo verba hæc. Ad tam evidens miraculum sacerdos compunctus, festinanter ad sanctum virum venit, seque cum lacrymis ad pedes illius prostravit, Domine, inquit, pater, monachus vester talis ac talis

mettre de retourner avec vous dans votre monastère. » Le saint lui répondit : « Attendez-moi ici, et quand j'aurai terminé ce que j'ai à faire, je reviendrai aussitôt vous prendre et vous emmener avec moi. » Mais ce prêtre, redoutant la mort qu'il ne craignait point auparavant, repartit : « Mais Seigneur, j'ai peur de mourir d'ici là. » A cela Bernard répondit : « Soyez bien convaincu que si vous venez à mourir dans l'état et l'intention où vous êtes, vous serez trouvé moine aux yeux de Dieu. » Il s'en alla donc ; mais à son retour, le trouvant mort et enterré depuis quelques jours, il fit ouvrir son tombeau, et, comme on lui demandait ce qu'il voulait voir, il répondit : « Je veux voir s'il est dans son sépulcre comme un religieux ou comme un clerc. » Nous l'avons enterré, lui répond-on, comme un clerc, dans ses habits séculiers. On retira la terre et on le trouva enseveli, non point dans les vêtements avec lesquels on l'avait enterré, mais dans l'habit et avec la tonsure d'un religieux. Et tout le monde célébra les louanges de Dieu.

Admirable vertu de pénitence manifestée par un exemple admirable.

CHAPITRE XXII.

Vocation d'un noble flamand nommé Arnoul ; pénitence qui lui est imposée par saint Bernard.

* Extrait de la vie des hommes illustres, dist. III, ch. VIII.

Un jour que le très-révérend abbé Bernard était allé en Flandre et y avait jeté de tous côtés les filets du Seigneur pour y pêcher des âmes, il ramena aux rivages de la conversion, du milieu des flots du siècle, beaucoup de personnages nobles et lettrés, entre autres un certain Arnoul de Majorca, aussi illustre par sa naissance que par ses richesses ; cet homme, d'une délicatesse extrême, vint se remettre secrètement entre ses mains. Ils convinrent l'un et l'autre de tenir la chose secrète, à cause de certains empêchements du siècle, jusqu'au dernier jour où il devait quitter son pays et sa famille. En effet, c'était un père de famille qui comptait des fils et des frères, et qui était retenu par les liens de si grandes richesses, qu'il ne pouvait s'en dégager sans dommage pour les siens et sans un grand scandale, que s'il commençait avant tout par régler sa maison avec sagesse et précaution. Mais, pendant que tout cela était enseveli dans le plus profond silence et qu'il n'y avait qu'eux deux au monde qui sussent ce secret, la voix de Dieu se fit entendre à un habitant de la campagne, qui était toucheur de bœufs, au moment où il menait ses bêtes au labour, et lui dit : « Vas dire à Arnoul de Majorca qu'il t'emmène avec lui à Clairvaux, où il est sur le point de se rendre pour y changer de vie, et demeures-y avec lui. » Il entendit la voix, mais il ne vit personne. Après avoir entendu ce langage, ce pauvre homme se mit à prier avec plus de soin encore, afin que, si ces paroles lui avaient été adressées par le Seigneur Jésus, il se fit entendre une seconde fois à lui. En effet, le Seigneur lui parla de nouveau et lui redit la même chose. Ayant donc reçu cet oracle pour la seconde fois, il se rendit auprès de celui que la voix lui avait indiqué, et lui dit : « Seigneur j'ai un mot à vous dire, » et lorsque celui-ci l'eut pris à part, il tomba à ses pieds, en lui disant : « Je vous prie, au nom du Seigneur Jésus-Christ, de vouloir bien m'emmener à votre cher Clairvaux pour sauver mon âme

---

fui, et tali tempore a tali monasterio recessi. Rogo igitur paternitatem vestram, ut liceat mihi redire vobiscum ad monasterium, quia Deus in adventu vestro visitavit cor meum. Cui sanctus : « Exspecta me hic, et ego peracto negotio citius revertens ducam te mecum. » Timens ille mortem, quam prius non timebat, respondit : « Domine, timeo interim mori. » Ad hæc ille : « Hoc, inquit, pro certo scias, quia si in tali conditione ac proposito mortuus fueris, coram Deo monachus invenieris. » Recessit, illumque recenter mortuum ac sepultum audiens, sepulcrum aperire præcepit ; dicentibus quid vellet facere, respondit : « Volo videre utrum in sepulcro jaceat monachus, an clericus. » Clericum, inquiunt, in habitu seculari sepelivimus. Rejecta terra, non in veste qua sepultus fuit, sed in tonsura et in habitu monachi cunctis apparuit ; et magnificatus est ab omnibus Deus.

CAPUT XXII.

De vocatione Arnulfi viri nobilis in Flandria, et pœnitentia ipsi a B. Bernardo imposita.

Dum reverendissimus pater Bernardus aliquando provinciam Flandriæ intrasset, et retia Dei quaquaversum in capturam animarum laxasset, et nobiles et litteratos viros multos de fluctibus seculi ad littus conversionis attraheret ; inter cæteros illustris quidam Arnulfus nomine de Majorca, dives et delicatus nimis secreto in manibus ejus se reddidit. Fuit autem utriusque consilium rem silentio tegere propter quædam impedimenta seculi, usque ad ultimum diem quo egressurus esset de terra et cognatione sua. Erat enim magnus pater familias, ornatus filiis, et fratribus, tantisque divitiis irretitus, ut absque suorum damno et scandalo gravi abrumpere se non posset, nisi prius domum sapienter et caute disponeret. Interea vero dum silentium istud tenerent omnia, et arcani hujus negotii causam ipsi duo soli in mundo scirent, factum est verbum Domini ad quemdam rusticum armentarium, cum boves minaret ad aratrum, dicens : Vade, dic Arnulfo de Majorca, ut secum ducat te in Claram-vallem, quo proxime iturus est ad conversionem ; et tu cum eo convertere. Audivit vero vocem, sed neminem videbat. Facta autem hac voce, cœpit pauper ille attentius orare, ut si a Domino sermo fuisset, revelaret iterum auriculam ejus. Et adjecit secundo loqui ad ipsum, repetens eumdem sermonem. Accepto itaque secunda vice oraculo, venit ad præfatum virum, et, ait : Verbum mihi ad te dominum meum. A quo cum fuisset ductus in partem, procidit ad genua ejus, dicens : Obsecro te per Christum Dominum nostrum, ut ducas me ad Claram-vallem tuam, ut salves tecum animam meam ; et si scire desideras, Dominus pius et misericors se-

avec la vôtre; et, si vous voulez savoir d'où moi-même j'ai appris cela, sachez que le Seigneur bon et miséricordieux a daigné me révéler votre secret dans l'intérêt de mon salut.

En entendant cela, ce noble père de famille se sentit frappé d'admiration et transporté d'une très-grande joie, il prit cet homme et l'emmena avec lui; plus tard il l'eut pour compagnon de voyage et de conversion, en attendant qu'il l'ait, comme nous l'espérons, pour compagnon de l'éternelle récompense. Après avoir réglé les affaires pour lesquelles il avait tardé à partir, il vint à Clairvaux, aussi humble et modeste qu'il avait été précédemment élevé et riche. Il donna aussi une grande partie de ses biens au monastère de Clairvaux et fit des largesses à plusieurs autres monastères. Saint Bernard reçut une bien grande joie de sa conversion, et prononça ce jugement sur lui dans une assemblée de religieux : « Jésus-Christ ne doit être ni moins admiré ni moins glorifié pour la conversion d'Arnoul que pour la résurrection de Lazare après quatre jours passés au tombeau, car il était enseveli et enfermé dans tant de délices, qu'il se trouvait comme étendu dans un sépulcre et qu'il était mort, sous l'apparence d'un vivant. » Il confessa, avec un torrent de larmes et bien des gémissements, tous les péchés qu'il avait commis dans le monde ; et le bienheureux Bernard, en voyant l'amère contrition de son cœur et sa bonne volonté pour tout ce qui était bien, lui enjoignit pour pénitence de réciter seulement trois fois [a] l'oraison dominicale, et de persévérer désormais jusqu'à la mort dans son dessein. En entendant cela, Arnoul se sentit attristé et répondit à Bernard : « Mon bienheureux père, ne vous moquez point de votre serviteur. En quoi me moqué-je de vous, lui repartit-il ? Arnoul reprit : Un jeûne de sept ans, ou même de dix ans ne suffirait point, quand même je m'humilierais encore, par-dessus le marché, dans la cendre et le cilice, et vous vous contentez de me prescrire de réciter seulement trois fois l'oraison dominicale, et de persévérer dans l'ordre ? Le saint lui repartit : Est-ce que vous savez mieux que moi ce que vous devez faire pour être sauvé ? Vous semble-t-il donc, par hasard, que c'est peu de chose que de demeurer fidèlement dans l'ordre et d'y persévérer jusqu'à la mort ? Loin de ma pensée, dit Arnoul, une pareille présomption ; mais, au nom de Dieu, je vous prie de ne point m'épargner à présent, afin de m'épargner plus tard ; imposez-moi donc maintenant une pénitence telle que, après la mort de cette chair, je parvienne sans peine au repos. Le saint abbé lui dit alors : « Faites ce que je vous ai dit, et je vous assure que vous aurez à peine déposé le fardeau de votre corps, que vous vous envolerez sans peine vers Dieu. » Recevant cette réponse comme si elle lui venait du ciel, il se sentit tout fortifié, et dans la suite il n'y eut ni tentation si violente, ni faiblesse si grande du

Saint Bernard enjoint une légère pénitence à un pécheur contrit au fond du cœur.

[a] Cela semble se trouver en opposition avec ce que dit Pierre Damiens dans son opuscule XIII, où il blâme plusieurs supérieurs de maisons religieuses qui « ne donnent point d'autre pénitence à ceux qui viennent du monde, quelques péchés qu'ils y aient commis, que de persévérer dans l'ordre. » Ce reproche peut être fondé si on l'applique à des maisons religieuses où la règle est relâchée, non point à celles où on suit la stricte observance, telle qu'était Clairvaux, surtout quand à cela s'ajoutent encore chez les pénitents des sentiments d'un profond regret.

Voir le tome II des Analectes, pages 346 et suivantes.

---

creta tua, causa salutis meæ, mihi revelare dignatus est.

Audiens autem nobilis ille paterfamilias verba ista, miratus et lætatus est valde ; acceptumque hominem conduxit ad seipsum ; quem etiam postmodum individuum comitem itineris pariter et conversionis habuit, habiturus, ut credimus, consortem æternæ retributionis. Explicitis itaque negotiis, pro quibus moram fecerat, venit Claram-vallem, tam submissus humilitate, quam sublimis divitiarum affluentia ; multaque eidem monasterio de suis facultatibus contulit, sed et aliis nonnullis cœnobiis dona etiam largitus est. Sanctus vero Bernardus de conversione ejus multum exhilaratus, talem de eo in conventu fratrum sententiam protulit : « De conversione fratris Arnulfi nec minus admirandus, nec minus glorificandus est Christus, quam de resuscitatione Lazari quatriduani, eo videlicet quod in deliciis tantis clausus atque sepultus, velut in tumulo jacebat, et quasi vivens mortuus erat. » Huic autem confitenti cum gemitu et lacrymis multis delicta universa, quæ in mundo contraxerat, beatus Bernardus intuens cordis ejus amarissimam contritionem, et ad omne opus bonum spontaneam voluntatem, injunxit ei, ut orationem dominicam tribus vicibus diceret, atque in suo proposito deinceps usque ad mortem perduraret. Quo ille audito, contristatus respondit : « Ne quæso irrideas famulum tuum, beatissime pater. » In quo te, ait, irrideo ? » At ille ait : « Jejunia septem annorum, vel decem quoque, non sufficerent, mihi etiam humilatio in sacco et cinere ; et tu mihi præcipis orationem dominicam tertio dicere, et in ordine perseverare ? » Et sanctus ad eum : « Ergone tu me melius nosti, quid te oporteat facere ut salveris ? An tibi forte parum videtur, ordinem tenere, et in ipso usque ad mortem perseverare ? » Ille vero respondit : « Absit ab anima mea tam iniqua præsumptio ; sed propter Deum obsecro, ne mihi parcas in præsenti, ut melius parcas in futuro ; et talem nunc impone pœnitentiam ; quatenus post mortem carnis ad requiem sine pœna perveniam. » Cui beatus pater ait : « Fac ut locutus sum, et securum te facio, quia deposita mole corporis mox ad Deum sine molestia pervolabis. » Hoc itaque responso quasi divinitus accepto confortatus est nimis, adeo ut

corps qui pussent le retarder dans la voie de son désir, qu'il parcourait de toutes ses forces pour aller à Dieu.

Un homme apportant un soin particulier à sa conscience.

Il se montrait plein de zèle pour les observances de l'ordre et la garde de son cœur. Il avait l'âme si timorée, que je ne me rappelle point avoir jamais vu personne aussi attentif à veiller sur sa conscience. Tout le monde, mais particulièrement ceux qui recevaient sa confession, admirait cette instance quotidienne, ou plutôt cette importunité de sa part, qui ne leur permettait pas de rester en repos, de même qu'il n'y demeurait point lui-même en confessant ses péchés, en se frappant la poitrine, en déplorant quelquefois une parole, un geste inutile, si par hasard il lui en échappait, ce qui même était rare. Il se jugeait scrupuleusement, même pour ces pensées vaines et légères, que tout le monde, à l'exception de quelques gens parfaits, a coutume de regarder comme peu de chose, et se les reprochait comme des crimes. Comme il a été dit, avec vérité, que « Le Seigneur reprend celui qu'il aime, et qu'il châtie le fils qu'il préfère, » jamais Dieu, dans sa miséricorde paternelle, n'a laissé cet homme vénérable sans correction; toujours il a coupé en lui les vices de la chair et fait fructifier dans son âme et pulluler les vertus. En effet, jusqu'à sa mort il fut, pendant un grand nombre d'années, affligé de longues et grandes infirmités, que non-seulement il supporta toutes

Arnoul est éprouvé par de longues et nombreuses maladies

d'une âme égale, mais encore dont il se glorifiait comme de vrais trésors. Il fut un temps où il se trouva si abattu et tellement affaibli qu'il ne pouvait plus se tenir penché sans de grandes douleurs; cependant cela ne l'empêchait point, toutes les fois que, pendant l'office du soir, à l'église, on chantait le *Gloria Patri*, de témoigner son respect pour la majesté de Dieu, en s'inclinant profondément et avec une grande dévotion. Un jour, qu'il se tenait à l'écart dans le chœur, près d'un moine d'une très-grande sainteté, un ange du Seigneur apparut en cet endroit sous la forme d'un jeune moine d'une très-grande beauté, revêtu d'une coule blanche comme la neige; cependant Arnoul ne le voyait pas. Et comme il s'inclinait, selon sa coutume, avec dévotion, au *Gloria Patri* du psaume, l'ange du Seigneur se plaça devant lui et soutint sa tête suppliante de ses mains. En voyant cela, le moine qui se tenait à côté d'Arnoul reconnut l'ange à l'éclat de son visage et de son vêtement, et, transporté de joie à l'aspect d'un visage d'ange, il s'approcha pour le saisir dans ses bras et l'embrasser pieusement. Mais, pendant qu'il tend ses mains pour le prendre et l'attirer vers lui, il s'évanouit et disparut à ses yeux; mais au même instant il le revit apparaître à une autre place. En l'apercevant, le moine court de nouveau vers lui et s'efforce encore de le prendre, mais l'ange disparaît de nouveau pour se remontrer incontinent ailleurs, et encore une fois les efforts du religieux n'aboutirent à rien. Cela se répéta à plusieurs reprises, mais enfin l'ange disparut tout à fait; s'il s'était laissé voir, cependant il ne voulut point se laisser toucher.

Un jour, l'athlète de Dieu, Arnoul, avait de grandes douleurs d'entrailles dont il souffrait souvent beaucoup. La crise était si forte, que le souffle lui manqua et qu'il semblait qu'il

---

deinceps nulla tentationum violentia, nulla infirmitatis molestia posset a cursu desiderii sui, quo totus in Deum pergebat, aliquatenus retardari.

Erat autem circa observantias ordinis et custodiam cordis et sollicitus, et timoratus nimis, ita ut neminem vidisse me recolam tam studiosum conscientiæ propriæ mundatorem. Mirabantur siquidem omnes, præsertim confessionum illius auditores, quotidianam instantiam, vel potius importunitatem, qua eos quiescere non sinebat, sicut nec ipse quiescere poterat confitendo, plangendo, plorando nonnunquam de otioso sermone aut signo, si quando illi vel raro subreperet; verum etiam super vana et levi aliqua cogitatione, quod cæteri hominum, exceptis paucis perfectis, parvi pendere solent, seipsum scrupulosissime dijudicabat, et quasi de crimine arguebat. Quia vero veraciter scriptum est, *Quem diligit Dominus corripit flagellat autem omnem filium quem recipit;* nunquam huic venerabili viro paternæ misericordiæ correctio defuit, semper in eo vitia carnis resecans, et virtutes animæ pullulare et fructificare faciens. Denique per plures annos usque ad exitum suum gravibus et diuturnis incommodis flagellatus est, quæ omnia non solum æquanimiter tolerabat, verum etiam gloriabatur in illis, sicut in omnibus divitiis. Factum est quodam tempore, dum conquassatus et debilitatus esset usquequaque, ita ut non sine gravi dolore incliniş stare posset, nec propter hoc unquam omitteret, ut non ad omnem *Gloria* decantationem profunde et devote divinæ majestati inclinando reverentiam exhiberet, ut vespertina synaxis in ecclesia celebraretur. Ipso stante retro in choro juxta quemdam monachum virum æque sanctissimum, ecce angelus Domini apparuit ibi in specie pulcherrimi monachi adolescentis, cuculla indutus nive candidiore, quem tamen idem Arnulfus minime videbat. Cumque more solito ad *Gloria* psalmi devote inclinaret, angelus Domini stabat coram eo, et supplicantis caput suppositis manibus sustentabat, quem cum prædictus monachus collateralis ejusdem fratris Arnulfi cerneret, et ex fulgore vultus et habitu angelum esse deprehenderet; lætatus est valde super angelico aspectu, accessitque ut teneret eum, et devote amplexaretur. Cumque expansis manibus vellet tenere atque constringere sibi, ille subito evanescens recessit ab eo; sed subito iterum apparens stetit in alio loco. Videns vero illum monachus, denuo cucurrit ad eum, et simili modo nitebatur apprehendere eum; sed mox angelo disparente, et protinus alibi reapparente, frustratus est homo a conatu suo. Quod cum pluries factum fuisset, tandem angelus ex toto dispuruit, et qui se videndum obtulerat, teneri omnino non pertulit.

Laborabat aliquando athleta Dei Arnulfus doloribus viscerum, quibus frequenter nimium arctabatur; et

allait mourir. Il resta pendant quelque temps muet et insensible ; on désespérait de sa vie, aussi lui donna-t-on les saintes huiles des infirmes. Dès qu'il put respirer, il éclata en paroles de louanges et d'action de grâce, en disant : « Seigneur Jésus, tout ce que vous avez dit est vrai. » Comme il répéta plusieurs fois de suite la même chose, les assistants en furent frappés et lui demandèrent comment il se trouvait et pourquoi il parlait ainsi. Ils ne purent obtenir de lui rien autre chose que ces paroles : « Tout ce que Dieu a dit est vrai. » Quelques-uns disaient que la violence du mal lui troublait le cerveau et le faisait divaguer dans ses discours. Il leur répondit : « Non, non, mes frères ce n'est pas cela, mais ce que je dis c'est la tête parfaitement saine et l'esprit bien récent que je le dis ; oui, tout ce que le Seigneur Jésus a dit est la vérité. » Les assistants reprirent à leur tour : « C'est aussi ce que nous disons ; mais vous, qu'est-ce qui vous fait le redire ainsi ? » Il répondit : « Le Seigneur a dit, dans son Évangile, que si quelqu'un renonçait à l'amour de ses parents et à tous ses biens, pour l'amour de lui, il recevrait en ce monde le centuple de ce qu'il laisserait, et la vie éternelle dans l'autre. Eh bien ! j'éprouve, en ce moment, la vérité de cette parole, et dès maintenant je reçois mon centuple ; car l'extrême violence de la douleur que j'endure m'est tellement douce, à cause de l'espérance de la miséricorde de Dieu, qui se trouve reposer en elle, que je ne voudrais pas m'en voir délivré pour le centuple de ce que j'ai laissé dans le monde. Mais, si moi, qui ne suis qu'un pécheur, un homme indigne, je confesse cependant qu'il en est ainsi et je me réjouis à ce point de mes tortures ; quelles ne doivent pas être, pour nous, la joie et l'allégresse des saints et des hommes parfaits, lorsque Dieu les inonde de consolation ? Oui, certainement, la joie spirituelle qui n'est encore qu'une espérance, surpasse cent mille fois les joies mondaines, bien que celles-ci soient présentes. Si donc, après avoir quitté ce siècle et avoir embrassé ce nouveau genre de vie, on ne mérite pas de recevoir ce centuple, c'est la preuve assurée qu'on n'a pas encore vraiment tout quitté, et qu'on retient encore une partie de sa propre volonté qui est une mauvaise propriété. » En l'entendant parler ainsi, tout le monde était dans l'admiration, car c'était un laïc illettré qui s'exprimait de la sorte, ce qui donnait assez manifestement à comprendre que le Saint-Esprit, qui permettait qu'il fût si cruellement éprouvé dans son corps, remplissait son âme de douceur ; car sa très-sainte onction enseigne à celui qu'elle touche tout ce qui lui faut connaître. Ce saint homme, après avoir reçu des mains du Seigneur deux fois le châtiment de tous ses péchés, souffert le long martyre de ses tourments, et avoir été éprouvé comme l'or dans la fournaise, s'endormit enfin du sommeil le plus paisible dans le Seigneur. Et nous croyons fermement que, selon la pensée de saint Bernard, il ne quitta son corps que pour se rendre auprès de Dieu, sans passer par la souffrance. Mais que manqua-t-il donc à ce pauvre de Jésus-Christ, pendant les jours de son combat ? En effet, comme dit le prophète, plein de confiance dans le Seigneur, il a changé la force de son corps contre la vigueur de l'esprit, en ne con-

---

erat languor fortissimus, ita ut deficiente vitali spiritu pene usque ad mortem angustiaretur. Cumque aliquandiu mutus et insensibilis jaceret, de vita ipsius desperatum est, et ob hoc ipsud ab infirmorum inunctus est. At ubi primum respirare potuit, erumpens in vocem confessionis et laudis ait : « Vera sunt omnia quæ dixisti, Domine Jesu. » Quod cum sæpius iteraret, stupentibus qui aderant, et percunctantibus « quomodo se haberet, aut quare ista diceret ; » nihil aliud respondebat, nisi, quia vera sunt omnia, quæ locutus est Deus. Quidam autem ex ipsis dicebant, quod præ acerbitate doloris cerebro turbatus esset, et quasi aliena loqueretur. Quibus ille respondit : Non est ita fratres, sed sano capite et mente sobria dico, quia vera sunt omnia, quæ locutus est Dominus Jesus. At illi dixerunt : Et nos hoc verum esse fatemur ; sed tu cur nunc ista commemoras ? Respondit : « Dominus dicit in Evangelio, quia si quis affectibus parentum et divitiis mundi propter amorem ipsius renuntiaverit, centuplum accipiet in hoc seculo, et vitam æternam in futuro. Ego itaque vim sermonis hujus in præsenti experior, et centuplum meum jam nunc in hac vita recipio. Siquidem immensa doloris istius acerbitas adeo mihi sapit propter spem divinæ miserationis, quæ in ea reposita est mihi, ut hac ipsa caruisse me nolim pro centuplicata mundi substantia, quam reliqui. Quod si ego peccator et indignus, ita confiteor, adeo lætificor etiam in angustiis meis ; quomodo putamus sancti et perfecti viri tripudiant et exsultant in consolationibus suis ? Vere etenim spirituale gaudium, quod modo est in spe, centies millies exsuperant seculare gaudium, quod nunc est in re. Si qui autem seculum relinquens, et ad conversionem veniens, centuplum istud accipere non meretur ; constat profecto, quod adhuc omnia perfecte non reliquit, sed ex propria voluntate, quæ est mala proprietas, secum retinet aliquid. » Hoc illo dicente, mirati sunt universi ab homine laico et illiterato sententiam talem esse prolatam ; nisi quia manifeste dabatur intelligi, quia Spiritus Sanctus, qui eum flagellari in corpore graviter permittebat, intus suaviter in anima inungebat ; cujus nimirum sacratissima unctio, quemcumque tetigerit hominem, docet de omnibus quæ oportet. Iste ergo vir sanctus, cum jam de manu Domini suscepisset duplicia pro omnibus peccatis suis, tandem longo cruciatus martyrio, et tanquam aurum in fornace probatus, pacatissimo somno obdormivit in Domino ; de quo certissime credimus, quia juxta beati Bernardi sententiam, mox ut a corpore exivit, ad Deum sine pœna pervenit. Quid ergo huic pauperi Christi unquam defuit in die certaminis sui ? qui secundum prophetam confidens in Domino,

sidérant pas ce que peut la chair, mais ce que l'ordre et la règle prescrivent. Il avait placé sur son cœur, comme un cachet, la parole courte mais substantielle du saint abbé, qui lui avait recommandé de persévérer dans l'ordre pour ses péchés.

CHAPITRE XXIII.

Tiré du grand Exorde, dist. IV. ch. XVIII.

Ferveur admirable d'un frère lai sous la discipline de saint Bernard : Ses aspirations vers la perfection des vertus.

Le Seigneur a dit par son prophète : « Que le sage ne se glorifie point dans sa sagesse, que le riche ne se glorifie point dans ses richesses; mais que celui qui se glorifie mette sa gloire à me connaître et à savoir que je suis le Seigneur qui fais miséricorde (*Jerem.* IX, 23 et 24). » Voilà la formule de science divine qu'ont parfaitement imitée ceux qui se sont imbus à Clairvaux, sous la direction de notre saint abbé Bernard, des préceptes de la philosophie du ciel. On ne comptait pas seulement dans leur nombre, qui était très-grand, des hommes lettrés et instruits dans les mystères sacrés de la loi, mais encore des laïcs et des gens sans lettres, en nombre considérable.

Ceux-ci, sans avoir acquis les ressources de la science humaine, pour s'aider à s'élever vers le comble de la perfection, avaient cependant la grâce qui éclaire, le Saint Esprit qui vivifie et qui leur enseignait, avec une efficacité incomparablement plus grande que tout savoir humain, ce qu'ils devaient savoir. Un de ces frères lais, que l'esprit, sinon la lettre avait instruit, était plein de ferveur dans l'œuvre de Dieu et d'empressement pour ses dons les plus excellents (I *Cor.* XIII, 31), et avait appris à l'école du Saint Esprit à n'avoir point de pensées d'élévation, mais à s'humilier lui-même en toutes choses, et à estimer comme très-grande et très-relevée l'étude de la sainte religion, qu'il pouvait, en prenant l'humilité pour guide, étudier, avec une entière sécurité, dans la conduite de ses compagnons de vie, et, en comparaison des vertus de ses frères, à tenir les siennes pour fort peu dignes d'estime, bien qu'elles fussent portées à un très-haut degré. Voilà comment il arriva à l'emporter de beaucoup, par l'excellence de son humilité, sur tous ceux qu'il n'égalait peut-être point dans les autres vertus; car, chose bien rare parmi les hommes, il examinait avec un soin pieux, non pas avec une secrète envie, dans les autres, ces vertus qui lui manquaient à lui et dans lesquelles ils excellaient eux-mêmes.

Or il arriva un jour que, se trouvant dans ces sentiments, il assista aux vigiles solennelles des frères. Alors, secouant une négligence et une somnolence mortelles, il saisit ses armes ordinaires, dont il avait éprouvé la force, pour repousser l'ennemi ; il se remet ses péchés devant les yeux, et passe sévèrement en revue toutes ses négligences. Il se proclame un misérable, un coupable, un pécheur sous les yeux de la majesté suprême, et ensuite il se met à exalter et à béatifier, selon sa coutume, la vie de ses frères. Puis, faisant entrer humblement dans le secret de son cœur un de ceux qu'il avait remarqué bien souvent surpasser la plupart des autres par ses vertus, il passa en revue avec une religieuse attention son humilité, sa charité, sa patience, sa continence et tous les autres dons excellents de la

---

mutavit fortitudinem carnis in robur spiritus, non considerans quid caro posset, sed quid ordo et regula præciperet; et quasi signaculum posuit super cor suum verbum consummans et abbreviatum, quod a sancto patre acceperat, ut scilicet pro omnibus peccatis suis ordinem servaret.

CAPUT XXIII.

De monacho quodam laico, sub disciplina Bernardi miro fervore ad perfectionem virtutum anhelante.

Non glorietur, ait Dominus per Prophetam, *sapiens in sapientia sua, neque dives in divitiis suis, sed in hoc glorietur qui gloriatur, scire et nosse me, quoniam ego sum Dominus*. Hanc divinæ scientiæ formulam perfectius imitati sunt hi, qui sub beato patre nostro Bernardo in Clara-valle cœlestis philosophiæ disciplinis imbuebantur, non solum litterati et in mysteriis sacræ legis eruditi viri multi, verum etiam laici et illitterati quamplures. Qui etsi humanæ scientiæ fabricam, per quam ad perfectionis culmen niterentur, minime consecuti sunt; habebant tamen gratiam illuminantem, et spiritum vivificantem, qui de omnibus quæ oportebat, seculari scientia incomparabiliter efficacius eos docebat. Talium quidam monachus laicus, non littera doctus, sed spiritu, cum esset fervens in opere Dei, charismatumque meliorum haud segnis æmulator, didicerat sancti Spiritus magisterio, non altum sapere, sed semetipsum in omnibus humiliare sacræ religionis studia, quæ in moribus contubernalium suorum duce humilitate sedulus scrutabatur, magna et præexcelsa æstimare; suas vero virtutes, quibus non mediocriter pollebat, eorum comparatione prorsus despicere. Sicque factum est, ut eminentia sanctæ humilitatis illos præcelleret, quibus in aliis virtutibus fortassis impar non erat; dum, quod rarum valde in humano genere est, continue quod sibi deesset, vel quibus alii florerent virtutibus, non invidiosus, sed pius scrutator attenderet.

Contigit autem ut taliter affectus, quadam vice solemnibus fratrum vigiliis interesset. Tum vero letali negligentia seu somnolentia propulsata, consuetudinaria corripiens arma, quibus ad debellandum inimicum nihil efficacius esse sciebat, cœpit sibi peccata proponere, negligentias quotidianas districte discutere ; se miserum, se reum, se peccatorem coram oculis summæ Majestatis accusare, consequenter etiam fratrum suorum, sicut solebat, vitam conversationemque magnificare et beatificare. Cæterum unum quem gratia virtutum multos alios excellere non se-

grâce spirituelle qu'il trouvait dans ce serviteur de Dieu; il trouvait qu'il n'était en comparaison de lui que cendre et que poussière. Enfin, ne pouvant plus supporter les ardeurs de la sainte humilité qui s'étaient allumées en lui pendant cette sublime contemplation, il fait un signe au très-révérend père Bernard, dès le point du jour, à l'heure où la règle lui permettait de parler, moment qu'il avait eu bien de la peine à attendre, le tire à l'écart et lui demande pardon, avec une tristesse profonde qui faisait connaître la douleur de son âme. Bernard lui demanda ce qu'il avait, il lui répondit : « Je suis bien malheureux, car j'ai passé tout le temps des vigiles à considérer un religieux, en qui j'ai compté trente vertus dont je ne possède pas même ni la première ni la dernière (*V. Serm. de divers,* xxxvi, n. 3). Je vous prie donc, seigneur abbé, de vouloir bien intercéder pour moi auprès de Dieu, afin que, par vos saints mérites et vos prières, j'obtienne la grâce de faire des œuvres de vertu que je n'ai pas pu acquérir jusqu'à ce jour, à cause de mes péchés. »

Le maître spirituel, en entendant la profonde humilité de son disciple, dont la piété lui était parfaitement connue, bien que, par une heureuse ignorance, celui qui en était doué et qui la possédait à un degré si éclatant, ne la connût pas lui-même, se sentit pénétré d'une très-grande joie et animé du désir ardent de voir tous ceux qui étaient confiés à ses soins faire aussi tant de progrès dans la vertu, qu'ils ignorassent en quelque sorte aussi eux-mêmes, par une religieuse considération de leur infirmité, qu'ils en faisaient quelques-uns. On peut juger de l'admiration dont il trouva digne la glorieuse preuve d'une telle humilité, par ce fait que, dans les sermons qu'il faisait devant ses frères assemblés, il se plut quelquefois à rappeler les dispositions de ce frère avec les éloges qui leur étaient dus, en ajoutant que, de toutes les vertus dont ce religieux avait fait le compte dans la simplicité de son cœur, il n'y en avait peut-être pas une qui fût aussi excellente que l'était l'humilité de sa contemplation, puisqu'il ne voyait pas les religieux plus négligents et plus relâchés qu'il avait à ses côtés et ne faisait aucune attention à eux, n'ayant devant les yeux, par une volonté bien arrêtée, que ceux qu'il savait être remarquables par leur vie et leurs mœurs, pour en concevoir, en comparaison d'eux, de plus bas sentiments de la manière dont il vivait.

CHAPITRE XXIV [*].

Admirable don de vision prophétique, qui permettait à saint Bernard de pénétrer les secrets des autres même absents.

[* Même source, dist. IV. ch. XIII.]

Un jour, c'était, si j'ai bonne mémoire, la veille de la très-sainte solennité de l'Assomption de la Vierge, mère de Dieu, de la Vierge, dis-je, sans tache et sans souillure. Les frères des granges de Clairvaux se hâtaient de revenir à l'abbaye à cause de la grandeur de la solennité de ce jour. Mais, dans une des granges les moins éloignées de l'abbaye, se trouvait un frère convers, religieux et craignant Dieu. Si, à cause de sa simplicité, il ne pouvait s'élever aux

---

mel notaverat, secretario cordis humiliter inducens, ipsius humilitatem, charitatem, patientiam, et continentiam, cæteraque spiritualis gratiæ charismata, quæ in illo servo Dei inveniebat, religioso usque ad unguem scrutinio rimabatur, seque in ejus comparatione nonnisi pulverem, et cinerem reputabat. Denique sanctæ humilitatis ardorem, quem in tam sublimi contemplatione cœperat, ferre non valens, summo diluculo, tempore quo regulariter loqui posset, vix exspectato, reverendissimum patrem Bernardum, signo in auditorium trahit, veniam petit, circumfusa sibi mœstitia internum prodens cordis dolorem. Requisitus quid causæ haberet : « Væ, inquit, misero peccatori, omnibus bonis prorsus vacuo, ut qui hac nocte in illo tali fratre nostro triginta virtutes, quibus omnibus pollet, numeravi, quorum ne ultimam quidem seu minimam in me mendico reperire prævaleo. Rogo ergo te, domine pater, ut digneris intercedere pro me ad Dominum, quatenus tuis sanctis meritis et precibus virtutum opera consequi merear, quæ peccatis meis exigentibus, hactenus habere non potui. »

Audiens spiritualis magister altissimam discipuli humilitatem, cujus religionem optime noverat, licet ipse qui ea clarus erat, felici ignorantia se eam habere nesciret, gavisus est gaudio magno valde, desiderans et optans cunctos sibi commissos ita semper in virtutibus proficere, ut tam religiosa infirmitatis suæ consideratione se proficere quodammodo nescirent. Quanta vero admiratione dignum censuerit tantæ humilitatis præconium, per hoc evidentius innotuit, quod in sermonibus in conventu fratrum habitis, ejusdem fratris aliquoties debita cum laude meminit, afferens nullam ex omnibus virtutibus, quas idem vere monachus in simplicitate cordis sui enumerarat, tantæ fortassis excellentiæ fuisse, quantæ pia contemplantis erat humilitas, qui negligentiores et infirmiores quosque juxta se positos nec videbat, nec attendebat, solos illos pertinaci studio præ oculis habens, quos vita et moribus spectabiles esse sciebat, quatenus eorum comparatione sibimet ipsi vita sua in oculis suis vilesceret.

CAPUT XXIV.

De mirabili dono visionis propheticæ, qua aliorum arcana, etiam absentium, cognovit.

Instabat aliquando sanctissima solemnitas Assumptionis, si recte memini, intemeratæ et immaculatæ Virginis Dei Genitricis Mariæ ; et fratres grangiarum Claræ-vallis, ob reverentiam tantæ diei, ad abbatiam festinabant. Verum in una ex iis grangiis, quæ viciniores erant, fuit conversus quidam religiosus ac timens Deum, qui etsi pro simplicitate sua perfectiora

choses les plus parfaites de la sainte religion, cependant comme il avait une très-grande bonne volonté et une très-grande dévotion, il avait pour notre dame la très-pieuse mère de Dieu, un amour sincère, et, comme le maître de la grange indiquait quels religieux devaient revenir à l'abbaye, et qui resterait à la maison pour la garder, il donna à ce religieux, qui faisait partie de ceux qui restaient à la grange, le soin de veiller sur les brebis. Quoiqu'il n'acceptât cette charge qu'à regret, cependant, bien qu'il eût nourri l'espérance et le désir d'aller assister aux hymnes divins et aux chants spirituels qu'il savait qu'on allait faire entendre dans cette sainte et pieuse assemblée, en l'honneur de la reine du ciel, cependant il ne protesta point et se soumit avec une entière obéissance à l'ordre qui lui était donné.

Valeur de la direction d'intention. Il résulta pour lui de cela, que la sainte dévotion qu'il avait dans le cœur, et qu'il craignait de perdre au milieu des soucis et des préoccupations terrestres que l'obéissance lui imposait, par un effet de sa soumission parfaite, fut récompensée et, telle qu'un feu qui scintille et qui brûle, elle devint plus fervente encore, et se dilata de plus en plus dans son cœur.

La nuit donc de cette très-sainte fête, pendant qu'il veillait avec soin à la garde de son troupeau parqué au milieu des pâturages, il arriva que le son matinal du signal qui appelait les frères dans le cloître au chant des louanges de Dieu, et que le profond silence de la première partie de la nuit permettait d'être entendu de loin, vint frapper ses oreilles. A ce son, il sentit son cœur s'échauffer dans sa poitrine, la foi de la méditation s'alluma à la pensée de la nombreuse assemblée de ses frères et des sentiments de piété et de ferveur avec lesquels ils allaient, dans les mouvements d'un sincère amour pour la très-pieuse mère de la miséricorde, faire entendre en commun les hymnes d'une céleste harmonie, et des vœux et des soupirs avec lesquels chacun allait, au fond de son cœur, implorer le patronage de la bienheureuse Vierge. Il se lève donc aussitôt et, dans son désir de participer de tout son pouvoir à une telle dévotion, il se tenait debout, le visage et l'esprit tourné vers le côté du ciel qui était au-dessus du monastère. Puis, après avoir récité, avec toute la dévotion possible, les prières habituelles que les convers ont à dire à la place des matines, il se mit à chercher dans la pauvre armoire de son cœur, quelle prière encore et quelle louange il adresserait à notre dame la sainte mère de Dieu, pour compenser, en quelque façon, les veilles que les religieux prolongeaient ce jour-là beaucoup ; il ne trouva rien de mieux à dire que la salutation de notre pieuse Dame telle qu'il l'avait apprise. Il prit *L'usage de réciter la Salutation Angélique en l'honneur de la Vierge Mère est ancien.* donc cette prière comme un abrégé et un résumé dans lequel se trouvait la plénitude de la dévotion, et, élevant les yeux au ciel, il ajoute les demandes de pardon aux demandes de pardon, les soupirs aux soupirs, et les salutations aux salutations. C'est ainsi qu'il passe le reste de la nuit et qu'il arrive sans s'être ennuyé jusqu'au matin. Par un effet de la grâce de Dieu, qui avait allumé une si grande ferveur dans le cœur de son pauvre religieux, la répétition des mêmes choses, qui est la mère de la fatigue, la marâtre de la dévotion, éloigna au contraire la fatigue d'une manière admirable, et excita sa dévotion, pendant que ces très-douces paroles, ces paroles plus douces que le miel, en s'écoulant

---

quæque sacræ religionis apprehendere nequibat, bonæ tamen voluntatis et devotionis exsistens, piissimam Dei Genitricem Dominam nostram sincero venerabatur affectu. Cum autem magister grangiæ ordinaret quisnam ad abbatiam ire deberet, vel qui ob tutelam domi remanerent, inter cæteros qui remansuri erant, eidem fratri cura custodiendarum ovium commissa est ; quam commissionem licet ægerrime ferret, quoniam sperabat et multum desiderabat, divinis hymnis et cantilenis spiritualibus interesse, quos in honorem Reginæ cœli a sancto illo conventu devotissime persolvendas fore sciebat ; nihil tamen ausus contradicere, obedientissime paruit imperanti. Unde accidit, ut devotio sancta, quam mente conceperat, quamque per inquietudinem terrenæ occupationis, quam obedientia injunxerat, perdere timebat ; eadem obedientia promptam voluntatem ipsius remunerante, velut ignis scintillans et æstuans, in præcordiis ejus magis ac magis dilatata, ferventior efficeretur.

Nocte itaque sacratissimæ celebritatis, dum sollicitus excubias supra gregem suum in pascuis quiescentem servaret ; factum est ut sonitus signi matutinalis, quo fratres ad divinas laudes persolvendas in cœnobio excitabantur, quodque ob conticinii silentium procul audiri poterat, aures ipsius reverberaret. Tum vero concaluit cor ejus in ipso, et in meditatione ipsius exarsit ignis, cogitantis sanctæ illius multitudinis frequentiam, sed et fervorem ac devotionem, qua scilicet sincero affectu piissimæ Matri misericordiæ cœlestis harmoniæ odas in commune persolverent ; seu qualiter singuli quique ad se in secreto suo ejusdem beatæ Virginis patrocinium votis et suspiriis implorarent. Protinus ergo exsurgens, tantæque devotionis pro modulo suo particeps effici cupiens, versus illam plagam cœli, qua monasterium situm erat, vultu et animo intentus stabat. Dehinc consuetudinariis precibus, quæ conversis vice matutinarum statutæ sunt, quanto potuit devotius expletis ; cum in paupere armariolo cordis sui enixius quæreret, quid precis, seu quid laudis sanctæ theotoco Dominæ nostræ offerret, unde protelatas et in longum valde productas fratrum vigilias aliquo modo recompensare potuisset ; nihil aliud præter salutationem ejusdem piæ Dominæ, quam utcumque didicerat, se scire invenit. Hanc itaque tamquam verbum consummans et abbreviatum, in quo plenitudo totius devotionis inveniri posset, assumens, et oculos ad cœlum dirigens, venias veniis, suspiria suspiriis, salutationesque salutationibus superaddidit ; et in tali negotio reliquum noctis, et diluculi partem sine tædio transegit. Divina namque cooperante gra-

d'un cœur simple, et en se répétant fréquemment sur ses lèvres, obtenaient la faveur et la grâce de Notre-Dame à ce religieux, qui priait et soupirait, sans se lasser, vers elle.

Enfin, le Seigneur a daigné révéler en esprit au très-révérend abbé Bernard, qu'il n'avait pas travaillé en vain en poussant ses gémissements, ni invoqué sans fruit la miséricorde de la Mère de miséricorde. En effet, lorsque, après le chant des hymnes divins, et la pieuse célébration des saints mystères par tous les prêtres, en l'honneur de la très-élevée Mère de Dieu, la vierge Marie, comme Bernard faisait, dans l'assemblée des frères, pour rehausser encore la prérogative d'une telle solennité, un sermon que la grâce du Saint-Esprit avait animé d'un feu extraordinaire, il dit entre autres choses : « Mes frères bien-aimés, il n'est pas permis de douter que vous ayez offert, cette nuit même, à Notre Seigneur Jésus-Christ, notre roi, et à notre patronne particulière, la glorieuse Vierge, sa mère, un sacrifice de dévotion saint, agréable et digne d'être bien accueilli ; vous devez donc, en conséquence, tenir de foi certaine que le fruit de votre peine, je veux dire la récompense éternelle, repose, pour vous, auprès du Seigneur et de notre très-bienveillante protectrice. Mais, je veux que vous sachiez aussi qu'un de nos plus humbles et plus simples frères convers, que l'obéissance a contraint cette nuit de célébrer les joies de cette solennité sur les montagnes, dans les bois et sous la voûte des cieux, a rendu à Notre-Dame un culte de louange pendant les matines, si agréable, si plein de piété et de sentiments de fête, qu'il n'y a pas eu parmi nous de contemplation si extatique, de dévotion si attentive, qui puisse être placée avant la dévotion, que chez lui l'obéissance et l'humilité, unies à une sainte simplicité, non point les sublimes pensées d'une haute contemplation, ont formée. » En entendant ces paroles, tous furent frappés d'admiration, ou plutôt, non-seulement, tous furent dans l'admiration et se félicitèrent, mais les frères lais furent particulièrement édifiés, car ce sont eux que bien souvent, les jours de fête comme les jours ordinaires, l'obéissance applique à des œuvres nombreuses. Ils surent par là, avec la plus entière certitude, que ce ne sont ni les clôtures du cloître, ni les murailles du temple qui sanctifient la crainte du Seigneur si elle se néglige, et que les choses que l'obéissance force de faire pour des nécessités terrestres, ne peuvent pas empêcher de lever vers Dieu des mains pures dans la prière, et de servir Dieu avec une conscience pure, si on le désire.

Force de l'obéissance.

CHAPITRE XXV*.

Conversion d'un moine trois fois apostat, due aux avis et aux prières de saint Bernard. Le saint le châtie en père, son heureuse mort.

* Tiré du grand Exorde, dist. IV. ch. XVI.

Un frère convers avait quitté Clairvaux pour la troisième fois, par suite de sa légèreté, et, pour la troisième fois, on l'avait reçu de nouveau. Touché enfin par les avis salutaires et par les saintes prières du bienheureux abbé Bernard, il

---

tia, quæ tantum fervorem in corde sui pauperis accenderat, identitas mater fastidii, noverca devotionis, miro et contrario modo fastidium propulsabat, et devotionem exacuebat, dum verba illa suavissima, et omni melle dulciora simplici corde prolata, itidemque crebrius repetita, favorem et gratiam universalis Dominæ oranti et suspiranti celerius impetrarunt.

Denique quod non frustra in gemitu suo laboraverit, nec incassum misericordiam a Matre misericordiæ quæsierit, Dominus reverendissimo abbati Bernardo per spiritum revelare dignatus est; qui divinis hymnis expletis, sacrisque mysteriis in honore præcelsæ Dei Genitricis et Virginis Mariæ a singulis sacerdotibus devotissime celebratis, cum in conventu fratrum ob tantæ solemnitatis prærogativam commendandam sermonem faceret, Spiritus Sancti gratia vehementer ignitum, inter cætera sic ait. « Et quidem, fratres mei dilectissimi, dubitare fas non est, vos Domino Jesu-Christo vero Regi, necnon et speciali patronæ nostræ gloriosæ Virgini Matri ipsius sanctum beneplacens et acceptabile devotionis nostræ sacrificium hac nocte obtulisse, ideoque fructum laboris vestri, mercedem æternam apud Dominum, et eamdem benignissimam protectricem nostram vobis repositam esse certissima fide tenere debetis. Verumtamen scire vos volo, unum ex minoribus et simplicioribus fratribus nostris conversis, quem obedientia hac nocte in montibus et silvis istis sub dio tantæ festivitatis gaudia celebrare coegerat, tam jucundum, tam devotum, tam festivum Dominæ nostræ matutinarum exsolvisse servitium, ut nullius nostrum, quantumcumque suspensa contemplatio seu intensa devotio, ipsius devotioni, quam non alta contemplationis sublimitas, sed submissa sanctæ simplicitatis humilitas effecit, præferri potuerit. » Quo audito mirati sunt universi, præcipue vero non solum mirati, sed et gratulati sunt, et vehementer ædificati fratres laici, quos obedientia tam festivis, quam privatis diebus frequenter in diversa opera trahebat; certissime scientes, quoniam sicut sæpta claustri et parietes templi sanctum non faciunt timorem Domini negligentem; sic etiam negotia, quæ causa terrenæ necessitatis obedientia injunxerit, nihil obesse poterunt puras manus in oratione levanti, puraque conscientia Domino servire cupienti.

CAPUT XXV.

De monachi tertio apostantis conversione, monitis et precibus sancti P. Bernardi obtenta, ejusdemque paterna castigatione, et felici morte.

Conversus quidam, cum de domo Claræ-vallis levitate sua tertio fuisset egressus tertioque receptus, tandemque salutaribus monitis, et sanctis precibus beati Bernardi abbatis compunctus, cœpit apostasiæ suæ præcipitium, in quo jam tertio graviter pericli-

commença à avoir une profonde horreur de l'abîme de l'apostasie, où il avait trois fois failli demeurer englouti, et à rechercher quel genre de pénitence ou de satisfaction il pourrait offrir à Dieu pour une aussi énorme faute. Le Seigneur lui inspira la pensée que, pour mériter le pardon de ses fautes, et pour obtenir plus efficacement la grâce des vertus qui lui manquaient, il ne pouvait lui offrir rien de plus efficace, rien de plus agréable, que le sacrifice d'un cœur contrit, d'un esprit humilié, le seul qui pût faire violence au royaume de Dieu, et qui fléchît le plus ordinairement, par des gémissements inénarrables, les exigences terribles pour tous les hommes de la justice divine. Il saisit donc ces armes de la piété, et, se levant contre lui-même, il s'appliqua avant tout à pratiquer toutes les observances de l'ordre autant qu'il put, sans cette négligence qui ferme les yeux sur ses devoirs, puis se mit en peine d'effacer les fautes passées par des prières et des lamentations quotidiennes, apprenant ainsi, par son exemple salutaire, à ceux qui se tiennent debout, à prendre garde de tomber, et à ceux qui sont tombés à se relever.

Dieu flagelle et châtie ses enfants quand il veut les sauver.

Au reste, par une disposition du Seigneur, qui a coutume d'opposer aux péchés des remèdes plus forts que les péchés eux-mêmes, et qui, par un effet de son ineffable bonté, change quelquefois des vases d'ignominie en vases d'honneur et de gloire, la pourriture pénétra dans les os même de ce frère, un ulcère de la pire espèce lui vint à la cuisse; c'était un apostème cancéreux. La douleur qu'il lui causait alla tous les jours en augmentant, il maigrit au point que, toutes les chairs qui se trouvaient placées autour de cet ulcère, ayant fini par se corrompre, laissèrent l'os de la jambe à nu. Il se mit même des vers dans la plaie. Cloué comme en prison, pendant de longues années, sur son lit, mais humblement soumis aux fouets de la vengeance divine, on peut dire que chaque heure de vie était pour lui une heure de mort. Or, non-seulement pour le patient la douleur était pitoyable et l'angoisse grande à la vue de son corps qui tombait en pourriture, mais encore la peine qu'il ressentait au fond du cœur pour ceux qui le soignaient était immense, à cause de l'horreur que leur inspirait sa plaie et de la puanteur que cet ulcère en suppuration continuelle exhalait. Mais ses souffrances et leur patience leur préparaient à lui et à eux une abondante récompense auprès de Dieu. Au milieu de ses douleurs et de ses souffrances, ce frère s'efforçait de rendre constamment grâces à Dieu; il croyait du fond du cœur et confessait de bouche qu'il n'était pas encore traité comme il le méritait.

Lorsque enfin la source du péché se trouva consumée en lui par le feu de la souffrance, et que, selon le mot du sage, le vase de l'argent le plus pur commença à se dégager de sa rouille, alors cette âme bienheureuse sortit de son purgatoire, tel qu'un argent éprouvé au feu, pure, nette, et fut transportée avec les autres vases de miséricorde, dans le palais du souverain Roi. Mais, avant de sortir de ce lac de misère et de cet épais bourbier, il mérita, pour la consolation de tous les vrais pénitents, de goûter dans cette vie le fruit de ses souffrances et de sa patience, et je ne sais quoi de cette

---

tatus fuerat, totis medulis cordis horrere, et quid pœnitentiæ vel satisfactionis Domino pro tam enormi reatu suo offerre posset, enixius quærere. Et inspirante Domino cogitavit et intellexit ad promerendam veniam delictorum, et ad obtinendam gratiam virtutum nihil efficacius, nihil in conspectu Domini acceptabilius esse sacrificio cordis contriti, et spiritus humiliati, quod solum regno cælorum vim facere prævalet, et formidabilem cunctis divinæ justitiæ districtionem gemitibus inenarrabilibus flectere consuevit. Hæc itaque pietatis arma corripiens, et seipsum contra semetipsum erigens, primo quidem universas ordinis observantias sine dissimulatrice negligentia, quantum potuit, observare studuit, et insuper quotidianis precibus et lamentis præterita sua peccata diluere sollicitus fuit, salubri prorsus exemplo stantes ne laberentur, lapsos ut erigerentur informans.

Cæterum disponente Domino, qui fortioribus peccatis fortiora solet adhibere medicamina, quique ineffabili pietate sua quandoque vasa contumeliæ transfert in vasa honoris et gratiæ, ingressa est putredo in ossibus fratris prædicti, et percussus est circa femora ulcere pessimo, apostemate canceroso, et crescente in dies angustia languoris, totus contabuit, ita ut carnibus circa locum ulceris undique corrosis, ossa nudata patescerent, et vulnera vermibus scaturirent. Annis itaque pluribus in grabato carceratus, et divinæ animadversionis flagellis humiliter subditus, quot horis vivebat, totidem [pene interitionibus subjacebat. Erat ergo patient animæ miserabilis dolor et angor a facie putrescentis corporis sui, simulque servitoribus ejus angustia cordis immensa, præ horrore et fœtore, quem tabiosum ulcus continue exhalabat. Sed laboris et patientiæ hujus nihilominus renumeratio copiosa penes Deum utriusque reposita. Satagebat autem frater idem infirmus in doloribus et pressuris suis semper gratias agere, corde credens, et ore confitens, sese recipere longe adhuc imparia meritis.

Cum autem jam ad purum fuisset in eo scoria excocta peccati, ut secundum Sapientis dictum, ablata rubigine de argento egrederetur vas purissimum; tandem educta est anima illa beata conflatorio purgationis, et velut argentum igne examinatum, munda et nitida, cum cæteris misericordiæ vasis translata est ad palatium summi Regis. Sed antequam de lacu miseriæ, et de luto fœcis educeretur, ad consolationem omnium vere pœnitentium meruit in hac vita prælibare fructum laboris et patientiæ suæ, et nescio quid ineffabile de illa superna dulcedine, ad quam sine fine fruendam in proximo erat admittenda, præ-

douceur céleste dont elle allait être bientôt admise à jouir sans fin. Après y avoir goûté, il se trouva comme enivré d'un vin céleste, et, au même instant, il éclata en chants de victoire dignes des cieux, et, avec un visage plein de sérénité, cet homme ignorant, qui n'avait jamais appris à lire ni à chanter, se mit à faire entendre, sur un ton des plus mélodieux, certains chants nouveaux, des hymnes et des modulations délicieuses empruntées aux cantiques de Sion.

A cette nouvelle, tous les frères se réunirent pour voir le grand miracle d'un homme accablé par de telles misères, et de telles calamités, se rire des approches de la mort, la recevoir en chantant et en jubilant, et lui dire en quelque sorte : « O mort, où est ta victoire ? Je ne suis qu'un grand pécheur, un pauvre misérable, rien moins qu'un homme, mais parce que j'ai supporté avec patience, dans ma chair, les stigmates du Seigneur Jésus, pour l'amour de son nom, je n'ai plus peur de toi, ombre des ombres, mère de douleur, exterminatrice de toute joie, meurtrière de la vie; bien plus je te méprise, parce que je sais que tu as été absorbée, plus que cela, réduite au néant, dans la victoire de Jésus-Christ Notre-Seigneur. » Voilà donc comment notre chantre modulait ses chants, et, si je puis parler ainsi, entrait déjà en jouissance de l'*Alleluia*, qui retentit dans les places de la Jérusalem céleste et montrait, par un miracle qui présageait l'avenir, dans sa chair corruptible où il se trouvait encore retenu, ce qu'il allait faire lorsqu'il en sortirait. Voilà comment, plein de joie et la louange sur les lèvres, il exhala sa bienheureuse âme dans un chant de bonheur et de gloire. Son heureuse mort réjouit le bienheureux Bernard; il fit un sermon très-pieux aux frères dans le chapitre, et leur montra à tous, dans ce frère convers. de dignes fruits de pénitence et l'exemple d'une patience admirable.

CHAPITRE XXVI.[*]

Saint Bernard blâme ou plutôt éprouve la sécurité et la confiance d'un moribond.

[*] Tiré du même ouvrage, ch. XIX.

Un des frères convers de Clairvaux, d'une vie innocente et d'une conduite honnête, un jour, tomba gravement malade, et se trouva bien vite à la dernière extrémité. Saint Bernard vint le visiter, et, pour lui donner du courage, il lui dit : « Ayez confiance, mon fils, car vous allez bientôt passer de la vie à la mort, du travail du temps au repos de l'éternité. » Le patient répondit avec une grande confiance : « Pourquoi n'irais-je point vers le Seigneur, mon Dieu et mon Créateur ? Je suis sans crainte, et, autant qu'il m'est permis de présumer de la miséricorde de Jésus-Christ mon Seigneur, je suis sûr que je ne tarderai point à voir les biens du Seigneur, dans la terre des vivants. » Saint Bernard, alors, en sage médecin et en pasteur vigilant, craignit que cet homme simple n'eût répondu avec cette confiance, plus par une téméraire présomption que parce qu'il se sentait la conscience pure, lui dit : « Signez votre cœur, mon frère, signez-vous, qu'avez-vous dit là ? D'où a pu vous venir tant d'audace et de présomption ? N'êtes-vous pas un pauvre néant, un homme misérable, qui n'est peut-être venu chez nous, où il a fini par se faire recevoir à force de prières, que poussé par le

---

gustare. Qua gustata tanquam musto cœlesti inebriatus, protinus erupit in jubilum præconii cœlestis, et serenata facie cœpit idiota, et qui nunquam cantare aut legere didicerat, cum suavissima melodia quosdam novos multumque delectabiles hymnos ac modulos cantare de canticis Sion.

Facta autem hac voce, convenit multitudo fratrum videre cum grandi miraculo hominem tantis miseriis et calamitatibus oppressum, in ipso mortis accessu cantando ac tripudiando insultantem, et quodammodo dicentem : *Ubi est mors victoria tua?* Ecce ego magnus peccator, et pauperculus homuncio, quoniam stigmata Domini Jesu in corpore meo pro nomine ipsius patienter sustinui, te larvalis umbra, mater mœroris, exterminatrix gaudii et perditrix vitæ, non timeo, sed potius contemno, sciens te absorptam et penitus annihilatam in victoria crucis Domini nostri Jesus-Christi. Ita ergo præcentor noster modulizans, et *Alleluia* quod in plateis cœlestis Jerusalem frequentatur, quodammodo præoccupans, quid post mortem carnis facturus esset, in carne adhuc corruptibili positus præsago miraculo declaravit; sicque lætabundus et laudans, in voce exsultationis et confessionis beatam animam illam exhalavit. De cujus felici consummatione beatus Bernardus hilaratus, sermonem devotissimum ad fratres in capitulo fecit, commendans in eo dignum pœnitentiæ fructum, et admirabilem patientiam ejus omnibus proponens exemplum.

CAPUT XXVI.

De sancto Bernardo, securitatem sive fiduciam cujusdam moribundi redarguente, seu potius tentante.

Conversus quidam de fratribus Claræ-vallis, innocentis vitæ, et conversationis honestæ, cum graviter aliquandiu ægrotasset, tandem ad extrema devenit. Introivit autem ad eum gratia visitationis beatus Bernardus, et confortans eum ait: « Confide fili, quia migraturus es jam nunc de morte ad vitam, de labore temporali ad requiem sempiternam. » Ille vero cum ingenti fiducia respondit: « Quidni pergam ad Dominum et Creatorem meum? Vere confido, et quantum de misericordia Domini mei Jesu Christi præsumere audeo, certus sum, quia cito visurus sum bona Domini in terra viventium. » Porro beatus Bernardus, ut erat medicus sapiens, pastorque sollicitus, timens homini rusticano, ne tam fida responsio de præsumptionis magis temeritate, quam de conscientiæ puritate procederet, ait : « Signa cor tuum, frater signa cor tuum; quid est quod locutus es? Unde tibi subrepere potuit tantæ præsumptionis audacia? Enimvero tune es ille

besoin, bien plus que par la pensée de la crainte du Seigneur? Quant à nous, c'est pour l'amour de Dieu que nous vous avons accueilli dans votre dénuement, et que nous vous avons rendu semblable à ces savants et à ces nobles qui sont parmi nous, par le vivre et le vêtement, et par toutes les autres commodités de la vie. Voilà comment vous êtes devenu comme l'un d'eux. Or, qu'avez-vous rendu au Seigneur pour toutes ces choses qu'il vous a données? Ce n'est pas même assez pour votre ingratitude d'avoir reçu tant de bienfaits de la main du Seigneur, il faut encore que vous réclamiez comme un droit héréditaire, son royaume, que nul roi, nul prince, ne saurait s'assurer à prix d'or ou d'argent. »

A cela il répondit d'un air doux et d'une âme tranquille: « C'est bien dit, à vous, mon très-cher père, oui c'est bien dit à vous, et vous n'avez avancé là que la plus stricte vérité; mais pourtant, si vous le permettez, je répondrai à mon seigneur et père et je lui dirai en peu de mots d'où a pu me venir, à moi, si pauvre et si misérable, je ne dirai pas, une telle présomption, mais, comme je l'espère, une telle dévotion, s'il est vrai, comme vous nous l'avez souvent inculqué dans vos prédications, que ce n'est point par la noblesse du sang ni par les richesses de la terre, mais par la seule vertu d'obéissance, qu'on acquiert le royaume de Dieu. J'ai recueilli cette seule pensée, comme un abrégé de la parole de Dieu, et je l'ai retenue soigneusement gravée dans ma mémoire: je l'ai, dis-je, placée comme un cachet sur mon cœur, en en faisant l'objet assidu de mes méditations, et comme un cachet sur mon bras, en en faisant le but constant de ma conduite. Informez-vous si vous le voulez auprès de mes maîtres et de mes compagnons, à qui vous m'avez prescrit d'obéir et de rendre des services, et vous verrez si jamais j'ai failli dans l'obéissance que je leur devais, si jamais j'ai contristé, autant qu'il a été en moi, un seul de nos frères, par un mot, un signe, ou de tout autre manière que ce soit. Si donc, en toutes choses, je me suis appliqué à obéir et à rendre service à tout le monde en Jésus-Christ, et à aimer tous mes frères par la grâce de Dieu, qui peut m'empêcher d'avoir confiance en sa miséricorde? »

Belle réponse d'un religieux convers.

Le saint abbé, en entendant cet homme simple lui faire une pareille réponse, se sentit pénétré de joie, et s'écria: « Oui, mon très-cher fils, vous êtes bien heureux, car ce n'est ni la chair ni le sang, mais le Père céleste lui-même qui vous a révélé cette sagesse, c'est lui qui a placé notre âme dans la voie de la vie, et qui vous a conduit à la patrie par le chemin le plus droit. Eh bien donc, maintenant entrez-y avec sécurité, car la porte de la vie vous est toute grande ouverte. » Ce religieux mourut, on fit ses funérailles, et le vénérable abbé fit un sermon dans le chapitre, avec sa piété et son éloquence habituelles, sur la conversion et la consommation de ce frère convers, et, en citant son exemple, il alluma dans tous les cœurs un amour admirable de l'obéissance. Il avait été, en effet, profondément touché de la réponse que lui avait faite ce religieux, et il s'estimait bien plus heureux de voir la pureté de son âme et sa vertu d'obéissance que s'il lui avait vu faire des prodiges et des miracles éclatants.

---

pauperculus et miserabilis homo, qui cum nihil haberes in seculo, necessitate forsitan magis, quam timore Dei cogente ad nos confugisti, multis precibus tandem aditum impetrando? Nos vero causa Dei collegimus inopem, et parem te fecimus in victu et vestitu, cæterisque commoditatibus, his qui nobiscum sunt sapientibus atque nobilibus viris; et factus es quasi unus ex illis. Quid igitur tribuisti Domino pro omnibus istis? Et ecce non sufficit ingratitudini tuæ gratis accepisse te tot beneficia de manu Domini, nisi et regnum ipsius hæreditario jure vindices tibi, quod nullus umquam regum vel principum, quantislibet auri et argenti molibus potuit comparare. »

Ad hæc ille respondens blando vultu, et tranquillo animo dixit: « Bene, pater charissime, bene utique perorasti, et vera sunt omnia quæ dixisti; verumtamen, si jubes, loquar ad te dominum et patrem meum, et paucis aperiam, unde mihi pauperi et misero suggeri potuit, tantæ, non præsumptionis, sed, ut ego spero, devotionis occasio. Nam si vera est illa prædicatio vestra, quam nobis sæpius inculcastis, quod scilicet regnum Dei non carnis nobilitate, non terrenis divitiis possidetur, sed sola obedientiæ virtute acquiritur; hanc unam sententiam, tanquam verbum abbreviatum a Domino, sedula commemoratione apud me continui, ponens illud quasi signaculum super cor meum, assidue meditando, et super brachium meum, sollicite operando. Quærite si placet ab omnibus magistris et sociis, quibus me obsequi ac servire jussistis, et si cuiquam illorum aliquando inobediens fui, si de fratribus nostris quempiam verbo aut signo, vel quolibet alio modo, quantum in me fuit, contristavi. Quod si operam dedi omnibus in Christo obedire, omnibus servire, cunctosque per Dei gratiam diligere; quis prohibere me potest, ut de misericordia ipsius non confidam? »

Beatus itaque pater, cum tale responsum ad homine rusticano accepisset, gavisus est gaudio magno, et ait : « Vere beatus es, fili charissime, quia caro et sanguis non revelabit tibi sapientiam hanc, sed Pater cœlestis ipse te docuit, ipse posuit animam tuam ad vitam, rectissimoque tramite perduxit ad patriam. Jam ergo securus ingredere, quoniam patefacta est tibi janua vitæ. » Defuncto itaque fratre et exsequiis celebratis, venerabilis pater de conversatione et consummatione ejus sermonem in capitulo luculentum sua illa devotione et facundia peroravit, omnesque illius exemplo ad amorem obedientiæ mirabiliter accendit. Vehementer namque affectus fuit in responsione illius; et magis congratulabatur ei super obedientiæ virtutem, et super ipsius animi puritatem, quam si vidisset eum signis et prodigiis coruscantem.

CHAPITRE XXVII.

Saint Bernard envoie des religieux en Suède, pour y fonder un couvent; il promet à l'un d'eux qu'il mourra et sera enterré à Clairvaux.

Extrait du même ouvrage, ch. II.

Ce grand aigle aux grandes ailes et aux plumes nombreuses, je veux dire le grand abbé Bernard, grand en mérites, élevé par les ailes de la sainte contemplation, orné d'une multitude de vertus, avait planté la moelle du cèdre, je veux dire la perfection religieuse qu'il avait prise au sommet du Liban, c'est-à-dire sur les hauteurs de la grâce de Dieu, dans la solitude du Val d'absinthe, et par l'amère absinthe de la pénitence, avait changé ce nom en celui de Clairvaux. Alors la vie religieuse commença à se répandre sur beaucoup d'eaux, c'est-à-dire à plier au culte de la piété, comme les vagues bleues de la mer, les volontés révoltées et gonflées d'une foule de nations diverses. Ce vénérable père voulant donc recueillir quelque fruit chez les peuples des contrées septentrionales, comme il en recueillait chez les autres nations, envoya, à la prière d'une pieuse femme, la reine de Suède, un couvent de religieux vers ces pays. Comme les moines et les frères convers désignés pour aller porter à ces populations grossières et sauvages, la forme de la vie et de la discipline religieuses, étaient abattus par une grande tristesse, et recouraient à toutes les prières possibles pour ne point être privés de la présence d'un tel père et envoyés dans ces régions éloignées et barbares, le saint abbé leur dit : « Qu'est-ce donc, mes très-chers frères, que faites-vous là ? Pourquoi attristez-vous ainsi mon âme par vos pleurs et vos prières déraisonnables ? Est-ce que dans cette affaire je suis ma volonté plutôt que celle de Dieu à qui nous devons tous obéir ? » On avait placé devant eux les ornements et les vases sacrés, ainsi que tous les autres instruments qui concernent l'office divin, que devaient emporter avec eux ceux qui allaient être envoyés dans cette mission. Voulant donc les convaincre que la pensée de les envoyer venait de Dieu, Bernard prit un bassin destiné à recevoir l'eau pour les mains du prêtre et, imprimant son doigt au fond de ce vase, il leur dit : « Voilà le signe que c'est Dieu qui vous envoie. » On vit alors la dureté et la rigidité de l'airain céder d'une manière étonnante sous l'impression de son doigt, en sorte qu'on peut voir encore aujourd'hui très-distinctement la grosseur de ce doigt sacré; le métal a fait saillie au dehors de la même quantité que le doigt s'est marqué en creux au dedans. En témoignage d'un si grand miracle, ce même bassin se trouve conservé avec un souverain respect dans la sacristie de la maison que le saint abbé fonda en ce moment-là. Les frères dont nous avons parlé, en voyant d'une manière si évidente la présence de la grâce de Dieu, réprimèrent les aiguillons de la tristesse qui rongeait leur âme et se réjouirent, et, s'ils ne pouvaient se défendre d'une certaine terreur, à la pensée des nations éloignées et perdues aux extrémités brumeuses de l'Aquilon où ils allaient se rendre, cependant ils se sentaient assurés dans leur pieuse confiance que la grâce de Dieu, par les mérites et les prières

CAPUR XXVII.

De conventu fratrum in Sueciam per sanctum Bernardum misso, qui uni eorum promisit, fore ut in Claravalle moreretur, sepeliretur.

Postquam aquila illa grandis magnarum alarum, multarumque plumarum, magnus videlicet pater Bernardus, magnus meritis, sublimis sanctæ contemplationis alis, ornatus varietate virtutum, medullam cedri, id est perfectionem religionis, quam de summitate Libani, id est de altitudine divinæ gratiæ, acceperat, in solitudine Vallis absinthialis plantavit, quatenus eadem Vallis mediante amaritudine pœnitentiæ verteretur in Claram-vallem ; cœpit jam religio ipsa transplantari super aquas multas, id est diversarum nationum cervicosas ac tumidas voluntates, tanquam cæruleos undarum vortices, ad veræ pietatis cultum inclinare. Volens autem idem venerabilis pater, in populis aquilonarium partium, sicut et in gentibus cæteris, aliquem fructum habere ; petente religiosa femina regina Sueciæ, conventum fratrum ad illas partes direxit. Cumque monachi et conversi, qui ad hoc denominati fuerant, ut hominibus rudibus et indomitis formam religionis et disciplinæ traderent, nimio mœrore consternati, precibus quibus valebant, agerent, ne tanti patris præsentia carituri ad exteras et barbaras mitterentur regiones, sanctus abbas respondit : « Quid est hoc, dilectissimi fratres, quod facitis ? ut quid irrationalibus fletibus et precibus affligitis animam meam ? Aut numquid voluntatem Dei, cui omnes obtemperare debemus, sequor in hoc negotio ? » Erant autem coram eo posita vestimenta et vasa sacra, cæteraque utensilia, ad ministerium divini officii pertinentia, quæ iidem fratres, qui mittendi erant, secum ferre debebant. Volens itaque certos eos reddere, quoniam a Domino egressus esset sermo, elevavit pelvim, quæ ad recipiendam aquam sacerdotis manibus fundendam deputata erat, et digitum fundo ejus imprimens dixit : « Ecce hoc vobis erit signum, quod Spiritus Domini miserit vos. » Mirum in modum rigor et inflexibilitas æris teneritudini digiti ejus cedere visa est, adeo ut cujus quantitatis sacer articulus fuit, usque hodie liquido valeat dignosci ; quantum autem intus cessisse, tantum foris æqualitatis excessisse videtur. In testimonium enim tanti miraculi, eadem pelvis in secretario domus, quam tunc pater sanctus ordinavit, summa cum reverentia servatur. Porro prædicti fratres videntes perspicuam divinæ gratiæ præsentiam adesse, stimulos edacis tristitiæ reprimentes, gavisi sunt ; et licet remotissimas, et in ultimo climate aquilonaris brumæ abstrusas nationes, non sine quodam horrore spiritus adire possent, tamen eamdem gratiam Dei, meritis et

de notre saint abbé ne pouvait manquer de les y accompagner.

Il y avait, entre autres, un jeune homme, d'un bon caractère et d'une simplicité de colombe, nommé Gérard, originaire de Trèves, ville de la Germanie seconde, qui, moins patient que les autres dans son chagrin, disait avec larmes à l'homme de Dieu : « Bienheureux père, je ne suis qu'un misérable jeune homme qui, après avoir abandonné la maison de mon père, et méprisé tout ce qui pouvait me paraître désirable et aimable dans le monde, suis venu par amour de la vie religieuse dans votre maison, dans l'espérance d'y jouir de votre très-douce présence, de me former à vos leçons et à vos exemples, de me fortifier par vos mérites et vos prières, et, à l'ombre de cette sainte multitude, de me mettre à l'abri du tourbillon des tentations et des entraînements des désirs de la jeunesse, et, ce que j'appelle de tous mes vœux, d'atteindre le dernier jour au milieu des corps sacrés de nos frères qui reposent dans ce cimetière. Or, voici que vous m'éloignez de votre face, que je perds la société de ce sacré collége, et que, par-dessus le marché, je me vois, dans l'avenir, privé de la sépulture que j'avais tant ambitionnée. Voilà pourquoi, oui voilà pourquoi j'éprouve une si vive douleur, pourquoi mon cœur est si vivement troublé en moi. »

Le saint homme compâtit à la douleur de ce jeune homme, et s'empressa, par de douces paroles, de calmer l'affliction de son âme, et, entrevoyant cinquante ans d'avance, dans un regard prophétique, ce qui devait arriver, il lui dit :

« Allez, mon très-cher fils, où le Saint-Esprit vous fait la grâce de vous envoyer, et travaillez comme un bon ouvrier dans le champ du Seigneur. Pour moi je vous promets au nom du Seigneur, et je vous assure que, selon votre désir, vous mourrez à Clairvaux et y attendrez avec nous le glorieux avénement du céleste époux. » Ce frère reçut la bienheureuse promesse du pieux père, comme la caution de son désir et il fut comblé de joie, parce qu'il savait qu'il ne pouvait ni se tromper ni vouloir tromper, car des merveilles et des prodiges manifestes montraient évidemment qu'il était admis dans les secrets de la vérité et de la sagesse. Il partit donc et remplit exactement, dans la maison qu'il était envoyé fonder avec ses autres frères, les fonctions de prieur et de célérier, et, par un effet de la grâce de Dieu, obtint en même temps le titre et les fonctions d'abbé. Il ne consentit qu'à regret à accepter cette haute dignité, aimant mieux faire son salut dans un poste plus humble que de l'exposer dans un plus élevé, mais une fois qu'il en fut investi, il l'embellit de l'éclat d'une vie très-religieuse. Mais, comme à cause de la pénurie des clercs, il ne se convertissait que bien peu de monde dans ce pays, le Seigneur envoya à son fidèle serviteur, de la Germanie et de l'Angleterre, des personnes lettrées et discrètes, qui firent croître la discipline de la vie monastique dans ce royaume où elle avait été fondée, et porter des fruits parmi les populations qui connaissaient bien les religieux de nom, mais qui n'en avaient jamais vu jusqu'alors. Enfin, le seigneur abbé confia à son célérier, nommé Abraham, homme prudent, tout

---

precibus sancti patris nostri intervenientibus, se comitaturum pia confidentia præsumebant.

Erat vero inter cæteros adolescens quidam honestæ indolis, et columbinæ simplicitatis, Gerardus nomine, oriundus de provincia Germaniæ secundæ, civitate Trajecto, qui impatientus aliis dolens, cum lacrymis dixit ad virum Dei : Beatissime pater, ego miserabilis juvenculus relicta domo paterna, spretisque omnibus quæ mihi in hoc seculo desiderabilia et amabilia esse poterant, religionis amore paternitatem tuam adii, sperans me tua dulcissima præsentia debere perfui, tuis doctrinis et exemplis informari, tuis meritis et precibus adjuvari, subque sanctæ hujus multitudinis umbraculo, a turbine tentationum, et ab æstu juvenilium desideriorum tutari; quodque votis omnibus exopto, inter sacra corpora fratrum nostrorum in hoc cœmiterio quiescentium diem exspectare novissimum. Et ecce, ejicis me hodie a facie tua, sacrique collegii hujus consortium perdo; et insuper desiderata mihi sepultura privabor. Hinc prorsus, hinc vehementer doleo, quia cor meum conturbatum est in me.

Compassus adolescenti vir beatus, afflictam mœrore animam affatu blando mulcerda curavit, et quæ post annos quinquaginta futura erant spiritu prophetico prævidens, ait ad eum : « Vade, fili charissime, que te Spiritus sanctus mittere dignatur, et in agro Dominico tanquam strenuus operator labora. Ego tibi in nomine Domini polliceor, et securum facio, quia, sicut desideras, in Clara-valle morieris, et cœlestis Sponsi gloriosum adventum una nobiscum præstolaberis. » Hanc ergo tam beatam pii patris sponsionem, velut arrham sui desiderii, frater ille suscipiens, gavisus est valde, sciens utique nec falli posse, nec fallere velle hominem, quem sapientiæ et veritatis secretarium esse manifesta signorum et prodigiorum declarabant indicia. Ivit itaque, et in domo quam cum cæteris fratribus initiare mittebatur, prioris et cellerarii administrationes strenue percurrens, divina largiente gratia nomen pariter et officium abbatis sortitus est. Cujus dignitatis apicem licet invitus conscenderet, malens in humili loco salvari, quam in sublimi periclitari, susceptum tamen religiosissimæ conversationis nitore decoravit. Quia vero propter paucitatem clericorum vix aliquis de terra convertebatur, Dominus fideli servo suo de partibus Germaniæ et Angliæ litteratas et discretas personas mittebat, per quas disciplina monasticæ religionis in regno illo fundata crescebat, fructificabat competenter in populis, qui monachi quidem nomen audierant, sed monachum antea non viderant. Ipse etiam dominus abbas cellerario suo, Abraham nomine, viro prudenti,

le soin de la maison pour ce qui concernait le temporel, et toutes les affaires du dehors, et pour lui il ne se réserva que les choses spirituelles. Il s'appliqua à gagner les âmes à la vigilance et à l'attention dans le service de Dieu. Il s'adonna au travail tant qu'il eut le loisir de s'y livrer et à la lecture fréquente; il soumit son corps au régime de la communauté, et s'appliqua, avant tout, à donner à ses frères en religion la forme de la piété en toutes choses.

Il se montra aussi d'une telle mansuétude et d'une telle patience, que se sentant un jour frappé violemment d'un coup de poing, en descendant les escaliers du dortoir, par un moine qu'il avait châtié pour une faute et que l'esprit malin avait porté à cet excès, non-seulement il ne renvoya point un homme si pervers, malgré la vive douleur qu'il ressentit de ce coup, et ne le traita point comme un homme coupable d'une faute grave, mais au contraire il le tira à l'écart et lui demanda pardon en le suppliant d'oublier, pour Dieu, l'aigreur qu'il éprouvait contre lui. D'ailleurs, tout ce qu'il voyait de vertu, de religion, en lui ou dans ceux qui lui étaient soumis, bien loin de l'attribuer à son savoir faire, il ne le reportait qu'à la grâce de Dieu et aux mérites de son très-saint père Bernard.

D'un autre côté, quand la nécessité de certaines affaires à traiter le forçait de sortir de son monastère, il se montrait aux yeux des hommes du monde si fortement ami de la discipline et de la continence, que le roi et les grands de ce pays le révéraient et l'honoraient comme un véritable homme de Dieu, faisaient bien des choses suivant ses avis, et lui demandaient même souvent des conseils. En effet, un duc de ce pays, homme illustre et puissant, se soumit si respectueusement à ce saint homme, et mit l'élévation de son titre de prince et sa grandeur si bien au dessous de sa sainteté, qu'il lui arriva quelquefois de dire à ses familiers: « A toute heure, je me figure que je vois l'abbé Gérard, et je ressens à sa pensée la même impression de crainte que si tous les secrets de mon cœur étaient à découvert sous ses yeux.

Il était avancé en âge et avait atteint une vieillesse décrépite; après quarante ans de prélature, il se sentit rempli de toutes sortes d'infirmités. Les frères se mirent à le prier de vouloir bien faire choix d'un endroit pour sa sépulture au milieu d'eux, avec qui il avait vécu tant d'années en communauté. L'homme de Dieu leur répondit: « Ne parlez pas ainsi, mes enfants, il faut, à tout prix, que je meurs à Clairvaux, et que, selon la promesse de mon père bien-aimé de Dieu, je m'endorme et je repose avec les saints qui reposent aussi dans cet endroit. » A leurs objections, qu'ils formulaient ainsi: « Père, comment pourrons-nous vous reconduire là-bas à présent que, à toutes les difficultés d'un âge avancé, s'ajoutent encore les infirmités qui vous affaiblissent et vous cassent? Vous ne seriez pas arrivé aux frontières du Danemark que vous seriez mort; » il répondait avec une grande confiance: « La parole de Dieu est valide et forte, elle est pleine de vie et d'efficacité, je veux parler de celle que les lèvres d'un homme bien vénérable a fait pénétrer dans mes oreilles, et qui a déposé dans le fond de mon cœur les arrhes de la bonne espérance dont je suis soutenu; elle est pour moi le gage d'un heureux

---

universa domus ordinatione in temporalibus, cunctisque negotiis exterioribus commissis, totum se spiritualibus studiis mancipavit; animabus lucrandis intendere, in servitio Dei vigil et sollicitus inveniri, frequens esse in labore, dum alias vacaret, frequens etiam in lectione, corporale subsidium de communi quærere, et per omnia formam pietatis, et religionis fratribus suis studens exhibere.

Tanta quoque mansuetudinis et patientiæ gratia pollebat, ut cum quadam vice monachus quidam, quem pro culpa castigarat, maligno spiritu afflatus, descendentem eum per gradus dormitorii pugno tam valide percussisset, ut dolor non modicus ictui succederet; tantæ perversitatis hominem non solum non ejiceret, seu gravi culpæ subjiceret, sed e contrario seorsim eum trahens veniam coram ipso peteret, supplicans ut rancorem quem adversus se habebat, propter Deum dimitteret. Cæterum quidquid virtutis, quidquid religionis, tam in se, quam in subditis suis deprehendebat, non hoc suæ industriæ, sed gratiæ Dei, meritisque sanctissimi patris sui Bernardi tribuebat.

Jam vero si forte agendorum causa negotiorum certa necessitas eum de monasterio progredi postulasset, tantum se ac talem in omni disciplina et continentia secularibus exhibebat, ut tam rex, quam principes terræ illius, sicut revera hominem Dei ipsum venerarentur et colerent, et audito eo multa facerent, et libenter cum audirent. Dux etiam terræ illius, vir strenuus et potens, se ad reverentiam beati viri submittebat, fastigiumque principatus sui celsitudini sanctitatis ipsius adeo humiliabat, ut aliquoties familiaribus suis diceret: Quacumque hora abbatem Gerardum me videre considero, tanto timore concutior, ac si omnia secreta et abstrusa pectoris mei pareant oculis ejus.

Cum autem jam senuisset, et usque ad decrepitam ætatem pervenisset, quadragesimum in prælatione complens annum, variis quoque infirmitatibus corpus ejus quateretur; cœperunt eum fratres rogare, quatenus sicut communiter multo tempore cum eis vixerat, ita etiam sepulturæ locum apud ipsos sortiri dignaretur. Quibus vir Domini respondit: Ne quæso loquamini ita, filii mei; oportet modis omnibus ut in Clara-valle moriar, et secundum sponsionem Deo dilecti patris mei, cum sanctis qui ibi pausant in pace, in idipsum dormiam et requiescam. Causantibus illis, et dicentibus: Quomodo te, pater, illuc reducere poterimus, cum præter veteranæ senectutis incommoda tot et tantis infirmitatibus quassatus et debilitatus sis, ut vix ad proximos terminos Danorum spirantem te pervenire posse putemus? cum multa fiducia res-

voyage. Pour vous, ayez seulement soin de faire ce que je vous dirai. » On lui prépare donc une litière à deux chevaux, on l'y place, et, par un miracle bien grand, des confins du monde, à travers de si longs espaces de pays, et malgré le péril que lui offre la mer et les fleuves à traverser, il arrive enfin à Clairvaux ; on le met à l'infirmerie pendant quelque temps et il y rend l'esprit en confessant la bonté de Dieu. Il obtint d'être enterré à l'endroit qu'il avait désiré, près du tombeau de dom Herbert de bonne mémoire, qui l'avait beaucoup aimé pendant qu'il vivait. En apprenant sa mort, le roi de Suède poussa un soupir et protesta à haute voix que son royaume et son pays n'étaient pas dignes que les ossements sacrés d'un si grand homme reposassent dans leur sein.

Extrait du même ouvrage, distinct. II. chap. xx.

CHAPITRE XXVIII*.

Très-heureuse mort du saint abbé Bernard. L'abbé de Citeaux lui interdit de faire des miracles.

Le vénérable père Bernard, également cher à Dieu et aux hommes, étant heureusement arrivé au terme de sa carrière à Clairvaux, s'endormit en paix plein de jours, mais surtout plein de vertus. A sa mort, des évêques, des abbés et un grand nombre d'autres religieux se réunirent. On célébra ses funérailles pendant deux jours, et il y eut un tel concours de peuple qu'on n'eût presque aucun égard pour les évêques mêmes, et qu'on n'en eût aucun pour les religieux. Car ce don de guérir les malades, qu'il avait eu de son vivant, ne l'avait

point quitté à la mort. On avait revêtu, d'une manière convenable, son saint corps, des ornements sacerdotaux, et on l'avait exposé la figure et les mains découvertes. Un religieux, gravement atteint depuis longtemps du mal caduc, s'approcha de lui avec respect et humilité, et s'adressa au saint abbé avec larmes et prières, comme s'il eût été vivant. Ce charitable abbé, qui se trouvait mort au milieu des siens, ne pouvait être insensible à l'affreuse maladie de son enfant, mais comme s'il lui avait dit : « Mon fils, je dors, mais mon cœur veille, » il lui accorda sur-le-champ, par la grâce de Dieu, ce qu'il lui demandait. En effet, à partir de ce moment-là, le religieux fut complètement guéri et apprit ainsi, par une heureuse expérience, que, même après sa mort, ce saint abbé vivait encore. La veille du jour où ce précieux trésor allait être confié à la terre, un enfant vint d'un hameau voisin, avec un bras dont les nerfs s'étaient desséchés et une main contournée. Ceux qui étaient là présents, touchés de compassion pour son âge et sa faiblesse, l'invitèrent à venir toucher ce saint corps après la récitation des Nones, avec d'autant plus de confiance que cet âge innocent était loin d'oser se permettre de le faire. A peine eut-il fait toucher son bras desséché au bras du saint et sa main retournée à la main bénie de Bernard, que soudain la vigueur naturelle lui revint ; son bras se guérit et sa main s'étendit librement, tout le monde répandu autour du saint corps le vit remuer les doigts ; ils étaient parfaitement rendus à la santé. A cette cure, il se fit parmi les assistants une telle explosion de cris de louanges

pondit : Verbum Dei validum et forte, vivum et efficax, quod per os reverendissimi viri auribus meis infusum, penetralibus cordis mei arrham bonæ spei hujus qua feror, indidit, prosperos in hoc itinere successus præstabit ; vos tantum quod præcipio, implere curate. Itaque gestario inter duos equos composito, in eo collocatur, et non sine grandi miraculo a finibus orbis per tanta terrarum spatia, per tot maris et fluminum pericula Claram-vallem pervenit, ibique in infirmitorio aliquandiu recubans, in bona confessione spiritum exhalavit. Accepit vero desideratæ sepulturæ locum juxta beatæ memoriæ domni Benedicti Humberti tumbam, qui eum familiariter in vita sua dilexerat. Cujus decessum cum rex Sueciæ comperisset cum gemitu protestatus est, regnum et terram suam dignam non fuisse, ut in ea tanti viri sacra ossa requiescere debuissent.

CAPUT XXVIII.

De felicissima morte S P. Bernardi, et operatione miraculorum eidem per abbatem Cisterciensem inhibita.

Dilectus Deo et hominibus venerabilis pater Bernardus, dum in Clara-valle sua feliciter consummasset dies suos, plenus dierum, sed plenior virtutum, requievit in pace ; ad cujus exitum episcopi, et abbates, aliique religiosi viri multi convenere. Cumque biduum exsequiæ celebrarentur, tanta multitudo hominum

convenit, ut pene nulla episcopis. nulla fratribus reverentia haberetur. Nam gratia sanitatum quæ affuerat vivo, nunquam recessit a defuncto. Cum enim sanctum corpus sacerdotalibus indumentis decenter ornatum, revelata facie, manibus quoque discoopertis in medio positum esset ; frater quidam diuturno et gravi morbo epilepsiæ detritus, reverenter et humiliter accedens, patrem sanctum, tanquam adhuc viventem, lacrymosis precibus, ut sui misereretur, orare cœpit. Nec poterat pius pater adhuc in medio filiorum positus, tam gravem filii sui calamitatem dissimulare, sed tanquam diceret, fili ego dormio, et cor meum vigilat ; continuo quod petebatur, per gratiam Dei concessit. Nam ex illa hora frater idem perfecte convaluit, et abbatem sanctum vivere post mortem felici experientia didicit. Pridie etiam quam reconderetur pretiosissimus ille thesaurus, puer quidam de proximo viculo advenit, præ siccitate nervorum aridum habens brachium et manum contractam ; cujus ætati et debilitati, qui præsentes aderant, compassi, tanto hunc fiducialius ad sacri corporis tactum invitavere post horam orationis nonam, quanto id minus innocens ætas per se præsumere audebat. Ubi vero brachium aridum brachio sancto, et manus contracta manui benedictæ applicata est, repente vigore naturæ redeunte, brachium convaluit, et manus libere extendens, et reflectens digitos sub oculis totius multitudinis, quæ sacrum funus quaquaversum circumdederat,

à Dieu que c'est à peine si la règle des religieux put les réprimer. A l'approche de la nuit, on amena un autre enfant dont le corps tout entier était de la plus grande faiblesse, on le plaça sur le cercueil du saint, et, sous les yeux de ceux qui chantaient, il se releva et fut conduit à l'autel.

Le seigneur abbé de Cîteaux, Gosvin, qui était venu avec plusieurs autres abbés de son ordre pour assister aux funérailles de Bernard, considérant que cette foule énorme de peuple était cause d'un grand désordre, et prévoyant par ce qu'il voyait, ce qui devait arriver ensuite, conçut de grandes craintes que, si les miracles continuaient à s'opérer, il se fît un tel concours de monde, que la discipline de l'ordre ne souffrît beaucoup de cet empressement désordonné, et la ferveur de la sainte vie religieuse ne se ralentît dans cet endroit. Aussi, après en avoir délibéré, il s'approche avec respect et défend à Bernard, en vertu de l'obéissance, de faire de nouveaux miracles. L'Apôtre dit, en parlant de Notre-Seigneur Jésus-Christ, qu'il se fit obéissant jusqu'à la mort, et notre saint législateur Benoît nous recommande, dans sa règle, une obéissance qui aille aussi jusqu'à la mort, à l'exemple de celle du Sauveur (*Reg. S. Ben.* c. xii) ; l'âme sainte et vraiment humble de notre père obéit de même après la mort de sa chair à la voix d'un homme mortel. En effet, les miracles qui avaient déjà commencé à se multiplier cessèrent si bien, qu'à partir de ce moment-là, on ne lui vit plus désormais opérer d'autres miracles. Il est vrai que maintenant il ne peut manquer, en particulier, à quelques religieux pleins de foi, de son ordre, qui le supplient pour différentes infirmités ; mais aussi il est clair que dom l'abbé de Cîteaux n'a voulu l'empêcher de faire que les miracles qui pouvaient devenir nuisibles à la discipline de l'ordre, à cause de la multitude de ceux qui étaient accourus à ses funérailles.

Plusieurs années après la mort du bienheureux, il y avait en Italie une dame possédée du malin esprit et cruellement tourmentée par lui. Ses proches et ses amis, profondément consternés de son malheureux état, se mirent à chercher avec tout le soin possible s'il y avait quelque remède à cela. Or, il y avait près de l'endroit où elle habitait un monastère de Cisterciens. Et, comme aux âmes qui se trouvent dans la peine, l'espoir, de quelque côté qu'il brille, donne de la confiance, on convient d'un commun accord de conduire la démoniaque à cette abbaye, pour qu'elle y obtienne sa guérison. C'est ce qu'on fit en effet. On place cette malheureuse femme à la porte du monastère, et on envoie quelques-uns de ceux qui l'accompagnaient faire part à l'abbé et aux religieux, d'un si grand malheur et implorer leur assistance. L'abbé prend avec lui quelques religieux âgés, qu'il connaissait pour les plus avancés dans la vie spirituelle, et il va avec la croix de notre Seigneur et les reliques des saints vers la patiente. Comme l'esprit malin, conjuré par la croix du Seigneur et par les sacrés gages des saints, ne bougeait point, l'abbé se rappelle qu'il possédait de vénérables reliques, c'étaient des poils de la barbe de saint Bernard et de ses cheveux qu'il avait reçus cette année là même, comme une bénédiction, lorsqu'il s'était rendu à Clairvaux pour assister au chapitre et qu'il portait

---

perfectæ sanitati restituta est. In cujus curatione tantus illico factus est clamor omnium qui aderant, vociferantium in laude Dei, ut vix eum potuerit fratrum disciplina reprimere. Superveniente nocte allatus est alius toto corpore debilis, procubuit loculo, et coram psallentibus erectus est, et deductus ad altare.

Enimvero dominus Cisterciensis, qui cum pluribus aliis abbatibus sui ordinis ad exsequias viri Dei venerat, considerans tantam importunitatem tumultuantis populi, et ex præsentibus futura conjiciens, vehementer timere cœpit, ne, si crebrescentibus signis, intolerabilis turba populorum concurreret, eorum improbitate disciplina periret ordinis, et sanctæ religionis fervor in eodem loco tepesceret. Quapropter habita super hoc deliberatione, reverenter accedens, per virtutem obedientiæ, ne signa ulterius faceret, inhibuit. Sed cum dicat apostolus de Domino nostro Jesu-Christo, quia factus est obediens patri usque ad mortem : et ipsius exemplo legislator noster, sanctus Benedictus, obedientiam nobis usque ad mortem in regula proponat ; sancta et vere humilis anima patris nostri, mortali homini etiam post mortem carnis obediens fuit. Nam signa quæ tunc jam radiare cœperant, ita cessavere, ut ex illa die et deinceps nunquam publica miracula facere visus sit, licet quibusdam fidelibus, præcipue sui ordinis fratribus, pro variis incommoditatibus ad se clamitantibus usque hodie deesse non possit. Namque sola illa signa, quæ disciplinam ordinis per turbas concurrentium populorum minuerent, domnum Cisterciensem fieri noluisse, manifestum est.

Evolutis dehinc post transitum beati viri pluribus annis, erat in partibus Italiæ matrona quædam, quam correptam spiritus malignus atrociter vexare cœpit. Quo tam lamentabili casu propinqui et amici ejus vehementer consternati, si quid remedii foret, sedula meditatione pensare cœperunt. Erat autem in vicinia eorum cœnobium quoddam ord. Cisterciensis ; et sicut mentibus in angustia constitutis spes undecumque concepta solet parare fiduciam, ad eamdem domum dæmoniacam illam causa curationis ducere communi consilio decreverunt. Quod et factum est. Sistitur misera ad portam, et aliqui ex simul comitantibus, qui tantum malum abbati et fratribus nuntiarent, opemque flagitarent, mittuntur. Abbas vero quosdam de senioribus, quos magis noverat spiritales, assumens, cum cruce Dominica et sanctorum reliquiis egreditur ad patientem. Cumque malignus ille spiritus per Domini crucem et sacra sanctorum pignora conjuratus non moveretur, recordatus est abbas se habere venerandas reliquias de capillis et barba sancti Bernardi, quos eodem, ni fallor, anno ad capitulum vadens, in Clara-valle pro benedictione acceperat, et ad tutelam continue secum ferebat ; et nihil dicens, ma-

constamment sur lui comme un talisman, et, sans rien dire, porta la main sous sa cucule dans la pensée de tirer ces reliques et de s'en servir pour chasser le démon. Celui-ci, s'apercevant de cela avec son regard de lynx, se met à tenir l'escabeau avec ses pieds, à lancer des crachats, et à montrer au-dehors, bien malgré lui, à tous les yeux par des mouvements de corps indécents tout ce qu'il souffrait intérieurement, puis élevant la voix il s'écrie : « Ah ! méchant petit abbaticule, que veux-tu donc faire ? Qu'est-ce que tu projettes ainsi de faire contre moi sous ce vêtement ? C'est peine perdue à toi, tu te donnes bien du mal pour rien, garde donc ton Bernard, tu ne réussiras point avec lui. » L'abbé reprend : « Par la grâce du Seigneur, et au nom des mérites de ce très-saint homme, sors d'ici à l'instant. » Le démon repart : « Et quoi, as-tu donc oublié qu'il lui a été défendu de faire des miracles ? Quant à moi je ne l'ai point oublié, et je demeure tranquillement dans ma maison. » En entendant cela, l'abbé et les religieux qui étaient avec lui furent fort étonnés de voir que l'esprit mauvais s'abritait si vite derrière cette défense. Voilà ce que nous avions à rapporter en abrégé au sujet des miracles du bienheureux abbé Bernard ; nous l'avons fait en demandant à Dieu de nous faire miséricorde, de nous garder de tout mal par les mérites et les prières de notre très-doux père, et de nous accorder de glaner encore quelques épis de la grâce de Dieu, sur les pas d'un tel patron et de ne point être privés un jour de notre part de la vie éternelle.

CHAPITRE XXIX[*].

Epilogue des livres de la vie et des gestes du saint père Bernard.

[* Extrait du grand Exorde de Citeaux, dist. II, dernier chapitre.]

Dom Étienne, d'heureuse mémoire, a été le chef et le porte-drapeau des plus forts athlètes du Christ, des hommes illustres de l'ordre de Cîteaux. Il n'y avait encore que dix ans que ce monastère existait, quand il y reçut l'office de la charge pastorale. Il brûlait d'un désir ardent de propager son ordre, et déjà il y avait quatorze ans entiers qu'il gémissait avec une affliction profonde et qu'il souffrait ainsi que ses frères du petit nombre de ses enfants. Mais enfin, la quinzième année, par un souffle d'en haut de la grâce de Dieu, il eut le bonheur de recevoir, pour l'épreuve du noviciat spirituel, le bienheureux apôtre de notre siècle, Bernard, qui se présenta à lui à la tête d'une troupe composée de ses frères et de quelques amis. Désormais, à partir de ce jour, le Seigneur répandit sur l'ordre de Cîteaux une très-abondante bénédiction d'expansion, qui le fit se répandre sur toutes les plages du monde occidental. Ce très-révérend père Étienne envoya, quelques années après, les frères du bienheureux Bernard fonder une maison à Clairvaux, avec le vénérable saint Bernard lui-même, qui, dans un âge bien jeune encore, l'emportait en maturité sur la sagesse et l'esprit religieux des hommes à cheveux blancs ; il le mit à leur tête en les envoyant, en qualité d'abbé ; sans doute, du moins j'aime à le croire, le Saint-Esprit lui ré-

nus sub cuculla silenter misit, quatenus extractis his reliquiis dæmonem per has urgeret. Quod pestifer ille lynceis oculis deprehendens, cœpit continuo scabellum pedibus tenere, sputa jacere, totius quoque corporis indecenti motu, quid intus pateretur, prodebat invitus ; et erumpens in vocem ; Eia, inquit, abbatule, quid vis facere ? quid modo mali contra me sub illa veste tua machinatis ? Frustra niteris, incassum laboras ; serva Bernardum tuum, nec enim proficies quidquam. Dicente vero abbate, per Domini gratiam, et hujus sanctissimi viri merita modo egredieris ; ille respondit : Quid ? an excidit tibi, quod prohibitum est ei signa facere ? Hoc ergo sciens, securus in hoc meo domicilio requiesco. Audiens ergo abbas et fratres, qui cum eo erant, hæc verba, valde mirati sunt, quod scilicet spiritus nequam interdictum illud in scutum suæ defensionis tam celeriter invenerit. Hæc nos de virtutibus B. Bernardi abbatis breviter perstrinximus, Domini misericordiam postulantes, quatenus dulcissimi patris meritis et precibus nos ab omni malo custodiat, et post tanti patroni sacra vestigia divinæ gratiæ spicas legentes, æternæ vitæ participio non fraudari concedat.

CAPUT XXIX.

Epilogus librorum de vita et gestis sancti P. Bernardi.

Fortissimorum athletarum Christi, virorum in ordine Cisterciensi illustrium, dux et signifer exstitit beatæ memoriæ dominus Stephanus, qui decimo anno instituti ordinis Cisterciensis, pastoralis curæ officium in eadem domo suscipiens, et propagandæ religionis desiderio fervens, cum per continuos XIV annos paucitatis suæ tædio tam ipse, quam fratres ejus vehementer afflicti fuissent ; quinto-decimo demum anno, divina desuper adspirante gratia, nostri temporis apostolum beatissimum Bernardum cum turba fratrum et sociorum ejus ad tirocinii spiritalis probationem suscipere meruit, Domino ad dilatandum Cisterciensem ordinem per universas occidui orbis plagas, ex die illa et deinceps, copiosissimam dante benedictionem. Iste reverendissimus pater Stephanus post aliquantos annos fratres beati Bernardi ad ædificandum domum Claræ-vallis mittens, ipsum venerabilem virum sanctum Bernardum, in juvenili adhuc ætate constitutum, sed sapientiæ et religionis maturitate multos canos transcendentem ; ideoque reverendum, illis abeuntibus præfecit abbatem, jam tunc, ut credimus Spiritu revelante prænoscens, quantæ proceritatis, quantaque pulchritudinis cedrus illa futura esset in paradiso ecclesiæ Dei, quantæ etiam multitudinis

véla et lui fit connaître d'avance alors quelle élévation, quelle beauté ce cèdre devait acquérir dans le jardin de l'Église de Dieu, et quelle multitude d'hommes, venus de toutes les parties du monde, se rafraîchirait un jour des brûlantes ardeurs des passions charnelles, à l'ombre de son épais feuillage, je veux dire à l'ombre de ses nombreux mérites.

Y a-t-il quelqu'un qui puisse donner une juste idée de l'immense multitude qu'a formée cette société de bienheureux et dire de combien de provinces différentes et de combien d'îles sont venus ceux qui l'ont formée? En effet, pour ne point parler des contrées méditerranéennes de l'Italie, de la Germanie et de la Gaule, les îles éloignées d'Irlande, de Bretagne, celles du Danemark et de la Suède, qui sont au bout du monde, ont envoyé de nombreuses personnes à cette société, et regardaient ce lieu comme saint dans leur dévotion fameuse, à cause de la sainteté de son abbé. Sans compter non plus les frères convers, dont le nombre était plus considérable que celui des moines, on trouva dans un seul endroit, après la mort du bienheureux abbé, huit cent quatre-vingt-huit feuilles de profession, sans compter beaucoup d'autres feuilles qui se sont trouvées égarées par défaut de vigilance ou par suite de la longueur du temps et qu'on ne peut plus retrouver. A peine s'en trouvait-il quelques-uns, dans cette sainte assemblée, de cultivés par le soc de la discipline, en qui les germes des vertus eussent poussé assez vigoureusement pour donner lieu d'espérer qu'ils pourraient produire des fruits et être utiles à d'autres que, de même qu'ils s'étaient rassemblés des régions les plus diverses, ainsi ils étaient envoyés dans les contrées les plus différentes pour y fonder des monastères. Voilà comment il se faisait que, bien que souvent les novices dépassassent le nombre de quatre-vingt-dix et de cent même, cependant ce sacré couvent ne se trouva jamais trop étroit pour le nombre des religieux.

Dom Henri, de sainte mémoire, premier abbé de Vita-Schole, monastère de Suède, de la lignée de Clairvaux, avait coutume de rapporter que, à l'époque de son noviciat à Clairvaux, il y avait avec lui dans la salle du noviciat, quatre-vingt-dix novices qui se formaient sous la direction du bienheureux Bernard. Or un jour, comme on était à table, le très-pieux abbé Bernard entra dans le réfectoire pour visiter ses enfants. Il était suivi d'un convers qui portait une corbeille pleine de morceaux de fromage. Il s'approcha de Henri, qui était alors prieur des novices, et de sa très-douce main il lui mit un morceau de fromage devant lui, en ajoutant cet avis : « Mangez mon frère, car il vous reste une longue route à faire. » Après cela, le ministre du grand Père de famille qui doit un jour faire asseoir ses serviteurs, passer au milieu d'eux et les servir, passe devant tous les novices et leur donne la pitance de la charité, répète les mêmes paroles à chacun, reconforte agréablement leur corps en même temps qu'il excite leurs âmes à la pensée de la voie étroite et difficile qu'ils commençaient à parcourir. Quoiqu'il arrivât souvent que ces hommes vertueux fussent envoyés du sacré collège de Clairvaux dans les contrées les plus différentes du monde, pour y propager la règle de Cîteaux, cependant il n'est jamais arrivé que les chaleurs de l'Ibérie, ni l'horreur des froids de la Scythie ou l'inclémence de quelque autre climat, eût agi sur leur esprit au point de leur faire changer quelque chose à la

---

cœtus, ex diversis mundi patribus collectus, sub umbra condensarum frondium, id est multiplicium meritorum ejus, ab æstu carnalium illecebrarum foret refrigerandus.

Sed quis æstimare sufficiat, quam grandis multitudinis fuerit beatorum ille cœtus, vel ex diversis provinciis et insulis coadunatus? Nempe, ut de mediterraneis Italiæ, Germaniæ, Galliæque provinciis taceam, ipsæ extremæ insulæ Hiberniæ, Britanniæ, Daciæ et Sueciæ, quæ finem orbis faciunt, ad hunc cœtum perficiendum crebras personas mittebant; et propter abbatem sanctum etiam locum sanctum celebri devotione venerabantur. Ut etiam de conversis taceam, quorum longe copiosior erat numerus, quam monachorum; post decessum beati viri simul in uno loco reperti libelli professionum octingenti octoginta octo, exceptis quampluribus aliis, qui negligentia et longinquitate temporis dilapsi, non poterant inveniri. Ubi vero aliqui de hoc sacro cœtu, disciplinæ vomere exculti, virtutumque seminibus recepti adeo profecissent, ut jam fructificare, aliisque prodesse posse sperarentur; sicut ex diversis regionibus colligebantur, ita etiam mox ad diversas regiones causa ædificandorum cœnobiorum emittebantur. Sicque fiebat, ut licet persæpe nonagenarium, nonnunquam vero centenarium numerum excederent novitii; nunquam tamen sacer ille conventus nimiæ multitudinis angustias pateretur.

Sanctæ recordationis dominus Henricus, Vita-scolæ, quod est cœnobium in Dacia de linea Claræ-vallis, primus abbas, referre solebat, quia cum esset novitius in Clara-valle, et nonaginta tirones in cella probatoria sub disciplina beati Bernardi instituerentur; quadam vice discumbentibus eis intravit ad visitandos filios suos idem piissimus pater, quem sequebatur conversus cum sporta inciso caseo plena; et accedens ad præfatum Henricum, qui tunc prior novitiorum erat, dulcissima manu sua frustum casei posuit ante eum, commonitorium hoc verbum dicens : Frater comede, grandis enim tibi restat via. Dehinc fidelis minister magni illius patrisfamilias, qui faciet servos suos discumbere, et transiens ministrabit illis, per ante universos novitios transiens, ac singulis pitantiam charitatis porrigens, eumdemque sermonem per singulos repetens, et corpora eorum jucunde reficit, et mentes ad sollicitudinem arctæ et angustæ viæ, quam terere cœperant, excitavit. Licet vero frequenter viri virtutum de sacro collegio Claræ-vallis, ad propagandam

forme à laquelle ils avaient été façonnés à Clairvaux, pour les vêtements, la nourriture, et les autres nécessités de la vie, ils retinrent tout avec une constance virile et purent s'appliquer ces paroles d'Horace :

« Ce sont des âmes constantes qu'un changement de lieu est incapable de changer. »

Ce n'étaient pas seulement des évêques et des seigneurs de différentes contrées qui demandaient qu'on établît chez eux des monastères de l'observance de l'homme de Dieu, mais les habitants de villes superbes venaient se choisir parmi ses disciples des archevêques et des évêques, s'estimant heureux s'ils pouvaient puiser à la source même de tant de perfections, des pasteurs pour leurs âmes. Cependant le plus parfait instituteur d'un peuple entier de parfaits, obtint cette grâce devant Dieu et devant les hommes, après avoir mérité d'être appelé à devenir archevêque et évêque, et avoir plusieurs fois été élu en cette qualité, de n'avoir pourtant jamais été ravi à sa chère pauvreté, ni forcé de se revêtir malgré lui de ce haut degré de dignité. Mais pourquoi rappeler ces choses à propos des autres villes, quand la capitale même du monde, la sainte Église romaine, mère de toutes les autres églises, alla prendre dans cette humble société et sous la conduite du bienheureux Bernard, un souverain pontife pour lui donner la plénitude du pouvoir, et lorsque la cour romaine elle-même a pris quelques cardinaux dans sa société pour partager le fardeau de sa sollicitude ? Ce sont là vos œuvres, Seigneur Jésus, vos œuvres à vous, dis-je, qui glorifiez ceux qui vous glorifient et se soumettent à votre volonté, de telle sorte que vos serviteurs qui, selon le précepte de l'Apôtre, se soumettent à toute créature humaine à cause de vous, se trouvent élevés par vous, par un jugement plein de bonté, au dessus de toute nature humaine.

Au reste, après que Clairvaux eut envoyé au palais de l'empereur d'en haut, son premier et plus illustre abbé, après trente et un ans de prélature, pour qu'il devînt d'autant plus puissant à secourir les siens, qu'il contemplerait de plus près la face de la Majesté suprême, la vigueur de la sainte vie religieuse s'est conservée, et a duré sans mélange dans cette glorieuse maison, sous ses saints successeurs, comme Dieu nous a fait la grâce de le constater au temps de dom Pierre, cet homme vénérable et digne de Dieu, et de son successeur dom Garnier, qui devint plus tard évêque de Langres. En effet, le Seigneur nous est témoin que lorsque nous étions soumis, à Clairvaux, à la discipline claustrale et aux observances de l'ordre sacré, nous y avons vu tant de religion et de gravité, tant de pureté et d'honnêteté, que bien souvent, pleins d'allégresse dans la grâce de Dieu, nous avons dit dans notre cœur, que si notre bienheureux législateur Benoît, dont nous avons embrassé la règle, vivait encore en chair et gouvernait par lui-même ce saint couvent, les institutions du saint ordre n'auraient pas pu être observées plus strictement en ce lieu. En effet, ni l'incurie, ni la légèreté, ni la dissipation, qui est la ruine de l'ordre, ne trouvaient place pour elles dans cette maison ; on n'y voyait subsister qu'une émulation de vertus florissantes et de charité fraternelle. Mais ce qu'il y avait de plus admirable encore, c'est que les supérieurs n'avaient pas

Combien de temps la stricte observance fleurit à Clairvaux.

Cisterciensis ordinis disciplinam, per distincta orbis climata emitterentur ; nunquam tamen aut Iberici æstus, aut Scythici frigoris horror, seu altera quælibet inclementia cœli, animos eorum inclinare poterat, ut non formam ordinis, quam in Clara-valle didicerant, in habitu et victu, cæterisque corporis necessariis virili constantia retinerent, pulchre Horatianum illud sibi vindicantes :

Constantes animi, quos non locus alterat alter.

Nec solum diversarum provinciarum episcopi et magnates cœnobia de disciplina viri Dei in suis regionibus fundari postulabant, sed etiam superbarum urbium populi ex discipulis ejus archiepiscopos sibi eligebant ; felices se arbitrantes, si de tantæ perfectionis fonte, pastores animabus suis providere potuissent ; cum tamen perfectæ ejusdem multitudinis perfectissimus institutor hanc apud Deum et homines specialem gratiam obtinuisset, ut cum dignissimus esset cogi, et aliquoties in archiepiscopum vel episcopum electus fuisset ; minime tamen de amica sibi paupertate raptus, dignitatis hujus apice contra voluntatem suam insigniri cogeretur. Sed quare nos ista de cæteris urbibus replicamus ? cum ipsum caput mundi, ipsa quæ est cæterarum omnium ecclesiarum mater, sancta Romana ecclesia, de hac humili societate, de hac beati Bernardi disciplina, summum pontificem in plenitudinem potestatis assumpserit, et ipsa apostolica curia cardinales aliquos in partem sollicitudinis adsciverit. Tua sunt hæc, Christe Domine, opera, qui glorificantes te, et mandatis tuis obsecundantes, ita glorificas, ut servi tui, qui secundum præceptum Apostoli, subjiciunt se omni humanæ creaturæ propter te, pleno pietatis judicio super omnem mortalem naturam, exaltentur a te.

Cæterum postquam Clara illa vallis primum et clarissimum abbatem suum post unum et triginta annos ad superni Imperatoris transmisit palatium, ut jure tanto esset potentior ad subveniendum, quanto summæ Majestatis faciem vicinius contemplaretur ; per sanctos successores ejus, sanctæ religionis vigor conservatus, in eadem gloriosa domo illibatus duravit ; sicut in temporibus venerabilis ac Deo digni viri domini Petri, ejusque successoris domini Garnerii, postea Lingonensis episcopi, divina favente gratia nobis probare concessum est. Testis enim nobis Dominus, quia cum in Clara-valle disciplinis claustralibus et sacri ordinis observantiis subditi essemus, tantum ibi religionis et gravitatis, tantumque puritatis et honestatis vidimus, ut sæpius in gratia Dei exsultan-

besoin de contraindre personne par des châtiments sévères, attendu que cette sainte congrégation regardait comme une tradition héréditaire chez elle, de fuir le vice et de s'appliquer à la vertu. Nous avons vu aussi, dans cette maison, quelques-uns des plus anciens disciples de Bernard, que la gravité de leurs mœurs, la pureté de leur religion, leur prudence et leur simplicité rendaient vénérables, entre autres le prieur Dom Gérard, d'heureuse mémoire, dom Geoffroy, secrétaire de ce saint homme, dom Hugues de Monthoureux, qu'il affectionnait beaucoup, dom Pierre, de Châlons-sur-Marne, et beaucoup d'autres moines et convers qui ont vécu avec ce saint et existent encore à présent, et sont devenus un exemple de dévotion et de ferveur, pour le reste de cette sainte fraternité, et montrent facilement, dans leur aimable genre de vie, quelle plénitude de perfection religieuse a brillé à Clairvaux dans les premiers temps, puisqu'il y en a si peu dont la dévotion peut imiter aujourd'hui la ferveur avec laquelle ces quelques anciens religieux d'alors pratiquent encore les observances de notre saint ordre.

> ¹ Huitième abbé de Clairvaux, en 1182.

Mais, pendant que nous nous arrêtons à rappeler la pureté de la vie religieuse qui a porté, dans les premiers temps, tant d'hommes vers le faîte de la perfection, non-seulement à Clairvaux, mais aussi à Cîteaux, et dans d'autres maisons bien réglées, il nous revient en mémoire, non sans nous inspirer de la crainte et nous faire trembler, quelque chose que nous avons entendu le vénérable prieur dom Gérard, raconter un jour dans un chapitre de Clairvaux. Un jour, donc, qu'il nous adressait une exhortation douce comme le miel, pour nous exciter à la gravité des mœurs et à l'observance de la discipline, il nous rapportait que, précédemment, les âmes de certains défunts avaient apparu visiblement à un homme spirituel, religieux dans le même monastère que celui où ils avaient vécu, et lui avaient appris, avec des plaintes navrantes, qu'elles étaient condamnées à habiter dans le séjour des souffrances, non pas parce qu'elles avaient commis de bien grands péchés, mais parce qu'elles n'avaient pas eu soin d'éviter les fautes quotidiennes avec toute l'attention possible. Si donc, dans ces heureux temps, où la négligence pouvait à peine trouver quelques petites fentes pour se glisser, le juge, dans sa sévérité, punissait ainsi la rouille du péché et la soumettait de la sorte à la dent de la lime mordante, que faut-il penser de la misère de nos temps, où la négligence n'entre plus seulement par quelques petites fentes, mais par de grandes fentes, que dis-je, par la brèche de la tiédeur? Aussi, pour que la mort de la malice et de l'iniquité n'entre pas à la suite de la négligence et de l'incurie de la tiédeur, par les fenêtres de nos âmes, car le temps, qui use tout, énerve même la vie religieuse, attendu que l'homme est plus enclin au vice qu'à la vertu; secouons de toutes nos forces notre engourdissement, attachons-nous virilement à suivre les pas des pères qui nous ont précédés, en rappelant leur souvenir dans

---

tes diceremus in cordibus nostris, quia si ipse legislator noster beatissimus Benedictus, cujus regulam professi sumus, in carne viveret, et per seipsum sanctum illum conventum regeret ; districtius sacri ordinis instituta in illo loco observari non potuissent. Incuria nempe vel levitas seu dissolutio, quæ est ruina ordinis, locum ibi penitus non habebant ; sed vernantium virtutum, fraternæque charitatis æmulatio ibi sancta vigebat ; quodque magis mirum est, adhuc singulos austeriori aliqua castigatione cogere prælatis opus non erat, quia quasi hæreditaria successione ad se transmissum tenebat sancta illa congregatio, vitia declinare, et virtutibus operam dare. Vidimus ibi etiam ex discipulis B. Bernardi seniores, morum gravitate, religionis integritate, prudentia et simplicitate reverendos ; beatæ memoriæ domnum Gerardum priorem ; domnum Gaufridum ejusdem sancti viri notarium, plurimumque ab eo dilectum dominum Hugonem de Monte-Felici, dominum Petrum Catalaunensem, cæterosque tam monachos, quam conversos, qui a temporibus beati viri, usque ad nostram ætatem durantes, et exemplum devotionis, et fervoris reliquo corpori sanctæ illius fraternitatis effecti, facile in sua amabili conversatione monstrabant, quantæ perfectionis plenitudo in Clara-valle primis diebus effulserat ; quandoquidem paucorum seniorum strenuum in sacri ordinis observantiis exercitium, paucorum admodum devotio potuerit imitari.

Sed ecce dum de puritate religionis, quæ non solum in Clara-valle, sed etiam in Cistercio, cæterisque bene ordinatis domibus Cisterciensis ordinis multos ad culmen perfectionis primis diebus provexit, loquimur, quid a præfato venerabili viro domno Gerardo priore in capitulo Claræ-vallis aliquando audivimus, non sine multo timore et tremore reminiscimur. Is namque dum quadam vice ad morum gravitatem, disciplinæque custodiam, mellifiua nos admonitione abhortaretur; afferebat anteriore tempore animas fratrum defunctorum cuidam spiritali viro, ejusdem cœnobii monacho, visibiliter apparuisse, seque pœnalibus locis deputatos, miserabili querimonia prodidisse ; non quia gravius aliquod peccatum commisissent, sed quia quotidianas negligentias vitare minore sollicitudine, quam oportuerat, curassent. Si ergo beatis illis temporibus, quibus negligentia vix per rimulas intrabat, rubiginem culpæ, districti Judicis animadversio pœnalis, nimiumque molesta rasura abradebat; quid de nostrorum temporum miseria sentiendum est, quando negligentia non jam per rimulas, sed per rimas, vel potius per rupturas tepiditatis irrumpit? Quapropter ne forte post negligentiam et torporis incuriam mors malitiæ et iniquitatis intret per fenestras nostras, quoniam tempus, quod omnia consumit, etiam religionem enervat, cum procliviores sint homines ad sectanda vitia potius, quam virtutes ; discussa totis viribus ignavia, vestigiis præcedentium patrum viriliter inhærere satagamus, eorum memoriam in cordibus nostris versando, eorumque sacros actus

nos cœurs, et en relisant aussi souvent que volontiers l'histoire de leur sainte vie; peut-être ainsi, par la droiture de leur conduite, arriverons-nous à voir briller à nos yeux, comme dans un miroir éclatant, la force qu'ils ont déployée dans toutes leurs actions, et, couverts d'une confusion salutaire, apprendrons-nous à regarder le bien que nous faisons comme bien imparfait, et aspirerons-nous toujours à une justice plus abondante et plus parfaite. S'il s'en trouve qui veulent faire de plus grands progrès, mais qui ne le peuvent point, et qui, à cause de cela, tombent dans l'ennui et finissent par se relâcher un peu, qu'ils écoutent ce que dit le saint père Bernard : « Je ne veux point arriver d'un bond au faîte, j'aime mieux m'y élever pas à pas. » Si donc, nos désirs d'avancement ne sont pas toujours suivis d'effet, cependant il y a toujours, pour celui qui veut faire des progrès, un certain point vers lequel il doit tendre, s'il ne peut aller au-delà. Il n'y a qu'une chose, ne point vouloir avancer, qui soit l'occasion de toute espèce de négligence et de relâchement, et finalement de mort et de damnation.

Je prie donc ceux qui liront ces choses, au nom de Notre-Seigneur Jésus-Christ, de ne point le faire seulement par un mouvement de curiosité, mais de peser avec toute sorte de soin ce qu'il y a, dans leur conduite, qui s'éloigne de la règle de la justice, qui a brillé d'un si vif éclat dans nos saints pères, et de s'empresser de ramener à la ligne droite de la vérité tout ce que, dans la lutte quotidienne des vices et des vertus, ils trouveront s'éloigner du sentier de la vraie vie religieuse. Car, si on a raison de regarder comme le plus stupide des hommes, celui qui, près d'un arbre chargé en même temps de feuilles verdoyantes et de fruits nombreux, se remplirait l'estomac de feuilles et ne toucherait point aux fruits pour calmer sa faim, ainsi n'a-t-on point tort de réputer bien insensé, celui qui, en relisant la très-belle et très-féconde histoire de la vie admirable des saints pères, ne la parcourt que comme on lit les chroniques et les annales des rois, uniquement par un mouvement de vaine curiosité, et, d'une main dévote, ne retire rien de ce qu'il lit, pour allumer en soi la ferveur de la componction, pour limer la rouille de sa conscience, pour équilibrer l'inégalité de sa conduite. Car, si on a écrit les louables actions des pères qui nous ont devancés, ce n'est point pour donner un aliment à une vaine et inquiète curiosité, mais c'est pour instruire ceux qui ne sont point façonnés à ces pratiques, pour fortifier les faibles, pour donner de la gravité aux âmes légères, pour toucher de componction les cœurs endurcis, former les âmes dévotes à la perfection, pour fortifier la sainte Église, en édifiant et en consolant ceux qui les lisent, et enfin pour ajouter encore, par l'action de grâce, à la gloire de Dieu, auteur de tous nos biens.

D'ailleurs, nous n'avons ici qu'un pardon à demander aux lecteurs zélés, c'est d'avoir en certains endroits retenu seulement le sens ou la substance des paroles qui ont été prononcées, en prenant soin de le rendre en termes convenables, car, pour ce qui est de la substance même des choses, il s'en faut bien que, pour le plaisir de tromper, nous

---

frequenter et libenter relegendo ; quatenus per rectitudinem operis ipsorum nobis fortitudo operis, quasi de speculo lucidissimo appareat; sicque salubri verecundia confusi, discamus bona etiam quæ agimus, omnino imperfecta reputare, atque ad ampliorem justitiæ perfectionem semper anhelare. Si quis vero multum proficere volens, sed non valens, ideoque tædio affectus remissius agere cœperit, audiat quid S. pater Bernardus dicat: « Nolo, inquit, repente fieri summus; paulatim proficere volo. » Si ergo in studio proficiendi non continuo sequitur effectus, est tamen omni proficere volenti quodam prodire tenus, si non datur ultra; solumque nolle proficere, totius negligentiæ et dissolutionis, atque ad extremum mortis et damnationis occasio est.

Obsecro itaque eos qui ista lecturi sunt, per Dominum nostrum Jesum-Christum, ne sola hæc curiositate legisse velint, sed diligenti consideratione pensent, quid in suis moribus a norma justitiæ, quæ in sanctis patribus insigniter refulsit, exorbitet, et quidquid in se a tramite veræ religionis alienum repererint, totum hoc in quotidiano vitiorum et virtutum conflictu ad lineam veritatis corrigere festinent. Nam sicut jure omnium hominum stolidissimus censetur, qui ad arborem viriditate foliorum atque ubertate fructus pulcherrimam veniens, foliorum inanitate ventrem farciret, et ab utilitate fructus jejunus remaneret; eadem rationis æquitate stultissimus reputatur, qui venustissimam et fecundissimam seriem strenuæ conversationis patrum sanctorum relegens, velut chronica tantum, vel annales regum, ad solam curiosam notitiam rerum eam transcurrit; et nihil ex his quæ legit, ad accendendum in se compunctionis fervorem, ad detergendam conscientiæ suæ rubiginem, et ad librandam morum suorum inæqualitatem manu sanctæ devotionis decerpit. Neque enim propterea patrum præcedentium laudabilia gesta describuntur, ut vanæ et inquietæ curiositati serviatur; sed ut per ea rudes instruantur, infirmi confortentur, lascivi gravitatem sectentur, duri corde compungatur, devoti ad perfectionem informentur, et ut per ædificationem et consolationem legentium sancta Ecclesia roboretur, et laus Dei, cujus dona sunt bona nostra, per gratiarum actionem amplificetur.

Cæterum in hac sola parte veniam a studiosis lectoribus petimus, quod aliquibus in locis sensum, vel summam verborum quæ dicta sunt, retinentes, eamdem summam competenti formula orationis vestire curavimus, nam de rebus ipsis absit, ut, quantum in nobis fuit, minimum saltem articulum aliter, quam rei eventus fuit, mentiendi libidine læsa conscientia poneremus. Ipse autem æternus Deus, æterni Dei

ayons blessé notre conscience et rapporté le moindre détail des faits que nous racontons autrement qu'il a en effet existé. Que le Dieu éternel lui-même, que le fils du Dieu éternel, Notre Seigneur Jésus-Christ, qui, en instituant, aux jours de son humilité, le sacrement de la parfaite pénitence, et en jetant le fondement de la vraie religion, a dit : « Si quelqu'un veut venir après moi, qu'il se renonce lui-même, prenne sa croix et me suive ; » que ce Dieu qui, dans ces derniers jours, lorsque déjà le monde vieillit, la foi flotte, l'espérance chancèle, la charité se refroidit, a allumé le feu de son saint amour dans le cœur d'un grand nombre d'hommes, par la pureté de l'ordre de Cîteaux, et a élevé à Clairvaux, dans la personne de notre très-révérend père saint Bernard, la plus splendide colonne de ce saint ordre; oui, dis-je, que ce même Dieu notre Seigneur, par les mérites et l'intercession des saints pères dont nous avons raconté un peu la vie et les mœurs pour l'édification de la postérité, nous fasse la grâce de marcher sur leurs traces, de retenir le sens de leur simplicité et de leur innocence, et de nous fortifier si bien dans la vraie humilité, par la continence de la chair, que, avec le secours de la grâce et par le même Notre Seigneur Jésus-Christ qui vit et règne pendant les siècles éternels avec le Saint Esprit, nous méritions de parvenir un jour à la gloire de l'éternelle béatitude, à laquelle nous croyons fermement que ces saints pères sont déjà parvenus eux-mêmes. Ainsi soit-il.

Filius, Dominus noster Jesus-Christus, qui in diebus humilitatis suæ sacramentum perfectæ pœnitentiæ sanciens, et fundamentum veræ religionis jaciens ait. *Si quis vult post me venire abneget semetipsum, et tollat crucem suam, et sequatur me;* quique extremis diebus istis, quando senescente jam mundo, fides fluctuat, spes titubat, charitas frigescit, incentivum sancti amoris sui per Cistercienseis ordinis puritatem multorum cordibus infudit, et ejusdem sacri ordinis splendidissimam columnam, reverendissimum scilicet patrem nostrum sanctum Bernardum in Clara-valle erexit. ipse, inquam, Dominus ac Deus noster per merita et intercessionem sanctorum patrum, de quorum vita et moribus ad ædificationem posterorum aliqua conscripsimus, donet nobis ita vestigiis eorum inhærere, ita simplicitatis et innocentiæ sensum retinere, ita per continentiam carnis in humilitate vera roborari ; ut ad illam æternæ beatitudinis gloriam, ad quam eosdem patres indubitanter credimus pervenisse, etiam nos, cooperante gratia Dei, quandoque pervenire mereamur, prestante eodem Domino nostro Jesu-Christo, qui cum Patre et Spiritu sancto vivit et regnat Deus per immortalia secula seculorum. Amen.

FRAGMENTS
DES LIVRES D'HERBERT

INTITULÉS LES MIRACLES DES MOINES DE CITEAUX

Acard, moine de Clairvaux.

1. Dans le même monastère, il y a un religieux nommé Acard; c'est un homme de noble extraction mais d'une vie plus noble encore que sa naissance. Il fut envoyé par le bienheureux Bernard, son abbé, fonder et initier plusieurs monastères. Il n'avait point encore fini son temps d'épreuve, quand ce même père, le bienheureux Bernard, vint un jour trouver les novices pour les consoler comme il avait coutume de le faire. Après avoir fini son sermon, il prit à part Acard et deux autres novices, et leur parla ainsi, dans un langage inspiré par l'esprit de prophétie. « Ce novice, et il le désigna par son nom, se retirera furtivement avant demain. Pour vous, veillez et tenez-vous prêts afin de l'empêcher de prendre la fuite avec le fruit de ses rapines. Si le malheureux nous quitte parce qu'il n'est pas des nôtres, du moins retenez ce qui est à nous. » En l entendant parler ainsi, ils furent saisis d'étonnement et se mirent à attendre l'issue de l'affaire en silence. Au milieu de la nuit, les deux autres novices, en voyant le fugitif profondément endormi dans son lit, se mirent à dormir aussi de leur côté, car leurs yeux étaient appesantis et l'esprit d'erreur leur faisait illusion. Mais Acard, qui était parfaitement convaincu que la parole du saint père ne pouvait point être vaine, repoussait avec une constance virile l'esprit d'assoupissement qui le fatiguait extrêmement. Il se frottait tantôt le front, tantôt les tempes, se grattait les poils de la barbe ou les cheveux de la tête, se lavait les mains et le visage; bref il triompha du sommeil qui l'accablait. Comme on approchait du moment où on donne le signal des vigiles, il aperçoit comme deux géants éthiopiens, revêtus de chapes d'un noir intense, entrer visiblement par la porte de la maison. Celui qui marchait le premier portait une poule rôtie, à la broche,

FRAGMENTA
EX HERBERTI LIBRIS DE MIRACULIS
CISTERCIENSIUM MONACHORUM.

De Acardo Claræ-vallis monacho.

1. In eodem quoque monasterio exstitit religiosus quidam monachus, nomine Acardus, vir quidem genere nobilis, sed conversatione nobilior. Hic autem beato Bernardo abbate suo jubente atque mittente, plurimorum cænobiorum initiator atque exstructor fuit. Qui dum adhuc esset in probatione, isdem pater beatissimus Bernardus una die venit ad novitios consolandos, ut sæpe solebat. Terminato itaque sermone, prædictum Acardum cum aliis duobus novitiis traxit in partem, et præmonuit in spiritu prophetico, ita loquens. Futurum est, inquit, ut novitius ille (designavit autem eum ex nomine), ante diem crastinum furtive recedat. Vos igitur vigilate, et estote parati, ut fugientem cum rapinis effugere non sinatis. Et si miser a nobis exierit quia non erat ex nobis, spolia tamen quia nostra sunt retinebitis nobis. Quo audito mirati sunt illi, et cum silentio præstolati sunt exitum rei. Profunda vero nocte duo ex illis cum fugitivum in lecto firmiter dormientem conspicerent, tunc et ipsi dormire cœperunt; erant enim oculi eorum gravati, illudente eis utique spiritu erroris. Verumtamen Acardus, quia certissime credidit verbum a sancto patre prolatum haud posse irritum fieri, somnelentiæ spiritum, qui ei molestissimus erat, virili constantia repellebat. Et nunc frontem, nunc tempora fricans, modo pilos barbæ et capitis vellicans, modo manus et faciem lotitans, nunc de loco ad locum ambulando se excitans, tandem fallaciæ somnum quo premebatur evicit. Cumque jam prope esset ut signum ad vigilias pulsaretur, ecce duo quasi gigantæi Æthiodes, nigerrimis cappis amicti, per ostium domus visibiliter ingrediuntur. Is vero qui præcedebat, gallinam assatam in spico portabat. Porro in ipso veru coluber ingens per caput et caudam infixus erat, qui gallinam

à laquelle était attachée par la tête et par la queue une grande couleuvre, qui entourait la poule de tous les côtés. Ils se dirigent avec ce rôti vers la place du novice, et lui mettent sous le nez cette poule fumante. Celui-ci se réveille à l'instant même, les démons de leur côté se retirent, et s'en retournent par le même chemin qu'ils étaient venus. Quant au novice, il se lève avec précipitation, prend ses vêtements et sort à la suite des démons ; puis, venant à la porte de l'armoire qui se trouvait dans le cloître, il s'efforça de la rompre avec des instruments pour en emporter des livres avec lui. Mais Acard éveille en toute hâte ses compagnons et leur apprend que l'apostat s'enfuit comme il leur avait été prédit. Ils se mettent également à sa poursuite et le rejoignent au moment où il avait la main sur la barre de la porte. Se sentant suivi, il fait un bond et disparaît, et, se sauvant d'un pas précipité par la porte du verger, il ne s'arrête qu'en face du mur de clôture et il est ramené. Le lendemain, comme il ne voulait point se repentir de ses mauvaises actions, car il était déjà abandonné à son sens réprouvé, on le laissa partir afin qu'il s'en allât là où sa place était marquée. Mais, le même jour, saisi du démon, il tomba en démence et ne recouvra aucun calme jusqu'à sa mort. Voilà ce que dom Acard nous racontait au noviciat, dans un âge déjà bien avancé, d'un ton de voix pénétré, car il avait vu tout cela de ses propres yeux et le connaissait en détail.

2. Le même religieux nous a avoué que, dans les premiers temps de sa conversion, il eut à supporter bien des luttes avec les démons et bien des fléaux de leur part, et qu'il en vit souvent des apparitions fantastiques. En effet, bien souvent, pendant qu'il psalmodiait ou priait dans l'église, les démons allumaient, devant lui, de nombreux flambeaux, qui brûlaient comme des cierges et des lampes, et qui tout à coup s'éteignaient à la seule invocation du nom de Jésus-Christ, et disparaissaient comme de vains objets. Une fois, enfin, le diable lui apparut, lui livra un combat semblable aux luttes du palestre, lui portant et recevant tour à tour de nombreux coups et des blessures ; mais enfin il terrassa le démon, lui brisa la tête et lui fit jaillir la cervelle ; comme il le traînait par les cheveux, il lui resta dans la main un fragment de son crâne brisé, avec une partie des chairs et des os ; mais il s'en exhala aussitôt une telle infection, qu'elle semblait excéder la mesure de ce que l'homme peut endurer. Ayant donc secoué la main et lancé loin de lui le morceau de crâne qu'il tenait, il vit à l'instant même le monstre infect disparaître, non pas toutefois sans laisser de profonds vestiges de sa puanteur ; car, pendant une année entière, sa main sentit tellement mauvais, que le cœur lui bondissait de dégoût quand il lui arrivait de la porter à sa bouche ou de l'approcher de son nez. Cet homme plein de bonté et de paroles consolantes, nous citait, pendant que nous étions encore au noviciat, beaucoup d'exemples, qui nous excitaient à l'amour de la vertu. Nous allons en rapporter un qui s'est plus vivement gravé dans notre cœur.

Schocelin, ermite des environs de Trèves.

3. Un jour, nous disait-il, que je me trouvais dans le diocèse de Trèves pour y construire un monastère,

---

eamdem hinc inde cingebat. Cum tali itaque ferculo accedit ad locum novitii ; et gallinam fumantem naribus applicat dormientis. Quo statim expergefacto, dæmones egrediuntur, et per iter quo venerant revertuntur. Ille vero quantocius surgit, et vestimentis onustus post dæmones exit ; veniensque ad ostium armarii quod erat in claustro, machinamentis suis moliebatur firmaturam effringere, ac secum tollere libros. Porro prædictus Acardus celerrime socios excitat, et prophetatam apostatæ fugam insinuat. Tunc recedentem pariter insequentes, reperiunt illum pessulum osti concutientem. Quos ut ille præsensit, illico datis saltibus evolat ; et præcipiti cursu per ostia pomarii ruens, murorum tandem sæptis retinetur atque reducitur. In crastinum autem cum malorum impœnitens resipiscere nollet, quia jam datus erat in reprobum sensum, dimissus est tandem ut abiret in locum suum. Eadem vero die arreptus a diabolo dementiam incurrit, et usque ad mortem furere non cessavit. Hæc nobis novitiis ipse domnus Acardus, cum jam esset ætate decrepitus, plena fide narravit, utpote qui omnia noverat, et perspexerat oculis suis.

2. Isdem vero confessus est nobis, quod in primordio conversionis suæ multa dæmonum bella, multa flagella pertulerit, multaque eorum phantasmata viderit. Sæpius quidem etiam cum esset in ecclesia psallens atque orans, copiosa coram eo luminaria quasi cereos et lampadas accendebant, quæ protinus ad invocationem nominis Christi tanquam vanitas disparebant. Quadam denique vice apparuit ei diabolus, gladiatorio cum eo conflictu in modum palæstritæ decertans, cui crebros ictus et vulnera infligebat, atque vicissim recipiebat ; ad ultimum vero subactum dæmonem colliso capite excerebravit. Quem dum traheret per capillos, partem capitis confracti, cum carne et ossibus evulsam, manu retinuit ; moxque ex ea tam intolerabilis putor exivit, ut possibilitatis humanæ modum fere videretur excedere. Quam cum a sua manu longius excussisset, confestim olidum monstrum quod videbatur evanuit ; vestigia tamen immunditiæ suæ altius impressa reliquit. Nam per unius anni spatium ex eadem manu tantus fetor jugiter exhalavit, ut præ angustia cordis vix eam valeret vel ori apponere, vel naribus admovere. Hic ergo benignus et magni solaminis vir, multa nobis, cum essemus novitii narrabat exempla, unde nos in amore virtutum sæpius accendebat. De quibus et nos unum saltem stilo mandare decrevimus, eo quod ipsum affectui nostro ardentius inhærere sentimus.

De Schocelino, agri Trevirensis eremita.

3. Ego, inquit, dum aliquando conversarer in episcopatu Treverensi pro construendo cœnobio, quod

appelé le Cloître, j'ai eu le bonheur, par un effet de la grâce d'en haut, de voir et de connaître un saint homme, un homme vraiment riche et heureux, nommé Schocelin. Il était d'autant plus heureux et plus riche, qu'il éprouvait un mépris plus vrai pour les richesses du monde, pour toutes ses vanités et ses folies trompeuses, et qu'il les rejetait plus loin de lui. Car, il est hors de doute que le plus riche de tous ce n'est point celui qui a le plus de richesses, mais celui qui en désire le moins. Or, ce bienheureux ermite avait quitté le monde avec tant d'ardeur, que je ne pense pas qu'il se soit trouvé personne de nos jours qui puisse lui être comparé pour le mépris des choses visibles, et pour la mortification de la chair. Aussi, si nous pouvons tous admirer sa vie et même essayer de l'imiter, nul ne saurait y réussir ; c'est ce qui nous la rend encore plus respectable. En effet, tous les jours il était mourant pour Jésus-Christ, et portait non pas une mais de nombreuses croix et souffrait de nombreuses morts, car il compta presque autant de martyres que de jours passés au désert. En effet, quel homme, dans cette vie mortelle, quelque avancé en perfection qu'il fût, a pu vivre longtemps sans aucune nourriture préparée de main d'homme, sans abri, sans vêtements, enfin sans rien ? Or, cet homme viril, cet homme d'une vraie vertu, qui a surpassé la nature humaine, fut privé pendant longtemps de toutes ces choses, et, par la grâce de Dieu qui le fortifiait, il ne succomba point. Il erra seul et complètement nu pendant quatorze ans, parcourant, pour l'amour de Dieu, les montagnes et les forêts où il demeurait caché, n'ayant pour toit que le ciel, pour vêtement que l'air, et pour nourriture d'homme que celle des troupeaux. En effet, il ne se nourrissait que des herbes des champs et de leurs racines, sans leur donner aucune préparation ; quelquefois, à ses jours de gala, il mangeait des faînes et des glands, nourriture qui convient certes beaucoup mieux, comme on sait, aux brutes qu'aux hommes. Il pratiqua avec une inflexible rigueur cette dure manière de vivre dix ans entiers ; mais, pendant les quatre années qui suivirent, jusqu'à sa mort, au cœur de l'hiver et quand les plus grands froids se faisaient sentir, alors que la terre était couverte de neige et durcie par un froid piquant, comme il ne pouvait plus trouver d'herbe au dehors ni arracher des racines de terre, l'excès du froid et de la faim qui était devenu insupportable, contraignait parfois cet homme mort avant le temps, décharné, qui n'avait plus que la peau sur les os, à quitter son désert et à descendre, bon gré mal gré, vers les campagnes voisines. En arrivant aux premières habitations d'un petit hameau, s'il savait qu'il y avait là quelque homme pauvre et de bonne vie, il se présentait volontiers auprès de lui ; toutefois, il ne consentait jamais à entrer dans la maison ; il se contentait du grenier pour se coucher et dormir, quelquefois même il aimait mieux rester au milieu de la cour. Il y trouvait un avantage, c'était d'arriver tard à son gîte et le quitter avant le jour.

4. Quant à ceux qui avaient l'honneur d'héberger un pareil hôte, ils lui témoignaient le plus grand respect ; aucun habitant de la maison n'aurait osé s'approcher de lui, ou le gêner en lui adres-

---

Claustrum nominatur, largiente superna gratia merui videre et agnoscere hominem sanctum, hominem vere divitem, et vere beatum, nomine Schocelinum. Qui videlicet eo ditior, eo beatior fuit, quo fallaces mundi divitias, tanquam vanitates et insanias falsas, verius despexit, et longius abjecit. Vere enim non qui plus habet, sed qui minus cupit dives est. Tanto namque fervore hic beatissimus eremita mundum deseruit, tanto Christum ardore dilexit, ut temporibus et regionibus nostris neminem fuisse putemus, qui ei in contemptu visibilium et carnis mortificatione possit æquiparari. Vitam quippe illius omnes possumus mirari, multi etiam æmulari, sed nullus imitari ; unde et necesse est amplius venerari. Iste enim pro Christo quotidie moriens, non unam tantum sed inuumeras cruces et mortes sustinuit ; quia quot diebus in eremo vixit, quasi tot martyria duxit. Quis namque hominum in hac vita mortali, quantumcumque profecerit, vel sine humano cibo, vel sine tecto, vel sine indumento, vel sine omnibus his diutius vivere possit ? Porro vir iste virilis, vir veræ virtutis, naturam supergressus humanam, cum careret omnibus istis, confortante se Deo per multa tempora non defecit. Annis siquidem quatuordecim solivagus ac toto corpore nudus, montibus et silvis pro Christi amore oberrans et latitans perduravit, cœlum habens pro tecto, aerem pro vestimento, pecorinum victum pro cibo humano. Herbis namque agrestibus et crudis earumque radicibus, interdum quoque fagina et glande pro magnis deliciis utebatur, qui utique brutorum animalium pastus magis quam esca hominum esse probatur. Hujus ergo rigorem propositi inexorabili severitate per decennium integrum custodivit. Postmodum autem quatuor fere annis ante suam dormitionem, in corde hiemis, bruma sæviente asperrima, cum tellus nivibus obtuta, et gelu acriore coercita, nec herbas foris exsereret, nec radices effodi sineret ; tunc a facie famis et hujus frigoris sustinere non prævalens, tandem ut homo jam fere præmortuus, et obeso corpore, pelle sola circumdatus, cogebatur interdum deserta deserere, atque ad proxima rura volendo nolendo descendere. Veniens autem ad excretorias ejusdem viculi casas, si quem ibi pauperculum et honestæ conversationis hominem manere cognosceret, ad eum libentius divertebat ; diversorium tamen ipsius ingredi recusabat, sed reclinato capite quiescebat in laribus domatis, vel potius in medio curtis. Hoc autem maxime procurabat, ut profunda jam nocte accederet, horaque antelucana recederet.

4. Porro homines illi, qui digni habebantur tanto hospite nobilitari, magnam ei reverentiam deferebant, ita ut nemo de inhabitantibus auderet ad eum accedere, aut in colloquio molestus exsistere ; nisi forte ab illo permissus, aut etiam vocatus ; nimirum me-

sant la parole, à moins qu'il ne le lui permît ou qu'il ne l'appelât, car on craignait qu'il ne revînt pas une autre fois si on troublait son repos. Quelquefois on lui mettait dehors quelque morceaux de couverture ou quelques vieux sacs, dans le cas où il aurait voulu s'en servir pour se coucher dessus. On lui donnait aussi des morceaux de pain d'orge ou de son, on savait qu'il n'aurait point accepté autre chose. Il en rongeait quelquefois une bouchée et emportait le reste, qui lui suffisait pendant bien longtemps au désert. Cet homme, qui était si puissamment riche, portait aussi autour des reins un misérable lambeau de linge, pour cacher les parties du corps que la décence ne lui permettait pas de laisser nues lorsqu'une cause impérieuse le forçait de se présenter devant les hommes. Il portait encore, pendu à son cou ou à son dos, un petit sac où il mettait les aliments dont je viens de parler. C'étaient là toutes les propriétés de ce riche, là tout l'héritage de ce serviteur de Jésus-Christ, là la noble patrimoine de ce fidèle, qui avait tout un monde de richesses, car il était comme s'il n'avait rien et il possédait tout, et dans ce dénuement complet tout était à lui, d'autant mieux qu'en mettant le monde tout entier dans ce méchant morceau d'étoffe, il n'avait pris de tout le monde et pour tout le monde que cette mauvaise loque. Après tout, à quoi servent tous les trésors du monde et des possessions infinies, si ce n'est à soutenir la vie présente, et quelquefois à la prolonger. Or, pour passer sa vie, un vieux morceau de drap suffisait à notre pauvre.

5. Saint Bernard entendant donc parler de la vertueuse vie de cet homme, nous ordonna d'aller le trouver et de le saluer de sa part. Il nous remit en même temps quelques petits présents pour lui, en signe de charité; c'était une tunique et des sandales qu'il le priait de porter par amour pour lui. Nous partîmes donc pour la contrée où il vivait, et, après un jour de marche, nous entrâmes dans le lieu où on pensait qu'il reposait. Il faisait encore nuit. Ne le trouvant pas, nous demandâmes à son hôte où il était. Celui-ci nous répondit: « Cette nuit, il est resté chez nous dans le vestibule de la maison, comme il se retirait un peu plutôt qu'il n'a l'habitude de le faire, nous lui dîmes, au moment où il prenait congé de nous: « Pourquoi seigneur père, sortez-vous sitôt, car il n'est pas encore une heure du matin ? » Il nous répondit: « Il va arriver ici dans un instant des religieux qui viennent pour moi, mais je ne veux pas qu'ils me rencontrent à présent. » Il fit la même chose plusieurs autres fois pour d'autres religieux dont il prédisait l'arrivée et qui venaient le voir. En entendant cela, nous fûmes bien étonnés de ce qu'il avait si vite découvert notre ruse, car nous avions pensé que nous nous y étions pris avec assez d'adresse et que nous le prendrions à l'improviste, avant qu'il eût eu le temps de s'enfuir. Nous vîmes clairement par là qu'il était doué aussi de l'esprit de prophétie. Sachant donc bien que nous ne réussirions point à le trouver s'il ne le voulait pas, nous lui fîmes dire par son hôte que nous le priions instamment de vouloir bien nous accorder la faveur de le voir en considération de celui qui nous envoyait à lui. Il y consentit enfin avec bonté; nous vînmes et nous le vîmes. Ce n'était pas un homme de la terre, mais un ange du ciel, dont toute la vie est dans le ciel et

---

tuentes ne ad ipsos amplius non diverteret, si quietem illius aliquis ibidem importune turbaret. Interdum tamen applicabant ei pro foribus modicum straminis, aut veterem saccum si vel in eo fortasse requiescere consentiret. Porrigebant nihilominus fragmentum et aliquod hordeacei vel furfurei panis, scientes utique quod aliud nihil acciperet; de quo videlicet pane modicam aliquotiens crustulam ruminabat, residuam vero partem ad multorum dierum refectionem secum ad erenium deferebat. Habebat quoque vir ille locupletissimus circumligatam renibus semicinctiam vilem atque brevissimum, quæ verecundas solummodo corporis partes operire vix poterat, cum eum hominibus apparere compelleret ista tamen inevitabilis causa. Possidebat nihilominus et saccellum parvissimum collo vel renibus appensum, quo supradictas alimonias inferebat. En tota divitis istius viri proprietas, en gloriosa servi Christi hæreditas, et nobile patrimonium, cui vere fideli totus mundus erat divitiarum. Ipse enim tanquam nihil habens et omnia possidens, in tali nihilo totum obtinuit; quandoquidem qui in vili semicinctia totum mundum inclusit, de toto et pro toto mundo semicinctiam solam elegit. Denique quid aliud cuivis hominum confert copia thesaurorum, atque infinita possessio rerum, nisi ut præsentem vitam ducere, et aliquandiu producere possit? ad quam videlicet transigendam huic pauperi nostro una vetusti panniculi scissura suffecit.

5. Beatus itaque Bernardus, audita virtute conversationis illius, dedit nobis præceptum adeundi et salutandi ex nomine ipsius virum, mittens etiam ei pro signo charitatis nonnulla munuscula, hoc est, tunicam et caligas, ut pro ejus amore induceret illas. Nos ergo profecti ad easdem partes, una die, cum adhuc tenebræ essent, intravimus locum ubi quiescere putabatur, et non invenientes, sciscitati sumus ab hospite, ubinam illa esset. Illo vero respondit: Hac nocte, inquit, apud nos in curia mansit. Cui solito tempestivius recedenti et vale facienti respondimus: Cur domine pater, tam cito egrederis, cum mediæ noctis adhuc vix hora transierit? Et ille: Modo, inquit, venturi sunt huc propter me viri quidam religiosi ; à quibus nolo me ad præsens reperiri. Hæc autem sæpius et propter alios fecit, quos ad se nihilominus venturos esse prædixit. Quo audito satis superque mirati sumus, quod tam cito in astutia nostra ab eo deprehensi fuerimus. Callide nunquam satis putavimus nos egisse, et incautum antequam surgeret prævenisse. In quo videlicet facto manifeste innotuit, quod etiam prophetico spiritu non caruerit. Nos ergo scientes quod absque beneplacito suo reperiri non posset, per

du ciel. Après les premiers compliments, il reçut avec humilité et respect le salut de notre père, se couvrit des vêtements que nous lui apportions, puis les déposa aussitôt, en disant : « Béni soit Dieu qui a inspiré à un homme apostolique la pensée de songer à un misérable pécheur comme moi. Je viens, pour l'amour de lui, de recevoir le vêtement qu'il m'a fait remettre, je l'ai mis, mais je ne saurais le porter plus longtemps, attendu que je n'en ai pas besoin et que d'ailleurs il ne m'a pas ordonné de le faire. Pour vous, mes bien chers amis, je vous déclare que rien ne m'est plus à charge que de me voir forcé de remettre sur mes épaules fatiguées et douloureuses l'odieux fardeau des soins de la chair, que j'ai eu tant de mal à déposer. »

6. En voyant son affabilité et sa bienveillance, nous nous laissâmes aller à lui parler avec confiance et à lui demander, avec respect toutefois, s'il ressentait encore la tentation de la chair et les assauts du démon. Comme il était homme d'un esprit agréable et rempli de paroles consolantes, il sourit un peu et nous parla ainsi : « Il y a déjà bien longtemps, mes très-chers frères, que, par la grâce de Dieu, je me sens singulièrement déchargé de toutes les les passions mauvaises, mais, comme la vie de l'homme sur la terre est une épreuve, qui peut se flatter d'avoir le cœur pur ? Si nous disons que nous ne péchons pas, nous nous séduisons nous-mêmes et la vérité n'est point en nous. En effet, marchant au milieu des lacets de l'ennemi, et exposé de tout côté à ses glaives menaçants, si nous ne sommes constamment défendus par le bouclier de la protection de Dieu, jamais nous ne serons à l'abri des traits de ceux qui décochent leurs flèches d'un lieu obscur contre les hommes au cœur droit. Mais nous avons confiance au Seigneur, car il est fidèle, et il ne souffrira point que nous soyons tentés au dessus de nos forces. Et maintenant je veux vous donner un exemple à l'appui de ce que je vous dis, et vous pourrez y voir à quelle sorte de tentations je suis exposé quelquefois. Un jour donc, que le froid de l'hiver sévissait plus rudement que coutume, et que la neige tombait en abondance, je me trouvais couché à terre les membres engourdis. Mais le tout-puissant auteur de toutes choses, qui répand la neige comme il donne la laine, et le brouillard comme la cendre, m'avait donné une couverture de neige en guise de couverture de laine. Il faut convenir qu'elle était assez grande et elle n'avait pas moins d'une coudée d'épaisseur : j'en étais si bien enveloppé de tous côtés, qu'il n'y avait pas une partie de mon corps qui n'en fut couverte, seulement, sur ma figure, le souffle qui sortait de ma bouche s'élevait comme un mince filet et avait fondu la neige et fait une petite ouverture. Cependant un pauvre petit lièvre, qui fuyait devant le froid et la neige et qui cherchait un abri pour se reposer, vint par hasard vers le trou qu'avait fait mon haleine. La chaleur qu'il y ressent le charme, il s'arrête et demeure couché sur ma tête. La nouveauté du fait me fit rire, un mouvement de légèreté fit perdre à mon esprit sa gravité habituelle et me fit tomber dans une vaine joie. Ce n'est pas tout, la pensée me vint même d'étendre la main et de me saisir du pauvre petit lièvre, ce qui m'était bien facile, non pas pour le tuer ou pour le

---

prædictum hospitem ei mandare curavimus, obnixe rogantes, ut gratia ipsius qui nos ad ipsum direxerat, suam nobis præsentiam indulgeret. Quo tandem annuente clementer, venimus et vidimus eum, non quasi terrenum hominem, sed sicut angelum cœlestem, cujus conversatio tota in cœlis et de cœlis erat. Tunc eulogiis præsentatis, cum salutationem patris humiliter et cum reverentia suscepisset, ipsaque indumenta sibi applicuisset, mox iterum ea deposuit, et ait : Benedictus Deus, qui dedit in corde apostolici viri, ut peccatoris et miseri hominis memoriam habere dignetur. Et nunc pro amore ipsius vestimenta transmissa obedienter accepi, et indui ; diutius tamen ea portare non valeo, quia nec opus est mihi, nec ipse mandavit. Dico autem vobis amicis meis charissimis, quia nihil est mihi molestius, quam ut curæ carnis sarcinam odiosam, cum tanta difficultate depositam, lassatis et dolentibus humeris denuo imponere cogar.

6. Nos itaque videntes hominem benignum atque affabilem, cum jam ei fiducialiter loqueremur, sciscitati sumus ab eo, cum reverentia tamen, utrumne adhuc de carnis illecebris vel dæmonum irritamentis aliquid molestiæ toleraret. Tunc ille, ut erat homo jocundus, et boni solatii, cum paululum subrisisset, ita loqui exorsus est. Jam diu est, amantissimi fratres, ex quo per gratiam Dei a passionibus vitiorum sentio me non mediocriter exoneratum ; sed quoniam tentatio est vita hominis super terram, quis gloriabitur castum se habere cor ? Si enim dixerimus quia peccatum non habemus, nos ipsos seducimus, et veritas in nobis non est. In medio siquidem laqueorum ambulantes, et hostilibus gladiis circumquaque patentes, nisi scuto divinæ protectionis assidue muniamur, nunquam cavere poterimus ab his qui sagittant in obscuro etiam rectos corde. Confidimus tamen in Domino quia fidelis est, et non patietur nos tentari supra id quod possumus. Et nunc vobis aliquid exempli gratia refero, in quo poteritis advertere, cujusmodi tentationibus aliquoties inquietor. Quadam itaque die cum brumalis asperitas solito intensiore pruina rigesceret, et nix copiosa de nubibus flueret, tunc torpentibus membris in terra jacebam. Verumtamen rerum Sator omnipotens, qui dat nivem sicut lanam, et nebulam sicut cinerem spargit, ipse mihi pro laneo amictu, qui deerat, niveum opertorium dederat ; magnum quidem et amplum atque ad unius cubiti mensuram fere condensum. Quo circumquaque latius expanso ita operiebat, ut de corpore meo nihil penitus appareret. Tantummodo circa faciem meam virga fumantis anhelitus ab ore procedens, superjectam nivem paulatim undique reliquabat, et modicam fecerat

retenir captif, car c'est un animal aussi innocent que doux, mais pour avoir le plaisir de le tenir dans mes mains et de le considérer. Je ne craignais pas de perdre dans ce sot plaisir un temps que j'avais destiné à faire pénitence. Je luttai pendant longtemps contre cette tentation, et, avec la grâce de Dieu, je finis par en triompher; je demeurai immobile et je laissai cet animal peureux se reposer sans crainte, jusqu'à ce qu'il lui plût de se retirer. C'est là une des plus grande tentations que j'aie eu à soutenir depuis longtemps. Si je parais vous raconter cela assez gaiement et comme pour vous amuser, je n'en rougis pas moins pourtant et n'en ressens pas moins de peine de voir que mon esprit est quelquefois assailli par ces sortes de pensées vaines, comme par autant de mouches qui voltigent autour de lui, même sans que j'aie jamais le cœur à la vanité.

7. Cet homme admirable, après nous avoir dit ces choses et beaucoup d'autres semblables pour nous édifier et nous consoler, nous chargea très-humblement de saluer de sa part le bienheureux père Bernard, et se recommanda très-pieusement à ses prières. Puis nous bénissant et nous disant adieu, il s'enfonça au plus épais de la forêt, comme un cerf que Dieu a lâché au milieu des bois, et semblable à un oiseau qui s'échappe de la main de celui qui le retenait captif, et dont les ailes battent l'air en liberté, il s'envola en chantant au milieu des taillis, où il n'y avait point de route tracée. Pour nous, en le voyant, n'ayant plus la faculté de lui parler davantage, nous avons assimilé nos tours à des flammèches et de la cendre, en comparaison d'une telle et si grande perfection. Et nous, qui auparavant croyions être quelque chose quand nous n'étions rien, nous avons regardé toutes nos justices comme le linge souillé d'une femme à son époque, puis, frappant notre poitrine, l'âme humiliée, le cœur contrit, nous revînmes à notre monastère. On raconte encore d'autres merveilles presque innombrables de cet homme, mais, comme nous étions trop loin pour les examiner avec soin, nous les passons sous silence, nous contentant de rapporter seulement celles que nous avons vues de nos propres yeux. Cet homme trois fois saint eut une révélation de Dieu, qui lui fit voir que le jour de sa mort approchait. Il vint alors à une des plus voisines villas, et là, après avoir reçu le viatique du sacrement du Seigneur, il rendit à Dieu, à la joie des anges, son âme d'une pureté évangélique. A ces vénérables obsèques vinrent en foule, de tous côtés, des religieux et des masses de peuple, qui enterrèrent son corps avec honneur et élevèrent une nouvelle église sur son tombeau. Plus tard, son corps fut transporté de cet endroit dans un château-fort célèbre, qu'on appelle Luxembourg, où il fut enterré avec honneur dans l'église de la bienheureuse Vierge Marie. A son tombeau s'accomplissent encore aujourd'hui une foule de miracles, et beaucoup de malades reçoivent, par son intercession, la santé et une foule de grâces qu'ils lui demandent avec foi. Dom Acard nous rappela souvent, quand nous n'étions encore que néophytes, ces exemples, par lesquels il fortifiait les commencements

---

aperturam. Interea lepusculus quidam ante faciem frigoris et nivis fugitans, atque ad pausandum latebras quæritans, casu venit ad ipsum foramen. Qui suavitate caloris illectus illico substitit, et super caput meum ibidem accubuit. Tunc ipsa novitas rei subridere me compulit, et subripiente mihi levitate dejectus est animus meus a statu solitæ gravitatis, et prolapsus in gaudium vanitatis. Non solum autem, sed et desiderium incidit eumdem lepusculum, ut facile poteram, manu injecta corripere ; non ut eum occiderem aut retinerem, sed quia est animal innocens atque lenissimum, ut contrectatione et visu illius aliquandiu delectaret, et dicatum pœnitentiæ tempus hac inepta lætitia interim consumere non vererer. Diutius autem suggestori reluctans, desiderium vanum donante Deo superavi; tranquilloque corpore manens, pavidam bestiolam secure quiescere feci, donec tandem ultronea voluntate recessit. En id est unum de majoribus tentamentis, quæ a multis retro diebus tolerasse me memini. Quod videlicet quamvis jocose, et velut exhilarandi vos gratia fortasse videar vobis alacrius quam oportuit retulisse, erubesco tamen et doleo cogitationes meas interdum a vanitatibus istis velut a muscis volitantibus inquietari, etiam sine consensu vanitandi.

7. Cum hæc et similia nobis ædificandi et solatiandi causa vir ille mirabilis enarraret, tunc beatum patrem Bernardum legatione nostra humillime resalutavit, seseque orationibus ejus devotissime commendavit. Moxque benedicens ac valefaciens nobis, tanquam cervus emissus a Deo liberis saltibus ad opaca saltuum recucurrit, et veluti avis de manu tenentis elapsa, laxatis in aera pennis ad avia nemorum cantando revolavit. Nos igitur videntes, et spiritum loquendi ulterius non habentes, in comparatione talis ac tantæ perfectionis, assimilavimus nostras turres favillæ et cineri ; et qui antea putabamus nos aliquid esse cum nihil essemus, tunc universas justitias nostras quasi pannum menstruatæ existimavimus ; sicque percutientes pectora nostra, humiliati atque compuncti nimis ad propria remeavimus. Referuntur et alia pene innumera de viro illo magnalia, quæ quoniam a nobis tanquam longe remotis diligentius investigata non sunt, silentio claudimus; illa tantummodo proferentes quæ fide oculata percepimus. Hic itaque ter beatus cum revelante Deo diem dormitionis suæ jamjamque imminere conspiceret, ad unam de propinquioribus villis accessit, ibique percepto dominici sacramenti viatico, lætantibus angelis, angelicæ puritatis animam reddidit. Ad cujus exsequias venerandas viri religiosi, et populi innumerabiles catervatim undique confluentes, corpus ejus honorifice sepelierunt, et super ipsum novam ecclesiam construxerunt. Postea vero translatum est inde corpus ejus apud quoddam nobile castrum, quod nominatur Luceleburgum, et in ecclesia beatæ Mariæ honorifice

de notre apprentissage, et nous enflammait d'un vif amour pour la vertu. A la fin, il baissa lui-même aussi et s'envola dans une bonne vieillesse vers le Seigneur. Il fut enseveli dans le sépulcre de ses frères.

Un frère lai et convers de Clairvaux.

8. Il y eut dans le même monastère un frère lai et convers, religieux de très-grande mansuétude, qui avait appris à l'école de Dieu à être doux et humble de cœur. Tout le monde lui rendait témoignage qu'on ne l'avait jamais vu se mettre en colère, ni même tomber dans l'impatience, de quelque injure qu'il fut l'objet. Sous l'inspiration de Dieu, il avait pris dans son cœur la ferme résolution, toutes les fois qu'il serait proclamé injustement par ses frères, de prier pour eux, et, la première fois, de réciter pour chacun d'eux au moins un *Pater noster*. Beaucoup de frères de Clairvaux, instruits par son exemple salutaire, se font encore aujourd'hui une règle de cette habitude. Un jour qu'il était en voyage, il se vit contraint de passer seul par un étroit passage dans une forêt. Il lui arriva là de tomber entre les mains des voleurs qui le pillèrent, lui prirent même sa malle avec ses bagages, et ne lui laissèrent absolument rien que sa charité; mais, comme il ne l'avait pas enfermée dans sa sacoche, ni imprudemment laissée dehors, mais qu'il la tenait très-sagement liée au fond de son cœur avec les liens très-solides de la patience, elle n'avait pas à craindre la violence des sicaires. Comme il avait gardé la charité sauve, le serviteur de Dieu ne put rien perdre, attendu que ce qu'il perdait sans la perdre elle-même n'était rien pour lui. Lorsque les voleurs se furent éloignés un peu, il fit quelques pas, se prosterna en prières, et demanda à Dieu de leur remettre cette impiété. L'un d'eux, qui le suivait de loin, regardait avec curiosité pour voir ce qu'il allait faire : en voyant qu'il demeurait longtemps en prière, il retourne à toutes jambes vers ses compagnons et s'écrie, en se frappant la poitrine : « Malheur à nous, nous sommes des misérables et des damnés. Nous mourrons tous, puisque nous avons si mal traité pour notre malheur un aussi saint homme, un religieux de ce saint monastère, (car ce religieux leur avait fait connaître qu'il était de Clairvaux). En effet, depuis qu'il s'est éloigné de nous, il ne cesse de prier avec gémissements et avec larmes, et je ne doute qu'il ne prie le Seigneur pour ses ennemis. » En entendant cela, ils se sentent touchés de componction, reviennent sur leurs pas, et le trouvent encore à genoux en prières. Ils lui rendent aussitôt ce qu'ils lui avaient volé, le supplient de leur pardonner, et le renvoyent tranquillement. Ce que voyant, ce père fut transporté d'une grande joie, et rendit d'immenses actions de grâces au Sauveur Jésus, bien plutôt de la conversion des brigands, que pour le recouvrement de ce qu'ils lui avaient pris.

9. Cet homme de bien ayant persévéré dens son saint projet fut enfin appelé de Dieu, et alla rejoindre son peuple, pour recevoir avec lui la ré-

---

tumulatum. Porro ad ipsum tumulum ejus miracula frequenter usque hodie fiunt, et sanitates ac beneficia multa ipso interveniente fideliter postulantes accipiunt. Hæc et similia nobis neophytis domnus Acardus sæpius referebat exempla, quibus rudimenta tirocinii nostri magnifice roborabat, atque in amore virtutum non mediocriter accendebat. Ad postremum autem etiam ipse deficiens, in senectute bona migravit ad Dominum, et sepultus est in sepulcro fratrum suorum.

De fratre laico et converso Claræ-vallis.

8. Fratres quidam laicus et conversus in eodem cœnobio exstitit, vir religiosus ac summæ mansuetudinis, qui Deo magistrante didicerat esse mitis et humilis corde. Huic omnes testimonium perhibebant, quod nunquam visus fuisset irasci, nunquam quibuslibet injuriis affectus ad impatientiam provocari. Hic inspirante Deo statuerat firmiter in animo suo, ut quotiens a quibuslibet fratribus suis juste sive injuste proclameretur, totiens pro illis oraret, et pro singulis *Pater noster* prima vice ad minus diceret. Cujus exemplo salubriter instructi multi Claræ-vallensium fratrum, eamdem consuetudinem usque hodie quasi pro lege custodiunt. Quadam itaque die cum esset in via directus, necesse habuit transire per fauces cujusdam nemoris solus. Contigit autem ibidem eum incidere in latrones, qui eum despoliantes, caballum quoque cum sarcinulis rapuerunt, et nihil ei penitus præter solam charitatem dimiserunt. Illa vero quia non fuit in sitarcia, neque in forulo foris incaute relicta, sed firmissimæ patientiæ nodis intus in intimo cordis sapienter adstricta, sicariorum violentiam timere non poterat. Salva igitur charitate nihil Dei servus amittere potuit, quia pro nihilo illi erat quidquid ea remanente amisit. Recedentibus vero latrunculis ipse cum paululum processisset, prosternitur ad orationem, obsecrans Deum, ut hanc eis remitteret impietatem. Quidam ex ipsis a longe subsecutus, curiosius observabat, volens scire quid ageret; et videns eum oratione diutius insistentem, celeri cursu revertitur ad socios, percutiens pectus suum et dicens: Væ nobis miseris et damnatis. En moriemur omnes, qui hunc tam sanctum hominem, et tam sancti monasterii fratrem (siquidem ipso revelante cognoverant quod esset de Clara-valle), nostro malo tam male tractavimus. Hic enim ex quo recessit a nobis, non cessat orare cum gemitu et lacrymis: nec dubium est quin ipse Dominum roget etiam pro suis inimicis. Quod audientes compuncti sunt animo, et venientes invenerunt illum adhuc in oratione flexis genibus intentum. Cui mox universa restituunt, et venia suppliciter postulata, in pace dimittunt. Quo viso, gavisus est frater ille gaudio magno, Salvatori Christo immensas gratias referens de compunctione prædonum, magis quam de receptione spoliorum.

9. Hic ergo vir bonus cum in sancto proposito perseverasset, tandem vocante se Deo collectus est ad

compense de ses vertus. Le jour même de sa mort, on eut la vision que voici de son entrée dans la gloire éternelle. Dans un monastère éloigné de Clairvaux, se trouvait un moine religieux et d'une grande réputation. Tout le monde l'aimait sincèrement à cause de sa sainteté, et chacun avait pour lui des sentiments de respect singuliers. Cet homme donc, le jour même où mourut le religieux dont nous venons de parler, se trouvait, lui aussi, aux portes de la mort ; se voyant donc tout prêt de mourir, il se trouva ravi loin des choses des hommes, tellement qu'il fut privé de l'usage de tous ses membres. Il demeura en extase, depuis le matin, jusqu'à l'heure de none ; il revint alors à lui, recouvra un peu de force, mais il n'en recouvra que ce qu'il lui fallait pour parler. Tous ceux qui étaient là présents furent frappés d'étonnement, et lui demandèrent la cause de son départ et de son retour subits. Il leur répondit : « Aujourd'hui même, comme j'étais ravi en esprit et privé de l'usage de mes sens, je me trouvai tout à coup introduit dans un jardin de volupté, dans un lieu plein de gloire et d'éclat, dont la faiblesse des sens humains est incapable d'estimer l'aptitude, la beauté et les charmes. Il y avait là une précieuse collection de vases et d'ornements, une infinie préparation de délices, tels qu'on a l'habitude d'en préparer pour l'arrivée de quelque grand roi, de quelque puissant potentat. Il y avait donc des saints innombrables, tout brillants d'une gloire immense, dont les uns étaient déjà arrivés, dont les autres arrivaient de tous les côtés, et, se hâtent à l'envi comme pour un grand spectacle, ils affluaient de toutes parts comme pour un jour de fête. On entendait dans cet endroit les suaves accords d'une harmonie céleste, et de tous les points raisonnaient des chants d'actions de grâce et de louanges. Dans mon étonnement excessif, j'interrogeai sur ce que je voyais, l'ange qui me servait de guide, il me répondit : « C'est une fête nouvelle qui se célèbre aujourd'hui à l'arrivée d'un saint parti de la maison de Clairvaux et qui va tout à l'heure entrer solennellement dans ces gloires. » Après avoir parlé ainsi, il me dit de me hâter de sortir et de retourner parmi les hommes. Comme je ressentais une grande peur de ce retour, je le priai du fond de l'âme de ne pas permettre que je fusse renvoyé de cette félicité vers les misères du corps. Mais il me répondit : « Il faut absolument que tu retournes vers tes frères et que tu leur racontes ce que tu as vu ; quand tu l'auras fait, tu reviendras aussitôt et tu entreras dans le partage de cette éternelle félicité. » J'ai donc été envoyé vers vous pour vous faire connaître ce que j'ai vu, afin que, faisant le bien, vous fassiez des progrès, et que vous persévériez à bien faire, en sachant que la récompense ne fera point défaut à vos œuvres. » Quand il eut parlé ainsi, il nous dit adieu, et s'endormit dans le Seigneur. Tout le monastère le pleura car c'était un homme très-saint, et d'une grande utilité, ses exemples étaient une règle pour tous, et chacun se conduisait d'après ses conseils. Ils notèrent donc avec soin le jour et l'heure, et s'étant informés à Clairvaux, ils apprirent que le frère dont nous avons parlé plus haut

populum suum, recepturus amodo cum eis præmia meritorum. De cujus glorificatione visio talis apparuit, eadem qua defunctus est die. Erat in quodam monasterio longius a Clara-valle remoto, monachus quidam religiosus et magnæ opinionis vir quem pro sua sanctitate omnes sinceriter diligebant, omnes singulariter honorabant. Hic igitur eodem die, quo prædictus frater mortuus est, etiam ipse moriens ad extrema devenit. Cumque jam morti proximus videretur, raptus est ab humanis, ita ut omni membrorum officio destitutus, a mane usque ad nonam in ecstasi positus, tandem ad seipsum revertitur, et virtute recepta, lingua tantum in verba laxatur. Stupentes vero qui aderant, causam ab eo repentinæ discessionis, ac reversionis efflagitant. Quibus ipse respondit : Hodie cum a sensibus corporis in spiritu sublevatus abstraherer, inveni me subito introductum velut in paradiso voluptatis, in loco glorioso atque præclaro nimis ; cujus aptitudinem, pulchritudinem, atque amœnitatem humani sensus angustia æstimare non sufficit. Ibi pretiosa vasorum congeries atque ornamentorum ; ibi infinita præparatio deliciarum, quomodo fieri solet in adventu cujuspiam potentissimi regis aut imperatoris. Erant igitur sancti innumerabiles immensa gloria coruscantes, quorum alii jam advenerant, alii adhuc de cunctis partibus veniebant, quasi ad grande spectaculum certatim properantes, et velut ad diem solemnem undique confluentes. Audiebatur etiam ibi suavitas harmoniæ cœlestis, et resonabat undique gratiarum actio et vox laudis. Ego vero cum nimis obstupuissem sciscitatus sum ab angelo ductore meo super his quæ videbam. Ipse autem respondit : Hæc est celebritas nova, novi cujusdam sancti hodie de domo Claræ-vallensi assumpti, et in gaudia ista modo solemniter introducendi. Hoc itaque dicto jussit me citius egredi, atque ad humana reverti. Quod cum ego nimium deterrerer, obsecrabam medullitus, ut ab illa felicitate ad miserias corporis amplius non remitterer. Ille vero respondit : Modis omnibus oportet te ad fratres tuos regredi, donec annunties quæ vidisti. Quo facto protinus reverteris, et æternæ istius lætitiæ participium obtinebis. Hujus rei gratia missus sum ad vos, indicare ista quæ vidi, ut et ipsi benefacientes proficiatis, et perseveretis in bono, scientes utique quia non deerit merces operi vestro. Et cum ista dixisset, valefecit, atque obdormivit in Domino. Planxit autem eum omnis congregatio monasterii, utpote sanctissimum et magnæ utilitatis virum ; de cujus exemplo omnes erant informati, et de cujus consilio pendebant universi. Illi ergo sollicite tempus horamque notantes, cum requisissent in Clara-valle, cognoverunt fratrem supra memoratum eadem die, qua viso demonstrata est, fuisse defunctum. Cujus nimirum

était mort le jour même que la vision l'avait indiqué. La vie de cet homme se trouva telle et si sainte qu'on crut facilement à une pareille merveille.

10. Saint Bernard, en entendant plusieurs de ses religieux raconter cette vision devant lui avec admiration, répondit : « Pourquoi, mes frères, cela vous étonne-t-il? Pour moi, ce qui m'étonne davantage c'est votre incrédulité et votre dureté de cœur, car vous ne croyez encore que bien peu, ou du moins vous ne remarquez pas du tout cette voix qui vous crie du haut du ciel : « Heureux sont les morts qui meurent dans le Seigneur; dès maintenant, dit l'Esprit-Saint, je leur assure qu'ils se reposeront de leurs travaux, car leurs œuvres les suivent (*Apoc.* XIV, 13). » Pour moi il est plus clair que le jour, et plus certain que la vie dont je vis, que tous ceux qui persévéreront avec humilité et obéissance dans la pureté de cœur de ce religieux, n'auront pas plus tôt quitté ce corps, qu'ils seront délivrés de toute misère et revêtus de toute gloire.

Simon, abbé de Chézy.

11. Le vénérable Simon, autrefois abbé de Chézy, monastère important de religieux noirs, avait en très-grande affection le bienheureux Bernard, au point qu'il semblait ne se conduire que par ses conseils et sa volonté. Cet abbé avait un grand désir de se démettre de la charge pastorale, et de se faire moine à Clairvaux. Mais le bienheureux Bernard, qui connaissait la vertu de cet homme et la grâce qui le rendait si propre et si nécessaire au gouvernement du monastère qui lui était confié, ne voulut jamais, tant qu'il vécut, consentir à ses désirs. Un jour, donc, cet abbé lui dit : « Seigneur père, je suis vieux et presque décrépit, mes membres plient sous le poids de mon corps, les infirmités me pressent de toute part, et je sens que je vais mourir. Si je termine ma vie ailleurs qu'à Clairvaux, j'en serai inconsolable ; ce sera un malheur irréparable. Il faut donc que vous m'ordonniez de sortir d'ici maintenant ou de contenter mes vœux ; car la mort qui approche à grands pas ne me permet plus d'attendre davantage. » L'homme de Dieu lui répondit : « Demeurez-là où vous êtes, ne craignez rien, je vous assure que vous mourrez à Clairvaux. » Cet homme crut à la parole du saint et il demeura plein de sécurité dans sa charge plusieurs années encore. Après la mort du serviteur de Dieu, comme il ne pouvait plus résister à la violence de ses désirs que personne ne tempérait plus, il renonça à sa charge, et se rendit à Clairvaux où, par un grand don de Dieu et par un grand miracle, il vécut encore sept ans, nous laissant à tous, à la fin de sa vie, un exemple bien admirable de ferveur et de dévotion dans un pareil âge et au milieu de telles infirmités.

Gunnar devient moine à Clairvaux, après avoir été gouverneur de Sardaigne.

12. De même, un homme illustre nommé Gunnar, qui avait été autrefois juge et seigneur, chargé du gouvernement de la Sardaigne, étant venu un jour pour prier au tombeau de saint Martin de Tours, passa, en revenant, par Clairvaux. Il y fut reçu avec dévotion par saint Bernard, qui lui fit entendre de nombreux avis sur le salut de son

---

inventa est talis ac tanta conversatio, ut fidem facile faceret tali et tanto miraculo.

10. Beatus vero Bernardus cum quidam de fratribus suis hanc visionem coram eo cum grandi admiratione referrent, ita respondit : Et vos fratres ista miramini? Ego vero magis admiror in vobis incredulitatem et duritiam cordis, qui adhuc minime creditis, aut minime forte advertitis vocem illam, qua de cœlo clamatur : *Beati mortui qui in Domino moriuntur ; amodo jam dicit spiritus ut requiescant a laboribus suis, opera enim illorum sequuntur illos.* Mihi siquidem luce clarius, et vita qua vivo certius constat, omnes qui in cordis hujus puritate obedientes et humiles perseveraverint, mox ut carnem exuerint, ab omni miseria protinus exuendos, et immortalitatis gloria vestiendos.

De Simone abbate Caziacensi.

11. Vir venerabilis Simon, quondam abbas Caziaci, quod non est ignobile monasterium nigri ordinis monachorum, magno cordis affectu beatum Bernardum diligebat ; adeo ut de consilio et voluntate ejus totus pendere videretur. Huic autem desiderium magnum inerat curam pastoralem deserere, et fieri monachus in Clara-valle. Verumtamen beatus Bernardus sciens viri virtutem, et gratiam qua commisso cœnobio valde idoneus et necessarius erat ; quandiu vixit in carne, nunquam ei voluit super hujusmodi petitione præbere consensum. Quadam igitur die dixit ad eum isdem abbas : Domine pater, ego jam senex et pene decrepitus, fatiscentibus in corpore membris, et urgentibus undique morbis jamjamque resolvi me sentio. Quod si extra Claram-vallem decessero, erit mihi dolor inconsolabilis, et irreparabile damnum. Unde necesse est, ut vel nunc abire me jubeas, vel satisfacere votis meis ; quia mors accelerans moram amplius facere non permittit. Cui vir Dei respondit : « Mane in loco tuo, et noli timere. Ego securum te facio, quod morieris in Clara-valle. » Credidit homo sermonibus sancti, et mansit interim in sua prælatione securior pluribus annis. Post transitum vero famuli Dei, cum jam desiderii sui stimulos nullo reprimente tolerare nequiret, dimisso regimine Claram-vallem se contulit ; ubi etiam magno Dei dono, magnoque miraculo septennium supervivens, mirabile prorsus in tali ætate vel infirmitate, fervoris ac devotionis exemplum nobis omnibus in fine reliquit.

De Gunnario, ex Sardiniæ tetrarcha monacho in Claræ-vallensi.

12. Simili modo Gunnarius, vir illustris, quondam judex et dominus sardiniæ tetrarchalis, cum venisset aliquando orationis gratia ad sanctum Martinum Turonensem, in revertendo transitum habuit per Cla-

âme. Toutefois, Gunnar ne se laissa point convertir, quoique le bienheureux père eût, en sa présence et à sa grande satisfaction, rendu la vue à un aveugle. Comme il se retirait, le saint lui dit : « J'ai prié Dieu avec instance pour votre conversion, mais, pour le moment, je n'ai pas mérité d'être exaucé. Je vous laisse donc partir, puisque je ne puis vous retenir malgré vous. Pourtant, sachez que vous reviendrez de Sardaigne ici. » Cet homme s'en alla donc dans son pays, remportant dans son cœur, à la suite de l'entretien qu'il avait eu avec l'homme de Dieu, une étincelle d'amour pour la pauvreté et pour la vie religieuse. Elle s'entretint et couva en lui, par la pensée, jusqu'au jour favorable où enfin elle prit feu pour se traduire en œuvre. De retour en Sardaigne, les paroles prophétiques qu'il avait entendues sortir de la bouche du saint comme un oracle du ciel, stimulaient incessamment son esprit et ne lui laissaient aucun repos, selon ce mot de Salomon : « Les paroles du sage sont comme des aiguillons et comme des clous profondément enfoncés (*Eccl.* XII, 11). » Peu de temps après, ayant appris la mort du saint, il se sentit l'âme vivement consternée, se repentit et se reprocha à lui-même de ne s'être point converti à sa parole. Mais, ce qu'il n'avait pas fait de son vivant, il se hâta de l'accomplir quand il ne fut plus. S'étant donc empressé à mettre ordre à tout ce qui lui semblait nécessaire, il plaça son fils aîné Barason à la tête de son gouvernement, et distribua en commun son patrimoine à ses trois autres enfants. L'un d'eux, l'aîné des trois, nommé Pierre, aussitôt après le départ de son père, obtint, par un puissant mariage, le royaume de Cagliari, où il règne encore aujourd'hui noblement; quant à Gunnar, qui se trouvait dans sa quarantième année, à la fleur de l'âge, et doué de toute la vigueur de son esprit, il quitta la Sardaigne, renonça à toutes les gloires du monde, et entra pauvre et humble à Clairvaux, où depuis vingt-cinq ans il milite assidûment dans la règle de l'ordre qu'il a embrassé, et attend que l'heure de son changement arrive. Après avoir renoncé à tant de choses pour l'amour de Jésus-Christ, bien loin de croire qu'il a perdu quoi que ce fût, il se félicite au contraire, et estime qu'il a fait un grand gain en renonçant à un royaume sur la terre pour en obtenir un dans le ciel.

Saint Bernard revient de Rome à son monastère.

13. Un jour, le vénérable abbé ayant passé trois ans à Rome et dans différentes contrées de l'Italie, en travaillant à faire cesser le schisme de Pierre de Léon, entreprise dans laquelle Jésus-Christ couvrit son serviteur d'une gloire magnifique, il revint à Clairvaux, et, après avoir fait une prière, il se rendit au chapitre des frères. Comme il était fatigué du voyage, il ne leur parla pas longtemps, son sermon fut court et rempli de paroles consolantes. Il leur dit : « Béni soit Dieu qui vous a rendus à moi, et qui m'a rendu à vous, etc. (V. plus haut, livre VII, chapitre II). » Nous tenons ces paroles de dom Girard, un des plus anciens religieux de Clairvaux, qui avait eu soin de recueillir

---

ram-vallem ; ubi a sancto Bernardo devotione susceptus, et de salute animæ copiosus præmonitus, converti ab eo minime potuit, quamvis beatissimus pater, ipso ibi præsente, et multum gratulante, cæcum quemdam illuminasset. Cumque recessisset, dixit ei sanctus :« Ego rogavi Dominum instanter pro tua conversione, sed ad præsens exaudiri non merui ; et nunc abire te patior, quia retinere non licet invitum. Verumtamen scias te huc iterum de Sardinia reversurum.» Abiit ergo vir in terram suam, de igniti viri Dei colloquio scintillam æmulandæ paupertatis et religionis secum reportans; quæ in ejus pectore per cogitationem interim coalescens atque exæstuans, opportuno tempore postmodum in flammam operis erupit. Cumque reversus fuisset in Sardiniam, stimulabant ejus animum incessanter verba illa prophetica, quæ de ore sancti viri prolata, quasi cœleste oraculum retinebat ; et eum quiescere non sinebant, juxta quod Salomon ait: *Verba sapientium quasi stimuli, et quasi clavi in altum defixi*. Post modicum vero tempus audito transitu sancti viri, consternatus est animo vehementer; arguens semetipsum et pœnitens, quod ad illius prædicationem conversus non fuisset. Sed quod ipso vivente non egit, post ejus obitum implere festinavit. Mox ergo dispositis omnibus quæ necessaria videbantur, primogenitum suum Barasonem in regno suo principari constituit, cæteris tribus liberis patrimonio suo communiter distributo. Quorum etiam prior natu, vocabulo Petrus, illico post discessum patris, regnum Caralitanum conjugio sortitus potenter obtinuit, hodieque nobiliter regit. Ipse vero Gunnarius, dum adhuc quadragenarius esset, ætate corporis et animi vigore præpollens, relicta Sardinia, omnique gloria mundi deposita, pauper et humilis ingressus est Claram-vallem, ubi jam annum quinquies quinum peragens, in disciplina suscepti ordinis assidue militat, et exspectat donec veniat immutatio ejus. Qui cum tanta pro Christi amore reliquerit, nihil omnino se reputat amisisse ; quin potius gratulatur, et magni lucri existimat pro cœlesti terrenum abjecisse.

De reditu sancti Bernardi ex Urbe ad suos.

13. Isdem quoque venerabilis abbas cum aliquando per annos tres moratus fuisset in urbe Roma, atque in partibus Italicis pro sedando schismate Petri Leonis, in quo videlicet opere eumdem famulum suum Christus magnifice honestavit; tandem reversus Claram-vallem, statim post factam orationem capitulum fratrum introivit ; et quia fatigatus ex itinere, diu loqui non poterat ; brevem quidem sermonem, sed plenum consolatione protulit eis, dicens : Benedictus Deus, qui vos mihi reddidit, et me vobis, etc., *ut supra lib.* 7, *cap.* 11. Hæc autem signavit nobis domnus Girardus quondam abbas Longi-pontis, qui unus

toutes les paroles et les actions de saint Bernard.

14. Nous lui avons entendu dire aussi, que, lorsque le saint serviteur de Dieu prêchait un jour la parole du Seigneur dans un chapitre de moines, deux des religieux qui étaient là présents le virent élevés en l'air avec le siège sur lequel il était assis, et suspendu à une hauteur d'un pied environ au-dessus de terre. Ce vénérable père se trouvant un jour en voyage non loin du château de Prym, eut de Dieu une révélation qui lui apprit qu'un de ses fils de Clairvaux venait de mourir. Il descend aussitôt de voiture, fait une prière pour le défunt, et recommande son âme à Dieu ; le soir, étant à la villa de Chantemerle, la dame du lieu qui lui avait donné l'hospitalité avec dévotion, lui présenta sa fille qui était malade depuis quatre ans, le priant de la bénir et de lui imposer les mains afin qu'elle allât mieux. Il la bénit et fit sur elle le signe de la croix en ajoutant : « Ma fille, vous aurez encore un accès, mais vous serez guérie. » C'est ce qui arriva. Une autre fois, comme le même bienheureux venait de Lagny, ville célèbre située dans le diocèse de Meaux, on lui présenta une toute petite fille qui était sourde et muette ; lorsqu'on l'eut placée sur le cou de sa monture, il leva les yeux au ciel et fit une courte prière puis il lui toucha les lèvres et les oreilles avec de la salive, lui donna sa bénédiction, et lui dit d'invoquer Marie. Aussitôt, cette enfant qui n'avait jamais parlé, ouvre la bouche et s'écrie : Sainte Marie. Roger, religieux moine de Clairvaux, qui alors vivait encore dans le monde, en voyant ce miracle s'accomplir sous ses yeux, se sentit pénétré de componction. Ce fut même, à ce qu'il nous a dit, la principale cause pour laquelle il entra à Clairvaux.

Fastrad [a], troisième abbé de Clairvaux.

15. Fastrad, de pieuse et vénérable mémoire, autrefois abbé de Cîteaux, homme d'une sainteté remarquable, était non moins noble par l'élégance de ses mœurs que par l'illustration de sa naissance. Il était fort versé dans l'étude des lettre profanes, mais il avait un goût plus prononcé pour les lettres saintes. Aussi, comme il avançait en âge et en sagesse, il avait sans cesse sous les yeux et dans les mains les saintes Écritures, et ne se mettait jamais à table sans se faire lire ce livre divin, ce qu'il faisait non-seulement chez lui, mais encore quand il était en voyage et dans les écoles. Il était abbé de Cambron, lorsque dom Robert, de pieuse mémoire, qui avait succédé à saint Bernard vint à mourir. Il fut élu pour gouverner Clairvaux. Il fit difficulté pour se rendre à cette élection, bien qu'il y fut appelé par son nom. Il craignait qu'il ne lui arrivât ce qu'il avait toujours redouté. Cependant, avant que les employés de Clairvaux arrivassent auprès de lui, le chercher, la renommée aux cent ailes les avait devancés et lui avait appris que toutes les voix s'étaient portées sur sa personne. Inquiet et troublé à cette rumeur, il s'enfuit et se dirige vers le monastère de Val-Saint-Pierre, de l'ordre des chartreux, et s'y tint caché pendant

[a] On a de lui une lettre fort remarquable qui se trouve parmi celles de saint Bernard. Il a succédé, en 1157, à Robert qui avait lui-même succédé à saint Bernard, il mourut en 1163.

---

ex antiquis senioribus Claræ-vallensibus, dicta ejus, et facta studiose rimari satagebat.

14. Ipso quoque referente audivimus, quod ille Dei sanctus dum in quodam monachorum capitulo verbum Domini prædicaret, duo ex fratribus illis qui aderant, viderunt eum cum subsellio, in quo residebat, in aere suspensum, et quasi mensura unius pedis a terra sublevatum. Hic ergo venerabilis pater, cum iter aliquando in itinere, haud longe a castro Pruvinensi, revelatum est ei divinitus quemdam de filiis suis Claræ-vallensibus tunc migrasse. Statimque de vehiculo descendens, fecit obsequium pro defuncto, commendans animam ejus Deo. Cumque vespere divertisset ad oppidum, quod Cantamerula nominatur, domina ipsius loci, quæ illum in hospitio suo devote susceperat, obtulit ei filiam suam quartano incommodo jamdiu laborantem, ut ei benedicendo manum imponeret, et bene haberet. Ipse vero benedicens eam atque consignans ait : Adhuc unam accessionem passura es filia, et liberaberis. Atque ita contigit ei. Alia autem vice cum iisdem vir beatissimus de Laviniaco, nobili villa in episcopatu Meldis posita, egrederetur, oblata est ei grandiuscula puella quædam surda et muta Quam cum imposuissent super collum jumenti sui, respiciens in cœlum breviter oravit. Cumque saliva sua linisset labia ejus atque auriculas, benedixit illam, præcipiens ut vocaret sanctam Mariam. Mox ergo puella, quæ nunquam fuerat locuta, aperiens os suum clamavit, et dixit : Sancta Maria. Rogerius ergo quidam, vir religiosus et monachus Claræ-vallensis, cum adhuc esset in seculo, videns miraculum istud factum in oculis suis, compunctus est valde ; et hæc erat, ut nobis asseruit, maxima causa, pro qua seipsum reddidit in Claram-vallem.

De Fastrado abbate Claræ-vallensi tertio.

15. Venerabilis ac piæ memoriæ Fastradus, quondam Cistercii abbas, vir eximiæ sanctitatis, nobilis quidem genere, sed morum elegantia nobilior fuit. Qui liberalibus studiis non mediocriter initiatus, sacris tamen litteris ardentiori desiderio semper inhæsit ; ita ut postmodum cum sapientia et ætate proficeret, eam præ oculis et manibus incessanter haberet, et ne ad mensam quidem sine lectione divina discumbere vellet. Quod non modo faciebat in propria domo, verum etiam in scholis peregrinando. Hic dum esset abbas Camberonensis, decedente piæ memoriæ domno Roberto, qui beato Bernardo successerat, electus est ad regimen Claræ-vallis. Ad quam tamen electionem venire dissimulavit, quamvis ex nomine vocaretur ; timens utique ne hoc illi accideret quod semper accidere verebatur. Veruntamen antequam legati Claræ-vallenses ad eum requirendum pervenire potuissent, garrula fama prævolante, cognovit, quia in

quelque temps. Comme il y passait le jour et la nuit en prières, il eut une extase pendant laquelle il vit apparaître dans une grande gloire la Vierge mère, la maîtresse des anges, qui portait dans ses bras le roi de gloire, l'enfant Jésus, son fils. En l'apercevant, il se prosterne à ses pieds, il la supplie d'avoir pitié de lui. La bienheureuse vierge Marie : « Pourquoi vous troubler, ô homme ? » Puis, posant dans ses bras, comme dans ceux d'un autre Siméon le noble fardeau qu'elle portait, elle lui dit : « Prenez mon fils et conservez-le moi. » Cela fait, la vision disparut à ses yeux. Revenu à lui, il comprit que cette parole venait de Dieu, et que ceux que la Providence lui confiait étaient vraiment les fils de Dieu et les membres de Jésus-Christ. Sous le charme de cette vision, il n'osa plus reculer davantage, de peur de paraître vouloir résister à l'ordre de Dieu.

16. Il se chargea donc du gouvernement de Clairvaux. Il n'appartient pas à ma simplicité de dire quel pasteur vigilant, discret et bienveillant il se montra dans ce poste, car, autant il l'emportait sur tous les autres dans la dignité de sa charge, autant il les devançait par les exemples de sa piété, et par le mérite de sa sainteté. Il l'emporta par sa chasteté, sa pitié, son humilité, sa douceur et sa modestie, sur tous ceux que je me souviens d'avoir vus alors. Il n'est pas nécessaire, dit Sévère, en parlant de cet autre saint Martin, de louer en lui la frugalité, attendu que lorsqu'il était encore dans le monde, il vécut avec une telle économie qu'il semblait moins un écolier qu'un moine. En effet, comme il l'a dit lui-même souvent dans le secret à ses amis intimes, deux ans avant sa conversion, bien qu'il ne fut pas encore entré dans l'âge de l'adolescence, il poussait l'abstinence jusqu'à ne jamais prendre du pain et de l'eau même en assez grande quantité pour apaiser complétement sa faim. Pour ce qui est des aliments gras, quoique, à la même époque, il eût fait une maladie presque mortelle, il ne voulut jamais en prendre. Devenu moine, je ne saurais dire avec quelle sobriété il vécut, et plutôt par quelle sévère abstinence il réduisit son corps en servitude, car, pour être vrai, je dois dire qu'il est allé un peu trop loin de ce côté ; j'ai pu apprendre à le connaître assez bien, puisque je l'ai servi à table pendant plusieurs années. En poursuivant en lui-même les vices de la chair, il ne me semblait pas avoir autant de pitié qu'il devait du pauvre corps auquel la nature l'avait uni.

17. Au reste, dans sa tenue et sa mise extérieures, on pourra comprendre facilement par ce que je vais rapporter combien, eu égard à la dignité de sa charge, il fut humble et modeste. En effet, un jour, le moine chargé du vestiaire déposa sur son lit, je ne sais si c'était une coulle ou une tunique un peu meilleure que de coutume, dont il voulait qu'il se revêtit. J'entendis le père le reprendre et lui dire : « Que faites-vous là, mon cher frère, vous voulez donc me séparer de la communion de nos frères et me distinguer d'eux par ce vêtement trop beau ? Ceux qui se vêtent d'habits délicats se trouvent dans la maison des rois. Si je porte le nom d'abbé, dois-je pour cela cesser d'être moine ? N'est-

---

ejus personam omnes unanimiter convenissent. Hoc itaque rumore turbatus et anxius, fugam arripuit; veniensque ad domum Vallis-Sancti-Petri, quod in monasterium ordinis Cartusiensis, per dies aliquot ibidem latitavit, ubi cum die noctuque in oratione persisteret, factus est in mentis excessu; et ecce apparuit in magna gloria Virgo puerpera, domina angelorum, portans in manibus Regem gloriæ, parvulum suum Jesum. Quam cum illa vidisset, procidit ad pedes ejus, obsecrans ut sui misereretur. Cui Beata respondit : Quid turbaris, o homo ? et imponens ei in ulnas suas, velut alteri Simeoni, nobilem illam sarcinam quam gestabat, ait : Accipe filium meum, et serva mihi illum. Quo facto sublata est visio ab oculis ejus; et rediens ad seipsum, intellexit quoniam a Domino egressus est sermo, et quia vere filii Dei, et membra Christi essent qui ejus providentiæ committebantur. Hæc igitur tam læta visione præmonitus, jam non est ausus ultra recalcitrare ne videretur ordinationi Dei velle resistere.

16. Suscepto autem præfato regimine, quam sollicitum, quam discretum, quamque benignissimum pastorem exhibuerit se, non est me simplicitatis exponere. Nam quemadmodum alios præcellebat officio dignitatis, ita etiam præcedebat religionis exemplo, et merito sanctitatis. Castus, pius, et humilis, mansuetus atque modestus super omnes quos in diebus ejus vidisse me memini. Parcimoniam vero, ait ille Severus de beato Martino, non est necesse in eo laudare, cum adhuc in seculo positus ita frugaliter vixerit, ut non jam scholasticus, sed monachus putaretur. Nam sicut ipse quibusdam intimis suis secrete innotuit, biennio ante conversionem suam, licet ætate nondum adultus, ita abstinentiæ operam dedit, ut nunquam voluerit saltem pane et aqua saturari. Carnium autem edulium, quamvis, in ipso tempore ad mortem pene ægrotasset, nunquam sumere acquievit. Jam vero monachus factus, quam sobrie vivendo, imo quam rigide abstinendo corpus in servitutem redegerit, supersedeo dicere; quia, ut verum fatear, vehementior fuit in hac parte. Satis etenim illum super hujusmodi novi atque notavi, quippe qui pluribus annis eidem in sua mensa ministravi. Nam cum in seipso vitia carnis sine miseratione persequeretur, ipsi quoque miseræ carni, cui naturaliter insitus erat, minus quam oporteat, compati videbatur.

17. Cæterum in exteriori habitu et cultu, pro officii dignitate, quam humilis et quam temperans exstitit, hoc uno quod dicturus sum, facile advertere erit. Quadam siquidem die cum vestiarius monachus in lectulo ejus cucullam nescio, an tunicam, qua ipsum indui vellet, solito meliusculam apposuisset, increpavit eum audiente me pater, et dixit « Quid est, dilecte mi frater, quod facere cupis, ut a communione fratrum nostrorum me separes, et notabili ha-

ce que pour m'engraisser à une table mieux servie et pour porter de plus beaux vêtements que j'ai été fait le ministre et le serviteur des autres ? Si donc vous avez quelque amour pour moi, si vous avez mon bonheur à cœur, si enfin vous voulez obéir à mes ordres, je vous prie et même vous ordonne de ne plus agir ainsi désormais. Je suis indigne et le moindre de tous aux yeux de Dieu; c'est donc beaucoup pour moi d'avoir l'honneur de partager le vêtement et la nourriture ordinaires des autres. Depuis que j'ai été élevé au gouvernement des âmes, ce que j'ai toujours redouté et redoute encore plus que tout, c'est, à l'occasion de ce gouvernement, d'abandonner la vie pauvre dont j'ai fait profession, et de perdre la récompense des moines. Aussi, cet homme chéri de Dieu et de ses semblables, et comblé tout particulièrement des dons de la grâce, non-seulement édifiait par sa parole et par son exemple, mais encore par son extérieur habituel plein de grâce, il remplissait ceux qui le voyaient d'une dévotion surprenante. Sur son visage angélique rayonnait tellement la grâce de l'esprit paraclet, que c'est à peine si les fidèles pouvaient se rassasier de son charmant aspect, surtout en songeant à la pureté de son âme, et à la mansuétude singulière que la main de Dieu avait imprimée comme avec son propre cachet dans tout son extérieur. En effet, cet homme vénérable étant devenu abbé général du monastère et de l'ordre entier de Cîteaux, aurait fait beaucoup de bien, nous le croyons, dans ce poste, si, en punition de nos péchés, il ne nous eût été si tôt enlevé. Mais comme nous n'étions pas dignes de jouir plus longtemps de sa très-sainte vie; le fil en a été coupé au milieu de la trame, comme le fil est coupé par le tisserand. Toutefois, ayant peu vécu, il a rempli le cours d'une longue vie. Son âme était agréable à Dieu, et digne de la société des anges.

18. Pierre de Toulouse, homme de bonne mémoire, dont nous avons beaucoup parlé plus haut, fut averti de la fin prochaine et heureuse de Fastrad par cette révélation. Il eut une vision pendant la nuit et il lui semblait apercevoir, dans les nues du ciel, le fils de Dieu qui venait du haut des cieux entouré d'un grand nombre de saints. Arrêté au milieu des airs, il était assis sur un trône de gloire, et la splendeur éclatante qui s'en échappait illuminait le monde entier. A droite de la majesté divine, se tenait suspendu dans les airs un très-glorieux monument, travaillé avec un art admirable, et qui charmait les yeux. Devant les portes de la basilique de Clairvaux, se trouvait une foule innombrable de personnes de tout sexe, qui tenaient les yeux élevés vers le Roi de gloire, notre Seigneur Jésus-Christ, et contemplaient attentivement le mausolée. De son côté, le moine Pierre, dont nous avons parlé, s'approche de la foule, et lui demande, en désignant ce sépulcre qui apparaissait devant le Seigneur, ce que c'était et ce qu'il signifiait. Alors un des assistants prenant la parole en ces termes, lui dit: « Le tombeau sur lequel vous nous interrogez est celui d'un très-saint homme qui doit très-prochainement être ravi à la terre. Ce départ causera une grande désolation au loin et au large dans ces contrées, sa mort sera précieuse devant Dieu et glorieuse devant les hommes. » Environ vingt

---

bitu decolores? Ecce qui mollibus vestiuntur, in domibus regum sunt. An quia abbatis nomine censeor, propterea monachus esse non debeo? Numquid idcirco constitutus sum minister et servus aliorum, ut lautioribus epulis debeam saginari, et cultioribus ornari? Si ergo me diligis, si pacem meam quæris, si præceptis mei obedire non despicis, precor atque præcipio ne id amplius facere velis. Nam cum ego sim apud Deum indignus, et omnium minimus, magnum et mihi si communi victu atque vestitu fuero honoratus. Ex quo enim assumptus sum ad regimen animarum, hoc unum est quod præ cæteris timui semper, et timeo; ne occasione hujus administrationis, pauperem vitam quam professus sum deseram, et monachi præmium perdam. » Hic itaque dilectus a Deo et hominibus, et charismatum donis principaliter adornatus, non solum verbo et exemplo proficiebat, verum etiam gratissima corporis habitudine, mira devotione intuentes afficiebat. Tanta siquidem Spiritus paracliti gratia in ipsius vultu angelico radiabat, ut vix posset fidelium aliquis desiderabili ejus aspectu satiari; præsertim qui puritatem animi ejus, et singularem mansuetudinem cogitabant, quam in exteriori homine, velut in proprio sigillo, divina manu impressam cernebant. Qui videlicet vir venerandus, cum jam factus esset Cisterciensis cœnobii ac totius ordinis pater universalis, magnum in eo, ut credimus, fructum fecisset, nisi peccatis nostris exigentibus tam cito subtractus fuisset. Sed quia ejus sanctissima vita diutius frui digni non fuimus, præcisa est velut a texente, dum adhuc ordiretur. Verumtamen ipse consummatus in brevi, explevit tempora multa; placita enim erat Deo anima ejus, et angelico consortio digna.

18. De cujus felici transitu mox futuro, beatæ memoriæ Petro Tolosano, de quo superius multa retulimus, facta est hujusmodi revelatio. Videbat in visu noctis; et ecce in nubibus cœli Filius Dei, sanctorum frequentia comitante de cœlo adveniens, et in ipso aere consistens, in throno gloriæ residebat, et splendor ex eo procedens mundum illuminabat. Porro ad dexteram majestatis illius monumentum quoddam gloriosissimum in aere suspensum apparebat, quod miro opere fabricatum intuentium oculos admodum delectabat. At vero ante fores basilicæ Claræ-vallis multitudo promiscui sexus innumerabilis assistebant, qui sursum erectis vultibus regem gloriæ Dominum nostrum Jesum Christum, ipsumque mausoleum intente respiciebant. Præfatus autem monachus Petrus accedens ad eamdem turmam, de sepulchro illo quod coram Domino apparebat, cœpit interrogare quid esset, aut quid signaret. Tunc unus ex eis respondit ei taliter, dicens: Sepulchrum istud, de quo sciscitaris, constat esse sanctissimi cujusdam viri de terra pro-

jours après, le saint abbé Fastrad se trouvant à Paris auprès du pape Alexandre, pour les affaires de son monastère et de son ordre tout entier, tomba malade, se mit au lit, et cinq jours après fit une sainte mort. Son corps fut rapporté à Cîteaux avec de grands honneurs et y fut enseveli avec beaucoup de dévotion. On rapporte que, dans une contrée d'Angleterre, il y a un religieux d'une grande vertu, qui, le jour même ou le bienheureux abbé Bernard quitta la terre à Clairvaux, vit en esprit, comme il se trouvait en Angleterre, un ange de très-grande taille descendre du ciel, et prendre sur la terre une âme très-grande aussi qu'il emmena avec lui au ciel, avec de grands transports de joie. Plus tard lorsque le bienheureux abbé Fastrad quittait l'habitation de son corps, le religieux dont nous avons parlé plus haut vit le même jour l'ange dont nous venons de parler revenir de la terre, emportant avec lui au haut des cieux une âme qu'il avait enlevée à ce monde. Bien qu'elle lui parût très-grande, cependant elle n'égalait pas la haute taille de la première âme qu'il avait vue [a].

[a] Nulle part dans les livres des miracles de saint Bernard il n'est fait mention du lait miraculeux de la Vierge dont saint Bernard aurait sucé quelques gouttes. Cependant, il ne manque pas d'artistes imprudents et de dévots irréfléchis du saint Docteur qui préfèrent cette légende aux miracles les plus certains de sa vie.

---

xime assumendi ; de cujus recessione magna in partibus istis longe lateque desolatio erit ; cujus etiam mors futura est in conspectu Domini pretiosa, et in conspectu hominum præclara. Evolutis postea viginti circiter diebus, cum dictus sanctus abbas Parisiis pro negotiis monasterii ac totius ordinis sui, domino papæ Alexandro assisteret, correptus ægritudine lecto decubuit, et infra diem quintum sancto fine quievit. Tandem apud Cistercium corpus ejus cum ingenti honore reductum, magna devotione conditum est. Ferunt in regione angliæ quemdam religiosum, magnæque virtutis virum exsistere, qui in ipsa die qua beatus Bernardus abbas in Clara-valle de mundo migravit, cum esset in Anglia, vidit in spiritu maximum quemdam angelum de cœlo transmissum, maximam nihilo minus animam quamdam de terra assumentem, et eam cum ingenti gaudio secum ad astra deducentem. Postmodum autem cum ipse beatus Fastradus abbas exiret a corpore, eadem die vidit ille qui supra, supradictum angelum ad terram venientem, assumptamque ex ea quamdam animam ad cœli fastigia sublevantem ; quæ quamvis maxima videretur, prioris tamen animæ magnitudini non æquiparabatur.

AVERTISSEMENT

SUR LES AUTRES ÉCRIVAINS QUI NOUS ONT LAISSÉ DES VIES DE SAINT BERNARD.

I. Il nous a semblé qu'on ne pouvait que gagner à ajouter les auteurs suivants à ceux dont nous avons précédemment reproduit les œuvres concernant les faits et gestes de saint Bernard. Le premier est Alain, qui fut abbé de la Rivour, avant de devenir évêque d'Autun, où il siégea depuis l'an 1153 jusqu'en 1161. A cette époque il se démit de son évêché pour revenir à Clairvaux où il mourut en 1181. Cet écrivain composa avec les cinq livres qui précèdent un récit suivi des faits et gestes de saint Bernard, en se servant des propres expressions des premiers auteurs, qu'il se contenta de faire parler selon l'ordre des temps. Ainsi là où Geoffroy, au livre III, chapitre IV, parle de la fâcheuse issue de l'expédition de la Terre Sainte, avant de rapporter ce qui concerne le synode de Sens, qui se réunit pour condamner Abélard, et qui est antérieur de dix ans à la croisade, Alain replace le synode avant l'expédition de la Terre Sainte. De même Geoffroy, dans son livre I, chapitre VI, rapporte la condamnation des erreurs de Gilbert de la Porrée au concile de Reims, avant la prédication de saint Bernard contre l'hérétique Henri, et parle ensuite du retour de saint Bernard, de Rome, au livre IV, chapitre I. Alain replace tous ces faits dans leur ordre chronologique. Il est aussi le premier qui ait rappelé le testament du saint docteur que tous ses autres historiens avaient jusqu'alors passé sous silence. Il est vrai que Geoffroy, dans la préface de son livre III, dit qu'il s'est plus occupé de rapporter les choses qu'il raconte par ordre de matière que par ordre de date; bien plus, le même Alain pense qu'on doit rectifier même la chronologie de Geoffroy, évêque de Chartres. En effet, dit Alain, cet évêque s'adjoignit à Bernard avec Aubry, cardinal évêque d'Ostie et légat du saint siége, quand il partit en 1147 pour aller combattre, dans le Toulousain, l'hérétique Henri, qui parut du temps d'Eugène III; or la fin de la vie de Geoffroy ne doit point être placée à l'année 1138, comme on le trouve dans la Gaule chrétienne, mais après l'année 1147, c'est-à-dire en 1148, puisque Geoffroy remplit les fonctions de légat qu'il tenait du pape Innocent II, postérieurement à l'année 1131, pendant quinze ans entiers, ainsi qu'on le voit dans les actes des évêques de Chartres, publiés dans le tome II des Analectes, et comme cela ressort de lettres de Goslen, son neveu et son successeur sur le siége épiscopal de Chartres, datées de 1151, troisième année de son épiscopat. On peut voir dans la préface d'Alain à Ponce, cinquième abbé de Clairvaux, ce qui est de lui dans le reste de son récit. Ponce avait succédé à Geoffroy en 1158, et fut promu au siége de Chartres quatre ans après. Par conséquent, c'est vers l'an 1170 qu'on doit placer l'époque où Alain a écrit. On peut voir, pour ce qui le concerne, les notes dont nous avons accompagné la lettre CCLXXX de saint Bernard.

II. Le second auteur, après Alain, dont le savant Pierre François Chifflet publia les écrits à Paris en 1679, dans ses quatre opuscules, lui semble n'être autre que ce même Geoffroy, dont nous avons reproduit plus haut trois livres de la vie de saint Bernard, suivis d'une partie de ses miracles. La conjecture de cet auteur n'est pas sans quelque fondement de valeur. En effet, au chapitre VI, cet auteur dit qu'il a placé la première, en ordre, dans les lettres de saint Bernard, celle qu'il a adressée à Robert, son neveu, à cause du miracle qui en a accompagné la dictée, car il l'avait écrite sous la dictée du saint, au milieu de la pluie sans qu'elle reçût une seule goutte d'eau. Or il semble que c'est là le fait d'un secrétaire, et l'on sait que Geoffroy remplissait ces fonctions auprès de saint Bernard. Le même auteur dit au chapitre IX qu'il se convertit en entendant le sermon que le saint a prononcé dans les écoles de Paris. Si cela peut se rapporter à Geoffroy, le sermon de saint Bernard sur la conversion, aux clercs, et qui se trouve dans le tome II, parmi les opuscules du saint, pourrait se placer à l'année 1140, puisque c'est cette année là que Geoffroy se convertit, treize ans avant la mort de saint Bernard, comme il nous l'apprend lui-même dans la préface de son livre III. D'ailleurs Geoffroy, dans la préface de son livre III, de la vie de saint Bernard, et dans son sermon sur ce saint, où il rappelle sa propre conversion, parle à peu près de même que l'auteur de la Vie suivante dans son chapitre VI. Or, Chifflet n'a reproduit de cet auteur que peu de choses, parce que le reste ressemblait à ce que les autres écrivains avaient rapporté et se retrouvait même mot pour mot, tout à fait semblable avec cette partie du livre VI, des miracles de saint Bernard, qui a Geoffroy pour auteur. Le savant éditeur regarde ces passages comme des fragment de la Vie et des gestes de saint Bernard, et comme des notes préparées pour la Vie qu'il devait écrire et comme ces deux premiers livres avaient été composés par deux graves et savants écrivains, Guillaume et Ernald, Geoffroy ne voulut pas gâter leur œuvre par la sienne; aussi, laissant tel quel ce qu'ils avaient écrit, il continua pendant trois autres livres la vie de saint Bernard, et les destina à faire suite aux deux premiers. Tout cela paraît assez vraisemblable.

III. Aux extraits de Geoffroy, car c'est le nom que nous donnerons à l'auteur de ces fragments, succèdent deux livres non terminés de Jean l'Ermite, sur la vie de saint Bernard. Chifflet les a publiés dans l'opuscule dont il a fait précéder sa Diatribe sur l'illustre origine de saint Bernard. Quant à Jean l'Ermite, il ne semble pas avoir été ainsi appelé à cause de sa profession. Peut-être ne fut-il pas même moine; plusieurs le regardent simplement comme un disciple de Bernard, disciple assidu, mais bien jeune encore, comme il le dit lui-même dans sa seconde préface à Herbert, évêque de Turin, en Sardaigne. Sa première préface est adressée à Pierre, évêque de Frascati. Ces deux préfaces permettent de fixer l'époque où Pierre écrivit ces livres. En effet, Herbert écrivait en 1178, année où Pierre fut fait cardinal-évêque de Frascati par le pape Alexandre III. Ajoutez à cela ce que Jean l'Ermite rapporte de l'abbé Robert, cousin de saint Bernard, qui vécut, dit-il dans son livre I, n. 5, plus de soixante-sept ans dans le monastère, sous le joug de la discipline régulière. Il s'ensuit que Jean l'Ermite écrivait après l'année 1180, puisqu'il est certain, d'un autre côté, que Robert ne se mit sous la conduite de saint Bernard qu'en l'année 1123, après avoir été offert au Seigneur par ses parents, dans le monastère de Cluny.

SECONDE VIE DE SAINT BERNARD

ABBÉ,

COMPOSEE OU COMPILÉE PAR ALAIN,

EX-ÉVÊQUE D'AUTUN.

PROLOGUE DE L'AUTEUR.

Au vénérable père Ponce, par la providence de Dieu, abbé de Clairvaux, le frère Alain, autrefois humble prêtre de l'Eglise d'Autun, salut éternel en Jésus-Christ.

La vie de Bernard, abbé de Clairvaux, de sainte mémoire, dont les vertus et les miracles sont pour nous un objet d'admiration plutôt que d'imitation, a trouvé plusieurs écrivains qui n'eurent à mettre en œuvre que la matière qui s'offrait en abondance à leurs recherches. Si nous nous sommes permis de retrancher certaines choses et d'en ajouter certaines autres à leur récit, dans un rapide résumé, ce n'est point présomption, mais raison de notre part. Le premier motif qui nous a portés à écrire cette vie, c'est que la prolixité de l'historien, même quand il ne s'écarte en rien de la vérité, finit ordinairement par fatiguer le lecteur. En second lieu, le vénérable Geoffroy, évêque de Langres, et proche parent de saint Bernard selon la chair, le compagnon de sa conversion et de ses travaux selon l'esprit, a noté dans les pages que nous entreprenons d'abréger, plusieurs choses qui s'écartent un peu de la vérité, ce qu'il savait d'autant mieux que, ayant été élevé avec Bernard, il raconte ce qu'il a vu, tandis que les autres se contentent de rapporter ce qu'ils ont entendu dire. Mais, surpris par la mort, ce vénérable prêtre laissa inachevée l'œuvre qu'il avait entreprise et qu'il aurait voulu mener à bonne fin. Dans le cours de sa narration, il y a beaucoup de redites, ce qui s'explique d'autant plus facilement qu'il est souvent arrivé aux différents écrivains de la vie de saint Bernard de rapporter les mêmes choses, bien qu'ils l'aient fait en termes différents. De plus, si on y regarde d'un peu près, on trouve dans leurs récits, certaines expressions un peu dures à l'en-

---

SECUNDA VITA S. BENARDI
ABBATIS
AUCTORE SEU COMPILATORE ALANO
QUONDAM EPISCOPO AUTISIODORENSI.

PROLOGUS AUCTORIS.

Venerando patri Pontio, Dei providentia Claræ-vallis abbati, frater Alanus, Autisiodorensis ecclesiæ humilis quondam sacerdos, æternam in Christo salutem. Vitæ beatæ recordationis Bernardi Claræ-vallis abbatis, virtutibus et miraculis tam admirandæ quam imitandæ, plures in describendo exstiterunt auctores, sumpta nimirum materia, quæ se copiosa inquirentibus offerebat. Quod autem nos ex eadem narratione nonnulla omittentes, et apponentes perpauca, breviori perstringimus schedula; non tam præsumptio, quam, ut credimus, ratio persuasit. Primo quod scriptorum, tametsi vera sint, prolixitas onerosa solet esse legentibus Deinde quod Godefridus, venerabilis Lingonicæ sedis antistes, ejusdem patris Bernardi secundum spiritum in conversione socius et in laboribus coadjutor, quædam in pagina, quam breviandam suscepimus, minus veritati consona denotabat, utpote qui ab infantia cum sancto illo nutritus, visa melius, quam alius narrata didicerat. Morte vero idem venerabilis sacerdos præventus, quod inde cœperat et optaverat, imperfectum reliquit. Sed et in serie ipsa descriptionis multiplex sensuum recapitulatio est, dum plures eadem sæpe dixerunt, etsi aliquando dissimilibus vestris. Necnon etiam, si quis diligenter advertat, ibidem quædam aspera inserta reperiuntur, verbi gratia contra ecclesiasticæ et secularis potestatis au-

droit, par exemple, de certaines personnes élevées dans les dignités ecclésiastiques ou séculières. Or, il s'en faut bien qu'il ait porté dans la maison du Seigneur des fruits de la moindre amertume ou de la moindre âpreté, et qu'il n'en ait pas plutôt produit d'une grande douceur envers tout le monde ; car il ne s'est étudié, pendant toute sa vie, tant qu'il vécut dans le monde, qu'à charmer tous les hommes par l'huile de sa douceur. La certitude de notre récit est pour nous entière et complète, puisque nous nous sommes bornés aux choses que nous tenons de la bouche même de Bernard ou de celle de religieux tout-à-fait dignes de foi, nous contentant pour abréger, de retrancher une grande partie de ses nombreux miracles. Si notre abrégé plaît à votre pureté, quand vous l'aurez examiné, il pourra, si je ne me trompe, être donné à recopier sans inconvénient, avec le bon plaisir de Dieu et votre permission, lorsque j'aurai retranché, ajouté ou corrigé tout ce qu'il aura paru bon à votre Sainteté. Si au contraire, cet opuscule ne vous plaît point, c'est le devoir de notre humilité de le tenir caché plutôt que de le publier, à moins que nous ne voulions montrer que nous tenons à mettre au jour quelque chose qui ne doit être d'aucune utilité.

VIE DE SAINT BERNARD.

CHAPITRE I.

Parents, enfance et mœurs de saint Bernard.

1. Bernard naquit en Bourgogne, à Fontaines, dont son père était seigneur [a]. Il eut des parents illustres selon le monde, mais bien plus illustres et bien plus nobles encore selon la piété chrétienne. Son père, nommé Técelin, était un homme d'antique et légitime chevalerie, fidèle serviteur de Dieu et strict observateur de la justice. En effet, il exerçait l'état militaire, selon les règles évangéliques tracées par le précurseur de Notre-Seigneur ; il n'exerçait de violence et n'usait de fraude contre personne, il se contentait de sa paye, qu'il employait en une foule de bonnes œuvres (*Luc*, III. 14) et il servait, dans le conseil et par les armes, ses maîtres temporels, de telle façon qu'il ne négligeait point de rendre aussi à Dieu ce qu'il lui devait. Aleth, sa mère, était du bourg de Montbar. Elle aussi, selon sa position, observait la règle de conduite tracée par l'apôtre saint Paul ; soumise à son mari (*Eph*. v, 22), elle gouvernait sous lui sa maison, dans la crainte de Dieu, se livrait aux œuvres de miséricorde, et élevait ses enfants dans une entière discipline. Elle en donna sept à son mari ou plutôt à Dieu même, six garçons et une fille ; tous les garçons devaient un jour embrasser l'état monastique, et sa fille se faire religieuse. Car mettant ses enfants au jour, bien plus pour Dieu, comme je l'ai dit, que pour le monde, elle se plaisait à les offrir de ses propres mains, dès leur naissance, à Dieu. Voilà pourquoi cette illustre femme ne voulut jamais les confier à des nourrices étrangères ; elle voulait leur faire sucer la vertu avec le lait de leur mère, si je puis ainsi parler. En grandissant, on les vit, tant qu'ils étaient sous sa direction, bien plus au désert qu'à la cour ; et pour ne les point habituer à une nourriture trop délicate, elle leur

---

[a] Dans la troisième Vie de saint Bernard, Tescelin est appelé « Seigneur du petit château, qui a nom Fontaines, lequel domine le fameux château-fort de Dijon, attendu qu'il est bâti sur le haut d'un roc appelé Fontaines. » On croit que l'habitation paternelle de saint Bernard a été convertie en un couvent de moines qui fut occupé par des religieux Feuillants.

---

thenticas sublimesque personas. Absit autem ut quidquam asperum vel amarum oliva illa, suavitatem in domo Domini fructificans, erga quempiam reddat ; sujus studii semper fuit, dum vixit in seculo, omnes homines mansuetudinis suæ oleo demulcere. Sane narrationis nostræ veritas non incertam apud nos obtinet firmitatem, cum etiam plura ex his quæ vel ex ejus ore sacratissimo, vel fideli religiosorum relatu comperta cognovimus, sicut et miraculorum multitudinem scienter prætereuntes, studio brevitatis duximus sequestranda. Si igitur puritatis vestræ examini nostra placuerit abbreviatio, subtractis vel appositis aut emendatis quæ vestræ visa fuerint Sanctitati, cum Dei beneplacito, vestroque favore, ni fallimur, sine offendiculo poterit transcribenda exponi. Sin autem nostræ humilitatis est, idem opusculum penes nos potius occultare quam prodere, ne minime profutura temere velle pandere videamur.

INCIPIT VITA.

CAPUT I.

De parentibus, pueritia et moribus sancti Bernardi.

1. Bernardus Burgundiæ partibus, Fontanis oppido patris sui oriundus fuit, parentibus claris secundum seculi dignitatem, sed dignioribus ac nobilioribus secundum Christianæ religionis pietatem. Pater ejus Tescelinus, vir antiquæ et legitimæ militiæ fuit, cultor Dei, justitiæ tenax Evangelicam namque, secundum instituta Præcursoris Domini, militiam agens, neminem concutiebat, nemini faciebat calumniam, contentus stipendiis suis, quibus ad omne opus bonum abundabat. Sic consilio et armis serviebat temporalibus dominis suis, ut etiam Domino Deo suo non negligeret reddere quod debebat. Mater ejus Aalaidis ex castro, cui nomen Mons-Barrus, et ipsa in ordine suo apostolicam regulam tenens subdita viro, sub eo secundum timorem Dei domum suam regebat, operibus misericordiæ insistens, filios enutriens in omni disciplina. Septem quippe liberos genuit, non tam viro suo quam Deo, sex mares, feminam unam, mares omnes monachos futuros, feminam sanctimonialem. Deo namque, ut dictum est, non seculo generans, singulos mox ut partu ediderat, ipsa manibus propriis Domino offerebat. Propter quod etiam alienis uberibus nutriendos committere illustris femina refugiebat, quasi cum lacte materno materni quodammodo boni infundens eis naturam. Cum autem cre-

donnait des aliments communs et grossiers ; c'est en les élevant ainsi qu'elle les préparait, par l'inspiration de Dieu même, à se consacrer pour toujours au service de Dieu.

2. Dans sa troisième grossesse, alors qu'elle portait Bernard dans son sein, elle eut un songe qui présageait les futures destinées de cet enfant, car elle rêva qu'elle portait dans ses flancs un petit chien[a] qui aboyait ; il avait le corps tout blanc, à l'exception du dos qui était roux. Saisie d'une vive frayeur à ce songe, elle alla consulter un religieux qui, recevant en ce moment le don de prophétie dont était animé David quand il disait à Dieu : « Les langues de vos chiens seront teintes du sang de vos ennemis (*Psal.* LXVII, 25), » répondit à cette femme que la crainte et l'anxiété agitaient : « N'ayez pas peur, vous serez mère d'un excellent petit chien, qui sera le gardien de la maison de Dieu et qui fera entendre à sa porte de grands aboiements contre les ennemis de la foi. Ce sera, en effet, un prédicateur remarquable, et, comme un bon chien, de sa langue salutaire, il guérira en bien des gens de nombreuses plaies de l'âme. » A cette réponse, que cette femme remplie de foi et de piété reçut comme venant de Dieu, elle ressent une grande joie et déjà se prend à aimer l'enfant qu'elle a conçu, forme le projet de le faire instruire dans les saintes Lettres, selon le sens du songe qu'elle a eu et de l'interprétation qui lui en a été donnée et qui lui faisait concevoir de si sublimes espérances de l'enfant qu'elle portait.

3. Elle mit plus tard son projet à exécution. En effet, à peine eut-elle mis heureusement son fils au monde, que, non-seulement elle l'offrit à Dieu, comme elle avait offert ses autres fils, mais encore, à l'exemple d'Anne, mère de Samuel, qui consacra pour toujours au service des autels du Seigneur le fils qu'elle lui avait demandé et qu'elle en avait reçu, elle l'offrit aussi comme un don agréable dans l'Église de Dieu. Dans la suite, et dès qu'elle le put, dans l'église de Chatillon qui, plus tard, par les soins de saint Bernard, cessa, comme on sait, d'être une église séculière pour passer entre les mains de l'ordre des chanoines réguliers, cette sainte femme confia son fils à des maîtres de belles-lettres et ne négligea rien de ce qui dépendit d'elle pour qu'il y fît des progrès. Aussi l'enfant, qui était plein de grâce et doué naturellement de beaucoup d'esprit, ne tarda point à répondre au désir de sa mère. En effet, il fit dans les lettres des progrès au-dessus de son âge et plus rapides que ses compagnons d'étude, en même temps que, dans les choses du siècle, il commençait déjà comme naturellement les mortifications qui devaient un jour le signaler dans un genre de vie plus parfait. En effet, tant qu'il vécut dans le siècle, on le vit mener une vie extrêmement simple. Il aimait la retraite, fuyait le monde ; il était affable et bienveillant pour tous ; d'une vie simple et calme dans son intérieur, rarement dehors, et d'une modestie qui allait au delà de tout ce qu'on peut croire. Il n'aimait point à parler, et, dans sa dévotion pour Dieu, il le priait de conserver pure son enfance. Il était appliqué à l'étude des belles-lettres, afin de

---

[a] C'est le lieu de rappeler ce que saint Bernard dit dans sa lettre soixante-dix-huitième, n. 7. « Si j'élève hardiment la voix contre ce qui me paraît mal, etc. ; » et dans sa lettre deux cent trentième, « pour moi, je ne puis que crier au loup, et exciter les chiens contre lui. » Voir plus loin le sermon de Geoffroy sur saint Bernard, n. 17.

---

vissent aliquandiu sub manu ejus, eremo magis quam curiæ nutriebat, non patiens delicatoribus assuescere cibis, sed grossioribus et communibus pascens ; et sic eos præparans et instituens, Domino inspirante, quasi continuo ad Dei servitium transmittendos.

2. Hæc cum in ordine filiorum tertium Bernardum haberet in utero, somnium vidit præsagium futurorum, catellum scilicet totum candidum, in dorso subrufum, et latrantem, in utero se habere. Super quo territa vehementer, cum religiosum quemdam virum consuluisset, continuo ille spiritum prophetiæ concipiens, quod David et sanctis prædicatoribus Domino dicit : *Lingua canum tuorum ex inimicis*, trepidanti et anxiæ respondit : Ne timeas ; optimi catuli mater eris, qui domus Dei custos futurus, magnos pro ea contra inimicos fidei editurus est latratus. Erit enim egregius prædicator, et tanquam bonus canis gratia linguæ medicinalis id multis multos morbos curaturus est animarum. Quo responso mulier pia et fidelis quasi a Deo suscepto læta efficitur, et jam tunc in amorem nati toto transfunditur, cogitans eum sacris litteris erudiendum tradere, secundum modum visionis et interpretationis, qua ei de illo tam sublima promittebantur.

3. Quod et factum est. Mox enim ut felici partu edidit, non modo obtulit eum Deo, sicut de aliis agere consueverat ; sed, sicut legitur de sancta Anna, matre Samuelis, quæ petitum a Domino et acceptum filium in tabernaculo ejus destinavit perpetuo servituram, sic et ipsa eum in Ecclesia Dei acceptabile obtulit munus. Unde et quam citius potuit, in ecclesia Castellionis, quæ postmodum ipsius Bernardi opera a seculari conversatione in ordinem regularium canonicorum promota cognoscitur, magistris litterarum tradens erudiendum, egit quidquid potuit ut in eis proficeret. Puer autem et gratias plenus, et ingenio naturali pollens, cito in hoc matris desiderium implevit. Nam in litterarum quidem studio supra ætatem et præ coætaneis suis proficiebat ; sed in rebus secularibus jam mortificationem futuræ perfectionis velut naturaliter inchoabat. Erat quippe simplicissimus in secularibus, amans habitare secum, publicum fugitans, mire cogitativus, parentibus obediens et subditus, omnibus benignus et gratus, domi simplex et quietus, foris rarus, et, ultra quam credi possit, verecundus, nusquam multum loqui amans,

CHAPITRE II.

Pureté de saint Bernard, sa compassion, son amour de la chasteté.

4. Il était encore enfant lorsqu'il fut pris d'un violent mal de tête qui le força de se mettre au lit. On amena près de lui une espèce de femme, qui faisait profession de guérir les maladies en récitant des paroles magiques. En la voyant s'approcher de lui avec ses instruments d'incantation, il la repoussa loin de lui avec un cri d'indignation et la chassa de son lit.

5. On était au grand jour de Noël, et selon la coutume tout ce monde se préparait aux vigiles solennelles de la fête, et comme l'office de la nuit se prolongeait un peu, il arriva que Bernard, qui était assis et en attendait la fin avec le reste des fidèles, la tête inclinée, s'endormit un peu. Alors ce saint enfant vit apparaître à lui le saint Enfant Jésus naissant, qui augmenta sa foi tendre encore, et jeta dans son âme les premiers germes de la divine contemplation. Il lui apparut comme un époux glorieux qui sort de sa couche nuptiale, et se montra à ses regards comme s'il était né de nouveau sous ses yeux, lui le Verbe enfant, du sein de la Vierge-Mère, beau entre tous les enfants des hommes, et il ravit les sentiments du jeune Bernard, qui déjà n'avaient plus rien d'enfantin. Il demeura persuadé depuis ce jour-là que l'heure où l'Enfant Jésus lui était apparu, était l'heure même à laquelle il vint au monde. Il est facile, pour ceux qui l'on suivi dans ses prédications, de remarquer de quelles bénédictions le Seigneur le prévint cette heure-là, car il semble qu'il n'est jamais plus profond et plus abondant que lorsqu'il parle sur le mystère de la naissance du Sauveur. C'est aussi ce qui, dans la suite, lui fit composer un opuscule à la gloire de la Mère et du Fils, et de la sainte naissance de celui-ci ; ce fut une de ses premières œuvres, un de ses premiers traités, dont le sujet est tiré de ces paroles de l'Évangile : « L'ange Gabriel fut envoyé de Dieu en une ville de Galilée, appelée Nazareth (*Luc.* I, 26), » et le reste. Je ne dois pas non plus omettre quelque chose qu'il se plaisait à faire dès ses plus tendres années ; sitôt qu'il avait quelque argent, il en faisait des largesses aux pauvres. Il pratiquait des œuvres de piété en rapport avec son âge.

6. Mais tandis que le temps s'écoulait ainsi, et qu'il grandissait en âge et en grâce devant Dieu et devant les hommes, le jeune Bernard sortait de l'enfance et entrait dans l'adolescence ; alors sa mère, après avoir élevé ses enfants dans la foi, les laissa à l'entrée des voies du siècle, car, comme si elle avait fini sa tâche, elle eut le bonheur de retourner vers le Seigneur. Elle s'endormit du sommeil de la mort au milieu des psaumes que des clercs réunis auprès de son lit chantaient entre eux et qu'elle chantait elle-même avec eux. Dans les derniers moments, quand on ne pouvait plus entendre sa voix, on la voyait remuer les lèvres et, d'une langue qui palpitait encore, continuer à chanter les louanges du Seigneur. Enfin, pendant qu'on récitait les litanies, à ces mots : *Per passionem et crucem tuam libera eam domine*, on la vit

---

Deo devotus, ut puram ei pueritiam suam conservaret ; litterarum etiam studio deditus, per quas in Scripturis Deum discerет et cognosceret.

CAPUT II.

De ejus pietate, misericordia, ac studio castitatis.

4. Cum adhuc puerulus gravi capitis dolore vexaretur, decidit in lectulum. Adducta autem ad eum est muliercula, quasi dolorem mitigatura carminibus. Quam cum ille appropinquantem sentiret cum quibusdam carminalibus instrumentis, cum indignatione magna exclamans, a se repulit et abjecit.

5. Aderat aliquando solemnis illa nox Nativitatis Dominicae, et ad solemnes vigilias omnes, ut moris est, parabantur. Cumque celebrandi nocturni officii hora aliquantisper protelaretur, contigit sedentem exspectantemque Bernardum cum cæteris inclinato capite paululum soporari. Affuit illico puero suo se revelans pueri Jesu sancta nativitas, tenerae fidei suggerens incrementa, et divinae in eo inchoans mysteria contemplationis. Apparuit enim ei velut denuo procedens sponsus e thalamo suo. Apparuit ei quasi iterum ante oculos suos nascens ex utero Matris Virginis Verbum infans, speciosus forma præ filiis hominum, et pueri sancti in se rapiens minime jam pueriles affectus. Persuasum autem esse animo suo fateri solebat, quod eam crediderit tunc horam fuisse Dominicae nativitatis. Sed et facile erat advertere his qui ejus auditorium frequentaverunt, in quanta eum benedictione ea hora prævenerit Dominus, cum in his quae ad illud pertinent sacramentum et sensus ei profundior, et sermo copiosior suppetere videretur. Unde et postmodum in laudem ejusdem Genitricis et Geniti, et sanctæ ejus Nativitatis, insigne edidit opusculum, inter initia operum suorum seu tractatuum, sumpta materia ex eo Evangelii loco ubi legitur : *Missus est Gabriel angelus a Deo in civitatem Galilææ*, et cætera quæ ibi sequuntur. Neque illud tacendum, quod ab ipsis jam puerilibus annis, si quos poterat nummos habere, clandestinas faciens eleemosynas, pro ætate, imo supra ætatem pietatis opera sectabatur.

6. Cum autem aliquanto tempore evoluto, proficiens ætate et gratia apud Deum et homines, puer Bernardus de pueritia transiret in adolescentiam, mater ejus liberis fideliter educatis, et vias seculi ingredientibus, quasi peractis omnibus quæ sua erant, feliciter migravit ad Dominum. Obdormivit autem psallentibus clericis, qui convenerant, et ipsa psallens, ut in extremis quoque cum jam vox ejus au-

se signer de la main et rendre * l'âme dans cette position, si bien qu'elle ne put abaisser la main qu'elle avait levée. A partir de ce moment-là, Bernard commença à vivre selon son goût et à sa façon. Il avait une taille avantageuse, une figure agréable, des mœurs douces, un esprit pénétrant, une élocution facile, c'était un jeune homme plein d'espérance. A l'âge où il allait faire son entrée dans le monde, plusieurs carrières s'ouvraient devant lui, et, dans chacune, s'offrait à lui la prospérité de la vie, partout les plus grandes espérances lui souriaient. De leur côté, les mœurs de ses compagnons, qui étaient loin de ressembler aux siennes, devenaient un danger pour le cœur bon et aimable de Bernard, et leur amitié turbulente s'efforçait de le rendre semblable à eux. S'il avait continué à trouver des charmes de ce côté, il n'aurait point tardé à trouver de l'amertume dans ce qui avait eu jusqu'alors pour son cœur la plus grande douceur, je veux parler de son amour de la chasteté. Aussi est-ce en ce sens que le serpent insidieux lui tendait les pièges de la tentation et s'efforçait en maintes rencontres de le mordre au talon.

7. A peu près dans le même temps, une jeune fille, poussée par les instigations du diable, vint se placer toute nue dans son lit; à peine Bernard la sentit-il à ses côtés que, lui cédant paisiblement et sans mot dire la place qu'il occupait dans son petit lit, il se tourna de l'autre côté et se mit à dormir. La malheureuse créature, de son côté, demeura couchée pendant quelque temps et attendit, puis elle se mit à le toucher et à l'exciter; enfin, comme il demeurait immobile, elle finit malgré son effronterie par rougir d'elle-même, et, dans un double sentiment de confusion et d'admiration, elle se lève, le laisse seul et s'enfuit. Il arriva aussi à Bernard de descendre un jour, avec quelques-uns de ses amis, chez une femme que sa beauté charma; elle se laissa prendre par ses propres regards comme dans un filet, et conçut une violente passion pour lui. Elle lui fait préparer une chambre à part comme étant le plus honorable de la troupe, et, la nuit, elle se lève et a l'impudence de s'approcher de lui. En la sentant à ses côtés, Bernard, plein de présence d'esprit, se met à crier : Au voleur, au voleur! A ces mots, la femme s'enfuit; tous les gens de sa maison se lèvent, on allume un flambeau, on cherche le voleur, mais sans le trouver. Chacun regagne son lit, le silence se rétablit, toute la maison retombe dans les ténèbres comme auparavant, tout le monde repose, mais la malheureuse créature ne fait point comme tout le monde. Elle se lève une seconde fois, et gagne le lit de Bernard, et lui de recommencer à crier : Au voleur, au voleur! On se remet de rechef en quête du voleur, mais on ne le trouve pas davantage, et celui qui le connaissait ne le dénonce à personne. Cette malheureuse femme se vit repoussée ainsi jusqu'à trois fois, et ne céda enfin que sous l'empire de la crainte ou vaincue par le désespoir. Le lendemain, la petite troupe s'étant remise en route, les compagnons de Bernard lui demandèrent ce

---

* Herbert, livre II, chapitre XXIII, rapporte que saint Bernard, pendant son noviciat, avait la coutume de réciter les sept psaumes de la Pénitence pour sa mère, et que, les ayant omis une fois, il en fut repris par l'abbé Etienne. La mère de saint Bernard mourut le 1er septembre, son corps fut inhumé dans l'église de Saint-Bénigne, et plus tard transféré à Clairvaux.

---

diri non posset, adhuc moveri labia viderentur, et lingua palpitans Dominum confiteri. Demum inter litaniæ supplicationes, cum diceretur : *Per passionem et crucem tuam libera eam Domine*, elevans manum signavit se, et emisit spiritum, ita ut manum non posset deponere quam levarat. Ex hoc Bernardus suo jam more, suo jure victitare incipiens, eleganti corpore, gratia faciei præeminens, suavissimis ornatus moribus, acri ingenio præditus, acceptabili pollens eloquio, magnæ spei adolescens prædicabatur. Cui, tanquam ingredienti seculum, plures se viæ seculi ipsius offerre cœperunt, et in omnibus assurgere prosperitates vitæ hujus, et magnæ spes undique arridere. Obsidebant animum juvenis benignum sodalium dissimiles mores, et amicitiæ procellosæ similem sibi efficere gestientes. Quæ si dulcescere perstitissent, necesse erat amarescere illi, quod in hac vita dulcius cordi ejus insederat, castitatis amorem. Cui præcipue invidens coluber tortuosus, spargebat laqueos tentationum, ac variis occursibus calcaneo ejus insidiabatur.

7. Circa idem tempus instinctu dæmonis, in lectum dormientis injecta est puella nuda. Quam ille sentiens, cum omni pace et silentio, partem ei lectuli quam occupaverat cessit, et in latus alterum se convertit, ac dormivit. Misera vero illa aliquandiu jacuit, sustinens et exspectans, deinde palpans et stimulans. Novissime cum immobilis ille persisteret, illa, licet impudentissima esset, erubuit, et horrore ingenti atque admiratione perfusa, relicto eo surgens aufugit. Contigit item, ut cum sociis aliquantis apud matronam aliquam Bernardus hospitaretur. Considerans autem mulier adolescentem decorum aspectu, capta est oculorum suorum, et in concupiscentiam ejus exarsit. Cumque tanquam honoratiori omnium seorsum ei fecisset lectulum præparari, surgens ipsa de nocte impudenter accessit ad eum. Quam Bernardus sentiens, nec consilii inops, clamare cœpit : Latrones latrones. Ad quam vocem fugit mulier familia omnis exsurgit, lucerna accenditur, latro quæritur, et minime invenitur. Ad quam vocem ad lectulos singuli redeunt, fit silentium, fiunt tenebræ sicut prius, pausant cæteri, sed non illa misera requiescit. Exsurgit denuo, et Bernardi lectulum petit; sed denuo ille proclamat : Latrones, latrones. Quæritur iterum latro, latet iterum, nec ab eo qui solus noverat publicatur. Usque tertio improba mulier sic repulsa, vix tandem, seu metu, seu desperatione victa cessavit. Cum autem die sequenti iter agerent, arguentes Bernardum socii, quos-

qu'il avait eu à rêver tant de fois de voleur la nuit précédente; il leur répondit : Il n'est que trop vrai qu'il y avait un voleur; notre hôtesse en voulait au trésor incomparable de ma chasteté.

CHAPITRE III.

Son mépris pour le monde. Il conçoit la pensée de le fuir et la fait partager à plusieurs autres.

8. Au milieu de toutes ces épreuves, le dicton populaire, il n'est pas sûr de coucher longtemps avec un serpent, lui revint souvent à l'esprit et lui donna à penser; il commença dès lors à méditer des projets de retraite. Il voyait le monde et le prince du monde lui offrir dans le siècle bien des avantages, de grandes choses, et des espérances plus grandes encore, mais toutes trompeuses, toutes vraies vanités de vanités, rien que vanités. Il entendait en même temps au fond de son cœur la Vérité qui lui criait : « Venez à moi vous tous qui êtes fatigués et qui êtes chargés, et je vous soulagerai; prenez mon joug sur vous... et vous trouverez ainsi le repos de vos âmes (*Math.* XI, 28 et 29). » Nourrissant donc le dessein de quitter le monde pour tendre à une plus grande perfection, il se mit à examiner et à chercher où il trouverait un repos plus assuré et plus pur pour son âme sous le joug de Jésus Christ. Dans ces recherches, la nouvelle plantation de la vie monastique renouvelée à Cîteaux se présenta à sa pensée, la moisson s'offrait abondante, il manquait d'ouvriers pour la recueillir, car c'est à peine si les conversions nouvelles poussaient de ce côté à cause de l'excessive austérité de cette vie et de la rigueur de la pauvreté qui s'y pratiquait. Cependant, comme ces obstacles n'effrayaient point une âme comme la sienne en quête de Dieu, mettant de côté toute espèce de crainte et d'hésitation, il tourna toutes ses pensées de ce côté, convaincu que là il pourrait vivre dans une complète obscurité. Lorsque ses frères et ses amis selon la chair s'aperçurent qu'il roulait ces pensées de conversion dans son âme, ils mirent tout en œuvre pour détourner son esprit vers l'étude des belles-lettres, et l'attacher plus étroitement à l'amour du savoir mondain. Ils réussirent, en effet, par ces tentatives, comme il en convient souvent, à retarder et presque à arrêter sa marche. Enfin, un jour qu'il allait retrouver ses frères au siège du château de Grancey, où ils se trouvaient avec Hugues, duc de Bourgogne, il se sentit plus que jamais obsédé de ces pensées; ayant rencontré une église sur son passage, il y entra, et là il se mit à prier en fondant en larmes, puis, élevant les mains vers le ciel, il répandit comme l'eau son âme devant le Seigneur son Dieu. A partir de ce jour son projet fut arrêté dans son cœur.

9. Son oreille ne fut point sourde non plus à la voix de celui qui lui disait : « Que celui qui m'entend, dise aux autres, venez (*Apoc.* XXII, 17). » En effet, depuis ce moment là, comme un feu qui brûle la forêt et tel qu'une flamme qui consume la montagne (*Psal.* LXXXII, 13), en s'attaquant de proche en proche à tout ce qui l'environne, et finit par consumer même ce qui se trouve au delà, ainsi le feu que le Seigneur avait envoyé dans le cœur de son serviteur, pour qu'il y allumât un in-

---

nam toties ea nocte latrones somniaverit, perquirebant. Quibus ille : Veraciter, inquit, aderat latro, et mihi castitatem hospita surripere nitebatur.

CAPUT III.

Mundi contemptum ac fugam concipit, aliisque persuadet.

8. Inter hæc tamen cogitans et perpendens quod vulgo dicitur, non esse tutum diu cohabitare serpenti, fugam meditari cœpit. Videbat enim mundum et principem ejus exterius multa sibi offerentem, multa promittentem, magnas res, spes majores, sed fallaces omnes, et vanitatem vanitatum, et omnia vanitatem. Veritatem vero ipsam interius jugiter audiebat clamantem, et dicentem : *Venite ad me omnes qui laboratis, et onerati estis, et ego reficiam vos. Tollite jugum meum super vos, et invenietis requiem animabus vestris.* Perfectius vero relinquere mundum deliberans, cœpit inquirere et investigare, ubi certius et purius inveniret requiem animæ suæ sub jugo Christi. Inquirenti autem occurrit Cistercii innovatæ monasticæ religionis nova plantatio, messis multa, sed operariis indigens, cum vix adhuc aliquis conversionis gratia illuc declinaret, ob nimiam vitæ ipsius et paupertatis austeritatem. Quæ tamen cum animum vere Deum quærentem minime terrerent, posthabita omni hæsitatione ac timore, illuc vertit intentionem, posse se æstimans omnino ibi delitescere et abscondi. Ubi vero de conversione tractantem fratres ejus, et qui carnaliter eum diligebant, persenserunt, omnimodis agere cœperunt, ut animum ejus ad studium possent divertere litterarum, et amore scientiæ secularis seculo arctius implicare. Qua nimirum suggestione, sicut fateri solebat, propemodum retardati fuerant ejus gressus. Et cum aliquando ad eosdem pergeret fratres, in obsidione castri, quod Granceium dicitur, cum Hugone duce Burgundiæ constitutos, cœpit in hujusmodi cogitatione vehementius anxiari. Inventaque in itinere ecclesia quadam divertit, et ingressus oravit cum multo imbre lacrymarum, expandens manus in cœlum, et effundens cor suum ante conspectum Domini Dei sui. Ea igitur die firmatum est propositum cordis ejus.

9. Nec vero surda aure percepit vocem dicentis : *Qui audit, dicat, Veni.* Siquidem ab illa hora, sicut ignis qui comburit silvam, et sicut flamma comburens montes, hinc inde prius viciniora quæque corripiens, postmodum in ulteriora progreditur; sed ignis quem Dominus miserat in cor servi sui, volens ut arderet, primo fratres ejus aggreditur, solo minimo, ad conversionem minus adhuc habili, seniori patri ad solatium derelicto; deinde cognatos et notos, socios et

cendie, s'attaque d'abord à ses frères, n'épargnant que le plus jeune d'entre eux, parce qu'il était dans un âge trop peu avancé encore pour prendre part au changement de vie de ses frères, et le plus âgé, qui resta pour être la consolation de leur père, dévore ensuite ses proches, puis ses compagnons et ses amis, tous ceux qui pouvaient faire concevoir l'espérance d'une conversion. Le premier de tous qui le suivit fut Gaudry, son oncle; on peut dire qu'il s'élança sans retard et sans hésitation à la suite de son neveu, partageant sa manière de voir et sa conversion. C'était un homme honorable et puissant dans le monde, qui s'était fait un nom dans la milice séculière, et qui était Seigneur du château de Touillon, dans le pays Eduen. Après lui, ce fut Bartholomé, le plus jeune de ses autres frères; il n'était pas encore entré dans l'état militaire ; il se rendit sans résistance et à l'heure même aux avis salutaires de Bernard. Quant à André, qui était plus jeune que lui et nouvellement engagé dans le métier des armes, il fit plus de difficulté pour céder à ses discours; mais enfin il s'écria tout-à-coup : Je vois ma mère ! Elle lui apparut en effet visible, lui souriant d'un visage serein et applaudissant au dessein formé par ses enfants ; à l'instant même il donna son consentement et, de jeune recrue du siècle, il devint soldat du Christ. Guy, l'aîné de tous, était déjà engagé dans les liens du mariage ; c'était un homme grand et depuis longtemps déjà enraciné dans le monde. Il commença par hésiter un peu. Puis, en pensant à ce projet et en le pesant dans son esprit, il consentit lui aussi à embrasser le nouveau genre de vie, si toutefois son épouse y voulait consentir. Mais il semblait impossible d'obtenir ce consentement d'une femme jeune et noble et qui nourrissait encore plusieurs petites filles en bas âge. Bernard lui répondit avec l'accent d'une entière certitude, qui lui venait de la miséricorde de Dieu, que sa femme donnerait son consentement ou ne tarderait point à mourir. Enfin, comme elle le refusait de la manière la plus absolue, son mari, dont l'âme était pleine de grandeur, et qui déjà était prévenu de cette vertu de foi insigne qui le distingua tout particulièrement plus tard, conçut, en homme de cœur, avec la grâce de Dieu, le projet de renoncer à tout ce qu'il semblait posséder dans le monde, pour mener un genre de vie tout à fait rustique et travailler de ses propres mains, pour soutenir sa vie et celle de sa femme dont il ne pouvait se séparer malgré elle. Sur ces entrefaites, survint Bernard qui allait de côté et d'autre, recrutant de nouveaux compagnons. Aussitôt la femme de Guy se trouva atteinte d'une maladie grave. Reconnaissant qu'il était dur pour elle de regimber contre l'aiguillon, elle fait appeler Bernard, le prie de lui pardonner, et, d'elle-même, donne son consentement au changement de vie de son mari. Sa séparation d'avec son mari se fit selon la coutume de l'Église ; c'est-à-dire qu'elle fit vœu de chasteté perpétuelle, et entra dans une maison religieuse [a] de femmes, où elle continue encore maintenant à servir Dieu avec piété.

10. Après Guy, venait Gérard, qui s'était distingué dans le métier des armes par son courage ; c'était un homme d'une grande prudence, d'une bonté extraordinaire, et qui avait su se concilier

[a] A Lairé, dans les faubourgs de Dijon, comme on le voit dans la troisième Vie de saint Bernard. Cette maison devint plus tard un prieuré de l'abbaye de Saint-Bénigne, à laquelle le couvent de Lairé était soumis, de même que les religieuses de Juillières étaient autrefois soumises aux religieux de Molesmes. Le roi Gontran donna ce lieu à saint Bénigne.

amicos, et de quibuscumque poterat esse spes conversionis. Primus omnium Galdricus, avunculus, ejus absque dilatione aut hæsitatione in sententiam ivit nepotis, et consensum conversionis, vir honestus et potens in seculo, et in secularis militiæ gloria nominatus, dominus castri in territorio Æduensi, quod Tuillum dicitur. Continuo etiam Bartholomæus occurrens junior cæteris fratribus, et necdum miles, sine difficultate, eadem hora salutaribus monitis dedit assensum. Porro Andreas Bernardo etiam ipse junior, et novus eo tempore miles, verbum fratris difficilius admittebat, donec subito exclamavit : Video matrem meam. Visibiliter siquidem ei apparuit serena facie, subridens et congratulans proposito filiorum. Itaque et ipse continuo manus dedit, et de tirone seculi factus est miles Christi. Guido vero primogenitus fratrum conjugio jam alligatus erat, vir magnus et præ aliis jam in seculo radicatus. Hic primo paululum hæsitans, sed continuo rem perpendens et recogitans, conversioni consensit, si tamen conjux annueret. Verum id quidem de juvencula nobili, et parvulas filias nutrienti pene impossibile videbatur. At Bernardus de misericordia Domini spem concipiens certiorem, incunctanter ei spopondit, aut consensuram feminam, aut celeriter morituram. Demum cum omnimodis illa renueret, vir ejus magnanimus, imo jam ea præventus virtute fidei, in qua postmodum excellenter enituit, virile consilium Domino inspirante concepit, ut abjiciens quidquid habere videbatur in seculo, vitam institueret agere rusticanam, laborare scilicet manibus propriis, unde suam sustentaret et uxoris vitam, quam invitam dimittere non licebat. Interim supervenit Bernardus, qui undique alios atque alios colligens discurrebat. Nec mora, flagellatur prædicta Guidonis uxor infirmitate gravi. Et cognoscens quia durum esset sibi contra stimulum calcitrare, accersito Bernardo veniam deprecatur, et prior ipsa conversionis petit assensum. Denique juxta morem ecclesiasticum separata a viro, interveniente parili voto castitatis, in cœtum sanctimonialium transiit feminarum, religiose serviens Deo usque ad mortem.

10. Secundus natu post Guidonem Girardus erat, miles in armis strenuus, magnæ prudentiæ, benignitatis eximiæ, et qui ab omnibus diligeretur. Qui cæteris, ut dictum est, primo auditu et prima die acquiescentibus levitatem reputans, ut mos est sapientiæ secu-

l'affection de tout le monde. Tous ses autres frères s'étaient, aux premiers mots du projet de Bernard et dès les premiers jours, rangés à son avis, pour lui, il traitait selon l'habitude des sages du monde leur résolution de légèreté. Alors Bernard, déjà tout de feu dans sa foi, et animé d'une manière extraordinaire du zèle de la charité fraternelle, lui dit : « Je vois bien qu'il n'y a que le malheur qui vous ouvrira l'intelligence. » Puis, approchant son doigt de son côté : « Un jour viendra, lui dit il, et il n'est pas éloigné, où une lance perçant ce côté ouvrira vers votre cœur un passage facile aux pensées de salut que vous méprisez aujourd'hui. Vous éprouverez une grande crainte, mais pourtant vous ne mourrez point. » Il en advint, en effet, comme il l'avait dit ; car, peu de temps après, se voyant entouré d'ennemis, il fut pris et blessé comme son frère le lui avait prédit. Une lance lui était entrée dans le côté, juste à l'endroit que Bernard avait touché du doigt ; pendant qu'on l'emportait, il criait comme s'il avait vu la mort présente à ses yeux : je suis moine, je suis cistercien. Il n'en fut pas moins fait prisonnier et jeté dans un cachot. Bernard, mandé sur le champ par un messager, ne vint pas ; il se contenta de répondre : « Je savais bien qu'il en serait ainsi, et je lui avais prédit qu'il aurait fort à faire de regimber contre l'aiguillon ; mais sa blessure, loin de le conduire à la mort, le mènera à la vie. » C'est ce qui arriva, il guérit, en effet, beaucoup plus tôt qu'on ne l'aurait espéré, mais il ne changea rien au projet et au vœu qu'il avait formés. Il était déjà libre de toute attache au monde, mais il se trouvait retenu dans le siècle encore par les chaînes dont l'ennemi l'avait chargé ; c'était la seule chose qui retardait l'exécution de ses projets de conversion. Dieu lui vint encore en aide de ce côté, dans sa miséricorde. Son frère vint pour le tirer de sa prison, mais il ne put y réussir, et comme il ne put pas même obtenir la permission de lui parler, il s'approcha de son cachot et s'écria : « Sache, mon frère Gérard, que nous sommes sur le point de partir pour entrer dans un monastère. Pour toi, puisque tu ne peux sortir de l'endroit où tu es, sois-y moine, et sois certain que ce que tu veux, mais ne peux faire, est réputé pour fait. » Cependant, Gérard était de plus en plus inquiet, mais, peu de jours après, il entendit en songe une voix qui lui disait: Aujourd'hui même tu recouvreras la liberté. Or on était au saint temps du carême, et, le soir, comme il songeait à ce qu'il avait entendu, il touche les entraves de ses pieds, et voilà que tout à coup ses fers se brisent en partie sous sa main, en sorte qu'il n'était plus retenu par rien et pouvait aller et venir en liberté. Mais que faire ? La porte était fermée, et sur le seuil se trouvait une foule de pauvres. Il se lève pourtant, et, moins dans l'espérance de pouvoir s'échapper que fatigué d'être assis, et peut-être aussi dans le désir de voir ce qui allait arriver, il s'approche de la porte du souterrain où il était enfermé et tenu prisonnier : à peine en a-t-il touché le loquet, que la serrure lui resta dans la main et que la porte s'ouvrit. Il sort à pied comme un homme chargé d'entraves et se dirige vers l'église où on chantait les vêpres. Quant aux mendiants qui étaient à la porte de la maison, en voyant ce qui se passait, ils furent saisis de crainte, par un effet de la permission de Dieu, et prirent la

---

laris, obstinato animo salubre consilium et fratris monita repellebat. Tum Bernardus fide jam igneus, et fraternæ charitatis zelo mirum exasperatus in modum: Scio, inquit, scio, sola vexatio dabit intellectum auditui; digitumque lateri ejus apponens : Veniet, inquit, dies, et cito veniet, cum lancea lateri huic infixa pervium faciet iter ad cor tuum, consilio salutis tuæ quod modo aspernaris, et timebis quidem, sed minime morieris. Sic dictum, et sic factum est. Paucissimis interpositis diebus circumvallatus ab inimicis, captus et vulneratus, juxta verbum fratris, lanceam gestans ipsi lateri, eidemque infixam loco, cui Bernardus digitum applicuerat, trahebatur, et mortem quasi jam præsentem metuens, clamabat : Monachus sum, monachus sum Cisterciensis. Nihilominus tamen captus et reclusus in custodia est. Vocatus est Bernardus per celerem nuntium, sed non venit. Sciebam, inquit, et prædixeram, quod durum foret ei contra stimulum calcitrare ; nec tamen ad mortem ei vulnus hoc, sed ad vitam. Et factum est ita, siquidem de vulnere præter spem cito convaluit ; propositum vero seu votum, quod voverat, non mutavit. Cumque jam libet ab amore seculi hostilibus adhuc vinculis teneretur, et hoc solum esset quod ejus propositum retardaret, in hoc etiam cito affuit ei misericordia Dei. Venit frater ejus laborans ut erui posset, et non profecit. Et cum nec loqui ei permitteretur, accedens ad carcerem clamavit: Scito, frater Girarde, quia ituri sumus in proximo, et monasterium introituri. Tu vero, quandoquidem exire non licet, hic monachus esto, sciens quod vis et non potes, pro facto reputari. Cumque Girardus magis ac magis anxiaretur, paucis diebus interpositis, audivit vocem dicentem sibi in somnis : Hodie liberaberis. Erat autem sacrum Quadragesimæ tempus. Circa vespertinam itaque diei horam cogitans quod audierat, compedes suas tetigit, et ecce ferrum ex parte in manu ejus crepuit ; ut minus jam teneretur, et aliquatenus incedere posset. Sed quid ageret? Erat ostium obseratum, et pro foribus pauperum multitudo. Surrexit tamen, et non tam spe evadendi quam jacendi tædio, seu curiositate tentandi, accedens ad ostium subterraneæ domus, in qua vinctus et clausus erat, mox ut pessulum tetigit, sera tota inter manus ejus collapsa est, et ostium domus apertum. Exiensque pedetentim, sicut homo compeditus, ad ecclesiam, ubi adhuc vespertina celebrabantur officia, pertendebat. Porro mendici qui pro foribus domus adstabant, videntes quod fiebat, et divinitus exterriti, in fugam versi sunt nihil clamantes. Cumque jam ecclesiæ propinquaret,

fuite sans pousser même un cri. Comme il approchait de l'église, un des domestiques de la maison où il était gardé en prison, c'était le frère germain de celui qui était chargé de le garder, venant à sortir et le voyant hâter le pas pour se rendre à l'église, lui dit: « Vous arrivez bien tard, Gérard.» Il tremble à ses mots. mais l'autre continue ; « Allez vite, vous pourrez encore entendre quelque chose. » Ses yeux étaient voilés et il ne comprenait pas ce qui se passait. Enfin, après avoir aidé de la main Gérard qu'il voyait toujours chargé de chaînes, à monter les derniers degrés de l'église et en le voyant entrer dans le lieu saint, il s'aperçut, pour la première fois de ce qu'il en était, il voulut le retenir, mais il ne put y réussir. Voilà comment Gérard se vit délivré tout à la fois des liens de l'amour de ce monde et des chaînes de la captivité des enfants du siècle, et put accomplir fidèlement le vœu qu'il avait fait. C'est en cela surtout que le Seigneur a montré avec quelle perfection cet homme de Dieu a commencé la grâce de son saint genre de vie, puisqu'il lui fit voir, dans son esprit, lui qui a fait l'avenir, ce qui devait arriver. Il avait vu, en effet. comme s'il l'avait eue sous les yeux, la lance qui devait percer le côté de son frère, quand il marquait du doigt la place où elle devait bientôt le blesser, ainsi que plus tard il l'a avoué à ceux à qui il ne pouvait rien cacher et qui le questionnaient sur ce fait.

11. Le premier jour où, comme je l'ai dit, tous les autres se trouvaient réunis dans un même esprit avec Bernard, le matin, comme ils entraient dans l'église, ils entendirent lire ce verset de l'Apôtre : « Dieu est fidèle et je suis sûr que celui qui a commencé en vous cette bonne entreprise, l'achèvera et la perfectionnera jusqu'au jour de l'avènement de Jésus-Christ (*Philipp*. 1. 6). » Notre saint jeune homme reçut cette parole comme si elle lui fut venue du ciel. Aussi ce père spirituel d'une race de frères régénérés en Jésus-Christ, se laissant aller à des sentiments d'allégresse et comprenant que la main du Seigneur travaillait avec lui, se mit à se livrer dès lors plus que jamais à la prédication et à rassembler autour de lui le plus de compagnons qu'il put. On le vit alors se revêtir de l'homme nouveau, et traiter de choses sérieuses et de changements de vie avec ceux avec qui il avait autrefois l'habitude de s'entretenir des lettres mondaines et du monde lui-même. Il montrait que les joies du monde sont fugitives, que la vie n'est que misères, que la mort est prompte dans sa marche et que la vie qui doit succéder à la mort sera à jamais heureuse ou malheureuse. Bref, tous ceux qui avaient été prédestinés par un effet de la grâce qui opérait en eux, de la force de la parole de Bernard et des instantes prières de ce serviteur de Dieu, après avoir hésité quelque temps, finissaient par se sentir pénétrés de componction et par croire et consentir les uns après les autres. Parmi ceux-là se trouvait un certain Hugues de Mâcon, qui fut plus tard tiré du monastère de Pontigny, qu'il avait construit de ses deniers, et placé sur le siège épiscopal d'Autun avec le mérite et la dignité de pontife. En apprenant la conversion d'un de ses amis et compagnons les plus chers, il le pleurait comme perdu pour lui puisqu'il apprenait qu'il était mort au monde. Mais à peine lui eut il été permis de s'entretenir avec lui, qu'ils versèrent

---

egrediens quidam de familia domus captivitatis suæ, germanus illius a quo custodiebatur, vidensque ad ecclesiam properantem, Tarde, inquit, Girarde, venisti. Expavescente Girardo, Festina, ait; adhuc superest quod audias. Oculi quippe ejus tenebantur, nec prorsus quid ageret intelligebat. Demum ad altiores gradus ecclesiæ cum adhuc compeditum data manu Girardum sublevasset, introeunte illo ecclesiam, tunc primum quid ageretur agnovit, et conatus eum retinere non potuit. Hoc modo Girardus a captivitate amoris seculi hujus, et captivitate filiorum seculi hujus liberatus, votum quod voverat fideliter exsolvit In quo potissimum notum fecit Dominus, a quanta perfectione et sanctæ conversationis gratia iste Dei famulus Bernardus cœperit, qui in ejus spiritu, qui fecit quæ futura sunt, quod erat futurum videre potuit quasi jam factum Præsentialiter quippe in latere fratris ei lancea apparebat quando digitum applicuit, sicut postmodum ipse confessus est, cum ab his interrogaretur, quibus celare non poterat.

11. Cum die quadam Bernardus cum cæteris, secum in eodem spiritu congregatis, quamdam intrasset ecclesiam, apostolicum illud capitulum legebatur: *Fidelis Deus, quia cœpit in nobis opus bonum, ipse perficiet usque in diem Christi Jesu*. Quod devotus juvenis haud secus accepit, quam si de cœlo sonuisset. Exsultans itaque spiritualis jam pater regeneratorum in Christo fratrum suorum, et manum Domini secum operantem intelligens, cœpit ex hoc prædicationi insistere, quoscunque poterat aggregare Cœpit novum hominem induere, et cum quibus de litteris seculi seu de seculo agere solebat, de seriis et conversione tractare, ostendens gaudia mundi fugitiva, vitæ miserias, celerem mortem, vitam post mortem, seu in bonis seu in malis perpetuam fore. Quid multa? Quotquot ad hoc præordinati erant, operante in eis gratia Dei et verbo virtutis ejus, et oratione et instantia servi ejus primo cunctati, deinde compuncti, alter post alterum credebant et consentiebant. Inter quos adjunctus est ei Hugo Matisconensis, qui postea raptus a Pontiniaco cœnobio, quod ipse ibidem abbas ædificavit, Autisiodorensi ecclesiæ præfuit merito et honore pontificis. Hic audiens de conversione socii et amici charissimi Bernardi, flebat quasi perditum, quem seculo mortuum audiebat. Ubi autem data est utrique primo facultas mutui colloquii, post dissimiles lacrymas et gemitus dissimilium dolorum, verba verbis cœperunt conferri, et res rebus comparari. Cumque inter ipsa verba familiaris amicitiæ Hugoni infunderetur spiritus veritatis, aliam jam faciem habere

l'un et l'autre des larmes bien différentes et mêlèrent ensemble des gémissements poussés par une douleur qui n'avait rien de commun ; puis ils se mirent à échanger quelques mots et à comparer les choses entre elles. Mais, pendant cet échange de paroles qu'une mutuelle amitié inspirait, l'esprit de vérité pénétrait dans le cœur de Hugues, et la conversation prit soudain un tout autre tour que celui qu'elle avait d'abord ; ils promirent d'embrasser en commun le nouveau genre de vie, et ils devinrent dès lors un seul cœur et une seule âme, bien plus dignement et plus véritablement qu'ils ne l'avaient été auparavant dans le monde. Mais, peu de jours après, on vint apprendre à Bernard que, changé par d'autres compagnons, Hugues renonçait à son dessein. Profitant d'une occasion favorable, d'une grande réunion d'évêques qui avait lieu dans ces parages, il vole au secours de cette âme qui se perdait, afin de l'enfanter une seconde fois à la grâce. De leur côté, les amis de Hugues, ceux qui lui avaient fait renoncer à son dessein, en apercevant Bernard, ne perdent point leur proie de vue, ne lui laissent point la faculté de s'entretenir avec lui et lui interdisent même tout accès auprès de sa personne. Quant à Bernard, en voyant qu'il ne pouvait lui parler, il poussait des cris vers le Seigneur ; à sa prière mêlée de larmes, un vrai déluge d'eau fond soudain du ciel. Or, on se trouvait au milieu d'un champ, attendu que l'air était pur et que rien ne pouvait faire présager une pareille pluie. A cette averse subite, chacun se disperse, et gagne le village voisin ; mais Bernard retenant Hugues par la main lui dit : « Vous voudrez bien supporter cette pluie avec moi. » Demeurés seuls ils furent loin de se trouver dans la solitude, car le Seigneur se trouva avec eux et leur rendit à l'instant même un ciel et un cœur purs et sereins. Hugues renouvela alors ses engagements et confirma ses promesses, qu'il ne lui fut plus possible de violer ensuite.

12. Le pécheur voyait tout cela et était irrité, grinçait les dents et séchait de dépit (*Psal.* cxi. 9) ; et le juste, de son côté, plein de confiance dans le Seigneur, triomphait glorieusement du monde. Comme il prêchait tant en public qu'en particulier, les mères cachaient leurs fils, les femmes retenaient leurs maris et les amis, empêchaient leurs amis d'aller l'entendre, car le Saint-Esprit donnait à sa parole une telle puissance, que c'est à peine si quelque sentiment que ce soit pouvait détourner ceux qui l'entendaient de se mettre à sa suite. Le nombre de ceux qui embrassaient ce nouveau genre de vie était tous les jours plus grand et, de même qu'il est dit des chrétiens de la primitive Eglise : « Leur multitude n'avait qu'un cœur et qu'une âme dans le Seigneur (*Act.* iv. 32), » ainsi vivaient-ils unis ensemble, et personne qui ne partageât point leurs sentiments, n'osait se joindre à eux. Ils avaient à Châtillon une maison qu'ils possédaient en commun, où ils se réunissaient, habitaient et s'entretenaient ensemble, et dans laquelle c'est à peine si ceux qui n'étaient point de leur société osaient pénétrer : mais, quand il leur arrivait de le faire, en voyant et en entendant ce qui s'y faisait et s'y disait, ils embrassaient leurs sentiments, ou bien s'ils se retiraient, ce n'était qu'en pleurant sur eux-mêmes et en déclarant les autres bien heureux. A cette époque et dans les contrées où les choses que nous rapportons se passaient, il était à peu près inouï qu'on eût connu d'avance le changement de vie d'un homme qui demeurât en-

---

cœperunt verba mutuæ collocutionis. Datis itaque dexteris in sodalitium novæ vitæ, longe dignius veriusque facti sunt cor unum et anima una in Christo, quam in seculo ante fuissent. Post paucos autem dies nuntiatur Bernardo subversum ab aliis eumdem Hugonem a proposito resilire. Qui opportunitate inventa, quod magnus quidam episcoporum conventus illis in partibus haberetur, festinat ut revocet pereuntem, iterumque parturiat. Observantes autem prædicti sodales et subversores Hugonis, viso Bernardo prædam ambiunt suam, et omnem ei loquendi adimunt facultatem, omnem auditum intercludunt. At ille cum et loqui non posset, clamabat pro eo ad Dominum. Quo orante cum lacrymis, subita et vehemens inundatio pluviæ mox erupit. Consederant autem in campo, quod aer serenus esset, ei nil tale speraverunt. Dispersi igitur omnes ad repetitum imbrem, vicum proteximum petunt. At Bernardus Hugonem tenens. Mecum, ait sustinebis hujus pluviæ guttas. Cumque soli remansissent, Dominus reddit eis continuo et aeris, et animi serenitatem. Ibi renovatum est fœdus, et propositum confirmatum, quod non potuit deinceps violari.

12 Videbat ista peccator et irascebatur, dentibus suis fremebat et tabescebat ; justus autem confidens in Domino, gloriose de seculo triumphabat. Jamque eo publice et privatim prædicante, matres filios abscondebant, uxores detinebant maritos, amici amicos avertebant, quia voci ejus Spiritus sanctus tantæ dabat vocem virtutis ut aliquis aliquem teneret affectus. Crescente siquidem numero eorum, qui in hanc conversionis unanimitatem consenserunt, sicut de primitivis Ecclesiæ filiis legitur, multitudinis eorum erat cor unum, et anima una in Domino, et habitabant unanimiter simul, nec quisquam aliorum audebat se conjungere eis. Erat enim eis Castellioni domus una propria, et communis omnium, ubi conveniebant, et cohabitabant, et colloquebantur, quam ingredi vix audebat, qui non esset de cætu eorum. Sed et si quis intrabat, videns et audiens quæ ibi gerebantur, convincebatur ab omnibus, dijudicabatur ab omnibus, adorans Dominum, et confitens quod Deus vere esset in illis, aut ipse unanimitati eorum adhærebat, aut recedens flebat semetipsum, illos autem beatificabat. Hoc enim illis temporibus, et in illis erat partibus inauditum, ut alicujus adhuc in seculo com-

core dans le monde, mais pour eux ils demeurèrent dans le monde avec leurs vêtements laïcs, près de six mois après le premier instant où ils avaient conçu leur dessein, afin de se présenter en plus grand nombre en donnant à chacun le temps de terminer ses affaires dans le monde.

13. Mais quand toute cette troupe put craindre que le tentateur ne finît par en arracher quelques-uns de son sein, il plut à Dieu de faire connaître par une révélation ce qui devait arriver. L'élu de la troupe eut une vision pendant la nuit; il lui semblait voir tous ses compagnons assis dans une maison et chacun d'eux communier avec un pain d'une blancheur et d'un goût admirables. Tous en recevaient parfaitement bien leur part et la mangeaient avec une grande joie, mais il remarqua qu'il y en avait deux qui restaient sans participer à cette nourriture salutaire. L'un n'y prenait point part du tout, l'autre semblait y prendre part, mais il le faisait avec si peu de soin qu'il laissait tomber tout ce qu'il prenait. L'événement montra bien dans la suite que cette vision était véritable; car il s'en trouva un qui retourna au monde avant même que les desseins projetés fussent mis à exécution, l'autre commença l'œuvre commune avec le reste de la troupe, mais il n'alla point jusqu'au bout.

CHAPITRE IV.

Bernard entre à Cîteaux avec ses compagnons. Sa mortification pendant le temps de son noviciat.

14. Quand le jour fut venu de donner suite à son vœu et d'accomplir son désir, Bernard quitta le toit paternel, suivi de ses frères dont il était devenu le père et qui se regardaient comme ses enfants spirituels puisqu'il les avait engendrés au Christ par la parole de vie. Guy, l'aîné de tous, apercevant Nivard, le plus jeune des frères de Bernard, qui était encore enfant et se tenait dans la cour de la maison avec d'autres enfants, lui dit : « Allons, Nivard, tous nos biens sont à toi maintenant. » A ces mots, Nivard répondit d'une manière qui ne sentait point l'enfant : « Ainsi, vous prenez le ciel et vous me laissez la terre; le partage n'est pas juste. » Après avoir échangé ces paroles, ils s'éloignèrent; quand à Nivard il resta à la maison avec son père, mais peu de temps après il alla rejoindre ses frères, il n'y eut ni père, ni proches, ni amis qui purent le retenir. Il ne restait donc plus de toute cette famille consacrée à Dieu, que le père déjà vieux, avec la fille dont nous parlerons aussi en son lieu. A cette époque, le petit et tendre troupeau de Cîteaux vivait sous la conduite de son vénérable abbé Étienne. Ce dernier commençait même à souffrir beaucoup dans son âme de voir le petit nombre des siens et à perdre toute espérance d'une postérité qui pût hériter de sa sainte pauvreté. Tout le monde regardait avec un sentiment d'admiration respectueuse la sainteté de leur vie, mais aussi en fuyait l'austérité. Tout à coup le Seigneur le visite et comble, son âme d'une joie aussi inattendue que subite, et il lui sembla que, ce jour-là même, sa maison avait reçu du Saint-Esprit cette réponse : « Réjouissez-vous stérile, qui n'enfantiez point; poussez des cris de joie, vous qui ne deveniez point mère; parce que celle qui était délaissée a plus d'enfants que celle qui a un mari (*Galat.* IV, 27), »

---

momorantis conversio præsciretur. Ipsi vero quasi mensibus sex, post primum propositum in seculari habitu stabant, ut perinde plures congregarentur, dum quorumdam negotia per id temporis expediebantur.

13. Cum autem jam suspecta esse inciperet multitudo, ne quem de numero eorum subriperet is qui tentat, placuit Deo super hoc revelare quid futurum esset. Aspiciebat enim quidam eorum in visu noctis, et videbat quasi omnes consedisse in domo una, et per ordinem singulos quasi communicare de cibo quodam miri candoris et saporis. Quem cæteris omnibus optime suscipientibus et cum gaudio magno, duos ex omni numero illo notabat a cibi illius participatione vacuos remansisse. Alter namque eorum nec sumebat; alter quidem sumere videbatur, sed tanquam minus caute sumeret, spargebatur. Utrumque vero postea probavit eventus. Alter enim, priusquam ventum esset ad rem, conversus retrorsum abiit, et in seculum rediit; alter cœpit quidem cum cæteris opus bonum, sed non perfecit.

CAPUT IV.

Bernardus cum sociis Cistercium ingreditur, ubi de ejus mortificatione tempore tirocinii.

14. Jam vero adveniente die reddendi voti et complendi desiderii, egressus est de domo paterna Bernardus pater fratrum suorum, cum fratribus suis, filiis suis spiritualibus, quos verbo vitæ Christo genuerat. Videns autem Guido primogenitus fratrum suorum Nivardum fratrem suum, minimum puerum, cum pueris aliis in platea : Eia, inquit, frater Nivarde, ad te solum respicit omnis terra possessionis nostræ. Ad quod puer non pueriliter motus : Vobis ergo, inquit, cœlum; mihi terra ? non ex æquo divisio hæc facta est. Quo dicto abeuntibus illis, modico post tempore et ipse fratres secutus, nec a patre, nec a propinquis seu amicis potuit detineri. Supererat de Deo dicata domo illa pater cum filia, de quibus etiam suo loco dicemus. Eo tempore novellus et pusillus grex Cisterciensis sub abbate degens vito venerabili Stephano, cum jam graviter tædio illi esse inciperet paucitas sua, et omnis spes posteritatis decideret, in quam sanctæ illius paupertatis hæreditas transfunderetur, venerantibus omnibus in eis vitæ sanctitatem, sed refugientibus austeritatem : repente divina hac visitatione tam læta, tam insperata, tam subita lætificatus est, ut in die illa responsum hoc a Spiritu sancto accepisse sibi domus illa videretur : *Lætare sterilis quæ non pariebas, erumpe et clama quæ non parturiebas ; quia multi filii desertæ, magis quam ejus quæ ha-*

15. L'an de Notre-Seigneur 1113, quinzième année de la fondation de Cîteaux, le serviteur de Dieu, Bernard, âgé de vingt-deux ans environ, vint à Cîteaux, suivi de plus de trente de ses compagnons, se mettre sous la conduite de l'abbé Étienne et se placer sous le joug doux du Christ. A partir de ce jour, le Seigneur remplit cette maison de bénédictions, et cette vigne du Dieu de Sabaoth commença à donner ses fruits, à étendre ses sarments jusqu'aux rivages de la mer et à envoyer ses provins au-delà même des mers. Tels furent donc les saints commencements du nouveau genre de vie de l'homme de Dieu. Quand au détail même de sa vie, je ne crois pas que personne puisse en raconter les merveilles, ni retracer la vie d'ange qu'il mena sur la terre, à moins de vivre de l'esprit même dont il vécut. Il n'y a que celui qui a prodigué ses grâces et celui qui les a reçues qui sachent de quelle douceur et de quelles bénédictions le Seigneur l'a prévenu dès le début de sa conversion, les grâces d'élection dont il l'a comblé et l'abondance des biens de sa maison dont il l'a enivré. Il entra dans cette maison vraiment pauvre d'esprit et jusqu'alors parfaitement inconnu, existant à peine, dans la pensée d'y mourir au cœur et au souvenir des hommes et avec l'espérance d'y vivre dans l'obscurité et l'oubli comme un vase de nulle valeur. Mais Dieu en disposa autrement, et se fit de lui un vase d'élection, non-seulement pour étendre et fortifier l'ordre monastique, mais encore pour aller porter son nom devant les rois et les peuples et jusqu'au bout du monde. Pour lui, il s'en fallait bien qu'il eût de lui-même ces pensées et ces espérances ; mais, plutôt tout entier à la garde de son cœur, à la persévérance dans son projet, il avait sans cesse à l'esprit et sur les lèvres ces paroles: Bernard, pourquoi es-tu venu ici ? Et de même qu'on lit de Notre-Seigneur, « qu'il commença par faire et enseigna ensuite (Act. I, 1), » il ne fut pas plutôt entré dans la salle des novices, qu'il se mit à pratiquer sur lui-même ce qu'il devait un jour enseigner aux autres.

16. Pour lui, quand il était novice, il ne se ménageait en rien, et s'appliquait en toute occasion à mortifier en lui, non-seulement les concupiscences de la chair qui s'exercent par les sens du corps, mais ces sens eux-mêmes qui leur servent d'instrument. En effet, comme il commençait à sentir souffler d'en haut dans son âme avec plus de douceur et de fréquence, les ardeurs de l'amour illuminé, il se prenait à craindre pour ses sens intérieurs l'influence de ses sens corporels, et ne leur permettait, encore n'était-ce qu'à regret, que juste ce que réclamaient d'eux les rapports de société extérieure avec ses semblables. Et comme la pratique constante de cette réserve se changea en habitude, elle devint en quelque sorte pour lui une seconde nature. Tout entier absorbé par l'esprit, toutes ses espérances, toutes ses intentions, toutes ses pensées, toute sa mémoire étaient en Dieu ; il voyait sans voir, il entendait sans entendre, il ne sentait point le goût de ce qu'il mangeait, c'est à peine s'il percevait quoi que ce fût par l'un ou l'autre de ses sens. En effet, après avoir passé une année entière dans la salle des novices, il en sortit sans pouvoir dire si la maison elle-même avait cette espèce de moulure qu'on appelle vulgairement tortue. Il était bien

---

bet virum; de quibus postmodum visura es filios filiorum usque in multas generationes.

15. Anno ab Incarnatione Domini MCXIII, a constitutione domus Cisterciensis XV, servus Dei Bernardus annos natus circiter XXII, Cistercium ingressus cum sociis amplius quam XXX, sub abbate Setephano, suavi jugo Christi collum submisit. Ab illa autem die dedit Dominus benedictionem, et vinea illa Domini Sabaoth dedit fructum suum, extendens palmites suos usque ad mare, et ultra mare propagines ejus. Hæc quidem fuere viri Dei conversionis sanctæ principia. Conversationis autem ejus insignia, quomodo vitam angelicam gerens in terris vixit, neminem enarrare posse puto, qui non vivat de spiritu, de quo ille vixit. Solius quippe donantis et accipientis est nosse, quantum ab ipso mox conversionis exordio prævenerit eum Dominus in benedictionibus dulcedinis suæ; quanta repleverit gratia electionis, quomodo ab ubertate domus suæ inebriaverit eum. Ingressus est autem domum illam pauperem spiritu, et eo adhuc tempore absconditam ac pene nullam, intentione ibi moriendi a cordibus et memoria hominum, et spe delitescendi et latendi tanquam vas perditum, Deo aliter disponente, et eum sibi in vas electionis præparante, non solum ad ordinem monasticum confortandum ac dilatandum, sed ad portandum nomen suum coram regibus et gentibus, et usque ad extremum terræ. Ipse vero nil tale de se æstimans aut cogitans, potius ad custodiam cordis sui et propositi constantiam hoc semper in corde, sæpe etiam in ore habebat: Bernarde, ad quid venisti ? Et sicut de Domino legitur, *quia cœpit Jesus facere, et docere*; a prima die in cellam novitiorum ingressus sui, ipse cœpit agere in semetipso quod alios erat docturus.

16. Ipse, cum novitius esset, in nullo sibi parcens, instabat omnimodis mortificare non solum concupiscentias carnis, quæ per corpus fiunt, sed et sensus ipsos per quos fiunt. Cum enim jam interiori sensu illuminati amoris, dulcius ac frequentius sentire inciperet desursum sibi spirantem suavitatem, sensui illi interiori timens a sensibus corporis, vix tantum eis permittebat, quantum sufficeret ad exterioris cum hominibus conversationis societatem. Quod cum continui usus instantia in consuetudinem mitteret, consuetudo ipsa quodammodo vertebatur in naturam; totusque absorptus in spiritum, sæpe* tota in Deum directa intentione, seu in meditatione spirituali tota occupata memoria, videns non videbat, audiens non audiebat, nihil sapiebat gustanti, vix aliquid sensu aliquo corporis sentiebat. Jam quippe annum integrum

al. Spe.

souvent allé et venu dans l'église, sans s'apercevoir qu'il y eût trois fenêtres placées au-dessus de sa tête : il pensait qu'il n'y en avait qu'une. Il avait tellement mortifié en lui le sens de la curiosité, qu'il ne s'apercevait absolument pas de toutes ces choses-là, ou si par hasard elles venaient à frapper ses regards, comme sa pensée était occupée ailleurs, ainsi que je l'ai dit, il ne les remarquait point. C'est que, en effet, les sensations sont nulles, dès que l'esprit en est distrait.

CHAPITRE V.

Talents naturels de saint Bernard, son extérieur.

17. En lui, la nature n'était point en lutte contre la grâce, en sorte qu'il semble qu'il aurait pu s'appliquer ces paroles : « J'étais un enfant bien né et j'avais reçu de Dieu une âme bonne, et, comme je devenais bon de plus en plus, je vins dans un corps exempt de souillure (*Sap.* VIII, 19 et 20). » En effet, pour s'élever à la contemplation des choses spirituelles et divines, indépendamment de la grâce spirituelle, il avait une sorte de force naturelle et avait reçu en partage une âme bonne pour cet exercice, des sens peu portés à céder à la curiosité, et qui, bien loin de se révolter orgueilleusement contre la pensée, se réjouissaient des choses spirituelles, et se soumettaient avec empressement à l'esprit, dans tout ce qui se rapportait à Dieu. Quant à son corps, il ne fut jamais souillé par le contact d'aucun péché grave ; il ne recevait de soins que ce qui était nécessaire pour en faire un instrument toujours parfaitement dispos dans les mains de l'esprit pour le service de Dieu. Son extérieur était gracieux, mais il brillait encore plus par son air spirituel que par les agréments de sa personne. Sur son visage régnait un éclat qui n'avait rien de terrestre, mais qui semblait venir du ciel. Son regard respirait une pureté angélique et la simplicité de la colombe. Telle était la beauté dans son âme intérieure, qu'elle éclatait même au-dehors par des signes évidents, en sorte que tout son extérieur semblait inondé des flots de sa pureté intérieure et d'une grâce abondante. Son corps était extrêmement mince et semblait n'avoir pas de chair, il avait la peau très-fine, qui se teignait d'un léger incarnat sur les joues, où une méditation continuelle et le goût de la sainte componction, attirait tout ce qu'il avait de chaleur naturelle. Sa chevelure était d'un blond tirant sur le blanc, et sa barbe un peu rousse se trouvait parsemée de quelques poils blancs sur la fin de sa vie. Sa taille était moyenne, cependant elle paraissait plutôt grande que petite. Comme la chair en lui, par un effet de la grâce prévenante, par l'aide de la nature subséquente et par le bon usage de la discipline spirituelle, ne se laissait que bien difficilement aller à désirer quoi que ce fût contre l'esprit, je veux dire à causer une blessure à l'esprit ; quant à l'esprit, lui-même, il s'élevait, dans ses désirs, si haut au-dessus des forces et de l'énergie de la chair et du sang contre la chair, que ce faible corps, animal succombant sous le faix, n'a jamais pu se relever jusqu'à présent.

---

exegerat in cella novitiorum, cum exiens inde, ignoraret adhuc an haberet domus ipsa testudinem, quam solemus dicere cælaturam. Multo tempore frequentaverat intrans et exiens domum ecclesiæ, cum in ejus capite, ubi tres erant, unam tantum fenestram esse arbitraretur. Curiositatis enim sensu mortificato, nil hujusmodi sentiebat ; vel si eum forte aliquando contingebat videre, memoria (ut dictum est) alibi occupata non advertebat. Sine memoria quippe sensus sentientis minus efficax est.

CAPUT V.

De Bernardi dotibus, et corporis habitu.

17. Natura quoque non dissentiebat in eo a gratia, ut in eo quoque impletum quodammodo videretur esse quod legitur : *Puer eram ingeniosus, et sortitus sum animam bonam ; et cum magis essem bonus, veni ad corpus incoinquinatum.* Ad contemplanda quippe spiritualia quæque seu divina, cum gratia spirituali, naturali quadam virtute pollebat ingenii ; sortitusque est etiam ipse in hoc animam bonam, sensualitatem non curiose lascivam, nec superbe rebellem, sed congaudentem spiritualibus bonis et studiis, et in eis quæ ad Deum sunt, sponte subditam spiritui et servientem ; corpus etiam nullius contaminatum consensu flagitii, ad serviendum spiritui in servitio Dei aptissimum instrumentum. Apparebat in carne ejus gratia quædam, spiritualis tamen potius quam carnalis, in vultu claritas præfulgebat, non terrea utique, sed cœlestis ; in oculis angelica quædam puritas, et columbina simplicitas radiabat. Tanta erat interioris ejus hominis pulchritudo, ut evidentibus quibusdam indiciis foras erumperet, et de cumulo internæ puritatis et gratiæ copiosæ perfusus homo quoque exterior videretur. Corpus omne tenuissimum et sine carnibus erat. Ipsa etiam subtilissima cutis in genis modice rubens ; illo nimirum quidquid caloris inerat naturalis, assidua meditatio, et studium sacræ compunctionis attraxerat. Cæsaries ex flavo colorabatur et candido ; barba subrufa, circa finem vitæ ejus respersa canis. Statura mediocritatis honestæ, longitudini tamen vicinior apparebat. Sed cum caro in eo ex dono prævenientis gratiæ, adjutorio subsequentis naturæ, et usu bono spiritualis disciplinæ, vix jam aliquid concupisceret adversus spiritum hoc est quod spiritum læderet ; spiritus supra vires, supra virtutem carnis et sanguinis tanta adversus carnem concupiscebat, ut infirmum animal cadens sub onere resurgere non valeret.

CHAPITRE VI.

Commencement de Clairvaux. Bernard en est ordonné abbé.

18. Mais lorsqu'il plut à celui qui a tiré Bernard du siècle et l'a appelé à lui, de faire éclater davantage sa gloire en lui, et de réunir en un seul troupeau une multitude d'enfants de Dieu qui étaient encore dispersés, il suggéra à l'abbé Étienne la pensée de l'envoyer avec ses frères pour fonder la maison de Clairvaux. Il mit à leur tête en les envoyant dom Bernard, en qualité d'abbé, à leur grand étonnement sans doute, attendu qu'ils étaient tous des hommes mûrs, et qu'ils craignaient pour Bernard, soit son extrême jeunesse, soit sa faible constitution, et son peu d'habitude des travaux corporels. Clairvaux était un endroit situé dans le diocèse de Langres, non loin de l'Aube; c'était un ancien repaire de brigands appelé autrefois la vallée de l'Absinthe. C'est donc là, dans ce lieu d'horreur, dans cette profonde solitude, que s'arrêtèrent ces hommes pleins de courage, dans la pensée d'y faire d'une caverne de voleurs un temple à Dieu, une maison de prière. Ils y servirent Dieu pendant quelque temps avec simplicité, dans la pauvreté d'esprit, dans la faim et la soif, dans le froid et la nudité, et dans des veilles nombreuses. Leur nourriture la plus ordinaire se composait de feuilles de hêtre. Au lieu du pain dont parle le prophète, ils avaient un pain d'orge, de mil et de vesce, un pain tel qu'un jour un religieux s'en voyant servir un morceau dans une auberge, se mit à fondre en larmes et l'emporta avec lui pour le montrer à ses frères, parce que c'était une chose extraordinaire que des hommes, et quels hommes, vécussent d'un pareil pain. Mais tout cela touchait fort peu l'homme de Dieu. Son plus grand souci était de sauver beaucoup d'âmes; il n'y en eut pas d'autre plus pressant dans ce cœur sacré, tout le monde le sait, depuis le premier jour de sa conversion jusqu'à présent, en sorte qu'il semble avoir des entrailles de mère pour toutes les âmes. Aussi ses saints désirs et son humilité ne cessaient-ils de se livrer de violents combats dans son cœur. En effet, tantôt dans les humbles sentiments qu'il avait de lui-même, il se trouvait indigne de concourir à quelque bien que ce fût, et tantôt, s'oubliant lui-même, il brûlait de la plus vive ardeur, et semblait ne devoir goûter de consolation que s'il sauvait une foule d'âmes. Sans doute la charité lui inspirait de la confiance, mais l'humilité la réprimait.

19. Au milieu de tout cela, il lui arrivait souvent, après les vigiles, de sortir dans la campagne, en parcourant les environs, et en priant Dieu d'avoir son dévouement et celui de ses frères pour agréables. Or, se trouvant un jour pressé de ce désir de produire des fruits spirituels dont je viens de parler, tout à coup, pendant qu'il était debout en prières, les yeux à demi-fermés, il vit de tous côtés des montagnes voisines descendre vers le fond de la vallée une telle multitude d'hommes de toute condition et vêtus de toutes les manières, que la vallée se trouva trop petite pour les contenir. Tout le monde comprend aujourd'hui le sens de cette vision. L'homme de Dieu, admirablement consolé par ce qu'il venait de voir, exhorta ses frères et leur

---

CAPUT VI.

De fundatione Claræ-vallis, et Bernardi ordinatione in Abbatem.

18. Cum autem placuit ei, qui eum segregavit a seculo et vocavit, ut ampliore gratia revelaret in eo gloriam suam; et multos filios Dei qui erant dispersi, per eum congregaret in unum, misit in cor abbatis Stephani ad ædificandum domum Claræ-vallis mittere fratres ejus. Quibus abeuntibus ipsum præfecit abbatem, mirantibus sane illis, tanquam maturis et strenuis viris, et timentibus ei tum pro tenerioris ætate juventutis, tum pro corporis infirmitate, et minori usu exterioris occupationis. Erat autem Clara-vallis locus in territorio Lingonensi, non longe a fluvio Alba, antiqua spelunca latronum, quæ Absinthialis vallis antiquitus dicebatur. Ibi ergo in loco horroris et vastæ solitudinis consederunt viri illi virtutis, facturi de spelunca latronum, templum Dei et domum orationis. Ubi simpliciter aliquanto tempore Deo servierunt in paupertate spiritus, in fame et siti, in frigore et nuditate, in vigiliis multis. Pulmentaria sæpius ex foliis fagi conficiebantur. Panis instar prophetici illius ex hordeo et milio et vicia erat, ita ut aliquando religiosus vir quidam appositum sibi in hospitio ubertim plorans clam asportaverit, quasi pro miraculo omnibus ostendendum, quod inde viverent homines, et tales homines. At virum Dei minus ista movebant. Summa ei sollicitudo de salute multorum, quæ a prima die conversionis suæ usque in finem tum singulariter sacrum illius pectus noscitur possedisse, ut erga omnes animas maternum gerere videretur affectum. Erat ergo vehemens in præcordiis ejus sancti desiderii et sanctæ humilitatis conflictus. Modo enim seipsum dejiciens fatebatur indignum, per quem fructus aliquis proveniret, modo oblitus sui æstuabat flagrantissimo ardore; ita ut nullam sibi nisi ex multorum salute consolationem posse admittere videretur. Sane fiduciam charitas pariebat, sed eamdem castigabat humilitas.

19. Contigit aliquando peractis vigiliis, ut egressus foras, et loca vicina circuiens, oraret ad Dominum, quatenus acceptum haberet obsequium suum et fratrum suorum. Subito vero stans in ipsa oratione modice interclusis oculis, vidit undique ex vicinis montibus tantam diversi habitus et diversæ conditionis hominum multitudinem in inferiorem vallem descendere, ut vallis ipsa capere non posset. Quæ visio quid portenderit, jam omnibus manifestum est. Hac

recommanda de ne jamais désespérer de la miséricorde de Dieu.

20. Un jour, comme Gérard, frère de Bernard et cellerier de la maison, se plaignait à lui du dénûment absolu de toutes les choses nécessaires où se trouvaient la maison et les frères, l'homme de Dieu lui dit : « Eh bien, pour parer à la détresse présente, combien vous faudrait-il ? — Douze livres, lui répondit Gérard. » A ces mots, Bernard s'éloigne et recourt à la prière ; peu de temps après, Gérard revint le trouver en lui disant qu'une femme de Châtillon était à la porte et demandait à lui parler. A peine cette femme vit-elle Bernard arriver à elle, que, tombant à terre et se prosternant à ses pieds, elle lui fit don de douze livres en lui demandant le secours de ses prières pour son mari qui était dangereusement malade. Après lui avoir dit quelques mots, il la congédia en lui disant : « Allez, vous retrouverez votre mari guéri. » Elle s'en retourna dans sa maison et trouva qu'il en était ainsi que Bernard le lui avait dit. De son côté l'abbé, relevant le courage abattu de son cellerier, le rendit ainsi plus fort pour supporter désormais les épreuves du Seigneur. Cela ne lui arriva pas une fois seulement ; il est certain même que bien souvent, dans un pareil besoin, on vit tout à coup un secours de Dieu arriver d'où on ne l'attendait point. Aussi les hommes prudents, comprenant que la main du Seigneur était avec lui, se donnaient bien garde d'arracher sa tendre âme aux délices du ciel pour l'affliger par les soucis des choses extérieures, s'en tiraient entre eux du mieux qu'ils pouvaient, ne l'occupaient que des choses intérieures et spirituelles de leur conscience.

CHAPITRE VII.

Prédication de saint Bernard ; conversion de son père et de sa sœur.

21. S'il avait à les entretenir de choses spirituelles et à leur prêcher pour la sanctification de leurs âmes, il parlait à ces hommes la langue des Anges, et pouvait à peine se faire comprendre d'eux. C'était surtout quand il traitait un sujet de morale que sa bouche, dans un langage abondant qui sortait du cœur, leur proposait des choses sublimes, exigeait d'eux tant de perfection, que sa parole semblait dure à entendre ; c'était au point que ses auditeurs ne comprenaient pas ce qu'il leur disait. Cependant, selon la pensée du saint homme Job, ils auraient cru mal faire de contredire sa parole ; aussi n'excusaient-ils point, mais accusaient-ils, au contraire, leur faiblesse, devant l'homme de Dieu ; mais pendant qu'ils s'humiliaient ainsi, au gré de celui qui les reprenait de leurs fautes, leur maître dans les voies spirituelles se prit à douter de la bonté de son zèle contre des religieux si humbles et si soumis. Voilà comment la pieuse humilité des disciples devenait une leçon pour le maître. Il pensait que ces religieux méditaient en silence des choses bien meilleures et bien plus près du salut que celles qu'il leur disait, opéraient leur salut avec plus de dévotion et de succès que ne pouvait le faire ses propres exemples, et que ses prédications

---

ergo vir Domini visione magnifice consolatus, exhortatus est fratres suos, commonens eos de misericordia Dei nunquam desperare.

20. Cum autem quadam die Girardus frater ejus, cellerarius domus, apud eum conquereretur ad necessaria fratrum multa deesse, vir Dei quantum interim ad præsentes angustias sufficere posset, inquisivit. Ille vero duodecim * libras respondit. Tunc dimittens eum, ad orationem confugit. Post paululum vero rediens Girardus, mulierem quamdam de Castellione foris esse, et velle ei loqui nuntiavit. Ad quam cum egrederetur, procidens ad pedes ejus eadem mulier, duodecim librarum benedictionem ei obtulit, orationum suffragia implorans viro suo periculose ægrotanti. Quam breviter allocutus, dimisit a se : Vade, inquiens, sanum invenies virum tuum. Illa vero abiens in domum suam, sicut audierat, sic invenit. Abbas vero consolans pusillanimitatem cellerarii sui, ad sustinendum Dominum de cætero reddidit fortiorem. Nec tantum semel hoc, sed sæpe cum hujusmodi instaret necessitas, ei certum est divinum affuisse auxilium, unde non sperabatur. Propter quod viri prudentes, intelligentes manum Domini esse cum eo, teneritudinem mentis ejus, quasi a deliciis paradisi nuper egressi, rerum exteriorum sollicitudine inquietare pertimescebant, eas ipsi intra semetipsos, ut poterant, digerentes, et eum tantummodo de spiritualibus et interioribus consulentes.

CAPUT VII.

De Bernardi prædicatione, et patris ac sororis conversione.

21. Ipse si quando pro ædificatione sermonem ad eos habebat, hominibus supra hominem loquens, vix intelligebatur. Tamen juxta sententiam sancti Job, nefas putantes contradicere sermonibus sancti, non excusabant infirmitatem suam, sed accusabant. Cumque ad nutum arguentis humiliarentur qui arguebantur, cœpit etiam spirituali magistro adversus fratres humiles et subjectos zelus suus esse suspectus. Unde factum est, ut fieret magistra magistri pia humilitas discipulorum. Cogitabat enim eos multo meliora et viciniora saluti suo in silentio meditari, quam ab ipso audirent ; devotius et efficacius salutem suam operari, quam ex ejus exemplo acciperent. Timebat vero ex prædicatione sua eos scandalizari potius, quam aliquid ædificationis concipere. Cumque super hoc turbaretur et contristaretur, et diversæ cogitationes ascenderent in cor ejus ; post multos cogitationum fluctus et cruciatus cordis, decrevit ab exterioribus omnibus ad interiora se recolligere, et in solitudine cordis et secreto silentii continere, donec misericordiæ suæ super hoc ei suam revelaret Dominus voluntatem. Paucis autem postea evolutis diebus, vidit in visu noctis personam quamdam cum claritate

était plutôt faites pour les scandaliser que pour les édifier. Toutes ces réflexions le troublaient et l'attristaient beaucoup, et diverses pensées lui venaient à l'esprit. Après bien des réflexions et bien des combats intérieurs, il s'arrêta à la pensée de se retirer de toutes les choses extérieures dans le secret de son âme, de s'y tenir dans la solitude du cœur, dans la retraite et le silence, et d'attendre que le Seigneur daignât, dans sa miséricorde, lui révéler sa volonté sur ce sujet. En effet, quelques jours à peine s'étaient écoulés, quand il vit dans une vision qu'il eut pendant une nuit, une personne qui se tenait debout auprès de lui, avec une charité toute divine, lui enjoindre avec une grande autorité de prêcher avec confiance tout ce qui lui viendrait à la bouche, attendu que ce ne serait pas lui qui parlerait, mais l'Esprit-Saint qui parlerait en lui. A partir de ce jour, il fut plus manifeste que jamais que le Saint-Esprit parlait en lui et par sa bouche, lui suggérant un langage plein de force, lui mettant sur les lèvres avec abondance le sens des Écritures. Il donna à sa parole une grande autorité, un grand charme sur l'esprit de ses auditeurs; aussi, quand il prenait la parole, soit pour instruire, soit pour reprendre, soit pour corriger, il le faisait avec autant de confiance que de succès, et, pendant qu'il prêchait la parole de Dieu, tout ce qu'il disait était si clair et si agréable, et avait une telle force de persuasion, pour ce qu'il se proposait de faire, que tous ses auditeurs étaient dans l'admiration des paroles de grâce qui sortaient de ses lèvres.

22. Son père, qui était demeuré seul à la maison, vint rejoindre ses enfants et partager leur genre de vie. Après avoir passé ainsi quelque temps avec eux, il mourut [a] dans une heureuse vieillesse. Leur sœur [*Humbline], qui était restée dans le monde où elle s'était mariée, y menait une vie toute mondaine, au milieu de tous les dangers qui accompagnent les richesses de la terre. Un jour pourtant, Dieu lui inspira la pensée de visiter ses frères; mais lorsqu'elle fut arrivée pour voir son vénérable frère, et qu'elle attendait avec une suite nombreuse et magnifique qu'il vînt recevoir sa visite, Bernard ne lui témoigna que de l'horreur et une sorte d'aversion comme pour une personne qui aidait elle-même le démon à dresser des pièges aux âmes pour les prendre, et il ne voulut point se montrer à elle pour recevoir sa visite. En apprenant son refus, cette femme se sentit toute couverte de confusion, et, profondément affligée que aucun de ses frères ne daignait se déranger pour la voir, elle ne put s'empêcher de fondre en larmes et de s'écrier : Je ne suis qu'une pécheresse, sans doute, mais c'est pour les pécheurs que le Christ est mort; si je ne suis qu'une pécheresse, c'est précisément pour cela que je recherche l'entretien des saints, et si mon frère méprise mon corps, que le serviteur de Dieu ait pitié de mon âme. Qu'il vienne et qu'il parle et ordonne, tout ce qu'il me prescrira, je suis prête à le faire. Fort de cette promesse, Bernard vint la voir avec ses autres frères. Comme il ne pouvait la séparer de son mari, il commença par lui défendre toute recherche mondaine et tout luxe dans les vêtements, toutes les pompes et les vanités du monde, lui ordonna ensuite d'imiter la vie dont leur mère leur avait donné l'exemple pendant les longues années qu'elle passa avec son mari, puis il la congédia. Elle se soumit très-religieusement à ses recommandations et revint chez elle changée du tout au tout, par un effet de

[a] On lit dans le Nécrologe de Saint-Bénigne, au sujet du père du saint Bernard : « 11 avril, mort du moine Técelin, père de dom Bernard, abbé de Clairvaux. »

---

sibi adstantem, et magna auctoritate præcipientem, fiducialiter loqui quidquid ei suggereretur in apertione oris sui; quoniam non ipse esset qui loqueretur, sed Spiritus Dei loqueretur in eo. Et extunc manifestius in eo et per eum loquens Spiritus sanctus, et sermonem ei potentiorem et sensum ei in scripturis abundantiorem suggerens, apud auditores quoque gratiam ei addidit et auctoritatem. Inde erat quod tam confidenter quam utiliter loquebatur ad docendum, ad arguendum, ad corripiendum; ut dum prædicaret verbum Dei, quidquid afferebat in medio, sic patens et placens efficiebat, et circa id unde agebatur, efficax ad movendum; ut mirarentur omnes in verbis gratiæ quæ procedebant de ore ejus.

22. Præfatus quoque pater illius, qui domi remanserat, veniens ad filios suos, appositus est ad eos. Qui cum aliquantum tempus ibi fecisset, obiit in senectute bona. Soror quoque eorum in seculo nupta et seculo dedita, cum in divitiis et deliciis seculi periclitaretur, tandem aliquando inspiravit ei Deus ut fratres suos visitaret. Cumque venisset quasi visura venerabilem Bernardum fratrem suum, et adesset cum comitatu superbo et apparatu, ille detestans et exsecrans eam tanquam rete diaboli ad capiendas animas, nullatenus acquiescebat exire ad videndum eam. Quod audiens, illa confusa et compuncta vehementer, cum nullus ei fratrum suorum occurrere dignaretur, tota in lacrymas resoluta : Et si peccatrix sum, inquit, pro talibus Christus mortuus est. Quia enim peccatrix sum, idcirco colloquium et consilium bonorum requiro. Et si despicit frater meus carnem meam, ne despiciat servus Dei animam meam. Veniat, præcipiat; quidquid præceperit, facere parata sum. Hanc ergo promissionem audiens, exiit ad eam cum fratribus suis frater ejus. Et quia eam a viro separare non poterat, primo verbo omnem mundi gloriam in cultu vestium et in omnibus seculi pompis interdixit; et formam vitæ matris suæ, in qua multo tempore vixerat cum viro, ei indixit; et sic eam dimisit. Illa vero obedientissime parens præcepto, rediit ad propria, mutata repente secundum omnipotentiam dexteræ Excelsi. Stupebant autem omnes adolescentulam nobilem, delicatam, subita mutatione in habitu et victu, in medio seculi vitam ducere eremiticam, instare

la toute-puissance de la main du Très-Haut. Tout le monde vit avec un profond étonnement cette femme jeune, noble, délicate, changer tout-à-coup de manière de vivre, renoncer à la parure et au luxe pour mener la vie d'une ermite dans le monde, s'adonner aux veilles, aux jeûnes et à la prière, et vivre tout à fait étrangère au monde. Elle vécut ainsi pendant deux ans avec son mari, qui se laissa vaincre enfin par la force de sa persévérance, et, la laissant libre de le quitter, lui permit de se donner selon le rite de l'Église, au service de Dieu, à qui elle s'était consacrée. Profitant donc de la liberté qu'elle avait si longtemps désirée, elle se rendit au monastère de Juilly, et y consacra à Dieu le reste de sa vie, parmi les saintes femmes qui s'y trouvaient déjà réunies. Là, le Seigneur lui fit la grâce de s'élever à un tel degré de sainteté, qu'elle fit bien voir non moins par l'âme que par le corps, qu'elle était sœur de tous ces hommes de Dieu.

CHAPITRE VIII.

Saint Bernard est ordonné abbé par Guillaume, évêque de Châlons-sur-Marne, qui se charge du soin de sa santé.

23. Lorsque Bernard fut envoyé à Clairvaux, il dut être ordonné. Le siége de Langres, auquel il appartenait de l'ordonner, était vacant, et, comme les religieux se demandaient à quel évêque ils le présenteraient pour cette ordination, la pensée vint aussitôt à l'esprit de recourir à l'évêque voisin, qui était celui de Châlons-sur-Marne, Guillaume de Champeaux, homme que sa réputation rendait extrêmement respectable, en même temps que son savoir en faisait un maître très-renommé. On résolut donc de s'adresser à lui. C'est ce qui eut lieu.

Bernard se rendit à Châlons accompagné d'un religieux de Cîteaux, nommé Elbold. On vit donc entrer dans la maison de l'évêque un jeune religieux, au corps exténué et presque mourant, à l'extérieur méprisable, suivi d'un autre religieux plus âgé, d'une taille élevée, d'un extérieur élégant et robuste, ce qui prêtait à rire aux uns, à plaisanter aux autres, pendant qu'il s'en trouvait plusieurs qui prenaient la chose comme elle était effectivement. Comme on se demandait lequel des deux était l'abbé, l'évêque, au premier coup d'œil qu'il jeta sur eux, reconnut le serviteur de Dieu et le reçut comme pouvait le faire un autre serviteur de Dieu, tel qu'il l'était lui-même. En effet, dès l'abord et aux premiers mots, la réserve de Bernard dans sa manière de s'exprimer, beaucoup mieux encore que toute espèce de discours, fit éclater aux yeux de Guillaume de plus en plus la prudence de ce jeune religieux, et cet homme sage comprit que Dieu même le visitait dans son hôte. Les pieuses instances de l'hospitalité ne firent point défaut; bientôt l'entretien de ces deux hommes, finissant par établir entre eux une confiance et une liberté toutes familières, l'âme de Bernard plus encore que ses paroles, le fit apprécier de son hôte. Bref, à partir de ce jour et de ce moment, ils ne firent plus l'un et l'autre qu'un cœur et qu'une âme dans le Seigneur, au point que non-seulement la maison de l'évêque, mais la ville entière de Châlons-sur-Marne devint, par lui, la maison des religieux de Clairvaux. Bien plus, tout le pays Rémois et la Gaule entière fut excitée par cet évêque au respect de l'homme de Dieu. Car c'est de ce grand évêque que les autres apprirent à faire accueil à Bernard, à le vénérer comme l'ange de Dieu, au point qu'il semble que

---

jejuniis, et vigiliis, et continuis orationibus, et ab omni seculo prorsus se facere alienam. Biennio sic vixit cum viro suo; qui etiam virtute ejus perseverantiæ victus, tandem liberam a se dimittens, facultatem ei concessit serviendi Deo cui se probavit. Illa vero optata libertate potita, monasterium Julleium adiens, cum sanctimonialibus inibi Deo servientibus reliquum vitæ suæ Deo vovit; ubi tantam ei Dominus gratiam contulit sanctitatis, ut non minus animo, quam carne illorum probaretur virorum Dei esse germana.

CAPUT VIII.

Abbas consecratur a Guillelmo episcopo Catalaunensi, qui valetudinis ejus curam suscipit.

23. Cum autem missus noviter Claram-vallem Bernardus ordinandus esset, et sedes Lingonensis vacaret, ad quam ordinatio ipsa respiciebat; quærentibus fratribus, quo eum ducerent ordinandum, obtulit se bona fama venerabilis Catalaunensis episcopi, opinatissimi illius magistri Guillelmi de Campellis, il-lucque eum transmittendum diffiniunt. Sicque factum est. Abiit autem Catalaunum assumpto secum Elbodone monacho quodam Cisterciensi. Intravit ergo prædicti episcopi domum juvenis exesi corporis et moribundi, habitu quoque despicabilis, subsequente monacho seniore, et magnitudine et robore corporis eleganti; aliis ridentibus, aliis rem, sicut erat, interpretando venerantibus. Cum autem quæreretur quis eorum esset abbas; episcopus primus oculos in eum apertos habens, agnovit servum Dei; et suscepit eum sicut servus Dei. Cum enim primo in privato colloquio, omni melius locutione prudentiam juvenis magis magisque proderet verecundia loquendi: intellexit vir sapiens divinam visitationem in adventu hospitis sui, nec defuit hospitalitatis pia instantia; sumptaque familiaritatis fiducia et libertate loquendi, habito ad alterutrum sancto colloquio, melius eum commendabat conscientia, quam verba. Ex illa ergo die et ex illa hora facti sunt cor unum et anima una in Domino, in tantum ut efficeretur Claræ-vallensium non sola domus episcopi, sed per ipsum tota civitas Catalaunensis. Quin etiam Remensis provincia et Gal-

cet homme, d'une autorité aussi considérable, a pressenti, dans Bernard, la grâce faite à son siècle, tant il se trouva favorablement disposé en faveur de ce religieux inconnu, de ce moine si parfaitement humble.

24. Mais peu de temps après, comme la faiblesse de l'abbé augmentait au point de ne plus laisser que sa mort ou une vie pire que la mort en perspective, il reçut la visite de l'évêque de Châlons. Après l'avoir vu, Guillaume de Champeaux dit que non-seulement il ne désespérait point de sa vie, mais qu'il espérait même le voir recouvrer la santé, s'il suivait ses conseils et voulait consentir à donner à son faible corps les soins que son état réclamait. Mais comme Bernard ne pouvait se décider à se relâcher en rien de la rigueur et de la pratique des usages de son ordre, l'évêque alla s'adresser au chapitre de Cîteaux, et, en présence de quelques abbés qui s'y trouvaient réunis, il se prosterna la face contre terre, avec une humilité digne d'un évêque, et une charité vraiment sacerdotale, demanda et obtint qu'on le soumît seulement un an à sa direction, avec obligation de lui obéir. Or, qu'était-il possible de refuser à une pareille humilité dans un rang si élevé? De retour à Clairvaux, il lui fit faire une petite habitation en dehors de la clôture et des propriétés du monastère, puis manda et ordonna qu'on ne tînt aucun compte, à son égard, des prescriptions de la règle, en tout ce qui concerne le boire, le manger et les autres choses semblables; qu'on le déchargeât absolument de tous les soucis de l'administration de sa maison, et qu'on le laissât vivre de la manière qu'il prescrirait. Se trouvant donc ainsi, par obéissance, d'après l'ordre de l'évêque de Châlons, selon ce que j'ai rapporté plus haut, et des abbés, déchargé de tout souci concernant l'administration, tant intérieure qu'extérieure de la maison, il ne vaqua plus qu'à Dieu et aux soins de son âme et fut heureux comme au sein des délices mêmes du paradis. Ceux qui entraient dans cette royale cabane se sentaient, en considérant cette demeure et celui qui y habitait, pénétrés d'un respect aussi grand à l'aspect de cette demeure, que s'ils montaient à l'autel de Dieu. L'évêque de Châlons, les abbés et les autres religieux l'avaient confié à une espèce de paysan, à qui ils lui avaient fait un devoir d'obéir et qui avait promis de le guérir. Bien qu'il fût d'une faiblesse extrême, on lui servait, à la grande surprise et à l'indignation de ceux qui le voyaient, des mets auxquels un homme en pleine santé aurait à peine voulu toucher dans une faim extrême. Quant à lui qui se trouvait l'objet d'un pareil traitement, il supportait tout avec indifférence et trouvait tout également bien ; on aurait dit un homme dont la sensibilité éteinte et le goût perdu ne font presque plus de différence en rien. Il disait qu'il ne trouvait de goût qu'à l'eau, et ce goût, c'est la sensation de fraîcheur qu'elle lui faisait éprouver à la bouche et dans la gorge quand il la buvait.

CPAPITRE IX.
Saint Bernard a une vision qui lui apprend que Clairvaux devra être transporté ailleurs. — Admirable discipline de cette abbaye sous le gouvernement de Bernard.

25. En effet, une certaine nuit, comme dans une prière plus attentive encore qu'à l'ordinaire, il avait

---

tia tota per eum in devotionem excitata est, et reverentiam viri Dei. Ab illo siquidem tanto episcopo cæteri didicerunt suspicere eum et revereri, tanquam angelum Dei, ita ut futuri temporis præsensisse in eo gratiam videretur homo tantæ auctoritatis, sic affectus erga ignotum monachum, et monachum tantæ humilitatis.

24. Modico vero post tempore transacto, cum eo usque infirmitas abbatis ingravesceret, ut jam non nisi mors, aut omni morte gravior vita speraretur, ab eodem episcopo visitatus est. Cumque viso eo episcopus se non solum vitæ ejus, sed et sanitatis spem habere diceret, si consilio ejus acquiescens, secundum infirmitatis suæ modum, aliquam corpori suo curam pateretur impendi ; ille vero a rigore vel usu consuetudinis suæ minus facile flecti posset ; profectus episcopus ad capitulum Cisterciense ibi coram paucullis abbatibus qui convenerant, pontificali humilitate et sacerdotali charitate toto corpore in terram prostratus, petiit et obtinuit, ut toto anno uno in obedientiam sibi traderetur. Quid enim tantæ humilitati in tanta posset auctoritate negari ? Reversus itaque Claram-vallem, extra claustra et terminos monasterii domunculam unam fieri et præcepit, ordinans et mandans in cibo et potu, et sive in aliquo hujusmodi, circa eum nullam teneri ordinis districtionem, nullam de tota cura domus ad eum referri sollicitudinem, sed sibi eum vivere ibi secundum modum ab eo præstitutum. Sic igitur ex præcepto episcopi et abbatum feriatus ab omni sollicitudine domus, Deo vacabat et sibi, quasi in deliciis paradisi exsultans. Regium autem illud cubiculum considerantibus tantam sui reverentiam incutiebat, ac si ad altare Dei ingrederentur. Sane cuidam homini rusticano traditus erat ab episcopo ad obediendum, qui se curaturum eum jactitans pollicebatur. Et licet tam graviter infirmaretur, offerebantur ei cibi, quos sanus quis vix præ angustia famis attingeret, admirantibus et tabescentibus qui videbant. Ipse autem in quem hæc fiebant, indifferenter cuncta sumens, æque omnia approbabat. Sensu quippe corrupto, et emortuo pene sapore, vix aliquid discernebat. Solam enim aquam sibi sapere dicebat, eo quod dum sumeret, fauces ei et guttur refrigerabat.

CAPUT IX.
De visione transferendæ Claræ-vallis, ac mira ejus sub Bernardo disciplina.

25. Nocte quadam solito attentius orando, effuderat super se animam suam, cum tenuiter soporatus, voces

répandu son âme sur lui, et s'était légèrement assoupi, il entendit comme le bruit des voix d'une foule considérable de passants. S'éveillant aussitôt, et distinguant mieux encore ces voix, il quitte la cellule où il se trouvait et se met à les suivre. Non loin de là était un bois rempli de broussailles et de ronces, mais qu'il trouva alors bien différent de ce qu'il l'avait vu. Au-dessus de ce bois, se tinrent pendant quelques instants des chœurs qui se répondaient alternativement, et qui se trouvaient placés l'un d'un côté, l'autre de l'autre; le saint homme les entendait et son âme était ravie. Cependant il ne connut le sens caché de cette vision que plusieurs années après, quand les édifices du monastère furent transportés ailleurs, non pas sans une invitation d'en haut, et qu'il vit s'élever la chapelle à l'endroit même où il avait entendu ces voix.

26. C'était l'âge d'or de Clairvaux; il fallait voir alors des hommes pleins de vertu qui avaient naguère été comblés d'honneurs et de richesses dans le monde, se glorifier dans la pauvreté de Jésus-Christ, et planter l'Église de Dieu dans leur sang, dans les travaux et les fatigues, dans la faim et la soif, dans le froid et la nudité, dans les persécutions, et préparer à Clairvaux la paix et l'abondance dont il jouit maintenant. On croyait voir de nouveaux cieux sur la terre, et reconnaître les antiques sentiers parcourus autrefois par les moines de l'Égypte, nos pères, et qu'une nouvelle génération de saints foulait à son tour. A première vue, ceux qui arrivaient à Clairvaux, par le revers de la montagne, reconnaissaient Dieu dans ces demeures, car cette vallée, dans son muet langage, annonçait hautement par la simplicité et l'humilité des édifices qu'on y voyait, la simplicité et l'humilité des pauvres de Jésus-Christ, qui y avaient fixé leur séjour. En effet, dans cette vallée toute remplie de monde, il n'était permis à personne de mener une vie oisive, tous travaillaient, et chacun était occupé à l'œuvre qui lui était prescrite. En plein jour c'était le silence au milieu de la nuit, et, quand on arrivait dans cette vallée, on n'entendait que le bruit du travail ou des louanges de Dieu, si les frères étaient occupés à les chanter. Cette pratique et cette réputation de silence produisaient un tel effet sur les gens du monde qui venaient visiter ces lieux, qu'ils n'osaient par respect s'y permettre, je ne dis point des entretiens oiseux ou inconvenants, mais même des actions tant soit peu déplacées. Par son site cette vallée solitaire, placée au milieu d'épaisses forêts, et entourée de tous côtés de montagnes très-rapprochées, représentait en quelque sorte à tous les serviteurs de Dieu qui venaient s'y cacher, la grotte où notre père saint Benoît fut découvert un jour par des bergers; elle rappelait l'habitation, et, si je puis parler ainsi, la forme même de la solitude de celui dont ils imitaient la vie. En effet, la multitude de ceux qui se trouvaient en ce lieu, n'empêchait point qu'ils y fussent dans la solitude, car, à raison de l'ordre que la charité y faisait régner, chacun trouvait dans cette vallée remplie de monde, une vraie solitude pour soi; en effet, de même qu'un homme sans ordre, même quand il est seul, fait foule pour lui, ainsi, dans cette multitude de gens soumis à une règle, l'union de l'esprit, la loi d'un silence régulier, l'ordre, en un mot, assurait à chacun la solitude du cœur. Dans ces simples demeures, la nourriture des habitants répondait à la simplicité de leur ha-

---

audivit tanquam transeuntis multitudinis copiosæ. Evigilans autem, et easdem voces plenius audiens, cellam quoque in qua jacebat egressus, prosecutus est abeuntes. Haud procul aberat locus, densis adhuc spinarum vepriumque frutetis abundans, sed nunc longe mutatus ab illo. Super hanc aliquandiu stabant velut alternantes chori, hinc inde dispositi, et vir sanctus audiebat et delectabatur. Cujus tamen mysterium visionis non prius agnovit, quam translatis post aliquot annos non sine divina revelationibus ædificiis monasterii, eodem in loco positum oratorium cerneret, ubi voces illas audierat.

26. Erat tunc temporis videre Claræ-vallis aurea secula, cum viri virtutis, olim divites in seculo et honorati, in paupertate Christi gloriantes, ecclesiam Dei plantarent in sanguine suo, in labore et ærumnis, in fame et siti, in frigore et nuditate, et angustiis multis; sanctæ illi valli eam, quam postea habuit, præparantes sufficientiam et pacem. Erat cernere quasi novos cœlos in terra, et antiquorum Ægyptiorum monachorum, patrum nostrorum, antiquas semitas, et in eis recentia sanctorum vestigia. Prima facie ab introeuntibus Claram-vallem per descensum montis, Deus in domibus ejus cognoscebatur, cum in simplicitate et humilitate ædificiorum, simplicitatem et humilitatem inhabitantium vallis muta loqueretur. Denique in valle illa hominibus plena, in qua nemini otiosum esse licebat, omnibus laborantibus et singulis circa injuncta occupatis, media die mediæ noctis silentium a supervenientibus inveniebatur, præter laborum sonitus, vel si fratres in laudibus Dei occuparentur. Porro silentii ipsius ordo et fama tantam etiam apud seculares homines supervenientes sui facieat reverentiam, ut etiam ipsi non tantum prava vel otiosa, sed aliquid etiam quod ad rem attineret, ibi loqui vererentur. Loci vero ipsius solitudo inter opaca silvarum et vicinorum hinc inde montium angustias, in quo servi Dei latebant, speluncam illam sancti Patris Benedicti quodam modo repræsentabat in qua aliquando a pastoribus inventus est; ut cujus imitabantur vitam, habitationis etiam ejus ac solitudinis formam aliquam habere viderentur. Omnes quippe etiam in multitudine solitarii ibi erant. Vallem namque illam plenam hominibus ordinis ratione charitas ordinata singulis solitariam faciebat; quia sicut unus homo inordinatus, etiam cum solus est, ipse sibi turba est; sic ibi unitate spiritus, et regularis lege silentii in multitudine hominum ordinata, solitudi-

hitation. Telle était donc alors, sous la conduite et les leçons de l'abbé Bernard, cette école de goûts spirituels dans la très-illustre et très-chère vallée de Clairvaux; telle était la ferveur de la vie régulière, à cette époque où il faisait et réglait tout, et édifiait, sur la terre, à Dieu, un tabernacle selon le modèle qui lui avait été montré sur la montagne.

CHAPITRE X.

Mortification étonnante de saint Bernard dans le sommeil, dans le boire et dans le manger; son amour pour l'étude des Saintes Écritures.

27. Plût au ciel que, après les premiers rudiments de sa conversion, il se fût montré pour lui-même tel qu'il s'est montré pour les autres, aussi indulgent, aussi discret, aussi rempli de soin et de prévoyance. Mais, à peine les liens de son année d'obéissance furent-ils rompus et se vit-il rendu à lui-même, que, semblable à un arc qu'on détend et qui reprend sa première vigueur, et à un torrent longtemps contenu et qu'on rend à son premier cours, il revint à ses anciennes habitudes, comme s'il eût voulu se punir de ce long repos et réparer les pertes d'un travail trop longtemps interrompu. Il fallait voir cet homme délicat et valétudinaire, rassembler ses forces et entreprendre ce qu'il voulait, sans tenir compte de ce qu'il pouvait; se montrer plein de sollicitude pour tous, n'en manquer que pour lui-même, se soumettre absolument en tout à tous, mais ne céder qu'à grande peine, en ce qu'il le touchait, à la charité ou à l'autorité de ses supérieurs. Sans cesse porté à considérer tout ce qu'il avait fait déjà comme rien, il aspirait à faire quelque chose de plus grand encore, non point dans le sens de ménagements à donner à son corps, mais dans le but d'ajouter encore de nouvelles forces à ses goûts spirituels, en brisant sans trêve ni merci, par des jeûnes et des veilles de surérogation, un corps déjà naturellement brisé par de nombreuses infirmités.

28. Que dirons-nous du sommeil qui, pour les autres hommes, est ordinairement le repos de leur fatigue et le rafraîchissement de leurs sens épuisés et de leur esprit? Dès les premiers jours de sa conversion, il prolongeait ses veilles, ce qu'il fit, tout le reste de sa vie au delà des forces humaines. Il disait que pour lui il n'y avait pas de temps plus perdu que celui qu'il consacrait au sommeil, et il trouvait une assez grande ressemblance entre le sommeil et la mort, puisque ceux qui dorment, nous semblent morts, de même que pour Dieu ceux qui sont morts paraissent dormir. Chez lui un sommeil léger était la conséquence d'une nourriture légère. Dans l'un ni dans l'autre cas il ne permettait à son corps d'aller jusqu'à la satiété, ou plutôt quelque peu qu'il lui donnât de sommeil ou de nourriture, à ses yeux c'était toujours lui en donner assez. En effet, pour lui, en ce qui concerne les veilles, c'était y apporter quelque mesure que de ne point veiller la nuit tout entière. Quant à la nourriture, ce n'était point le plaisir de manger qui le portait à la prendre, c'était la crainte de tomber en défaillance; car lorsqu'il devait manger, avant même de se mettre à table, la seule pensée de s'y asseoir le rassasiait. Aller à table c'était donc pour lui marcher au supplice. Son corps était sujet à de nombreuses infirmités qui perfectionnaient la force de son

---

nem cordis sui singulis ordo ipse defendebat. Domibus vero et habitaculis simplicibus victus inhabitantium persimilis erat Hæc ergo fuit in tempore illo sub abbate Bernardo et magisterio ejus in clarissima et charissima valle illa spiritualium schola studiorum, hic fervor regularis disciplinæ, omnia Deo faciente et ordinante, et tabernaculum ædificante, secundum exemplar quod ei superius monstratum est.

CAPUT X.

De mira Bernardi mortificatione in somno, cibo, potu et labore, ac de studio sacrarum Scripturarum.

27. Et utinam post rudimenta primæ conversationis circa semetipsum talem exhibuisset, qualem erga cæteros, tam benignum, tam discretum, tam sollicitum. Sed continuo cum ab annuæ illius obedientiæ vinculo solutus et sui juris effectus est, velut arcus distentus ad pristinum rigorem, et sicut torrens detentus et dimissus ad prioris cursus consuetudinem reversus est, quasi repetens a semetipso pœnas diusculæ illius quietis, et damna laboris intermissi. Videres hominem imbecillem et languidum conari et aggredi quæcumque vellet, minus considerare quid posset, sollicitum pro omnibus, circa seipsum negli-gentem, omnibus aliis in omnibus obedientissimum, sed de ipso vix aliquando seu charitati, seu potestati obedientem. Semper enim priora sua nulla reputans, majora moliebatur, ad non parcendum corpori, et ad studiis spiritualibus robur addendum, corpus suum variis infirmitatibus per se attenuatum, jejuniis insuper et vigiliis sine intermissione atterendo.

28. Quid dicemus de somno, qui in cæteris hominibus solet esse refectio laborum et sensuum, aut mentium recreatio? A principio suæ conversionis vigilabat, quoad vixit, ultra possibilitatem humanam; nullumque tempus magis se perdere conquerebatur, quam quo dormiebat, idoneam satis reputans comparationem mortis et somni, ut sic dormientes videantur mortui apud homines, quomodo apud Deum mortui dormientes. In ipso namque tenuem victum tenuis somnus comitabatur. In neutro indulgebat corpori suo satietatem; nisi quod in utroque sumpsisse aliquid, sat ei erat Quantum enim ad vigilias, modus erat ei vigiliarum, non totam noctem ducere insomnem. Porro ad comedendum vix aliquando voluptate trahebatur, sed solo timore defectus. Etenim comesturus, priusquam comederet, sola sibi memoria satur erat. Sic accedebat ad sumendum cibum, quasi ad tormentum. Laborabat siquidem caro ejus multiplicibus infirmi-

âme. La plus grave, consistait dans l'étroitesse de son gosier qui ne lui permettait d'avaler aucun aliment solide, et qui ne livrait à peine passage qu'à des choses liquides, et la plus gênante était la faiblesse de son estomac, et le mauvais état de ses entrailles. De toutes ses souffrances, celles-ci étaient les plus ordinaires ; car sa nature, d'une complexion toujours extrêmement tendre et délicate, était brisée d'ailleurs par des jeûnes nombreux, par des veilles, par le froid et la fatigue, par des exercices pénibles et continuels, et son estomac malade rejetait presque immédiatement tout ce qu'il prenait par la bouche. S'il arrivait qu'une partie de ce qu'il avalait se trouvait digérée par la chaleur naturelle de l'estomac, et passait dans les intestins, comme ces parties du corps étaient également travaillées par des maux aussi grands, ces aliments n'étaient rendus qu'avec la plus grande douleur. S'il en restait quelque peu, c'est ce qui servait d'aliment à son corps, beaucoup moins pour soutenir son existence que pour différer sa mort. Il avait coutume après chaque repas de peser en quelque sorte la nourriture qu'il avait prise, et s'il se trouvait par hasard qu'il avait dépassé tant soit peu la nourriture habituelle, il ne se le pardonnait pas. Cette habitude de sobriété était devenue pour lui comme une seconde nature, tellement que, s'il avait voulu se permettre quelque chose de plus sur sa réfection ordinaire, il n'aurait pas pu le supporter.

29. Il priait debout jour et nuit, jusqu'à ce que ses genoux affaiblis par le jeûne et ses pieds enflés par le travail refusassent de porter son corps. Pendant longtemps et tant qu'il put le cacher, il porta un cilice sur la peau, mais, quand il s'aperçut qu'on le remarquait, il y renonça et revint aux habitudes de sa communauté. Car il s'appliquait par dessus tout à fuir l'admiration des hommes, et à se confondre avec le reste de ses religieux. Mais la gloire le poursuivait, à mesure qu'il la fuyait, de même qu'elle se plaît à fuir ceux qui la poursuivent. Il avait souvent ce proverbe à la bouche, comme dans le cœur : Celui qui fait ce que personne ne fait, s'attire l'admiration de tout le monde. C'était dans cette pensée qu'il avait pour la vie et la règle communes un zèle extraordinaire, et que, dans sa conduite particulière, il ne faisait jamais rien qui pût le singulariser. Toutefois, même dans les choses communes, il avait une pureté hors du commun et une dévotion peu commune.

30. Sa nourriture consistait en pain avec du lait, ou de l'eau dans laquelle on avait fait cuire des légumes, ou une espèce de bouillie telle que celle qu'on fait aux enfants ; quelquefois c'était une bouchée de pain trempée dans de l'eau avec des boissons légères. Sa faiblesse ne supportait point d'autres aliments, quand même son goût pour la pauvreté ne lui en aurait point interdit l'usage. S'il lui arrivait de boire du vin, ce n'était que bien rarement et en bien petite quantité, car il disait que l'eau convenait beaucoup mieux à sa faiblesse et à son goût. Les médecins le voyaient et voyaient sa vie, et en étaient surpris, et ils lui reprochaient de faire à sa nature la même violence qu'on ferait à un agneau si on voulait l'atteler à la charrue et l'obliger à labourer. En effet, ses fréquents vomissements, pendant lesquels il rendait les aliments qu'il avait pris tels qu'il les avait absorbés, à cause du mauvais état de son

---

tatum incommodis, ut in eis virtus animi perficeretur. Quarum periculosior quidem in meatu arctissimi gutturis nil penitus siccum, vix solidum aliquid admittentis, molestior erat defectus stomachi, viscerumque corruptio. Hæ continuæ præter alias sæpius incidentes, natura enim ejus cum teneræ nimis semper et delicatæ complexionis fuisset, jejuniis multis et vigiliis, frigore et labore, durioribus et continuis exercitiis attrita, corrupto stomacho, crudum continuo per os quod ingerebatur rejiciebat. Quod si quiddam naturali decoctione digestum transfundebatur ad inferiora, ibi nihilominus partibus illis corporis non minoribus infirmitatum incommodis obsessis, non nisi cum gravi tormento egrediebatur. Si quid autem residuum erat, ipsum erat alimentum qualecumque corporis ejus, non tam ad vitam sustentandam, quam ad differendam mortem. Semper autem post cibum quantum comedisset, quasi pensare solebat ; si quando vel ad modicum mensuram solitam excessisse se deprehendisset, non impune patiebatur. Sed et usus parcimoniæ sic ei versus fuerat in naturam, ut si aliquando corporalis sibi cujuslibet refectionis plus aliquid solito vellet indulgere, vix posset.

29. Orabat stans die noctuque, donec genua ejus infirmata a jejunio, et pedes ejus a labore inflati, corpus sustinere non possent. Multo tempore, et quandiu occultum esse potuit, cilicio ad carnem usus est : ubi vero sciri contigit, continuo illud abjiciens, ad communia se convertit. Summum enim erat ei studium fugere admirationem, et tanquam unum sese agere cæterorum. At persequebatur gloria fugitantem ; sicut e regione captantes eam, fugere consuevit. Proverbium illud in ore ei frequenter, semper erat in corde : Qui hoc facit quod nullus, mirantur omnes. Quo nimirum intuitu vitam regulamque communem amplius æmulabatur, nil in suis actibus præferens observantiæ singularis. In ipsis tamen communibus erat illi singularis puritas, et devotio non communis.

30. Cibus ejus cum pane lac vel aqua decoctionis leguminum, vel pultes, quales infantibus fieri solent ; aliquando buccella panis in aqua penitus emolliti cum exiguis sorbitiunculis erat. Cætera vel ejus infirmitas non recipiebat, vel parsimoniæ studio ipse recusabat. Vino si quando utebatur, raro et nimis modico, cum magis aquam et infirmitati suæ, et appetitui competere testaretur. Videbant eum, et conversationem ejus medici mirabantur, tantamque vim eum in seipso causabantur inferre naturæ, ac si agnus ad aratrum alligatus arare cogeretur. Nam cum crebra illa ex

estomac, finissant par incommoder les autres religieux, surtout ceux qui chantaient au chœur, il ne se résolut pourtant point encore de suite à quitter les offices, mais, ayant fait près de sa place un trou dans la terre pour y enfouir ce qu'il vomissait, il supporta ainsi du mieux qu'il put, pendant quelque temps, les conséquences de ce mal. Mais lorsque les choses en vinrent au point qu'il n'y avait plus moyen de les supporter davantage, alors il finit par quitter les réunions et se vit contraint de demeurer seul, tant qu'il n'avait pas besoin de se trouver avec ses frères, soit pour les consoler, soit par respect pour la discipline claustrale.

31. Dès le premier âge, il fut donc aussi fort d'esprit que faible de corps; toutefois il ne permit jamais qu'on usât d'indulgence à son égard en ce qui concerne le repos ou la réfection de son corps, ni qu'on l'exemptât en quoi que ce fût des travaux et des fatigues de la communauté. A ses yeux, tous les autres étaient saints et parfaits, quant à lui, se regardant comme un novice et comme un débutant, il se croyait indigne de l'indulgence et des concessions de religieux émérites et parfaits, son lot à lui était la ferveur du novice, la sévérité de l'ordre, et la rigeur de la discipline. Aussi était-il le plus fervent zélateur de la vie commune; lorsque les frères s'occupaient à quelques travaux manuels, qui lui étaient peu familiers, et que son inhabileté l'empêchait de s'y livrer avec succès, il compensait ce qu'il ne pouvait faire, soit en bêchant la terre, soit en coupant du bois et en le portant sur ses épaules, soit enfin en s'occupant à tous autres travaux aussi pénibles. Quand les forces lui manquaient, alors il se rabattait sur les occupations les plus viles, et compensait le travail par l'humilité. Il est étonnant à quel point cet homme qui avait reçu tant de grâce dans la contemplation des choses célestes et divines, non-seulement souffrait d'être employé à ces occupations, mais encore en concevait une grande joie. Après avoir mortifié ses sens, comme nous l'avons déjà dit par un privilège de la grâce, il travaillait tout entier au dehors si je puis parler ainsi, dans la vertu de l'esprit, et en même temps, il était intérieurement tout à Dieu. D'un côté, il nourrissait sa consience, et de l'autre sa dévotion.

32. Pendant le travail manuel il vaquait donc intérieurement à la prière ou à la méditation, sans que son travail extérieur en fût interrompu, mais le travail des mains ne nuisait non plus en rien à la douceur de ses occupations intérieures. En effet, les sens spirituels qu'il découvrit dans les saintes Écritures, c'est particulièrement dans les forêts et dans les champs qu'il proclamait les avoir trouvés par la prière et la méditation : il disait même à ce sujet dans l'intimité, avec une plaisanterie pleine de grâce, qu'il n'avait jamais eu d'autres maîtres que les hêtres et les chênes. Quand il cessait toute occupation ou tout travail manuel, il se livrait alors à la prière, à la lecture ou à la méditation. Quant à la prière, s'il trouvait quelque solitude pour s'y livrer il en profitait, s'il n'en trouvait pas, et qu'il fût soit chez lui, soit au milieu du monde, il se faisait une solitude au fond de son cœur et partout il était seul. Il lisait souvent et très volon-

Il acquiert la science des Écritures au milieu des hêtres et des chênes.

---

corruptione stomachi per os ejus indigestæ cruditatis eruptio aliis inciperet esse molestior, maxime autem in choro psallentium, non tamen illico collectas fratrum deseruit, sed juxta locum stationis suæ, procurato ac defosso in terra receptaculo, doloris illius sic aliquandiu, prout potuit, necessitatem illam transegit. At ubi ne hoc quidem permisit intolerantia rei, tunc demum collectas deserere, et seorsum secum habitare compulsus est, nisi quantum consolationis gratia, sive disciplinæ claustralis, aut certa necessitate conventui eum fratrum oportebat interesse

31. Sic autem fuit ab initio spiritu validus, corpore infirmus ; nil tamen indulgentiæ circa corporis quietem seu refectionem, nil remissionis de communi labore vel opere fieri sibi aliquando acquiescens. Cæteros namque sanctos arbitrabatur et perfectos, se vero sicut novitium et incipientem nequaquam emeritorum perfectorumque indulgentiis et remissionibus indigere, sed fervore novitio, et ordinis districtione, et rigore disciplinæ. Propter quod communis vitæ seu conversationis ferventissimus æmulator, cum opus aliquod manuum actitarent fratres, quod seu minor usus ei, seu imperitia denegabat ; fodiendo, seu ligna cædendo, et propriis humeris deportando, vel quibuslibet æque laboriosis laboribus illud redimebat. Ubi vero vires deficiebant, ad viliora quæque opera confugiens, laborem humilitate recompensabat. Et mirum in modum is qui tantam in contemplatione rerum spiritualium ac divinarum acceperat gratiam, circa talia non solum occupari patiebatur, sed et plurimum delectabatur. Sed et mortificata, ut dictum est, sensualitate, ipse privilegio majoris gratiæ in virtute spiritus simul et totus quodammodo exterius laborabat, et totus interius Deo vacabat ; in altero pascens conscientiam, in altero devotionem.

32. Laboris ergo tempore et intus orabat, et meditabatur absque intermissione exterioris laboris, et exterius laborabat absque jactura interioris suavitatis. Nam quidquid in Scripturis spiritualiter sentiebat, maxime in silvis et in agris meditando et orando se accepisse confitebatur ; et in hoc nullos aliquando se magistros habuisse, nisi quercus et fagos joco illo suo gratioso inter amicos dicere solebat. Feriatus autem a labore vel opere exteriori, jugiter aut orabat, aut legebat, aut meditabatur. Ad orandum si se solitudo offerret, ea utebatur ; sin autem, ubicumque seu apud se, seu in turba esset, solitudinem cordis ipse sibi efficiens, ubique solus erat. Canonicas autem Scripturas simpliciter ac seriatim libentius ac sæpius legebat ; nec ullis magis quam ipsarum verbis eas intelligere se dicebat, et quidquid in eis divinæ sibi elucebat veritatis aut virtutis, in primæ sibi originis fonte magis,

tiers les écritures canoniques ce qu'il faisait avec simplicité et à la suite. Il disait que nulles paroles ne les lui faisaient mieux comprendre que les paroles de l'Écriture, et que toute la force et toutes les vérités divines qu'il voyait briller en elles, il les trouvait bien plutôt dans le texte sacré lui-même que dans les ruisseaux détournés des commentaires.

Cependant il respecte le sens des Écritures donné par les Pères. Cependant il lisait avec humilité les écrivains saints et orthodoxes qui ont expliqué les Écritures, sans jamais préférer son sens au leur, mais au contraire en soumettant sa manière de voir à la leur pour la régler. C'est en suivant fidèlement leurs pas qu'il allait bien souvent lui-même se désaltérer à la source où ils avaient puisé.

CHAPITRE XI.

Miracles que Dieu opère par les faibles mains de Bernard; ils lui attirent les observations des siens.

33. La sagesse de Dieu se plut à confondre tout ce qu'il y a de fort et de grand en ce monde, par la faiblesse de cet homme. En effet, quand vit-on jamais sa faiblesse laisser inachevé quelque chose qu'il dût faire selon la grâce qu'il avait reçue pour cela? Quel homme de nos jours, si fort et si bien portant qu'il fût, à jamais fait autant de choses qu'en a faites, pour la gloire de Dieu et le bien de la sainte Église, cet homme toujours languissant et à deux doigts de la mort? Quelle masse de gens n'a-t-il pas, par son exemple et par sa parole, tirés du siècle, non-seulement pour les convertir, mais encore pour les conduire à la perfection? Que de maisons, ou plutôt que de villes de refuges il a élevées dans tout l'univers chrétien par le moyen de ces hommes? En effet, quiconque était tombé dans quelques péchés mortels et devait se regarder comme étant digne de la damnation éternelle, rentrait en soi-même, se convertissait au Seigneur, s'enfuyait vers ces maisons, et y faisait son salut. Qui pourrait compter le bien qu'il a fait en particulier à une multitude d'hommes, et qui varie suivant les causes, les personnes, les lieux et les temps? Quant à sa vie, qui était proposée en exemple à tout le monde, elle n'a pu manquer d'être un modèle de frugalité et de continence. Peut-être en cela, le serviteur de Dieu a-t-il un peu dépassé les bornes; mais pour les âmes pieuses, s'il n'est point un modèle à suivre dans ces excès, il l'est du moins dans sa ferveur. D'ailleurs il ne craignait pas de se reprocher à lui-même cet excès, d'autant plus qu'il se défiait de tout ce qu'il faisait, et il se reprochait d'avoir soustrait son corps au service de Dieu et de ses frères, en l'affaiblissant et en le mettant hors de service par une ferveur indiscrète.

34. Quoiqu'il fut faible par sa nature, il devint fort dans l'œuvre de Dieu. En effet, la vertu de Dieu brilla dans sa faiblesse de l'éclat le plus grand, lui attira de grands respects de la part des hommes, et lui concilia en même temps, avec le respect l'autorité, et avec l'autorité l'obéissance. En effet, dès ce moment-là, Dieu le prépara pour l'œuvre de la prédication à laquelle, comme on l'a dit plus haut, il avait été prédestiné autrefois dès le sein de sa mère avec le témoignage d'une révélation divine. Avant tout, il commença par consacrer les prémices de sa jeunesse à ressusciter la ferveur antique de la vie religieuse dans l'ordre monastique,

Dieu le destine à trois choses

---

quam in decurrentibus expositionum rivis sapere testabatur. Sanctos tamen et orthodoxos earum expositores humiliter legens, nequaquam sensibus eorum suos sensus æquabat, sed subjiciebat formandos : et vestigiis eorum fideliter inhærens, sæpe de fonte, unde illi hauserant, et ipse bibebat.

CAPUT XI.

De mirabilibus a Deo per ipsum in infirmitate patratis, ob quæ a suis increpatur.

33. Sic voluit sapientia Dei per infirma hominis illius, tot tantaque confundere fortia mundi hujus. Quid enim aliquando pro infirmitate qualibet ejus remansit imperfectum, quod per eum secundum datam sibi gratiam fieri oporteret? Quis nostra ætate, quantumvis robusti corporis et accuratæ valetudinis, tanta aliquando fecit, quanta iste moribundus et languidus ad honorem Dei et sanctæ Ecclesiæ utilitatem? O quantum postea numerum hominum verbo et exemplo traxit de seculo, non solum ad conversionem, sed ad perfectionem! Quantas ex eis per totum Christianum orbem constituit domos, ceu civitates refugii! Quicumque enim peccaverunt ad mortem, et æternæ mortis rei judicandi fuerant, reminiscuntur, et convertuntur ad Dominum, et fugiunt ad eas, et salvantur in eis. Sed et quæ bona innumeris hominibus singillatim præstitit, pro causa, pro persona, pro loco, pro tempore, quis enumeret? Vita vero ejus, quæ omnibus proponebatur imitanda, frugalis continentiæ exemplo carere non debuit. In quo servus Dei etsi nimietate forsitan excessit, piis certe mentibus non de nimietate, sed de fervore exemplum reliquit. Sane non confundebatur ex hoc accusare seipsum, utpote qui verebatur omnia opera sua, arguens se quod servitio Dei et fratrum suorum abstulerit corpus suum, dum indiscreto fervore imbecille illud reddidit ac pene inutile.

34. Infirmus tamen, in opere Dei potens factus est. Virtus namque Dei vehementius in infirmitate ejus refulgens, digniorem quamdam apud homines in effecit reverentiam, et in reverentia auctoritatem, et in auctoritate obedientiam. Jam tunc enim ad opus prædicationis divinitus aptabatur, ad quod (ut supra dictum est) ex utero matris suæ cum testimonio divinæ revelationis olim fuerat præsignatus. Et primum quidem circa resuscitandum in monastico ordine antiquæ religionis fervorem, primitias juventutis suæ dedicavit, exemplo et verbo intra sæpta monasterii, ad fratrum salutem omni studio vacans. Postmodum cum

et à vaquer avec tout le zèle possible, par l'exemple et par la parole, dans les murs même du cloître, au salut de ses frères. Plus tard, comme la faiblesse de sa santé le forçait à se tenir éloigné plus que d'habitude de la vie commune du couvent, ce fut pour lui la première occasion de faire jouir plus facilement et plus libéralement de sa présence les hommes du siècle, dont une multitude commençait déjà à se porter vers lui; ce lui fut aussi une occasion de leur prêcher les paroles de vie. Comme l'obéissance le forçait souvent à s'éloigner de son monastère, pour les intérêts communs de l'Église, et comme partout où il allait, il ne pouvait s'empêcher de parler de Dieu, ni cesser de faire des œuvres de Dieu, il fut bientôt tellement connu de tous les hommes, que l'Église de Dieu n'hésita pas à se servir d'un membre si utile pour toutes ses nécessités. A partir de ce moment-là, on vit s'accroître en lui, tous les jours davantage, la manifestation de l'esprit, qui, en lui, ne tendait qu'au bien; c'était une parole plus abondante de sagesse et de sens, unie au don de prophétie, à celui des miracles, et au pouvoir de rendre la santé aux malades les plus divers.

35. Les frères et les fils spirituels de cet heureux abbé étaient dans l'admiration de tout ce qu'ils voyaient ou apprenaient de lui; mais au lieu de s'abandonner à des sentiments de gloire humaine, comme l'auraient pu faire des hommes charnels, par une sollicitude toute spirituelle, ils n'étaient pas sans éprouver quelque crainte pour lui à cause de son jeune âge et de sa conversion, qui ne datait point encore de loin. Les plus préoccupés de tous par ces pensées étaient Gaudry, son oncle, et Guy, l'aîné de ses frères, qui semblaient lui avoir été donnés de Dieu comme deux aiguillons de sa chair, pour que la grandeur des grâces qu'il recevait ne le portassent point à s'élever. Ils ne le ménageaient guère et ne craignaient point de faire entendre de dures paroles à sa tendre modestie, lui reprochant même ce qui était bien, réduisant à rien tous ses miracles, et souvent même l'affligeant jusqu'aux larmes par leurs attaques et leurs paroles mordantes, lui, l'homme le plus doux qui fût et qui ne savait les contredire en rien. Le vénérable évêque de Langres, Geoffroy, proche parent du saint homme par le sang, compagnon de sa conversion, et, depuis lors, de toute sa vie, a coutume de rapporter que ledit Guy, frère de Bernard, fut témoin oculaire du premier miracle opéré par ses mains. Ils passaient par Château-Landon, dans le Sénonais, quand un jeune homme, qui avait une fistule à la jambe, vint demander avec instance audit abbé de vouloir bien le toucher de sa main et le bénir. A peine Bernard eut-il fait le signe de la croix sur lui, qu'il recouvra la santé, et, en revenant peu de jours après par la même ville, ils le trouvèrent complétement guéri et bien portant. Cependant ledit frère du saint homme ne pouvait s'empêcher, même en présence du miracle opéré devant lui, de reprendre Bernard et de l'accuser de présomption, parce qu'il avait consenti à toucher ce malade, tant étaient grandes sa charité et sa sollicitude pour lui.

36. Il avait déjà passé plusieurs années à Clairvaux, quand un noble seigneur, de ses parents

---

eum a communi conversatione conventus, infirmitatis necessitas plus solito sequestraret; hæc prima cœpit esse occasio, ut quasi hominibus de seculo expositus, quorum jam ad eum multitudo magna confluebat, ipse etiam præsentiam suam liberius eis ac liberalius accommodans, verbum vitæ prædicaret. Cumque longius a monasterio pro causis Ecclesiæ communibus interdum obedientia traheretur; et quocumque veniret, de Deo silere non posset, et agere quæ Dei sunt non cessaret; sic in brevi apud homines innotuit, ut Ecclesia Dei tam utili membro in corpore suo reperto uti ad quodcumque oportebat, non dissimularet. Ab eo tempore copiosius addita est ei de die in diem manifestatio spiritus, qui erat in eo ad utilitatem, sermo scilicet fecundior sapientiæ et scientiæ cum gratia prophetiæ, et operationes virtutum, et diversarum opitulationes sanitatum.

35 Erant autem hujus beati viri fratres et filii spirituales mirantes super his, quæ audiebant et videbant de eo. Nec tamen more carnalium in gloriam elevabantur humanam, sed juvenili ejus ætati et novæ adhuc conservationi, spirituali sollicitudine metuebant. In quo nimirum zelo Galdricus avunculus ejus et Guido primogenitus fratrum cæteros antiebant, ut ipsos tanquam geminos quosdam stimulos carnis suæ, ne gratiarum magnitudo eum extolleret, accepisse divinitus videretur. Neque enim parcebant verbis durioribus, exagitantes teneram verecundiam ejus, calumniantes etiam bene gesta, signa omnia annihilantes, et hominem mansuetissimum, nihilque contradicentem, frequenter usque ad lacrymas improperiis et opprobriis affligentes. Narrare solebat venerabilis episcopus Lingonensis Godefridus, sancti viri et propinquus sanguine, in conversione socius, et exinde per omnia individuus comes, primo miraculo quod per manum ejus fieri vidit, prædictum germanum ejus affuisse Guidonem. Erat enim eis transitus per Castrum-Nantonis, in territorio Senonum, et juvenis quidam, cujus pedem fistula occupaverat, prædicti patris Bernardi tactum et benedictionem cum multa supplicatione petebat. Signatus autem statim convaluit, et post paucissimos dies regressi per idem oppidum sanum atque incolumem invenerunt. Cæterum sæpedictus beati viri frater ne ipso quidem poterat compesci miraculo, quominus increparet eum, et præsumptionis argueret, quod acquieverit tangere hominem; tanta siquidem charitate pro eo sollicitus erat.

36. Cum autem aliquantum in Clara-valle tempus vir Domini Bernardus explesset, contigit virum nobilem, ipsius secundum carnem propinquum, Josbertum de Firmitate, quod est oppidum proximum Claræ-

selon la chair, nommé Josbert, de la Ferté-sur-Aube, petite ville située non loin du monastère de Clairvaux, tomba sérieusement malade; frappé tout à coup par le mal, il perdit en même temps la parole et toute connaissance. Aussi, Josbert, son fils, et tous ses amis étaient-ils dans la plus grande douleur en voyant mourir, sans confession et sans viatique, cet homme qui avait vécu dans la magnificence et qui jouissait de grands honneurs. Ils dépêchèrent un messager vers l'abbé, qui ne se trouvait point alors au monastère. Touché de compassion pour le sort de cet homme, et en même temps ému des larmes de son fils et de tous ceux qui le pleuraient avec lui, Bernard, plein de confiance dans la miséricorde de Dieu, leur fit un magnifique discours, et leur dit : « Vous savez tous que cet homme a rançonné plusieurs églises, opprimé les pauvres et offensé Dieu. Si vous m'en croyez, il faut rendre aux églises ce qu'il leur a enlevé, renoncer aux servitudes qu'il a établies contre les pauvres ; alors il recouvrera la parole, pourra faire la confession de ses fautes et recevoir les divins sacrements avec dévotion. » Tout le monde est frappé d'étonnement à ces mots, son fils est dans la joie, toute sa maison tressaille de bonheur : on promet avec joie à l'homme de Dieu de faire tout ce qu'il demande et on tient parole. Mais, de leur côté, Gérard et Gaudry son oncle, vivement inquiets et troublés de ce qu'ils entendent, le reprennent avec dureté et lui font de vives remontrances; mais lui, leur répondant avec humilité et simplicité, leur dit : « Dieu peut faire sans peine ce qui vous paraît difficile. » Puis, après avoir prié en silence, il se prépara à offrir le sacrifice immortel. Pendant qu'il était à l'autel, un messager arrive annonçant que ledit Josbert a recouvré complètement la parole et prie instamment l'homme de Dieu de se rendre en toute hâte auprès de lui. Bernard va le trouver après le saint sacrifice, et Josbert l'accueille en versant des larmes, confesse ses péchés avec de profonds gémissements et reçoit les divins sacrements. Il vécut encore deux ou trois jours en conservant l'usage de la parole, et prit des précautions pour rendre stable tout ce que le saint abbé lui avait prescrit de faire. Il mit ordre aussi à ses affaires, et fit des aumônes aux pauvres, puis rendit son âme, comme un bon chrétien, dans la bonne espérance de la miséricorde de Dieu. Ce miracle que Jésus-Christ fit par les mains de son serviteur, rendit le nom de Bernard célèbre dans tout le monde.

CHAPITRE XII.

Guérison de Gaudry, sa mort. — Un frère impatient est délivré du purgatoire.

37. Vers le même temps, il arriva que Gaudry, son oncle, que nous avons déjà vu si ardent à éprouver sa douceur par de dures paroles, tomba aussi gravement malade de la fièvre. Comme le mal faisait des progrès, vaincu par la grandeur de ses souffrances, il supplie dans une humble prière le saint abbé d'avoir pitié de lui et de lui procurer le soulagement qu'il procurait aux autres. Bernard, dont l'âme était plus douce que le miel, commença pourtant par lui rappeler avec douceur et en peu de mots les fréquents reproches qu'il lui avait faits à propos de choses analogues à celle qu'il lui de-

---

vallensi monasterio, graviter infirmari. Qui subito præoccupatus, amisit penitus intellectum pariter et loquelam. Unde et filius ejus Josbertus junior et omnes simul amici eo magis affligebantur dolore, quod sine confessione et viatico vir magnificus et magnifice honoratus obiret. Cucurrit nuntius ad abbatem; neque enim tunc in monasterio erat. Venit, et invenit eum jam triduo sic tacentem. Compassus autem homini, sed et motus lacrymis filii ejus, et simul lugentium cæterorum, confisus de misericordia Dei, sermonem magnificum protulit eis dicens : Notum est vobis quod homo iste in pluribus gravavit ecclesias, oppressit pauperes, offendit Deum. Si mihi creditis, ut ecclesiis restituantur ablata, et usurpatæ in gravamen pauperum consuetudines dimittantur; loquetur adhuc, et suorum confessionem faciet delictorum, divina quoque suscipiet sacramenta devotus. Mirantur omnes; lætatur filius, familia omnis exsultat; quidquid præcipit homo Dei, firmiter ei promittitur, et impletur. Verum frater ejus Girardus et Galdricus avunculus qui erant cum eo, non parum territi et turbati, secretius eum super tali promissione conveniunt, durius arguunt, acrius inveniuntur. Quibus breviter simpliciterque respondens : Facere, inquit, potest facile Deus quod difficile credere vos potestis. Itaque post secretam orationem ad oblationem sacrificii immortalis accessit. Quo offerente, nuntius supervenit qui indicaret, præfatum Josbertum, libere jam loquentem, rogare obnixius, ut vir Dei festinaret ad eum. Cui post oblatum sacrificium venienti cum lacrymis et gemitu peccata confessus, divina sacramenta suscepit, et duobus aut tribus post hæc diebus vivens et loquens, ea maxime quæ præceperat abbas sanctus, constituit sine ulla retractione servari. Sed et disposuit domui suæ, et eleemosynas dedit; et sic demum Christiano more in bona spe misericordiæ Dei animam exhalavit. Et hoc quidem signum in manu servi sui effecit Christus mundo celebre.

CAPUT XII.

De Galdrici curatione, et morte, ac fratris impatientis e Purgatorio liberatione.

37. Circa idem tempus accidit ut avunculus ejus Galdricus, qui zelo piæ sollicitudinis, ejus mansuetudinem (sicut prædiximus) duris increpationibus obruebat, gravissimis febribus laboraret. Demum ingravescente morbo, ipsa doloris magnitudine superatus, abbatem humili supplicatione compellit, ut sui misereatur, et opem sibi ferat quam cæteris consuevit. At ille, cujus

mandait, et, tout en lui disant qu'il craignait qu'il ne le priât pour le tenter, il ne lui impose pas moins les mains, en cédant à ses instances, et ordonne à la fièvre de le quitter. A l'instant même et sur son ordre, la fièvre le quitta et le laissa convaincu par sa propre expérience de ce qu'il avait blâmé dans les autres. Le même Gaudry, après avoir passé déjà un certain nombre d'années à Clairvaux, dans la ferveur de l'esprit, le zèle ardent de toute espèce de bien, sortit enfin de ce monde. Mais, une heure environ avant de mourir, se sentant troublé un moment, il trembla de tout son corps d'une manière terrible; mais, revenu à son premier calme, il expira avec un visage plein de sérénité. Le Seigneur ne voulut point laisser ignorer le motif de ce tremblement à l'abbé, dont l'esprit était inquiet, et, quelque temps après, Gaudry lui apparaissait dans une vision pendant la nuit. Comme Bernard lui demandait comment il se trouvait, il lui répondit qu'il se trouvait très-bien, et se félicita d'être arrivé dans un lieu de grande béatitude. Bernard lui ayant demandé ensuite d'où lui était venue à l'heure de sa mort cette agitation si soudaine et si cruelle, Gaudry lui répondit qu'à ce moment-là, deux esprits mauvais avaient fait mine de vouloir le précipiter au fond d'un puits d'une horrible profondeur; c'est là ce qui lui avait causé ce mouvement de terreur et cette agitation; mais que saint Pierre étant bientôt accouru le délivrer de leurs mains, il ne fut plus inquiété depuis.

38. Il serait long de rapporter tous les faits semblables de personnes mortes qui sont venues, par une grâce toute divine faite à l'homme de Dieu, lui révéler leur état de félicité ou de souffrance. J'en rapporterai pourtant un qu'il se plut à raconter lui-même quelquefois, pour servir d'avertissement à ses religieux. Un frère, d'une intention très-bonne, mais d'une conduite un peu trop dure envers les autres, et qui ne savait point compatir à leurs imperfections, vint à mourir dans le monastère. Peu de jours après, il apparut à l'homme de Dieu avec un visage sombre et un extérieur malheureux, en signe que tout n'allait pas pour lui au gré de ses souhaits. Interrogé par Bernard sur ce qu'il souffrait, il lui répondit en gémissant qu'il était livré à quatre bras vigoureux; et à ces mots il fut poussé et comme précipité violemment loin de la présence de l'homme de Dieu, qui, poussant alors un profond gémissement, lui cria derrière le dos : « Je vous ordonne, au nom de Dieu, de me dire la première fois que vous m'apparaîtrez ce qui vous est arrivé. » Puis, se mettant aussitôt en prière pour lui, il offre l'hostie du salut et engage plusieurs religieux, dont il connaissait la très-grande sainteté, à l'aider aussi de leurs prières, et il ne cessa d'agir ainsi que lorsque, peu de jours après, selon l'ordre qu'il lui avait donné, il eut la consolation d'apprendre par une seconde révélation qu'il était délivré.

CHAPITRE XIII.

Maladie de Bernard; il est ravi en esprit au tribunal de Dieu; il est guéri.

39. Il arriva aussi à l'homme de Dieu de tomber

---

spiritus super mel dulcis, primum leniter breviterque commemorans crebras super hujusmodi objurgationes ipsius, et imponens ei, ne forte hæc diceret tentans eum, persistenti tamen manum imponit, et febrem abscedere jubet. Nec mora, ad imperium ejus reliquit eum febris, expertum in semetipso quod in cæteris arguebat. Idem quoque Galdricus, cum in Clara-valle aliquantos jam peregisset annos, fervens spiritu et totius boni æmulator, ex hac luce migravit. Qui ante unam fere horam mortis turbatus ad momentum, et toto corpore terribiliter motus infremuit; sed ad pristinam statim serenitatem reversus, vultu deinceps placidissimo exspiravit. Noluit autem Dominus sollicitum abbatis animum hujus rei cognitione fraudari; siquidem post aliquot dies idem Galdricus apparens ei in visu noctis, cum omnia erga se prospera esse sciscitanti responderet, et in magna sese gratularetur felicitate locatum; demum interrogatus est, quidnam sibi voluit tam acerba illa in morte tamque repentina commotio. Dicebat autem, quod ea hora duo spiritus nequam velut in puteum horrendæ profunditatis eum præcipitare parassent, unde territus ita contremuit; sed beato Petro accurrente ereptus, nihil sensit deinceps læsionis.

38. Longum esset cuncta narrare, quæ super his qui ex hac vita discesserant, et eorum felicitate, seu etiam necessitate divina ei gratia revelare ab ipsis initiis consuevit. Unum tamen ex eis fuit, quod ob fratrum commonitionem aliquoties etiam ipse pater commemorare solebat. Frater quidam bonæ intentionis, sed durioris erga cæteros fratres conversationis, et minus compatiens quam deberet, in monasterio defunctus est. Post paucos autem dies, viro Dei apparuit vultu lugubri et habitu miserabili, significans non ad votum sibi cuncta succedere. Interrogatus autem ab eo quid sibi esset, quatuor dilaceratis sese traditum querebatur. Ad quod verbum continuo impulsus est, et quasi præcipitanter expulsus a facie viri Dei. Qui gravius ingemiscens, post tergum ejus clamavit : Præcipio, inquit, tibi in nomine Domini, ut qualiter tecum agatur in proximo mihi iterum innotescas. Et conversus ad orationem pro eo, et oblationem hostiæ salutaris; aliquos etiam fratrum, quorum ampliorem noverat sanctitatem, eidem subvenire monebat. Nec vero destitit, donec (sicut præceperat) per aliam revelationem cognita ejus liberatione meruit consolari.

CAPUT XIII.

De Bernardi morbo, et raptu ante tribunal Dei, ac morbi curatione.

39. Infirmabatur aliquando ipse vir Dei, et velut

malade; on aurait dit un ruisseau de glaires qui coulait de sa bouche. Son corps, épuisé par ces vomissements, s'affaiblissait de jour en jour, et il arriva presque à toute extrémité. Ses enfants et ses amis se réunirent donc comme pour assister à l'enterrement d'un si grand père. Au moment où il semblait qu'il allait rendre le dernier soupir, il eut une vision pendant laquelle il lui sembla qu'il était présent au tribunal du Seigneur. Satan se tenait là aussi de son côté, le poursuivant de ses méchantes accusations. Quand il eut fini et que le saint eut la liberté de se défendre, il dit sans trouble et sans effroi : « Je l'avoue, je ne suis pas digne par moi-même, et je ne saurais réclamer le royaume du ciel, en vertu de mes propres mérites. Mais mon Seigneur l'a obtenu à deux titres, comme héritage paternel et comme prix de sa passion. Or, se contentant de le posséder au premier de ces titres, il me donne le droit qu'il a de le posséder au second titre ; et c'est sur ce don que je m'appuie pour réclamer le ciel, et je ne serai point confondu. » L'ennemi du salut, confus à ce langage, se retira, et l'homme de Dieu revint à lui. Comme il espérait que cette vision était le signe de sa fin prochaine, il en eut une seconde bien différente. En effet, il lui sembla qu'il se trouvait sur le bord de la mer à attendre un navire qui devait l'emporter sur le rivage opposé. A peine le vaisseau se fut-il approché de terre, qu'il s'élance pour y entrer; mais le vaisseau enfonce et plonge dans la mer ; trois fois il recommence et trois fois la même chose se produit, après quoi le navire s'éloigne et le laisse sur le bord. Bernard comprit sur le champ que le temps de son départ de ce monde n'était pas encore arrivé. Cependant le mal augmentait et lui semblait d'autant plus intolérable, qu'il n'avait plus l'espérance d'une mort prochaine pour se consoler. Or, il arriva un soir que, tous les autres religieux s'étant retirés selon la coutume pour la lecture des collations, l'abbé demeura seul avec deux frères dans l'endroit où il était couché. Comme il souffrait beaucoup et que la douleur allait au delà de ses forces, il appelle un des deux frères et lui dit d'aller bien vite faire une prière pour lui. Ce religieux commence par s'excuser, en disant qu'il ne savait pas assez bien prier pour cela ; il le contraignit en vertu de l'obéissance. Il alla donc et pria devant les trois autels qu'il y avait dans l'église. Le premier était dédié à la bienheureuse vierge Marie, le second à saint Laurent, martyr, et le troisième à saint Benoît, abbé. Au même instant, la bienheureuse vierge Marie se montra à l'homme de Dieu, entourée des deux autres saints, je veux dire de saint Laurent et du bienheureux Benoît. Ils avaient tous trois cette sérénité et cette douceur qui leur conviennent. Bernard les vit si distinctement, qu'il reconnut les trois personnages dès leur entrée dans sa cellule. Ils lui imposèrent les mains, touchèrent doucement et avec une extrême bonté les endroits douloureux, et à l'instant même tout le mal disparut. Le flux de glaires s'arrêta et tout sentiment de douleur cessa.

---

rivulus quidam phlegmatis incessanter ab ejus ore confluebat; unde exhausto corpore usquequaque deficiens, paulo minus ad extrema devenit. Convenerunt itaque filii et amici ejus velut ad exsequias tanti patris. Cumque extremum jam trahere spiritum videretur, in excessu mentis ante tribunal Domini sibi visus est præsentari. Affuit et satan ex adverso, improbis eum accusationibus pulsans. Ubi vero ille omnia fuerat prosecutus, et viro Dei pro sua fuit parte dicendum; nihil territus aut turbatus, ait : Fateor, non sum dignus ego, nec propriis possum meritis regnum obtinere cœlorum. Cæterum duplici jure illud obtinens Dominus meus, hæreditate scilicet Patris et merito passionis, altero ipse contentus, alterum mihi donat: ex cujus dono jure illud mihi vindicans non confundor. In hoc verbo confusus inimicus, conventus ille solutus, et homo Dei in se transveheret, expectare. Cumque ex hoc magis dissolutionem sui corporis imminere speraret, visio altera longe dissimilis est secuta. Siquidem velut in littore quodam positus, videbatur sibi navem, quæ se transveheret, expectare. Cumque applicuisset navis ad littus, festinabat ingredi, et illa cedens impingebat in aquam. Usque tertio ita faciens, tandem relicto eo navis ibat, et non revertebatur. Intellexit autem protinus necdum tempus suæ migrationis adesse. Adhuc tamen crescebat dolor, eo utique magis molestus, quominus jam eum spes imminentis exitus solabatur. Contigit autem advesperascente jam die, ut cæteris fratribus juxta consuetudinem accedentibus ad lectionem collationum, solus abbas cum duobus fratribus sibi assistentibus remaneret in diversorio, in quo jacebat. Cumque vehementius affligeretur, et supra vires dolor excresceret, advocans alterum e duobus jubet citius oratum ire. Excusantem denique et dicentem : Non sum ego talis orator ; obedientiæ auctoritate compellit. Itum est, et oratum ad altaria quæ in eadem basilica erant tria: primum in honore beatæ Dei Genitricis, duo circumposita in honore beati Laurentii martyris, et beati Benedicti abbatis. Eadem igitur hora affuit viro Dei prædicta beata Virgo, duobus illis stipata ministris, beato scilicet Laurentio et beato Benedicto. Aderant autem in ea serenitate et suavitate quæ eos decebat, et tam manifeste, ut ex ipso introitu cellulæ personas quoque discerneret singulorum ; imponentesque ei manus, et loca doloris attactu piissimo lenientes, omnem protinus ægritudinem depulerunt. Siccatus est enim illico phlegmatis rivus, et dolor omnis abscessit.

CHAPITRE XIV.

Sa vie journalière, ses vertus éclatantes; sa manière de prêcher.

40. Il ne se tenait que difficilement debout, et demeurait presque constamment assis : il remuait très-rarement. Toutes les fois qu'il pouvait se soustraire aux affaires, il se livrait à la prière ou à la lecture, à la composition écrite où la prédication et passait tout son temps à édifier ses frères ou à faire de saintes méditations. Il avait reçu dans cet exercice spirituel une grâce singulière ; en effet, il n'y éprouvait ni ennui, ni difficulté aucune. Son esprit était libre de ses mouvements intérieurs et il marchait à son aise dans l'étendue de son cœur où il dressait au Christ, comme il engageait souvent les autres à le faire, un grand cénacle tendu de tapisseries. Cependant, il lui arrivait souvent, bien qu'il fût dans ces sentiments, de renoncer à son goût pour la méditation, pour un plus grand bien, cédant en cela, soit à la crainte de Dieu qui le pressait, soit à l'esprit de charité qui le poussait ; il avait appris à chercher, non pas ce qui était utile à lui, mais ce qui l'était aux autres. Dès le principe, il avait avidement désiré se soustraire aux affaires, et ne jamais sortir, mais au contraire de résider constamment dans son monastère. Croyant avoir trouvé, dans la faiblesse de sa constitution, une occasion favorable de mettre ses résolutions en pratique, il y tenait la main pendant quelque temps, mais la nécessité pressante de l'Église et du souverain pontife, ainsi que le commandement exprès de tous les abbés de son ordre, à qui il montrait, en toute chose, la même déférence qu'aux pères, le forcèrent enfin de sortir. Ce fut aussi sur l'ordre formel de ces mêmes abbés, que, dans les dernières années de sa vie, il porta outre la cuculle et la tunique, une pièce de drap [a] en forme de manteau et un bonnet de même étoffe, mais il ne voulut jamais faire usage de fourrures malgré les douleurs dont il souffrait, et toutes les fatigues qu'il avait à soutenir.

41. Mais si la pauvreté lui plut toujours dans ses vêtements, jamais il ne put y souffrir la moindre souillure ; il disait que la malpropreté était l'indice d'un esprit négligent, ou qui se glorifiait sottement en soi-même, ou qui recherchait au dehors l'attention des hommes par un sentiment de vaine gloire. Sa démarche et toutes ses manières étaient modestes et parfaitement réglées, portaient l'empreinte de l'humilité, répandaient une odeur de piété, attestaient la présence de la grâce, commandaient le respect, remplissaient d'une sainte joie et édifiaient dès le premier aspect tous ceux qui le voyaient. Pour ce qui est du rire, nous ne rapporterons que ce que nous lui avons souvent entendu dire à lui-même, quand il le voyait avec étonnement des religieux se permettre de rire aux éclats ; il disait donc qu'il ne se rappelait point de s'être jamais laissé aller à rire, depuis les premières années de sa conversion, et qu'il avait sur ce point plus d'efforts à faire pour s'exciter à rire que pour se retenir. Quant aux paroles oiseuses et aux plaisanteries, il savait admirablement mettre en pratique ce qu'il recommandait au pape Eugène quand il lui disait dans l'abondance de son

---

[a] Quelle austérité ! ainsi c'était un adoucissement à la règle que la permission accordée à saint Bernard de porter une chemise et un bonnet de laine. On a vu plus haut, livre II, n. 50, que le pape Eugène en portait également. Il parle plus loin, livre IV, n. 36, de ces bonnets de laine et des bonnets de fourrures. Il me semble que le premier n'est autre que notre barette ou notre calotte. Quant au capuchon de saint Bernard, il en est reparlé plus loin, livre VII, chapitre XVII.

CAPUT XIV.

De quotidiano ejus exercitio, eximiisque virtutibus, ac de modo concionandi.

40. Minus quidem jam stare poterat, sed erat sedens pene jugiter, et rarissime movebatur ; quotiens subtrahere se negotiis poterat, aut orans, aut legens, aut scribens, aut insistens doctrinæ, et fratrum ædificationi, aut in sacra meditatione persistens. In quo nimirum studio spirituali gratiam obtinuerat singularem ; ut non tædium in illo, non difficultatem aliquam sustineret, libere secum habitans et deambulans in latitudine cordis sui, et ibidem exhibens Christo (ut monere alios ipse solebat) cœnaculum grande stratum. Frequenter tamen, licet sic affectus, divino urgente metu, vel charitatis compellente spiritu, studium hoc lucris uberioribus postponebat, doctus quærere non quod sibi erat utile, sed quod multis. Desideraverat autem ab initio omni modo subtrahere se negotiis, et nusquam egredi, sed in monasterio residere. Quod et postmodum ex defectu corporis occasionem se reputans invenisse opportunam, aliquando statuit et aliquamdiu tenuit, donec illum exire coegit necessitas gravis Ecclesiæ Dei et summi pontificis, atque omnium abbatum sui ordinis jussio, quibus per omnia tanquam patribus deferebat. Ex quorum etiam mandato novissimis quidem annis præter cucullam et tunicam laneo panno in modum chlamydis decurtatæ, et pileo simili utebatur ; inter tantos languores corporis et labores nullis unquam uti pellibus acquiescens.

41. In vestibus ei paupertas semper placuit, sordes nunquam. Nimirum animi fore indices aiebat aut negligentis, aut inaniter apud se gloriantis, aut gloriam affectantis humanam. Incessus ejus et habitus omnis modestus et disciplinatus, præferens humilitatem, redolens pietatem, exhibens gratiam, exigens reverentiam, solo visu lætificans et ædificans intuentes. De risu frequenter auditum est ex ore illius, dum cachinnos religiosorum hominum miraretur, non meminisse se a primis annis suæ conversionis aliquando sic risisse, ut non potius ad ridendum, quam ad reprimendum sibi vim facere oporteret. De otiositate

cœur : « Si quelquefois il se tient des propos frivoles en notre présence, il peut être bien de les supporter, il ne le sera jamais d'y répondre ; mieux vaudrait qu'on eût l'habileté de changer prudemment le cours de la plaisanterie et de faire tomber tout à coup l'entretien sur des choses sérieuses que non-seulement on puisse entendre avec intérêt et plaisir, mais encore qu'on préfère aux bagatelles (*de Consid. lib.* II, c. 13). » On peut voir par là qu'il n'eut pas moins de répugnance pour les plaisanteries que de haine pour la détraction.

a douceur. 42. C'était toujours malgré lui, et jamais l'amertume dans le cœur, qu'il lui arrivait de proférer quelques paroles amères, comme on le voit surtout par la facilité avec laquelle il réprimait toute espèce de mouvements semblables. Il ne pouvait jamais s'étonner assez de la méchanceté et de la dureté de certains hommes qui, une fois émus, ne peuvent accepter une excuse raisonnable, ni même aucune espèce de satisfaction de la part des personnes les plus honorables, parce que la passion de leurs ressentiments se complaît tellement en elle-même qu'ils détestent toute espèce de remèdes, et travaillent par tous les moyens possibles à empêcher que leur émotion soit calmée et guérie. Il avait rarement recours aux reproches, il préférait n'employer que les avis et les prières. D'un autre côté, il se distinguait particulièrement par une grande liberté d'esprit, qu'il savait ne point séparer de l'humilité et de la douceur, en sorte qu'on peut dire qu'il semblait ne craindre personne et révérer tout le monde. Quelle éloquence d'apaisement et de persuasion, quel langage plein d'érudition Dieu lui avait donnés ; comme il savait toujours quand et comment il devait parler, à qui par exemple, il devait faire entendre des paroles de consolation ou de prières, d'exhortations ou de réprimandes ! Ceux qui le liront pourront peut-être en faire la remarque, mais nul ne le sait mieux que ceux qui l'ont souvent entendu parler. Celui qui avait prédestiné Bernard dès le ventre de sa mère à l'œuvre de la prédication, lui avait donné dans un corps débile une voix forte et facile à entendre. Ses discours, dans toutes les occasions favorables qui se présentaient à lui de parler, et à quelque personne qu'il s'adressât, avaient pour but l'édification des âmes, et étaient toujours à la portée de ses auditeurs, selon qu'il connaissait leur capacité intellectuelle, leurs mœurs et leurs goûts. Ainsi, aux habitants de la campagne, il parlait comme s'il n'eût jamais habité que les champs, et, quand il s'adressait aux autres classes d'hommes quelles qu'elles fussent, on aurait pu croire qu'il ne s'était jamais livré à d'autres occupations que les leurs. Lettré avec les érudits, simple avec les simples, d'un langage plein de sagesse et de perfection avec les âmes spirituelles, il se faisait tout à tous, dans son désir de gagner tout le monde à Jésus-Christ. Voilà comment il se fit que lors même qu'il prêchait aux peuples de la Germanie, il s'en faisait écouter avec une attention surprenante; ces populations, qui parlaient une autre langue que lui, semblaient pourtant beaucoup plus édifiées de ses discours qu'elles ne pouvaient comprendre,qu'elles ne l'auraient été en les entendant traduits dans leur idiome par le plus habile interprète que ce fût. On aurait dit qu'elles sentaient la force des expressions dont il faisait usage, comme le prouvaient

---

verborum vel nugis cautus erat artificiose observare, quod ad papam Eugenium scribens de sui cordis plenitudine eructavit. « Nugæ si incidant interdum, inquit, ferendæ fortassis, referendæ nunquam. Prorumpendum sane in serium quid, quod non modo utiliter, sed et libenter audiant, et supersedeant otiosis, interveniendum caute et prudenter nugacitati. » Tanto studio fugisse nugas, quanto odio persecutus sit detractiones facile potest adverti.

42. Quam vero invitus, et non ex cordis amaritudine verbum proferret amarum, ex eo maxime animadvertebatur, quod perfacile ejusmodi impetum cohibebat. Siquidem mirabatur quorumdam improbitatem et duritiam hominum, quos aliquando forte turbatos excusationem quamlibet rationabilem, satisfactionem quamlibet humilem admittere gravat, quod ipsa suæ turbationis passio sic eos delectet, ut oderint omne remedium, et omnimodis satagant, ne semel orta commotio sedari valeat et sanari. Increpatione rarius utebatur, monitis potius et obsecrationibus agens. Et quidem in libertate spiritus excellenter enituit, cum humilitate et mansuetudine tamen, ut quodam modo videretur et vereri neminem, et omnem hominem revereri. Quam vero placabilem et persuasibilem, quamque eruditam linguam dederit ei Deus, ut sciret quem et quando deberet proferre sermonem, quibus videlicet consolatio vel obsecratio, quibus exhortatio congrueret ; nosse poterunt aliquatenus qui ipsius legerint scripta, etsi longe minus ab eis qui verba ejus sæpius audierunt.Vocem in invalido corpore validam satis intelligibilemque ei contulerat, qui in opus prædicationis segregaverat illum ex utero matris suæ. Sermo ei, quoties opportuna inveniebatur occasio, ad quascumque personas de ædificatione animarum, prout tamen singulorum intelligentiam, mores et studia noverat, quibusque congruens auditoribus erat. Sic rusticanis plebibus loquebatur, ac si semper in rure nutritus ; sic cæteris quibusque generibus hominum, velut si omnem vestigandis eorum operibus operam impendisset. Litterata apud eruditos, apud simplices simplex, apud spirituales viros perfectionis et sapientiæ effluens documentis, omnibus se coaptabat, omnes cupiens lucrifacere Christo. Inde erat quod Germanicis etiam populis loquens, miro audiebatur affectu ; et ex sermone ejus, quem intelligere, utpote alterius linguæ homines, non valebant, magis quam expertissimi cujuslibet post eum loquentis interpretis intellecta locutione ædificari illorum devotio videbatur, et verborum ejus magis sentire virtutem cujus rei certa probatio tunsio pectorum erat et effusio lacrymarum. Tantam enim gratiam virtus ei divina contulerat, ut licet abjectus esse elegisset

les coups dont les Germains se frappaient la poitrine, et les larmes qui coulaient avec abondance de leurs yeux. La vertu d'en haut lui avait départi une telle grâce, que, bien qu'il eût préféré demeurer le dernier dans la maison de Dieu, il y fit beaucoup plus de bien que certains personnages revêtus des plus grandes dignités et que, de dessous le boisseau de son humilité, s'il m'est permis de m'exprimer ainsi, il répandit sur l'Église une plus vive lumière que d'autres placés sur le chandelier. Toutefois, si quelque nécessité le contraignait à s'éloigner de Clairvaux, il répandait la semence de la parole sur toutes les eaux, tant en public qu'en particulier. Quant à cela il le faisait souvent, mais ce fut toujours d'après l'ordre exprès du souverain pontife, ou pour répondre au désir des autres évêques, partout où il arrivait qu'il s'en trouvât un ; il marquait d'autant plus de déférence aux prélats, qu'il sentait mieux que personne quel respect on doit aux ministres de Jésus-Christ. Il était naturellement dès son enfance d'une grande timidité qui ne le quitta point jusqu'à son dernier jour. Aussi, bien qu'il fût grand et élevé dans l'art de la parole, cependant, comme il nous l'a dit souvent, il ne lui est jamais arrivé d'élever la voix dans une assemblée si humble qu'elle fût, sans un sentiment de crainte et de timidité. Il aurait préféré garder le silence si l'obéissance ou les aiguillons de sa propre conscience ne se fussent unis à la crainte de Dieu et à l'amour de ses frères pour le forcer de prendre la parole.

Sa timidité naturelle.

CHAPITRE XV.

Réputation de sainteté de saint Bernard, accroissement de Clairvaux. Son amour et ses soins pour ses frères.

43. Tandis que Bernard, cet homme chéri de Dieu et des hommes, florissait par toutes ces vertus et tous ces miracles dans la vallée qu'il habitait, ainsi que dans les villes et les contrées voisines, et devenait de jour en jour plus admirable et plus vénérable aux yeux de tout le monde, ce pêcheur de Dieu finit, grâce à ses heureux progrès et à son habitude de la parole, aussi bien qu'à l'exemple de toute sa conduite, par faire entrer dans les filets de la parole de Dieu une telle multitude de poissons raisonnables, qu'il semblait qu'il allait pouvoir en remplir chaque fois la barque de sa maison. Aussi, bientôt, par un miracle plus grand que tous ceux qu'il fit dans toute sa vie, seul, languissant, à demi-mourant et ne pouvant que parler, il rendit la vallée de Clairvaux, jusqu'alors fort obscure, une claire-vallée de nom et d'effet. A la clarté de cette brillante vallée, on vit accourir en foule une multitude de gens de tous pays et de tous rangs. Aussi de l'endroit trop étroit de la vallée où s'élevaient les bâtiments du cloître, avait-on dû, par une inspiration divine, les transporter dans un endroit plus uni et plus spacieux. Des maisons de cet ordre, des filles de cette maison, ont peuplé une foule de déserts, en deçà et au delà des Alpes et de la mer, et tous les jours, il y a une affluence nouvelle à Clairvaux, et tous les jours encore, il faut chercher de nouveaux

in domo Dei, uberius tamen fructificaret, quam plures alii in sublime porrecti, et lucens amplius illustraret Ecclesiam, velut de sub modio suæ humilitatis, quam multi super candelabrum constituti. Quoties eum necessitas aliqua foras monasterium trahebat, seminabat super omnes aquas publice, et privatim annuntians verbum Dei. Quod tamen ipsum ex mandato summi pontificis actitabat, ad nutum quoque præsulum cæterorum, ubicumque eorum aliquem contigisset adesse, in omnibus eo magis sacerdotibus deferens, quo plenius intellexerat, quæ ministris Christi reverentia deberetur. Innata enim erat ei a puero verecundia, quæ et in eo usque ad diem perseveravit extremum. Inde erat, quod licet esse magnus et excelsus in verbo gloriæ ; nunquam tamen (sicut sæpe testatus est) in quamlibet humili cœtu sine metu et reverentia verbum fecit, tacere potius desiderans, nisi aut obedientia, aut conscientiæ propriæ stimulis urgeretur cum timore Dei et charitate fraterna.

CAPUT XV.

De ejus fama sanctitatis, Claræ-vallis incrementis, et fratrum suorum cura et amore.

43. Cumque dilectus Deo et hominibus Bernardus in illa valle sua, et vicinis civitatibus et regionibus, multis et magnis floreret virtutibus et miraculis, cœpit magis ac magis in oculis omnium mirabilis et venerabilis apparere. Postmodum vero feliciter in eo proficiente et usu sanctæ prædicationis, et exemplo conversationis, rete verbi Dei in manu piscatoris Dei tam copiosas piscium rationalium multitudines cœpit concludere, ut de singulis ejus capturis navicula domus illius impleri posse videretur. Unde factum est ut in brevi, majori miraculo præ omnibus quæ in hac vita gessit miraculis, per unum hominem languidum, cooperante gratia Dei, obscura usque ad illud tempus illa vallis, re et nomine Clara-vallis efficeretur. Jam vero ad eamdem claritatem confluente quotidie diversarum regionum et ordinum multitudine copiosa, de locis angustioribus vallis illius, domus claustralis habitationis non sine divinis quibusdam revelationibus translatæ, spatiosiorem et planiorem locum inhabitantibus præbent. Jam domus ordinis illius filiæ, et filiæ filiarum domus ipsius, citra ultraque Alpes et maria,

emplacements. De tous côtés, on demande des religieux à Clairvaux, qui en envoie partout; car les rois des nations et les princes de l'Église s'estiment heureux, ainsi que les villes et des pays entiers, quand ils ont le bonheur d'obtenir un établissement fondé par la maison et sous la règle de l'homme de Dieu. Que dis-je, c'est au-delà même des terres habitées par les hommes et jusque dans les contrées barbares, là où la brutalité de la nature semble avoir dépouillé tout ce qu'il y a d'humain dans l'homme, que cette forme de religion est allée se fixer. Par elle, dans ces contrées, de véritables bêtes sauvages se changent en hommes, et en s'habituant à vivre avec des hommes, apprennent d'eux à chanter au Seigneur un cantique nouveau. La grâce du Saint-Esprit, coopérant avec lui partout où il va, il ne revient jamais de nulle part qu'il n'en ramène son abondante capture. Voilà comment les nouveaux venus remplaçant ceux qui s'en allaient, cette sainte communauté ne diminuait jamais.

44. Mais, s'il envoyait les siens, il ne rompait pas avec eux pour cela, car il était avec eux par sa sollicitude paternelle, partout où ils se trouvaient, et, de même que les fleuves reviennent à leur point de départ, ainsi revenaient à lui tous les jours, de toutes parts, les tristesses et les joies de ses enfants. Souvent même, sans que la chair et le sang aient besoin de le lui apprendre, sa sollicitude paternelle connait, par une inspiration divine, ce qui se passe chez quelques-uns de ses religieux qui se trouvent loin de lui, il voit ce qui doit attirer leur attention, ce qu'ils doivent corriger dans leur conduite, leurs tentations et leurs chutes, leurs maladies et leur mort, ainsi que les assauts des tribulations du siècle. En effet, il lui arrive souvent de faire prier ceux qui sont auprès de lui pour les besoins de ceux qui sont absents. Quelquefois aussi, on sait que ceux qui étaient sur le point de mourir en différents lieux où il n'était pas, venaient à lui en vision, pour lui demander sa bénédiction et la permission de quitter leur poste, tant était grande l'obéissance de ceux qu'il envoyait en mission, et grande aussi la charité de celui qui les y envoyait. Quelquefois je vins le trouver, et, pendant que je lui parlais, je vis et j'entendis des choses que je ne dois point passer sous silence. Il y avait là un moine de Foigny sur le point de s'en retourner. Après avoir reçu la réponse qu'il était venu chercher, il prenait congé de Bernard, lorsque celui-ci, animé de l'esprit et de la vertu prophétique d'Élie, le rappelle, et, en parlant d'un religieux de cette maison, lui ordonne, je l'entendis de mes propres oreilles, de recommander à ce religieux de se corriger de certaines fautes secrètes, et de lui dire que, s'il ne le faisait point, le jugement de Dieu ne tarderait point à le frapper. Stupéfait, le messager lui demande qui lui a dit ces choses. « Qui que ce soit qui me les ait dites, répond-il, allez toujours et rapportez-lui bien ce que je vous dis. Si vous négligez de le faire, vous serez enveloppé dans le même châtiment. » Guy, son frère aîné, était, comme le sait quiconque l'a connu, un homme plein de gravité et de vérité. Un jour donc qu'il parlait de choses semblables à certains religieux, et comme, selon sa coutume et avec son ardeur habituelle, il rabaissait les vertus de son frère, sans vouloir toutefois faire de la peine à ceux avec qui il s'en-

---

deserta plurima impleverunt, quotidie confluentibus quibus locus erat quærendus. Siquidem petebantur undique fratres, et mittebantur ab eo, cum beatos se æstimarent reges gentium et præsules ecclesiarum, civitates et regiones quæcumque, de domo illa et disciplina viri Dei meruissent contubernium aliquod adipisci. Nam usque ad barbaras nationes, in quibus naturalis feritas naturam quodammodo exuit humanam, religio hæc per eum profecta est, ubi per eam bestiæ silvæ homines fiunt, et cum hominibus assuetæ conversari, discunt a finibus terræ cantare Domino canticum novum. Cooperante siquidem gratia Spiritus-sancti, quocumque ibat, plenus redibat, et sua eum plenitudo comitabatur; et aliis abeuntibus, aliis succedentibus in locum ipsorum, nunquam in diebus ejus sanctæ illius congregationis plenitudo minuebatur.

44. Nec tamen dimittebat suos, quos a se transmittebatur; sed ubicumque essent, ipse semper paterna sollicitudine erat cum eis. Ad eum enim quotidie seu læta, seu tristia filiorum suorum revertebantur. Sæpe etiam sine omni relatione carnis et sanguinis ei divinitus innotescebat quid circa aliquos eorum longe a se distantes ageretur, si quid eis providendum, si quid in eis emendandum fuisset; tentationes quoque et excessus eorum, infirmitates et obitus, et diversarum tribulationum incursus. Nam et pro absentium fratrum certis necessitatibus, præsentibus circa se fratribus sæpe orationem indixit; nonnunquam etiam morientes in locis aliis ad ipsum per visionem accessisse noscuntur, benedictionem ejus et licentiam postulantes, nimirum agente hoc et obedientia missorum et charitate mittentis. Aderat aliquando coram ipso monachus quidam Fusniacensis, continuo ad suos rediturus. Cumque accepto responso super his, pro quibus venerat, jam ab eo egrederetur; in spiritu et virtute Eliæ revocans eum propheta Dei, et nomine fratris cujusdam de domo illa præmisso, de occultis quibusdam, audientibus nonnullis, mandavit illi ut ea corrigeret; sin autem, judicium super se Dei in proximo expectaret. Stupefactus ille cui loquebatur, quis hoc ei dixerit, inquisivit. Quisquis, inquit, dixerit mihi, tu vade, et dic quæ ego dico tibi; ne, si dissimulaveris, te quoque involvat pœna peccati. Guido frater hominis Dei, major natu inter fratres suos, cujus gravitatis et veritatis fuerit vir, omnes noverunt qui eum noverunt. Hic aliquando cum de hujusmodi viris religiosis loqueretur, licet suo more et solito studio fraternas virtutes deprimeret; tandem cum eis, inter quos tunc sermocinabatur, nolet esse

tretenait, il dit: Je ne vous dis pas des choses que je ne sais point, mais je sais une chose, et je la sais par expérience; c'est qu'il a de nombreuses révélations d'en haut dans la prière.

CHAPITRE XVI.

Ce qui se passe pendant la visite de Bernard à Hugues et aux Chartreux. Feinte conversion d'Étienne de Vitry.

45. Bernard avait passé déjà plusieurs années à Clairvaux, quand la pieuse pensée lui vint de visiter Hugues, évêque de Grenoble, et les religieux de la Chartreuse. Ce saint prélat, voyant dans la visite d'un tel hôte, la visite même de Dieu, le reçut avec tant de marques de reconnaissance et de respect qu'il alla jusqu'à se prosterner à ses pieds et presque jusqu'à l'adorer. Le serviteur du Christ, en voyant ce vieillard, cet évêque célèbre dans le monde par sa réputation et remarquable par sa sainteté, se prosterner ainsi devant lui, se sentit vivement troublé; il tombe aussi à genoux et reçoit le baiser de paix en se plaignant, avec de profonds gémissements, qu'un si grand homme confonde son humble personne par de tels témoignages de respect. Dès ce moment, il obtint dans son cœur une place si unique, que ces deux enfants de gloire ne firent plus à partir de ce jour qu'un cœur et qu'une âme et ne cessèrent de goûter les douceurs d'une amitié réciproque en Jésus-Christ. Le serviteur du Christ fut reçu à la Chartreuse par le très-révérend prieur Guigue * et par les autres religieux avec les mêmes sentiments d'affection et de respect. Tous furent transportés de joie de trouver ce saint homme tel qu'ils se l'étaient figuré par la lettre qu'il leur avait écrite. Cependant au milieu de toutes les autres choses qui les édifiaient de la part de Bernard, il y en eut une qui choquait un peu le prieur des Chartreux, c'est la vue de la housse de la monture du vénérable abbé, qui lui semblait trop soignée et trop peu en harmonie avec la pauvreté religieuse. Le digne émule de Bernard en vertu ne tut point la pensée qui lui était venue à l'esprit; il s'en ouvrit à un des religieux qui accompagnaient Bernard et lui avoua que cela lui faisait une certaine impression et lui causait quelque étonnement. Le religieux en fit part au saint, qui ne fut pas lui-même moins étonné que Guigue et demanda de quelle housse on lui parlait, car il s'en était servi depuis Clairvaux jusqu'à la Chartreuse sans l'avoir jamais remarquée, même sans savoir quelle était cette housse. Cette mule, en effet, n'était pas à lui, mais à un moine de Cluny, son oncle, qui la lui avait prêtée. Or, elle était restée harnachée comme elle l'était quand ce religieux s'en servait. En apprenant cela, le prieur était dans le plus grand étonnement de voir que ce serviteur de Dieu tenait les yeux du corps si bien fermés à toutes les choses extérieures, et ceux de l'esprit tellement occupés au dedans de lui, que ce qui lui avait tout d'abord frappé la vue, était resté pour Bernard inaperçu tout le temps d'un si long voyage. De même il chemina tout un jour entier le long du lac de Lausanne, sans le voir ou du moins sans le remar-

est à lui qu'est assée la lettre xieme.

---

molestus; quæ, inquit, nescio non dico vobis; sed unum scio et expertus sum, multa ei divinitus in oratione revelari.

CAPUT XVI.
De rebus gestis in accessu ad S. Hugonem et Cartuciensses, ac Stephani de Vitreio ficta conversione.

45. Cum jam Dei famulus annos aliquot in Clara-valle peregisset, subiit animum ejus, ut sanctum Hugonem, Gratianopolitanum episcopum, et Cartusienses fratres devotionis gratia visitaret. Quem prædictus sanctus episcopus tam granter et tam reverenter suscepit, divinam intelligens in ejusdem hospitis sui visitatione præsentiam, ut prostratus solo tenus adoraret. Videns autem servus Christi episcopum ætate grandævum, celebrem opinione, sanctitate conspicuum, coram se procidentem, expavit vehementer. Ipse quoque corruens ante eum, ita demum susceptus in osculo pacis, humilitatem suam tanti viri veneratione confusam non sine gravi gemitu causabatur. In cujus pectore singularem obtinuit ex eo tempore locum, ut fierent deinceps duo illi filii splendoris cor unum et anima una, et se invicem fruerentur in Christo. Cartusiæ quoque a viro reverentissimo Guigone, priore venerabili, et a cæteris fratribus eodem affectu et veneratione susceptus est servus Christi, exsultantibus illis in gaudio, quia qualem eum per epistolam prius noverant, talem invenerunt et præsentem. Cæterum cum in reliquis omnibus ædificarentur, unum fuit quod prædictum priorem Cartusiensem aliquatenus movit, stramentum videlicet animalis, cui idem vir venerabilis insidebat, minus præferens paupertatem. Nec silentio pressit æmulator virtutis quod mente concepit; sed locutus uni e fratribus ejus, aliquantulum se moveri confessus est et mirari. Cumque ille ad patrem sanctum quod audierat retulisset; non minus ipse miratus, quale illud esset stramentum quærebat, eo quod a Clara-valle pergens usque Cartusiam, nunquam illud attendisset, et usque in horam illam quale esset omnino nesciret. Neque enim suum erat animal illud, sed a quodam monacho Cluniacensi, commodatum, et erat sicut sternere sibi solebat. Quod verbum audiens prior, in eo potissimum mirabatur, quod sic ille Dei famulus abbas foris oculos circumcidisset, intus animum occupasset, ut quod ipse primo offenderat visu, hoc ille tanti itineris spatio non advertisset. Juxta lacum etiam Lausanensem totius diei itinere pergens, penitus non attendit, aut se videre non vidit. Cum enim vespere facto de eodem

marquer, et le soir, quand ses compagnons de route parlaient entre eux de ce lac, il leur demanda où il était, ce qui les confondit tous d'étonnement.

46. Le saint abbé allait souvent à Châlons, à cause de l'évêque de cette ville, et un jour il en revint en ramenant avec lui une foule de nobles, de gens de lettres, de clercs et de laïcs. Ils étaient encore dans l'endroit consacré à la réception des étrangers, où Bernard arrosait ces nouvelles plantes des eaux célestes de ses exhortations, quand survint le moine préposé à la garde de la porte, qui lui annonce que leur maître à tous, Étienne de Vitry, se présentait pour renoncer au monde et demeurer avec eux. Qui, à la place de Bernard, ne se serait point réjoui de l'arrivée de cet homme, surtout à une époque où la vallée de Clairvaux n'était pas trop fournie de pareil froment? Mais lui, instruit par le Saint-Esprit qui lui fit connaître les embûches des esprits de malice, garde quelque instants le silence, pousse un gémissement, et enfin s'écrie de manière à être entendu de tout le monde : « C'est l'esprit malin qui l'a amené ici. Il est venu seul, il s'en ira de même. » Tout le monde fut stupéfait à ces mots, car, en apprenant qu'il était venu, on avait commencé par ne plus se posséder de joie. Cependant, pour ne point scandaliser des hommes qui n'étaient encore que de faibles enfants, il le reçut, en lui recommandant, avec soin, la persévérance et l'amour des autres vertus ; mais, comme il savait bien que, en promettant tout il ne ferait rien, il le plaça, pour l'éprouver, dans la salle des novices qui cherchaient Dieu véritablement et persévéraient dans leur projet. Mais, pas un mot de ce qu'il avait prédit ne tomba à terre. Ce même Étienne, comme il le confessa depuis, étant encore dans la salle des novices, aperçut un petit Maure qui sortait de l'oratoire. Il resta là environ neuf mois entiers, puis finit par faiblir, et, ainsi que Bernard l'avait prédit, il repartit seul comme il était venu.

CHAPITRE XVII.

Autorité admirable de saint Bernard sur tous et partout; sa réputation.

47. Pour en revenir à l'homme de Dieu, notre saint abbé, il fit tant et de tels miracles que si on voulait les rapporter tous, de vive voix ou par écrit, on s'exposerait à exciter davantage l'incrédulité de ceux qui ne croient point, et à fatiguer ceux pour qui ces sortes de récit ont peu d'attraits. Combien dans toutes ses paroles et dans toutes ses actions était pur l'œil de son intention ? c'est ce qu'on peut comprendre à la lumière même qui éclairait le corps de ses œuvres. S'il fut toujours empressé à fuir les honneurs du monde, il ne laissa point pour cela d'avoir toute l'autorité qui s'attache à ces honneurs. Quel est l'homme, en effet, dont la volonté fut l'objet d'une égale déférence de la part de quiconque était investi de la puissance tant séculière qu'ecclésiastique ? Les rois superbes, les princes et les tyrans, les chevaliers même et jusqu'aux voleurs, tous le révéraient et le craignaient également, au point qu'il semble que c'est d'eux que l'Évangile parlait quand il met ces paroles dans la bouche du Seigneur, s'adressant à

---

lacu socii colloquerentur, interrogabat eos ubi lacus ille esset, et mirati sunt universi.

46. Cum abbas sanctus memorati gratia Guillelmi episcopi Catalaunum frequentaret, rediens aliquando traxit secum multitudinem nobilium et litteratorum clericorum et laicorum. Quibus in domo hospitum demorantibus dum novellas plantationes cœlestibus rigaret eloquiis, supervenit portarius monachus, nuntians Stephanum de Vitreio magistrum eorum adesse ad renuntiandum seculo, et cum eis manendum. Quis alius de talis viri adventu non exsultasset? præsertim cum vallis illa hujusmodi frumento non multum adhuc abundaret. Ipse vero revelante sibi Spiritu sancto insidias spiritualis nequitiæ tacitus aliquantulum ingemiscens, erupit in vocem mirantibus universis: Malignus, ait, spiritus huc eum adduxit; solus venit, solus revertetur. Obstupuere omnes, qui prius audito ejus adventu non se poterant capere præ lætitia. Verumtamen ne pusillos adhuc filios scandalizaret, suscepit hominem, et de perseverantia, aliisque virtutum studiis studiose commonuit ; et sciens et prævidens omnia promittentem nihil acturum ; cum perseveraturis in cellam novitiorum probandum intromisit. Vidit postea idem Stephanus (sicut confessus est) cum in cella novitiorum demoraretur, maurulum quemdam puerum, ab oratorio se extrahentem. Ubi novem ferme mensibus degens, novissime tamen defecit; et (ut de eo prædictum fuerat) sicut solus venerat, sic solus recessit.

CAPUT XVII.

De mira Bernardi apud omnes auctoritate et fama.

47. Ut ergo ad hunc Dei hominem abbatem sermo recurrat, tot et tanta sunt facta per eum miracula, ut si quis omnia velit, aut verbo pronuntiare aut scripto, vel incredulitatem incredulis, vel fastidiosis possit generare fastidium. In omnibus autem verbis et operibus suis quam purus ei fuerit oculus intentionis, manifeste denuntiabat corpus lucidæ ejus operationis. Cum enim mundi hujus fugerit semper honorem, omnium honorum non effugit auctoritatem. Cujus enim aliquando voluntati sic detulit, cujus consilio sic se humiliavit omnis potestas, tam secularis quam ecclesiasticæ dignitatis? reges superbi, principes et tyranni, milites et raptores sic eum timebant et reverebantur, ut videatur in eis impletum quod in Evangelio legitur : *Ecce*, inquit Dominus discipulis suis, *dedi vobis potestatem calcandi super serpentes et scorpiones, et super omnem virtutem inimici.* Porro in-

ses disciples : « Vous voyez que je vous ai donné le pouvoir de fouler aux pieds les serpents et les scorpions et toute la puissance de l'ennemi du salut (Luc, x, 19). » S'il trouvait-il avec des gens spirituels, et traitait-il avec eux les choses spirituelles d'une manière spirituelle, son autorité était bien plus grande encore sur l'esprit de ses auditeurs. Et quand il parlait ou expliquait quelque chose, tous ceux qui l'entendaient soumettaient humblement leur sens et leur manière de comprendre à son sens à lui et à sa façon de concevoir. Dans le cœur de l'homme de Dieu, on voyait réunis par une mutuelle alliance la pureté et la douceur, vertus également admirables, mais que leur union rendait plus admirables encore. Voilà ce qui explique comment cet homme avait su captiver d'une manière si singulière tous les cœurs du monde entier; sa douceur rendait sa pureté aimable, et sa pureté prêtait un nouveau charme à sa douceur, si bien qu'on ne saurait dire s'il était l'objet de plus de respect que d'amour. En effet, où est l'homme d'une vie si rigide qui n'eût pour l'abbé de Clairvaux la plus haute considération? et quel homme d'une vie si dissolue qu'il ne se sentît pénétré pour lui des sentiments les plus affectueux? Lui-même avait un cœur rempli des affections les plus douces, mais il savait reprendre les autres avec indépendance toutes les fois qu'il le fallait, ce qu'il faisait toujours avec douceur. S'il était humain dans ses sentiments, il était encore bien plus fort dans sa foi. Et, pour citer, en deux mots, un exemple, je rapporterai ce qu'il dit de lui-même. Ce fut sans verser une larme qu'il célébra les funérailles de son frère et d'un frère qui lui était si cher et si nécessaire que le lui était Gérard ; c'est les yeux secs qu'il le mit dans la tombe et cela de peur de laisser croire que chez lui l'affection l'emportait sur la foi. A peine, en effet, pouvait-il enterrer un étranger sans verser des larmes, ou plutôt il ne lui arriva jamais de le faire sans pleurer. La main de Dieu l'avait si bien fait pour produire des fruits abondants, que chez lui la douceur des mœurs en tempérait l'autérité et la sainteté leur conservait tout leur prestige. En effet, où trouver un homme à qui une telle bienveillance eût pu être à charge, et qui ne se serait point honoré d'une pareille bonté?

48. Que dis-je, il me semble bien difficile de trouver dans toutes les histoires du monde, un seul homme qui, de son vivant, se soit acquis dans l'univers entier, du couchant au levant et de l'Aquilon à la mer, un nom aussi célèbre et aussi généralement chéri. Pour ne parler que des contrées d'où nous sont venues les preuves les plus certaines de cette célébrité, sa renommée brilla du plus vif éclat de l'Église d'Orient, à l'Occident jusqu'aux rivages de l'Islande; au Midi elle s'étendit jusqu'aux confins les plus éloignés des Espagnes, et au Nord elle se répandit bien loin encore dans les îles du Danemark et de la Suède. Il recevait des lettres en grand nombre de tous les pays, et il en écrivait à tous les points du monde. De toutes parts on lui envoyait des offrandes, on demandait sa bénédiction. Aussi ne peut-on dire que l'Évêque qui, après la sainte mort de Bernard, disait à ses religieux pour les consoler, « que sa voix s'était répandue par toute la terre et que ses paroles avaient retenti jusqu'aux confins de l'univers, »

---

ter spirituales, et ubi spiritualia spiritualiter examinabantur, longe ei alia auctoritas erat Loquente enim eo seu tractante, sensibus ejus humiliter vel intelligentiis submittebant cæteri sensus et intelligentias suas. In hujus pectore viri Dei pari fœdere puritas, suavitasque consederant, satis quidem utraque mirabilis, sed mirabilior utriusque complexus. Inde est quod et puritatem in eo suavitas amabilem faciebat, et suavitatem puritas acceptabilem ; ut difficile fuerit æstimare, gratiæ an reverentiæ amplius obtineret. Quis enim tam rigidæ conversationis, qui Bernardum Claræ-vallensem non revereretur abbatem? Quis tam dissolutæ, qui non erga eumdem dulciter afficeretur? Dulcissimis siquidem affectibus plenum pectus ipse gerebat, alios tamen arguens libere, quoties opus erat, in spiritu lenitatis. Humanissimus erat in affectione, magis tamen fortis in fide ; et ut hinc breve proferatur exemplum, sicut ipse quoque testatur, germani sui Girardi et amici tam necessarii, siccis oculis celebravit exsequias, siccis oculis corpus ejus tradidit sepulturæ, ne affectus fidem vincere videretur Talem autem illum uberius perinde fructificaturum manus divina formaverat, ut austeritatem suavitas morum tolleret, auctoritatem sanctitas conservaret. Cui enim vel tanta benignitas esset oneri, vel tanta bonitas non esset honori?

48. Difficile omnino videtur ex historiis aliquibus invenire hominem unum conversantem adhuc cum hominibus in universa terra, tam celebre et amabile obtinuisse nomen a solis ortu et occasu, ab aquilone et mari. Ut enim illas memoremus provincias, ex quibus monimenta certiora superesse noscuntur, et in ecclesia Orientali, et apud soles occiduos Hibernorum, et a meridie in remotis finibus Hispaniarum, et ab aquilone in Insulis quæ procul sunt Daciæ Sueciæque, celeberrima ejus opinio fuit. Crebras undique recipiebat epistolas, et reddebat. Undique illi exenia mittebantur, undique ejus benedictio petebatur. Unde non incongruum aliquid episcopus ille usurpasse videtur, qui post sacrum ejus obitum, dum fratres consolaretur, inter cætera quoque veraciter in ipsius prosecutus est laudem, quia in omnem terram exivit sonus ejus, et in fines orbis terræ verba illius. Vincebat tamen sublimitatem nominis humilitas cordis. Denique, sicut sæpius fatebatur, inter summos quosque honores et favores populorum vel sublimium personarum, alterum sibi mutuatus hominem videbatur, seque reputabat absentem, velut quoddam

n'a rien avancé de trop, ni rien dit qui fût hors de propos. Mais l'humilité de son cœur l'emportait sur l'éclat de sa renommée. Enfin, comme il nous l'a dit bien souvent, au milieu des plus insignes honneurs et des personnages les plus élevés en dignité, il lui semblait qu'il était changé en un autre homme, ou plutôt il se croyait ailleurs et regardait tout ce qu'il voyait comme un songe. Au contraire, quand les plus humbles de ses religieux lui parlaient avec leur confiance accoutumée et pouvaient goûter les douceurs de sa bien-aimée humilité, il était tout heureux de se retrouver enfin lui-même, et d'avoir, pour ainsi dire, recouvré sa propre personnalité. Mais cet homme, que tant de preuves de saintes vertus rendaient recommandable aux yeux de Dieu et des hommes, que de si nombreux témoignages de sainteté environnaient d'éclat, que tant de dons du Saint-Esprit comblaient de gloire, était d'une charité qui le remplissait tout entier, et qui était pleine de patience et de bienveillance : chez lui la sagesse triomphait de la malice, la patience de l'impatience, l'humilité de l'orgueil.

CHAPITRE XVIII.

Saint Bernard, par son autorité, fait reconnaître Innocent pour pape.

49. A cette époque, l'église de Rome était agitée par le schisme de Pierre de Léon. Un concile fut donc convoqué à Étampes, et le saint abbé de Clairvaux, Bernard, y fut appelé, par ordre du roi même de France, et par les principaux évêques. Il a avoué depuis qu'il ne s'y était point rendu sans ressentir une vive crainte et sans trembler à cet appel, car il n'ignorait pas le danger et le poids de cette affaire. Mais Dieu le consola pendant qu'il était en route, en lui montrant, une nuit, dans une vision, la grande Église louant Dieu d'une voix unanime, ce qui pour lui indiquait que la paix serait indubitablement rendue à l'Église. Quand on fut arrivé à l'endroit désigné pour la tenue du concile, on commença par faire plusieurs jours de jeûne et par adresser à Dieu des prières, et, lorsque le roi de France et tous les évêques présents se furent réunis pour traiter la question du moment, tous les avis et tous les esprits tombèrent d'accord de remettre au serviteur de Dieu une affaire qui était l'affaire de Dieu même et d'en laisser la décision à son jugement. Bernard acquiesça, non sans crainte et sans trembler, au vœu de ces hommes fidèles et se chargea, en effet, de cette affaire, et, après avoir examiné avec soin la manière dont l'élection s'était faite, les mérites des électeurs, ainsi que la vie et la réputation du premier élu, il ouvrit la bouche et le Saint-Esprit la remplit. Parlant donc seul au nom de tous, il dit qu'on devait recevoir Innocent pour souverain pontife. Tous ratifièrent sa déclaration, et, après avoir chanté les louanges de Dieu selon la coutume, chacun promit obéissance au pape Innocent et souscrivit à son élection.

50. Pendant ce temps-là, le seigneur pape ayant commencé par déposer, en vertu de son pouvoir, beaucoup d'évêques dans le pays Pisan, en Toscane et dans plusieurs autres provinces, prit congé des Pisans et, après les avoir remerciés de leur accueil, il fit voile pour la Provence, d'où, en passant par Bordeaux, il se rendit à Orléans, où il se vit reçu avec de grands témoignages de joie et de grands honneurs par tous les évêques qui s'étaient rendus dans cette ville et par le très-pieux Louis, roi de

---

somnium suspicatus. Ubi vero simpliciores ei fratres, ut assolet, familiariter loquebantur, amica ejus humilitate fruentes, ibi se invenisse gaudebat, et in propriam rediisse personam. Et cum tanta virum hunc sanctum apud Deum et homines commendarent sacrarum insignia virtutum, testimonia circumvallarent sanctitatis, charismata sancti Spiritus illustrarent; charitas, quæ totum eum possidebat, patiens et benigna, sapientia vincebat malitiam, patientia impatientiam, superbiam humilitate.

CAPUT XVIII.

Ejus auctoritate Innocentius papa suscipitur.

49. Laborabat ea tempestate sub schismate Petri Leonis Romana ecclesia. Eapropter convocato Stampis colloquio abbas sanctus specialiter ab ipso Francorum rege, et præcipuis quibusque pontificibus accersitus, sicut postea fatebantur, non mediocriter pavidus et tremebundus advenit, periculum quippe et pondus negotii non ignorans. In itinere tamen consolatus est eum Deus, ostendens ei in visu noctis Ecclesiam magnam concorditer in Dei laudibus concinentem, unde speravit pacem sine dubio proventuram. Ubi vero ad locum ventum est, celebrato prius jejunio, et precibus ad Deum fusis, cum de eodem verbo tractaturi rex et episcopi cum principibus consedissent, unum omnium consilium fuit, una sententia, ut negotium Dei, Dei famulo imponeretur, et ex ore ejus causa tota penderet. Quod ille timens licet ac tremens, monitis tamen virorum fidelium acquiescens suscepit, et diligenter prosecutus electionis ordinum, electorum merita, vitam et famam prioris electi, aperuit os suum, et Spiritus sanctus implevit illud. Unus ergo omnium ore locutus, suscipiendum ab omnibus summum pontificem Innocentium nominavit, et ratum esse omnes pariter acclamaverunt. Et decantatis ex more laudibus Deo, obedientiam deinceps polliciti, electioni Innocentii omnes pariter subscripserunt.

50. Interea idem dominus papa multis in Pisis et Tuscia, et in aliis provinciis salubriter et potestative dispositis; valefaciens Pisanis et gratias agens, in Provinciam navigio delapsus est. Et Burgundiam

France. De là, il se rendit à Chartres, sous la conduite de Geoffroy, évêque de cette ville, homme de grandes vertus. C'est là que le glorieux roi d'Angleterre, Henri, conduit par le vénérable abbé, vint à sa rencontre avec un très-grand concours de grands et d'évêques, et le reconnut pour pape et pasteur sur les vives instances du saint abbé. Les légats que le Seigneur pape avait envoyés en Germanie en rapportèrent, à leur retour, le consentement et des lettres, tant des évêques que du roi Lothaire, au devant de qui il alla ensuite jusqu'à Liége. Dans toutes ces circonstances, le seigneur pape ne pouvait souffrir de se voir séparé du saint abbé qui multipliait partout ses œuvres de piété et venait au secours de tous les opprimés. Partout le pape reçut un accueil très-honorable, mais les bonnes dispositions ne tardèrent pas à s'assombrir. En effet, ce roi trouvant l'occasion favorable, insista pour se faire rendre les investitures des évêques, que l'Église romaine avait retirées à son prédécesseur Henri, après des peines et avec des dangers infinis. A cette nouvelle, tous les Romains furent saisis d'appréhension ; car ils redoutaient le pouvoir de l'empereur. On ne savait quel parti prendre, quand le saint abbé vint s'opposer comme un mur à ces prétentions. En effet, résistant hardiment au roi, il lui reprocha ses prétentions coupables avec une étonnante liberté et les combattit avec une force merveilleuse. Le seigneur pape ne put faire un long séjour en Gaule, mais, comme il en était convenu avec le roi Lothaire, il alla au-devant de lui à Rome, où la force de ses armes le remit en possession du palais de Latran. Après avoir laissé le pape à Rome, Lothaire partit pour d'autres contrées. Mais Innocent, comprenant que son séjour à Rome en pareille conjoncture ne pouvait lui être d'aucun profit et ne voulant point exaspérer davantage, par sa présence, la rage de cette bête féroce, retourne à Pise, où il rassemble tous les évêques de l'Occident et d'autres personnes religieuses, et célèbre un synode d'un grand renom. Le saint abbé s'y trouva et prit part à tout, aux conseils, aux jugements et à toutes les définitions ; tout le monde lui témoignait le plus grand respect.

Concile de Pise en 1134. V. la lettre cent trentième.

CHAPITRE XIX.

De la reconciliation des habitants de Milan et des miracles opérés par saint Bernard.

51. Le concile terminé, le seigneur pape envoya aux Milanais, pour les reconcilier avec l'Église, l'abbé de Clairvaux, qu'ils lui avaient demandé avec toutes sortes d'instances, en qualité de légat *a latere*, avec mission d'effacer les derniers vestiges du schisme élevé dans cette ville par Anselme, et de ramener les esprits égarés, à l'unité de l'Église. Il passa donc les Apennins. A la nouvelle que l'abbé tant désiré s'approchait de leur ville, les Milanais se portent en masse au-devant de lui, jusqu'à sept milles de distance. Nobles et roturiers, les uns à cheval, les autres à pied, une foule de gens de petite condition et de pauvres quittent leurs maisons, comme s'ils émigraient dans un autre pays, et, se formant par troupes distinctes, reçoivent l'homme de Dieu avec des témoignages de vénération incroyables. Tous se font un bonheur

Il y avait à Clairvaux beaucoup d'hommes lettrés et érudits.

---

transiens, Aurelianum Franciæ urbem pervenit, ubi occurrentibus episcopis a rege piissimo Francorum Ludovico alacriter et honorifice susceptus est. Inde Carnotum deducitur: ibi gloriosus rex Anglorum Henricus ei cum maximo episcoporum et procerum comitatu a venerabili abbate Claræ-vallensi adductus occurrit ; quem etiam papam potenti ejusdem abbatis admonitione persuasus in patrem suum et pastorem suscepit. Reversis interim de Germania domini papæ legatis, tam episcoporum, quam regis Lotharii consensum et litteras deferentibus, postmodum apud Leodium eidem Romanorum regi occurrit. In omnibus his dominus papa abbatem sanctum a se separari non patiebatur, qui ubique opera pietatis exercens, oppressis patrocinia exhibebat. Itaque papa Innocentius a rege honorifice susceptus est, sed velociter obnubilata est illa serenitas. Siquidem importune idem rex institit, tempus habere se reputans opportunum, episcoporum sibi restitui investituras, quas ab ejusdem prædecessore imperatore Henrico per maximos quidem labores et multa pericula Romana ecclesia vindicarat. Nec consilium suppetebat, expavescentibus Romanis regis potentiam, donec murum se opposuit abbas sanctus. Audacter enim resistens regi, verbum malignum mira libertate redarguit, mira auctoritate compescuit. Unde, dominus papa reversus, nec longas in Galliis faciens moras, præfato regi postea Romam occurrit, et ab eo in Lateranense palatium deductus est. Relicto igitur Romæ Innocentio, alias imperator digreditur. Intelligens vero Innocentius Romæ sibi infructuosam eo tempore moram, rursus Pisas revertitur, ibique aggregatis totius Occidentis episcopis, aliisque viris religiosis, magnæ gloriæ synodus celebratur. Affuit per omnia consiliis et diffinitionibus abbas sanctus, eique reverentia ab omnibus impendebatur.

CAPUT XIX.

De Mediolanensium reconciliatione, et miraculis ab ipso patratis.

51. Soluto Concilio ad reconciliandos Mediolanenses dominus papa virum Dei, quem multis supplicationibus expetierant, a latere suo direxit, qui schisma per Anselmum in eadem urbe factum ablueret, et ad unitatem Ecclesiæ devios revocaret. Transcenso itaque Apennino, ubi audierunt Mediolanenses abbatem desideratum suis finibus propinquare, longe a civitate milliaribus septem omnis populus obviat, nobiles, ignobiles, equites, pedites, mediocres, pauperes, quasi

de le voir, et on s'estime heureux quand on a pu entendre sa voix. On lui baise les pieds, et, bien qu'il en éprouvât de la contrariété, il n'y eut ni raison ni défense qui pussent les empêcher de se prosterner ainsi, et de lui témoigner leur respect par ces baisers. Lorsqu'il fut question, devant tout le peuple, du but que l'homme de Dieu s'était proposé d'atteindre en venant à Milan, toute la ville, oubliant sa force et sa fierté, se soumit à l'abbé de Clairvaux.

52. Quand tous les esprits furent pacifiés, que l'Église de Milan fut réconciliée, et que les promesses de concorde eurent été échangées entre tous les habitants, on vit surgir d'autres affaires ; il fallut opposer l'étendard du Christ aux excès du diable, qui se mit à faire des siennes dans le corps de quelques possédés. Mais à la voix menaçante de l'homme de Dieu, les démons tremblants et frappés d'effroi devant une force plus grande que la leur, s'enfuirent des demeures qu'ils s'étaient faites. Or, parmi les gens tourmentés du démon, il se trouvait une très-vieille femme, originaire de Milan, et qui avait autrefois été une des grandes dames de la ville. Quand le saint fut arrivé, plusieurs personnes réunirent leurs efforts pour la traîner jusqu'à l'église du bienheureux Ambroise ; il y avait déjà bien des années que le diable avait établi sa demeure sur la poitrine de cette femme et l'étouffait au point de lui ôter l'usage de la vue, de l'ouïe et de la parole. Elle grinçait des dents et tirait la langue en avant, on aurait plutôt dit un monstre qu'une femme. Son extérieur sordide, son visage terrible, son haleine empestée, tout annonçait en elle la présence de Satan. A la première vue, l'homme de Dieu reconnut que le diable la possédait tout entière et la tenait comme avec de la glu. Il vit bien qu'il ne serait pas facile de le chasser d'une demeure qu'il occupait depuis si longtemps. Se tournant donc du côté du peuple qui se tenait là, en grand nombre, il lui dit de prier avec beaucoup d'attention, et il fait remettre en même temps cette femme entre les mains des clercs et des moines qui se tenaient avec lui à l'autel. Mais elle, luttant avec une force diabolique plutôt que naturelle, se débat avec violence, et, après avoir fait du mal à plusieurs personnes, elle donne un coup de pied même à notre abbé. Bernard, sans sortir de sa douceur, méprise cet excès d'audace du démon, et il prie Dieu de l'aider à le chasser, non point avec l'indignation de la colère, mais d'un accent plein de calme et d'humilité ; puis, il se prépare à offrir le saint sacrifice. Cependant, toutes les fois qu'il fait le signe de la croix sur la sainte hostie, il se retourne du côté de cette femme, et, d'un pareil signe de croix, il lutte en vigoureux athlète contre l'esprit malin. De son côté, celui-ci, toutes les fois qu'un signe de croix est fait de son côté, montrait qu'il était atteint, en sévissant avec plus de fureur, et en regimbant contre l'aiguillon, et faisait voir ainsi, bien malgré lui, ce qu'il souffrait. A la fin de l'Oraison dominicale, le bienheureux attaque l'ennemi plus efficacement qu'il ne l'avait fait jusqu'alors. Il dépose sur la patène du calice le corps sacré du Seigneur, et, la plaçant sur la tête de la femme, il s'exprime ainsi : « Esprit mauvais,

---

de civitate migrarent, proprios lares deserunt, et distinctis agminibus incredibili devotione et reverentia virum Dei suscipiunt. Omnes illius pariter delectabantur aspectu, felices se præ aliis judicantes, qui ejus possent frui auditu. Deosculabantur etiam pedes illius, licet hoc ille moleste acciperet, sed nulla poterat pronos et devotos ratione compescere, nulla interdictione repellere. Et cum tractatum esset in publico de negotio propter quod vir Dei advenerat, oblita fortitudinis suæ civitas, omnique ferocitate deposita, obedientiæ se abbatis substravit.

53 Pacatis igitur omnibus, reconciliata Ecclesia, firmatis inter plebes concordiæ pactionibus, alia cœperunt ei nasci negotia. Insanienti quippe diabolo, et in quibusdam obsessis debacchanti, oppositum est Christi vexillum ; et increpante viro Dei, de possessis atriis, superveniente eminentiore virtute, territa et tremebunda diffugere dæmonia. Inter eos igitur qui vexabantur, mulier grandæva, civis Mediolanensis, et honorata quondam matrona, usque ad ecclesiam beati Ambrosii, post beatum virum a multis tracta est. In cujus pectore pluribus annis diabolus sederat, et jamjam ita suffocaverat eam, ut visu et auditu et verbo privata, frendens dentibus, et linguam protendens, monstrum, non femina videretur. Sordida ei facies, vultus terribilis, flatus fetidus, inhabitatoris satanæ colluvia testabantur. Hanc cum aspexisset vir Dei, novit inhærentem ei et inviscatum diabolum, nec facile egressurum de domo, quam tanto possederat tempore Conversus igitur ad populum, cujus innumera aderat multitudo, orare jubet attentius, et clericis et monachis secum juxta altare consistentibus, mulierem ibidem jubet constitui et teneri. Illa vero reluctans, et vi diabolica non naturali virtute recalcitrans, non sine aliorum injuria ipsum abbatem pede percussit. Quem diaboli ausum mansuete ille contempsit, ad expulsionem non indignatione iræ, sed pacifica et humili supplicatione Deum invocat adjutorem, et ad immolationem hostiæ salutaris accedit. Quoties tamen eamdem sacram hostiam signat, toties ad mulierem quoque conversus, eodem signo crucis edito, spiritum nequam athletæ fortis impugnat Nam et ille malignus, quoties adversus eum signum crucis intenditur, percussum se indicans, acrius sævit, et recalcitrans contra stimulum, quidnam toleret, prodit invitus Expleta autem oratione Dominica, efficacius hostem aggreditur vir beatus. Patenæ siquidem calicis sacrum Domini corpus imponens, et mulieris capiti superponens, talia loquebatur : Adest, inique spiritus, Judex tuus ; adest summa Potestas ; jam re-

voici ton juge, voici la souveraine puissance ; à présent, résiste si tu peux. Voici celui qui, étant sur le point de souffrir pour notre salut, a dit, c'est à présent que le prince de ce monde va être mis dehors (*Jean*, xii, 31). — Voici le corps qu'il a pris dans le sein d'une Vierge, qui a été attaché au bois de la croix, qui a été mis au tombeau, qui est ressuscité d'entre les morts et qui s'est élevé dans le ciel à la vue de ses disciples. Eh bien donc, esprit malin, au nom de sa terrible majesté, je t'ordonne de sortir de sa servante et de ne plus jamais avoir la présomption de la toucher. » Comme il ne s'éloignait d'elle qu'à regret, et parce qu'il ne pouvait plus demeurer en elle davantage, il la tourmenta atrocement, et montra que sa rage était aussi grande que le temps qui lui restait à la posséder était court. Le saint abbé retourne à l'autel et continue les rites de la fraction de l'hostie du salut, puis il donne au servant le baiser de paix à porter au peuple ; à l'instant même la paix et la santé furent rendues à cette femme. Voilà comment l'esprit mauvais fut contraint de proclamer, sinon de vive voix, du moins par sa retraite, l'efficacité et la vertu des divins mystères. Délivrée du diable qui avait pris la fuite, la femme que ce cruel bourreau avait si longtemps agitée de mille tourments rentra en possession de soi-même et recouvra l'usage de sa raison, avec celui de ses membres. Sa langue reprit sa place dans sa bouche, et rendant grâce et gloire à Dieu, elle arrêta les yeux sur celui qui l'avait guérie et se jeta ensuite à ses pieds. L'Église retentit alors d'un cri immense, tout âge est dans l'allégresse et bénit Dieu ; sa vénération pour le saint dépasse toute limite, et la ville entière, dans l'effusion de la charité, voit plus qu'un homme, si je puis parler ainsi, dans le serviteur de Dieu, qu'elle comble de ses témoignages de respect.

53. Quand il arriva à Pavie, le bruit de ses vertus l'y avait devancé ; aussi, cette ville pleine de joie reçut-elle un homme si remarquable avec tous les témoignages d'allégresse possibles, et avec toute la distinction due à un pareil visiteur. Les habitants de Pavie, qui avaient le plus grand désir de voir le saint opérer parmi eux quelques miracles pareils à ceux qu'ils savaient que Bernard avait faits à Milan, ne furent pas longtemps sans voir leurs désirs satisfaits. En effet, à peine Bernard était-il arrivé, qu'un paysan qui l'avait suivi de Milan lui présenta sa femme, qui était possédée du démon, et, en la plaçant aux pieds du saint, il témoignait par de lamentables accents toutes les angoisses de son âme. En même temps, pour couvrir l'abbé de honte par la bouche de cette malheureuse femme, le démon qui l'inspirait se mit à se moquer du serviteur de Dieu, en disant : « Ce mangeur de choux et de poireaux ne me chassera jamais de cette chienne, qui est à moi. » Il se permit plusieurs plaisanteries de ce genre contre l'homme de Dieu, afin de le provoquer par ses blasphèmes, espérant que, supportant impatiemment ces injures, il serait confus de se voir, en présence de tout le monde, attaqué en ces termes indignes. Mais l'homme de Dieu comprit sa ruse et railla son railleur, et, sans vouloir se venger lui-même, il remit sa vengeance entre les mains de Dieu et fit conduire la démoniaque à l'église de saint Syrus. Il voulait rapporter à ce martyr toute la gloire de cette guérison, et mettre sur le compte de sa vertu les prémices de ses miracles. Mais, saint Syrus en renvoya tout

---

siste si potes. Adest ille qui pro nostra salute passurus : Nunc, inquit, princeps mundi ejicietur foras. Hoc illud corpus quod de corpore Virginis sumptum est, quod in stipite crucis extensum est, quod in tumulo jacuit, quod de morte surrexit, quod videntibus discipulis ascendit in cœlum. In hujus ergo Majestatis terribili potestate tibi, spiritus maligne, præcipio, ut ab hac ancilla ejus egrediens, contingere eam deinceps non præsumas. Cumque eam invitus deserens, et manere ultra non valens, atrocius afflictaret malignus, tam magnam iram quam modicum tempus habens ; rediens pater sanctus ad altare, fractionem hostiæ salutaris rite complevit, diffundendamque in populum pacem ministro dedit, et confestim pax et salus integra reddita est mulieri. Fugato diabolo, mulier mentis suæ compos effecta, redditis cum ratione sensibus, revoluta intra fauces lingua Deum confessa, gratias egit, et intuita curatorem suum, pedibus ejus advoluta est Ingens per ecclesiam attollitur clamor, personat æramenta, benedicitur ab omnibus Deus, excedit veneratio modum, et servum Dei gratulabunda civitas, liquefacta charitate incredibiliter veneratur.

53. Jam Papiam advenerat, et fama virtutum adventum ejus præcesserat, et cum debito gaudio et apparatu tantæ gloriæ virum civitas lætabunda suscepit. Et ne diu populi desiderium dilatio suspenderet, qui sicut Mediolani miracula facta audierat, signum ab eo optabat videre ; advenit repente post eum rusticus quidam, qui de Mediolano secutus eum fuerat, uxorem dæmoniacam secum adducens, quam ante pedes ejus, lacrymabili voce intrinsecas protestans anxietates, deposuit. Nec mora, in contumelias abbatis per os miseræ mulieris diabolus locutus est, et irridens servum Dei : Non, inquit, me de canicula mea hic porrulos edens poterit expellere. Multa in hunc modum in virum Dei jaculabatur convicia, ut blasphemiis provocatus, impatienter ferret opprobria, et confunderetur in præsentia populi, cum indignis se audiret sermonibus lacessiri. Sed Vir Dei astum ejus intelligens, irrisorem irrisit, et ultionem non ipse expetens, sed ad Deum remittens, ad ecclesiam sancti Syri dæmoniacam duci præcepit. Voluit quippe curationis illius gloriam dare sancto, et primitias operationum virtuti ejus adscribi. At vero sanctus Syrus ad hospitem suum remisit negotium, nec in ecclesia

l'honneur à son hôte, et, sans rien faire pour lui dans sa propre église, il voulut que toute cette affaire retournât intacte à l'abbé. On ramène donc la femme à l'hôtel du saint, non sans que le diable murmurât par sa bouche, et dit : non, non, ce n'est pas ce diminutif de Syrus, ce Bernardule, qui me chassera. A ces discours, le serviteur de Dieu répondit : « Non, ce n'est ni Syrus, ni Bernard qui te chassera, mais ce sera le Seigneur Jésus-Christ. » Et se mettant aussitôt en prière, il supplie Dieu de rendre la santé à cette femme. Alors l'esprit malin, comme s'il avait dépouillé sa première perversité, s'écrie : « Avec quel plaisir je sortirais de cette chienne-là, tant je m'y trouve mal à l'aise, oh oui, avec quel bonheur je la laisserais là ! Mais je ne puis. » Comme on lui en demande la cause, c'est répond-il, parce que le grand Seigneur ne le veut pas. » Alors le saint répond : « Quel est ce grand Seigneur ? — C'est Jésus de Nazareth, dit il, » et l'homme de Dieu reprenant la parole lui demande d'où il connaît Jésus et s'il l'a jamais vu. « Je l'ai vu, » répond-il. « Où l'as-tu vu ? — Dans la gloire. — Et toi, as-tu été aussi dans la gloire ? — Oui, j'y ai été. — Comment donc en es-tu sorti ? — Avec Lucifer, dit-il, car nous sommes tombés en grand nombre avec lui. » Or il disait tout cela par la bouche de la vieille femme, et d'un ton lugubre ; tout le monde pouvait l'entendre. Le saint abbé reprit : « Est-ce que tu ne voudrais point rentrer dans cette gloire et retrouver ton premier bonheur ? » A ces mots, il change de voix et se mettant à rire d'une manière étrange, « pour cela, dit-il, ce n'est qu'une question de temps. » Il n'ajouta pas un mot de plus. L'homme de Dieu pria avec plus d'attention encore, et le mauvais esprit, vaincu enfin, s'en alla ; quant à la femme, rendue à elle-même, elle rendit à Dieu toutes les actions de grâces qu'elle put. Le mari de cette femme retourne donc avec elle chez lui, et se réjouit ainsi qu'elle tout le long du chemin de la santé qui lui a été rendue, et rentre enfin dans sa demeure, où tous ses amis l'attendaient. Tous ceux qui eurent connaissance de la manière dont les choses étaient arrivées, partageaient leur bonheur, mais tout à coup tant de joie se changea en tristesse, car à peine cette femme a-t-elle franchi le seuil de sa porte, que le diable reprend de nouveau possession d'elle, et tourmente la malheureuse avec plus de fureur encore qu'il ne l'avait fait auparavant. Le pauvre mari ne savait plus que faire ni à quel parti se décider. Il lui était bien pénible de partager la demeure d'une démoniaque, et il lui semblait que c'était un manque de piété conjugale que de l'abandonner. Il se lève donc, et prenant sa femme avec lui, il retourne à Pavie. N'y trouvant plus l'homme de Dieu, qui était parti de cette ville pour se rendre à Crémone, il le suit jusque dans cette ville. Il lui apprend ce qui est arrivé et il le supplie, en versant un torrent de larmes, de lui venir en aide. La compassion de l'abbé l'incline à écouter la pieuse demande de cet homme, et il lui dit d'aller à l'église de la ville, et là, — devant les corps des saints confesseurs, — de l'attendre en priant Dieu, jusqu'à ce qu'il l'aille rejoindre. A la nuit, se rappelant sa promesse, pendant que tout le monde allait se coucher, Bernard se rend suivi d'un seul compagnon à l'église, et là, vaquant à la prière la nuit tout entière, il finit par obtenir du Seigneur ce qu'il demandait ; il rend la santé à cette femme et lui dit de retourner sans crainte dans ses foyers. Mais, comme elle redoutait que le démon ne revînt en elle ainsi qu'il l'avait déjà fait, il lui mit au cou un pa-

---

sua quippiam sibi deferens, intactum opus reduci voluit ab abbatem. Reducitur igitur mulier ad abbatis hospitium, garriente per os ejus diabolo et dicente : Non me Syrulus ejiciet, non expellet Bernardulus. Ad hæc servus Dei respondit : Nec Syrus, nec te Bernardus ejiciet, sed Dominus Jesus-Christus. Et conversus ad orationem, pro salute mulieris Domino supplicabat. Tum vero spiritus nequam, velut priori improbitate mutata : Quam libens, inquit, egrederer ab hac canicula, graviter molestatus in ea ! quam libens egrederer ! sed non possum. Interrogatus causam : Quia necdum vult magnus Dominus, ait. Cui sanctus : Et quis est magnus Dominus ? Et ille : Jesus Nazarenus. Ad quem rursum vir Dei : Unde enim Jesum nosti ; aut si unquam vidisti eum ? Vidi, inquit. Ubinam eum vidisti ? In gloria. Et tu in gloria fuisti ? Fui quidem. Et quomodo inde existi ? Cum Lucifero, inquit, multi cecidimus. Hæc autem omnia voce lugubri per os vetulæ audientibus omnibus loquebatur. Respondente autem abbate sancto : Numquid in illam redire gloriam velles, et restitui in gradum pristinum ? Rursum voce mutata, et miro modo cachinnans : Hoc, inquit, tardatum est. Et nihil ultra locutus. Orante autem attentius viro Dei, nequissimus ille victus abscessit, et mulier sibi reddita quantas potuit gratias egit. Revertitur igitur vir cum muliere, et per totam viam incolumitati ejus congaudens, exspectantibus amicis domui suæ redditur. Lætabantur omnes qui ordinem rei gestæ audierant ; sed repente gaudium vertitur in mœrorem ; quia ubi domus suæ limina mulier attigit, rursus intrat diabolus, et infestior solito miseram discerpit atrocius. Quid faceret miser maritus, quo se verteret, nesciebat. Cohabitare cum dæmonio molestissimum ; relinquere, impium videbatur. Surgit igitur, et assumpta secum muliere, rursum Papiam revertitur. Ubi cum virum Dei non invenisset, usque Cremonam prosequitur abeuntem. Indicat quid factum sit ; et gratiam inveniat, lacrymabiliter deprecatur. Nec deest piæ petitioni abbatis clementia, sed præcipit ut ecclesiam civitatis illius ingrediatur, orans exspectet donec ipse sequatur. Itaque memor promissi, circa noctis crepusculum, cæteris dormitum euntibus, ipse uno tantum prosequente ecclesiam ingreditur, et tota nocte illa orationi vacans, obtinuit a Domino quod petebat ; et impetrata mulieri sanitate, jubet eam secure reverti ad propria. Sed cum illa re-

pier sur lequel il avait écrit ses mots: « Au nom de Jésus-Christ, je te défends, ô démon, d'oser toucher à cette femme désormais. » Le diable respecta si bien cet ordre, que jamais depuis lors il n'osa s'approcher de cette femme une fois qu'elle fut rentrée chez elle.

CHAPITRE XX.

Saint Bernard fuit toutes les dignités de l'Église; ses disciples y sont promus.

54. Si Bernard était faible de corps, il avait l'esprit prompt, et moins il goûtait de bonheur dans le corps et dans les choses du corps, plus il en trouvait dans le Seigneur. Son cœur n'était sollicité par aucune ambition du siècle, il n'était ambitieux que des choses du ciel. Que d'églises privées de pasteurs l'élurent pour évêque? Ainsi son église maternelle, l'église de Langres l'élut, de même que celle de Châlons-sur-Marne. En Italie, la ville de Gênes et celle de Milan, capitale de la Ligurie, l'appelèrent pour être leur pasteur et leur maître. Une des plus nobles villes de France, Reims, capitale de la Belgique seconde, ambitionna l'honneur de l'avoir pour prélat. Mais lui, sans tenir compte de toutes ces élections, montra un cœur insensible aux honneurs qui le recherchaient, et il ne se sentit point porté à s'élever dans ses pensées. Cependant, ces promotions qu'il évita pour lui-même le plus qu'il put, le Seigneur les fit accepter à ses enfants qu'il avait réunis de toutes les parties du monde pour les placer au service du Seigneur. Au premier rang on peut citer Rome même, qui en reçut un souverain pontife; Palestrine en eut un glorieux évêque nommé Étienne; Ostie, un grand homme, nommé Hugues. Près de Rome, le siège de Nepa refleurit sous Osbert. En Toscane, on vit briller une des grandes lumières de l'Église, Baudoin, évêque de Pise. En deçà des Alpes, Lausanne eut Amédée pour évêque, Sion eut Garin; Langres, Geoffroy; Auxerre, Alain; Nantes, Bernard; Beauvais et Reims, Henri; Tournai, Gérard; Évreux, Henri et Arras, André. L'Irlande compta aussi deux évêques de cet ordre, deux évêques chrétiens de nom et de vie. En Allemagne on vit à Coire, Algot, évêque aussi vénérable pour sa sagesse que pour son âge et sa grâce. La cour de Rome compta deux de ses membres tirés de la même source, Henri et Bernard, l'un cardinal diacre et l'autre cardinal prêtre. Toutes ces lumières furent tirées de Clairvaux, pour aller briller de leur pur éclat dans les villes que nous venons de citer, après s'être allumées à la doctrine de l'homme de Dieu, l'abbé Bernard.

CHAPITRE XXI.

Voyage de saint Bernard en Aquitaine; conversion du comte Guillaume.

55. Quand Bernard se mit à repasser les Alpes, à son retour des pays d'outre-monts, les pâtres de ces contrées descendirent de leurs rochers au-devant de lui; tous ces hommes, population rustique, lui demandaient sa bénédiction, en criant tous à la fois, d'aussi loin qu'ils le voyaient; et après l'avoir reçue ils gravissaient les gorges des

---

ditum ad se diaboli, sicut jam experta fuerat, formidaret; collo ejus alligari chartulam hæc verba continentem præcepit: In nomine Domini nostri Jesu Christi præcipio tibi, dæmon, ne hanc amodo mulierem præsumas contingere. Quod mandatum sic expavit diabolus, ut mulieri regressæ ad propria nunquam deinceps appropinquare præsumpserit.

CAPUT XX.

De fuga dignitatum in Bernardo, ac discipulorum ad eas promotione.

54. Erat quidem caro infirma, sed spiritus promptus, et quo minus in corpore vel corporalibus poterat delectari, amplius delectabatur in Domino, nec aliqua seculi hujus ambitione pulsabatur, qui solis cœlestibus inhiabat. Quot ecclesiæ destitutæ pastoribus eum sibi in episcopum elegerunt? Elegit eum domestica mater Lingonensis ecclesia, elegit Catalaunensis. Intra Italiam civitas Januensis; et Mediolanum, Ligurum metropolis; hunc pastorem et magistrum optaverunt Remis, nobilissima Franciæ civitas, secundæ Belgicæ provinciæ caput, ejus prælationem ambivit. Omnibus his vocationibus postpositis, non sollicitavit animum ejus honor oblatus, nec motus est pes ejus ut se ad sublimia inclinaret. Promotionem tamen, quam in sua persona quoad potuit evitavit, in filiis quos de diversis regionibus congregatis divino mancipavit servitio, Dominus adimplevit. De his enim Roma Eugenium summum meruit habere pontificem: Præneste Stephanum habuit totius gloriæ virum: Ostia virum magnum Hugonem. Prope urbem sub Osberto pontifice Nepa refloruit. In Tuscia Pisis magnum Ecclesiæ lumen Balduinus præsul effulsit. Citra Alpes, Lausannæ datus est Amedeus, Seduno Guatinus, Lingonis Godefridus, Alanus Autisioduro, Nannetis Bernardus, Belvacis, itemque Remis Henricus, Tornaco Gerardus, Eboraco Henricus, Andreas Attrebati; in Hibernia episcopi duo, re et nomine Christiani; in Alemania, civitate Curia, Algotus, sapientia, ætate et gratia reverendus. In ipsa quoque Romana curia Henricus et Bernardus, alter presbyter, alter diaconus ordinati sunt cardinales. Hæc luminaria de Clara-valle et doctrina viri Dei Bernardi abbatis assumpta, fulgore religionis præductas illustravere civitates.

CAPUT XXI.

De ejus profectione in Aquitaniam, ac Guillelmi comitis conversione.

55. Rediens a montanis partibus pater sanctus jam Alpes transcenderat, et descendebat in occursum ejus de summis rupibus pastores, et agreste hominum genus, et conclamabant a longe benedictionem peten-

montagnes et retournaient à leurs étables, en s'entretenant ensemble et en se félicitant mutuellement de ce qu'ils avaient vu le saint du Seigneur et qu'ils avaient reçu sa bénédiction de sa propre main étendue sur leurs têtes. Enfin il arriva à Besançon, d'où il fut accompagné avec honneur jusqu'à Langres, d'où il se rendit à Clairvaux. Tous les religieux étaient réunis et firent à leur père bien-aimé une admirable réception. La joie pour être au comble, n'en demeura pas moins calme et grave.

56. A cette époque, toute l'église de Bordeaux était déchirée par le schisme, et il ne se trouvait, dans l'Aquitaine entière, personne qui osât résister au prince de cette contrée. A l'instigation de Gérard, évêque d'Angoulême, qui fomentait dans son cœur les germes de la discorde, il se fit l'auteur et le soutien d'un schisme. Ce vieil évêque qui avait longtemps porté, dans ces pays-là, le titre de légat du Saint-Siège, se voyant alors dépouillé de ces éminentes fonctions, ne pouvait se consoler de n'être plus que l'évêque d'une seule église, après s'être trouvé le premier évêque et le maître de toute l'Aquitaine. Ils s'entendaient l'un et l'autre pour le mal, et quiconque ne souscrivait pas à l'élection de Pierre de Léon était exposé à la persécution; quelques évêques même furent contraints de s'éloigner de leur siège. En apprenant ces nouvelles et plusieurs autres de même nature, le vénérable Geoffroy, évêque de Chartres, que le pape Innocent avait chargé des fonctions de légat en Aquitaine, en ressentit une vive douleur, et résolut de venir, sans aucun retard et tout autre chose cessant, au secours de cette Église en péril. Il demande donc, avec instances, à l'abbé de Clairvaux de lui prêter son concours pour faire cesser de si grands maux. L'homme de Dieu se rend à ses vœux, et lui annonce qu'il a l'intention de conduire une colonie de religieux en Bretagne à l'endroit, près de Nantes, que la comtesse Ermengarde leur avait préparé, et lui promet de partir avec lui pour l'Aquitaine, dès qu'il aurait installé cette maison.

57. Ils firent donc route ensemble, et, pour abréger tous les détails, ils arrivèrent ensemble à Nantes. Il y avait dans ce pays, une pauvre femme qui était tourmentée par un démon incube. Or, cette femme avait un mari qui n'avait aucune connaissance de cet abominable commerce. Le démon abusait donc de cette femme dans le lit même et aux côtés de son propre mari, par un invisible et extrêmement impur adultère, et la souillait de ses incroyables débauches. Un tel mal demeura secret pendant six ans entiers, sans que la malheureuse femme fît connaître la honte d'un tel crime. Mais la septième année, rougissant d'elle-même, et touchée de la souillure d'une si longue turpitude en même temps que de la crainte de Dieu, au jugement de qui elle appréhendait tous les jours de se voir traînée et condamnée, elle va trouver des prêtres et leur avoue sa faute. Elle parcourt les lieux saints et implore le suffrage des bienheureux; mais il n'y a ni confession, ni prière, ni aumônes qui la soulagent. Tous les jours, comme auparavant et avec plus d'importunité encore, elle se sent tourmentée par le démon. Enfin, ce crime affreux arrive à la connaissance de tout le monde. En l'apprenant, son mari a horreur de la seule pensée de partager encore sa couche. Sur ces entrefaites, l'homme de Dieu arrive en cet endroit avec sa

---

tes. Regredientes autem ad caulas cum gaudio, colloquebantur ad invicem; gratias Deo agentes quod sanctum Domini vidissent, et optatæ benedictionis gratiam accepissent. Inde Chrysopolim transiens, et usque Lingonas solemniter deductus, tandem Claram-vallem advenit. Adsunt fratres congregati in unum, et mira devotione dilectum patrem suspiciunt; agitur sine tumultu cum omni gravitate lætitia.

56. Laborabat adhuc eo tempore sub schismaticorum oppressione tota Burdegalensis provincia; et non erat qui posset resistere principi, qui annuente Girardo Engolismensi episcopo, et instillante in cor ejus dissensionis semina, factus erat schismatis defensor et auctor. Hic enim Girardus diu apostolicæ sedis in Aquitania legatione functus, et nunc a magistratu tanto dejectus, non poterat se pati suæ solius ecclesiæ episcopum, qui se viderat totius Aquitaniæ principem et magistrum. His igitur duobus ob hanc malitiam in unum convenientibus, quicumque susceptioni Petri Leonis non scribebant, persecutionibus expositi, alii damnis, alii proscriptionibus mulctabantur, alii a sedibus propriis pulsi exsulare compellebantur. Audiens hæc et hujusmodi vir venerabilis Gaufridus Carnotensis episcopus, cui a papa Innocentio Aquitaniæ legatio fuerat commendata, vehementer indoluit, et succurrendum periclitanti Ecclesiæ, postpositis aliis negotiis, sine ulla dilatione decrevit. Abbatem igitur Claræ-vallensem petit et obsecrat, ut sibi ad tanta mala eliminanda succurrat. Assensit vir Dei, et se in proximo congregationem monachorum in Britanniam in locum, quem juxta Nannetum Comitissa Ermengardis paraverat, ducturum intimat, et promittit disposita illa domo se cum eo in Aquitaniam profecturum.

57. Ibant igitur simul, et pariter Nannetum venerunt. Erat autem in regione illa misera mulier, quæ a quodam petulante diabolo vexabatur. Habebat autem virum, hujus tamen tam exsecrabilis commercii prorsus ignarum. Abutebatur igitur ea, etiam in eodem lecto cubante marito, invisibiliter impurissimus ille adulter, et incredibili vexabat libidine. Sex annis tantum latuit malum, nec detexit mulier criminis probrum. Septimo vero anno confusa est in seipsa, et expavit propter timorem Dei, cujus judicio singulis momentis timebat intercipi et damnari. Confugit ad sacerdotes, et piaculum confitetur. Peragrat loca sancta, et sanctorum implorat suffragia; sed nulla ei confessio, nulla oratio, nulla eleemosynarum largitio

suite. La malheureuse femme l'apprend et va se jeter toute tremblante à ses pieds, et, avec un torrent de larmes, lui découvre son horrible souffrance et ses longs outrages, en ajoutant que ce que les prêtres lui avaient prescrit ne lui avait jusqu'alors servi de rien. Elle ajoute que son oppresseur lui a prédit son arrivée, en lui interdisant avec menaces de jamais se présenter devant lui, parce que cela ne lui servirait de rien, et en ajoutant que de son amant passionné, il deviendrait, après le départ du père, son persécuteur le plus cruel. En l'entendant parler ainsi, l'homme de Dieu console cette femme par de douces paroles, lui promet le secours du ciel et lui ordonne de revenir, pleine de confiance en Dieu, le voir le lendemain, attendu que la nuit était proche. Elle revint, en effet, le matin suivant, et rapporta à l'homme de Dieu les blasphèmes et les menaces qu'elle avait entendu son démon incube proférer pendant la nuit. L'homme de Dieu lui répondit : « Ne vous mettez point en peine de ces menaces, emportez mon bâton que voici avec vous, et après cela, s'il a quelque pouvoir qu'il le montre. » La femme fit ce que le saint abbé lui avait ordonné et, en se mettant au lit, elle se munit du signe de la croix, et plaça le bâton du serviteur de Dieu à ses côtés. A l'instant même le démon arrive, mais il n'ose recommencer son œuvre de tous les jours, ni même s'approcher du lit, mais il la menace terriblement de revenir la tourmenter une fois que l'homme de Dieu sera parti. Le dimanche approchait, et l'homme de Dieu voulut rassembler tout le peuple à l'église par un édit de l'évêque, et, le jour venu, comme on se trouvait réuni en foule à l'église, au milieu de la messe solennelle, Bernard monte au jubé accompagné des évêques de Chartres et de Nantes, Geoffroy et Brictius, et ordonne à tous les assistants de tenir des cierges allumés pendant qu'il va leur parler : il en prend un aussi lui-même, ainsi que les évêques et le clergé qui étaient avec lui, et il découvre publiquement l'audace du démon, et dénonce cet esprit de fornication, qui se répandait en si horribles souillures en dépit même de sa nature, et il l'anathémathise d'un commun accord avec tous les fidèles présents ; en même temps il lui interdit, au nom de Jésus-Christ, d'oser désormais se permettre de semblables excès envers quelque femme que ce soit. On éteignit ensuite les cierges sacramentels et à partir de ce jour, s'éteignit aussi la puissance du diable ; la femme communia après s'être confessée et jamais depuis lors le démon ne se montra à elle ; il s'était enfui chassé sans retour.

58. Cependant le comte fut informé par quelques hommes illustres, qui osaient s'approcher de sa personne, que l'abbé de Clairvaux, l'évêque de Chartres, d'autres évêques et des religieux lui demandaient une audience, dans l'intention de traiter avec lui de la paix de l'Église et de s'entendre sur les moyens de mettre un terme au mal. On lui fit comprendre qu'il ne pouvait se dispenser de recevoir des hommes de cette importance ; il pouvait se faire, en effet, qu'en les écoutant, ce qui avait semblé difficile fut facile, et que ce qui avait paru

suffragatur. Quotidie ut prius et importunius a dæmone infestatur. Denique in publicum scelus tantum effusum est. Quo audito et cognito, maritus ejus contubernium exsecratur. Interea ad locum prædictum vir Dei cum comitatu suo advenerat ; cujus ut audivit adventum infelix mulier, se ad pedes ejus tremebunda projecit. Aperit ei lacrymis perfusa passionem horribilem, et ludificationem inveteratam, et quod nihil ei profecissent quæcumque sibi a presbyteris imperata fuerant. Addit sibi ab oppressore suo adventum ejus prædictum, et minaciter interdictum ne ejus venire præsentiam, quia nihil ei prodesset ; et ipso recedente abbate, qui fuerat amator, crudelissimus fieret persecutor. Audiens hæc vir Dei blandis verbis consolatur mulierem, et de cœlo promittens auxilium, præcipit ut die altera, jam enim nox instabat, confidens in Domino revertatur. Reversa mane, cum viro Dei blasphemias et minas quas eadem nocte ab incubo suo audierat, retulisset : Ne cures, inquit vir Dei, minas ejus ; sed vade, tolle baculum hunc nostrum, et pone in lectulo tuo, et si quid potest, agat. Egit mulier quod jussum fuerat, et recubans in lectulo suo signo crucis munita, juxta se baculum ponit. Adest ille continuo ; sed nec ad consuetum opus, nec ad ipsum cubile præsumit accedere ; minatur tamen acerrime, quod discedente viro Dei, ipse in ejus supplicia reverteretur. Instabat dies Dominica, et voluit vir Dei per edictum episcopi populum in ecclesiam accersiri. Cumque ipsa die maximus populus ad ecclesiam convenisset, inter missarum solemnia, comitantibus episcopis Gaufrido Carnotense episcopo et Brictio Nannetensi, ipse ad ambonem conscendit ; et ut omnes qui in ecclesia erant, candelas accensas in manibus teneant, locuturus edicit. Quod et ipse cum episcopis et clericis faciens, inauditos diaboli ausus publice aperit ; et fornicatorem spiritum, qui in tam horrenda inquinamenta, etiam contra naturam suam exarserat, cum omnium fidelium qui aderant subscriptione anathematizat, et auctoritate Christi tam ea illam, quam ad omnes mulieres deinceps interdicit accessum. Exstinctis itaque sacramentalibus illis luminibus, exstincta est deinceps tota virtus diaboli ; ei mulieri post confessionem communicanti, nunquam postea apparuit inimicus, sed irregressibiliter eliminatus aufugit.

58. Significatum est interim comiti per viros illustres et ei familiares, quod abbas Claræ-vallensis, et episcopus Carnotensis, aliique episcopi et religiosi viri colloquium ejus expeterent, quorum erat studium, ut de pace sanctæ Ecclesiæ tractarent, persuasumque est illi ne tantorum devitaret colloquium, quia poterat fieri ut communicato cum eis consilio, et facile esset quod videbatur difficile ; et quod videbatur impossibile, possibile redderetur. Itaque Partiniacum hinc inde conveniunt. Cumque ageretur de divisione Ecclesiæ et de scissuræ obstinatione, quæ infra Alpes

impossible devint possible par un soudain retour. On se donne donc rendez-vous de part et d'autres à Parthenay. Les serviteurs de Dieu commencèrent par remontrer au comte, de plusieurs manières et à plusieurs titres, que la division de l'Église et l'obstination du schisme s'étaient abattues de ce côté-ci des Alpes sur la seule Aquitaine, comme un nuage qui portait la peste dans ses flancs; que l'Eglise est une, et que tout ce qui est en dehors d'elle ne peut que sombrer et périr au jugement de Dieu, comme il est arrivé à tout ce qui était placé hors de l'arche de Noé. On rappela aussi l'exemple de Dathan et d'Abiron, que la terre a dévorés tout vivants en punition de leur schisme (*Num.* XXVI), et que jamais Dieu n'a manqué de punir un péché comme celui-là. En entendant cela, le comte obéissant en partie à de sages conseils, répondit qu'il pourrait consentir à reconnaître Innocent pour pape, mais que pour ce qui était de rétablir sur leurs sièges les évêques qu'il en avait chassés, il n'y avait point de considération qui pût le décider à le faire, attendu qu'ils l'avaient offensé de manière à ce qu'il ne l'oubliât jamais, et que lui-même avait fait le serment de ne point recevoir leur paix. On parlementa encore longtemps par messagers; mais, pendant que des deux côtés on en était aux paroles, l'homme de Dieu avait recours de son côté à des armes plus efficaces, et se rendait à l'autel pour y prier et y offrir le Saint Sacrifice. Tous ceux à qui il était permis d'assister aux saints mystères étaient entrés dans l'église, le comte se tenait à la porte. La consécration terminée, la paix donnée et portée au peuple, l'homme de Dieu, ne se conduisant plus en simple mortel, dépose le corps du Seigneur sur la patène et le prend avec lui, et, la face en feu, les yeux en flamme, il sort de l'église, non plus la prière, mais la menace aux lèvres, et adresse ces terribles paroles au duc : « Nous vous avons adressé des prières, et vous nous avez méprisé. Dans une autre rencontre que nous avons eue avec vous, les serviteurs de Dieu rassemblés en grand nombre devant vous, vous ont fait entendre leurs supplications, et vous n'en avez point tenu compte. Voici maintenant le fils même de la Vierge, Notre-Seigneur, le chef de l'Église que vous persécutez, qui vient à vous. Voici dans mes mains votre juge, celui au nom de qui tout genoux fléchit dans le ciel, sur la terre et dans les enfers; voici votre juge, dis-je, celui dans les mains de qui votre âme tombera un jour. N'aurez-vous pour lui aussi que du mépris, et ne tiendrez-vous pas plus de compte de lui que de ses serviteurs? » Tous les assistants fondaient en larmes, et attendaient, en priant, l'issue de cette démarche. Tout le monde était en suspens et je ne sais quelle espérance on avait de quelque coup du ciel. Le comte en voyant venir à lui l'abbé dans un esprit de force, et porter dans les mains le très-saint corps de Notre-Seigneur, se sentit vivement impressionné; un froid glacial le paralyse, il tremble de tous ses membres, la crainte l'anéantit, il tombe presque fou à terre. Ses gens le relèvent, mais il tombe de nouveau la face contre terre, sans pouvoir proférer une seule parole, ni lever les yeux sur personne; la salive lui coule sur la barbe, il pousse de profonds soupirs, il suffoque, on aurait dit un épileptique. Alors, l'homme de Dieu s'approchant de lui davantage et le touchant du pied

---

in sola Aquitania quasi nebulæ corruptela consederat, multis modis et rationibus a servis Dei comiti est intimatum, quod Ecclesia una est, et quidquid extra eam est, quasi extra Arcam judicio Dei necesse est interire et dilui. Abducta quoque exempla Dathan et Abiron, quos ceatu schismatis terra vivos absorbuit, nec tanto malo vindictam Dei aliquando defuisse monstratum est. Ilis auditis, comes ex parte sano usus est consilio, et respondit se in obedientiam Innocentii papæ posse dare consensum, sed in restitutione episcoporum, quos de sedibus expulerat, nulla ratione posse induci; quoniam implacabiliter eum offenderant, et juraverat se eorum pacem nullo tempore suscepturum. Diu per internuntios protractus est sermo; et dum vicissim verbis se mutuo occupant, vir Dei efficaciora arma corripiens, ad sanctum altare oblaturus et suppliciturus accedit. Intraverant ecclesiam quibus licebat divinis interesse mysteriis: comes sustinebat pro foribus. Peractis igitur consecrationibus, et pace data et diffusa in populum, homo Dei jam non se agens ut hominem, corpus Domini super patenam ponit, et secum tollit; atque ignea facie et flammeis oculis, non supplicans, sed minax foras egreditur, et verbis terribilibus aggreditur ducem : « Rogavimus te, inquit, et sprevisti nos; supplicavit tibi in altero, quem jam tecum habuimus, conventu servorum Dei ante te adunata multitudo, et contempsisti. Ecce ad processit filius Virginis, qui caput et Dominus Ecclesiæ, quam tu persequeris. Adest judex tuus, in cujus nomine omne genu curvatur, cœlestium, terrestrium et infernorum. Adest judex tuus, in cujus manus illa anima tua deveniet. Numquid et ipsum spernes? Numquid et ipsum sicut servos ejus contemnes? » Lacrymabantur universi qui aderant, et orationibus intenti præstolabantur exitum rei, et omnium suspensa exspectatio aliquid divinum fieri cœlitus exspectabat. Videns comes abbatem in spiritu vehementi procedentem, et sacratissimum Domini corpus ferentem in manibus, expavit et dirigit, membrisque tremebundis metu et dissolutis, quasi amens solo provolvitur; elevatus a militibus, rursum in faciem ruit, nulli quippiam loquens, aut intendens in aliquem. Tum vir Dei ad eum propius accedit, et pede pulsans acclinem surgere jubet, et stare supra pedes, et Dei audire sententiam. « Præsens est, inquit, Pictavensis episcopus quem ab ecclesia sua expulisti, vade reconciliare ei, et in osculo sancto pacis cum eo jungens fœdera, ipse ad sedem suam eum reducito, et satisfaciens Deo, redde pro contumelia gloriam, et in universo principatu tuo divisos et discordes ad charitatis revoca unitatem. Subdere Innocentio

pendant qu'il était étendu à terre, lui ordonne de se lever et de se tenir debout, afin d'entendre la sentence de Dieu. « L'évêque de Poitiers que vous avez chassé de son siége est là présent, allez faire votre réconciliation avec lui scellez-la par le baiser de paix, et reconduisez-le sur son siége. Vous satisferez à Dieu, en lui rendant autant d'honneur que vous l'avez abreuvé d'humiliations; enfin, rappelez à l'union de la charité tous les peuples soumis à votre domination et qui maintenant sont déchirés par les divisions et les discordes. Soumettez-vous au pape Innocent comme le fait l'Église entière, et obéissez comme les autres à ce pontife élu de Dieu même. » En entendant le saint parler ainsi, le comte se sentait vaincu par l'autorité du Saint-Esprit et par la présence des Saints Sacrements, et il n'osait ni ne pouvait répondre. Aussitôt il se rendit, reçut l'évêque de Poitiers au baiser de paix et le rétablit sur son siége à la joie de toute la ville, de la même main dont il l'en avait fait descendre. Dans la suite, le saint abbé s'entretenant doucement et familièrement avec le comte, lui recommanda d'un ton paternel de ne plus se laisser aller désormais à ces excès impies et téméraires, de ne point rendre nulle par de si grands forfaits, la patience de Dieu, et de ne plus violer en quoi que ce soit la paix qui venait de se faire. Toute l'église d'Aquitaine était pacifiée, Gérard seul persévérait dans le mal. Mais peu après, le jour de colère se leva pour lui, et il mourut misérablement dans sa demeure. Cet homme mourut subitement dans son impénitence, sans confession, sans viatique. Le schisme de Gérard étant réduit en cendres, et tout le mal qu'il faisait ayant ainsi disparu, l'homme de Dieu reprit avec bonheur le chemin de Clairvaux.

CHAPITRE XXII.

Saint Bernard retourne en Italie. Obstination de Roger, roi de Sicile. Réconciliation de Pierre de Pise.

59. A peine avait-il fini de ce côté, et passé une année avec ses frères, que des lettres apostoliques appellent l'homme de Dieu à Rome et les cardinaux le supplient de venir en aide à l'Église au milieu de ses épreuves. L'homme de Dieu ne mettant rien au-dessus de l'obéissance, dit adieu à ses frères qu'il laisse dans les larmes. Partout, dans son voyage, il fut reçu avec de grandes démonstrations de respect, et il arriva ainsi à Rome. Le seigneur pape et ses frères ressentirent une grande joie à son arrivée. Après s'être entendu avec eux, l'abbé crut que pour le succès de son entreprise, et eu égard à l'état des choses, il devait procéder autrement qu'on ne l'avait fait Roger, roi de Sicile, le seul prince qui refusât encore de reconnaître le pape Innocent, députe à ce dernier des messagers pour le prier de lui envoyer l'abbé de Clairvaux; il demandait, il est vrai en même temps à Pierre, de lui envoyer Pierre de Pise, avec le titre de légat *a latere*. Il disait qu'il voulait connaître l'origine d'une division qui durait depuis trop longtemps, et se montrait décidé, une fois la vérité connue de lui, ou à revenir de son erreur ou à demeurer plus ferme que jamais dans son sentiment. Il savait que Pierre de Pise était très éloquent et qu'il n'avait pas son pareil pour la connaissance des lois et des canons, et il pensait que, dans une assemblée publique, s'il venait à prendre la parole, il réussirait à écraser, par son éloquence, la simplicité de Bernard, et lui imposer silence par la force de

papæ, et sicut ei omnis obedit Ecclesia, tu quoque electo a Deo tanto pontifici obedire non differas.» Audiens hæc comes auctoritate Spiritus sancti, et sanctorum sacramentorum præsentia victus, nec audebat respondere, nec poterat; sed statim in pacis osculo recepit episcopum, et eadem qua eum abjuraverat manu, cum totius exsultatione civitatis ad propriam sedem reduxit. Sed et deinceps abbas cum comite jam familiarius et suavius loquens paterne eum monuit, ne ad tam impios et tam temerarios ausus ultra exsurgeret, ne Dei patientiam in tantis irritaret flagitiis, ne pacem factam in aliquo violaret. Pace itaque omni Aquitanicæ Ecclesiæ reddita, solus Girardus perseverabat in malis; sed non multo post adveniente die iræ, in domo sua miserabiliter exstinctus est. Subita enim morte præoccupatus, sine confessione, sine viatico reddidit spiritum. Tanto igitur malo obruto et schismate Girardi redacto in nihilum, vir Dei cum gaudio magno Claram-vallem revertitur.

CAPUT XXII.

De iterata ejus profectione in Italiam, ac Rogerii Siculi obstinatione, et Petri Pisani reconciliatione.

59. His ita patratis, vix inter fratres suos circiter unum fecerat annum; et ecce litteræ apostolicæ virum Dei evocant, et ut adsit laboranti Ecclesiæ supplicant cardinales. Nihil obedientiæ præferens vir Dei, valefaciens fratribus, flentibus universis, discessit et cum multa reverentia ubique susceptus, demum Romam pervenit. In cujus adventu tam dominus papa, quam fratres lætati sunt, et communicatis cum eo consiliis secundum rerum proventus et statum causarum abbas alia via quod opus aggreditur. Rex enim Siciliæ Rogerus, qui solus jam ex principibus obedire papæ Innocentio detrectabat, mittit ad eum, petens, ut ad se abbatem mitteret Claræ-vallensem; nihilominus idem petens a Petro Leonis, ut Petrum sibi Pisanum a suo latere delegaret. Aiebat autem se dissensionis, quæ jamdiu induraverat, velle scire originem, et cognita veritate, aut corrigere errorem, aut sancire sententiam. Audierat enim Petrum Pisanum eloquetissimum esse, et in legum et canonum scien-

sa parole et le poids de ses raisons. Bref, les deux partis se réunirent à Salerne.

60. Pendant ce temps-là le roi Roger avait préparé une armée innombrable prête à marcher contre le duc Rannoulphe. Or, l'homme Dieu étant arrivé le premier de ceux qu'il avait mandés auprès de lui, il l'avait rejoint dans son camp, et il avait empêché pendant plusieurs jours que les deux armées qui étaient en présence n'en vinssent aux mains, et il avait dit au roi, que s'il engageait le combat il serait vaincu et honteusement mis en fuite. Mais enfin, comme le roi avait reçu des renforts très considérables, et qu'il ignorait que l'issue de la guerre ne dépendait point du nombre des combattants, il ne voulut pas écouter davantage le saint homme de Dieu, qui ne lui faisait entendre que des paroles de paix. D'un autre côté il avait encouragé le duc Rannoulphe et ses troupes, qui étaient une armée catholique, et leur avait promis la victoire et le triomphe, comme il avait annoncé au roi Roger sa défaite. Soudain, en apercevant le duc qui marchait hardiment à sa rencontre, il est saisi d'effroi, il abandonne son armée qui est taillée en pièce et mise en déroute, et son camp qui est pillé. Il perdit un grand nombre de soldats tués ou faits prisonniers, tout lui arriva comme le saint abbé le lui avait prédit. Mais celui-ci qui s'était retiré dans une petite ferme du voisignage, où il vaquait à la prière, entend tout à coup les cris tant de ceux qui fuyaient, que de ceux qui poursuivaient les fuyards. Car le duc Rannoulphe passait tout près de là, à la poursuite de l'armée du roi qui était en déroute. Un des religieux qui étaient avec Bernard sortit et rencontra un soldat à qui il demanda ce qui était arrivé. Celui-ci, en homme qui savait son Écriture-Sainte, lui répondit. « J'ai vue l'impie extrêmement élevé, il égalait même en hauteur les cèdres du Liban : je n'ai fait que passer, il n'était déjà plus (*Psalm.* XXXVI, 37). » A peine avait-il achevé ces mots, que le duc vint à passer et, en apercevant un religieux, quoiqu'il fût sous les armes, ils descend de cheval, se prosterne à ses pieds et s'écrie : Je rends grâce à Dieu et à son fidèle serviteur, car ce n'est pas à nos forces mais à sa foi que nous devons cette victoire. Puis, remontant à cheval, il continue la poursuite des ennemis.

61. Après le combat, l'homme de Dieu quitta ce petit hameau où il s'était retiré et se rendit à Salerne. Pierre de Pise s'y rendit également. Là Roger, ayant rallié ceux des siens qui avaient échappé par la fuite, et s'étant entouré d'une cour nombreuse, fait venir devant lui les représentants de deux partis qu'il avait mandés. Après avoir mis Pierre de Pise au courant de tout, et avoir enflammé son zèle par l'appas de nombreuses promesses, il lui ordonna d'exposer les raisons de son parti. Pierre entreprit donc d'abord de prouver que l'élection de son maître était canonique, et citait une foule de textes de canons et de lois à l'appui de son dire. Quant à l'homme de Dieu, comme il comprenait que le royaume de Dieu n'est pas dans le beau langage mais dans la vertu, il s'exprima ainsi : « Je sais bien, Pierre, que vous êtes un homme sage et lettré ; mais combien je regrette que ce ne soit ni le meilleur parti, ni les meilleures

---

tia pene nulli secundum. Unde putabat, quod si eloquentiæ ejus in publico consistorio audientia præberetur, declamationibus rhetoricis simplicitatem abbatis obrui posse, et silentium ei vi verborum et pondere rationum imponi. Venit itaque pars utraque Salernum.

60. In illis diebus paraverat ad bellum idem Rogerius rex innumerabilem exercitum adversus Rannulfum ducem. Cum autem primus eorum, qui vocati fuerant, abbas sanctus adveniens regem in castris positum invenisset, utpote qui jam armatas produxerat acies, per multos dies ne committerent, impedivit, denuntians regi ; Quia si conflictum inieris, victus et confusus abibis. Novissime vero cum ejusdem regis plurimum crevisset exercitus, ignorans quod non in multitudine foret eventus belli, virum sanctum quærentem ea quæ pacis erant, ulterius audire contempsit. At ille ducem Rannulfum et catholicorum aciem verbis potentibus adhortatus, sicut regi fugam, sic illis victoriam pollicitus est et triumphum. Subito itaque viso duce audacter obviam procedente rex territus fugit, effusumque exercitum prædæ et cædibus exposuit, innumeris militibus captis et interfectis, et ei juxta verbum viri Dei omnia contigerunt. Cum enim ipse abbas ad proximam villulam declinasset, et instaret orationi, repente fugientium et insequentium clamor auditur; siquidem per eumdem locum fugientem regis exercitum Rannulfus dux persequebatur. Egressus itaque frater quidam ex his qui cum abbate erant, uni ex militibus occurrit, et quid accidisset, interrogabat. At ille (siquidem litteras noverat) : Vidi, inquit, impium superexaltatum, et elevatum sicut cedros Libani ; et transivi, et ecce non erat ; quæsivi eum, et non est inventus locus ejus. Nec mora, dux ipse secutus, ut monachum vidit, sicut erat armatus, equo desiluit, et ejus pedibus advolutus ; Gratias, inquit, Deo et fideli servo ejus, quia non nostris viribus, sed ejus fidei collata hæc victoria est ; iterumque insiliens equo hostes insequebatur.

61. Post finem prælii vir Dei a villula ad quam declinaverat, venit Salernum ; venit et Petrus Pisanus. Itaque stipata militibus curia, rex utramque partem accersiri, et de causæ suæ rationibus eloqui jubet. Prior itaque Petrus electionem Petri Leonis domini sui canonicam probare contendit, et verba sua multis legum et canonum assertionibus munire laborat. At vero vir Dei non in sermone, sed in virtute regnum Dei esse intelligens : « Scio, inquit, Petre, virum te sapientem et litteratum esse ; et utinam sanior pars et honestiora te occupassent negotia, utinam te patronum causa justior obtineret ; sine dubio enim rationabilia te allegantem nulla posset impedire facundia. Et nos quidem, tanquam indocti et minus eloquentes, si causa fidei non urgeret, institutum silentium

affaires qui vous aient décidé ! Plût au ciel que vous vous fussiez établi l'avocat de la cause la plus juste et la plus heureuse ! Sans doute alors il n'est pas d'éloquence qui pût tenir contre vous, quand vous auriez appuyé votre sentiment sur de bonnes raisons. Pour moi, qui ne connais que les champs, et qui suis beaucoup moins habitué à manier les arguments des hommes de loi que le hoyau, je n'aurais qu'à garder le silence qui convient à ma profession. Mais à présent la charité me force d'élever la voix, parce que un Pierre de Léon déchire, lacère de ses mains la tunique du Seigneur que, le Seigneur lui-même le voulant ainsi, ni le païen au jour de la passion, ni le juif lui-même n'a osé mettre en pièces. Il n'y a qu'une foi, qu'un Seigneur, qu'un baptême, et je ne connais ni deux seigneurs, ni une double foi, ni un double baptême. Et, pour reprendre les choses dès les anciens temps, il n'y eut qu'une seule arche aux jours du déluge ; dans cette arche il n'y eut que huit âmes de sauvées pendant que toutes les autres périssaient, ainsi que tout ce qui se trouvait hors de l'arche. Or, il n'y a personne qui ne sache que l'arche de Noé est l'image de l'Église. Cependant, on vient de construire une seconde arche, et, comme il y en a deux maintenant, il s'en suit que l'une des deux est la mauvaise et doit périr dans les flots. Si donc l'arche de Pierre est l'arche de Dieu, il faut dire que l'arche d'Innocent est destinée à périr. Mais alors on verra donc périr l'Église d'Orient tout entière, et celle d'Occident avec elle. On verra périr la France et la Germanie ; les Espagnols et les Anglais avec tous les royaumes de Barbarie vont donc sombrer au sein de la mer. Les Camaldules et les Chartreux, les religieux de Cluny et ceux de Grandmont, ceux de Cîteaux et ceux de Prémontré, et une foule innombrable d'autres congrégations, de serviteurs et de servantes de Dieu n'ont donc plus d'autre espérance à avoir que celle d'être entraînés ensemble par un coup de vent au fond de l'abîme ? La mer attend pour les dévorer les évêques et les abbés, et tous les autres princes de l'Église qui vont s'enfoncer dans son sein avec une meule de moulin au cou. De tous les princes du monde il n'y a que Roger qui sera entré dans l'arche de Pierre, que lui qui sera sauvé quand tous les autres périront ! A Dieu ne plaise que la religion du monde entier périsse et que l'ambition de Pierre, dont la vie est connue de tout le monde, entre dans le royaume des cieux. » A ces mots, l'abbé prit la main de Pierre de Pise, le fit lever, se leva avec lui, et lui dit : « Si vous m'en croyez, nous entrerons ensemble dans l'arche la plus sûre.» Puis, comme il en avait conçu depuis longtemps la pensée dans son âme, il lui prodigua des avis salutaires, et, avec la grâce de Dieu, il lui persuada d'aller se réconcilier avec le pape Innocent, dès qu'il sera de retour à Rome. On leva la séance, l'abbé revint à Rome. Quant à Pierre de Pise dont nous avons parlé plus haut, et à plusieurs autres encore, il les réconcilia avec l'Église et les fit entrer dans l'obéissance du pape Innocent.

CHAPITRE XXIII.

Mort d'Anaclet et extinction du schisme. Saint Bernard reprend son exposition du Cantique des cantiques ; il réconcilie le comte Thibaut avec le roi de France.

62. Le temps était venu, où la clémence divine avait résolu de mettre fin au schisme, par la mort

---

teneremus. Nunc autem cogit nos charitas eloqui, quia tunicam Domini, quam in tempore passionis nec ethnicus præsumpsit scindere, nec Judæus, fautore hoc domino, Petrus Leonis lacerat et dirumpit. Una est fides, unus Dominus, unum baptisma. Nos neque duos dominos, nec geminam fidem, nec duo baptismata novimus. Ut ab antiquis ordiar, una arca tempore diluvii fuit ; in hac octo animæ cæteris omnibus pereuntibus evaserunt, et quotquot extra arcam inventi sunt, perierunt. Arcam hanc typum habere Ecclesiæ nemo est qui ambigat; Arca alia nuper fabricata est ; et cum sint duæ, alteram necesse est esse adulteram, et in profundum demergi. Arca, quam regit Petrus, si ex Deo est, necesse est ut arca, quam regit Innocentius, obruatur. Peribit ergo Orientalis Ecclesia, peribit Occidens totus, peribit Francia, peribit Germania, Iberi et Angli, et Barbara regna in profundum pelagi demergentur Religio Camaldulensis, et Cartusiensis, et Cluniacensis, et Cisterciensis, et Præmonstratensis, aliaque innumerabilia servorum et ancillarum Dei collegia necesse est ut sub uno turbine corruant in abyssum. Episcopos, et abbates, et reliquos Ecclesiæ principes pelagus vorax excipiet. Solus ex principibus mundi arcam Petri intravit iste Rogerius, et cæteris omnibus enecatis solus ipse salvabitur. Absit ut totius mundi religio pereat ; et ambitio Petri, cujus vita palam est qualis extiterit, regnum cœlorum obtineat. » Ad hæc verba tenens manum Petri, elevavit eum, et simul ipse surrexit : « Tutiorem, inquiens, si mihi credas, intrabimus arcam ». Et sicut jam pridem mente conceperat, salutaribus illum aggrediens monitis, cooperante gratia Dei, protinus persuasit, ut ad Urbem rediens, Innocentio papæ reconciliaretur. Soluta concione, venerabilis abbas Romam revertitur, prædictum quoque Petrum Pisanum, et quosdam alios reconciliat Ecclesiæ, et Innocentio papæ confœderat.

CAPUT XXIII.

Anacleto exstincto et schismate, Bernardus canticorum explanationem resumit, ac Theobaldum comitem regi reconciliat.

62. Aderat tempus quo divina clementia Petri Leonis interitu finem imponere schismati disposuerat. Eo tempore pars ipsius papam sibi alterum statuerunt pro illo, quatenus videlicet opportunius per aliquam temporis moram papæ Innocentio reconciliarentur.

de Pierre de Léon. Son parti établit un autre pape après lui, dans le but de se donner le temps d'attendre une occasion favorable pour faire sa réconciliation avec le pape Innocent, occasion que Jésus-Christ ne tarda pas beaucoup à faire naître par les mains de son serviteur. En effet, le ridicule pontife qui avait succédé à Pierre de Léon vint trouver l'homme de Dieu pendant la nuit. Bernard lui fit dépouiller les insignes du pontificat qu'il avait usurpés, et le conduisit ensuite aux pieds du seigneur Innocent. Quand cela fut fait, toute la ville se laissa aller à des transports de joie, Innocent avait recouvré son Église, et le peuple de Rome révéra en lui son pasteur et son seigneur. L'abbé de Clairvaux est traité avec un respect extraordinaire, tous le regardent comme l'auteur de la paix, et lui donnent le nom de père de la patrie.

63. Une fois le calme et la paix rétablis, c'est à peine si on put le retenir quelques jours encore, après sept années et plus de peines passées à raccommoder les déchirements du schisme. Quand il partit, Rome entière se précipita sur ses pas, le clergé lui fait la conduite, le peuple l'entoure et la noblesse l'accompagne. Son départ fut un deuil général, parce qu'il était l'objet de l'affection de tout le monde. — En revenant donc de Rome, le saint abbé rapporta comme de précieux présents des reliques des corps des saints apôtres et des saints martyrs, qu'il estimait comme une ample récompense de ses travaux. L'Église des Gaules le reçut avec de tels transports de joie, qu'on put croire qu'elle ne ressentait pas une moins grande allégresse de son retour que de la paix rendue à la chrétienté. Après avoir ainsi affermi la paix de l'Église, l'homme de Dieu, revint vers les siens. Partout sur son passage il reçut de ses enfants un accueil parfait et de grandes félicitations. Il fait mention de cette entreprise et de cette époque dans son vingt-quatrième sermon sur le Cantique des cantiques, qu'il commence en ces termes. « Enfin, mes frères, c'est pour la troisième fois que l'œil de la Providence regarde favorablement du haut du ciel mon retour parmi vous, et abaisse sur moi, un regard riant et serein ; la rage du lion s'est apaisée, la malice des pécheurs à pris fin ; l'Église a recouvré la paix. Le méchant qui l'avait troublée pendant huit ans par un schisme terrible, a été anéanti en sa présence... Puisque c'est à vos vœux et à vos désirs que j'ai été accordé, il faut que ce soit pour votre avancement. La vie que j'ai reçue par vos mérites, je veux l'employer tout entière à votre utilité et à votre salut. » Voilà comment il attribuait aux mérites de ses frères la régularité de la vie qu'il menait et le bien qu'il faisait. Revenant à ses saintes prédications, il reprit le cours de ses sermons sur l'Épithalame. Rien ne fait mieux connaître avec quel succès et quelle évidence il fut aux jours de colère, un intermédiaire de paix et de réconciliation, que ce passage d'une lettre que le pape Innocent lui écrivit à ce sujet : « C'est à vous, dit-il, c'est à l'inébranlable et infatigable constance, au zèle pieux et au discernement dont vous avez fait preuve pour la défense de l'Église romaine pendant le schisme de Léon, c'est à l'énergie avec laquelle vous vous êtes posé comme un mur d'airain autour de la maison d'Israël, c'est au zèle avec lequel, par de nombreuses et pressantes raisons, vous avez fait entrer dans l'unité catholique et replacé sous l'autorité du successeur de Pierre, les rois, les princes et toutes les puissances, tant ecclésiastiques que séculières, que sont dûs les

---

Quod sine mora per manum servi sui abbatis Christus effecit. Nam et ille substitutus ad eumdem virum Dei nocte se contulit, et ille nudatum usurpatis insignibus ad domini Innocentii pedes adduxit. Quo facto civitas gratulabunda lætatur, Innocentio Ecclesia redditur, Romanus populus, ut pastorem et dominum suum Innocentium veneratur. Abbas Claræ-vallis in mira reverentia habetur, ab omnibus auctor pacis, et pater patriæ prædicatur.

63. Sedatis omnibus et compositis, vix paucis diebus potuit detineri, qui septem annis et ultra pro resarcienda eadem scissione sudaverat. Exeuntem Roma prosequitur, deducit clerus, honorat populus, universa nobilitas comitatur. Neque enim poterat sine communi mœrore dimitti, qui colebatur amore communi. Rediens autem pater sanctus ab urbe, ex sanctorum apostolorum martyrumque corporibus exenia secum retulit pretiosa, haud modicum hunc inter cætera sui reputans fructum esse laboris. Tanta vero exsultatione Ecclesia illum Gallicana recepit, ut non minorem videretur de suo reditu exhibere, quam de pace reddita nuntiare lætitiam. Sic igitur firmata pace vir Dei ad suos regreditur, et quocumque rediens venit, specialiter a filiis cum ingenti gratulatione suscipitur. Meminit idem pater illius temporis et operis in sermone super Cantica canticorum vigesimo quarto, sic scribens : « Hoc demum fratres tertio reditum ab urbe nostrum clementior oculus e cœlo respexit ; et vultus tandem serenior desuper arrisit nobis. Quievit Leonina rabies, finem accepit malitia, Ecclesia pacem recepit, ad nihilum deductus est in conspectu ejus malignus, qui eam per hoc fere octennium diro schismate conturbarat. Vestris desideriis donatus sum, vestris me profectibus paro ; quorum vivo meritis, volo vivere studiis et saluti. » Hoc ipse de se quod vivebat, quod bona agebat, fratrum meritis totum adscribens, ad studia sancta reversus, cœptum amplectitur epithalamium. Quam efficaciter vero quamque evidenter in tempore iræ factus fuerit reconciliatio, Innocentii papæ super hoc scribentis ad eum verba demonstrant. « Quam firma, ait, perseverantique constantia causam beati Petri et sanctæ matris tuæ Romanæ ecclesiæ, incandescente Petri Leonis schismate, fervor tuæ religionis et discretionis susceperit defendendam ; et se murum inexpugnabilem pro domo Dei opponens, animos regum et principum et aliarum tam ecclesiasticarum, quam secularium personarum ad catholicæ ecclesiæ unitatem, et beati Petri ac nostram obedientiam frequentibus argumentis et ratione munitis inducere laboraverit ; magna,

grands et précieux avantages dont l'Église de Dieu et nous-même jouissons à présent. *(Lettre* CCCLII)...

64. A son retour de Rome, le saint père jouit à peine pendant trois ans seulement du repos après lequel il soupirait, à cause des troubles qu'occasionnèrent en France les dissensions qui s'élevèrent entre le roi Louis et le comte Thibaut. Il dut, en effet, interposer ses bons offices pour rétablir la paix entre eux. Le comte Thibaut était un homme puissant dans le royaume, tout entier adonné aux œuvres de charité et au goût de la piété ; il était l'ami dévoué de tous les serviteurs de Dieu et de toute vie religieuse, et tenait beaucoup aux conseils du très-dévot et saint abbé. Or, non-seulement tous les princes voisins avaient pris les armes contre lui, et s'étaient ligués avec le puissant roi de France, mais encore la plupart de ses vassaux l'avaient abandonné, il était réduit aux abois. En l'apprenant, le saint homme, qui ne savait point s'épargner dans ces circonstances, et qui avait des entrailles de bonté, résolut de s'opposer à tant de maux. Aidé des prières de nombreux religieux, il ne cesse de crier vers le Seigneur qui suggère enfin d'autres pensées d'en haut aux belligérants, et, grâce à la médiation de Bernard, la tempête se calma, et la tranquille sérénité de la paix, si longtemps désirée, régna de nouveau entre le roi et le comte. Dès le principe, l'homme de Dieu avait un bon espoir de voir la paix se rétablir, ainsi que l'ont attesté plusieurs frères, qui lui avaient entendu prédire d'une manière certaine, que le comte de Champagne se tirerait de là, ce qui paraissait à peu près incroyable alors.

CHAPITRE XXIV.

Patience de saint Bernard dans la maladie, dans les marques de mépris et dans les pertes de biens temporels.

65. Au milieu de toutes les fatigues et les labeurs de ce voyage, que le serviteur de Dieu avait entrepris pour le bien de l'Église de Dieu, il ne cessait d'être détourné de son but par ses nombreuses et quotidiennes souffrances. Pour ce qui est de sa patience, nous n'ignorons pas à quelles cruelles épreuves elle a été mise par les tribulations que lui a envoyées le Seigneur. En effet, depuis les premiers moments de sa conversion, jusqu'au jour où il quitta sa dépouille mortelle, il eut tant à souffrir, que, pour quiconque a connu sa vie, son existence semble n'avoir été qu'une mort prolongée. D'un autre côté, de la part des hommes, il y eut aussi quelques occasions, rares, il est vrai, qui ont pu mettre sa patience à l'épreuve, et bien que ces épreuves aient été moins grandes, il faut néanmoins en dire quelques mots afin qu'on ne voie pas qu'il ait manqué de cette vertu. Comme il avait coutume de dire que sa patience était de trois sortes, selon qu'il avait à supporter des paroles blessantes, des pertes matérielles, ou des afflictions corporelles, nous citerons des exemples de chacune de ces trois sortes de patiences, et nous prendrons les premiers faits qui se présenteront à notre esprit. Un jour, le serviteur de Dieu avait écrit à un évêque attaché à la cour et membre du conseil du roi, pour l'engager à propos de quelques paroles échappées à ce prince, à lui donner des conseils et des avis meilleurs. Ce prélat, vivement irrité, lui

C'était Josselin, évêque de Soissons. V. la lettre CCXXIII.

---

quæ Ecclesiæ Dei et nobis provenit, utilitas manifestat. »

64. Post reditum patris ab Urbe, vix per triennium optata quiete potitus, regno Franciæ vehementer turbato ob simultates, quæ inter regem Ludovicum et Comitem Theobaldum emerserunt, rursus ad labores reformandæ pacis expetitur. Is enim comes, potens in regno, totus eleemosynis deditus, et studio pietatis intentus, omnium servorum Dei et sanctæ religionis promptus amator, devotissimæ sanctitatis ejus consiliis adhærebat. Cumque adversus eum insurrexissent non solum vicini principes adjuncti potentiæ regis, verum etiam fere omnes sui recessissent ab eo; comitis evasio in dispersionem jam venerat. Hæc audiens vir sanctus qui in talibus sibi parcere nesciebat, utpote pietatis visceribus affluens, decrevit se tantis malis opponere. Tandem multorum adjutus orationibus religiosorum, assidue clamabat ad Dominum, et allegationibus divinis intercurrentibus, eo mediante detumuere procellæ, et reversa est inter regem et principem tranquillitatis et pacis desiderata serenitas. De qua videlicet pace spem bonam ab initio vir Dei conceperat, sicut quidam fratres sui se ab ipso audisse testati sunt, concito venturam ejusdem principis evasionem, quæ quasi incredibilis videbatur, evidenter eis prædixisse.

CAPUT XXIV.

De ejus patientia in morbis, contumeliis et bonorum jacturis.

65. Inter tantas itineris ac laborum fatigatione, quas vir sanctus pro necessitatibus Ecclesiæ Dei susceperat, quotidiana et multiplex eum avertere non cessabat infirmitas. Unde constat patientiam ejus maxime quidem flagellis dominicis exercitatam esse atque probatam. Nimirum ab ipso suæ conversionis initio usque ad diem sacræ depositionis tanta sustinuit, ut vita ejus his qui noverant, non nisi quædam mortis protelatio videretur. Cæterum erga homines etsi rarior ei occasio forsitan patientiæ potuit experimenta præstare, dicendum tamen vel breviter ne hujus quidem apparuisse eum virtutis immunem. Et quia genus hoc patientiæ solitus erat dicere tripartitum, videlicet ad verborum injurias, ad damna rerum, ad corporis læsionem, de singulis saltem singula proponantur, quæ interim exempla occurrunt

répondit une lettre fort dure, dont la salutation placée en tête selon l'usage, était ainsi conçue : « Salut sans esprit de calomnie, » comme s'il avait voulu insinuer que l'homme de Dieu lui avait écrit dans un esprit de détraction, ce qui fait horreur à dire. Le très-doux serviteur du Christ, se souvenant alors de la réponse du Seigneur : « Je ne suis point possédé du démon, » lui répondit avec simplicité, comme on peut le voir pas sa lettre qui existe encore aujourd'hui : « Je ne me reconnais pas le moins du monde coupable de calomnie. Non-seulement je ne crois pas avoir dit du mal de personne ; mais je sais très-certainement que je n'en ai pas même eu la pensée, surtout en ce qui concerne un prince de l'église. » Dans la suite il n'eut pas moins d'affection que par le passé pour cet évêque et ne le traita pas avec moins d'intimité, et le salut injurieux dont nous venons de parler, fut pour lui comme s'il n'avait jamais été.

66. L'abbé de Farfa avait appelé de Clairvaux une colonie de religieux pour fonder un monastère, mais le souverain pontife fit manquer la chose, en retenant pour lui-même les religieux qu'il plaça dans un autre endroit. Le susdit abbé en ressentit une vive douleur, et, comme il était d'une piété insigne, il déposa moyennant un reçu, une somme de six cents marcs d'argent environ, qu'il vint offrir à l'homme de Dieu, avec prière de fonder avec ces fonds, de ce côté-ci des Alpes, le monastère qu'il n'avait pas eu le bonheur d'établir dans son pays. On envoya pour toucher la somme mais elle se trouva tout entière perdue. Quand on en informa l'homme de Dieu, il se contenta de répondre : « Béni soit le Seigneur qui nous a déchargés d'un tel fardeau ! Quand à ceux qui ont pris cet argent, il faut leur pardonner avec douceur. Ce sont des Romains, la somme leur à paru considérable et la tentation était forte. » Il s'était pourtant beaucoup félicité de ce don, et avait calculé qu'avec cet argent, qu'il se voyait enlevé par la violence et par la fraude, il pourrait fonder environ dix monastères ou du moins acheter les terres nécessaires pour les bâtir, mais comme il ne voulut point plaider, il aima mieux laisser aux autres l'avantage sur lui, que de l'emporter sur eux.

67. Un jour vint à Clairvaux un clerc de ceux qu'on nomme réguliers, pressant Bernard avec une sorte d'importunité, de le recevoir parmi ses religieux. Le saint abbé lui conseilla de retourner à la communauté à laquelle il appartenait et refusa de le recevoir. « Pourquoi donc, lui dit ce clerc, avez-vous tant recommandé la perfection dans vos ouvrages, puisque vous refusez votre assistance à ceux qui veulent y parvenir ? » Puis, dans un accès de violence excité en lui par le démon, comme on le reconnut plus tard, il ajouta : « Si je tenais ces livres en ce moment je les mettrais en pièces. » L'homme de Dieu lui repartit : « Je ne pense pas que vous ayez lu dans aucun de ces livres, que vous ne pouviez atteindre à la perfection dans votre propre maison ; car, si j'ai bonne mémoire, ce que j'ai recommandé dans mes livres, c'est le changement de mœurs non le changement de lieux. » A ces mots le clerc fondit comme un furieux sur le saint et lui porta sur la joue un coup si violent que la place en devint rouge à l'instant même et ne tarda point à enfler. Tous ceux qui étaient présents à cette scène se précipitent à l'instant sur le sacrilége ; mais le serviteur de Dieu les retient, se récrie et les adjure, au nom du Christ, de ne point toucher à ce malheureux, de le mettre doucement dehors, de veiller sur lui et de prendre garde que personne

---

Scripserat aliquando idem Dei famulus ad episcopum aliquem de curia et de consilio regis, monens eum super quibusdam negotiis regi suadere et consulere meliora. At ille vehementer exacerbatus, amarissimam ei reddidit epistolam ; ad quam Christi servus, dominicæ benignitatis sedulus imitator, mansuetissime respondens, non minus postea charum, nec minus familiare meum dem episcopum habuit; sed durum præsulis responsum apud eum sic fuit quasi non dictum.

66. Abbas Farfensis conventum fratrum a Clara-valle vocaverat, monasterium eis ædificaturus ; sed Romanus impedivit antistes, et eos in loco altero ordinavit. Unde plurimum dolens prædictus ille vir magnus, et magnæ devotionis, collectam pecuniam sexcentarum fere marcarum argenti deposuit in patria sua sub chirographio, quas ad Dei hominem veniens obtulit ei, rogans ut mitteret pro argento ; et quod non meruerat in partibus suis, vel citra Alpes novum exinde cœnobium conderetur. Missum est pro argento, sed ad mandatum venerabilis abbatis nihil inde redditum fuit. Nec respondit aliud homo Dei cum ei nuntiaretur, quam, Benedictus Deus qui nobis pepercit ab onere. Gratulari etiam consueverat decem circiter monasteria, vel ædificandis monasteriis loca congrua numerans injuste sibi ablata, dum contendere nollet, et magis eum vinci quam alios vincere delectaret.

67. Veniens aliquando Claram-vallem clericus quidam habitu canonicus regularis, importune satis instabat ut in monachum reciperetur. Suadente patre sancto ut ad suam reverteretur ecclesiam, nec acquiescente recipere eum : Ut quid ergo, ait ille, in libris tuis tantopere perfectionem commendasti, si eam desideranti, opem renuis exhibere ? Et iracundiæ spiritu vehementius instigatus, sicut postmodum evidenter apparuit : Jam, inquit, si illos tenerem, discerperem libros. Cui vir Domini : Puto, ait, in nullo eorum legisti, non posse te in tuo claustro esse perfectum. Morum correctionem, non locorum mutationem, si bene memini, in libris omnibus commendavi. Tum vero impetum faciens homo velut insanus in eum, percussit maxillam ejus, idque tam graviter, ut succederet statim rubor ictui, tumor rubori. Jam qui aderant, in sacrilegum involabant ; sed prævenit eos servus Domini, clamans et adjurans per nomen Christi nullatenus eum tangere, sed educere caute, et curam ejus habere, ne ab aliquo ei vel in aliquo no-

ne lui fasse le moindre mal. Enfin, il en donna l'ordre si expressément que ce misérable, qui tremblait de frayeur, fut reconduit et mis à la porte sans avoir reçu le moindre mal. Nul ne savait mieux que lui vaincre le mal par le bien, comme il le disait, entre autres choses, dans une lettre adressée à des religieux : « Pour moi, je ne cesserai point de vous être uni, je le serai malgré vous et malgré moi-même... Je vous ferai du bien malgré vous, et votre ingratitude n'aura d'autre effet que d'augmenter mon bon vouloir ; enfin votre mépris ne pourra réussir qu'à doubler les témoignages de mon respect (*Epit.* CCLIII, n. 10). » Bernard avait pour tous les hommes un si véritable amour de frère, qu'il se sentait, ainsi qu'il l'a souvent avoué lui-même, très-vivement consumé de chagrin à la vue du scandale de ceux à qui il lui semblait qu'il n'avait donné aucune occasion de se scandaliser.

CHAPITRE XXV.
Sa modération dans les réprimandes, sa douceur et sa charité. Ses écrits.

68. Il y a plus, souvent une réponse rude et arrogante mettait fin aux réprimandes du saint aussi aisément que l'aurait fait une observation douce et humble, ce qui faisait dire à plusieurs qu'il se montrait ferme avec ceux qui lui cédaient et qu'il cédait à ceux qui lui tenaient tête. « Il disait, en effet, que la discussion n'est agréable que lorsque de part et d'autre on s'explique avec douceur ; qu'elle n'est utile que lorsque d'un côté au moins il y a de la modération, mais qu'elle ne peut être que dangereuse, si, ni d'un côté ni de l'autre, il n'y a d'aménité. En effet, disait-il, dès que d'un côté comme de l'autre on parle avec rudesse, c'est une dispute non plus une réprimande, une querelle non point un éclaircissement. Aussi vaut-il mieux alors que le supérieur dissimule pendant quelque temps, et attende que l'émotion soit passée pour corriger plus utilement des esprits adoucis. Quant à l'inutilité des réprimandes reçues avec impatience, il disait qu'on devait s'abstenir de réprimander quelqu'un le soir, ou du moins de le faire trop sévèrement, de peur que le religieux ainsi repris ne reposât pas bien la nuit suivante et fût moins bien disposé pour l'office de la nuit ; et, dans son quarante-deuxième sermon sur le Cantique des cantiques, il disait entre autres choses : « Plût à Dieu qu'il ne fut jamais nécessaire de réprimander personne ; car ce serait le meilleur. Mais parce que nous commettons tous beaucoup de fautes, il ne m'est pas permis de me taire, mon devoir m'oblige, et la charité me presse encore davantage d'avertir ceux qui pèchent. Si je reprends quelqu'un de ses désordres, si je fais ce que je dois et que mes remontrances ne produisent pas l'effet que je désire et qu'au lieu de toucher ceux à qui elles s'adressent, elles reviennent vers moi comme une flèche qui retourne à celui qui l'a lancée, de quels sentiments, pensez-vous, mes frères, que je sois touché alors, que ne souffrirai-je point en ce cas, quels tourments n'en ressentirai-je point ? et, pour me servir des paroles de l'Apôtre, si je ne suis pas assez fort pour imiter sa sagesse, je suis pressé également de deux côtés (*Philippe* x, 23), sans savoir ce que je dois choisir, ou de demeurer satisfait de ce que j'ai dit, parce queje me suis acquitté de mon devoir, ou de me repentir de ce que j'ai fait parce que je n'en ai pas reçu le fruit que j'en espérais (*Serm.* XLII, n. 2). » Un peu plus loin il continue : « Vous me direz peut-être, qu'en ce cas, le bien de mon action retourne vers moi ; que j'ai délivré mon âme et que je suis innocent de la perte de celui à qui j'ai annoncé la vérité pour le tirer

---

ceretur. Quod tam districte præcepit, ut ille timens et tremens absque omni injuria eductus sit et deductus. Nimirum doctus erat vincere in bono malum. Sic et ad quosdam scribens, inter cætera ait : « Adhærebo vobis, etsi nolitis ; adhærebo, etsi nolim ipse ; invitis præstabo, ingratis adjiciam ; honorabo et contemnentes me. » Usque adeo siquidem omnes homines germano amplectebatur affectu, ut eorum scandalo, sicut ipse fateri solebat, gravius ureretur, quibus nullam videretur occasionem scandali præbuisse.

CAPUT XXV.
De ejus moderata correptione, mansuetudine, charitate ac scriptis.

68. Cæterum objurgationem ejus non minus facile aliquando compescebat gravis et turbulenta responsio, quam humilis et modesta, ut ab aliquibus perinde diceretur cedenti insistere, cedere resistenti. Dicebat : Ubi resonat utrimque modestia, dulce esse colloquium ; ubi vel ex parte altera, utile ; ubi ex neutra, perniciosum. Ubi hinc enim inde duritia sonat, jurgium est, non correctio ; nec disciplina, sed rixa ; ut decet magis interim dissimulare prælatum, et commotione sanato utilius castigare subjectos. Loquens etiam interdum ipse de increpationibus minus utiliter prolatis, minusve patienter acceptis, afferebat hora vespertina nullatenus utendum objurgationibus vel insistendum, ne frater turbatus noctem duceret insomnem, et solemnibus vigiliis minus se devotum exhiberet. In sermone etiam super Cantica canticorum quadragesimo secundo, inter cætera dicit. « Utinam neminem objurgare necesse sit ! hoc enim melius. Sed quoniam in multis offendimus omnes, mihi tacere non licet, cui ex officio incumbit peccantes arguere, magis autem urget charitas. Quod si arguero et fecero quod meum est ; illa autem procedens increpatio minime quod suum est faciat, neque ad quod misi illam ; sed revertatur ad me vacua, tanquam jaculum feriens et resiliens ; quid me animi tunc habere putatis, fratres ? Nonne torqueor ? Prorsus coarctor e duobus, et quid eligam nescio, placerene mihi in eo quod locutus sum, quoniam quod debui, feci ; an penitentiam agere super verbo meo, quia quod vo-

du mauvais chemin où il s'était engagé. Vous pouvez ajouter une infinité de raisons semblables, elles ne m'apporteront aucune consolation, tant que je verrai la mort d'un fils ; car je n'ai pas tant cherché à m'acquitter de ce que je devais en lui parlant, que désiré de lui être utile par mes paroles. Quelle est, en effet, la mère qui, après avoir apporté tous les soins imaginables pour assister son fils malade, peut arrêter le cours de ses larmes quand elle voit que tous ses travaux et toutes ses peines sont inutiles et n'ont pu lui sauver la vie (*Ibidem*. n. 5) ? » Mais en voilà assez sur ce sujet.

69. Au surplus, il était tellement ami de la douceur et de la paix que si quelque méchant demandait avec un peu de rudesse et lui extorquait un mot seulement à son corps défendant, il avait bien de la peine ensuite à le renvoyer avec un refus et sans avoir rien obtenu. D'ailleurs il avouait lui-même que, par caractère, il détestait toute espèce de scandale, que la pensée de faire de la peine à quelqu'un lui était pénible et qu'il lui était de toute impossibilité de ne pas la ressentir vivement. Sa très-douce âme était bien plus affligée du scandale d'autrui que consolée de la pensée que sa conscience n'avait rien à lui reprocher. Il s'affligeait en effet alors et espérait d'autant moins de guérison pour le prochain, qu'il ne voyait plus d'où elle pouvait lui venir. Au contraire, il éprouvait une grande consolation toutes les fois qu'il pouvait trouver le moyen de satisfaire, soit au prochain pour lui-même, soit à Dieu pour le prochain, lors même qu'il s'était blessé sans raison. Aussi ne méprisait-il jamais personne et ne pouvait-il s'empêcher de ressentir un vif chagrin du scandale dont il était la cause pour quelqu'un, bien qu'il mît au dessus de cette peine la vérité de Dieu et sa justice. En effet, toutes les fois qu'il lui fallait reprendre ou empêcher dans les autres quelque action ou quelque dessein fâcheux, il le faisait avec tant de prudence que ceux même qui se sentaient atteints trouvaient encore des raisons pour être contents de lui au fond de leur cœur. Aussi, en avons-nous vu plusieurs et de ceux même de qui on pouvait le moins l'espérer, par un attachement plus vif pour sa personne chercher dans la suite à lui témoigner toute leur déférence ou même s'attacher à ses pas. Il était plus vivement touché du bien et du mal spirituel des autres, et son plus grand désir, sa joie suprême, c'était le gain des âmes et la conversion des pécheurs. Quant aux misères corporelles, il les voyait d'un cœur plein de compassion. D'ailleurs ce ne sont pas seulement les infirmités corporelles, mais aussi les infirmités morales qu'il supportait avec infiniment de patience et de charité. Il disait même qu'il était plutôt l'abbé de ceux qui en étaient atteints, et il n'achevait point le roseau déjà rompu, et n'éteignait pas la mèche qui fumait encore.

70. D'ailleurs, si on veut savoir combien dès le principe Bernard s'est montré scrutateur vigilant et juge sévère de lui-même, il faut jeter les yeux sur le premier de ses ouvrages, sur son traité des *Degrés de l'humilité* ; si on veut ensuite voir jusqu'où allaient ses sentiments de religion et de piété, il faut lire les *Homélies* qu'il a faites sur les gloires de Marie, et son traité de l'*Amour de Dieu*. Veut-on se faire une idée du zèle qu'il a déployé contre les vices des autres et contre les siens propres ? Qu'on lise son *Apologie*, comme il l'appelle.

lui non recepi. Et infra. Dicas forsitan mibi, quod bonum meum ad me revertatur, et quia liberavi animam meam, et mundus sum a sanguine hominis, cui annuntiavi et locutus sum, ut averteretur a via sua mala, et viveret. Etsi innumera talia addas, me tamen minime ista consolabuntur, mortem filii intuentem. Quasi vero meam illa reprehensione liberationem quæsierim, et non magis illius. Quæ enim mater etsi omnem, quam potuit, curam et diligentiam ægrotanti filio adhibuisse se sciat, si demum se frustratam viderit, et omnes labores suos esse penitus inefficaces, illo nihilo minus moriente, propterea unquam a fletibus temperabit? » Et hæc hactenus.

69. De cætero tantus æmulator erat mansuetudinis et pacis, ut si forte improbus quisque petitor durius extorsisset a negante responsum, haud facile deinceps cum eadem repulsa dimitteretur inanis. Siquidem velut naturaliter, ut fatebatur, oderat omne scandalum ; et gravamen cujuslibet hominis sustinere ei admodum grave, non sentire impossibile erat. Plus ejus piissimum pectus gratuitum affligebat alterius scandalum, quam propriæ immunitas conscientiæ solabatur. Siquidem dolebat, et minus sperabat posse sanari, quod unde procederet non videbat ; magnum sibi e regione solatium fore perhibens, quoties inveniret unde satisfacere posset, vel homini pro se, vel Deo pro homine, etiam sine occasione turbato. Adeo neminem sprevit, nullius hominis scandalum parvi pendit. Nam et quoties oporteret noxios aliquorum vel reprehendere actus, vel impedire conatus, tam considerate fiebat, ut ipsi quoque, qui læsi viderentur, abundanter haberent, unde sibi pro eo satisfacerent in cogitationibus suis. Ex ipsis autem nonnulli, et de quibus minus id videbatur posse sperari, ampliori devotione ejus postmodum vel obsequiis deservierunt, vel etiam adhæsere vestigiis. Erga omnium quoque hominum spiritale commodum incommodumve amplius afficiebatur, et summum ei desiderium, summum gaudium erat, animarum fructus et conversio peccatorum. Et corporeas tamen necessitates plissime miseratus affectu. Non solum corporum, sed etiam moram infirmitates in charitate patientissime supportabat. Nam eorum qui in hujusmodi laborabant, se maxime profitebatur abbatem, calamum quassatum non contereus, et linum fumigans non exstinguens.

70. Cæterum si quis nosse desiderat, quam sollicitus ab initio sui ipsius dijudicator et scrutator exstiterit, primum opus illius de Gradibus humilitatis inspiciat. Inde si quæritur piæ mentis religiosa devotio, transeundum ad Homelias in laudibus Virginis Matris, et ad illum quem de diligendo Deo edidit librum.

Suivez-le dans ses dissertation sur le *Précepte et la dispense*, vous verrez comme il sut allier au zèle une discrétion toujours vigilante et circonspecte. Son *Exhortation aux chevaliers du Temple*, montre assez que nul ne sut mieux recommander et rendre facile par ses conseils une vie pieuse dans quelque carrière qu'on soit engagé. Sa reconnaissance pour le don de la grâce de Dieu éclate dans ses discussions aussi subtiles que pleines de foi sur la *Grâce et le libre arbitre*. Un lecteur attentif pourra se faire une idée de l'indépendance de sa parole, de son éloquence, et de l'étendue de ses connaissances dans les matières les plus élevées comme dans les plus humbles, en jetant les yeux sur tout ce qu'il a écrit au pape Eugène dans son traité de *la Considération*. Le soin avec lequel il a composé la *Vie de saint Malachie* montre jusqu'où allait son zèle pieux à publier la sainteté des autres. Dans ses *Sermons sur le Cantique des cantiques*, on trouvera en Bernard l'homme qui scrute les mystères et qui jette d'une main puissante les fondements de l'édifice de la morale. Dans ses *Lettres* à différentes personnes et sur différents sujets, tout lecteur réfléchi peut remarquer avec quelle ardeur son cœur aimait tout ce qui est juste, et quelle aversion il avait pour toutes sortes d'injustices. En effet, jamais ce fidèle serviteur du Christ ne recherchait son propre avantage en rien, mais les intérêts de Jésus-Christ, voilà ceux qu'il soignait comme les siens. Enfin, est-il rien de saint, d'honnête, de pudique, d'aimable, de bonne édification, est-il une vertu, est-il quelque chose de louable en fait de mœurs et de discipline, qui ait paru de son temps en quelque pays du monde que ce fût, qu'il ne l'ait fortifié de son autorité, réchauffé du feu de sa charité, favorisé de tous ses soins? Est-il une bonne entreprise qu'il n'ait aidée de ses vœux à ses débuts, ou qu'il n'ait relevée de toutes ses forces selon le temps et les lieux s'il la voyait tomber? Il n'y a pas d'homme ayant conçu de mauvais desseins qui n'ait redouté son zèle et son autorité; pas un non plus qui, se proposant un but honorable, n'ait eu recours à sa sainteté autant qu'il lui a été possible, n'ait désiré sa faveur, sollicité son appui. Est-il un homme qui, dans la tribulation, se soit approché avec foi du temple sacré de la divinité qui habitait dans son cœur, pour y faire entendre un cri poussé par la foi, et qui l'ait fait en vain? Les affligés recevaient de lui des consolations, les opprimés du secours, les âmes perplexes un conseil, les malades un remède, et les pauvres un aumône. En un mot, il se fit le serviteur de tous, comme s'il n'était né que pour se mettre au service du monde entier, ce qui ne l'empêchait pas, d'un autre côté, de s'occuper de sa conscience avec une âme si dégagée de tout le reste, qu'on aurait dit qu'il était absorbé tout entier par le soin et la garde de son propre cœur. Était-il présent quelque part, tout ce qui était saint tressaillait d'aise, tout ce qui était impie était couvert de confusion, selon le mot du prophète : « Les justes le verront et seront remplis de joie, et tous les méchants seront forcés de se fermer la bouche (*Psal.* CVI, 42). » Était-il présent, toute assemblée célèbre semblait resplendir de l'éclat du soleil; était-il absent, elle semblait terne et muette. Il guérissait, en même temps, de sa main bienfaisante les maladies du corps et de sa langue celles de l'âme. Restons-en là pour ce qui est des mœurs de ce saint père, bien que, forcés d'abréger, nous en ayons bien peu parlé.

Si fervens contra suorum vel aliorum vitia zelus; legatur is, quem Apologeticum vocat. Si vigil in zelo cordis, et circumspecta discretio; de Præcepto et dispensatione differens audiatur. Quam vero fidelis cujuslibet piæ conversationis commendator fuerit et adjutor; exhortatorius ad Milites Templi sermo declarat. Quam non ingratus gratiæ Dei, ex his liquet quæ de Gratia et libero arbitrio tam fideliter, quam subtiliter disputavit. Quam liber in voce, quam disertus et in rerum superiorum pariter inferiorumque scientia locuples; in his quæ ad papam Eugenium de Consideratione scripsit, diligens considerator agnoscet. Quam devotissimus prædicator alienæ sanctitatis, diligenter episcopi sancti Malachiæ vitam prosecutus ostendit. Nam in Sermonibus super Cantica canticorum, et indagator mysteriorum, et morum ædificator magnificus innotescit. In Epistolis, quas ad diversas personas ob negotia diversa dictavit, prudens lector advertet, quo fervore spiritus justitiam omnem dilexerit, et omnem æque oderit injustitiam. Quid vero sanctum, quid honestum, quid pudicum, quid amabile, quid bonæ famæ, quid virtutis, aut laudabilis disciplinæ, suis ortum in qualibet regione diebus non roboravit ejus auctoritas, non fovit charitas, diligentia non promovit? Quid ante promotum dilatari amplius non optavit, quid forte collapsum non totis pro loco et tempore viribus egit, ut repararetur? Quis ad sacrum in ejus pectore habitantis templum divinitatis de quacumque tribulatione fideliter clamaturus accessit, et inefficaciter laboravit? Mœstus ab eo solatium, afflictus auxilium, consilium anxius, æger remedium, pauper subsidium non reportabat. Ita sese omnium fecerat servum, ac si toti genitus orbi; ita tamen liber ex omnibus conscientiæ suæ curam gerens, tanquam soli deditus curæ et custodiæ cordis sui. Eo præsente omnis sanctitas exsultabat, omnis erubescebat impietas, juxta illud; *Videbunt recti, et lætabuntur, et omnes iniquitas oppilabit os suum*. Ex præsente cælebris quisque conventus, velut quodam sole resplenduit, absente caliginosus et quodammodo mutus apparuit. Hujus denique medicinalis manus et lingua, morbos utraque curabat, illa corporum, ista morum. Hæc interim de moribus sancti patris, licet ex parte, sub brevitate perstricta sufficiant.

CHAPITRE XXVI.

Saint Bernard attaque Abélard et l'hérétique Henri.

71. Bernard, accablé de mille travaux et en même temps sous le poids d'infirmités quotidiennes, n'aspirait plus qu'au repos au milieu de ses frères; mais la divine Providence en avait disposé autrement, et pour donner l'occasion d'accroître ses mérites elle l'engagea dans les fatigues d'une lutte d'une autre nature. A cette époque, vivait Pierre Abélard, docteur insigne et très-haut placé dans l'opinion publique par sa réputation de science, mais d'un enseignement dangereux pour la foi. Comme ses écrits, remplis de blasphèmes énormes, commençaient à se répandre de toutes parts, des hommes aussi pleins de foi que de science rapportèrent à l'homme de Dieu les nouveautés profanes qu'ils renfermaient, tant dans leurs expressions que dans leur sens. Bernard, avec sa bonté et sa bienveillance ordinaires, voulait redresser l'erreur et ménager l'amour-propre d'Abélard, il lui donna donc secrètement de sages avis, et en agit envers lui avec tant de modération et de raison, qu'il le pénétra d'un vif regret de ses fautes et l'amena à s'en remettre sur tous les point à son jugement et à promettre de se corriger. Le serviteur de Dieu se tenait dans l'attente de cette correction, mais à son insu et par le conseil de dom Henri, archevêque de Sens, il fut pris jour pour une discussion des chapitres dont nous avons parlé plus haut, à Sens, par maître Abélard et par l'abbé de Clairvaux. Ce jour était celui où ledit archevêque devait exposer les saintes reliques à la vénération du roi de France, des grands de sa cour et du peuple. Bernard, appelé à se rendez-vous, refusa d'abord péremptoirement de s'y rendre, en disant que cette affaire regardait les évêques, non point lui, puisque c'était une question de foi. Cependant, cédant plus tard aux conseils d'hommes importants, et craignant que son absence n'augmente le scandale parmi le peuple et l'audace de son adversaire, il consent à se mettre en route; mais ce n'est pas sans tristesse et sans larmes qu'il fait cet effort sur lui-même, ainsi qu'il le dit dans une lettre au pape Innocent, dans laquelle il expose toute cette affaire en détail et avec la plus grande clarté. Au jour indiqué, le roi de France, le vénérable Samson, archevêque de Reims, un grand nombre d'évêques de la province et une multitude de peuple se trouvèrent réunis au lieu indiqué. Or, tous ceux qui s'étaient rassemblés à Sens pour cette affaire, purent reconnaître avec quelle grandeur le prudent et fidèle serviteur de Dieu agit en cette circonstance et quel bien il fit dans cette réunion. C'est d'ailleurs ce que le seigneur pape Innocent, qui ne tarda pas après cela à s'engager aussi, à son tour, dans la voie que suit toute chair, à reconnaître hautement dans une lettre qu'il adressa sur ce sujet à tous les évêques de France. Au pape Innocent succédèrent les papes Célestin et Luce, qui ne firent que passer dans la chaire pontificale, pour laisser la place au pape Eugène.

72. Dans le Toulousain se trouvait, sous le pontificat du même pape, un certain Henri qui avait été moine autrefois, et qui alors n'était qu'un vil apostat, menant une vie infâme, et répandant une

---

CAPUT XXVI.

Abaelardum impugnat, et Henricum hæreticum

71. Cum jam multis pressus esset laboribus, nec minus quotidianis laboraret incommodis, jam inter fratres sibi requiem affectabat; sed divina providentia aliter providente, ut meritis ejus præmium cresceret, alterius certaminis ei labor accessit Fuit enim in diebus illis Petrus Abaelardus, magister insignis, et celeberrimus in opinione scientiæ; cujus scripta minus consona fidei, cum undique volitare cœpissent, viri eruditi atque fideles nonnulla ex his capitula ad Dei hominem retulerunt Qui nimirum solita bonitate desiderans errorem corrigi, hominem non confundi, secreta illum admonitione convenit. Cum quo etiam tam modeste, tamque rationabiliter egit, ut ille quoque compunctus, ad ipsius arbitrium correcturum se promitteret universa. Cum itaque in hujus correctionis exspectatione Dei famulus permaneret, eo penitus ignorante, consilio domini Henrici Senonensis archiepiscopi, dies est celebris constituta, qua prædictus magister, et abbas disputaturi super præfatis capitulis Senonis convenirent. Illa autem dies erat qua idem pontifex regi Franciæ, et principibus, et universæ plebi sanctas erat ostensurus reliquias, ad quam abbas vocatus, venire penitus recusavit, non hoc suum, sed episcoporum, fidei negotium esse renuntians. Postea tamen magnorum virorum monitis flexus, et auctoritate tractus, tristis quidem, nec sine lacrymis, demum pergere acquievit, sicut in epistola ad Innocentium papam ipse testatur, ubi plenius lucidiusque negotium omne prosequitur. Affuit dies ubi rex et venerabilis Samson Remorum archiepiscopus, multique de episcopis utriusque provinciæ cum copiosa ecclesia convenerunt. Porro quam magnifice egerit servus fidelis et prudens, quam utiliter in illo conventu, ecclesia propter hoc congregata evidenter agnovit. Sed et Dominus papa Innocentius in epistola de hoc ad episcopos transmissa in Galliis plenius attestatur, qui videlicet pontifex non multo post tempore viam universæ carnis ingreditur. Eo defuncto, et successoribus ejus Cœlestino et Lucio quam velociter consummatis, Eugenius papa Urbis efficitur.

72. In diebus pontificatus illius, Henricus quidam, qui olim exstiterat monachus, perniciosæ doctrinæ verbis persuasibilibus Tolosanæ gentis occupaverat levitatem; et, sicut prædixit de quibusdam Apostolus, in hypocrisi loquens, mendacium fictis verbis de eis negotiabatur. Erat autem hostis Ecclesiæ manifestus, irreverenter ecclesiasticis derogans sacramentis pari-

doctrine pernicieuse. Par ses paroles pleines de persuasion, il s'était emparé de l'esprit léger des peuples de ce pays. Selon ce que l'Apôtre avait prédit de certaines gens, il parlait le langage du mensonge et de l'hypocrisie, et ne s'adressait à ces populations qu'en termes pleins de feinte. Cet homme au reste se déclarait manifestement l'ennemi de l'Église et attaquait avec une égale irrévérence ses sacrements et ses ministres. La malignité de ses suggestions avait fait tant d'effet, qu'il n'y avait plus que du mépris pour toutes les institutions de l'Église. Dans ce pressant besoin, le saint, dont l'église de ces contrées avait souvent imploré le secours, se laissa persuader par le révérendissime Aubry, évêque d'Ostie et légat du saint siége, d'entreprendre le voyage de Toulouse. A son arrivée, le peuple de ces contrées le reçut avec une piété incroyable, et comme un ange venu du ciel. Il ne put demeurer longtemps parmi ce peuple, parce qu'il n'était au pouvoir de personne de contenir la foule de ceux qui accouraient jour et nuit pour demander sa bénédiction et implorer son secours. Toutefois, il prêcha pendant quelques jours à Toulouse et dans plusieurs autres endroits que ce misérable hérétique avait plus particulièrement fréquentés, et plus profondément infestés de ses erreurs. Partout il éclaire la foi des simples, raffermit ceux qui chancelaient, ramène ceux qui s'étaient égarés, relève ceux qui étaient tombés, presse et accable de son autorité les perturbateurs de la foi et les opiniâtres, au point qu'aucun d'eux n'osait, je ne dis point lui résister en face, mais même asssister à ses conférences et paraître devant lui. D'ailleurs, bien que l'hérétique eût réussi alors à fuir et à se cacher, cependant les chemins lui furent tellement interceptés et les issues furent si bien fermées, qu'il finit par ne plus conserver la moindre espérance de se trouver en sûreté quelque part; en effet, il ne tarda point à être pris, chargé de chaînes et livré à l'évêque.

73. Pendant ce voyage, le Seigneur fut glorifié dans son serviteur par de nombreux miracles; car les uns, dont le cœur avait été égaré par des doctrines impies, revinrent à sa voix de leurs erreurs, et d'autres, dont le corps était atteint de diverses maladies, obtinrent leur guérison. Il y a dans cette contrée un pays nommé Sarlat, où, quand le sermon fut achevé, on présenta au serviteur de Dieu, selon que cela se faisait partout, des pains à bénir. Bernard, ayant donc levé la main, fit un signe de croix et les bénit en disant : « Si vos malades, après avoir goûté de ces pains, recouvrent la santé, vous reconnaîtrez alors que c'est nous qui vous prêchons la vérité, et que les hérétiques ne vous annoncent que l'erreur. » En l'entendant parler ainsi, le vénérable évêque de Chartres, le grand Geoffroy, qui était présent à ce discours et placé tout près de l'homme de Dieu, conçut quelque appréhension et dit : « Oui, s'ils mangent de ce pain avec une foi sincère ils seront guéris. » A ces mots, le saint abbé, qui avait une confiance sans borne en la puissance du Seigneur, répliqua : « Je n'ai point dit cela, mais j'ai dit que tous ceux qui en goûteraient seraient guéris, afin que tout le monde sût bien que nous sommes des hommes véridiques et vraiment envoyés de Dieu. » Alors il y eut tant de malades qui mangèrent de ce pain et recouvrèrent la santé, que le bruit de ce miracle se répandit dans toute la province, et que l'homme de Dieu, en passant à son retour dans le voisinage de cette ville, ne voulut point repasser par cette ville, pour éviter la foule intolérable qui se serait présentée à sa rencontre.

---

ter et ministris. Adeo pravæ suggestionis ejus malignitas invaluerat, quod omnes institutiones ecclesiasticæ spernebantur. Hac necessitate vir sanctus iter arripuit, ab Ecclesia regionis illius sæpius jam ante rogatus, et tunc demum a reverentissimo viro Alberico Ostiensi episcopo et legato sedis apostolicæ persuasus pariter et deductus. Veniens autem, cum incredibili devotione susceptus est a populo terræ, ac si de cœlo angelus advenisset. Nec moram facere potuit apud eos, quod irruentium turbas reprimere nemo posset; tanta erat frequentia diebus ac noctibus adventantium, benedictionem expetentium, flagitantium opem. Prædicavit tamen in civitate Tolosa per aliquot dies, et in cæteris locis, quæ Henricus ille frequentasset amplius, et gravius infecisset, multos in fide simplices instruens, nutantes roborans, errantes revocans, subversos reparans, subversores et schismaticos auctoritate sua premens et opprimens, ut non resisteret, sed nec adsistere quidem et apparere præsumerent. Cæterum etsi tunc fugit a facie ejus hæreticus ille, et latuit; ita tamen per gratiam Dei impeditæ sunt viæ ejus et semitæ circumsæptæ, ut postea vix alicubi tutus, tandem captus et catenatus Tolosano episcopo traderetur.

73. In quo itinere plurimis signis in servo suo abbate glorificatus est Deus, aliorum corda ab erroribus impiis revocans, aliorum corpora a languoribus variis sanans. Est locus in regione eadem, Sarlatum nomen est illi, ubi sermone completo plurimos ad benedicendum panes, sicut ubique fiebat, Dei famulo offerabant. Quos ille elevata manu et signo crucis edito in Dei nomine benedicens: In hoc, inquit, scietis vera esse quæ a nobis, falsa quæ ab hæreticis suadentur, si infirmi vestri gustatis panibus istis adepti fuerint sospitatem. Timens autem venerabilis episcopus Carnotensium, magnus ille Gaufridus, siquidem præsens erat, et proximus viro Dei : Si bona, inquit fide sumpserint, sanabuntur. Cui pater sanctus de Domini virtute nil hæsitans: Non hoc ego dixerim, ait, sed vere qui gustaverint, sanabuntur, ut perinde veros nos et veraces Dei nuntios esse cognoscant. Tam ingens multitudo languentium gustato eodem pane convaluit, ut per totam provinciam verbum hoc divulgaretur, et vir sanctus per vicina loca regrediens, ob concursus intolerabiles declinaverit, et timuerit illo ire,

CHAPITRE XXVII.

Ce que saint Bernard pensait lui-même de ses miracles. Malheureuse issue de la croisade.

74. Comme durant toute la durée du voyage du saint à son retour de ces contrées, les miracles qu'il opérait se répétaient de plus en plus et se multipliaient tous les jours davantage, nous ne saurions négliger de dire quels étaient, au milieu de tant de prodiges, les sentiments de celui qui avait appris de Jésus-Christ l'humilité du cœur et la mansuétude. Il discutait souvent ce sujet avec lui-même dans sa pensée, et s'en expliquait ensuite dans toute l'expansion de son âme en ces termes avec quelques-uns de ses frères et des religieux qui l'approchaient de plus près : « Je me demande avec un profond étonnement ce que signifient ces miracles, et pourquoi il a plu à Dieu d'opérer de telles choses par les mains d'un homme comme moi. Il me semble que je n'ai rien lu de pareil dans les pages de la Sainte Écriture. En effet, on y voit des prodiges opérés quelquefois par des hommes saints et parfaits, et d'autres fois par des imposteurs. Or, pour ce qui est de moi, si je ne me trouve point parfait, pourtant ne me trouvé-je point de la nature des imposteurs. Sans doute, je ne possède point ces vertus des saints qui méritent d'être marquées au coin des prodiges, mais j'espère bien aussi ne point être du nombre de ceux qui font des miracles au nom du Seigneur et n'en sont pas moins inconnus de lui. » Voilà le langage que bien souvent et dans l'intimité il tenait avec des hommes spirituels. À la fin il crut avoir trouvé la vraie route pour sortir de ces difficultés. « Je sais, disait-il, que ces sortes de merveilles se produisent, non point à cause de la sainteté d'un seul, mais pour le salut de plusieurs. Dieu considère dans l'homme par qui il opère ces prodiges, non pas tant la perfection, que l'opinion qu'on a de cette perfection, et, par ce moyen, il fait estimer des autres hommes les vertus qu'on croit exister en celui dont il se sert. Ces prodiges ne s'accomplissent pas, en' effet, pour ceux qui les font, mais plutôt pour ceux qui les voient ou les entendent raconter. Le Seigneur les opère donc ces merveilles, non point pour prouver que ceux dont il se sert pour cela sont plus saints que les autres, mais pour inspirer aux hommes un amour et un zèle plus grands pour la sainteté. Il n'y a donc rien de moi dans les miracles que je fais ; ils sont dûs, je le reconnais, à la renommée dont je jouis, bien plus qu'à ma vie elle-même, et ils ont lieu beaucoup moins en ma considération qu'en considération des autres qu'ils avertissent. » Si je ne me trompe, quiconque pèsera avec attention ces sages paroles, ne pourra se défendre d'un sentiment d'admiration pour une telle âme, et, s'il est un appréciateur équitable du mérite, il pensera que le fait d'opérer tant de miracles n'est pas une plus grande preuve de perfection que de les expliquer ainsi quand une fois ils sont faits. Enfin, il ne croira pas moins utile pour lui-même d'imiter les sentiments de Bernard, que d'admirer ses actions et de savoir tout ce qu'il y eut d'admirable dans ses mœurs, que de connaître ce qu'il y a de miraculeux dans ses œuvres. Voilà comment avec la coopération de la grâce, la doctrine du saint homme fut utile à l'Église de Dieu, pour corriger les mœurs des catholiques, réprimer les fureurs des

---

CAPUT XXVII.

Quid Bernardus de mirabilibus a se factis sentiret. Ubi de Jerosolymitanæ expeditionis infelici successu.

74. Cum autem per totum ab eadem provincia reditum viri sancti magis magisque signa crebescerent, et multiplicarentur in dies, non prætereundum quidnam ipse inter hæc animi gereret, qui a Christo humilitatem cordis et mansuetudinem didicisset. Disputans enim secum in cogitationibus suis, et ex abundantia cordis locutus, domesticis sibi religiosis quibusdam fratribus aiebat : Plurimum miror, quidnam sibi hæc miracula velint, aut quid visum sit Deo talia actitare per talem. Nil mihi videor in sacris paginis super hoc genere legisse signorum. Siquidem facta sunt aliquando signa per sanctos homines et perfectos. Facta sunt et per Fictos Ego mihi nec perfectionis conscius sum, nec fictionis. Scio enim sanctorum mihi non suppetere merita, quæ miraculis illustrentur ; confido autem nec ad eorum sortem me pertinere, qui virtutes multas in nomine Domini operantur, et a Domino ignorantur. Hæc et hujusmodi crebrius secretiusque cum viris spiritualibus conferebat. Novissime vero opportunum sibimet visus exitum reperisse: Scio, inquit, hujusmodi signa non ad sanctitatem unius, sed ad multorum spectare salutem, et Deum in homine per quem talia operetur, non tam perfectionem considerare, quam opinionem, ut in eo commendet hominibus, quæ illi creditur inesse, virtutem. Neque enim his per hæc per quos fiunt, sed pro eis magis qui vident illa vel sciunt. Nec eo fine per eos ista Dominus operatur, ut ipsos probet cæteris sanctiores, sed ut cæteros magis amatores et æmulatores faciat sanctitatis. Nihil ergo mihi et signis istis, quandoquidem meæ illa famæ magis quam vitæ noverim exhiberi ; nec ad meam fieri commendationem, sed ad commonitionem potius aliorum. » Satis, ni fallimur, hujus viri mirabitur animum, quisquis hæc diligenti consideratione pensaverit ; nec præstantibus aut sublimius reputabit æstimator quisque fidelis signa atque prodigia per eum mirabiliter operari, quam perpetrata taliter ab eo interpretari. Sibi quoque non minus utile Christianus animus judicabit, imitandos ejus affectus, quam mirandos actus ; et morum insignia, quam operum signa cognoscere. Sic igitur divina cooperante gratia multipliciter Ecclesiæ Dei viri sancti doctrina profuit in Catholicorum

schismatiques et confondre les erreurs des hérétiques.

75. Avant que le serviteur de Dieu revînt du pays Toulousain, tous les esprits, mais surtout celui du roi Louis le Jeune, avaient été vivement émus par le récit de l'état où se trouvait l'Église d'Orient. C'est ce qui avait engagé le roi à appeler à deux reprises différentes le saint auprès de lui. Mais le serviteur de Dieu ne voulut se rendre aux désirs et à la volonté du roi, qu'après avoir reçu du souverain pontife l'ordre de faire connaître à tous les peuples et à tous les princes une lettre angélique, dont la teneur était qu'ils devaient, pour faire pénitence et obtenir la rémission de leurs péchés, entreprendre le voyage de la Terre sainte, afin de délivrer leurs frères ou de mourir pour eux. Il ne faut point omettre de dire qu'il s'est trouvé bien des gens dont l'esprit borné se scandalisa de ce que cette expédition prêchée par ce vénérable abbé, avait eu une si fâcheuse issue. Mais ce qui est bien certain, comme nous l'avons dit plus haut, c'est que l'initiative de cette entreprise ne vint pas de lui. Ce vénérable père parle de cette expédition au commencement du livre II de la Considération, adressé au pape Eugène, et il dit entre autres choses : « Nous semblons avoir agi en cette circonstance avec imprudence et légèreté. Il est certain que je me suis lancé dans cette entreprise avec une grande ardeur, mais on ne peut pas dire que ce fut au hasard, puisque je n'ai fait qu'obéir à vos ordres, ou plutôt aux ordres même de Dieu qui me parlait par votre bouche. » Et un peu plus loin il continue : « D'ailleurs, s'il faut qu'on murmure, j'aime mieux que ce soit contre moi que contre Dieu, et je m'estimerai infiniment heureux de lui servir de bouclier (*Lib. de Consid.* II, c. I, n. 1 et 4). »

CHAPITRE XXVIII.

Réfutation des erreurs de Gilbert de la Porrée.
La mort de saint Bernard approche.

76. Il y avait à cette même époque un évêque de Poitiers nommé maître Gilbert. C'était un homme très-versé dans les Lettres sacrées, mais qui, ayant eu la présomption de scruter des mystères trop profonds pour lui, se mit à écrire des nouveautés. Comme elles occasionnaient du scandale et certaines rumeurs parmi les fidèles, il fut cité à comparaître au concile de Reims présidé par le pape Eugène, et à livrer ses livres. Là, le vénérable abbé combattit deux jours entiers les nouveautés de Gilbert, et les confondit avec autant de modestie que de foi, en s'appuyant sur le témoignage des saints. Enfin, l'erreur en question fut condamnée par le jugement apostolique, et l'autorité de l'Église universelle. Quant à Gilbert, il souscrivit à sa condamnation, désavoua publiquement ses écrits, se corrigea et obtint par là qu'on usât d'indulgence à son égard. Ce qui détermina surtout le concile à en agir ainsi, c'est que, dès le principe, Gilbert avait eu la précaution de ne s'engager dans cette discussion, qu'en promettant de se soumettre sans aucune obstination au jugement de l'Église, et de rétracter, lui-même, ses erreurs, sans attendre qu'il fût contraint à le faire.

77. Le saint homme sentait ses forces corporelles diminuer, mais son esprit, plein de promptitude et de vivacité, ne laissa point pendant plusieurs années encore de témoigner le zèle dont il était

---

moribus corrigendis, in schismaticorum furoribus comprimendis, in hæreticorum erroribus confutandis.

75. Sane antequam idem Dei famulus a Tolosa rediret, multorum animos, et præcipue regis Ludovici Junioris, permovit Orientalis ecclesiæ audita necessitas. Propter quod servus Christi a præfato rege semel et iterum expetitur ; nec sic acquievit voluntati et petitioni ejus, donec ipsius tandem summi Pontificis generalem epistolam jussus est ab eo exponere populis atque principibus. Cujus tenor epistolæ fuit ; ut in pœnitentiam et remissionem peccatorum iter arriperent, aut liberaturi fratres, aut suas pro illis animas posituri Nec tacendum quod ex prædicatione ejusdem itineris Jerosolymitani contra eumdem venerabilem abbatem quidam minus intelligentes scandalizati fuerunt, quod tristior sequeretur effectus. Quod tamen verbum certum est, ut prædiximus, ab eo quidem initium non sumpsisse. Meminit hujus verbi ipse quoque venerabilis pater in libro de Consideratione ad Eugenium papam, inter cætera ita dicens : « Quasi levitate in opere isto usi simus. Cucurrimus plane in eo, non quasi in incertum, sed te jubente, imo per te Deo. » Et post pauca. « Si necesse sit unum fieri e duobus, malo in nos murmur hominum, quam in Deum esse. Bonum mihi si dignetur me uti pro clypeo. »

CAPUT XXVIII.
De Gisleberti Porretani confutatione, ac instante Bernardi morte.

76. Erat in tempore illo magister Gislebertus, Pictavorum episcopus, in sacris litteris plurimum exercitatus ; sed sublimiora se scrutatus, quasdam novitates et ipse conscripserat. Super quibus cum jam fidelium scandalum et murmur invalesceret, in Remensi concilio, a venerabili Eugenio papa celebrato, vocatus ad medium est, et librum tradere jussus. Ibi venerabilis abbas adversus novitates per biduum agens, sanctorum testimoniis tam modeste, quam fideliter eas redarguebat. Demum apostolico judicio et auctoritate universalis Ecclesiæ, præfatæ novitates damnabantur ; episcopus eidem damnationi consentiens, et publice refutans quæ scripserat. indulgentiam consequitur ; maxime quod ab initio promiserat, sine ulla obstinatione se pro arbitrio Ecclesiæ sanctæ correcturum suam opinionem.

77. Sic vir sanctus jam corpore quasi deficiens, mente tamen promptus et alacer, zelum Dei, quo fervebat interius, per annos aliquot bonis operibus

embrasé pour Dieu, par de nombreuses bonnes œuvres, car son infatigable et sainte piété ne se lassait point de se livrer à son goût pour le service de Dieu. Quand le Seigneur se disposait à donner à son bien-aimé serviteur le sommeil d'une pieuse mort, auquel il aspirait depuis si longtemps, et à le faire entrer dans son propre repos, après tant de sueurs et de si nombreux travaux, on vit l'esprit se montrer en lui de plus en plus actif, à mesure que la chair affaiblie baissait davantage. Le saint homme, en effet, connaissant que le prix de la course qu'il était en train de fournir approchait, courait avec plus d'ardeur que de coutume, et sentant que sa demeure terrestre marchait à une ruine imminente, il soupirait plus ardemment après la demeure du ciel, après cette habitation éternelle que Dieu seul a faite et à laquelle la main des hommes n'a point travaillé. La flamme de ce saint désir ne pouvant se renfermer dans son cœur si pur, éclatait souvent au dehors par des signes certains, et ses paroles de feu décelaient vivement la violence de l'incendie qui dévorait son cœur. Son corps, étendu sur un petit lit, était éprouvé par mille infirmités, mais son esprit n'en était ni moins libre ni moins puissant; il s'exerçait sans se laisser abattre à toutes les choses de Dieu, et au milieu de ses plus grandes douleurs, il ne cessait de méditer ou de dicter sur quelque sujet sacré, de prier avec le plus tendre amour, et de prodiguer avec le zèle le plus pieux ses exhortations à ses religieux. Dans l'oblation de l'hostie du salut, qu'il omit à peine quelquefois de faire jusqu'à son dernier jour, son esprit seul par sa vigueur soutenait ses membres qui semblaient ne plus tenir ensemble, et il s'offrait ainsi lui-même comme une victime d'une agréable odeur que Dieu devait avoir pour acceptable. C'est vers ce temps que, dans une lettre adressée à son oncle André, chevalier du temple, que l'on regardait comme la plus grande colonne du royaume de Jérusalem, il disait entre autres choses : « Je m'affaiblis beaucoup et je ne crois pas que mon pèlerinage se continue désormais bien longtemps sur la terre (*Epist.* CCLXXXVIII, 2). » Comme il souffrait un peu plus que de coutume, les frères élevaient leurs vœux et leurs prières vers Dieu avec un redoublement de ferveur. Aussi, le saint, reconnaissant que la vertu de leurs prières retardait l'accomplissement de ses vœux, les réunit, dans un moment où il se trouvait un peu mieux, et leur parla en ces termes : « Pourquoi retenez-vous un malheureux homme comme moi? vous êtes plus forts que moi et vous en profitez. Épargnez-moi, je vous prie, et laissez-moi partir. »

Messe célébrée chaque jour par saint Bernard.

CHAPITRE XXIX.

Bernard rétablit la paix entre les habitants de Metz.

78. Le saint abbé, dans son monastère de Clairvaux, attendait courageusement la fin de sa vie, lorsque une grande plaie vint affliger les habitants de Metz, que des princes voisins opprimaient cruellement. Toute la province se voyait menacée d'une dévastation certaine, lorsque leur vénérable métropolitain, Hillin, archevêque de Trèves, le cœur brisé par les derniers événements, plein d'appréhension d'en voir bientôt de plus terribles encore, et animé d'une pieuse sollicitude pour ses enfants, eut re-

---

exercebat, ac divini servitii laborabat insistere studiis indeficiens ejus sancta devotio. Et cum post tantos labores huic dilecto suo diu desideratum pretiosæ mortis somnum Dominus dare disponeret, et fidelem servum in requiem introducere suam, cœpit magis ac magis promptus in ipsum proficere spiritus, caro infirma deficere. Cognoscens enim vir sanctus prope esse jam bravium, solito currebat alacrius, et terrestris suæ habitationis dissolutionem sentiens imminere, votis uberioribus adspirabat ad habitationem ex Deo, domum non manufactam, æternam in cœlis. In cujus purissimo pectore sacri sese desiderii flamma non capiens, crebris erumpebat indiciis; et ignitum eloquium vehementer fervoris interni vehementiam declarabat. Corpus lectulo decubans variis exercebatur incommodis; animus tamen nihilominus liber et potens, quæ Dei erant exercebat invictus, non cessans in mediis quoque doloribus meditari sacrum aliquid, aut dictare, orare affectuosius, fratres studiosius exhortari. In oblatione hostiæ salutaris, quam usque ad defectum ultimum vix aliquando intermisit, artus sibi vix cohærentes vigore spiritus sustentabat, semetipsum pariter offerens acceptabilem hostiam Deo in odorem suavitatis. Quo tempore ad avunculum suum Andream, militem Templi, epistolam scribens, inter cætera ait : « Ego enim delibor, nec puto me longum facere super terram. » Dumque solito gravius laboraret, fratres insistebant supplicationibus et orationibus ad Deum pro eo. Unde etiam sanctus ipse cognoscens eorum precibus desiderium suum differri, cum aliquanto melius secundum corpus habere cœpisset, congregatis fratribus hæc eadem verba locutus est : « Quid tenetis miserum hominem? fortiores estis et invaluistis. Parcite quæso parcite, sinite me abire. »

CAPUT XXIX.

De Metensium pace per ipsum composita.

78. Jam itaque pater sanctus in suo Claræ-vallensis cœnobio consummationem cursus sui viriliter exspectabat, cum gravis admodum plaga Metensi populo supervenit, graviter oppresso a vicinis principibus. Imminebat totius provinciæ certa, ut putabatur, vastatio; cum venerabilis eorum metropolitanus Hillinus, archiepiscopus Treverensis, dolens anxie de præteritis, sed adhuc graviora formidans, unicum in tanta necessitate refugium petiit et experiit virum Dei. Veniens ergo Claram-vallem, ipsius atque omnium fratrum vestigiis tota humilitate prostratus rogabat et

cours à l'unique refuge qui lui restait en pareille occurrence, et sollicita le secours de l'homme de Dieu. Étant donc venu à Clairvaux, il se prosterna avec une entière humilité aux pieds du saint abbé et de tous les religieux, en les priant et les suppliant de vouloir bien s'opposer à de si grands maux auxquels personne autre ne semblait en état de mettre un terme. Le Seigneur, qui avait toujours dirigé les voies de son fidèle serviteur, et qui s'en était servi dans des circonstances difficiles, comme d'un excellent instrument, avait peu de jours auparavant donné quelque relâche aux souffrances corporelles de Bernard. La divine Providence, qui tenait son âme dans ses mains et en disposait à son gré, régla souvent les choses, à l'égard de notre saint, de manière que, à la grande admiration de tout le monde, toutes les fois que quelque circonstance importante l'exigeait, son esprit triomphait de tout, les forces même du corps lui revenaient, et il supportait la fatigue mieux que les hommes les plus robustes. Mais une fois les choses terminées, il semblait revenir à son état naturel, et retombait dans ses nombreuses infirmités, en sorte que, rendu au repos, tout ce qu'il pouvait faire, et, même à grand peine, c'était de vivre, lui qui, au milieu des occupations, ne connaissait point la défaillance. Dans cette dernière occasion, il fut si manifestement et si merveilleusement soutenu par une vertu d'en haut, qu'on aurait dit qu'il puisait des forces nouvelles dans la fatigue même.

79. Or, au moment où les deux partis se tenaient campés chacun sur une rive de la Moselle, il arriva que le fidèle médiateur, les ayant priés tous les deux pour les amener à faire la paix, celui que le carnage qu'il avait fait des ennemis remplissait de fierté, refusait avec opiniâtreté d'accorder ce qu'on lui demandait. A la fin, tous ceux de ce parti se retirèrent comme s'ils étaient en proie aux furies, sans saluer l'homme de Dieu, et ne laissant plus à leurs adversaires aucun espoir de conclure la paix. Cependant, ce n'est pas par un sentiment de mépris, mais de respect pour le saint qu'ils prirent ainsi le parti de la retraite, car ils craignaient, s'ils restaient là en présence du saint qu'il ne réussît facilement à les toucher, quelque mal disposés qu'ils fussent : ils oubliaient en cela ce qu'il pouvait même sur les absents, par le moyen de celui qui n'est absent nulle part. Déjà la conférence se séparait dans une grande agitation, déjà même de part et d'autre on ne songeait plus qu'à en appeler aux armes, et on ne formait que de sinistres projets, quand l'homme de Dieu consola les fidèles qui l'avaient accompagné en leur disant : « Ne vous troublez point, car la paix tant désirée se fera, quoique avec bien des difficultés. » Il leur apprit ensuite comment il le savait : « J'ai eu, leur dit-il, un songe où il me semblait que je célébrais la messe ; en terminant la première oraison, je me souvins que le cantique des anges, *Gloria in excelsis Deo*, aurait dû la précéder, selon la coutume ; je rougis en entonnant ce cantique que j'avais omis par oubli, et je le continuai jusqu'à la fin avec vous. » Déjà la moitié de la nuit s'était écoulée, lorsque le saint homme reçut une députation chargée de lui témoigner le repentir des chefs dont il a été parlé plus haut. Alors, se tournant plein de joie vers les siens, il leur dit : « Vous voyez que nous devons nous préparer à chanter, selon la promesse qui m'en a été faite, le cantique de gloire et de paix. »

---

obsecrabat, ut se tantis dignaretur opponere malis, quibus alter nemo posse modum ponere videretur. Dominus autem, sicut semper fidelis servi sui direxerat vias, et in præcipuis quibusque causis aptissimo usus fuerat instrumento, ex paucis ante diebus ægritudinem corporis ejus aliquatenus relevarat. Quod quidem sæpius erga eum providentia divina disposuit, in cujus manu erat placita anima illius; ut quoties, cum grandis aliqua necessitas evocaret, vincente omnia animo, vires corporis non deessent, mirantibus qui videbant eum, etiam robustos homines in tolerantia superare. Expletis namque interdum negotiis, velut in se rediens, multiplicibus infirmitatibus laborabat, ut vix viveret feriatus, qui occupatus deficere nesciebat. Cui in hoc opere novissimo tam manifeste, tamque magnifice divina affuit virtus et gratia, ut ex laboribus vires capere videretur.

79. Accidit autem, cum in Mosellæ fluvii littore residentibus hinc inde partibus mediator fidelis rogaret quæ ad pacem erant, ut pars altera ex strage hostium, qui dudum ab eis conclusi corruerant, jam ferocior, quod exigebatur obstinata animositate renueret. Subito denique tanquam agitati furiis discesserunt, virum Dei insalutatum, solam vero cæteris omnibus relinquentes desperationem pacis. Nec sane ex contemptu aliquo, sed ex metu reverentiæ ejus iniere fugam. Siquidem verebantur ne præsentium quamlibet improbas mentes facile flecteret, minus considerantes quid ille per spiritum nusquam absentem, posset etiam in absentes. Jam conventus in magno turbine solvebatur, sola utrimque meditabantur arma, sola inibant consilia malignandi, cum vir sanctus eos qui secum venerant, consolans fratres : Ne turbemini, inquit, licet enim per multas difficultates, omnino tamen pax desiderata proveniet. Quibus etiam unde id nosset, innotuit dicens : Videbar mihi per nocturnum soporem missam celebrare solemnem. Cumque expleta paulo minus oratione prima recordarer angelicum ex more canticum, id est, *Gloria in excelsis Deo*, præcedere debuisse, erubui, et quod oblitus omiseram canticum inchoans, vobiscum pariter ad finem usque complevi. Jam medium noctis transierat, cum vir sanctus de prædictorum pœnitudine principum legatione suscepta, jocunde satis conversus ad suos, agnoscite, ait, promissæ nobis canendæ Gloriæ et cantici pacis præparationem. Iterum ergo partibus convocatis per dies aliquot de pace

Cependant, on rappelle les deux partis, et pendant plusieurs jours on traite de la paix, non sans désespérer souvent du succès, à cause des difficultés qui surgissaient des deux côtés. Mais ce qui consolait tout le monde, c'est qu'on savait que le saint abbé avait promis que certainement la paix se ferait.

80. Le retard que la conclusion de cette paix éprouva ne servit pas peu à ceux surtout qui, affligés de diverses maladies, venaient chercher auprès de Bernard des remèdes à leurs maux, et à ceux qui, en voyant le saint homme, en étaient édifiés dans leur foi. Leur concours était si grand, que toutes ces gens par leur multitude et leur importunité mettaient des empêchements presque insurmontables à ce qu'on pût conclure la paix. On finit par choisir une île située au milieu de la rivière, où des principaux personnages de chaque parti se rendirent en barque. Là, tout se conclut selon que le régla le fidèle arbitre, on se donna la main et le baiser de paix en signe de réconciliation. De toutes les guérisons que Dieu opéra en cet endroit par les mains de son serviteur, la plus célèbre fut celle d'une femme qu'une cruelle maladie tourmentait depuis huit ans; tous ses membres étaient agités d'un violent tremblement et s'entre-choquaient dans des mouvements convulsifs. Au moment où il semblait que les plus grands obstacles s'élevaient contre la paix et avaient presque fait évanouir tout espoir de la voir se conclure, cette femme, dont tout le corps était agité par un grand tremblement, qui ne la rendait pas moins horrible à voir que digne de pitié, vint, par un effet de la permission du Seigneur, trouver le serviteur de Dieu. Tout le monde accourut pour être témoin de ce qui allait se passer. Le serviteur de Dieu se mit en prière, et peu à peu, au vu de tout le monde, le tremblement s'apaisa, et cette femme infortunée revint incontinent à la santé. Cet événement remplit de tant d'admiration les cœurs même les plus durs, que tous les assistants, se frappant la poitrine, furent environ une demi heure à pousser des acclamations et à répandre des larmes. A la fin, l'empressement et le concours de tous ceux qui venaient se précipiter aux pieds du saint et baiser les traces de ses pas, fut tel, qu'il eût été presque étouffé par la foule, si les religieux ne l'eussent enlevé pour le placer dans une petite barque afin de l'éloigner un peu du rivage. Les chefs des deux partis s'approchèrent alors de lui, et comme il les suppliait ainsi qu'il l'avait déjà fait de donner la paix à la ville de Metz, ils lui dirent en soupirant : « Il faut bien que nous écoutions favorablement un homme que nous voyons si aimé et si écouté de Dieu même. Et quand nous l'aurons écouté, nous devrons faire beaucoup pour celui pour qui Dieu même a tant fait sous nos yeux. » A cela, le saint homme qui était toujours prêt à décliner avec juste raison une semblable gloire, répondait : Ce n'est pas pour moi, mais pour vous que le Très-Haut opère ces merveilles. » Tout se trouvant donc terminé au gré de ce fidèle arbitre, on se tendit la main de part et d'autre, et on se réconcilia par un baiser de paix. Mais il n'entre pas dans notre dessein de poursuivre ici le récit des merveilles de ce genre non plus que de raconter tous les miracles que Dieu opéra par ses mains. Laissant donc de côté ce récit, il nous semble qu'il est bon de remarquer que ce fut là le terme bienheureux de toutes ses œuvres, et la dernière de ses fatigues. C'est dans cette entreprise,

---

tractatum est, et ob maximas difficultates occurrentes utrimque sæpius desperatum, nisi quod omnes jam consolabatur, quæ omnibus innotuerat abbatis sancti tam certa de reformanda pace promissio.

80. Nec parum ipsa dilatio profuit his præsertim qui variis incommodis laborantes remedia consequebantur in carne, seu etiam qui videntes ædificabantur in fide. Tantus enim concursus erat, ut multitudine pariter atque importunitate sua, ipsum quoque negotium componendæ pacis pene desperabiliter impediret, donec quæsita in medio flumine insula, partis utriusque primarii in naviculis accesserunt. Inte omnes sane, quas per manum servi sui ibidem præstitit Dominus sanitates, celeberrima fuit cujusdam curatio mulieris. Hæc ab annis octo pessima ægritudine laborabat, vehementi tremore et validis motibus universa pariter membra concutiens. Cum autem videretur gravioribus ortis difficultatibus propemodum excidisse spes pacis, Domino disponente venit mulier ita tremens, nec minus horribilis quam miserabilis, et omnes pariter ad spectaculum convenerunt. Orante Dei famulo sub oculis omnium paulatim concussione sedata, perfectam se sentiens mulier sospitatem adeptam, exclamans, serve Dei, inquit, convalui. Quæ res in tantam admirationem etiam durissimos quosque permovit, ut percutientes pectora sua, per horam fere dimidiam cum lacrymis acclamarent. Tantus denique factus est impetus et concursus procidentium et deosculantium viri Dei sacra vestigia, ut propemodum comprimeretur, donec tollentes eum fratres, et imponentes in naviculam, a terra modice subduxerunt. Cumque accedentes ad se principes, ut cœperat, pro pace rogaret, suspirantes dicebant : Oportet nos libenter audire eum, quem, ut ipsi cernimus, Deus diligit et exaudit, et audito eo multa facere, pro quo tanta facit in oculis nostris. Quibus ille, ut semper cautus erat competenter hujusmodi gloriam declinare: Non propter me, inquit, sed propter vos facit. Ibi compositis omnibus secundum quod fidelis arbiter definivit, datis sibi invicem dextris, reconciliati sunt in osculo pacis. Difficile foret itineris illius, sicut et alia per eum a Domino perpetrata, magnalia universa complecti. Sed neque propositi nostri est ejusmodi modo prosequi signa, et narrandis virtutum operibus operam dare. Hac ergo seposita narratione, pie animadvertendum videtur, quod his viarum suarum finis beatus, et hic labor ultimus fuit. In hoc opere non minus utili quam difficili, nec minus desperatæ tunc

non moins utile que difficile, dans la conclusion de cette paix non moins nécessaire que désespérée, que celui qui l'a toujours comblé de gloire dans ses travaux a mis glorieusement fin à ses fatigues.

CHAPITRE XXX.

État et avertissements du saint abbé quand il se trouva à la dernière extrémité. Sa précieuse mort.

81. Dès que le saint abbé eut terminé la réconciliation des gens de Metz avec les princes voisins, il revint à son monastère, de plus en plus affaibli par la gravité des infirmités dont il était atteint : il s'approchait chaque jour de sa fin avec cette joie du cœur et cette satisfaction de l'esprit que montrerait un nautonnier qui, sur le point d'entrer au port, abaisserait peu à peu les voiles. Il s'adressait en ces termes précis à ces religieux : « Je vous disais, l'hiver dernier, quand j'étais malade, ne craignez rien encore ; si je m'en crois moi-même, c'est l'été prochain que mon corps est menacé de dissolution. » Comme nous avons ressenti par notre propre expérience ce que les saints Évangiles rapportent des apôtres, quand ils nous disent que lorsque le Seigneur leur prédisait sa passion, ses paroles étaient pour eux un mystère qu'ils ne pouvaient comprendre, notre cœur ne pouvait se décider à croire ce qu'il redoutait le plus, d'autant moins que Bernard, pour ménager la douleur de ses enfants, s'abstenait de revenir sur ces paroles. Mais ses actions semblaient en quelque façon nous crier : « J'ai terminé les œuvres que mon Père m'avait données à faire. » En effet, on le vit de plus en plus cesser d'agir, se détacher de toute affection, se concentrer profondément dans les liens de ses saints désirs pour s'attacher plus fortement au rivage et aborder plus sûrement. Aussi, lorsque le vénérable évêque de Langres, Geoffroy, le pressait de s'occuper encore de quelques affaires importantes à régler, et s'étonnait qu'il n'y donnât aucune attention, il lui disait : « N'en soyez pas surpris, car déjà je ne suis plus de ce monde. »

82. Cependant, notre saint abbé, qui avait des entrailles toutes de compassion et de miséricorde, en voyant ses frères et ses enfants bien-aimés maigrir et se dessécher misérablement dans la crainte et dans l'attente de l'affreuse désolation et de la perte lamentable dont ils étaient menacés, cherchait à les ranimer par de douces paroles de consolation ; il leur recommandait de jeter dans le sein de la divine clémence, comme dans un port sûr, l'ancre de la foi et de l'espérance, par le moyen d'une inébranlable charité, et leur promettait de ne les point abandonner plus tard. Il s'efforça encore avec plus d'ardeur que mes paroles ne pourraient le rendre, par ses prières et ses recommandations entrecoupées de sanglots, d'imprimer dans nos âmes la crainte de Dieu et l'amour de la sainte chasteté et de toutes les perfections ; il nous conjurait et nous pressait avec larmes de tâcher, si jamais il nous avait, par ses exemples et par ses discours, inspiré le goût de quelque vertu, de persévérer avec fermeté dans cette voie, et d'y faire des progrès. Comme il voyait lui-même que la fin de ses jours approchait, il prit à part quelques frères qui avaient vécu plus longtemps que les autres dans sa familiarité, et il leur adressa la parole en ces termes : « Comme je ne pense point pouvoir vous laisser de grands exemples de religion, je re-

---

pacis quam necessariæ, labores ejus gloriose complevit, qui magnifice semper honestavit eum in laboribus suis.

CAPUT XXX.
De statu et monitis sancti viri in extremis, ac de pretiosa ejus morte.

81. Ut autem expleta Metensium reconciliatione, et provinciæ illi pace reddita, abbas sanctus ad monasterium rediit, gravi admodum, jamjamque deficientis incommodo corporis occupatus, in tanta animi suavitate et dulcedine spiritus quotidie propinquabat ad exitum, ac si in portu navigans paulatim vela deponeret. Hæc sunt verba quæ loquebar ad vos, cum preterita hieme ægrotarem ; non vobis esse quod adhuc timeretis, æstate proxima imminere hujus corporis dissolutionem. At erat verbum istud absconditum ab eis, et capere non valebant. Nimirum quod tam vehementer horrebat animus, minus facile persuadebatur ut crederet, præsertim cum et ipse compatiens filiis ejusmodi verba supprimeret. Cæterum factis quodam modo clamans : Opera consummavi quæ dedit mihi pater ut facerem ; magis ac magis actus exteriores omittere cœpit, affec-tus retrahere, velut et sacrorum funibus desideriorum sedula intentione præjactis, vicino jam littori hærere firmius, et commodius applicare. Denique cum venerabilis antistes sedis Lingonicæ Godefridus de quibusdam eum sollicitaret agendis, et minus apponere animum miraretur : Ne miremini, inquit, ego enim jam non sum de hoc mundo.

82. Videns demum pater sanctus compassionis et misericordiæ visceribus affluens, charissimos sibi filios miserabiliter tabescentes, et arescentes præ timore et exspectatione supervenientis desolationis gravissimæ et lamentabilis orbitatis, dulcissimus eos consolationibus refovebat ; et monens eos in tuto divinæ clementiæ sinu spei anchoram, fideique suæ per inconvulsibilem charitatem firmius radicare, se quoque promittebat, nec post mortem eis aliquando defuturum. Propensius autem rogans et obsecrans per multas lacrymas, timorem Dei et sacræ puritatis ac totius perfectionis amorem eorum imprimere animis conabatur. Sed et monebat, et cum lacrymis obtestabatur, ut si quid virtutis aut exemplo commendasset aut verbo, id æmularentur, id firmiter tenerent, et in eo proficerent. Videns itaque suorum finem imminere dierum, quosdam fratres, qui in familiari sibi conversatione

commande à votre imitation trois choses qu'il me souvient d'avoir observées de tout mon pouvoir pendant que j'étais engagé dans la carrière. J'ai eu moins de confiance dans mon propre sens que dans celui des autres. Jamais je ne me suis vengé de ceux qui m'ont fait du mal; je n'ai point eu l'intention de scandaliser personne, et si cela m'est jamais arrivé, j'ai fait de mon mieux pour en atténuer les suites. » Voilà en quels termes aussi courts que clairs, le serviteur de Dieu s'efforça d'inculquer dans le cœur de ses disciples l'humilité, la patience et la charité, c'est en proposant, à leur imitation, des exemples qu'il leur recommandait de suivre, non-seulement par ses paroles et ses discours, mais encore par ses œuvres et en vérité.

83. Si on veut connaître la maladie de Bernard, il existe à ce sujet une lettre qu'il écrivit à Arnauld abbé de Bonneval, où il dit entre autres choses : « Je ne connais plus le sommeil, de sorte que je souffre sans relâche. Tout mon mal se résume dans une grande faiblesse d'estomac, qui a besoin jour et nuit d'être un peu remonté par quelques boissons; il n'est plus en état de supporter rien de solide; encore n'est-ce pas sans des souffrances excessives qu'il reçoit le peu qu'on lui donne. Il est certain que le mal ne pourrait que s'aggraver davantage, si je ne prenais plus rien, mais, une goutte de trop me cause des douleurs incroyables. Mes pieds et mes jambes sont enflés comme si j'étais hydropique, et, au milieu de tout cela, je ne dois pas vous laisser ignorer l'état d'un ami auquel vous vous intéressez, je vous avouerai, à ma honte, que, dans l'homme intérieur, l'esprit est prompt encore, quoique la chair soit accablée d'infirmités. Priez notre Sauveur, qui ne veut pas la mort du pécheur, de ne pas différer de m'appeler à lui, car il est temps qu'il le fasse, et de me soutenir dans ce passage. Protégez par vos prières les pieds d'un ami qui s'avance nu de tout mérite; empêchez l'ennemi qui tend des pièges sous mes pas de me mordre au talon et de me faire une blessure mortelle. J'ai voulu, malgré l'état où je suis, vous écrire moi-même cette lettre, afin que vous vissiez, en voyant les caractères que j'ai tracés de ma main, combien je vous aime (*Epit.* cccx). » Un lecteur attentif peut y reconnaître, du moins en partie, combien était saint le cœur de Bernard, jusqu'où allaient, au milieu même de la destruction de son corps, la tranquilité de son esprit, la sérénité de son âme et la douceur de ses pensées, et comme il avait jusque dans l'excès de sa confiance une humilité profonde.

84. Il lui sera possible aussi d'apprécier et de se représenter jusqu'à un certain point l'état et la pâleur des enfants du saint homme, leurs sanglots et les soupirs qui soulevaient leurs poitrines. En effet, ils se voyaient ravir un si aimable trésor, et il ne leur restait plus d'espoir de le retenir au milieu d'eux ni moyen de le suivre ! Cependant ils n'avaient point à pleurer sur lui; car ayant le bonheur de se voir invité à entrer dans la gloire du Seigneur son Dieu, il était sur le point de se rendre à cette invitation; mais c'est sur eux-mêmes qu'ils devaient verser des larmes, car la vie allait devenir pour eux un ennui sans que la mort cessât de leur être un objet de crainte. En effet, leur condition dans cette séparation était bien dure, car ils n'avaient plus en perspective, lui mort, que les horreurs des plus profondes ténèbres succédant à l'éclat de la plus splendide lumière. Peu de jours

---

diutius adhæserant, seorsum advocans, alloquebatur talia dicens: Quia non arbitror me magna vobis religionis exempla posse relinquere, tria vobis imitanda commendo, quæ in stadio quo cucurri, me pro possihilitate mea memini observasse. Minus sensui meo quam alterius credidi. Læsus de lædente vindictam non expetivi. Nemini scandalum facere volui ; et si quando incidit, sedavi ut potui. Ecce quam breviter, quamque luculenter in his Dei famulus humilitatem, patientiam, charitemque discipulorumque mentibus inferere nitebatur, imitanda proponens eis non tam verbo et lingua, quam opere et veritate.

83. Modum autem ægritudinis ejus si quis nosse desiderat, exstat epistola scripta ad Arnaldum Bonævallis abbatem, in qua sic ait inter cætera : « Somnus recessit a me, ne vel beneficio sopiti sensus, dolor unquam recedat. Defectus stomachi fere totum quod patior est. Frequenter in die et in nocte exigit confortari, modico admodum qualicumque liquore, nam ad solidum omne inexorabiliter indignatur. Hoc parum quod dignatur admittere, non sine gravi molestia sumit; sed timet graviorem, si sese vacuum omnino dimiserit. Quod si plusculum quid interdum admittere acquiescat, id gravissimum. Pedes et crura intumuerunt, quemadmodum hydropicis contingere solet. Et in his omnibus, ne quid lateat amicum de statu amici sollicitum, secundum interiorem hominem (ut minus sapiens dico), spiritus promptus est in carne infirma. Orate Salvatorem, qui non vult mortem peccatoris, ut tempestivum jam exitum non differat, sed custodiat. Curate munire votis calcaneum nudum meritis, ut is qui insidiatur, invenire non possit unde figat dentem, et vulnus infligat. Hæc ipse dictavi, sic me habens, ut per notam nobis manum agnoscatis affectum. » Ex hujus ergo tenore epistolæ potest nimirum diligens lector sacrum illius vel ex parte aliqua pectus agnoscere, quanta illi in ipsa sui ruina corporis tranquillitas mentis, serenitas animi, suavitas spiritus, quanta sub fiduciæ culmine radix humilitatis.

84. Sed et filiorum ejus inter hæc animos aliquatenus æstimare licebit, vultus exsangues, singultus graves, crebra suspiria, anxias cogitationes. Nimirum cum thesaurus tantus et tam amabilis adhuc in eorum manibus esset ; et tamen nec spes esset diutius retinendi, nec facultas pariter commeundi. Nec tamen lugendum eis ullatenus super illum, qui in gaudium Domini Dei sui feliciter invitatus, jamjamque intraturus erat, sed super seipsos, quibus erat vita tunc tædio, et adhuc mors timori. Gravis quidem erat in

donc avant la mort de notre père, les enfants qu'il avait engendrés par l'Évangile s'approchèrent de lui; ils remuèrent puissamment son âme si pleine de charité, par leurs larmes et leurs supplications, en lui adressant ces paroles et d'autres analogues : « Père, n'aurez-vous donc pas pitié de ce monastère? Ne vous laisserez-vous point toucher de compassion pour nous, que vous avez nourris du lait de votre sein maternel, avec de tels sentiments d'amour, et que vous avez portés et consolés dans vos bras paternels? » Bernard alors, pleurant avec eux, levant au ciel ses yeux où brillait la douceur de la colombe, et se sentant l'âme toute pénétrée de l'esprit même de l'Apôtre, s'écriait qu'il se sentait fortement attiré des deux côtés à la fois, et que, ne sachant pas ce qu'il devait préférer dans son choix, il remettait le tout entre les mains de la bonté divine. En effet, d'un côté son amour de père le pressait de se rendre aux vœux de ses enfants et de rester parmi eux, et de l'autre le désir d'être avec Jésus-Christ le portait à quitter la terre. Cependant, l'humilité, si profondément et depuis si longtemps enracinée dans son âme, l'avait toujours porté à dire, avec la plus intime conviction du cœur, qu'il n'était qu'un serviteur inutile, et à se regarder comme un arbre stérile qui de sa vie ne pouvait porter un fruit avantageux pour lui ni pour qui que ce fût. Il disait ordinairement, en effet, dans ses entretiens intimes : « Qu'il ne pouvait se persuader que les hommes le crussent aussi utile qu'ils le disaient; parce qu'il ne pouvait croire que tant d'hommes véridiques eussent voulu le tromper, ni que tant d'hommes sages pussent so tromper ainsi, tandis que de son côté pourtant il ne savait comment ne point les trouver dans l'erreur. » Tout le monde l'admirait; il n'y avait que lui, ce qui le rendait plus admirable encore, qui ne vit point la splendeur de ses œuvres et de ses conseils. Enfin, quand tous les liens de sa demeure visible, se brisant de toutes parts, laissèrent un libre essor à cette âme désireuse de partir, quand brilla ce grand jour qui vit se lever pour Bernard le jour éternel, les évêques du voisinages et une foule d'abbés et de religieux se réunirent pour assister à sa mort.

85. Vers la troisième heure du jour, celui qui avait été le flambeau unique de son siècle, le saint et vraiment bienheureux abbé Bernard, passa heureusement, sous la conduite du Christ, de ce corps de mort dans la terre des vivants; du milieu de ses enfants qui l'entouraient en chantant en chœur des psaumes mêlés de larmes abondantes et de sanglots suffocants, il alla rejoindre la troupe joyeuse de ceux qu'il avait envoyés devant lui dans ce ciel, et les bataillons des saints empressés à le féliciter, et les phalanges d'esprits angéliques qui s'avançaient à sa rencontre. O âme bienheureuse, c'étaient vos éclatants mérites qui vous élevaient ainsi, tandis que les vœux de vos enfants que vous laissiez sur la terre vous suivaient pieusement dans les cieux et que les saints désirs des habitants du ciel vous attiraient à eux. Heureux passage du travail au repos, de l'attente à la récompense, de la lutte au triomphe, de la mort à la vie, de la foi à la pleine connaissance, de l'exil à la patrie, de ce monde à celui qui en est le père!

---

hac separatione conditio, post mirificam lucem horrere magis tenebras, post ejus transitum subintrantes. Igitur ante patris ejus excessum accedentes ad eum filii, quos per Evangelium Christo genuerat, piissimum ejus animum lacrymabili supplicatione pulsabant, et hæc atque hujusmodi loquebantur : Numquid non misereris huic monasterio, pater? numquid non compateris nobis, quos tanto pietatis affectu maternis lactasti uberibus, paterna consolatione fovisti? Tum vero flens ipse cum flentibus, et columbinos oculos in cœlum porrigens, testabatur coarctatum se e duobus, et quid eligeret ignorantem, divino totum tribuere arbitrio pietatis. Nam et hinc paterna illum urgebat pietas, filiorum votis annuere ut maneret, inde trahebat Christi desiderium ut migraret. Radicata tamen ab olim in pectore ejus humilitas persuaserat ei, ut ex intimo cordis affectu servum se inutilem esse diceret, et arborem sterilem reputaret, ex cujus vita nullus sibi fructus, nullus alteri cuiquam proveniret. Nam et solitus erat in familiari collocutione fateri, mirari se, et vix credere hominibus, quod sic eum sibi utilem crederent, ut dicebant; quod nec homines veraces fallere velle, nec tam prudentes falli posse verisimile videretur, cum alterutrum excusare non posset. Quem enim totus mirabatur orbis, solus ipse, quod erat mirabilius, non videbat, suæ videlicet vel operationis opinionisve splendorem. Novissime cum exterioris habitaculi undique jam soluta compago desideranti animæ liberum præstaret egressum, post sacræ unctionis celebrationem, et sacratissimi corporis Dominici perceptionem, magnus ille dies illuxit, quo perpetuus illi ortus est dies. Ad cujus exitum vicini episcopi cum abbatum et fratrum copiosa multitudine fuerant congregati.

85. Hora igitur diei pene tertia, singularis lucerna suæ generationis sanctus ac vere beatus abbas Bernardus a corpore mortis in terram viventium, ex filiorum circumstantium, et in graves singultus ac lacrymas uberes utrimque psallentium choro feliciter Christo duce migravit, ad multorum quos ipse præmiserat cœtus transiens lætabundos, ad sanctorum cuneos gratulantes, ad obvia agmina angelorum. Felix anima, quam sic levabant excelsa suorum privilegia meritorum; quam sic pia filiorum prosequebantur vota, sic quoque superiorum desideria sacra trahebant! Felix transitus de labore ad refrigerium, de expectatione ad præmium, de agone ad bravium, de morte ad vitam, de fide ad notitiam, de peregrinatione ad patriam, de mundo ad Patrem.

CHAPITRE XXXI.

Apparition de saint Bernard après sa mort. Sa sépulture.

86. Nous savons que bien des personnes ont eu des apparitions dignes d'être rapportées, au sujet de la mort de ce saint homme; mais il serait trop difficile de les examiner chacune en particulier, et beaucoup trop long de les décrire. Cependant je vais en rapporter une qui réunit tous les caractères de la vérité et de l'évidence; c'est celui à qui elle est arrivée, le frère Guillaume, de Montpellier, qui, avant sa mort, l'a racontée et certifiée sous le sceau du serment à son père spirituel. Ce frère avait jeté autrefois un certain éclat dans le siècle et en avait jeté un bien plus grand par la manière dont il avait fui le siècle. S'étant fait moine dans le monastère de Grandselve, il vint faire une visite avec la plus vive piété à notre saint père abbé. Au moment de repartir pour son monastère, il se plaignait avec larmes de ce qu'il n'aurait plus le bonheur de le voir. L'homme de Dieu lui dit : « Ne craignez rien, vous me reverrez certainement encore. » Le pieux Guillaume attendait l'effet de cette promesse, quand la nuit même où notre bienheureux père quitta cette vie, il eut le bonheur de le voir lui apparaître dans son monastère de Grandselve et de l'entendre lui dire : « Frère Guillaume? » Il lui répondit : « Me voici, seigneur. » « Venez avec moi, » repartit Bernard; Guillaume lui demanda où ils allaient, le saint lui dit : « Au pied du mont Liban. » Quand ils y furent arrivés, Bernard reprit : « Pour vous, demeurez ici; quant à moi, je vais gravir la montagne. » Guillaume lui ayant demandé pourquoi il voulait ainsi monter sur la montagne : « Je veux m'instruire. » Guillaume étonné lui dit : « Et de quoi voulez-vous donc vous instruire, père, vous qui, je crois, n'avez point aujourd'hui votre égal en science? » Le saint lui repartit : « Ici-bas il n'y a ni science, ni connaissance de la vérité. C'est en haut que se trouve la plénitude, la vraie science de la vérité. » A ces mots il le quitte et s'élève à ses yeux au plus haut de la montagne. Pendant qu'il le regardait s'élever ainsi, il se réveilla, et la première pensée qui se présenta à son esprit fut celle qui descendit en ces termes des cieux à l'oreille de saint Jean. Heureux les morts qui meurent dans le Seigneur. Le lendemain matin, en racontant ces choses à son abbé et à ses frères, il leur dit que notre saint père avait quitté cette vie. On nota le jour et les informations qu'on prit ensuite, avec tout le soin possible, firent connaître que les choses étaient arrivées ainsi que Guillaume l'avait dit.

87. Tandis que Bernard, ce ministre et ce prêtre fidèle du Très-Haut, entrait heureusement dans le sanctuaire de son admirable tabernacle, pour offrir à l'autel de Dieu la sainte et agréable hostie de son âme, son corps, paré et orné, selon l'usage, de ses habits sacerdotaux, est déposé dans la chapelle de la bienheureuse mère de Dieu. De nombreuses troupes de nobles et de gens du commun accoururent aussitôt de tous les environs, et remplirent la vallée tout entière de gémissements, de pleurs et de cris déchirants. Aux portes du couvent, le sexe sensible, les femmes, pleurait d'autant plus amèrement que

---

CAPUT XXXI.

De Bernardi apparitione post mortem, ac de ejus sepultura.

86. De quo transitu ejus multa audivimus apparuisse quam multis, et quidem non indigna relatu; sed difficile nimis singula vestigare, et scribere omnia nimis longum. Unum tamen ponimus, quod tam verum quam manifestum is, cui hoc contigit, frater Guillelmus de Monte-Pessulano ante obitum suum patri suo spirituali reserando et attestando effecit. Is vir magnificus olim in seculo, sed magnificentior in seculi fuga, in coenobio Grandis silvæ monachus factus, patrem sanctum aliquando devotissime visitavit. Rediturus autem lacrymabiliter querebatur, quod non esset eum ultra visurus. Cui vir Dei : Ne timeas, ait, adhuc sine dubio me videbis. Hujus ergo effectum promissionis devotissimus ille Guillelmus exspectans, ipsa nocte cum ex hac vita decessit, in monasterio Grandis-silvæ apparentem sibi videre meruit, et dicentem : Frater Guillelme. Et ille? Ecce ego, domine. Veni, inquit, mecum. Quo interrogante quo irent : Veni mecum, ait, usque ad radices Libani montis. Quo cum pervenissent, dixit ad eum : Tu manebis hic, ego autem ascendam ad montem. Interrogatus qua de causa vellet ascendere : Discere volo, inquit. Miratus ille : Quid, ait, vis discere, pater, quem nulli hodie in scientia credimus esse secundum? Ad quem sanctus : Nulla, ait, hic scientia, nulla veri cognitio; sursum scientiæ plenitudo, sursum est vera notitia veritatis, et in hoc verbo dimittens eum, in montem altissimum subiit coram illo. Cumque intueretur euntem illum, expergefactus est; et occurrit protinus ei verbum illud, quod ad Johannem in Apocalypsi de cœlo sonuit : *Beati mortui qui in Domino moriuntur*. Ut autem mane locutus est abbati suo et fratribus, patrem sanctum ex hac vita migrasse dicebat. Et notantes diem, ac diligentius inquirentes, ut audierant, invenerunt.

87. Dum itaque fidelis minister et sacerdos Altissimi feliciter ingreditur in locum tabernaculi admirabilis ad altare Dei, sacram ei et acceptabilem hostiam sui spiritus oblaturus; corpus etiam rite paratum et ornatum sacerdotalibus indumentis, oratorio beatæ Dei Genitricis infertur. Plurima quoque nobilium et ignobilium de vicinis quibusque locis gemebunda protinus turba convenit, et vallem totam ploratus et ululatus multus implebat. Amarius tamen præ foribus monasterii lamentabatur sexus miserabilior mu-

la règle [a] de notre ordre lui interdisait rigoureusement l'entrée du monastère, tandis qu'il était permis aux hommes d'approcher des restes bienheureux du saint. Le pasteur mort demeura deux jours entiers au milieu de son troupeau, et la grâce pleine de douceur que respirait autrefois son visage, bien loin de diminuer, était plutôt augmentée, et attirait les regards de tous les assistants, charmait leurs cœurs, et entraînait leurs sentiments jusque dans le tombeau où Bernard allait descendre. Cependant la foule qui, de toutes parts, se précipitait dans le couvent, augmentait sans mesure, déjà même on était embarrassé de l'empressement et du concours de tous ces hommes qui aspiraient à embrasser ses pieds, à baiser ses mains, à lui faire toucher des pains, des baudriers, de l'argent et d'autres objets qu'ils voulaient conserver comme autant de sources de bénédictions et de secours dans une foule de nécessités. C'est surtout pour le troisième jour de sa mort qu'on se préparait en bien plus grand nombre encore dans les environs pour attendre l'heure de l'inhumation de son saint corps. Mais déjà le second jour, vers midi, la multitude rassemblée à Clairvaux se pressa en si grand nombre autour du corps du saint, avec une pieuse ardeur, qu'on ne put obtenir d'elle presque aucun égard pour les évêques, aucun même pour les religieux. Aussi, dans la crainte qu'il n'arrivât quelque chose de semblable ou même de pire, le troisième jour, on devança l'heure de l'enterrement et on célébra dès le matin le service divin, selon les rites en usage, comme les deux jours précédents on avait fait pour les messes et la psalmodie, et on déposa ce baume si pur dans le vase destiné à le recevoir, et on plaça dans un cercueil de pierre cette pierre précieuse, cette perle incomparable.

88. Après avoir consommé heureusement le temps de sa vie, à l'âge d'environ soixante-deux ans accomplis, l'ami du Seigneur, Bernard, premier abbé de Clairvaux, père de plus de cent soixante autres monastères, s'endormit le vingt Août en Jésus-Christ, dans les bras de ses enfants. Il fut enterré le vingt-deux du même mois, devant le saint autel de la bienheureuse Vierge Mère, dont il s'était toujours montré un prêtre très-dévot. Dans son tombeau et sur son cœur on plaça une petite boîte contenant les reliques du bienheureux apôtre Thaddée, qui lui avaient été envoyées de Jérusalem cette année-là même, et qu'il avait demandé qu'on plaçât sur son corps. C'était évidemment dans cette pensée de foi et cette espérance, qu'à la résurrection générale il demeurerait attaché au saint apôtre.

89. Tout cela eut lieu l'année même où notre bienheureux père Eugène III, un de enfants de notre saint abbé dans la vie religieuse, passa de cette lumière, ou plutôt de nos ténèbres à la lumière, après avoir, par ses vertus, jeté un vif éclat par les miracles qu'il opéra dans la ville même où il avait si glorieusement occupé le premier rang. Cette année-là, la onze cent cinquante-troisième depuis l'incarnation de Notre-Seigneur, Anastase, successeur d'Eugène, occupait le Saint-Siège, l'empire romain était gouverné par l'illustre Frédéric, et en

[a] Cette règle était en vigueur à Clairvaux comme à Citeaux, où elle ne souffrait d'exception que le jour de la fête de la Dédicace; ce jour-là, en effet, les femmes pouvaient entrer dans les églises de l'ordre.

---

lierum, quod accedentibus ad beata vestigia viris, monastici disciplina ordinis inexorabiliter eis negaret ingressum. Biduo autem mansit in medio gregis pastor exstinctus, dum pristina dulcissimi gratia vultus nil minorata, sed aucta magis, omnium in se figeret oculos, animos traheret, sepeliret affectus. Crescebat supra modum ruens undique populorum multitudo, et intolerabilis jam fiebat impetus concurrentium, ac desiderabiles sancti tenentium pedes, osculantium manus, applicantium panes, baltheos, annulos, nummos, et alia quæque servanda sibi pro benedictione et variis necessitatibus profutura. Maxime tamen parati in diem tertium, per loca proxima præstolabantur reponendi sacri corporis ejus horam solemnem, copiosus undique conventuri. Nam et secunda die tantus circa meridiem populus fuerat congregatus, et tanto pietatis zelo stipati undique sacrum corpus obsederat, ut pæne episcopis adstantibus reverentia, nulla fratribus haberetur. Unde veriti ne quid simile, aut forte gravius accideret die tertia, præoccupantes horam, et mane divina ex more sacrificia consummantes, sicut et biduum jam in celebratione missarum et jugi fecerant psalmodia, purissimum illud balsamum suo vasculo commisere, in lapide reponentes lapidem pretiosum, optimam margaritam.

88. Consummatis ergo feliciter vitæ suæ diebus, annis circiter sexaginta tribus expletis, dilectus Domini Bernardus, Claræ-vallensis cœnobii primus abbas, aliorum quoque amplius quam centum sexaginta monasteriorum pater, decimo tertio calendas septembris inter filiorum manus obdormivit in Domino. Sepultus est autem undecimo calendas ejusdem mensis, ante sanctum altare beatæ Virginis Matris, cujus fuerat devotissimus ipse minister. Sed et pectori ejus ipso in tumulo capsula superposita est, in qua beati Thaddei apostoli reliquiæ continebantur; quas eodem anno ab Jerosolymis sibi missas ipse jusserat corpori superponi, eo utique fidei et devotionis intuitu, ut eidem apostolo in die communis resurrectionis adhæreret conresuscitatus.

89. Facta sunt hæc eodem anno, quo beatus papa tertius Eugenius, ejusdem patris in sancta conversatione filius, ab hac luce migravit ad Dominum; cujus merita in ipsa, cui insigniter præfuit, Urbe miraculis plurimis illustrata coruscant, successore ejus Anastasio romanæ ecclesiæ præsidente, regnantibus autem in Romanorum imperio Frederico illustri, in Franco

France régnait le très-pieux Louis, fils de Louis. Le trône de l'Église universelle et l'empire sur toute créature visible ou invisible étaient entre les mains de Jésus-Christ, fils de Dieu, Dieu lui-même, vivant et régnant avec son Père et le Saint-Esprit, dans les siècles des siècles. Ainsi soit-il.

EPITAPHE DE SAINT BERNARD

Composée par Adam de Saint-Victor [a].

Illustre vallée, ô Clairvaux, vous avez eu un abbé plus illustre que vous encore ; car c'est lui qui a rendu votre nom illustre dans le monde entier. Il fut illustre par ses aïeux, ses mérites et sa gloire ; illustre en éloquence, il fut bien plus illustre en religion. Sa mort fut illustre, sa cendre est illustre, illustre est son tombeau, mais bien plus illustre que tout cela est son âme devant Dieu. Après avoir célébré le martyre du grand martyr, il se trouve grand martyr lui même, réuni à celui dont il est devenu l'égal sans souffrir une mort égale.

[a] Toute cette épitaphe joue sur le mot Clairvaux, *Clarus-vallis*, ou *Claræ-valles*, ce qui fait un morceau à peu près intraduisible en notre langue.

A. C.

---

rum regno piissimo rege Ludovico, filio Ludovici, principatum Ecclesiæ universæ, ac totius creaturæ visibilis et invisibilis monarchiam tenente Dei filio Jesu-Christo, anno ab incarnatione sua millesimo centesimo quinquagesimo tertio ; qui cum Patre et Spiritu sancto, vivit et regnat Deus in secula seculorum Amen.

S. BERNARDI EPITAPHIUM.

Auctore Adamo de S. Victore.

Claræ sunt valles, sed claris vallibus abbas
Clarior, his clarum nomen in orbe dedit.
Clarus avis, clarus meritis, et clarus honore,
Claruit eloquio, religione magis.
Mors est clara, cinis clarus, clarumque sepulchrum,
Clarior exsultat spiritus ante Deum.
Martyrio magni celebrato, magnus ad ipsum
Colligitur martyr ; par sine morte pari.

FRAGMENTS
DE LA TROISIÈME VIE DE SAINT BERNARD

PROBABLEMENT ÉCRITS PAR GEOFFROY, MOINE DE CLAIRVAUX.

1. *Naissance et famille de saint Bernard.*

Dans le territoire de Langres se trouve un château, jadis fameux et remarquable, nommé Châtillon, dont les seigneurs se sont fort distingués dans le métier des armes et plus encore par leur respect pour les lois. Un des plus remarquables de tous, fut Técelin, surnommé le Sore, ce qui veut dire en langue vulgaire, le roux ou le fauve. Cet homme était d'une noble extraction, riche en domaines, doux de mœurs, grand ami des pauvres, d'une piété fort grande, et d'un zèle incroyable pour la justice. C'était enfin un homme qui ne pouvait s'habituer à voir que, pour bien des gens, il semblait difficile de respecter la justice, et, surtout, ce qui, d'ailleurs l'indisposait le plus vivement contre certaines personnes, et surtout, dis-je, que des hommes sacrifiaient la justice même de Dieu à la crainte ou à la cupidité. C'était un chevalier plein de bravoure, mais qui toutefois ne fuyait pas la gloire avec moins d'ardeur que d'autres la poursuivent. Il ne recourut jamais aux armes que pour la défense de ses domaines ou pour marcher sous la bannière de son seigneur, le duc de Bourgogne, avec qui il était lié d'une étroite amitié. Et il ne fit jamais une guerre avec lui, d'où il ne sortit vainqueur. Il était né à Châtillon, mais il était seigneur d'un château moins important, nommé Fontaines, qui domine le fameux château-fort de Dijon et se trouve placé au haut d'un rocher très-escarpé. Il eut pour femme une fille du duc de Montbar, nommée Elizabeth ; sa famille était une des meilleures de Bourgogne ; elle se montra digne de son illustre origine et de l'homme qui l'épousa, que dis-je, elle fut la gloire de l'un et de l'autre... Elizabeth, par suite d'une révélation divine, ressentit pour ce fils (Bernard), plus de tendresse encore que pour les autres. C'est ce qui

FRAGMENTA
EX TERTIA VITA S. BERNARDI

AUCTORE, UT VIDETUR, GAUFRIDO,
Monacho Claræ-vallensi.

1. *Ortus et genus S. Bernardi.*

In territorio Lingonis civitatis situm est castrum, nobile quondam et inclytum valde, cui Castellio nomen est, multos habens proceres armis strenuos, sed multo magis legalitate præcipuos ; inter quos excellebat Tecelinus quidam, cognomento Sorus ; quo nomine, vulgari lingua subrufos et pene flavos appellare solemus. Erat autem vir iste genere nobilis, possessionibus dives, suavis moribus, amator pauperum maximus, summus pietatis cultor, et incredibilem habens justitiæ zelum. Denique et mirari solebat, quod multis onerosum esse videret servare justitiam ; et maxime (adversus quos amplius movebatur) quod aut timere, aut cupiditate desererent justitiam Dei. Erat quidem miles fortissimus, sed non minori studio laudes ipse fugiebat, quam cæteri captare videantur. Nunquam armis usus est, nisi aut pro defensione terræ propriæ, aut cum domino suo, duce scilicet Burgundiæ, cui plurimum familiaris et intimus erat ; nec aliquando fuit cum eo in bello, quin victoria ei proveniret. Erat quidem indigena Castellionis, sed dominus minoris castri, cui Fontanæ nomen est, quod famosissimo illi castro Divionis supereminet, in excelsa rupe locatum. Huic sane uxor erat, Elizabeth nomine, ex optimo genere Burgundionum, Bernardi de Monte-barro filia, digna tanto genere et tanto viro, imo et gloria utriusque... Elizabeth filium hunc, divino edocta oraculo, tenerius omnibus dilexit. Unde

le porta à lui donner le nom de son père et à l'appeler Bernard.

II. *Bernard encore enfant a une vision divine pendant une nuit de Noël.*

Il y avait à Châtillon une église qui appartenait alors à des chanoines séculiers qui vivaient dans la plus grande discipline. C'est là que Bernard fut élevé dès ses plus jeunes années. Un jour donc, c'était la veille de Noël, il était encore fort jeune; comme il dormait dans la maison de son père, il lui sembla voir la Vierge enfanter, et le Verbe enfant naître d'elle. Au même instant, on sonna les vigiles; sa mère vint le réveiller, lui fit mettre un vêtement de chanoine * et l'emmena avec elle à l'église, selon son habitude. En parlant de cette vision, il disait ordinairement qu'il croyait que l'heure où il l'avait eue, était celle de la naissance du Sauveur, et que ce qui lui fut montré alors était le signe de tous les mystères qui lui ont été révélés plus tard au sujet de cette naissance.

III. *Son père et ses frères.*

André dit à Bernard : faites en sorte que aucun de nos frères ne reste dans le siècle, autrement il faudrait le couper par la moitié, car il ne saurait vivre séparé ni de vous ni d'eux. Que dirai-je du caractère viril de son père? qui, en voyant le même jour ses six fils, et quels fils! le quitter, non-seulement n'en fut point accablé de chagrin, mais même en conçut une grande joie, et se contenta seulement de leur recommander de se conduire toujours avec prudence; car, ajoutait-il, je vous connais tous et je sais qu'il vous sera bien difficile, si tant est que vous y réussissiez, de modifier votre zèle. En partant, ils ne laissaient à la maison qu'un de leurs frères, en bas âge, qui jouait dans la cour du château avec d'autres enfants. L'aîné des fils de Técelin, nommé Guy, lui dit en partant : « Nivard, tu peux maintenant jouer sans aucun souci de l'avenir, car tu posséderas un jour un grand domaine. » Nivard lui répondit en riant : « Le partage que vous faites est un partage maudit, car vous prenez le ciel pour vous et me laissez la terre. » Cet enfant allait tous les jours rejoindre ses frères, il voulait partager leur vie; mais, comme il était encore trop jeune, ses frères ne voulaient point de lui, et le renvoyaient à leur père. Mais, enfin, ne pouvant plus supporter davantage ses importunités, ils le confièrent à un prêtre pour lui faire enseigner les lettres. Quand il fut devenu grand, il entra aussi au noviciat de Cîteaux, reçut l'habit après une année d'épreuve, et vint rejoindre ses frères à Clairvaux.

IV. *La femme de Guy, l'aîné des frères de saint Bernard, devient abbesse de Lairé près de Dijon.*

L'aîné des frères de Bernard, nommé Guy, s'excusait de le suivre quand il lui parlait de conversion, en alléguant les liens qui le tenaient attaché à sa femme et qu'il ne pouvait point rompre. Mais il s'engagea de parole et promit à Bernard, en lui frappant dans la main, qu'il irait des religieux.

* C'était la coutume alors chez les femmes pieuses de faire porter à leurs petits enfants des vêtements à la manière de ceux

---

et patris sui ei nomen imposuit, Bernardum eum vocans.

II. *Visum divinum in nocte Nativitatis Domini Bernardo puerulo oblatum.*

Erat autem in Castellione ecclesia, tunc quidem secularium canonicorum, sed in maxima disciplina viventium, in qua Bernardus est educatus a parvulo. Vigilia ergo dominicæ Nativitatis, dum adhuc puerulus dormiret in domo patris, videbatur sibi videre Virginem parientem, et Verbum infans nascens ex ea. Protinus autem pulsatum est ad vigilias; et excitans eum mater, induit accurate vestibus canonicalibus, et secum pariter ad ecclesiam duxit, ut solebat. De qua visione dicere ipse solebat, quod eam crederet dominicæ nativitatis horam; et quod sibi ostensum est, signum fuisse multorum quæ sibi de eadem postmodum nativitate revelata sunt mysteriorum.

III. *De ejus patre, et fratribus.*

Andreas Bernardo dixit : Ecce, date operam ne quis fratrum nostrorum in seculo maneat; alioquin scinde medium, quoniam nec a vobis, nec ab illis separari tolerabile est. Quid virilem illius patris animum loquar? qui una die sex filios, et filios tales videns abire, non modo non doluit, sed et gavisus est valde; illud tantum monens, ut in omnibus modeste agerent : Quoniam ego, inquit, novi vos, quod aut vix, aut nunquam possit zelus vester cohiberi. Proficiscentibus itaque fratribus, unus tantum, et ipse puerulus, remanebat, qui cum parvulis aliis in platea jocabantur. Videns ergo eum senior frater Guido; ecce, inquit, Nivarde, secure potestis ludere, quoniam terram multam habiturus estis. At ille subsannans : Cum maledictione, inquit, fiat hæc distributio, ut vos cœlum habeatis, ego terram. Fugiebat ergo quotidie puer ad fratres suos, volens conversionis eorum socius fieri. Sed quia parvulus erat, remittebant eum, et reddebant patri suo. Tandem non ferentes importunitatem ejus, tradunt eum sacerdoti cuidam, ut disceret litteras; et ubi paululum crevit, factus est et ipse novitius apud Cistercium; et suscepto post anni spatium habitu, redditus est fratribus in Claravalle.

IV. *Guidonis primogeniti conjux, abbatissa Elariaci prope Divionem.*

Senior frater ejus Guido, cum de conversione loqueretur ei, excusare se cœpit de uxoris vinculo,

le rejoindre si sa femme le lui permettait. Bernard lui répondit alors : « Et bien moi aussi je te donne ma parole que, avant Pâques (cette fête approchait), avec sa permission, ou sur sa demande, ou même par sa mort, les liens qui t'attachent à ta femme seront déliés. » Et il lui frappa aussi dans la main pour confirmer sa promesse. Peu de temps après les choses se passèrent comme il l'avait dit. La femme de Guy, jeune et belle encore, se mit à le supplier, dans sa chambre avec force larmes et à sa grande surprise, de lui permettre de changer de vie. Depuis elle est au couvent de Lairé, près de Dijon, où elle continue à se montrer une femme forte et où elle est devenue la mère de bien des vierges en Jésus-Christ.

V. *Bernard prédit, au roi Louis l'ancien, la mort de son fils aîné Philippe.*

On peut voir clairement expliquée dans les lettres du saint homme au siège apostolique, toute la querelle des évêques contre le roi de France, Louis, père de celui qui règne en ce moment. Il arriva donc un jour que les évêques se réunirent auprès du roi et appelèrent l'abbé de Clairvaux à leur réunion. Il était encore bien jeune alors, mais il en était pas moins regardé comme une des plus grandes colonnes de l'Église. Les évêques se prosternèrent aux pieds du roi, le suppliant humblement, lui, qui, jusqu'alors, avait assez donné de preuves de son amour et de son respect pour l'Église, de vouloir bien leur épargner, en cette circonstance, la peine à laquelle ils allaient se voir réduit de le traiter peut-être bien plus sévèrement qu'ils ne le voudraient. Mais il ne tint aucun compte de leurs prières. Le lendemain, le vénérable abbé lui adressa les plus durs reproches auxquels il mêla, même très-ouvertement, la menace en disant : « Vous avez offensé un Dieu terrible, un Dieu qui ôte l'esprit aux princes, un Dieu redoutable aux rois même de la terre, vous pouvez être sûr que vous expierez cette offense par la mort de Philippe votre premier-né ; car la nuit dernière je vous ai vu en songe, vous prosterner aux pieds des évêques avec votre fils Louis, et j'ai compris sur le champ que Philippe, qui déjà a reçu l'onction royale, qui est un jeune homme plein de grandes espérances et, ce qu'il est superflu de dire, qui est très-cher à son père, mourra, et que vous serez réduit à implorer les évêques sans qui vous ne sauriez mettre votre fils Louis à la place de son frère. » En entendant Bernard parler ainsi, Louis sentit ses entrailles de père tout émues sur le sort de son fils, et promit de donner satisfaction aux évêques. Mais, séduit plus tard par de mauvais conseils, il oublia sa promesse, et peu de temps après la France entière pleura avec lui sur la mort malheureuse de son fils Philippe.

VI. *Lettre de saint Bernard à son neveu Robert, écrite à la pluie mais sans être mouillée par la pluie. Geoffroy, son serviteur, la place en tête de la collection des lettres du saint.*

On peut voir dans la lettre dont nous voulons parler, comment Robert, son neveu, fut séduit

---

quod solvere non liceat. Promisit tamen in fide, et dextram dedit, venturum se se cum fratre, si posset ab uxore licentiam obtinere Ad quem illico frater ait : Ut meliori sis animo, ego quoque in eadem tibi fide promitto, ante proximum Pascha, au licentia, imo et petitione, aut certe morte ipsius, solvendum te a lege uxoris. Et promisit in manu ipsius. Nec multo post factum est uti prædixit ; et cœpit juvencula nobilis et decora, cum omni instantia lacrymarum, in cubiculo, stupenti viro pro conversionis lacrymarum, in cubiculo, stupenti viro pro conversionis licentia supplicare. Ipsa est quæ usque hodie in monasterio Lairiacus, quod prope Divionem situm est, perseverat mulier virtutis, multarum in Christo virginum mater.

V. *Ludovico seniori regi prædicit mortem Philippi filii ejus primogeniti.*

Querelam episcoporum adversus regem Francorum Ludovicum seniorem, patrem ejus qui nunc est Ludovici, manifeste explicant epistolæ beati, viri ad apostolicam sedem pro hoc ipso directæ. Factum est autem, ut die quadam congregarentur ad regem episcopi, et vocatus ab eis abbas Claræ-vallensis, qui licet adhuc juvenis, summa tamen totius Ecclesiæ columna jam tunc videbatur. Procidentes autem episcopi ad pedes regis, humiliter supplicabant ei, ut qui satis ante dilexisset et honorasset Ecclesiam, parceret etiam in hac parte, ne forte durius quam vellent, contra eum agere cogerentur At ille non satis eorum precibus acquievit. In crastinum autem durius arguebat eum venerabilis abbas, manifeste deminans. Quia offendisti terribilem, et eum qui aufert spiritum principum, terribilem apud reges terræ ; certus esto, quoniam offensa hæc primogeniti tui Philippi morte mulctabitur. Vidi enim nocte præterita, ecce tu cum filio tuo Ludovico procidebas ad pedes episcoporum. Intellexi autem continuo moriente Philippo supplicaturum te eis, quod non possis nisi per manus eorum substituere Ludovicum. Erat enim Philippus jam unctus in regem, magnæ omnino spei adolescenti et patri (quod ex abundanti est dicere) omnino charissimus. Unde et audito sermone commota sunt viscera patris super filio suo. Et promisit satisfacturum se episcopis ; sed consiliis seductus iniquis a promissione resiliens, non post multum temporis, miserabilem satis obitum filii sui Philippi ipse et tota cum eo Francia deploravit.

VI. *S. Bernardi epistolam ad Robertum nepotem, in pluvia sine pluvia scriptam, Gaufridus ejus notarius primam inter eius epistolas constituit.*

Nepos ejus Robertus, quemadmodum seductus fuerit, cum adhuc puer esset, ipsius, de qua loqui volumus epistolæ verba declarant. Cum enim in alio ordine jam per aliquot annos demoraretur, scripsit

lorsqu'il était encore enfant. En effet, comme il s'était fixé depuis plusieurs années déjà dans un autre ordre religieux, Bernard lui écrivit pour rappeler en lui une brebis égarée. Pour dicter sa lettre dans le plus grand secret, Bernard s'était éloigné de l'enceinte du cloître, et Guillaume, qui plus tard fonda l'abbaye de Ridal en Angleterre, écrivait sous la dictée du saint. Ils étaient en plein air, et comme la pluie vint tout à coup à tomber, Guillaume, qui tenait la plume, craignit pour ce qu'il écrivait, mais le vénérable abbé lui dit : « C'est l'œuvre de Dieu que vous faites, continuez, continuez. » Et, chose admirable ! ils avaient l'un et l'autre les habits mouillés et pas une goutte de pluie ne tomba sur la lettre. Cette lettre existe encore, et c'est moi qui l'ai placée en tête de la collection des lettres du saint abbé, après avoir appris ce miracle insigne de la bouche même de celui qui l'a écrite sans pluie à la pluie.

VII. *Double conversion de la duchesse de Lorraine à un meilleur genre de vie.*

A une époque où la duchesse de Lorraine, qui maintenant sert Dieu en toute humilité et pauvreté, dans le monastère de femmes appelé le Tart, était encore adonnée, outre mesure, aux voluptés de la chair, le vénérable abbé eut à venir la prier, et le duc avec elle, pour le bien de la paix. Or, il arriva que, en parlant, il étendit la main et toucha par hasard le manteau de la duchesse. Un de ceux qui étaient présents lui dit en riant : « Mon père vous avez imposé les mains à une religieuse. » — « Non, dit le père, son heure n'est pas encore venue. » En l'entendant, la duchesse qui connaissait les saintes Lettres se sentit vivement émue de cette parole qui la pénétra, vive et efficace, jusqu'à la moelle des os. Dans ce même temps, elle eut une vision qui la frappa beaucoup : il lui sembla voir le saint abbé faire sortir de son sein, à elle, sept serpents horribles, qu'il en tirait de sa propre main. Peu de temps après, elle lui confia le soin de son âme et renonça au siècle, et depuis lors se glorifie d'être la femme de qui le saint abbé avait chassé sept démons.

VIII. *Saint Bernard promet à la reine Aliénore, et obtient du ciel la grâce de devenir mère.*

Le principal auteur de cette haine qui divisa le roi Louis le Jeune et Thibaut, comte de Champagne, fut le comte de Vermandois, Raoul de Péronne, qui avait épousé une sœur de la reine, après avoir répudié une parente du comte Thibaut. Il arriva, le jour de la fête de saint Denis, que la reine Aliénore s'entretenait dans l'église de ce saint martyr avec notre abbé, et se plaignait que Dieu lui eût fermé le sein et l'eût rendue stérile. Il y avait en effet déjà près de neuf ans qu'elle vivait avec le roi, et, après avoir conçu une première fois, elle avait fait une fausse couche, et depuis n'était plus redevenue grosse. Aussi désespérait-elle de pouvoir le redevenir jamais. Elle se plaignait donc amèrement au saint de sa position ; le saint lui dit: « Occupez-vous activement d'assurer la conclusion de la paix, et moi, dit-il, plein de confiance en la miséricorde de Dieu, je vous promets que vous aurez un enfant. » Le roi apprit cela par la reine, fit la paix, et réclama secrètement du saint l'effet de

---

ad eum epistolam, erroneam ovem revocans. Exiit autem extra monasterii sæpta, ut dictaret secretius; et Guillelmus, qui postea in Angliis Rievallensem ædificavit abbatiam, quæ dictabantur excipiens scribebat in charta. Subito autem inundante pluvia timuit qui scribebat; erant enim sub divo. Cui venerabilis abbas : Opus, inquit, Dei est; fac quod facis. Res mira ! madebant vestes eorum, et scribebatur grandis epistola, et chartam omnino non tetigit imber. Exstat adhuc epistola ; et ego ipse primam eam constitui in corpore epistolarum, cum audissem tam grande miraculum ab ipsius ore, qui scripsit eam in pluvia sine pluvia.

VII. *Ducissæ Lotharingiæ ad vitam meliorem conversio duplex.*

Ducissa Lotharingiæ (quæ nunc in monasterio sanctimonialium feminarum, quod Tartum vocatur, servit Deo in humilitate et paupertate multa) cum adhuc corporis voluptatibus supra modum dedita esset, contigit venerabilem virum pro pace quadam rogare ducem pariter, atque ipsam. Dumque loquens extenderet manum, casu factum est, ut ducissæ chlamydem tangeret, cui unus de adstantibus arridens : Super religiosam, inquit, mulierem extendisti manum, pater. At ille : Nondum venit hora ejus Au- diens ducissa (siquidem litteras noverat) compuncta est vehementer, et usque ad medullas animæ ejus sermo vivus et efficax penetravit. Eodem quoque tempore somnium vidit, quo amplius animata est, virum Dei sentiens ab ejus utero septem serpentes horribiles manu propria extrahentem. Cui non longe post committens animam suam, seculo abrenuntiavit ; et usque hodie gloriatur se esse, de qua pater sanctus ejecit septem dæmonia.

VIII. *Reginæ Alienordi S. Bernardus promittit obtinetque a Deo prolem.*

Et præcipuus hujus incentor odii (Inter regem Ludovicum juniorem, et Campaniæ comitem Theobaldum) comes Viromandensium fuit, Radulfus de Perona, sororem reginæ tenens, dimissa quadam affini comitis Theobaldi Factum est in festivitate beati Dionysii, regina Alienordis in ecclesia ipsius martyris cum patre nostro loquebatur, conquerens quod conclusisset Dominus vulvam ejus ne pareret. Jam enim annis fere novem vixerat cum rege ; et a primis quidem annis conceperat, sed fecerat abortivum, et exinde sterilis permanebat, jam de fecunditate desperans. Cui miserabiliter conquerenti pater venerabilis ait : Sollicite quære quæ ad pacem sunt, et ego tibi, confisus de divina miseratione, partum

la promesse qu'il avait faite à la reine, etc. Bref, la même année, la reine devint grosse et eut un enfant.

IX. *Conversion de Geoffroy lui-même et de plusieurs écoliers de Paris.*

Il arriva un jour que l'homme de Dieu fit un voyage en France pour certaines affaires. Pendant ce voyage, mais à son retour, il fit, selon qu'il en avait l'habitude, un sermon sur la conversion, aux écoliers de Paris, et le soir il devint triste et soucieux, et dit à Dieu dans ses prières : « Je crains que vous ne m'ayez oublié, Seigneur, car, contre ce qui se passe ordinairement, j'ai fait un voyage complétement inutile, je n'ai pas même réussi dans les choses pour lesquelles je l'ai entrepris, et votre parole que j'ai fait entendre aux écoliers de Paris, ne m'a point ouvert une seule porte. » Au même instant, Dieu le consola de telle sorte qu'il comprit et annonça qu'il ne s'en irait pas les mains vides. Béni soit, Seigneur, ce jour où la lumière s'est levée pour moi, qui était encore assis dans les ténèbres et à l'ombre de la mort. Oui, béni soit ce jour, dans lequel le Soleil de justice et de miséricorde s'est levé du haut du ciel et a visité ma malheureuse âme. J'étais bien détourné de Dieu, bien opposé à Dieu, et d'un mot, en un moment, en un clin d'œil, par un changement ineffable de la main du Très-Haut, je suis devenu un autre homme, et j'ai commencé à être une autre créature de Dieu. Jamais je n'oublierai cette miséricorde, dont j'ai été si abondamment prévenu, qui m'a changé si soudainement, et qui a si fort étonné à mon sujet un grand nombre de ceux qui me virent. Mais il y eut encore beaucoup d'autres poissons qui se trouvèrent pris dans les filets du Seigneur, et plusieurs vinrent se joindre à nous ensuite pendant le voyage, si bien que, l'année de probation était à peine écoulée, que, de notre troupe, sortaient vingt et un moines. A l'époque de notre noviciat, pendant une absence que fit notre abbé, je tombai malade de corps et d'esprit. Je sais bien que c'était Satan qui s'était emparé de moi pour m'éprouver, comme on agite le grain dans un crible. Mais ce que j'éprouvais n'échappa point à notre abbé, il connut, par la vertu de l'Esprit, tout ce qui se passait en moi, comme je le sus lorsqu'il fut de retour, et il pria pour moi afin que ma foi ne défaillît point. Oui c'est là, c'est là, Seigneur mon Dieu, que vous m'avez gravé dans son cœur plus profondément encore que je ne l'étais, je vous rends grâce de cette merveille, Seigneur, oui je vous en rends grâce. En effet, comment une âme comme la mienne a-t-elle pu trouver une pareille place dans un cœur comme le sien ? Le vénérable Aubry qui maintenant est abbé de Bénissons-Dieu, éprouva aussi quelque chose de pareil pendant son noviciat, comme il nous en a donné l'assurance.

X. *Mort de Guy, frère aîné de saint Bernard, à Pontigny, le jour de la Toussaint.*

Guy, le frère aîné de Bernard, revenait avec lui du Berri, où il avait conduit une nouvelle communauté ;

---

promitto. Hoc et ipse rex per reginæ verbum cognoscens, ubi perfecta est reconciliatio, secretius alloquens beatum virum, quod reginæ promiserat, exigebat, etc. Ipso denique anno regina concepit, et peperit.

IX. *Conversio Gaufridi ipsius, et aliorum de schola Parisiensi.*

Contigit aliquando virum Dei pro quibusdam negotiis ad partes Galliæ proficisci. Cumque in itinere et in reditu scholaribus Parisiensibus, ut solebat, fecisset de conversione sermonem, vespere cœpit contristari et mœstus esse, dicens Deo in orationibus suis : « Quia timeo omnino ne forte oblitus sis mei, cum præter morem, infructuosum penitus factum sit iter meum, et neque de his propter quæ veneram, aliquid obtinuerim, nec apud clericos istos in verbo tuo apertum sit mihi ostium ullum. » In ipsa enim hora ita consolatus est eum Deus, ut manifeste præscierit et prædixerit, quia nequaquam vacuus hinc abibo. Sit benedicta dies illa a Domino, qua sedenti in tenebris et in umbra mortis lux orta est mihi. Sit benedicta, dies, qua sol justitiæ, imo misericordiæ, oriens visitavit ex alto miseram animam meam ; adversum et perversum nimis hominem, in verbo uno, in momento in ictu oculi, inæstimabili mutatione dexteræ Excelsi, prorsus in alium hominem recreans, ut sim initium aliquod creaturæ ejus. In æternum non obliviscar miserationis hujus, qua tam copiose præventus, tam subito mutatus, multorum super me animos obstupescere feci. Multi vero in illa captura dominicis retibus irretiti sunt pisces, multi et in itinere adjuncti nobis; ita ut transacto probationis anno, ex hoc collegio monachi facti simus viginti et unus. Eodem sane tirocinii nostri tempore, absente aliquando patre nostro, cœpi corpore infirmari, et affligi mente. Scio quia satanas expetivit me, ut cribraret sicut triticum ; sed non latuere Patrem quæ circa me agebantur ; et perfecte omnia cognoscens per spiritum, quæ versabantur in corde meo, sicut post reditum ejus comperi, oravit pro me ne deficeret fides mea. Ibi, ibi, supra quam essem impressisti me mirabiliter cordi ejus, Domine Deus meus Gratias tibi, Domine, gratias tibi. Unde enim tali animæ in tali pectore talis locus ? Simile quiddam sibi venerabilis Albericus, qui hodie abbas est in loco, cui nomen est Benedictio Dei, de se cum novitius esset, accidisse testatur.

X *Mors Guidonis fratris ejus primogeniti in Pontiniaco, in festo omnium sanctorum.*

Senior frater ejus Guido, dum cum eo a Bituricensi territorio redit (novam quippe illuc deduxerat abba-

il fut pris d'une fièvre aiguë et resta quelques jours malade à Pontigny, d'où il mérita d'aller se joindre à l'assemblée des bienheureux, la nuit même où on célébrait la fête de tous les saints.

tiam) febre acuta correptus, diebus paucis Pontiniaci infirmatus est; et ipsa nocte, qua sanctorum omnium festivitas agebatur, felici eorum consortio meruit aggregari.

QUATRIÈME VIE DE SAINT BERNARD

ABBÉ,

EN DEUX LIVRES

PAR JEAN L'ERMITE.

LETTRE DE JEAN L'ERMITE A PIERRE, ÉVÊQUE DE FRASCATI, SUR LA VIE DE NOTRE BIENHEUREUX PÈRE BERNARD, ABBÉ DE CLAIRVAUX.

1. Cédant à vos instances et à vos désirs, bien-aimé père Pierre, et voulant concourir à l'édification du prochain, nous avons cru bien faire d'écrire selon nos faibles moyens la Vie de saint Bernard, premier abbé de Clairvaux, afin de pouvoir arriver nous-mêmes à la vie éternelle en imitant sa conduite et suivant son exemple. On ne peut douter que le saint dont nous voulons parler ne soit digne d'être loué et honoré, puisqu'il a acquis la gloire du royaume du ciel avec les saints et les élus de Dieu, et qu'il a mérité d'être loué et honoré au milieu de l'assemblée des fidèles. Son nom rappelle la sainteté et sa mémoire est en bénédiction. Il est écrit, en effet, que « la mort des saints est précieuse aux yeux du Seigneur (*Psal.* XI, 15). » Or, le saint dont nous allons parler est vraiment un juste, il a été trouvé fidèle parmi les saints, il s'est montré comme un feu qui éclaire et comme un vase d'or massif orné de toute sorte de pierres précieuses. Aussi le Seigneur l'a-t-il fait grand dans son peuple, et a-t-il multiplié ses enfants sur la terre. Ce ne fut jamais en vain que sa parole retentit aux oreilles des hommes, à qui il suggérait par les choses et par les faits, les motifs de ce qu'ils devaient faire : sa gloire a brillé dans les merveilles d'une vertu miraculeuse. Que d'hommes aussi se trouvent maintenant comptés au nombre des saints, dont il fut le père selon l'Évangile. Quant aux miracles qu'il a opérés, ils sont si nombreux que, si nous voulions les rapporter en détail, notre faible génie ne pourrait suffire à sa tâche. Du reste, si nous les connaissions et pouvions les rapporter tous il se pourrait qu'on ne nous crût pas. Aussi, quant à présent, nous con-

VITA QUARTA
S. BERNARDI ABBATIS
DUOBUS LIBRIS SCRIPTA

A Johanne eremita.

INCIPIT EPISTOLA JOHANNIS EREMITÆ AD PETRUM TUSCULANUM EPISCOPUM, DE VITA BEATI PATRIS NOSTRI BERNARDI, PRIMI CLARÆ-VALLIS ABBATIS.

Juxta petitionem et desiderium vestrum, pater dilectissime Petre, ad vestram et aliorum ædificationem pro modulo nostro vitam beati Bernardi, primi Claræ-vallis abbatis, litteris commendare duximus dignum ; ut per ejus imitationem et exempla, ad æternam beatitudinem pervenire possimus. Sine dubio dignus est sanctus iste, de quo volumus facere mentionem, laudari et coli ; quoniam cum sanctis et electis Dei, regni cœlestis adeptus gloriam, in medio Ecclesiæ laudem habere meruit et honorem : unde nomen in sanctitate sortitus est, et in benedictione vivit ejus memoria. Scriptum namque est : *Pretiosa in conspectu Domini mors Sanctorum ejus.* Vere justus est iste sanctus, et fidelis inventus in numero sanctorum, quasi ignis effulgens, et quasi vas auri solidum, ornatum omni lapide pretioso. Ideoque fecit illum Dominus crescere in plebem suam, et semen ejus multiplicavit sicut arenam maris. Sermo ejus non frustra humanis auribus insonabat, sed rebus et factis causas rerum faciendarum inferebat, signis et virtutibus gloriosus. Multi etiam inventi sunt in numero sanctorum, quos ipse per Evangelium genuit. Numerum vero miraculorum, quæ per eum facta sunt, si volumus explicare, ad hoc non sufficiet ingenii nostri parvitas. De cætero, si ea ad plenum et sciremus,

tenterons-nous de n'en rapporter que quelques-uns, auxquels il est impossible de refuser de croire.

2. Un jour, un moine, véritable et sincère ami de notre vénérable abbé, se promenait par hasard avec un frère laïc, nommé Humbert et traversait un petit bois contigu au monastère de Clairvaux, tenant à la main le livre des miracles du saint abbé, qu'il traduisait en latin, tant pour sa propre édification que pour l'édification de ce frère. Or, ils s'arrêtèrent pour se reposer un instant, sous un poirier placé près du chemin que suivent tous les jours ceux qui vont travailler au jardin ou qui en reviennent. Assez longtemps après, ils se levèrent, mais le moine dont nous avons parlé, par un oubli assez ordinaire et qui se présente bien souvent, laissa à terre, sans s'en apercevoir, le livre qu'il tenait à la main. S'en étant donc allé, il se livra aux occupations de la règle; cependant, il se creusa la tête pour se rappeler, comment, où, et quand il avait perdu ce livre, et avait renoncé à tout espoir de le retrouver, tant parce qu'il l'avait laissé près d'un chemin passant, que parce que depuis le moment où il l'avait perdu, il était tombé une telle quantité d'eau que lors même qu'on l'eût retrouvé, il ne semblait pas douteux qu'il fût tout de même complétement perdu; après quelques efforts de mémoire, il cessa d'y penser, et parut même ne plus y penser du tout. Cependant il avait le cœur bien gros d'avoir, par sa négligence, perdu ce volume des miracles du saint. Un mois environ se passa ainsi, et un jour, après une courte promenade dans le jardin, il vint se rasseoir sous le même arbre, mais sans aucune pensée de rechercher et sans le moindre espoir de retrouver ce qu'il avait perdu. Tout à coup, à son grand étonnement, il vit d'une façon extraordinaire, inouïe, le livre placé là, à ses côtés, comme à dessein, et on aurait dit qu'il avait été conservé par quelqu'un et qu'il venait d'être déposé en cet endroit. Et, pour que tout ce qui arrivait là fût plus admirable encore, le papier aussi bien que l'écriture, s'étaient conservés en si bon état et si peu détériorés (c'est à peine si on remarquait les traces de quelques gouttes d'eau sur la couverture), qu'on aurait pu croire qu'il avait été placé dans la bibliothèque avec les autres livres. Je ne sais ce que le récit de ce fait a produit sur ceux qui l'ont entendu rapporter, quant à moi je n'hésite pas à dire qu'une pareille chose, une chose aussi insolite que celle-là n'a pu arriver sans un miracle que la raison nous invite et la vérité nous pousse à attribuer aux mérites du saint.

3. Pendant le silence de la nuit, après les fatigues des labeurs du jour, il s'était jeté sur son lit pour goûter un instant de repos; il ne dormait pas, quand il vit apparaître à ses yeux un homme vénérable, revêtu d'une étole blanche comme la neige, d'une médiocre stature, mais d'un âge avancé, ayant des cheveux blancs et une figure angélique qui commandait le respect. Il semblait tenir deux livres à la main. Il s'approcha du frère dont nous avons parlé plus haut et les lui présenta tous les deux, en lui disant : « Prends et lis. » Celui-ci, étonné d'abord, effrayé même, comme cela arrive ordinairement, de cette apparition subite, se rassura bientôt au ton de voix bienveillant, à l'aspect calme et tranquille, au visage angélique de celui qui lui ap-

---

et possemus evolvere, dicentibus fortasse non crederetur. Unde pauca in præsenti, quibus fides neganda non est, volumus explicare.

2. Monachus quidam, venerandi abbatis verax dilector et sincerus, forte cum quodam laico fratre, Humberto nomine, per virgultum adjacens monasterio Claræ-vallensi deambulabat, librum miraculorum sancti patris tenens in manibus; exponens ea secundum idioma Romanæ linguæ, tam suæ quam illius ædificationis causa. Contigit ergo eos, modicæ pausationis gratia, consedere sub arbore piro, secus viam, per quam quotidie vadunt et veniunt laborantes in horto. Cumque non post modicum tempus consurgerent, supradictus monachus oblivione subripiente, sicut multotiens fieri solet, librum quem paulo ante in manu tenuerat, humi per improvidentiam depositum reliquit. Abiit itaque, et regularis disciplinæ studiis occupatus, cum tandem reduceret ad memoriam, quomodo, ubi, et quando perdidisset illum, nullam omnino spem recuperandi concipiens (tum quia prope viam dimiserat, tum quia interim tanta fuerat facta inundatio pluviarum, ut etiamsi reperiretur, nihil amplius quam perditum valere crederetur) post aliquantum tempus ab illius inquisitione cessavit : imo etiam penitus desistere visus est; maxime tamen constrictus, quod per negligentiam suam miraculorum sancti viri volumen amisisset. In hunc modum transigens unum circiter mensem, cum post modicam per hortum deambulationem, sub arbore prædicta resedisset, non tamen proposito quærendi, vel spe recuperandi, quod perdiderat, miro et inaudito modo librum, tanquam ab aliquo conservatum, et tunc de recenti, et ex industria juxta se positum, subito in medium proferri miratus est. Et ut mirabilius esse credatur quod contigit, tam charta, quam scriptura adeo sana et incorrupta permanserat (nisi quod pauculis guttis exterius operimentum respergi videbatur) ac si cum cæteris libris in bibliotheca liber idem fuisset repositus. Quid super hoc audientibus visum fuerit, nescio : ego autem pro parte mea asseverate non dubito, rem talem, tamque insolitam, nequaquam sine miraculo contigisse, quod siquidem beati viri meritis adscribere et ratio persuadet, et veritas compellit.

3. Nocturni temporis silentio, cum post fatigationem diurni laboris, modicæ repausationis gratia recubuisset in lectulo, apparuit ei vigilanti vir venerabilis amictus stola nivea, et staturæ mediocris, ætate grandævus, crine candidus, angelica facie reverendus. Is in manibus suis duos libros tenere videbatur. Accedens itaque ad fratrem supra memoratum, porrexit ei utrumque, dicens: Accipe, vide, et lege. Qui repentinæ visionis horrore (sicut fieri solet) attonitus, securitatem tamen ex affatu benigno, aspectu tranquillo, vultu quoque angelico sumens, respondit : Domine pa-

paraissait, et lui dit : « Seigneur père, je ne sais point lire, simple et illettré comme je le suis, comment pourrais-je lire ? » L'apparition repartit : « Ne crains pas mon fils. Le Seigneur est avec toi, il sera ton maître, et, avec le secours de mon intercession, tu réussiras. » Excité par cette pieuse exhortation, le frère reçut les deux volumes, les feuilleta et les lut, non sans se demander à lui-même avec étonnement comment cela se faisait. Puis, l'apparition qui s'était tenue près de lui, comme si elle eût gardé un des deux volumes pour elle et laissé l'autre au frère, lui dit adieu, le bénit et disparut. Qu'était-ce donc ? Ce que nous allons dire est bien étonnant. Qu'y a-t-il en effet de plus étonnant que cela ? Nous avons tous connu ce frère : il n'était que frère lai peu de temps encore auparavant et il ne connaissait pas même les lettres de l'alphabet. Cependant, éclairé de la lumière d'en haut, et aidé du secours de quelques frères, il fit tant de progrès, qu'il sut bientôt, non-seulement lire assez passablement, assez bien même, mais encore chanter. Puis la pratique et la grâce aidant, il commença à comprendre un peu le sens des mots, et fit peu à peu de grands progrès dans cette connaissance. Il écrivit donc cette vision dans l'espérance d'un secours divin et de l'aide du saint, car c'est lui, je crois, qui lui est apparu. Il recueillit donc tous les miracles que les autres historiens de Bernard avaient omis, soit par ignorance, soit par négligence, dans un style si convenable, si bon, si élégant même, que, frappés d'admiration, nous nous sommes écriés avec le Prophète : « C'est le Seigneur qui a fait cela, et c'est ce qui paraît à nos yeux digne d'admiration (*Psal.* CXVII, 23). » Qui oserait dire, en effet, qu'il n'y a point eu de miracle là? Est-il, au contraire, miracle plus clair, plus évident ? Nous l'attribuons avant tout à la grâce de Dieu, puis aux mérites du saint, et enfin à la foi et à l'obéissance du frère.

4. Mais qu'est-il besoin de m'étendre davantage? Ce saint est grand en effet dans le nombre des saints, parmi les anges et les archanges, au milieu des apôtres et des martyrs, entre les confesseurs et les vierges, parce qu'il n'a jamais perdu sa pureté et qu'il est constamment demeuré vierge et sans tache. Tout en lui était réglé, tout prenait le cachet de la vertu; il ressuscita des morts, il commanda en maître aux démons, il redressa la jambe des boiteux, rendit la parole aux muets et la santé aux malades. Toujours humble et modeste chez lui, grand chez les grands, fameux par ses écrits et par sa renommée, doux aux bons, terrible aux méchants, remarquable par ses vertus, le modèle des bonnes mœurs, la lumière et le miroir des chrétiens, surtout des moines et de tous les religieux. Il portait la loi de Dieu au fond de son cœur, et sa doctrine brillait au sein de l'Église de Dieu comme le soleil aux beaux jours d'été. Il fut le bâton du boiteux et l'œil de l'aveugle; il compatit aux souffrances des malades, se montra généreux et bienveillant pour les pauvres, et aimable pour tout le monde. Ce fut une vraie fontaine de sagesse, une colonne de justice, le père de l'ordre de Cîteaux et le type même de la vertu. O piété de notre fondateur! O bénignité de Jésus-Christ, qui a daigné nous donner un tel triomphateur! Venez mes amis, buvez, enivrez-vous, car c'est un aliment, c'est un breuvage pour l'âme que les exemples de

---

ter, nescio litteras. Simplex et illitteratus quomodo legam ? At ille : Fili, noli timere. Ecce Dominus tecum est, et docebit te, et me intercedente bene erit tibi. Hujusmodi pia admonitione confortatus frater, utrumque volumen accepit, evolvit, et legit; mirans et obstupescens in semetipso, quenam modo id fieret. Persona deinceps assistens, quasi alterum volumen secum deferens, alterum fratri relinquens, valefaciens ei data benedictione disparuit. Quid igitur? Mirabile quidem dictu est quod dicemus. Quid enim mirabili hoc mirabilius? Fratrem novimus omnes quotquot sumus. Laicus quidem erat paulo ante, nec etiam alphabetum noverat. Deo tamen illuminante ejus intelligentiam, et quibusdam fratrum suffragantibus, in brevi ad hoc profecit, ut non solum legere, verum etiam cantare satis decenter et convenienter sciret. Exinde tam usu quam gratia cooperante, dictionum significationes aliquantum intelligere cœpit, et in hujusmodi scientia paulatim proficere. Visionem itaque supradictam scripsit in spe adjutorii divini, et subventionis beati viri, quem credimus ei apparuisse. Nonnulla miraculorum ipsius, quæ vel scriptoribus ignota, vel per negligentiam fuerant prætermissa, tam decenter, tam bene, tamque eleganter litteris commendavit, ut subinde rapti in admirationem, dicamus cum Propheta David: *A Domino factum est istud, et est mirabile in oculis nostris.* Quis ergo neget hoc miraculose factum esse? Quod apertius, quod evidentius miraculum ? Adscribimus igitur in primis gratiæ Dei illud, attribuimus deinde meritis sancti, assignamus denique fidei et obedientiæ fratris.

4. Quid plura? Revera sanctus iste magnus est in numero sanctorum, inter angelos et archangelos, inter apostolos et martyres, inter confessores et virgines; quia nunquam fuit pollutus, sed semper virgo permansit et immaculatus. Semper ejus mens erat in Deo, et Deus erat cum eo. Totum in eo disciplinatum, totum insigne virtutis. Mortuos suscitavit, dæmonibus imperavit, claudis gressum reddidit, mutis loquelam, ægrotis sanitatem. Semper apud se erat modicus, apud summos magnificus, scriptis et fama mirificus, placidus bonis, malis terrificus, clarus meritis, exemplar morum, lux et speculum christicolarum, maxime monachorum et omnium religiosorum. Lex Dei in corde ipsius, et doctrina sua sicut sol in diebus æstatis fulgens in Ecclesia Dei. Baculus fuit claudo, oculus cæco, compatiens ægrotis, munificus pauperibus et benignus, jucundus ad omnes, fons sapientiæ, et columna justitiæ, pater ordinis Cisterciensium, et virtutis forma. O pietas conditoris nostri! o be-

notre saint abbé, dont nous allons, avec la grâce de Notre-Seigneur Jésus-Christ, retracer le récit. Je vous prie mon père, de prier pour moi, ce même Seigneur, qui est l'Alpha et l'Oméga, d'être le principe et la fin de ce travail.

LETTRE DEUXIÈME A HUBERT, ARCHEVÊQUE DE TURIN EN SARDAIGNE.

Vous me demandez, soldat de Jésus-Christ, avec cette confiance et cette charité dont vous m'honorez, de vous écrire quelque chose sur la vie et les actes de notre vénérable père, saint Bernard, dont j'ai fréquenté autrefois, pendant mon enfance, plusieurs disciples, afin que vos lèvres exhalent fréquemle souvenir de sa douceur, et que le récit d'œuvres d'une si grande sainteté recrée sans cesse vos yeux et vos oreilles. Pour moi, quoique j'aie vu dans les actes de l'homme de Dieu bien des choses et de grandes choses dignes de mémoire, et plus dignes encore d'imitation, cependant il y en a plusieurs qui ont pu s'effacer de mon souvenir, sortir de mon esprit, m'échapper à cause de la légèreté de mon âge, ou ne laisser aucune trace en moi à cause de ma tendre jeunesse. D'ailleurs à supposer que l'éclat de ses miracles et l'importance de ses actes ne permettent point que le souvenir s'en soit effacé de mon esprit, qui suis-je pour oser célébrer les louanges d'un tel père, dans mon style sans vie, et pour me permettre d'ouvrir mes lèvres incirconcises pour chanter cet homme de Dieu? Il faudrait laisser le soin de raconter la vie des saints à ceux qu'on sait instruits par Dieu même, et à qui le Seigneur a donné une langue érudite, capable de parler en temps opportun. Pour moi, vos amis, Seigneur, ont une vie que je ne saurais raconter, et je ferais bien mieux de ne toucher à ce saint que pour l'honorer, non point pour le raconter aux autres, et de laisser à d'autres plus sages que moi le soin de redire ce qu'il a fait, en me contentant de faire moi-même avec zèle ce qu'il nous a enseigné. D'ailleurs, pour que l'espérance que l'affection que vous me portez, je pense, plutôt que mon savoir, vous a fait concevoir, ne soit pas déçue de tout point, je vous prie de recevoir en abrégé ce que vous saviez déjà des mœurs de notre pieux abbé, et en mettant de la science dans le récit de sa vie, retirez pour vous même de ses actes une règle de conduite. Or cet homme était d'une pureté et d'une simplicité admirable; il avait les yeux de l'esprit si attentivement fixés sur les oracles célestes que, selon la loi de l'Évangile, il faisait fi du monde entier pour les biens éternels, et n'ayant plus rien ici bas que la demeure de son corps, il était par le cœur et l'esprit habitant du ciel. C'est dans son cœur que la patience s'est bâti une demeure, au point qu'il regardait comme un bonheur pour lui toutes les adversités que la force de son âme pouvait supporter. Son humilité dépassait toute mesure humaine, c'était comme s'il avait fait serment de recouvrer par la perfection de cette vertu le ciel d'où l'absence de l'humilité avait précipité le démon dans l'enfer. Pendant toute sa vie, ni la tempérance ni la force ne lui firent défaut, en sorte qu'on ne le vit point enivré par la prospérité, ni abattu par les malheurs. Son corps avait revêtu la candeur de la chasteté; et son âme brûlait du feu inextinguible de la charité; en sorte que, au dehors, il était tout éclatant de blancheur, au dedans tout embrasé, et dans

---

dignitas Jesu-Christi, qui talem triumphatorem nobis tribuisti! Venite, charissimi, bibite, et inebriamini. Potus quippe et cibus animæ sunt exempla sancti patris, quorum nonnulla referimus adjuvante Domino nostro Jesu-Christo. Rogo vos, pater, et oretis pro me eumdem Dominum nostrum, qui est Alpha et Omega, ut inchoator sit et consummator hujus operis.

INCIPIT EPISTOLA SECUNDA AD HERBERTUM TURRITANUM IN SARDINIA ARCHIEPISCOPUM.

Petis a me, miles Christi H. fiducia et charitate qua me diligis, ut de vita vel actibus venerabilis patris beati Bernardi, propter quod ego apud quosdam discipulorum ejus olim assiduus fueram adhuc puer, aliquid tibi per litteras edam; quatenus memoriam suavitatis ejus os tuum frequente eructet, et scriptura de operibus tantæ sanctitatis expressa, tuos jugiter visus et auditus oblectet. Ego autem, licet multa et magna viderim in actibus viri Dei, quæ et memoratu digna sunt, et imitatione dignissima; ea tamen ex parte non modica potuerunt subripi, et a memoria mea excidere, vel facilitate ipsa lubricæ ætatis effluere, vel puerilis animi teneritudini non hærere. De cætero si quid exinde mihi vel stupore miraculi, vel operis dignitate non excidit, quis sum ego, qui inertem stilum laudibus tanti patris enucleandis admoveam, et in præconia viri Dei labiis incircumcisis erumpam? Illis narranda dentur gesta sanctorum, quos non dubites doctos a Domino, quibus dedit Deus linguam eruditam, ut sciant in tempore proferre sermonem. Mihi autem inenarrabiles sunt amici tui Deus; ita ut tutius elegerim, virum sanctum non tam prædicare quam colere; relinquens prudentioribus explicandum quod fecit, contentus ipse vel æmulari quod docuit. Cæterum ne spes tua quam (sicut arbitror) de affectione, magis quam de eruditione mea conceperas, usquequaque fraudetur, accipe breviter de moribus pii patris quod ipse jam noveras; et dum apponis in ejus narratione scientiam, appone tibi pariter ab ejus actionibus disciplinam. Erat enim vir iste mira simplicitate purissimus, ita cœlestibus intentus oraculis, ut juxta evangelicam fidem, universum mundum æternorum amore contemneret, et nihil hic retinens præter corpoream mansionem, mente et animo in cœlestibus habitaret. Hic est in cujus pectore patientia ædificavit sibi domum, adeo ut omne gaudium existimaret, quoties robur animi sui actus cujuslibet adversitatis impeteret. Humilitas in eo supra humanum modum, tanquam jurasset ejus vir-

tout son être un objet de désir. Bon Jésus! quelle n'étaient point son habileté dans l'obéissance, sa modestie dans le commandement, sa gravité dans les exhortations, sa discipline dans les exécutions! Ce n'est pas lui que le titre d'abbé enflait d'orgueil et que les honneurs remplissaient de morgue. Il se mettait si bien au-dessous de tous, qu'on voyait bien qu'il était le disciple de celui qui est venu sur la terre non pour être servi, mais pour servir. Doux, bon, affable, il savait mêler la douceur à la réprimande et éloigner tout ce qu'il y a de dur dans le châtiment. Que dirai-je de sa foi et de son besoin de croire? N'est-ce point par là qu'il mérita si souvent que les secrets des cieux lui fussent révélés et que les mystères divins se manifestassent à lui par des effets visibles?

Prologue de la Vie de saint Bernard.

Mes très-chers frères, quiconque entreprend d'écrire la vie des saints, doit commencer par se mettre au-dessus de toute espèce de mensonges et d'iniquités; car les saints n'aiment pas le mensonge et condamnent ceux qui en font. Ce sont eux en effet qui disent avec l'Écriture: « La bouche qui ment tue l'âme (*Sap.* I, 11). » Il en est de celui qui écrit la vie des saints comme de ceux qui tissent le lin, s'ils n'ont pas les mains pures, ils souillent l'un et l'autre leur travail. Tisser le lin, c'est écrire la vie des saints; avoir les mains souillées, c'est être taché par l'amour de la vaine gloire ou par une mauvaise conscience qui forge des mensonges. Quiconque a le mensonge dans l'âme, ne saurait décrire avec vérité les œuvres des saints. Je vous assure, mes bien chers frères, que le travail que j'entreprends en me mettant à écrire des vies de saints me paraît bien lourd; ce n'est pas sans raison, car je n'en suis pas digne par mes vertus, et je n'ai point l'esprit orné par la science. Pourtant j'aime mieux encourir le reproche de témérité que, par l'effet d'une crainte désordonnée, de laisser dans l'ombre et d'ensevelir dans le silence la gloire des saints. Je prends donc à témoin la divinité même à qui tout est connu, qu'en écrivant, je ne me propose rien de frivole, je ne recherche point une gloire humaine, je n'agis point par un mouvement d'avarice, et que je n'ai en vue que de mettre par écrit les récits vrais, simples et saints de vieillards, à qui il est aussi pieux de croire qu'il serait impie de refuser de croire. J'écris pour les serviteurs et les amis de Dieu, qu'il serait bien dangereux de tromper; et je prends la parole sous le charme délicieux que me font éprouver la gloire et les vertus du saint, dont tout le monde, quand même je garderais le silence, a le nom à la bouche, et admire vivement les grands miracles. Que personne donc ne méprise ce qu'il va lire, car si la grandeur des choses que je vais raconter dépasse la raison et le pouvoir de l'homme, cependant tout est possible à Dieu, et rien n'est impossible à celui qui croit. Mais s'il se trouve quelque lecteur qui hésite à ajouter foi à mon récit, je le prie de me pardonner charitablement plutôt que de suspecter ma véracité. Car il n'y a rien dans ce qui tient à l'homme qu'on ne puisse dénaturer d'une manière ou d'une autre, et tourner à mal par une mauvaise interprétation. Mais, dans ce que je vais raconter,

---

tutis perfectione recuperare se cœlum, cujus defectu diabolus lapsus est in infernum. Hunc in omni vita sua nec temperantia, nec fortitudo deseruit; ne in prosperis per læta dissolutus effluerct, nec fractus adversitatibus elangueret. Corpus ejus candor castitatis induerat, mentem charitas inexstinguibilis inflammabat; ut esset foris lucidus, intus accensus, et totus desiderabilis. Jesu bone! quanta illi in obediendo sollertia, in imperando modestia, in exhortationibus gravitas, in exsecutionibus disciplina! Non illi de magisterio typhus, non de reverentia fastus; sed ita se submittebat omnibus, qui omnibus eminebat, ut illius se probaret esse discipulum, qui non ut ministraretur, sed ut ministraret advenerat. Blandus, pius, affabilis; non omittens in hilaritate censuram, non admittens in districtione sævitiam. De fide vero ipsius et pia credulitate quid dicam? Hæc est per quam meruit ut revelarentur ei sæpius arcana cœlestia, et per effectus visibiles divina illi sese proderent sacramenta.

Incipit prologus in vita sancti Bernardi.

Qui Vitas sanctorum, fratres charissimi, vult scribere, debet se primum de mendaciis et iniquitatibus emendare. Non enim amant sancti mendacia, sed damnant eos qui ea loquuntur. Ipsi enim sunt qui potius afferunt quod scriptum est: *Os quod mentitur, occidit animam.* Offendit is qui vitas sanctorum scribit, sicut et ille qui byssum texit, si et manus habet maculatas; quia opera eorum conquinabunt. Texere byssum, est Vitas sanctorum scribere. Manus maculatas habere, est vana gloria vel conscientia prava depravari, per quam mendacia continguntur. Qui mendacium habet in mente, quomodo potest recta loqui de operibus sanctorum? Dico vobis, dilectissimi, quia multum me coarctat hic labor, scilicet vitas sanctorum scribere. Nec immerito; me namque nec propria commendant merita, nec scientia ornat. Malo tamen temeritatis notam subire, quam pudoris inordinati nebula laudes sanctorum contectas silentio præterire. Contestor igitur divinitatem, quæ omnia novit, quia nihil frivolum, nihilque humanæ laudis, vel avaritiæ causa scribere propono; sed quæ vera, simplex, et sancta confirmat relatio seniorum; quibus credere tam pium est, quam non credere impium. Servis et amicis Dei scribo, quos fallere periculosissimum est, sancti viri gloria pariter et virtutibus delectatus, quem etiam me tacente præconizant homines, miraculorum ejus magnitudinem vehementer admirantes. Nemo itaque contemnat quæ leguntur; quia licet rationem et possibilitatem humanam excedat magnitudo dicendorum, tamen omnia possibilia sunt apud Deum, et nihil est impossibile credenti. Verumtamen qui de his hæsitaverit, pie potius ignoscat, quam mendacii me arguat.

le jugement des hommes ne peut ni tromper ni se tromper. Pourquoi cela? parce que la certitude des faits que je vais rapporter, exclut toute espèce de doute, et que le mensonge, comme dit Sénèque, (*Epis.* LXXIX), est quelque chose de bien mince et et d'aussi transparent que le verre. Aussi vous dirai-je, mes frères, que le travail que j'entreprends ne me préoccupe pas péniblement, car j'espère dans le secours de Dieu pour mener mon entreprise à bonne fin. Je vous prie donc, ô Verbe divin, par qui tout a été fait, de me donner la grâce de raconter comme il convient tout ce que je sais de vrai touchant le bienheureux.

Vie de saint Bernard.

1. Le bienheureux Bernard naquit d'une digne famille, dans un bourg de Lingonais, à Fontaines, château-fort de son père. Son extraction était noble selon le monde, mais sa noblesse était bien rehaussée par l'élévation des sentiments. Son père fut Tescelin, sa mère Aalays, fille de Bernard, seigneur de Montbar, homme puissant et grand selon le monde, et se rattachant, si on en croit ce que plusieurs affirment, à la noble famille des ducs de Bourgogne. Mais comme nous n'avons pas la pensée, pour le moment, de faire l'histoire de sa famille, revenons à notre sujet. Bernard de Montbar, l'aïeul de notre saint, avait voulu que sa fille Aalays fût instruite dans les lettres, parce qu'il la destinait au cloître; mais la Providence disposa d'elle d'une tout autre façon. Car à peine avait-elle atteint sa quinzième année, qu'elle fut recherchée en mariage par Tescelin, seigneur de Fontaines, aussi distingué par sa noblesse que par le rang qu'il occupait, et de plus assez abondamment pourvu des biens de ce monde. Le père d'Aalays, ne pouvant décemment la refuser à celui qui la lui demandait, la lui accorda en mariage.

2. Lorsqu'elle fut unie à Tescelin par les liens du mariage, Dieu lui fit la grâce de pouvoir servir sur sa table du fruit de ses entrailles, et c'est ce qu'elle eut le bonheur de faire. En effet, elle donna six fils et une fille encore plus à Dieu qu'à son mari, comme le Seigneur dans sa bonté a daigné le montrer par les saintes œuvres qu'il leur fit faire. Il éclaira leurs âmes des lumières du très-saint Esprit. Après avoir goûté les douceurs spirituelles, ils renoncèrent à la milice du diable et aux pompes du siècle, sur les pieuses instances de leur frère Bernard, qui était déjà une lampe ardente, bien qu'elle fût encore sous le boisseau, non sur le chandelier, et ils embrassèrent avec une grande force la vie érémitique dans le désert, et reçurent l'habit monastique. Étant donc tous devenus moines, ils menèrent ensemble une vie agréable à Dieu. Quant à la fille d'Aalays, elle se fit religieuse à Juilly. Ô ventre béni qui a porté de tels enfants! ô mamelles de bénédiction qui ont allaité de pareils nourrissons! ô source d'une eau bénie, fécondité glorieuse d'un seul sein maternel! Et vous, hommes dignes de Dieu, vous avez pour la gloire du ciel méprisé celle de la terre et vous avez mieux aimé vivre éternellement avec le Christ, que de vivre pour un temps dans la joie et le bonheur de ce monde malheureux. Mais le style de l'histoire ne me permet pas d'en dire davantage sur votre genre de vie.

Nihil est enim in rebus humanis quod non possit aliquo modo infamari, vel sinistra interpretatione perverti. Ecce in quo humanum judicium vel falli, vel fallere nequeat. Quare? Quia et rei certitudo ambiguitatem removet, et mendacium, sicut ait Seneca, tenue est, et ut vitrum perlucet. Item dico vobis, fratres, quia minus affligit me hic labor; sed Dei (ut spero) erit adjutorium, quo bene impleri possit quod inceptum est. Te igitur invoco, Verbum, per quod omnia creata sunt, ut des mihi, sicut decet, de beato viro dicere quæ vera sunt.

Incipit vita sancti Bernardi.

1. Beatissimus igitur Bernardus, in pago Lingonensi, Fontanis oppido patriæ sui, digna propagine oriundus fuit; carnis quidem prosapia nobilis, sed culmine mentis nobilior. Genitor ejus Tescelinus nomine, genitrix vero Aalays, filia Bernardi Montis-barri domini, viri potentis et magni secundum seculi dignitatem, et ex antiquorum (sicut asserunt multi) Burgundiæ ducum generositate trahens originem. Sed quia de ejus genere historiam in præsentiarum explicandam non suscepimus, ad id quod potius dicendum est, revertamur. Aalays igitur filiam suam idem Bernardus, avus scilicet beati Bernardi, litteris erudiri voluit, ut in futuro monacham faceret; sed Dei providentia aliud de ea disposuit. Nam cum ad quintumdecimum ætatis suæ annum pervenisset, a Tescelino Fontanensis oppidi domino, viro nobilitate et dignitate conspicuo, et in rebus seculi satis locupletissimo, requisita est ad conjugium. Pater vero ejus, quoniam honeste negare non potuit, requisitam concessit.

2. Quæ postquam conjuncta fuit viro suo lege conjugali, dedit ei Deus gratiam, ut de fructu ventris sui poneret super mensam suam, sicut et fecit. Sex namque filios, et unam filiam genuit, non tam viro suo, quam Deo; sicut pius Dominus demonstrare dignatus est in sanctis operibus eorum. De suo namque sanctissimo Spiritu mentes eorum illuminavit. Illi vero degustata spirituali dulcedine, militiam diaboli et pompam seculi abnegantes, cooperante pia admonitione fratris sui Bernardi (qui erat lux ardens, sed adhuc sub modio, non super candelabrum), ad fortissimam vitam cœnobitarum in eremum venerunt, et monachilem habitum susceperunt. Omnes itaque monachi facti, vitam Deo placitam simul aggressi sunt. Filia vero monacha facta Juilleii. O beatus venter, qui tales portavit! o beata ubera, quæ lactaverunt tales! o beati generis origo, unius uteri gloriosa fecunditas! Vos ergo unanimiter, viri Deo digni, pro cœlesti gloria præsentia contempsistis, et magis elegistis cum Christo æternaliter vivere, quam in hoc mundo infelici feliciter ad tempus vivendo

Je reviens à l'époque de sa naissance, par où j'ai commencé, pour continuer mon récit.

3. L'aîné des enfants de Tescelin fut Guy, homme de règle et aimé de Dieu, aussi sage dans ses paroles que dans ses œuvres. Le second fut Gérard, homme d'une vie vénérable, de mœurs honnêtes, aussi remarquable par sa sagesse que prudent dans le conseil. Le troisième fut Bernard, la lumière et le miroir de ses frères, une colonne sublime de la sainte Église. Le quatrième fut André, homme simple et droit, rempli de la crainte de Dieu et fuyant le mal. Le cinquième était Bartholomé, qui dès le premier épanouissement de ses années, se montra d'un caractère primitif, et devança les années de la vieillesse ; il sut embellir un âge sans souillure par la droiture de son âme. Le sixième est Nivard, il méprisa son héritage paternel pour l'héritage du ciel qu'il préféra. La fille, dans l'ordre de la naissance, vint au monde après Bernard, et reçut le nom de Humbline sur les fonts du baptême. Leur mère, comme je l'ai dit, les enfanta tous pour Dieu, non pour le siècle, et à mesure qu'elle les mettait au monde, au milieu même des douleurs et du travail de l'enfantement, et dans les déchirements de son cœur, elle les prenait dans ses mains pour les élever vers le ciel et les offrir à Dieu. O femme forte dans la foi, constante dans l'amour de Dieu et persévérante dans la prière ! que vous êtes heureuse ! combien heureux est votre sein, mais combien plus heureux encore est le fruit de votre ventre. Elle ne permettait pas aux autres femmes, qui l'assistaient dans ses couches, de faire l'offrande de ses enfants à Dieu, comme cela se fait ordinairement; elle connaissait les saintes Écritures, et surtout ce passage d'un psaume de David, où le Prophète dit : « Un esprit brisé de douleur est un sacrifice à vos yeux, Seigneur, vous ne méprisez pas un cœur contrit et humilié (*Psal.* IV, 19). » Cependant, pour ce qui est de Bernard, elle ne l'offrit pas aussitôt que les autres au Seigneur, elle ne le fit que lorsqu'il fut un peu plus âgé. Mais elle le lui offrit, pourtant, et le fit avec la plus grande dévotion, et pour qu'il fût plus dévôt envers le Seigneur, elle le fit instruire dans les lettres. Cela dit, revenons aux deux auteurs de cette glorieuse lignée.

4. Il y avait dans cette partie de la Bourgogne, comme nous l'avons dit plus haut, un homme honorable nommé Tescelin, sa femme se nommait Aalays. Ils étaient tous deux nobles selon le monde, mais ils se distinguaient surtout par leur foi et leur conduite ; et plus ils étaient élevés, plus ils étaient humbles selon le conseil de l'Écriture qui dit : « Plus vous êtes grand, plus vous devez vous faire petit devant tout le monde (*Eccli.* III, 20). » Il serait bien difficile d'entrer dans le détail de ce qui a rapport à leur foi, leur espérance, leur charité, leur justice, et à toutes leurs autres vertus ; nous en dirons pourtant quelques mots pour instruire le lecteur. Un jour, Tescelin se trouvait, comme il arrive souvent dans le monde, dans la nécessité d'accepter de se battre en duel avec sa partie adverse, qui était un homme d'un rang inférieur et moins riche que lui ; le jour fixé et choisi pour le combat était arrivé. Les deux champions se rencontrent ; mais le vénérable Tescelin se rappelle la crainte de

---

gaudere. Sed hoc de conversatione vestra, quoniam plura dicere stilus historiæ non permittit. Ad nativitatem, a qua dicendi initium sumpsimus, revertentes, cœpta prosequimur in hunc modum.

3. In ordine filiorum primogenitus fuit Guido, homo disciplinatus et a Deo dilectus, sapiens in verbis simul et opere : secundus Girardus, vir vitæ venerabilis, honestus moribus, sapientia clarus, consilio providus : tertius Bernardus, lux et speculum fratrum suorum, et sanctæ Ecclesiæ columna sublimis: quartus Andreas, vir simplex et rectus, ac timens Deum, et recedens a malo : quintus Bartholomæus, qui primævæ indolis florentibus annis senum anticipans vitas, ætatem immaculatam mentis sinceritate decoravit : sextus Nivardus, qui terrena hæreditate contempta, cœlestia prælegit. Femina vero beatum Bernardum nascendi ordine subsecuta, in sacro baptismate Humbelina nomen accepit. Hos omnes Deo, ut dictum est, non seculo mater generans, singulos mox ut partu ediderat, in illa ipsa angustia et afflictione corporis, et in contritione cordis, de terra propriis manibus elevans sursum, Domino offerebat. O mulier firma in fide, et stabilis in Dei dilectione, perseverans in oratione ! Felix es, felixque uterus tuus, feliciorque fructus ventris tui. Aliæ vero mulieres, quæ ad partum ejus convenerant, sicut mos est, oblationem supradictam facere non permittebat. Scripturas enim noverat, et maxime Davidicum psalmum, ubi canitur : *Sacrificium Deo spiritus contribulatus, cor contritum humiliatum Deus non despicies*. Beatissimum vero Bernardum non tam cito quam alios, sed in provectiore ætate Domino obtulit. Obtulit utique, et hoc devotissime fecit : et ut ille erga Dominum devotior exsisteret, litterarum studiis eum tradidit instruendum. Iis ergo in hunc modum decursis, simul ad utrumque parentem tam gloriosæ sobolis stilum reflectamus.

4. Fuit in partibus Burgundiæ, ut supra texuimus, vir vitæ laudabilis, Tescelinus nomine, et uxor ejus Aalays. Fueruntque ambo generosi secundum seculi dignitatem, clariores tamen fide et operatione ; et quanto altiores, tanto humiliores, sicut scriptum est: Quanto major es, tanto te humilia in omnibus. De fide, spe, charitate, justitia et aliis virtutibus eorum, cuncta narrare difficillimum est. Pauca tamen eruditionis causa ponemus. Cum quodam tempore vir memoratus diversis emergentibus causis (sicut inter seculares frequenter contingere solet) cum quodam sibi adversante, multo inferioris genere, et substantiæ minoris, monomachia firmaverat decertare; adest statuta dies, et præfixa certamini. Convenitur utrimque. Recordatus autem vir venerabilis Tescelinus timoris Dei, et judiciorum divinorum, in quibus dicitur, Juste judica

Dieu et le jugement dans lequel il est dit : « Jugez avec justice votre prochain (*Levit.* XIX, 15), et encore, ne faites point à autrui ce que vous ne voudriez pas qu'on vous fît à vous-même (*Tob.* XIV, 16); » et quoiqu'il fût le plus fort et le plus puissant, et qu'il pût, en vainquant son adversaire, remporter un énorme avantage de sa victoire, il offrit de lui-même à son ennemi de se réconcilier ensemble, lui abandonnant sans contestation tout ce qui était l'objet du litige. Quelle bonté, quelle clémence en cet homme ! Ce que nous venons de dire est grand, mais ce que nous avons à dire est bien plus grand encore.

5. Sa vénérable femme, Aalays, entre autres bonnes œuvres, avait coutume de parcourir les habitations du voisinage, de rechercher les pauvres, les infirmes et les indigents, et de leur donner ce qui leur était nécessaire en prenant sur son propre bien. Elle avait un soin tout particulier des boiteux et des infirmes, et dans les services qu'elle leur rendait, elle n'avait recours ni à ses serviteurs ni à des gens payés pour cela, mais elle faisait tout par elle-même, allait de sa personne dans leur demeure, donnait elle-même à chacun ce qu'il lui fallait, et servait dans les hôpitaux des monastères, avec une extrême dévotion, les malades qui s'y trouvaient; elle nettoyait leurs pots, leur donnait à manger, lavait leurs tasses, et faisait de sa propre main tout ce qu'il est d'usage de laisser faire à des serviteurs et à des gens payés pour cela. Mais quoi, aurais-je la pensée de raconter chacune de ses vertus en détail ? Non certes, on ne pourrait suivre le récit que nous en ferions. Il est pourtant une chose bien digne d'être rapportée ici, que je veux citer ; elle est toute pleine de miracle, nous ne l'avons point entendu raconter, sans en être étonné, à un très-religieux abbé, nommé Robert, qui a passé plus de soixante-sept ans sous le joug de la discipline et de la règle. Il était neveu d'Aalays par sa sœur; c'est à lui que Bernard a adressé la première de ses lettres.

6. La mère de notre saint abbé, dit-il, fut très-religieuse. Elle avait l'habitude, tous les ans à la fête de saint Ambroise, de réunir tous les clercs qu'elle pouvait trouver et de les traiter avec une certaine solennité, en l'honneur de Dieu, de la bienheureuse Marie, de saint Ambroise et de tous les saints. Pour la récompenser de l'honneur qu'elle rendait ainsi tous les ans à son saint, Dieu lui révéla un jour, avant la fête de saint Ambroise, qu'elle mourrait le jour anniversaire de cette solennité, ce qui permet de croire qu'elle fut douée aussi du don de prophétie. Elle fit part à son mari et à ses enfants, ainsi qu'à toute sa famille, de ce qui lui avait été révélé. Tous en furent étonnés et commencèrent par ne point croire que les choses se passeraient comme elle l'avait prédit ; mais leur étonnement fut bien plus grand ensuite. A l'approche de la vigile du saint, elle fut prise de la fièvre, et le jour même de la fête, après la messe, elle demanda, avec une très-grande piété, qu'on lui apportât le corps de Notre-Seigneur, ce qu'on fit. Après cela, elle reçut le sacrement de l'Extrême-Onction, après celui de l'Eucharistie, et fit inviter tous les clercs au dîner habituel. Pendant qu'ils étaient à table, elle appela son fils aîné Guy, et lui recommanda d'une manière toute particulière d'amener les clercs auprès d'elle, dès qu'ils auraient terminé re-

---

proximo tuo; et item, Quod tibi non vis fieri, alii ne feceris : quamvis fortior et potentior esset, et hostem superare, et de victoria lucrum maximum reportare valeret; ultro tamen se pacavit cum adversario, quidquid erat in controversia, sine disceptatione resignans et relinquens. O magna pietas, magna viri clementia ! Magna sunt quæ narramus, sed majora quæ sequuntur.

5. Venerabilis quoque Aalays uxor ejus consueverat inter cætera virtutum insignia, circuire domos, exquirere pauperes, infirmos, et egenos, eisque de suo proprio erogare quod necessarium erat. Claudorum etiam atque debilium maximam habebat curam ; non servis, non aliis utens ministris ad hæc officia peragenda, sed per semetipsam hoc agens, ad eorum habitacula veniebat, et unicuique quod opus erat præbens, per ecclesiarum xenodochia devotissime discretis infirmis ministrabat; ollas eorum extergens, cibos porrigens, calices diluens, et alia cuncta faciens, quæ servis et ministris mos est serviliter operari. Quid plura ? Volumus omnes virtutes ejus narrare ? Minime, quia nobis non crederetur. Unum tamen relatu dignissimum proferemus in medium, rem videlicet plenam miraculo, nec sine admiratione a nobis auditam, referente quodam abbate religiosissimo, nomine Roberto, qui magis quam sexaginta septem annis in monasterio sub jugo regularis disciplinæ vixit; nepos siquidem ejusdem matronæ, de qua volumus pertractare, filius autem sororis suæ ; ad quem etiam beatus Bernardus primam epistolarum suarum dirigit.

6. « Mater, inquit, sancti patris nostri religiosissima exstitit. Consuetudo autem ejus erat per singulos annos in solemnitate sancti Ambrosii, universos clericos, quos invenire poterat, congregare, eosque in eadem die, ad honorem Dei, et beatæ Mariæ, et memorati sancti, omniumque sanctorum, cibo et potu solemniter reficere. Deus autem honorem, quem illa sancto suo exhibebat annis singulis, eidem remunerare volens, mortis suæ, quæ in anniversario ejusdem festivitatis die futura erat, illam præsciam fecit, die quadam ante festum; unde ipsius spiritus prophetiæ participem fuisse non incredibile est. Illa autem viro suo et filiis suis, et omni familiæ suæ, quod sibi revelatum fuerat, indicavit. Cunctique admirantes, et primo non credentes contingere sicut prædixerat, postea magis admirati sunt. Porro vigilia festivitatis imminente, febris artus occupavit. Die autem festo, post celebrationem missæ, Corpus Domini sibi afferri devotissime petiit, quod et factum est. Deinde sacrosanctæ unctionis munita sacramento, cum accepisset eucharistiam, universos clericos secundum consuetu-

pas. Pieusement soumis à sa pieuse mère, il réunit les clercs après le repas, et fit ce que sa mère lui avait demandé. Ils se rendent auprès de la malade; lorsqu'ils y furent arrivés, la servante du Christ se félicite en esprit et leur annonce que sa mort est imminente. Ils se mirent à prier le Seigneur pour elle, et commencèrent à chanter les litanies qu'elle chanta avec eux jusqu'à ce qu'elle rendit le dernier soupir. Lorsqu'on en fût venu à cette invocation : *Per passionem et per crucem tuam libera eam, Domine*, elle ne cessa point encore de joindre sa voix à celle des autres, bien qu'elle se trouvât à l'article même de la mort, et, remettant son âme entre les mains de Dieu, elle lève la main, se signe du signe sacré de la croix et rend l'esprit en paix; les anges, on n'en saurait douter, reçurent cette âme, et Dieu la plaça parmi celles des bienheureux pour attendre, au sein d'une grande félicité et d'un repos parfait, la résurrection de son corps au jour de la résurrection générale, alors que notre juge et avocat, Jésus-Christ Notre-Seigneur, viendra juger les vivants et les morts et le siècle par le feu. Voilà comment cette sainte âme sortit du temple de son saint corps, sa main resta levée dans la position où elle se trouvait quand elle voulut se signer, tout le monde le vit et en fut frappé d'admiration. »

7. O femme embrasée du feu de l'amour divin, forte par la foi, très-patiente par l'espérance, et dévote par la charité. O femme heureuse, bien heureuse même, qui avez obtenu de Dieu l'honneur de connaître d'avance le jour de votre mort, et qui avez eu le bonheur, au moment de votre heureuse mort, de voir si clairement briller sur vous le signe de notre rédemption, le signe, dis-je, de l'instrument sur lequel notre Dieu et Seigneur, le bon Jésus, a daigné souffrir pour le salut du genre humain. Les anges du ciel se réjouissent donc de voir cette heureuse âme quitter ce monde, mais sur la terre, les pauvres de Jésus-Christ, les veuves et les orphelins dont elle était ici-bas la mère, sont plongés dans le deuil et la douleur.

8. Dès que la nouvelle de sa mort se fut répandue dans les environs, l'abbé de Saint-Bénigne de Dijon, nommé Gérann, homme d'une vie vénérable, s'empressa d'accourir et de réclamer le corps sacré d'Aalays, regardant ces restes mortels comme un glorieux trésor. Il obtint ce qu'il était venu solliciter, tant à cause de la considération dont il était digne, que par la bienveillance des enfants d'Aalays. Lui et tous ceux qui étaient avec lui chargent sur leurs épaules le saint corps comme un précieux trésor, avec une grande piété et des torrents de larmes, et se rendent au château de Dijon. Tous les habitants se portent au-devant du cortége avec des croix et des cierges, en mêlant de de grands témoignages de joie à ceux de leur respect, et accompagnent en foule les restes sacrés de son corps jusqu'à la basilique du bienheureux et très-illustre martyr Bénigne, où on lui donne la sépulture avec de grands honneurs. Après cela, l'abbé de Saint-Bénigne fit élever six statues sur son tombeau en mémoire de ses six fils, comme on le voit encore maintenant. Quant à Aalays, pendant cinq années de suite, elle apparut fréquemment

---

dinem ad coenam convocari fecit. Illis autem recumbentibus, filium suum Guidonem primogenitum advocavit; intimans ei, et sollicite inculcans, ut statim lericos refectione completa, ante se convenire faceret. Ille autem benignæ matri suæ benignissime obediens, post refectionem clericos in unum convocans, fecit ut mater petierat. Adsunt clerici; quibus in spiritu congratulans ancilla Christi, nuntiat dissolutionem sui corporis imminere. Illi autem Dominum pro ea suppliciter exorantes, letaniam incoeperunt; cum quibus ipsa, quousque ultimum exhalaret spiritum, devotissime psallebat. Cum vero chorus psallentium jam pervenisset ad illam letaniæ supplicationem, *per Passionem* scilicet, *et Crucem tuam libera eam, Domine*, necdum cessans a supplicatione, in ipso mortis articulo, in manus Domini commendans spiritum suum, elevata manu signans se signaculo sanctæ crucis, in pace reddidit spiritum; procul dubio receptum ab angelis, collocatum a Deo cum animabus sanctis, exspectantem cum magna felicitate et quiete resurrectionem corporis sui in die generalis resurrectionis, quando judex et advocatus noster Christus Jesus advenient judicaturus vivos et mortuos, et seculum per ignem. In hunc modum sancta illa anima de templo sancti corporis egressa, manus, sicut erat erecta ad indicandum signum Crucis, videntibus et admirantibus cunctis qui aderant, sic remansit. »

7. O feminam igne divini amoris incensam, fide robustam, spe patientissimam, charitate devotam! ô felix mulier et beata, quæ talem honorem erga Deum acquisisti, ut et diem depositionis tuæ prænosceres, et in tuo felici transitu adeo evidenter super te claresceret signum redemptionis nostræ; signum, inquam, in quo Deus ac Dominus noster pius Jesus, pro salute humani generis pati dignatus est. Fit itaque de migratione felicis animæ gaudium angelis in coelo; e contra dolor et luctus pauperibus Christi, viduis et orphanis, quorum mater erat in seculo.

8. Fama autem nuntiante circumquaque obitum illius, abbas sancti Benigni Divionensis, Gerannus nomine, vir vitæ venerabilis, statim advenit, sacrum corpus petiit, reliquias ejus thesaurum reputans gloriosum. Impetrato ergo quod petierat, tum pro reverentia sua, tum filiorum cooperante benevolentia, ipse et qui cum eo erant pietatis affectu lacrymis ubertim fluentibus, corpus sanctum, tanquam thesaurum pretiosum, submissis cervicibus secum reportantes, ad castrum Divionense tandem perveniunt. Et ecce omnis populus exierat obviam eis cum crucibus, et cereis, atque ingenti gaudio et veneratione, sacri corporis glebam usque ad basilicam beatissimi atque præclarissimi martyris Benigni, prosequentibus ibidem universis, cum magna reverentia illam sepulturæ dederunt. Post hæc prædictus abbas super sepulturam ipsius sex imagines, in memoriam sex

à son fils André, selon ce que rapporte dans son histoire l'homme de Dieu, dom Guillaume. A l'époque où les frères du bienheureux Bernard commençaient à parler de leur conversion, elle lui apparut aussi et lui dit : « Bernard, mon fils, ne crains pas, agis en homme de cœur et poursuis jusqu'au complet succès ce que tu as entrepris, car c'est l'œuvre de Dieu même. Désormais, les générations qui vont venir vous appelleront bienheureux. Pour moi, je vous attends dans la gloire de Dieu. » Après avoir ainsi parlé, elle disparut. Quant au bienheureux Bernard, il faisait tous les jours de plus grands progrès dans le service de Dieu.

Prologue du livre second.

Notre intention est de retracer ici en peu de mots les vertus du bienheureux Bernard, premier abbé de Clairvaux ; c'est un sentiment pieux qui nous engage à le faire, afin que nous puissions, en suivant ses exemples, nous réjouir avec ceux qui sont dans la joie, et louer Dieu avec ceux qui le louent. Dans la première partie de notre humble travail, nous avons raconté sa naissance, dans celle-ci nous allons rapporter quelques-uns des miracles que Dieu a daigné opérer par ses mains. Mais que faire ? Pouvons-nous tout relater dans ce récit ? Non, certainement, car on ne pourrait nous croire. Les enfants d'Adam sont pervers, ils le sont dès le principe. Mais qu'en conclure ? Faut-il nous taire parce qu'ils sont incrédules ? Non, non, bien loin de là, nous devons au contraire, travailler de tout notre pouvoir, dans le champ du Seigneur. La bouche parle de l'abondance du cœur. Quant à nous, nous allons retracer avec la plume ce que nous avons dans le cœur, qui mérite d'être écrit, selon que cela peut avoir rapport avec notre dessein.

Livre second.

1. Bernard s'était montré, enfant, d'un bon naturel, et vers la fin de sa vingt-deuxième année, selon ce que nous ont dit nos pères, il alla dans le désert et embrassa avec un grand courage, ainsi que les compagnons que Dieu lui avait donnés, la vie monastique dans le lieu appelé Cîteaux. Il régnait alors, en cet endroit, une telle disette de toutes choses temporelles, que c'est à peine si ceux qui s'y étaient rendus pouvaient y trouver des vêtements pour se mettre selon la règle de l'ordre. Avant son arrivée, quelques religieux, en très-petit nombre, s'étaient fixés en cet endroit ; le très-bon Seigneur le bénit dès lors et sanctifia leur séjour, nul n'en peut douter, à cause de son serviteur Bernard qu'il y avait envoyé, et fournit assez largement le nécessaire à tous ceux qui vinrent fixer là leur demeure. Un jour donc, comme le très-saint jeune homme se trouvait dans la salle des novices, quelques-uns de ses parents vinrent le voir et s'entretinrent avec lui. Au signal de none, chacun se retira de son côté, et le très-religieux jeune homme se rendit à l'église pour y vaquer à l'œuvre de Dieu. Alors, levant les yeux au ciel, selon sa coutume, avec la pensée de trouver comme auparavant la grâce de Dieu, il ne l'obtint pas. Il chercha donc en lui-même par la pensée si cela ne lui arrivait pas ainsi en punition de quelque manquement ou de quelque péché, et il ne trouva à se reprocher que les vains entretiens auxquels

---

filiorum suorum, fabricari fecit; sicut usque in hodiernum diem evidenter ostenduntur. Illa vero deinceps per quinque annos apparere consuevit filio suo Andreæ, sicut narrat historia domni Guillelmi hominis Dei. Et cum de conversione sua tractare inciperent fratres, apparuit beato Bernardo, dicens : Fili Bernarde, noli timere, sed viriliter age, et efficaciter imple quod inchoas, quia opus Dei est. Ex hoc enim beatos vos dicent posteri. Ego vero exspecto vos in gloriam Dei. Quo dicto disparuit, et beatus Bernardus magis ac magis in Dei servitio proficiebat.

Incipit Prologus in secundo libro.

Pauca de virtutibus beati Bernardi, primi abbatis Claræ-vallis, pia intentione ad medium deducere volumus, ut per ejus exempla possimus gaudere cum gaudentibus, laudare Deum cum laudantibus. In parte opusculi prima, ingressum nativitatis illius protulimus; hic vero nonnulla miraculorum conferimus, quæ Deus per manus ejus operari dignatus est. Sed quid nobis agendum est? Possumus omnia comprehendere? Nequaquam; quia nobis non crederetur. Perversi sunt filii Adam, sicut fuerunt ab initio. Sed quid inde? Debemus propter incredulitatem eorum silere? Non; quin potius nobis pro posse nostro laborandum est in agro dominico. Ex abundantia cordis os loquitur. Nos autem quod habemus in corde prolatione dignum, prout ad propositum nostrum pertinet, stilo colligabimus.

Incipit Liber secundus.

1. Bonæ indolis puer Bernardus, jam tamen evoluto (ut a Patribus nostris accepimus) viginti duorum annorum spatio eremum petens, fortissimum monachatus propositum cum sociis a Deo sibi datis assecutus est apud locum, cui nomen Cistercium; ubi tanta erat tunc temporis penuria temporalium, ut vix possent habere vestes ad utendum ordinate qui ibi convenerant. Enimvero ante adventum ejus eo in loco habitare cœperant nonnulli viri religiosi, sed paucissimi, quibus primus Dominus noster a tempore illo et deinceps, procul dubio propter servum suum Bernardum, quem ad eos miserat, benedixit, et sanctificavit locum ipsum; et omnibus inibi commorantibus quidquid necessarium fuit, satis abunde largitus est. Igitur cum esset juvenis sanctissimus in cella novitiorum, quidam de parentibus suis venerunt ut visitarent eum, et locuti sunt cum eo. Post signum vero horæ nonæ, reversi sunt unusquisque ad sua, et re-

il venait de s'exposer imprudemment. Dès qu'il eût compris qu'il s'était rendu là coupable en quelque chose, il se prosterna tout de son long devant l'autel et s'écria avec le prophète : « Seigneur, ne m'accusez point dans votre fureur, etc. (*Psal.* vi, 1). » Il répéta la même chose pendant vingt-cinq jours ; alors la gloire de Dieu lui apparut, le remplit et lui donna la science des saints, qui lui fit bien consommer ses œuvres. D'autres vinrent encore le voir, et reçurent de l'abbé Étienne la permission de lui parler. Pendant qu'on le conduisait vers eux, il prit de l'étoupe et en mit sous son capuchon, dans ses oreilles, pour se prémunir par cet artifice contre le danger des vains entretiens, et il arriva ainsi auprès de ses visiteurs ; il resta une heure entière avec eux et n'entendit rien, il ne dit lui-même que quelques mots, encore ne fut-ce que des paroles d'édification. La cloche étant venue à sonner, il les quitta plein de joie, se rendit à l'église après avoir conservé, par ce moyen, la grâce de Dieu. O homme d'une sainteté unique, homme vraiment digne de vivre dans notre souvenir ! En prenant ainsi ses précautions pour ce qui était de lui, il édifie encore ceux qui l'entendent parler, et il les édifiera plus tard encore jusqu'à la fin, et fera du bien non-seulement à lui-même mais à une multitude de gens.

2. Peu de temps après, l'abbé Étienne, homme remarquable par l'honnêteté de ses mœurs, que Dieu avait dans ses desseins fait le père de cette nouvelle plantation, résolut d'offrir à Dieu une partie des fruits qu'il lui avait fait cueillir, afin de les multiplier encore, et après avoir envoyé de ses religieux dans un autre endroit, il jeta les fondements d'une abbaye appelée la Ferté. Il en fonda encore deux autres dans un très-court espace de temps, Pontigny et la vallée de l'Absinthe, aujourd'hui Clairvaux, où il plaça comme abbé un jeune homme façonné à son genre de vie, nommé Bernard. Ce dernier demeura longtemps dans cet endroit avec ses compagnons, adonné à la prière, dans la faim, la soif, le jeûne, les veilles, le froid et la nudité, dans les fatigues sans nombre et dans diverses épreuves pour le corps et pour l'âme. Il ne cessait pas néanmoins de s'appliquer à la méditation des saintes Lettres ; purifiant tous les jours davantage ses sens, délivrant son âme de toute affection sensible et l'éclairant de la lumière de l'impassibilité. La pénurie fut si grande parmi les premiers religieux qui s'établirent là, que leur nourriture n'était pas même du pain d'avoine : un tel aliment eût été un aliment de luxe pour eux alors, mais un pain fait avec un mélange de choses viles, très-viles même : c'était une sorte de mortier plutôt que du pain. En été, ils faisaient cuire des feuilles d'arbre en guise de légumes, et en hiver ils mangeaient des racines d'herbes. Que de peines, que d'angoisses, que de tristesses, que de tribulations, que d'anxiétés, que de souffrances la maladie et le dénuement de toutes choses fit endurer dans cet endroit au bienheureux et aux religieux qui avaient été envoyés avec lui ! Des faines, quelques autres fruits d'arbres de la forêt et quelques autres produits spontanés du sol faisaient

---

ligiosissimus juvenis ad opus Dei in ecclesiam. Tunc secundum consuetudinem elevans oculos ad cœlum, putans se invenire gratiam Dei sicut et prius, non invenit. Excogitavit itaque in seipso, hoc sibi pro qualicumque delicto seu peccato contigisse, et non comperit nisi vanas fabulationes, quibus paulo ante per imprudentiam se exposuerat. Qua de causa cum se culpabilem intellexisset, prostravit totum corpus suum juxta altare, dicens cum Propheta : *Domine, ne in furore tuo arguas me,* etc. Et cum hoc fecisset per viginti et quinque dies, apparuit ei gloria Domini, et replevit eum, et dedit ei scientiam sanctorum, ut in bonum consummarentur opera ejus. Sed et alii venerunt visitare eum, et acceperunt licentiam ab abbate Stephano, ut ad eum loquerentur. Et cum ad eos duceretur, accepit stupas, et misit sub capucio in aures suas ; ita ut hoc artificio ab inani confabulatione se conservare posset immunem ; sicque venit ad hospites, et fuit cum eis per totam horam, et nihil audivit ; non locutus est, nisi pauca verba de ædificatione. Tunc pulsata campana, gaudens, et relinquens eos, venit in ecclesiam, gratia sua sibi taliter a Deo conservata. O virum præcipuæ sanctitatis, et dignum memoria ! qui sibi in hunc modum providendo, audientes adhuc ædificat, et ædificabit usque in finem, non sibi solummodo, sed infinitis proficuus exsistens.

2. Post non multum vero temporis abbas Stephanus, honestate morum conspicuus, secundum dispositionem Dei novellæ illius plantationis pater, de fructu quem sibi Deus dederat, cum multiplici augmento oblationem Deo facere decernens, transmisso conventu, inchoavit abbatiam, Firmitatem dictam. Duas quoque alias in brevi, Pontiniacum scilicet et Vallemabsinthialem, quæ nunc Clara-vallis dicitur ; cui ordinavit abbatem, juvenem sanctæ conversationis, Bernardum nomine, qui fuit ibidem cum sociis suis, multis diebus degens et orans, in fame, in siti, in jejuniis, in vigiliis, in frigore et nuditate, in laboribus plurimis, in diversis augustiis animæ et corporis ; divinorum tamen eloquiorum meditationi incessabiliter intentus, de die in diem sensus suos vigilanter emundans ; et animam liberans ab omni passibili affectu, impassibilitatis lumine illustrabat. Tantam in primis qui ibi fuerant congregati, passi sunt penuriam, ut cibus eorum esset panis, non de avena (pretiosum namque tale edulium reputaret), sed de mistura qualicumque multo viliori, imo vilissima, utcumque conglobatus potius quam confectus. Folia quoque arborum cocta in æstate pro pulmentis habebant, in hieme vero radices herbarum. O quot labores, quot angustias, quot ægritudines, quantas tribulationes, quantasque anxietates, quam graves infirmitatis et indigentiæ passiones in loco prædicto sustinuit vir beatissimus, et qui cum eo missi fuerant fratres ! Fagina, et cæteri fructus silvestres, et

leurs meilleurs régals, car ils ne mangeaient ni chair, ni aliments gras, ni œufs, ni fromage, et ne goûtaient point de vin. Pour vêtements, hiver comme été, ils n'avaient que la coule et la tunique qu'on ne renouvelait pas souvent. Leurs chaussures étaient pauvres, souvent même leurs sandales demeuraient longtemps rompues ou décousues avant qu'on pût les raccommoder, et, faute de cuir, ils les liaient à leurs jambes avec des cordes. O âmes généreuses et grandes dans le ciel ! qui vous a conduites dans ces lieux arides et pleins de dangers, si ce n'est celui qui est riche dans les cieux et qui s'est reposé humble et pauvre dans une étable sur la terre, celui, dis-je, à qui votre mère, après vous avoir mis au monde, vous offrit l'un après l'autre avec une très-grande dévotion ! Qui donc vous a inspiré la pensée de laisser toutes vos possessions, vos villas, vos châteaux, vos serviteurs et vos servantes, vos proches et vos alliés, vos épouses et vos enfants, sinon celui qui, étant le créateur des anges et des archanges, a pris néanmoins la nature humaine pour le salut du genre humain ?

3. Dans la pénurie extrême dont nous avons parlé, entre autres nécessités, le sel un jour vint à manquer. Le saint abbé appela un de ses religieux, nommé Guibert, et lui dit : « Guibert, mon fils, prenez un âne, allez au marché et achetez-nous du sel. » Guibert lui répondit : « Où est l'argent pour le payer ? » L'homme de Dieu répartit : « Croyez-moi, mon fils, je ne sais pas quand j'ai eu de l'or ou de l'argent à ma disposition. Celui qui tient les cordons de ma bourse demeure là haut, mes trésors ne sont point entre mes mains. » Alors ce religieux lui répondit un peu en souriant : « Si je pars les mains vides je reviendrai les mains vides. » Le saint reprit : « Ne craignez rien, mon fils, allez tranquillement, celui qui garde nos trésors, comme je vous l'ai dit, vous accompagnera le long du chemin et vous donnera de quoi payer ce que je vous envoie chercher. » Après l'avoir entendu parler ainsi, le religieux reçut sa bénédiction et s'en alla avec son âne au marché, au château appelé Risnel; toutefois, il n'avait pas plus de confiance qu'il ne faut dans ce que le saint lui avait dit. Mais le Seigneur bon et clément ne s'arrêta point à son incrédulité, il considéra la foi de son serviteur Bernard, et il donna au religieux tout ce qu'il était envoyé chercher. En effet, comme il approchait du château, en entrant dans une villa, il vit un prêtre venir à lui et le saluer en lui disant : « D'où êtes-vous, mon frère, et où allez-vous ? » Il lui répondit en lui faisant l'exposé de la cause de son voyage et la pauvreté du lieu où le saint abbé habitait avec ses frères. En entendant cela, le prêtre se sentit profondément touché ; il conduisit le religieux chez lui, et lui donna la moitié d'un boisseau de sel et cinquante sous d'or par-dessus le marché, ainsi que Guibert lui-même le racontait souvent. Les ayant reçus, il rendit de grandes grâces à Dieu, et s'écria dans le fond de son âme : « Je ne saurais douter que le père ne m'ait dit la vérité dans ce que je l'ai entendu de lui; et moi je me suis rendu coupable d'un grand péché, à son égard, en ne croyant pas ce qu'il me disait, car je suis parti bien incrédule pour venir ici. » Alors prenant congé du prêtre, il revint au monastère, où il fut

---

quædam alia, quæ terra sponte procreare solet, fercula illis erant meliora ; cum carnem, et omnem pinguedinem, ova, et caseum, et vinum omnino non gustassent. Indumenta vero eorum, tam in æstate, quam in hieme, cuculla et tunica, quæ rarissime innovabantur. Caligis quoque utebantur vilibus, et calceamentis frequenter diuque diruptis manentibus et dissutis, antequam repararentur, quæ præ nimia corii paupertate ligabant funiculis. O viri generosi et magni in seculo ! Quis ad hæc loca arida et periculosa vos adduxit, nisi ille qui dives erat in cœlis, et pauper humilisque in terris in præsepio recubuit ; cui unumquemque vestrum felix mater vestra cum produxisset in lucem, cum maxima devotione obtulit ! Quis ergo inseruit vobis animum, ut relinqueretis possessiones vestras, villas scilicet et castella, servos et ancillas, cognatos et affines, conjuges et liberos ; nisi ille qui angelorum et archangelorum conditor, humanam naturam assumpsit pro salute humani generis ?

3. In illa tanta penuria, de qua supra diximus, inter cæteras necessitates, sal die quadam defuit eis. Et vocavit sanctus abbas unum de fratribus suis, Guibertum nomine, dixitque ei : Fili Guiberte, accipe asinum, et vade ad nundinas, et eme nobis salem. At ille respondit : Ubi est pretium ? Ad quem homo Dei : Crede mihi, fili, quia nescio tempus, quod aurum vel argentum habuerim. Sursum est enim qui habet peram meam, et thesauros meos in manibus suis. Tunc frater ille quasi subridens ait : Si vacuus perrexero, vacuus redibo. Cui ait sanctus : Noli timere, fili mi, sed vade securus. Ille enim qui habet thesauros nostros, sicut jam dixi tibi, erit tecum in itinere, et præbebit omnia propter quæ mitto te. Ad hæc verba, sumpta pii patris benedictione, perrexit cum asino ad nundinas, ad castrum cui nomen Risnellum, plusquam oportet incredulus. Sed pius et clemens Dominus non respexit suam incredulitatem, sed consideravit servi sui fidem, et tribuit ei omnem rem, pro qua missus fuerat. Itaque cum castro appropinquasset, et venisset ad quamdam villam, obvium habuit quemdam presbyterum, qui salutavit eum, dicens : Unde es, frater ? aut quo pergis ? At ille respondens, exposuit ei diligenter itineris sui causam, et paupertatem loci, in quo habitabat pater sanctus cum filiis suis. Quæ cum audisset presbyter, vehementissime compunctus est, et duxit fratrem in domum suam, deditque illi medietatem modii salis, et quinquaginta solidos vel amplius, sicut sæpe narrare consueverat idem Guibertus. Quibus acceptis, cœpit gratias agere Deo immensas, dicere in animo suo : Procul dubio verus est sermo, quem audivi a patre meo ; sed

à peine rentré qu'il rencontra l'homme de Dieu et lui rapporta tout ce qui s'était passé dans son voyage. Le saint abbé lui dit : « Je vous assure qu'il n'y a rien d'aussi nécessaire que la foi pour un chrétien. Ayez donc la foi, et vous serez heureux tous les jours de votre vie. » A partir de ce jour, ce frère et les autres religieux, reçurent désormais les paroles du saint abbé avec le plus grand respect. O bon Jésus, qui pourrait dire la foi qu'eut ce saint abbé? Je sais, Seigneur, je sais et je sens qu'il n'est pas en moi de pouvoir le faire. Cependant, si quelqu'un veut s'en instruire, qu'il aille à la bibliothèque, et qu'il parcoure les Saintes Écritures, il verra clairement en les lisant, combien ce saint homme fut rempli de charité et de crainte de Dieu, il n'offensait point son Sauveur. Pour moi, je n'ai point entrepris de raconter ses louanges dans cette histoire, je ne me suis proposé que de rapporter quelques-uns des miracles et quelques-unes des merveilles que le Seigneur a daigné opérer dans le monde par ses mains.

4. Un religieux de Pré-Clément vint visiter la nouvelle plantation du Christ, à Clairvaux; on le reçut aussi bien qu'il fut possible, et on lui offrit la moitié d'un pain d'avoine qui restait encore. Ce religieux le prit, et dans son extrême surprise de voir que des hommes pouvaient se nourrir ainsi, il l'emporta à Pré-Clément, et raconta à tous les religieux de ce monastère quelles étaient les privations que les serviteurs du Christ pratiquaient volontairement dans leur excessive pauvreté, leur patience dans ces privations, et leur libéralité magnifique dans cette pauvreté. Tous les religieux de Pré-Clément se sentirent aussitôt vivement touchés, et résolurent de venir en aide à ceux de Clairvaux sur les biens de leur communauté. L'abbé de ce monastère, nommé Eudes, homme vénérable et également cher à Dieu et aux hommes, fit charger des pains sur des chevaux et des ânes, et des provisions dans un charriot, pour les porter à Clairvaux. Depuis ce temps-là jusqu'à nos jours, il y eut une telle union entre Clairvaux et Pré-Clément, que lorsqu'un des religieux de ce dernier monastère venait à Clairvaux, on le recevait spirituellement et humainement parlant, comme s'il avait été de Clairvaux même, et, en cas de mort, ces deux monastères se rendaient mutuellement leurs devoirs. Voilà comment le bon Jésus prenait de plus en plus soin de ses serviteurs.

5. Un jour, il vint à Clairvaux une femme qui apportait cent sous d'or pour vêtir la nudité des pieds des religieux. On manquait de toute espèce d'animaux, on n'avait qu'un âne qui servait à l'abbé pour faire ses visites et à porter le bois dont on avait besoin. Contraints par la faim, le froid et milles autres besoins, les religieux vinrent se plaindre à leur abbé, en lui disant que l'excessive pauvreté où ils se trouvaient, les forçait à se retirer du monastère. En les entendant parler ainsi, il les consola par de douces et bonnes paroles et les rappela, autant qu'il put, à la crainte et à l'amour de Dieu, ainsi qu'à l'espérance de la vie éternelle et des récompenses divines. Cependant, comme ils se sentaient dans un dénuement extrême, et qu'ils étaient

---

in hoc peccavi erga eum peccato magno, quia ei non credidi, sed incredulus veni huc. Et valefaciens presbytero, reversus est ad monasterium, quod cum ingressus fuisset, cucurrit ad hominem Dei, et retulit ei omnia, quæ sibi in via contigerant. Cui dixit pater sanctus : Dico tibi, fili, quia nulla res tam necessaria est omni Christiano, quam fides. Habe ergo fidem, et bene tibi erit omnibus diebus vitæ tuæ. A die illa et deinceps, tam frater ille quam alii, verba sancti patris in majori habuerunt reverentia. O bone Jesu, fidem quam habuit iste sanctus, quis enarrare potest? Scio, Domine, scio, et in me agnosco, quia hoc facere non possum. Si quis tamen super hoc facere non possum. Si quis tamen super hoc sollicitus est, eat ad bibliothecam, et legat in Scripturis sanctis ; quarum lectione plurimum dignoscere poterit, quam charitativus fuerit sanctus iste et timoratus, ut non offenderet erga Salvatorem suum. Ego enim in præsenti historia non suscepi laudes ejus scribere, sed tantummodo quædam miraculorum sive operum mirabilium referre, quæ Dominus per eum mundo palam facere dignatus est.

4. Quidam de Clementini-prati fratribus adveniens, visitandi gratia novellam Christi plantationem, honorifice susceptus est, prout fieri potuit; cui, qui in promptu erat, oblatus est dimidius panis avenaceus. Quo suscepto, et cum magna admiratione, quia de tali viverent, reportato ad Clementinum-pratum, omnibus inibi habitantibus annuntiavit servorum Christi voluntariam in maxima paupertate abstinentiam, in abstinentia patientiam, in egestate liberalitatem munificam. Statimque vehementer compuncti, et compatientes Clementini-prati fratres, in eorum subsidium communiter assenserunt. Tunc magister loci illius, Odo nomine, vir venerabilis, dilectus a Deo et hominibus, oneratis equis et asinis panes et cibaria in quadrigis detulit. Tunc vero a die illo usque in hodiernum diem tanta fuit fraternitatis communio inter Claram-vallem et Clementinum-pratum, quod quando fratres Clementini-prati Claram-vallem adveniebant, ita eis deferebatur, sicut uni Claræ-vallensium in spiritualibus et humanis. Defunctis etiam vicissim reddebatur obsequium. In hunc modum pius Jesus magis ac magis providebat servis suis.

5. Advenit etiam mulier quædam centum solidos afferens, quibus contecta est pedum eorum nuditas. Cunctis animalibus carebant, excepto asino, quo abbas ad visitationes suas deferebatur, lignaque ad necessitates comportabantur. Coacti vero fame, frigore, et aliis indigentiis, abbati suo conquesti sunt, quod pro nimia paupertate discedere cogerentur. Quo audito, abbas blande ac leniter consolans eos, Dei timorem et amorem, spem quoque vitæ æternæ et remunerationis divinæ, quantum potuit, insinuavit. Illi vero maxime angustiati, et angustiati dolore multiplici, nullatenus volebant consentire, sed magis volebant

accablés de peines, ils ne se laissèrent point toucher et persévérèrent à vouloir retourner à Cîteaux. En voyant leur désespoir, l'homme de Dieu eut recours à la prière. A peine eut-il prié qu'il entendit une voix du ciel lui dire, en présence de tous ses frères: « Lève-toi, Bernard, tes vœux sont exaucés. » En entendant aussi ces mots, les frères se mirent à rendre gloire à Dieu et à Bernard son saint, et s'écrièrent en s'adressant à ce dernier: « Dites-nous, père, ce que vous avez demandé au Seigneur? » Il leur répondit: « Que voulez-vous que je vous dise, hommes de peu de foi? restez ici et vous le saurez plus tard. » Comme ils s'entretenaient entre eux, et donnaient quelques instants à la conversation, ou plutôt, car ce n'était pas un entretien futile, à de saintes paroles, il vint un homme qui offrit au saint dix livres. Au même instant, un habitant de Bar, dont le fils était extrêmement malade et à la dernière extrémité, lui apporta treize livres en le suppliant d'avoir pitié de son enfant. Le saint abbé le renvoya, la joie dans l'âme, en lui donnant l'assurance que, à son retour, il trouverait son fils guéri. En effet, en arrivant chez lui, il trouva ce fils rendu à la santé, selon que l'homme de Dieu le lui avait prédit; il en rendit ensuite de bien grandes actions de grâce au serviteur de Dieu. Peu de temps après, la miséricorde de Dieu jeta sur eux encore des regards de bonté et de générosité, et permit que, s'ils étaient riches des biens éternels, il ne leur manquât rien du côté des nécessités temporelles, selon ce mot du Psalmiste: « Rien ne fait défaut à ceux qui craignent Dieu (*Psal.* XXXIII, 10). »

6. Douze ans plus tard, la famine sévit cruellement en Bourgogne, au point que les hommes se dévoraient presque eux-mêmes. Pressés par le fléau, une foule de pauvres assiégeaient les portes de Clairvaux. Le saint abbé et ses frères, à la vue d'une telle multitude, résolurent d'un commun accord de prendre, au cachet, deux mille sous d'or, pour faire l'aumône à tous ces gens; mais leurs aumônes étaient bien faibles, car ils n'avaient point de provisions pour attendre la moisson prochaine; mais le Seigneur, dans sa bonté, multiplia pendant trois mois entiers les minces réserves qu'ils avaient, en sorte qu'ils en eurent assez pour aller même jusque après la moisson. Deux enfants reçurent un cachet, mais leur mère n'en reçut point. Ne sachant que faire, elle conçut la pensée de faire avec de la mousse comme un enfant qu'elle envelopperait de langes, pour se soustraire par cette supercherie au péril imminent de mourir de faim. C'est ce qu'elle fit. Elle reçut donc par ce moyen l'aumône pendant quelque temps jusqu'à ce qu'enfin on découvrit sa ruse. Privée de cette ressource, comme elle ne pouvait vivre avec ce qu'elle recevait, elle finit par mourir moitié de faim, moitié de maladie. Elle venait de mourir, quand le saint passant près de chez elle, entendit ses enfants pousser des cris de douleur sur la mort de leur mère. Il envoya un de ses compagnons de route s'informer de la cause de leurs larmes. Les enfants firent connaître la manière dont les choses s'étaient passées. En les entendant, le bienheureux entra dans la maison où reposait le corps de cette femme, se prosterna et se mit en prière. Pendant qu'il priait, cette femme sembla sortir d'un profond sommeil et se trouva rendue à la vie sous les yeux et aux

---

Cistercium reverti. Cumque vir Dei desperationem illorum vidisset, demum convertit se ad orationem. Quo facto, audivit vocem de cœlo dicentem sibi coram omnibus: Surge, Bernarde, exaudita est oratio tua. Quod cum audissent fratres, glorificaverunt Deum et sanctum suum Bernardum, dixeruntque ad eum: Dic nobis, pater, quid petisti a Domino? At ille respondit: Quid vultis scire, modicæ fidei? State hic, et scietis postea. Et cum fabularentur ad invicem, modicum temporis indulgentes fabulis, non fabulis, sed sermonibus sanctis, venit quidam, et obtulit sancto patri decem libras. Nec mora, Barrensis quidam, cujus filius ex desperatione vitæ præ nimia ægritudine cogebatur, attulit ei tredecim libras, suppliciter postulans ut misereretur filii sui. Quem sanctus abbas hilarem dimisit, pollicens filium suum sospitem ab eo inveniendum. Revertens homo, invenit filium suum sanitati restitutum, sicut promiserat vir Dei; qua de causa, postmodum servo Dei uberes gratias exsoluit. Modico tempore interjecto, copiose ac benigne Dei misericordia super hos respexit, ut abundantes æternis et temporalibus subsidiis nihil eis deesset in ulla gratia, secundum illud: Nihil deest timentibus Deum.

6. Post duodecim annos fames in partibus Burgundiæ exorta est adeo valida, ut homines membra propria pene consumerent. Eadem vero necessitate urgente, maxima multitudo pauperum ad portam Claræ-vallis devenit. Unde pro tanta multitudine sanctus abbas et fratres ejus inierunt consilium, et ex consulto duo millia acceperunt sub signaculo, quatenus et aliis eleemosyna daretur; sed minor. Non enim habebant substantiam, unde omnes sustentari possent usque ad messem, quam tamen plus Dominus sic multiplicavit, ut sufficeret eis post messem, trium scilicet mensium spatio. Acceperunt itaque duo pueri signaculum, matre eorum non accipiente. Quæ penitus ignorans quid faceret, cogitavit tandem quasi puerum pannis involutum formare ex musco, ut hac arte se ab imminenti famis periculo redimeret, quod et fecit. Accepit itaque aliquandiu hoc modo eleemosynam, donec dolus denique deprehensus est. Qua imminuta, cum non sufficeret sibi quod accipiebat, postmodum tam famis angustia, quam morbo periclitans de medio facta est. Qua defuncta, sanctus abbas prætergrediens, audivit pueros ejulantes pro morte matris suæ, et unumquemque ex itinerantibus causam planctus inquirere gessit. Pueri vero ordinem rei exposuerunt. Quo audito, vir beatus locum subiens, in quo corpus jacebat, ad orationem se prostravit.

oreilles de tous ceux qui étaient là présents. Elle rendit grâce à Dieu et à son saint, dont les mérites et les prières l'avaient rappelée à la vie, et elle raconta quels tourments elle avait soufferts pour sa faute.

7. Un jour, on distribuait des aumônes aux pauvres sur le revers de la montagne, par une pluie battante. Le saint qui était présent, leva les mains, fit un signe de croix, et au même moment on vit la pluie se séparer en deux, à droite et à gauche, d'une manière inopinée, en sorte qu'il ne tomba point une seule goutte d'eau sur personne. Une autre fois, au moment de la moisson, il opéra un miracle tout pareil. Une nuit, le saint dormait entouré de religieux qui dormaient aussi ; il entendit des anges qui louaient Dieu et la bienheureuse Vierge dans l'église, à haute et agréable voix. En les entendant, il se lève sans bruit, et va sur la pointe des pieds à l'église, afin de voir de près ce que c'était. Or, il aperçut la sainte mère de Dieu, entre deux anges, dont l'un tenait à la main un encensoir d'or, et l'autre semblait porter l'encens. L'un d'eux conduisit le saint, qui se trouva marcher à droite de la glorieuse Vierge, et arriva ainsi à l'autel, où il entendit des voix d'anges chanter le *Salve Regina*, depuis le commencement jusqu'à la fin. Il le retint par cœur, l'écrivit ensuite et l'envoya, dit-on, au pape Eugène, pour qu'il fût reçu dans toutes les églises, en vertu de l'autorité apostolique, et chanté en l'honneur de la bienheureuse et glorieuse Vierge Marie, mère de Dieu. C'est ce qui eut lieu, ainsi que plusieurs l'attestent encore de nos jours. A la dédicace de cette église, le digne homme de Dieu fit à ses enfants un sermon bien digne d'être goûté par eux, dans le chapitre de Clairvaux ; il leur montrait d'une manière admirable, comme il savait le faire, ce que signifiait la solennité de cette dédicace, au point de vue de la forme des choses consacrées, et des actes même de cette pieuse consécration. Puis il ajouta quelques mots au sujet de ce qui s'était passé tout nouvellement dans cette église, en disant : « Les saints anges viennent de se mêler à votre fête, et de vous prendre sous leur garde. » Il dit encore quelques mots pour donner à entendre que ce lieu avait été désigné miraculeusement pour y élever une église, avant qu'on commençât à mettre pierre sur pierre pour la construire. Une autre fois encore, il se trouvait au chapitre de Clairvaux, et il prononça une parole qui excita l'admiration et fut une source de grandes consolations, une parole vraiment aimable, une parole pleine de joie et de consolation, une parole, enfin, bien utile. En effet, il se trouvait peut-être là quelqu'un que le souvenir de ses fautes et le regret de ses péchés tourmentaient à l'excès et remplissaient d'une trop grande frayeur. Il s'écria donc : « O mes frères, d'où vient cette désolation ? Je vous dis, en vérité du Christ, que si Judas était là où vous vous trouvez, oui, ce Judas même, qui a trahi Dieu, il obtiendrait miséricorde.

8. Il dirigeait ses pas vers la Bourgogne pour rétablir la paix entre le comte de Forez et celui de Vienne. En passant par une villa, il apprit des habitants de l'endroit que deux bêtes très-cruelles qu'on appelle vulgairement loups-garous infestaient

---

Quo orante, mulier tanquam a somno expergefacta, cunctis videntibus et audientibus, qui præsentes adstabant, vitæ reddita est ; gratias agens Deo et sancto suo, cujus meritis et precibus ad vitam redierat ; prænuntians etiam quanta tormenta pro culpa sua sustinuisset.

7. Quadam die distribuebatur pauperibus in latere montis eleemosyna, pluvia ingruente, ubi forte sanctus Dei assistens, manu elevata, signum crucis opposuit. Quo facto, visa est pluvia a dextris et a sinistris inopinatum eos ipsius pati discidium, ita ut nec gutta quidem tangeret eos. Rursus tempore messis contigit hoc miraculum. Quadam nocte dormiens vir beatus monachis circumquaque dormientibus, audivit angelos in ecclesia voce clara et delectabili Deum collaudantes, et beatam Virginem Mariam. Quos cum audisset, occulte surrexit, et pedetentim profectus est ad ecclesiam ; ut in proximo constitutus, videret manifestius quidnam esset. Vidit itaque sanctam Dei genitricem in medio duorum angelorum, quorum unus in manu sua thuribulum aureum, alius incensum tenere videbatur. Horum altero eum deducente, vir sanctus quasi a dextris gloriosæ Virginis incedens, ad altare usque pervenit ; ubi voce angelica audivit decantari antiphonam, *Salve Regina*, ex integro usque ad finem. Quam corde tenus retinens, et postea scripsisse, atque domino papæ Eugenio transmisisse refertur, ut ex præcepto auctoritatis apostolicæ per ecclesias solemnis haberetur, in honore beatæ et gloriosæ Virginis Dei genitricis Mariæ ; quod et factum est, ut adhuc plerique testantur. In dedicatione vero ecclesiæ vir Deo dignus proposuit filiis suis sermonem valde probabilem in capitulo Claræ-vallis, ostendens mirabiliter, illo suo modo admirabili, quid dedicationis tam solemne mysterium prætenderet in rerum sacrarum superficie, et in actionibus consecrationis tam devotæ. Quædam præterea verba retulit, quæ in ecclesia de recenti acciderant : « Nunc, inquiens, sancti angeli solemnizationi vestræ interfuerunt, et vos divinitus in suæ curæ custodiæ susceperunt. » Adjungens etiam, quædam verba, quibus dabatur intelligi, quod antequam lapidem lapidi in constructione superædificasset, idem locus designatus fuisset. Alio quidem tempore sedens in capitulo Claræ-vallis, dixit mirabile et valde consolatorium verbum, verbum siquidem amabile, verbum gaudio plenum et consolatione, et valde necessarium. Fortassis namque aliquis erat, quem de recordatione transgressionum, et peccatorum suorum nimietate pœniteret et paveret. Unde, inquit, desolationem habetis, fratres, et filii mei ? Dico vobis in veritate Christi, si Judas hic esset qui tradidit Deum, ubi vos estis ; et ipse misericordiam consequeretur.

8. Burgundiam adibat, comitem Forensem et co-

la forêt voisine, de leur présence. En apprenant cela, ses compagnons le prièrent de retourner sur ses pas, aimant mieux être deux jours et plus même en route, que de s'exposer à la périlleuse rencontre de ces bêtes. Il ne voulut point céder à leurs instances et répondit qu'il ne se détournerait point de son chemin pour un pareil motif. Peu après, les deux bêtes signalées paraissent en rase campagne et fondent sur Bernard, la gueule terriblement ouverte, comme pour le dévorer. En les apercevant, les frères, saisis d'une frayeur excessive, se sauvent du côté du saint, se cachent derrière lui et s'écrient tous d'une seule voix : « Père saint, sauvez-nous. » Il leur répond : « Hommes de peu de foi, pourquoi avez-vous peur ? » En prononçant ces mots, il lève la main, et fait le signe de la croix du côté d'où venaient les bêtes, qui devinrent à l'instant même semblables à des bornes, comme si elles avaient perdu tout pouvoir de nuire. En voyant ce miracle, tous les assistants rendirent grâce au serviteur de Dieu. Mais à cette nouvelle, tous les gens du voisinage furent dans l'allégresse, car la peur de ces bêtes sauvages les empêchait de sortir, si ce n'est une douzaine à la fois. Le saint passa outre et arriva auprès des deux comtes à qui il fit des propositions de paix, que le comte de Forez accueillit humblement. Mais le comte de Vienne les repoussa avec hauteur, en disant qu'il ne ferait point la paix avec son ennemi, qu'il ne l'ait forcé à s'en aller en exil. Il réunit en effet ses troupes et envahit son pays. Alors le comte de Forez, saisi de terreur, prie saint Bernard de lui obtenir la victoire du Dieu tout-puissant. Saint Bernard lui assura qu'il remporterait la victoire. Plein de cette espérance, il fond sur ses ennemis, fait le comte de Vienne prisonnier et taille en pièces un tel nombre de soldats, qu'à peine en laissa-t-il échapper un seul. Il rendit grâce à saint Bernard de cette victoire.

9. Un jour, le saint homme était au chapitre dans son cher Clairvaux ; il fit un grand et admirable sermon, et dit, entre autres choses, un mot qui remplit de joie tous ceux qui l'entendirent. « Ne craignez pas, dit-il, vous tous qui suivez mes préceptes, les tourments de l'enfer, et que les épreuves auxquelles vous vous trouvez soumis ne vous effrayent point, car je vous donne l'assurance que, si vous persévérez jusqu'à la fin, au jour de la colère du Seigneur, je donnerai mon âme pour vos âmes. » En entendant cela, les frères rendirent de grandes actions de grâces à Dieu, qui leur avait donné un tel père. Dans la suite, à partir de ce jour, tous ceux qui l'avaient entendu parler ainsi, suivirent fermement ses préceptes. Et vous, mes très-chers frères, vous qui ne l'avez point vu, vous devez vous informer de ses préceptes et les observer avec soin, afin de pouvoir, par son intercession, arriver aux joies du paradis. Veillez donc et priez pour ne point tomber dans les tourments, car celui qui rôde partout en cherchant quelqu'un à dévorer, ne cherche que vous ; il sait, en effet, que c'est par les institutions de Bernard que, avec la grâce de Dieu, vous avez été délivrés de ses mains. L'Apôtre ne dit-il pas à cause de cela : « Soyez sobres et vigilants, car votre ennemi le diable, rôde comme un lion rugissant et cherche quelqu'un qu'il dévore (I, *Pet.* v, 8). »

---

mitem Viennæ pacificaturus. Transiens autem per quamdam villam, audivit ab incolis loci illius, duas feras immanissimas, quæ vulgo dicuntur varoli, in nemore proximo desævire. Quod cum audissent socii ejus, rogaverunt eum regredi, quia malebant duabus dietis vel multo amplius divertere, quam se periculose feris objicere ; quibus nolens consentire, respondit, se nunquam divertere tali causa. Nec mora ; et ecce feræ progredientes in planum, occurrerunt eis terribili hiatu, quasi ad devorandum. Quas ubi vident fratres, præ timore nimio cuncti mox ad sanctum virum fugerunt, latitantes circa eum, clamaveruntque una voce : « Pater sancte, libera nos. » At ille : « Quid timidi estis modicæ fidei ? » Ad hanc vocem manu elevata, signum crucis feris opposuit, quæ statim factæ sunt tanquam lapides, tanquam nullam penitus habentes nocendi potestatem. Quo signo viso, omnes qui aderant, gratias exsolverunt viro Dei immensas. Hoc vero audito, vicini valde lætificati sunt ; præ timore enim ferarum, egredi non audebant pauciores quam duodecim. Proficiscens inde sanctus Bernardus, venit ad dictos comites. Qui cum pacem ab eis quæsisset, Forensis comes ei humiliter consensit. Comes autem Viennæ improbe refragatus est, dicens, quod nunquam esset cum adversario pacem habiturus, donec eum exsulare coegisset ; collectoque exercitu, terram illius aggressus est. Tunc Forensis comes, timore perterritus, sanctum Bernardum exoravit, quatinus ab omnipotente Deo victoriam impetraret. Beatus vero Bernardus victoriam ei confidenter promisit. Hac fide confortatus hostes suos invasit, cœpitque comitem ; et hostium tantum numerum prostravit, ut vix aliquis vivus evaderet. Hujusque victoriæ gratias reddidit sancto Bernardo.

9. Quadam die sedens vir sanctus in suo Claræ-vallensi capitulo, fecit magnum et mirabilem sermonem dixitque inter cætera quoddam verbum, in quo omnes qui audierunt valde lætati sunt. Non, inquit, expavetis, vos qui præcepta mea tenetis, tormenta gehennæ, nec vos terreat labor quem sustinetis. Dico enim vobis, si perseveraveritis usque in finem, in die iræ Domini reddam animam meam pro animabus vestris. Quo audito fratres gratias exsolverunt Deo immensas, qui talem patrem dedit eis. Tunc vero a die illa et deinceps, omnes qui eum audierunt, firmiter ejus præceptis obtemperaverunt. Et vos, dilectissimi, qui eum non vidistis, scrutari debetis ejus præcepta, et illis diligenter obsequi, ut ejus interventu ad paradisi gaudia pervenire possitis. Vigilate igitur, et orate ne in tormenta veniatis ; nam ille qui circuit quærens quem devoret, quærit vos. Scit enim quia per ejus instituta, Deo auxiliante liberati estis de manibus suis. Ait enim Apostolus : Sobrii estote, et vigilate, quia adversarius vester diabolus, tanquam leo rugiens, circuit quærens quem devoret.

10. Un religieux, du nom de Christian, avait planté une vigne au haut d'une montagne située près de Clairvaux. Les frères du vénérable père, Guy et Gérard, s'y rendirent et l'excommunièrent[a], en disant à ce religieux : « Frère Christian, où donc est votre esprit, où est votre cœur? Pourquoi n'avez-vous point considéré l'Écriture qui a dit : « Le vin n'est pas fait pour les moines? » Il leur répondit : « Vous êtes des hommes spirituels, vous autres, et vous ne voulez point boire de vin ; mais moi qui ne suis qu'un pécheur, j'en veux boire. » Alors Gérard lui repartit : « Je vous dis, frère Christian, que vous ne verrez pas les fruits de cette vigne. » Cela dit, ils retournèrent au monastère. Christian, de son côté, se mit à bêcher sa vigne, et la cultiva pendant bien longtemps. Mais il finit par mourir sans lui avoir vu porter du fruit. Longtemps après, celui qui était chargé du soin de garder la vigne, vint trouver saint Bernard et lui dit : « Père, notre vigne a été anathématisée et ne peut porter de fruit. » Bernard lui dit : « Pourquoi cela, mon fils? » L'autre repartit : « Vos frères l'ont excommuniée et depuis lors elle n'a rien produit. » Bernard reprit : « Apportez-moi de l'eau dans un bassin. » Le gardien en apporta. Alors le saint homme fit le signe de la croix dessus et la sanctifia, puis, il ajouta : « Allez, mon fils, et aspergez-en votre vigne. » Le frère s'en alla et fit ce que l'abbé lui avait dit. La vigne dès lors poussa et produisit tant de fruit que tout le monde en fut étonné.

11. Un jour, il voyageait sur la Loire. La barque qui le portait heurta contre un petit pont où se trouvait assis un enfant qui tomba à l'eau à l'instant même et se noya. Les gens du voisinage se rassemblent et déplorent la mort de l'enfant. Le saint homme se le fit apporter, et quand on le lui eut présenté, il se mit en prière. Alors l'enfant, sous les yeux de tous ceux qui étaient là présents et qui se mirent à louer Dieu tout d'une voix, ressuscita à la prière du saint. Aussi, à partir de ce jour-là, cet enfant fut-il rempli pour le saint de la plus vive affection comme pour un père, et, plus tard, il se rendit à Clairvaux où il devint frère convers, sous le nom de Tescelin Nascard, parce qu'il avait été tiré de l'eau et repêché comme un poisson.

12. Un jour que cet homme vénérable passait vers la sixième heure, près du territoire d'une villa appelée la Colombée en Fosse, il trouva sur sa route une fontaine, dont un troupeau de bêtes avait troublé l'eau en passant. Il s'assit en cet endroit et s'y fit servir du pain, à lui et à ses disciples. Mais ceux-ci ne trouvant pas ce lieu convenable, voulaient aller se placer ailleurs et dirent à l'homme de Dieu : « Père, cet endroit n'est pas bien choisi pour y manger, allons plus loin jusqu'à ce que nous en trouvions un plus convenable où nous puissions prendre notre repas, car les bestiaux ont souillé celui-ci et d'ailleurs c'est un lieu foulé tous les jours aux pieds par les passants. »

[a] Cependant quand il fut question de la translation de Clairvaux, les frères de Bernard lui exposèrent que l'endroit choisi était spacieux et qu'on pourrait y planter de la vigne. Voir Arnold, livre II, n. 29. Le même auteur nous apprend, au n. 48, que le monastère situé aux Trois-Fontaines, près de Rome, reçut du pape Innocent, des terres labourables et des vignes. Et pourtant l'usage du vin était rare alors chez les Cisterciens. On peut lire encore la vie de saint Bernard, par Geoffroy, n. 2.

10. Monachus quidam, nomine Christianus, plantavit vineam in vertice montis, qui proximus est Claræ-vallis Et venerunt fratres venerabilis patris, Guido scilicet, et Gerardus, et excommunicaverunt eam, dixeruntque ei : Frater Christiane, ubi est mens tua, et ubi cor tuum? Quare non considerasti scripturam dicentem, quoniam vinum non est monachorum? At ille : Vos fratres spirituales estis, et vinum bibere non vultis ; ego peccator sum, et volo bibere vinum. Tunc dixit Gerardus : Dico tibi, frater Christiane, non videbis fructum ejus. Post hæc verba reversi sunt in monasterium. Ille vero vineam suam fodit, et excoluit multis temporibus. Denique mortuus est, et non vidit fructum ejus. Post multum vero temporis, venit custos vineæ ad sanctum Bernardum, et dixit ei : Pater, vinea nostra anathema est, nec potest facere fructum. At ille : Quare, fili? Respondit : Fratres tui excommunicaverunt eam, et deinceps fructum non fecit. Ait illi : Affer mihi aquam in pelvi. At ille obtulit ei. Tunc vir sanctus fecit signum crucis, et sanctificavit aquam. Vade, inquit, fili, et sparge per totam vineam. Recessit frater, et fecit juxta præceptum abbatis ; et vinea crevit et multiplicata est, ita ut videntes mirarentur.

11. Dum navigaret aliquando per Ligerim, navicula ejus forte concussit ponticulum, cui puer superarat ; qui statim in fluvium delapsus est, et necatus. Et excitati accurrerunt vicini, defunctum puerum plangentes, quem sanctus vir jussit sibi afferri ; eoque defuncto oblato, oravit sanctus. Puer itaque videntibus cunctis qui aderant, et Deum una voce collaudantibus, ad orationem sancti statim suscitatus est. Tunc a die illa et deinceps hominem Dei, ut patrem filius affectuosissime diligens, postea profectus in Claram-vallem, ibi conversus factus est, dictus Tescelinus Nascardus, quia de aqua fuerat sublatus, et piscatus sicut piscis.

12. Cum pertransiret die quadam circa horam sextam vir venerabilis, finagium de villa, cui nomen Columbeium in fossa, invenit fontem in itinere suo, a pecoribus conculcatum. Cumque ibi consisteret, jussit sibi et discipulis suis panem ministrari in eodem loco. Illi vero quia locus ille inhonestus videbatur, volebant potius in alium locum transire, dixeruntque ad hominem Dei : Non est, inquiunt, pater, hic locus idoneus ad manducandum. Transeamus hinc, donec ad locum veniamus, ubi honestius manducare possimus. Locus enim iste coinquinatus est a pecoribus, et juxta viam quotidie tritam ab itinerantibus. Vir autem Domini noluit acquiescere sermonibus eorum. In proximo autem erant viri quidam magni nobilitate et opibus, qui obviam occurrerunt ei de villa prædicta,

L'homme de Dieu ne voulut point consentir à ce qu'ils lui proposaient. Non loin de là se trouvaient des grands aussi recommandables par leur noblesse que par leurs richesses, ils vinrent de la villa le trouver et lui témoigner le désir de le conduire chez eux. Mais Bernard ne voulut point céder à leurs instances et insista plus vivement encore pour qu'on lui servît à manger dans cet endroit. Alors un de ses disciples, nommé Emery, lui dit : « Qu'est-ce donc, père, et que voulez-vous faire ? cet endroit empeste, il est souillé par les bestiaux, et vous voulez y prendre votre repas ? » En l'entendant parler ainsi, l'homme de Dieu ne pouvant pas supporter plus longtemps ces instances, ouvrit la bouche et se mit à prophétiser devant tout le monde en disant : « Ecoutez-moi, mes frères, écoutez-moi aussi vous tous qui êtes ici présents : Je vous dis en vérité qu'un jour sera où bien des hommes viendront en cet endroit pour y obtenir la guérison d'infirmités de toute sorte, car ce lieu est saint, il a été sanctifié par le Seigneur. » En l'entendant parler ainsi, ses disciples prirent le pain et les autres aliments et se mirent à manger avec lui ainsi que beaucoup d'autres personnes, car ainsi que je l'ai dit plus haut, bien des gens étaient venus là au-devant de lui. Alors, l'homme de Dieu levant la main, fit un signe de croix sur la fontaine, la bénit, la sanctifia et dit à ceux qui servaient : « Puisez maintenant et donnez-en à boire à tous ceux qui mangent. » Les servants puisèrent de l'eau et emplirent des coupes ; elle se changea en vin. Tous ceux qui se trouvaient-là en burent et rendirent à Dieu d'immenses actions de grâce, en disant dans l'excès de leur joie : « En vérité cet homme est un saint, vraiment le Saint-Esprit habite en lui. »

13. Après avoir pris de la nourriture, le saint appela à lui un homme de la villa dont nous avons parlé, nommé Jean, qui était fort riche en argent et en terres, et lui ordonna de curer cet endroit, de le débarrasser de toutes ses immondices et de l'entourer d'un mur de pierres pour empêcher les troupeaux de le souiller encore. Puis il ajouta : « Si vous ne voulez point faire ce que je dis, sachez qu'avant votre mort vous serez réduit à une telle indigence qu'en mourant vous ne laisserez pas même un drap pour vous ensevelir : » Comme il céda à la paresse et ne voulut point faire ce que le saint lui disait, la prédiction eut son effet. A sa mort, il ne put avoir de tous ses biens un suaire, comme l'homme de Dieu le lui avait prédit. Qui pourrait douter que le saint se fût exprimé alors dans un esprit de prophétie ? Il fit encore beaucoup d'autres prophéties pendant sa vie dont nous avons vu l'accomplissement longtemps après sa glorieuse mort. Ainsi plusieurs miracles s'opérèrent à cette fontaine, ainsi qu'il l'avait prédit. Et aujourd'hui encore, s'il y a quelqu'un dont les membres soient atteints de douleurs, il suffit qu'il se baigne dans les eaux de cette fontaine pour se sentir soulagé ; cela est connu de bien des gens. Prises en boisson, les eaux de cette fontaine sont un remède à plusieurs autres maladies encore. Ainsi, si on est atteint de quelque fièvre grave et que sous l'inspiration du serviteur de Dieu Bernard, on ait la pensée de boire de cette eau, à peine en a-t-on pris qu'on se sent mieux et que la force de la fièvre diminue, absolument comme on voit de l'eau jetée sur le feu l'éteindre

volentes eum ducere in domos suas. Qui nullatenus voluit eis assentire, præcipiens magis ac magis, in prædicto loco escas sibi præparari. Tunc vero unus ex discipulus suis, Hemericus nomine, dixit ad eum : Quid est hoc, pater, quod vis facere? quia hic locus fœtet, et a pecoribus est coinquinatus ; et tu vis in eo manducare ? Hunc igitur sermonem cum audisset vir Dei, ultra sustinere non potuit, sed aperuit os suum, et prophetare cœpit coram omnibus, dicens : Audite me, fratres, et qui mecum estis omnes. Dico vobis in verbo veritatis, quia veniet tempus, in quo multi hunc locum requirent, ut in eo ab infirmitatibus variis curentur. Sanctus est locus, utpote a Domino sanctificatus. Hoc cum audissent discipuli, acceperunt panes et cibaria, comederuntque cum eo et alii multi ; plures namque venerant obviam, ut supra diximus. Tunc vir Dei elevans manum suam, signo crucis super fontem edito, benedixit eum, et sanctificavit, dixitque ministris : Haurite, propinate comedentibus. Ministri autem hauserunt aquam, et impleverunt scyphos ; et versa est in vinum ; biberuntque omnes qui aderant, et gratias exsoluerunt Deo immensas, dicentes cum gaudio magno: Vere homo iste sanctus est, vere Spiritus sanctus habitat in eo.

13. Igitur vir beatus post cibum, quemdam virum de prædicta villa, nomine Johannem, vocavit, qui dives et abundans erat valde ; præcipitque ei ut prædictum locum curaret, et a sorde mundaret, et de lapidibus muniret, ne pecora illum coinquinarent. Adjecit etiam dicens: Si hoc, inquit, adimplere nolueris, scias te ante obitum talem penuriam pari, quod in morte, ubi revolvi possis, panniculum non habebis. Illo autem pigritante, imo nolente jussa beati viri adimplere, res prout sanctus ei prædixerat subsecuta est. Nam in morte de tota possessione sua sudarium habere non potuit, juxta verbum hominis Dei. Quis hæc sine spiritu prophetiæ virum sanctum prædixisse dubitet ? Multa quoque dum adhuc vixeret prophetavit, quæ in effectum succedere vidimus longo tempore post gloriosum transitum ejus. Nam de fonte prædicto, sicut prædixerat, multa evenerunt miracula. Nunc etiam, si cujuspiam corporis membrum, quolibet dolore gravatum, ex aquis fontis illius fidei devotione fuerit perfusum, cognitum est a multis, in melius reformari. In potu quoque sumptæ, diversarum infirmitatum incolumitati prosunt. Nam et si quis febris gravi laborans incommodo, inspirante confessore Christi Bernardo, desiderium habuerit hauriendi, protinus ut hauserit convalescit, et ita exstinguitur vis febrium, ceu si videas super immensum rogum projectis undis

à l'instant. Le feu de la douleur des fièvres tierces ou quartes s'apaise de même dès qu'on boit de cette eau.

14. Il y avait un religieux nommé Eudes, dont la moitié du corps était depuis assez longtemps déjà à demi-morte, par suite d'un mal voisin qui y opérait une sorte de contraction. Après la mort du saint homme, il se fit porter à cette fontaine. Après y avoir baigné la partie malade de son corps, il revint guéri et bien portant. Un autre souffrait de grands maux de tête au point de perdre toute sensibilité: il se baigna dans la fontaine et fut guéri. Un autre, après sept ans de langueur, fut amené par ses parents à la sainte fontaine et se trouva guéri. Il y en eut également un nommé Suyn qui avait depuis longtemps une fièvre quarte, et qui recouvra la santé en buvant de l'eau de cette fontaine. Il s'en trouva un qui était atteint d'une très-grande infirmité; après avoir goûté de cette eau, un ver semblable à une sauterelle sortit de sa bouche aux yeux de tout le monde, et aussitôt il fut guéri. Un muet, au rapport de personnes qui ont vu le fait, vint à cette fontaine et y recouvra la parole. Tous ces miracles et beaucoup d'autres encore ont été vus par nous et par d'autres témoins, et ce serait une impiété de n'y point croire. mais ne voulant pas, par la longueur de notre récit, fatiguer ceux qui nous écoutent, nous nous contenterons de ce court aperçu.

15. A Bar-sur-Aube il y avait deux femmes tourmentées par deux démons. Leurs parents les amenèrent à l'homme de Dieu, à Clairvaux, pour qu'il les guérît. En approchant de la porte de Clairvaux, un des démons dit à l'autre par la bouche de la femme: Il faut que je sorte de cette femme. — Pourquoi ça, lui dit le second? — Parce que je ne puis supporter la vue de Bernard, reprend l'autre, ni même entendre sa voix. — Et pourquoi continue le premier? — Parce que, à l'époque où il vivait encore dans le monde, j'ai voulu le tenter et lui enlever sa virginité, et il répondit à mes suggestions: Arrière, satan, je t'adjure au nom de Jésus-Christ de ne me faire aucun mal, ni même de ne jamais porter les regards sur moi. Or cette conjuration me force de sortir de cette femme. Il sortit, en effet, aussitôt et cette femme se trouva guérie à l'instant même. Ceux qui étaient là présents, louaient Dieu et disaient: En vérité, voilà un véritable saint, le Saint-Esprit habite en lui. Ils parlaient encore, lorsque le serviteur de Dieu vint à la porte; on lui raconta tout ce qu'on avait entendu et vu de ces deux démons. En apprenant cela, l'homme de Dieu rendit grâce au Seigneur, en disant: « Je vous rends grâce, Seigneur Jésus-Christ, de ce que vous ne m'avez jamais abandonné. Vous êtes le seul Dieu, et il n'y a que vous qui fassiez des miracles. Vous avez créé le ciel, la terre et la mer avec tout ce qu'il contiennent. Exaucez Seigneur ma prière, et que mes cris arrivent jusqu'à vous. » Après cette prière il se tourne vers l'autre femme et dit au démon: « Démon, ennemi de Dieu, sors de cette femme. » A ces mots, le démon sortit et la femme se trouva guérie à l'heure même. Alors tous ceux qui étaient là bénirent Dieu et rendirent des actions de grâce infinies à saint Bernard, en disant: Il n'y a personne en ce siècle et il n'y eut jamais personne

---

universa incendia repente exstingui. Tertianarum, quartanarum febrium ignibus accensis, ut potatæ fuerint, dolores compescunt.

14. Fuit vir quidam religiosus, Odo nomine, cujus pars corporis per aliquantum tempus pene mansit emortua, adjacentis incommodi contractione. Is post mortem beati viri ad eumdem fontem perrexit. Cumque eo infirmitatis locum perfudisset, sanus et incolumis rediit. Alius dolore capitis immaniter vexatus, et omnino sensu privatus, fonte irrigatus sanatus est. Alius per septennium languerat, qui a parentibus ad sanctum fontem ductus, sospes factus est. Alius quidam, Suynus nomine, longo tempore febre quartana laboraverat, qui potu fontis ejusdem sanitatem recepit. Quidam vero maxima infirmitate gravatus, cum gustasset de eadem aqua, vermiculus quidam similis locustæ, per os illius omnibus videntibus egressus est, et statim convaluit. Mutus etiam, ut aiunt qui viderunt, ad fontem venit, et loquelam recepit. Hæc et multa alia tam a nobis quam ab aliis visa, quibus non credere impium est, ne forte narrationis prolixitate audientibus fastidium generetur, perstrinxisse sufficiat.

15. Igitur apud Barrum super Albam erant duæ feminæ, quas duo dæmones vexabant. Deinde parentes adduxerunt eas ad hominem Dei in Claram-vallem, ut ab eo curarentur. Et cum portæ Claræ-vallis appropinquassent, dixit unus ex diabolis ad alterum diabolum per os mulieris: Oportet me exire de hac muliere. Quare, inquit alter dæmon, oportet fieri? Qui ait: Bernardum, inquit, non possum videre, nec vocem ejus audire. Cui ille: Quam ob rem? Qui ait: Cum esset Bernardus in seculo, volui eum tentare, et virginitatem ejus auferre. Et cum hoc facere tentarem, dixit mihi: Vade retro, satana. Adjuro te per Jesum, ne me lædas, nec me unquam videas. Et propter hanc conjurationem, oportet modo me exire. Et confestim egressus est de muliere, et sanata est ex illa hora. Qui vero præsentes erant, laudantes Deum, dicebant: Vere sanctus est homo ille, et Spiritus sanctus habitat in eo. Et cum hæc dicerent, venit servus Dei ad portam, et narraverunt ei omnia quæ audierant et viderant de his duobus dæmonibus. Quæ cum audisset vir Dei, gratias agens Deo, dixit: Gratias tibi ago, Domine Jesu-Christe, quia nunquam dereliquisti me. Tu es Deus solus, tu facis mirabilia magna solus. Tu creasti cœlum et terram, mare et omnia quæ in eis sunt. Exaudi, Domine, orationem meam, et clamor meus ad te veniat. Post hanc orationem conversus ad alteram mulierem, dixit ad dæmonem: O dæmon, inimice Dei, exi de femina. Ad hanc vocem egressus est de muliere, et sanata est ex illa hora. Tunc omnes qui aderant, benedicentes Deum, gratias exsolventes sancto Bernardo im-

depuis les apôtres qui pût faire ce qu'il fait.

16. Saint Bernard se trouvait un jour dans sa cellule avec quelques-uns de ses disciples et graissait ses sandales, selon la coutume, quand le diable lui apparut sous la forme d'un moine noir et lui dit : « Père abbé, comment allez-vous? Je viens de pays éloignés pour vous voir, et je vous trouve graissant vos chaussures. Ce ne devrait pas être votre besogne, et vous auriez dû laisser cela à un serviteur ou à votre domestique. » L'homme de Dieu lui répondit : « Je n'ai pas de serviteur, et je n'ai jamais voulu en avoir. J'ai des fils que j'ai engendrés au Christ par l'Évangile, ils me servent avec une grande charité et une grande douceur; pour moi je les aime véritablement et je leur enseigne le chemin du royaume des cieux en m'humiliant à l'exemple du souverain maître, qui a dit : Celui qui s'abaisse sera élevé (*Luc.* xiv, 11). Il nous a donné lui-même de nombreux exemples d'humilité et particulièrement en s'humiliant lui-même beaucoup, il nous a laissé un modèle afin que nous marchions sur ses pas. En imitant donc mon Seigneur, non-seulement je n'éprouve aucune peine, mais même j'ai un grand plaisir à accomplir, pour l'amour de lui, des œuvres basses et serviles. Allez et dites à votre père abbé qu'il fasse de même. » Le diable lui répondit : « Donnez-moi vos sandales que je les graisse. » Le bienheureux le regardant, découvrit, par une inspiration du Saint-Esprit, qu'il avait affaire au diable, et il lui dit en mêlant l'insulte à l'indignation : « Il n'est pas juste que celui qui dès le principe a été créé par Dieu dans un bonheur et une beauté suprêmes, graisse mes sandales, car je ne suis que cendre et que poussière. » Puis il ajouta : « Arrière, satan, je t'adjure, par Jésus-Christ, de ne faire aucun mal, ni à moi, ni à mes enfants. » A ces mots, le démon se changea en animal, à la vue de tous ceux qui étaient là présent et s'évanouit à leurs yeux. L'abbé de Mores, nommé Gérard, avait coutume de nous raconter cela : or, c'est un homme saint et vrai dans tous ses discours, et ne point l'en croire sur parole, ce serait comme se mettre en lutte contre la vérité même.

17. Un jour donc que le saint homme était dans un chapitre à Clairvaux, on fit une plainte contre un moine qui, étant de semaine, négligeait de laver la vaisselle à la cuisine, selon les institutions de l'ordre. Le saint lui dit : « Mon fils, voilà votre négligence dans un office où vous devriez faire preuve de tant de diligence! » Confus, à ces mots, le religieux murmura une réponse inepte et puérile, pour s'excuser, et dit que l'office de la cuisine était trop bas et trop sale. Le saint homme de Dieu lui répartit : « Mon fils, n'avez-vous point entendu ce que saint Benoît, le promulgateur de notre bénie institution, a dit à ce sujet? Mais l'Apôtre nous assure aussi de son côté que chacun de nous recevra selon son travail (I *Cor.* iii, 3); et l'homme de Dieu continua sous l'inspiration d'un saint zèle : « O très-détestable orgueil, commencement de tout péché, ruine de tous les maux? Qui donc t'a permis de souiller une partie quelconque de mon très-saint troupeau? Sors, sors d'ici, avec l'aide de Dieu, et qu'il n'y ait jamais, ici ni ailleurs, place pour toi. Fuis et va-t-en retrouver celui qui,

---

mensas, dixerunt : Non est in hoc seculo, et non fuit post apostolos, qui posset facere quæ iste facit.

16. Beatus Bernardus cum esset die quadam in cella sua cum paucis discipulis, et ungeret sandalia sua secundum consuetudinem suam, apparuit ei diabolus in similitudinem monachi nigri, dicens ei : Abba, quomodo te habes? de longinquis terris veni ut te viderem, et te calceos ungentem invenio. Non debuisses hoc facere, sed servi et ministri tui. Cui respondit vir Dei : Ego, inquit, servos non habeo, nec volui unquam habere. Filios habeo, quos genui Christo per evangelium, qui mihi ministrant cum magna charitate et mansuetudine; et ego illos in veritate diligo, et viam regni cœlorum doceo, humilians meipsum exemplo summi magistri, dicentis : *Qui se humiliat, exaltabitur.* Ipse autem multi moda humilitatis exhibitione, imo summe et præcipue sese humiliando, nobis reliquit exemplum, ut sequamur vestigia ejus. Imitando igitur Dominum meum, vilia et servilia opera pro amore ipsius exequi non tantum non gravat, sed et plurimum delectat. Vade, et dic abbati tuo ut faciat similiter. Cui respondit diabolus : Da mihi sandalia ut ungam. Et respiciens eum vir beatus, cognovit, Spiritu sancto revelante, quod esset diabolus; et ait ad eum, cum indignatione insultando illi : Non est rectum, ut ille qui ab initio in summa beatitudine et pulchritudine creatus fuit a Deo, ungat calceamenta mea, cum sim pulvis et cinis. Et adjecit : Vade retro, satana. Adjuro te per Jesum-Christum, ne mihi vel filiis meis in aliquo noceas. Quo dicto, statim transfiguravit in similitudinem minuti animantis, cunctis videntibus qui aderant; et statim evanuit ab oculis eorum. Hæc narrare nobis solebat domus abbas Morensis, Girardus nomine, vir sanctus et verax in verbis suis; cujus verbis fidem non adhibere, quasi ipsi veritati repugnare est.

17. Igitur cum esset quadam die vir beatus in suo Claræ-vallensi Capitulo, facta est conquestio de quodam monacho, qui scutellas in coquina, secundum ordinis instituta, cum septimanarius esset, lavare negligebat. Ad quem vir sanctus : « Fili, inquit, adeo negligens es, ubi majorem deberes habere diligentiam. » Ad hæc ille confusus, ineptum quiddam et puerile submurmurans, excusandi se gratia, vile et sordidum nimis esse dicebat coquinæ officium. Cui vir beatus respondit : « Fili, numquid non audivisti quid super hoc asseveret benedictæ institutionis nostræ promulgator Benedictus? Dicit etiam apostolus, quod unusquisque recipiet secundum suum laborem.» Et adjecit homo Dei, zelo sancto suggerente : « O pessima superbia, peccati initium, radix omnium malorum ! unde tibi permittitur contaminare qualemcumque sacrosancti gregis mei particulam? Egredere, egredere Deo adjuvante; hic tibi nusquam et nun-

avec toi et par toi, est tombé du ciel. » Après s'être exprimé ainsi, il s'adressa de nouveau au religieux en ces termes : « O malheureux homme, ou plutôt, ô le plus malheureux des hommes, si le Tout-Puissant n'a point pitié de vous! Où donc est votre esprit? où est votre religion? Prenez garde que le séducteur du genre humain ne se transforme en superstition. D'où vous vient donc une négligence si grande, si énorme? quel orgueil périlleux, abominable! Pourquoi donc perdez-vous de vue ce mot de l'Évangile : Celui qui s'élève sera abaissé, et réciproquement, celui qui s'abaisse sera élevé (*Luc.* xiv, 11)? Mon fils, écoutez mes paroles, je vous le dis en vérité, et je prends à témoin de ce que j'avance, Dieu même et ma propre conscience, que si cette humiliation provenait de la racine de la vraie humilité, vous feriez pour votre âme un profit plus salutaire et plus glorieux en lavant les écuelles et les cuillères et en remplissant avec soin toutes les autres fonctions de la cuisine, qu'en assistant ou en servant fréquemment au saint sacrifice de la messe comme le font tant d'autres. Travaillez, mon fils, travaillez. Faites en toute douceur ce qui vous est prescrit selon les institutions de notre ordre, et ce que vous êtes appelé à faire à votre tour. Plus votre travail sera vil aux yeux des enfants des hommes, plus il sera précieux à ceux des anges. Au reste, il faut selon la tradition apostolique que nous travaillions, c'est même pour nous une nécessité, car l'Apôtre a dit : Que celui qui ne travaille point ne mange point (II *Thess.* iii, 10), et ailleurs il dit encore au même sujet : Que chacun travaille et fasse de ses mains ce qui est bien (*Ephes.* iv, 28). Or, qu'y a-t-il de mieux que de servir ses frères en commun? Eh bien! c'est ce que font ceux qui sont de semaine à la cuisine. Ainsi donc, mon fils, soyez exact à laver les écuelles comme vous êtes exact à manger ce qu'on vous sert dedans. Travaillez et vous mangerez en pleine sécurité, car il est écrit encore : Comme vous vivrez du travail de vos mains vous serez heureux et tout sera bien pour vous (*Psal.* cxxvii, 2). » Ces paroles du saint père édifièrent beaucoup le religieux qui était l'objet de cette réprimande et tous ceux qui étaient là présents pendant qu'on la faisait.

La suite manque.

Suite à ce qui précède, tirée de Geoffroy, article X, et omise dans Chifflet.

Ensuite, il s'en alla à l'endroit fixé, pria, et il réunit aussi un grand nombre de religieux. Un jour, il dit à ses frères : « J'ai un ami à Mâcon, c'est Hugues de Vitry, il faut que je l'amène ici, afin qu'il soit un des nôtres. » C'était un clerc de noble extraction, déjà d'un certain âge, dont les possessions, tant ecclésiastiques que séculières, étaient considérables. Ceux qui étaient avec Bernard se mirent à l'accuser de témérité, mais lui, ne perdant pour cela rien de sa confiance, se hâta de l'aller trouver. Le bruit courait dans le pays qu'il allait se rendre en Terre-Sainte, et il faisait croire lui-même que telle était en effet sa pensée, mais, s'il se proposait d'aller à Jérusalem, ce n'était pas dans la Jérusalem où le Seigneur a été jadis, mais dans celle où il se trouve à présent. En voyant donc Bernard

---

quam locus. Fuge, refuge ad eum qui tecum et per te de cœlo descendit. « His dictis, itidem monachum taliter aggressus est : » O miser homo, imo miserrime hominum, nisi tibi propitietur Omnipotens? Ubi est mens tua? ubi est religio tua? Vide ne seductor humani generis in superstitionem transformetur. Unde tibi tanta, tamque enormis negligentia? O quam periculosa, quam abominabilis exaltatio! Quare non attendis illud evangelicum : *Qui se exaltat, humiliabitur*; et ab oppositis, *qui se humiliat, exaltabitur*? Fili, audi sermonem meum. Dico tibi in verbo veritatis, testem proponens Deum et conscientiam meam, quod si ex radice veræ humilitatis hujuscemodi humiliatio procederet, lucrum salubrius atque gloriosius operareris animæ tuæ, scutellas et cochlearia lavando, et cætera quæ ad officium coquinæ pertinent diligenter exsequendo, quam frequenter, prout plerisque contingit, assistendo sive ministrando altari. Labora, fili, labora, et in mansuetudine operare quod tibi secundum ordinis instituta, et ordinem vicis tuæ injunctum est. Quanto enim vilior erit labor tuus in conspectu filiorum hominum, tanto pretiosior erit in conspectu angelorum. De cætero, secundum apostolicam traditionem laborare nos ex necessitate condecet. Ait namque apostolus : *Qui non laborat, non manducet.* Item idem de eodem : *Laboret unusquisque operando manibus suis quod bonum est.* Et quid melius quam servire in commune fratribus suis? Hoc siquidem faciunt coquinæ hebdomadarii. Esto igitur, fili, esto promptus ad lavandum scutellas, sicut strenuus es ad manducandum quæ tibi in eis apponuntur. Labora, et sic securius manduca, scriptum est enim : *Labores manuum tuarum quia manducabis; beatus es, et bene tibi erit.* » Hujusmodi verbis sancti patris, et ille in quem facta est invectio de cætero, correptus, et cæteri qui præsentes aderant, plurimum ædificati fuerunt. Cætera desunt.

Prætermissa apud Chiffletium ex Gaufrido superius col. 1278. post art. X, et postea reperta.

Dehinc profectus ibat ad constitutum locum, ubi etiam multos undique collegit. Ait quadam die ad fratres suos : Habeo amicum Matisconi, Hugonem de Vitreio, et ipsum oportet adducere, ut sit et ipse unus ex nobis. Erat autem clericus nobilis, et jam maturioris ætatis, secularibus pariter et ecclesiasticis facultatibus affluens. Cœperunt ergo qui noverant eum temeritatis arguere; nihilo minus ipse confidens sine omni hæsitatione festinavit ad ipsum. Erat autem fama in regione, quod Jerosolymam esset iturus, sic enim ipse fingebat, non in eam in qua fuit, sed in qua est Dominus, Jerosolymam profecturus : Videns ergo eum

arriver à lui, Hugues se mit à verser des larmes et pousser des soupirs, et se précipita dans ses bras. Mais l'homme de Dieu ne fit point attention à ses larmes. Après avoir respiré un moment, il lui révèle son dessein, et en même temps sa douleur se renouvelle, et des larmes plus abondantes coulent de ses yeux, toute la journée ses joues ne cessent point d'en être inondées. La nuit suivante, ils se couchèrent tous deux ensemble dans un lit si étroit, que c'est à peine s'il y avait place dedans pour un. Et il ne cessait de pleurer, au point que l'homme de Dieu lui reprochait de ne point le laisser dormir. Lorsque enfin il put fermer l'œil au sommeil, il lui sembla que, après avoir invoqué le Saint-Esprit selon sa coutume, il lui faisait un sermon sur la conversion, et qu'il lui parlait avec une grande force. Le matin venu, Hugues pleurait encore; Bernard s'en montra fâché et se mit à l'en reprendre avec une certaine sévérité. Hugues lui repartit : « Mes larmes ne coulent point aujourd'hui pour la même raison que hier; hier, c'était sur vous que je pleurais; aujourd'hui, c'est sur moi. Je connais votre vie, et je sais bien que s'il y en a un de nous deux qui ait besoin de se convertir ce n'est pas vous, c'est moi. » Plein de joie en entendant ces mots, Bernard lui répondit : « Pleurez, maintenant tant qu'il vous plaira, car ces larmes sont très-bonnes, n'en arrêtez point le cours. » Ensuite, les clercs en les voyant se promener ensemble, confondre leur joie et ne point se quitter d'un instant, s'efforcèrent de séparer Hugues de Bernard, parce qu'ils appréhendaient qu'il ne partageât ses sentiments, ou plutôt parce qu'ils ne voyaient que trop bien qu'il les partageait. Ils s'emparèrent donc de Hugues, et ne voulurent plus souffrir, sous aucun prétexte que ce fût, qu'il pût continuer à s'entretenir avec Bernard. Aussi, Bernard s'en alla-t-il la tristesse dans l'âme. Mais, pourtant, son cœur conservait encore un reste d'espérance dans le Seigneur. Peu de jours après, ayant connaissance d'une réunion d'évêques, il s'y rendit pour voir Hugues. Les clercs, en l'apercevant, le regardèrent d'un mauvais œil, contre leur habitude, et circonvinrent tellement Hugues, qu'il ne pût approcher de lui. Comme on se trouvait assis au milieu de la campagne, et que les évêques s'entretenaient entre eux, quoiqu'il fût assis près de Hugues, il ne pouvait lui parler à cause de tout le monde qui était-là, il se contenta de pleurer abondamment sur son cou. Tout à coup, une pluie abondante se met à tomber, tout le ciel fond en eau, et tous ceux qui étaient là se dispersent à la hâte et courent se mettre à l'abri dans le bourg voisin. Le saint retint Hugues par la main et lui dit : « Restez à la pluie avec moi. » Mais, à l'instant même, le beau temps reparut, et ils se trouvaient seuls dans la campagne. Hugues lui fit part alors du vœu qu'il avait fait de ne point se faire religieux avant un an. Il avait agi ainsi pour tromper les clercs, attendu qu'il savait bien qu'il aurait une année de probation à faire. Après avoir consommé leur union spirituelle, ils revinrent en se tenant par la main. Dès lors, tous les autres désespérèrent de le détourner, et personne ne tenta plus de le retenir.

Vers la même époque, l'homme de Dieu se trouvant dans son cher Clairvaux, un religieux, nommé Galeran, premier abbé de Ourse-Camp, étant

---

prædictus Hugo, flens et ejulans in amplexus ejus ruit ; sed vir Dei lacrymas ejus penitus non attendebat. Ubi vero paululum respiravit, revelat ei propositum suum ; et ecce innovatus est dolor, et fons lacrymarum fluxit uberior, ita ut tota die illa non acquiesceret pupilla ejus. Sequenti nocte pariter accubuerunt in angustissimo strato, ita ut vix caperet alterum. Nec tunc ergo cessabat a lacrymis Hugo, ita ut argueret eum vir sanctus, quod dormire eum non pateretur. Ubi vero obdormivit, videbatur sibi, invocato ex more Spiritu sancto, habere ad eum de conversione sermonem, et non deesse voci suæ voce virtutis. Mane autem facto, cum rursum fleret Hugo, molestæ iam accipiens, cœpit durius objurgare eum. At ille: Non mihi, inquit, eadem hodie lugendi causa, quæ fuit heri ; heri enim super vos flebam, hodie super meipsum. Novi enim conversationem vestram, et mihi quam vobis conversionem esse magis necessariam non ignoro. Ad quem Bernardus exsultans: Flete, inquit, nunc satis, quoniam optimæ sunt lacrymæ istæ ; nolite cessare. Ex hinc cum vidissent eos clerici ambulantes pariter, et exsultantes simul, nec ad momentum ad invicem separari, conati sunt Hugonem avellere a Bernardo, timentes, imo jam aperte cognoscentes, quam uno spiritu agerentur. Tenentes ergo Hugonem, jam nulla ratione pari voluerunt, ut vir Dei cum eo de cætero loqueretur. Abiit ergo tristis ; sed et nihilo minus erat adhuc cor ejus fiduciam habens in Domino. Post aliquot dies sane conventum audiens episcoporum, festinavit illuc, ut Hugonem videret. Clerici vero cum vidissent eum, præter morem torvo oculo respicere, et stipare Hugonem undique, ne quis pateret accessus. Sedentibus ergo in campo, et colloquentibus episcopis, in medio clericorum juxta Hugonem sedens, loqui ei non poterat propter adstantes, sed tamen flebat uberrime super collum ejus ; et ecce inundaverunt aquæ, et cœlum dedit pluvias, ita ut dispersi cum omni festinatione ad proximum vicum currerent ; sed beatus Hugonem manu tenens; Mecum, inquit, in pluvia stabis. Statimque serenitate reddita, soli stabant in campo, et confessus est Hugo juramentum quod fecerat, minime se monachum fore usque ad annum. Hoc autem fecerat, ut deciperet clericos, annuam quippe probationem non ignorans. Ibi confirmato ex integro sodalitio spirituali redierunt, manu sese tenentes alterutrum ; et jam desperati omnes, nemo deinceps Hugonem detinere tentavit.

In iisdem annis viro Dei demoranti in sua Claravalle vir religiosus, primus abbas Ursi-campi Gale-

venu à mourir à Igny, apparut au saint abbé, et reçut de lui la permission et l'ordre même d'entrer dans le repos du Seigneur. C'est ce qui se reproduisit pour plusieurs autres encore; le fait est même si certain, que plusieurs fois, avant même qu'on eût reçu la nouvelle de la mort de certains religieux, il offrait le saint sacrifice et célébrait un service solennel pour eux, au grand étonnement de ceux qui étaient avec lui, et qui notaient soigneusement le jour.

Dans le même temps où il s'occupait de faire la paix, son frère André termina à Clairvaux sa vie passagère. Avant que le saint abbé eût rien appris de sa maladie, il lui apparut une nuit avec son frère Gérard et lui donna le baiser de paix. André comprit que c'était pour lui le signe de sa permission de mourir, et peu de jours après, Bernard apprit sa mort.

Mais comme nous avons parlé du vénérable Galeran, il nous semble que nous ne devons point passer sous silence ce qui arriva à Hervée, son successeur, homme aussi distingué par ses mœurs et sa piété que par son illustre naissance. Hervée était encore enfant, avait du sang royal dans les veines, et il était élevé chez son oncle, l'évêque de Noyon. Un jour, que le saint abbé recevait l'hospitalité chez ce dernier, il entendit Hervée chanter, ce que cet enfant faisait d'une manière parfaite. Et il prit, suivant son habitude, occasion de ce chant pour faire un long discours spirituel à ceux qui se trouvaient là. La nuit suivante, il lui sembla, dans un songe, qu'il célébrait une messe solennelle et qu'un ange s'approchant de lui, recevait de ses lèvres le baiser de paix qu'il allait ensuite porter à l'enfant. Ce fut pour lui un signe manifeste qu'il serait certainement religieux. Hervée eut connaissance de cette prophétie à son sujet. Bernard attendait sa venue avec une entière certitude, et, lorsque quelques années se furent écoulées, Hervée, devenu grand, sentit sa conscience lui faire de vifs reproches de son retard. Cependant, il vivait dans une grande obscurité, en se rappelant cette parole, et en se disant à lui-même, comme il nous l'a souvent répété depuis : « Tu crains sans raison. Il est impossible que tu périsses, et certainement la parole du saint homme recevra en son temps son accomplissement. » Or, nous voyons à présent qu'elle s'est en effet accomplie. Or, cet ange que le saint avait vu, c'était l'abbé Galeran, qui porta au jeune Hervée le baiser de paix qu'il avait reçu de la bouche du saint abbé.

En effet, c'est des mains de Galeran que le jeune Hervée, fuyant des ennemis domestiques, reçut l'habit religieux. Il lui succéda plus tard comme abbé ; ce fut un homme d'une douceur d'esprit très-grande et un très-fervent mortificateur de sa chair : en peu de temps, il fut consommé en vertu comme s'il avait vécu bien des années. Son âme était agréable à Dieu. Il était encore plein de santé et de vie, quand il connut d'avance le jour de sa mort que son prédécesseur vint lui révéler. Peu après cette révélation, il se sentit gravement malade, et six jours s'étaient à peine écoulés, qu'il fit une sainte mort et alla rejoindre ses frères.

Ce que nous avons dit de la connaissance anticipée que le saint du Seigneur eut de la conversion d'Her-

---

ramnus, cum obiisset apud Igniacum, beato patri apparuit, et ab eo licentiam et mandatum accepit introeundi in requiem Domini. Quod certa et de multis aliis factum esse certissimum est, adeo ut pro nonnullis antequam ei nuntiaretur obitus, etiam missarum solemnia celebrans divina obtulerit sacrificia, stupentibus his qui cum eo erant, et sollicite notantibus diem.

Eodem denique tempore, quo pacis quærendæ negotiis occupabatur, frater ejus Andreas in Clara-valle transitoriam hanc finivit vitam ; et is quoque, priusquam aliquid de infirmitate ipsius pater sanctus audisset, per nocturnum soporem assistens ei una cum Gerardo fratre suo, dedit ei osculum pacis. Intellexit autem signum licentiæ esse, et post paucos dies obitum ejus audivit.

Sed quia super venerabili Galeramno fecimus mentionem, quæ de Herveio, non minus moribus et religione, quam genere illustri, prædicti Galeramni successore, facta sunt, non arbitramur prætereunda silentio. Herveius itaque puer de sanguine regio in domo avunculi sui Noviomensis episcopi nutriebatur. Hunc pater sanctus cum apud prædictum episcopum hospitaretur, cantantem aliquando audiens, sicut optime puer noverat, ex occasione cantus illius more suo multa adstantibus locutus est de spirituali conversatione. Eadem vero nocte in somnis ei videbatur, quasi missarum solemnia celebraret ; et accedens angelus acceptum ab ipsius pacis osculum puero traderet. Unde et manifeste prædixit, sine dubio religiosum eum futurum, adeo ut nec puer ipse datam de se ignoraverit prophetiam. Cujus indubitatus expectabatur adventus, ut post multos annos, cum jam adolevisset, et gravissime a propria conscientia argueretur ; tota tamen fiducia in memoria verbi illius respiraret, dicens secum, sicut nobis ipse postea testabatur : Sine causa times. Impossibile est ut pereas ; omnino beati viri sermo implebitur in tempore suo. Et certe ita jam factum esse videmus. Porro angelus ille, abbas Galeramnus fuit, qui acceptam ab ore patris sancti pacem dedit Herveio.

Ab eo siquidem, cum adhuc adolescens esset, fugiens domesticos inimicos, habitum conversationis accepit. Cui deinde in abbatia succedens homo dulcissimi spiritus et ferventissimus sui corporis castigator, consummatus in brevi explevit tempora multa ; placita enim erat Deo anima ipsius. Præcognovit autem obitum suum sanus adhuc et incolumis, ipso ei prædecessore suo revelante. Nec mora gravi cœpit corporis molestia prægravari ; et infra sextum diem beato fine quiescens, appositus est ad patres suos.

Quod autem de eo diximus, præcognitam a sancto Domini conversionem ejus, super aliis quoque pluri-

vée, il l'eut également de plusieurs autres, comme nous l'avons su depuis. Telle fut, entre autres, la conversion de Macolin, jeune Teuton d'une naissance illustre, d'Albéron, homme vénérable, qui devint plus tard abbé d'un monastère de Suède, et du grand Geoffroy, de Pérone, qui fut prieur de Clairvaux, charge dans laquelle il mourut. Ce même Geoffroy, se trouvant encore dans la salle des moines, et étant inquiet pour son père abbé, etc.

---

mis novimus contigisse. Ex quibus fuit etiam Macelinus Teutonicus adolescens illustris, et Albero vir venerabilis, qui postea abbas factus est in Suecia, et magnus vir ille Gaufridus de Peronia, qui in Claravalle Prioris officio functus et defunctus est. Huic quoque Gaufrido, dum adhuc esset in cella novitiorum et sollicitus esset pro Patre suo, etc.

POËME EN VERS

A LA LOUANGE DE LA VIE ET DES MŒURS DE SAINT BERNARD

ABBÉ DE CLAIRVAUX,

PAR LE MOINE PHILOTHÉE.

PROLOGUE.

Entreprendre de chanter ou plutôt de murmurer doucement des actions insignes qu'on ne doit chanter que sur le ton du poëte de Méonie, n'est-ce pas tenter de faire refluer les flots de Trinacrie vers le rivage, ou de les enfermer dans de modiques vaisseaux? Que sais-je, en effet? A peine articuler un langage sans art, et gratter les cordes d'une lyre champêtre. Et j'irais chanter les titres de gloire d'un prince d'en haut, qui dépassent toute louange, et ses saintes actions? Qui pourrait supporter que des faits dignes de la muse de Sophocle, un Codrus la raconte sur les pipeaux de l'exilé? N'est-ce point vouloir ajouter des rayons à la face de Phébus et se préparer un tonnerre de sifflets moqueurs? Il ne saurait donc m'être permis, ô Bernard, de chanter vos louanges, ou de les murmurer sur ma lyre tremblante. Que les poëtes qui ont moissonné des lauriers fassent des vers pour vous, quant à nous, dans notre indigence, nous nous contentons de vous donner notre esprit et notre cœur et de vous adresser nos vœux. Telles étaient les pensées qui assiégeaient mon esprit en présence de nos tablettes délaissées, mes péchés même reprochaient à mon faible génie son entreprise, lorsque un doux sommeil vint appesantir mes yeux vaincus par son pouvoir, et régner en paix sur mes membres accablés de fatigue. Alors, il me sembla que la Vierge divine * à qui la terre et les cieux obéissent, me faisait entendre ces accents : « Insensé, pourquoi me refuser tes chants? Pourquoi refuser à mon prêtre les doux présents de ta muse? Mets-toi donc à l'œuvre et apprends, si tu l'ignores, que la gloire de Bernard est la mienne. Tout ce qui coule par ce canal vient de moi, et Jean lui-même ne me fut jamais plus cher que lui, Jean qui m'a été donné pour être le gardien et le compagnon de ma vie. Sans doute, il a passé avec moi de nombreuses années, il a joui longtemps de la vue et des entretiens de la Vierge mère, mais Bernard, quand déjà je tenais le sceptre dans les cieux,

* La Vierge-Mère.

Parallèle entre saint Bernard et saint Jean-l'Évangéliste.

PHILOTHEI MONACHI,
DE VITA ET MORIBUS S. BERNARDI ABBATIS

Claræ-vallensis, Carmen encomiasticon.

PROLOGUS.

Inclyta dum tenui molimur gesta susurro
  Dicere, Mæoniis emodulanda sonis :
Quid nisi Trinacrios revocare ad littora fluctus
  Nitimur, et modicis imposuisse cadis?
Scilicet ipse rudes necdum formare loquelas
  Doctus, et agresti concrepuisse lyra,
Principis ætherei titulos, qui laudibus omnem
  Excessere modum, sacraque gesta canam?
Quis ferat exsilii Codrum temerasse camœna
  Acta, Sophocleo condecoranda sono?
Non secus ac Phœbo si persequar addere lumen,
  Hinc atque hinc sannæ Rhinocerotis erunt.
Non igitur, Bernarde, tuas mihi promere laudes
  Fas erit, et tremula concinuisse cheli.
Candidi laurigeri referant tibi carmina vates :
  Nos inopes animum corda precesque damus.
Talia jam positis agitaram mente tabellis,
  Arguerantque animos crimina nostra leves :
Cum mihi blanda quies victis subrepsit ocellis,
  Et tenuit placidus pectora lassa sopor.
Tunc Dea, cui tellus, cœlum cui militat omne,
  Virgo mihi tales fundere visa sonos.
Stulte tui nobis prohibes qui carminis usum?
  Quidve sacerdoti munera grata meo?
Incipe : Bernardi, si nescis, gloria nostra est;
  Quidquid habet nostro rivus ab amne trahit,
Hoc mihi Johannes nunquam fuit arctior ille,
  Qui datus est vitæ duxque, comesque meæ.

la mérité souvent de contempler mon visage. Le premier n'était que le gardien de mon corps virginal, mais le second, a pris un soin constant de mon nom. Mais qu'ai-je besoin d'en dire davantage? Tous les deux me sont également chers par le cœur, l'un ne m'est pas moins agréable que l'autre. Tous deux ont également vécu loin des coupables autels de Vénus, la virginité de leur âme est égale. Dieu leur a donné des trônes semblables au haut des cieux, et les a placés à mes côtés. A l'œuvre donc; que ce père reçoive aujourd'hui les honneurs qu'il m'a rendus, et qu'il soit payé de retour après les louanges qu'il m'a adressées. Vois-tu ces petits traités qu'il a écrits avec tant d'art, et dans lesquels il porte mon nom jusques aux nues? L'esprit malin a effacé sur le parchemin ces écrits qui devaient être si utiles aux âmes, et dans lesquels sont chantées mes gloires; à la place du doux Jésus, il a mis l'Iliade et les Grecs, voilà comment il a dérobé aux hommes les chants mystiques de mon vieux poëte, et, pendant que les malheureux mortels dévorent de vaines inventions, c'est à peine si ses œuvres sont écrites quelque part. La puissance du sceptre souverain en est offensée, elle ne peut souffrir qu'il en soit ainsi, et qu'un ennemi perfide s'empare de nos richesses. C'est moi qui, par une inspiration secrète, ai porté quelqu'un que je m'étais attaché par une faveur particulière à recueillir, avec un soin pieux, ses opuscules dispersés et ses écrits, où il avait enseigné la voie qui mène aux cieux, et à veiller à ce que la dent des siècles ne les fît point disparaître, à les imprimer en les accompagnant de courtes remarques. Mais comme le texte s'en était altéré par un long séjour dans les rayons des bibliothèques, je lui ai suggéré la pensée de commencer par les rétablir selon ses lumières. Ce travail considérable, c'est moi qui l'ai engagé à le mener à bonne fin; c'est moi aussi qui t'excite à te mettre à l'œuvre de vers faciles. Tu crains peut-être que la mordante envie ne ronge, de sa dent rouillée, des vers écrits par un auteur chaussé du cothurne agreste, et que, d'un sourcil contracté, elle ne dédaigne tes efforts et ne prétende que ce genre de composition ne convient qu'à des esprits superficiels et légers, qu'elle ne souffre point qu'un moine retourne au culte de ces filles d'Aonie qu'il a jadis repoussées loin de lui d'un pied dédaigneux. Mais, prends courage; le poëte qui m'est attaché par un durable amour peut braver leurs vains aboiements, surtout quand à des vêtements sombres comme la rouille, il en ajoute de blancs comme la neige, et porte l'éclatant habit du Carmel. Celui qui, dans un vers harmonieux, s'est plu à célébrer ma vie, et à chanter les roues stridentes d'airain du gardien farouche, celui-là fera souffler un vent favorable dans tes voiles, te conduira sûrement au port et te fera passer sans danger devant les chiens de Scylla. Vois-tu comme il confond ces insensés de l'éclat de la raison, et comme de sa main il ferme leur bouche bruyante. Rappelé du tourbillon du monde, il applaudit maintenant à ma gloire, et, de ses lèvres, d'où découle l'harmonie, il célèbre ma gloire. Élève donc la voix; allons, qui peut-on préférer pour le combler de grâces, de gloire et d'honneur, à mon poëte? S'il est permis de le comparer à Maron au sublime langage, parce que tous les deux s'expriment en vers semblables, l'un pourtant l'emporte autant par ses vertus éternelles sur

---

Ille quidem dulces mecum permansit in annos,
   Virginis intuitu colloquioque fruens:
Hic autem cœli cum jam data sceptra tenerem,
   Promeruit vultus cernere sæpe meos.
Ille erat intacti custos mihi corporis unus,
   Hic nostri curam nominis usque gerit.
Sed quid plura? animis paribus mihi junctus uterque
   Nec minus ille mihi, nec minus iste placet.
Vixit uterque parem Veneris sine crimine vitam,
   Virginitas bini pectoris una fuit.
His Deus æquilocas sublimi in vertice sedes
   Contulit, et lateri jussit adesse meo.
Eia age, quosque pater tribuit mihi laudis honores
   Sumat, et alternas detque feratque vices.
Aspicis egregia quos condidit arte libellos,
   Quo referant cantu nomen in astra meum?
Spiritus illa animis bene profectura malignus
   Scripta tulit, laudes quæ cecinere meas.
Proque pio Iliadem Danaosque induxit Jesu,
   Abdiderátque mei mystica dicta senis.
Dumque homines nugas miseri sectantur inanes,
   Hæc pene in nullis scripta fuere locis.
Non tulit hoc summi temerata potentia sceptri,
   Perfidus ut nostras hostis haberet opes.
Ipsa etenim tacito monui spiramine quemdam,
   Qui mihi præcipuo munere vinctus erat:
Ut pia dispersos revocaret cura libellos,
   Scriptaque sidereas quæ docuere vias:
Efficeretque, die caderent ne exesa vetusto,
   Imprimeret brevibus sculptor ut illa notis.
Et quia tam longo fuerat vitiata recessu
   Littera, judiciis tergeret ante suis.
Hæc ego quæ tantos illum tolerare labores,
   Hæc ego te faciles hortor inire modos.
At metuis ne forte rudi perarata cothurno,
   Livor edax tetrico carmina dente petat,
Atque supercilio tua respuat orsa tumenti,
   Contendatque leves ista decere viros.
Nec ferat Aonias monachum revocare sorores,
   Quas semel inviso jussit abire pede.
Euge supervacuis horum latratibus obstat
   Perpetuo vates junctus amore mihi,
Qui ferrugineis niveos superaddit amictus;
   Inclyta Carmeli tegmina montis habens.
Qui mea dulcisono celebravit carmine gesta,
   Stridentesque trucis Costidiæ ære rotas.
Ille dabit faciles auras, portusque secundos,
   Hoc duce Scyllæos transgrediere canes.
Aspicis ut clara stolidos ratione retundat,
   Garrulaque opposita clauserit ora manu?

l'autre, que le doux éclat du jour l'emporte sur les nuits. En effet, de quelles faveurs n'ai-je pas comblé mon protégé, à qui peut-on le trouver inférieur en gloire? Si on se demande à qui on peut le comparer pour l'éclat de la parole, c'est citer Aristocle et le poëte de Méonie. Si on lui cherche un point de comparaison pour l'innocence et la sainteté, c'est Élie sur son char de feu. Il a enseigné à monter au comble de difficile accès de la vertu, et à mettre un terme rapproché au vice. Rien en lui que ne pourraient louer de rigides Catons, pas un mot sur ses lèvres sacrées qui ne soit le nom du Christ. Pendant qu'il célèbre mes louanges dans un chant fameux, il m'attache des milliers d'hommes par un éternel amour. Pour ses poëmes renommés, je lui ai élevé un siége dans les cieux, et lui ai prodigué les joies suprêmes de mon royaume. Cela n'empêche pas un Bavius de le poursuivre de sa haine sans fin, quoique, par son génie, il se soit élevé jusques aux célestes lambris. Est-ce que vous avez vu que celui que le Christ n'a point doué d'un langage fleuri, soulève jamais les malveillants murmures de ce chien enragé? Il était trop élevé pour ne point dédaigner les applaudissements des hommes et pour ambitionner d'autre récompenense que les rayons de la lumière éternelle. A son exemple, ne tiens aucun compte des vains bavardages; d'ailleurs, plus la vertu est éprouvée, plus elle jette d'éclat. Vous trouverez toujours que les hommes d'une gloire florissante ont réflété les rayons de l'envie qui tombaient sur eux. Quant à toi, sois heureux de voir de quel honneur je te comble, en promettant que l'amour que tu as pour nous soit pour toi une cause de critiques. Commence donc sous les auspices de ce stratagème, quoique Appollon, au vain gage, ne t'aie point fait présent d'une lyre. Notre étoile favorisera ouvertement ta course et te conduira doucement au terme de ta carrière. Tu n'as point reçu, je l'avoue, non tu n'as point reçu une langue éloquente, mais ce qui plait à Dieu, ce n'est point un beau langage, c'est un cœur pieux. Si les troupeaux paissent dans la prairie, si les cigales se nourrissent de rosée, si le tigre boit le sang des animaux, c'est du cœur que Dieu se nourrit. Délie donc ta barque légère du rivage qui va fuir derrière elle, le souffle des vents que je vais t'envoyer dirigera ta course. » Elle dit, et déjà elle s'était évanouie dans les airs, quand mes sens commencèrent à s'éveiller. C'est une grande entreprise que celle que je vais tenter, soyez-moi indulgent, car j'obéis à des ordres qui me sont donnés. Ma muse est contrainte à courir quand elle ne peut marcher que d'un pas qui se traîne. Après les jeux que ma Calliopée s'est permis jadis sous le voile de l'épigramme, il faut qu'elle s'avance à présent d'un pas plus grave. Pourtant, je ne veux point raconter la vie du saint pas à pas; la richesse des merveilles est comble, je n'en puiserai que quelques-unes pour les placer dans mon récit. Mais, en attendant, ô père vénérable, jette un regard favorable sur mon entreprise, et sois-moi propice, toi qui as donné des leçons du saint amour.

Marie ordonne à Philothée de mépriser l'envie.

Hic mihi de mundi revocatus turbine plaudit,
    Atque meum dulci concinit ore decus.
Fare, age, virtutum cumulis et laudis honore,
    Quem deceat vati præposuisse meo?
Nam si grandiloquo liceat conferre Maroni,
    Carmina quod paribus cantet uterque modis;
Hic tamen æternis tantum virtutibus illo
    Clarior est, quantum noctibus alma dies.
Nam quæ dona meo potui præstare clienti,
    Quæ minus illustrem constet habere virum?
Quæritur eloquio quantum valet ille nitenti?
    Talis Aristocles, Mæoniusque fuit.
Quæritur innocua quantum probitate coruscet?
    Elias ardenti talis in axe fuit.
Hic docet angustum virtutis scandere culmen,
    Et celerem vitiis imposuisse modum.
Nil nisi quod rigidi possint laudare Catones,
    Nil nisi sacrato Christus in ore sonat.
Hic mea dum celebri reperit præconia cantu,
    Mille mihi æterno junxit amore viros.
Huic ego sideream tanto pro carmine sedem
    Constitui, et regni gaudia summa mei.
Hunc tamen assiduo Bavius livore fatigat,
    Ingenio æquarit cœlica tecta licet.
An tibi quem nullo decoravit schemate Christus,
    Defuerint avidi murmura torva canis?
Celsior humanos pessumdabat ille favores,
Solaque perpetuæ præmia lucis avet.
Illius exemplo nugas contemne loquaces,
    Namque magis virtus pressa micare solet.
Invenies omnes florenti laude verendos.
    Invidiæ facibus succubuisse viros.
Gaude igitur tanto quod te dignamur honore,
    Ut tibi sit noster causa ruboris amor.
Incipe jam tali ductus stratagemate, quamvis
    Vaniloquus nullam donet Apollo lyram.
Nostra secundabit cursus Cynosura patentes,
    Ut levius cœptum perficiatur iter.
Nulla tuæ est, fateor, nulla est facundia linguæ,
    Nec Deus eloquium, sed pia corda probat.
Graminibus pecudes pascuntur, rore cicadæ,
    Quadrupedum tigris sanguine, corde Deus.
Solve igitur propero tenuem de littore cymbam
    Deducent cursus flamina nostra tuos.
Dixit, et aeras fuerat jam lapsa per auras,
    Cœperunt sensus cum vigilare mei.
Grande opus aggredior, veniam date jussa sequenti:
    Cogitur invito currere musa pede.
Quæque levi quondam latitans epigrammate lusit,
    Nunc graviore meat Calliopæa gradu.
Non tamen acta suo digesta ex ordine dicam,
    Pauca sed e plena margine mira loquar.
Interea nostro, Pater o venerande, labori
    Annue, et o sacri Doctor amoris ades.

CHAPITRE I.

Prière du divin Benoît à Dieu pour la restauration de la vie monastique: promesse que Dieu lui fait à ce sujet.

<small>Prière de saint Benoît pour le rétablissement de son ordre.</small>

Les astres dans leur cours rapide avaient d'un pas accéléré roulé dix siècles et vingt lustres depuis le jour, où coupant dans sa racine la contagion d'un mal qui portait la mort, le Christ était né d'une Vierge immaculée. Le genre humain avait fait disparaître toutes traces de bien ici bas, et les mortels s'étaient fait une divinité des plus honteux plaisirs. Partout la mordante envie, la cruauté, la discorde et les procès, la peste, les guerres, la famine et la crainte de l'ennemi dominaient. Partout sur la terre le respect dû au ciel, l'honneur et l'amour de l'antique religion avaient disparu. Bien plus, ton pauvre troupeau, ô grand saint Benoît, errait au milieu des rochers, la bride sur le cou, et c'est à peine si on voyait passer encore quelques moines sans demeure fixe; il n'en était plus qui s'acquittât des vœux qui le liaient à son auteur. C'est alors que, les entrailles émues de pitié sur ses brebis, Benoît s'adressa en ces termes, dit-on, au roi de l'Olympe. « Grand roi, à qui la terre et la mer obéissent, et qui donnez et gouvernez toutes choses à votre gré, vous voyez combien la probité est tristement glacée depuis longtemps, combien le crime lève la tête dans le monde entier. Vous voyez sur quels flots contraires toute vie religieuse se trouve maintenant agitée; faute d'un champion qui la soutienne, elle ne peut que périr. Où s'en est allé l'honneur de ce genre de vie antique que j'avais si bien cultivé jadis dès mes plus tendres années? Dites, Seigneur, qu'est devenue aujourd'hui la ferveur de l'ordre que j'ai fondé, et dont mes yeux en mourant contemplaient au loin la fortune? Désormais, si vous tardez à jeter sur ma race du haut du ciel un regard favorable, c'en est fait d'elle sur la terre. Allons, Seigneur, levez-vous; ayez enfin pitié du triste sort des hommes, arrachez mes chers rejetons aux maux si grands qui les environnent. » Il avait dit, et, du haut des cieux, celui qui gouverne le monde entier reprend aussitôt en ces termes. « Excellent général, toi qui remplis mon ciel de nombreux soldats, et qui fus naguère la première partie de mon navire, cesse, ô Benoît, cesse tes pieuses appréhensions, car tes enfants doivent encore par leur mort relever mes remparts, pour les chefs que j'y ai posés, ces remparts, dis-je, qui sont l'objet de si ardents et furieux assauts, ces remparts enfin dont la main de Pierre a posé les fondements. Regarde ce jeune enfant que sa mère m'a offert dès ses plus tendres années, et à qui la France a donné le jour. Le Saint-Esprit, qui rayonne dans son cœur et le remplit tout entier, le rendra semblable à Moïse, en religion. Vois-tu comme déjà, pressé par les aiguillons de mon amour, il foule souvent de son pied mes sacrés parvis? Vois-tu comme la vertu brille d'un vif éclat dans son cœur? Vois comme tout en lui présage l'œuvre à laquelle il est destiné. Sous sa bannière, des troupes de moines semblables à ceux que le Nil à vus sur ses bords, rempliront tes cloîtres, dans des jours heureux. Quand il aura tout rempli de ses phalanges angéliques, et qu'il aura fini de relever ta demeure, alors il fera naviguer calme

<small>Réponse Dieu prière saint Be</small>

CAPUT I.

Divi Benedicti pro instauratione monasticæ religionis ad Deum supplicatio, et accepta a Deo promissio.

Astra decem celeri penetrarant secula cursu,
 Bis totidemque pari lustra peracta pede,
Ex quo letiferi resecans contagia morbi,
 Christus ab intacta Virgine natus erat:
Cum genus omne boni facinus mortale fugarat,
 Fœdaque terrigenis gaudia numen erant.
Undique livor edax, feritas, discordia, lites,
 Pestis, bella, fames, et metus hostis erat.
Omnibus occiderat Superum reverentia terris,
 Et decus et priscæ religionis amor.
Quin etiam ruptis errabat pauper habenis,
 Sancte, per anfractus grex, Benedicte, tuus.
Rarus et incertus monachus statione peragrans,
 Non dabat auctori debita vota suo.
Tunc proprias Benedictus oves miseratus, Olympi
 Dicitur bis Regem sollicitasse modis.
Maxime Rex, parent cœlum cui terra, fretumque,
 Omnia qui nutu dasque, regisque tuo:
Aspicis ut longo probitas male frigeat ævo?
 Aspicis ut toto ferveat orbe scelus?
Cernis ut adversis agitetur fluctibus omnis
 Relligio, et nullo milite fulta cadat?
Ille meus quondam teneris bene cultus ab annis
 Quo fugit antiquæ religionis honor?
Quemque ego tam lata moriens ditione reliqui,
 Ordinis heu nostri dic mihi fervor ubi est?
Jam mea progenies tandem, nisi protinus illi
 Prospicis e summo culmine, pulsa cadit.
Surge, age, jamque hominum sortem miseratus acer-
 Erue de tantis pignora nostra malis.   [bam,
Dixit, et ex alto totum qui temperat orbem,
 Accipit tales protinus ore sonos.
Optime dux, vario cœlum qui milite comples,
 Qui fueras nostræ pars modo prima ratis:
Parce pio Benedicte metu, nam morte tuorum
 Mœnia sunt ducibus restituenda meis.
Mœnia quæ tantis agitata furoribus ardent,
 Mœnia quæ Petri jacta fuere manu.
Respice quem teneris puerum mihi mater ab annis
 Obtulit, et patriam Gallica terra dedit.
Spiritus hunc pleno radiatum pectore sanctus
 Efficiet Mosi religione parem.
Cernis ut ille meis stimulis agitatus amoris
 Jam terat assiduo limina sancta pede?
Aspicis ut pulchro rutilet sub pectore virtus?

et tranquille la barque aujourd'hui si agitée de Pierre. A lui seul, ce moine tiendra dans ses mains les rênes du monde entier et il donnera des ordres jusque sous les pôles. Là où tu vois les hommes gonflés de colère se précipiter les uns contre les autres, les armes à la main, il viendra par son crédit rétablir la paix. On verra alors l'âge d'or des mœurs pacifiques se lever, et ma grâce tomber plus abondante sur les habitants de la terre. Bien plus, alors que la bonté du siècle qui finit aura sombré, et que la foi aura fui du monde entier, un rejeton d'or jaillira de ta souche et un délicieux nectar en sortira pour rafraîchir les lèvres desséchées. Padoue donnera naissance à cet illustre rejeton, et enverra ses joyeux essaims à mon secours : Il produira des fruits si abondants, que tu seras contraint d'avouer qu'il n'a pas eu besoin de ton aide. Eh bien donc, n'aie plus l'ombre de crainte maintenant que ta race illustre vienne jamais à périr. » C'est ainsi que parla le Tout-Puissant, et aussitôt du haut des cieux il envoie le Paraclet et enflamme Bernard de son feu dévorant.

CHAPITRE II.
Bernard fait partager ses sentiments à quatre de ses frères et conçoit le projet d'entrer en religion.

Bernard était tout rempli de Dieu. Sur sa figure et dans ses mœurs, on voyait briller la pudeur ; son cœur fuyait tout mauvais sentiment. Il n'était encore qu'un tout petit enfant, que déjà dans sa jeune âme il possédait Dieu ; sa figure était douée d'une exquise beauté. Quelqu'un qui le vit d'un œil expérimenté, s'écria : cet enfant a le dehors et la conduite d'une vierge ; sur son visage brillent en même temps les lis et les roses ; sa gaieté est tempérée par une douce gravité. Dès sa plus tendre jeunesse il avait l'esprit adonné au graves pensées, quand cet âge est si facile à se laisser aller aux jeux et aux ris. Il avait le regard baissé ; son rire était simple et sans éclats, toutes choses qui dénotaient en lui la réserve et la pudeur. Son âme goûtait un calme plein de douceur, et souvent, dans ses promenades solitaires, encore enfant, il exhalait en ces termes les plaintes de son cœur, « O mon âme, pourquoi, dans les tristes soucis d'une courte existence, vas-tu prendre en main les flambeaux agités de la vie du monde ? Quand donc, après avoir déposé le fardeau de mille labeurs divers, ta vie saura-t-elle s'envoler vers son auteur ? Si j'aspire à contempler le sommet élevé des cieux, par suite de ta première origine tu baisses la tête. Mon père, ma mère, mes amis si chers à mon cœur, me détournent de cette pensée, une bluette captive tes sens. Mais Dieu même me montre la route que je dois suivre, et ouvre devant moi la voie sacrée de la vie religieuse. Il est une humble maison qu'abrite un pauvre toit, une maison sainte, une maison exempte de toute ambition; quelques Cisterciens y ont fixé leur demeure, pour y vivre selon tes lois, ô Benoît. C'est là, dans ce céleste séjour que je fixerai ma tente, c'est là seulement que je trouverai le repos de toutes mes fatigues. Si nos champs se couvraient de constructions étrangères, si tout ce qui l'univers renferme était à moi, je n'en serais pas moins honteux de leur comparer les triomphes de l'éternité, les joies et un bonheur qui ne doivent point connaître de fin. Que tardé-je tant, ô insensé ? Pourquoi perdre le temps qui m'est donné ?

Inspice venturum ut testificatur opus,
Niligenas tanto monachorum principe cœtus
Restituent sæptis tempora læta tuis.
Angelicis postquam compleverit omnia turmis,
Desieritque tuam composuisse domum :
Tunc etiam Petri nimium jactata quiescet
Hujus ab auspiciis tuta carina viri.
Solus hic ingentes monachus tractabit habenas
Orbis, et extremo jura sub axe dabit.
Quæque vides tumidis consurgere viribus arma,
Pax erit illius conciliata fide.
Aurea tunc placidis consurget moribus ætas,
Et mea terrigenis gratia major erit.
Quin etiam extremi bonitas cum tempore secli
Nulla erit, et toto fugerit orbe fides :
Aureus ecce tuo surget de vimine palmes,
Siccaque nectareus perfluet ora liquor.
Urbs Patavi illustres præbebit palmitis ortus,
Hinc feret auxiliis germina læta meis.
Ipse etiam tanto producet fœnore fructus,
Ut fatearis tua non eguisse manu.
Quare age, tam clari proles ne germinis unquam
Deficiat, nullo sollicitere metu.
Hæc ait, et summo Paracletum mittit ab axe,
Bernardumque suo concremat igne Deus.

CAPUT II.
Bernardus quatuor germanis fratribus in eamdem sententiam adductis, religionem ingredi statuit.

Ille Deo plenus, faciem moresque pudicos
Induit, et mentis improba sensa fugat.
Jamque puer tenero claudebat pectore numen,
Et decor egregii maximus oris erat.
Hunc qui solerti spectabat lumine, dixit :
Et speciem, et mores virginis iste gerit.
Candida cui roseo facies suffusa rubore,
Et gravitas dulcis mixta lepore fuit.
Prima juventa gravi volvebat seria sensu,
Quæ solet in faciles luxuriare jocos.
Terræ fixa acies, modici sine murmure risus,
Ista verecundi signa pudoris erant.
Grata quies animi fuerat, solusque peragrans
Sæpe dabat querulo talia corde puer.
Cur mea mens brevibus miserisque exercita curis,
Excipis humanas irrequieta faces ?
Quando erit ut posita variorum mole laborum,
Discat in auctorem vita redire suum ?
Si cupio excelsi spectare cacumina cœli,
Deprimis innata conditione caput.

Un seul jour ajoute mille fautes à celles que j'ai déjà commises. » Telles étaient les pensées qu'il roulait dans son cœur qu'un feu consumait, et dans lesquelles il avait fait le premier pas de sa résolution, lorsque le jeune Bernard, à la pensée de ses frères, se mit à pleurer et à dire : c'est un butin que je dois emporter. Il dit et il pousse ses frères vers les royaumes d'en haut, et, en même temps, il se redit les joies nées au fond de son cœur. « Naguère, pauvre naufragé, j'errais sur les ondes contraires ; mais aujourd'hui j'ai trouvé le but céleste de ma vie ; oui, j'ai trouvé le terme qui ouvre devant moi les loisirs de la vie monastique et les voies pleines de sécurité de la vie religieuse. Hâtez-vous donc d'y entrer vous-mêmes avec moi d'un pas rapide, et de partager un si grand bien. C'est Dieu, c'est le ciel que nous nous proposons d'acquérir par là, une telle récompense rend la peine légère. Faut-il être insensé pour se faire l'esclave de richesses périssables, quand on est appelé de Dieu à régner heureusement dans les cieux ! Pourquoi donc, mes frères, pourquoi les choses de la terre vous arrêtent-elles encore ? Secouez le joug qui pèse sur vos cœurs. »Bref, par ces accents entraînants, il décide ses frères à embrasser son projet, et à quitter leur demeure. Alors le feu qui avait longtemps couvé sous la cendre, éclate soudain, embrase les habitations voisines, et de sa bouche il attise au loin l'incendie. En effet pour se chercher des compagnons qui partagent son sort, et pour peupler les célestes royaumes d'un troupeau plus nombreux à sa suite, ce jeune homme, d'une grâce remarquable, qui faisait la gloire de tous les siens, ne recule pas devant la pensée de prêcher jusque sur la place publique et de parler aux hommes qui l'écoutent des céleste triomphes, ou de leur remettre en mémoire les terribles royaumes de Cerbère. Il entraînait par les artifices de sa parole, d'innombrables populations à sa suite, il ne leur montrait qu'un camp à remplir, le camp du souverain capitaine. Partout où il portait ses pieds désirés des hommes, il recrutait de nombreux bataillons. On vit alors la phalange de ses compagnons, que le nombre rendait illustre, s'attacher à sa personne et s'unir à lui par une étroite alliance ; ils se montrent disposés à le suivre des pieds et du cœur, dans quelque bonne œuvre de religion qu'il lui plaise de les conduire. Une ferveur égale ne fait de toutes les volontés de la troupe qu'une seule volonté, et les confondait en un seul et même troupeau. Tous n'avaient qu'une seule et même maison, qu'une seule et même table, et leur vie était également remplie de la crainte de Dieu. Comme on voit le gladiateur froid encore, en se rendant dans l'arène essayer ses armes dans des coups à blanc, ainsi ces jeunes gens brandissent d'un bras vigoureux les armes des moines et se préparent à livrer de rudes combats aux vices. Voilà comment, avant même d'avoir dépouillé leurs vêtements de pourpre, ils se sont déjà écartés de leurs anciennes voies.

Hinc pater, hinc genitrix, atque hinc mea cura sodales
  Distrahit, et sensus quæque favilla tuos.
Sed Deus ipse via qua sit mihi monstrat eundum,
  Et reserat sacræ religionis iter.
Nuper structa humilis latitat sub paupere tecto
  Sancta quidem, sed non ambitiosa domus :
Cistercique patres habitant ea limina pauci,
  Instituunt leges qui Benedicte tuas.
Hic ego cœlitibus figam mea limina regnis,
  Hæc requies nostri sola laboris erit.
Si mihi nostra ferant peregrinos arva lapillos,
  Sitque meum toto quidquid in orbe patet ;
Ilis tamen æternos pudeat conferre triumphos,
  Gaudiaque extremum non habitura diem.
Quid moror, ah demens, vel quid data tempora perdo ?
  Plurima commissis addidit una dies.
Talia flammato librabat pectore dicta,
  Propositique gravem fixerat inde pedem,
Cum juvenis tenera superatus imagine fratrum,
  Flevit, et hæc, dixit, præda petenda mihi est.
Dixit, et in Superum germanos regna ciebat,
  Sic repetens animo gaudia nata suo.
Nuper in adversis errabam naufragus undis,
  Nunc mihi cœlestia meta reperta via est.
Meta reperta mihi est, quæ cælibis otia vitæ
  Explicat, et tutum religionis iter.
Hanc igitur mecum celeri contendite cursu
  Arripere, et tanti lucra referre boni.
Et Deus, et cœli nostri sunt causa laboris,
  Efficient pugnam præmia tanta levem.
Quis furor est opibus animos servire caducis,
  Quos Deus in Superum regna beata vocat ?
Cur igitur, fratres, cur vos terrena morantur
  Hospitia ? infesto solvite colla jugo.
Nec mora, tam facili germanos voce coegit
  Annuere, et proprios deseruisse lares.
Tunc, modo suppressus, vicina involvere tecta
  Incipit, et lato spargitur ore focus.
Namque paries sancta socios ut quæreret arte,
  Augeretque suo regna superna grege,
Conspicuum forma juvenem, decus omne suorum,
  Non puduit medio spargere verba foro,
Et modo cœlestes populis memorare triumphos,
  Et modo Cerberei regna tremenda canis.
Artifici innumeras gentes sermone trahebat,
  Sola docens summi castra sequenda Ducis.
Illic condensas glomerabant agmina turbas,
  Quocumque optatos verterat ille pedes.
Tunc comitum illustris numeroso ex agmine cœtus
  Hæsit, et huic firmo fœdere junctus erat :
In quodcumque velit, pedibusque animisque parati
  Deduxisse bonum religionis opus.
Una omnes pariti socios fervore voluntas
  Junxerat, immensum compuleratque gregem.
Omnibus una domus fuerat, cibus omnibus unus,
  Vitaque divini plena timoris erat.
Utque petens sparsam gelidus gladiator arenam
  Apta prius vacuis ictibus arma probat
Sic juvenes validis monachorum tela lacertis.
  Torquentes vitiis aspera bella movent.
Sicque prius, sacras posito quam murice vestes
  Induerent, veteres deseruere vias.

CHAPITRE III.

Bernard prend l'habit religieux à Cîteaux avec plus de trente de ses compagnons; il y fait en peu de temps de rares progrès dans la sainteté.

Enfin, le jour appelé de tous leurs vœux, où leur cœur uni par la sainteté devait renaître, avait lui. Alors ce jeune homme, suivi d'une nombreuse troupe d'hommes de cœur, au chant mélodieux dont les cieux retentissaient, s'enferme dans le cloître, dépouille son vêtement d'autrefois et revêt enfin les livrées de la sainte rusticité. Une petite cellule abrite les premiers temps de sa vie nouvelle, mais cette cellule ne cessa plus désormais d'être chère à son cœur. C'est là qu'il devint habile à pénétrer jusqu'au sommet des cieux, c'est là qu'il apprit ces discours qui tombaient toujours soignés de ses lèvres, c'est là enfin qu'il s'instruisit à guérir les maladies avec un onguent nouveau, et seul qu'il devint habile à ranimer la foi éteinte. Voilà, en effet, de quel don cette douce cellule bien gardée, enrichit, en peu d'années, son habitant qui l'aimait. O vous, qui d'un pas avide parcourez les rues, dites-nous quels avantages vous avez rapportés du bruyant forum? Ce n'est pas lui qu'on vit écraser son esprit par des problèmes variés, ni l'enchaîner par des passions nouvelles. Son premier soin fut de dompter les aiguillons passionnés de Vénus et de régler tous les mouvements de son cœur. Sa première occupation fut d'effacer ses péchés dans les tristes larmes de la pénitence, plutôt que de laisser son cœur s'enfler d'une vaine science. Son premier souci fut de revêtir son cœur de la blanche robe des anges et de mortifier ses sens. Mais pour cela le Christ combla son client de tant d'honneur qu'il lui accorda souvent la grâce de lui faire contempler les chœurs célestes. Comment dire le nombre de fois que la Reine du théâtre suprême lui sembla faire entendre pour lui des chants aussi délicieux que le nectar? Souvent la Vierge vénérée visitait son serviteur, souvent elle lui faisait goûter les douceurs de l'ambroisie. Mais poursuivons et disons quelle force se développait dans son cœur pendant la méditation; c'est ce que je veux raconter en peu de mots. Les genoux courbés devant l'image salutaire du Christ, il répandait à ses pieds ses larmes, ses vœux et ses prières; il contemplait ses pieds percés d'une blessure cruelle, et comptait ses os disloqués. Alors, poussant un soupir, il exhalait d'une voix tremblante ses plaintes, et proférait ces paroles capables d'émouvoir même les bêtes sauvages qui vivent dans les montagnes : « O Christ, notre gloire, le soulagement de nos douleurs! ô salut qui m'a été assuré par un si pénible labeur! que je m'estimerais heureux s'il m'était permis de me charger de toutes tes souffrances et de pouvoir mourir! Oui, j'oserais mordre dans ces fruits non encore mûrs, dont tes dents, ô Christ, se sont trouvées si agacées. Cieux, terre, mer ayez pitié de votre Seigneur; pleurez mes malheurs, terre, mer et cieux. » Pendant qu'il s'exprime ainsi, l'image du Seigneur en croix détache ses bras cloués au gibet pour l'étreindre dans ses embrassements. Telle était la vertu qui régnait dans ce prince élevé, telle était

CAPUT III.

Bernardus cum sociis amplius quam tringinta in Cisterciensi cœnobio habitum induit, ibique brevi sanctitate mire proficit.

Jamque dies votiva aderat, qua sancta renasci
Debuerant animo pectora juncta pari,
Cum puer ipse, virum celebri comitante caterva,
Sidereumque polo jam resonante melos,
Clauditur in sæptis, veteremque exutus amictum
Tegmina sanctæ rusticitatis habet.
Cellula parva novæ capiebat tempora vitæ,
Cellula judiciis semper amata suis,
Hic didicit summi penetrare cacumina cœli,
Hic didicit culto quidquid ab ore fluit.
Hic didicit curare novo ceromate morbos,
Solus et exstinctam vivificare fidem.
Munera tanta quidem modicos bene culta per annos
Donat amatori cella beata suo.
Dicite vos avido teritis qui compita passu,
Qualia clamoso lucra reperta foro ?
Non ille ingenium vario problemate cœpit
Obruere, aut studiis illaqueare novis.
Cura prior stimulos Veneris dormitare furentes,
Atque animi motus composuisse fuit.
Cura prior tristi luerent ut crimina planctu,
Quam caperent tumidum pectora læta sophos,
Cura prior superum nitida caligine pectus
Induere, et sensus mortificare suos.
Christus ob id tanto replevit honore Clientem,
Sæpe ut cœlestes cerneret ille choros,
Quid referam, quoties summi Regina theatri
Nectareos illi visa movere sonos ?
Sæpe suum Virgo famulum venerata, solebat
Visere, et ambrosias sæpe referre dapes.
Nunc age, qualis erat meditanti in pectore virtus
Accipe : nam brevibus persequar ipse modis.
Ante salutarem curvato poplite Christi
Effigiem lacrymas, vota, precesque dabat,
Confixasque truci spectabat vulnere plantas,
Ossaque distinctis dinumerando notis.
Jamque gemens tremula fundebat voce querelas,
Verbaque montanas apta movere feras.
O decus, o nostri lenimen Christe doloris !
O mihi tam duro parta labore salus !
Felix si tantas in me convertere pœnas,
Et liceat misero si mihi posse mori.
Ipse immaturos ausim decerpere fructus :
Christe tamen dentes obstupuere tui.
Sidera, terra, fretum, Domini miserescite vestri,
Flere meos casus, sidera, terra, fretum.
Talia dum memorat, Domini pendentis imago
Solvit in amplexus brachia mota suos,

la ferveur qui dévorait son cœur ardent. Voilà comment ce nouveau soldat s'enivrait d'un nectar intérieur, voilà comment la chaleur d'un feu éternel pénétrait jusqu'à la moelle de ses os, il n'avait plus aucun goût pour rien de mortel, et, ne cessant de désapprendre les choses de la terre, il était ravi par l'amour de Jésus-Christ. Les nuits étaient arrosées des torrents de larmes qui coulaient de ses yeux, il sévissait avec rigueur contre les moindres de ses fautes. Il ne faisait point usage de viande non plus que de la chair des poissons au large ventre, l'eau pure était la boisson qui étanchait sa soif; voilà par quels moyens, jeune encore, il passait d'heureux jours et s'élevait au faîte des vertus. Il avait ainsi passé, loin de la gloire, de bien douces années, et des moments remplis d'un vrai calme, quand Dieu, qui dispose tout avec une volonté pleine de bonté, vint tirer lui même Bernard de son humble place. Une vallée claire de nom, mais plus claire encore par ses destinées, se trouvait dans une région non éloignée de Cîteaux. C'est là que cet excellent père fut envoyé pour y porter les arts qui font les saints, et qu'il fonda un monastère qui devait obéir à ses lois. C'est là que les cœurs perfides et ceux que le poids de leurs crimes accable, accourent en foule, se déchargent de leurs péchés et vivent en sûreté. Ceux qui avaient porté des vêtements teints de la pourpre étrangère, venaient apprendre en ce lieu à se revêtir des plus pauvres habits. Là, point de fausse honte, ils se mettaient à remuer les champs avec le hoyau recourbé, et à conduire les bœufs qui marchent le cou soumis au joug. C'est là que régnaient la véritable espérance, la foi, la probité, le respect et le culte ; là, que reflorissait l'antique vie religieuse. Les vêtements étaient grossiers, la nourriture légère, le travail pénible; là, on voyait le cloître s'élever auprès de la demeure des bêtes sauvages. C'est à peine si, fatigué sans cesse par le soc de la charrue, le sol donnait quelques produits, tant il était stérile et maigre, aussi, n'est-ce pas seulement un abri comme il en donne aux malheureux, mais encore leurs plus doux repos que les religieux de Clairvaux demandaient aux arbres de la forêt. Tout ce peuple de moines allait répandant partout autour de lui l'odeur de la vertu, heureux de soumettre un cou docile au joug. Mais à présent, il faut que je chante les miracles que ce saint, caché dans son cloître, a faits, et dont les peuples ont parlé. Non loin de là, un homme se sentait dévoré par les ardeurs de la fièvre et se croyait arrivé à son dernier jour. Ni les potions du médecin d'Émonie, ni la main de l'art n'avaient réussi à lui rendre la santé, c'est au séjour vénéré du soldat du ciel qu'il a recours et qu'il demande humblement un charitable secours. Bernard s'avance et répand devant Dieu ses prières et ses larmes, afin d'obtenir à cet homme un prompt secours, car il s'en va mourir. A l'instant même, on le voit sauter à bas de son lit de douleur, et s'avancer du pas assuré d'un homme en santé. Dès lors le nom de Bernard commence à se répandre dans le monde entier et à devenir de jour en jour plus célèbre. Toutes les villes des environs se remplissent du bruit de sa renommée, et chacun admire l'œuvre d'un nouveau genre de salut. La

---

Talis in excelso regnabat principe virtus,
   Talis in ardenti pectore fervor erat.
Sic novus interno gaudebat nectare miles,
   Intimaque æternus strinxerat ossa calor :
Ut mortale nihil saperet, terrenaque semper
   Dediscens, Christi raptus amore foret.
Noctibus in lacrymas faciles solvebat ocellos,
   Et minimi durus criminis ultor erat.
Carnibus abstinuit, magnique abdomine piscis,
   Sedebatque sitim simplicis humor aquæ.
Artibus his summam virtutum venit in arcem,
   Sic peragens lætos prima juventa dies.
Vixerat hic dulces jam dudum inglorius annos,
   Tempora sed veræ plena quietis erant :
Cum Deus ipse pio disponens omnia nutu,
   Bernardum ex humili jussit abire loco.
Nomine *Clara* quidem, sed clarior omine *Vallis*,
   Consita vicina sub regione fuit,
Missus in hanc sacras referens pater optimus artes,
   Condidit imperio claustra regenda suo.
Perfidus, et scelerum defessus mole suorum
   Huc veniens, posito crimine tutus erat.
Quique peregrino rutilabat murice quondam,
   Hic didicit cultu pauperiore tegi.
Nec pudor, hic curvis agitare ligonibus arva,
   Et trahere invitos sub juga panda boves.
Hic spes vera, fides, probitas, reverentia, cultus,
   Et decor antiquæ religionis erat.
Vestis dura, cibus tenuis, rigidique labores,
   Semper et exhibitis condita claustra feris.
Vix dabat assiduo defessus vomere fructum,
   Sic locus hic sterilis pauperiorque fuit.
Quæque solent miseris præstare cubilia frondes,
   Hæc etiam monachis fercula læta dabant.
Omnis odoratis populus virtutibus ibat,
   Gaudebatque levi subdere colla jugo.
Nunc ego quæ latitans claustro miracula sanctus
   Ediderit, populis concelebrata canam.
Non procul inde virum nimio circumdedit æstu
   Febris, ut extremam crederet ire diem.
Non ille Æmonio potuit medicamine morbus
   Curari, aut medica convaluisse manu.
Itur ad excelsi veneratas militis ædes,
   Auxiliumque humili poscitur ore pium.
Ille ierat, lacrymisque Deum precibusque rogarat,
   Ut celerem moriens sumeret æger opem.
Protinus ex alto languens resilire cubili
   Cernitur, et valido quolibet ire pede.
Hinc jam Bernardus toti innotescere mundo
   Cœpit, et ex illa clarior esse die.
Undique vicinas volitabat fama per urbes,
   Miraturque novæ quisque salutis opus.

Germanie même en entend parler, et d'un pas joyeux elle accourt ; les colons même de la Bétique accourent aussi. L'un apporte, au saint, sa mère privée de la vue, cet autre lui amène son père; tous les malheureux accourent à lui du bout du monde. Quiconque est tourmenté par les sombres fureurs du démon accourt aussi en toute hâte, et s'en retourne délivré de son cruel ennemi. On vit des estropiés de toute sorte apportés dans une litière, venir demander au toucher charitable de la main de Bernard, le redressement de la nature; d'autres ne faisaient que placer sur leur poitrine le signe de la croix, et par ce simple moyen ils recouvraient la santé, objet de tous leurs vœux. Aussi ne voyait-on plus un malade recourir alors à l'art d'un Apollon ou d'un docte Machaon, tant le saint exerçait d'empire par un mot de sa bouche, et ramenait promptement la santé par une parole tombée de ses lèvres.

Le nom de Bernard devient lustre à la suite de ses miracles.

CHAPITRE IV.

Bernard défend avec succès le souverain pontife Innocent contre le schisme de Pierre de Léon, et le rétablit d'une façon merveilleuse sur le siége des Apôtres.

Bernard défend l'élection du pape Innocent contre le schisme.

Cependant les villes du Latium entendent le cliquetis des armes, que brandit dans leur sein une fureur sortie des flots du Styx. Rome même, agitée par les serpents du Tartare, frémit et se laisse aller à tous les excès insensés de la sédition. Ce qui battait ainsi en brèche le temple du Dieu qu'on adore en tous lieux, c'est le schisme de Pierre de Léon; cet homme, enflé d'orgueil par les titres et la gloire de ses aïeux, aspire à gravir les degrés du souverain pontificat. Un autre concurrent, réunissant pour lui les voix du sacré sénat des grands, aurait dû, ô Christ, s'asseoir à ta place ; lui renversant tout de son glaive cruel, rendait vains tous les droits de ton temple. Déjà il avait expulsé de la ville les prêtres que leurs éclatantes vertus rendaient respectables, et dominait seul dans la cité sainte. Hélas ! tous ceux qui refusèrent de suivre le parti Léonien, périrent sous le tranchant du glaive. Le glaive brille, en effet, aux mains de sa troupe enorgueillie, on livre au pillage les entrailles du Christ et les richesses de Rome. Mais la fureur du schisme ne borne point les ravages de la guerre à l'enceinte de la ville, le venin de la Gorgone se répand dans l'univers entier. En effet, le pasteur qui seul avait légitimement en main les rênes du pouvoir, donnait à des hommes de mérite le gouvernement de beaucoup d'églises; mais, de son côté, le perfide Léon, foulant aux pieds toutes les lois, ordonna à ses prêtres à lui, de s'emparer de ces temples. Voilà comment la guerre déchirait la cité chrétienne, chacun voulant n'obéir qu'au supérieur de son choix. Voilà comment la barque de Pierre errait au gré du souffle incertain de la tempête; le père de la vraie foi, le maître même du troupeau, pouvait à peine demeurer caché dans sa propre maison. Que faire! Ira-t-il d'une rame timide reprendre le chemin du port, et le pilote luttera-t-il contre les flots soulevés? et, nouveau Palinure, abandonnera-t-il la barque au milieu des ondes ? Son amour pour la sainte religion s'y oppose. Cepen-

---

Audiit, et læto properat Germania cursu,
    Quique colunt fines, Bœtica terra, tuos.
Ille oculis captam matrem, nunc ille parentem,
    Advehit, extremo currit ab orbe miser.
Spirituum tetro vexatus quisque furore
    Pergit, et infesto liber ab hoste redit.
Loripedes etiam plures lectica vehebat,
    Ut pia naturæ dextra novaret opus.
Ille crucis tantum decorabat pectora signo,
    Sic poterat placita quique salute frui.
Æger Apollineas doctique Machaonis artes
    Qui coleret, toto nullus in orbe fuit.
Tanta inerat facili sermone potentia sancto,
    Tam celeris sacro venit ab ore salus.

CAPUT IV.

Bernardus Innocentium pontificem maximum adversus schisma Petri Leonis egregie tuetur, cumque sedi apostolicæ mirabiliter restituit.

Interea Latias gladiis stridentibus urbes
    Exagitat Stygio missus ab amne furor.
Romaque tartareis nimium vexata colubris
    Frendet, et insana seditione furit.
Quodque Panophæi lacerabat templa Tonantis,
    Fœdifragum Petri schisma Leonis erat.
Hic male dum veterum titulis et laude superbit,
    Pontificis summos pugnat adire gradus.
Cumque alius, sacro procerum dictante senatu,
    Debuerat sedem Christe tenere tuam :
Ille tamen diro prosternens omnia ferro,
    Immeritum templi jus dabat omne tui.
Jamque sacerdotes præstanti laude verendos
    Expulerat, sancta solus in Urbe potens.
Quique Leonigenas renuerunt sumere partes,
    Proh facinus ! gladio succubuere truci.
Ensibus hic tumido bacchantibus agmine, Christi
    Viscera, Romanæ diripiuntur opes.
Nec furor hanc belli pestem intra mœnia clausit :
    Gorgoneum toto virus in orbe fuit.
Nam qui legitimus pastor retinebat habenas,
    Multa dabat meritis templa regenda viris.
Perfidus at contra temeratis legibus alter
    Templa sacerdotes jussit habere suos.
Ergo hinc Christicolas volitabant bella per urbes,
    Dum cupit alterno quisque subesse duci.
Sicque per ambiguas errabat cymba procellas,
    Ut foret incerto jam peritura mari.
Ipse pater veræ fidei, pecorisque magister
    Vix poterat propria deliluisse domo.
Quid faciat? timido reperat si remige portum,
    Certat in adversas ire magister aquas.

Innocent s'éloigne de l'Italie. dant, harcelé sans relâche par les attaques enragées de Léon, il s'éloigne, il fuit emporté sur les flots du fleuve de l'Étrurie. Au milieu des larmes qui s'échappent de ses yeux, il adresse en ces termes la parole à ceux que le Christ lui avait donnés pour compagnons de fuite dans le vaisseau qui l'emporte : « O mes compagnons, mes adversités seront pour vous une cause de bonheur, pourvu que les paroles de notre maître céleste ne soient point vaines: Confiance, à moins que toute espérance ne soit vaine, un secours céleste nous viendra d'en haut dans les saintes fatigues. Ce grand abbé, la gloire du royaume de France, dont le nom brille déjà dans l'univers entier, voilà celui qui pourra soutenir nos intérêts chancelants. Lui seul nous fera jouir, enfin, du repos après de longs malheurs. Qui ne sait, en effet, que cet homme puissant en vertus et en miracles, tient les royaumes dans sa main? C'est là que je placerai ma nef sous un astre plein de sécurité pour elle. C'est là que dans une anse tranquille elle pourra se cacher en toute sureté ». Aussitôt, il fend, d'un proue écumante, les flots de la mer de Toscane, et

Il revient en France. la terre de France reçoit son guide fugitif. Après avoir parcouru les contrées de la France, le souverain pasteur se dirige à travers les forêts vers d'innocentes retraites. Les pères de Clairvaux vont à sa rencontre en longue file,

Il visite Clairvaux. portant devant eux le signe de la croix du Christ, et, du chant pieux des psaumes, frappant la voûte des cieux ; telle était la pompe qui éclatait dans cette humble milice. Les chevaliers romains, en les voyant passer leurs jours dans une paix si profonde, les proclament mille et mille fois heureux. Ils louent tantôt le silence qui règne sous ces cloîtres sans fin, et tantôt les richesses de l'illustre Parthenium. Il n'y avait là rien qui pût tenter l'ardente convoitise des nouveaux arrivés, rien, si ce n'est la pureté d'un amour extrême. Du pain, des fruits, des noix, des herbes du jardin, des légumes, tels sont les délices qui furent servis à ces visiteurs. Cependant, le pontife suprême du Christ expose ses destinées, cause du long voyage qu'il a entrepris. Le père, plein de respect pour les ordres de son maître, reçoit la charge de veiller au salut de sa nef errante. Je n'ai pas la pensée de retracer dans des vers sans fin, tout ce qu'il a enduré pendant sept années entières, je ne dirai pas non plus les longues fatigues qu'il a supportées pendant qu'il s'efforçait de recoudre ensemble les lambeaux de la foi. Je ne ferai qu'effleurer cette entreprise célèbre et me contenterai d'en consigner l'issue sur mes tablettes. A l'époque de ce grand déchirement, Lothaire tenait en main les rênes de l'empire romain. Il comble le saint abbé d'honneur mérité, et se réjouit de l'avoir constamment à ses côtés. Le vieux pontife va le trouver et le prie de vouloir bien, de ses armes puissantes, rendre à sa patrie, ses dieux et ses sacrifices. Lothaire y consent, et, rassemblant ses vaillants bataillons, il prend la route que la sainte foi lui montre. D'un côté, le père Bernard soutient le pape de ses prières et de ses subsides de ses vertus; l'autre, Lothaire l'appuie de ses armes. C'est ainsi que le souverain prêtre reprend la route de Rome, protégé à la fois par ce double soutien. On était arrivé aux temples fa-

---

Deserat ipse ratem mediis Palinurus in undis ?
Hoc prohibet sanctæ religionis amor.
Sed tandem rabidi defessus marte Leonis
Cedit, et Etrusco vectus ab amne fugit.
Sic tamen interea lacrymis affatur obortis,
Quos dederat profugæ Christus inesse rati.
O socii adversa felices sorte futuri,
Dummodo siderei sint rata dicta Ducis.
Auxilium sancto, nisi sit spes victa, labori,
Fidite, cœlesti semper ab arce venit.
Maximus ille pater Gallorum gloria regni,
Cujus jam toto nomen in orbe micat:
Ille quidem lapsis poterit succurrere rebus ;
Hæc requies longis sola reperta malis.
Hunc etenim virtute virum signisque potentem
Quis nescit facili volvere regna manu ?
Hic ego securo statuam sub sidere puppim,
Hic poterit placido tuta latere vado.
Nec mora, Tyrrheno spumantibus æquore rostris
Excepit profugum Gallica terra ducem :
Sicque peragrato Gallorum limite, summus
Candida per silvas pastor ad antra venit.
Occurrunt longo venientibus ordine patres,
Prævia Christiferæ signa fuere crucis,
Psallentesque pio mulcebant nubila cantu :
Talis in abjecto milite pompa fuit.

Hos Romanus eques nimium nimiumque beatos,
Quos videt in tanta degere pace, vocat.
Et modo continuis celebrata silentia claustris,
Et modo Parthenii laudat honoris opes.
Nil ibi quod rapida cuperet novus advena mente,
Nil nisi præcipui candor amoris erat.
Panis, poma, nuces, hortensisque herba, legumen.
Deliciæ adductis ista fuere viris.
Maximus interea Christi sua fata sacerdos
Tam longæ causas exposuitque viæ.
Tunc pater ipse sui veritus mandata magistri,
Accepit profugæ vela tuenda ratis.
Non ego multiloquo septem tolerata per annos
Carmine fata notans singula quæque canam.
Nec referam longos quos pertulit ille labores,
Dum cuperet laceram composuisse fidem.
Summa sequar tantum celebris fastigia facti,
Atque inerit chartis exitus ipse meis.
Imperium tenuit Romano in culmine summum
Lotharius tanti tempore discidii.
Ille virum merito sanctum celebrabat honore,
Congaudens lateri semper adesse suo.
Hunc adiit, rogitatque senex, ut fortibus armis
Restituat patriæ sacra deosque suæ.
Annuit, et valido glomeratis agmine turmis,
Aggreditur sanctæ rex pietatis iter.

meux du souverain maître du tonnerre ; je ne dirai rien que de vrai, bien que ce soit trop lourd à porter pour une foi peu robuste. Il ne fut pas nécessaire de faire retentir le clairon, ni de faire avancer les camps, ni de faire la guerre, ni d'en venir aux mains dans les combats. La présence d'un seul moine, ô bonheur, suffit pour jeter la terreur dans le cœur de guerriers audacieux, dont les bras brandissaient des armes cruelles. Celui qui avait été l'auteur d'un si grand trouble entendit, l'âme pleine de tristesse, ces paroles sortir de la bouche de ce moine : « Pierre, j'aurais pu, à l'instant, trancher le fil de ta vie et te plonger dans le Phlégéton ; cependant, pour que, par un gémissement amer, tu puisses obtenir ton pardon, je te le permets, prends trois jours, pour régler une si grande affaire. » Les faits répondirent aux paroles. Déjà pour la troisième fois le soleil faisait briller sa lumière, et Pierre voyait se clore son dernier jour. A l'instant, les portes de la bergerie s'ouvrent toutes grandes, les brebis se répandent dans les pâturages et recouvrent la santé. Ce que, dans sa rage, Léon avait établi dans la grande Rome, le souverain pontife le réduit à néant, en prenant possession de sa chaire. Enfin, les citoyens pouvaient gaiement vaquer à leurs affaires, et le laboureur retourner, du soc de sa charrue, la terre endurcie. Tout étant donc ainsi rentré dans la paix et le calme, le saint revint dans ses foyers.

L'antipape Pierre de Léon meurt.

CHAPITRE V.

Bernard, après avoir rendu la paix à l'Église de Rome, revient en France comblé d'honneur. Il rend au Seigneur sa très-sainte âme.

Je passe sous silence les miracles du glorieux abbé, ces miracles qui remplirent les longues années de sa vie. Car heureux, mille fois heureux furent ceux qui ont donné l'hospitalité à cet homme illustre. Toutes les populations qu'il traversait auraient voulu retenir chez elle ce saint père, et allaient à sa rencontre à de longues distances loin des murs de leurs villes. Les hommes et les enfants montrent leur joie en accourant dans leurs plus beaux habits, au devant du pieux vieillard ; le deuil a disparu, l'air retentit de concerts joyeux, et ceux qui le reçoivent, suspendant leurs travaux, se mettent en fête. Partout on répand sur ses pas dans les places publiques des fleurs empourprées, partout s'élève la fumée de l'encens sur les feux sacrés. Les rues sont jonchées devant lui, par les enfants, de rameaux verdoyants, et des feux de joie s'allument sur toutes les places. Ainsi jadis Jérusalem faisait accueil et envoyait ses foules joyeuses au-devant du Dieu pauvre, qui venait à elle monté sur un ânon. A peine a-t-il touché le seuil de la porte qui a le bonheur de s'ouvrir pour lui donner l'hospitalité, que de toutes parts, la foule se précipite en faisant entendre des cris de joie : de tous côtés elle se porte en masse et en tumulte, en sorte qu'il ne peut mettre le pied dehors. Qu'on lui présente des troupes d'infortunés atteintes de maladies presque incurables, sa main va les toucher et leur rendre la santé. A peine s'il peut goûter quelques instants d'un rapide sommeil, et prendre à la hâte les mets qui lui sont préparés. Après avoir parcouru ainsi une partie de la Gaule, il arrive enfin à son bienheureux monastère. Tel on voit un enfant courir à sa mère qu'il n'a point vue depuis longtemps et recueillir avec bonheur ses baisers, tels les moines pleins de joie tressaillent de bon-

---

Hinc precibus meritisque pater Bernardus opimis,
    Atque hinc Lotharii castra fuere ducis.
Sic graditur summus Romana ad tecta sacerdos,
    Hinc atque hinc duplici tutus ab arce sedens.
Ventum erat ad summi celeberrima templa Tonantis;
    Vera loquar, facili sed graviora fide.
Non lituos, non castra duci, non bella movere,
    Non opus ardentem conseruisse manum.
Unius, o felix, monachi reverentia tantum
    Terruit audaces sæva per arma viros.
Ipse autem tanti fuerat qui turbinis auctor,
    Audiit hos simili tristis ab ore sonos.
Petre, tuam subito licuit mihi scindere vitam,
    Et Phlegetontæo præcipitare lacu :
Tu tamen, ut gemitu veniam mereare acerbo,
    Tres tibi pro grandi munere sume dies.
Dicta fides sequitur ; jam tertius ordine Titan
    Fulserat, extremum clausit et ille diem.
Protinus expassis reserantur ovilia valvis,
    Et refovent sparsos læta per arva greges.
Quod fuerat rabidi sancitum lege Leonis,
    Dejicit hoc summa præsul in Urbe sedens.
Jam poterant læti tractare negotia cives,
    Et rigidam tandem vertere arator humum.
Omnibus hic igitur placida sub pace locatis,
    Sanctus in optatos se tulit inde sinus.

CAPUT V.

Bernardus Romana Ecclesia felici pace donata, in Galliam honorifice rediit; ibique sanctissimam Domino animam reddidit.

Prætereo eximii tacitus miracula patris,
    Quæ fuerint longæ tempore facta viæ.
Felices etenim nimium, nimiumque fuere,
    Hospitio illustrem qui tenuere virum :
Quique sacrum voluit populus retinere parentem,
    Obvius in longas ibat ab urbe vias.
Gaudia quisque novo gradiens testatur amictu,
    Occurritque pio virque, puerque seni.
Luctus abit, lætis resonat concentibus æther,
    Festaque depositis artibus hospes agit.
Undique purpureos spargunt per compita flores,
    Et redolent sacris thura perusta focis.
Perque vias pueri ramos stravere virentes,
    Compita subjectis tecta fuere rogis.
Sic quondam Solymis, inopem quem vexit asellus,
    Excepit reducem grata caterva Deum.

heur à la vue de leur père, lui prodiguent leurs baisers et reçoivent les siens en retour. Mais alors il faut voir cet homme naguère élevé jusqu'aux astres par les titres qu'on lui prodiguait, ce saint que les grands capitaines aspiraient à voir, déposer la houlette pastorale et armer ses mains sacrées du sarcloir et celui dont les épaules venaient de soutenir l'univers fatigué, porter de la terre à son bras dans des corbeilles d'osier. C'était par centaines que les bataillons que ce bon père avait recrutés dans le monde entier, chantaient les louanges du roi des cieux. Ils jouissaient d'une telle faveur parmi les peuples de la terre, tous, jeunes et vieux, avaient une telle vénération pour le troupeau sacré de Bernard, que l'univers entier aspirait au bonheur de voir, à sa tête, un pasteur de son choix. On vit alors le peuple de Rome appeler Eugène d'une de ses humbles demeures, pour le placer à la tête de ses temples. Alors aussi, dans toutes les parties du monde, on vit des villes sans nombre mettre à leur tête des pasteurs formés par lui. C'est conduite par de tels hommes, que la sainte barque de l'Église voguait en sureté sur les flots mobiles, loin des bouches de Charybde. C'était les siècles de l'âge d'or. Tout faste avait disparu et ces jours n'étaient obscurcis par aucun mal. Alors, toutes les places publiques retentissaient des louanges de Dieu, la terre et la mer faisaient entendre le chant des anges, mais de toutes les vallées, de beaucoup la plus célèbre, c'était celle que cultivait le chef et le père de ce grand troupeau. Déjà dix lustres rapides s'étaient écoulés et avaient amené sur leurs pas la vieillesse au dos recourbé; ses membres tremblaient sous son corps chargé d'ans, un labeur continu les avait brisés sous son poids. Toutefois, son austère vieillesse ne rendait pas les rênes et, en arrivant au haut, on ne la vit pas ralentir la marche de son char. Au contraire, comme dans sa verte jeunesse, on le voyait hâter sa marche, tel qu'un coursier rapide qui s'élance pour remporter le prix. De même que le cigne fait entendre, d'une voix harmonieuse, des chants plus doux à mesure qu'il s'approche davantage des portes de la mort, ainsi il fit entendre au seuil du trépas de doux chants, et, dans sa vieillesse épuisée, il dicta d'admirables ouvrages. En effet, ce père accablé d'années commente les amours de l'éternité et ses baisers sacrés. Mais, quand il sent l'approche des joies de la vie du ciel, il laisse tomber ses membres languissants sur son humble couche; son cher troupeau pousse des gémissements, il l'entoure et, dans son anxiété, il fait entendre ces murmures: « O vénérable père, aurez-vous le courage d'abandonner vos malheureux enfants au milieu de la mer? Quel pasteur maintenant les consolera dans leurs tristesses, qui les soulagera dans leurs maux, qui les pressera enfin de l'aiguillon de l'amour céleste? O père, qui protégera désormais vos agneaux dans leurs frayeurs et dans leur dénuement, qui empêchera les loups de leur déchirer les entrailles d'une dent avide? Qui leur dénouera les liens cachés de la loi, qui leur fera entendre le langage mystique de la parole de Dieu? Quelle main douce et légère viendra désormais panser nos blessures, qui reveillera nos esprits as-

---

At postquam optati consedit limine tandem
  Hospitii, plaudens undique turba ruit.
Undique turba ruit tanto glomerata tumultu,
  Ut nequeat lassum limine ferre pedem.
Tot quoque difficili languentia corpora morbo
  Obtulerant, facili restituenda manu.
Ut male vel modici fuerit data copia somni,
  Nec tulerit properas mensa peracta dapes.
Sicque peragratis Gallorum finibus, abbas
  Contigit optato claustra beata pede.
Tunc nemora, et patrii lapidosa cacumina montis
  Aspiceres domino plaudere cuncta suo.
Utque solet multo non visam tempore matrem
  Expetere, et plaudens basia ferre puer:
Sic hilares viso monachi pastore resultant;
  Osculaque alternis dantque, feruntque genis.
Tunc, modo qui fuerat titulis super æthera vectus,
  Cernere quem magni concupiere duces,
Ecce virum posito spectares præsule sanctum,
  Sarcula jam manibus corripuisse sacris.
Et quibus ipse humeris lassus consederat orbis,
  Cernitur in texto vimine ferre lutum.
Bis centum æthereo plaudebant agmina regi,
  Quæ bonus ex omni traxerat orbe pater.
Hæc fuerant tanto populis celebrata favore,
  Sic coluit sanctum virque, puerque gregem,
Totus ut ex illo resonans contenderet orbis,
  Sacratum pariter detinuisse ducem.

Tunc Romana suo decoranda antistite templa
  Eugenium ex humili surripuere domo.
Tunc etiam innumeræ diversis partibus urbes
  Inde sibi sacrum constituere caput.
Talibus acta viris nulla exagitante Charybdi,
  Sancta super tenues cymba fluebat aquas.
Aurea jam posito currebant secula fastu,
  Temporaque hæc nullis nigra fuere malis.
Omnia divinas resonabant compita laudes,
  Jam dabat angelicum terra fretumque melos.
Hæc tamen ante alias longe celeberrima valles,
  Quam coluit magni duxque paterque gregis.
Jamque decem senos lustris properantibus annos
  Clauserat extremo curva senecta pede,
Atque senescenti titubantia corpore membra,
  Pondere continui fracta laboris erant,
Nec tamen austeri laxavit frena senectus
  Culminis, aut celeres sistere visa rotas.
Sed velut in viridi properabat sævius ævo,
  Ut levis ad palmæ præmia currit equus.
Utque solet cantu modulos iterare canoro,
  Dulcius ad mortis limina ductus olor;
Sic dedit ille sonos supremo in limite dulces,
  Scriptaque decrepiti mira fuere senis.
Nam pater æternos senio confectus amores,
  Exposuitque sacris oscula lata modis.
Jamque instare videns cœlestis gaudia vitæ,
  Imposuit vili languida membra thoro.

soupis et réchauffera nos cœurs glacés? O que les années de votre vie se sont donc hâtées vers leur terme! ô que vos destinés mortelles se montrent donc sévères! Que nous sert-il maintenant d'avoir jadis fatigué de nos cris et gagné le père qui porte les clefs du ciel à notre cause? et d'avoir obtenu que nul peuple ne pourrait nous enlever notre chef par de saints stratagèmes, afin de le mettre à sa tête, puisque l'odieuse Parque, non contente de semer la dévastation dans nos travaux, ose encore nous enlever notre honoré chef? Mais toi, du moins, toi qui, d'un signe obéi, fais rouler les astres sur nos têtes, renoue de nouveau le fil rompu de la trame de sa vie, afin que, affermie davange par ton secours, cette maison voie d'un œil moins triste son père s'envoler vers toi. » Le vieillard se sentait ému par ces paroles, et, levant un peu les yeux, il repartit d'une voix expirante : « Voici venir enfin pour moi le souverain repos, voici qu'il se prépare de joyeuses récompenses ; enfin l'heure si douce du trépas va sonner pour moi ! Mais vous, pourquoi ces gémissements et ces larmes dignes de femmes, quel plaisir avez-vous donc à retenir parmi vous un viellard qui n'a rien fait pour cela? Ne vous ai-je donc point souvent prédit ma mort, afin que vous ne soyez point accablés par elle d'une douleur subite. Le Christ, quand je serai entré dans l'Olympe, fera descendre sur vous, à ma voix, des grâces plus abondantes. Maintenant, mon âme est enveloppée d'un amas de boue, qui l'empêche même de contempler ses trésors. Pour vous, ce que je vous demande, c'est de bien observer les commandements de votre père des cieux, et de marcher droit dans les sentiers de la vie religieuse où vous vous êtes engagés. Que l'appas des honneurs, que les épines du travail, que rien de ce qui s'étale dans ce monde ne vous détourne de votre voie. Que m'aurait-il servi de passer joyeusement les années de ma vie, au milieu des instruments de musique et des chants voluptueux, que me reviendrait-il aujourd'hui des joies et d'un faste passés, si j'étais obligé d'endurer désormais les torches embrasées du Styx? Enfin, le Christ appelle son craintif client dans son royaume et il veut que je me hâte maintenant de m'éloigner de cette terre. Pour vous, mes frères, mes fils et mes pères, adieu, et conservez mes paroles fidèlement gravées dans votre mémoire. » A peine avait-il fait ces courtes recommandations, et soulagé son cœur du chagrin qui l'oppressait, que son âme, blanche comme la neige, quitte le corps méprisable qu'elle avait habité, et s'élève dans les cieux au milieu des larmes et des gémissements de ses frères. On vit alors la Vierge elle-même, dans son éclatante blancheur, conduire les chœurs des anges au milieu des airs, placer au haut de l'Empyrée cette âme de pourpre et la faire asseoir à ses côtés.

Bernard adresse la parole à ses frères et les console.

II

Grex bonus ingemuit, circumfususque jacenti,
  Talia sollicito murmure dicta dabat.
Ergone jam miseros, pater o venerande, nepotes,
  Fert animus medio deseruisse mari?
Quisnam igitur tristes, vel quis solabitur ægros
  Pastor, et ætherei calcar amoris erit?
Quis, pater, attonitos inopesque tuebitur agnos,
  Ne lanient avido viscera dente lupi?
Quis poterit miseris nodos aperire latentes
  Legis, et eloquii mystica verba sacri?
Quis tunc torpentes animos, et frigida corda,
  Curabitque levi vulnera nostra manu?
Ah nimium properata tuæ cita tempora vitæ!
  Ah nimium leti fata severa tui!
Quid juvat assiduis defessum vocibus, olim
  Clavigerum nobis consuluisse patrem,
Ne quis forte suo populus pro præsule nostrum
  Surriperet sancta calliditate caput:
Invida si nostros nimium populata labores,
  Audet honoratum tollere Parca ducem?
Tu tamen, o facili nutu qui sidera torques,
  Necte iterum vitæ fila resecta tuæ:
Ut cum fulta tuo fuerit domus ista labore,
  Lætior acceptum cernat abire patrem.
Motus erat dictis senior, paulumque levatis
  Luminibus, tenui retulit ista sono:
Jam mihi summa quies, jam præmia læta parantur,
  Dulcis adest tandem funeris hora mei.
Sed vos femineo quid funditis ore querelas?
  Quid juvat immeritum detinuisse senem?
Anne prius toties dixi mea funera vobis,
  Ne subitus nimium læderet ossa dolor?
Christus, Olympiaca fuero cum sede locatus,
  Auxilium nostro majus ab ore pluet.
Nunc meus hic luteo circumdatur aggere sensus,
  Vix habet unde suas contueatur opes.
Vos tantum superi retinentes jussa Parentis,
  Ite per arreptum religionis iter.
Non vos blandus honor, non vos labor improbus unquam
  Non revocet toto quidquid in orbe patet.
Quid mihi si lituos inter facilesque choreas,
  Duxissent lætos tempora nostra dies?
Quid mihi præteriti prodessent gaudia fastus,
  Urgerent stygias si modo ferre faces?
Sed tandem tremulus vocat in sua regna clientem
  Christus, et hinc celeri me jubet ire pede.
Vos igitur, fratres, nati, patresque valete,
  Et mea sub memori condite dicta sinu.
Talia vix brevibus dederat mandata loquelis,
  Saucia sollicito corda dolore levans:
Cum niveus lacrymas inter gemitusque suorum
  Spiritus abjecto corpore celsus abit.
Ipsa per aerios Virgo nitidissima tractus,
  Visa est cœlestes ducere læta choros:
Purpureamque trahens animam super arce locavit
  Emprea, lateri composuitque suo.

CHAPITRE VI.

C'est à bon droit qu'on place saint Bernard au-dessus non-seulement des héros des anciens temps, mais encore des martyrs chrétiens eux-mêmes.

Jusqu'à présent je n'admirai que les faisceaux de ce grand César, à qui Rome, la fille de Mars, a décerné les honneurs des cieux; je n'admirai que cet Annibal à la main cruellement teinte de sang romain, je n'eus des yeux que pour les superbes gestes de l'illustre roi de Macédoine, je ne voyais que les Scipions, que les Décius, que les graves Emiles avec leur amour ardent pour la patrie; je n'avais aussi des louanges que pour ce Scévola qui, d'un mouvement rapide, plaça sa main sur un brasier ardent, que pour ce guerrier dont le nom déjà fameux par ses pères, s'augmenta de celui d'Africain, et sous le consulat duquel Rome fut heureuse. Celui qui de sa poitrine fit aux siens un rempart à la tête du Pont de bois et se précipita ensuite dans les eaux rapides du Tibre, ce Quirite qui, laissant la charrue, alla moissonner des triomphes sur ses ennemis terrassés, et cet autre qui, monté sur son coursier, s'est allé précipiter, avec ses armes brillantes, dans le gouffre entr'ouvert au milieu du forum, puis ce guerrier qui rougit les flots de l'Ionie du sang tyrien, dans un combat antique au milieu des fers, captivaient mon admiration. Je regardais aussi comme un mortel élevé plus haut que les cieux, par ses titres de gloire, celui qui tint les Phrygiens assiégés dans leurs murs, et, parmi les chefs d'Ilion, ce chef glorieux que ses succès guerriers rendaient fier et qui fut traîné derrière le char d'un fils d'Émonie, et ce héros, dont la force pareille à celle des géants, domptait les monstres, et moissonnait la dépouille du lion de Molorque; oui, tous ces héros me semblaient, à moi, mille et mille fois heureux, pour avoir d'une main puissante porté leurs noms jusqu'aux cieux. Dans ma simple et naïve enfance, je les avais tous en singulier honneur, lorsque j'arrêtais mes jeunes regards sur les écrits légers du poëte. Mais, aujourd'hui, si je compare à Bernard ces antiques favoris de la renommée, si je mets leurs grandes actions en face de ceux du vieillard que je chante, ce qui m'avait semblé digne d'être célébré par le chantre de la Thrace, me semble à peine mériter à présent d'être chanté par de faibles enfants. Que l'antique renommée garde le silence, que les triomphes des anciens s'effacent, en présence des mérites d'un chrétien à célébrer. En effet, chez tous ces héros, il n'y eut jamais qu'une ombre de la vertu; chez Bernard c'est la vertu même à plein cœur. Tel héros n'a offert à Mars ou à Phébus que de froides libations au milieu des rochers; mais Bernard, c'est un cœur pur qu'il offrit à Dieu. Tous ces demi-dieux ont renversé les remparts de villes barbares par des guerres terribles, et se sont contentés de renverser de superbes palais sous les coups de leurs mains puissantes; mais lui, Bernard, a dompté dans le Tartare les flots du Phlégéton, et soumis à ses ordres tous les chœurs des anges. Tous ces guerriers ont accompli avec des peines nombreuses des guerres devenues célèbres, ils trouvaient beau de mourir pour leur patrie. Bernard a enduré mille souffrances sous les étreintes glacées d'une mort presque

---

CAPUT VI.

Sanctus Bernardus non tantum antiquis heroibus, sed Christianis quoque Martyribus jure optimo præponitur.

Hactenus excelsi mirabar Cæsaris arma,
  Cui dedit æthereum Martia Roma decus:
Hannibalisque trucem Romano in sanguine dextram
  Et Macedum clari gesta superba ducis.
Mirabar patria pro libertate furentes
  Scipiadas, Decios, Æmiliosque graves.
Nec minus ingenti decoratum laude fatebat,
  Qui fortem rapido torruit igne manum.
Cuique dedit clarum generoso ex ordine nomen
  Africa, quo felix consule Roma fuit.
Et qui sublicium tutatus pectore pontem,
  In Tyberis rapidas desilit actus aquas.
Quique Quirinalis posito modo consul aratro:
  Arma triumphato victor ab hoste tulit.
Et qui vectus equo radians fulgentibus armis,
  Se posuit scisso præcipitare foro.
Quique per adjunctas primævo in Marte catenas,
  Ionias Tyrio sanguine tinxit aquas.
Illum etiam titulis rebar super æthera vectum,
  Qui tenuit Phrygios obsidione lares.
Iliacosque inter proceres, qui Marte superbo,
  Inclytus, Æmonio tractus ab axe perit.
Quique giganteo superavit robore monstra,
  Unde Molorchæi signa leonis habet.
Hos ego crediderim nimium, nimiumque beatos,
  Qui tulerant forti nomen in astra manu.
Hos puer egregio simplex venerabat honore,
  Cum legeret numeros prima juventa leves.
Nunc si Bernardo veteris præconia famæ,
  Contulerimque meo fortia facta seni.
Quæ modo Threicio fuerant celeberrima cantu,
  Visa puellati nunc mihi digna sono:
Fama vetus taceat, cedant veterumque triumphi,
  Christigenam meritis sollicitare virum.
His etenim fictæ fuerat virtutis imago,
  Huic Arete* pleno pectore vera fuit.
Hic Marti et Phœbo gelidis libamina saxis
  Obtulit, hic vero candida corda Deo.
Illi terrificis domuerunt barbara bellis
  Mœnia, et ingenti tecta superba manu:
Hic vada tartarei domuit Phlegetontis, et omnes
  Spirituum steterant ad data jussa chori.
Hi varios celebri subierunt marte labores,
  Pro patria pulchrum succubuisse rati:

* Virtus.

quotidienne, pour recoudre les lambeaux de la foi. Pour eux un faux honneur, et la vaine gloire de la renommée, tel était le but de leurs travaux ; pour lui, l'amour seul du Christ était le mobile de ses peines. Peut-être les premiers, après avoir vaincu les peuples, ont-ils rapporté de riches trésors dans leur patrie, mais lui, en mourant, laisse à sa miséble postérité des richesses qui ne périront jamais ; des présents qui ramenèrent la pudeur dans les mœurs, voilà le legs qu'il a laissé aux siens de sa main sacrée. Mais, qu'ai-je à comparer dans mes vers un Hercule avec des Pygmées, et de pauvres petits ruisseaux au fleuve de Pharos ? Je veux dire, sur un ton meilleur, tes belles louanges, ô mon père, et te chanter par de plus belles comparaisons. En effet, pourquoi te comparer les vains Quirites, à toi qui as été un saint plus grand que les martyrs. Sans doute, il était grand de périr sous le glaive, d'expirer dans les flammes plutôt que de renier une foi éternelle ; mais il est beau aussi de s'être vu placé à la tête des affaires et pourtant de n'avoir senti son cœur envahi par aucune ambition. Oui, c'est une plus grande chose d'avoir tenu dans sa main les grandeurs de la vie et de n'avoir jamais éloigné ses pas du sentier de la vie religieuse ; d'avoir, d'un cœur plein de force, bravé les traits et les assauts des esprits malins. Que d'autres admirent les arcs qui décochent des traits rapides comme la foudre sur le martyr, et ces brasiers dont Laurent dévore les ardeurs avec avidité ; qu'on parle des blessures de Chrysogone, des chaînes dont Paul fut chargé et des membres d'une Euphémie, tranchés d'une main cruelle ; qu'on s'étonne aux tourments affreux où les saints ont trouvé la mort, ces persécutions, ces croix, ces glaives, ces coups, ces traits et ces torches embrasées ; pour moi, dussé-je être seul à le faire, je ne me lasserai point d'admirer les fatigues que notre père, emporté par l'amour, a supportées, car si on met ensemble la mort, les tourments et les fatigues des chrétiens, et le sang glorieux qu'ils ont répandu dans le martyre, tout cela le cédera au bienheureux fardeau que ce père a supporté, pour soutenir la maison de l'Église qui allait s'écrouler. En effet, les uns n'ont ressenti la douleur que dans leur chair déchirée, mais lui l'a endurée au fond même de son cœur. Ainsi donc, autant l'âme l'emporte sur tous les membres du corps, autant il s'élève lui-même au dessus des martyrs.

CHAPITRE VII.
Bel éloge des écrits et des livres de saint Bernard.

La Vierge sainte avait dépassé les pôles du monde, les cercles du dixième ciel et les neuf chœurs des anges, et, puissante reine, aux yeux de ses compagnons qui contemplent la citadelle éthérée, elle arrive dans leur royaume qui ne doit jamais périr. Elle n'a jamais fait défaut à nos prières, non plus qu'à l'heure de notre salut, jamais on ne l'a vue mépriser nos demeures de boue. Au contraire, elle s'est employée à tempérer la colère du souverain Roi, et à détourner les traits que sa main allait lancer contre nos pénates. On l'a vue prêter son secours aux plus affreux criminels, et

---

Hic tulit assidua gelidos sub morte dolores,
  Discissam cupiens conciliare fidem.
Illis falsus honos et inanis gloria famæ,
  Solus at huic Christi causa laboris amor.
Forte triumphatis illi regionibus, ampla
  Thesauros patriæ dona dedere suæ :
Hic autem miseros moriens dat habere nepotes,
  Munera quæ nullo sunt moritura die.
Munera, quæ mores instauravere pudicos,
  Hæc sunt quæ sacra scripserat ille manu.
Sed quid ego Herculeas Pygmæis carmine vires
  Assimilo, et Phario flumina parva mari ?
Optima mutato repetam præconia cantu,
  Et, Pater, exemplo te meliore canam.
Nam tibi cur vanos ausim conferre Quirites,
  Qui major quovis Martyre sanctus eras ?
Grande quidem fuerat ferro flammisque necari,
  Nec tamen æternam deseruisse fidem.
Majus opus summo versari in culmine rerum,
  Nec tamen ulla animos ambitione premi.
Majus opus vitæ rigidum tenuisse cacumen
  Semper, et angustum religionis iter.
Bellaque spirituum telis agitata malignis
  Majus opus forti corde tulisse fuit.
Fulminei alii mirentur Martyris arcus,
  Laurentique avido quos tulit ore rogos.
Vulnera Chrysogoni jactent, Pauliquae catenas,
  Euphemiæque truci membra refecta manu.
Mirenturque graves sanctorum funere pœnas,
  Bella, crucem, gladios, verbera, tela, faces :
Solus inexhausto mirabor corde labores,
  Quos pater æterno raptus amore tulit.
Nam si Christigenum cædes, tormenta, labores,
  Colligit, et fusi sanguinis omne decus ;
Cedent cuncta oneri, quod pertulit ille, beato,
  Lapsuram cupiens sustinuisse domum.
Namque alii lacera senserunt carne dolores,
  Hic autem medio vulnera corde tulit.
Ergo animus quantum membris generosior ipsis,
  Martyribus tantum celsior ille fuit.

CAPUT VII.
Pulchra commendatio scriptorum seu librorum S. Bernardi.

Postquam sancta polos, cœlique decemplicis orbes
  Transcendique novem Virgo parensque choros,
Æthereamque potens sociis spectantibus arcem,
  Regna tenet nullo destituenda die :
Humanis nunquam precibus nostræque saluti
  Defuit, aut luteas spernere visa domos:
Sed potius summi moderata est Principis iras,

souvent aussi réconcilier avec le ciel des coupables humiliés. Elle a obtenu le pardon pour de malheureux pécheurs, et, de ses douces lèvres, tombe sur l'univers entier la rosée de ses grâces. Des populations nombreuses traînent-elles avec peine leurs corps décharnés par la famine, elle leur envoie des subsistances à profusion. La peste vient-elle à ravager misérablement les villes du Latium, c'est elle qui guérit les ulcères vomies par les marais du Styx. Notre chère Brescia est témoin de tant de biens, elle, qui a si souvent éprouvé ses faveurs désirées; Brescia, dont le corps jadis déchiré par des peuples méchants, était enflé et ne pouvait supporter l'approche même du médecin; Brescia, dont les ulcères rongeaient la moitié de la tête, des ulcères qui furent cause de sa mort subite. Maintenant, aidée des prières de Marie, elle triomphe et jouit au milieu de chœurs joyeux d'un doux repos. Elle a élevé à Marie un temple superbe, qui atteste le secours insigne qu'elle en a reçu. C'est un monument d'un marbre aussi blanc que celui de Paros. Voilà les biens, j'en pourrais citer beaucoup d'autres encore, que la très-sainte Mère du Christ nous a prodigués, dans le bienveillant accueil qu'elle fit à nos cris de détresse. Cependant, qu'on me pardonne d'avoir rappelé cela sur mon présomptueux chalumeau, et d'avoir ainsi exprimé les sentiments de mon cœur, jamais la Vierge Mère n'a accordé au genre humain et à notre gloire autant de bonheur que sa grâce nous en a fait goûter dans ces courts écrits que nous donnons au lecteur. C'est elle, en effet, qui nous a fait éprouver ce bonheur, car c'est elle, la divine Vierge, qui a ordonné à son client de rechercher les œuvres de notre illustre vieillard. Elle l'a ordonné, et voilà que ses écrits qui avaient été dispersés jusque dans le nouveau monde, si vous le voulez, vous pouvez les lire dans un seul volume. Ces écrits, qui ouvrent les portes triomphales du ciel, ces écrits, dis-je, que toute main doit accueillir. En effet, tout âge, tout sexe peut en jouir; pourvu qu'il ne soit pas ignorant de la langue du Latium, ils leur sont livrés. Qui que tu sois, ô lecteur, si toutefois tu as quelque souci de ton salut, ces ouvrages seront de grands présents pour ton âme. Si tu désires t'engager dans les liens du mariage pour y trouver des enfants chéris, si tu aspires à courber ton front sous le joug d'un mari, tu peux cueillir dans ces ouvrages de beaux fruits de morale, qui feront appeler tes fils d'un nom bien rare. Si c'est au contraire la gloire du beau langage que tu ambitionnes, dans ces œuvres, tu ne trouveras pas un orateur inférieur à Cicéron; mais si par hasard tu veux t'adonner à de pieux labeurs, et enseigner à des peuples grossiers, les volontés du Christ, va moissonner dans ces œuvres les instructions que tu pourras semer au milieu des villes, c'est là que tes recherches découvriront les meilleures. Quand il le voulait, il savait faire descendre dans le cœur de doux et paisibles sentiments. Quand il le voulait, il savait, d'une bouche sévère, faire trembler les pécheurs. Si vous aimez à contempler les cieux, où, d'une marche plus sûre, aller vous cacher dans votre humble cellule, cet auteur est toujours digne de vos plus singuliers honneurs, toujours digne, de votre part, d'un amour paternel; relisez-le, et sur ses pas vous

Philothée exhorte tous les hommes à lire les œuvres de saint Bernard.

Spiculaque in nostros ejaculanda lares.
Auxilium sceleri visa est præstare nefando.
Sæpius, atque humiles conciliasse reos.
Illa dedit miseris veniam, totumque per orbem
Illius ex miti deplult ore favor.
Innumeros etiam populos vix ægra trahentes
Ossa fame, immodicas jussit habere dapes.
Cumque foret Latias pestis male jacta per urbes,
Curavit stygiis ulcera missa vadis.
Illius optatos toties experta favores
Testis adest tanti Brixia nostra boni?
Brixia, quæ quondam populis lacerata malignis
Turgebat, medica non adeunda manu.
Brixia, quæ capitis medio confecta gerebat
Ulcera, quæ subitæ causa fuere necis.
Nunc autem Mariæ precibus adjuta triumphat,
Et peragit lætis otia grata choris.
Pulchraque præcipuum Mariæ testantia munus
Templa locat, Parii marmoris instar opus.
Hæc et plura parens Christi sanctissima nobis
Contulit, in miseras officiosa preces,
Hoc tamen audenti liceat dixisse camœna,
Atque animi sensus exseruisse mei.
Humano nunquam generi, nostroque decori
Parthenice tantum muneris alma dedit,
Quantum gratu suo nuper cum munere nobis
Protulit hæc brevibus scripta legenda notis.
Protulit ipsa quidem, proprio nam Diva clienti
Jussit, ut egregii quæreret orsa senis.
Jussit, et ecce novum fuerant quæ sparsa per orbem
Scripta, volens uno margine cuncta leges.
Scripta triumphales cœli reserantia valvas,
Scriptaque communi suscipienda manu.
Omnis namque datis ætas, sexusque libellis
Perfruitur, Latio si tamen ora sonat.
Quisquis ades, si forte tuæ tibi cura salutis,
Hæc fuerint animæ grandia dona tuæ.
Si cupis optata connubia ducere prole,
Atque maritali tradere colla jugo:
Hic potes egregios morum decerpere fructus,
Qui tribuant natis nomina rara tuis.
St tamen eloquii tantum tibi cura nitentis,
Hic fuit eximio non Cicerone minor.
Quod si forte pio juvat indulgere labori,
Et populos Christi jussa docere rudes;
Hic documenta tibi varias spargenda per urbes
Collige, quæsitus hic meliora dabit.
Cum voluit placido demulsit pectora sensu,
Cum voluit rigido terruit ore reos.
Quod si cœlitibus juvat indulgere tuendis,

vous égarerez joyeusement au plus haut des cieux, ou bien vous descendrez tristement jusqu'au marais du Styx. Il peindra, sous vos yeux, la naissance de notre prince, et vous fera voir la divinité naissant dans la demeure des bergers. A chaque page, à chaque ligne, il répète harmonieusement le doux nom de Jésus, et redit, en d'illustres accents, celui de Marie. Il enseigne l'art d'élever de blancs trophées après la défaite de l'ennemi infernal, il enseigne également à mettre en pièces la tête du serpent. Il nous découvre les ruses auxquelles l'hôte des enfers a recours pour tromper les malheureux mortels et les artifices dont se sert le serpent infernal, pour égarer le troupeau qui paît dans les champs sacrés. Quiconque le lit, ne saurait se lasser, plus il le lit, plus il veut le lire; il n'a qu'un chagrin, c'est de voir arriver l'heure du repas habituel. Les écrits des autres auteurs enflent l'esprit, si on les lit ils font rayonner un orgueil excessif autour de notre tête. Au contraire, les écrits de Bernard font descendre le Paraclet dans les cœurs purs, et allument une ardeur nouvelle dans les cœurs glacés. Es-tu de marbre? ils feront couler de tes yeux des larmes pleines de douceur et remplies de souveraines délices pour ton âme. Enfin, en ce seul livre, par un art admirable, se trouve renfermée la substance de l'ancien et du nouveau Testament. Aussi, ô moine, hâtez le pas de toutes vos forces pour en saisir un exemplaire, et renfermez-le en silence dans votre cœur; il vous fera monter plus haut que les astres, et conduire des cœurs dans le royaume des cieux. Et vous aussi, enfants du Christ, race immortelle, gravez au fond de vos cœurs les œuvres de ce vieillard demeuré vierge, il éteindra les funestes colères qui séparent la terre et les cieux, et il ouvrira les portes sublimes du ciel qui étaient fermées.

NICOLAS HACQUEVILLE,

PRÉSIDENT PLEIN D'ÉQUITÉ DU SACRÉ SÉNAT DE PARIS.

Louanges de saint Bernard, site de Clairvaux.

Il y avait une vallée profonde, au milieu des montagnes, couvertes de hautes forêts, et de ronces verdoyantes. Nos devanciers t'ont justement appelée Clair-Val, après avoir changé ton nom, O Val amer. Quoique des montagnes ombreuses t'entourent de tous côtés, nulle part dans l'univers il n'est vallée plus claire. L'Aube coule au milieu de ton sein, et sa source te prodigue les bienfaits perpétuels de ses ondes. Quand tu fus envoyé pour la première fois, ô Bernard, vers cette vallée, pour la cultiver, déjà tu étais bien grand; tu n'avais pas encore dépassé les dangereuses années de la jeunesse, mais dans ton cœur, tendre encore, vivait l'âme d'un vieillard. A cette époque, cette vallée était couverte de halliers incultes, c'était le repaire des bêtes sauvages. Elle ne produisait alors d'autres fruits que ceux de la forêt, là, point de vigneron encore pour cultiver la terre, nul laboureur pour la remuer, on n'y voyait aucune habitation d'homme, c'était un antique repaire de voleurs : nul ne pouvait y diriger sa course en sûreté. Mais, ô Bernard, une fois que tu fus arrivé à Clairvaux, et que tu y eus fixé ton séjour pour

---

Tutius atque humili delituisse casa;
Hic tibi præcipuo semper venerandus honore
  Auctor, et æterno dignus amore coli;
Hunc relegens summo lætus spatiabere cœlo,
  Et poteris stygios tristis adire lacus.
Ante oculos nostri pinget tibi principis ortus,
  Et pastorali nomina nata domo.
Hinc atque hinc dulci resonat modulamine Jesus,
  Et Maria illustri nomina culta sono.
Candida tartareo statuisse ex hoste trophæa,
  Anguigerumque docet dissecuisse caput.
Et quibus ille dolis miseros, quibus artibus alter
  Decipiat pascens sancta per arva pecus.
Qui legit, expleri nequit, ardescitque legendo,
  Et dolet assueti cum venit hora cibi.
Efficiunt animos aliorum scripta tumentes,
  Et nimium sparsis luxuriare comis.
Hæc autem mundo Paracletum in pectore condent,
  Accendentque novis frigida corda focis.
Hæc tibi marmoreo lacrymas de pectore dulces
  Elicient, animæ gaudia summa tuæ.
Denique cuncta novi veterisque volumina sensus
  Solus hic eximia continet arte liber.
Hæc igitur toto monachi contendite cursu
  Arripere, et tacito condite dicta sinu;
Ut vos sidereum faciant conscendere culmen,
  Cœlestesque inter regna tenere choros.

Vos qoque, Christigenæ, genus immortale, clientes,
  Parthenicum medio figite corde senem;
Ut cœli terræque graves eliminet iras,
  Et reseret clausi limina celsa poli.

NICOLAUS HACQUEVILLE

SACRI SENATUS PARISIENSIS PRÆSES ÆQUISSIMUS, DE LAUDIBUS S. BERNARDI, ET SITU CLARÆ-VALLIS.

Abdita vallis erat, mediis in montibus alto
  Et nemore et viridi tunc adoperta rubo.
Hanc Claram-vallem merito dixere priores,
  Mutarunt nomen, Vallis amara, tuum.
Quem licet umbrosi circumdent undique montes,
  Nulla tamen toto clarior orbe fuit.
Hanc Alba irriguus mediam perlabitur amnis,
  Fons tibi perpetuo munere donat aquam.
Ad quam, dive pater, primum, Bernarde, colendam
  Mitteris; illo jam tempore tantus eras.
Nondum difficiles juveniles liquerat annos,
  Mens tamen in tenera carne senilis erat.
Tunc fuit incultis hæc vallis consita dumis;
  Tunc ibi non domitæ delituere feræ.
Illo silvestres produxit tempore fructus;
  Viticolæ nulli, nullus arator erat.
Nullæ hominum sedes, vetus hæc spelunca latronum;
  Nullus in hac poterat carpere tutus iter.

toi et pour tes frères, alors tout prit soudainement un nouvel aspect ; tu fais germer la fertilité dans ces terrains jusque-là sauvages. Au milieu de la vallée, tu construis, pour les religieux que tu as amenés, des cellules, et, pour le Christ, une église que tu lui consacres. Tu enseignes à tes frères à mener la vie des anges, et à chanter, jour et nuit, des prières divines. Aussitôt ta renommée se répand partout l'univers, et le nom de l'abbé Bernard vole sur toutes les lèvres. De tous côtés accourent des enfants, des jeunes gens et des vieillards pour plier sous ton joug, ô Bernard, leurs cous orgueilleux. Il n'est ni mères qui les retiennent, ni considération d'âge trop tendre encore ; la vieillesse même avec ses cheveux blancs ne craint pas de s'engager dans tes voies austères.. Rien ne les arrête, ni les richesses, ni une vaine noblesse que donne un sang illustre. Henri lui-même, méprisant les honneurs du monde, Henri dont le frère tenait en main le sceptre de France, bien que né du sang royal, vient aussi se soumettre à ton empire. Tous les royaumes, tu les gouvernais à ton gré, ô Bernard, tant la vertu était alors en honneur. Si quelque discorde s'élevait entre de grands rois, tu les reconciliais tous à ton gré. De ton temps aussi la rage insensée d'un Léon déchirait à belles dents l'Église ; mais ta prudence a brisé ses forces empestées et mis fin à ses ravages. En preuve, ce comte Guillaume, qui régnait sur la province d'Aquitaine, et qui vint tomber à tes pieds, ô Bernard. Tu répandis aussi par tout l'univers tes armées de frères, et il n'y a point de pays qui ne se soit ouvert pour les recevoir ; les contrées qui s'étendent vers l'Orient empourpré, et celles qui voient le soleil se coucher, les terres qui s'arrondissent sous les ourses glacées, aussi bien que les plages où règne l'Auster, les îles lointaines et populeuses qui nourrissent les Bretons et que le vaste Océan baigne de ses flots, et les confins les plus éloignés de l'Europe, tous les royaumes enfin appellent à eux tes frères. Je ne puis tout rappeler dans mes vers ; qu'il me suffise du peu que j'ai rapporté quand le sujet est si vaste, car la tâche entière dépasse de beaucoup mes forces. Que celui dont la veine coule plus douce que la mienne entreprenne de tout chanter, pour moi c'est assez d'avoir effleuré mon sujet, dans mes chants ; ma muse n'est point de taille à célébrer un tel homme.

Henri, frère du roi de France Louis VII, se fait moine à Clairvaux.

Aux religieux de Clairvaux

Tant qu'un souffle de vie vous reste, marchez dans les voies des commandements de votre père ; avancez, car la vie s'enfuit d'un pas silencieux ; n'ayez point de regret d'avoir méprisé un monde qui s'écroule, et des délices dont vous ne deviez jouir qu'un temps. Tout ce qui maintenant semble amer et triste, vous prépare après la mort des joies qui ne finiront jamais. Après les larmes, les gémissements et les longs soupirs de cette vallée, Dieu même vous fera parvenir au haut de sa montagne.

At postquam Claram-vallem Bernarde petisti,
　Et statuis sedes fratribus ipse tuis ;
Tunc subito antiquam mutarunt omnia formam ;
　Aspera quæ fuerant, fertiliora facis.
Vallis et in medio cellas, Christique dicatam
　Ecclesiam, adductis fratribus ædificas.
Instruis angelicam hos in terris ducere vitam,
　Psallere divinas nocte dieque preces.
Protinus immensum discurrit fama per orbem,
　Bernardusque pater cunctis per ora volat.
Undique concurrunt pueri, juvenesque, senesque,
　Flectere ad imperium colla superba tuum.
Non illos retinent matres, non mollior ætas,
　Non timet austeras alba senecta vias.
Non illos remorantur opes, non denique vana
　Quæ venit a claro sanguine nobilitas.
Ipseque mundanos spernens Henricus honores,
　Cujus erat frater Gallica sceptra tenens ;
Qui licet iste foret regali sanguine cretus,
　Se tamen imperio subdidit ille tuo.
Omnia regna tuo nutu, Bernarde, regebas ;
　Tantum virtuti tunca daibetur honos.
Si qua inter magnos fuerat discordia reges,
　Omnia sunt voto conciliata tuo.
Tunc etiam insani rabies vesana Leonis
　Vexabat rapidis dentibus Ecclesiam.
Sed tua pestiferas fregit prudentia vires ;
　Et finem tantis cladibus imposuit.
Testis Aquitanas Guillelmus in urbes,
　Dum Bernarde tuos concidit ante pedes.
Tu quoque fraternas acies dipergis in orbem,
　Nullaque terra tuis fratribus absque patet.
Sive ea purpureos tellus quæ tendit ad ortus,
　Quæque sub occiduo sole relicta jacet,
Quæcumque aut gelidas terræ flectuntur ad Arctos,
　Quæve sub australi noscitur esse polo.
Aut ea quæ extremos nutrit populosa Britannos
　Insula, quæ Oceano cingitur ampla mari,
Quam longe Europæ tenduntur denique fines,
　Exquirunt fratres omnia regna tuos.
Omnia non possunt nunc carmina nostra notare ;
　Hæc pauca ex multis disseruisse sat est.
Nam gravis hæc nostras superat provincia vires,
　Vena cui fluitat suavior, ille canat.
Hæc mihi sufficiat raptim tetigisse canendo ;
　Non facit ad tantum nostra camœna virum.

AD CLARÆ-VALLENSES.

Post præcepta patris præsens dum vita superstes
　Pergite, nam tacito jam fugit illa pede.
Nec vos pœniteat mundi sprevisse ruentis
　Tractandas parvo tempore delicias.
Tristitia quæ modo sunt quæcumque, et amara videntur.
　Gaudia post mortem non peritura parant.
Post lacrymas, gemitus, longa et suspiria vallis,
　In montem excelsum vos trahet ipse Deus.

BAPTISTE DE MANTOUE.

CHANT DE GLOIRE SUR LA VIE ET LA MORT DE SAINT BERNARD, PREMIER ABBÉ DE CLAIRVAUX.

Tiré des VIII Fastes.

Le jour où les Belges célèbrent avec une grande pompe la fête de Bernard a lui ; il était Belge lui-même et conduisit au service du Christ ses six frères et sa sœur. A tous, Dieu inspira la même œuvre, à tous il fit partager le même genre de vie. Sa mère, lors qu'elle le portait encore dans ses flancs, eut, en songe, une vision ; il lui semblait qu'elle portait dans son sein un petit chien, qui faisait entendre avec ardeur des aboiements répétés. Par là, Dieu lui montrait quel cœur et quelle éloquence aurait, contre tout mal, le fils qui devait lui naître. Cet enfant fut ami de la pureté; devenu jeune homme, il connut les tentations des femmes, car, il était d'un visage où s'unissaient les roses et les lys; il tourmentait les cœurs par de violentes ardeurs et les enflammait du feu que l'impure Vénus fait brûler dans les jeunes âmes. Un jour qu'il dirigeait ses pas vers les Celtes, la nuit avait déjà étendu ses ombres dans le ciel, il entre dans une hôtellerie : pendant la nuit, comme le jeune Bernard était endormi, l'hôtesse, pleine d'audace et de passion, s'approche de sa couche et se place à ses côtés. Mais, lui, saisi d'une horreur soudaine pour le mal, pousse un grand cri, appelle ses compagnons, et, criant au voleur, met l'iniquité en fuite. C'était un monstre horrible, un monstre dont n'approchent point les herbes les plus pernicieuses recueillies dans les montagnes de la Thessalie, où dans les campagnes qu'arrose le Phase. Il appliqua toutes ses facultés à l'éloquence sacrée. Il méditait sans cesse dans son cœur tout ce que le Christ nous a enseigné, tout ce que les prophètes nous ont prédit, tout ce que Moïse a appris au sommet du mont de Panchaï, et, s'instruisit sans maître; aussi disait-il qu'il n'avait reçu de leçons que des forêts. Il vécut pauvre, mais il voulait que ses habits fussent propres, haïssant également les souillures et la malpropreté. Quant aux soins que le commun des mortels prodigue au corps, il les réservait tous pour l'âme. C'était un ennemi acharné des vices; si la guerre éclatait entre les peuples, si la discorde divisait les royaumes, Bernard était là pour les pacifier; c'était lui qu'on députait vers les cités, lui, encore qu'on envoyait aux rois pour décider de la paix ou de la guerre. C'est dans ce rôle que les Allemands le virent, qu'ils se montra aux Insubres et qu'il parut parmi les Aquitains. Si, parfois, les âmes flottaient dans le doute, c'est lui qui le dissipait, et qui faisait passer les cœurs des hommes des ténèbres à la lumière. Tel un phare, brillant au haut d'une tour lointaine, ramène, pendant la nuit, au rivage, les matelots battus par la tempête. Il fit tant de prodiges qu'on n'en saurait compter le nombre; il était également habile à connaître les secrets soucis des hommes, à chasser les esprits infernaux, à guérir ceux que la maladie clouait sur un lit de douleur. Aussi, sa renommée avait-elle rempli le monde entier, et son nom se trouvait sur toutes les lèvres, même parmi des peuples étrangers. On dit qu'il fonda six cents monastères de l'ordre de Cîteaux, tant a de force la prudence d'un seul

---

BAPTISTÆ MANTUANI
CARMEN ENCOMIASTICUM IN VITAM ET OBITUM BEATI BERNARDI CLARÆ-VALLENSIS CŒNOBII PRIMI ABBATIS.

Ex VIII Fastorum.

Bernardi lux festa venit celeberrima Belgis.
Belga fuit, sex germanos, unamque sororem
Traxit ad obsequium Christi. Deus omnibus unum
Inspiravit opus, vitæ genus omnibus unum.
Mater adhuc prægnans vidit per somnia, crebris,
Se gestare utero catulum latratibus acrem.
Sic Deus ostendit, venturi qualia partus
Ora et corda forent contra genus omne malorum.
Ipse pudicitiam coluit, muliebria passus
Bella tamen juvenis, roseo quia candidus ore,
Corda paroxismis gravibus torquebat, et igne
Quo Venus accendit teneras incesta medullas.
Cum peteret Celtas, et nox jam pallida cœlum
Clauderet, hospitium subiit; temeraria noctu
Hospita sopito juveni petulanter adhæsit,
Admovitque latus lateri. Scelus ille repente
Horruit, et magno sociis clamore vocatis
Nequitiam facto vicit terrore furentem.
Ingens forma malum, quo nulla nocentior herba
Per juga Thessaliæ legitur, per Phasidis arva.
Tradidit ingenium sacris sermonibus, omne
Quod docuit Christus, quod prædixere Prophetæ,
Quod didicit Moyses Panchæo in vertice, secum
Assidue meditans, sine præceptoribus ullis
Scivit, et idcirco silvas habuisse magistras
Se dicebat; inops volebat; sed munda volebat
Vestimenta, situm damnans, sordemque perosus.
Id curæ quod vulgus habet pro corpore, solam
Transtulit ad mentem, vitiorum acerrimus hostis,
Si populis genitum erat, discordia regnis,
Bernardus pacator erat, legatus ad urbes
Ibat, et ad reges odium fracturus et iram,
Munere fungentem tali videre Alemanni.
Videre Insubres quondam, videre Aquitani.
Si quando in dubiis nutabant pectora rebus,
Ipse erat interpres ducens mortalia corda
De tenebris ad lumen, uti solet ignea lampas
Longinqua de turre micans adducere noctu
Turbine jactatos secura ad littora nautas.
Prodigiis, quod vix numero comprehendere fas est,
Claruit, occultas hominum cognoscere curas,
Pellere avernales genios, curare jacentes
In languore potens ; ideoque impleverat orbem
Fama viri, nomenque volans peregrina per ora.
Sex decies fundasse decem Cistercia tecta,
Dicitur; unius valuit prudentia tantum.

homme. Nous voyons s'élever la vingtième aurore sur les mérites de ce grand abbé, depuis qu'il a franchi le seuil sublime des cieux qui recouvrent tout de leur voûte élevée.

Sacra igitur meritis hujus vigesima tanti
Est aurora patris, qua sese in summa recepit
Limina supremi quod continet omnia cœli.

DESCRIPTION

DE LA POSITION ET DU SITE DU MONASTÈRE DE CLAIRVAUX.

Si vous voulez connaître le site de Clairvaux, je vais vous le peindre comme dans un miroir. L'abbaye s'élève au pied de deux montagnes, qui, séparées l'une de l'autre par une étroite vallée, laissent entre elles une distance qui va toujours s'agrandissant, à mesure qu'elles descendent du côté de l'abbaye. Une de ces montagnes a ses flancs couverts par la moitié de l'abbaye, et l'autre, l'est par l'autre. L'une est fertile en vignes, l'autre en moissons, et toutes deux offrent à la vue un spectacle agréable, et à la vie un secours précieux. En effet, tandis que sur un des côteaux s'élève le blé qui nourrit, sur l'autre se récolte le vin qui désaltère. Le haut de la montagne est le théâtre des nombreux travaux des moines, travaux aussi charmants que paisibles, car ils consistent à ramasser des branches de bois mort, et à les lier ensemble pour les brûler; à arracher les broussailles qui déparent le champ, et à les préparer pour le feu auquel seul elles peuvent être bonnes; à déraciner les ronces, à en retourner le sol, à en détruire et à en disperser, pour parler le langage de Salomon, les funestes rejetons qui tantôt s'enlacent autour des rameaux naissants des arbres, ou en étouffent les racines, afin qu'ils n'empêchent point le dur chêne d'aller dans les airs saluer de son front, les astres du ciel, le flexible tilleul d'étendre au loin ses branches, le frêne dont le bois se coupe et se plie de s'élever librement vers les cieux, le hêtre touffu de couvrir au loin la terre.

Derrière l'abbaye, le sol s'étend en plaines; un mur en clôt une grande partie, et enferme l'abbaye dans son vaste circuit. Dans son enceinte, des arbres nombreux et variés, fertiles en fruits de toutes sortes, forment un verger pareil à une forêt. Près de là s'élève la salle des malades; ce voisinage n'est pas un médiocre soulagement pour les religieux infirmes, à qui il offre un vaste espace pour la promenade, et donne un doux ombrage contre les ardeurs du soleil. Les malades vont s'asseoir sur le gazon verdoyant, et, lorsque les ardeurs de la canicule brûlent la terre au voisinage d'un astre inclément,

DESCRIPTIO

POSITIONIS SEU SITUATIONIS MONASTERII CLARÆ-VALLENSIS.

Si situm Claræ-vallis nosse desideras, hæc tibi scripta sint pro specula. Duo montes non longe ab abbatia habent initium, qui primo angustæ vallis interjectione distincti, quo magis ab abbatiam appropiant, majore hiatu fauces dilatant; quorum alter abbatiæ latus dimidium, alter totum occupat. Alter fecundus vinearum, alter frugum fertilis, jucundum visui, et usui commodum ministerium præbet; dum per devexa latera in alto crescit quod comedatur; quod bibatur in altera. In summis montium frequens monachis labor est, amœnus quidem et quiete jucundior, ramale vetus colligere, et colligare fasciculos ad comburendum. Squalentes exstirpare dumos, et solis aptos ignibus aptare, eruderare sentes, evellere, destruere, disperdere (ut secundum Salomonem dicam) spuria vitulamina, quæ crescentium arborum vel ligant ramos, vel radices suffodiunt, ne impediatur rigida quercus sublimi salutare sidera vertice, tilia mollis brachia explicare, fissilis et flexilis fraxinus libere se in altum extendere, patulave fagus in latum expandere.

Porro abbatiæ pars posterior in latam desinit planiciem, cujus partem non modicam murus occupat, qui abbatiam diffuso cingit ambitu. Intra hujus sæpta multæ et variæ arbores variis fecundæ fructibus instar nemoris pomœrium faciunt; quod infirmorum cellæ contiguum, infirmitates fratrum non mediocri levat solatio, dum spatiosum spatiantibus præbet deambulatorium, æstuantibus quoque suave reclinatorium. Sedet ægrotus cespite in viridi, et cum inclementia canicularis immiti sidere terras excoquit, et siccat

et dessèchent les fleurs, on les voit en sûreté se cacher sous ces arbres, et se défendre de la chaleur du jour sous leurs ombrages. Leurs branches chargées de feuilles tempèrent les feux du soleil. Leurs souffrances se calment quand ils respirent à pleins poumons l'air chargé des senteurs du foin. Le vert agréable des arbres et du gazon repose leurs yeux et les fruits qui pendent à leurs regards, leur promettent, en grossissant, de grandes délices. Ils pourraient dire avec raison : « Je me suis assis à l'ombre de celui que j'avais désiré, et j'ai goûté de son fruit qui a semblé doux à ma bouche (*Cant.* II, 3). » Leurs oreilles sont agréablement frappées par les doux et harmonieux concerts des oiseaux au plumage varié. Voilà comment, pour guérir une maladie, la bonté de Dieu multiplie les remèdes, fait sourire l'air dans sa pure sérénité, fait respirer la terre dans sa fécondité et permet au malade de s'enivrer par les yeux, les oreilles et les narines de ce que les couleurs, les chants et les odeurs ont de plus délicieux.

Où finit le verger commence le jardin, dont de petites rigoles, ou plutôt de petits ruisseaux séparent et divisent les carrés qu'ils parcourent. En effet, si l'eau en paraît dormante, elle n'en coule pas moins dans sa marche insensible. Là, encore s'offre un charmant spectacle aux yeux des religieux malades, quand ils vont s'asseoir sur les bords verdoyants d'un bassin rempli d'une onde pure et suivent, de l'œil, les jeux des petits poissons sous l'eau pure comme le cristal, ces jeux qui leur représentent l'image des armées en marche. L'eau de ces bassins sert en même temps à nourrir le poisson, et à arroser les légumes du jardin ; elle est entretenue par un courant continuel dérivé de l'Aube, rivière bien connue. Cet emprunt fait au fleuve passe et repasse dans les nombreux ateliers de l'abbaye, et y laisse la bénédiction après lui par un fidèle service qu'il y rend. L'Aube est dérivée en grande partie pour cela par de nombreux travaux, et n'est point oisive là où elle passe. En effet, coupant la moitié de la vallée, par un lit sinueux que le travail des frères, non la nature, lui a creusé, elle va jeter la moitié de ses eaux dans l'abbaye, comme pour saluer les frères, et semble s'excuser de ne point venir tout entière, le canal qui la reçoit étant trop petit pour elle. Si, parfois, le fleuve gonflé par l'inondation, précipite son cours impétueux, arrêté par une digue sous laquelle il doit passer, il retourne en arrière, se replie sur lui-même ; ses flots qui refluent se trouvent embrassés par les flots qui descendent. Il entre pourtant autant que la digue, comme un fidèle portier, le lui permet, et s'élance d'abord sur les aubes d'un moulin. Là, tourmenté en tous sens, il fait effort de tout côté, il broie le froment sous le poids des meules et sépare le son de la farine dans un blutoir au léger tissu.

Un peu plus loin, dans l'habitation voisine, il emplit la chaudière, se joint au feu pour faire cuire les aliments, se prodigue en breuvage aux frères, s'il arrive que la vendange n'a pas bien répondu aux soins du vigneron, et que, à défaut du jus de la vigne, il faille puiser à la fontaine ; mais il n'est pas quitte encore ; en effet, les foulons l'appellent à leur aide, ils travaillent près du moulin, la raison le veut ainsi, et, après avoir été mis en œuvre dans le moulin pour nourrir les frères, il se soumet à leur volonté pour travailler à les vêtir. D'ailleurs, il ne va point à l'encontre et il ne

L'Aube procure de nombreux avantages à Clairvaux.

---

flumina, ipse in securitatem et absconsionem et umbraculum diei ab æstu, fronde sub arborea ferventia temperat astra ; et ad doloris sui solatium, naribus suis gramineæ redolent species. Pascit oculos herbarum et arborum amœna viriditas, et pendentes ante se, atque crescentes immensæ ejus deliciæ, ut non immerito dicat : *Sub umbra arboris illius, quam desideraveram, sedi, et fructus ejus dulcis gutturi meo*. Aures suavi modulamine demulcet pictarum concentus avium ; et ad unius morbi remedium, divina pietas multa procurat solatia, dum aer nitida ridet serenitate, terra fecunditate spirat, et ipse oculis, auribus, naribus, colorum, canorum, odorum delicias haurit.

Ubi pomœrium desinit, incipit hortus intercisis distinctus areolis, vel potius divisus rivulis intercurrentibus. Nam licet aqua dormitans appareat, pigro tamen decurrit elapsu. Pulchrum et hic infirmis fratribus præbetur spectaculum, dum super viridem puri gurgitis marginem sedent, vitrea videre sub unda pisciculos ludere, et natatu obvio militarem repræsentare congressum. Aqua hæc piscibus alendis, et rigandis oleribus duplici ministerio servit ; cui Alba, famosi nominis fluvius, indefesso meatu fomenta ministrat. Hic per multas abbatiæ officinas transitum faciens, ubique pro fideli obsequio post se benedictionem relinquit ; qui ad hoc cum multo quidem labore conscendit, non integer, nec tamen otiose pertransit. Ipse, quidem mediam vallem flexuosum interoccans per alveum, quam non natura, sed fratrum industria fecit, dimidium sui mittit in abbatiam, quasi ad salutandum fratres, et se, quod totus non venerit, excusandum, quippe qui totius capax canale non invenit. Etsi forte amnis ipse inundans impetuoso excursu proruit, objectu muri retroactus, subtus quo eum necesse est fluere, in seipsum recurrit, et refluum denuo defluus amplexatur. Intromissus vero quantum murus, portarii vice, permisit, primum in molendinem impetum facit, ubi multum sollicitus est, et turbatur erga plurima, tum molarum mole far comminuendo, tum farinam cribro subtili segregando a furfure.

Hic jam vicina domo caldariam implet, se igni coquendum committit, ut fratribus potum paret, si forte sterilis vindemia cultoris industriæ non bene responderit, et defectui sanguinis uvæ, de filia fuerit festucæ supplendus. Sed nec sic se absolvit. Eum enim ad se fullones invitant, qui sunt molendino con-

refuse à aucune de leurs exigences; mais on le voit faire monter et descendre tour à tour ces lourds pilons, ces marteaux, si vous aimez mieux, ces pieds de bois (car ce nom semble mieux convenir au travail saccadé des foulons) et s'acquitte de l'œuvre pénible des foulons. Et, s'il est permis de mêler le plaisant au sérieux, il acquitte la peine de leurs péchés. Dieu, que de consolations tu donnes à tes pauvres, pour qu'ils ne soient point absorbés par une tristesse excessive! Quels soulagements tu ménages aux pénitents pour qu'ils ne soient jamais accablés par la violence de leur travail! En effet, que de chevaux fatiguerait, que de bras d'hommes lasserait un travail dont ce fleuve nous dispense luimême gracieusement, sans travail, puisque sans lui nos vêtements ne se trouveraient pas préparés, non plus que nos vivres! Il partage avec nous nos fatigues, et de toute la peine qu'il se donne sous le soleil, il n'attend d'autre récompense que de pouvoir continuer librement son cours, après s'être acquitté avec soin de toute sa besogne. Aussi, après avoir fait tourner dans son mouvement rapide des roues rapides comme lui, il s'éloigne écumeux; on dirait que c'est lui qui vient d'être moulu et qui est devenu plus mou.

De là il passe dans l'atelier des corroyeurs, où il prête son laborieux concours à la préparation des objets qui doivent servir à chausser les frères. En sortant de là, il se divise en nombreux filets d'eau et, ainsi partagé en mille membres, il parcourt tous les ateliers, pour s'y atteler à la besogne, partout en quête des services qu'il peut rendre en servant à faire cuire les aliments, à cribler les grains, à faire mouvoir les roues et les pilons, à arroser, moudre et laver, et à amollir les objets; nulle part il ne refuse son concours. Enfin, pour que rien ne manque à ses services et pour ne rien laisser d'imparfait dans ses œuvres, il emporte les immondices et ne laisse que la propreté derrière lui. Puis, après avoir accompli avec soin l'œuvre qu'il était venu faire, il retourne d'un cours rapide au fleuve et va, au nom de Clairvaux, lui rendre grâce de tous les services qu'il a rendus, et salut pour salut. Aussitôt, il reçoit dans son sein les eaux qu'il nous avait prêtées et les deux fleuves n'en font plus qu'un, ils se confondent si bien qu'ils ne laissent pas trace de leur union; seulement, en rentrant dans son lit, il précipite le cours de l'eau qui s'était ralenti dans sa marche, depuis qu'elle avait été diminuée et rendue moins active par l'emprunt qui lui avait été fait.

Puisque nous l'avons rendu à son cours, revenons de notre côté au petit ruisseau que nous avons laissé derrière nous. Dérivé du fleuve, il erre nonchalamment dans la prairie pour enivrer la terre, pénétrer dans son sein et y faire germer les plantes, de peur que, au retour du printemps, quand la terre fécondée s'ouvre pour enfanter, les plantes renaissantes ne se dessèchent faute d'humidité, et qu'elles ne mendient quelques gouttes d'eau aux nues, étant suffisamment abreuvées par la générosité du fleuve voisin. Ces petits ruisseaux ou plutôt ces saignées, après avoir accompli leur œuvre, retournent au fleuve qui les avait vomis, et l'Aube ayant retrouvé toutes ses eaux reprend son cours rapide dans la vallée. Mais, comme nous l'avons accompagné bien loin, et

---

fines, rationis jure exigentes, ut sicut in molendino sollicitus est, quo fratres vescantur, ita apud eos paret, quo et vestiantur. Ille autem non contradicit, nec quidquam eorum negat quæ petuntur; sed graves illos, sive pistillos, sive malleos dicere mavis, ve. certe pedes ligneos (nam hoc nomen saltuoso fullonum negotio magis videtur congruere) alternatim elevans atque deponens, gravi labore fullones absolvit; et si joculare quippiam licet interserere seriis, peccati eorum pœnas absolvit. Deus bone, quanta pauperibus tuis procuras solatia, ne abundantiore tristitia absorbeantur! quanta pœnitentibus pœnæ alleviamenta dispensas, ne laboris violentia nonnumquam fortassis opprimantur! Nam quot equorum dorsa frangeret, quot hominum fatigaret brachia labor, a quo nos sine labore amnis ille gratiosus absolvit, etiam cum ne ipso nec indumentum nobis pararetur, nec alimentum! ipse vero nobiscum participatur, nec aliud de labore suo, quo laborat sub sole, mercedis exspectat, quam ut cum omnia diligenter perfecerit, liber permittatur abire. Tot ergo volubiles rotas rotatu rapido circumducens, sic spumeus exit, ut ipse quasi moli, et mollior fieri videatur.

Excipitur dehinc a domo coriaria, ubi conficiendis his quæ ad fratrum calceamenta sunt necessaria, operosam exhibet sedulitatem. Deinde minutatim se, et per membra multa distribuens, singulas officinas officioso discursu perscrutatur, ubique diligenter inquirens, quid quo ipsius ministerio opus habeat, coquendis, cribrandis, vertendis, terendis, rigandis, lavandis, molendis, molliendis, suum sine contradictione præstans obsequium. Postremo ne quid ei desit ad ullam gratiam, et ne ipsius quaquaversum imperfecta sint opera, asportans immunditias, omnia post se munda relinquit. Et jam peracto strenue propter quod venerat, rapida celeritate festinat ad fluvium, ut vice Claræ-vallis agens ei gratias pro universis beneficiis suis, salutationi ejus resalutatione condigna respondeat; statimque refundens ei aquas quas nobis transfuderat, sic de duobus efficit unum, ut nullum appareat unionis vestigium; et quem discessu suo tenuem et pigrum fecerat, mixtus ei morantem præcipitat.

Sed quia eum loco suo restituimus, redeamus ad rivulos, quos post nos reliquimus, qui derivati a fluvio, passivis per prata vagantur excursibus, ut inebrient terram et infundant eam, et germinare eam faciant; ne cum verna temperie terra prægnans in partum solvitur, renascentia gramina humoris inopia marescant; nec opus habeant mendicatis nubium guttulis irrigari, sufficienter cognati fluminis fota beneficio. Hi rivuli, vel potius sulci post peractum officium,

que maintenant, suivant le mot de Salomon, il retourne à sa place, retournons nous aussi au point d'où nous sommes partis, et traversons d'un discours rapide la vaste étendue des prairies.

prairies. Cet endroit est plein de charme, il réunit tout ce qui peut reposer les esprits fatigués, dissiper les chagrins et les inquiétudes, exciter à la dévotion les âmes qui cherchent le Seigneur, et leur rappeler les douceurs éternelles après lesquelles elles soupirent. En effet, la face brillante de la terre repose les yeux par la vue de ces milles couleurs et de ces peintures printannières, en même temps qu'elle flatte l'odorat par les plus suaves senteurs. Mais, pendant que je vois les fleurs, et que je respire leurs délicieuses odeurs, les prairies me rappellent les histoires des temps anciens. En effet, quand j'aspire délicieusement l'odeur des champs, il me revient à l'esprit le souvenir de la bonne odeur qu'exhalaient les vêtements du patriarche Jacob et que l'Écriture compare à la douce odeur qui monte d'un champ fertile. Lorsque je repais mes yeux de la vue des herbes de la campagne, je me rappelle que leur beauté a été mise au dessus de la pourpre de Salomon qui, dans toute sa gloire, n'a jamais pu égaler la beauté du lis des champs, quoique chez lui l'art n'eût point fait défaut au savoir, ni la richesse de la matière à la puissance. Voilà comment lorsque, au dehors, je goûte les douceurs du travail qui m'appelle à la campagne, je ne suis pas moins charmé au dedans par les mystères qui y sont cachés. La prairie est donc arrosée par le ruisseau qui serpente dans son sein, et, à la fraîcheur qu'il répand sur ses bords, les herbes poussent de profondes racines; aussi ne craignent-elles point les ardeurs de l'été. Elle est si étendue que, à l'époque où la chevelure de gazon tombe sous la faux, la fenaison réclame et fatigue les bras du couvent tout entier pendant trois longues semaines; c'est peu des bras des religieux, elle emploie encore ceux des frères convers, des frères donnés, et d'une foule de mercenaires occupés à mettre le foin en tas quand il est fané et à peigner le gazon, le râteau aux larges dents en main.

Le pré est partagé en deux granges que baigne l'Aube, en leur faisant une part égale, et coupant court ainsi, comme un arbitre plein d'équité, à la jalousie de l'une contre l'autre; car il assigne à chacune son domaine dont il fait de part et d'autre la limite que l'une se garderait bien de franchir pour empiéter sur le terrain de l'autre. On ne pourrait pas croire que ces granges ne servent de séjour qu'aux frères convers, on les prendrait pour des cloîtres de moines, si les jougs de bœufs, les charrues et les autres instruments destinés aux travaux des champs ne trahissaient l'espèce d'habitants que ces granges abritent, et si on ne remarquait que parmi eux nul n'a de livre ouvert sous les yeux. Car pour ce qui est des constructions, on la croirait faites pour un grand couvent de moines, tant elles sont bien situées, tant elles semblent convenir à cet usage par leur beauté, et suffire à cet emploi par leur étendue.

Dans la partie de la prairie contiguë au mur, on a changé un terrain solide en une plaine liquide et formé un lac. Là où auparavant le travailleur, ruisselant de sueur, coupait l'épi de sa faux tranchante, là, le frère pêcheur glissant sur une lé-

---

fluvio qui eos evomuerat, absorbentur, et jam totus simul Alba collectus, prono decursu per devexa festinat. Sed quia jam eum longius conduximus, et ipse, secundum Salomonem, ad locum suum revertitur, revertamur et nos unde digressi sumus, et diffusam prati planitiem succincto sermone transiliamus.

Multum habet locus ille amœnitatis, multum quod mentes fessas allevet, luctusque solvat anxios, multum quod quærentes Dominum ad devotionem accendat, et supernæ dulcedinis ad quam suspiramus admoneat, dum ridens terræ facies multiplici colore, vernanti pictura oculos pascit, et suaveolentem naribus spirat odorem. Sed et dum video florem, dum sentio floris odorem, historias veterum memorant mihi prata dierum. Nam cum odoris delicias haurio, occurrit animo fragantia vestimentorum patriarchæ Jacob, suaveolentiæ agri pleni fuisse adsimilata. Dumque oculos colore reficio, hanc recordor speciem purpuræ Salomonis fuisse prælatam, qui in omni gloria sua liliorum agri decorem æquiparare non potuit, cum tamen nec ars ipsius sapientiæ, nec potentiæ deesset materia; et sic dum foris fruor ministerio, non parum latenti delector mysterio. Hoc ergo pratum intercurrentis fluvii fovetur irriguo, et ad humorem ejus mittit radices suas; ideo non timebit cum venerit æstus. In longum autem tanto tractu distenditur, ut cum tonsum vellus gramineum sol in fœnum torruerit, bis denis diebus conventum lassare sufficiat. Nec tamen solis monachis labor ille relinquitur; sed cum monachis tam conversorum, donatorum, quam conductiorum innumerosa multitudo desectas colligit herbas, et tonsam raro pectine vertit humum.

Hoc pratum inter se duæ grangiæ dividunt, quibus Alba ad dirimendam litem æquus arbiter et mensor accedit, qui suam cuique partem in funiculo distributionis assignans, seipsum limitem facit, quem altera ad invadendam alterius partem transire non audeat. Grangias has non conversorum esse habitacula, sed claustra monachorum crederes, nisi vel juga boum, vel aratra, vel instrumenta alia rusticanis apta laboribus, habitatores suos proderent, et nisi quod in eis libri non explicantur. Nam quantum ad ædificia spectat, ea magno monachorum conventui diceres et situ convenire, et decere venustate, et capacitate sufficere.

In parte prati, quæ est muro contigua, de campo solido factus est lacus liquidus; ubi prius æstuans operarius, fœnum falce secabat acuta, ibi frater aqua-

gère nef de bois, à la surface de la plaine liquide, presse sa monture de l'aviron en guise d'éperon qui hâte sa course et de frein qui la dirige. Il lance le filet sous les ondes, où il se remplit de petits poissons, et il retire de l'eau la provision qu'il aime à voir placée sur sa table ; dans ces filets se cache l'hameçon où se prend le poisson imprudent, exemple qui nous invite à fuir les plaisirs, car le plaisir que paye la douleur est un plaisir malsain dont on n'ignore la triste issue que lorsqu'on ignore le péché, ou lorsqu'on ne s'en est pas encore bien repenti. Que Dieu éloigne de nous le plaisir dont l'entrée est gardée par la mort qui, selon la description d'un sage*, « semblable aux abeilles dans leur vol, à peine déposé une goutte de miel, qu'elle s'enfuit et perce en même temps le cœur d'un dard qui y demeure attaché. » Les bords du lac sont retenus par une haute palissade de racines flexibles qui empêche la terre de s'effondrer aux coups répétés des flots. Un courant d'eau vive entretient le lac, il en est séparé par une distance de six toises à peine, qui laisse couler, par d'étroits passages, les eaux dans le lac qui s'en alimente et qui les lui rend ensuite par des ruisseaux semblables. Ainsi il se maintient constamment dans le même état, et son niveau n'est ni augmenté par l'eau qui y arrive, ni abaissé par celle qui s'en échappe, puisqu'il n'en sort qu'une quantité égale à celle qui y entre.

Mais pendant que je me laisse ainsi emporter d'une course rapide à travers les plaines, que je m'essouffle à monter les pentes rapides, que je décris le tapis empourpré de la prairie peinte des mains mêmes de la Sagesse, et la croupe des monts que couronne la tête des arbres, je m'entends accuser d'ingratitude par cette douce fontaine dont j'ai si souvent bu les eaux, qui a si bien mérité de moi et que je récompense si mal de ses services. Elle me rappelle sur le ton du reproche qu'elle a souvent étanché ma soif, qu'elle s'est bien des fois abaissée jusqu'à me laver les mains et même les pieds, enfin, qu'elle m'a rendu une foule de services pleins d'humanité et de bienveillance. Elle me dit enfin qu'à tous ses mérites je n'ai répondu que par l'ingratitude. Elle se plaint d'être au dernier rang des choses dont je parle et que, un peu plus, elle n'obtenait même pas cette place quand elle aurait dû au contraire s'y trouver à la première. Au fait, je ne puis le nier, je n'ai pensé que bien tard à elle, dès que je n'ai point pensé à elle avant tout. En effet, ne roule-t-elle pas ses eaux par des conduits souterrains, dans un si profond silence que pas même le plus léger murmure ne trahit son passage, comme les eaux de Siloé, qui s'écoulent en silence, et se cachent à tous les regards ? Pourquoi n'aurai-je pas pensé qu'elle tenait à ce qu'il ne fût point parlé d'elle, quand je la vois ne se montrer que sous un toit ? Eh bien donc, cette fontaine, ce qui est un très-bon signe, a sa source au levant, et de la sorte, au solstice d'été, elle salue en face le lever de la rose aurore. Un toit, ou plutôt, pour exprimer plus convenablement les choses, un beau petit pavillon l'abrite et l'enferme, et empêche que les immondices ne tombent dedans. Mais la place où le mont la laisse sortir de ses flancs est aussi la place où la vallée la boit ; le lieu de sa naissance est en même temps le lieu où elle meurt et disparaît. Mais ne vous attendez point au miracle

La fontaine.

---

rius sedens mobili per lubricam liquentis campi planitiem equo vectus ligneo, levem ramum pro calcaribus habet, quo cursum urgeat, et pro freno quo flectat. Explicatur rete sub undis quo implicetur pisciculus, et parantur ei escæ quibus libenter vescitur, sed latet hamus in illis quo capitur incautus, quo exemplo docemur spernere voluptates ; quia nocet empta dolore voluptas ; cujus tristes esse exitus nemo nescire permittitur, nisi qui vel non peccavit, vel non bene de peccato pœnituit. Longe autem faciat Deus a nobis delectationem, secus cujus introitum mors posita est ; quæ secundum sapientis descriptionem, *apum per volantum, ubi grata mella fudit, fugit, et nimis tenaci ferit icta corda morsu.* Laci ambitus per altum ripæ marginem conserti vimineis ligatur radicibus, ne undæ alluenti cedat terra fatiscens. Præter fluenti rivo lacus hic pascitur, qui vix sexies senis pedibus sejunctus, per meatus exiles infundit ei aquas quibus alatur, et ipsas quoque eadem exilitate refundit ! Unde et sic in eodem statu permanet, ut nec major sic influentibus, nec effluentibus minor ; quia eadem mensura et recipit, et rejicit eas.

Sed dum per plana cursu feror volatili, dum anhelus in arduis ilia duco, vel purpuream prati superficiem manu ipsius sapientiæ pictam, vel comata arboribus montium juga describo, arguit me ingratitudinis fons ille dulcissimus sæpenumero mihi bibitus, et bene quidem meritus de me, sed a me male remuneratus. Objicit mihi cum exprobratione, quodsæpe extinguendæ siti meæ servierit, quod se meis non solum manibus, sed et pedibus lavandis humiliaverit, quod multa mihi impenderit humanitatis ac benignitatis officia ; bono merito, mercede mala me respondisse ; se in locorum catalogo locum ultimum, et pene nec ultimum fuisse sortitum, cui tamen pro sui reverentia primus deberetur. Et vere diffiteri nequeo sero me ipsius meminisse, quando ante ipsum alicujus memini. Verum ipse per decursus et discursus subterraneos tacite labens, ita ut nec leni murmure transitus ejus valeat deprehendi, instar aquarum Siloe, quæ cum silentio vadunt, quasi prodi metueret, ubique caput suum cooperit, et sui declinat aspectus. Quidni crederem velle taceri, quem video non nisi sub tecto velle videri ? Hic ergo fons (quod boni fontis esse fertur indicium) ex opposito solis orientis oritur, ita ut æstivo solstitio roseam rutilantis auroræ faciem ex adverso salutet. Tugurio vel (ut majori reverentia dicam) tabernaculo parvo et pulchro cooperitur et clauditur, ne undecumque sordes admittat. Ubi eum mons evomit, vallis deglutit ; et in loco quo oritur, eodem quasi

du prophète Jonas, et n'espérez point qu'elle va demeurer trois jours et trois nuits dans le sol : tout aussitôt elle semble ressusciter du centre de la terre et reparaît à mille pas de là dans les murs du monastère. On dirait qu'elle revient à la vie, là où elle se montre pour ne servir qu'à l'usage des frères et charmer leur vue, elle ne veut plus alors avoir commerce avec d'autres qu'avec les saints.

moritur, quin et sepelitur. Sed ne exspectes signum Jonæ prophetæ, ut tribus diebus et tribus noctibus delitescat absconditus ; statim ad mille passus intra claustrum monasterii, quasi de corde terræ resuscitatus progreditur, et quodammodo redivivus apparet, visui tantum et usui fratrum se offerens, ne cum aliis quam cum sanctis sors illius amodo, sit futura.

SERMON[*]

DE GEOFFROY, QUATRIÈME[a] ABBÉ DE CLAIRVAUX, POUR LE JOUR DE L'ANNIVERSAIRE DE LA MORT DE SAINT BERNARD.

Ce sermon a été prononcé en 1163.

1. Combien douce doit nous sembler aujourd'hui mes très-chers fils, la mémoire de notre père ! Qu'elle est aimable, qu'elle est agréable, qu'elle est acceptable, qu'elle est célèbre ! En effet, s'il est vrai que la mort des saints est précieuse devant le Seigneur, il faut que les hommes se gardent bien de négliger la mémoire de ce grand homme, de l'ensevelir dans la tombe et de l'abandonner à l'oubli du tombeau. On doit embrasser en tout et partout ce nom saint, quand on entend parler de ses magnifiques actions, quand on lit ses paroles, quand on considère les fruits qui en sont résultés. Il ne faut pas que ceux qui ont connu sa vie spirituelle, oublient sa mort corporelle. Or, quelle dévotion à Dieu fut la sienne, quelle pureté dans toute sa conduite, quel bien il a fait à une infinité de gens ! Mais ceux à qui la mémoire que nous célébrons aujourd'hui doit sembler assez douce et tout particulièrement agréable, c'est à ceux-là surtout qui, plantés dans la graisse de cet excellent olivier, sont encore aujourd'hui portés par sa sainte racine. Mais elle doit être plus que toutes les autres mémoires, infiniment douce et chère à tous les cœurs qui repassent et redisent le souvenir de cette abondante douceur qu'ils ont goûtée un jour, et qu'ils rappellent et racontent aux autres tout ce qu'ils ont vu de leurs yeux, entendu de leurs oreilles, et touché de leurs mains, au sujet de cet homme de Dieu. Ils se disent en effet à eux-mêmes, et tout le monde se plaît à répéter à leur sujet, ce qu'un sage disait en parlant du saint prophète Elie : « Heureux ceux qui vous ont vu, et qui ont vécu dans votre amitié (*Eccles.* IV). » D'ailleurs, dans le bonheur que nos anciens goûtent aujourd'hui, ce que nous devons rechercher, c'est notre avantage, ce que nous devons ambitionner avant tout ce sont les sentiments de la piété, les fruits du salut, et les effets de l'édification : car, après tout, ce dont notre pauvreté

[a] Il est parlé de lui dans les notes qui précèdent le livre III de la V. de saint Bernard.

GAUFRIDI, ABBATIS CLARÆ-VALLENSIS IV,
SERMO IN ANNIVERSARIO OBITUS S. BERNARDI.

1. Quam dulcis hodie, dilectissimi filii, paterna debet esse memoria ! quam amabilis, quam acceptabilis, quam jucunda, quam celebris ! Cum enim sit pretiosa in conspectu Domini mors servi ejus ; nullatenus est negligenda mortalibus, nec sepelienda tanti viri memoria negligentiæ tumulo, nec oblivionis est tumulanda sepulcro. Amplectendum in omnibus, et per omnia nomen sanctum, magnifica ejus opera audientibus, verba legentibus, considerantibus fructum. Nec decet illos corporeum ejus obitum oblivisci, qui ipsius vitam noverunt spiritalem ; quam devota Deo, quam pura sibi, quam fuerit utilis et fructuosa quamplurimis. Verumtamen dulcior satis, et longe eis debet esse jucundior hodierna memoria, qui inserti in illius tam bonæ olivæ pinguedine, etiam nunc ab ipsa sancta radice portantur. Super omnes autem dulcissima ejus et omnimodis debet esse devota, qui memoriam abundantiæ suavitatis, quam aliquando gustaverunt, et ruminant, et eructant, dum recolunt et referunt aliis, quæ de illo Dei homine viderunt et audierunt ; et manus illorum forte contrectaverunt. Ejus modi enim secum loquuntur, et de iis pronuntiant universi, quod de beato Elia quidam sapiens aiebat : *Beati sunt qui te viderunt, et in amicitia tua demorati[*] sunt.* Cæterum in omni veterum jucunditate captanda nobis utilitas,

[*] Vulg. l. decorati.

a besoin, c'est de se restaurer plutôt que de se réjouir, et si elle a un peu de sens elle aimera mieux du pain que des friandises.

2. Mais d'ailleurs, sur cet arbre aussi saint que fertile, nous trouvons de l'un et des autres si nous cherchons avec piété, car cet arbre, planté le long d'un ruisseau d'eaux vives, a commencé par porter du fruit à son temps; mais maintenant qu'il est transplanté loin des eaux, il ne cesse point pour cela de porter du fruit. On voit encore vivants parmi nous les exemples de sa vie; souvent les paroles tombées de ses lèvres nous reviennent à la bouche, et les suffrages de ses prières nous sont assurés. L'histoire nous apprend que les enfants d'Israël servirent Dieu tous les jours de Josué et des anciens qui avaient vu les merveilles que Dieu avait opérées dans Israël. Plaise à Dieu que la race de ce bienheureux père, ces enfants qu'il a engendrés surtout par l'Evangile, et qu'il a si souvent nourris, vive longtemps. Oui, Dieu veuille qu'elle marche sur ses pas, pour que les générations à venir n'aient pas de motif de se plaindre d'elle, ce dont Dieu nous garde, et de gémir qu'elle se soit si vite écartée de la voie de la vie qui leur a été montrée, et que, n'entrant pas elle-même dans ces sentiers, elle ne laisse point entrer les autres. Or, au moment où il allait vous être enlevé, voici ce qu'il vous recommandait avec un zèle tout particulier. Et, si je ne me trompe, ou plutôt, puisque je ne me trompe point, ce qu'il appelle de tous les vœux de son amour de père, c'est que, ayant appris de lui comment vous devez marcher dans les voies de Dieu pour lui plaire en toute chose, vous y marchiez de telle sorte que vous y avanciez de plus en plus

Recommandations de Bernard mourant.

(*Thes* IV, 1). Sans doute, il avait à cœur que ces paroles terribles du saint législateur Moïse « Pendant tout le temps que j'ai vécu et agi parmi vous, vous avez toujours disputé et murmuré contre le Seigneur; combien plus le ferez-vous quand je serai mort (*Deuter.* XXXI, 27)? » ne semblassent point avoir été prononcées pour vous. J'ai bien peur également qu'il n'ait aussi été touché des paroles de l'Apôtre qui prévoyait qu'après qu'il ne serait plus, le bercail de ses chers disciples seraient envahi par des loups ravissants. Plaise au ciel, par conséquent, qu'il vive toujours pour nous et que la mort ne le frappe jamais! Oui, plaise à Dieu qu'il ne s'éloigne jamais de nous, mais qu'il soit retenu parmi nous et qu'il ne nous laisse jamais aller! Dieu veuille qu'il soit encore notre père abbé, et que vous soyez ses fils : qu'il soit votre pasteur, et que vous soyez les brebis de son troupeau! Car quant à nous, comme vous le savez, si nous sommes assis aujourd'hui à cette place, ce n'est pas pour nous, mais pour celui qui nous a aimés, c'est pour qu'il ne semble pas qu'il s'est levé au milieu de vous, ce que vous avez le plus à cœur d'éviter, un homme qui ne connût pas Joseph.

3. Et maintenant, mes très-chers amis, ce qui se voit en nous est temporel, et destiné à passer rapidement. Il n'en est pas ainsi des choses que nous croyons en lui, nous ne les voyons pas. Imitons-le et vénérons-le donc sans le voir comme si nous le voyions, appelons de nos vœux et de nos prières ses conseils et ses exemples. En attendant, nous célébrons sa mémoire, nous nous félicitons de cet emploi fait pour le temps et nous nous réjouissons de l'avoir constamment sous les yeux. Est-ce que,

---

et quærendus in omnibus devotionis affectus, salutis fructus, ædificationis effectus. Paupertas siquidem nostra refici magis eget, quam delectari; et si non desipit, escas potius quam delicias quærit.

2. Et sane utrasque in hac sancta et fructuosa arbore, si pie querimus, invenimus. Hoc enim lignum primo quidem plantatum secus decursus aquarum, fructum suum dedit in tempore suo. Sed jam nunc, ut alibi transplantatum est secus aquas, nec aliquem desinit facere fructum. Vivunt adhuc in nobis exempla conversationis ejus, et frequentantur eloquia oris ejus, suffragia sacra non desinunt. Legimus de filiis Israel, quod servierunt Domino cunctis diebus Josue, et seniorum qui noverant omnia opera Domini quæ fecerat in Israel. Utinam longo vivat tempore hujus beati patris generatio, quam præsentialiter per Evangelium genuit ipse, et sæpius parturivit. Utinam ejus vestigia sic sequatur, ne (quod absit) adversus eam secutura posteritas causas habeat querelarum, quod declinantes cito a via vitæ, quæ ostensa est eis, nec ipsi intraverint, nec permiserint nos deinceps introire sequaces. Hoc enim erat, quod a vobis assumendum, studiose monebat. Et nunc quoque, ni fallor, imo quia non fallor, paterna desiderat charitate, ut secundum illud Apostoli, quemadmodum accepistis ab eo quomodo oportet vos ambulare et placere Deo per omnia, sic et ambuletis ut abundetis magis. Nimirum sollicitus erat propter illud forsitan Moysi sancti terribile verbum quod legerat, ne forte dicendum aliquibus videretur : *Adhuc vivente me et ingrediente vobiscum, semper contentiose egistis contra Dominum; quanto magis cum mortuus fuero?* Nec minus (ut vereor) apostolica eum verba movebant, quod intraturos forte præceperet post discessum suum in discipulorum ovilia lupos graves. Utinam ergo nobis ille in perpetuum vivat, nec aliquando moriatur! Utinam nunquam discedat, sed firmiter teneatur, nec aliquando dimittat! Utinam noster ille inveniatur abbas, et vos filii ejus; vester ille pastor, et vos oves pascuæ ejus! Nos enim (ut ipsi scitis) non propter nos, sed propter illum qui dilexit nos, hodie hic sedemus, quod cavere ante omnia volueritis, ne surrexisse videretur in nobis qui ignoraret Joseph.

3. Et nunc, charissimi, quæ videntur in nobis, temporalia sunt; et continuo transitura; non sic autem quæ in illo credimus, etiam videmus. Invisibilem itaque, tanquam videntes æmulemur et veneremur, in omnibus observantes præcepta ejus, consilia et exempla optantes, etiam et orantes. Utimur interim commemoratione, temporali congratulemur officio, perpetuo lætamur aspectu. Numquid enim vel modo,

en ce moment même, si nous n'avons point le bonheur de le voir, lui ne nous voit point non plus? Ah! mes frères, loin de nous cette pensée, gardons-nous de penser, de soupçonner même légèrement rien de pareil. Que de choses, en effet, il a vues en esprit, ce saint homme, même pendant qu'il vivait encore dans la chair! Combien n'en a-t-il pas distingué à distance! Que de choses à venir il a connues et annoncées d'avance! Je connais un homme qu'il avait pêché avec plusieurs autres dans le filet de la parole de Dieu, qu'il a conduit dans la salle des novices où se coupaient alors selon le précepte du Seigneur et se faisaient cuire de nombreuses gerbes de prémices de la moisson. Sur ces entrefaites, il y eut pour le saint abbé un motif, comme lui en donnaient souvent les besoins des siens ou de l'Église de Dieu toute entière, de s'éloigner pendant quelques jours de son monastère; mais il ne fut absent que de corps, non de cœur, et son esprit pourvoyait efficacement à tout, si sa chair avec sa faiblesse avait cessé d'être présente. De retour de son voyage, son premier soin est de visiter les jeunes recrues du Seigneur, qu'il avait munies, si je ne me trompe, d'environ quatre-vingts sortes d'armes spirituelles différentes. Après les avoir saluées, il ne dit que quelques mots, puis, appelant l'un d'eux par son nom, il s'exprima ainsi : « Sachez que lorsque vous aviez cessé de me voir, moi je vous voyais encore ; vous étiez bien triste, plongé dans une violente affliction, et lorsque je vous donnais un baiser avec le désir que ce fût un baiser de paix, j'ai senti mes joues mouillées de vos larmes. » A ces mots, le faisant approcher davantage, il eut la très-grande bonté de l'embrasser et de lui prodiguer des consolations. Faut-il s'étonner qu'un rayon de soleil aussi pénétrant que lui, ait percé la nue avec une telle facilité et une telle rapidité? Pour lui ce n'était même pas une vision. En effet, auparavant ce religieux s'était senti prévenu des douceurs de la grâce, mais, après le départ du bienheureux père, il s'était vu assailli par la tempête de la tentation, et il avait failli sombrer dans la tourmente d'un violent chagrin. Mais des lèvres du père tomba dans son âme une double grâce, une parole de vérité et un baiser de charité, et à l'instant même sa tristesse disparut, pour laisser la place à une joie salutaire.

4. Mais à présent, mes frères, qui placera une source de pleurs dans notre tête, et une fontaine de larmes dans nos yeux? Soupirant après la lumière, après le Seigneur, jusqu'à ce qu'il daigne faire jaillir ces deux sources dans notre terre desséchée, que de nos yeux coulent deux ruisseaux de larmes; peut-être tomberont-elles dans le sein d'un père plein de clémence, peut-être son cœur de père se mouillera-t-il des larmes de ses enfants. Car s'il a pu connaître la cause des larmes qu'un de ses fils versait dans le berceau où vagissait son enfance, bien qu'il fût alors loin de lui, s'il a compris son chagrin, connu sa tristesse et senti ses larmes, ne croyez-vous pas que maintenant il voit, sent et connaît tout ce qui nous touche? Ou bien encore, comment lorsqu'il nous apparaîtra à tous, si nous le voyons sans hésiter (et plaise à Dieu que notre cœur ait ce bonheur et que personne ne nous le ravisse), comment, dis-je, nous embrassera-t-il les uns après les autres, nous adressera-t-il à chacun la parole, et nous dira-t-il à tous, en particu-

---

sicut videre cum non meremur, sic ab eo ipsi etiam non videmur? Absit a nobis, fratres, absit, ut tale aliquid vel tenuiter suspicemur. Quam multa vir sanctus, etiam dum in carne vixit, vidit in spiritu? Quanta etiam longe positus comperit? quam multa quoque futura prænovit, atque prænuntiavit? Scio hominem, quem divini sermonis homo cum aliis quidem non paucis ipse piscatus, in cellam novitiorum, ubi plures eo tempore juxta legis Dominicæ sanctionem, primitiarum manipuli frangebantur, et torrebantur, induxit. Interim causa exstitit, sicut frequens illum trahebat necessitas, tam suorum, quam totius ecclesiæ Dei, ut egressus a monasterio per dies aliquot pater sanctus absens, sed corpore solo, non corde nec efficaci providentia spiritus, sed præsentia carnis infirma. Regressus denique de via, tirones Domini sui confestim visitat, quos ad militiam ejus (si bene memini) circiter octoginta armis spiritalibus instruebat; quibus salutatis, non multa locutus, unum illorum nomine evocans, aiebat: « Noveris quia postquam me non vidisti, ipse te vidi, et quidem mœstum nimis, ac vehementer afflictum, et cum tibi pacem, cupidus paci osculum darem, lacrymis tuis ipse permadui. » Hæc ait, et propius illum accedere jubens, sua illa piissima dignatione osculatus ac magnifice consolatus est eum. Nec mirum quod mira facilitate, mira celeritate nubem illam radius ille dissolvit, siquidem non jam illa visio fuerat. Nam in multa ante præventum benedictione dulcedinis, post ejusdem beati patris egressum, gravissima quædam occupaverat ea tempestate tentatio, et propemodum vehemens absorbuerat mœror. Sed gemina quædam sacrorum gratia labiorum in verbo veritatis, et in osculo charitatis confestim tristitiam depulit, reddidit lætitiam salutarem.

4. Et nunc, fratres, quis dabit capiti nostro aquas lacrymarum, fontes oculis nostris? Suspiremus lumen, suspiremus, charissimi, suspiremus ad Dominum, donec arenti nostræ terræ utrumque adjiciatur irriguum ; deducant oculi nostri divisiones aquarum, si forte in illum pluant paternæ clementiæ sinum, si forte etiam nunc ad filiorum fletus paternum madeat pectus. Quem enim velut in cunis adhuc infantilibus vagientis parvuli causa non latuit, quando longe positus, et afflicti tribulationem perceperit, et tristitiam noverit, lacrymas senserit; quid putatis, quanto certius nunc nostra omnia percipit, omnia novit, omnia sentit? Aut quomodo singulis quibusque cum apparuerit adhuc, si sine ulla hæsitatione viderimus eum; (et utinam gaudeat cor nostrum, et gaudium nostrum

lier, dans cette épreuve : j'étais là, à côté de vous, bien que vous ne le sussiez pas ; j'ai entendu les gémissements que vous poussiez, j'ai aidé les efforts que vous tentiez, j'ai vu les larmes qui coulaient de vos yeux, j'ai recueilli les soupirs de votre cœur ? C'est dans cette attente, sans doute, que ce saint homme, lorsqu'il vivait encore sur cette terre, commença par visiter, avant tout, ceux qu'il élevait dans la vie spirituelle, mais ils ne sont pas les seuls qu'il ait visités, car la vérité même a dit, en parlant d'elle : « Heureux les yeux qui voient ce que vous voyez, mais bienheureux ceux qui ne les ont point vues et qui ont cru (*Math.* XIII). »

5. Bien des personnes purent reconnaître, lorsque le saint abbé avait cessé d'être visible en chair à leurs yeux, qu'il se montrait encore pour elle, en esprit, un père plein de bonté, car il leur vint en aide, les délivra de leurs tentations, et leur prodigua des consolations. En effet, quelques frères ayant emporté avec eux, dans de lointains parages, un peu de l'eau qui nous avait servi à purifier son corps après sa mort, lorsque selon la coutume nous lui rendions les derniers devoirs après qu'il eût expiré, il y a dix ans de cela, nous ont appris dans un récit digne de foi, que cette eau non-seulement s'est conservée parfaitement saine jusqu'à présent, mais encore n'a perdu aucune de ses propriétés, bien qu'on y ait ajouté d'autre eau par dessus. Car beaucoup de malades en ayant demandé et obtenu pour combattre leurs maux (et ces mêmes religieux nous assurent que beaucoup se sont trouvés soulagés par ce moyen), bien qu'on ait souvent rempli le vase qui la contient d'une eau puisée ailleurs, cependant elle est demeurée jusqu'à présent telle qu'elle était le premier jour.

En 1163.

Plaise à Dieu qu'on remarque ainsi à jamais dans la communauté de ce bienheureux père, ce qu'on a constaté dans cette eau, je veux dire que l'excellente couleur de sa vie extérieure ne s'altère point, que le goût de ses intentions célestes ne s'affadisse point, et que la bonne odeur de sa réputation ne s'évanouisse point, et que tous ceux qui seront versés dans cette communauté participent à la grâce dans laquelle le saint a vécu lui-même. Nous ne nous sommes point proposé de raconter aujourd'hui ses vertus, mais seulement d'exciter, autant que nous le pourrons, votre esprit à l'imiter et à le combler de respect. Car si vous ne le voyez plus des yeux du corps, tout ce que, dans le cœur de votre affection pour lui, vous vous représenterez des yeux de l'esprit viendra en aide à nos efforts, et vos propres pensées vous diront tout ce que notre parole est incapable de vous faire entendre. L'Écriture a dit quelque part : « C'est à la fin que la sagesse se montre, » c'est-à-dire, c'est quand la vie du sage est finie qu'on peut la louer. C'est ce qui a fait dire ailleurs au Sage : « Ne louez point un homme vivant, » et ailleurs, « Ne louez personne avant sa mort (*Eccl.* XI, 30), » comme s'il avait voulu dire : Mais louez le Sage quand il sera mort. Si on loue un vivant, les louanges qu'on lui donne l'exposent à la vaine gloire, et, dans la bouche de celui qui les lui donne, elles semblent une flatterie.

6. Mais il y a beaucoup d'utilité à recueillir, des louanges qu'on donne à un mort. La première, c'est que celui à qui nous les adressons étant loin de nous, c'est au Dieu qui l'a comblé de ses grâces que nos louanges se rapportent ; en second lieu, comme on ne peut plus soupçonner une pensée

---

nemo tollat a nobis) quomodo, inquam, singulos amplectetur, singulos alloquetur, singulis indicabit, quia ego tibi, cum nescires, in illa tunc necessitate affui, illos audivi gemitus, illos conatus adjuvi, illas vidi lacrymas, suspiria illa suscepi ? In qua tamen nimirum exspectatione ipsos, quos vir sanctus adhuc in carne degens spiritaliter educavit, primos convenit, et non solos ; utrumque enim eadem de seipsa veritas ait : *Beati oculi qui vident, quæ vos videtis ; et beati qui non viderunt et crediderunt.*

5. Nonnullis etiam pater sanctus, cum in carne eum non viderunt, benignum sese in spiritu exhibuit patrem, tulit opem, abstulit tentationem, attulit consolationem. Nam ex lavacro sacri corporis ejus, cum ex more et post transitum debitas exhiberemus exsequias, fratres quidam in remotissimas orbis partes deportaverunt, et, sicut eorumdem certa relatione didicimus, cum jam decimus annus transierit, non tantum aqua illa usque modo manet omnimodis illibata, sed eamdem obtinet et gratiam quæcumque fuerit superfusa. Cum enim pluribus jam ad remedia postulantibus de eodem sacro liquore donaverint (nam et eum multis opem tulisse confirmant), impleto tamen sæpius aqua altera vasculo, talis permanet usque hodie, qualis prima fuerat die. Atque utinam in perpetuum in ejusdem beati patris congregatione probetur, quod in liquore fieri perhibetur, ut nec color optimus in exteriore conversatione, nec sapor in cœlesti intentione, nec odor in opinione mutetur, sed eidem gratiæ in qua vir sanctus exstitit, quidquid infunditur conformetur. Neque nunc ipsius propositum narrare virtutes, sed ad ejus æmulationem et reverentiam vestras, quantum possumus, erigere mentes. Quem nimirum, etsi corporaliter jam non videtis, spiritualiter quæ de illo dilectionis vestræ corda meditantur adjuvabunt sensus nostri conatus ; et quidquid sermoni meo expedire difficile est, vestra sibi pectora propriis cogitationibus eloquentur. Scriptura quodam loco continet ; sapientia in exitu cernitur ; hoc est dicere, sapientis conversatio in consummationis fine laudatur. Unde et in alio loco : *Ne laudes,* inquit, *hominem in vita sua*, et iterum : *Ante mortem ne laudaveris quemquam*, tanquam diceret : lauda post mortem. Viventis enim laudibus laudato locus vanæ exsultationis offertur, et laudatori maxime nota assentationis affigitur.

6. Multis enim modis utile est laudare defunctum. Primum quia dum abest cui gratificari laudatione possumus, necesse est, ut ad largitorem gratiæ Deum laus tota referatur. Deinde quia sola virtutis admira-

SERMON DE GEOFFROY POUR L'ANNIVERSAIRE DE LA MORT DE SAINT BERNARD.

La louange des morts est utile.

de flaterie dans ces louanges, il s'ensuit qu'on n'y voit que l'admiration, des vertus du défunt. Ainsi la louange des morts, dans la sainte assemblée de fidèles, est pleine d'édification, n'expose point leurs vertus à la jactance, et même est de la part de ceux qui sont loués ainsi une sorte d'accusation, puisque les louanges qu'on leur prodigue sont un motif pour ceux qui les entendent, de faire des progrès dans le bien. Je ne crains pas qu'on pense de moi que je parle trop favorablement de notre saint, car sans compter que tout ce que je peux dire de lui est de tout point inférieur à ses vertus, il n'est personne qui ne le regarde comme sien, qui ne le sente comme sien et ne le croie sien. Toutefois, ce n'est pas en m'appuyant sur mon esprit, ni en comptant sur mon éloquence, que j'entreprends de faire le récit de la vie d'un tel homme, car lors même que ce serait un des maîtres de l'éloquence antique qui l'essayerait à ma place, non-seulement son éloquence n'ajouterai rien à la beauté du sujet, mais encore il tomberait accablé par le poids du sujet à traiter. C'est votre amour qui m'excite, c'est votre affection qui me fait oser vous dire quelques mots de lui. D'ailleurs j'aime à croire que mes paroles seront animées par ses vertus, bien que mes ressources oratoires ne s'élèvent pas bien haut, mais, si la parole est humble, les choses sont grandes, et elle se trouvera assaisonnée par l'amour dont vos cœurs sont inondés pour lui.

Le mépris des grandeurs du monde fait la grandeur de ceux qui vivent en religion.

7. Je me propose de commencer par prêcher à tous ceux qui ont embrassé une vie de prières, la patrie et l'origine de ceux dont ils ont entrepris d'imiter la sainte vie, afin qu'ils voient devant leurs yeux, dans la gloire de leurs pères, ce qui peut manquer à leurs propres vertus. Pour nous, nous ne faisons qu'un en Jésus-Christ, et le comble de la noblesse, c'est d'être comptés au nombre des serviteurs de Dieu. Toutes les grandeurs de ce monde ne peuvent rien ajouter à cette noblesse, que par le mépris que nous en faisons. Personne dans les cieux ne brillera d'un plus grand éclat que celui qui, méprisant les parchemins de ses pères, aura choisi pour tout honneur d'être compté au nombre des enfants du Christ. Je passe donc sous silence, la gloire et la grandeur selon le monde des aïeux de Bernard, la noblesse de sa famille, dont il dédaigne de tenir compte, par une noblesse plus grande de cœur; je ne dirai pas non plus, combien peu sa pensée s'est complue dans les vains honneurs des siens, car, par amour de la vérité, il ne désirait plus qu'ils rejaillissent sur lui. J'ai plutôt hâte de dire quelle fut sa très-douce enfance, la modestie de sa jeunesse, la gravité de son adolescence, et combien il l'emportait en vertu sur tous ceux de ces différents âges, combien il fut toujours trouvé plus grand qu'eux, tellement qu'on croirait qu'il fut élevé à l'école de Dieu même. En effet, sa grâce charmait tout le monde, et, tandis que Jésus-Christ l'attachait à sa personne, le monde s'efforçait de le retenir par tous les moyens possibles. Par sa douceur, Bernard s'attachait les uns; par le charme de son commerce il enchaînait les autres à sa suite, enfin l'admiration qu'excitaient toutes ses qualités mondaines lui gagnait le cœur de tous les jeunes gens. Mais plus cette grâce première était grande en lui, plus il était retenu par des liens nombreux loin de sa conversion. On craignait de se voir enlever celui qui était comme la gloire commune de tous. En effet, quel costume a-t-il jamais porté qui ne semblât n'avoir été fait que pour lui? Quels vêtements ne faisait-il pas souvent valoir? Aussi chacun pensait-il que c'était lui en-

---

tio residet, ubi suspicio assentationis aufertur. Defuncti itaque in sancta congregatione fidelium laus prolata plena est ædificationis, jactantia vacuat merita; in hoc quoque eum, qui laudatur, accusans, quod plures sua laude proficiunt. Nec vereor, ne nimis forsitan favorabiliter de eo me loqui credatur, quia præterquam nihil non inferius dici suis virtutibus potest, nemo est qui illum non suum computet, suum senserit, suumque crediderit. Non tamen ego ingenii fiducia, neque fretus eloquio, ad attingendam tanti viri vitam manum mitto ; quam si quis priscæ eloquentiæ auctor attingeret, non solum nihil facundia ornaret, sed victus materiæ mole succumberet. Vester me amor provocat, vester affectus de illo aliquid loquendi fiduciam subministrat. Animabitur ipsius, ut credimus, merito sermo, quamvis repentis ingenii ; et quod jacet verbis, elevabitur rebus, et effusa in illum charitate vestrorum pectorum condietur.

7. Est illud votum omnibus oratoriæ disciplinæ, quorum laudandam susceperunt vitam, patriam prius et originem prædicare, ut quod in propriis virtutibus deest, in patrum gloria præcessisse videatur. Nos autem in Christo omnes unum sumus, et fastigium est nobilitatis, inter Dei famulos computari ; nec addere quidquam nobis ad dignitatem hanc originis terrenæ decus, nisi contemptu suo potest. Nemo in cœlis clarior, quam qui repudiato patrum stemmate, elegit sola Christi paternitate censeri. Prætermitto itaque commemorata avita illius secularium honorum insignia, et familiæ suæ nobilitatem majori generositate pectoris fastiditam, nec placuisse illum sibi de supervacuis suorum honoribus, qui per amorem veritatis jam suos non optabat. Ad illud potius meus sermo festinat, quam dulcissima infantia, quam modesta pueritia, quam gravis adolescentia fuerit, quam omnes ætatum gradus supra virtutem transcenderit, majorque semper inventus sit, ut prorsus divino quodam pædagogio educatum putem. Intraverat enim gratia sua omnium sensus ; et cum eum Christus sibi assumeret, terram * in suis omnibus certatim mundus tenebat. Alios dulcedo sua alligaverat, alios collegii blandimentum devinxerat; alios juvenum exercitus admiratio secularium virtutum tenebat. Quot illi jura prioris gratiæ fuerant, tot a conversione vinculis retrahebatur. Commune quoddam decus præripi omnes timebant. Et vere quis unquam illum habitus non quasi

lever sa plus splendide pierrerie et la plus grande beauté de tout, que de lui enlever Bernard, et nul ne pensait pas que tous ces avantages dussent se changer et se reformer en mieux, mais qu'ils étaient comme destinés à périr, ainsi que nous l'avons vu. Ce n'était pas sans raison que le monde craignait de se voir enlever Bernard par le Christ, Bernard qu'il tenait pour le plus accompli entre tous et qu'il aimait comme unique en son genre.

8. Mais le jeune homme dédaignait tous ces avantages, dont ceux qui étaient plus âgés que lui se montraient charmés, et il ne cessait de se répéter à lui-même ces paroles pour s'exciter : « Cette vie est charmante, mais elle est décevante. Les recommandations que nous entendons dans les églises et les doctrines que le monde fait retentir à nos oreilles, sont bien différentes les unes des autres. A l'église c'est la modestie, c'est la continence, c'est la pudeur, qui nous sont recommandées; dans le monde c'est le luxe effréné qui nous est prêché. Là, le Christ nous invite à un royaume éternel, ici le diable nous appelle à un empire qui n'aura qu'un temps. Tout ce qui est dans le monde est concupiscence de la chair, concupiscence des yeux, et vanité: Or, le monde passe et sa concupiscence passe avec lui; mais celui qui fait la volonté de Dieu demeure éternellement (I Joan. II, 16 et 17), comme il demeure lui-même éternellement aussi. Hâtons-nous de nous arracher à ses filets, pendant qu'il ne nous tiennent pas encore trop étroitement serrés. Ce qui est lié depuis longtemps se délie difficilement; il est plus facile d'arracher la plante quand elle est jeune que de la couper quand elle s'est accrue. Sauvez votre âme sur la montagne, si vous ne voulez pas que les maux de cette vie fondent sur vous. Le venin de la volupté s'insinue vite. Il faut conserver pour Jésus-Christ, la liberté qui nous a été acquise au prix de la grâce de Jésus-Christ. Que d'autres admirent l'or et l'argent, car je vois bien que la richesse possède ceux qui la possèdent. Que les autres conservent au péril de la liberté de leur âme leur propriétés et leurs esclaves, qu'ils soient heureux des honneurs, et qu'ils les préfèrent à l'honneur de l'image divine gravée en eux. Pour moi, c'est assez de ne pas être l'esclave du vice : pour moi, faire mon salut, voilà le bonheur; acquérir des vertus, voilà ma volupté, voilà mon trésor. Voilà ce qui compensera la tristesse par la joie, ce qui me fera goûter dans cette vie du bonheur jusque dans l'amour de la discipline, m'y fera trouver de la gloire et me rendra digne du royaume des cieux. » De pareilles méditations ne souffrent point de retard, et l'étincelle nourrie de la sorte, éclate en une flamme de conversion. En prenant sur ses épaules soumises, le jour de la servitude du Seigneur, il secoua le joug de la liberté, comprenant bien que le comble de l'esclavage, c'est la licence de la jeunesse. Il échange l'éclatante blancheur de ses vêtements contre la blancheur de l'âme; son cou blanc comme la neige se cache sous de rudes étoffes, la gaieté fait place à la gravité, et la vigueur des membres à celle de l'âme. Toute la force du corps passe dans l'esprit, sa belle figure pâlit dans les jeûnes; son premier embonpoint fait place à la gravité. Que dirai-je encore? il devient tout entier différent de lui-même. Le Seigneur assiste sa nouvelle recrue, et la console. Il se donne bien de garde de négliger d'appeler ses frères à partager son sort. Ceux-ci, portés par son exemple à se convertir aussi, l'accompagnent non-

La liberté souveraine consiste à servir Dieu.

---

proprius accepit? Quos aliquando amictus non ornavit? Itaque velut splendidissimam gemmam et commune omnium decus sibi simul putabant eripi, neque immutanda hæc omnia et reformanda in melius, ut vidimus, sed quasi moritura credebant. Nec immerito eum secularis gloria sibi a Christo præripi timebat, quem inter reliquos ornatissimum invenit, velut unicum amplectebatur.

8. Verum fastidiebat adolescens, quo grandævi delectabantur, tali se semper adhortatione compellans: « Delectat hæc vita, sed decipit. Alia in ecclesiis præcepta recitantur; alia ibi in auribus mandata sonuerunt. Illic modestia, continentia, et pudor traditur; hic luxuria effrenata mittitur. Illic ad æternum regnum Christus invitat; hic diabolus ad temporale sollicitat. *Omne quod in mundo est, vanitas et concupiscentia oculorum ; et mundus transit et concupiscentia ejus. Qui autem facit voluntatem Dei manet in æternum*, sicut et ipse in æternum. Festinemus erui ab his laqueis, dum adhuc minus tenemur. Diu alligata tardius solvuntur. Facilius est tenera vellere, quam robusta succidere. *In monte salvam fac animam tuam* ; ne forte apprehendant te mala conversationis istius. Cito serpit voluptatis venenum. Servanda est Christo pro Christi gratia sumpta libertas. Alii aurum argentumque mirantur; dominantur, ut video, metalla dominantibus. Prædia atque mancipia non sine animi sui captivitate possideant alii, honoribus gaudeant, et si honori in se divinæ imaginis præferant. Mihi satis est mancipium non esse vitiorum; mihi salus, gaudium; mihi in virtutibus, voluptas; mihi thesaurus sit. Pensabit mihi gaudia mœroribus; dabit et in hac vita, disciplinæ studio oblectari, et ornari; et inter hæc dignum fieri cœlestibus regnis. » Nec longas talis meditatio moras pertulit, sed illico in flammam conversionis nutrita hujusmodi fomentis scintilla perrumpit. Jugum dominicæ servitutis subdita cervice suscipiens, jugum libertatis excussit, intelligens summum esse captivitatis genus licentiam juventutis. Transfertur ad nitorem mentis vestium splendor ; cervicis lacteæ decus palliis rigentibus occupatur; transit lætitia in gravitatem; membrorum vigor animi vigore mutatur. Virtus corporis in virtutem spiritus migrat: pallescit jejunio speciosa facies; et prius succi, fit plena gravitatis. Et quid plura? totus de alio alius ostenditur. Assistit tironi suo Dominus, et consolatur; nec dissi-

seulement dans sa retraite mais encore dans sa vertu.

9. Désormais qu'elle est la lutte qui les partage, c'est à qui aura l'âme plus tendre à la piété, à qui se contentera d'une nourriture plus grossière, à qui aura le langage le plus doux et le vêtement le plus rude; à qui parlera le moins et priera le plus, à qui sera le moins touché des injures et le plus accessible aux sentiments de miséricorde, à qui se dépouillera le plus vite pour donner aux autres, à qui aura le moins souvent le nom du monde sur les lèvres, et le plus souvent celui du Christ; à qui dans ce haut comble de vertus se mettra le plus bas dans sa pensée, à qui s'abaissera davantage dans les sentiments de la componction à mesure qu'il s'élèvera plus sur l'échelle des vertus. Aussi quelle n'est pas leur gravité, quelle n'est pas en même temps leur maturité, combien rare est chez eux la visite des femmes même de leur famille, quelle n'est pas enfin au milieu de tant de vertus leur fuite de toute espèce de vanité! Leur travail élève un temple pour les élus de Dieu, construit une demeure propre à abriter les religieux, un séjour où ils mènent une vie d'anges sur la terre, dans une longue patience, dans les veilles, dans les jeûnes, dans la science, dans la longanimité, dans l'Esprit-Saint, dans une charité qui n'est pas feinte, dans une parole de vérité, dans la vertu de Dieu. Cependant leur amour pour Bernard allait croissant, il se multipliait, il se répandait partout, et leur réputation s'étendait jusque sur les plages les plus éloignées. Toute sa patrie luttait d'amour et de respect pour lui; mais lui redoutait sa propre gloire, et, bien qu'il rapportât à la gloire de Dieu l'honneur partout répandu de la bonne vie qu'il menait, cependant, il craignait pour lui le danger de la vanité. Il pensait qu'il avait déjà reçu en cette vie sa récompense. Déjà toutes les contrées du monde dirigent leurs pas vers lui à la recherche de Dieu; c'est à lui que s'adresse quiconque soupire après le Christ; on a trouvé Christ, quand on est arrivé auprès de lui. C'est que, en effet, le Christ vit tout entier en lui. Il a fait de son cœur, comme son donjon élevé et son temple splendide. C'est là qu'habitent la chasteté, la sainteté, la foi, la sagesse, la force; c'est là que la justice et la vérité brillent de leur éclat. Aussi semblait-il ouvrir les bras et tendre les mains pour inviter tous les hommes à se jeter dans son sein, c'est-à-dire dans le sein même de la cour de Jésus-Christ. Tout le monde affluait à l'envi vers lui. Aussi, quelle contrée, quelle nation ne compte point quelques-uns de ses citoyens dans le monastère qu'il a élevé? Quel est le forcené dont il n'ait adouci la fureur? Que de bêtes cruelles n'a-t-il pas changées en douces colombes? Quel cœur plein d'amertume n'a-t-il pas quelquefois ému et arrosé de la douceur de Jésus-Christ? Combien, après avoir été à charge à eux-mêmes, sont devenus plus tard les délices de tout le monde? Après avoir goûté la douceur du bien, ils ne pouvaient pas s'empêcher de détester ce qu'ils avaient été auparavant. Car comme s'ils avaient été conduits dans une lumière nouvelle pour eux, ils haïssaient l'antique prison de l'erreur où ils étaient longtemps demeurés.

10. Toutes les maladies pestilentielles des âmes se sont vues chasser par ses prières; l'amertume, la

---

mulat germanos suos in collegium suscitare, qui exemplo ejus vocati ad conversionem, sicut collegio illum, ita et virtute comitati sunt.

9. Hinc jam inter illos certamina gratuita propositi, cujus mens ad pietatem mollior, cujus esset cibus durior, cujus sermo blandior, cujus amictus asperior; quis loqui rarius, quis orare crebrius posset; quem minus moveret injuria, quem magis misericordia; quis daret promptius quod sibi detraxisset; cui in ore rarior mundus, cui frequentior Christus; quis in illa sublimitate virtutum sibimetipsi minor videretur; et quo magis merito ascenderet, hoc magis compunctione decresceret. Jam quæ illorum gravitas, quæ simul maturitas, quam rara feminarum visitatio, etiam proximarum, et quæ inter tot virtutes totius vanitatis fuga! Industria horum electis Dei templum excitatur, apta monachorum tecta consurgunt, ubi angelica ab illis vita in terris ducebatur, in multa patientia, in vigiliis, in jejuniis, in scientia, in longanimitate, in Spiritu sancto, in charitate non ficta, in verbo veritatis, in virtute Dei. Interea amor in illum omnium crescebat, multiplicabatur, disseminabatur, et fama in ulteriora quæque ferebat. Tota erga illum patria obsequii amore et honore certabat. Pavebat ille interea gloriam suam; et honorem bonæ conversationis longe lateque diffusum licet ad Dei laudem referret; sibi tamen vanitatis periculum metuebat inferre; percepisse se in vita sua mercedem putabat. Certatim jam illi omnis regio quærentes Deum dirigebat; hunc expetiit quisquis Christum desideravit; plane Christum, qui hunc expetiit, invenit. Illic enim totus ille vigebat. Pectus suum quasi præcelsam arcem et splendidissimum templum insederat. Illic castitas, sanctitas, fides, sapientia, et virtus habitavit; ibi justitia fulsit et veritas. Itaque velut effusis ulnis, patentibusque brachiis in amplexum suum omnes, hoc est in amorem Christi, invitabat. Omnes undique ad illum certatim confluebant. Etenim quæ adhuc terra, quæ natio in monasterio illius cives suos non habet? Quem ille rabidum non mitigavit? Quoties de immanibus belluis quam mites fecit columbas? amaros interdum movit et Christi dulcedine aspersit; et quorum gravitas sibimetipsis pœnalis fuerat, eorum postmodum gratia oblectamento omnibus erat? Degustata denique boni suavitate non poterant non magis odisse quanta* fuerant. Nam velut educti in novam lucem, antiquum illum diu insidentium errorum carcerem detestabantur.

10. Pulsa est per orationes ipsius varia pestis animorum. Amaritudo, asperitas, et rabies locum da-

* F. quod antea.

beaucoup de rudesse et la fureur laissaient la place à la liberté que le Christ nous avait offerte; on goûtait le repos après la longue et pénible servitude sous le sceptre de Pharaon. O changement étonnant, admirable! Ce n'est pas avec les breuvages de Circée dont parle l'histoire, mais par le très-doux breuvage du Christ qu'il leur administrait, si je puis parler ainsi, qu'il changeait, non plus les hommes en bêtes, mais les bêtes en hommes. En effet, de quoi ne seraient pas capables ses instances unies à la gaieté d'esprit? Ou quelles pierres ne se changeraient pas en enfants d'Abraham, là où se rencontre dans le laboratoire tant de vertus pour changer les âmes? S'il ne réussissait pas à son gré par les exhortations à procurer le salut des hommes, il forçait Dieu par les prières à l'assurer. Bernard regardait toutes les passions des hommes comme les siennes propres et il les pleurait de même; quant à leurs progrès et à leurs travaux, il les regardait également comme siens, et savait ainsi se réjouir avec ceux qui étaient dans la joie et pleurer avec ceux qui étaient dans les larmes. Il faisait ainsi concourir à son mérite les vertus et les voies de tous les hommes; car, de même que la vertu excite à la vertu, ainsi la compassion pour les malheureux produit la sainteté. Voilà comment il moissonne en chacun plus abondamment que chacun ne le fait pour soi; car le salut de chacun est pour lui une source de gloire. Plein d'ardeur et d'activité, il poursuit d'un pas infatigable la route où l'engage ce qu'il a vu de la nature et des mœurs de chacun. A celui-ci il s'adresse en secret, à celui-là en public; à l'un il se montre sévère et à l'autre caressant; voilà comment, pour arriver toujours au même but de la correction, il sait varier le visage de celui qui corrige. Tout cela explique comment il se fait qu'il

beaucoup de gens du vice à l'amour de la vertu.

n'est pas facile de voir un homme tout à la fois autant craint, autant aimé. Il inspirait, en effet, tellement bien ces deux sentiments aux siens, que l'amour qu'on lui portait faisait naître la crainte du mal, et que la crainte qu'il inspirait faisait naître l'amour de la discipline.

11. On ne saurait croire avec quel soin il veillait à ce que personne ne fût affligé ou poussé à l'écart par de sombres pensées; avec quelle facilité il pénétrait ce qui chagrinait les uns ou les autres; comme il portait l'âme de chacun dans ses mains! Avec quelle pieuse bonté il pourvoyait, par une sage dispensation, à ce que personne ne fût accablé de travail ou ne s'endormît dans un trop long repos; on pourrait dire en quelque sorte qu'il pesait, avec une pieuse affection, à chacun son sommeil. Ceux dont le corps était robuste, il les tenait constamment éloignés de la paresse. Ceux dont l'esprit avait plus d'ardeur que le corps de force, il les forçait à prendre du repos. Je crois bien que Dieu lui faisait connaître, par une sorte d'instinct, les forces, les dispositions, l'estomac de chacun. Il était vraiment devenu, par Jésus-Christ, le serviteur de tous. On est étonné de voir comment seul il remplit tant d'offices différents; mais, au milieu des nombreuses infirmités dont il était affligé, il suivait, d'un pas égal, sinon avec des forces égales, dans la voie des jeûnes et des veilles, les religieux les plus robustes, et ceux qu'un repos, peu éloigné encore, rendait les plus forts. Couvert d'infirmités plus nombreuses que les autres il visitait les infirmes, et pourvoyait en même temps au soulagement des âmes et des corps, et, de peur qu'on ne fît pas assez pour chacun, il se répétait sans cesse : « Celui-ci a froid, celui-là est soucieux, cet autre a un travail excessif, ou bien n'a pas la nourriture

Sentiments de Bernard pour les siens.

---

bant libertati, quam Christus obtulerat; et delectabat requies post longam et gravem Pharaonicam servitutem. Stupenda et admirabilis permutatio! Non Circeo, ut aiunt, poculo ex hominibus feras, sed ex feris homines, Christi tanquam dulcissimum poculum ipso ministrante, faciebat. Quid enim non obtineret illa instantia cum alacritate conjuncta? Aut qui lapides non in Abrahæ filios verterentur, ubi tanta in expoliendis mentibus officina virtutum? Si minus hominem ad salutem suis exhortationibus promoverit, Deum oratione constringeret. Omnium enim ille passiones suas credidit, et tanquam suas flevit, et profectus laboresque omnium computavit suos, sciens gaudere cum gaudentibus, flere cum flentibus. Simul et virtutes, et vitia omnium in meriti sui cumulum transferebat. Sicut enim virtus ad virtutem excitat; ita miseratio miseris impensa sanctificat. Metit ergo in singulis plusquam singuli sibi. Singulorum enim salus summam illi gloriam struit. Impiger, festinans, infatigabilis perseverat, prout uniuscujusque mores naturamque conspexerat. Hunc secreto, hunc palam, hunc severus, hunc blandus aggreditur, et ad castigandi immutationem, ipsam plerumque faciem castigationis immutat. Inde illud erat, quod non facile quemquam tantum vel amari vidimus, vel timeri. Ita enim duos hos affectus in unoquoque suorum collocabat, ut amor suus delicti metum, et timor disciplinæ amorem introduceret.

11. Incredibile est quantæ illi curæ fuerit, ne quem tristitia affligeret, ne cogitatio singularis urgeret; quam facile perspexerit quid quemque vexarit, quam singulorum mentes gestarit; quantæ præterea pietatis dispensatione provideret, ne quem nimia quiete gravaret, ne quis nimia quiete torperet, ipsos (si dici potest) singulorum fratrum somnos pio pensavit affectu. Valentes corpore a desidia semper discutiens, ferventes spiritu cogebat ad requiem. Omnium vires, omnium animos, omnium stomachos instinctu (ut credo) Dei noverat, vere servus omnium factus per Jesum-Christum. Mirandum est quomodo unus tot simul officia compleverit; tam varia infirmitate præsertim vexatus, fortissimos quosque et recenti adhuc comessatione pervalidos in jejuniis, vigiliisque, impar viribus, pari lege comitatus est. Infirmos ipse infirmior visitans, refrigerium animarum simul providit et corporum; et ne cuiquam minus fuisset im-

qu'il lui faut, ou enfin a été blessé par l'un ou l'autre. Il est grave que celui-ci ait commis une injustice, il ne l'est pas moins que celui-là l'ait soufferte. Il n'y a rien à négliger pour que l'offense soit pardonnée, pour que l'un regarde comme nulle ou légère l'injure qu'on lui a faite, et que l'autre soupire à la pensée que celle dont il s'est rendu coupable est grave. » Son occupation continuelle, sa pensée instante étaient d'adoucir, pour tous, le joug de Jésus-Christ, et d'écarter tout ce que le diable venait y ajouter pour le rendre plus pesant ; de dissiper le nuage du péché, et de ramener la sérénité de la grâce ; d'inspirer, par l'amour, l'amour de Jésus-Christ et du prochain, de renouveler constamment la joie dans tous les cœurs comme dans son cœur à lui, et de les embraser du désir de posséder Jésus-Christ, comme ils l'étaient aux premiers jours de leur conversion.

12. Voilà ce qui fit que toute la communauté composée d'hommes désireux de suivre Dieu, qui s'étaient réunis de toutes les parties du monde à son nom, et qui différaient entre eux de mœurs autant que de langue, était animée d'un même amour pour lui. Tous l'appelaient seigneur et père, tous estimaient qu'en lui ils avaient retrouvé un père, leurs proches, et tous leurs biens à la fois. Tous avaient appris, par la compassion qu'il leur témoignait, à regarder aussi ses souffrances comme étant les leurs, en sorte que, de même que le soleil en voilant sa face, ou en la montrant radieuse, change l'aspect du ciel, ainsi, toute cette communauté, que dévorait la soif du ciel et que tourmentaient seuls les désirs du ciel, recevait du saint, comme d'un miroir qui reflétait les rayons du soleil de justice, le Christ, les nuages ou la sérénité de l'âme, se trouvait toujours en harmonie de sentiment avec lui, et répondait à l'impression qu'elle recevait de lui. Voilà d'où venait cette grâce du Saint-Esprit qui demeure encore, par la vertu de ses prières, répandue dans son monastère, fortifiée par l'exemple d'un si grand docteur et par son admission dans le ciel, cette grâce, dis-je, qui consiste dans les dons variés les plus excellents, dans l'humilité, dans la douceur, dans une charité qui n'est pas feinte, et dans la gloire du chef qui s'est répandue sur tous ses membres. Il avait un grand soin des voyageurs et des étrangers. Rien que sa vue remplissait de délices ceux qui arrivaient tout poudreux du désert, et, quoiqu'il ne les vît que pour la première fois alors, cependant il les recevait comme s'ils eussent été depuis longtemps ses propres enfants avec toute sorte de joie et de bonheur, comme s'il les avait adoptés. Il est bien peu de personnes qui vinrent lui faire part de leurs peines, et qui virent leur affliction passer outre au lieu de trouver là son terme. De toutes parts on liait avec lui à l'envi un commerce de lettres. Quelles réponses variées dans l'expression de ses sentiments, il leur faisait à toutes, comme elles étaient pleines de gravité, de charme et de douceur ! Quel est celui qui ne s'est pas cru une heureuse maison, un secrétaire béni ? Cependant les paroles sorties de sa bouche, après avoir été méditées dans son cœur, présentent dans ses écrits tant de choses salutaires et tant de douceurs, qu'elles n'étaient pas renfermées dans un secrétaire ou dans une armoire, mais se trouvaient dans un coffre tout ouvert. Voilà d'où vient que la plupart de ceux qui ont reçu des lettres de lui, les montrent à tous les yeux, et les donnent volontiers en preuves de son amour pour eux. Enfin, quel est l'homme qui a jamais compté autant d'amis dévoués, parmi les personnes présen-

---

pensum, animo semper recurrebat : « Hic alget, hic cogitat, illi labor gravis est, huic esca non congruit, ille ab alio læsus est. Grave quod hic intulit, non minus grave quod iste sensit injuriam. Grandi instantia opus erat, ut offensa gratiam consequatur ; et hic sibi illatam contumeliam, aut nullam, aut levem putet ; hic autem se gravissimam intulisse suspiret. » Hæc illi jugis opera, jugis intentio erat, levigare omnibus jugum Christi ; et quidquid diabolus injecisset, avertere ; discusso culparum nubilo, gratiarum serena revocare, amorem Christi et proximorum amando inserere ; et mentes omnium tanquam suum pectus innovare gaudio, et ad Christi desiderium tanquam primo conversionis die inardescere.

12. Hinc illud erat, quod omnis congregatio cupida servitutis, ad nomen ipsius ex diversis terrarum partibus collecta, tam moribus quam linguis dissona, in illius conspirabat amorem. Omnes dominum, omnes patrem vocabant, in illo sibi patrem, ac propinquos, et omnia simul reddita computantes. Didicerant omnes, ipso sibi compatiente, dolores illius suos comportare, ut sicut sol cœli faciem, pro sua sola aut obscuritate, aut serenitate vestit : ita congregatio illa cœlum sitiens, et cœlestibus studiis mancipata, ab ipso vel nubila, vel serenitatem mentium quasi a speculari in Christo sole susciperet, ipsoque congruo congrueret, inspiranti revelaret. Hinc illa erat, et adhuc suis orationibus permanet diffusa in monasterio spiritus sancti gratia, tanti doctoris exemplo et admissione firmata, et in variis charismatum donis, et humilitate, et mansuetudine, et charitate non ficta, et una capitis gloria in diversitate membrorum. Magna illi inter hæc erga advenas et hospites cura ; in squalore eremi, suo conspectu delicias ministrabat, tunc primum agnitos tanquam dudum suos, cum tanto gaudio et alacritate suscipiens tanquam adoptasset. Nullius pene angustiæ ad ipsum pervenerunt, quæ ultra ipsum protenderentur, et non in ipso metam reperirent. Certatim ad ipsum undique litterarum officia perlata sunt. Quibus ille quam novis affatibus variata reddebat, quam gravia, quam blanda, quam dulcia ! Quis non se beatam domum, beata scrinia credidit ? Sermo ex ore ipsius tam meditatus, tantum in scriptis illius salutis, tantum dulcedinis fuit, ut non scriniis aut armariis, sed arca patula conderentur. Inde est, quod plurimi ea scripta sensibus ferunt, et ad testimonium amoris sui libentissime proferunt. Denique quis unquam tantos sibi amicorum præsentium

tes, qu'il en a eu qui l'aimaient et ressentaient les plus ardents désirs de le voir, même parmi ceux qu'il ne connaissait pas ?

Bonté de saint Bernard envers l'auteur de ce sermon.

13. Mais moi pendant que je rappelle de combien de manières il était agréable à tout le monde, puis-je passer sous silence le soin infini qu'il eut de moi? Plaise à Dieu que ces soins n'aient pas moins assuré mon salut en Jésus-Christ, qu'ils ne m'ont assuré votre aveu. Car si sa charité se répandait sur tout le monde, ce que je dis sans aucun sentiment de jalousie, quelle n'est pas celle qu'il m'a témoignée ? Combien aussi, par ses doux encouragements, m'a-t-il rendu plus léger encore, le joug déjà léger du Christ ? Il commença par me nourrir de lait, mais ensuite il m'abreuva des eaux du grand fleuve de la sagesse céleste qui coulaient en lui. Plût à Dieu que l'étroitesse de mon esprit eût reçu de ces eaux autant qu'il s'efforçait d'en verser dans mon cœur ! Il m'aurait préparé certainement pour vous, il m'aurait rendu digne de votre choix, il se serait fait en moi un successeur capable de le remplacer. Mais vous n'auriez pas compris facilement tout le bien que vous avez perdu, si vous l'aviez retrouvé tout entier en moi. Que le Seigneur plein de bonté, qui a porté vos cœurs à ressentir de l'affection pour mon néant, et qui m'a fait la grâce de ne pas m'éloigner du sépulcre de Bernard, m'accorde encore, à vos prières, de ne pas trop m'écarter des voies où il a marché, et de faire sans retard, comme aussi sans examen et sans discussion, tout ce que je saurai qu'il a fait lui-même.

Physionomie aimable et sereine de saint Bernard.

14. Mes bien chers amis, c'est à peine si j'effleure, au lieu de le raconter en détail, tout ce que je vous rapporte de notre illustre père, et que vous connaissez déjà. Car vous avez vu, mes très-chers frères, qu'elles furent sa vigilance et sa sollicitude, son zèle pour la dicipline, ses larmes de piété, cette sérénité d'esprit continuelle et parfaite qui ne cessait de se refléter sur son visage. Vous avez vu cette étendue de charité qui fut si grande en lui, qu'on pourrait dire, avec raison, que, si on avait la charité à peindre, on devrait lui donner ses traits. A qui a-t-il jamais semblé qu'il avait assez contemplé son visage ? qui n'a point vu sur cette face l'expression de tous les sentiments du cœur ? Dans qu'elle physionomie a-t-on trouvé aussi bien alliées ensemble la gaieté et la discipline ? Y-a-t-il quelqu'un qu'il ait corrigé qui ne se soit pas trouvé heureux de sa correction ? Quand la joie a-t-elle jamais paru en lui trop peu réservée, quand sa tristesse a-t-elle cessé d'être une tristesse salutaire ? Qui ne l'a point trouvé plus haut qu'il ne l'avait laissé ? Toujours au comble des vertus, il trouvait pourtant encore le moyen de s'élever davantage ? D'un autre côté, qu'elle âme troublée n'a point fini par mépriser sa douleur dès qu'elle eut entendu ses paroles d'exhortation ? Est-il un homme cruel qui n'ait, à sa voix, détesté ses violences ? Un débauché qui n'ait renoncé à ses débordements ? Que dirai-je de plus ? Se faisant tout à tous, selon le mot de l'Apôtre, il fut comme le médecin de tous les maux. Il n'y a peut-être pas une seule grâce qu'il n'ait possédée à un tel point de plénitude, qu'on n'eût pu croire que c'était celle qu'il cultivât avec le plus de soin et la seule même qu'il eût. Avec un cœur si fortement trempé il ne serait pas facile de dire ce qui pouvait lui causer quelque appréhension. Au milieu des plus dures et des plus longues épreuves, il n'appelait point de ses vœux la mort, et il n'en

---

alligavit affectus, quantos qui se diligerent, avidissime desiderarent, habuerit ignoros ?

13. Interea ego, dum multimodam ejus in omnes gratiam memoro, in me infinitam curam prætermitto ; quæ utinam mihi non minus in Christo salutis attulerit, quam inter vos amoris. Nam profusa illius in omnes charitas (quod sine invidia dixerim) quantam in me adjecerat ; et leve illud Christi jugum quanto mihi levius blandimentis suis fecerat ! Alait primum lacte, postea vero potavit etiam profluvio illo, quod in se erat, cœlestis sapientiæ. Atque utinam tantum angustiæ spiritus mei recepissent, quantum ille studebat infundere ! Præparasset me profecto vobis, et desiderio vestro dignum dedisset, successorem sibi idoneum erudisset. Sed non facile senseratis *, quantum amisistis boni, si redintegratum, vobis bonum vestrum fuisset. Pius Dominus, qui stimulando animos vestros ad dilectionem parvitatis meæ, dedit ne a sepulcro illius abscedam, illud etiam vobis orantibus donet, ne a viis illius longe recedam ; sed quidquid illum egisse cognovero, sine exploratione aut disceptatione factorum agere festinem.

14. Interea ego, dilectissimi, perstringens potius cuncta quam referens de solertissimo patre vestro, ea quæ erant vobis nota, replicavi. Vidistis enim, dilectissimi, illam sollicitudinis vigilantiam, illud disciplinæ studium, illas pietatis lacrymas, illam jugem ac perpetuam mentis serenitatem, cujus testimonium vultus immutabilis erat. Vidistis illam latitudinem charitatis, quæ tanta in illo fuit, ut non immerito, si charitas ipsa exprimenda esset, in vultum hujus potissimum pingi debere vultu videretur. Quis unquam illum sufficienter vidisse sibi visus est ? Cui non loco omnium affectuum fuit ? Quis ita mixtam hilaritate disciplinam propinavit ? Quem non cum ipsius, qui corrigebatur, voluptate correxit ? Quando lætitia illius lascive quidquam redolens ? quando tristitia non salubris ? quis eum non altiorem invenit, quam prius viderat ? Semper in summitate virtutum positus, semper quo crescere posset invenit. Jam vero sub exhortatione ipsius quis anxius non dolorem suum sprevit ? Quis feris moribus non insaniam exsecratus est ? quis lascivus luxuriam suam non detestatus est ? Quid plura ? Omnibus omnia, ut apostolus ait, factus communis omnium medicina exstitit. Nullam pene gratiam non in se tam plenam habuit, ut ipsam specialiter excolere et possidere tanquam unicam putaretur. Non facile quidquam tam forti pectore exhorruit. Inter quælibet

* al. computare.

redoutait pas non plus les coups. En effet, celui qui s'estima toujours heureux de porter le joug du Christ même au milieu des plus graves épreuves, ne pouvait craindre d'avoir à passer un jour par la porte commune d'une nouvelle vie; dans ses méditations il avait d'avance considéré cette dernière nécessité de l'humanité.

15. Ne doutez pas non plus qu'il voie et entende tout ce qui vous concerne. N'est-ce pas lui en effet, qui, le premier jour où il fit avec le Seigneur une très heureuse alliance et le vœu d'une sainte vie, avant même d'avoir dépouillé l'habit du siècle, a vu la lance qui devait frapper son frère au côté, et toucha du doigt la place où elle lui ferait une blessure quinze jours plus tard? A présent dégagé de sa dépouille corruptible, délié des liens du corps, sorti des ténèbres de la terre, échappé à la prison de ce monde, peut-il ignorer la moindre nécessité de ses enfants? Qui le croira? Ce n'est point maintenant une sollicitude charnelle que celle qu'il éprouve, et on ne saurait penser que sa paternité spirituelle se fût dissoute avec son corps. On ne peut douter que celui qui fut entendu dans le sein de sa mère, n'entende maintenant la voix de ses enfants, n'entende leurs cris du fond même de son tombeau. Assurément on doit avoir en grande bénédiction, après sa mort, la mémoire d'un homme dont la sainteté s'est si magnifiquement annoncée avant même sa naissance. Car, de même que le Seigneur connaît ceux qui sont à lui, et connaît surtout ceux qu'il a choisis dès le principe, ainsi a-t-il établi à chacun les temps et les moments où il doit manifester soit à eux-mêmes, soit aux autres les mystères de son éternelle dilection pour eux.

sainteté saint Bernard est restée dans le ventre de sa mère.

Et s'il a appelé les uns dans l'enfance, les autres dans la jeunesse, et ceux-ci dans la vieillesse, en les prévenant de sa bénédiction par un privilège tout spécial de la grâce, ou plutôt en les ravissant d'avance, il a montré à ceux à qui il lui a plu, par des signes et des marques certaines, quels seraient ceux mêmes qui n'étaient pas nés.

16. Voilà comment, après avoir effrayé par une vision extraordinaire la vénérable mère de son serviteur d'élection et de prédilection, quand elle portait ce bienheureux fardeau dans ses flancs, il ne tarda point à la consoler par l'interprétation de cette vision. En effet, pendant cette noble grossesse, elle eut un songe qu'elle raconta en ces termes à un religieux : « J'ai vu, lui dit-elle, et j'ai entendu comme un petit chien qui aboyait dans mon sein ; il était blanc, marqué de feu sur le dos, et cette vision m'effraie. » Le bon religieux lui dit : « N'ayez pas peur, vous mettrez au monde un fils agréable à Dieu, qui sera un prédicateur d'un grand talent et à grands succès, il sera grand et élevé dans la parole de gloire. » C'est, en effet, sous ces traits admirables que notre Bernard s'est montré dès qu'il commença à vivre. Il n'était pas encore au monde que déjà il prêchait ; il n'était pas encore à la mamelle et déjà il paraissait louant le Seigneur. Ce n'est pas sans raison qu'il est signalé de la sorte avant même d'être né, non, dis-je, ce n'est pas sans raison que, par un oracle divin, il est glorifié lors même qu'il est encore porté dans les flancs de sa mère, et ceux qui ont éprouvé en eux la force de ses aboiements, et qui ont connu avec une entière certitude la grâce médicinale de sa langue, redisent aujourd'hui combien était vrai

---

aspera et diu tolerata tormenta nec optavit improbe mortem, nec expavit. Nam quem vivere inter quælibet gravia in Christi servitute non piguit, ad novam vitam per communem illam novæ vitæ januam transire non timuit, præmeditata illi ultima hominum necessitas.

15. Jam eum quæ circa vos sunt audire et videre nullatenus dubitatis. Nimirum ipse est, qui prima die, qua felicissimum istud cum Domino fœdus iniit et vovit sacræ conversationis, necdum posito habitu seculari, in fratris latere nondum infixam lanceam vidit, et post dies circiter quindecim infigendi locum vulneris digito demonstravit. Nunc autem corruptibilibus exoneratus exuviis, corporalibus vinculis absolutus, terrenis eductus a tenebris, mundano de carcere erutus, ex his potissimum, quæ ad suorum necessitates pertinent filiorum, aliquid ignorare credatur? Non est ista sollicitudo carnalis, nec spiritualis est æstimanda paternitas in carnis resolutione dissolvi. Sane etiam nunc audire debet a filiis, audire debet e tumulo, qui auditus olim est in in utero materno. Unde etiam celebranda cognoscitur in multa benedictione ejus memoria post decessum, cujus magnifice commendata est sanctitas etiam ante ortum. Sicut enim novit qui sunt ejus Dominus, et novit utique quos elegit a principio; sic etiam sua quibusque tempora et momenta constituit, quibus æternæ suæ dilectionis, vel ipsis, vel de ipsis innotescat arcanum. Cumque alios in pueritia, alios in juventute, alios in senectute vocaverit ; nonnullos tamen, sed paucos, velut quodam privilegio gratiæ speciali in benedictione præveniens, imo præripiens, necdum natos, quales essent, quibus voluit signis et indiciis declaravit.

16. Sic electi sui et prædilecti hanc venerabilem matrem, adhuc felicissimo onere gravidam, insolita visione perterruit, sed interpretatione ejusdem consolatus est visionis. Cum enim nobili foret gravida fœtu, somnium vidit quod religioso cuidam solitario indicans ait : « Vidi et audivi quasi catulum toto corpore candidum, in dorso subrufum, in meo latrantem utero, et expavi. » Cui ille : « Ne metuas, ait, paries filium acceptabilem Deo, qui prædicator efficax et eximius, magnus et excelsus in verbo gloriæ est futurus. » Sic nimirum Bernardus noster ex quo cœpit utcumque vivere, cœpit mirabilis apparere. Necdum parturiebatur, et jam prædicabatur, vel magis jam ipse prædicabat; et nec lactans quidem adhuc erat, jam tamen laudans Dominum apparebat. Nec immerito sic commendatur antequam natus est; non immerito,

l'oracle qui prédisait l'éloquence de cet homme fidèle, et combien grande en fut l'efficacité. Et maintenant, Seigneur, on peut dire que quiconque vous aime, aime aussi celui qui fut votre chien. Puissions-nous avoir le bonheur que vous aimiez aussi ceux qu'il aime. En l'entendant parler, nous avons clairement vu accompli ce que l'Époux, dans le Cantique des cantiques, a dit à la louange de l'Épouse : « Vos lèvres sont comme des rubans d'écarlate, et votre parler est plein de douceur (*Cant.* IV, 3). » En effet, ce peu de mots nous montre, dans la couleur écarlate, la ferveur, dans les rubans, la subtilité et l'étendue des pensées en même temps que l'enchaînement des mouvements du cœur, qui se trouvent réunis, si je puis parler ainsi, comme le sont les cheveux par un ruban; ils nous montrent aussi, d'une manière aussi évidente que expresse, la douceur de sa parole. En effet, quelles ne furent pas la ferveur, la subtilité, l'abondance, l'utilité, la douceur et enfin la grâce de sa prédication !

17. Mais comment expliquerons-nous ce qui est dit, qu'il était blanc et marqué de feu sur le dos? Cette blancheur, c'est la chasteté ; cette blancheur, c'est l'innocence de la vie; cette blancheur du corps, c'est la pureté des actions. Mais que signifient les taches de feu? N'est-ce pas le martyr? Qu'aurait-ce été s'il eût été marqué de roux, n'aurait-il pas été martyr? Car, c'est sur le dos que se portent les fardeaux, c'est le dos qui reçoit les coups : et, quoiqu'il n'ait pas craint de se tenir sur ses gardes, qui court plus dans la carrière du confesseur qui supporte les premiers ou du martyr qui souffre les seconds? Cependant les hommes accordent, en ce monde, le premier rang au martyr et le second au saint confesseur. Mais, d'ailleurs, si nous avons bonne mémoire, que n'a pas porté et supporté ce serviteur de Dieu, quels coups nombreux et pesants n'a-t-il pas endurés, non pas en recevant la mort d'un seul coup, mais par les longues macérations de son corps? Peut-être n'est-ce pas sans raison que, de même que nous faisons saint Laurent à peu près l'égal des apôtres, ainsi nous disons que notre saint Bernard, que sa mère vit marqué de feu dans son sein, est l'égal des martyrs. Heureux celui qui, entre les membres du céleste époux, s'est trouvé rendu si vite semblable à son chef, que, de même que celui-ci est représenté blanc et rose entre mille, ainsi, lui aussi, ait été blanc à sa manière, et rouge sans avoir été mis à mort et taché de feu à cause de sa patience. Mais il faut que, pour nous, nous soyons ses imitateurs, de même qu'il a été l'imitateur du Christ. En effet, n'est-il pas un apôtre pour nous, sinon pour les autres? N'êtes-vous pas devant Dieu, les signes de son apostolat? Je ne parle pas de vous seulement, qui, en petit nombre, semblez habiter maintenant, corporellement avec lui ; mais je parle de tous ceux qui vivent aujourd'hui, à l'ombre de son nom, dans des contrées innombrables, au milieu de nations diverses, la plupart barbares et perverses.. Dieu veuille que vous ne vous montriez pas des enfants dégénérés d'un tel père, mais des enfants blancs comme lui en sainteté, marqués de feu en patience, aboyant par le zèle de notre ordre, par la ferveur de la justice, par le libre cri de la vérité. Car, de même que ce père, par l'excellente blancheur de toute sa conduite et de toute sa vie, s'est

---

inquam, divino magnificabatur oraculo, dum adhuc materno parvulus gestaretur in utero. Fidelis siquidem viri verbum quam veraciter sit prædictum, quam efficaciter adimpletum, ipsi nimirum hodie recolunt, qui in seipsis experti latratuum ejus efficaciam et medicinalem linguæ gratiam certius cognoverunt. Et nunc, Domine, qui te diligit, canem tuum utique diligit. Utinam et ipse diligas, quem ille dilexit. In cujus eloquio evidenter probavimus esse completum, quod in laudem sponsæ persequitur in Cantico canticorum : *Sicut vitta coccinea labia tua, et eloquium tuum dulce.* Paucis siquidem verbis fervor in colore coccineo, in vita subtilitas et latitudo, sed et cogitationum cordis cohibitio, tanquam capillorum capitis colligatio; evidenter autem et expresse eloquii est commendata dulcedo. Cujus autem doctrina tam dulcis denique et acceptabilis fuit ?

17. Sed quid dicimus, quod in corpore toto candido dorsum visus est habuisse subrufum ? Candor enim castitas; candor, innocentia vitæ; candor corporis, puritas est actionis. Quid autem rubor est? Nonne martyrium ? Quid si rufus apparuisset, nonne martyr fuisset? Nam dorso portantur onera, dorsum ad flagella præbetur ; et quamvis non timuerit cavere, quis plus currit in certamine, confessor ista sustinens, quam martyr ictum sufferens ? Humano tamen arbitrio post bonos martyres sanctis confessoribus gloria in seculo tribuitur. Cæterum si meminimus, quanta tulit et pertulit hic Dei famulus, quam multa, quam gravia, non unius ictus mortificatione, sed longa sui corporis maceratione sustinuit; non immerito forsitan, sicut beatum Laurentium apostolorum supparem dicimus, sic Bernardum nostrum supparem martyrum dicimus, quem subrufum in matris utero apparuisse cognovimus. Felix, qui inter cœlestis sponsi membra, tam celeriter suo conformatus est Capiti, ut quemadmodum ille candidus et rubicundus, electus prædicator ex millibus ; sic iste suo utique modo candidus, et sine passione rubicundus, patientia tamen subrufus exstiterit. Oportet autem nos quoque imitatores ejus esse, sicut et ipse Christi. Nonne enim, etsi non aliis, nobis tamen apostolus est ? Nonne signa apostolatus vos estis ante Deum? Nec vos pauci tantum, qui cum eo etiam nunc præsentialiter cohabitare videmini ; sed qui in locis hodie tam innumeris sub umbra nominis ejus vivunt, inter gentes tam diversas, plerumque etiam barbaras et perversas. Utinam non degeneres vos præbeatis filios tanti patris, sed candidos in sanctimonia, subrufos in patientia, latrantes zelo ordinis, fervore justitiæ, voce libera

mêlé au chœur des saints confesseurs et des vierges élues, s'est fait un dos marqué de feu qui l'a rendu l'égal des martyrs, et par sa doctrine excellente s'est montré homme vraiment apostolique; ainsi la voix qu'il fit entendre dans le sein de sa mère, nous obtiendra une place dans la tente digne d'envie où il habite maintenant, et une part dans la bienheureuse vision de tous les siècles. En effet, si vous sentez comme moi, sur ce point, mes frères, vous ne serez pas étonnés si je vous dis qu'il n'y a pas que ceux dont je viens de vous parler qui cherchent le même père que nous, et vous espérerez qu'ils ne seront pas les seuls à le trouver. Car il a lui-même trouvé dans la maison de son père de nombreuses demeures qui lui étaient préparées, lorsqu'il y est arrivé en laissant ici-bas de nombreux regrets; à moins que nous ne doutions qu'il a eu le bonheur d'être reçu dans le chœur des prophètes, lui que nous avons si souvent constaté, par tant des preuves décisives, qu'il avait aussi l'esprit prophétique. Il ne doit même paraître incroyable à personne que les saints patriarches, le jour où cet homme de Dieu est entré dans le palais des cieux, dans le temple de la divinité, lui ont, avec bonheur, non-seulement ouvert leur sein, mais l'ont encore accueilli comme un des leurs. Ils n'ont pas, en effet, jugé indigne de faire entrer dans les rangs de leur sénat, cet homme dans la race duquel ils voient sans envie tant de nations diverses bénies.

Saint Bernard est égal aux anges mêmes.

18. Vous savez aussi, mes très-chers frères, que de saints et grands docteurs ont pensé que les élus, eu égard à la diversité de leur mérite, s'élèvent jusqu'aux saints ordres des anges. En effet, les anges sont appelés messagers, les archanges et les principautés sont appelés messagers suprêmes, parce que ceux-là sont chargés, à ce qu'on croit, d'annoncer les choses de moindre importance, et ceux-ci de porter le message plus grand et plus important. Néanmoins, parmi les élus, on en trouve qui, moins instruits, ne comprennent que de petites choses, mais ne laissent pas de les annoncer avec fidélité, selon leur pouvoir, à tous ceux qui les entourent. Il en est d'autres qui s'élèvent à de plus sublimes conceptions, et qui en font part, sans envie, à ceux qui sont parfaits et plus capables qu'eux. Ceux-là ne quittent la terre que pour passer dans l'ordre des anges, et ceux-ci pour aller habiter parmi les archanges. Or, nous savons que notre bienheureux père a réuni en lui ces deux genres de science. En effet, si, pour les hommes spirituels il moissonnait des choses spirituelles, et il leur parlait un langage sublime, cela ne l'empêchait pas pourtant de se mettre à la portée des ignorants et des petits. Peut-être même se montrat-il alors plus digne d'admiration, et semble-t-il aujourd'hui plus rempli de douceur, à proportion qu'il se montrait plus plein d'humilité. Que de fois, en effet, avons-nous eu le bonheur de l'entendre, c'en est même encore un pour nous de nous le rappeler, exciter les hommes de la campagne, et de pauvres femmes, à remplir, les uns envers les autres, les devoirs de l'humanité qu'ils se doivent mutuellement? En effet, il leur enseignait à prêter de bon cœur, au voisin, le pain dont il avait besoin, ainsi que cela arrive souvent, jusqu'à ce qu'il pût le lui rendre. A d'autres, il disait que, lorsqu'un voisin, que ses occupations avaient peut-être retenu ailleurs, n'avait pas eu le temps, de préparer sa nourriture, ils devaient l'inviter

Recommandations de saint Bernard aux gens simples et ignorants.

---

veritatis. Sicut enim eumdem patrem candor excellens totius suæ conversationis et vitæ, confessoribus sanctis et electis virginibus sociavit, dorsum quoque subrufum martyrum supparem fecit, apostolicum virum excellens doctrina probavit; sic ejusdem vox in utero tam ipsius desirabili contubernio, quam seculorum omnium consortio et beata visione donabit. Nimirum non eos solos, quos prædiximus, eumdem patrem, si mecum, fratres, in hac parte sentitis, aut quærere stupebitis, aut invenire sperabitis. Multas ille in domo patris, ut a multis multum exoptatus advenit, mansiones sibi paratas invenit; nisi forte ambigimus, feliciter eum in prophetico cuneo esse susceptum, quem in tantis experimentis sæpe probavimus spirituum habuisse propheticum. Sed nec illud incredibile cuiquam videatur, sanctos etiam patriarchas, ut primum ille vir Dei cœleste palatium et divinum introivit templum, gratanter ei suum non modo aperuisse sinum, sed annuisse consessum. Siquidem non indignum judicarunt in illo sacro numero sui senatus adscribi, in cujus semine tantas undique gentes vident, nec invident benedici.

18. Nostis etiam, dilectissimi, sanctos et summos sensisse doctores, electorum species hominum, pro diversis suorum qualitatibus meritorum, ad sacros provehi ordines angelorum. Dicuntur enim angeli nuntii; archangeli, et principatus summi nuntii, quod per istos minora credantur, per istos summa quædam et præcipua nuntiari. Nihilo minus etiam in electis hominibus invenire est alios, qui licet minus eruditi parva capiant, fideliter tamen proxima quibus possunt, eadem ipsi annuntiant; alios, qui sublimiora quædam percipiunt, et ea quoque sine invidia perfectis et capacioribus quibusque communicant. Et illi quidem hinc transeunt ad angelicum ordinem, obtinent isti inter archangelos mansionem. Neutrum autem doctrinæ genus huic beatissimo patri nostro defuisse cognovimus. Siquidem spiritualibus spiritualia comparans, sublimia proponebat; nec ineruditis tamen et parvulis condescendere renuebat. At illud in eo forsitan tunc exstitit mirabilius, et nunc sapit dulcius, quod videbatur humilius. Quoties enim et nos audire delectabat, et nunc meminisse delectat, quemadmodum iste homines rusticanos, et mulierculas pauperes ad congrua sibi humanitatis officia provocabat? « Nimirum docebat illos, cum vicino alteri suus (ut assolet) panis deficeret, hilariter ei, donec reddere posset, commendare; alterum vicinum, cum

avec charité, à partager leurs plats de légumes, lui envoyer généreusement une partie de leur humble pitance, et à lui faire part de leur modeste repas. Il leur enseignait encore à garder fidèlement la foi conjugale, à ne pas se montrer ingrats pour les bienfaits de Dieu et à ne pas aller au delà des bornes d'une indulgence salutaire ; à payer à leur seigneur les redevances de la terre auxquelles il a droit, à acquitter fidèlement leurs dettes et à donner la dîme à celui qui aurait pu se réserver les neuf dixièmes des produits de la terre, à plus juste titre que le laboureur n'aurait le droit de réclamer pour lui l'autre dixième seulement ; car celui-là a fait la terre, a donné des bras aux laboureurs et la force pour labourer. C'est lui aussi qui renferme, sous la terre gelée, les semences qu'on lui a confiées, lui encore qui l'arrose de ses pluies, la réchauffe des tièdes haleines du printemps ; lui, enfin, qui la brûle des rayons de son soleil d'été ; sans lui, pour donner l'accroissement, le laboureur perd sa peine. Il leur disait également d'éviter avec soin tous les sorciers et leurs formules sacriléges. Il les avertissait de ne pas attaquer des lèvres, quand ils ne pouvaient le faire de l'épée, ceux qui leur faisaient du mal, et de ne pas chercher, en se faisant mutuellement du tort, quelques minces avantages qui tournaient toujours à leur très-grande perte ; de se souvenir enfin de celui qui, étant riche, s'est fait pauvre pour nous, et de se rappeler que le pauvre est abandonné entre ses mains.

19. Après tout, notre médiocrité étant bien au-dessous de sa tâche, même lorsqu'elle n'a que de petites choses à raconter, ne saurait, à plus forte raison, suffire au récit de plus grands prodiges. Aussi, trouvons-nous préférable de lui céder à lui-même cette portion de ses louanges, afin que la spiritualité de sa doctrine, bien qu'il ait écrit dans une intention toute différente, ressorte pourtant de ses propres ouvrages. Car si on allume la lampe pour éclairer avant tout, les autres objets, cependant, une fois qu'elle est allumée, elle ne saurait manquer d'être elle-même visible à tous les yeux. Pour nous, cependant, qu'il nous suffise d'avoir rappelé que c'est avec raison qu'on le regarde comme appartenant aux deux chœurs des messagers célestes, puisqu'il s'est montré dans les deux manières d'enseigner si fidèle et si dévot, et qu'il y eut tant de succès. On dit qu'il s'opère de nombreux miracles par le chœur des esprits qu'on appelle Vertus, et que les démons sont chassés par ceux qu'on appelle Puissances. Si on range dans ces deux ordres ceux qui exercent la même puissance, il est clair qu'on ne peut exclure ni de l'un ni de l'autre notre Bernard, qui, comme on le sait, s'est si fort distingué dans ces deux sortes de miracles. Quant aux Principautés et aux Dominations, il semble que peut-être on peut établir cette différence, que, si les uns et les autres président, comme on croit, même aux esprits élus, cependant les Principautés semblent disposer d'office ce que les autres ont à faire, et, comme s'ils étaient les vaillants officiers des armées de Dieu, ils marchent en tête des esprits célestes, dans l'accomplissement de l'œuvre du Seigneur. Quant aux Dominations, elles sont placées à un degré supérieur encore, et ont la prééminence, par une sorte de puissance et d'autorité admirables, sur les autres esprits qui leur obéissent. De même, parmi les hommes, nous croyons que ceux qui président à leurs frères

---

sibi ille, alias forsitan occupatus, non præparaverat escas, cum charitate eum vocare ad olera ; magnanimiter et legumina modica mittere, et exigua communicare pulmenta. Sic et legitimi fidem servare conjugii, nec ingratos divino beneficio, metas transgredi indulgentiæ salutaris. Terrenis etiam dominis stipendia ministrare terrena, et fideliter debita reddere illi, vel decimas sine fraude, qui justius poterat, etiam, novem partes, quam agricola sibi, vel decimam vindicare. Ipse enim et terram condidit, et lacertos dedit, et vires contulit laboranti. Ipse etiam jactata semina gelu constringit ; pluviis rigat, vernali fovet tepore, sole torret æstivo. Alioquin perdit, qui arat, laborem suum, nisi ille dederit incrementum. Sortilegos etiam et eorum sacrilega carmina studiose monebat oportere cavere ; nec debere eos nocentes sibi, cum non possent gladiis, labiis infectari, nec fraudando invicem in magnam perniciem modica lucra sectari ; sed illius meminisse, qui, cum dives esset, propter nos factus est pauper, et quia ei derelictus est pauper. »

19. Cæterum in parvis etiam referendis parvitas nostra deficiens, ad majora ejus insignia quando sufficeret ? Itaque melius arbitramur hanc ei suarum laudum cedere portionem, ut spiritualis ejus doctrina, quoniam longe alia intentione scripsisse constat, ex litteris tamen propriis innotescat. Nam et lucerna cum ad hoc magis, ut cætera videantur, accensa fuerit, latere tamen ipsa non poterit. Nobis interim commemorasse sufficiat quod merito creditur in utroque cœlestium nuntiorum ordine constitutus, qui in utroque docendi genere fuerit tam fidelis, tam efficax, tam devotus. Sane per eos Spiritus, quod virtutes appellant, multiplicia aiunt edi signa ; per potestates, dæmonia coerceri. Quod si eisdem connumerantur ordinibus, qui eisdem pollent operibus ; liquet profecto, quod a neutro etiam horum Bernardus noster excluditur, qui tam magnifice in utrisque miraculis enituisse cognoscitur. Inter principatus et Dominationes illud forsitan interesse videtur, quod cum utrique credantur electis etiam præesse spiritibus, principatus tamen velut ex officio cæteris facienda disponunt, et tanquam strenui quidam divinorum exercituum duces in ipsa ejus operis executione præcedant. Porro Dominationes gradu sublimiore illis etiam sibi obedientibus mira quadam potentia et auctoritate præeminent. Unde etiam inter homines ipsos credimus ad principatuum ordinem pertinere, qui cæteris fra-

dans les sollicitudes de l'administration, ont du rapport avec les Principautés; quant à ceux qui méritent plus spécialement, par une sorte de révérence due à leur sainteté, que les autres leur obéissent, nous trouvons qu'ils se rapprochent des Dominations, et nous disons de ces sortes d'hommes, qu'ils méritent, à cause de leur pureté, d'être appelés des dieux, au milieu des autres hommes. Il n'est pas difficile de remarquer comment ces deux propriétés se trouvent également réunies dans notre bienheureux père, puisque, d'un côté, il a exercé sa sollicitude pastorale sur une multitude de frères, et que, de l'autre, il s'est acquis une autorité unique auprès de presque toutes les églises, et en a obtenu des marques de révérence. En effet, qui a jamais, comme lui, commandé la confiance, obtenu tant de déférence ; qui s'est fait, comme lui, obéir par les religieux, par les hommes du monde, par les princes et par les pontifes mêmes! Viennent ensuite les Trônes, qu'on a nommés ainsi, dit-on, parce qu'ils sont le siège de Dieu. Il est certain que c'est là une très-belle disposition, puisque c'est être élevé au dessus de toute domination et occuper le parti le plus glorieux, que d'être placé au dessous du Seigneur. Et quoique, même après la chute de celui qui, avec ses complices, avait voulu paraître semblable à Dieu, tous les autres ordres des anges se maintiennent très-certainement, par une dévotion volontaire, au dessous de leur auteur, cependant les Trônes, sur lesquels, dit-on, Dieu est assis, semblent avoir quelque chose de plus que les autres.

20. Cependant, ce qu'il faut le plus observer parmi les hommes, c'est que ceux qui sont comblés de plus d'honneur parmi leurs semblables, se montrent aussi plus particulièrement soumis à Dieu, et malheur à eux s'ils ne lui soumettent pas toute leur domination, s'ils ne placent pas aux pieds du Seigneur des seigneurs toute leur principauté; malheur à ceux qui semblent avoir la préséance et la prééminence sur tous les autres hommes, s'ils ne cèdent eux-mêmes la préséance et la prééminence au Seigneur sur eux. Car plus on est élevé en dignité plus on doit être grand en humilité. Aussi, plus nous avons pu reconnaître à l'expérience que cette vertu était profonde et pure dans notre saint abbé dont nous parlons maintenant, plus devons-nous le féliciter de ce que sa bienheureuse âme, même lorsqu'elle était encore dans sa chair mortelle, fut le siège de la sagesse ; comme elle était calme et humble, comme elle était ferme et stable, comme elle était aussi par conséquent agréable à Dieu ! Mais, s'il en est ainsi, à plus forte raison sommes-nous fondés à penser que maintenant qu'elle est dégagée des liens du corps, elle mérite bien davantage de se trouver élevée bien haut dans les demeures célestes. D'ailleurs, là où une pareille humilité ouvre la voie, jamais il n'y aura la science qui enfle ; il n'y aura que la science qui remplit l'âme, surtout quand elle se trouve accompagnée de la grâce suréminente de la charité. En effet, la seule place où la plénitude de la science se trouve en sûreté, c'est celle où l'humilité la soutient et où la charité la réchauffe. Voilà même pourquoi les huitième et neuvième ordres des anges, ceux qu'on appelle Chérubins et Séraphins, ont reçu le nom qu'ils portent, car ces appellations signifient dans ces deux ordres, la plénitude et l'ardeur ou le feu sacré de la science. Les Chérubins désignent en effet, dit-on, la plénitude de la science,

Plus on est élevé en dignité plus on doit être grand en humilité.

---

tribus præsunt in sollicitudine administrationis. Illos autem ad Dominationes, qui ipsam magis obedientiam obtinere promerentur speciali quadam reverentia sanctitatis; nimirum in ejusmodi dicitur, quod ipso jure munditiæ dii inter hominibus appellentur. Nec difficile est animadvertere, qualiter in hoc beato patre nostro pariter hæc utraque conveniant. Siquidem et plurimis fratribus pastoralem exhibuit sollicitudinem, et apud omnes pene ecclesias reverentiam et auctoritatem obtinuit singularem. Cui enim sic credebatur, sic deferebatur, sic obtemperabatur a religiosis, a secularibus, a principibus, a pontificibus? Sequuntur Throni, quos nimirum inde nomen accepisse cognovimus, quod in eis sedeat Deus. Et sane pulcherrima hæc dispositio. Siquidem omni dominatione sublimius est et gloriosius, subjacere Domino. Et quamvis, jam post casum ejus, cum suis utique complicibus, qui illi similis voluit apparere cæteros etiam omnes ordines angelorum certissime suo constet auctori voluntaria devotione subesse ; videntur tamen nonnihil habere proprium, in quibus dicitur residere.

20. Maxime tamen hoc observandum hominibus, ut ipsi potissimum Deo subditi inveniantur, qui inter homines amplius honorantur. Alioquin væ eis, nisi omnem suum illi subjecerint dominatum, nisi suum omnem principatum substituerint Domino dominorum. Væ eis, qui præeminere et præsidere videntur hominibus, nisi eis sedeat et præsideat Dominus. Necessaria siquidem major humilitas, ubi fuerit major auctoritas. Quam nimirum in hoc ipso, de quo loquimur, patre nostro, quanto profundiorem et puriorem probavimus, tanto amplius gratulamur, quod beata ejus anima, et in carne posita sedes fuerit sapientiæ, quam firma et stabilis, quam quieta et humilis, tantum deinde acceptabilis. Denique tanto etiam arbitramur, quod multo magis jam carne soluta inter illas cœlestes sedes meruerit apparere sublimis. Jam vero ubi humilitas ista præcesserit, non inflabit scientia, sed implebit, præsertim si accesserit supereminens gratia charitatis. Sic nimirum locata videtur in tuto scientiæ plenitudo, si sustineat eam humilitas, foveat charitas. Unde etiam non immerito octavus et nonus ordo Cherubim et Seraphim appellantur, quibus nimirum nominibus in eisdem ordinibus scientiæ plenitudo et ardor sive incensio commendatur. Nam Cherubim quidem plenitudinem scientiæ, Seraphim autem ardentes, vel incendentes

ainsi que les Séraphins, par leur ardeur et leur feu. Si nous croyons que ceux à qui le sens des noms de ces esprits célestes convient ont quelque rapports avec ces deux ordres d'anges, nous ne pouvons douter au sujet de ces deux chœurs souverains et suprême, que notre bienheureux père et pasteur n'y ait également sa place.

<small>Science et éloquence brûlantes de saint Bernard.</small>

21. Quiconque jusqu'à ce jour à puisé à la plénitude de sa science, sait combien grande elle était. Mais vous surtout, vous vous rappelez dans quelle mesure, ou plutôt dans quel excès sans mesure il brûla d'amour, et sut enflammer les autres du même sentiment par sa parole; car vous l'avez souvent éprouvé vous-même, au point de vous dire dans le secret de votre pensée, si je ne me trompe : « Est-ce que notre cœur n'était pas embrasé, dans la route, pendant qu'il nous parlait ? » Que de fois celui qui peut-être était entré, l'âme tiède, dans cet auditoire, n'en sortit pas médiocrement embrasé ? Sa parole était comme un feu dévorant ; mais qui ne l'aurait pas aimé ? qui, en l'entendant, ne se serait pas senti embrasé d'amour ? Heureux donc fut-il celui qui a trouvé ainsi son repos en tout et au milieu de tous. C'est ainsi qu'il suit l'Agneau partout où il va. Heureux celui qui reçoit ainsi la récompense de ses nombreux mérites, en sorte qu'après n'avoir été privé d'aucune sorte de grâce, il ne souffre maintenant, à plus forte raison, aucun amoindrissement de gloire. Après tout, au sujet de toutes les grâces qu'il reçut en partage, je vous engage, mes frères bien-aimés, à vous glorifier en lui d'un tel et si précieux trésor, à vénérer en lui les signes de son élection, de manière à vous efforcer d'imiter les choses qui ont le plus contribué à notre édification, et qui sont le plus nécessaire au salut; à louer toujours en lui, en termes magnifiques, et à glorifier l'auteur de notre salut comme du sien, le Dieu plein d'indulgence, le dispensateur à la grâce, le donateur de la gloire, qui, étant Dieu, est béni dans tous les siècles des siècles et vit avec le Père et le Saint-Esprit. Ainsi soit-il.

---

aiunt designare. Quod si credimus ad eumdem ordinem pertinere eos, quibus inveniuntur eorumdem interpretationes nominum convenire ; non nos oportet, nec super hoc quidem ordinibus summis atque supremis ambigere, quin beatus pater et pastor noster locum habeat in utroque.

21. Nimirum quam plenus scientia fuerit, usque hodie sciunt qui de plenitudine ejus acceperunt. Quemadmodum autem, vel magis quam supra modum et amando arserit, et alios loquendo accenderit, vos potissimum meministis, qui sæpius experiendo probastis, ut vobiscum (ni fallor) tacita cogitatione dicatis : *Nonne cor nostrum ardens erat in via, dum loqueretur nobis?* Quoties ex hoc auditorio, et qui tepidus forsitan introivit, non mediocriter inflammatus exivit ? Ignitum ejus eloquium vehementer : et quis non illud diligeret? quis non ad illud dilectione flagraret ? Felix proinde, qui sic in omnibus inter omnes requiem invenit ; sic Agnum sequitur quocumque ierit. Felix, qui sic multiplicium meritorum præmia recipit ; ut multo magis nihil ei jam desit in ulla gloria, cui nihil in ulla gratia ante defuerit. Cæterum super his omnibus divisionibus gratiarum fraternitatem vestram admoneo, dilectissimi, sic in ipso tanto, et tam pretioso thesauro gloriari, ita suæ electionis igna venerari, ut quæ ad nostram magis profuerint ædificationem, et necessaria fuerint ad salutem, æmulari studeamus ; magnifice in eo semper laudantes et glorificantes ejusdem salutis auctorem, indulgentiæ concessorem, gratiæ largitorem, gloriæ redditorem Jesum-Christum Dominum nostrum, qui cum patre et Spiritu sancto vivit super omnia Deus benedictus in secula. Amen.

LETTRE

DU MÊME GEOFFROY A AUBIN, CARDINAL ÉVÊQUE D'ALBANO

AU SUJET DE LA CONDAMNATION DES ERREURS DE GILBERT DE LA PORRÉE.

1. A son très-cher père et seigneur A., par la grâce de Dieu évêque d'Albano, vicaire de monseigneur le pape, le frère Geoffroy de Clairvaux, l'hommage de son néant. Votre Paternité avait enjoint à notre vénérable frère, votre dévoué fils Augustin, de me charger de votre part, de vous faire connaître exactement par une lettre, ce qui s'est fait, le jugement qui a été porté, et enfin la manière dont il a été porté, dans le concile que le seigneur pape Eugène III, d'heureuse mémoire, a célébré à Reims, sur certains chapitres trouvés et repris dans l'exposition de l'évêque de Poitiers, maître Gilbert. Que Votre Sérénité ne soit point étonnée si j'ai paru tarder à lui obéir, car jusqu'à la veille de la fête de la Toussaint, je n'ai pas entendu un seul mot, ni grand ni petit, sur cette affaire. C'est ce jour-là seulement que j'ai pris mes tablettes et mon pinceau, et que j'ai commencé à écrire cette lettre que j'aurais voulu vous envoyer plutôt, si je l'avais pu.

2. L'année où le susdit pape Eugène s'est assis sur la chaire de l'Église Romaine, son élévation, dès qu'elle fut connue, n'inspira pas une petite crainte aux méchants qui en eurent connaissance, en même temps que, d'un autre côté, elle donna une grande confiance à tous les honnêtes gens. Un grand homme, digne de vivre dans la mémoire de tous les gens de bien, Arnaud, surnommé Qui-ne-rit, remplissait les fonctions d'archidiacre dans l'église de Poitiers du susdit évêque, qui ne l'avait pas nommé à ce poste, mais qui l'y avait trouvé placé par son prédécesseur. Il eût été, en effet, difficile à un tel arbre de produire un pareil fruit. Il arriva donc que cet archidiacre, aussi plein de foi que d'éloquence, commença par avertir amicalement, comme je le pense, cet évêque sur quelques points de foi. L'évêque ne s'étant pas rendu à ses observations, Arnaud lui reprocha publiquement ses erreurs dans l'église. On appela à l'Église de Rome, et la question fut portée devant le pape que j'ai nommé plus haut. Comme il se proposait de venir en France, il ordonna que les deux partis se pré-

---

EJUSDEM GAUFRIDI EPISTOLA

AD ALBINUM CARD. ET EPISC. ALBANENSEM, DE CONDEM-
NATIONE ERRORUM GILBERTI PORRETANI.

1. Amantissimo patri et domino A. Dei gratia Albanensi episcopo, domini papæ vicario, frater Gaufredus de Clara-valle, minimum id quod est. Injunxerat Vestra Paternitas venerabili fratri nostro et vestro speciali filio Augustino, et de mandato vestro mihi imponeret, vobis per epistolam diligenter notum facere, qualiter in Remensi concilio, quod dominus papa beatæ memoriæ Eugenius tertius celebravit, super quibusdam capitulis, in expositione Pictaviensis episcopi magistri Gisliberti, cognomento Porretani, deprehensis et reprehensis, tractatum, quid et quemadmodum tandem fuerit judicatum. Unde vobis si tardius videor obedire, non miretur Vestra Serenitas; quoniam ante vigiliam festivitatis omnium sanctorum verbum aliquod parvum vel grande super hoc non audivi. Eadem die stilum et tabulas apprehendens cœpi scribere, quod optarem vobis, si possem, celerius intimare.

2. Eodem igitur anno, quo prædictus pontifex Eugenius Romanæ ecclesiæ cathedram sedens, non mediocrem primo statim auditu flagitiosis intulit metum, et honestis omnibus e regione fiduciam; magnus quidam vir et bonorum memoria dignus, Arnaldus nomine, et cognomine Qui-non-ridet, in ecclesia Pictaviensi sub prædicto episcopo officium archidiaconale gerebat, non illius adeptus munere, sed ab ejus prædecessore promotus; difficile siquidem talis arbor fructum ejusmodi protulisset. Accidit autem, ut ab eodem archidiacono, satis fideli pariter et diserto, super quibusdam capitulis fidei familiariter, ut credimus, ante commonitus, nec acquiescens, in ecclesia demum palam argueretur. Appellatum denique est ad Romanam ecclesiam, et coram prænominato papa eadem quæstio ventilata, qui in Gallias descensurus, utramque partem sibi præcepit in solemnitate paschali Parisius præsentari. Affuit beatissimus pater noster sanctus Bernardus cum eodem papa in eadem solemnitate Parisius; cui omne negotium Christi, ubicumque eum contigisset adesse, tanquam omnino proprium, nemine super hoc ambigente, protinus incumbebat. Facta est inquisitio secundum prædictum codicem Expositionis super Boetium; ab eodem episcopo requisitum ad manus se non habere respondit. Inventa est tamen apud scholares particula

sentassent à lui, aux fêtes de Pâques, à Paris; car tous les intérêts du Christ reposaient sur lui partout où il se trouvait, comme étant proprement son affaire à lui : sur ce point tout le monde est d'accord. On fit donc une enquête sur le livre de l'Exposition de Boèce, dont nous avons parlé plus haut. On le demanda à l'évêque Gilbert, qui répondit ne l'avoir plus à sa disposition. Toutefois on en retrouva, entre les mains de quelques écoliers, un fragment, où, entre autre chose, on lisait ces paroles : « Si un homme qui ne peut subsister sans le concours de diverses formes, par suite de la prédominence d'une de ces formes sur l'autre, par exemple, de la sagesse, est appelé la sagesse même, et que, d'après ce principe, quelque grand que vous soyez, vous n'êtes rien que sagesse, à plus forte raison, Dieu, qui n'a pas besoin de formes diverses pour subsister, est-il appelé sa sagesse, sa bonté, etc. » On cita donc ce texte, et saint Bernard éleva la discussion contre l'évêque, en disant qu'il lui semblait que c'était avancer un mot bien grave et même une énormité, que de dire que Dieu peut subsister sans le concours de diverses formes comme s'il ne subsistait que par une. Il ajoutait que la similitude de cette locution emphatique était loin de convenir à Dieu, et que, il n'en est pas de lui comme de tout homme dont on dit qu'il est la sagesse, mais que c'est en vérité et substantiellement qu'on dit de Dieu qu'il est sa sagesse, son essence, sa divinité, et non pas au sens qu'on dit en parlant de Davus, que c'est le crime en personne. Quant à l'évêque, on disait qu'il n'avait ni cru, ni enseigné, ni écrit que la divinité n'est pas Dieu, et qu'il y avait en Dieu une forme ou une essence qui ne fût pas Dieu; il fit plus encore, et prit ses propres disciples, c'est-à-dire l'évêque d'Évreux, homme de naissance distinguée, qui devint plus tard archevêque de Rouen et qui est connu sous le nom de Rotold, puis maître Yves de Chartres, à témoin qu'il n'avait ni professé, ni cru ce dogme; mais il n'invoqua leur témoignage que malgré lui, ainsi qu'il nous a été facile de le remarquer, et contraint par les instances de ses amis, en présence du texte de son livre que nous avons rapporté plus haut. Mais, comme les uns affirmaient une chose et les autres en affirmaient une autre, le souverain pontife lui enjoignit de lui envoyer son livre, avant le concile qu'il se proposait de célébrer à Reims, la même année, pour l'examiner avec soin, et de se tenir prêt à répondre à toutes les objections qui lui seraient faites dans ce concile.

3. Or il arriva que le dit seigneur Eugène remit l'Exposition de Gilbert, quand il l'eut reçue des mains de cet évêque, à un vénérable abbé de Prémontré nommé Godescalc, du monastère de Mont-Saint-Éloi, qui devint plus tard évêque d'Arras, avec mission de l'étudier soigneusement. Cet abbé, homme fort instruit, nota avec soin certains chapitres, en marge desquels il écrivit quelques textes tirés des livres des saints pères, et manifestement contraires à la doctrine du livre, et, en arrivant au concile, il présenta au seigneur pape, ces notes avec le livre de l'évêque de Poitiers. Or, cette année là, le Seigneur avait appelé à lui une des grandes colonnes de l'église, dom Aubry, évêque d'Ostie. Cet homme, dont on doit parler avec le plus grand respect, avait rempli les fonctions de légat en Aquitaine, où il avait appris, sur la vie et les doc-

---

quædam, ubi inter cætera continebantur hæc verba : « Si homo, cui diversa conferre ut sit, præ abundanti unius formæ, ut puta sapientiæ, sapientia dicitur ipsa, secundum illud, tu quantus quantus nihil nisi sapientia es; multo magis Deus, cui diversa non conferre ut sit, dicitur esse sapientia sua, bonitas sua, et cætera. » In hunc modum producta est in medium hæc scriptura, et disputabat sanctus Bernardus adversus episcopum, dicens grave verbum et enorme videri, quo dicebatur, diversa non conferre Deo ut sit, quasi conferat unum. Illam quoque similitudinem locutionis emphaticæ procul esse a Deo, nec sicut quilibet hominum sapientia sua dicitur, sed vere et substantive dicam esse sapientiam suam, essentiam suam, divinitatem suam, non quemadmodum Davus dictus est scelus. Negabat autem episcopus docuisse, vel credidisse aliquando se, vel litteris commendasse, quod divinitas non esset Deus, quod forma vel essentia esset in Deo, quæ non esset Deus; et amplius aliquid faciens, discipulos suos episcopum quemdam Ebroicensem generosum satis, Rotomagensem archiepiscopum post futurum, Rotoldum nomine, et magistrum Ivonem Carnotensem testes produxit, quod illud dogma non tenuerit, nec crediderit, invitus quidem, ut satis tunc animadvertimus, sed suorum stimulatione compulsus, propter verba tamen libelli sui quæ præmisimus. Et quia aliud alii asserebant, injunxit ei summus pontifex, quatenus ante concilium, quod eodem anno in civitate Remorum celebrare proponebat, eumdem sibi libellum transmitteret studiose scrutandum, et paratus esset in eodem concilio ad objecta plenius respondere.

3. Accidit autem, ut expositionem illam sæpe dictus dominus Eugenius, ab episcopo sibi directam, venerabili cuidam abbati Præmonstratensi Godescalco de Monte sancti Eligii, qui postmodum factus est Atrebatensis episcopus, traderet perscrutandam. Qui diligenter, utpote vir disertus, notavit capitula, et ex libris sanctorum catholicorum patrum auctoritates paucas manifeste contrarias scripsit in schedula, quas ad idem concilium veniens, domino papæ cum libello Pictaviensis episcopi præsentavit. Tulerat autem de medio Dominus anno ipso columnam grandem Ecclesiæ, domnum Albericum Ostiensem, cum omni reverentia memorandum, qui legatione functus in Aquitaniam, super vita pariter et doctrina illius Gisleberti tanta didicerat, ut ipse sibi aliter quam oportuerat conscius, ab ejusdem Ostiensis episcopi ferventissimo zelo præ cæteris ejusdem temporis cardinalibus trepidaret. Nec defuere qui crederent, quod si advi-

trines de Gilbert, tant de choses, que l'évêque de Poitiers, à qui sa conscience était loin de rendre le témoignage qu'il aurait fallu, tremblait bien plus à la pensée du zèle plein de ferveur de cet évêque d'Ostie, qu'à celle de tous les autres cardinaux de cette époque. Il ne manque pas de personnes pour croire que, si ce cardinal eût encore vécu, l'évêque de Poitiers n'aurait jamais eu l'audace de soutenir en sa présence les doctrines qu'il osa professer. On en vint à la discussion des chapitres que le susdit abbé Godescalc avait notés; mais comme ce dernier n'avait pas la parole facile, le seigneur pape remit le livre de Gilbert avec les textes des saints pères qui lui étaient contraires, à Bernard, notre saint abbé de Clairvaux. Il y avait là présents plusieurs grands hommes fort instruits dans les lettres; c'étaient Geoffroy de l'Oratoire, archevêque de Bordeaux, dont l'évêque de Poitiers était suffragant; Milon, évêque des Morins, assez distingué par sa science et sa piété; Josselin, évêque de Soissons, aussi versé dans la science des lettres profanes que dans celle des lettres sacrées; Suger, abbé de saint Denis, à qui le roi de France Louis, en partant pour la Terre sainte, avait confié l'administration de son royaume. Ces hommes et plusieurs autres attaquèrent, avec saint Bernard, les susdits chapitres par des arguments tirés également de la raison et de l'Écriture sainte. Toutefois l'évêque Geoffroy que nous avons nommé plus haut, parlait moins que les autres, pour épargner Gilbert, se réservant de s'expliquer au moment où on prononcerait le jugement, ainsi qu'il l'a humblement confessé lui-même; il s'en repentit ensuite, quand il apprit que les seigneurs cardinaux, dont on savait que les principaux inclinaient du côté du coupable et même se montraient évidemment favorables à sa cause, avaient promis, en entendant les objections, de condamner Gilbert.

4. En entrant au consistoire, le premier jour, nous trouvâmes que l'évêque de Poitiers avait fait apporter par ses clercs, une masse de volumes, tandis que nous n'avions, nous autres, que quelques textes des pères de l'Église, sur une seule feuille de papier. Quand la discussion fut engagée, les partisans de cet homme nous calomnièrent en disant que nous citions des textes tronqués, tandis que lui mettait sous les yeux des volumes entiers, où on pouvait voir les rapports des propositions citées avec celles qui les précédaient ou qui les suivaient. Cependant, on cita un chapitre extrait de son livre, conçu en ces termes : « Quand on dit Dieu, ce mot a rapport à la substance qui n'est pas Dieu, mais par laquelle Dieu est Dieu. » A ces mots, comme les uns et les autres se récrient, ou accusent l'auteur, et lui reprochent, non sans raison, ses tergiversations, saint Bernard lui dit : « Qu'est-il besoin de nous arrêter davantage à ces expressions; toute la cause du scandale vient de ce que la plupart sont persuadés que vous croyez et que vous enseignez que l'essence ou la nature de Dieu, que sa divinité, sa sagesse, sa bonté, sa grandeur, ne sont pas Dieu, mais des formes par lesquelles Dieu est. Est-ce là ce que vous croyez ? Répondez oui ou non clairement. » Il osa dire : « La forme de Dieu et la divinité par laquelle il est Dieu, n'est pas elle-même Dieu. » Alors saint Bernard s'écria : « Nous avons ce que nous cherchions ; qu'on mette cet aveu par écrit. » Le souverain pontife ordonna

---

xisset idem vir, Pictaviensis ille, quæ ausus est confiteri, præsente eo nullatenus præsumpsisset. Ventum est ad discussionem capitulorum, quæ prædictus abbas Godescalcus notaverat ; sed quia ipse nimis erat elinguis, liber ille cum sanctorum testimoniis ei contrariis a domino papa traditus patri nostro sancto Bernardo Clara-vallensi. Aderant viri magni nec mediocriter litterati, Gaufredus de Oratorio, Burdigalensis ecclesiæ archiepiscopus, cujus in Pictaviensi episcopus suffraganeus erat ; Milo Morinensis episcopus, religione et scientia satis insignis, Jossenus Suessionensis episcopus, tam seculari, quam litterali scientia præditus ; Sugerius abbas sancti Dionysii, cui Francorum rex Ludovicus, Jerosolymam proficiscens, totius regni commiserat administrationem. Hi et alii plures cum beato Bernardo prædicta capitula rationibus pariter et scripturæ sacræ testimoniis arguebant ; nisi quod prædictus Gaufredus minus cæteris loquebatur, de industria parcens homini, et judicio se reservans, sicut humiliter est confessus, et pœnitentiam egit, audiens dominos cardinales, quorum principales favisse reo, et evidenter etiam fovisse constabat, super auditis objectionibus sese promittere judicaturos.

4. Ingredientibus vero nobis consistorium, prima die cum magnorum voluminum corpora per clericos suos Pictaviensis fecisset afferri, et nos paucas auctoritates ecclesiæ in sola schedula haberemus; occasione recepta calumniabantur fautores illius hominis, quod decurtata testimonia proferremus, cum ille codices integros exhiberet ; ubi posset intelligi, quemadmodum verbis propositis præcedentia vel sequentia adhærerent. Prolatum tamen capitulum de ejus codice in hæc verba : « Cum dicitur Deus, pertinet ad substantiam, non quæ est, sed qua est. » Quod dum alii atque alii clamantes auctorem arguerent, et adversus eum adhuc tergiversantem non immerito causarentur ; sanctus Bernardus ad episcopum ait : « Quid necesse est circa hujusmodi verba diutius immorari ? » Non aliunde procedit scandali hujus origo, nisi quod plures credere vos credunt, et docere, quod divina essentia vel natura, divinitas ejus, sapientia, bonitas, magnitudo, non est Deus, sed est forma, qua est Deus. Hoc si creditis, palam dicite, aut negate. Ausus est dicere : Forma Dei et divinitas, qua Deus est, ipsa non est Deus. Ecce, ait sanctus Bernardus, tenemus quod quærebamus ; scribatur ista confessio. Præcepit summus pontifex, et domnus Henricus Pisanus, tunc Romanæ ecclesiæ subdiaconus, futurus postea Clara-vallensis monachus, et ex abbate sancti

qu'on le fit, et dom Henri de Pise, alors sous-diacre de l'église de Rome, et qui plus tard devait être moine à Clairvaux, puis abbé de saint Anastase et enfin cardinal prêtre du titre des saints Nérée et Achillée, sur l'ordre du pape, apporta du papier, une plume et de l'encre. Pendant qu'il écrivait l'aveu de Gilbert, cet évêque dit à saint Bernard : « Et vous aussi, écrivez que la divinité est Dieu. » Et l'abbé, sans s'émouvoir, répondit : « Oui, qu'on écrive, avec un stylet de fer, sur un ongle d'aimant, ou plutôt qu'on grave sur la pierre, que l'essence de Dieu, sa forme, sa nature, sa déité, sa bonté, sa sagesse, sa vertu, sa puissance, sa grandeur sont vraiment Dieu. »

5. On discuta ensuite sur le même chapitre, et on en vint au point que le saint s'écria : « Si cette forme n'est pas Dieu, elle est meilleure que Dieu, puisque c'est à elle que Dieu doit d'être Dieu, tandis que, pour elle, au contraire, elle n'est pas de Dieu, et ne reçoit rien de lui. » Il m'a semblé que je devais rapporter cela, surtout par ce motif particulier que, après la discussion, étant allé à la bibliothèque de l'église de Reims, j'y pris plusieurs manuscrits, où je trouvai entre autres textes, dans un livre de saint Augustin sur la Trinité, à peu près les mêmes paroles que celles dont s'était servi saint Bernard. Saint Augustin s'exprime, en effet, ainsi : « Si Dieu est grand, ce n'est que par la grandeur, laquelle n'est autre que lui-même, autrement cette grandeur serait plus grande que Dieu. » D'ailleurs comme on discutait, le premier jour, sur le premier chapitre, je fis remarquer moi-même à l'évêque, ainsi que tout le monde l'entendit, qu'il avait nié catégoriquement, la même année, à Paris, devant le seigneur pape, et devant la plus grande partie des personnes importantes qui étaient là présentes, les propres expressions qu'il venait d'employer, et qu'il avait produit des témoins pour prouver qu'il n'avait jamais ni cru, ni enseigné rien de tel. Mais lui, plein d'une confiance très-grande, plus grande peut-être qu'il ne l'aurait voulu plus tard, attendu qu'il ne pouvait nier qu'il avait désavoué ces expressions, s'écria : « Quoi que j'aie dit alors, voilà ce que je dis aujourd'hui. » Pour moi, j'ai poussé un profond soupir, en voyant que, en présence de tels juges, on pouvait presque impunément porter l'audace aussi loin, et je lui dis : « Vous êtes donc comme le roi, et vous avez votre dit et votre dédit ? »

6. Pendant que les personnes qui étaient présentes discutaient sur ce premier chapitre, il arriva qu'on en vint à toucher au second, quand l'évêque de Poitiers avança que « Ni un seul Dieu, ni quoi que ce soit d'un, ne sont trois personnes, quoique les trois personnes soient un seul Dieu, c'est à dire soient d'une seule divinité, et sont un, c'est à dire d'un. » Et on disputa longtemps sur ce chapitre, jusqu'à ce que saint Bernard suggéra la pensée, et que le seigneur pape ordonna de le mettre par écrit avec le premier. A cette proposition, on opposa l'autorité assez évidente de saint Athanase, qui s'exprime en ces termes : « Les chants des Vertus célestes confirment qu'un est trois, et que trois sont un. » Le lendemain, nous apportâmes une telle masse de cahiers pour la dispute, que les partisans de l'évêque en furent tout stupéfaits, en nous entendant dire que nous n'avions pris aucune note. L'évêque faisait citer des livres de saint Hilaire,

---

Anastasii sanctorum Nerei et Achillei presbyter cardinalis, ad ejus mandatum porrexit et attulit chartam, calamum, et incaustum. Cum autem scriberet ipsam confessionem : Et vos, ait episcopus ad abbatem, scribite, quod divinitas est Deus. Nec concitatus ille respondit : Scribatur, inquiens, stilo ferreo in ungue adamantino, vel sculptatur in silice, quod divina essentia, forma, natura, deitas, bonitas, sapientia, virtus, potentia, magnitudo vere est Deus.

5. Disputatum est deinde super eodem capitulo, et eousque processum est, ut diceret sanctus, quod si forma illa Deus non est, melior Deo est, cum ex ea Deus habeat esse ; ipsa autem nec ab eo sit, nec ab eo habeat quidquam. Quod potissimum credidi memorandum propter eam specialiter causam, quia disputatione completa ecclesiæ Remensis armarium mox ingressus, plures exinde tuli codices, et in libro beati Augustini de Trinitate inter alia plura testimonia eadem pene verba, quæ sanctus Bernardus objecerat, reperi in hunc modum : « Deus magnus est non nisi ea magnitudine, quæ est quod ipse ; alioquin illa erit major magnitudo quam Deus. » Cæterum cum de primo capitulo prima die disputaretur ; ego fui qui objeci eidem episcopo, audientibus universis, quod verba illa, quæ modo profitebatur, eodem anno Parisius coram domino papa, et majori parte majorum quæ aderant personarum, penitus abnegasset, et testes produxisset, quod talia nunquam crediderat, nunquam docuerat. At ille multum confidens, et amplius forsitan quam postea voluisset, quia negare non poterat se negasse : Quidquid tunc dixerim, modo, ait, hoc dico. Ego vero suspirans graviter, quod viderem coram tantis judicibus paulo minus impune tanta præsumi : Ergo sicut rex, inquam, vestrum dictum et dedictum habetis ?

6. Et factum est, ut disputantibus personis, quæ aderant, super primo capitulo prædicto, occurreret secundum, profitente prædicto episcopo : « Quod nec unus Deus, nec unum aliquid sint tres personæ, licet tres personæ sint unus Deus, id est una divinitate, et sint unum, id est unum. » Et adversus hoc capitulum diutius est disputatum, postquam suggerente sancto Bernardo, et domino papa præcipiente, ipsum etiam cum priore litteris est commendatum. Cui evidens satis opposita est auctoritas Athanasii in hæc verba : « Supernarum virtutum carmina unum tria, et tria unum esse confirmant. » Sequenti die codices tantos attulimus ad disputationem, ut obstupescerent fautores episcopi, et a nobis audirent, quia ecce schedulas non habemus. Faciebat episcopus in libris beati

et du corps des canons contenus dans les lettres de quelques Grecs, des textes tout à fait inintelligibles, avec une extrême rapidité et en quantité très-considérable. Et il ne manquait pas de gens qui se faisaient les défenseurs de son opinion, bien qu'ils la comprissent peu. Le même jour, on ajouta deux chapitres aux deux premiers, et on les consigna par écrit ; c'étaient que cet évêque avançait que les propriétés des personnes et l'immense multitude des choses éternelles étaient véritablement sans commencement, et que cependant aucune d'elles n'était Dieu, aucune n'était de Dieu.

7. Le quatrième chapitre était que la nature divine n'a pas pris la nature humaine, mais que c'est la personne du Fils qui l'a prise, contrairement à ces paroles de saint Grégoire : « La divinité est venue à nous chaussée de l'humanité, » et à ce texte de saint Augustin dans son premier livre de la Trinité : « D'où il suit que, puisque la forme de Dieu a pris la forme de l'esclave, il est en même temps Dieu et homme, » de même qu'à ces paroles du même père dans son soixante-quinzième traité sur l'Évangile de saint Jean : « Il s'est anéanti lui-même, et s'est fait homme, etc... qui a fait cela ? si ce n'est pas Jésus-Christ lui-même. Mais, Jésus-Christ c'est tout cela en même temps, c'est le Verbe en la forme de Dieu, laquelle a reçu la forme de l'esclave, c'est l'âme et la chair dans la forme de l'esclave, laquelle a été reçue par la forme de Dieu, » et à ces expressions du pape saint Léon : « Cette nature nous a pris de telle sorte que ce qui lui est propre n'a point été absorbé par ce qui nous est propre, ni ce qui nous est propre par ce qui lui est propre. » Après qu'on eut bien longtemps discuté, on leva, la séance et nos seigneurs les cardinaux résumèrent le tout en disant : « Nous avons entendu les propositions, à présent il nous reste à juger comment on doit les définir. » Cette parole fit une telle impression sur l'esprit de plusieurs, que, le lendemain, dix archevêques et une grande multitude d'évêques, d'abbés et de docteurs, se réunirent chez saint Bernard. Et, comme on savait que presque tous ceux qui semblaient se réserver ainsi le jugement de l'affaire étaient favorables, sinon à l'erreur, du moins à l'errant, tous furent d'avis qu'il y avait nécessité de leur envoyer le symbole de leur foi, au sujet de ces chapitres de l'évêque Gilbert, afin qu'ils fussent plus complétement en état de formuler leur jugement. Ils écrivirent donc autant de propositions que Gilbert en avait émis, avec le plus de précision qu'ils purent, dans lesquelles se trouvait exprimée leur confession de foi, contraire aux paroles de l'évêque, en tout et pour tout, et, après l'avoir rédigée d'un commun accord et avec mûre délibération, ils décidèrent de la communiquer à ceux qui s'étaient réservé le jugement de cette affaire. Ce n'est pas cependant qu'ils craignissent que les cardinaux définissent rien de contraire ; mais ils croyaient que plusieurs parmi eux inclinaient à dissoudre le concile sans rien définir. Voilà pourquoi l'écrit que nous vous avons dernièrement envoyé, porte, au bas, la signature de tous les archevêques, évêques, abbés et docteurs qui étaient présents et qui ont souscrit d'un commun accord et consentement.

8. On choisit trois personnes qui furent chargées d'aller présenter cet écrit au seigneur pape et aux cardinaux; c'étaient les deux très-révérends évêques

---

Hilarii, et de corpore canonum in quorumdam Græcorum epistolis verba minus intelligibilia, præsertim in tanta festinatione, et in tanta ac tali multitudine lectitari ; nec deerant qui pro eo se opponerent, licet parum intelligentes. Addita sunt eodem die capitula duo prioribus, et litteris pariter commendata, quod personales proprietates, et æternarum rerum multitudinem copiosam episcopus idem veraciter esse sine initio profiteretur, quarum tamen nulla Deus esset, nulla a Deo.

7. Quartum fuit capitulum, quod natura divina naturam non suscepit humanam, sed persona Filii naturam nostram suscepit, contra illud beati Gregorii : « Quia venit ad nos calceata divinitas humanitate, et beati Augustini in libro primo de Trinitate : Ergo quia forma Dei accepit formam servi, utrumque Deus, et utrumque homo. » Item ejusdem super evangelio Johannis in Tractatu LXXV, semetipsum exinanivit, et homo, etc. « Quis nisi idem ipse Christus Jesus ? Sed hic jam sunt omnia, et verbum in forma Dei, quæ accepit formam servi, et anima et caro in forma servi, quæ accepta est a forma Dei. Et Leo papa : Suscepit nos illa natura, quæ nec nostris sua, nec suis nostra consumeret. » Exinde postquam diutius disputatum est, sub eo tenore discessum est, ut dicerent domini cardinales, quia ecce audivimus quæ proposita sunt, deinceps judicabimus, qualiter debeant definiri. Quod verbum eatenus movit corda multorum, ut sequenti die apud sanctum Bernardum convenirent archiepiscopi decem, episcoporum quoque et abbatum, ac magistrorum plurima multitudo. Et quia judicium sibi soli videbantur reservasse, quos noverant errores errantis potius quam erroris fautores ; providere oportere, cum capitulis illis Gisleberti episcopi, suæ et fidei symbolum mitti, ut scirent plenius unde judicarent. Scripserunt ergo capitula totidem quam expressius potuere, illius verbis suam confessionem contrariam in omnibus et per omnia proponentes, quam de communi omnium convenientia non sine multa deliberatione dictatam judicaturis facerent exhiberi. Nec tamen verebantur, ne contrarium aliquid judicarent; sed credebant, nonnullos eorum ad hoc tendere, ut sine aliqua definitione concilium solveretur. Propter quod eidem scripturæ, quam novissimam vobis mittimus, subscripta sunt nomina singulorum qui aderant archiepiscoporum, episcoporum, abbatum, et magistrorum, de consensu et convenientia universorum.

8. Et electæ sunt tres personæ, episcopi duo reverendissimi, Hugo Autisiodorensis, et Milo Morinen-

d'Auxerre et des Morins, Hugues et Milon, et l'abbé de saint Denis, Suger ; ils avaient mission de dire au pape et aux cardinaux : « Nous avons souffert des discours peu en harmonie avec le respect qui vous est dû, jusqu'à ce que nous vous ayons entendu dire que vous vouliez prononcer le jugement qu'il y aurait à en porter. Nous venons donc vous offrir, nous aussi, notre confession, afin que vous ne jugiez pas seulement une des deux parties, mais les deux parties à la fois. Vous avez par écrit la confession de cet homme, il convient que vous ayez aussi la nôtre. Toutefois, il vous a donné la sienne avec ce correctif qu'il était prêt à la corriger, si votre sentiment différait du sien en quelque chose ; pour nous, au contraire, rejetant complétement une pareille condition, nous voulons que vous sachiez en vous présentant notre profession de foi que nous sommes dans ces sentiments, que nous y persévérerons, et que nous n'y changerons absolument rien. » Le seigneur pape leur répondit à l'instant même, et leur ordonna de rapporter à ceux qui les avaient envoyés, que « l'Église romaine n'avait pas d'autres sentiments que ceux qu'ils exprimaient dans leur confession, et que si quelques-uns avaient paru se montrer favorables à la personne de Gilbert, aucun ne tenait pour sa doctrine. » A la suite de cela, toute l'assemblée se réunit dans le beau palais appelé Thau. On interrogea l'évêque de Poitiers, qui renonça librement à tous ses chapitres, et qui ajouta de plus ces paroles : « Si vous croyez autrement, je le crois aussi ; si vous vous exprimez d'une autre manière, je m'exprime de même, et si vous souscrivez différemment, je souscris comme vous. » Alors le seigneur pape, en vertu de son autorité apostolique, et de l'assentiment de toute l'assemblée qui se trouvait réunie là, condamna les chapitres, et défendit expressément à qui que ce fût d'avoir l'audace de lire ce livre ainsi condamné, et de le copier, avant que l'Église romaine l'eût corrigé. Et, comme l'évêque répondait : « Je le corrigerai comme il vous plaira. » Le pape lui dit : « Non, cette correction ne vous sera pas confiée. »

9. Il y avait encore d'autres choses que, dit-on, l'évêque Gilbert avait souvent enseignées dans ses écoles et que ses disciples avaient entendu et sur lesquelles nous fermions les yeux. Cependant, à cause de la multitude des écoliers qui affirmaient les lui avoir entendu souvent professer, on déchira de son livre et on mit en pièces, devant tout le monde, les feuilles où on disait que ces propositions se trouvaient écrites. Comme on demandait du feu pour les brûler, quelques-uns répondirent qu'il suffisait de les déchirer. Je ne me mis pas en peine à cette époque de connaître quels étaient ces chapitres, mais je le sais aujourd'hui. D'ailleurs, pour ce qui est des autres chapitres, au sujet desquels vous m'avez fait l'honneur de me donner vos ordres, en recherchant avec soin dans le livre des Gloses du Psautier, que le même Gilbert de la Porrée a écrites sur ce verset : *Adorez l'escabeau de ses pieds*, voici ce que j'ai trouvé : « La chair est de la terre, et le Christ a pris son corps de la chair de Marie. Ce corps est adoré par nous sans impiété, attendu que personne ne mange la chair de Jésus-Christ spirituellement, qu'il ne l'ait d'abord adorée. » Jusque-là ce ne sont que les propres expressions de saint Augustin ; mais tout de suite après Gilbert ajoute cette explication qui en est comme le

---

sis, et Sugerrius, abbas sancti Dionysii, qui eamdem scripturam domino papæ et cardinalibus præsentarent, et dicerent eis : Pro vestra reverentia sustinuimus minus dignos acceptione sermones, donec tandem audivimus, quod de eis judicare velletis. Offerimus ergo et nos vobis nostram confessionem, ut non de parte, sed de partibus judiceris. Teneris confessionem hominis illius scriptam ; convenit ut teneatis et nostram. Verumtamen ille vobis sub hoc tenore tradidit suam, ut paratus esset corrigere, si quid vobis aliud videretur ; nos hujusmodi conditionem penitus excludentes, sic vobis nostram offerimus, ut noveritis quod in hoc sumus, in hoc perseverabimus, nihil penitus mutaturi. Quibus sine cunctatione dominus papa respondit, et universis qui miserant eos, renuntiare præcepit, quod ab eadem confessione eorum in nullo prorsus Romana ecclesia dissentiret : et si stare visi fuerant aliqui pro persona, sed non stabant aliquatenus pro doctrina. Inde fuit quod in insigni palatio, cui nomen est Thau, ecclesia universa conveniens, et interrogatus Episcopus Pictaviensis, capitulis singulis libere renuntiavit, hæc eadem verba locutus : Si vos aliter creditis, et ego ; si aliter dicitis, et ego ; si aliter scribitis et ego. Ibidem dominus papa, auctoritate apostolica, de assensu totius ecclesiæ quæ convenerat, capitula ipsa damnavit, districte præcipiens, ne eumdem librum legere vel transcribere, etiam sic reprobatum, quis auderet, nisi prius eum Romana ecclesia correxisset. Cumque responderet episcopus : Ego corrigam ad arbitrium vestrum. Non vobis, ait, hæc correctio committetur.

9. Erant et alia, quæ in scholis suis dicebatur auditoribus suis frequenter idem episcopus tradidisse, licet nos dissimularemus ; pro multitudine tamen scholarium, qui testimonium perhibebant ab eo audivisse multoties, hæ coram omnibus scissæ et discerptæ fuerunt chartæ, quæ dicebantur ejus sententias, continere ; quin igne petito ad comburendum eas, dixerunt quidam sufficere si scinderentur. Quænam fuerint illa capitula, nec tum scire curavi, nec adhuc scio. De cætero super capitulis aliis, de quibus mandatum vestræ dignationis accepi, diligenter considerans in libro Glossarum psalterii, quas idem Gislebertus Porretanus composuit super versum, *Adorate scabellum pedum ejus*, ita scriptum inveni : « Caro de terra est, et de carne Mariæ carnem accepit Christus. Hæc sine impietate adoratur a nobis, quia nemo carnem ejus spiritualiter manducat, nisi prius adoret. » Huc usque verba sunt Augustini. Quibus continuo

complément : « Nous ne l'adorons pas de ce genre d'adoration qu'on appelle culte de latrie, qu'on ne rend qu'au Créateur, mais de cette adoration qui consiste tout entière dans le culte de dulie, attendu que le culte de dulie est une adoration qui convient également à la créature ; elle est de deux sortes, l'une se rapporte indifféremment à tous les hommes, l'autre ne convient qu'à l'humanité de Jésus-Christ. » Dans le livre de ses Gloses sur l'Épître de saint Paul, voici de quel commentaire il accompagne ce verset, *C'est pourquoi Dieu l'a exalté et lui a donné un nom au-dessus de tout nom* : « Quelques-uns pensent que ce nom a été donné à l'homme, ce qui ne s'appuie sur aucune raison. En effet, il leur semble que ce nom a l'office de Dieu même, que ce nom est Dieu même, qu'il est au dessus de tout nom, non par la seule appellation, mais par nature, et qu'il l'a reçu non pas après sa passion, mais plutôt après sa génération du Père de qui il tient tout. Par conséquent, ce nom n'a pas été donné à l'homme, à moins peut-être qu'on ne dise que tout lui est donné par l'adoption ; mais on ne fléchit pas le genou à un dieu adoptif, car un tel dieu n'est pas dans la gloire du Père, il n'y a qu'à un Dieu né de Dieu, que cela convienne. Cependant l'Apôtre dit : *Il lui a donné un nom,* etc. Si je dis cela, c'est parce que ce n'est que par sa naissance qu'il s'est trouvé en état d'être manifesté par la croix, tel qu'il a reçu l'être du Père, en tant qu'il a été engendré. » Or, à l'époque du concile nous n'avions entendu parler en d'aucun de ces chapitres, nous ne les connaissions aucunement.

10. Cette doctrine paraît contraire à la doctrine suivante, qui se trouve dans les écrits de saint Léon, pape, dont l'autorité, comme le sait très-bien Votre Discrétion, a été confirmée par les saints canons. En effet, voici comment il s'exprime dans son sermon pour la fête de Pâques : « La créature n'a pas été prise par le Créateur qui se l'est associée, de telle sorte qu'il habitât en elle et qu'elle ne fût que sa demeure ; mais créature et Créateur sont, l'une et l'autre, Dieu, par la puissance de celui qui s'est associé la créature ; l'une et l'autre sont homme, par la bassesse de celle qui a été prise pour associée. Par conséquent, dans l'une et dans l'autre nature, c'est le même Fils de Dieu, et il n'y a rien dans l'une ni dans l'autre, qui ne soit de l'un et de l'autre en même temps. » Ailleurs, il dit encore : « Nous ne séparons aucunement le visible de l'invisible, le corporel de l'incorporel, et, dans le Christ, nous adorons le Verbe homme, et dans le Verbe nous adorons le Christ. » Plus bas, il dit : « Croyez fidèlement l'un et l'autre, et adorez-les l'un et l'autre fidèlement ; qu'il n'y ait aucune division dans l'unité du Verbe et de la chair. » Le même pape, dans son sermon pour la fête de Noël, s'exprime ainsi : « A partir du moment où le verbe s'est fait chair, il n'est pas permis de penser que le Dieu est sans l'homme, ni l'homme sans le Dieu, attendu qu'il ne manque rien de la divinité à celui qui a été pris par elle, ni rien de l'humanité au Dieu qui l'a prise. En effet, ce qui est de l'homme ne préjudicie en rien à ce qui est du Dieu, non plus ce qui est du Dieu ne préjudicie à ce qui est de l'homme. Celui qui est chair est le même que celui qui est le Verbe. » Le même pape écrivait à l'évêque Flavien : « C'est une pensée de l'évangéliste et

---

addidit Gislebertus declarationem, quod est additamentum eorum : « Non illa dico adoratione, quæ latria est, quæ soli Creatori debetur, sed illa, quæ in dulia dignior est. Dulia enim adoratio est, quæ etiam creaturæ exhibetur, quæ duas habet species, unam quæ hominibus indifferenter, alteram quæ soli humanitati Christi exhibetur. » In libro etiam Glossarum ejus in epistola sancti Pauli super illum locum, *propter quod Deus exaltavit illum, et dedit illi nomen quod est super omne nomen,* ita est commentatus : « Quibusdam videtur hoc nomen datum homini, quod nulla ratione convenit. Hoc enim donum esse Filium Dei, hoc nomen esse Deum, quod non per solam appellationem, sed per naturam super omne nomen est, quod non post passionem suam, sed potius a patre, a quo habet omnia, cum generaretur, accepit. Hoc ergo non homini datum ; nisi forte quis dicat, per adoptionem omne datum ; sed adoptivo Deo non flectitur omne genu, nec est in gloria Dei Patris ; nam nato ex Deo hoc competit. Dicit tamen Apostolus : *Dedit illi nomen,* etc. » Quod ideo dico, quia natus accepit ut per crucem manifestaretur, quod a Patre, dum generaretur accepit. Horum ergo capitulorum nihil ejusdem concilii tempore audieramus, nihil penitus noveramus.

10. Videntur autem his contraria hæc quæ sequuntur inscripturis beati Leonis papæ, quorum auctoritatem sacris canonibus confirmatam optime novit Vestra Discretio. Dicit enim in sermone paschali : « Non sic creatura in societatem sui creatoris assumpta est, ut ille habitator, et illa esset habitaculum ; sed utrumque Deus de potentia suscipientis, uterque homo de humilitate suscepti. In utraque igitur natura idem est Dei Filius, et nihil est alterius naturæ, quod non sit utriusque. Item, in nullo dividentes visibilem ab invisibili, corporeum ab incorporeo, et verbum in Christo hominem, et Christum adoremus in Verbo, et infra : Utrumque fideliter credite, utrumque fideliter adorate, et in unitate Verbi et carnis non sit ulla divisio. Idem in sermone de Natali : Ab illo tempore, quo Verbum caro factum est, nec Deum illum sine hoc quod homo est, nec hominem sine hoc liceat cogitare quod Deus est, cum nihil assumpto divinum, illi assumenti deesset humanum. Nec enim divinis humana præjudicant, nec humanis divina ; ipse est caro qui Verbum. Idem ad Flavianum episcopum, Sententia est Johannis apostoli et evangelistæ : *Qui solvit Jesum, ex Deo non est, et hic est antichristus.* Quid autem est solvere Jesum, nisi humanam a Verbo separare naturam ? Augustinus in definitionibus ecclesiasticorum dogmatum : *Homousion* Patri et homini adoratur ab Angelis et

apôtre saint Jean que *celui qui détruit Jésus-Christ n'est point de Dieu, c'est un antechrist* (I Joan, IV, 13). Or qu'est-ce que détruire Jésus-Christ, sinon séparer la nature humaine du Verbe? » Saint Augustin, dans ses définitions des dogmes de l'Église dit : « L'*Homousion* au Père et à l'homme est adoré par les anges et par toute créature, comme le Père et le Saint-Esprit, non pas l'homme à cause de Dieu, ou le Christ avec Dieu, mais l'homme en Dieu et Dieu en l'homme. » Le même saint, en parlant de la prédestination des saints, dit : « Où cet homme a-t-il mérité d'être pris par le Verbe en l'unité de personne pour être le Fils unique de Dieu ? car nous tenons de l'apôtre, que le Seigneur de gloire, en tant que l'homme a été fait Fils de Dieu, a été prédestiné. Par suite de cette prédestination, l'élévation de la nature humaine est si grande, si haute, si suprême, qu'elle ne saurait être élevée plus haut. » Saint Jérôme, dans son Bréviaire des psaumes, à ce verset, *Adorez l'escabeau de ses pieds*, dit : « Quoique l'homme ait été pris par Dieu, et que, en comparaison de Dieu, toute créature n'est que l'escabeau de ses pieds, cependant cet escabeau même se trouve associé à Dieu. Et voyez ce que j'ose dire de son trône : j'adore son escabeau comme son trône. Je ne comprends pas que celui qui soit assis est une chose et que l'escabeau en soit une autre ; mais tout en Jésus-Christ, est le trône de Dieu. Je ne sais pas comment cela est, et cependant je crois que c'est. Il me suffit de savoir que ce que je crois est écrit : Nous sommes appelés des hommes de foi, non des hommes de raison. »

41. Au chapitre quatre, selon que nous l'avons dit plus haut, est opposé le sentiment du pape Léon, écrivant en ces termes à l'évêque Flavien : « L'Apôtre a dit : *Soyez dans les mêmes sentiments*, etc.... jusqu'à ces mots : *dans la gloire du Père* (*Philipp.* II, 3 à 11). C'est de l'élévation de celui qui est pris, non de celui qui prend, qu'il est question là. C'est Dieu qui exalte celui qui est pris. Et sachant bien que l'éternelle déité du Fils n'a reçu dans le Père aucun accroissement, remarquez prudemment que celui à qui il a été dit : *Tu es terre, et tu retourneras en terre*, n'est pas le même que celui à qui il est dit en Jésus-Christ : *Asseyez-vous à ma droite*. » Le même pape, dans sa lettre aux habitants de Constantinople, parle ainsi : « Que les adversaires de la vérité disent quand, ou selon quelle nature, le Père tout-puissant a élevé le Fils au dessus de tout, ou à quelle substance il a soumis toutes choses. En effet, la déité du Verbe est égale en toutes choses et consubstantielle au Père ; mais celui qui a reçu de l'accroissement était plus petit que celui qui le lui donnait. Il a reçu du Père, dans la nature de l'homme, ce que lui-même a donné dans la nature de la déité. » Le même pape, en s'adressant à Léon Auguste et aux Palestiniens, s'exprime ainsi : « Pour ce qui est de l'élévation par laquelle Dieu l'a élevé, et lui a donné un nom au dessus de tous les noms, nous comprenons qu'elle se rapporte à la forme qui devait être enrichie par l'exaltation d'une telle glorification. » Ailleurs, il dit encore : « Tout ce qu'il a reçu, il l'a reçu dans le temps comme un homme à qui on donne ce qu'il n'a pas. Quant à sa forme d'esclave, elle a été élevée dans la gloire de la puissance divine ; il n'importe pas sous quelle substance le Christ est nommé ou adoré. » Saint Jérôme, dans son Bré-

---

omni creaturæ, sicut Pater et Spiritus sanctus, non homo propter Deum, vel Christus cum Deo, sed homo in Deo, et in homine Deus. Idem de prædestinatione sanctorum : Ille homo ut a Verbo in unitatem personæ assumptus Filius Dei unigenitus esset, unde hoc meruit? Nam et ipsum Dominum gloriæ, in quantum homo factus est Dei Filius, prædestinatum didicimus in Apostolo. Prædestinata ista naturæ humanæ tanta, tam celsa, et summa subvectio, ut quo attolleretur altius non haberet. Hieronymus in Breviario psalmorum super *Adorate scabellum pedum ejus*: Licet quidem assumptus sit homo, et ad comparationem Dei omnis creatura scabellum pedum ejus est; tamen hoc ipsum scabellum sociatum est Deo. Et de sedili suo videte quam rem audeam loqui : Ego ita adoro scabellum, sicut et thronum. Ego non intelligo aliud sedentem, et aliud scabellum, sed totum in Christo thronus est Quomodo sit nescio, et tamen credo quod sit. Sufficit mihi scire quod scriptum est, quod credo : Fideles dicimur non rationales. »

41. Contra capitulum quartum, secundum quod præscripsimus, sentit Leo papa scribens ad Flavianum episcopum ita : « *Hoc*, inquit Apostolus, *sentite in vobis*, etc., usque *in Gloria Patris*, assumpti non assumentis provectio est quod dicitur : Deus illum exaltat. Idem scientes, quod sempiterna Filii deitas nullo apud Patrem crevit augmento, prudenter advertite, quod nec cui dictum est, *Terra es, et in terram ibis*, eidem in Christo dicitur : *Sede a dextris meis*. Idem ad Constantinopolitanos : Dicant adversarii veritatis, quando omnipotens Pater, vel secundum quam naturam Filium super universa provexit, vel cui substantiæ cuncta subjecit. Deitas enim Verbi par in omnibus et consubstantialis est Patri ; sed minor erat proveheute qui crevit. In natura hominis accepit a patre, quod in natura deitatis etiam ipse donavit. Item ad Leonem Augustum, et ad Palæstinos: Exaltationem qua illum exaltavit Deus, et donavit illi nomen, quod est super omne nomen, ad eam intelligimus pertinere formam, quæ ditanda erat tantæ glorificationis augmento. Item : Quidquid ergo accepit, in tempore secundum hominem accepit, cui quæ non habuit, conferuntur. Forma autem servi in gloria divinæ potestatis evecta est ; nec interest, ex qua Christus substantia nominetur, vel adoretur. Hieronymus in Breviario super epistolam ad Philippenses : Si ita assumptus homo humiliari dignatus est, divinitas, quæ se humiliare non potest, eum qui humiliatus fuerat

viaire sur l'épître aux Philippiens, a dit : « Si l'homme ainsi pris, a daigné s'humilier, c'est avec raison que la divinité, qui ne peut s'humilier, a exalté celui qui s'est humilié. Mais il lui a été donné un nom qu'il n'avait pas auparavant. D'où il suit que ce passage peut être légitimement entendu de la nature humaine. » Le même auteur, sur ces mots : *Le Seigneur a dit à mon seigneur*, s'exprime ainsi : « Le Sauveur a expliqué ce passage dans l'Évangile, en disant : Si le Christ est fils de David, comment celui-ci l'appelle-t-il en esprit son Seigneur ? Et quel seigneur est ce Seigneur à qui il est ordonné de s'asseoir ? En effet, Dieu ne s'asseoit pas, il ne s'asseoit que par le corps qu'il a pris. Celui à qui il est ordonné de s'asseoir, c'est l'homme qui a été pris. » Saint Augustin, contre Maxime, dit, au sujet de ces paroles, *Il lui a donné un nom*, etc. : « C'est à l'homme qu'il a donné ce nom, ce n'est pas au Dieu. Et ensuite, la forme dans laquelle il a été crucifié, a été exaltée, c'est à elle qu'a été donné un nom au-dessus de tout nom, c'est à l'homme Christ qui est mort, qui est ressuscité, qui est monté aux cieux selon la chair ; car le nom qui lui est donné est un nom au-dessus de tous les noms. »

12. Du reste, pour terminer cette lettre, s'il plaît à Votre Discrétion d'être pleinement édifiée sur les quatre premiers chapitres, il y a dans les sermons de saint Bernard sur le Cantique des cantiques, une discussion très soignée sur ce sujet. Je désire, et je demande à Dieu que Votre Paternité se porte toujours bien dans le Seigneur. Je vous recommande nos frères de Fosso-Novo. Je serais très-heureux d'apprendre que vous allez bien et que l'état de la sainte Église est satisfaisant.

13. Cette lettre était à peine terminée par celui à qui je l'avais donnée à écrire, que, au même moment, la volonté du Seigneur fut que je trouvasse ce que je désirais. En effet, avant qu'on me remît cette lettre, un autre frère m'apporta un écrit que je cherchais depuis longtemps et que je désespérais complétement de retrouver. Je l'ai composé au sujet des mêmes chapitres, il y a environ quarante ans, en même temps que la profession de foi qui fut présentée par les personnes dont j'ai parlé plus haut au seigneur pape et à l'Église romaine, de la part de dix archevêques et de presque tous les évêques qui se trouvaient alors à Reims, ainsi que de nombreux et très-grands abbés et de maîtres d'école, qui l'avaient tous signée. Aussi, quelle ne fut pas ma joie ? J'ai ajouté cet écrit à cette lettre, et je vous envoie l'un et l'autre avec une piété toute filiale, comme à mon très-cher Seigneur.

14. J'ai appris également que Votre Diligence désirait connaître plus complètement aussi la vérité, en ce qui concerne la condamnation d'Abélard, dont le pape Innocent II, de pieuse mémoire, fit brûler les livres à Rome dans l'église du bienheureux Pierre, en le déclarant hérétiques, en vertu de son autorité apostolique. Plusieurs années auparavant, un vénérable cardinal et légat de l'Église romaine, nommé Conon, ancien chanoine régulier de l'église de saint Nicolas d'Aroaise, avait de même condamné au feu sa théologie au concile de Soissons, qu'il présidait, après avoir reproché à Pierre lui-même qui était présent, ses erreurs,

---

merito exaltavit. Sed et illi donatum est nomen, quod ante non habuit. Unde recte locus hic secundum humanam naturam iutelligendus est. Idem super *Dixit Dominus Domino meo*. Istum locum Salvator, in Evangelio exposuit, dicens : Si Christus est, inquit, Filius David, quomodo in spiritu vocat eum Dominum ? huic Domino, cui præcipitur ut sedeat ? Deus enim non sedet ; assumptione corporis sedet. Huic ergo præcipitur ut sedeat qui homo est, qui assumptus est. Augustinus contra Maximum : *Donavit illi nomen*, etc. Homini donavit ista, non Deo. Ac deinde in qua forma crucifixus est, ipsa exaltata est, ipsi donatum est nomen quod est super omne nomen, homini Christo secundum carnem mortuo, resurgenti, ascendenti. Donatur enim nomen, quod est super omne nomen. »

12. De cætero ut epistola finem deinceps sortiatur, si placuerit Vestræ Discretioni super prioribus capitulis quatuor plenius edoceri ; in sermonibus beati Bernardi super Cantica canticorum diligentior de eisdem disputatio continetur. Optamus et oramus, ut bene semper in Domino valeat Vestra Paternitas. Recommendamus vobis fratres nostros de Fossa-nova. De prosperitate vestra, et statu ecclesiæ sanctæ certitudinem satis vellemus audire.

13. Vix perfecta erat epistola hæc ab eo, cui tradita fuerat ad scribendum, et ecce eadem hora voluntas Domini fuit, ut mihi occurreret quod volebam. Ab altero siquidem fratre, priusquam mihi præsens epistola redderetur, scriptura alia diu quæsita, jam penitus desperanti mihi exhibita est, quam super eisdem capitulis ante annos pene quadraginta edideram cum ipso symbolo, quod domino papæ et Romanæ ecclesiæ ex parte decem archiepiscoporum, et omnium episcoporum pene, qui in illa adhuc die Remis inventi sunt, cum abbatibus maximis atque plurimis, et magistris scholarum, et subscriptis nominibus singulorum, per superius memoratas personas fuerat præsentatum. Unde satis exsultans, illam quoque scripturam adjiciens huic epistolæ, tanquam, charissimo domino meo vobis utramque filiali devotione transmitto.

14. Audivi etiam, quod super damnatione Petri Abaelardi Diligentia Vestra desideret plenius nosse similiter veritatem, cujus libellos piæ memoriæ dominus Innocentius papa secundus in urbe Roma, et in ecclesia beati Petri incendio celebri concremavit, apostolica auctoritate hæreticum illum denuntians. Nam et ante plures annos venerabilis quidam cardinalis et legatus Romanæ ecclesiæ, Cono nomine, re-

l'avoir convaincu de sa perversité hérétique, et l'avoir condamné. Si donc il vous plaît, il sera satisfait à vos désirs par le petit livre de la Vie de saint Bernard, et par les lettres que cet abbé a écrites à la cour de Rome sur ce sujet. Cependant, j'ai trouvé à Clairvaux un petit livre composé par un abbé des moines noirs, où se trouvent notées toutes les erreurs de Pierre. Je me rappelle parfaitement l'avoir vu autrefois, mais, depuis plusieurs années, au rapport des conservateurs de la bibliothèque, on a recherché avec soin le manuscrit de cet ouvrage, sans pouvoir le retrouver depuis quatre ans. Aussi me proposé-je d'envoyer quelqu'un au monastère dont l'auteur de ce livre était abbé, et, si je puis me le procurer, je le ferai copier tout entier et je vous l'enverrai. D'ailleurs, je crois qu'il doit suffire à vos recherches de savoir quels ont été les points condamnés, comment et pourquoi ils l'ont été.

---

gularis quondam canonicus ecclesiæ sancti Nicolai de Arussia, theologiam ejus, Suessione concilium celebrans, similiter concremaverat, ipsum Petrum præsentem arguens, et convictum de hæretica pravitate condemnans. Unde vestro si placuerit desiderio, per libellum de vita sancti Bernardi, et per ejus epistolas missas ad curiam satisfiet. Inveni tamen in Clara-valle libellum cujusdam abbatis Nigrorum monachorum, quo errores ejusdem Petri notantur; quem et olim me vidisse recordor, sed a multis annis, ut custodes librorum asserunt, studiose quæsitus primus quaternio non potuit inveniri. Propter quod propositi nostri est in Franciam destinare ad monasterium, cujus abbas exstitit qui eumdem librum composuit; et si recuperare potero, transcribi facere codicem totum, et mittere vobis. Credo enim quod vestræ inquisitioni sufficere debeat, ut cognoscatis, quæ, quemadmodum, quare sint condemnata.

DU MÊME GEOFFROY

LIVRE CONTRE LES PROPOSITIONS DE GILBERT

ÉVÊQUE DE POITIERS.

extrait d'un manuscrit de Long-Pont.

Cher lecteur, vous trouverez dans ces pages quatre propositions qui ont été naguère exposées et condamnées dans une grande assemblée ecclésiastique, comme répugnant à une vérité manifeste, non pas à une vérité quelconque, mais à une vérité telle qu'il n'était pas possible de fermer les yeux sur les atteintes qui lui étaient portées, attendu qu'elle est, plus que toute autre, le fondement de la foi catholique. Ce sont les pains cachés qu'un célèbre docteur, nommé Gilbert, surnommé de la Porrée, avait vendus à ses disciples pendant un fort long temps. Il avait enivré un grand nombre d'entre eux avec des eaux dérobées, c'étaient particulièrement des jeunes gens, dont l'esprit se prête aux nouveautés. Se précipitant sur les pages divines, sans en avoir la clef, qui est le Christ, ils se sont mis à scruter les profondeurs mêmes de Dieu sans le Saint-Esprit, qui seul les connaît. De nouveaux dogmes prirent naissance parmi eux, mais ils ne tardèrent pas à se produire à la lumière.

Les oreilles des catholiques avaient horreur de ces nouveautés profanes, et leur zèle s'enflamma au point de leur faire citer pour ces choses ce même Gilbert, alors évêque de Poitiers, en présence du souverain pontife Eugène III. Or il prit le parti de nier tout, même ce qu'il était manifestement convaincu d'avoir confessé dans son synode de Poitiers. Toutefois, cette dénégation était enveloppée d'expressions à double entente, comme il avait l'habitude d'en employer, si bien qu'il était facile aux successeurs des apôtres de remarquer qu'il y avait de caché en lui quelque chose qui sentait l'anathème de Jéricho.

Aussi, comme il devait la même année venir en France, Innocent ajourna cette cause. Ce fut à Paris qu'on interrogea Gilbert pour la seconde fois. Il y en avait qui tenaient pour lui, mais il y en avait d'autres aussi, particulièrement le très-révérend abbé de Clairvaux, qui tenaient pour la vérité de la foi. Mais peut-être paraîtra-t-il plus prudent de nous contenter d'un simple récit et de passer sous silence ce qui concerne les personnes. Là encore, il nia ce qu'on lui opposait, et il appela de ses anciens disciples, qui sont maintenant évêques comme lui, en témoignage qu'il n'avait rien enseigné de pareil. Or il avait écrit un livre sur le

ITEM EJUSDEM GAUFRIDI LIBELLUS
CONTRA CAPITULA GILLEBERTI,

Pictaviensis episcopi.

Quatuor quædam in his schedulis capitula lector invenies, quæ in magna nuper ecclesia propalata et reprobata sunt, tanquam manifestæ repugnantia veritati, nec cuilibet veritati, sed ei cujus injuriam dissimulare non licuit; quod ea vel maxime fidei catholicæ obtinet fundamentum. Hic sunt panes absconditi, quos celebris ille magister, Porreta agnomine, nomine Gillebertus, suis non parvo tempore discipulis venditarat; nec paucos eorum furtivis inebriarat aquis, præsertim animos juveniles novitate gaudentes; sine clave, quæ Christus est, in divinas paginas irruentes; sine Spiritu, qui solus ea novit, scrutantes ipsa etiam alta Dei. Inter ejusmodi, nova dogmata celabantur; sed in lucem aliquando prodiere.

Horrebant catholicorum aures profanam novitatem, et eo usque zelus proruptt, ut prædictus Gillebertus, jam tunc quidem Pictaviensis episcopus, in præsentia summi pontificis Eugenii tertii super his pulsaretur. Elegit autem negare omnia, etiam quæ Pictavis in synodo sua manifeste arguebatur fuisse confessus. Inter negandum tamen anfractuosis quibusdam, more suo, verborum cavillationibus utebatur; ut facile vir apostolicus animadverteret, prorsus aliquid apud eum de anathemate Jericho latitare.

Itaque eodem anno descessurus in Galliam, causam distulit; et Parisius facta est secunda interrogatio de eodem. Agebant quidam pro eo, quidam pro fidei veritate, maxime Claræ-vallis reverendissimus abbas; sed cautius forte videbitur simplici narratione con-

traité de Boëce, intitulé de la Trinité ; c'était un commentaire assez fautif, où il avait répandu à profusion les erreurs dont nous venons de parler ; cependant, dans plusieurs endroits il avait eu soin de cacher sa tête de serpent dans les replis de son volume. On lui demanda ce livre, il répondit qu'il ne l'avait pas en sa possession, et il n'était pas facile, surtout à cause de la discussion, de l'obtenir de ses disciples. On en produisit pourtant quelques fragments ; mais il détournait le sens manifeste de ces propositions, de tout son pouvoir, en se servant pour cela d'autorités non méprisables. Mais enfin il reçut ordre d'envoyer le corps entier du livre au souverain pontife.

On fit un troisième examen de cette cause à Reims, où le pape Innocent célébra cette année-là même un grand concile, auquel assistaient les évêques des quatre royaumes de France, d'Allemagne, d'Italie et d'Espagne. C'est dans cette assemblée qu'il lui devint tout à fait impossible de dissimuler davantage, attendu qu'il était accusé, avec la dernière évidence, par des passages extraits de ses propres lettres. Cependant, comme il s'était assuré des protecteurs, il sembla devenir plus audacieux, au point qu'il dédaigna de nier davantage ce qu'il avait enseigné pendant si longtemps. Il eut donc l'impudence et la témérité de professer ce qu'il avait une première et une seconde fois nié devant un tel juge et de tels témoins. Toutefois il eut la prudence d'ajouter qu'il était prêt à sacrifier son sens à celui de l'Église, et qu'il n'avait pas l'intention de persister en contumace dans ce qu'il avait avancé.

On discuta pendant quelques jours. Plusieurs, mais en petit nombre, tenaient pour sa doctrine; la plupart étaient favorables à sa personne, et tous s'efforçaient d'excuser et d'affaiblir même ce qu'ils n'approuvaient pas. C'est ce qui excita le zèle de l'Église d'en deçà les monts à produire, contre les propositions de Gilbert, la profession de sa foi selon la sainte doctrine de l'abbé de Clairvaux ; elle le fit dans les termes les plus précis qu'elle put, en opposant les articles de sa foi aux propositions avancées par Gilbert. A la fin, le souverain pontife ayant condamné toutes ses erreurs, il désavoua, dans sa crainte et sa frayeur, de sa propre bouche, dans une audience générale tout ce qu'il avait professé, et, réfutant chaque article l'un après l'autre, il promit de ne plus ni écrire, ni dire, ni croire même désormais rien de tel. Quant au volume dans lequel s'était manifestement trouvée l'erreur, le souverain pontife défendit de son autorité apostolique, sous peine d'excommunication, de le lire ou de le transcrire, à moins que peut-être l'Église romaine n'en fît une édition corrigée; or elle ne l'a pas faite que nous sachions, et nous n'espérons pas qu'elle la fasse jamais. Mais comme le cœur d'un grand nombre d'écoliers semble conserver encore l'odeur dont il a été une fois imprégné et qu'ils n'ont pas cessé de lire, d'une manière d'autant plus pernicieuse pour eux, qu'elle était plus secrète, ces pages condamnées, peut-être ne sera-t-il pas inutile, pour la correction de nos contemporains et pour mettre nos descendants en garde, d'exposer sous leurs yeux les propositions même de l'erreur qui a été confondue, telles que leur auteur les a arti-

---

tentum, quod ad personas pertinet, silentio præterire. Ibi quoque et objecta negavit, et testes protulit suos, olim discipulos, tunc coepiscopos, quod nihil tale aliquando docuisset. Scripserat autem librum super tractatum Boetii de Trinitate satis commentitie commentatus; ubi copiose quidem præfatos errores disseminarat, pluribus tamen locis, sinuosis quibusdam voluminibus caput contegens serpentinum. Postulatus hunc librum, ad manum se habere negabat; nec facile erat, præsertim ob discussionem a suis eum discipulis obtinere. Prolatæ sunt tamen particulæ quædam; sed, ut poterat, etiam manifesta capitula detorquebat non parvis in hoc patrociniis utens ; demum jussus est summo pontifici integrum mittere corpus libri.

Factaque est inquisitio tertia in urbe Remorum, ubi prædictus papa magnum eodem anno concilium celebravit, congregatis quatuor regnorum episcopis Galliæ, Germaniæ, Angliæ et Hispaniæ ; ubi jam dissimulandi facultas non fuit, cum ex propriis litteris evidentius argueretur. Sed et ipse, paratis sibi patrociniis, factus videtur audacior, et ex hoc dedignaretur amplius diffiteri, quod tanto tempore docuisset. Itaque quidquid semel et secundo coram tanto judice et testibus tantis negaverat, impudenti temeritate professus, hoc tamen addere cautus fuit, paratum sese ecclesiastico sensui postponere suum, nec contumaciter velle in eo persistere quod dixisset.

Disceptatum est aliquantis diebus, quod ibi quoque, etsi pauci admodum pro doctrina illa starent, sed plurimi pro persona, satagentes excusare et extenuare etiam quæ non probabant. Unde et coactus est zelus ecclesiæ cisalpinæ, secundum prædicti Claræ-vallis abbatis sanam doctrinam, adversus eadem capitula fidei suæ Symbolum edere, quam expressius potuit, obvians his quæ dicebantur ab illo. Demum a summo pontifice abjudicatis omnibus ; timens ille ac pavens, in communi audientia, ore proprio, his, quæ professus fuerat, abrenuntiavit, et singula quæque refutans, promisit sese nihil tale deinceps aut scripturum, aut dicturum, aut etiam crediturum. Porro volumen illud, in quo manifesta esset inventa iniquitas, lectitari de cætero aut transcribi, sub excommunicationis pœna summus pontifex apostolica auctoritate prohibuit, nisi forte Romana ecclesia purgatum illud ederet et correctum, quod quidem nec factum audivimus, nec speramus aliquando faciendum. Quia tamen multorum adhuc scholarium corda videntur eum quo semel imbuta sunt servare odorem ; nec destiterunt, eo utique perniciosius sibi, quo occultius, interdictas paginas lectitare ; erit forsitan non inutile, si ad correctionem præsentium, et futurorum cautelam, et ipsa pariter

culées de sa propre bouche, et a été convaincu de les avoir écrites dans son livre, et de citer les témoignages des saints pères par lesquels elles ont été réfutées ou semblent pouvoir l'être.

PREMIER CHAPITRE.

Voici quelle était la source de toutes ses erreurs. Il distinguait en Dieu, la forme par laquelle il est Dieu, et qui elle-même n'était pas Dieu, de même que dans l'homme, l'humanité est la forme par laquelle l'homme est homme, sans qu'elle-même soit homme. Quant à cette forme ou nature divine qu'il niait être Dieu, comme je l'ai déjà dit, elle prend divers noms, elle s'appelle divinité, grandeur, bonté, vérité, sagesse, toute-puissance, mais c'est toujours la même et unique forme par laquelle non-seulement Dieu est Dieu, mais, encore est grand, vrai, bon, sage et le reste. Il ne distinguait le Créateur des créatures que par ce seul fait que l'un n'a qu'une forme, tandis que les autres en ont plusieurs. D'où il concluait, avec autant d'impiété que de liberté, que ces propositions : la divinité est Dieu, la sagesse, la vérité, la grandeur, la bonté ou la toute-puissance de Dieu sont Dieu, si on les entend de la substance très-simple et très-excellente de Dieu, sont absolument fausses. Quant à leurs réciproques, qui consistent à dire Dieu est vérité, Dieu est sagesse, et le reste, il disait que c'était des propositions aussi emphatiques que si on disait d'un homme : depuis les pieds jusqu'à la tête il est tout entier sagesse, et regardait cette manière de parler appliquée à Dieu, comme une figure de mots, d'autant plus que, dans l'homme qui a plusieurs propriétés, c'est l'abondance d'une de ses formes, par exemple, de la sagesse, tandis que, en Dieu, c'est sa simplicité toute seule qui permet de s'exprimer ainsi. Pour lui, l'être de Dieu consistait en ce qu'il subsistât par cette forme, tandis que l'être de sa forme consistait bien plutôt, non pas en ce qu'elle fût par quelque autre être, mais en ce que, par elle, quelque chose, c'est-à-dire Dieu, fût. C'est à l'occasion du traité de Boëce et dans l'exposition qu'il en a faite, pour ne pas dire dans l'opposition qu'il y a faite, qu'il s'explique sur ce chapitre. Voici en effet comment il s'exprime :

« De même qu'il n'y a rien par quoi Dieu soit, sinon sa seule et simple essence, c'est-à-dire son οὐσία, ainsi il n'y a rien par quoi l'οὐσία elle-même subsiste si ce n'est qu'elle n'est simplement que Dieu. De là vint cette façon de s'exprimer et de dire en parlant de Dieu, non-seulement Dieu est; mais encore il est son essence même, ce qui est exact. En effet, si, à un homme qui est non-seulement sage, mais coloré, mais grand, et beaucoup d'autres choses semblables, on peut dire à cause de la prédominance de la sagesse en lui sur ses autres qualités : depuis les pieds jusqu'à la tête vous êtes tout entier sagesse, comme s'il n'y avait pas autre chose que la sagesse qui fît qu'il fût, à plus forte raison, en parlant de Dieu, à qui ce ne sont point la diversité des formes qui font qu'il soit, peut-on le désigner par son essence même et par les autres noms. Et encore, on peut dire que Dieu est sa divinité, sa sagesse.

« On dit que la divinité est dans le Père, comme l'essence dans celui qui est vraiment.

Gilbert, commentaire sur Boëce.

---

confutari erroris capitula, quemadmodum auctor eorum suo illa ore professus, suo deprehensus est inscripsisse libello; et sanctorum testimonia patrum, quibus confutata sunt, aut confutari posse videntur, in medium proferamus.

De capitulo primo.

Initium malorum hoc erat. Forma ponebatur in Deo, qua Deus esset, et quæ non esset Deus; ut humanitas hominis forma est, qua homo sit, sed qua sit homo. Hanc vero formam sive naturam divinam, quam, ut diximus, Deum esse negabat, diversis appellari nominibus : divinitatem, magnitudinem, bonitatem, veritatem, sapientiam, omnipotentiam, qua videlicet una forma, non modo Deus, sed et magnus, et verus esset, et bonus, et sapiens, et quæque similia; eo nempe Creatorem a creaturis differre contendens, quod illæ quidem formis subsisterent pluribus, ipse una. Unde et ejusmodi enuntiationes, divinitas est Deus, sapientia, veritas, magnitudo, bonitas, vel omnipotentia Dei est Deus ipse; si de simplicissima illa, excellentissimaque natura sermo fieret, falsas esse omnino, tam impie, quam libere ausus est profiteri. Poror conversas earum, Deus est veritas, Deus est sapientia, cæterasque ejusmodi, emphaticas esse tradebat, ac si de homine diceretur : Tu quantus quantus es ; eo sane propriam magis in Deo figuram expressionis assignans, quod in homine quidem, cui multæ sint proprietates, abundantia formæ unius, ut puta sapientiæ; in Deo autem singularitas ipsa veram faceret hujusmodi enuntiationem. Et Dei quidem esse in eo constituebat, ut in hac forma subsisteret; formæ autem ipsius in eo magis, ut non hæc aliquo, sed hac esset aliquid, id est Deus. De quo quidem capitulo super Tractatum Boetii, imo potius contra, imo exponens Boetium, sed Boetio se opponens, scripserat in hunc modum. « Sicut non est, quo Deus sit, nisi sola atque simplex essentia, id est οὐσία ; sic non est unde οὐσία ipsa sit, nisi quoniam æ simplex et solus Deus est. Unde etiam usus loquendi est, ut de Deo dicatur, non modo Deus est, verum etiam Deus est ipsa essentia. Recte utique. Si enim qui modo sapiens, sed etiam coloratus, et magnus, et multa hujusmodi est, ex sapientiæ præ cæteris abundantia dicitur : Tu quantus quantus, totus es sapientia ; tanquam nihil aliud sit, quod sibi esse conferat, nisi sola sapientia. Multo proprius Deus, cui diversa non conferunt ut sit. dicitur ipsa essentia, et aliis nominibus. Idem : Ut Deus et ipsa divinitas sua, ipsa sua sapientia.

« Divinitas in Patre dicitur esse, sicut essentia in eo qui vere est.

« Quelques hommes sans intelligence, en entendant dire que Dieu est simple, le prennent, ainsi que tout ce qui se dit de Dieu, sous des noms divers, par exemple, que Dieu est un, éternel, personne, principe, auteur, père, fils, connexion et autres choses de la même nature et de même genre, en ce sens que l'essence qui est appelée Dieu soit en même temps l'unité par laquelle il est un, l'éternité par laquelle il est éternel, ainsi du reste; et, réciproquement, que le Père à son tour est la paternité, que l'un est l'unité, l'éternel, l'éternité et réciproquement.

« Je me demande si le Père, le Fils et le Saint-Esprit sont dits Père, Fils et Saint-Esprit substantiellement de la divinité, c'est-à-dire de ceux qui n'étant ce qu'ils sont que par la seule divinité, sont appelés non-seulement Dieu, mais aussi divinité.

« Le Père est vérité, c'est-à-dire vrai : de même, le Fils est vérité, c'est-à-dire vrai : et le Saint-Esprit est vérité, c'est-à-dire vrai ; et le Père, le Fils et le Saint-Esprit ensemble ne sont pas trois vérités, mais sont singulièrement et simplement une seule vérité, c'est-à-dire un seul vrai.

« Quand on parle d'un homme, comme Platon, Cicéron, Triphon, ou quand on parle de Dieu, comme le Père, le Fils, le Saint-Esprit, si on dit de l'un ou de l'autre de ceux-là qu'il est homme, et de ceux-ci qu'il est Dieu, cela se rapporte à la substance non qui est, mais par laquelle il est.

« Quand on dit Dieu, Dieu, Dieu, le premier s'entend du Père, le second du Fils et le troisième du Saint-Esprit, si c'est l'énumération de ceux qui sont Dieu, c'est aussi la répétition de ce par quoi ils sont Dieu. »

Maintenant que nous avons entendu le commentateur, reportons-nous à l'auteur, pour voir s'il a rendu sa pensée. Il parle en effet de la forme mais il explique clairement ce qu'il entend par là, quand il dit : « La substance divine sans la matière est la forme, voilà pourquoi elle est une, elle est ce qui est, le reste n'est pas ce qui est. En effet, chaque chose a son être de ce dont elle est, c'est-à-dire de ses parties, et elle est ceci et cela, c'est-à-dire, elle est ses parties réunies, non pas ceci et cela séparément. De même que l'homme sur la terre étant composé d'un corps et d'une âme, est corps et âme, mais n'est pas ou un corps ou une âme seulement. Il n'est donc pas en partie ce qu'il est. Pour ce qui n'est pas de ceci et de cela, mais qui est seulement cela, il est vraiment ce qu'il est, et il est très-beau et très-fort, parce qu'il ne s'appuie sur rien. Par conséquent, cela est vraiment un, en quoi il n'y a ni nombre ni autre chose, excepté ce qu'il est. Car il ne peut pas devenir le sujet ; en effet, il est la forme, or les formes ne peuvent pas être sujets. Quant autres formes, elles peuvent être sujets par rapport aux accidents ; ainsi l'humanité reçoit les accidents, non pas par cela qu'elle est elle-même, mais parce que la matière lui est sujette. Car, quand la matière sujette à l'humanité reçoit un accident quelconque, c'est l'humanité même qui semble le recevoir. Quant à la forme qui est sous la matière, elle ne peut être sujet, ni se trouver véritablement dans la matière.

« Par conséquent cela uniquement qui seul est ce

Voir Boèce, livre de la Trinité, chap. II.

« Aliqui parvuli sensu audientes quod Deus est simplex, ipsum et quaecumque de eo nominum diversitate dicuntur, ut Deus, unus, aeternus, persona, principium, auctor, Pater, Filius, connexio, et hujusmodi alia ejusdem naturae ejusdemque rationis, esse ita accipiunt, ut essentia, quae dicitur Deus, sit et unitas qua unus est; et aeternitas qua aeternus est, et similiter caetera; et converso; ipse etiam Pater sit paternitas, et unus unitas; et aeternus aeternitas; et conversim.

« Quaero, an Pater et Filius et Spiritus sanctus praedicentur substantialiter de divinitate, id est de illis, qui quoniam sola divinitate sunt id quod sunt, non modo Deus, verum etiam divinitas appellantur.

« Pater veritas, id est verus; item Filius veritas, id est verus; Spiritus sanctus veritas, id est verus; et collectim Pater, Filius, et Spiritus sanctus non sunt tres veritates, sed sunt una singulariter et simpliciter veritas, id est unus verus.

« Qui homo est, ut Plato, vel Cicero, vel Tripho, vel, qui Deus est, ut Pater, vel Filius, vel Spiritus sanctus, quod dicitur illorum quilibet esse homo, et istorum quilibet esse Deus ; refertur ad substantiam, non quae est, sed qua est.

« Cum dicitur Deus, Deus, Deus; primum de Patre, secundum de Filio, tertium de Spiritu sancto, eorum quidem, qui sunt Deus, numeratio facta est ; ejus vero, qua sunt Deus, repetitio. »

Jam si expositorem audivimus, ne forte sit infidelis, ipsum consulamus auctorem. Formam quippe nominat, sed quid velit intelligi, manifestius exprimit, dicens : « Divina substantia sine materia forma est, atque ideo unum est : et est id quod est, reliqua enim non sunt id quod sunt. Unumquodque enim habet esse suum ex his, ex quibus est, id est ex partibus suis ; et est hoc atque hoc, id est partes suae conjunctae; sed non hoc vel hoc singulariter. Ut cum homo terrenus constet ex anima corporeque, corpus et anima est ; non vel corpus, vel solum anima. In parte igitur non est id quod est. Quod vero non est ex hoc atque hoc, sed tantum hoc est; illud vere est id quod est; et est pulcherrimum, fortissimumque, quia nullo nititur. Quocirca hoc vere unum est, in quo nullus numerus, nullum in eo aliud, praeterquam id quod est. Neque enim subjectum fieri potest. Forma enim est, formae vero subjectae esse non possunt. Nam quod caeterae formae subjectae accidentibus sint, ut humanitas non ita accidentia suscipit eo quod ipsa est, sed quod materia ei subjecta est. Dum enim materia subjecta humanitati suscipit quodlibet accidens, ipsa hoc suscipere videtur humanitas ; forma vero, quae est sine materia, non potest esse subjectum, nec vere inesse materiae.

Hoc igitur unum quod solum est id quod est, hoc pulcherrimum fortissimumque quod nullo nititur; in

qu'il est et qui ne s'appuie sur rien, est très-beau et très-fort; cela, dis-je, en quoi il n'y a rien autre chose que ce qu'il est, qui ne peut pas devenir sujet, attendu qu'il est forme, est-il un esprit sain qui refuse de reconnaître qu'il est Dieu? D'ailleurs, si ce ne sont pas diverses formes qui donnent à Dieu d'être Dieu, et si la divinité ne s'appuie sur rien, pas même sur une seule chose, je laisse chacun libre de préférer ce qu'il veut. Mais si par hasard il hésite dans son jugement, qu'il consulte saint Augustin; il lui dira en effet: « Dieu n'est pas grand par une grandeur qui ne soit pas ce qu'il est, en ce sens que Dieu ne soit grand, que par ce qu'il emprunte à cette grandeur. Autrement, cette grandeur serait plus grande que Dieu. » Mais ne nous écartons pas de notre route, et revenons à Boèce. « Les catholiques ne mettant aucune différence, disant que la forme même, comme elle est, est l'être, et pensant qu'elle n'est pas autre chose que n'est ce qui est, il semble que c'est plutôt la répétition du même, que l'énumération de divers, quand on dit Dieu le Père, Dieu le Fils, Dieu le Saint-Esprit. Certainement, vous croyez qu'on n'est point catholique quand on pense que, en Dieu, autre chose est la forme par laquelle il est, et autre chose ce qu'il est. En effet, on a montré plus haut au sujet de la forme qu'il est sa forme, vraiment unité, non point pluralité. »

Remarquez, je vous prie, avec quelle force et quelle sainteté vous vous assurerez de la vérité de ce que nous avons dit, c'est-à-dire que le Dieu suprême est très-plein du bien suprême. Comment vous en assurerez-vous, n'allez pas croire que le père de toutes choses a reçu du dehors ou possède si naturellement, ce bien suprême dont nous le représentons rempli, que, pour vous, la substance de Dieu qui possède la béatitude suprême, était autre que la substance de cette béatitude même. En effet, si vous croyez qu'il l'a reçue du dehors, vous êtes amenés à estimer plus grand celui qui donne que celui qui reçoit. Or, c'est avec toute convenance que nous proclamons que Dieu est plus excellent que tout. Si, d'un côté, il est, pour nous, le même par nature, et que, de l'autre, la raison nous le montre divers, je laisse à qui pourra s'en tirer, le soin d'indiquer, quand nous parlons de Dieu, principe de toutes choses, qui a réuni ces choses diverses. Le souverain bien ne peut pas être divers. Or, nous disons que la béatitude et Dieu sont le souverain bien, d'où il suit nécessairement que la souveraine béatitude est la souveraine divinité.

Donc, enfin, faites des distinctions dans la suprême béatitude, qui est la suprême divinité, et dites-nous, s'il vous plaît, comment le souverain bien est double, quand les souverains biens ne peuvent être divers entre eux. En effet, il paraît dur d'affirmer que la souveraine bonté, par laquelle existent tous les biens, sans en excepter Dieu même, n'est pas un bien; et je ne crois pas non plus qu'on puisse admettre facilement que cette bonté soit du nombre des biens inférieurs ou de moyenne qualité. Que l'on consulte celui qui fut une massue pour tous les hérétiques, pour voir s'il laissera passer intact un pareil blasphème, et, par la même occasion, remarquez que ce blasphème n'est pas nouveau, mais qu'il était connu et proféré jadis, ou

---

quo nullum aliud præterquam id quod est, quod subjectum fieri non potest; forma enim est; quis sanum sapiens Deum esse negaverit? alioquin si Deo diversa non conferunt ut sit, Divinitas autem nullo nititur, ne uno quidem; eligat quisque quod judicaverit præferendum. Sane in judicio si forsitan hæsitaverit, consulat Augustinum, ait enim; Deus non ea magnitudine magnus est, quæ non est quod ipse, ut quasi particeps ejus sit Deus cum magnus est. Alioquin illa erit major magnitudo quam Deus. Sed quid prætergredimur viam? ad Boetium revertamur. Catholicis vero * nihil in differentia constituentibus, ipsamque formam, ut est, esse potentibus, esse quam est ipsum quod est, opinantibus, recte repetitio de eodem, quam enumeratio diversi videtur esse cum dicitur, Deus Pater, Deus Filius, Deus Spiritus sanctus. Vides certe non esse catholicum, qui in Deo aliud quidem esse formam qua est, aliud vero quod est opinatur. De forma enim superius monstratum est, quoniam is sit forma, et unum vere, nec ulla pluralitas.

Quæso te, vide quam id sancte atque inviolabiliter probes, quod boni summi summum Deum diximus esse plenissimum. Quonam, inquam, modo? Ne hunc rerum omnium Patrem illud summum bonum, quo plenus esse perhibetur, vel extrinsecus accepisse, vel ita naturaliter habere præsumas, quasi habentis Dei, habitæque beatitudinis diversam cogites esse substantiam. Nam si extrinsecus acceptum putes, præstantius id quod dederit eo quod acceperit existimare possis. Sed hunc esse rerum omnium præcellentissimum dignissime confitemur. Quod si natura quidem idem est, sed est ratione diversum; cum de rerum principe loquamur Deo, fingat qui potest, quis hæc diversa conjunxerit? Nullo modo quæ sunt summa bona, ea possunt esse diversa. Atqui et beatitudinem, et Deum, summum bonum esse collegimus; quare ipsam necesse est summam esse beatitudinem, quæ sit summa divinitas.

Ergo, et inter summam beatitudinem, quæ est summa divinitas, et demum discernere cura; et, si placet, edissere nobis, quod e duobus sit summum bonum, cum summa bona a se diversa esse non possint. Durum enim videtur asserere, summam bonitatem, qua bona sunt omnia, etiam ipse Deus, aliquid esse non bonum; sed ne hoc quidem facile admittendum puto, inter bona media aut infirma bonitatem hanc numerari. Sed consulatur et unicus ille omnium malleus hæreticorum; an vel istam blasphemiam præterire videatur intactam; ubi et

plutôt qu'il s'est fait entendre de nouveau, après avoir été broyé et jeté au vent.

<small>Voir saint Augustin, lettre CCXII, à Consentius.</small>

« Et, maintenant, dit saint Augustin, tenez d'une foi inébranlable, que le Père, le Fils et le Saint-Esprit sont la Trinité, et cependant sont un seul Dieu; non pas que la divinité, en eux, vienne en quatrième, mais parce que la divinité est elle-même l'ineffable et inséparable Trinité. De deux choses l'une, ou la divinité de la Trinité, si on la regarde comme étant autre chose que la Trinité, bien qu'elle soit ce pour quoi on ne peut pas dire qu'il y a trois dieux, mais qu'on doit dire qu'il n'y en a qu'un, puisqu'elle est seule dans les trois, est une substance, ou n'est pas une substance. » C'est Augustin qui parle et qui nous explique avec tant de soin vos nouveautés. Répondez ce que vous pensez: votre divinité par la seule unité de laquelle vous affirmez qu'on dit que les trois personnes ne font qu'un seul Dieu, est-elle ou n'est-elle pas une substance? Pourquoi demeurez-vous muet? Il affirme et nie en même temps, mais Augustin le presse dans les deux voies où il s'engage.

Il lui dit en effet : « Si elle est une substance autre que le Père, le Fils ou le Saint-Esprit, il s'ensuit évidemment que la sainte Trinité elle-même est une autre substance. Or, la vérité rejette et repousse cela. Si, au contraire, cette divinité n'est pas une substance et que ce soit par elle que la Trinité soit un seul Dieu, parce que seule elle se trouve dans les trois personnes divines, on ne doit pas dire que le Père, le Fils et le Saint-Esprit n'ont qu'une même substance, mais il faut dire qu'ils n'ont qu'une même divinité, laquelle n'est pas une substance. Mais vous reconnaissez que, dans la foi catholique, c'est un point vrai et inébranlable, que le Père, le Fils et le Saint-Esprit, étant la Trinité, sont un seul Dieu, parce que ils ont inséparablement une seule et même substance, ou, si vous aimez mieux, une seule et même essence, car il y en a plusieurs parmi nous, ce sont surtout les Grecs, qui disent que la Trinité qui est Dieu, est plutôt une essence qu'une substance; ils mettent ou voient entre ces deux noms, une certaine différence, sur laquelle ce n'est pas ici le lieu de discuter. Si nous disons que la divinité, qui est regardée comme étant autre que la Trinité elle-même, n'est pas une substance, mais est une essence, on retombe dans la même erreur, car si elle est autre que la Trinité elle-même, il y aura une autre essence : or, à Dieu ne plaise qu'un catholique pense ainsi. Il ne nous reste donc plus qu'à croire que la Trinité n'a qu'une seule et même substance, afin que l'essence elle-même ne diffère point de la Trinité.

Que peut-il se dire de plus évident ? Écoutons cependant encore le grand Augustin : « Toute substance qui n'est pas Dieu, est une créature, et toute substance qui n'est pas créature, est Dieu. » Qu'avons-nous donc affaire de celle non pas qui est Dieu, mais par laquelle Dieu est. Le même saint dit ailleurs: « De même que dans la forme de Dieu, le Fils n'est pas une chose et la vie une autre chose, mais que la vie même est le Fils, ainsi le Fils n'est pas une chose et sa doctrine une autre chose ; mais sa doctrine même est le Fils. Les autres essences ou substances reçoivent les accidents qui produisent en elles des changements soit grands, soit très-grands ; mais il ne se peut rien concevoir de meilleur que Dieu ; aussi

---

illud simul attende, non novam esse, sed olim tritam et ventilatam, imo et contritam et eventillatam iterum pullulasse.

Nunc tene, inquit, inconcussa fide, Patrem et Filium et Spiritum sanctum esse Trinitatem, et tamen unum Deum; non quod sit eorum communis quasi quarta divinitas, sed quod sit ipsa ineffabilis et inseparabilis Trinitas. Divinitatis, quæ putatur alia esse quam sit ipsa Trinitas, et propter hanc dici non tres deos, sed unum, quod ipsa una sit in tribus, aut substantia est, aut non est substantia. Augustinus est qui loquitur, et tuam nobis tam diligenter explicat novitatem. Responde quid sentias, utrum substantia sit, an non, tua hæc divinitas, cujus sola unitate tres personas dici asseris unum Deum. Quid obmutescis? Ille patrem utramque prosequitur, utramque persequitur fugitantem.

Si, inquit, substantia est, et aliam quam Pater, aut Filius, aut Spiritus sanctus, vel ipsa simul Trinitas, proculdubio alia substantia est. Hoc autem veritas repellit et respuit. Item si non est substantia ista divinitas, et secundum hac Trinitas unus Deus, quod hæc una sit in tribus; non debuit dici Pater et Filius et Spiritus sanctus unius substantiæ, sed unius divinitatis, quæ non est substantia. Agnoscis autem in fide catholica, quia hoc verum, hoc firmatum est, quod Pater et Filius et Spiritus sanctus, cum sit Trinitas, unus Deus est; quia inseparabiliter sunt unius ejusdemque substantiæ, vel, si melius dicitur, essentiæ. Nonnulli enim nostrorum, et maxime Græci, Trinitatem, quæ Deus est, magis essentiam unam, quam unam substantiam esse dixerunt, aliquid inter hæc duo nomina arbitrantes, vel intelligentes; unde nunc disputare non opus est. Quod si divinitatem istam, quæ aliud existimatur esse quam sit ipsa Trinitas, non substantiam, sed essentiam dixerimus, eadem falsitas consequetur. Si enim alia est, quam ipsa Trinitas, altera erit essentia, quod absit, ut Catholicus sentiat. Restat itaque ut credamus, unius esse substantiæ Trinitatem, ut ipsa essentia non sit aliud quam ipsa Trinitas.

Quid evidentius dici potuit ? adhuc tamen eumdem Augustinum audiamus. Omnis substantia quæ Deus non est, creatura est; et quæ creatura non est, Deus est. Quid ergo de ea facimus, non quæ est, sed qua est Deus? Idem. In Dei quippe forma, sicut non est aliud Filius, aliud vita ejus, sed ipsa vita Filius est; ita non est aliud Filius, aliud doctrina ejus; sed ipsa doctrina ejus Filius est. Aliæ quæ dicuntur essentiæ sive substantiæ capiunt accidentia, quibus fiat in eis

n'y a-t-il qu'une seule substance ou essence immuable, c'est celle qui est Dieu, celle à qui convient certainement au plus haut point et d'une manière absolument vraie, l'être même, ce qui lui a fait donner le nom d'essence. » Tel est le langage de saint Augustin. Pour vous, qui que vous soyez, qui regrettez encore les poireaux et les oignons d'Égypte, je voudrais vous forcer de dire laquelle des deux essences est proprement essence, de celle qui est Dieu ou de celle par qui Dieu est. En effet, l'une et l'autre sont également immuables, mais peut-être le nom d'essence convient-il mieux à celle qui est tout ce qui est.

Ibidem, chap. XVIII. Saint Augustin dit encore : « La nature ou l'essence même, ou, de quelque nom qu'on doive l'appeler, tout ce qui est Dieu, quoi que soit cette chose, ne peut être vue des yeux du corps. »

Idem, livre VII, de la Trinité, chapitre I. Le même Père continue :« De même qu'il est absurde de dire que la blancheur n'est pas blanche, ainsi l'est-il également de dire que la sagesse n'est pas sage; et comme la blancheur n'est dite blanche que par rapport à elle, ainsi la sagesse n'est-elle dite sage que par rapport à soi. Mais la blancheur du corps n'est pas l'essence du corps, attendu que le corps lui-même est une essence, tandis que ce qui fait qu'il est appelé blanc est une qualité du corps qui n'a point cet être qu'on appelle l'être blanc. En effet, la forme est une chose et la couleur en est une autre et elle ne subsiste pas en elle-même, mais dans une masse qui n'est ni la forme ni la couleur, mais qui est colorée et formée. Quant à la sagesse, elle est sage, et elle l'est par elle-même. »

Ibidem, chapitre IX. Ailleurs il dit encore : « Les choses sujettes au changement ne sauraient être dites des substances simples à proprement parler. Pour Dieu, s'il subsiste, il faut, pour qu'il puisse être appelé substance proprement dite, qu'il y ait en lui quelque chose qui se trouve comme dans un sujet; or on ne peut regarder comme simple l'être pour qui ce serait être que d'être ce qui est à un autre, quelle que soit la chose affirmée de l'un à l'autre; voilà comment Dieu est grand, bon et toute autre chose pareille qu'on peut dire de lui, sans manquer à ce qui lui est dû. Il est donc défendu de dire que Dieu subsiste et est le sujet de sa bonté, que sa bonté n'est pas sa substance, ou plutôt son essence, et que Dieu lui-même n'est pas sa bonté, mais que la bonté est en lui comme dans un sujet.

« Nous] disons que les trois personnes divines ont la même essence, ou que ces trois personnes ne sont qu'une même essence, mais nous ne disons pas qu'elles sont issues de la même essence, comme si l'essence était une chose et la personne une autre chose. » Ailleurs, il dit encore (*Ibid.* c. VI) : « Il y a donc une nature qui n'a point été faite et qui a fait toutes les autres natures, grandes et petites, et qui leur est, sans aucun doute, très-supérieure; d'où il suit qu'elle l'emporte aussi beaucoup sur la nature raisonnable et intellectuelle dont nous parlons, c'est-à-dire sur l'esprit de l'homme. Or, cette nature supérieure aux autres, c'est Dieu. Peut-être aurait-il dû dire que c'est par cette nature supérieure à toutes les autres que Dieu est, mais quelle grandeur y a-t-il pour Dieu à être la nature par laquelle tout ce qui est existe (*Idem. Lib.* XIV, c. XI, *de Divinitate*) ? » Plus loin saint Augustin continue : « Je vous ai déjà fait remarquer que c'est par la vérité qui est devenue

---

vel magna, vel quantacumque mutatio ; Deo autem aliquid melius excogitari non potest, et ideo sola est incommutabilis substantia, vel essentia, quæ Deus est ; cui profecto ipsum esse, unde essentia nominata est, maxime ac verissime competit. Hæc Augustinus. Te vero quisquis adhuc porros esuris et cepas Ægyptiorum, fateri velim, quænam magis proprie dicatur essentia, quæ est, aut qua est Deus. Utraque enim incommutabilis est, et forte magis ei competit nomen essentiæ, qua est quidquid est.

Idem Augustinus. Ipsa enim natura vel essentia, vel quolibet alio nomine appellandum est, idipsum quod est Deus, quidquid illud est, corporaliter videri non potest. Item. Sicut absurdum est dicere candidum non esse candorem, sic absurdum est dicere sapientem non esse sapientiam ; et sicut candor ad seipsum candidus dicitur, ita et sapientia ad seipsam dicitur sapiens. Sed candor corporis non est essentia, quoniam ipsum corpus essentia est, et illa ejus qualitas, unde et ab ea dicitur candidum corpus, cui non est hoc ipsum esse, quod candidum esse. Aliud enim ibi forma, et aliud color; et utrumque non in seipso, sed in aliqua mole, quæ moles, nec forma, nec color est, sed formata et colorata, Sapientia vero et sapiens est, et seipsa sapiens est. Item. Res vero mutabiles, neque simplices proprie dicuntur substantiæ. Deus autem si subsistit, ut substantia proprie dici possit, in eo in est aliquid tanquam in subjecto ; et non simplex, cui hoc sit esse, quod illi est quidquid aliud de illo ad illum dicitur; sicut magnus, bonus, et si quid ejusmodi de Deo non incongrue dicitur. Nefas est autem ergo dicere, ut subsistat et subsit Deus bonitati suæ ; atque illa bonitas non substantia sit, vel potius essentia ejus ; neque ipse Deus sit bonitas sua, sed in eo sit, tanquam in subjecto.

Tres personas ejusdem essentiæ, vel tres personas unam essentiam dicimus ; tres autem personas ex eadem essentia non dicimus ; quasi aliud ibi sit quod essentia est, aliud quod persona. Item. Est igitur natura non facta, quæ fecit omnes magnas parvasque naturas, eis, quas fecit, sine dubitatione præstantior; ac per hoc, etiam de qua loquimur, rationabili et intellectuali, quæ hominis mens est. Illa autem cæteris natura præstantior, Deus est. Forsitan dixisse debuerat, illa cæteris præstantiore Deus est. Quid tamen magnum Deo ea esse, qua est quidquid est. Item. Per veritatem, quæ intellecta conspicitur ; et per bonum summum, a quo est omne bonum ; et per justitiam propter quam diligitur animus justus ab animo etiam nondum justo ; ut natura non solum incorpo-

visible par la connaissance que nous en avons, par le souverain bien d'où découle tout bien, par la justice qui est la cause pour laquelle l'âme juste est aimée de celle même qui ne l'est pas encore, que nous comprenons, autant qu'il est possible de le comprendre, qu'il y a une nature, non seulement incorporelle mais encore immuable, qui est Dieu (*Idem. Lib.* xv, c. iii). » Dans un autre endroit, il dit : « Ce qu'on appelle la vie en Dieu, c'est son essence et sa nature. Il ne vit que par sa vie, or, c'est lui qui est à lui-même sa vie (*Ibid.* c. v). » Eh bien ! que vous en semble ? Faut-il nous en rapporter à saint Augustin, à ce docteur unique de la foi catholique, à cet adversaire de toute perversité hérétique, quand il nous dit : « Il y a une nature immuable qui est Dieu, et une vie, c'est encore Dieu qui est à lui-même sa vie; » ou à celui qui dit : « Non, cette nature n'est pas Dieu, mais est-ce par quoi Dieu est Dieu ? » Mais écoutons encore, écoutons toujours ce que saint Augustin pense sur ce point.

« Que s'est-il passé dans votre cœur, quand je disais, Dieu ? Vous avez pensé à une substance grande et suprême qui surpasse toute créature changeante (Aug., *Trac.* 1. *Sup. Joan*). »Ailleurs, il continue : « Nous avons dit, du mieux que nous avons pu, que la science du Fils n'a rien de temporel, que la science du Fils n'est pas une chose et le Fils une autre chose, mais que ce Fils est la vision même, la science même et la sagesse du Père. En Dieu il n'y a point une substance qui le fasse être, autre que la puissance qui le fait pouvoir; tout ce qu'il est, est consubstantiel avec lui, et tout ce qui est de lui est Dieu. » Puis il continue : « Nous lisons bien, il est vrai, que l'*Esprit de sagesse est multiple*, mais il est également exact de dire qu'il est simple. En effet, s'il est multiple parce que ce qu'il possède est multiple, il est simple en même temps, parce que ce qu'il a n'est autre que lui. Voilà comment il est dit que le Fils a la vie en lui, et que la vie, c'est lui. Qu'est-ce que l'Écriture-Sainte a voulu nous apprendre par là, sinon que, lorsque nous lisons que Dieu existe et qu'il y a plusieurs choses en lui, nous n'en concluions point que sa nature est composée, mais au contraire que dans ce composé elle est incomposée (*Gennad., In regulis diffinit*). » Il dit ensuite : « Venons-en maintenant aux choses qu'on dit que Dieu a, qu'il ne peut pas ne point avoir et dont on dit qu'elles sont, selon le langage de l'Apôtre. Or, pour les choses qui sont en Dieu, personne ne les connaît si ce n'est l'Esprit qui est en lui. Eh bien, recherchons donc également quelles sont les choses qui sont en Dieu. N'est-ce point la sagesse, la vertu, la lumière, la providence, la vie, la splendeur, l'image, l'immortalité, dont il est écrit : *Le seul qui dit l'immortalité* ? Car il a tout ce que nous venons de nommer là, et tout cela n'est autre que le Fils. Or, ce qui est bon substantiellement, ne peut être capable d'une bonté venant d'ailleurs, puisque c'est ce qui donne aux autres ce qui les fait bons (*Didym., de Spiritu sancto*). » Puis ailleurs, il continue : « Le Saint-Esprit, qui est appelé Esprit de sagesse, ne reçoit pas la sagesse d'une autre source, attendu que par le seul fait qu'il subsiste, il est Esprit de sagesse, et sa nature n'est pas autre chose que l'Esprit même de vérité. En effet, la vérité de Dieu qui est un, est une, ou mieux, Dieu qui est un est la vérité qui est une, et ne permet pas que le culte et le service du vrai Dieu soient attribués à la créature. Dieu seul, parce qu'il est éternel, c'est-à-dire parce que il n'a point de

---

ralis, verum etiam immutabilis, quod est Deus, quantum potest, intelligeretur, admonui. Item Quæ vita dicitur in Deo, ipsa est essentia ejus atque natura. Non itaque vivit, nisi vita, quod ipse sibi est. Quid tibi videtur? Huicne credendum est, singulari utique Magistro catholicæ fidei, et expugnatori universæ hæreticæ pravitatis, dicenti, natura immutabilis, quod est Deus, et vita, quod ipse sibi est; an magis ei qui dicit, Non quæ est, sed qua est? Sed iterum atque iterum quid Augustinus sentiat audiamus.

Quid factum est in corde tuo, cum dicerem, Deus? Magna et summa quædam substantia cogitata est, quæ transcendit omnem mutabilem creaturam. Item: Diximus, ut potuimus, non temporaliter scire Filium, nec aliud esse Filii scientiam, aliud ipsum Filium; et aliud esse Filii visionem, aliud ipsum Filium; sed ipsam visionem esse Filium, et ipsam scientiam vel sapientiam Patris esse Filium. Deo non alia est substantia ut sit, et alia potestas ut possit; sed consubstantiale illi est, quidquid ejus est: et quidquid ejus est, Deus est. Item. Legitur quidem, *et Spiritus sapientæ multiplex,* sed recte dicitur etiam *simplex.* Multiplex enim, quia multa sunt quæ habet ; simplex autem, quia non aliud quam quod habet, est. Sicut dictus est Filius habere vitam in semetipso, et eadem vita ipse est. Quid te voluit aliud Scriptura docere, nisi ut dum legeres esse Deum, et quæ in Deo sunt, non naturam intelligas esse compositam ; sed secundum compositam intelligas incompositam? Item. Nunc veniamus ad ea quæ Deus habere dicitur, quæ non possunt non haberi, quæ habere dicuntur, ut ait Apostolus ; ita et quæ in Deo sunt nemo novit, nisi Spiritus qui in ipso est. Quæ sunt ergo in Deo pariter requiramus. Nonne sapientia, virtus, lux, providentia, vita, splendor, imago, immortalitas, de qua scribitur: *Qui solus habet immortalitatem*? Habet enim universa quæ diximus ; quæ omnia Filius est. Quod autem substantialiter bonum est, non potest extraneæ capax esse bonitatis, cum ipsum tribuat cæteris bonitatem. Item. Spiritus sanctus non accipiens aliunde sapientiam dictus est Spiritus sapientiæ. Hoc enim ipsum quod subsistit, Spiritus sapientiæ est, et natura ejus nihil est aliud, nisi Spiritus veritatis. Una quippe veritas unius Dei; imo una veritas unus Deus, non permittit servitium atque culturam veri Dei creaturæque conjungi. Deus solus, quia æternus est,

commencement, retient proprement le nom de substance (*Fulg. ad Donat.*).» Il dit encore : « Dieu a une essence et une sagesse, mais il est en même temps ce qu'il a, seul il est tout (*Ibid. Lib. Etim. Lib.* IV, c. I). »

Dieu est ce qu'il a : « En effet, il a l'éternité, et il est l'éternité. Il faut encore savoir que toute substance qui n'est pas Dieu est créature, et que toute substance qui n'est pas créature est Dieu (*Greg., Mor., Lib.* XVI). « On lit encore : « En Dieu, la sagesse est la même chose que l'essence ; la puissance n'est autre non plus que l'essence ; enfin, la vie elle-même n'est que l'essence ; et tout cela n'est qu'une seule et même chose, un seul et même Dieu (*Alcuin., de Trin.*, l. II, c. IX et XIV). »

« Il n'y a qu'une substance possible et créée qui puisse souffrir. Comme elle a reçu de l'essence suprême, qui est Dieu, ce qui fait qu'elle existe, elle a été tirée du néant et elle tient le milieu entre ce dont elle est tirée et celui par qui elle a été faite ; voilà comment elle peut être affectée par les choses supérieures à elle, de manière à croître, et par celles qui lui sont inférieures, de manière à décroître (*Claudian., ad Sidon., de Statu vitæ*). »

Il y a encore une troisième erreur, c'est de penser, lorsqu'on dit que le Père et le Fils sont d'une seule et même substance que cela signifie qu'il y a une première substance, que ces deux personnes égales se partagent entre elles, comme si cette manière de parler faisait entendre que trois choses sont une seule et même substance, et qu'il y a deux copartageants, si je puis parler ainsi, de cette seule et même substance (*Hilar., de Synode*). On lit encore d'après Moïse, Seth est l'image de l'âme : Selon saint Jean, le Fils est égal au Père, et nous cherchons je ne sais quelle troisième chose entre le Père et le Fils, laquelle chose la nature ne reçoit pas (*Ibidem*). Il est dit encore : « Or, Dieu est une puissance vivante, d'une immense vertu, qui étant présent partout, et n'étant absent nulle part, se manifeste tout entier par ses attributs, et montre que ses attributs ne sont autre que lui-même, en sorte que partout où sont ses attributs, il est entendu qu'il est lui-même, non pas corporellement, en sorte que quand il se trouve dans un endroit, on puisse croire qu'il n'est pas partout, puisque, au contraire, par ses attributs il ne cesse pas d'être en tout. D'ailleurs ses attributs ne sont pas autre chose que lui-même (*Lib.* VIII, *de Trin*). » Il nous semble que cela doit suffire pour ce qui est du premier chapitre.

SECOND CHAPITRE.

Le second chapitre ressemble au premier ; il découle évidemment d'Arius comme de sa source et consiste à affirmer que la substance qui est Dieu n'est pas unique. En effet, il prétend que par le nom de substance on désigne deux choses, à savoir, et qui est, et ce par quoi est ce qui est ; c'est-à-dire l'être et l'essence, comme le blanc désigne quelquefois la blancheur et la chose blanche. Pour ce qui concerne ce par quoi est ce qui est, il convient que c'est une seule et même chose dans la Trinité, et il entend par là, la forme et la nature déifique, et la mère de la Trinité, si je puis m'exprimer ainsi. Quant à ce qui concerne ce qui est par cette essence, il prétend que ce n'est pas une seule chose dans la Trinité, mais que ce sont trois choses distinctes, trois choses susceptibles d'être

---

hoc est, quia exordium non habet, essentiæ nomen vere tenet. Idem : Deus autem habet essentiam, habet sapientiam, sed quod habet, hoc est, et omnia unus est.

Deus hoc est quod habet : habet enim æternitatem ; et ipse est æternitas. Hoc quoque sciendum est, quod omnis substantia, quæ Deus non est, creatura est ; et quæ creatura non est, Deus est. Item : Eadem ibi sapientia quæ essentia, eadem potentia quæ essentia, eadem vita quæ essentia ; et hæc omnia unum, et unus Deus.

Pati non potest, nisi passibilis creataque substantia ; quæ quoniam a summa essentia, quæ Deus est, ut exsisteret, vocata de nihilo est, inter illud de quo facta est, et a quo facta est, media ; ita superioribus affici potest, ut proficiat, sicut inferioribus ut deficiat.

Est præterea tertius hic error, ut cum unius substantiæ Pater et Filius esse dicatur, significari existimetur substantiam prior, quam inter se duo pares habeant, ac si tres res sermo significet substantiam unam, et duos unius substantiæ velut cohæredes. Idem. Per Moysen Seth animæ similitudo est ; per Johannem Filius Patri æqualis est ; et quærimus tertium nescio quid inter Patrem et Filium quod natura non recipit. Idem : Deus autem immensæ virtutis vivens potestas, quæ nusquam non adsit, nec desit usquam, se omnem per sua edocet ; et sua non aliud quam se esse significat, ut ubi sua insint, ipse esse intelligatur ; non autem corporaliter, ut cum alicubi sit, non etiam ubique esse credatur ; cum per sua in omnibus esse non desinat ; non aliud autem sint, quam quod est ipse, quæ sua sunt. Hæc interim de primo capitulo sufficere videntur.

De capitulo secundo.

Secundum autem simile est huic, quod evidenter ex Arii fonte procedens, non unam tantum, quæ Deus sit, asserit esse substantiam. Duo siquidem nomine tradit substantiæ designari, videlicet, Quod est, et quo est ; essens, atque essentiam ; sicut album et albedinem interdum significare dicitur, et rem albam. Id ergo quo est, unum esse in Trinitate consentit, formam illam scilicet et naturam deificam, matremque, ut ita dixerim, Trinitatis. Porro quod hac essentis est, non unum, in Trinitate esse contendit, sed tria singularia quædam, tres res numerabiles, unitatibus tribus ; quarum prima sit Pater, secunda Filius, tertia

comptées par trois unités, dont la première serait le Père, la deuxième le Fils et la troisième le Saint-Esprit, et il dit qu'on doit croire ce mystère dans la bienheureuse Trinité, et que tout le mérite de la foi consiste précisément à professer une forme unique, quant au nombre, dans plusieurs choses. Il n'y a, en effet, que l'unité de cette forme qui soit en cause, pour empêcher de dire qu'il y a plusieurs dieux ayant en commun la même divinité. Ainsi en serait-il de trois hommes en qui se trouverait, par impossible, une seule et même humanité, ou la même blancheur, je dis la même, en ce sens, qu'elle soit effectivement une seule et même blancheur; quant au nombre, on ne dirait pas, en parlant d'eux, que ce sont trois blancs ou trois hommes, mais que c'est un seul blanc. Serait-ce donc là ce mystère ineffable tout entier, la raison toute entière de la Trinité et de l'unité? Voyez-vous quelle monstrueuse image on nous donne de la Trinité, ne vous semble-t-il pas qu'on nous offre là une chose ridicule à la place d'un miracle? On fait sortir trois rameaux d'un même tronc, on donne, si je puis parler ainsi, trois corps à une seule tête. Gilbert, dit en effet : « Il n'y a qu'une seule essence, celle par laquelle les trois personnes divines sont, non pas celles que sont les trois personnes divines. » Celui donc qui a dit : « Mon Père et moi nous sommes une seule chose, » aurait dû dire : Nous sommes par une seule chose. En effet, ce que sont le Père, le Fils et le Saint-Esprit ce n'est pas une seule et même chose. Autrement, continue-t-il, le Fils serait le Père, et le Père serait le Fils, et le Saint-Esprit l'un et l'autre des deux, voilà comment s'enferre celui qui se précipite à l'attaque, voilà quel coup porte un aveugle. Comment ne serait pas opprimé par la gloire de Dieu, celui qui en scrute ainsi la majesté? De là venaient ces questions non moins ridicules que sacriléges ; car lorsque quelqu'un s'exprimait ainsi, le Père est Dieu, le Fils est Dieu, le Saint-Esprit est Dieu, il ne laissait passer simplement aucune de ces propositions, et il demandait de qui on parlait ainsi. Voilà comment s'exprimait ce questionneur diligent : « Si vous dites, en parlant du Père, que le Père est Dieu, pour dire, le Père est le Père, ce que vous dites est vrai ; mais si vos paroles ont un autre sens, votre proposition ne peut être vraie. Et ainsi du Fils et du Saint-Esprit. Car il n'existe pas de chose, pas de substance, il n'existe aucun être dont on puisse dire, avec vérité, le Père est Dieu, le Fils est Dieu, le Saint Esprit est Dieu. » Comme conséquence, il niait la proposition conjonctive, le Père, le Fils et le Saint-Esprit sont un seul et même Dieu, de peur de tomber dans le Sabellianisme, ou plutôt, de peur de cesser d'être Arien. Il renversait les propositions qu'il pouvait, de manière à changer chaque proposition en changeant les mots de place. Le Père, le Fils et le Saint-Esprit sont une seule et même chose, ou un seul et même Dieu, ou enfin une seule et même substance. Je n'ai jamais dit le contraire, répond Gilbert. Pourquoi? Mais pourquoi parlait-il ainsi? C'est parce que le Père, le Fils et le Saint Esprit sont une seule et même chose, par une seule et même essence, par une seule et même divinité. Mais si on dit le Père, le Fils et le Saint-Esprit sont Dieu, en l'entendant des personnes, je nie absolument, disait-il, cette proposition.

C'est ainsi que, à Poitiers, sur le siége du grand Hilaire, en présence de tous les fidèles assemblés,

---

Spiritus-sanctus ; idque miraculi docet in beata illa Trinitate credendum, et in eo fidei meritum omne constituit, ut formam numero unam in rebus esse pluribus fateatur. Illius nimirum unitas formæ sola in causa est, ne plures dicantur dii, quibus divinitas est una communis. Sic nimirum tres etiam homines, si fieri ullo modo posset, ut una in eis humanitas, aut eadem inveniretur albedo, dico autem, una et eadem numero ; non jam tres albi, neque tres homines dicerentur esse, sed unus. Hoccine totum illud ineffabile sacramentum, hæc Trinitatis et unitatis ratio tota ? vides monstruosam, quæ nobis pingitur, imaginem Trinitatis ; vides, quod fingitur, non plane miraculum, sed ridiculum. Producuntur ex una radice tres rami ; uni quodammodo capiti tria corpora subnectuntur. « Una est, inquit, essentia, sed qua sunt, non quæ sunt. » Et qui dixit, *Ego et Pater unum sumus*; uno sumus, dixisse debuerat. Neque enim est unum aliquid, quod et Pater sit et Filius et Spiritus-sanctus, Alioquin et Filius, inquit, Pater esset, et Pater Filius; et Spiritus eorum uterque ; nimirum sic ruit qui irruit, sic percutit qui non videt. Quidni scrutator majestatis opprimeretur a gloria? Hinc illæ erant, non minus ridiculæ, quam sacrilegæ interrogationes. Cum enim sic enuntiaret quis, Deus est Pater, Deus est Filius. Deus est Spiritus-sanctus, nihil horum concedens simpliciter, ut formam numero diceret, percunctabatur. Plane diligens inquisitor : « Si dicis de Patre, aiebat, Deus est Pater, et hoc sit dicere, Pater est Pater, verum dicis; alioquin verum esse non potest. Sic de Filio, sic de Spiritu-sancto. Nulla enim res est, nulla substantia, nihil unum, unde vere dici possit, Deus est Pater, Deus est Filius, Deus est Spiritus-sanctus. » Unde et conjunctum, unus Deus est Pater et Filius et Spiritus-sanctus, ne Sabellianus esset, imo ne esse desisteret Arianus, negabat. Invertebat autem quas poterat enuntiationes, ut verba convertens, sententiam quoque perverteret ipsam. Pater et Filius et Spiritus-sanctus unum sunt, vel unus Deus, vel una substantia. Nihil horum, ait, unquam negaverim. Sed cur hoc ? quia uno sunt, una essentia, una divinitate. Si quis autem sic pronuntiet, Deus est Pater et Filius et Spiritus-sanctus, personas prædicans; Hanc, inquit, plane nego.

Sic Pictavis in sede magni Hilarii, congregata ecclesia, dogmatizavit, qui synodo præsidebat; sic in auribus Romanæ ecclesiæ, et multitudinis episcoporum, quos ad Remense concilium apostolica convocaverat

dogmatisait celui qui présidait au synode : telles sont les doctrines qu'il avouait aux oreilles de l'Église romaine et d'une multitude d'évêques que l'autorité apostolique avait réunis au concile de Reims. Hélas! quoique professant de telles doctrines, il trouva des fauteurs même parmi les catholiques, bien qu'il fût constant qu'il n'avait pas répondu, avec simplicité, aux questions qui lui avaient été adressées à Viterbe et à Paris. Voici ce qu'on lit aujourd'hui encore dans les malheureuses pages dont nous extrayons ces lignes :

« Les Sabelliens, en entendant dire que les trois personnes divines ont une seule et même substance, et en voyant que pour expliquer leur diversité, leur égalité, leur coopération, leur coéternité, leur procession, qui sont la suite de leurs propriétés, on a recours à différentes similitudes, telle que l'esprit, la connaissance et l'amour d'une seule et même âme, ou la mémoire, l'intelligence et la volonté d'un seul et même esprit, ou l'éclat, la chaleur, et les autres propriétés semblables d'une chose; il pense que, de même que le rayon de l'éclat et de la chaleur duquel on parle, est un seul et même rayon, que l'esprit de la mémoire, de l'intelligence et de la volonté duquel on fait mention est un seul et même esprit, ainsi il n'y a qu'une seule et même subtance, qui, étant Dieu par nature, est en même temps, par des propriétés de personnes, Père, Fils et Saint-Esprit. Cette erreur montre évidemment qu'ils ignorent que ce mot substance s'emploie en plusieurs sens, et que ce nom désigne ce qui est, et ce par quoi est ce qui est.

« Que le Sabellien ne poursuive pas, en s'appuyant sur un mot multivoque, tel que : glaive, épée, lame, ou sur un mot univoque, tel que : soleil, soleil, soleil, comme pouvant servir de comparaisons, par lesquelles on trouve, et ce qui est, et ce par quoi est ce qui est; c'est-à-dire le subsistant et la substance qui seraient désignés par un sens répété en ce qui est dit du Père, du Fils et du Saint Esprit qui est de l'un et de l'autre (*Ex comm. Gilleb. sup. Boetium*). » Cela est extrait du commentaire de Gilbert : au reste faisons parler Boëce lui-même afin qu'il dissipe le mensonge de sa fraude impie.

Le rapport des choses ne fait pas que les choses dont on parle soient différentes, mais, si on peut s'exprimer ainsi, le rapport des personnes fait que ces personnes soient différentes. C'est ce que saint Augustin avait enseigné à peu près dans les mêmes termes quand il disait : « Que les Ariens confessent avec nous que dans la seule et unique nature divine, il y a une pluralité plutôt de personnes que de choses (*Boet., de Trin.; c. v*). » Le même Boëce continue ailleurs : « En effet, le Père n'est pas le même que le Fils, et le Père et le Fils ne sont pas, l'un et l'autre, le même que le Saint-Esprit, et pourtant le Père, le Fils et le Saint-Esprit sont le même Dieu, le même juste, le même bon, le même grand, et ainsi de tous les attributs qu'on peut affirmer de Dieu en soi. Il faut savoir que le rapport relatif n'est pas toujours tel qu'il ne soit jamais affirmé que d'êtres différents, tel que le rapport de serviteur à maître qui, évidemment, diffère. En effet, tout ce qui est égal, est égal à son égal ; tout ce qui est semblable, est semblable à son semblable; tout ce qui est le même que quelque chose, est le même que le même. Dans la Trinité le rapport du Père au Fils, et du Père et du Fils au Saint-Esprit, est semblable au rapport qui existe du même au même. Si on ne peut pas trouver cela dans toutes les autres choses, la cause

---

auctoritas, heu! inter catholicos profitenti non defuere fautores ; quem tamen Viterbi, atque Parisius interrogatum similiter, non simpliciter respondisse constabat. Sic usque hodie infelices paginæ continent, e quibus ista proferimus.

« Sabelliani, cum audiunt unius substantiæ tres esse personas, et propter eam, quæ ex illarum proprietatibus est, diversitatem, aut æqualitatem, aut cooperationem, aut coæternitatem, aut processionem ostendendam, inductas esse similitudines legunt, scilicet, vel unius animæ mentem, notitiam, amorem ; vel unius mentis memoriam, intelligentiam, voluntatem; vel unius radii splendorem, et calorem, et hujusmodi alias ; putant quod sicut unus solus est radius, de quo dicuntur splendor et calor ; aut una sola est mens, de qua et memoria, et intelligentia, et voluntas ; ita unus solus subsistens sit, qui natura cum sit Deus, idem ipse personalibus proprietatibus sit Pater, et Filius, et Spiritus-sanctus. Quos hic error patenter ostendit ignorare hujus nominis, quod est substantia, multiplicem usum videlicet, et quod est, et quo est, hoc nomine designari.

« Ne quis Sabellianus secutus ex multivoci, quod est ensis, mucro, gladius; aut univoci, quod est sol, sol, sol, comparationibus, quibus et quod est, et quo est, id est et subsistens et subsistentia, iterata significatione repetitur, in eo quod de Patre et Filio et ipsorum Spiritu prædicatur. » Hæc de commentario sumpta sunt; de cætero Boetius ipse loquatur, ut is potissimum fraudis impiæ commenta dissolvat.

Relatio non faciet alteritatem rerum, de qua dicitur, sed, si dici potest, personarum. Quod eisdem fere verbis beatus Augustinus docuerat : Confiteantur, inquiens, Ariani nobiscum, in una divinitatis natura pluralitatem personarum magis quam rerum esse. Item Boetius : Nam idem Pater, qui Filius, non est ; nec idem uterque qui Spiritus-sanctus. Idem tamen Deus est Pater, et Filius, et Spiritus-sanctus; idem justus, idem bonus, idem magnus, idem omnia quæ secundum se poterunt prædicari. Sane sciendum est, non semper talem esse prædicationem relativam, ut semper ad differens prædicetur; ut est servus ad dominum, differunt enim. Nam omne æquale, æquali æquale est ; et simile, simili simile est ; et idem ei, quod est idem, idem est. Et similis est in Trinitate relatio Patris ad Filium, et utriusque ad Spiritum-

en est dans les différences natives propres aux choses caduques (*Boet., ibid.*, c. vi). »

Le même auteur dit encore : « Je me demande si ces mots, Père, Fils et Saint-Esprit sont dits substantiellement de la divinité ou d'une autre manière. » Quelques lignes plus loin il continue : « Nous comprenons donc par là que ces mots Père, Fils et Saint-Esprit ne sont pas affirmés substantiellement de la divinité même, mais d'une autre manière (*Boet., ad Joan. Diac.*). »

Saint Augustin dit : « Nous croyons que le Père, le Fils et le Saint-Esprit sont un seul et même Dieu. » Peut-être cet ami de la chicane se prépare-t-il à renverser les termes de la proposition, eh bien, qu'il écoute donc la suite : « Nous disons le Père parce qu'il a un Fils, nous disons le Fils parce qu'il a un Père, et nous disons le Saint-Esprit parce qu'il vient du Père et du Fils (*Gennad. Eccl. Dog.*). Si on est assez sage pour le remarquer, on ne peut absolument pas renverser cette proposition, et il ne peut être ici question que d'un seul et même Dieu. »

Saint Augustin dit encore : « On voit, par conséquent, que ce n'est pas seulement du Père que l'apôtre saint Paul a dit : *Il a seul l'immortalité*, mais d'un seul et même Dieu, qui est la Trinité même. » On voit encore : « Il est seul le bienheureux et le puissant Roi des rois, le Seigneur des seigneurs ; ce qui s'entend de l'unique, seul et vrai Dieu, de la Trinité même. C'est donc avec raison qu'on entend du Dieu Trinité, ces mots : *Il est seul Dieu, le seul bienheureux et puissant* (*Aug., de Trin., Lib.* i, c. vi). »

Le même saint dit encore : « Pour parler des choses ineffables, de la manière qu'il est possible de parler de ce dont nous ne pouvons parler d'aucune manière, il a été dit par les Grecs : Une seule essence est trois substances, et par les Latins : Une seule essence ou substance est trois personnes ; parce que le latin rend l'idée de substance par le mot essence (*Ibid. Lib.* vii, c. iv). » Le même docteur continue : « La question qui avait été différée se trouve expliquée dans le septième livre, en sorte que le Dieu qui engendre le Fils, non-seulement est le Père de sa vertu et de sa sagesse, mais est une seule et même vertu, une seule et même sagesse avec lui. Ainsi en est-il du Saint-Esprit, et pourtant ce ne sont, ni trois vertus, ni trois sagesses, mais une seule vertu, une seule sagesse ; de même qu'il n'y a qu'un seul Dieu et une seule essence. On demande ensuite comment il se fait qu'on dit : une seule essence est trois personnes, ou, avec quelques Grecs, une seule essence est trois substances, et on trouve qu'on ne parle ainsi que par une nécessité de langage, et pour répondre par un seul mot à cette question, que sont ces trois personnes que nous confessons être trois, savoir : Père, Fils et Saint-Esprit (*Ibid. Lib.*, xv, c. iii) ? »

Le même auteur dit encore : « La raison est arrivée à ceci, que le Fils est sagesse de sagesse, comme il est lumière de lumière, Dieu de Dieu ; mais nous n'avons pas pu trouver que le Saint-Esprit fût lui-même sagesse, et que les trois personnes ensemble fussent une seule et même sagesse, comme une seule et même essence, un seul et même Dieu. Comment donc comprenons-nous que cette sagesse qui n'est autre que Dieu, est Trinité ? Je n'ai pas dit comment nous croyons que c'est, car parmi les fidèles cela ne peut pas même faire question (*Ibid.*, c. vi). » Saint Augus-

---

sanctum ; ut ejus, quod est idem, ad id quod est idem. Quod si id in cunctis aliis rebus non potest inveniri, facit hoc cognata caducis rebus alteritas.

Idem. Quæro an Pater et Filius et Spiritus-sanctus de divinitate substantialiter prædicentur, an alio quolibet modo. Et post pauca. Ex his igitur intelligimus, Patrem, Filium, ac Spiritum-sanctum non de ipsa divinitate substantialiter dici, sed alio quodam modo.

Augustinus. Credimus unum Deum esse Patrem et Filium et Spiritum-sanctum. Jam forte parat invertere cavillator ; sed audiat quid sequatur. Patrem vero, eo quod habeat Filium ; Filium, eo quod habeat Patrem ; Spiritum-sanctum, eo quod sit ex Patre et Filio. Hæc nimirum adjectio, si quis prudenter advertat, prorsus vetat inverti ; et non nisi de uno Deo patitur esse sermonem.

Augustinus. Consequenter intelligitur, non tantum de Patre dixisse apostolum Paulum, *Qui solus habet immortalitatem*, sed de uno et solo Deo, quod est ipsa Trinitas. Item. Beatus et solus potens Rex regum, et Dominus dominantium ; quod est unus, et solus, et verus Deus, ipsa Trinitas. Recte ergo ipse Deus Trinitas intelligitur *beatus et solus potens*. Idem. Loquendi causa de ineffabilibus ut fari aliquo modo possemus, quod effari nullo modo possumus, dictum est a Græcis, una essentia, tres substantiæ ; a Latinis autem una essentia, vel substantia, tres personæ ; quia in latino non aliter essentia, quam substantia solet intelligi. Idem. In septimo libro quæstio quæ dilata fuerat explicatur ; ita ut Deus qui genuit Filium, non solum sit Pater virtutis et sapientiæ suæ ; sed etiam ipse virtus et sapientia. Sic et Spiritus-sanctus ; nec tamen simul tres sunt virtutes, aut tres sapientiæ ; sed una virtus et una sapientia ; sicut unus Deus et una essentia. Deinde quæsitum est, quomodo dicatur una essentia tres personæ, vel, ut a quibusdam Græcis, una essentia tres substantiæ ; et inventum est, elocutionis necessitate dici, ut aliquo uno nomine enuntiaretur, cum quæritur, quid tres sint, quos tres esse confitemur, Patrem scilicet et Filium et Spiritum-sanctum.

Idem. Ad hoc ratio pervenit, ut sic sit Filius sapientia de sapientia, quomodo lumen de lumine, Deus de Deo ; nec aliud potuimus invenire Spiritum, nisi et ipsum esse sapientiam, et simul omnes unam sapientiam, sicut unum Deum, unam essentiam. Hanc ergo Sapientiam, quod est Deus, quomodo intelligimus esse Trinitatem ? Non dixi, quomodo credimus, nam hoc inter fideles non debet habere quæstionem.

tin dit encore : « J'ai déjà dit plus haut, dans ce livre, qu'il ne faut pas se faire une idée de la Trinité, d'après les trois choses que nous avons montrées dans la Trinité de notre âme, comme si le Père était la mémoire des trois personnes, le Fils, leur intelligence, le Saint-Esprit leur charité. En sorte que, le Père n'aurait en propre, ni l'intelligence, ni l'amour, mais que le Fils serait intelligent pour lui, et le Saint-Esprit aimant pour lui. Quant à lui, il aurait en propre seulement la mémoire aussi bien pour lui que pour les deux autres, tandis que le Fils n'aurait en propre, ni la mémoire, ni l'amour; le Père aurait la mémoire pour lui et le Saint-Esprit l'amour également pour lui Pour ce qui est de lui, il aurait seulement l'intelligence et pour lui et pour les autres, tandis que le Saint-Esprit n'aurait en propre, ni la mémoire, ni l'intelligence, ce serait le Père qui aurait la mémoire pour lui, et le Fils l'intelligence; quant à lui, il n'aurait en propre, pour lui et pour les deux autres, rien que l'amour. De sorte que ces trois personnes ensemble, et chacune en particulier, possèdent ces trois choses, chacune dans leur nature. Ces choses ne sont pas distantes dans les trois personnes comme elles le sont en nous, en sorte que, pour elles, autre chose soit la mémoire, autre chose l'intelligence, autre chose la dilection ou l'amour, mais elles sont quelque chose d'un qui vaut tout comme la sagesse même. Et telle est la nature de chacune de ces personnes que celle qui a quelque chose est ce qu'elle a, attendu que c'est une substance simple et immuable. »

Le même auteur dit encore : « Les choses dont on doit jouir, le Père, le Fils et le Saint-Esprit, la très-sainte Trinité est une seule et même chose suprême, et elle est commune à tous ceux qui en jouissent; si toutefois c'est une chose, et non pas la cause de toutes choses, si même le nom de cause lui convient. Il n'est pas facile, en effet, de trouver un nom qui convienne à une aussi grande excellence, si tant est est qu'on puisse en trouver un (*Id., de doct. Chris.*). » Il dit encore ailleurs : « Nous lisons que cet unique vrai, qui seul est naturellement Dieu, n'est ni le Père seul, ni le Fils seul, ni le Saint-Esprit seul, mais qu'il est en même temps Père, Fils et Saint-Esprit(*ad Petrum, de Reg. Fidei.*). » Il dit encore : « Si cette unique essence du Père, du Fils et du Saint-Esprit était une seule personne, elle n'aurait pas dit : *A notre image*; mais, *à mon image*; elle n'aurait pas dit non plus : *Faisons*; mais, *je ferai*. Quoi donc? que nous enseigne-t-on? C'est que cette unique essence du Père, du Fils et du Saint-Esprit n'est point une personne. »

Le même docteur continue : « Parce qu'il est naturellement vrai que, dans cet unique vrai Dieu qui est Trinité, non-seulement il y a un seul Dieu, mais encore la Trinité; il s'ensuit que le vrai Dieu est Trinité quant aux personnes et unité quant à sa nature. » De même encore : « Tenez comme comme un principe que toute nature qui n'est pas le Dieu Trinité, a été créée du néant par la Sainte Trinité même, qui n'est autre que le seul Dieu véritable et éternel. » Dites-nous donc, si vous le pouvez, quelle nature est la Trinité divine, si la nature divine n'est ni Dieu, ni Trinité. Certainement vous êtes forcé d'avouer que cette nature, qui n'est pas la Trinité divine, a été créée du néant; car c'est le principe que nous recommande de tenir le grand prince de la foi.

Idem. Jam in hoc libro superius disputavi, non sic accipiendam esse Trinitatem, quæ Deus est, ex istis tribus, quæ in trinitate nostræ mentis ostendimus; ut tanquam memoria sit omnium pater, et intelligentia omnium Filius, et charitas omnium trium Spiritus sanctus ; quasi pater non intelligat sibi, nec diligat ; sed ei Filius intelligat, et Spiritus sanctus ei diligat ; ipse autem, et sibi et illis tantum meminerit; et Filius nec meminerit, nec diligat sibi ; sed meminerit ei pater, et diligat ei Spiritus sanctus; ipse autem et sibi, et illis tantummodo intelligat; ipseque Spiritus sanctus nec meminerit, nec intelligat sibi ; sed meminerit ei Pater, et intelligat ei Filius ; ipse autem et sibi et illis, non nisi diligat; sed sic potius, ut omnia illa tria, et omnes et singuli habeant in sua quisque natura ; nec distent in eis ista ; ut in nobis, aliud est memoria, aliud intelligentia, aliud dilectio sive charitas; sed unum aliquid sit, quod omnia valeat, sicut ipsa sapientia. Et sic habetur in unius cujusque natura, ut qui habet, hoc sit quod habet, sicut immutabilis simplexque substantia.

Idem. Res quibus fruendum est, Pater et Filius et Spiritus sanctus, eademque Trinitas, una quædam summa res est, communisque omnibus fruentibus ea ; si tamen res, et non rerum omnium causa ; si tamen causa. Neque enim facile nomen, quod tantæ excellentiæ conveniat, inveniri potest. Idem. Istum unum verum, qui solus est naturaliter Deus; non Patrem solum, neque Filium solum, neque solum Spiritum sanctum ; sed simul Patrem et Filium et Spiritum sanctum esse diximus. Idem. Si una illa essentia Patris et Filii et Spiritus sancti una esset persona, non diceretur *ad imaginem nostram*, sed *ad imaginem meam* : nec dixisset, *faciamus*, sed *faciam*.Quid igitur quod jam docemur, unam illam essentiam Patris et Filii et Spiritus sancti,ne ullam quidem esse personam. Idem. Quia in illo uno vero Deo Trinitate, non solum quod unus Deus est, sed etiam quod Trinitas est, naturaliter verum est : propterea ipse verus Deus in personis Trinitas est, et in natura unus est. Idem. Principaliter tene, omnem naturam, quæ non est Trinitas Deus, ab ipsa sancta Trinitate, quæ solus verus et æternus est Deus, creatam ex nihilo. Edissere nobis, si potes, quæ natura sit Trinitas Deus; cum divina natura nec Deus, nec Trinitas sit ; aut certe ex nihilo eam fateare creatam, quæ naturæ non sit Trinitas Deus. Id enim tenendum principaliter a magno fidei principe commendatur.

Saint Augustin dit encore : « C'est assez pour un chrétien, de comprendre que la cause des choses créées, célestes ou terrestres, visibles ou invisibles, n'est autre que la bonté du Créateur, qui est le seul vrai Dieu, et qu'il n'y a pas de créature qui ne soit, ou lui, ou de lui. Des témoignages manifestes, et qui n'ont aucun besoin d'interprétation, nous donnent pour certain que ce Dieu est Trinité, c'est-à-dire Père, Fils et Saint-Esprit (*Enchirid.*, c. IV). »

Saint Augustin dit encore : « On appelle Dieu, cette force d'une grandeur ineffable, et cette sagesse dont l'étendue est incalculable, selon ce mot de l'Écriture : *le Seigneur est grand, et grande est sa vertu.* Cette force est Dieu, et Dieu est trois. » Le même saint continue : « Tout esprit aime à savoir tout ce qu'il sait. Or, l'amour suppose au moins deux êtres, celui qui aime, et celui qui est aimé. Quant à l'amour de l'un et de l'autre, qui fait le troisième, il est également un. Or, on ne peut nier que tout cela soit une seule et même âme, et qu'une seule et même âme soit ces trois choses ; car de même que ces trois choses sont une seule et même âme, ainsi en est-il de la première, de la seconde et de la troisième. Que cette créature si éminente se compare donc à son suréminent Créateur, elle trouvera en lui cette exception qui l'élève beaucoup au dessus d'elle, c'est que toute bonté et tout bien, et toute douceur de bonté et de bien dans le Créateur, prend sa source dans le Créateur lui-même (*de Creatione hominis ad imag. Dei*). »

Saint Athanase s'exprime ainsi : « Il faut absolument, je le vois, que je me hâte d'arriver à cette conclusion, que trois sont une seule et même chose, et qu'une seule et même chose est trois : Si je ne tiens pas cela des lumières de la raison, par lesquelles je suis homme, je le tiens de l'autorité. » Le même docteur continue : « Le chant des Vertus d'en haut démontre qu'une seule et même chose est trois. » Mais là, notre théologien avançant le contraire, nous dit que : si trois sont effectivement une seule et même chose, cependant une seule et même chose n'est pas trois ; sans doute, de peur de tomber dans le Sabellianisme. Eh bien, que ce théologien entende saint Athanase répondre à son Arius : « Nous ne tombons pas dans le Sabellianisme en professant que trois sont un seul et même Dieu, et nous échappons aux filets de la perfidie, en confessant tout simplement que ce Dieu est Trinité (*Athanas. contra Arium et Sabell.*) »

D'après cela, il s'ensuit que la science est Dieu, et Dieu est Trinité. Le même docteur dit encore : « En effet, là, l'unité est vraiment Trinité, et la Trinité est vraiment unité. Nous connaîtrons alors parfaitement ce que nous ne faisons que croire maintenant pour le salut. Car nous n'obtiendrons pas la grâce de voir autrement que nous ne voyons à présent, si maintenant nous ne confessons pas ce qui est la vérité, c'est-à-dire la vraie, la co-éternelle, l'immuable Trinité, la Trinité distincte en personnes, mais indivisible, et remplissant tout à la fois de sa vertu substantielle. L'unité simple et trine à la fois ; les trois étant une seule et même chose, et cette seule et même chose étant les trois, sans qu'il y ait trois Pères, trois Fils et trois Saints Esprits. Je confesse trois en une seule et même chose, et un en trois. Ces trois sont un seul et même Dieu, et ce seul et même Dieu est ces trois. » Le même père dit encore : « Le Seigneur Dieu est une vraie et éternelle Trinité dans ses

---

Augustinus. Satis est Christiano rerum creaturarum causam, sive cœlestium, sive terrestrium, sive visibilium, sive invisibilium, non nisi bonitatem intelligere Creatoris, qui est unus Deus et verus: nullamque esse creaturam, quæ non aut ipse sit, aut ab ipso: eumque esse Trinitatem, Patrem scilicet et Filium et Spiritum sanctum, manifesta sunt testimonia, nec ullius egent interpositionis.

Augustinus. Deus dicitur vis illa ineffabiliter magna, et innumerabiliter sapiens, ut scriptum est : *Magnus Dominus et magna virtus ejus*. Vis ista Deus est, et Deus ipse tria est. Idem. Omnis mens quidquid scit, amat scire. Amor non minus quam inter duos est, amantem, et quod amatur. Unus est ergo amborum amor, qui et tertius est. Non autem post negari, hoc totum unam animam esse, et unam animam esse hæc tria. Sicut enim hæc tria vere anima una est; sic hoc unum, et hoc alterum, et hoc tertium. Comparet igitur se hæc creatura tam eminens Creatori suo supereminenti sibi, excepto hoc et multum supra se amoto, quod omnis bonitas et omne bonum, et omnis bonitatis et boni dulcedo Creatoris a seipso est.

Athanasius. Illuc mihi necessario video festinandum, ut tres unum esse, et unum tres esse: et si non ratione qua homo sum, tam auctoritate perdoceam. Idem. Supernarum virtutum carmina unum tres esse, et tres unum esse demonstrant. Sed hic theologus noster e contra tres quidem unum, sed non unum tres esse demonstrat; ne Sabellianos forte sequatur. Cæterum ad hunc nostrum audiat Athanasium suo Ario respondentem. Nec Sabellium incurrimus, tres unum Deum fatendo, nec tuæ perfidiæ laqueis irretimur, dum hunc Deum Trinitatem esse ingenue confitemur.

Ex istis scientia est Deus, Deus est Trinitas. Idem. Ibi unitas vere est Trinitas, et Trinitas vere est unitas. Tunc perfecte cognoscemus, quod modo salubriter credimus. Neque enim aliter animadvertere merebimur, nisi nunc, quæ vera sunt, fateamur, hoc est, veram, coæternam, incommutabilem, distinctam personis et inseparabilem Trinitatem, replentem omnia simul substantiali virtute sua. Unum simplex, trinumque ; hæc tria unum, et hoc unum tres ; sed non tres Patres, nec tres Filii, nec tres Spiritussancti. Tres unum, et unum tres confiteor. Hæc tria unus Deus, et unus Deus hæc tria. Idem. Deus et Dominus, vera et sempiterna Trinitas in personis ; vera et sempiterna unitas in substantia ; quia una

personnes, et une vraie et éternelle unité dans sa substance, attendu que c'est la même et unique substance qui est Père, Fils et Saint-Esprit. Pourquoi dit-on qu'il n'y a que le Fils qui se soit incarné? C'est parce que autre est la personne du Père, autre celle du Fils, autre celle du Saint-Esprit (*Theodoret. Cassiod., de qual. animæ*). »

TROISIÈME CHAPITRE.

Le troisième jet issu de cette racine de vipère attribue aux trois personnes divines des propriétés, c'est-à-dire des rapports qui ne sont pas ces personnes elles-mêmes, des choses éternelles, différentes entre elles, et différentes, par le nombre, de la substance divine, en sorte qu'on n'a plus la Trinité, mais une quaternité, puisque cette substance divine est l'unité, et que chacune des trois propriétés constitue une autre unité. Il nous donne donc quatre unités éternelles, dont la première se trouve dans cette suprême nature, par laquelle Dieu est, et les trois autres, dans ces trois propriétés. Or, pour peu qu'on y fasse attention, que ces trois personnes font un seul et même Dieu par cette unité, et que ce seul et même Dieu soit trois par les trois autres unités, voilà ce qui nous donne à l'instant même quatre propriétés, attendu que la raison n'admet pas cette inégalité de rapports. En effet, on ne peut rapporter le Saint-Esprit au Père et au Fils sans être contraint de rapporter en même temps le Père et le Fils au Saint-Esprit; mais ils ne peuvent pas lui être rapportés par un rapport semblable à celui par lequel il leur est rapporté lui-même, de peur qu'il n'y ait dans la Trinité une personne sans propriété. Ainsi, de même que la filiation est différente de la paternité, ainsi la production, s'il m'est permis d'employer ce mot, diffère de la procession. Or il faut donner aussi au Saint-Esprit son unité, mais de cette manière le nombre des choses éternelles va encore s'augmenter, s'il faut admettre l'être qui procède. En effet, il faut qu'il sorte de là de nombreuses conséquences, comme le roitelet sort de la racine de la couleuvre. Mais toutes ces disputes dépassent notre portée, il faut les réserver à de plus forts que nous. Cependant, peut-être l'impiété pourrait-elle se suffire à elle-même pour se couvrir de confusion. Il suffit pour cela que le lecteur diligent scrute une glose plus obscure que le texte, puisqu'elle va contre le texte et qu'elle est enveloppée de voiles qu'il faut déchirer. Mais à défaut de cela, on a en abondance dans les saintes lettres des textes suffisants pour accabler toute impiété, quelque impudente qu'elle soit.

Il dit en effet : « C'est la propriété de l'attribut qu'il ne puisse être attribué à un autre attribut, au sujet duquel un de ces attributs est attribué; il montre assez clairement par là que ces attributs sont différents non-seulement entre eux, mais encore de tous ceux qui sont affirmés en commun de leurs sujets, et particulièrement de l'attribut qui seul est attribué substantiellement aux trois personnes sous des noms nombreux. Or cette différence existe non-seulement dans le nombre par lequel ceci est un et cela est un autre, mais encore par la nature du genre et le lieu de la raison (*Ex comm. Gilbert. super Boet.*) »

Il donne le nom de substance divine, non pas à celle qui est Dieu, mais à celle par laquelle Dieu est, et il dit que c'est à elle que se rapportent les attri-

---

est substantia Pater et Filius et Spiritus sanctus. Si una substantia est Pater et Filius et Spiritus sanctus; quare solus Filius incarnatus dicitur? quia alia persona Patris, alia Filii, alia Spiritus sancti.

De Capitulo tertio.

Tertium radicis vipereæ germen proprietates, id est relationes, personis tribus attribuit, quæ non sint ipsæ personæ; res sempiternas et ab invicem, et a divina substantia numero differentes; ut inveniatur, non Trinitas, sed quaternitas; cum divina illa substantia sit hoc unum, et quælibet trium proprietatum aliud unum. Nam et quatuor tradit unitates æternas, quarum prima quidem adsit summæ illi naturæ, qua Deus est ; tres residuæ proprietatibus tribus. Porro personas ipsas illa unitate Deum unum dici, reliquis vero tribus unitatibus esse tria. Ubi, si diligenter advertas, quod imparitatem hanc relationis ratio non admittit, quatuor statim proprietates occurrunt. Neque enim referri ad Patrem et Filium Spiritus potest, quin et ipsi referantur ad Spiritum. Sed nec eadem, qua ipse, possunt relatione referri ; ne sit una in Trinitate sine proprietate persona. Nempe ut diversa a paternitate filiatio est, sic et a processione productio ; si tamen hoc eam nomine placeat appellari. Jam vero huic suam necesse est dare unitatem ; et adhuc crescet rerum numerus æternarum, si fuerit qui prosequatur. Multa siquidem hinc pullulare necesse est, ut ex radice colubri regulus oriatur. Sed hæc disputatio supra nos est; majoribus reservetur. Forte tamen ipsa sibi impietas ad omnem confusionem sufficere poterit; dummodo lectoris diligentia perscrutetur glossam obscuriorem textu, adversantem utpote textui, et sectandis involucris laborantem. Si quo minus, abundant testimonia scripturarum, quibus impietas omnis, licet impudentissima sit, obruatur.

« Illius enim proprietas prædicationis, qua de quo unum horum prædicatur, aliud prædicari non potest; satis patenter ostendit, non modo inter se, verum etiam ab omnibus illis, quæ de illorum subjectis communiter dicuntur, et ab eo maxime quod unum de tribus, multis nominibus substantialiter prædicatur, hæc esse diversa. Est autem hæc diversitas non modo in numero, quod scilicet hoc unum est; quodlibet vero illud est aliud unum ; verum etiam natura generis, et loco rationis. »

Substantiam divinam dicit, eam scilicet non quæ est, sed qua est Deus, unam multis nominibus prædicari, cum dicit Deus magnus, bonus, et omnipotens,

buts désignés par une multitude de noms adjectifs, comme quand on dit Dieu est grand, bon, tout-puissant et autres choses semblables. Car, en Dieu, il y a identité entre sagesse, essence, vérité, toute-puissance, et tout ce que nous disons de semblable en parlant de Dieu Il dit donc que les propriétés des personnes. car c'est d'elles que nous parlons, diffèrent par le nombre de la substance divine ; en sorte que, d'un côté, cette essence est une chose, et de l'autre, chacune de ces propriétés est une autre chose. Mais cette différence ne suffit pas, si on n'y en ajoute une plus considérable qui est la diversité du genre et de la raison. Or je vous laisse à vous figurer, si vous le pouvez, si nous répondons ici avec raison aux paroles de Boèce, lorsque nous parlons de Dieu comme principe des choses, qui a pu réunir des choses si différentes. Car, quand il dit, en parlant de la propriété de l'attribut, qu'il ne peut être attribué un autre attribut au sujet auquel un de ces trois attributs est attribué, ce qui lui permettait ailleurs de nommer des choses opposées et de nier qu'un seul Dieu fût trois personnes, il est évident que Boèce lui-même le réfute.

Je demande si Père, Fils et Saint-Esprit sont attribués substantiellement à la divinité, ou s'ils le sont d'une autre manière illeurs, il dit : « Par là nous comprenons que Père, Fils et Saint-Esprit ne sont pas dits substantiellement de la divinité même ; mais de toute autre manière. Car je vous dis que s'ils sont affirmés de la divinité, il s'en suit qu'ils sont affirmés aussi d'un, puisque la divinité ne peut être qu'une. » Quand il dit ensuite que les personnes divines sont elles-mêmes les sujets des rapports, toute oreille catholique entend cette proposition avec horreur. Aussi Boèce lui-même dit-il en parlant de Dieu (car il n'aurait pas affirmé avec tant d'élégance que, ainsi que je l'ai rappelé plus haut, quoi que ce soit dût être préféré à tout le reste) : « Qu'il n'y a de véritablement un que ce en quoi il n'y a aucun nombre, absolument rien autre chose que ce qu'il est. Car il ne peut être un sujet, puisqu'il est une forme, et que les formes ne peuvent être des sujets (*Boet., de Trin.*, cap. II). » En cela, Boèce lui-même ne s'éloigne pas du sentiment de saint Augustin, qui enseigne que, dans la substance de Dieu, la substance n'est pas une chose, et ce qui s'ajoute à la substance une autre chose, mais que tout ce qui peut être compris en elle est substance.

Mais qu'on ne croie pas qu'il place ces propriétés hors de Dieu, non en Dieu même ; il dit en effet dans un endroit : « Les personnes divines étant de celui par qui elles sont, ne sauraient, à cause de la simplicité par laquelle elles sont ce qu'elles sont, différer mutuellement les unes des autres par l'opposition des essences mêmes entre elles, mais si elles diffèrent les unes des autres, comme elles en diffèrent en effet, ce n'est que par l'opposition des choses extérieures à elles, dont on a déjà parlé et qui leur sont attribuées. Où cela est-il ainsi, je vous le demande ? Hors de Dieu, puisque tout est de lui, par lui et en lui. D'ailleurs, si on lui donne quelque attribut externe, il est prouvé que cet attribut est en dehors de la vérité et de l'éternité. Le fils unique du Père, après avoir été attaché à la croix pour nous, ne souffrira certainement plus jamais que nous attachions quoi que ce puisse être soit à lui, soit au Père, soit au Saint-Esprit. Après tout, si on place ces trois personnes hors de Dieu, où sera ce qui pourra s'appliquer ce langage surtout, *Que*

---

et his similia. Eadem enim in Deo est sapientia, et essentia, et veritas, et omnipotentia ; et quæcumque de Deo dicimus in hunc modum. Ab hac ergo substantia divina personales proprietates (nam de his uti que loquimur) numero dicit esse diversas : ut ipsa quidem sit hoc unum ; quælibet vero illarum proprietarum aliud unum. Nec vero hæc differentia sufficit, nisi amplior quoque diversitas generis et rationis accedat Vide autem: si enim hic merito verbis Boetii respondemus, cum de rerum principe loquamur Deo, fingat, qui potest, quis hæc tam diversa conjunxerit? Nam quod ait de proprietate prædicationis, ut de quo unum illorum trium prædicatur, alterum prædicari non possit (unde et alibi quoque res oppositas nominavit, et unum Deum, tres esse personas negabat) evidenter Boetius ipse confutat.

Quæro an Pater et Filius et Spiritus sanctus prædicentur substantialiter de divinitate, an alio quolibet modo. Item. Ex his intelligimus, Patrem et Filium et Spiritum sanctum non de ipsa divinitate substantialiter dici, sed alio quodam modo. Dico enim, si de divinitate prædicantur ; et de uno, cum non sit nisi una divinitas. Deinde quod personas ipsas relationum subjecta dicit, catholicus horret auditus. Unde et ipse Boetius de Deo utique loquens (neque enim aliud aliquid tam eleganter cæteris omnibus assereret præferendum, sicut et supra meminimus) ait. Hoc vere unum est, in quo nullus numerus, nullum in eo aliud præterquam id quod est. Neque enim subjectum fieri potest, forma enim est; formæ vero subjectæ esse non possunt. Et in hoc quidem a beato Augustino Boetius ipse dissentit; cum et ille doceat, in Dei substantia non aliud esse substantiam, et aliud quod accidit ipsi substantiæ; sed quidquid in ea intelligi potest, esse substantiam.

Et an forte proprietates illas non in Deo ponere, sed extrinsecus affingere videatur ; ait siquidem quodam loco. « Theologicæ personæ, quoniam ejus quo sunt, et simplicitate id quod sunt, essentiarum oppositione a se invicem aliæ esse non possunt; sed harum quæ dictæ sunt, extrinsecus affixarum rerum oppositione a se invicem aliæ et probantur, et sunt. Ubi, obsecro ? extra Deum ; siquidem ex ipso, et per ipsum et in ipso sunt omnia Denique si quid illi affixum extrinsecus fuerit, extra veritatem, extra æternitatem esse convincitur. Semel crucifixus pro nobis Unigenitus Dei Patris, nec sibi, nec Patri, nec

l'unité soit adorée dans la substance, la propriété dans les personnes et l'égalité dans la majesté? L'entendez-vous, dit-il, *la propriété dans les personnes*? Et vous hésitez à croire que les propriétés personnelles puissent être des choses éternelles qui ne soient ni ces personnes mêmes, ni en elles! Tout à l'heure, on leur donnait ces propriétés extérieurement, mais la foi catholique n'admet de propriétés ni internes ni externes; en effet, de même qu'elle adore la propriété dans les personnes, ainsi adore-t-elle l'unité dans la substance et l'égalité dans la majesté. Mais quiconque n'a point tout à fait perdu le sens, sent que tout cela est dit par indifférence. En effet, il n'y a, en Dieu, rien que ce qui est Dieu, il n'y a pas même des propriétés, dit cette écriture, quoique on pût prendre sainement ces expressions-là, c'est-à-dire bien qu'on pût entendre la propriété dans les personnes, par la distinction des personnes (Gilbert, *ex comment. super Boet.*) » Ainsi l'unité est adorée dans la substance, la propriété dans les personnes, l'égalité dans la majesté; en d'autres termes, la substance est une, les personnes sont distinctes, et la majesté est égale. Autrement, s'il est permis d'insister sur les termes, il adorerait, dans les personnes, des rapports, des choses éternelles qui ne seraient point Dieu. Pour nous, nous ne pouvons adorer, en demeurant dans la foi, que cette très-simple substance et nature qui est Dieu-Trinité. Mais écoutons encore en quels termes il parle de ces mêmes propriétés.

« La paternité, dit Gilbert, la filiation et la connexion étant des choses diverses, il s'ensuit que les unités qui sont attachées à ces propriétés sont diverses les unes des autres. Et, bien qu'une substance ou un accident puisse être attaché à une autre substance, cependant une substance ne saurait être attachée à un accident; d'où il suit que les unités attachées à la paternité, à la filiation et à la connexion ne peuvent être des substances (*Ibidem*). »

Mais là, si le lecteur y fait bien attention, il remarquera qu'il n'y a pas lieu à tirer la conséquence que Gilbert infère en ces termes: « Il suit de là que les unités qui sont attachées aux propriétés ne peuvent être des substances, puisque la substance ne peut être attachée à l'accident. » A moins peut-être qu'il ne veuille entendre par propriétés les accidents, car si les propriétés ne sont point des accidents, quelle raison y a-t-il parce que la substance ne peut être attachée à l'accident, que celles qui y sont attachées ne puissent être des substances? Or, le maître même de ces propriétés n'a pas voulu admettre qu'elles soient des accidents, et il a établi quelque chose qui tient le milieu entre les substances et les accidents. Mais en ce cas, je ne vois point comment il peut nier son nombre ternaire ou plutôt quaternaire, car il a trouvé quatre choses éternelles sinon plus, je ne vois point, dis-je, comment il peut se dispenser d'admettre la quaternité. En effet, le nombre qui nous sert à compter, c'est le nombre de choses qui diffèrent entre elles. Au reste, si les choses sont ainsi, il faut effacer toute la dispute de Boèce sur la différence numérique, dans laquelle il exclut de l'ineffable Trinité, non-seulement la différence du nombre, mais le nombre même qui nous sert à compter, quand la répétition de l'unité fait la pluralité. En effet, il propose une triple différence, celle du genre, celle de

---

Spiritui utique suo quidquam a nobis deinceps patietur affingi. Postremo, si vere tres illas affingit extrinsecus, ubi illud erit, quod tanquam sibi maxime suffragaturum protulit? *In substantia unitas, in personis proprietas, et in majestate adoretur æqualitas?* Audis, inquit, *in personis proprietas*: et dubitas credere personales esse proprietates res æternas, quæ non ipse personæ sint, sed in ipsis? Modo affugebantur extrinsecus; sed fides catholica nec affixas recipit, nec infixas. Nimirum sicut in persona proprietatem, sic in substantia unitatem, sic in majestate æqualitatem adorat; sed hæc omnia per indifferentiam dicta sapit, quicumque non desipit. Nihil enim in Deo est, præterquam id quod est. Sed nec proprietates, ait illa scriptura, quamvis et hoc sane posset intelligi, imo vero proprietas in personis, id est, distinctio. » Adoratur itaque in substantia unitas, in personis proprietas, in majestate æqualitas, id est substantia una personæ distinctæ, majestas æqualis. Alioquin, si verbis insistere libet, adoretur ab eo in personis relationes, res æternæ quæ Deus non sint. Nam a nobis sola fideliter adoratur illa simplicissima substantia et natura, quæ est Trinitas Deus. Adhuc tamen quemadmodum de his proprietatibus differat, audiamus.

« Quoniam paternitas, et filiatio, et connexio diversa sunt, oportet unitates quoque, quæ illis adsunt, a se invicem esse diversas; et quia, quamvis substantiæ substantia alia, vel accidens adsit; accidenti tamen non potest adesse substantia; unitates quæ adsunt paternitati, et filiationi, et connexioni nequaquam poterunt esse substantiæ. »

Hic, si diligens lector advertat, nil consequentiæ in eo reperiet quod infert: « Propterea unitates, quæ proprietatibus adsunt, substantias esse non posse, quod accidenti non potest adesse substantia. » Nisi ipsas proprietates accidentia velit intelligi; alioqui si non sunt accidentia, quid rationis habere videtur, eo quod accidenti substantia adesse non possit, quæ illis adsunt, nequaquam posse esse substantias? Atqui accidentia eas esse, ne ipse quidem proprietatum Magister voluit profiteri, medias quasdam res inter substantias accidentiaque constituens. Ad hæc, qua ratione suum hunc ternarium, aut quaternarium magis (quatuor enim aut forte etiam plures æternas invenit unitates), hunc, inquam, numerum, qua ratione quaternitatem possit negare, non video. Manifeste siquidem numerus est, quo numeramus, numerus rerum ad invicem differentium. Cæterum si hæc ita se habent, tota illa Boetii de numerali differentia disputa-

l'espèce et celle du nombre. Eh bien donc, continue-t-il après cela, entrons dans la difficulté et voyons en quel sens chacune des trois peut se prendre et se comprendre. Puis, après une longue dissertation, il continue en ces termes : « Il n'y a donc aucune diversité en Dieu, nulle pluralité provenant de diversité : nulle multitude résultant des accidents, et, par conséquent, nul nombre. Dieu ne diffère en rien de Dieu, et il ne s'éloigne ni des accidents ni des différences accidentelles qui se trouvent dans le sujet. Or, là où il n'y a aucune différence, il ne peut absolument se trouver aucune pluralité, et par conséquent il ne s'y rencontre non plus aucun nombre. Il n'y a donc uniquement que l'unité, car si on reprend trois fois le même nom, c'est toujours Dieu, si on dit le Père, le Fils, le Saint-Esprit, ces trois unités ne font point la pluralité du nombre en ce qu'elles sont elles-mêmes, si nous faisons attention aux choses qui se nombrent, non point au nombre même. En effet, dans les choses qui se nombrent, la répétition des unités et la pluralité de ces unités, ne fait pas du tout la diversité numérique des choses numérables. Le nombre est de deux sortes, il y en a un par lequel nous comptons, et il y en a un autre qui consiste dans les choses numérables. En effet, un se rapporte à la chose, l'unité se rapporte au système par lequel nous disons un. De même deux suppose deux choses, par exemple deux hommes, deux pierres; mais la dualité ne suppose rien, ce n'est autre chose que la dualité, c'est-à-dire ce qui fait qu'il y a deux hommes ou deux pierres, et ainsi de suite, de la même manière pour le reste. Par conséquent, dans le nombre par lequel nous comptons, c'est la répétition des unités qui fait la pluralité; mais dans le nombre des choses, ce n'est pas la répétition des unités qui fait la pluralité; c'est comme si, en montrant ce même objet, je disais : c'est une lance, c'est une épée, c'est un glaive; on peut, en effet, reconnaître qu'il s'agit d'une épée, à ces différents mots; mais cette répétition d'unités est plutôt une itération qu'une numération. Or, de même, lorsque nous disons : une épée, une lance, un glaive, nous ne faisons que répéter la même chose, sans faire le compte d'objets différents; c'est comme si nous disions trois fois : le soleil, le soleil, le soleil; cela ne serait pas trois soleils, mais ce ne serait que la répétition du même objet. Ainsi, quand nous disons trois fois : il est Dieu, en parlant du Père, du Fils et du Saint-Esprit, cette triple répétition ne fait pas un nombre. Cela, comme on l'a dit plus haut, tombe d'aplomb sur ceux qui séparent ces trois personnes par les mérites. Pour les catholiques, au contraire, qui reconnaissent entre elles une différence, et qui tiennent que la forme même est l'être, comme elle l'est en effet, et qui pensent que ce n'est pas autre chose que ce qui est, on peut dire avec raison que ça paraît être la répétition du même être plutôt que l'énumération d'êtres divers, quand on dit le Père est Dieu, le Fils est Dieu, le Saint-Esprit est Dieu; et cette trinité n'est qu'un seul et même Dieu : de même qu'une lance et une épée, ce n'est toujours qu'un glaive, et que le soleil, le soleil, le soleil, ne désignent toujours qu'un seul soleil (*Boet. de Trin.*, c. II et c. III). »

En vérité, Dieu a rendu insensée la sagesse de ce monde! En lisant et en traitant de pareilles

---

tio deleatur, quæ non solum differentiam numeri, sed et ipsum quoque numerum quo numeramus, ubi repetitio unitatum pluralitatem facit, ab ineffabili illa removet Trinitate. Triplicem quippe proponens, generis scilicet, et speciei, et numeri differentiam ; age igitur, inquit, ingrediamur; et unumquodque, ut intelligi atque capi potest, dispiciamus. Post longam deinde disputationem inferens, ait : Nulla igitur in Deo diversitas, nulla ex diversitate pluralitas, nulla ex accidentibus multitudo, atque idcirco nec numerus. « Deus vero, a Deo, nullo differt, nec vel accidentibus, vel accidentalibus differentiis in subjecto positis distat. Ubi vero nulla est differentia, nulla est omnino pluralitas; quare nec numerus. Igitur unitas tantum; nam quod tertio repetitur, Deus, cum Pater et Filius et Spiritus sanctus nuncupatur, tres unitates non faciunt pluralitatem numeri in eo quod ipse sunt; si advertemus ad res numerabiles, ac non ad ipsum numerum. Illic enim unitatum repetitio numerum facit. In eo autem numero, qui in rebus numerabilibus constat, repetitio unitatum atque pluralitas minime facit numerabilium rerum numerosam diversitatem. Numerus enim duplex est, unus quidem quo numeramus, alter vero qui in rebus numerabilibus constat. Etenim unum res est; unitas, qua unum dicimus. Duo rursus in rebus sunt, ut homines vel lapides; dualitas nihil, sed tantum dualitas, qua duo homines vel lapides duo fiunt ; et in cæteris eodem modo. Ergo in numero quo numeramus, repetitio unitatum facit pluralitatem; in rerum vero numero non facit pluralitatem unitatum repetitio; velut si de eodem dicam, gladius unus, mucro unus, ensis unus. Potest enim tot vocabulis gladius agnosci. Hæc enim unitatum repetitio, iteratio potius est, non numeratio; velut si ita dicamus, ensis, mucro, gladius, repetitio quædam est ejusdem, non numeratio diversorum. velut si ita dicam sol, sol, sol, non tres soles effecerim, sed de uno toties prædicaverim. Non igitur si de Patre ac Filio et Spiritu sancto, *tertio prædicatur* Deus, idcirco trina prædicatio numerum facit. Hoc enim illis, ut dictum est, imminet, qui inter eos distantiam faciunt meritorum. Catholicis vero * in differentia constituentibus, ipsamque formam, ut est, *esse* ponentibus, neque aliud esse, quam est ipsum quod est opinantibus, recte repetitio de eodem, quam enumeratio diversi videtur esse, cum dicitur, Deus Pater, Deus Filius, Deus Spiritus sanctus, atque hæc Trinitas unus Deus; veluti ensis atque mucro, unus gladius; velut sol, sol, sol, unus sol. »

Vere stultam fecit Deus sapientiam hujus mundi!

choses, cet homme, si versé dans la connaissance des lettres, n'en augmente pas moins les nombres, n'en multiplie pas moins les unités et n'en trouve pas moins le moyen de fractionner la très-simple éternité par la numération des choses. Il fait la Trinité de trois sortes, la trinité des personnes, celle des propriétés et celle des unités ; or nous ne connaissons, nous autres, qu'une seule trinité, celle des personnes.

Saint Augustin a dit : « Si la charité est moindre que la sagesse, la sagesse est moins aimée qu'elle n'est. Mais elles sont l'une et l'autre égales ; en sorte que la sagesse est aimée autant qu'elle est grande. Mais la sagesse est égale au Père, comme nous l'avons dit plus haut. Il s'ensuit donc que le Saint-Esprit, aussi, lui est égal ; mais s'il lui est égal, il l'est en tout à cause de la souveraine simplicité qui se trouve dans cette substance ; aussi ne sont-ils pas plus de trois. Une des personnes aime celle qui est d'elle, une autre aime celle dont elle est ; et celle-ci, c'est l'amour même ; dira-t-on que l'amour n'est rien : s'il n'est rien, comment donc se fait-il que Dieu est l'amour même (*de Trin.*, *Lib.* VI, c. V). » Ailleurs, il dit encore : « Dieu est nombre, poids et mesure. Il est le nombre sans nombre, d'où naît tout nombre ; il est la mesure sans mesure, d'où vient toute mesure ; il est le poids sans poids, d'où est tout poids. Il a donc tout disposé dans le nombre, le poids et la mesure, comme qui dirait, il a tout disposé en lui. » Ailleurs encore, le même saint dit : « Dieu est une nature simple, immuable, inaltérable ; mais il n'est pas une chose, et ce qu'il a n'est pas une autre chose. »

Écoutons Isidore : « On dit que Dieu est simple, soit en ne considérant point ce qu'il a, soit parce qu'il n'est pas une chose, et ce qu'il a n'en est pas une autre (*Ibid.* *Etym.*, *Lib.*, II, c. IV). »

Saint Jérôme a dit : « Dieu est une nature simple et immuable ; il n'est pas une chose, et ce qu'il a une autre chose (*Hieron.*, *de Essentia Dei*). » Il dit encore : « Tout ce qui est, est ou non engendré, ou engendré, ou fait. Or, le propre de Dieu, c'est de n'avoir point eu de commencement (*Idem.* *Lib.*, *Diffinit.*, *ad Damas. papam*). » Que disons-nous des propriétés des personnes ? Imitons le même Père : « Ce ne sont pas seulement des noms que nous confessons, mais encore des propriétés de noms, c'est-à-dire des personnes, ou, comme les Grecs s'expriment, des hypostases, des substances. Ainsi donc, par la substance, ils ne font qu'une seule et même chose, mais ils se distinguent par les personnes et par les propriétés. »

Saint Grégoire de Nazianze dit : « Quand je dis : Dieu, vous êtes éclairés par un flambeau et par trois flambeaux ; par un, si on ne fait attention qu'à la substance, et par trois, si on se reporte aux propriétés ou aux substances, comme quelques-uns s'expriment, ou aux personnes ; car la diversité des mots ne fait rien, quand cette diversité éveille le même sens dans l'esprit (*Greg. Nazian.*, *Lib.* III, *de* II *Eph.*). »

Alcuin a dit : « Non engendré, engendré, et procédant, ce ne sont qu'une seule et même nature, trois propriétés qui ne font qu'un seul et même Dieu. Tout ce qui est, ou bien a toujours été et n'a point eu de commencement, ou n'a pas toujours été et a eu un commencement. Ce qui a toujours été et n'a point eu de commencement, c'est

---

Hæc enim lectitans et hæc tractans homo tantarum litterarum, nihilo minus auget numeros, multiplicat unitates, simplicissimam æternitatem rerum numerositate dispertit. Trifariam denique constituit Trinitatem, personarum, proprietatum, unitatum ; nobis autem sola personarum Trinitas commendatur.

Augustinus Si enim minus magna est charitas quam sapientia, minus quam est diligitur sapientia. Æqualis est igitur, ut quanta est sapientia, tantum diligatur. Est autem Sapientia æqualis Patri, sicut supra diximus. Æqualis est igitur etiam Spiritus sanctus ; et si æqualis, in omnibus æqualis propter summam simplicitatem, quæ in illa substantia est ; et ideo non amplius quam tria sunt. Unus diligens eum qui de illo est, et unus diligens eum de quo est ipsa dilectio, quæ si nihil est, quomodo Deus est ipsa dilectio, si non est ? Idem. Numerus, et mensura, et pondus ipse Deus est. Ipse est numerus sine numero, a quo omnis numerus ; ipse est mensura absque mensura, a quo omnis mensura ; ipse pondus sine pondere, a quo est omne pondus. Omnia ergo in numero, et mensura, et pondere disposuit tanquam diceret : Omnia in se disposuit. Idem. Deus simplex est natura, et immutabilis, et imperturbata ; nec aliud est ipse, et aliud quod habet.

Isidorus. Simplex dicitur Deus, sive non advertendo quod habet ; sive quia non aliud est ipse, et aliud quod habet.

Hieronymus. Deus simplex est natura et immutabilis ; nec aliud est ipse, et aliud quod habet. Idem. Omne quod est, aut ingenitum est, aut genitum, aut factum. Proprium autem Dei est non cœpisse. Idem. Quid ergo de proprietatibus dicimus personarum ? Eumdem audiamus. Non enim nomina tantummodo, sed etiam nominum proprietates, id est personas, vel, ut Græci exprimunt, hypostases, hoc est, subsistentias confitemur. Itaque substantia unum sunt personis ac proprietatibus distinguuntur.

Gregorius Nazianz. Deum cum nomino, uno lumine illuminamini, et tribus ; uno quidem secundum substantiam, tribus vero secundum uniuscujusque proprietates sive subsistentias, ut aliquibus videtur dicendum, sive personas. Nihil enim pro vocabulorum diversitate distat, cum ad eumdem sensum nominum diversitas provocet intellectum.

Alcuinus. Ingenitus, genitus, et procedens una na-

le Père, le Fils et le Saint-Esprit, et ce qui a commencé, c'est toute créature (*Alc. de Trin.*, Lib. II, c. IV). »

Isidore s'exprime ainsi : « La Trinité tire son nom de ce qu'elle est un seul et même tout de trois choses, comme qui dirait la Trinité consistant dans la mémoire, l'intellect et la volonté, par quoi l'esprit semble avoir en lui une sorte d'image de la Trinité divine. En effet, quoiqu'ils soient trois, ils ne font qu'un, parce que chacun des trois demeure en soi, et tous se trouvent dans tous. Le Père, le Fils et le Saint-Esprit sont donc trinité et unité, car ce quelque chose qui est le même est en même temps un et trois (*Ibid. Etym.*, Lib. III, c. IV). » La dernière partie du témoignage de cet écrivain contredit manifestement le second chapitre de l'erreur que nous combattons ; de même que tout lecteur diligent peut facilement remarquer que plusieurs de ces autorités sont évidemment opposées à deux, et même à trois chapitres en même temps ; mais le premier cité bat tout particulièrement en brèche le troisième chapitre. En effet, Gilbert parle d'une trinité qui est trois unités, quand il dit : « Par là, il arrive que le mot trinité, c'est-à-dire trois unités, n'est pas entendu substantiellement de Dieu. » Quant à Isidore, il entend d'une manière plus conforme à la foi, par Trinité, l'unité de trois.

CHAPITRE IV.

Reste le quatrième chapitre, qui n'est qu'un rejeton pestilentiel du premier. Aussi n'est-il pas nécessaire que nous nous y arrêtions aussi longtemps que sur le premier, puisqu'il semble avoir déjà été sapé par la racine. En effet, Gilbert, en soutenant que la nature divine n'est pas Dieu, en est venu jusqu'à attribuer l'incarnation à la personne du Fils en termes tels qu'il lui déniait en même temps la divinité, bien qu'il ne fût point interrogé sur ce point. Il avait écrit sur le même chapitre, dans son Exposition, en donnant, à sa fantaisie, un mauvais sens aux expressions même qui n'avaient rien de répréhensible. Telles sont les propres paroles de Boëce : « Peut-être semblera-t-il que la nature humaine a été changée en la divinité. Mais comment cela a-t-il pu se faire, si dans la génération du Christ la divinité s'est uni une âme et un corps humains (*Boet., de Persona et natura*, c. VI). » Ailleurs, il dit encore : « Puisque, dans la même personne, autre chose est la divinité qui s'unit l'humanité, autre chose l'humanité qui a été unie à la divinité, ce n'est pas une seule nature, mais une seule personne. » Qu'est-ce à dire ? Parlez-vous ainsi de vous-même, ou bien tenez-vous ce langage d'un autre qui vous l'a enseigné ? Je crois que c'est le propre langage du commentateur ; et ni l'auteur qu'il commente, ni aucun saint, ne me semblent être de son avis. Le Prophète a dit, dans un psaume : *La vérité s'est élevée de la terre.* Allons, commentateur, mettez-vous à l'œuvre, entendez par ce mot, *la vérité*, le vrai ; et que ceux dont l'âme n'est pas dévorée par le zèle de Dieu vous entendent. Salomon a dit : *La sagesse s'est bâti une maison* ; dites, dans votre commentaire, *la sagesse*, c'est-à-dire le Sage ; mais ce n'est pas à nous que vous le direz.

Voici saint Augustin : « Celui donc qui étant la forme de Dieu, a pris la forme de l'esclave, est en même temps Dieu et homme (*August., de Trin.*,

---

tura est, tres proprietates, unus Deus. Omne quod est, aut semper fuit, et non esse cœpit ; aut non semper fuit, et esse cœpit. Quod itaque non cœpit esse, sed semper fuit, Pater et Filius et Spiritus sanctus ; quod vero esse cœpit, omnis est creatura.

Isidorus. Trinitas est appellata, quod fiat totum unum ex quibusdam tribus, quasi Trinitas ; ut memoria, intelligentia, et voluntas. In quibus mens habet in se quamdam imaginem Trinitatis divinæ. Nam cum tria sint, unum sunt ; quia et singula in se manent, et omnia in omnibus. Pater igitur et Filius et Spiritus sanctus Trinitas et unitas. Id enim unum, idem et tria. Cujus utique testimonii secundo manifeste erroris hujus capitulo pars novissima contradicit, sicut et aliæ multæ ex his auctoritatibus, aut duobus, aut etiam tribus capitulis evidenter opponi facile diligens lector advertet ; sed initium quod tertio specialiter adversatur. Ille enim Trinitatem tres unitates exponit, scribens hoc modo. Quo fit, ut nec Trinitas, id est tres unitates, de Deo substantialiter prædicentur. Isidorus vero Trinitatem trium unitatem fidelius interpretatur.

De Capitulo quarto.

Restat Capitulum quartum, primi utique virulenta propago. Quocirca non illi diutius immorari necesse est ; quippe quod in ipsa jam radice sua confutatum esse videtur. Divinam quippe naturam Deum non esse contendens, eo usque prorupit, etiam non interrogatus, ut incarnationem sic tribueret personæ Filii, ut ipsi divinitatem eam omnino negaret. Scripserat autem super eodem capitulo in sua illa expositione, pro libitu bene dicta depravans. Hæc enim sunt verba Boetii. Sed humana forsitan natura in deitatem videatur esse conversa. Hoc vero qui fieri potest, si divinitas in generatione Christi et humanam animam suscepit, et corpus ? Item. Cum in eadem persona aliud sit divinitas quæ suscepit, aliud quam suscepit, humanitas ; non enim natura, sed persona. Ut quid ita ? A te ipso habes, an alii docuerunt te ? credo proprium est expositoris, cui nec auctor ipse, nec sanctorum quispiam consentire videtur. Propheta dicit in psalmo : *Veritas de terra orta est.* Expone tu, *veritas*, id est verus ; et audiant quorum animas non attingit zelus Dei. Dicit Salomon : *Sapientia ædificavit sibi domum*, expone : *Sapientia* id est Sapiens, sed non nobis.

Augustinus. Ergo qui forma Dei accepit formam servi, utrumque Deus, utrumque homo. Idem. Si enim divina substantia longe distantior, atque incompara-

Lib. III). » Ailleurs, il dit encore : « Si donc la substance divine, qui est bien éloignée de nous, et incomparablement plus élevée que nous, a pu, à cause de nous, s'unir la substance humaine au point de devenir avec elle une seule et même personne, combien plus aisément devons-nous croire que des hommes et des hommes, s'ils sont saints et fidèles, font un seul et même Christ avec le Christ-homme (*Tract.*, *de Baptis.*, *parvul.*) ? » Il dit encore : « La nature éternelle et divine n'aurait pu, en aucune manière, naître dans le temps de la nature humaine, si l'ineffable divinité n'avait reçu dans ce temps une vraie nativité, une vraie conception, selon l'acception de la vérité humaine (*Idem*, *ad Petrum*, *de Reg. fidei*). » On lit encore, dans le même docteur : « La vérité de la nature divine et de la nature humaine demeure donc si parfaitement immuable, que, de même que sa divinité, qu'il a reçue immuable de son Père, est toujours la vraie divinité, ainsi son humanité, que la suprême divinité porte avec elle, après se l'être unie, est toujours la vraie et immuable humanité. » Il dit encore quelque part : « Quoique nous ne croyions qu'une seule personne en Jésus-Christ, cependant nous confessons en lui deux substances, c'est-à-dire deux natures, la divine et l'humaine, celle qui s'unit l'autre, et celle qui a été unie, la créatrice et la créée (*Idem*, *in Serm. de Verbis dom. si diligeretis*). » Il continue : « La divinité, en descendant dans le sein de la Vierge, se façonna un corps de sa substance : il prit ce corps pour notre salut, et, se l'étant intimement uni, il naquit Dieu-Homme. »

Saint Fulgence dit : « Cet enfant eut une vraie âme comme il eut un vrai corps, pour que cette vraie divinité s'unît toute la nature humaine pour la réparer, et la réparât après se l'être unie (*Fulg.*, *de Myst. mediat.*). »

Saint Grégoire a dit : « C'est les pieds chaussés que la Divinité est venue à nous (*Greg.*, *Homil.*). »

Alcuin s'exprimait ainsi : « Voici comment le Christ est plein de grâce et de vérité. La plénitude de l'humanité a été prise par la divinité, et la plénitude de la divinité a été reçue dans l'humanité (*Alcuin*, *de Trinit.*, *Lib.* IV). » Ailleurs, il dit encore : « La divinité n'a délaissé nulle part l'humanité depuis qu'elle se l'est unie dans l'unité de sa personne (*Idem*, *Tract.* II *et Lib. eod. Tract.* XVI. *Sedem ad Frideg.*). »

« On peut dire que la divinité a été conçue dans la conception de sa chair et est née dans sa naissance. Elle a senti la mort qu'elle a soufferte librement, par l'effet de la participation de la nature humaine ; mais elle n'a point perdu la puissance de sa nature, par laquelle elle donne la vie à tout (*Idem*, *ad eumdem*). » Le même auteur dit encore : « L'autorité de toutes les œuvres qui se sont accomplies en Jésus-Christ vient de la divinité ; cependant, il convient d'appliquer ces paroles, *j'ai le pouvoir de déposer mon âme*, à la chair, non à la divinité, car la divinité ne dépose plus l'âme qu'elle a une fois prise. »

Saint Hilaire disait : « La nature ne s'était point anéantie ; mais la nature de Dieu, qui demeure toujours ce qu'elle est, a reçu en elle l'humilité de la nature terrestre (*Hil.*, *de Trin.*, *Lib.* IX). »

Le pape Léon s'exprimait ainsi : « Ce fut donc sans nuire à la propriété des deux natures et des deux substances qui se réunirent en une seule personne,

---

bili diversitate sublimior, potuit propter nos ita suscipere humanam substantiam, ut una persona fieret ; quanto credibilius, alii et alii homines, sancti et fideles ejus fiunt cum homine Christo unus Christus? Idem. Neque enim natura æterna atque divina temporaliter nasci ex natura humana ullatenus posset, nisi secundum susceptionem veritatis humanæ veram nativitatem temporaliter conceptionem ineffabilis in se divinitas accepisset. In eodem. Sic veritas incommutabilis manet humanæ divinæque naturæ, ut sicut vera semper est ejus divinitas, quam de Patre incommutabilem habet ; ita vera semper atque incommutabilis sit ejus humanitas, quam sibi unitam summa divinitas gerit. Idem. Licet unam personam in Christo credamus, duas tamen substantias, id est naturas fatemur, divinitatis scilicet et humanitatis, assumptricis et assumptæ, creatricis et creatæ. Idem. Adveniens divinitas in uterum Virginis, carnem sibi fabricavit ex substantia ipsius, quam pro salute nostra suscipiens, et sibi coadunans, natus est Deus homo.

Fulgentius. Hic puer sicut veram carnem, sic veram habuit animam ; ut vera illa divinitas totam hominis et reparandam susciperet, et susceptam posset reparare naturam.

Gregorius. Venit ad nos calceata divinitas.

Alcuinus Sic est ergo Christus plenus gratiæ et veritatis, ut sicut a divinitate plenitudo humanitatis suscepta est ; ita humanitate ejus plenitudo sit divinitatis. Idem. Non enim alicubi divinitas humanitatem, ex quo tu unitatem suæ persone assumpta est, deseruit.

Utique divinitas suæ carnis conceptione concepta est, et nativitate nata ; sensitque participatione humani affectus mortem, quam sponte susceperat ; non naturæ suæ potentiam perdidit, per quam vivificat omnia. Idem. Omnium, quæ in Christo gesta sunt, operum auctoritas ex divinitate est ; tamen carni convenit dicere : *Potestatem habeo ponendi animam meam*, non divinitati. Divinitas enim non dimisit animam, postquam assumpsit.

Hilarius. Non enim defecerat natura, ne esset ; sed in se humilitatem terrenæ nativitatis manens sibi natura Dei suscepit.

Leo Papa. Salva igitur proprietate utriusque naturæ et substantiæ, et in unam coeunte personam, sus-

que l'humilité fut prise par la majesté, la faiblesse par la force, la mortalité par l'éternité, et que, pour acquitter la dette de notre nature, la nature divine s'unit inviolablement à une nature passible (*Leo, Serm.* I, *de Nat. Domini*). » Il disait encore : « Si la créature a été prise pour compagne par le Créateur, ce n'a point été pour qu'elle fût la demeure et lui l'habitant, mais pour que, en vérité, une nature se trouvât mêlée à l'autre. Et bien que celle qui est reçue est différente de celle qui la reçut, cependant la diversité de l'une et de l'autre s'est trouvée fondue en une telle unité, qu'elle est devenue le seul et même Fils de Dieu, qui se dit moindre que son Père, en tant qu'il est véritablement homme, et se proclame égal à son Père, en tant qu'il est vrai Dieu (*Idem, Serm.* III). » Il ajoutait ailleurs : « Le Verbe s'est fait chair par l'adjonction de la chair, non par la défection de la divinité. Celle-ci, en effet, modéra si bien sa puissance et sa bonté, que, en recevant ce qui est à nous, il profita et ne perdit rien en nous faisant part de ce qui est à lui (*Idem. Serm.* IV). » Le même pape dit encore : « Il convenait qu'il fût bien évidemment prouvé que le Verbe fait chair, que l'essence éternelle du Fils de Dieu a pris la vraie nature de l'homme (*Idem, Serm,* IV *de Epiph.*). » Et ailleurs il continue : « Si le Verbe ne s'était pas fait chair, et s'il n'existait pas entre les deux natures une telle union que le court instant de la mort même n'eût pu séparer l'une de l'autre, la nature reçue et la nature qui a reçu la première, jamais la mortalité n'aurait pu atteindre à l'éternité. Cette nature nous a reçus en sa propriété, par laquelle elle s'est elle-même infléchie au degré de bonté qu'elle a voulu, et n'a jamais encouru la conversion de ce qui n'est pas immuable. Cette nature, dis-je, nous a unis à elle, mais de telle sorte qu'elle n'a point consumé ce qui est à nous par ce qui est à elle, ni ce qui est à elle par ce qui est à nous. Elle nous a unis à elle, cette nature, mais ce ne fut pas pour détourner l'image de notre genre du sentier commun, mais pour éloigner de nous la contagion du péché, qui est passée dans tous les hommes (*Id., de Passione, Serm.* IV *et* XXI). » Puis il continue : « Dans cette nature, bien qu'elle passât par ce qui est à nous, le Verbe ne s'est point changé, même un peu, en notre chair ni en notre âme ; car la nature de la divinité étant simple et immuable, est toujours dans son essence ; elle ne souffre en soi ni détriment ni augmentation, et la béatitude dont elle remplit la nature qu'elle s'est unie est telle, que la nature glorifiée demeure dans la nature glorifiante (*Id., Ad Julian., Const. Episc.*). »

En finissant, nous engageons ceux qui se mettent plus en peine de la science que de leur conscience, à ne pas se ranger facilement à ceux qui enseignent des nouveautés dans la foi, à prendre garde au contraire de ne pas outrepasser les bornes que nos pères ont posées, et à ne se point laisser emporter à tout vent de doctrine. Car il devrait suffire pour la confusion de toute espèce de nouveautés, si on se met au point de vue de la foi, que ce fût une nouveauté. Or, quiconque détourne de leur sens les témoignages des Saintes Lettres est un auteur de nouveautés. Quelle présomption n'est-ce pas là ! il semblerait qu'il n'y a qu'eux qui eussent lu et compris les Saintes-Écritures. Eh, mon frère, il n'y a donc point eu de catholique avant vous, et notre foi avait péri quand il nous est tombé

---

cepta est a majestate humilitas, a virtute infirmitas, ab æternitate mortalitas ; atque ad solvendum naturæ nostræ debitum, naturæ inviolabiliter unita passibili. Idem. Non sic creatura in societatem sui creatoris assumitur, ut ille habitator, et illa esset habitaculum ; sed ita vere naturæ alteri natura altera misceretur. Et quamvis alia sit quæ suscipitur, alia vero quæ suscipit ; in tantam tamen convenit unitatem utriusque diversitas, ut unus idemque sit Dei Filius, qui se, et secundum quod verus est homo, Patre dicit minorem, et secundum quod verus est Deus, Patri profitetur æqualem. Idem. Verbum caro factum est provectione carnis, non defectione divinitatis ; quæ sic potentiam suam bonitatemque moderata est, ut et nostra suscipiendo proveheret, et sua communicando non perderet. Idem. Probatissimum esse decebat : Verbum carnem factum, et sempiternam illam essentiam Filii Dei, hominis veram suscepisse naturam. Idem. Nisi Verbum caro fieret, et tam solida exsisteret unitas in utraque natura, ut a suscipiente susceptam, nec ipsum breve mortis tempus, abjungeret ; nunquam valeret ad æternitatem redire mortalitas Idem. Suscepit nos in suam proprietatem illa natura, quæ se in quas voluit mensuras benignitatis inflexit, nec unquam conversionem incurrit mutabilitatis. Suscepit nos illa natura, quæ nec suis nostra, nec nostris sua consumeret. Suscepit nos illa natura, quæ et imaginem nostri generis a communi tramite non abrumperet, et contagionem peccata in omnes homines transeuntem excluderet. Idem. In ea, licet per nostros, non Verbum aut in carnem, aut in animam, aliqua sui parte conversum est. Cum simplex et incommutabilis natura divinitatis tota in sua sit semper essentia ; nec damnum sibi recipiens, nec augmentum ; et sic assumptam naturam beatificans, ut glorificata in glorificante permaneat.

Novissime paucis monemus eos, qui scientiæ magis quam conscientiæ student, ne de cætero tam facile acquiescant nova in Fide tradentibus ; sed cauti sint non transgredi terminos, quos posuere patres nostri, nec circumferri omni vento doctrinæ. Id nempe solum ad omnem confutationem novitatis, præsertim in ratione fidei, satis esse debuerat, quod novitas est. Nam qui testimonia interdum aliqua scripturarum exquisita detorquet, novitatis auctor est. Quantæ præsumptionis est ! tanquam soli ipsi legerint, intellexerintve scripturas. Et nemo ante te, frater catholicus fuit, et perierat fides nostra, quando tertius e cœlo cecidit Cato,

un troisième Caton du ciel ; vos maîtres sans doute étaient ignorants dans la foi, et vous-même peut-être, jusqu'au jour où vous fut révélé un nouvel Évangile dans un sommeil qui vous surprit au haut du Parnasse, étiez-vous aussi dans l'erreur ; et maintenant encore, si on en excepte le petit nombre de vos disciples, l'Église entière est dans l'erreur. Le dire est le comble de l'impudence, le sentir, le comble de l'orgueil, et le croire c'est le comble de la folie.

Mais, pour en revenir aux chapitres que nous avons entrepris de traiter, ceux qui entendirent des dogmes si nouveaux n'auraient-ils pas dû considérer quelle multitude d'hommes sages et lettrés, d'hommes d'opinions et de doctrines saines, qui sentaient tout différemment et enseignaient manifestement le contraire de ces novateurs, l'Église a eus peu de temps auparavant? je citerai entre autres, Anselme et Raoul de Laon, maître Aubry de Reims qui devint plus tard archevêque de Bourges, le très-fidèle interprète de la parole de Dieu, Hugues de Saint-Victor, Robert le Noir, chancelier du siége apostolique, et beaucoup d'autres encore, dont la vie présente ou la mémoire encore vivante est en bénédiction. Or ils sont tous d'avis que tout ce qui est en Dieu est Dieu. C'est ce qui a fait dire à maître Raoul de Laon, dans un écrit : « Par les noms Père, Fils et Saint-Esprit, nous ne comprenons point des propriétés, comme nous l'entendions plus haut en parlant du τὸ πῦρ, qui ne soient point les personnes divines mêmes. »

Maître Hugues reprend de son côté : « Comme dans la Trinité sont celui qui n'est de personne, puis celui qui est de celui qui n'est de personne et enfin celui qui vient de l'un et de l'autre, c'est une vraie Trinité, mais l'unité n'en demeure pas moins parfaite ; attendu que, en Dieu, il ne peut rien y avoir qui ne soit point Dieu, tant ce qu'il est est un (*Hugo, de Sacram.*) » Il dit encore : « Dans la nature de la divinité, il n'y a ni multiplicité, ni diversité ; la personne et ce qui est dans la personne ne peuvent être divisés. »

Premier chapitre. — L'essence, la substance et la nature divines qu'on appelle la divinité, la bonté, la sagesse, la grandeur de Dieu, et le reste, ne sont pas Dieu, mais la forme par laquelle Dieu est.

Second chapitre. — Ni un seul et même Dieu, ni une seule et même substance, ni une seule et même chose quelle qu'elle soit, n'est en trois personnes, Père, Fils et Saint-Esprit.

Troisième chapitre. — Les trois personnes sont trois par trois unités, et distinctes par trois propriétés qui ne sont pas ce que sont les personnes mêmes, mais elles sont trois éternels différents par le nombre, tant entre elles que de la substance divine.

Quatrième chapitre. — La nature divine ne s'est point incarnée et ne s'est point uni la nature humaine.

Récapitulation de la doctrine de Gilbert.

FIN DU LIBELLÉ CONTRE GILBERT, ÉVÊQUE DE POITIERS.

---

et magistri tui ignoraverunt fidem ; et tu ipse ante hos annos, priusquam in Parnasso somnianti novum tibi revelaretur evangelium, in errore fuisti ; et adhuc, præter paucos discipulos tuos, errat Ecclesia universa. Id ut dicere impudentissimum, sic sentire superbissimum, credere stultissimum jure censetur.

Ut enim ad hæc specialiter capitula, quæ præ manibus sunt, revertamur ; nunquid non audientibus tam nova dogmata considerandum fuerat, quantos Sapientes et litteratos viros non longe antehac habuisset Ecclesia sanæ opinionis et doctrinæ, qui manifeste contraria senserant, et docuerant ? Dico autem insignes illos, Laudunenses, Anselmum, et Radulfum ; magistrum etiam Albericum Remensem, post Bituricensem archiepiscopum ; et fidelissimum divini verbi tractatorem Hugonem de Sancto-Victore ; sed et Robertum Pullum, apostolicæ sedis cancellarium, cæterosque quam plures, quorum, aut præsentia adhuc, aut memoria recens in benedictione est ; quorum communis exstat sententia, Quidquid in Deo est, Deum esse. Hinc magister Radulfus Laudunensis in quadam scriptura sua, sic ait. Per illa nomina, Pater, et Filius, et Spiritus-sanctus, nullas intelligimus poni proprietates (sicut de τὸ πῦρ superius dictum est) quæ sint aliud quam ipsæ personæ. Et magister Hugo : Quia in Trinitate est qui a nullo est ; et est ibi qui ab illo est, et est ibi qui ab utroque est : Trinitas vera est, et unitas manet perfecta ; quoniam in Deo nihil esse potest quod Deus non est ; quia unum est totum quod est. Idem. In natura divinitatis, ubi multiplicitas aut diversitas nulla est ; persona, et id quod est in persona, divisum esse non potest.

Capitulum I. Quod divina essentia, substantia et natura, quæ dicitur divinitas, bonitas, sapientia, magnitudo Dei, et quæque similia, non sit Deus ; sed forma, qua est Deus.

Capitulum II. Quod nec unus Deus, nec una substantia, nec unum aliquid sint tres personæ, Pater, Filius et Spiritus-sanctus.

Capitulum III. Quod tres personæ tribus unitatibus sint tria, et distinctæ proprietatibus tribus, quæ non hoc sint, quod ipsæ personæ ; sed sint tria æterna differentia numero, tam a se invicem, quam a substantia divina.

Capitulum IV. Quod divina natura non sit incarnata, nec naturam humanam susceperit.

Explicit Libellus contra capitula Gilleberti Pictaviensis episcopi.

Symbole de foi, publié contre les chapitres de Gilbert, par les Pères des dix provinces, avec plusieurs évêques et abbés, et rédigé par Bernard, le très-révérend abbé de Clairvaux.

I. Nous croyons et nous confessons que la nature de la divinité est Dieu, et que, en aucun sens catholique, on ne peut nier que la divinité soit Dieu, et que Dieu soit la divinité. Partout où l'on dit que Dieu est sage par sa sagesse, grand par sa grandeur, éternel par son éternité, un par son unité, et autres choses semblables ; nous croyons qu'il n'est sage que par cette sagesse qui est Dieu, qu'il n'est grand que par cette grandeur qui est Dieu, qu'il n'est éternel que par cette éternité qui est Dieu, qu'il n'est un que par cette unité qui est Dieu, et qu'il n'est Dieu que par cette divinité par laquelle il est lui-même, c'est-à-dire que c'est par lui-même qu'il est sage, éternel, un, Dieu.

II. Quand nous parlons des trois personnes qui sont le Père, le Fils et le Saint-Esprit, nous professons qu'elles sont un seul et même Dieu, une seule et même substance divine ; et, réciproquement, lorsque nous parlons d'un seul et même Dieu, d'une seule et même substance divine, nous professons que ce seul et même Dieu, cette seule et même substance divine, est en trois personnes.

III. Nous croyons que le seul Dieu Père, Fils et Saint-Esprit est éternel, et que, absolument aucune autre chose, qu'on l'appelle relations, propriétés, singularités, unités, et autres choses semblables se trouvent en Dieu, et soient éternelles sans être Dieu.

IV. Nous croyons que la Divinité même, qu'on lui donne le nom de substance ou de nature divine, s'est incarnée, mais dans le Fils.

FIN DU SYMBOLE.

Symbolum fidei, quod adversus eadem Capitula editum est a Patribus decem provinciarum, cum episcopis et abbatibus plurimis, dictante reverendissimo abbate Claræ-vallis Bernardo.

I. Credimus et confitemur, simplicem naturam divinitatis Deum esse, nec aliquo sensu catholico posse negari, quin sit Deus divinitas, et divinitas Deus. Sicubi vero dicitur, Deum sapientia sapientem, magnitudine magnum, æternitate æternum, unitate unum, divinitate Deum esse, et alia hujusmodi; credimus non nisi ea sapientia, quæ est ipse Deus, sapientem esse ; non nisi ea magnitudine, quæ est ipse Deus, magnum esse ; non nisi ea æternitate, quæ est ipse Deus, æternum esse ; non nisi ea unitate, quæ est ipse Deus, unum esse ; non nisi ea divinitate Deum, quæ est ipse, id est seipso, sapientem, magnum, æternum, unum, Deum.

II. Cum de tribus personis loquimur, Patre, Filio, et Spiritu-Sancto, ipsas unum Deum, unam divinam substantiam esse fatemur ; et e converso, cum de uno Deo, una divina substantia loquimur, ipsum unum Deum, unam divinam substantiam esse tres personas profitemur.

III. Credimus solum Deum Patrem et Filium et Spiritum-sanctum æternum esse, nec aliquas omnino res, sive relationes, sive proprietates, sive singularitates, vel unitates dicantur, et hujusmodi alia, adesse Deo quæ sint ab æterno, quæ non sint Deus.

IV. Credimus ipsam divinitatem, sive substantiam divinam, sive naturam dicas, incarnatam esse, sed in Filio.

Explicit Symbolum.

LETTRE DU MÊME GEOFFROY A JOSBERT

CONTENANT QUELQUES COURTES NOTES SUR L'ORAISON DOMINICALE.

1. Le frère Geoffroy à son cher très-ami : chanter et prier ensemble d'esprit et de cœur.

Mon frère Josbert, vous m'avez demandé, pour vous, quelques notes sur l'oraison dominicale, divisées en quatre parties, suivant les articles de cette oraison, afin qu'elles restent gravées plus fortement dans la mémoire, et qui ne soient ni trop courtes ni trop longues. M'étant donc mis sous les yeux votre quatrain, j'ai eu à cœur de vous donner une double annotation sur cette partie, et de vous la donner sans retard, parce que je sais, comme vous, que celui qui donne tout de suite donne deux fois. Que sa brièveté, peut-être un peu obscure, ne vous en déplaise pas, elle vous servira à vous exercer, en vous fournissant l'occasion d'ajouter quelque chose à la sagesse. Le Seigneur a dit : *Il faut prier toujours et ne jamais se lasser.* Ce que tous les fidèles doivent pratiquer, d'après la recommandation du Seigneur, convient particulièrement, chacun le sait, à notre profession. C'est, en effet, elle qui est désignée par la personne et le nom de Daniel, qui, ainsi que nous le lisons dans le Prophète, doit se sauver avec Noé et Job. Un homme de désirs est en même temps un homme de prières, et celui qui a sans cesse de bons désirs, fait toujours de bonnes prières. Auprès de Dieu, les vœux crient plus efficacement que les prières, et la disposition continuelle du cœur est une prière sans fin. Heureux fut Daniel contre qui on ne put trouver aucune occasion d'opposer quoi que ce soit, si ce n'est dans la loi de Dieu. Heureux fut-il, cet homme qui aima mieux s'exposer à la mort, que de cesser de prier. A combien plus forte raison, nous convient-il de prier toujours, sans jamais nous arrêter, à nous qui sommes menacés de mort si nous ne prions pas, et qui avons des promesses de vie si nous prions? Mais il n'en faut pas moins faire attention à ce que, si parfois nous nous servons dans la prière des paroles des autres, aucun de nos vœux, aucune de nos prières, aucune de nos demandes ne s'éloigne de la source que celui qui s'entendait le mieux à prier, nous a apprise, et à laquelle notre unique avocat nous a façonnés, quand il nous a dit : Voici comment vous prierez le Père.

2. *Notre Père qui êtes aux cieux.* C'est vers le Père que nous sommes instruits à diriger notre prière, parce que c'est la gloire du Père que recherche le Fils, le Fils, dis-je, qui nous accorde comme le Père et fait de même que le Père, tout ce que le Père accorde et fait. Nous devons prier au pluriel, parce que nous devons toujours prier les uns pour les autres, car il faut que notre prière soit commune, de même que notre adoption est commune. La prière est le propre de celui qui se

---

EJUSDEM GAUFRIDI EPISTOLA AD JOSBERTUM, CONTINENS NOTULAS IN ORATIONEM DOMINICAM.

1. Dilecto suo frater Gaufridus, psallere et orare spiritu simul, et mente. Annotationem tibi in Oratione Dominica, frater mi Josberte, petisti per capitula singula orationis ipsius quadrifaria partitione distinctam, ut memoriæ firmius hæreat, et nec exilis nimium, nec diffusior videatur. Ego vero tuum mihi quaternarium exhibens, et in hac parte geminam tibi annotationem dare, et cito dare curavi, sciens quod bis dedit qui cito dedit. Nec displiceat brevitas forsitan subobscura; ad exercitium proderit, occasionem apponendi ad sapientiam administrans. *Oportet semper orare, et non deficere*, ait Dominus. Quod fidelibus universis ex Dominica admonitione sectandum, specialiter tamen nostræ professioni noscitur convenire. Ea siquidem Danielis persona significatur et nomine, qui cum Noe et Job in propheta legitur esse salvandus. Vir desideriorum etiam vir orationum est. Bene semper orat, qui bene optat sine intermissione. Efficacius apud Deum vota quam verba clamant, et continua cordis affectio jugis oratio est. Felix Daniel, adversus quem occasio nulla, nisi de lege Dei potuit inveniri. Felix, qui maluit periculum mortis incurrere, quam ab oratione cessare. Quanto magis nos, quibus imminet mors dissimulantibus, orantibus repromittitur vita. Semper orare, et non deficere convenit? Sed et hoc nihilo minus attendendum, ut licet interdum verbis forsitan aliis semper sic oremus, ut nulla nostra optatio, nulla oratio, nulla petitio a fonte discrepet, quam peritissimus dictavit orator, et singularis instituit Advocatus. Sic orabitis, inquit, Patrem.

2. *Pater noster qui es in cœlis.* Ad Patrem dirigenda traditur nobis oratio, quod illius gloriam quærat Filius, et quæcumque ille tribuit, pariter tribuat, qui quæcumque fecerit, similiter facit. Et dicatur plurali numero, ut pro nobis invicem semper oremus. Sicut enim communis adoptio, sic communis oratio est. Illius est singularis oratio, cui propria filiatio, juxta illud : *Ascendo ad Patrem meum et Patrem vestrum, etc. Pater noster qui es in cœlis.* Præfatio brevis, sed utilis

sent proprement Fils, selon ce mot de l'Écriture : « Je monte à mon Père qui est votre Père, etc. » Notre Père qui êtes aux cieux. Cette préface, non moins utile et efficace que brève, fait vibrer quatre fibres du cœur, réveille les sentiments de joie et de crainte, de tristesse et de désir. En effet, nous ne pouvons nous rappeler que nous avons un Père dans les cieux, sans concevoir ces sentiments de joie qui naissent de la confiance; mais, en même temps, la crainte nous porte à appréhender dans un sentiment de révérence, qu'un tel Père ne nous trouve indignes de lui, dégénérés et ingrats. Quand nous disons *qui êtes aux cieux*, un sentiment de tristesse doit s'emparer de notre âme, si nous n'avons point perdu le sens, à la pensée qu'il n'habite pas encore en nous. Mais le ciel n'est pas plus élevé au dessus de la terre que nous ne sommes nous-mêmes, non-seulement loin de nous, mais encore loin du Seigneur, jusqu'à ce que nous soyons aussi dans les cieux. Néanmoins, nous souhaitons avec raison de devenir citoyens du ciel, nous soupirons après le bonheur d'être habitants des cieux, et de voir *notre père qui est aux cieux*, être de même en nous. Car le Seigneur a dit : *Quiconque m'aime garde ma parole,..* etc. jusqu'à ces mots : *et nous ferons, etc.* Il est clair par là que ceux qui font la volonté du Père n'ont point encore en eux cette demeure, mais l'objet légitime de tous nos vœux et de tous nos souhaits, c'est qu'ils achèvent de construire cette demeure, c'est qu'ils y habitent, c'est qu'ils y restent. L'Esprit-Saint demeura sur Jésus, et c'est le signe qui avait été donné à celui à qui il avait été dit : *C'est celui sur qui vous verrez le Saint-Esprit descendre et s'arrêter, qui baptise.*

La première demande est celle-ci : *Que votre nom soit sanctifié.* Le nom du Seigneur est certainement saint, sa sainteté est perpétuelle et parfaite, mais ce que nous devons souhaiter et demander, c'est qu'il soit sanctifié pour nous, en nous, par nous, et de nous, par la connaissance, la participation, et la dévote confession de cœur et de bouche de sa sainteté; ainsi que par l'encouragement donné au prochain par nos conseils et nos exemples, à acquérir ces trois choses. En effet, on peut dire en quelque sorte que le nom du Seigneur est sanctifié en nous quand il est connu de nous, car tout en restant toujours dans sa très-parfaite sainteté, il grandit néanmoins d'autant plus en sanctification en nous, qu'il y est plus connu. En même temps que l'invocation de son nom nous sanctifie, elle est sanctifiée en nous; sa sainteté naît en nous à mesure qu'elle se répand et grandit en nous. Son nom est sanctifié par nous, quand nous rendons gloire à ce nom. Il est sanctifié de nous quand il n'est pas blasphémé à notre occasion. *Que votre lumière brille ainsi devant les hommes*, si vous voulez que votre Père céleste soit glorifié par vos œuvres.

Que votre règne arrive. Qu'il arrive jusques en nous, qu'il soit cru par nous, espéré, aimé, reçu par nous, selon ce mot de celui qui en est le roi : *Recevez le royaume qui vous a été préparé.* C'est un voyage de trois étapes qui nous mène au royaume de Dieu, et ces trois étapes sont notre foi, notre espérance et notre charité; nous serons à la quatrième étape quand viendront les bénis du Père.

Que votre volonté soit faite sur la terre comme au ciel. A ce vœu se rapporte ce qui précède : *Qui êtes aux cieux*, et il doit se confondre avec les deux

---

et efficax, tangit quatuor fibras cordis, affectiones lætitiæ et timoris, tristitiæ et desiderii. Siquidem dum recolimus Patrem nos habere Deum, ex fiduciæ conceptione gaudeamus ; sed nihilo minus ad reverentiam timor sollicitat, ne nos inveniat tantus Pater indignos, degeneres vel ingratos. Cum dicimus, *Qui es in cœlis*, si non desipimus. animum mordet tristitia, quod in nobis necdum inhabitet ; sed quemadmodum exaltantur cœli a terra supra nos ; sic a nobis nec modo peregrinemur, sed longe peregrinemur a Domino, donec simus in cœlo ; nihilo minus etiam merito concupiscimus fieri cives cœli, optamus esse cæibes cœli, ut perinde sit et in nobis, *Pater noster qui es in cœlis. Si quis enim diligit me*, inquit, *sermones meos servabit, etc.*, usque *faciemus.* Liquet necdum mansionem habere qui faciunt, sed ut perficiant, ut inhabitent et permaneant merito concupiscimus et optamus. Super Jesum Spiritus mansit, et hoc signum quod acceperat qui audivit : *Super quem videris Spiritum descendentem et manentem, hic est qui baptizat.*

Prima ergo petitio est : *Sanctificetur nomen tuum.* Sanctum equidem nomen Domini, et perpetua ejus sanctitas et perfecta. Sed optandum nobis est et orandum, ut sanctificetur nobis, in nobis, a nobis, ex nobis, per sanctitatis ejus cognitionem, participationem, devotam cordis et oris confessionem, et proximorum ad eadem tria exemplis simul et monitis exercitationem. Nobis enim quodam modo nomen sanctum Domini efficitur dum cognoscitur, et in sua semper perfectissima permanens sanctitate, nobis tamen in sanctificatione tanto amplius proficit, quanto verius innotescit. Cujus nos invocatio dum sanctificat, sanctificatur in nobis ; et crescit ipsius sanctitas, dum in nobis diffunditur et augetur. Sanctificatur a nobis, dum ejusdem nomini gloriam damus. Sauctificatur ex nobis, non per nos blasphematur. *Sic luceat lux vestra coram hominibus*, ut glorificetur Pater cœlestis ex operibus vestris.

Adveniat regnum tuum. Ad vos veniat, ut a nobis credatur, speretur, ametur, percipiatur, dicente rege : *Percipite regnum quod vobis paratum est.* Via nempe trium dierum regni Dei ad nos, et ad ipsum, nostra est fides, spes, charitas ; sed in quartum domum perveniet, quando venient benedicti.

Fiat voluntas tua sicut in cœlo et in terra. Ad illud respicit quod præmittitur : *Qui est in cœlis*, et duabus quoque prioribus adnectendum petitionibus, ut sanctificetur nomen domini sicut in cœlo et in terra, et

premiers, où il est dit : que votre nom, Seigneur, soit sanctifié dans le ciel et sur la terre, et que votre règne arrive. Que votre volonté soit faite en nous, de telle sorte que nous ne voulions rien que après vous, à cause de vous, selon vous, et par vous. Après vous, c'est-à-dire de telle sorte que notre volonté demeure ferme et stable dans les choses où la vôtre sera certaine pour nous; hésitante avec raison, dans les choses où votre volonté n'est pas claire, mais prête à la suivre de quelque côté qu'elle verra la vôtre incliner. Mais si le Père a voulu que le Fils souffrît, Judas l'a voulu aussi, et les Juifs l'ont voulu également, mais cette conformité de vouloir ne servit ni au premier, ni aux seconds. Aussi puissions-nous, Seigneur, ne vouloir que, à cause de vous, en sorte que nous ayons, en tout, votre zèle. Mais il faut aussi que nous voulions selon vous, car notre zèle ne doit point aller sans la science, comme le zèle de ceux qui persécutaient les vôtres et se figuraient, en agissant ainsi, faire une chose qui vous fût agréable. Enfin, il faut que tout ce que nous voulons, nous le voulions par vous, et que notre volonté soit vôtre tout entière, et que ce soit vous qui opériez en nous le vouloir et le parfaire, eu égard à votre bonne volonté.

Donnez-nous aujourd'hui notre pain quotidien, le pain de la nécessité, de la douleur, du travail, de la vie, de l'intelligence; le pain qui substante la vie présente, le pain qui nous fasse porter des fruits de pénitence, le pain qui nous porte au travail de la justice, et enfin le pain qui est plein de goût et de saveur. C'est de ce quatrième pain que le saint prophète Daniel parlait, quand il disait que dans le deuil de la pénitence, il n'avait point mangé le pain objet de tous ses désirs.

Et remettez-nous nos péchés, ces péchés que nous contractons de quatre manières, en ne donnant point à notre corps le châtiment qui lui est dû; à notre cœur, la garde qu'il réclame; aux hommes, l'humanité à laquelle ils ont droit, et à vous, Seigneur, la gloire qui vous appartient.

Comme nous remettons leurs dettes à nos débiteurs, à ceux qui ont péché contre nous, en nous causant quelque dommage, en empêchant nos progrès, en nous faisant quelque injustice, par parole ou par action, et en nous blessant dans notre corps.

Et ne nous induisez point en tentation, mais que votre vérité nous environne de son bouclier, afin que nous ne redoutions point les craintes nocturnes, la flèche qui vole, la chose qui passe, etc., je veux dire l'impatience et la pusillanimité dans l'adversité, l'impudente insolence dans la prospérité, car celles-là se rapportent à la nuit, et voici celles qui se rapportent au jour : l'hypocrisie, l'injuste semblant, l'impudence intempérante, effrénée dans les péchés publics et notoires. Les deux premiers péchés se rapportent à la double armée que produit le monde, les autres à Got et Magot, le couvert et le découvert, dont il est parlé dans les prophètes.

Mais délivrez-nous du mal, c'est-à-dire de l'obligation du péché, de la vengeance temporelle, de la sentence de damnation au jugement dernier, et du désespoir du remède dans l'enfer [a].

---

[a] On a encore du même Geoffroy, une lettre adressée à Aubin, évêque d'Albano et légat du pape. On la trouve dans Baronius, à l'année 1086; elle traite d'une question fort agitée en France à cette époque : de la substance de l'eau mêlée au vin dans le calice; se trouve-t-elle changée, comme le vin, au sang du Seigneur? Geoffroy, dans cette controverse, tient pour l'affirmative.

---

similiter veniat regnum ejus. Fiat in nobis voluntas tua, ut nihil nisi post te, propter te, secundum te, per te velimus. Post te, ut in quibus fuerit tua certa voluntas, nostra etiam firma stabilisie permaneat. In quibus de tua ambigitur, merito etiam nostra sit suspensa, et parata sequi, quocumque eam viderit inclinari. Sed quod voluit Pater ut Filius pateretur; voluit Judas, voluerunt et Judæi pariter; et tamen neque illi profuit, neque illis. Velimus ergo Domine propter te, ut habeamus in omnibus zelum tuum; velimus etiam secundum te, ut non sit zelus absque scientia, sicut qui tuos persequebantur, tibi arbitrabantur obsequium se præstare. Denique quidquid volumus, per te velimus, ut tua fiat omnis nostra voluntas, ut operemini in nobis et velle, et perficere pro bona voluntate.

Panem nostrum quotidianum da nobis hodie. Panem necessitatis, doloris, laboris, vitæ, et intellectus, ad hujus vitæ sustentamentum, ad pœnitentiæ fructum, ad justitiæ exercitium, ad delectamentum saporis. Super hoc quarto pane Daniel sanctus dicebat, quod in luctu pœnitentiæ constitutus panem desiderabilem non comedit.

Et dimitte nobis debita nostra, quæ quatuor modis contrahimus, debitam non reddentes corpori nostro castigationem, cordi custodiam, humanitatem hominibus, gloriam tibi.

Sicut et nos dimittimus debitoribus nostris, qui in nos peccaverunt, dando damnum, impediendo profectum, verbo vel opere irrogando injuriam, inferendo quamlibet corporis læsionem.

Et ne nos inducas in tentationem, sed circumdet scuto veritas tua, ut non timeamus a timore nocturno, a sagitta volante, a negotio perambulante, etc. Hæc autem sunt pusillanimis impatientia in adversis, imprudens in prosperis insolentia; ista enim ad noctem pertinent. Illa ad diem : Hypocrisis, injusta simulatio, intemperans et effrenis impudentia in publicis notoriisque peccatis. Priora duo ad duplicem aciem, quam mundus producit, pertinent; posteriora ad Got et Magot, tectum et detectum, quoque legimus in Prophetis.

Sed libera nos a malo, ab obligatione peccati, ab ultione temporali, a sententia damnationis in judicio, desperatione remedii in inferno.

CANONISATION DE SAINT BERNARD.

On ne saurait placer au dernier rang des éloges de saint Bernard, le fait qu'il est le premier de l'ordre de Cîteaux qui ait mérité d'être compté au nombre des saints. Cet honneur était réclamé par la sainteté singulière de ce bienheureux, par les immenses travaux entrepris par lui pour l'Église, et par les témoignages de sainteté qu'il reçut du ciel dans ses miracles insignes, auxquels il eût semblé coupable de tarder davantage à souscrire. A peine dix ans s'étaient-ils écoulés depuis sa sainte mort que, dans le concile de Tours, en 1063, auquel assistait et présidait le pape Alexandre III, on commença à agiter cette question. Toutefois, le souverain pontife, bien que disposé, quant à lui, à cause de sa vénération particulière pour saint Bernard, à donner suite à ce dessein, fut néanmoins d'avis d'en ajourner un peu l'accomplissement, pour des raisons particulières qu'il fit connaître plus tard dans la lettre de canonisation. Il y dit en effet : « Comme nous étions favorablement disposés à donner suite à cette affaire (à la canonisation de saint Bernard), il nous arriva une multitude, un nombre considérable de solliciteurs qui nous demandaient de faire quelque chose de semblable, dans diverses provinces. Voyant donc que nous ne pouvions satisfaire convenablement à toutes ces demandes, nous avons résolu, pour éviter toute espèce de scandale à ce sujet, de différer pour ce qui était de Bernard, ce que nous étions obligés de refuser pour d'autres. » Mais enfin, le même pape Alexandre, à la prière de Gérard abbé, et de tout le couvent de Clairvaux, voulut qu'on plaçât l'abbé Bernard au nombre des saints, pour satisfaire au vœu de ses pieux enfants. Les lettres de canonisation ne faisant point une mention expresse de l'année où ce fait s'est passé, les auteurs sont partagés sur la date de cette canonisation; les uns la placent en 1164, tels sont Horstius et Henriquez; les autres la reportent jusqu'à l'année 1166; mais les uns et les autres semblent dans l'erreur, attendu que les lettres de canonisation sont adressées par le pape Alexandre à Gérard abbé de Clairvaux, qui n'entra en charge que l'an 1172. C'est avec plus de raison que Ciaconius, qui mérite une plus grande confiance que les autres, à cause de sa connaissance des antiquités romaines et des lettres pontificales, la place à l'année 1174. Il est suivi par le très-docte Sirmond, dans ses notes à Pierre de Celles, et par Manrique dans ses annales; et Aubry se range à leur avis dans sa Chronique. A cela s'ajoute un témoignage qui l'emporte de beaucoup sur tous les autres, c'est celui qui ressort de la Chronique de Clairvaux, dans Chifflet de la société de Jésus; cette Chronique est l'œuvre d'un auteur anonyme, mais contemporain de saint Bernard. Or il dit : « La même année 1174, dédicace de l'église de Clairvaux, canonisation et exhumation de saint Bernard. Assistait à cette fête, don Guicard qui, d'abbé de Pontigny, était devenu archevêque de Lyon. »

L'année suivante, on reçut en chapitre général le chant de saint Bernard et celui de la sainte Trinité. La sainte inauguration de saint Bernard se place donc au dix-huit du mois de janvier de l'année 1174, vingt ans quatre mois et vingt-neuf jours après sa mort. Pour ce qui est de son exhumation dont il est parlé dans le passage rapporté plus haut, on lit bien il est vrai, dans le livre des sépulcres de Clairvaux, qu'elle fut faite par Guicard lui-même, archevêque de Lyon, et par Henri abbé de Clairvaux, quelques années après la canonisation; mais il semble que cela doit s'entendre d'une translation plus solennelle, puisque le livre des sépulcres insinue que ledit abbé Henri eut soin « de faire enlever pieusement le corps de saint Bernard et placer avec honneur par l'archevêque de Lyon, dans un tabernacle de marbre situé derrière l'autel de la sainte Vierge, où on le voit maintenant. » On lira plus loin la lettre que l'abbé Henri a écrite à ce sujet, mais elle est sans note chronologique. Reproduisons maintenant la lettre par laquelle le souverain pontife Alexandre III déclare que saint Bernard est placé par l'Église, au nombre des habitants du ciel. (Note de Mabillon.)

LETTRE APOSTOLIQUE

Du pape Alexandre III, à l'Église de France, sur l'admission de saint Bernard au nombre des saints, et sur sa fête, qui doit désormais être célébrée avec solennité dans l'Église:

Alexandre, évêque, serviteur des serviteurs de Dieu, à ses vénérables frères les archevêques et évêques, à ses bien-aimés fils les abbés, et à tous les prélats du royaume de France, salut et bénédiction apostolique.

Il est arrivé naguère, comme nous nous trouvions à Paris, que des personnages aussi nombreux que vénérables nous parlèrent de la canonisation de Bernard de sainte mémoire, en son vivant abbé de Clairvaux ; nous témoignèrent le désir et nous adressèrent la prière de faire prochainement droit, pendant le concile qui allait se célébrer à Tours, à ce vœu aussi fondé que louable. Comme nous étions animé des meilleures dispositions à ce sujet, il nous arriva une foule, une vraie multitude de solliciteurs qui nous demandaient une faveur pareille pour des saints des provinces les plus diverses. Voyant que nous ne pouvions satisfaire tout le monde comme il convenait, nous avons décidé, pour éviter tout scandale, de remettre à une autre époque le vœu même qui concernait Bernard, à cause du refus que nous devions opposer alors à d'autres demandes du même genre. Mais, cédant aux dernières instances et à la piété des religieux de Clairvaux et d'autres personnes également haut placées qui renouvelèrent les vœux qu'ils nous avaient déjà adressés, nous avons rappelé à notre souvenir la sainte et vénérable vie de ce bienheureux homme, les prérogatives de grâces singulières dont il fut orné, l'éclat dont il a brillé lui-même par sa sainteté et sa religion, et la lumière qu'il a répandue sur l'Église de Dieu toute entière, par le flambeau de sa foi et de sa doctrine. Quant aux fruits qu'il a produits dans la maison du Seigneur, par sa parole et par ses exemples, ils sont connus à peu près jusqu'aux confins du monde catholique, car il a envoyé des détachements de son ordre jusqu'au sein des nations barbares et des peuples étrangers, il a étendu la fondation des monastères et a rappelé à la rectitude de la vie spirituelle une multitude infinie de pécheurs qui s'étaient égarés dans les voies larges du siècle.

Pour ce qui est en particulier de la très-sainte Église romaine, à la tête de laquelle, par le fait de Dieu même, nous nous trouvons placé, il l'a soutenue au milieu du tourbillon des graves persécutions qu'elle eut naguère à essuyer, par la sainteté de sa vie d'abord, puis par le zèle de la sagesse qu'il avait reçue du ciel, de telle sorte qu'il est digne de vivre dans notre mémoire d'abord, et dans celle de tous les enfants de l'Église, et de recevoir à jamais l'expression de nos pieux respects. Il a su si bien, dans les afflictions dont son corps fut accablé, se crucifier le monde et se crucifier lui-même au monde, que nous ne pouvons hésiter à croire qu'il a acquis tous les mérites des saints martyrs, en supportant un si long martyre dans la profession de son ordre et dans le détachement de sa vie. Toutes ces choses pesées avec une pieuse attention,

---

Alexandri papæ III, litteræ apostolicæ ad ecclesiam Gallicanam, de B. Bernardo in numerum sanctorum relato, ejusque festivitate deinceps solemniter in ecclesia celebranda.

Alexander episcopus servus servorum Dei, venerabilibus fratribus universis archiepiscopis, episcopis, dilectis filiis abbatibus, aliisque ecclesiarum prælatis in regno Franciæ constitutis, salutem, et apostolicam benedictionem.

Contigit olim, dum essemus Parisius constituti, ut magni quidam ac venerabiles viri de canonizando sanctæ recordationis Bernardo quondam Claræ-vallensi abbate facerent mentionem, optantes utique et piis nobis precibus suggerentes, ut in concilio, quod de proximo erat Turonis celebrandum, digno huic et laudabili voto celerem daremus effectum. Cumque nos eidem negotio favorabili satis intenderemus affectu, supervenit multitudo et frequentia peritorum, qui in diversis provinciis rem similem postulabant. Unde cum videremus non posse congruenter omnibus satisfieri, statutum fuit pro scandalo devitando etiam in hoc differri, quod oportebat pro tempore cæteris denegari. Nuper autem ex instantia et devotione Claræ-vallis fratrum, et aliarum sublimium personarum, eisdem apud nos precibus innovatis, reduximus ad memoriam nostram ejusdem beati viri sanctam ac venerabilem vitam ; qualiter ipse singularis gratiæ prærogativa suffultus, non solum in seipso sanctitate ac religione præfulserit, sed etiam in universa ecclesia Dei fidei et doctrinæ lumine radiarit. Fructum vero quem in domo Domini et verbo operatus est et exemplo, nullus fere terminus sanctæ Christianitatis ignoret ; cum usque ad exteras quoque et barbaras nationes sanctæ religionis instituta transmiserit, atque monasteriorum fundationem extenderit, et infinitam multitudinem peccatorum per viæ secularis latitudinem incedentem, ad spiritualis vitæ rectitudinem revocarit.

Specialiter autem sacrosanctam Romanam Ecclesiam, cui auctore Deo præsidemus, ita quondam sub gravis persecutionis turbine laborantem, tam vitæ merito, quam datæ sibi cœlitus sapientiæ studio sustentavit, ut digne quidem et nobis, et omnibus ejusdem ecclesiæ filiis in memoria habendus sit, et devotione perpetua venerandus. In afflictione vero corporis sui usque adeo sibi mundum, seque mundo reddidit crucifixum, ut confidamus martyrum quoque eum merita obtinere sanctorum, quem confessionis ordine, et parsimonia vitæ, tam longum constat duxisse martyrium. Quibus omnibus piæ consideratione

et exposées dans le conseil de nos frères, nous appuyant d'un côté sur la miséricorde de Dieu, dont il a été un constant et fidèle soldat, et, de l'autre, sur les mérites des bienheureux apôtres Pierre et Paul, ainsi que sur ceux de ce très-heureux confesseur lui même, nous avons mandé qu'il fût inscrit, en vertu de l'autorité du saint siège, au catalogue des saints, et avons ordonné qu'on fît désormais, publiquement, la fête de sa commémoration.

Pour vous donc, qui avez coutume de recevoir les institutions du même siège apostolique, et d'honorer glorieusement Dieu dans ses saints, célébrez la fête de ce saint, sur la terre, de manière à mériter de recevoir de dignes récompenses dans les cieux par la vertu de ses prières et de ses mérites.

Donné à Anagni, le dix-huit janvier (de l'an 1174).

LETTRE APOSTOLIQUE
DU MÊME PAPE ALEXANDRE III, AU ROI DE FRANCE.

Alexandre, évêque, serviteur des serviteurs de Dieu, à l'illustre Louis, roi de France, salut et bénédiction apostolique.

La grandeur de votre magnificence royale sait, comme nous le pensons, que nous sommes toujours porté à faire, de grand cœur et avec empressement, tout ce que nous savons vous être agréable en même temps que conforme à la gloire de Dieu. C'est surtout ce que nous faisons dans les choses où il y a plus spécialement de l'honneur de Dieu et de la gloire de ses saints. D'ailleurs, nous savons que vous avez tout particulièrement pour agréable tout ce que l'autorité apostolique décrète, de nature à favoriser la gloire de l'Église et l'honneur du roi suprême. Voilà pourquoi, sachant que Bernard, de sainte mémoire, naguère abbé de Clairvaux, fut toujours cher à Dieu et à vous, autant que goûté de tout votre royaume, nous avons résolu, pour la gloire de Dieu, l'exaltation de l'Église et de votre royaume tout entier, de le canoniser, de le faire honorer par une fête particulière parmi les bienheureux confesseurs, en nous appuyant non moins sur la miséricorde de Dieu, et sur celle de ses bienheureux apôtres Pierre et Paul, que sur la connaissance que nous avons de toute sa vie et de sa sainteté. Nous engageons donc la piété royale de Votre Sérénité très-chrétienne, à accueillir des deux bras de sa grande dévotion, ce don de la grâce du ciel accordé à votre royaume pendant votre règne, et que vous vous montriez plein de votre dévotion habituelle pour ce saint, qui jouit maintenant de la félicité des cieux, et que vous aimiez, à cause de sa vénérable sainteté, quand il était encore enseveli dans les ténèbres. Quant au monastère de Clairvaux qu'il a fondé, et où son vénérable corps repose, nous voulons que vous l'ayez en si grande estime, à cause du respect qui lui est dû, que vous vous montriez constamment digne ainsi d'avoir ce saint pour protecteur.

Donné, à Anagni, le 18 janvier.

LETTRE APOSTOLIQUE
DU MÊME PAPE ALEXANDRE III A TOUS LES ABBÉS DE L'ORDRE DE CÎTEAUX.

Alexandre, évêque, serviteur des serviteurs de

---

pensatis, et in concilio fratrum nostrorum expositis, confisi de misericordia Dei, cui perseveranter et fideliter militavit, necnon et de beatorum Petri et Pauli apostolorum, et ejusdem beatissimi confessoris meritis præsumentes, eum apostolicæ sedis auctoritate catalogo sanctorum adscribi mandavimus, et commemorationis suæ festum decrevimus amodo publice celebrandum. Vos ergo, qui et ejusdem sedis apostolicæ instituta suscipere, et Deum in sanctis suis consuevistis gloriosius honorare, sic memoriam sancti hujus celebretis in terris, ut precibus ejus et meritis digna præmia recipiatis in cœlis. Datum Anagniæ XV Kalend. Febr.

Ejusdem Alexandri pontif. apostolicæ Litteræ ad Regem Franciæ.

Alexander episcopus servus servorum Dei, illustri Francorum regi Ludovico, salutem et apostolicam benedictionem.

Novit (ut credimus) regalis tuæ magnificentiæ celsitudo, quod ea quæ cum honore Dei grata tibi acceptaque cognovimus, ad utilem semper effectum magno et volenti animo promovemus. Maxime autem hoc in illis operibus observamus, in quibus specialiter et honor Dei, et suorum gloria sanctorum declaratur; scientes quoque tibi fore gratissimum quidquid ad decorem ecclesiæ, et superni regis honorem auctoritate fuerit apostolica constitutum. Unde quoniam sanctæ recordationis Bernardus quondam abbas Claræ-vallis, et Deo semper charus, et tam tibi, quam universo regno tuo gratus exstitit et acceptus, eum ad gloriam Dei et exaltationem ecclesiæ ac totius regni tui, canonizandum decrevimus, et inter beatissimos confessores festiva celebritate colendum, tam de misericordia Dei, et beatorum Petri et Pauli apostolorum ejus confisi meritis, quam suæ conversationis et sanctimoniæ non ignari. Monemus igitur christianissimæ Serenitatis tuæ regiam pietatem, ut hoc cœlestis gratiæ donum, regno tuo te regnante collatum, lætæ devotionis brachiis amplectaris, eique jam cœlesti beatitudine perfruenti solita pietate devotus exsistas, quem pro sua venerabili sanctitate adhuc in tenebris positum diligebas. Claræ-vallense vero monasterium quod fundavit, in quo etiam corpus ejus venerabile requiescit, ita te ob reverentiam ejus habere volumus commendatum, ut eum semper merearis habere patronum. Datum Anagniæ XV Kalend. Febr.

Ejusdem Alexandri pontif. Litteræ apostolicæ ad omnes abbates Cisterciensis ordinis.

Alexander episcopus servus servorum Dei, dilectis filiis Cistercii, de Firmitate, et Pontigniaci, et Cla-

Dieu, à ses bien-aimés fils, les abbés de Cîteaux, de la Ferté, de Pontigny, de Clairvaux et de Morimond, et à tous les abbés de l'ordre de Cîteaux, salut et bénédiction apostolique.

Toutes les fois qu'il se présente à nous une occasion favorable de répondre en quelque chose, eu égard à vos mérites, à la foi et à la dévotion, que vous avez témoignées de nos jours envers l'Église de Dieu, nous la saisissons avec empressement, et nous nous hâtons de contribuer à votre avancement dans tout ce qui respire particulièrement une vertu toute spéciale. Or, il est arrivé dans ce temps-ci que Dieu a voulu qu'on nous remît en mémoire la proposition, qui nous a été faite autrefois, de canoniser le bienheureux Bernard, jadis abbé de Clairvaux, laquelle, à l'époque du concile de Tours, s'est trouvée ajournée, pour éviter de scandaliser quelques personnes qui demandaient de nous, pour d'autres, de semblables canonisations. C'est un bon présage que le Seigneur nous a donné, en réservant à nos mains la consommation de cette œuvre de piété. Nous rappelant donc, avec un soin tout particulier, la vie et la sainteté de ce bienheureux confesseur, en nous remettant en mémoire à quel point il fut magnifique en lui-même, par la prérogative de la vie religieuse et de la pureté de ses mœurs, combien aussi il fut utile, par sa foi et sa doctrine, à l'Église de Dieu tout entière, et tout particulièrement à votre ordre, combien enfin il produisit de fruits abondants; plein de confiance dans la miséricorde de Dieu, et nous appuyant sur les mérites des bienheureux apôtres Pierre et Paul, non moins que sur ceux de ce saint confesseur, nous avons jugé bon, après en avoir conféré avec nos frères, de l'inscrire, de l'autorité du siège apostolique, au catalogue des saints, et de faire célébrer publiquement, dans l'Église, le jour de sa mort. En conséquence, comme cela concourt à la gloire et à l'honneur du souverain auteur de toute chose, de telle sorte qu'il contribue en même temps à votre édification et à votre consolation, il vous importe tout particulièrement de rendre grâce au Dieu tout-puissant, qui a daigné, dans ces derniers temps, susciter dans votre ordre un homme d'une sainteté parfaite et digne d'être proposée en exemple. Pour vous donc, recevez, avec une dévotion spéciale, ce don de sa munificence, et honorez spécialement, par le culte que vous rendrez à saint-Bernard, le Dieu qui est admirable dans la glorification de ses saints. — Donné à Anagni, le 18 janvier.

LETTRE APOSTOLIQUE

DU MÊME PAPE ALEXANDRE AUX RELIGIEUX DE CLAIRVAUX.

Alexandre, évêque, serviteur des serviteurs de Dieu, à ses bien-aimés fils, et à tous les religieux du monastère de Clairvaux, salut et bénédiction apostolique.

Comme il n'y a pas lieu, pour nous, de douter des sentiments de religion et de piété que vous avez pour Dieu, ainsi est-il toujours manifeste, clair et certain pour nous, par des signes évidents, que votre dévotion et votre foi sont pleines de so-

---

ræ-vallis, et Morimundi, atque universis abbatibus Cisterciensis ordinis, salutem et apostolicam benedictionem.

Quoties honesta nobis opportunitas exhibetur, ut fidei et devotioni, quam circa Ecclesiam Dei nostris temporibus habuistis, possimus in aliquo pro meritis pondere, opportunitatem ipsam libenter amplectimur; et in his maxime quæ specialem noscuntur redolere virtutem, vestris occurrere profectibus non moramur. Contigit autem hoc tempore, ut verbum quod ab olim fuerat de beati Bernardi quondam Claræ-vallis abbatis canonizatione propositum, et pro quorumdam similia postulantium scandalo, a Turonensis concilii celebratione dilatum, ad nostram reduceretur Deo volente memoriam: et faciente nobiscum signum in bonum, qui hoc pietatis opus nostris servavit manibus consummandum. Nos enim vitam et sanctitatem ejusdem beatissimi confessoris recordatione sollicita memorantes, quomodo scilicet et in seipso religionis et sanctimoniæ prærogativa magnificus, et universæ ecclesiæ Dei, specialiter autem Ordini vestro fide et doctrina utilis existerit, et copiosissime fructuosus; confisi de misericordia Dei, et beatorum apostolorum Petri et Pauli, necnon et ejusdem sancti confessoris meritis præsumentes, eum, fratrum nostrorum communicato consilio, auctoritate apostolicæ sedis sanctorum catalogo duximus adscribendum, et diem depositionis ipsius in Ecclesia publice celebrandum. Unde quoniam hoc ita in gloriam et honorem summi Conditoris exuberat, ut in vestram quoque ædificationem consolationemque redundet; vestra potissimum interest omnipotenti Deo gratias agere, qui modernis temporibus virum perfectæ et prædicabilis sanctitatis in vestro ordine voluit suscitare. Vos igitur munificentiæ donum speciali devotione suscipite, et Deum in sanctorum suorum glorificatione mirabilem, in ejus celebratione specialiter honorare. Datum Anagniæ XV Kalend. Febr.

Ejusdem Alexandri pontif. Litteræ apostolicæ ad Claræ-vallenses.

Alexander episcopus servus servorum Dei, dilectis filiis Gerardo, abbati, et universo conventui Claræ-vallis, salutem et apostolicam benedictionem.

Sicut de religione et pietate, quam circa Deum geritis, nihil nobis restat ambiguum ; sic exhibitæ circa robur devotionis et fidei clara semper est certitudine manifestum. Non enim poteratis, sed nec deinceps Deo auctore poteritis a gratia sanctitatis apparere degeneres, quos sancti patris constat esse hære-

lidité. Car vous ne pouviez, et, avec la grâce de Dieu, vous ne pourrez désormais vous montrer dégénérés de la grâce de sainteté, puisqu'il est constant que vous êtes les héritiers de ce saint abbé, en qui la grâce spirituelle a abondé pour le mérite, et l'efficacité des œuvres n'a pas fait défaut pour l'exemple. Vous savez, en effet, et vous vous le rappelez avec une pieuse vénération, comment Bernard, de bonne mémoire, premier abbé et principal fondateur de votre monastère, fut agréable à Dieu pour sa vertu de religion, et utile à l'Église de Dieu par la plénitude de sa dévotion et de sa foi. Aussi seriez-vous réputés justement coupables, si peu que vous négligiez de l'imiter et de lui témoigner votre vénération. Il nous a donc été agréable de voir que vous avez été remplis de sollicitude pour lui, comme pour un père pieux, et que vous avez sollicité sa canonisation avec un zèle digne de louanges. Pour nous, qui avons toujours à cœur, cher fils abbé, eu égard aux nombreux témoignages que vous nous avez donnés de votre dévouement, et à votre zèle pieux et religieux, de céder toujours à vos prières, et de favoriser votre avancement, nous accédons avec clémence à vos vœux, afin que vous ayez une preuve de nos sentiments de bienveillance et de faveur à votre égard. Aussi, après avoir rappelé à la mémoire le souvenir de la vie de ce bienheureux confesseur, et de l'éclat dont ont brillé sa foi, sa religion et sa doctrine, ainsi que des rayons lumineux dont il a rempli l'Église de Dieu, après en avoir conféré avec nos pères, plein de confiance dans la miséricorde de Dieu, dans les mérites des bienheureux apôtres Pierre et Paul et dans les siens propres, nous avons résolu de le faire inscrire au catalogue des saints, et de faire célébrer désormais, comme un jour de fête et de solennité, le jour de sa mort. En conséquence, comme il vous importe au plus haut point d'imiter sa vie, de faire respecter sa gloire, ayez à cœur en toute chose, de vous appliquer à suivre les pas de ce saint père, et de célébrer la fête de sa sainteté, de telle sorte que, après avoir mérité de partager son genre de vie, vous soyez jugés dignes un jour d'avoir part à sa félicité. Donné à Anagni, le 18 janvier.

Ce n'était pas assez pour la mémoire de Bernard et pour ses grands mérites, des monuments d'une telle importance, il fallut encore qu'un pontife suprême de l'Église dictât, de sa propre bouche, l'office de sa fête. C'est ce que fit Innocent III, à la prière de Jean, qui, de métropolitain de Lyon, était devenu moine à Clairvaux, et de Régnier, moine de Heisterbach. Il remit, en 1201, pour Jean, à Innocent des Confessions, une lettre ainsi conçue :

« A Jean, autrefois archevêque de Lyon. Nous n'avons pas voulu vous refuser ce que vous avez voulu nous demander, d'autant plus qu'il en résultera, tant pour vous que pour nous, des fruits d'éternelle récompense. A la prière de vos frères, vous nous avez demandé que, pour la gloire du bienheureux Bernard, premier abbé de Clairvaux, que le siège apostolique a inscrit au catalogue des saints, pour en recevoir les honneurs, nous composassions nous-même, de notre propre bouche, une collecte et les autres oraisons qui seraient récitées, avec plus de dévotion, eu égard à l'autorité de celui qui les aurait composées, et à la manière dont elles seraient composées. Voici comment nous avons tenté, du mieux qu'il nous a été possible, d'accéder à vos vœux, à la demande de notre très-cher fils, le frère Régnier. »

---

des; cui et gratia spiritualis abundavit ad meritum, et operum efficacia non defuit ad exemplum. Scitis namque et pia veneratione recolitis, qualiter beatæ memoriæ Bernardus, cœnobii vestri primus abbas, præcipuusque fundator. Deo quidem pro virtute religionis acceptus, et ecclesiæ Dei pro plenitudine devotionis et fidei exstiterit gratiosus, ita ut merito deberetis haberi culpabiles, si imitationis et venerationis ipsius essetis in aliquo negligentes Placuit ergo nobis, quod pro eo, tanquam pro pio patre, sollicitudinem habuistis, et canonizationem ipsius voto laudabili postulastis. Nos quibus cordi semper est pro multis, fili abba, tuæ devotionis obsequiis, et totius domus vestræ studii religiosis et piis, vestris jugiter obtemperare precibus, et profectibus adspirare; voto huic clementer annuimus, ut nostram circa vos et gratiam et benevolentiam comprobemus. Vita igitur ejusdem beatissimi confessoris ad memoriam revocata, quomodo scilicet fide et religione atque doctrina præfulserit, quantoque in ecclesia Dei perspicuæ claritatis lumine radiarit; eum, fratrum nostrum consilio habito, confisi de misericordia Dei, et beatorum apostolorum Petri et Pauli, atque de ejusdem sancti meritis præsumentes, catalogo sanctorum duximus abscribendum, diemque depositionis ejus festivum de cætero et celebre observandum. Unde quia vestra potissimum interest, et ejus imitari vitam, et gloriam venerari, satagite in omnibus et studete ipsius sancti patris et inhærere vestigiis, et festum excolere sanctitatis, ut cujus conversationis meruistis esse participes, digni habeamini ejusdem beatitudinis fore consortes. Datum Anagniæ XV Kalend. Febr.

Johanni quondam Lugdunensi archiepiscopo. Negare noluimus quod petere voluisti, cum ex eo tam nobis, quam tibi fructus æternæ retributionis accrescat. Petisti namque rogatus a Fratribus, ut ad honorem beati Bernardi primi Claræ-vallensis abbatis, quem apostolica sedes sanctorum adscripserat catalogo venerandum; nosipsi collectam et alias orationes ore proprio dictaremus, tum propter auctoritatem dictantis, tum propter stilum dictaminis cum majore devotione dicendas. Et ecce sicut potuimus, ad instantiam dilecti filii fratris Raineri, petitionem tuam curavimus exaudire.

Collecte.

Accomplissez en nous, Seigneur, nous vous en prions, le pieux effet d'une sainte religion, et que, pour obtenir l'abondance de vos grâces, le bienheureux abbé Bernard, ce docteur remarquable, intercède toujours auprès de vous en notre faveur, par ses mérites et ses prières. Par Notre-Seigneur, etc.

Secrète.

Mon Dieu, ayez pour agréable l'oblation de ce sacrement, que nous offrons à votre Majesté en mémoire de la passion de Notre-Seigneur.

Postcommunion.

Dieu tout-puissant, que la nourriture que nous avons prise produise en nous son effet, et que celui que nous mangeons s'incorpore ceux qui le mangent, lui qui, avec vous, etc.

Donné au palais de Latran, le 10 juillet.

On voit, par ce qui précède, que saint Bernard a reçu le nom de docteur, du pontife suprême de l'Église, nom que Alexandre III lui-même lui a donné dans la messe de canonisation, ainsi que l'atteste un vieux manuscrit de Corbie, dans lequel se trouve retracée la vie du saint. Dans ce manuscrit, après la collecte, *prêtez l'oreille à nos supplications*, et le reste comme au commun ; après l'épître commençant par ces mots : *Voici ce que dit le Seigneur, je vous ai envoyé ce commandement nouveau*, etc., et après cet évangile pris au commun des docteurs : *Vous êtes le sel de la terre*, on lit cette note : La messe de saint Bernard, écrite ci-dessus, a été célébrée, la première fois, par le seigneur pape Alexandre III. Mais, en voilà assez sur ce sujet.

LETTRE DE HENRI, ABBÉ DE CLAIRVAUX, A ÉTIENNE, ROI D'ANGLETERRE, SUR L'EXHUMATION DU CORPS DE SAINT BERNARD, ET SUR L'ENVOI D'UN DE SES DOIGTS A CE ROI.

Nous venons de célébrer un jour honorable et solennel, embelli par une fête nouvelle, un jour de fête rempli de bonheur, un jour que l'exhumation du très saint corps du bienheureux Bernard a rendu très-célèbre pour nous, et a rempli de la plus pure lumière. Que nous aurions souhaité de voir Votre Majesté présente à ces joies plus célestes que terrestres ! En effet, l'éclat d'une si grande fête se serait trouvé augmenté pour nous, par la gloire résultant de la présence d'un prince, et, de votre côté, vous auriez recueilli, des mérites de ce très-illustre confesseur, comme d'une source intarissable, de larges et abondantes bénédictions. Mais, parce que la trop grande distance qui sépare les contrées que nous habitons, nous a privés de ce bonheur, nous avons fait tourner nos vœux au remède spirituel de votre âme, et nous avons fait en sorte, avec la grâce de Dieu, que si votre présence nous a fait défaut, votre souvenir nous fût présent. En effet, nous avons imprimé solennellement et comme il le faut, dans l'âme de vos frères et dans le cœur de vos fils, votre nom avec les insignes de sa piété. Après l'avoir reçu avec une grande dévotion, ils l'ont placé, si je puis parler ainsi, sous les yeux de ce saint père, et présenté au secrétaire de la cour céleste. De plus, ne voulant pas que votre absence corporelle privât vos reliquaires royaux de leur part des richesses que nous avons trouvées, nous vous

---

Collecta.

Perfice, quæsumus, Domine, pium in nobis sanctæ religionis effectum, et ad obtinendam tuæ gratiæ largitatem, B. Bernardus abbas et doctor egregius suis apud te semper pro nobis meritis et precibus intercedat. Per Dominum, etc.

Secreta.

Grata tibi sit Deus hujus oblatio sacramenti, quod in memoriam Dominicæ passionis tuæ offerimus majestati.

Postcommunio.

Suum in nobis, omnipotens Deus, cibus quem sumpsimus operetur effectum, ut incorporet nos sibi esus edentes. Qui tecum, etc.

Datum Laterani VI Idus Julii.

Ubi vides S. Bernardum doctoris nomine a summo ecclesiæ præsule fuisse insignitum, quod quidem ab ipso etiam Alexandro III in missa canonizationis usurpatum testatur vetus codex Corbeiensis, in quo sancti vita continetur, ubi præmissis collectis, Adesto supplicationibus nostris, *etc., de communi ; epistola,* Hæc dicit Dominus, Ego misi ad vos mandatum istud, *etc., necnon evangelio de doctoribus,* Vos estis sal terræ, *hæc subjiciuntur :* Hæc missa suprascripta de S. Bernardo a D. papa Alexandro III, in primis est celebrata. *De his hactenus.*

HENRICI ABBATIS CLARÆ-VALLENSIS EPISTOLA AD STEPHANUM REGEM ANGLORUM.

De elevatione corporis S. Bernardi, ejusque digito ad regem transmisso.

Celebratus est apud nos dies honorabilis et solemnis, nova festivitate jucundus, et ampla jucunditate festivus, utpote quem nobis relevatio sacratissimi corporis beati Bernardi celeberrimum reddidit, et lumine clariore perfudit. O quam voluimus gaudiis illis, plus utique cœlestibus, quam terrenis, vestræ majestatis interesse præsentiam ! quatenus et nobis de gloria principali decor tantæ festivitatis excresceret, et vobis de meritis illustrissimi confessoris, miro quodam irriguo uberioris benedictionis, largitas emanaret. Verum quia id nobis ampla distantia remotissimæ regionis invidit, ad spirituale remedium vota transtulimus, fecimusque Deo propitio, quod vestra ibi, etsi præsentia defuit, memoria non vocavit. Solemniter etenim nomen vestrum cum suæ pietatis insignibus,

envoyons du trésor de ses reliques une part honorable; car nous regarderions comme une indignité que la piété d'un si grand prince se vît frustrée de sa part d'une si grande sainteté. Recevez donc un doigt de cette sacrée main, que, en récompense de ce que cet homme juste a su la tenir éloignée de tout gain et de tout avantage terrestres, Dieu a remplie, comme il était juste, d'une grande abondance de bénédictions célestes; un doigt, dis-je, de cette main dont le toucher guérissait les malades, rendait la force aux faibles, affermissait les hommes et mettait les démons en fuite; un doigt de cette main qui a jeté la première pierre des fondements de notre cher Clairvaux, dont vous avez plus tard donné le toit. Nous avons apporté tous les soins et la diligence possibles à renfermer, dans un vase scellé, ce que nous vous envoyons, pour empêcher que le trésor qui y est placé ne soit exposé à quelque profanation, si on l'ouvrait trop souvent, ou que, par la pensée d'une soustraction dictée par un sentiment de dévotion, il ne se commît quelque pieuse fraude.

---

vestrorum, ut oportuit, et affectionibus fratrum, et cordibus impressimus filiorum; qui ampla illud devotione susceptum, aspectui quodam modo sancti patris offerrent, et cœlestis aulæ secretario præsentarent. Præterea ne absentiæ corporalis occasio regias apothecas inventi muneris participatione fraudaret, mittimus vobis de thesauro reliquiarum ejus honorabilem portionem; indignum penitus reputantes, si pietas tanti principis, tantæ sanctitatis participio fraudaretur. Suscipite igitur digitum sacræ illius manus; quam pro eo quod vir justus, ab omni munere terreni quæstus excussit, Deus eam, ut dignum fuit, affluentissima copia cœlestis benedictionis implevit. Illius, inquam, manus, cujus tactus sanabat ægros, roborabat invalidos, firmabat homines, dæmones effugabat. Illius manus, quæ Claræ-vallis nostræ, cui vos dare tecta disponitis, primum injecit lapidem fundamentis. Fuit autem studii nostri diligenter in vasculo consignare quod mittitur, ne vel thesaurus ibi reconditus per frequentes apertiones injuriæ pateat, vel devotæ surreptionis instinctu, dolus aliquis piæ fraudis irrepat.

TÉMOIGNAGES FAVORABLES A SAINT BERNARD.

I. *Témoignages de souverains pontifes.*

INNOCENT II s'exprime ainsi dans sa lettre à saint Bernard : « C'est à l'inébranlable constance, au zèle pieux et au dicernement dont vous avez fait preuve pour la défense de l'Église romaine pendant le schisme de Pierre de Léon, c'est à l'énergie avec laquelle vous vous êtes posé comme un mur d'airain autour de la maison d'Israël, c'est au zèle avec lequel, par de nombreuses et pressantes raisons, vous avez fait rentrer dans l'unité catholique et replacé sous l'autorité des successeurs de Pierre, les rois, les princes, et toutes les puissances tant ecclésiastiques que séculières, que sont dus les grands et précieux avantages dont l'Église de Dieu et nous-même jouissons à présent (Epist. CCCLII, Vol. I, pag. 456). » Innocent II, florissait en 1140.

ALEXANDRE III, dans sa lettre de canonisation de Saint Bernard, à l'Église de France, s'exprime ainsi : « Nous avons rappelé à notre souvenir... les prérogatives de grâces singulières dont il fut orné, l'éclat dont-il a brillé lui-même par sa sainteté et sa religion et la lumière qu'il a répandue sur l'Église de Dieu tout entière, par le flambeau de sa foi et de sa doctrine. Quant aux fruits qu'il a produits dans la maison du Seigneur, par la parole et par les exemples, ils sont connus à peu près jusqu'aux confins du monde catholique ; car il a envoyé des détachements de son ordre jusqu'au sein des nations barbares et des peuples étrangers, etc. (Alexandre, Pap. III. *Litteræ... ad Eccles. Gall.* Tom. III, pag.). Alexandre III, florissait en 1170.

PIE V, dans sa bulle *Ex innumeris*, etc., parmi les moyens propres à contribuer à la réforme de l'ordre de Cîteaux, place en ces termes, la lecture des œuvres de saint Bernard. « On ne pourra y faire d'autre lecture sacrée, d'après la disposition du concile de Trente, que celle des livres nécessaires à la célébration de l'office divin et à l'usage du chœur, la Bible, le cathéchisme récemment publié à l'usage des curés, les œuvres de saint Bernard et tous autres ouvrages qu'on pourra avoir de nature à fournir une occupation honnête aux moines, etc. » Pie V florissait en 1570.

GRÉGOIRE XIV, au dire de Cicarelle dans l'Histoire de sa vie, « méditait tous les matins pendant une heure entière, en lisant les œuvres de Bernard au langage doux comme le miel, et s'il en tirait quelque pensée, il la notait avec soin et la consignait par écrit avec élégance. » Grégoire XIV florissait en 1590.

II. *Témoignages de Cardinaux et de Docteurs de l'Église.*

JACQUES DE VITRY évêque de Tusculum, cardinal de la sainte Église romaine et légat du saint-siège, s'est exprimé comme il suit dans son Histoire d'Occident, chapitre IV : « Le Seigneur a suscité

DE S. BERNARDO ABBATE TESTIMONIA.

I. *Summorum Pontificum.*

INNOCENTIUS II. *Epistola ad S. Bernardum*: Quam firma, *ait*, perseverantique constantia causam B. Petri, et sanctæ matris tuæ Romanæ Ecclesiæ, incandescente Petri Leonis schismate, fervor tuæ religionis et discretionis susceperit defendendam, et te murum inexpugnabilem pro domo Dei opponens, animos regum ac principum, et aliarum tam ecclesiasticarum, quam secularium personarum ad catholicæ ecclesiæ unitatem, et B. Petris ac nostram obedientiam frequentibus argumentis et ratione munitis inducere laboraveris, magna quæ Ecclesiæ Dei et nobis provenit utilitas manifestat. *Florebat anno* 1140.

ALEXANDER III, *in litteris canonizationis ad ecclesiam Gallicanam* B. Bernardus, singularis gratiæ prærogativa suffultus, non solum in seipso sanctitate ac religione præfulsit, sed etiam in universa ecclesia Dei, fidei et doctrinæ lumine radiavit. Fructum vero quem in domo Domini et verbo operatus est et exemplo, nullus fere terminus sanctæ Christianitatis ignorat, cum usque ad exteras quoque et barbaras nationes sanctæ religionis instituta transmiserit, etc. *Flor. anno* 1170.

PIUS V, *in Bulla* Ex innumeris, etc., *inter alia quæ suggerit media reformandi ordinis Cisterciensis, lectionem operum S. Bernardi proponit his verbis*: Ubi sacra lectio juxta concilii Tridentini dispositionem haberi non poterit, præter eos libros, qui ad divini officii et chori usum necessarii sunt, saltem Biblia, et Catechismus ad parochos recens editus, item opera S. Bernardi, et si qui alii ad honestam monachorum occupationem poterunt, habeantur, etc. *Flor. anno* 1570.

GREGORIUS XIV. Meditabatur mane hora integra, *inquit Cicarella in ejus Vita*, legens opera mellifui Bernardi, et si quos ex iis erueret mentis conceptus, eos diligenter annotabat, concinneque scribebat. *Flor. anno* 1590.

II. *Cardinalium et ecclesiæ Doctorum.*

JACOBUS DE VITRIACO, Tusculanus episcopus et S. R. E. card. sedisque apost. legatus, *lib. de Historia. Occident.*, c. 14, *sic scribit*: Suscitavit Dominus eis a principio novellæ plantationis eorum agricolam peritum, prudentem et sanctum virum, quem invenit

pour eux, dès les premiers jours de leur plantation nouvelle, un agriculteur habile, un homme saint et prudent, un homme que le Seigneur a trouvé selon son cœur... je veux parler de saint Bernard, abbé de Clairvaux, une des perles les plus précieuses de la vie religieuse, la lumière de son ordre une étoile brillante au firmament de l'Église de se Dieu. Ce n'est ni de la bouche ni à l'école d'un homme, mais par la seule inspiration de Dieu qu'il reçut l'intelligence élevée des Saintes Lettres; c'est dans le sein même du Seigneur, si je puis parler ainsi, qu'il allait boire les eaux célestes, pour les répandre ensuite dans toutes les places et les carrefours. Puissant en œuvre et en parole, modèle de vie sainte et excellente, par la doctrine de sa céleste prédication, non moins que par la vertu des miracles et des œuvres merveilleuses, il fut pour beaucoup une odeur de vie pour la vie éternelle. » Jacques de Vitry florissait en 1230.

Saint Bonaventure, cardinal de la sainte Église romaine et évêque d'Albano, de l'ordre des frères mineurs, s'exprime comme il suit, dans le chapitre xxxvi de ses Méditations de la vie de Jésus-Christ, où il répandit à profusion comme des perles précieuses des pensées de saint Bernard : « Vous avez entendu les très-belles paroles d'un bien grand contemplatif, d'un homme qui goûtait la douceur de l'oraison de Bernard! Si vous voulez y trouver quelque goût à votre tour, il faut que ruminiez ses paroles. Voilà pour quoi je les intercale si volontiers dans cet opuscule : non-seulement elles sont spirituelles et pénètrent le cœur, mais encore elles sont pleines d'élégance et propres à vous porter au service de Dieu. Il fut, en effet, d'une très-grande éloquence, rempli de l'esprit de sagesse, et d'une sainteté éclatante. Je vous souhaite de l'imiter et de mettre en pratique ses avis et ses discours ; voilà pourquoi je vous le cite souvent. » Saint Bonaventure florissait en 1260.

Saint Thomas d'Aquin s'exprime ainsi dans son Sermon sur Saint Bernard : « Sa bouche fut donc un vase précieux, une bouche d'or, une bouche de perle... Il a enivré le monde entier du vin de sa douceur... C'était de l'or que Bernard, par la sainteté de sa volonté ; c'était un écrin de perles précieuses, par l'honnêteté de ses mœurs et par la multiplicité de ses vertus ; c'était un vase précieux, par la pureté de sa virginité... On trouve neuf perles précieuses en lui, les neuf perles dont Ezéchiel parle au chapitre xxviii ; ces neuf perles signifient les neuf chœurs des Anges. Bernard les a possédées toutes, parce qu'il a eu en lui les vertus et exercé les offices de tous les ordres des anges, comme on le dit dans le livre où les actions de sa vie se trouvent racontées. » Saint Thomas d'Aquin florissait en 1260.

Augustin Valère, cardinal de la sainte Église romaine, évêque de Vérone, s'exprime ainsi dans son livre de la Rhétorique ecclésiastique, chapitre xli, en parlant des écrits de saint Bernard : « Dans ses livres règne une admirable douceur, en sorte qu'on ne peut les lire sans que l'âme en ressente une sainte volupté. » Augustin Valère florissait en 1580.

César Baronius, cardinal de la sainte Église romaine, appelle saint Bernard, dans le tome XII de ses Annales, à l'année 1130, *la Trompette céleste*; à l'année 1144, il le nomme *le second Elie* et il en parle en ces termes à l'année 1153: « Bernard, homme vraiment apostolique, ou plutôt vrai apôtre

---

Dominus secundum cor suum... sanctum videlicet Bernardum Claræ-vallis abbatem, religionis probatissimum margaritam, lucernam ordinis et stellam in firmamento ecclesiæ Dei radiantem, qui non ab homine neque per hominem, sed sola Dei inspiratione præeminentem sanctarum Scripturatum accepit intelligentiam, et quasi de ipso Dominici pectoris fonte potavit cœlestes aquas, quas diffunderet in plateis multis. Et quoniam potens fuit in opere et sermone, exemplo sanctæ et præeminentis conversationis, et doctrina cœlestis prædicationis, sed et virtute miraculorum et mirabilium operum multis factus est odor vitæ in vitam. *Flor. anno* 1230.

S. Bonaventura, S. R. E. card. et episcopus Albanens. Ord. Min, *in Meditationibus vitæ Christi, quæ ubique Bernardi sententiis veluti gemmis insignivit, ita loquitur cap.* 36: Audisti verba pulcherrima altissimi contemplantis, et orationis dulcedinem degustantis Bernardi. Rumines ea, si vis, ut sapiant tibi. Ideo autem libenter ipsius verba in hoc opusculo intersero, quia non solum spiritualia sunt et cor penetrantia, sed et decore plena, et ad Dei servitium excitantia. Ipse enim fuit eloquentissimus, et spiritu sapientiæ plenus, et sanctitate præclarus, quem desidero imitari, et ipsius monita et verba opere exercere ; propter quod sæpe tibi propono eumdem. *Florebat anno* 1260.

S. Thomas Aquinas, *Serm. de S. Bernardo, sic ait*: Fuit ergo os ejus vas pretiosum, os aureum, os gemmeum... Vino dulcedinis inebriavit totum mundum... Aurum fuit Bernardus per voluntatis sanctitatem, multitudo gemmarum per morum honestatem et virtutum multiplicitatem, vas pretiosum per virginatis puritatem... Fuerunt autem in hoc novem gemmæ, de quibus dicitur Ezechielis 28. Lapides isti significant novem ordines angelorum ; quibus fuit dotatus Bernardus, quia in se habuit virtutes, et officia omnium ordinum angelorum, sicut dicitur in libro ubi scribuntur acta ejus. *Florebat anno* 1260.

Augustinus Vallerius, S. R. E. cardin episcopus Veronensis, *lib. de Rhet. Eccl. cap.* 41 : In S. Bernardi libris, *inquit*, inest admirabilis quædam suavitas, ita ut cum sancta animi voluptate semper legantur. *Florebat anno* 1580.

Cæsar Baronius, S. R. E. card. *Tomo* XII, *Annal. anno* 1130, Bernardum Tubam cœlestem *appellat; anno vero* 1143, Alterum Eliam; *sic autem do eo scribit anno* 1153: Bernardus, vir vere apostolicus, imo verus

envoyé de Dieu, fut puissant en œuvre et en parole, il jeta un vif éclat partout et en tout sur son apostolat, par les miracles qui l'accompagnèrent, et n'eut rien à envier aux vrais apôtres. On doit dire, en parlant de lui, qu'il fut en même temps l'ornement et le soutien de l'Église catholique. On doit le regarder aussi comme le plus beau fleuron de l'Église gallicane, comme sa plus grande gloire et son plus grand bonheur. Sa bienheureuse mémoire sera, dans la sainte Église, en bénédiction et en sanctification pour la discipline et la règle des mœurs, et pour la condamnation des hérétiques. » César Baronius florissait en 1600.

ROBERT BELLARMIN, cardinal de la sainte Église romaine, s'exprime ainsi en parlant de saint Bernard, dans son livre des Écrivains ecclésiastiques : « Bernard, abbé de Clairvaux, homme tout à fait apostolique et illustre par l'éclat de ses miracles, autant que par celui de sa doctrine. » Dans le tome II des Controverses, livre IV, chapitre XIV, il continue : « Le même saint Bernard se fit remarquer par l'éclat de ses miracles autant que saint du monde dont on nous a conservé la vie par écrit. Car, etc. » Bellarmin florissait en 1620.

III. *Témoignages d'évêques.*

HILDEBERT, évêque du Mans, puis archevêque de Tours, s'exprime ainsi dans sa lettre XXIV, adressée à Bernard : « J'estime comme une très-grande chose et je tiens pour telle que vous m'ayez ouvert le sanctuaire de votre amitié. En y étant reçu, j'ai pu reconnaître par expérience, dans de grands et de nombreux périls, tout ce que vaut la prière assidue du juste. » Plus loin, il continue : « Je ressens donc une grande reconnaissance, et je rends grâces à votre religion, que j'aurais embrassée comme un coupable embrasse l'autel, si le pape, que j'ai consulté à ce sujet, m'avait permis de déposer la charge de pontife. En me renvoyant au travail, il a porté envie à ma gloire; que le Seigneur ne lui en demande pas compte. Mais, en attendant, j'espèrerai à l'ombre de vos ailes, jusqu'à ce que je sois tiré de ce lac de misère, et du fond de mon bourbier. » (Voir la lettre CXXL, du même, dans les lettres de saint Bernard, tome 1, page 184.) Hildebert florissait en 1125.

OTHON évêque de Freisingen, s'exprime ainsi dans son livre I des Faits et gestes de Frédéric, au chapitre XXXIV : « Il y avait alors, en France, un abbé de Clairvaux, nommé Bernard, que sa vie et ses mœurs rendaient vénérable. Il se faisait remarquer dans l'ordre auquel il appartenait, et était doué d'une grande sagesse et de la science des saintes Lettres; il jeta aussi un grand éclat par ses miracles et par ses œuvres extraordinaires. Les princes résolurent de le mander et de le consulter comme un oracle divin, pour savoir de lui ce qu'il y avait à faire au sujet de l'expédition d'outre-mer.» Plus loin, il continue : « Toutes les populations de la France et de l'Allemagne le regardaient comme un prophète et un apôtre. » Othon florissait en 1150.

PIERRE, abbé de Celle, puis de Saint-Rémi, de Reims, et enfin évêque de Chartres, dans sa lettre contre Nicolas d'Angleterre, qu'on ne doit pas confondre avec Nicolas, secrétaire de saint Bernard, ainsi que nous l'avons démontré à la lettre CCLXXXIV, écrivant, dis-je, à Nicolas d'Angleterre, qui voulait infliger une flétrissure au cœur du saint docteur, après sa mort, parce qu'il avait combattu

---

apostolus missus a Deo, potens opere et sermone, illustrans ubique et in omnibus suum apostolatum sequentibus signis, ut plane nihil minus habuerit a magnis apostolis .. dicendus totius ecclesiæ catholicæ ornamentum simul ac fulcimentum; Gallicanæ vero in primis ecclesiæ prædicandus summum decus, summa gloria, summa felicitas. Cujus memoria felicissima in benedictione et sanctificatione ad morum informationem et disciplinam, et in condemnationem hæreticorum in sancta ecclesia jugiter perseveret. *Florebat anno* 1600.

ROBERTUS BELLARMINUS, S. R. B. cardin., *lib. de Script. Eccl.*, ait: S. Bernardus, abbas Claræ-vallensis, vir plane apostolicus, et non minus gloria miraculorum, quam sapientiæ splendore illustris. *Item Tomo* II, *Controv., lib.* 4. *c.,* 15.: Idem beatus Bernardus pluribus miraculis claruit, quam ullus sanctorum, quorum vitæ scriptæ exstant. Nam, etc. *Florebat anno* 1620.

III. Episcoporum.

HILDEBERTUS, episcop. Cenomannensis, demum Turonensis archiepiscop., *Epist.* 24 *ad Bernard. scripta.* Maximum duco, *inquit*, atque habeo, quod mihi sacrarium familiaritatis aperuistis. In eo susceptus, multis et magnis expertus sum periculis, quantum valeat deprecatio justi assidua. *Et paulo post.* Habeo igitur atque ago vestræ gratias religioni, cujus sinum, quasi reus aram, jamdudum complexus essem, si consultus papa pontificis munus amoliri permisisset. Ille dum me remisit ad laborem, invidit gloriam; non imputet ei Dominus. Interim in umbra alarum tuarum sperabo, donec educat de lacu miseriæ et de luto fæcis. *V. ejusdem Epist.* 72, *quæ est* 122 *inter epistolas Bernardi. Florebat anno* 1125.

OTHO, Frisingensis episcop., *lib.* I. *de Gest. Frid.*, c. 31, *ita habet* : Erat eo tempore in Gallia cœnobii Claræ-vallensis abbas, Bernardus dictus, vita et moribus venerabilis, religionis ordine conspicuus, sapientia litterarumque scientia præditus, signis et miraculis clarus. Hunc principes vocandum, ab eoque quid de hac re (n. expeditione transmarina) fieri oporteret, tanquam a divino oraculo consulendum decernunt. *Et infra.* Qui apud omnes Galliæ ac Germaniæ populos ut propheta vel apostolus habebatur. *Florebat anno* 1150.

PETRUS, Cellensis abbas, postea S. Remigii Remensis, demum episcopus Carnotensis, *lib.* 6 , *Epist. ult. scribens contra* Nicolaum *quemdam Anglum* (non vero No-

le dogme de la Conception de la bienheureuse vierge Marie, se répand ainsi en louanges en l'honneur de saint Bernard : « Quelle ne fut pas, dit-il, la sainteté de ce Bernard, quelle ne fut pas sa religion, qu'elle n'a point été la prérogative de ses mérites? Que suis-je pour dire ses louanges? Un néant. Sa vie, sa renommée, ses œuvres, ses écrits, ses miracles, sa foi, son espérance, sa charité, sa chasteté, son abstinence, la mortification de tous ses membres, sa parole, son visage, sa manière d'être, ses gestes et le reste sont là pour rendre témoignage de lui... Il fut l'élève le plus intime de Notre-Dame, à qui il a dédié non pas une basilique, mais les basiliques de l'ordre entier de Cîteaux, et à la gloire de qui il a composé les traités les plus soignés et les plus éloquents. Si donc vous voulez toucher Notre-Dame, à la pupille de l'œil, écrivez contre son cher Bernard ; à qui elle adresse elle-même ces paroles: Quiconque vous touche me touche en quelque sorte, moi-même, à la pupille de l'œil. » Pierre de Celle florissait en 1160.

Anselme d'Havelberg, dans son Dialogue contre les Grecs, livre II, s'exprime ainsi : « Il a paru, de nos jours, dans un endroit appelé Clairvaux, un abbé du nom de Bernard; c'était un homme très-religieux, remarquable par le pouvoir qu'il avait de faire des miracles et renommé pour sa sainteté, du couchant au levant. Le vénérable pape Eugène, qui avait jadis été moine d'un de ses monastères, l'honora souvent de témoignages bien mérités de vénération dans des conciles de nombreux évêques.» Anselme florissait du temps du pape Eugène III.

Guillaume, archevêque de Tyr, s'exprime comme il suit au chapitre XVIII de son livre XVI de la Guerre sainte : « Le seigneur pape Eugène envoya dans différentes contrées de l'Occident, des religieux puissants en œuvre et en parole,...du nombre desquels était un homme d'une mémoire immortelle et d'une vie pleine d'honneur, dom Bernard, abbé de Clairvaux, d'un souvenir pieux et digne d'être cultivé par tous les moyens possibles dans le Seigneur, et qui fut choisi pour être le principal instigateur de cette entreprise que Dieu avait pour agréable. Fidèle exécuteur des ordres qu'il avait reçus, il menait à sa suite des compagnons destinés à partager avec lui une œuvre agréable à Dieu, et se montra ardent et infatigable dans un corps affaibli, par des jeûnes continuels et par une abstinence trop grande. Il parcourut les royaumes, il traversa les nations en prêchant partout la bonne nouvelle du royaume de Dieu. » Guillaume de Tyr florissait en 1200.

Guillaume, évêque de Paris, parle ainsi de saint Bernard, dans son Sermon sur ce saint : « Il vécut d'une vie excellente entre toutes; il fut un maître extrêmement agréable, et brilla de l'éclat des miracles les plus manifestes. Ce ne sont point les leçons des hommes mais les inspirations de Dieu qui le rendirent sage et lui ouvrirent, tout particulièrement, le sens des Écritures. » Plus loin il continue: « De même que Dieu raconta ses mystères à Moïse, et fit resplendir sa face de l'éclat même de ses rayons, au point que les enfants d'Israël ne pouvaient fixer les yeux sur lui, ainsi il révéla bien des secrets à saint Bernard, et l'éclaira d'une lumière céleste, qui rejaillit à flots sur l'Église.» Guillaume, de Paris, florissait en 1230.

L'évêque Thibaut, ou l'auteur, quel qu'il soit de

---

tarium S. Bernardi *ut probatum est ad Epist.* 284), qui S. Doctoris *pectori maculam post ejus mortem affingebat, quod* B. Virginis *Conceptionem impugnasset, sic in* Bernardi *laudes exorrit* : Quæ, *inquiens,* hujus Bernardi sanctitas, quæ religio, quæ meritorum prærogativa? Nullus sum ego ad illius sancta præconia referenda. Vita ejus, fama ejus, opera, miracula, fides, spes, charitas, castitas, abstinentia, mortificatio demum in membris ejus, sermo, vultus, habitus et gestus ejus, et his similia, ipsa sunt quæ testimonium perhibent de eo... Alumnus familiarissimus fuit Dominæ nostræ, cui non unam tantum basilicam, sed totius ordinis Cisterciensis basilicas dedicavit , ad cujus laudem politissimos tractatus et facundos composuit. Si ergo potes tangere pupillam oculi Dominæ nostræ, scribe contra Bernardum suum, cui loquitur ipsa: Qui tangit te, quasi qui tangit pupillam oculi mei. *Florebat anno* 1160.

Anselmus Havelbergensis, *in dialogo contra Græcos, lib.* 2. Nostris temporibus apparuit quidam abbas in loco, qui dicitur Clara-vallis, nomine Bernardus, vir religiosissimus, virtute miraculorum insignis, ab Occidente usque in Orientem pro sui sanctitate famosissimus ; quem venerabilis papa Eugenius, quondam sui monasterii monachus, in conciliis multorum episcoporum condigna reverentia plerumque honoravit. *Floruit tempore Eugenii.*

Guillelmus III Tyri archiepiscopus, *lib.* 16, *Belli sacri, cap.* 18. D. Eugenius papa viros religiosos potentes in opere et sermone ad diversas Occidentis partes dirigit.... Inter quos vir immortalis memoriæ et honestæ conversationis D. Bernardus, Claræ-vallensis abbas, piæ in Domino et per omnia amplectendæ recordationis, ad prædicti Deo placiti muneris exsecutionem præcipuus eligitur. Qui injunctæ sibi dispensationis sedulus exsecutor, ejusdem operis secum Deo amabilis trahens comministros, impiger, indefessus, licet corporis esset invalidi, tum propter jejunia pene continua et subtilem nimis dietam, regna circuit, regiones obambulat, evangelizans ubique regnum Dei. *Florebat anno* 1200.

Guillelmus, Parisiensis episcopus, *Serm. de S. Bernardo, sic eum prædicat :* Excellentissime vixit, gratiosissime docuit, manifestissimis miraculis fulsit; eum non humana instructio, sed divina inspiratio sapientem fecit, quod in Scripturis specialiter sensit. *Et infra.* Sicut Deus Moisi recitavit sua mysteria, et vultus ejus claritate resplenduit radiorum, ut non possent in eum respicere filii Israel; sic B. Bernardo secreta multa revelavit, ut cœlesti luce illuminatus multum ecclesiam illuminarit. *Flor. anno* 1230.

Theobaldus Episcopus, seu quisquis est auctor *Vitæ*

la Vie de Guillaume, duc d'Aquitaine, s'exprime ainsi dans le second chapitre : « A cette époque fut fondé le monastère de Clairvaux, dont la conduite fut confiée, par un dessein particulier du Saint-Esprit, à l'abbé Bernard, qui jeta un si grand éclat par sa vie, ses vertus et sa doctrine, qu'il n'eut pas son second en esprit, en mœurs, en éloquence, en style et en vertu. C'est lui qui, de son temps, extirpait les hérésies, instruisait ceux qui étaient engagés dans les sentiers de l'erreur, et faisait entendre des remontrances aux princes mêmes.» Un peu plus loin il continue : « O homme vertueux, ô âme pure, qui ne recherchait pas plus la faveur du peuple quelle ne redoutait la fureur du tyran (il veut parler de Guillaume), quand il s'agissait de le sauver ! Quand il évitait de paraître en public, comment aurait-il aspiré aux honneurs de la chaire épiscopale? Mon Dieu, que de nombreuses et grandes églises cathédrales, en se voyant veuves de leurs pasteurs, l'ont élu pour pontife ! Mais la mitre et l'anneau n'avaient pas pour lui autant de charmes que le sarcloir et le râteau.

IV. Témoignages de rois et de grands personnages.

L'empereur CHARLES V, au témoignage de Thuen, son historien, dans le livre XXI, « Pendant les deux années qui précédèrent sa mort, et qu'il passa dans le monastère des Hyéronimites de Saint-Just, eut près de lui un moniteur, nommé Constantin, qui lui servait de confesseur, et se nourrissait particulièrement de la lecture des Œuvres de saint Bernard. » Charles V fleurissait en 1540.

Louis XIII, roi très-chrétien de France et de Navarre, et surnommé le Juste, appelle saint Bernard, dans un diplôme qu'il accorda, en 1618, à la congrégation des Feuillants, pour l'érection du monastère de Fontaines, « Grand et très-célèbre confesseur, père et docteur de l'Église, réformateur des peuples, conciliateur des schismes et des discordes, patriarche des religieux, artisan de miracles, et très-dévot serviteur de la Vierge Mère. » Louis XIII régnait heureusement en 1630. On peut voir, dans Henriquez, le ménologue de Cîteaux, au 20 août, les éloges de presque tous les royaumes chrétiens et de divers États, à l'adresse du très-saint abbé Bernard, gravés sur la première pierre du monastère de Fontaines. La sérénissime reine Marie de Médicis, mère du roi très-chrétien, y déclare solennellement que c'est aux mérites de saint Bernard qu'elle dut la faveur divine de devenir mère.

Le comte JEAN-FRANÇOIS PIC DE LA MIRANDOLE, dans son livre II, sur la mort de Jésus-Christ, chapitre VIII, s'exprime en ces termes : « Écoutons aussi le très-dévot et très-docte Bernard. On ne lui donne pas généralement le titre de très-docte, mais ce n'est point qu'il n'en soit pas digne et qu'il n'ait point mérité de le recevoir, puisqu'il s'est acquis le nom de docte par ses écrits, qui sont remplis, d'un bout à l'autre, d'une science solide et saine, et par ses vaillantes lettres contre Gilbert et Pierre Abélard, qui, grâce à lui, quittèrent les voies détournées de l'erreur et du mensonge, pour s'engager dans les sentiers de la vérité. » Pic de la Mirandole florissait en 1500.

Guillelmi Aquitaniæ ducis, cap. 2 : Eo tempore, inquit, fundatum est monasterium Claræ-vallis, et ibi Spiritus-sancti consilio ad regimen abbas est Bernardus ordinatus, qui in tantum vita, virtutibus et doctrina clarus effulsit, ut nullus ei in orbe secundus exsisteret ingenio, moribus, ore, stilo et virtutibus. Hic est qui in diebus suis hæreses exstirpabat, hæreticos confundebat, schismaticos revocabat, erroneos instruebat, et principes arguebat. *Et paulo post.* O virtutem viri, o animi puritatem, nec affectantis publicum, nec formidantis tyrannum (Guillelmum) pro ejus salute ! Qui fugiebat publicum, quomodo affectasset cathedræ fastigium ? Deus meus, quot et quantæ ecclesiæ cathedrales propriis orbatæ pastoribus eum in pontificem elegerunt ? Sed non plus delectabat eum mitra et annulus, quam rastrum et sarculus.

IV. Regum et Magnatum.

CAROLUS V, imperator, *teste Thuano Histor. lib.* XXI. Toto biennio quod mortem præcessit, in Hieronymitanorum fratrum sodalitio, monitore usus Constantino quodam, qui ei a sacris confessionibus erat, præcipue B. Bernardi abbatis lectione se solabatur. *Claruit anno* 1540.

LUDOVICUS XIII, Galliarum et Navarræ rex christianissimus, cognomento Justus, in diplomate congregationi Fuliensi pro erectione Fontanensis monasterii a se concesso anno 1618, S. Bernardum appellat magnum et celeberrimum confessorem, ecclesiæ patrem et doctorem, populorum reformatorem, schismatum et dissidiorum conciliatorem, religiosorum patriarcham, mirabilium patratorem, ac Deiparæ Virginis cultorem eximium. *Regnabat feliciter anno* 1630. Videtis apud Henriq. Menolog. Cisterc. ad diem 20. Aug. præclara omnium pene regnorum et christianorum, diversorumque statuum elogia, initialibus prædicti monasterii Fontanensis lapidibus inscripta in honorem sanctissimi abbatis Bernardi in primis vero serenissimæ reginæ Mariæ Medicis, matris ipsius christianissimi regis, quæ B. Bernardi meritis divinitus concessam sibi fuisse fecunditatem, *solemni testificatione declarat.*

JOANNES FRANCISCUS PICUS Mirandulæ comes, *lib.* 2, *de morte Christi*, c. 8: Sed et audiamus, inquit, Bernardum devotissimum atque doctissimum, sed hoc ultimo titulo vulgo fraudatum, nulla certe sua culpa, nullo demerito, quando et ob ejus scripta, quæ doctrina solida atque salubri undique scaturiunt, et ob validissimas disputationes in Gilbertum et Petrum Abaelardum (quarum ope ab distorto calle erroris atque mendacii ad veritatis semitam rediere) docti sibi nomen vindicavit. *Flor. anno* 1500.

V. Témoignages d'abbés et de généraux d'ordre.

PIERRE MAURICE, surnommé le Vénérable, s'exprime ainsi, dans une lettre qui est la vingt-sixième du livre VI : « A la forte et splendide colonne de l'ordre monastique et de l'Église de Dieu tout entière, à Bernard, abbé de Clairvaux, l'humble frère Pierre, abbé de Cluny, etc. S'il m'avait été libre de le faire, si les dispositions de la Providence ne s'y étaient opposées, si, enfin, la vie de l'homme était en sa main, j'aurais préféré, mon très-cher ami, m'attacher à votre béatitude par un nœud indissoluble que d'être partout ailleurs le premier des mortels et de régner sur les hommes. Qu'est-ce en effet? Ne dois-je point préférer à tous les royaumes de la terre, le bonheur d'habiter avec vous, bonheur qui n'en est pas un seulement pour les hommes, mais pour les anges même. Si je dis que vous êtes leur concitoyen, bien que ce ne soit encore qu'une espérance, non un fait accompli, grâce à la miséricorde de Dieu, je ne serai point un menteur, etc. » Pierre, le Vénérable, florissait en 1140.

BURCHARD, abbé de Balerne, parle ainsi de saint Bernard, dans la souscription du livre I de sa Vie : « Il semble avoir reçu, dès le ventre de sa mère, des présages qui ont permis dès lors de concevoir de grandes espérances de la sainteté de sa vie et de sa doctrine. » Burchard florissait en 1140.

B. GUERRY, abbé d'Igny, disciple de saint Bernard, s'exprime ainsi dans son troisième Sermon pour le jour de la fête des saints apôtres Pierre et Paul : « Notre maître, saint Bernard, l'interprète du Saint-Esprit, s'était proposé de parler sur tout ce chant nuptial (le Cantique des cantiques), et nous avait fait concevoir l'espérance qu'il le ferait par ce qu'il avait déjà fait; car s'il arrive à l'endroit dont vous vous informez, à ces paroles : *jusqu'à ce que le jour souffle et que les ombres s'inclinent*, il changera les ombres en lumière d'intelligence, et ce qui a été dit dans les ténèbres il nous le dira dans la lumière. » Guerry florissait en 1145.

GEOFFROY, qui fut d'abord secrétaire de saint Bernard, puis abbé d'Igny et abbé de Clairvaux, s'exprime ainsi au chapitre VII du livre III de la Vie de saint Bernard : « Mais il se montre avec bien plus d'éclat dans ses ouvrages et se fait connaître surtout dans ses lettres, où il s'est peint lui-même et si bien représenté comme dans un miroir, qu'il semble qu'on peut lui appliquer avec raison ce mot de saint Ambroise : « C'est à lui de chanter ses propres louanges, et, couronné de lauriers par l'esprit, c'est à lui de se couronner de nouveau par ses propres écrits. » Voir le Sermon du même auteur sur saint Bernard, à la fin du tom. VI. Il florissait en 1160.

ROBERT, abbé de Saint-Michel en péril de la Mer, de l'ordre du saint Père Benoît, s'exprime ainsi dans son appendice à Sigebert, année 1152. « Le vénérable abbé de Clairvaux, Bernard, homme d'une religion admirable et d'un enseignement efficace, paya la dette de l'humanité le 19 août. Il laissa de nombreux documents de sa sagesse, surtout dans son commentaire sur le Cantique des cantiques. » Robert florissait en 1180.

Le PÈRE CLAUDE AQUAVIVA, V. supérieur général de la Société de Jésus, au rapport de Jean Bourhez, dans le chapitre IV du livre intitulé Sainte

---

V. Abbatum et Generalium.

PETRUS MAURICIUS, cognomento VENERABILI, *Epist.* 29, *lib.* 6, *sic scribit*. Forti ac splendidæ monastici ordinis, imo totius ecclesiæ Dei columnæ D. Bernardo Claræ-vallis abbati F. Petrus humilis Cluniacensium abbas, etc. Si liceret, si Dei dispositio non obstaret, si in hominis potestate esset vita ejus, maluissem, charissime, beatitudini tuæ nexu indissolubili adhærere, quam vel principari inter mortales alicubi, vel regnare. Quid enim? Nonne regnis omnibus terrenis præferri a me deberet grata non solum hominibus, sed angelis ipsis cohabitatio tua? Concivem te illorum si dixero, licet nondum spes in in rem transierit, per misericordia Dei gratiam mendax non ero, etc. *Flor. anno* 1140.

BURCHARDUS, abbas Balernensis, *in Subscriptione lib.* 1, *vitæ* S. *Bernardi, sic de eo loquitur* : In utero matris sanctificationem visus est accepisse, de qua concepta sunt præsagia futuræ sanctitatis et doctrinæ. *Flor. anno* 1140.

B. GUERRICUS, abbas Igniacensis, S. Bernardi discipulus, *Serm.* 3, *in Natali Apost. Petri et Pauli.* Magister noster, S Bernardus, ille interpres Spiritus sancti, de toto illo carmine nuptiali (Cantico cant.) loqui instituit, spemque nobis dedit ex eis quæ jam edidit, quia si pervenerit ad locum de quo quæritis: *Donec aspiret dies et inclinentur umbræ*, umbras ipsas ponet in lucem intelligentiæ ; quod dictum est vel erit in tenebris, nobis dicit in lumine. *Florebat anno* 1145.

GAUFRIDUS, primum S. Bernardi notarius, deinde Igniacensis, postmodum Claræ-vallensis abbas, *lib* 3, *Vitæ* S. *Bernardi seu primo a se conscripto*, c. 7 : Cæterum, inquit, longe eminentius in suis ille libris apparet et ex litteris propriis innotescit; in quibus ita suam videtur expressisse imaginem, et exhibuisse speculum quoddam sui, ut illud quoque Ambrosianum merito illi posse videatur aptari : *Laude ipse se signet, et laureatus spiritus coronetur suis. V. Sermonem ejusdem de S. Bernardo, in fine, tom 6. Florebat, anno* 1160.

ROBERTUS, abbas S. Michaelis in Periculo maris, ord. S. P. Bened. *in Append., ad Sigebert, ann.* 1152. Venerabilis Bernardus, primus abbas Claræ-vallis, vir admirandæ religionis et doctrinæ efficaciæ, humanæ vitæ satisfecit moriendo 14 Calend. Sept., relinquens sapientiæ suæ plurima documenta, maxime in Commentariis in Cantica cant. *Flor. anno* 1180.

P. CLAUDIUS AQUAVIVA, V. præpositus generalis

Société de Jésus Marie mère de Dieu, « honora d'un culte particulier la bienheureuse Vierge et saint Bernard, dont il sentit l'aide et l'assistance dans toutes les circonstances difficiles. » Le père Claude Aquaviva florissait en 1610.

VI. *Témoignages des docteurs en théologie.*

HENRI DE HESSE, docteur de la faculté de Paris, puis chartreux, s'exprime ainsi dans le chapitre i de la première partie de son Traité à Jean, abbé d'Eberbach, contre les maculateurs de saint Bernard : « Où se trouve un tel brasier de dévotion, où coule un pareil ruisseau de componction, où est lancé un semblable aiguillon d'amour, si ce n'est dans la vie et la doctrine du bienheureux père Bernard, abbé de Clairvaux, l'astre de l'Église, le propagateur le plus important de l'ordre de Cîteaux, le plus ardent instigateur de la vie monastique ? Se trouve-t-il un prédicateur de vertus plus pénétrant, un destructeur de vices plus efficace que cet homme, qui tirait les hommes de leur torpeur pour les pousser vers le Ciel, qui émoussait leur ardeur pour les choses de la terre, qui les empêchait de s'endormir du sommeil de la mort et qui faisait tous ses efforts pour faire briller à leurs yeux les rayons de la lumière divine, après avoir dissipé les ténèbres qui les couvraient auparavant. Ses sermons, aussi élégants que simples, célèbrent les gloires de la Vierge mère du Christ, qu'il nous peint sous les traits les plus parfaits de la pureté, et dont il nous montre la virginité demeurée intacte. C'est peu que cela, mais l'Église entière par ses doctrines brille d'un éclat semblable à celui des pierres précieuses, et reçoit de l'élégance unique de sa doctrine une gloire et un éclat particulier, La féconde faconde de ce ruisseau céleste, où coule la grâce du Saint-Esprit, explique l'enigme des Saintes Lettres, en dénoue les nœuds, en éclaire les points obscurs, en fixe les endroits douteux. Telle est la parole de saint Bernard, l'excellent docteur de l'Église, qui, en s'en allant dans la gloire de la patrie, a ainsi, par sa fécondité, arrosé la hiérarchie ecclésiastique subcéleste par ses très-salutaires enseignements de toute sainteté, et par les exemples de sa vie. Voilà pourquoi la mère Église, dans la plénitude exubérante des témoignages qu'elle requiert pour la canonisation de ses saints, dans ses miracles, ses doctrines, sa pratique des vertus, et dans toute sa vie qui rend en sa faveur un témoignage plus clair que la lumière même du jour, a résolu, à cause de ses nombreux travaux, de la chasteté de ses mœurs, et de ses œuvres éclatantes, de le combler, sous le titre de confesseur et de docteur excellent, des honneurs les plus empressés, et des louanges les plus sonores, de lui rendre un culte honorable et solennel et de le placer glorieusement dans le catalogue des saints. » Henri de Hesse florissait en 1400,

JEAN GERSON, docteur et chancelier de Paris, s'adresse en ces termes à saint Bernard dans un sermon pour la fête de ce Saint : « Pour vous, ô bienheureux Bernard, vous regardant, avec une pieuse foi, comme un compagnon de ces esprits de feu que l'Écriture appelle Séraphins, je vous prie et vous supplie, au nom de votre amour, de prendre un charbon ardent de l'autel dont le feu est en Sion et le brasier en Jerusalem... d'en brûler mes lèvres et de les purifier, etc. » Il continue : « Lors-

---

Societ. Jesu, *scribente Johanne Bourhesio, in lib. cui titul.,Societas Jesu Mariæ Deiparæ sacra, cap.* 4. Coluit certe B. Virginem et Bernardum præcipuo cultu, eosque in omni re dubia sensit adjutores. *Flor. anno* 1610.

VI. *Doctorum Theologorum.*

HENRICUS DE HASSIA, Doctor Parisiens., postea Cartusianus, *in Tractatu ad Jacobum abbatem Eberbacensem, contra* S. Bernardi *maculatores, ita scribit.,parte* 1, *cap.* 3 : Ubi quæso talis devotionis igniculus reperitur, talis compunctionis rivulus infunditur ; ubi talis amoris stimulus injicitur, sicut in vita et doctrina beatissimi patris Bernardi, abbatis Claræ-vallensis, sideris ecclesiæ, principalis Cisterciensis ordinis ampliatoris, et monasticæ vitæ inflammatoris ardentissimi. Et quis penetrabilior virtutum hortator occurrit, quis efficacior vitiorum eliminator decurrit, humanum excitans torporem ad cœlestia, ardorem elidens ad terrestria, somnum mortis impediens, divinæ lucis radios, fugatis tenebris inclarescere satagens ? Cujus insuper fecundis ac decoris sermonibus Virgo Christi, Mater tam gloriosis extollitur laudum præconiis, pretiosissimis ornatur puritatis encomiis, integerrimis prædicatur virginitatis signaculis. Et nedum hoc, sed est ejus doctrinis universalis ecclesiæ fabrica ut gemmi vernantibus rutilat, et verborum elegantia singulari gloriosus coruscat. Et fecunda facundia cœlestis irrigui, gratia influente, Scripturarum ænigmata reserat, solvit nodos, dilucidat obscura, declarat dubia, sicuti beati Bernardi doctoris ecclesiæ eximii, qui in gloriam patriæ abiens, sic saluberrimis omnis sanctitatis monitis doctrinæ et exemplis vitæ totam subcœlestem fecundans irrigavit ecclesiasticam hierarchiam. Quem ideo alma mater ecclesia exuberantis testimonii plenitudine in sanctorum canonizatione requisiti, in miraculis, doctrinis, virtutum exerciliis, luce clarius reperta ejus cœlesti vita testimonio afferente pro laboribus multis, pro moribus castis, pro actibus strenuissimis titulo eximium confessorem et doctorem studiis honorari sollicitis et sonoris efferri præconiis instituit, et honoribus disponit solemnibus venerari, et sanctorum catalogo gloriosius annotari. *Florebat anno* 1400.

JOHANNES GERSON, doctor et cancellarius Parisiensis, *in quodam Serm. de S. Bernardo,sic eum affatur*: Te vero beatissimum Bernardum unum esse ex consortio ignitorum illorum spirituum, quos Seraphim Scriptura nominat, ego fide pia tenens, obsecro jam et obsecro per amorem tuum, quatenus sumpto calculo

que je considère les choses qui, par accident, et comme venant du dehors, ont aidé saint Bernard à concevoir de l'amour pour Dieu, j'en compte quatre entre autres, qui sont la dévotion de sa mère, une aptitude de tempérament, une éducation convenable et l'amour de la solitude. » Ailleurs il dit encore : « En un mot, on peut dire que ces quatre causes, qui sont de celles qu'on appelle causes accidentelles, ont aidé saint Bernard à devenir un prophète, un homme à miracles, dont les plus éclatants, à mon avis, sont ceux qu'il a opérés en convertissant des hommes qui fuyaient de toutes leurs forces devant la grâce de la conversion. » Gerson florissait en 1400.

Josse Clicthorée, de Newport, docteur en théologie et chanoine de Chartres, compare saint Bernard à saint Jean, en ces termes, dans son premier Sermon sur notre saint : « En troisième lieu, Bernard fut notre lampe, qui a brillé par ses nombreuses compositions d'œuvres sacrées, destinées à servir non-seulement aux hommes de son temps, mais encore à la postérité, pour l'édification de la foi et des mœurs... Il a certainement été une lumière pour tous, je ne dis pas seulement pour ceux de son siècle, mais encore pour ceux de tous les siècles futurs jusqu'à la consommation des temps, par la composition de ses nombreux livres, qui tendent tous au progrès spirituel, et dans lesquels règne une telle douceur de diction, que son discours est plus doux que le miel, ce qui lui a valu le titre de docteur mellifue. » Le même auteur, dans une préface placée par lui en tête des Œuvres de saint Bernard, s'exprime ainsi : » De tous les ouvrages sortis de la plume des auteurs les plus estimés, les volumes écrits par le bienheureux Bernard ne sauraient être placés au dernier rang. En effet, si on considère en eux que l'auteur, ou est frappé de la sainteté de sa vie et de l'éclat de sa brillante érudition. Si on s'arrête au caractère même de son style et à sa manière d'écrire, on trouve qu'il est d'une extrême douceur, et que sa diction coule sans aucune rudesse avec une facilité et une élégance extrêmes, en sorte que les paroles tombées de ses lèvres semblent plus douces que le miel. Enfin, si on fait attention à la matière de ses écrits, on trouve qu'il ne s'est occupé que de ce qui peut mettre en lumière les sens cachés de la sainte Écriture, ou foudroyer le vice, du tonnerre de sa parole, ou porter à l'amour de la vertu. » Josse florissait en 1530.

Louis de Grenade, au chapitre xxvii, du livre II de la Religion chrétienne, s'exprime comme il suit : « Il ne serait pas bien d'omettre parmi tant de très-graves docteurs, le très-doux et très-saint Bernard, qui se montra d'autant plus humble et étranger à la vaine gloire qu'il était doué d'une vertu et d'une grâce plus grandes pour opérer des miracles. » Au chapitre xi, il continue ainsi : « On lit aussi de saint Bernard que, au commencement de son glorieux noviciat, il fut ravi en esprit et s'avança ainsi hors de lui, attendu qu'il avait perdu tout usage des sens... La force de l'Esprit et le goût de la douceur de Dieu que la charité amène après elle, avaient tellement sucé et attiré les forces de son âme à elle qu'elle n'avait plus d'énergie pour autre chose que pour cela. » Louis de Grenade, florissait en 1560.

Charles Sacci, docteur en théologie de la faculté

---

ardenti de altari illius, cujus ignis est in Sion et caminus in Jerusalem..... tu labia mea tangens purges, etc. *Et circa finem.* Consideranti mihi in ea quæ per accidens et velut ab extrinseco juverunt S. Bernardum ad amorem Dei capessendum, reperio illa esse quatuor inter cætera, quæ sunt, matris devotio, apta complexio, debita educatio, et solitudinis affectio. *Et infra.* Denique dici potest, omnia ista quatuor juvisse de per accidens Bernardum, ut prophetam et miraculorum esset patrator, inter quæ præcipua ego illa deputo, quæ egit in conversione illorum, qui etiam converti toto nisu fugiebant. *Flor. anno* 1400.

Jodocus Clichtovæus Neoportuensis, doctor theol. et canonicus Carnotensis, *Serm. de Bernardo sic eum Johanni Baptistæ comparat.* Tertio, *inquit,* lucerna nostra, Bernardus, fuit, lucens multiplici sacrorum operum compositione, quæ non solum sui temporis hominibus, sed et posteritati prodessent ad ædificationem fidei et morum.... Illuxit certe omnibus non solum tunc præsentibus, sed et futuris usque ad consummationem seculi, per multorum librorum elaborationem, ad profectum aliquem spiritualem semper tendentium, in quibus tanta est dictionis suavitas, ut melle dulcior illi fluat oratio, unde et melliffuus doctor merito nuncupatus est. *Item in Præfat. quadam Operib. S. Bern. præfixa*: Inter opera, ait, a probatissimis auctoribus elucubrata, beatissimi Bernardi volumina non postremo loco collocanda sunt. Si enim auctorem spectare libet, et vitæ sanctimonia, et præclara eruditione præstantissimus occurret. Si characterem ipsum rationemque scribendi ; comperietur suavissima et sine asperitatis offendiculo cum summa facilitate elegantiaque decurrens, ut melle dulcior videatur ex ejus ore fluxisse oratio. Si denique materia quam pertractat, exquiritur ; aliud invenietur nihil, nisi quod involucra sacræ Scripturæ in lucem proferat, aut vitia gravi verborum tonitruo effulminet, aut ad virtutem studiosius invitet. *Flor. anno* 1530.

Ludovicus Granatensis, *lib.* 2 *de Relig. Christ. c.* 27. Non erit, *inquit,* consentaneum inter tot gravissimos doctores dulcissimum et sanctissimum Bernardum non inserere, qui quo fuit humilior et a vana gloria alienior, hoc majorem gratiam et virtutem ad facienda miracula consecutus est. *Et cap.* xi. De S. Bernardo etiam legitur, quod initio gloriosi sui novitiatus ita in spiritu raptus et extra se positus ibat, quod sensuum usum amisisset..... Vis enim spiritus et divinæ suavitatis gustus, quem secum trahit charitas, ita animæ vires suxerat et secum traxerat, ut ad nihil aliud nisi ad id ullam virtutem haberet. *Florebat anno* 1560.

Carolus Sacci, doctor theolog. Parisiens., *in Serm.*

de Paris, dans un sermon sur saint Bernard, demeuré manuscrit, qui se trouve dans notre monastère de Lyra, au diocèse d'Évreux, dit, entre autres choses : « C'est certainement lui qui a éteint toutes les torches du schisme et les a empêchées de porter plus loin l'incendie, par ses veilles et ses voyages si nombreux et si longs, qu'on se demande comment un mortel a eu assez de force, non-seulement pour suffire, mais encore pour survivre à de telles entreprises, à de pareils voyages, à de semblables élucubrations. Ce n'est pas une nuit, ce sont parfois de nombreuses et longues nuits qu'il a passées de suite sans prendre de repos. Puis viennent de graves maladies, que, non content de supporter avec patience il endura même avec gaieté d'âme, et qu'il avait coutume d'appeler les initiatrices à la vie bienheureuse du ciel. Au milieu de tout cela, il n'interrompit et même ne ralentit pas ses études des Saintes Lettres, qu'il disait souvent avoir sous les yeux comme une plaine d'une vaste étendue. Il fit un nombre infini de discours, et écrivit d'une plume rapide des livres composés avec un soin extrême de l'élégance du style. Voici les titres de ses livres : du Mépris du monde, Méditations, de la Passion et de la résurrection de Jésus-Christ, de l'Amour de Dieu, des Degrés de l'humilité, de la Grâce et du libre arbitre, du Précepte et de la dispense, des Hérésies de Pierre Abélard adressé au pape Innocent, de la Considération au pape Eugène, de la Nouvelle milice aux Templiers, son Apologie aux Clunistes, des Homélies, au nombre de dix-huit sur le Psaume XC, au nombre de quatre-vingt-trois sur le Cantique des cantiques, et au nombre de quatre sur l'Évangile selon saint Luc, sur le Cantique de Marie, la Vie de l'évêque Malachie, et ses innombrables Lettres qui se trouvent encore dans toutes les mains. On en compte deux cent quarante-cinq, etc. » Charles Sacci florissait en 1470.

VII. *Témoignages de religieux de divers ordres*

Hugues Metellus, chanoine de saint Léon de Tour, s'exprime ainsi dans sa lettre à saint Bernard (tome I, Epist. CDXXIX, n. 1, p. 69). « Votre nom est une huile parfumée qui se répand au loin ; il exhale l'odeur des aromates qu'on vient de réduire en poudre. La renommée en a fait éclater en tous lieux la réputation, et l'a portée jusqu'aux confins du monde comme une odeur délicieuse, etc. » Hugues vivait en 1130.

Hugues, moine de Saint-Marien d'Auxerre, dit, en parlant de saint Bernard, dans sa Chronique, à l'année 1114 : « La même année, fondation de Clairvaux, dont le premier abbé fut le serviteur de Dieu, Bernard, homme d'une sainteté très-connue et éclatante, qui fit refleurir de son temps, dans l'Église, l'antique gloire de la religion. » Hugues écrivait en 1200.

André Silvius, bénédictin de Marchiennes, s'exprime comme il suit, à l'année 1126, dans son Histoire synoptique de la France mérovingienne : « Dom Bernard, abbé de Clairvaux, a éclairé l'ordre monastique, comme une étoile du matin ; il brilla par sa doctrine et ses miracles, en France, en Allemagne, en Italie et jusqu'en Angleterre, et sa vie fut si remarquable, que tout ce qu'on a dit ou écrit à sa louange est trop peu encore, etc. » André Silvius florissait en 1200.

---

de S. Bernardo, qui manuscriptus exstat in monasterio nostro de Lyra, diœc. Ebroicensis, hæc inter alia commemorat: Extinxit profecto, nec longius serperent, universi schismatis faces, et quidem tot tamque diuturnis peregrinationibus et vigiliis, ut mirum sit in mortali adhuc viro tantas perferendarum rerum, peregrinationum, lucubrationumque vires fuisse, imo vero superfuisse. Non unam, sed in multas et longas noctes continentes interdum vigilavit. Ægrotationes graves secutæ, quas ille non patienter modo, sed jocundo quoque animo tulit, easdemque vitæ beatæ et cœlestis imitatrices appellare solebat. Interea non temperavit aut intermisit sacrarum litterarum studium, quas, velut æquissimam planiciem quamdam, oculis suis propositas videre se dicere solebat. Conciones infinitas habuit, libros elegantissimo verborum cultu expeditissime scripsit : *De Contemptu mundi librum unum, Meditationum librum unum, De Passione Christi et resurrectione librum unum, De diligendo Deum, De Gradibus humilitatis, De Gratia et lib. Arb., De Præcepto et dispensatione, Ad Innocent. papam de Petri Abaelardi hæresibus, ad Eugenium papam de Considerat. Ad Templarios de Laude militiæ novæ, Ad Cluniacenses Apologeticum, Super Psalmum* XC *homilias duas de viginti. Super Cantica cantic. homilias tres et octoginta, Super Evangelium Lucæ homilias quatuor, Super Canticum Mariæ librum unum, In Vitam Malachiæ episcopi librum unum, Epistolas* quidem innumerabiles, quæ tamen in manibus adhuc versantur, ducentas quinque et quadraginta, etc. *Florebat anno* 1470.

VII. Religiosorum ex diversis ordinibus.

Hugo Metellus, canonicus regularis cœnobii S. Leonis apud Tullum Leucorum, *in epistola ad ipsum S. Bernardum, hic edita tomo* 1, col. 378: Oleum effusum, *inquit*, nomen tuum, fragrans more contritorum aromatum. Fama nominis tui clarissimi usque ad fines terræ pertransiit, etc. *Vixit anno* 1130.

Hugo, monachus sancti Mariani Autisiodorensis, *in Chronico, ad annum* 1114. Eodem anno, *inquit*, Claravallis fundata est, cujus primus abbas exstitit servus Dei Bernardus, vir opinatissima sanctitate præclarus, per quem sui temporis Ecclesia in antiquum religionis decus refloruit. *Scribebat anno* 1200.

Andreas Silvius, benedictinus Marchianensis, *in Synopsi Historiæ Franco-Merovingicæ, sic scribit ad an.* 1126: D. Bernardus abbas Claræ-vallensis quasi stella matutina monachicum ordinem illustrat, et sanctitate, doctrina, miraculis claret in Gallia (imo Germania, Italia, Anglia) cujus vita in tantum excellit, ut parum sit omne quod in ejus laudem dictum, vel scriptum fuerit, etc. *Flor. anno* 1200.

HÉLINAND, moine de l'abbaye de Cisterciens de Froidmont, en France, parle ainsi de saint Bernard, dans son livre de la Réparation des tombés, chapitre VIII : « Lisez son très-beau livre de la Considération à Eugène et, à la très-grande noblesse du style, vous reconnaîtrez que l'auteur du livre fut plus sage qu'Apollon, plus éloquent que Démosthène, plus subtil que Aristote, plus mesuré que Socrate, plus discret que Platon. » Hélinand florissait en 1200.

CÉSAIRE D'HEISTERBACH, moine de l'ordre de Cîteaux, dans son livre XIV des Miracles, dit : « Bernard, dans la flamme de ce schisme redoutable, qui avait commencé à embraser le monde chrétien, parcourut les provinces, défit tout ce qui avait été fait contre l'ordre, et, ceint du glaive de la parole de Dieu, il abattit la terreur des armes. Ce fut un homme d'une telle autorité, que c'est par la bouche de Bernard, que les pères que la pourpre décore, les rois et les princes de la terre parlaient, comme par l'oracle commun du monde. » Césaire florissait en 1230.

HENRI SUSO, de l'ordre des Frères prêcheurs, s'adresse en ces termes à saint Bernard, dans son Dialogue sur la sagesse éternelle, chapitre XIV : « Et vous aussi, soyez béni entre tous les docteurs de l'Église, ô Bernard à la langue de miel, vous dont l'âme a resplendi des rayons merveilleux du Verbe éternel, et qui, de cette parole douce comme le miel qui s'écoulait de la plénitude surabondante du cœur, avez prêché avec une si parfaite douceur la passion de l'humanité du Christ, et enlevé avec entraînement votre auditoire, etc. C'est avec bien juste raison, très-saint père Bernard, que votre langue distille les plus douces paroles, quand votre cœur s'est rempli de tant de douceur dans la passion mellifluée du Christ. » Henri florissait en 1340.

DENYS LE CHARTREUX, dans son premier Sermon sur la fête de saint Bernard, nous parle ainsi de ce saint : « Le Dieu tout-puissant et tout bon a comblé le bienheureux saint père Bernard de grâces si abondantes et si multiples, qu'il aurait pu dire de lui avec vérité, ce qu'il a dit de saint Paul : *Celui-ci est pour moi un vase d'élection*, etc. ; et qu'on pourrait lui appliquer ces paroles de l'Ecclésiastique : *Il ne s'est trouvé personne semblable à lui*. En effet, il n'y eut de son temps personne au monde qui l'égalât, ce fut le vrai apôtre de son siècle. » Dans son second Sermon, il parle ainsi : « L'élu de Dieu, entre les élus, Bernard, le docteur le plus excellent de tous les religieux, la lumière et la gloire des moines, le modèle et l'exemple des dévots, fut prévenu d'en haut de tant et de si grandes grâces, orné de tant de qualités du cœur, distingué par tant de priviléges, qu'il n'y a génie qui puisse le pénétrer, ni langue, ni discours qui puissent exprimer et louer comme il faut la grandeur de cet homme. » Denys florissait en 1460.

SIXTE DE SIENNE, de l'ordre des Frères prêcheurs, dit, dans sa Bibliothèque sacrée, livre IV : « Bernard, l'homme le plus éminent par la sainteté de sa vie et par l'éclat de son érudition, s'imbut tellement dès son enfance des Saintes Lettres et les retint si bien gravées dans sa mémoire, pendant toute sa vie, que, toutes les fois qu'il voulait écrire ou dire quelque chose, il ne lui venait à la bouche que les paroles et les pensées des saintes Écritures. Aussi, ses écrits, qu'on pourrait appeler de vrais centons des livres saints, sont-ils remplis d'un bout à l'au-

---

HELINANDUS, Frigidi-montis in Gallia ordinis Cisterc. monachus, *lib. de Reparat. læpsi*, cap. 8, sic de S. Bernardo *loquitur :* Lege pulcherrimum librum de Consideratione ad Eugenium, ex cujus nobilissimo stilo poteris intelligere, auctorem libri sapientiorem fuisse Apolline, eloquentiorem Demosthene, subtiliorem Aristotele, moderatiorem Socrate, discretiorem Platone. *Flor. anno* 1200.

CÆSARIUS HEISTERBACENSIS, monachus ordinis Cisterc., *lib.* 14, *Mirac. cap.* 17; Bernardus in illa formidolosi schismatis flamma, qua christianus orbis flagrare cœperat, lustravit provincias, infectum reddidit quidquid factum non oportuit, et gladio verbi divini succinctus fregit terrorem armorum. Vir tantæ auctoritatis, ut per unius os Bernardi, purpurati patres, reges, principesque terrarum, quasi per commune mundi oraculum loquerentur. *Claruit anno* 1230.

HENRICUS SUSO, ord. præ., *in Dialog. de æterna Sap.*, c. 14, ita S. Bernardum *affatur*. Et tu quoque inter omnes Ecclesiæ doctores benedictus sis, Bernarde melliflue, cujus anima sempiterni Verbi mirifice fuit illustrata splendoribus, qui mellito eloquio tuo, ex cordis mananta redundantia, humanitatis Christi Passionem dulcissime deprædicans evehensque ita ais, etc. Merito sane, pater sanctissime Bernarde, lingua tua dulcissima manat eloquia, quando cor tuum Christi mellifiua passio adeo induliarat. *Flor. anno* 1340.

DIONYSIUS CARTUSIANUS, *Serm.* 1, *in Festo S. Bernardi sic eum commendat :* Beatissimum virum S. P. Bernardum Deus omnipotens et benignissimus tam copiosa atque multiplici gratia decoravit, ut vere de ipso dici posset, quod de Paulo apostolo dixit Salvator : *Vas electionis est mihi iste*, etc. Et quod in Ecclesiastico legitur : *Non est inventus similis illi*. Non enim tempore suo habuit æqualem in mundo, sed vere apostolus fuit temporis sui. *Et serm.* 2. Electissimus Dei Bernardus, omnium religiosorum excellentissimus doctor, lumen et gloria monachorum, exemplar ac species devotorum, tot et tantis desuper præventus est gratiis, tot excellentiis decoratus, tot privilegiis sublimatus, ut non sint ingenia quæ valeant penetrare, nec loquelæ, neque sermones qui possint exprimere, tantumque virum sufficienter laudare. *Flor. anno* 1460.

SIXTUS SENENSIS, ordin. præd. *Biblioth. S. lib.* 4 : Bernardus, *inquit*, vitæ sanctimonia et præclara eruditione præstantissimus, sic ab infantia sacras litteras imbibit, et per omnem ætatem memoria retinuit, ut quoties aut aliquid scribere, aut loqui tentaret, toties in verba et sententias sanctarum Scripturarum prorum-

tre de pensées tirées de l'Écriture sainte, qui sont, comme autant de perles précieuses, si bien et si justement enchassées dans son style, qu'on les y croirait nées. Ses instructions sont presque uniquement consacrées à scruter les sens mystiques des Écritures et à former-les mœurs. Partout une piété douce et ardente y charme l'âme et l'enflamme de vives ardeurs; on sent couler de sa très-douce langue, le lait et le miel des mots, et il semble que de violents incendies de sentiments enflammés s'échappent de son cœur consumé de vives ardeurs. » Sixte de Sienne florissait en 1566.

Jérôme Platus, de la société de Jésus, dans son livre III, du Bien de l'état religieux, chapitre xi, a, entre autres, écrit ces lignes : « Que dirai-je de Bernard, que nous pouvons véritablement appeler l'orateur de miel? C'est une source qui jaillit des profondeurs spirituelles aussi excellentes que parfaites. Il a encore ceci de particulier, c'est de tellement mêler l'Écriture sainte à son style et tellement fondre l'une et l'autre ensemble, qu'on pourrait croire ou qu'il parle les paroles mêmes de l'Écriture sainte, ou que celle-ci parle par sa bouche, ce qui donne à son langage une gravité et une force admirables, unies à une grande élégance. » Jérôme Platus florissait en 1590.

Pierre Canisius, de la même société, a dit de saint Bernard, dans le chapitre xxviii, du livre V des Marial. « Florissait sous Lothaire II et Conrad III, Bernard de Clairvaux, homme d'une grande célébrité en France, en Allemagne et en Italie ; sa doctrine inspirée d'en haut, la sainteté de sa vie, prouvée par les plus éclatants miracles, l'ont fait admirer et vénérer de tout le monde. Nul parmi les moines n'écrivit mieux, nul ne vécut plus saintement que lui, au jugement même de Luther.» Pierre Canisius vivait en 1597.

Louis de Gonzague de la même société, « n'omit jamais, à ce que nous voyons dans sa Vie, livre II, chapitre xxxii, la lecture de saint Bernard, même aux approches de la mort, tant elle lui était agréable. Aussi dans sa dernière maladie, se fit-il lire tous les jours quelque passage de ses sermons sur le Cantique des cantiques, tant saint Bernard lui était cher. »

VIII. Témoignages de jurisconsultes et d'orateurs.

François Pétrarque, au livre II, de la Vie solitaire, chapitre xiv, s'exprime ainsi : « Bernard avait coutume de dire qu'il avait appris au milieu des champs et des forêts, dans la prière et la méditation, non à l'école des hommes, tout ce qu'il savait de belles lettres, or, je ne sache personne de son temps qui les ait mieux possédées que lui. Il n'avait point eu, à l'entendre, d'autres maîtres que les chênes et les hêtres. » François Pétrarque florissait en 1370.

Nicolas Pithou, dans la lettre qu'il a placée en tête de son Trésor extrait des œuvres de saint Bernard, s'exprime ainsi : « Je suis très lié d'une très-grande et intime amitié avec Charles Perrot. L'étant donc allé voir, un jour, selon mon habitude, nous nous entretînmes ensemble de beaucoup de choses. La conversation tomba sur le divin Bernard, premier abbé de Clairvaux. Perrot l'exaltait tellement dans ses paroles et faisait un si grand cas de ses

---

pere cogeretur. Unde et diversa scripta ejus, quæ nihil aliud quam centones divinorum voluminum dici queunt, undecumque veteris ac novi Testamenti sententiis distincta sunt, ceu gemmeis emblematibus, hisque adeo commode et apte insertis, ut ibi nata esse credantur. Modus docendi ejus in sensibus mysticis indagandis et in moribus formandis fere semper versatur. Oratio ubique dulcis et ardens ita delectat et ardenter incendit, ut suavissima lingua ejus mel et lac verborum fluere, et ex ardentissimo ejus pectore ignitorum affectuum incendia erumpere videantur. *Flor. anno* 1566.

Hieronymus Platus, societatis Jesu, *lib.* 3, *de bono statu Relig.* cap. 11, *hæc inter alia scribit* : Quid de Bernardo dicemus? quem vere appellare possumus plane mellitum, qui spiritualibus documentis scatens, iisque optimis ac perfectissimis, id etiam præcipuum habet, ut ita Scripturas sacras in suum stilum immisceat, et contexat, ut vel ipse Scripturæ verbis loqui vel Scriptura ipsius ore sonare videatur. Quæ res una cum lepore gravitatem quoque ac vim habet mirabilem. *Flor. anno* 1590.

Petrus Canisius ejusdem societatis, *Marial, lib.* 5, *cap.* 28. Florebat sub Lothario II, et Conrado III, Bernardus Claræ-vallensis, vir in Gallia, Germania, Italiaque percelebris, quem omnes non solum ob doctrinam divinitus inspiratam, sed etiam propter vitæ sanctimoniam, clarissimis sæpe miraculis demonstratam, merito suspicerent ac reverentur, quo uno melius nec scripsit, nec vixit quisquam in universo cœtu monachorum, si Lutheri quidem calculum admittamus. *Florebat anno* 1587.

Aloysius Gonzaga, ejusdem societatis, *ut legitur in Vita ipsius*, lib. 2, c. 32. Lectionem Bernardi, tam sibi in vita jucundam neque morti vicinus omisit. Nam in morbo qui illi postremus fuit, Bernardum adeo charum habuit, ut quotidie aliquid ex ejus in Cant. Sermonibus sibi prælegi curaret.

VIII. Jureconsultorum et oratorum.

Franciscus Petrarcha, *lib.* 2. *de Vita solit.* c. 14: Solebat, *inquit*, dicere Bernardus omnes se quas sciret litteras, quarum nescio an alius sua ætate copiosior fuerit, in silvis et in agris didicisse, non hominum disciplinis, sed meditando et orando, nec se ullos unquam magistros habuisse præter quercus et fagos. *Florebat anno* 1370.

Nicolaus Pithœus *in epistola præmissa Thesauro suo ex Operibus S. Bernardi*: Magna mihi cum D. Karolo Perroto amicitia et familiaritas est. Eum igitur die quodam cum, uti soleo, adiissem, ac variis de rebus multa ultro citroque essemus collocuti, injecta men-

écrits qu'il m'inspira la pensée de les parcourir... Et j'y trouvai en effet tout ce qu'il m'avait prédit que j'y trouverais. Je goûtai un tel plaisir à cette lecture que j'en oubliai presque toutes les peines qui me déchiraient si misérablement le cœur. » Un peu plus loin, il dit que : « Saint Bernard fut la colonne et le soutien de l'Église qui s'écroulait, si on peut parler ainsi. » Nicolas Pithou écrivait en 1589.

JUSTE LIPSE, professeur et historien du roi à Louvain, interrogé par Aubert le Mire, sur les pères dont il jugeait la lecture la plus propre à former des orateurs, répondit dans sa lettre XLIX, Centur. 3 : « Parmi les Grecs, celui que je préfère est Chrysostôme,... de tous les pères Latins, celui qui me captive le plus est saint Bernard ; il ne manque jamais d'exciter mon esprit par son piquant et sa chaleur, de l'instruire et de lui faire de profondes impressions, par le tour pénétrant des pensées qu'il sème à profusion et à propos dans ses écrits. » Juste Lipse florissait en 1610.

RENÉ CHOPPIN, avocat au parlement de Paris, s'exprime ainsi dans le livre II de sa Politique sacrée : « Vers le même temps brilla dans Bernard, un cénobite qui n'eut que les chênes pour maîtres, et qui, sans autre maître, devint extrêmement instruit. Il a transporté la sainteté et le savoir de la solitude dans le monde, de l'ombre au soleil. On peut dire de lui qu'il fut en même temps πολύγραφος et αὐτοδίδακτος. Il est bien peu d'écrivains dont on puisse en dire autant. » René Choppin vivait en 1620.

IX. Témoignages de femmes illustres.

SAINTE HILDEGARDE, abbesse de Mont-Saint-Robert près de Bingen, s'exprime ainsi dans une lettre qu'elle écrit à saint Bernard : « Il y a deux ans je vous ai vu dans une vision, vous fixiez vos regards sur le soleil et vous ne craigniez point... Vous êtes l'aigle qui fixe ses regards sur le soleil, etc. » Sainte Hildegarde florissait en 1150.

SAINTE GERTRUDE, abbesse du monastère d'Elpédan, dans le comté de Mansfeld, décrit la manière dont saint Bernard lui est apparu, et, entre autres choses, elle dit : « Sa très-sainte poitrine, son cou et ses mains semblaient enveloppés d'espèce de lances d'or relevées de pierres précieuses roses et étincelantes artistement disposées. Les lames d'or désignaient l'élégance toute particulière de la doctrine salutaire qu'il prêche, de sa bouche sacrée, par l'organe de son sacré gosier, après l'avoir soigneusement digérée dans son cœur plein de dévotion, et qu'il a si heureusement écrite de ses propres mains pour le bien de ceux qui veulent s'en servir pour avancer dans la voies du salut. Les pierres précieuses représentaient celles de ses paroles qui sentent plus particulièrement l'amour divin. » Sainte Gertrude florissait en 1300.

LA BIENHEUREUSE MECHTILDE, compagne de sainte Gertrude et religieuse du même monastère, s'exprime ainsi dans le livre de la Grâce spirituelle, au chapitre XCI : « Au milieu de l'Église, le Seigneur ouvrit la bouche de saint Bernard que Dieu a prévenu de la douceur de sa grâce, car le saint

---

tio est divi Bernardi Claræ-vallensis cœnobii abbatis primi ; quem tantis ille laudibus extollebat, tantique scripta ejus faciebat, ut ad ea evolvenda animum induxerit meum... Atque ita quod futurum ille prædixerat, verum esse comperi. Tanta enim ex ejus me lectione voluptas cœpit, ut omnes pene illas, quæ animum meum tam misere cruciabant, molestias absterserit. *Idem inferius* Bernardum quoddam quasi Ecclesiæ tuentis columen atque sustentaculum *appellat.*. Scribebat anno 1289.

JUSTUS LIPSIUS, Lovanii regius professor et historicus, *rogutus ab Auberto Mirœo, quosnam patribus legendos formandis concionibus judicaret, hoc responsi dedit. Epist.* 49, *Centur.* 3. Mihi inter omnes Græcos placet Chrysostomus... Inter Latinos Bernardus me capit, et usum habet excitandi, ob acrimoniam ubique et calorem ; tum etiam docendi atque imprimendi, ob sententiarum acumen quas crebro et salubriter miscet. *Flor. anno* 1610.

RENATUS CHOPPINUS, in supremo Paris. Senatu advocatus, *lib.* 2. *de Sacra Politia.* Eadem tempestate, inquit, D. Bernardus emicuit, cœnobita quercuumque discipulus, et nullo præeunte magistro doctissimus, qui e solitudine in celebritatem, ex umbra in solem, sanctitatem eruditionemque importavit. Is tam πολύγραφος, quam αὐτοδίδακτος ; quod paucis admodum id genus scriptoribus cernimus contigisse. *Flor. anno* 1620.

IX. Illustrium feminarum.

SANCTA HILDEGARDIS, Montis ex Roberti prope Bingen abbatissa, *in quadam Epistola ad sanctum Bernardum, sic illum exprimit :* Ego ante duos annos te in hac visione vidi sicut hominem in solem aspicere, et non timere... Tu aquila es aspiciens in solem. etc. *Flor. anno* 1150.

S. GERTRUDIS, abbatissa monasterii Elpedani, in comitatu Mansfeld, *describit modum quo sibi apparuit* S. Bernardus, *lib.* 4, *Insin. cap.* 51. *Inter cætera vero sic ait :* Pectus quoque ejus sanctissimum, collum et manus videbantur aureis quibusdam luminis, gemmisque rosei coloris valde rutilantibus intextis honorabiliter circum amicta. Unde et per laminas aureas notabatur præcipua elegantia doctrinæ ejus salutaris, quam corde devoto sedulo retractans, per gutturis sacri ministerium ore sacrato edidit, et manibus sanctis fideliter conscripsit omnibus, in ei proficere volentibus ad salutem. Per gemmas vero figurabantur illa dicta, quæ specialius redolent divinum amorem. *Flor. anno* 1300.

B. MECHTILDIS, ejusdem B. Gertrudis in eodem cœnobio comes, *sic scribit in lib. Gratiæ spir., cap.* 91. In medio Ecclesiæ S. Bernardi, singulariter a Deo in benedictionibus dulcedinis præventi Dominus aperuit os, quia Spiritus sanctus eum tam affluenter superabundanter influendo repleverat, ut velut cum

Esprit l'avait rempli en descendant en lui, de tant d'abondance et de surabondance, que, semblable au vent qui pousse une porte avec violence, ainsi est-il poussé par le Saint-Esprit, et, embrasé du feu de la charité, il répand ce qui lui est inspiré de Dieu, et éclaire l'Église de la lumière abondante de sa doctrine. Le Seigneur l'a rempli de l'esprit de sagesse et d'intelligence. Aussi l'esprit éclairé d'en haut, bien au delà de tout ce qu'on peut dire, s'il répandit beaucoup de lumière il en conserva encore plus dans son intelligence. » Le bienheureux Mechtilde florissait vers l'an 1300.

X. *Témoignages d'Hétérodoxes.*

MARTIN LUTHER, dans ses Propos de table, en parlant des pères de l'Église, dit au sujet de saint Bernard : « Saint Bernard l'emporte sur tous les docteurs de l'Église ; mais dans la discussion, il devient un tout autre homme, car il accorde un peu trop au libre arbitre. »

MICHEL NÉANDRE, en parlant du même saint, dans sa Gnomologie des Grecs, s'exprime ainsi : « On trouve plus d'esprit de vie, de doctrine et de foi dans quelques pages de dom Bernard qui ne touche point à la philosophie, mais qui se contente de l'Écriture-Sainte, qu'il s'était rendue si familière qu'il ne parlait que le langage de la Sainte-Écriture, qu'il n'y en a dans tout saint Jérôme qui l'emportait si fort sur tous les autres par la connaissance des langues, des arts, de la philosophie et de la sagesse des anciens. »

MARTIN BUCER, dans son livre de la Concorde, à l'article Justification, « appelle saint Bernard, un homme de Dieu. »

JEAN ŒCOLAMPADE, cité par Guthbert Tonstalle, dans le livre de Vérité du corps de Jésus-Christ dans l'Eucharistie, dit : « Par la justesse de son jugement, Bernard l'emportait sur tous les hommes de son temps. »

JEAN CALVIN, dans le livre IV de l'Institution, chapitre XI, § 10, s'exprime ainsi : « L'abbé Bernard, dans son livre de la Considération, parle si bien qu'on croirait que c'est la Vérité même qui parle par sa bouche. » Ailleurs, chapitre X, § 17, « il appelle Bernard un écrivain pieux et saint. »

DANIEL HEINSIUS, dans sa troisième Oraison, s'écrie : « Qui a écrit d'un style plus doux que Bernard ? J'appelle volontiers ses Méditations un ruisseau du Paradis, l'ambroisie des âmes, le pain des anges, la moëlle de la piété. »

OBSERVATION.

Horstius rapporte, en cet endroit, les censures injustes et erronées des Centuriateurs de Magdebourg, extraites de la XII centurie, où quelques actions et quelques paroles de saint Bernard sont, avec autant d'impiété que d'injustice, notées de superstition. Horstius a reproduit ces censures en douze articles, que nous réduisons à dix pour abréger, car nous ne voulons rien passer.

Les Centuriateurs de Magdebourg reprochent à saint Bernard :

1° D'avoir rendu un culte à l'hostie offerte et consacrée pendant la messe, et d'être allé jusqu'à s'en servir pour chasser les démons ;

2° D'avoir honoré les reliques des saints ;

3° D'avoir cru que la bénédiction donnait aux choses bénites une certaine vertu ;

---

ventus rapidissimo impetu januam aperit, ita Spiritus sanctus impulsu, ea quæ sibi divinitus inspirabantur, charitate accensus infudit, et Ecclesiam sua doctrina multum illuminavit, et implevit eum Dominus Spiritu sapientiæ et intellectus, et supra quam dici potest mente illustratus, licet multa effuderit multo tamen plura intellectu reservavit. *Flor. circa annum 1300.*

X. *Heterodoxorum.*

MARTINUS LUTHERUS, *in colloq. Convivial. cap. de Patrib. Eccl.* Bernardus, *inquit,* omnes Ecclesiæ doctores vincit ; sed cum disputat in alium virum mutatur, ibi nimium tribuit libero arbitrio.

MICHAEL NEANDER, *de eodem ita scribit Præfat. ad Gnomolog. Græcorum.* Plus spiritus vitæ, doctrinæ et fidei in paucis aliquot paginis D. Bernardi reperitur, qui philosophia non attigit, sola Scriptura contentus, quam adeo familiarem sibi fecerat, ut mera scripturæ verba loqueretur ; quam in toto Hieronymo, qui linguarum, artium, philosophiæ, antiquæ sapientiæ cognitione cunctis præstabat.

MARTINUS BUCERUS, *lib de Concord. art. de Justif.* Bernardum virum Dei nominat.

JOHANNES ŒCOLAMPADIUS, *citatus a Guthberto Tonstallo lib. de verit. Corp. Christi in Euch.* Excellebat, *ait,* Bernardus exactiore judicio omnes suæ ætatis viros.

JOHANNES CALVINUS, *lib. 4. Inst. c. 11, § 10, hæc testatur.* Bernardus abbas in libris de Consideratione ita loquitur, ut Veritas ipsa loqui videatur. *Item cap. 10, § 1.* Bernardum *vocat* pium et sanctum Scriptorem.

DANIEL HEINSIUS, *Orat. 3.* Quis, *inquit,* suavius Bernardo scribit ? cujus ego Meditationes rivum paradisi, ambrosiam animarum, pabulum angelicum, medullam pietatis vocare soleo.

OBSERVATIO.

HORSTIUS *hoc in loco refert iniquas et erroneas Centuriatorum Magdeburgesium censuras, ex eorum Centuria XII, excerptas, quibus in S. Bernardi gesta et dicta nonnulla superstitionis nomine impie aut inique cavillantur. Has vero censuras, quas in XXII articulos distinxit idem auctor, brevitatis ergo in decem capita præcipua revocavimus, ne aliquid prætermisisse videamus. Et quidem primo S. Bernardum notant Magdeburgenses :*

1. Quod hostiæ in missa oblatæ et consecratæ cultum adhibuerit, eaque usus sit ad dæmones expellendos ;

2. Quod sanctorum reliquias veneratus sit ;

3. Quod rebus benedictione sacra munitis quamdam crediderit inesse virtutem ;

4° D'avoir défendu le souverain pontife contre ceux qui l'attaquaient, et de lui avoir reconnu le droit d'investiture au détriment de l'empereur Lothaire;

5° D'avoir dit qu'on ne peut espérer le salut hors de l'Église catholique;

6° D'avoir prêché la croisade;

7° D'avoir cherché la vérité auprès des morts, et d'avoir cru que le sacrifice de la messe peut leur être utile;

8° D'avoir fait servir les miracles à confirmer l'erreur, comme ils disent;

9° D'avoir prorogé la vie religieuse et de l'avoir fait embrasser par beaucoup de monde; d'avoir, entre autres choses, interdit à sa sœur, qui était mariée, toute espèce de toilette, et approuvé sa séparation d'avec son mari pour entrer dans le cloître;

10° De s'être plongé dans un étang d'eau glacée par amour pour la chasteté, et enfin d'avoir cruellement tourmenté son corps.

Voilà quelles sont les superstitions que les hérétiques trouvent à reprendre dans les actions du saint docteur. Horstius leur a plutôt répondu par des invectives que par des réfutations proprement dites. Cependant, comme ces attaques sont autant dirigées contre la religion catholique tout entière, que contre saint Bernard lui-même, et que, d'ailleurs, il y a été répondu avec autant d'abondance que de savoir, il ne nous a pas paru à propos de nous y arrêter plus longtemps. Il est certain que tous ces reproches de superstition, dirigés contre saint Bernard par les hérétiques, peuvent être retournées plus vivement contre eux par saint Bernard, que Bucer appelle « un homme de Dieu, » Calvin, « un homme pieux et saint. » On ne peut donc croire qu'il se soit livré à des superstitions mortelles. Par conséquent, on ne peut taxer non plus de superstition chez les autres catholiques, des choses qui n'ont point empêché Dieu d'accorder à saint Bernard la gloire de faire des miracles. Après tout, le lecteur peut consulter, s'il le veut, la profession de foi de saint Bernard, tirée de ses œuvres, par le père Théodore Pétrée, chartreux de Cologne, où on trouve les principaux points de la doctrine catholique classés dans un certain ordre.

---

4. Quod Romanum pontificem adversus impugnatores defenderit, eique jus investiturarum asseruerit contra Lotharium imperatorem;

5. Quod extra Ecclesiam catholicam sperandam esse salutem negaverit;

6. Quod expeditionem sacram, quam Crucem vocant, prædicaverit;

7. Quod veritatem a mortuis expiscatus sit, iisque prodesse crediderit missæ sacrificium;

8. Quod miracula ad errores, ut ipsi loquuntur, confirmandos perpetraverit;

9. Quod vitam monasticam propagaverit, et ad illam induxerit plurimos; in primisque sorori suæ licet conjugatæ interdixerit omni vestium pompa, ejusque a viro separationem probaverit, ut ipsa claustrum ingrederetur;

10. Quod ipse Bernardus in stagnum rigens se injecerit studio castitatis, ac in summa corpus suum iniquius torserit.

Et hæc quidem sunt superstitiosa illa quæ in sancto doctore hæretici calumniantur opera, quibus singulis acres potius invectiones, quam refutationes Horstius apposuit. Verum cum illa non tam Bernardum, quam communem Catholicæ religionis causam impugnent; iisque copiose et erudite sit responsum a multis, non visum est illis diutius immorandum. Certe hæc, quæ tanquam superstitiosa criminantur hæretici longe validius in eos regeri possunt pro Bernardo; quem eum virum Dei appellet Bucerus, Calvinus pium et sanctum; eum superstitiosis ad mortem usque factis addictum fuisse nefas est opinari. Ac proinde ea nequaquam superstitionis nomine in catholicis notanda sunt, quæ quo minus Bernardus sanctus, et miraculis a Deo illustratus fuerit, efficere non potuerunt. Cæterum consulat Lector, si lubet, Confessionem Bernardinam, ex S. doctoris operibus expressam a P. Theodoro Petreio, Cartusiano Coloniensi, ubi loca doctrinæ catholicæ in certas classes digesta reperiet.

LOUANGE DE SAINT BERNARD

PAR HORSTIUS, ADRESSÉE AUX SECTAIRES.

Ils doivent lire saint Bernard avec fruit.

Nous avons entendu les diverses censures de saint Bernard par les sectaires. Les uns le louent, les autres le blâment; mais les uns et les autres sont d'accord pour condamner et rejeter ce qu'ils trouvent en lui de contraire à leurs goûts et à leurs mœurs. Mais pour nous, catholiques, nous trouvons que ce que les hérétiques désapprouvent comme étant contraire à leur doctrine est précisément ce que nous devons approuver et embrasser, attendu que nous savons que ce fut l'enseignement et la pratique, non-seulement de saint Bernard, mais encore de tous les autres saints qui lui ressemblent, et que c'est par là qu'ils se sont engagés dans une voie différente de celle des hérétiques. La sainteté de leur vie est un préjugé en faveur de leur doctrine, et nous ne saurions voir une doctrine fausse et une foi erronée dans la foi et la doctrine que des hommes d'une telle sainteté ont partagées. Pourquoi les hérétiques, qui ne s'appuient sur aucune sainteté, veulent-ils que nous nous en rapportions à eux plutôt qu'à Bernard et aux autres pères orthodoxes, dont la foi et la doctrine se trouvent justifiées par tant de preuves de sainteté, que dis-je, se trouvent confirmées par tant de signes et et de miracles? Il est bien sûr qu'un mauvais arbre ne peut produire de bons fruits, ni un bon arbre en donner de mauvais. Quel homme de sens se persuadera jamais qu'un homme qui enseigne des choses impies, fausses, absurdes et erronées, un homme adonné à l'idolâtrie, à la superstition et à de vaines observances, comme en attribuent à Bernard ces Centuriateurs et sombres censeurs, n'en fera pas moins des progrès continuels dans la grâce auprès de Dieu et des hommes, et pourra s'élever à une si grande perfection d'amour divin et de vertus de toute sorte?

Or, les écrits de saint Bernard témoignent abondamment de ses sentiments sur les principaux chapitres de la foi catholique. Mais quand bien même il n'aurait rien écrit, il aurait assez montré par toute sa vie à quelle Église il a appartenu et combien il diffère de vous, de doctrine et de mœurs. Mais c'est à vous, ô sectaires, à vous qui avez la pensée de lire saint Bernard, que je veux adresser ici quelques mots; peut-être vous sera-t-il donné un jour de le comprendre et de revenir à de meilleurs sentiments. A vos yeux, la messe est une pure et horrible idolâtrie; mais combien de fois saint Bernard ne l'a-t-il point offerte à Dieu comme un vrai sacrifice? On voit dans sa Vie qu'il n'omit que bien difficilement de la dire jusqu'à son dernier soupir; vous lui rendrez vous-mêmes ce témoignage

HORSTII PARÆNESIS

AD SECTARIOS.

De S. Bernardo cum fructu ab ipsis legendo.

Diversas sectariorum de Bernardo censuras audivimus. Alii laudant, alii vituperant; nisi forte in eo conveniunt omnes, quod adversantem suis ipsorum placitis et moribus omnes æque damnant ac rejiciunt. Hæc tamen quæ ipsi tanquam doctrinæ suæ contraria improbant, nos catholici vel ideo probanda et amplectenda ducimus, quia Bernardum, aliosque illi similes viros sanctissimos, talia docuisse et fecisse adeoque diversa ab illis via incessisse novimus. Sanctitas nimirum vitæ doctrinæ adstipulatur, et falsa vobis doctrina, aut erronea fides videri nequit, quam viri tanta sanctitate illustres tenuerunt. Cur sibi plus credi volunt, nullo sanctitatis suffragio nixi, quam sanctissimo Bernardo, aliisque orthodoxis patribus, quorum doctrina et fides tot sanctitatis argumentis, imo tot signis et miraculis comprobatur? Sane non potest arbor bona malos fructus facere, nec arbor mala bonos. Quis enim sanæ mentis sibi persuadeat, hominem impia, falsa, absurda, erronea docentem; idolatriæ, superstitioni, vanis observantiis deditum, qualia atri isti censores, centuriatores, Bernardo impingunt; inter hæc nihilominus continuis gratiæ incrementis apud Deum et homines proficere, et ad tantam divini amoris, omnisque virtutis perfectionem emergere potuisse?

Porro quid de præcipuis orthodoxæ fidei capitibus Bernardus senserit, scripta ejus abunde testantur. Sed etsi nihil litteris commendasset, ipso vitæ tenore satis ostendisset, cui Ecclesiæ adhæserit, quam a vobis doctrina et moribus alienus fuerit. Nam vos modo paulisper affari libet, o sectarii, quibus etiam Bernardum subinde legere lubet; si forte detur et aliquando intelligere, et resipiscere. Missa vobis mera

bien que ce ne soit pas sans lui en faire un crime. Est-ce qu'il ne lui est pas arrivé maintes fois d'effrayer et de terrasser le démon par le sacrifice de la messe? Et ce duc d'Aquitaine, nommé Guillaume, ce fauteur opiniâtre de schisme, que n'ébranlaient ni menaces, ni avertissements, est-ce que Bernard ne l'a point terrassé et vaincu en venant à lui de l'autel, après le sacrifice de la messe, la main armée non du fer, mais de la sainte hostie du corps de notre Seigneur? Lisez et comprenez, peut-être la dureté de votre cœur sera-t-elle enfin vaincue à son tour, etc.

Mais je dépasse le but que je m'étais proposé. Je ne voulais que vous avertir en peu de mots de ne pas vous croire plus sages que Bernard.

En effet, pourquoi nous prêcher des nouveautés condamnées des anciens pour confondre les anciens? Pourquoi ne pas vous tenir dans la voie par laquelle un Bernard, et tant d'autres saints et confesseurs sont allés au ciel? Si vous ne vous croyez point dans l'erreur, voyez donc par où ont marché ces saints; et si vous reconnaissez que vous vous trompez de route, mettez-vous donc à la suite de ces guides habiles dans la voie qui mène à la vie? Après tout, pourquoi ne revenez-vous point là d'où vous n'auriez jamais dû vous éloigner?

Pour moi, s'il m'est permis de vous dire ingénuement ma pensée, si, dès mes premiers ans je m'étais trouvé imbu de vos erreurs, ou s'il m'était arrivé, je ne sais comment, de quitter les droites voies de la vérité et de la religion orthodoxe, pour m'engager dans celles de vos sectes, saint Bernard tout seul suffirait pour me rendre tous vos dogmes suspects, que dis-je, pour me ramener dans la voie de la vérité. En effet, voici comment je raisonnerais en moi-même. Si ce qu'un homme d'une pareille et si irréfragable sainteté a cru et enseigné n'est pas vrai, comment expliquer l'alliance d'une telle sainteté avec une telle fausseté? Je ne puis nier sa sainteté que je vois attestée par tant d'hommes très-graves, par tant d'écrivains supérieurs à toute espèce de récusation, attestée, dis-je, par ses propres adversaires. Je la vois confirmée de plus par d'innombrables miracles, qu'on ne peut avoir la pensée de nier si on n'a point perdu toute sagesse, et qu'on ne saurait regarder comme des prodiges et des œuvres de Satan, sans paraître, je ne dis pas mal disposé, mais insensé, puisque de semblables merveilles ne peuvent être l'œuvre que de la puissance de Dieu. Pour ce qui est de croire que de pareilles choses ont été faites pour confirmer l'erreur, ce serait une évidente impiété, un blasphème à l'adresse de Dieu, une injure à celle de ses saints. Qu'il me soit permis de citer ic une belle parole d'un saint docteur. « Seigneur, si nous sommes dans l'erreur, notre erreur vient de vous; car tout cela a été confirmé en nous par tant et de tels signes et tels prodiges, qu'ils ne peuvent venir que de vous. Il est certain que tout cela nous a été enseigné par des hommes d'une très-grande sainteté, et certifié par des preuves souveraines et authentiques, puisque vous y avez coopéré vous-même et que vous avez confirmé la parole qui nous était prêchée par les miracles dont elle était suivie (Richard à S. Vict., lib. 1, de Trin., c. II). »

---

et horrenda idolomania est; at quoties Bernardus missam, verum Deo sacrificium obtulit? Non facile illam intermisisse ad extremum usque spiritum, testatur *Vita*; et vos ipsi, etsi non sine calumnia. Nonne ipsa missæ oblatione dæmones sæpe terruit et profligavit? Nonne Guillelmum, ducem Aquitaniæ, pertinacem illum schismatis fautorem, nullis cedentem minis ac monitis, post oblatum sacrificium ab altari veniens, dextra, non ferro, sed sacra Dominici corporis hostia, armata perculit, et expugnavit? Legite et intelligite, si forte et tandem expugnetur duritia cordis vestri, etc.

Sed longius progredior, quam ferat instituti ratio; paucis duntaxat vos commovere ferebat animus, ne præ Bernardo vos sapere arbitremini. Cur enim novitatem a veteribus damnatam, veteres damnantem inducitis? cur non tenetis viam, qua Bernardus, sanctique illi viri et confessores, totaque antiquitas cœlum petiit? Si errare vos non creditis; qua isti pergant via videte; si agnoscitis, cur peritos viæ duces non sequimini? cur non vel tandem eo reditis, unde discedere nunquam oportuit?

Ego quidem, ut ingenue de me fatear, si vel ab ineunte ætate vestris imbutus essem erroribus; vel si quocumque casu a tramite veritatis et orthodoxæ religionis ad sectas vestras deflectere contigisset, solus mihi Bernardus sufficeret, qui vestra mihi dogmata suspecta redderet; imo qui devium reduceret in viam veritatis. Sic quippe ratiocinarer mecum. Si vera non sunt, quæ vir tam eximiæ et irrefragabilis sanctitatis tenuit et docuit, quomodo tanta sanctitas cum tanta falsitate consistere potuit? Sanctitatem ejus inficiari non possum, quam video a tot viris gravissimis, et scriptoribus omni exceptione majoribus, quin et ab ipsis ejus æmulis contestatam. Miracula quoque innumera in ejus confirmationem edita conspicio, quæ negare velle, non videtur esse hominis prudentis; calumniari autem tanquam præstigias et opera Satanæ, id prorsus videtur hominis male sani, nedum maligni, cum talia non nisi divina virtute fieri potuerint. At vero in confirmationem errorum talia patrata credere, id vere foret hominis prorsus impii, et in Deum blasphemi, ac in sanctos ejus injurii. Liceat hic merito illud sancti cujusdam doctoris insigne dictum usurpare. *Domine, si error est, a te decepti sumus. Nam ista in nobis tantis signis et prodigiis confirmata sunt, et talibus, quæ non nisi per te ipsum fieri possunt, certe a summa sanctitatis viris nobis tradita, et cum summa, et authentica attestatione probata, teipso cooperante, et sermonem confirmante sequentibus signis.*

Voilà ce que j'avais à vous dire, ô sectaires, car je me reconnais le débiteur des sages et des insensés, quoique vous vous regardiez comme plus sages et plus intelligents que ceux qui vous instruisent. Mais je me demande avec étonnement quelle pensée vous vient à l'esprit quand vous lisez Bernard, qui s'éloigne de vous de la distance qui sépare la terre des cieux ; la conscience certainement réclame contre vos opinions préjugées. Lisez désormais, c'est la seule chose que je vous demande, que je vous prie de faire. Lisez, vous dis-je, et, si vous avez le moindre souci de votre salut, comprenez. Je vous présente en saint Bernard le flambeau de la sainteté, le guide de la vérité ; ou si vous aimez mieux, je prie pour vous Celui qui est la vraie lumière, ou plutôt la voie, la vérité et la vie.

Hæc in gratiam vestri, o sectarii, quia sapientibus et insipientibus me debitorem agnosco: quamvis vobis super docentes vos intelligere et sapere videamini. Sed miror tamen quid vobis sit animi, dum Bernardum legitis, toto a vobis cœlo dissidentem ; conscientia haud dubio præjudicatis opinionibus reclamante. Legite deinceps ; hoc unice precor, et suadeo ; legite inquam, et si ulla vobis cura salutis, intelligite. En lucem sanctitatis et ducem veritatis Bernardum vobis exhibeo ; aut si mavultis, ipsum vobis apprecor, qui est lux vera, imo via, veritas et vita.

FIN DU TOME HUITIÈME.

TABLE DES MATIÈRES

CONTENUES DANS LE HUITIÈME VOLUME.

AVERTISSEMENT SUR LES LIVRES SUIVANTS DE LA VIE ET DES GESTES DE SAINT BERNARD. Son illustre origine...................... 1

VIE ET GESTES DE SAINT BERNARD, premier abbé de Clairvaux, en sept livres... 4

LIVRE PREMIER, par Guillaume qui, après avoir été abbé de Saint-Thierry, près de Reims, devint simple religieux de Ligny, où il écrivit...................... 4

Chapitre I. Parents de saint Bernard; leur piété insigne dans l'éducation de leurs enfants. Caractère et mœurs déjà remarquables de Bernard dans son enfance........ 6

Chapitre II. Pureté de saint Bernard encore enfant; il repousse les soins d'une femme qui se livrait à des pratiques superstitieuses; il a une vision du Sauveur enfant; mort de sa mère.................. 8

Chapitre III. Son zèle à conserver la chasteté, son projet d'entrer en religion, il le fait partager à ses frères et à quelques compagnons de son âge...................... 9

Chapitre IV. Entrée de Bernard dans l'ordre; sa ferveur au noviciat; il ne se permet que peu de nourriture et de sommeil; son ardeur pour le travail des mains; ses progrès étonnants dans l'étude de la Sainte Écriture...................... 17

Chapitre V. Commencements de Clairvaux, humble genre de vie de ses premiers habitants; ses progrès futurs sont indiqués d'une manière divine.................. 21

Chapitre VI. Grande confiance de Bernard en Dieu dans les moments les plus difficiles; son zèle pour la perfection; conversion de sa sœur...................... 23

Chapitre VII. Saint Bernard est ordonné abbé, soin que réclame sa santé. Éloge de la discipline alors en vigueur à Clairvaux..... 26

Chapitre VIII. Grande sévérité de sa vie: son zèle infatigable pour le travail, malgré les défaillances continuelles de sa santé...... 30

Chapitre IX. Miracles opérés par Bernard; ses proches répriment en lui, d'une manière admirable, les tentations d'arrogance.... 33

Chapitre X. Autres guérisons miraculeuses.. 35

Chapitre XI. Miracle d'une lettre écrite par la pluie en plein air sans être mouillée, et autres merveilles semblables............ 37

Chapitre XII. Dispute de Bernard avec le diable; la sainte Vierge lui rend la santé; l'abbé Guillaume est guéri par lui....... 39

Chapitre XIII. Sa réputation de sainteté se répand partout; développement admirable de Clairvaux; il est doué de l'esprit prophétique...................... 42

Chapitre XIV. Autres bienfaits obtenus de Dieu par le moyen de Bernard; sa fuite des honneurs et des dignités................ 46

NOTE DE BURCHARD, ABBÉ DE BALERNE, sur le livre précédent...................... 49

LIVRE SECOND DE LA VIE DE SAINT BERNARD, abbé de Clairvaux, par Ernald, abbé de Bonneval, au pays Chartrain. Préface de l'auteur...................... 50

Chapitre I. Pontificat d'Innocent II; saint Bernard le fait triompher avec autant de force que de bonheur. Ce pontife vient en Gaule; il abaisse l'empereur............ 51

Chapitre II. Synode de Pise célébré par le pape Innocent; Bernard réconcilie les Milanais avec l'Église; il guérit plusieurs énergumènes...................... 56

Chapitre III. Bernard chasse les démons de plusieurs possédés, soit par la vertu de l'Eucharistie, du pain ou de l'eau bénite, soit par le signe de la croix; il opère également plusieurs guérisons miraculeuses... 59

Chapitre IV. Démoniaques guéris; humilité admirable de saint Bernard, qui continue à n'avoir de soi, au milieu de tant de merveilles, que des sentiments de modestie... 64

Chapitre V. Bernard revient d'Italie; le monastère de Clairvaux est transféré dans un endroit plus vaste...................... 68

Chapitre VI. Le schisme d'Aquitaine est ter-

miné par les soins de Bernard; femme miraculeusement délivrée d'un démon incube.. 71
Chapitre VII. Cause du schisme de Rome; succès de saint Bernard auprès de Roger, roi de Sicile... 77
Chapitre VIII. Prélats donnés à l'Église par l'abbaye de Clairvaux, piété insigne du comte de Thibault, ses tribulations, elles sont grandes... 83
VIE DE SAINT BERNARD, LIVRE III, par Geoffroy, qui fut moine de Clairvaux, secrétaire de saint Bernard, et plus tard abbé. Préface.................................. 89
Chapitre I. Aperçu des mœurs et des vertus de saint Bernard...................................... 90
Chapitre II. Sa visite à Hugues, évêque de Grenoble, et aux Chartreux; sa vigilance étonnante sur ses sens............................. 93
Chapitre III. Son peu de recherche, sa modestie et sa grâce dans ses discours; son empressement à fuir les dignités...................... 94
Chapitre IV. Malheureuse issue de l'expédition en Orient; murmures qui s'élèvent à cette occasion, contre le saint homme................ 96
Chapitre V. Erreurs de Pierre Abélard et de Gilbert de la Porrée : saint Bernard les réfute.. 98
Chapitre VI. Hérésie de Henri réprimée dans le pays Toulousain; miracles opérés par saint Bernard dans ces contrées................ 101
Chapitre VII. Douceur des mœurs du bienheureux; ses brillantes vertus; ce qu'il pensait lui-même de ses miracles................. 103
Chapitre VIII. Écrits de saint Bernard; comme il y a peint son âme toute entière............ 110
VIE DE SAINT BERNARD, ABBÉ DE CLAIRVAUX, LIVRE IV, par Geoffroy, religieux de Clairvaux..................................... 113
Chapitre I. Saint Bernard revient de Rome, d'où il rapporte quelques reliques de saints; diverses grâces arrivées à plusieurs personnes par un effet de ses propres mérites, mais à son insu........................... 113
Chapitre II. Bernard se fait remarquer par le don de prophétie, et par la révélation des choses futures...................................... 117
Chapitre III. Divers événements à venir prédits par Bernard, en vertu du don de prophétie.. 119
Chapitre IV. Grâces admirables et nombreuses procurées par le saint, surtout en France.. 125
Chapitre V. Divers miracles opérés par saint Bernard, en Allemagne, à Constance, à Bâle, à Francfort, à Trèves et en d'autres lieux encore... 130
Chapitre VI. Divers miracles éclatants opérés par saint Bernard à Cologne, à Aix-la-Chapelle, à Liége, à Cambrai, ainsi qu'en Espagne... 132
Chapitre VII. Miracles opérés par saint Bernard dans sa patrie et dans le voisinage de Clairvaux.. 135
Chapitre VIII. Différents prodiges et miracles opérés en divers lieux par Bernard, et dont il avait auparavant connu l'événement par des visions... 139
VIE DE SAINT BERNARD, ABBÉ DE CLAIRVAUX, LIVRE V, par Geoffroy, moine de Clairvaux.. 145
Chapitre I. Saint Bernard rétablit la paix entre la ville de Metz et quelques princes voisins. Miracles qu'il fit à cette occasion.... 145
Chapitre II. Mort du saint, très-heureuse pour lui, mais bien triste pour ses frères.. 150
Chapitre III. Diverses révélations arrivées après la mort du saint abbé..................... 156
AU LECTEUR, PRÉFACE DE HORSTIUS, SUR LE LIVRE SUIVANT DES MIRACLES DE SAINT BERNARD. 164
VIE DE SAINT BERNARD, PREMIER ABBÉ DE CLAIRVAUX, LIVRE VI, comprenant les miracles opérés par lui en l'année 1146, dans l'Allemagne, la Belgique et la France, et divisés en trois parties, ayant chacune un auteur différent................................... 166
Herbert, abbé de Mores, raconte comment le livre des miracles de saint Bernard s'est trouvé miraculeusement conservé........... 166
PRÉFACE DE PHILIPPE DE CLAIRVAUX, SUR LE LIVRE DES MIRACLES DE SAINT BERNARD, A SAMSON, ARCHEVÊQUE DE REIMS............ 168
PREMIÈRE PARTIE, PAR PHILIPPE, RELIGIEUX DE CLAIRVAUX.. 169
Chapitre I. Bernard va à Constance. Noms et qualités de ceux qui ont été les témoins oculaires des miracles qu'il a opérés..... 169
Chapitre II. Miracles opérés par saint Bernard à Fribourg, à Bâle et dans les lieux voisins de ces deux villes....................... 170
Chapitre III. Miracles opérés par saint Bernard, tant à Constance que dans les environs de cette ville................................ 174
Chapitre IV. Saint Bernard arrive à Spire la veille de Noël pour le congrès de l'empereur et des princes. Miracles qu'il opère en cette ville.. 178
Chapitre V. Autres miracles de saint Bernard à Spire... 180
SECONDE PARTIE DES MIRACLES DE SAINT BERNARD.. 183
Chapitre VI. Lettre des moines de Clairvaux

et des compagnons de saint Bernard aux clercs de l'église de Cologne. 183
Chapitre VII. Miracles de saint Bernard durant son voyage de Spire à Cologne 185
Chapitre VIII. Divers miracles de saint Bernard à Cologne. 188
Chapitre IX. Miracles de saint Bernard opérés pendant son voyage de Cologne à Liége, c'est-à-dire à Juliers, à Aix-la-Chapelle et à Utrecht. 190
TROISIÈME PARTIE, par Geoffroy, moine de Clairvaux. 193
Chapitre X. Lettre de Geoffroy, moine de Clairvaux, à Hermann, évêque de Constance . . . . : 193
Chapitre XI. Miracles de saint Bernard à Liége, à Gembloux, à Villers, à Mons, à Valencienne et dans d'autres lieux. 194
Chapitre XII. Miracles de saint Bernard à Cambrai. 197
Chapitre XIII. Miracles de saint Bernard, pendant son voyage pour retourner à Clermont. 199
Chapitre XIV. Miracles de saint Bernard à Clairvaux, à Troyes, à Étampes, à Sens et dans tous les environs 201
Chapitre XV. Miracles de Saint Bernard à Auxerre, à Molesme et en d'autres lieux. . 204
Chapitre XVI. Miracles de saint Bernard à Trèves, à Rutila et à Francfort. 206
Chapitre XVII. Miracles de saint Bernard à Toul 209
LETTRE DU MOINE GEOFFROY, DE CLAIRVAUX, où se trouve rapportés plusieurs miracles de saint Bernard. 210
VIE DE SAINT BERNARD, ABBÉ DE CLAIRVAUX, LIVRE VII, extrait d'un livre intitulé GRAND EXORDE DE CITEAUX. Distinction seconde. 216
Chapitre I. Apparition à saint Bernard d'un moine défunt et révélation de ceux des religieux de Clairvaux qui devaient être sauvés 216
Chapitre II. Un religieux défunt est délivré des peines du purgatoire par le secours de la prière et du saint sacrifice de la messe offert à son intention. 217
Chapitre III. Bernard, dans une vision, voit les mérites différents des religieux qui psalmodiaient au chœur. 218
Chapitre IV. Il faut chanter avec piété et dévotion les hymnes divins, combien cela est agréable aux anges. 219
Chapitre V. Pusillanimité des frères excitée à la confiance dans la miséricorde de Dieu, par un mot remarquable de Bernard . . . 219

Chapitre VI. Un moine niait la vérité du Sacrement du corps et du sang de Jésus-Christ, Bernard le ramène miraculeusement à la foi. 220
Chapitre VII. Le crucifix embrasse Bernard. 221
Chapitre VIII. Bienfait ou grâce obtenue de Dieu par Bernard à un épileptique. 221
Chapitre IX. Sur l'ordre de Bernard, un moribond diffère, pendant quelque temps, de mourir. 222
Chapitre X. Un religieux beaucoup plus préoccupé des biens de la terre que de la charité fraternelle, est, en punition de sa faute, condamné à mourir hors de Clairvaux. 222
Chapitre XI. Saint Bernard est présent en esprit à ses frères de Clairvaux, bien qu'il en soit éloigné de corps 223
Chapitre XII. Dieu accorde à saint Bernard le don de connaître de loin les besoins de ses religieux. 223
Chapitre XIII. Vocation religieuse de plusieurs clercs de Paris. 225
Chapitre XIV. Don admirable de prophétie dans saint Bernard; accomplissement de quelques-unes de ses prédictions. 226
Chapitre XV. Saint Bernard arrache au supplice de la croix un brigand, qu'il attache ensuite à la croix de l'état religieux. . . . 227
Chapitre XVI. Témoignages de respect avec lesquels saint Bernard est reçu à Milan. . . 228
Chapitre XVII. Bernard repousse et confond d'une manière plaisante, l'insolence d'un hérétique qui l'insultait. 229
Chapitre XVIII. Un aveugle recouvre la vue par sa confiance étonnante et par son respect pour la trace des pas du saint abbé. . 230
Chapitre XIX. Saint Bernard ressuscite d'entre les morts un impie blasphémateur . . . 232
Chapitre XX. Alexandre, chanoine et docteur de Cologne, est appelé d'une manière merveilleuse à la vie religieuse, par saint Bernard 233
Chapitre XXI. Admirable conversion d'un prêtre concubinaire qui avait été moine à Clairvaux. 235
Chapitre XXII. Vocation d'un noble flamand, nommé Arnoul; pénitence qui lui est imposée par saint Bernard. 236
Chapitre XXIII. Ferveur admirable d'un frère lai sous la discipline de saint Bernard; ses aspirations vers la perfection des vertus . 240
Chapitre XXIV. Admirable don de vision prophétique, qui permettait à saint Bernard de pénétrer les secrets des autres même absents. 241

Chapitre XXV. Conversion d'un moine trois fois apostat, due aux avis et aux prières de saint Bernard. Le saint le châtie en père, son heureuse mort 243
Chapitre XXVI. Saint Bernard blâme ou plutôt éprouve la sécurité et la confiance d'un moribond 245
Chapitre XXVII. Saint Bernard envoie des religieux en Suède, pour y fonder un couvent; il promet à l'un d'eux qu'il mourra et sera enterré à Clairvaux......... 247
Chapitre XXVIII. Très-heureuse mort du saint abbé Bernard. L'abbé de Cîteaux lui interdit de faire des miracles........ 250
Chapitre XXIX. Épilogue des livres de la vie et des gestes du saint père Bernard 252
FRAGMENTS DES LIVRES D'HERBERT, intitulés les MIRACLES DES MOINES DE CÎTEAUX. . 253
Accard, moine de Clairvaux........ 258
Schocelin, ermite des environs de Trèves... 259
Un frère lai et convers de Clairvaux..... 264
Simon, abbé de Chézy............ 266
Gunnar devient moine à Clairvaux, après avoir été gouverneur de Sardaigne..... 266
Saint Bernard revient de Rome à son monastère.................... 267
Fastrad, troisième abbé de Clairvaux..... 268
AVERTISSEMENT SUR LES AUTRES ÉCRIVAINS QUI NOUS ONT LAISSÉ DES VIES DE SAINT BERNARD. 272
SECONDE VIE DE SAINT BERNARD, abbé, composée ou compilée par Alain, ex-évêque d'Autun................ 274
Prologue de l'auteur 274
VIE DE SAINT BERNARD............ 275
Chapitre I. Parents, enfance et mœurs de saint Bernard 275
Chapitre II. Pureté de saint Bernard ; sa compassion, son amour de la chasteté... 277
Chapitre III. Son mépris pour le monde ; il conçoit la pensée de le fuir et la fait partager à plusieurs autres 279
Chapitre IV. Bernard entre à Cîteaux avec ses compagnons. Sa mortification pendant le temps de son noviciat 284
Chapitre V. Talents naturels de saint Bernard, son extérieur............. 286
Chapitre VI. Commencement de Clairvaux. Bernard en est ordonné abbé........ 287
Chapitre VII. Prédication de saint Bernard ; conversion de son père et de sa sœur ... 288
Chapitre VIII. Saint Bernard est ordonné abbé par Guillaume, évêque de Châlons-sur-Marne, qui se charge du soin de sa santé. 290
Chapitre IX. Saint Bernard a une vision qui lui apprend que Clairvaux devra être transporté ailleurs. — Admirable discipline de cette abbaye sous le gouvernement de Bernard.................... 291
Chapitre X. Mortification étonnante de saint Bernard dans le sommeil, dans le boire et dans le manger; son amour pour l'étude des saintes écritures.......... 293
Chapitre XI. Miracles que Dieu opère par les faibles mains de Bernard : ils lui attirent les observations des siens 296
Chapitre XII. Guérison de Gaudry, sa mort.— Un frère impatient est délivré du purgatoire 298
Chapitre XIII. Maladie de Bernard; il est ravi en esprit au tribunal de Dieu; il est guéri. 299
Chapitre XIV. Sa vie journalière, ses vertus éclatantes ; sa manière de prêcher 301
Chapitre XV. Réputation de sainteté de saint Bernard, accroissement de Clairvaux. Son amour et ses soins pour ses frères 303
Chapitre XVI. Ce qui se passe pendant la visite de Bernard à Hugues et aux Chartreux. Feinte conversion d'Étienne de Vitry. 305
Chapitre XVII. Autorité admirable de saint Bernard sur tous et partout; sa réputation. 306
Chapitre XVIII. Saint Bernard, par son autorité, fait reconnaître Innocent pour pape. 308
Chapitre XIX. De la réconciliation des habitants de Milan et des miracles opérés par saint Bernard............... 309
Chapitre XX. Saint Bernard fuit toutes les dignités de l'Église; ses disciples y sont promus.................... 313
Chapitre XXI. Voyage de saint Bernard en Aquitaine; conversion du comte Guillaume. 313
Chapitre XXII. Saint Bernard retourne en Italie. Obstination de Roger, roi de Sicile. Réconciliation de Pierre de Pise 317
Chapitre XXIII. Mort d'Anaclet et extinction du schisme. Saint Bernard reprend son exposition du Cantique des cantiques ; il réconcilie le comte Thibaut avec le roi de France 319
Chapitre XXIV. Patience de saint Bernard dans la maladie, dans les marques de mépris et dans les pertes de biens temporels. . 321
Chapitre XXV. Sa modération dans les réprimandes, sa douceur et sa charité. Ses écrits..................... 323
Chapitre XXVI. Saint Bernard attaque Abélard et l'hérétique Henri 326
Chapitre XXVII. Ce que saint Bernard pensait lui même de ses miracles. Malheureuse issue de la croisade 328
Chapitre XXVIII. Réfutation des erreurs de Gilbert de la Porrée. La mort de saint Bernard approche................. 329

Chapitre XXIX. Bernard rétablit la paix entre les habitants de Metz............... 330
Chapitre XXX. État et avertissements du saint abbé quand il se trouva à la dernière extrémité; sa précieuse mort............ 333
Chapitre XXXI. Apparition de saint Bernard après sa mort; sa sépulture............ 336
Épitaphe de saint Bernard, composée par Adam de Saint-Victor................. 338
FRAGMENTS DE LA TROISIÈME VIE DE SAINT BERNARD, probablement écrits par Geoffroy, moine de Clairvaux........... 339
I. Naissance et famille de saint Bernard..... 339
II. Bernard encore enfant a une vision divine pendant une nuit de Noël............... 340
III. Son père et ses frères................ 340
IV. La femme de Guy, l'aîné des frères de saint Bernard, devient abbesse de Lairé, près de Dijon......................... 340
V. Bernard prédit, au roi Louis l'ancien, la mort de son fils aîné Philippe........... 341
VI. Lettre de saint Bernard à son neveu Robert, écrite à la pluie mais sans être mouillée par la pluie. Geoffroy, son serviteur, la place en tête de la collection des lettres du saint.............................. 341
VII. Double conversion de la duchesse de Lorraine en un meilleur genre de vie...... 342
VIII. Saint Bernard promet à la reine Aliénore, et lui obtient du ciel la grâce de devenir mère............................ 342
IX. Conversion de Geoffroy lui-même et de plusieurs écoliers de Paris.............. 343
X. Mort de Guy, frère aîné de saint Bernard, à Pontigny, le jour de la Toussaint....... 343
QUATRIÈME VIE DE SAINT BERNARD, abbé, en deux livres, par Jean l'Ermite......... 344
Lettre de Jean l'ermite à Pierre, évêque de Frascati, sur la vie de notre bienheureux père Bernard, abbé de Clairvaux......... 345
Lettre deuxième à Hubert, archevêque de Turin, en Sardaigne...................... 348
Prologue de la vie de saint Bernard........ 349
Vie de saint Bernard 350
Prologue du livre second................. 354
Livre second............................ 354
Suite à ce qui précède, tirée de Geoffroy, article X, et omise dans Chifflet............ 365
POEME EN VERS à la louange de la vie et des mœurs de saint Bernard, abbé de Clairvaux, par le moine Philothée............ 369
Prologue................................ 369
Chapitre I. Prière du divin Benoît à Dieu pour la restauration de la vie monastique; promesse que Dieu lui fait à ce sujet..... 372
Chapitre II. Bernard fait partager ses sentiments à quatre de ses frères et conçoit le projet d'entrer en religion............... 373
Chapitre III. Bernard prend l'habit religieux à Cîteaux, avec plus de trente de ses compagnons; il y fait en peu de temps de rares progrès dans la sainteté............. 375
Chapitre IV. Bernard défend avec succès le souverain pontife Innocent contre le schisme de Pierre de Léon, et le rétablit d'une façon merveilleuse sur le siége des Apôtres. 377
Chapitre V. Bernard, après avoir rendu la paix à l'Église de Rome, revient en France comblé d'honneur; il rend au Seigneur sa très-sainte âme........................ 379
Chapitre VI. C'est à bon droit qu'on place saint Bernard au dessus, non-seulement des héros des anciens temps, mais encore des martyrs chrétiens eux-mêmes............ 382
Chapitre VII. Bel éloge des écrits et des livres de saint Bernard...................... 383
NICOLAS BACQUEVILLE, président plein d'équité du sacré sénat de Paris. Louanges de saint Bernard, site de Clairvaux.............. 385
Aux religieux de Clairvaux................ 386
BAPTISTE DE MANTOUE. Chant de gloire sur la vie et la mort de saint Bernard, premier abbé de Clairvaux, tiré des VIII Fastes.... 387
DESCRIPTION DE LA POSITION ET DU SITE DU MONASTÈRE DE CLAIRVAUX................. 388
SERMON DE GEOFFROY, quatrième abbé de Clairvaux, pour le jour de l'anniversaire de la mort de saint Bernard.................. 393
LETTRE DU MÊME GEOFFROY A AUBIN, CARDINAL ÉVÊQUE D'ALBANO, au sujet de la condamnation des erreurs de Gilbert de la Porrée... 409
DU MÊME GEOFFROY, LIVRE CONTRE LES PROPOSITIONS DE GILBERT, évêque de Poitiers...... 419
Premier chapitre........................ 421
Second chapitre......................... 427
Troisième chapitre...................... 433
Quatrième chapitre..................... 438
LETTRE DU MÊME GEOFFROY A JOSBERT, contenant quelques courtes notes sur l'oraison dominicale............................. 443
CANONISATION DE SAINT BERNARD............ 446
Lettre apostolique du pape Alexandre III, à l'Église de France, sur l'admission de saint Bernard au nombre des saints, et sur sa fête, qui doit désormais être célébrée avec solennité dans l'Église................. 447
Lettre apostolique du même pape Alexandre III, au roi de France................... 448
Lettre apostolique du même pape Alexandre III, à tous les abbés de l'ordre de Cîteaux................................ 448
Lettre apostolique du même pape Alexandre

aux religieux de Clairvaux............ 449
Collecte................................ 451
Secrète................................ 451
Postcommunion...................... 451
Lettre de Henri, abbé de Clairvaux, à Étienne, roi d'Angleterre, sur l'exhumation du corps de saint Bernard, et sur l'envoi d'un de ses doigts à ce roi...................... 451
TÉMOIGNAGES FAVORABLES A SAINT BERNARD.... 453
I. Témoignages de souverains pontifes...... 453
II. Témoignages de cardinaux et de docteurs de l'Église............................ 453
III. Témoignages d'évêques................ 455
IV. Témoignages de rois et de grands personnages............................ 457
V. Témoignages d'abbés et de généraux d'ordres............................ 458
VI. Témoignages des docteurs en théologie.. 459
VII. Témoignages de religieux de divers ordres............................ 461
VIII. Témoignages de jurisconsultes et d'orateurs............................ 463
IX. Témoignages de femmes illustres....... 464
Témoignages d'hétérodoxes............. 465
OBSERVATION........................ 465
LOUANGES DE SAINT BERNARD, par Horstius, adressées aux sectaires............. 467
Table du huitième volume............. 471

FIN DE LA TABLE DU HUITIÈME VOLUME.

TABLES GÉNÉRALES

DES

ŒUVRES DE SAINT BERNARD.

TABLE DES MATIÈRES

CONTENUES DANS LE PREMIER VOLUME.

Épitre dédicatoire de Mabillon au pape Alexandre VIII I
Préface de Mabillon...................... VII
Lettre I. *A Robert son neveu, qui était passé de l'ordre de Cîteaux à celui de Cluny.* Saint Bernard, avec une admirable charité et une affection plus que paternelle, rappelle auprès de lui son neveu Robert, que le dégoût d'une règle trop sévère ou le désir d'une observance plus douce ainsi que des caresses ou de perfides suggestions avaient porté à quitter les religieux de Cîteaux pour ceux de Cluny................ 1
Lettre II. *Au jeune Foulques, qui devint plus tard archidiacre de Langres.* Saint Bernard le reprend sévèrement de s'être laissé séduire par les promesses et les flatteries de son oncle et d'être rentré dans le monde; il l'engage à s'attacher à Dieu plutôt qu'à son oncle............. 11
Lettre III. *Aux chanoines réguliers d'Horricourt.* Leurs louanges inspirent à saint Bernard plus de crainte que de satisfaction; ils ne doivent apporter aucun obstacle à la profession religieuse de quelques chanoines réguliers de Saint-Augustin, qu'il a reçus à Clairvaux............. 20
Lettre IV. *A Arnold, abbé de Morimond.* Saint Bernard engage l'abbé Arnold, qui avait abandonné son couvent, à venir en reprendre la conduite, et lui remet sous les yeux le scandale qu'il cause à ses frères et les périls auxquels il expose son troupeau............................... 21
Lettre V. *Au moine Adam.* Saint Bernard l'engage à ne pas se faire le compagnon de ses courses, ou plutôt de son vagabondage................ 23
Lettre VI. *A Bruno de Cologne.* Saint Bernard le prie de faire en sorte de ramener à leur monastère quelques moines vagabonds de l'abbaye de Morimond............................ 24
Lettre VII. *Au moine Adam.* Saint Bernard l'engage d'autant plus vivement à rentrer dans son monastère, que son abbé est mort. Il lui montre qu'il n'était pas tenu de lui obéir; puis, en réponse à ses questions, il lui fait connaître pour quelles raisons il reçoit des religieux venus d'autres ordres............................ 26
Lettre VIII. *A Bruno, élu archevêque de Cologne.* Saint Bernard, consulté par Bruno pour savoir s'il doit accepter l'archevêché de Cologne, le laisse indécis par sa réponse, et se contente de lui représenter tout ce qu'il y a de terrible dans la charge qui lui est offerte, et il l'engage à consulter Dieu dans la prière.................. 39
Lettre IX. *Au même, devenu archevêque de Cologne.* Bruno venait d'être fait archevêque de Cologne, saint Bernard lui suggère quelques pensées de crainte....................... 41
Lettre X. *Au même.* Saint Bernard le porte à punir un crime avec une juste sévérité........... 42
Lettre XI. *A Guigues, prieur de la Grande Chartreuse, et aux religieux de cette maison.* Loi, signes, effets, degrés de la vraie et sincère charité; sa perfection, qu'elle ne peut atteindre que dans la patrie............................. 42
Lettre XII. *Aux mêmes religieux.* Saint Bernard se recommande à leurs prières................ 49
Lettre XIII. *Au pape Honorius.* Saint Bernard le prie de vouloir bien ratifier l'élection d'Albéric au siège épiscopal de Châlons-sur-Marne.... 50
Lettre XIV. *Au même pape Honorius.* Saint Bernard lui recommande la cause de l'abbaye de Saint-Bénigne, de Dijon................... 51
Lettre XV. *A Haimeric, chancelier de la cour de Rome, sur le même sujet que la lettre précédente.*............................... 51
Lettre XVI. *A Pierre, cardinal prêtre, sur le même sujet*............................ 52
Lettre XVII. *A Pierre, cardinal diacre.* Saint Bernard s'excuse de ne s'être pas rendu à son appel, et lui répond au sujet des écrits qu'il lui a demandés............................... 52
Lettre XVIII. *Au même cardinal.* Saint Bernard proteste contre la réputation de sainteté qu'on lui fait, et il promet de lui communiquer les

opuscules qu'il a composés.................... 53

Lettre XIX. *Au même cardinal.* Saint Bernard lui recommande les députés de Reims......... 56

Lettre XX. *Au chancelier Haimeric, sur le même sujet*.................................... 52

Lettre XXI. *A Matthieu, légat du saint Siége.* Saint Bernard s'excuse avec esprit de n'avoir pas voulu se mêler des affaires pour lesquelles il l'avait appelé............................ 56

Lettre XXII. *A Humbauld, archevêque de Lyon et légat du saint Siége.* Saint Bernard lui recommande la cause de l'évêque de Meaux....... 58

Lettre XXIII. *A Atton, évêque de Troyes.* L'évêque Atton avait, dans une maladie qu'il croyait mortelle, distribué tous ses biens aux pauvres; quand il fut revenu à la santé, saint Bernard le console et le loue de ce qu'il a fait................ 58

Lettre XXIV. *A Gilbert, évêque de Londres, docteur universel.* Saint Bernard loue Gilbert de pratiquer la pauvreté dans l'épiscopat........... 60

Lettre XXV. *A Hugues, archevêque de Rouen.* Saint Bernard exhorte Hugues à faire tous ses efforts pour ne rien perdre de sa patience et de son amour de la paix au milieu de ses Rouennais, et lui conseille en même temps de régler son zèle sur la prudence......................... 61

Lettre XXVI. *A Gui, évêque de Lausanne*..... 62

Lettre XXVII. *A Ardution, élu évêque de Genève.* Saint Bernard l'invite à rapporter son élection à Dieu, et l'engage à coopérer désormais avec fidélité à la grâce.............................. 63

Lettre XXVIII. *Au même, après sa consécration.* Saint Bernard l'exhorte à se rendre maintenant digne de l'épiscopat, auquel il était loin d'avoir mérité d'être élevé, par sa vie antérieure.... 63

Lettre XXIX. *A Etienne, évêque de Metz.* Saint Bernard le félicite de la paix qu'il a rendue à son Église, avec l'aide de la grâce de Dieu...... 64

Lettre XXX. *Au primicier de Metz, Albéron.* Saint Bernard engage Albéron à attendre les temps marqués de Dieu pour l'exécution d'une affaire qu'il avait hâte de voir se conclure, et à se mettre plus en peine du bien à faire que du plaisir de le faire........................ 65

Lettre XXXI. *A Hugues, comte de Champagne, qui s'était fait Templier.* Saint Bernard le félicite d'être entré dans un ordre militaire, et l'assure de son éternelle reconnaissance............ 66

Lettre XXXII. *A l'abbé de Saint-Nicaise, de Reims.* Saint Bernard console cet abbé du départ du moine Drogon............................ 66

Lettre XXXIII. *A Hugues, abbé de Pontigny.* Saint Bernard lui dit ce qu'il pense de ce qu'il a reçu Drogon, et lui fait connaître qu'il ne le blâme point de ce qu'il a fait................. 68

Lettre XXXIV. *Au moine Drogon.* Saint Bernard félicite Drogon d'avoir embrassé une règle plus sévère, et il l'exhorte à persévérer......... 69

Lettre XXXV. *Au docteur Hugues Farsit.* Saint Bernard lui recommande la cause d'un certain Humbert, et l'engage à ne pas rougir de rétracter une erreur........................... 70

Lettre XXXVI. *Au même.* Saint Bernard répond à la lettre de Hugues, et lui conseille de ne pas attaquer la doctrine d'un évêque qui n'est plus. 71

Lettre XXXVII. *A Thibaut, comte de Champagne.* Saint Bernard s'étonne d'essuyer un refus de sa part dans l'affaire de Humbert, attendu qu'il ne lui demande rien que de parfaitement juste et raisonnable. Il l'exhorte à penser au souverain Juge : ce sera le moyen de se montrer moins impitoyable pour un malheureux......... 72

Lettre XXXVIII. *Au même, sur le même sujet.* 73

Lettre XXXIX. *Au même.* Saint Bernard recommande à Thibaut les intérêts de différentes personnes, puis il l'engage à traiter avec honneur et déférence les évêques qui se sont rendus à Troyes pour assister au concile............ 74

Lettre XL. *Au même.* Saint Bernard recommande à Thibaut un pauvre religieux............ 75

Lettre XLI. *Au même.* Saint Bernard lui recommande un religieux âgé.................. 76

Lettre XLII. *A Henri, archevêque de Sens*.... 76

Lettre XLIII. *Au même Henri.* Saint Bernard lui écrit pour le prier en faveur de l'abbaye de Molesme................................ 76

Lettre XLIV. *Au même*...................... 76

Lettre XLV. *Au roi de France Louis le Gros.* Les religieux de Cîteaux prennent la liberté d'adresser de grands reproches au roi Louis le Gros de ce qu'il inquiète injustement l'évêque de Paris, et ils déclarent qu'ils sont disposés à se plaindre à Rome, si le roi ne cesse pas ses mauvais procédés................................. 77

Lettre XLVI. *Au pape Honorius II, sur le même sujet.* Plaintes adressées au souverain Pontife de ce que par la levée d'un interdit, il a rendu plus opiniâtre le roi de France qui se montrait auparavant assez disposé à la paix............. 79

Lettre XLVII. *Au même pape, au nom de Geoffroy, évêque de Chartres.* Saint Bernard fait au souverain Pontife la relation de ce qui s'était passé dans l'affaire de l'évêque de Paris, injustement opprimé par le roi Louis. L'interdit des évêques de France n'avait pas tardé à produire son effet, et le roi promettait de réparer le mal qu'il avait fait, quand l'absolution d'Honorius lui rendit tout son entêtement et l'empêcha de faire la réparation qu'il avait promise. 79

Lettre XLVIII. *Au chancelier Haimeric, sur le même sujet et contre les envieux.* Saint Bernard se justifie de quelques plaintes qu'on a faites contre lui, et demande qu'on le laisse en paix jouir de la retraite et du silence............ 80

Lettre XLIX. *Au pape Honorius, pour Henri, archevêque de Sens*...................... 82

Lettre L. *Au même pape*, sur le même sujet. Saint Bernard demande qu'il soit permis à l'archevêque d'en appeler au saint siége............ 83

Lettre LI. *Au chancelier Haimeric*, sur le même sujet. Au très-illustre Haimeric, chancelier du saint siége, Bernard, abbé de Clairvaux, salut et tout ce que peut la prière d'un pécheur..... 84

Lettre LII. *Au même*. Saint Bernard dit que l'évêque de Chartres n'a pas eu le dessein de faire le voyage de la terre sainte; il le prie de le décharger du poids des affaires publiques......... 84

Lettre LIII. *Au même*. Saint Bernard lui adresse deux religieux de ses amis................ 85

Lettre LIV. *Au même*. Saint Bernard lui recommande l'abbé Vivien, et l'engage à penser sérieusement au salut de son âme................ 86

Lettre LV. *A Geoffroy, évêque de Chartres*. Saint Bernard le prie d'accueillir et d'assister un religieux reclus qui, après avoir renoncé à son premier genre de vie, avait le dessein d'y revenir. 86

Lettre LVI. *Au même*. Saint Bernard ne sait pas si Norbert doit faire le pèlerinage de la terre sainte. Il ne partage pas son opinion au sujet de l'antechrist. Il lui recommande Humbert........ 87

Lettre LVII. *Au même*. Un vœu ne peut être un motif de ne pas faire quelque chose de plus parfait que ce qu'on a voué. Cette lettre semble se rattacher à la cause du moine dont il est question plus haut dans la cinquante-cinquième lettre. 87

Lettre LVIII. *A Ébal, évêque de Châlons-sur-Marne*. Saint Bernard engage à faire élire un digne abbé pour l'abbaye de tous les saints............ 88

Lettre LIX. *A Guilence, évêque de Langres*. Saint Bernard lui conseille, pour ôter tout prétexte de plaintes et de scandales, d'abandonner à l'abbaye de Saint-Étienne de Dijon certains objets que Garnier y avait laissés en mourant......... 89

Lettre LX. *Au même*. Saint Bernard le prie pour l'abbaye de Molesmes................... 90

Lettre LXI. *A Ricuin, évêque de Toul, en Lorraine*. Saint Bernard renvoie à l'évêque de Toul en Lorraine un homme qu'il lui avait adressé pour le mettre en pénitence; c'est à lui de se charger de cette âme............................ 90

Lettre LXII. *A Henri, évêque de Verdun*. Saint Bernard recommande à cet évêque une grande pécheresse pénitente..................... 91

Lettre LXIII. *Au même*. Saint Bernard se justifie près de lui d'une imprudence dont on l'accusait; il recherche son amitié et lui recommande l'abbé Guy................................. 91

Lettre LXIV. *A Alexandre, évêque de Lincoln*. En allant en terre sainte, un chanoine, nommé Philippe, s'était arrêté par hasard à Clairvaux et voulait s'y faire religieux; saint Bernard sollicite pour lui le consentement de son évêque Alexandre, et le prie de vouloir bien désintéresser les créanciers de Philippe. Il termine en l'exhortant de ne pas faire trop de cas de la gloire du monde............................... 92

Lettre LXV. *A Alvise, abbé d'Anchin*. Saint Bernard le loue de la douceur toute paternelle dont il a fait preuve à l'égard de Godoin. Il s'excuse et lui demande pardon de l'avoir reçu...... 94

Lettre LXVI. *A Geoffroy, abbé de Saint-Médard*. Saint Bernard le prie de le réconcilier avec l'abbé Alvise; il le console dans ses tribulations 96

Lettre LXVII. *Aux religieux de Flay*. Saint Bernard maintient qu'il a eu raison d'accueillir le religieux B..., attendu que le monastère auquel il appartenait lui était jusqu'alors inconnu, et qu'il a eu d'excellents motifs pour en sortir.. 97

Lettre LXVIII. *Aux mêmes religieux*, sur le même sujet................................... 98

Lettre LXIX. *A Guy, abbé de Trois-Fontaines*. Guy avait consacré par mégarde un calice où ceux qui servaient à l'autel avaient négligé de verser du vin. Saint Bernard l'instruit de ce qu'il aurait dû faire en cette circonstance............ 101

Lettre LXX. *Au même*. Saint Bernard lui apprend quels sentiments de miséricorde doit avoir un pasteur, et l'engage à revenir sur la sentence qu'il a prononcée contre un de ses religieux qui avait violé la règle....................... 103

Lettre LXXI. *Aux religieux du même monastère*. Saint Bernard s'excuse d'avoir différé jusqu'alors de faire la visite de leur monastère; ce n'est pas négligence de sa part, mais il attendait un moment opportun pour le faire. Il les console de la mort de leur abbé Auger.................. 104

Lettre LXXII. *A Rainaud, abbé de Foigny*. Saint Bernard lui montre combien peu il aime les louanges et combien le joug du Christ est léger. Il ne veut pas qu'on lui donne le nom de père et se contente de celui de frère.............. 104

Lettre LXXIII. *Au même*. Rainaud exprimait une défiance et des regrets excessifs à l'occasion du titre d'abbé qui venait de lui être donné; saint Bernard l'éclaire à ce sujet et l'engage en même temps à prodiguer lui-même à ses religieux aide et consolation plutôt que de leur demander assistance.. 107

Lettre LXXIV. *Au même*. Saint Bernard avait témoigné à Rainaud le désir qu'il cessât de lui faire entendre ses plaintes; maintenant il le presse de le mettre au courant de toutes ses tribulations............................... 109

Lettre LXXV. *A Artaud, abbé de Rully*. Saint Bernard le dissuade d'aller fonder un monastère en Espagne................................ 109

Lettre LXXVI. *A l'abbé des chanoines réguliers de Saint-Pierre-Mont.* Saint Bernard lui trace la ligne de conduite qu'il doit tenir à l'égard d'un homme qui, après avoir renoncé à la vie du couvent et quitté l'habit religieux qu'il portait depuis longtemps, était rentré dans le monde et avait convolé à de secondes noces......... 110

Lettre LXXVII. *A maître Hugues de Saint-Victor.* 111

Lettre LXXVIII. *A Suger, abbé de Saint-Denis.* Saint Bernard le félicite d'avoir tout d'un coup renoncé au faste et au luxe du monde pour revenir aux modestes habitudes de la vie religieuse, et il blâme sévèrement tout clerc qui emploie son temps plutôt au service des princes qu'à celui de Dieu............................ 111

Lettre LXXIX. *A l'abbé Luc.* Saint Bernard lui recommande de fuir la fréquentation des femmes, et lui indique la règle de conduite à suivre à l'égard d'un religieux coupable d'une faute grave contre la pureté...................... 119

Lettre LXXX. *A Guy, abbé de Molesmes.* Saint Bernard le console d'une grande injustice qu'il a eue, et lui recommande de ne s'en venger qu'en écoutant les conseils de la charité......... 121

Lettre LXXXI. *A Gérard, abbé de Poitiers.* Saint Bernard repousse une fausse accusation dont on le chargeait............................ 121

Lettre LXXXII. *A l'abbé de Saint-Jean de Chartres.* Saint Bernard le dissuade de se démettre de son abbaye et d'entreprendre le pèlerinage de Jérusalem.................................. 122

Lettre LXXXIII. *A Simon, abbé de Saint-Nicolas.* Saint Bernard le console de la persécution dont il est l'objet. Les tentatives les plus honorables ne réussissent pas toujours. Quelle conduite doit tenir envers ses inférieurs tout prélat qui désire les soumettre à de plus sévères observances.. 124

Lettre LXXXIV. *Au même.* Saint Bernard lui renvoie un religieux qui l'avait quitté, et lui conseille de le traiter avec plus de douceur et de bonté après son retour...................... 125

Lettre LXXXV. *Au même Guillaume.* Saint Bernard lui reproche doucement de se plaindre de ne pas être assez payé de retour par lui en fait d'amitié.................................. 126

Lettre LXXXVI. *Au même.* Saint Bernard lui renvoie, pour le réprimander, un moine fugitif qu'il a commencé par reprendre lui-même avec force, puis il le détourne de la pensée qu'il nourrissait de changer d'état ou de se démettre de sa charge pour redevenir simple religieux.......... 128

Lettre LXXXVII. *Au chanoine régulier Oger.* Saint Bernard commence par le blâmer d'avoir, par amour pour une vie pieuse et calme, quitté le soin de son abbaye; il lui donne ensuite des conseils sur la manière dont il doit se conduire dans la maison où il s'est retiré avec l'intention d'y vivre en simple religieux.................. 129

Lettre LXXXVIII. *Au même.* Saint Bernard, empêché par ses nombreuses occupations, n'a pas pu trouver le temps de répondre à ses désirs; il ne peut même lui écrire cette fois encore que quelques mots à peine; il lui recommande de ne pas publier un de ses opuscules avant de l'avoir revu et corrigé......................... 135

Lettre LXXXIX. *Au même.* Saint Bernard s'excuse de la brièveté de sa lettre, en donnant pour raison que le carême est un temps de silence: d'ailleurs il ne convient ni à sa profession ni à son ignorance de se poser en maître........ 137

Lettre XC. *Au même.* Le véritable amour n'a pas besoin de longues lettres. Saint Bernard s'est trouvé dans un état à peu près désespéré, mais il va mieux à présent.................... 139

Lettres XCI. *Aux abbés réunis en chapitre à Soissons.* Saint Bernard les excite à s'occuper avec zèle de l'objet de leur réunion : il leur recommande un grand amour des progrès spirituels, et les engage à ne pas se laisser ralentir dans leur œuvre par les attaques ou les murmures des tièdes.... 140

Lettres XCII. *Au roi d'Angleterre, Henri.* Saint Bernard le prie de vouloir bien accorder sa faveur aux religieux qu'il envoie en Angleterre pour y fonder un monastère..................... 142

Lettre XCIII. *A Henri, évêque de Winchester.* Bernard le salue très-respectueusement....... 142

Lettre XCIV. *A l'abbé d'un monastère d'York, que le prieur avait quitté en emmenant quelques religieux avec lui...................... 144

Lettre XCV. *A Turstin archevêque d'York.* Bernard loue sa charité envers les religieux........ 144

Lettre XCVI. *A Richard, abbé de Wells, et aux religieux de la communauté qui avaient passé dans l'ordre de Cîteaux.* Bernard les félicite d'avoir embrassé une règle plus sainte............ 145

Lettre XCVII. *Au duc Conrad.* Saint Bernard l'engage à ne pas faire la guerre au comte de Genève, s'il ne veut attirer sur lui les vengeances de Dieu................................ 146

Lettre XCVIII. *A un inconnu.* Saint Bernard explique pourquoi les Machabées sont les seuls martyrs de l'ancienne loi dont l'Église fasse la fête. 146

Lettre XCIX. *A un religieux.* Saint Bernard craignait qu'il n'eut quitté son couvent; il lui dit de quel poids sa lettre l'a soulagé............ 151

Lettre C. *A un évêque.* Saint Bernard loue sa libéralité et sa bienveillance envers les religieux.. 151

Lettre CI. *A des religieux.* Saint Bernard les engage à recevoir avec bonté un de leurs frères qui les avait quittés sans autorisation............. 152

Lettre CII. *A un abbé.* Il faut, lui dit saint Bernard, essayer de tous les moyens possibles pour corriger un religieux déréglé ; mais si déjà on l'a tenté sans succès, on doit l'expulser, de peur qu'il ne nuise aux autres 153

Lettre CIII. *Au frère de Guillaume, abbé de Clairvaux.* Après lui avoir fait un pompeux éloge de la pauvreté, Bernard lui reproche d'aimer les biens de la terre avec excès, au détriment des pauvres et au péril de son âme, et d'aimer mieux les céder à la mort qu'à l'amour de Jésus-Christ............................ 154

Lettre CIV. *A maître Gautier de Chaumont.* Bernard l'engage à fuir le siècle et à préférer son salut à ses parents...................... 154

Lettre CV. *A Romain, sous-diacre de la cour de Rome.* Saint Bernard le presse de se faire religieux en lui rappelant les pensées de la mort.................................. 157

Lettre CVI. *A maître Henri Murdach.* Saint Bernard le presse d'embrasser la vie religieuse, dont il lui dépeint les douceurs en quelques mots 158

Lettre CVII. *A Thomas, prévôt de Béverla.* Thomas avait fait le vœu de se faire religieux de Cîteaux, mais il retardait de l'accomplir : saint Bernard le presse de dégager sa parole, mais en vain, comme on le verra en lisant le récit de sa mort dans la lettre qui vient après celle-ci ; il lui décrit toute l'économie de notre salut..... 160

Lettre CVIII. *A Thomas de Saint-Omer, qui n'avait pas tenu la promesse qu'il avait faite de se convertir.* Saint Bernard l'engage à laisser ses études, pour entrer en religion, et lui représente la fin malheureuse de Thomas de Béverla.. 167

Lettre CIX. *Au jeune et illustre seigneur Geoffroy de Péronne et à ses compagnons.* Saint Bernard loue ces jeunes gens d'avoir embrassé la vie religieuse, et les exhorte à la persévérance........... 169

Lettre CX. *Aux parents de Geoffroy, pour les consoler.* Saint Bernard les console : leur fils n'est pas perdu pour eux parce qu'il s'est fait religieux : qu'ils ne craignent pas trop pour sa constitution délicate 170

Lettre CXI. *Aux parents du moine Elie, au nom de ce religieux.* Saint Bernard, au nom d'Elie, les engage à ne rien faire pour empêcher ou retarder son entrée au service de Dieu ; ce serait d'ailleurs faire mal en pure perte........ 171

Lettre CXII. *A Geoffroy de Lisieux.* Saint Bernard déplore son retour au siècle, et l'invite à rentrer en religion............................ 173

Lettre CXIII. *A la sœur Sophie.* Saint Bernard loue Sophie d'avoir méprisé les vanités du monde ; il fait l'éloge des vierges chrétiennes et dit quels sont leurs privilèges, leur récompense et leur parure ; il l'engage à persévérer.......... 174

Lettre CXIV. *A une autre religieuse.* Sous l'habit religieux, elle avait conservé l'esprit du monde : saint Bernard la félicite d'être rentrée dans son devoir, et l'engage fortement à ne plus résister à la grâce................................ 177

Lettre CXV. *A une autre religieuse de l'abbaye de Sainte-Marie de Troyes.* Saint Bernard la détourne de l'imprudent dessein qu'elle nourrissait de se retirer dans quelque solitude... 179

Lettre CXVI. *A Hermengarde, ci-devant comtesse de Bretagne.* Saint Bernard proteste en termes pleins de douceur et d'affection qu'il a pour elle tous les sentiments d'une amitié pure et chrétienne................................ 180

Lettre CXVII. *A la même.* Saint Bernard loue sa ferveur dans le service de Dieu et lui témoigne le désir de la voir..................... 181

Lettre CXVIII. *A la très-noble et très-religieuse dame Béatrix.* Saint Bernard loue sa charité et sa bienveillante sollicitude................ 182

Lettre CXIX. *Au duc et à la duchesse de Lorraine.* Saint Bernard les remercie de l'exemption d'impôts dont ils l'ont fait jouir jusqu'alors, et leur rappelle que les princes doivent prendre garde que leurs faveurs ne soient rendues illusoires par leurs agents et leurs ministres........... 182

Lettre CXX. *A la duchesse de Lorraine.* Saint Bernard la remercie de ses offres obligeantes et la détourne de la pensée d'une guerre injuste. 183

Lettre CXXI. *A la duchesse de Bourgogne.* Saint Bernard l'engage à oublier ses griefs contre Hugues et à consentir au mariage d'un de ses sujets.................................. 184

Lettre CXXII. *Hildebert, archevêque de Tours, à Bernard, abbé de Clairvaux.* La réputation de sainteté de saint Bernard porte Hildebert à lui écrire pour lui demander son amitié...... 184

Lettre CXXIII. *Réponse de saint Bernard, abbé de Clairvaux, à l'archevêque de Tours, Hildebert.* Saint Bernard lui répond par des louanges aux louanges qu'il en a reçues............... 185

Lettre CXXIV. *Au même Hildebert, qui n'avait pas encore reconnu le Pape Innocent.* Saint Bernard l'engage à reconnaître pour légitime pape Innocent II, que l'antipape Pierre de Léon avait forcé à se réfugier en France............ 186

Lettre CXXV. *A maître Geoffroy de Loroux.* Saint Bernard réclame l'appui de ses talents en faveur d'Innocent, contre l'antipape Pierre de Léon 188

Lettre CXXVI. *Aux évêques d'Aquitaine contre Gérard d'Angoulême.* Saint Bernard plaide avec une force admirable, la cause du pape, Innocent II contre Gérard d'Angoulême, qui tenait pour le parti de l'antipape ; il dépeint ses

mœurs et dévoile ses subterfuges.......... 189
Lettre CXXVII. *A Guillaume, comte de Poitou et duc d'Aquitaine, de la part de Hugues, duc de Bourgogne*. Guillaume tenait pour le parti de l'antipape Anaclet; saint Bernard l'engage à l'abandonner pour se ranger du côté d'Innocent............................... 198
Lettre CXXVIII. *Au même*. Saint Bernard l'exhorte à rétablir dans leurs églises les chanoines qu'il en avait chassés....................... 199
Lettre CXXIX. *Aux Génois*. Saint Bernard les engage à conserver avec tous les soins possibles la paix qu'il a rétablie parmi eux, quand il était allé dans leur ville..................... 200
Lettre CXXX. *Aux habitants de Pise*. Saint Bernard les loue de leur zèle et de leur dévouement pour le pape Innocent, que l'antipape Anaclet avait forcé à quitter Rome, et à se réfugier chez eux ....,... 202
Lettre CXXXI. *Aux habitants de Milan*. Saint Bernard, voyant les habitants de Milan, qui avaient depuis peu embrassé le parti d'Innocent, de nouveau ébranlés, les exhorte à lui demeurer fidèles, et leur rappelle tout ce que le saint siége a fait pour eux depuis qu'ils sont rentrés dans le devoir................................... 203
Lettre CXXXII. *Au clergé de Milan*. Saint Bernard le félicite d'avoir ramené par ses soins la ville de Milan à se séparer de l'antipape Anaclet pour rentrer dans le sein de l'Église........... 204
Lettre CXXXIII. *Aux citoyens de Milan*. Saint Bernard se félicite d'avoir été choisi pour traiter de la paix qu'ils désirent faire............... 205
Lettre CXXXIV. *Aux novices de Milan*. Saint Bernard félicite ces novices de leur retour à Dieu, et il leur promet de les visiter en revenant du concile..................................... 205
Lettre CXXXV. *A Pierre, évêque de Pavie*. Saint Bernard rapporte à Dieu les louanges que Pierre lui prodigue, en même temps qu'il le félicite de toutes ses œuvres de miséricorde.......... 206
Lettre CXXXVI. *Au pape Innocent*. Saint Bernard le prie de traiter avec douceur un certain Daufin, qu'il a décidé à se présenter devant lui afin de lui offrir une satisfaction convenable, pour les brigandages dont il s'était rendu coupable.. 207
Lettre CXXXVII. *A l'impératrice des Romains*. Comme le pape Innocent ne voulait rendre ses bonnes grâces aux habitants de Milan, qu'après qu'ils auraient fait leur soumission à l'empereur Lothaire, saint Bernard les recommande à l'indulgence de l'impératrice............... 207
Lettre CXXXVIII. *A Henri, roi d'Angleterre*. Saint Bernard lui demande des subsides pour le pape Innocent 208
Lettre CXXXIX. *A l'empereur Lothaire*. Saint Bernard l'exhorte à réprimer le schisme et lui recommande l'affaire d'une église de Toul... 208
Lettre CXL. *Au même*. Saint Bernard recommande à l'empereur Lothaire la ville de Pise, qui était entièrement dévouée au pape Innocent..... 209
Lettre CXLI. *A Humbert, abbé d'Igny*. Saint Bernard lui adresse un blâme sévère, pour avoir eu la coupable imprudence d'abandonner sa charge et son abbaye........................... 210
Lettre CXLII. *Aux religieux de l'abbaye des Alpes*. Les religieux de l'abbaye des Alpes, de l'ordre de Clairvaux, s'étaient agrégés aux religieux de Cîteaux; Bernard les console de la perte de leur abbé, qui avait été appelé à un emploi plus élevé, et les engage à en élire un autre....... 212
Lettre CXLIII. *A ses religieux de Clairvaux*. Saint Bernard s'excuse de sa longue absence; il en souffre lui-même beaucoup plus qu'eux; il leur rappelle leurs devoirs en quelques mots... 213
Lettre CXLIV. *Aux mêmes*. Saint Bernard leur exprime son regret d'une absence si longtemps prolongée, et le désir qu'il a de revoir ses enfants bien aimés, ainsi que sa chère solitude de Clairvaux; il leur dit les consolations qu'il goûte au milieu de ses nombreux travaux pour l'Église.. 215
Lettre CXLV. *Aux abbés assemblés à Cîteaux*. Saint Bernard les prie de compatir à ses peines et à ses douleurs, qui doivent excuser son absence à leurs yeux. Il désire bien vivement mourir au milieu des siens, et non pas en pays étranger..................................... 217
Lettre CXLVI. *A Bourchard, évêque de Balerne*. Saint Bernard se félicite de n'avoir pas essayé en vain de façonner Bourchard à la vie religieuse; il rapporte à Dieu la gloire d'avoir réussi........ 217
Lettre CXLVII. *A Pierre, abbé de Cluny*. Pierre avait envoyé à saint Bernard, pour le consoler au milieu de ses travaux, et des fatigues qu'il supportait pour l'Église en pays étranger, l'archidiacre de Troyes, Gébuin; saint Bernard lui en témoigne la plus douce reconnaissance et, en même temps qu'il lui annonce la fin du schisme, il lui prédit la prochaine prospérité de l'Église..................................... 218
Lettre CXLIII. *Au même*. Saint Bernard ne lui répond que quelques mots; il se propose de lui écrire plus longuement plus tard.......... 219
Lettre CXLIX. *Au même*. Saint Bernard l'engage à pousser moins vivement l'affaire de l'abbaye de Saint-Bertin 220
Lettre CL. *Au pape Innocent*. Saint Bernard prend occasion de quelques actes remarquables d'autorité exercés par le pape Innocent, pour lui décerner des louanges; il l'engage ensuite à s'opposer fortement aux desseins ambitieux de Phi-

TABLE DES MATIÈRES DU PREMIER VOLUME.

lippe, qui s'était emparé du siège archiépiscopal de Tours, par des moyens illégitimes...... 220

Lettre CLI. *A Philippe, archevêque intrus de Tours*. Saint Bernard exprime toute la douleur de son âme à Philippe, de ce qu'il cherchait, par de mauvais moyens, à se faire nommer au siège archiépiscopal de Tours................. 222

Lettre CLII. *Au pape Innocent, pour l'évêque de Troyes*. L'insolence du clergé grandit avec la mollesse des évêques; celui de Troyes s'est attiré la haine d'une partie de ses clercs pour les avoir repris..................... 232

Lettre CLIII. *A Bernard Desportes, chartreux*. Bernard Desportes avait demandé à saint Bernard de lui envoyer ce qu'il avait écrit sur le *Cantique des cantiques*; saint Bernard ne cède qu'à regret à cette prière; il ne se croit pas à la hauteur d'un pareil travail, et ne peut manquer de tromper les espérances qu'on a conçues de sa médiocrité........................ 224

Lettre CLIV. *Au même*. Saint Bernard s'excuse de n'avoir pu, à cause de ses affaires, visiter la Chartreuse, ainsi qu'il avait pris l'engagement de le faire, et lui envoie, sur sa demande, ses sermons sur le *Cantique des cantiques*..... 225

Lettre CLV. *Au pape Innocent, pour le même religieux, qui venait d'être élu évêque*. Bernard Desportes, élu à un évêché de Lombardie, qu'il est bien digne d'occuper, serait néanmoins plus utilement placé sur un autre siège que celui-là.................................... 226

Lettre CLVI. *Au même pape, pour le clergé d'Orléans*.................................. 226

Lettre CLVII. *Au chancelier Haimeric, sur le même sujet*................................ 227

Lettre CLVIII. *Au pape Innocent, au sujet du meurtre de maître Thomas, prieur de Saint-Victor de Paris*...................... 227

Lettre CLIX. *Au même pontife, au nom d'Etienne, évêque de Paris, sur le même sujet*....... 229

Lettre CLX. *Au chancelier Haimeric, au nom du même évêque et sur le même sujet*....... 230

Lettre CLXI. *Au pape Innocent*. Contre les meurtriers d'Archambaut, sous-doyen d'Orléans. 230

Lettre CLXII. *Au chancelier Haimeric, sur le même sujet*................................. 231

Lettre CLXIII. *A Jean de Créma, cardinal-prêtre, sur le même sujet*..................... 231

Lettre CLXIV. *Au pape Innocent*. Saint Bernard se plaint qu'on ait élu un évêque pour le siège de Langres au mépris de la foi donnée et par des moyens frauduleux.................. 232

Lettre CLXV. *A Foulques, doyen, et à Guy, trésorier de l'église de Lyon, sur le même sujet*. 235

Lettre CLXVI. *Au pape Innocent, sur le même sujet*.................................. 235

Lettre CLXVII. *Au même et sur le même sujet*. 236

Lettre CLXVIII. *Aux évêques et aux cardinaux de la cour romaine*, sur le même sujet....... 237

Lettre CLXIX. *Au pape Innocent, sur le même sujet*. Saint Bernard s'excuse d'avoir empêché de partir les membres du clergé de Langres qui étaient mandés à Rome; il indique ensuite à quelles personnes on doit confier l'élection des évêques de Langres.................... 238

Lettre CLXX. *A Louis le Jeune, roi de France*. Le roi avait paru contraire à l'élection de Geoffroy, prieur de Clairvaux, au siège de Langres; saint Bernard s'efforce de la justifier à ses yeux. 239

Lettre CLXXI. *Au pape Innocent, pour Foulques, élu archevêque de Lyon*................. 241

Lettre CLXXII. *Au même pape, au nom de Geoffroy, évêque de Langres*. Saint Bernard exprime la même pensée que dans la lettre précédente. 241

Lettre CLXXIII. *A Foulques*. Saint Bernard lui re-recommande les intérêts de quelques religieux.................................. 242

Lettre CLXXIV. *Aux chanoines de Lyon, sur la conception de la sainte Vierge*. La fête de la conception de Marie est une nouveauté qui ne s'appuie sur rien de solide; d'ailleurs on n'aurait pas dû l'instituer sans consulter le saint siège, à l'autorité duquel saint Bernard se soumet.. 242

Lettre CLXXV. *Au patriarche de Jérusalem*. Le patriarche de Jérusalem avait plusieurs fois écrit à saint Bernard des lettres pleines d'amitié; celui-ci lui répond et lui recommande les chevaliers du Temple....................... 247

Lettre CLXXVI. *Au pape Innocent, au nom d'Albéron, archevêque de Trèves*. Saint Bernard témoigne, au nom de l'archevêque, son respect au pape Innocent, et l'assure du bon vouloir et de la fidélité de toutes les Églises d'en deçà des monts.............................. 247

Lettre CLXXVII. *Au même pape, au nom du même archevêque*. Albéron se plaint de la charge pastorale et de l'appui que trouvent dans le pape Innocent les personnes mal intentionnées, qui l'empêchent de remplir son devoir........... 249

Lettre CLXXVIII. *Au pape Innocent, pour Albéron, archevêque de Trèves*. Saint Bernard lui remontre que quelques personnes méchantes et mal intentionnées abusent du pouvoir qu'elles tiennent de son autorité pontificale, pour accomplir leurs mauvais desseins et nuire à l'Église, tandis que des prélats, plein de zèle pour les choses de Dieu, se trouvent paralysés et réduits à une honteuse impuissance........................ 250

Lettre CLXXIX. *Au même et pour le même*. Saint Bernard plaide la cause d'Albéron contre l'abbé et les moines indociles et rebelles de Saint-Maximin............................. 252

Lettre CLXXX. *Au même et pour le même.* Saint Bernard le prie de révoquer, après avoir pris une connaissance plus approfondie de l'affaire, une sentence subrepticement obtenue de lui contre l'archevêque de Trèves.................. 253

Lettre CLXXXI. *Au chancelier Haimeric.* Saint Bernard proteste que sa reconnaissance n'est pas au-dessous des bienfaits qu'il a reçus, bien qu'il ne puisse les rendre.................. 254

Lettre CLXXXII. *A Henri, archevêque de Sens.* Saint Bernard lui fait de vives remontrances pour avoir déposé un archidiacre avec dureté et contre les règles : il lui reproche également de ne prêter pas volontiers l'oreille à de justes demandes d'arrangement et à des conseils de paix... 254

Lettre CLXXXIII. *A Conrad, empereur des Romains.* Bernard lui recommande de se montrer plein de déférence pour le saint siège.......... 255

Lettre CLXXXIV. *Au pape Innocent.* Saint Bernard s'excuse de ne pouvoir lui envoyer les religieux qu'il lui a demandés.................. 256

Lettre CLXXXV. *A Eustache, usurpateur du siège de Valence, en Dauphiné.* Saint Bernard l'exhorte à se convertir en pensant à son âge avancé, à la mort qui le menace et au jugement de Dieu; qu'il se tienne en garde contre les perfides conseils des flatteurs.................. 256

Lettre CLXXXVI. *A Simon, fils du châtelain de Cambrai.* Saint Bernard, lui recommande les moines de Vaucelles, et il le prie de ratifier la donation de son père.................. 259

Lettre CLXXXVII. *Contre Abélard, aux évêques qui devaient se réunir à Sens.* Saint Bernard exhorte les évêques à prendre en main contre Abélard la cause de la religion.................. 259

Lettre CLXXXVIII. *Aux évêques et aux cardinaux de la cour de Rome*, sur le même sujet. Saint Bernard les engage à avoir l'œil ouvert sur les erreurs d'Abélard.................. 260

Lettre CLXXXIX. *Au pape Innocent*, sur le même sujet. Saint Bernard lui fait la peinture de la douleur où son âme est plongée en voyant que l'Église, à peine sortie du schisme, est assaillie par les erreurs d'Abélard, et il l'engage à les combattre.................. 261

Lettre CXC. *Au pape Innocent, sur quelques erreurs de Pierre Abélard*.................. 264

Lettre CXCI. *Au pape Inocent, au nom de l'archevêque de Reims et d'autres évêques.* Abélard a le cœur enflé d'une vaine science et se vante de son crédit en cour de Rome; saint Bernard engage le souverain Pontife à faire usage de son autorité pour réprimer ces sentiments.................. 265

Lettre CXCII. *A maître Guy du Châtel.* Saint Bernard l'engage à ne pas aimer ni favoriser Abélard au point de prendre parti même pour ses erreurs.................. 266

Lettre CXCIII. *A maître Yves, cardinal*, sur le même sujet. Il est honteux qu'Abélard puisse compter des partisans jusque dans la cour de Rome.................. 267

Lettre CXCIV. *Rescrit du pape Innocent contre les erreurs de Pierre Abélard*.................. 267

Lettre CXCV. *A l'évêque de Constance.* Saint Bernard lui conseille d'expulser de son diocèse Arnaud de Brescia qui s'est réfugié chez lui après avoir été chassé de France et d'Italie; ou mieux encore de se saisir de sa personne et de le charger de fers pour empêcher qu'il ne fasse plus de mal qu'il en a déjà fait.................. 269

Lettre CXCVI. *A Guy, légat du saint siège*, sur le même sujet. Saint Bernard l'engage à rompre avec Arnaud de Brescia, de peur que sa liaison avec cet hérétique ne l'aide à propager ses erreurs.................. 270

Lettre CXCVII. *A Pierre, doyen de Besançon.* Saint Bernard blâme son mauvais procédé envers l'abbé de Charlieu.................. 272

Lettre CXCVIII. *Au pape Innocent.* Saint Bernard l'exhorte à venger l'abbé Guy des violences et des injustes agressions dont il a été l'objet; il n'est pas de rôle qui siée mieux que celui-là au souverain Pontife.................. 272

Lettre CXCIX. *Au même Pape, sur le même sujet.* Saint Bernard le prie de vouloir bien ratifier la sentence prononcée en faveur de certains religieux opprimés injustement, et l'engage à ne plus prêter désormais l'oreille à des dépositions mensongères.................. 274

Lettre CC. *A maître Ulger, évêque d'Angers, au sujet d'un grand différend qui s'était élevé entre lui et l'abbesse de Fontevrault*.................. 274

Lettre CCI. *A Baudouin, abbé de Rieti.* Saint Bernard l'exhorte à s'appliquer avec zèle aux devoirs de sa charge qu'il réduit à la prédication par la voix et par l'exemple, et particulièrement à la prière.................. 276

Lettre CCII. *Au clergé de Sens.* Saint Bernard l'exhorte à procéder avec réflexion et maturité à l'élection d'un nouveau pasteur.......... 278

Lettre CCIII. *A Atton, évêque de Troyes, et à son clergé.* Saint Bernard les presse d'interdire la carrière des armes et le mariage à un clerc nommé Anselle.................. 278

Lettre CCIV. *A l'abbé de Saint-Aubin.* Saint Bernard lui témoigne toute son affection et le désir qu'il aurait de le voir, lequel ne sera peut-être satisfait que dans l'autre vie, à moins que quelque circonstance ne leur permette de se rencontrer dans celle-ci.................. 279

Lettre CCV. *A l'évêque de Rochester.* Saint Bernard se plaint de la manière dont il lui a écrit, et l'assure qu'il n'a rien fait pour s'attirer de lui une lettre aussi sévère.................. 279

Lettre CCVI. *A la reine de Jérusalem.* Saint Bernard lui recommande un de ses parents, et termine sa lettre en l'engageant à vivre sur le trône qu'elle occupe en ce monde, de manière à en mériter un dans l'autre.................. 280

Lettre CCVII. *A Roger, roi de Sicile.* Saint Bernard l'engage à se montrer bienveillant et libéral envers les religieux pauvres................. 281

Lettre CCVIII. *Au même prince.* Le roi Roger avait manifesté à saint Bernard le désir de le voir; le saint lui envoie à sa place des religieux qu'il le prie de recevoir comme ses propres enfants, et de traiter comme d'autres lui-même....... 281

Lettre CCIX. *Au même prince.* Saint Bernard fait l'éloge de sa munificence envers les religieux qu'il lui a envoyés...................... 282

Lettre CCX. *Au pape Innocent.* Saint Bernard lui recommande l'archevêque de Reims....... 283

Lettre CCXI. *Au même pontife.* Saint Bernard lui recommande la cause de l'archevêque de Cantorbéry et celle de l'évêque de Londres..... 283

Lettre CCXII. *Au même pontife.* Saint Bernard plaide avec éloquence la cause de l'évêque de Salamanque auprès du souverain Pontife, et relève à ses yeux son extrême humilité...... 284

Lettre CCXIII. *Au même pape.* Saint Bernard se plaint au Pape de ce qu'il n'a tenu aucun compte des conditions par lui agréées de la réconciliation de Pierre de Pise, à laquelle il avait travaillé.................................... 285

Lettre CCXIV. *Au même pape.* Saint Bernard lui recommande l'évêque de Cambrai et l'abbé Godescalc..................................... 285

Lettre CCXV. *Au même pape.* Saint Bernard lui écrit pour l'évêque et le doyen d'Auxerre... 286

Lettre CCXVI. *Au même pape.* Saint Bernard se plaint au pape de ce qu'il se trouve à la cour de Rome des hommes capables de soutenir le comte Raoul, qui avait répudié sa femme pour en prendre une autre......................... 287

Lettre CCXVII. *Au même pape.* Saint Bernard se plaint au saint Père de tout ce que le comte Thibaut a à souffrir, tant pour la justice que pour son attachement au saint siège, et le prie de le relever du serment qu'on avait extorqué de lui.................................... 288

Lettre CCXVIII. *Dernière lettre de saint Bernard au même pape, pour se justifier.* Saint Bernard ayant remarqué qu'il avait perdu les bonnes grâces du pape Innocent, à l'occasion du testament du cardinal Yves, lui présente humblement la justification de sa conduite........ 288

Lettre CCXIX. *Aux trois évêques de la cour de Rome, Aubry d'Ostie, Etienne de Palestrine, Igmare de Frascati, et à Gérard, chancelier de l'Eglise romaine.* Saint Bernard leur écrit à l'occasion de l'interdit lancé sur le royaume de France, pour l'affaire de l'archevêque de Bourges.. 290

Lettre CCXX. *Au roi Louis.* Saint Bernard refuse au roi Louis d'appuyer auprès du pape son injuste demande dans l'affaire du comte Raoul, et l'engage en même temps à ne pas opprimer les innocents, s'il ne veut pas irriter le Roi du ciel contre lui.................... 291

Lettre CCXXI. *Au même prince.* Saint Bernard blâme sévèrement le roi de France de suivre de mauvais conseils et de repousser toutes les ouvertures de paix qui lui sont faites; il lui déclare en même temps que si, jusqu'à présent, il n'a eu d'autre pensée que la gloire de son règne, désormais il n'aura plus qu'un souci, les intérêts de la vérité, et qu'un rôle, celui de témoin de ses méfaits.................... 292

Lettre CCXXII. *A Josselin, évêque de Soissons, et à Suger, abbé de Saint-Denis.* Saint Bernard se plaint à ces deux conseillers du roi des injustes projet qu'il nourrit contre Thibaut, au mépris des traités et de la paix conclue entre eux. 294

Lettre CCXXIII. *A Josselin, évêque de Soissons.* Saint Bernard présente ses humbles excuses à cet évêque qui lui avait écrit une lettre commençant par ces paroles : *Salut en Notre-Seigneur, sans esprit de calomnie*, et l'engage à venger le Christ et son Église................ 297

Lettre CCXXIV. *A Etienne, évêque de Palestrine.* Saint Bernard lui fait le récit des violences et des injustices du roi contre l'Église et les évêques.......................... 298

Lettre CCXXV. *A monseigneur l'évêque de Soissons.* Saint Bernard l'exhorte à la paix.... 300

Lettre CCXXVI. *Au roi de France, Louis.* Saint Bernard et Hugues se plaignent au roi de son opiniâtreté dans le mal ; il rend inutile tout ce qu'ils tentent pour le rétablissement de la paix, et cela au détriment de son royaume.... 301

Lettre CCXXVII. *A l'évêque de Soissons.* Saint Bernard le prie avec les plus vives instances de l'aider de tout son crédit............. 302

Lettre CCXXVIII. *A Pierre le Vénérable, abbé de Cluny, qui se plaignait de ne recevoir aucune réponse*................. 303

Lettre CCXXIX. *Pierre le Vénérable à saint Bernard.* Pierre de Cluny répond avec de grandes protestations d'amitié à saint Bernard, et lui expose en même temps la cause des divisions qui séparent les religieux de Cluny de ceux de Cîteaux............................ 304

Lettre CCXXX. *Aux trois évêques d'Ostie, de Frascati et de Palestrine.* Saint Bernard leur rappelle qu'il est de leur devoir d'éloigner les loups qui déchirent le troupeau de l'Église de Metz. 325

Lettre CCXXXI. *Aux mêmes prélats pour l'abbé de Lagny.* Saint Bernard entreprend auprès d'eux la défense de l'abbé de Lagny, qu'il justifie de toutes les accusations dirigées contre lui ; il termine en les engageant à montrer leur zèle pour la discipline monastique...................... 325

Lettre CCXXXII. *Aux mêmes prélats.* Contre l'abbé de Saint-Chaffre......................... 327

Lettre CCXXXIII. *A Jean, abbé de Buzay, qui avait abandonné sa charge pour se retirer dans la solitude.* Saint Bernard l'invite à venir reprendre la conduite de son abbaye, qu'il avait abandonnée pour se retirer dans une solitude...... 328

Lettre CCXXXIV. *A Herbert, abbé de Saint-Etienne de Dijon.* Saint Bernard le prie de pardonner à un de ses religieux nommé Jean, qui l'avait attaqué dans un écrit........................ 330

Lettre CCXXXV. *Au pape Célestin, contre l'archevêque intrus d'York.* Saint Bernard implore l'autorité du saint siége contre l'odieuse et simoniaque intrusion de l'archevêque d'York...... 330

Lettre CCXXXVI. *A toute la cour romaine,* sur le même sujet.......................... 332

Lettre CCXXXVII. *A la cour romaine tout entière, quand l'abbé de Saint-Anastase fut élu pape sous le nom d'Eugène.* Saint Bernard témoigne son étonnement de ce qu'on ait tiré l'abbé de Saint-Anastase du repos et de la solitude, pour lui confier le gouvernement de l'Église ; il craint que ce religieux, habitué à une vie calme et paisible, ne soit pas à la hauteur de ses nouvelles obligations et ne succombe sous le poids de sa dignité ; il prie les cardinaux de l'aider de leur concours et de leur dévouement...................... 334

Lettre CCXXXVIII. *Première lettre de saint Bernard au pape Eugène.* Saint Bernard fait en même temps ses compliments et ses condoléances au pape Eugène, récemment élevé sur le trône pontifical ; il l'anime à remplir avec courage les devoirs de sa charge apostolique, s'il veut répondre à tout ce qu'on attend de lui..... 335

Lettre CCXXXIX. *Au même pape.* Saint Bernard presse le pape Eugène de déposer l'archevêque d'York Guillaume ; il n'y a que lui qui puisse le faire.................................. 339

Lettre CCXL. *Au même pape,* sur le même sujet. Saint Bernard loue le zèle du pape Eugène et l'engage à en donner de nouvelles preuves en déposant l'archevêque intrus d'York....... 340

Lettre CCXLI. *A Hildefonse, comte de Saint-Gilles, au sujet de l'hérétique Henri.* Henri, héritier des erreurs de Pierre de Bruis, renouvelait ses dogmes impies. Saint Bernard fait le portrait de ses mœurs impures et blâme le comte de souffrir qu'un pareil homme répande impunément des erreurs parmi ses sujets.................. 341

Lettre CCXLII. *Aux habitants de Toulouse, après son retour.* Saint Bernard les engage, non-seulement à éviter, mais encore à chasser les hérétiques, à exercer l'hospitalité et à ne point écouter indifféremment toute sorte de prédications.. 343

Lettre CCXLIII. *Aux Romains, quand ils abandonnent le pape Eugène.* A l'instigation d'Arnaud de Brescia, les Romains s'étaient mis en tête de rétablir la république et la liberté de l'ancienne Rome sur les ruines du pouvoir pontifical, de confisquer les revenus du pape pour le réduire à se contenter, comme dans l'ancien temps, du produit des dîmes. Dans ces pensées, ils s'étaient soulevés et révoltés contre Eugène. C'est à cette occasion que saint Bernard écrit aux Romains pour leur reprocher avec d'autant d'énergie que de raison leur conduite injuste envers le souverain Pontife, leur remontrer qu'en agissant comme ils le faisaient, ils s'attaquaient à la catholicité tout entière, et les menacer, s'ils ne reviennent à des meilleures dispositions, des effets de la colère de Dieu...................... 345

Lettre CCXLIV. *A l'empereur Conrad.* Saint Bernard l'engage à prendre en main la défense de l'autorité pontificale contre les Romains révoltés................................. 348

Lettre CCXLV. *Au pape Eugène pour l'évêque d'Orléans.* Saint Bernard se félicite du zèle que le pape Eugène a déployé dans l'affaire de l'évêque d'Orléans............................. 350

Lettre CCXLVI. *Au même pape pour le même évêque d'Orléans, après qu'il eut été déposé.* Saint Bernard recommande au souverain pontife l'évêque d'Orléans qui s'était spontanément démis de son évêché, et le prie d'épargner son honneur ; c'est à ses yeux un devoir pour le souverain Pontife de traiter avec indulgence un évêque qui n'a pas hésité à donner des preuves de son humilité............................. 351

Lettre CCXLVI. *Au même pontife en faveur de l'archevêque de Reims.* Saint Bernard déplore la promptitude et la sévérité avec lesquelles le pape Eugène a sévi contre l'archevêque de Reims, en lui ôtant l'usage du pallium.............. 352

Lettre CCXLVII. *Au même.* Saint Bernard avertit le pape Eugène de se tenir en garde contre les stratagèmes et les prières de l'évêque de Séez, qui faisait tout ce qu'il pouvait pour obtenir de rentrer dans son diocèse.................... 354

Lettre CCXLIX. *Au même pape.* Saint Bernard recommande au pape Eugène l'abbé de la Chaise-Dieu, élu évêque de Valence.............. 355

Lettre CCL. *A Bernard, prieur de l'abbaye des Portes.* Saint Bernard témoigne aux religieux de cette maison qu'ils ont eu tort de se blesser du refus que le pape avait fait d'admettre le frère Noël, un des leurs, à l'épiscopat. Il proteste qu'il n'est pour rien dans la conduite du pape, qui a craint que la jeunesse de ce religieux ne donnât lieu à la médisance............... 356

Lettre CCLI. *Au pape Eugène.* Saint Bernard le prie de pardonner aux religieux de Baume qu'il avait justement punis, et de les réconcilier avec ceux d'Autun.................. 358

Lettre CCLII. *Au même pape contre l'archevêque d'York.* Saint Bernard le presse de faire exécuter la sentence que le pape Innocent avait depuis longtemps portée contre l'archevêque d'York, s'il ne veut pas, en différant de le faire, devenir responsable des crimes du prélat.......... 358

Lettre CCLIII. *A l'abbé de Prémontré.* Saint Bernard répond avec douceur aux plaintes amères des religieux de Prémontré, et leur rappelle tout le bien qu'il leur a fait. Il réfute ensuite un à un chacun des griefs qu'ils prétendent avoir contre lui, et finit par des protestations de constante amitié......................... 359

Lettre CCLIV. *A Guérin, abbé de Sainte-Marie-des-Alpes.* Saint Bernard loue cet abbé du zèle avec lequel, dans un âge avancé, il entreprend la réforme de sa maison. La brièveté du temps ne nuit en rien aux désirs de la perfection. Dans la vie spirituelle, cesser d'avancer, c'est reculer. 365

Lettre CCLV. *Au roi de France, Louis.* Saint Bernard engage fortement le roi Louis à n'apporter aucune entrave à la célébration d'un concile devenu aussi nécessaire au bien de l'État qu'à celui de l'Église, et dont il ne peut recevoir lui-même qu'un accroissement de gloire....... 368

Lettre CCLVI. *Au pape Eugène.* Saint Bernard engage le pape Eugène à venir au secours de l'Église d'Orient et à ne pas se laisser décourager par la perte d'Édesse; il s'étonne qu'on ait songé à lui dans l'assemblée de Chartres pour le mettre à la tête de la croisade............... 369

Lettre CCLVII. *Au même pape pour le frère Philippe*................ 371

Lettre CCLVIII. *Au même pape, pour le frère Rualène.* Saint Bernard prie le pape Eugène de vouloir bien consentir au rappel de Rualène, qu'il avait contraint d'accepter le titre d'abbé de Saint-Anastase malgré toutes ses répugnances... 372

Lettre CCLIX. *Au même pape sur le même sujet.* Saint Bernard proteste au pape Eugène qu'il n'a d'autre volonté que la sienne et il lui abandonne volontiers l'abbaye de Saint-Anastase...... 373

Lettre CCLX. *A l'abbé Rualène.* Saint Bernard compatit à sa peine et l'engage à s'y soumettre et à demeurer dans le poste qu'on lui a confié. . 374

Lettre CCLXI. *Au pape Eugène.* Saint Bernard prie le pape d'absoudre l'abbé de Saint-Urbain des censures qu'il avait encourues en recevant un religieux templier.................. 374

Lettre CCLXII. *Au même pape pour les religieux, de Sainte-Marie-sur-Meuse.*............ 375

Lettre CCLXIII. *A l'évêque de Soissons, pour l'abbé de Chésy*................... 375

Lettre CCLXIV. *Pierre, abbé de Cluny, à l'abbé Bernard.* Pierre de Cluny témoigne à saint Bernard le désir qu'il a de le voir et le prie de le dédommager en lui envoyant un religieux nommé Nicolas, qu'il affectionne beaucoup.... 376

Lettre CCLXV. *Réponse de l'abbé Bernard à la lettre de Pierre de Cluny.* Saint Bernard s'estime indigne d'être loué et répond par des éloges aux louanges qu'il a reçues de Pierre le Vénérable. 376

Lettre CCLXVI. *A Suger, abbé de Saint-Denis.* Saint Bernard l'engage à supporter courageusement la mort et lui témoigne un grand désir de le voir avant qu'il quitte ce monde............... 377

Lettre CCLXVII. *A l'abbé de Cluny*.......... 378

Lettre CCLXVIII. *Au pape Eugène.* Saint Bernard l'engage à révoquer la promotion d'un religieux indigne qu'on lui avait arrachée par surprise. 378

Lettre CCLXIX. *Au même pape.* Saint Bernard prie le pape Eugène de regarder comme nulle et de nulle valeur une lettre qu'on avait obtenue de lui par surprise.................. 379

Lettre CCLXX. *Au même pape.* Saint Bernard écrit au pape Eugène en faveur d'un prieur des Chartreux, contre quelques-uns de ses religieux qui méconnaissent son autorité; il lui annonce en même temps la mort de l'abbé de Cîteaux, dont il lui recommande le successeur........ 379

Lettre CCLXXI. *A Thibaut, comte de Champagne.* Saint Bernard l'exhorte à ne point engager son fils encore enfant dans les dignités ecclésiastiques........................ 381

Lettre CCLXXII. *A l'évêque de Laon.* Saint Bernard l'engage à faire preuve de générosité de sentiments.................... 382

Lettre placée avant la CCLXXIII. Lettre du pape Eugène au chapitre de Cîteaux. Le pape Eugène témoigne qu'il aurait eu le plus grand désir d'assister au chapitre de Cîteaux, si les obligations du souverain pontificat lui en eussent laissé le loisir. Il engage le chapitre à faire faire de nouveaux progrès à l'amour de la règle et au goût de la perfection religieuse.............. 382

Lettre CCLXXIII. *Au pape Eugène.* Saint Bernard le remercie de la lettre affectueuse que ce pontife avait écrite au chapitre général de Cîteaux, et le prie de vouloir bien continuer ses bontés à tous les religieux, mais en particulier à ceux de son ordre. Il se plaint qu'on lui ait enlevé l'abbé de Trois-Fontaines.................. 384

Lettre CCLXXIV. *A Hugues, abbé de Trois-Fontaines, pendant son séjour à Rome.* Saint Bernard témoigne tous ses regrets d'avoir recommandé le neveu de l'évêque d'Autun ; il désapprouve celui-ci d'avoir donné la prévôté à son parent..... 385

Lettre CCLXXV. *Au pape Eugène, sur l'élection d'un évêque d'Auxerre.* Saint Bernard informe le pape de la mauvaise foi qui avait présidé à l'élection d'un évêque d'Auxerre............ 386

Lettre CCLXXVI. *Au même pape, après la mort de l'évêque d'Auxerre.* Saint Bernard informe le souverain pontife que le diacre Etienne a fait faire à l'évêque d'Auxerre un testament impie et scandaleux qu'il l'engage à casser......... 387

Lettre CCLXXVII. *Au même pape, pour l'abbé de Cluny.* Saint Bernard prie le pape d'accueillir cet abbé avec bienveillance et de le traiter avec honneur 388

Lettre CCLXXVIII. *Au même pape, pour l'évêque de Beauvais* 389

Lettre CCLXXIX. *Au comte Henri.* Saint Bernard le prie de faire réparer le dommage que ses sujets avaient causé....................... 389

Lettre CCLXXX. *Au pape Eugène, pour l'affaire d'Auxerre.* Saint Bernard, que ce souverain pontife avait chargé de notifier sa sentence dans l'affaire de l'élection de l'évêque d'Auxerre, se plaint du peu de cas qu'on en fait......... 390

Lettre CCLXXXI. *A Bruno, abbé de Ciarravalle.* Saint Bernard reproche à cet abbé sa lettre déraisonnable et passionnée 392

Lettre CCLXXXII. *Au roi de France Louis le jeune au sujet de l'élection de l'évêque d'Auxerre.* Saint Bernard prie le roi de France de ne pas s'opposer à ce que l'évêque élu d'Auxerre le devienne de fait 392

Lettre CCLXXXIII. *Au pape Eugène, pour les religieux de Moiremont.* Saint Bernard a recours au saint-siége pour terminer un différend qu'il a vainement essayé de finir............... 393

Lettre CCLXXXIV. *Au pape Eugène, pour l'archevêque de Reims et pour d'autres personnes encore.*................................ 394

Lettre CCLXXXV. *Au même pape, pour Eudes, abbé de Saint-Denis.* Saint Bernard recommande cet abbé au saint père, et repousse les fausses accusations que la haine et l'ambition de ses ennemis avaient articulées contre lui........ 395

Lettre CCLXXXVI. *Au même pape, pour le même abbé.*................................. 396

Lettre CCLXXXVII. *A monseigneur l'évêque d'Ostie, pour le même abbé* 396

Lettre CCLXXXVIII. *A son oncle André, chevalier du Temple.* Saint Bernard déplore l'issue malheureuse de la croisade et témoigne à son oncle le désir de le voir...................... 397

Lettre CCLXXXIX. *A la reine de Jérusalem.* Saint Bernard lui rappelle la conduite qu'elle doit tenir si elle veut être une véritable veuve devant Dieu et une vraie reine aux yeux des hommes. 397

Lettre CCXC. *A monseigneur l'évêque d'Ostie, au sujet du cardinal Jordan.* Saint Bernard fait la peinture de ce légat du saint-siége, qui avait laissé partout de tristes souvenirs de son passage.. 400

Lettre CCXCI. *Au pape Eugène, pour l'abbaye de Saint-Eugende, dans le Jura.*............ 400

Lettre CCXCII. *A un séculier* Saint Bernard le reprend d'avoir voulu détourner un de ses parents, nommé Pierre, d'entrer en religion... 401

Lettre CCXCIII. *A Pierre, abbé de Moustier-la-Celle, pour un moine de Chézy, qui était passé à la maison de Clairvaux* 402

Lettre CCXCIV. *Au pape Eugène, pour l'évêque du Mans.* Saint Bernard recommande l'évêque du Mans et plusieurs autres prélats au souverain pontife.............................. 403

Lettre CCXCV. *A monseigneur le cardinal Henry, pour le même évêque* 403

Lettre CCXCVI. *A monseigneur l'évêque d'Ostie, pour le même évêque* 403

Lettre CCXCVII. *A l'abbé de Montier-Ramey.* Saint Bernard le prie de recevoir un moine apostat qui témoignait du repentir de sa faute..... 404

Lettre CCXCVIII. *Au pape Eugène.* Saint Bernard lui découvre les impostures et les fourberies de Nicolas son secrétaire.................. 404

Lettre CCXCIX. *Au comte d'Angoulême, pour les religieux de Saint-Amand de Boisse.* Saint Bernard parle d'une redevance excessive que ce comte exigeait de ses religieux............ 405

Lettre CCC. *A la comtesse de Blois.* Saint Bernard console la comtesse des emportements de son fils, qu'il impute à sa jeunesse, et lui fait espérer un meilleur avenir ; il l'engage en conséquence à le traiter avec douceur et bonté plutôt qu'avec rigueur................... 405

Lettre CCCI. *A Sanche, sœur de l'empereur d'Espagne.* Saint Bernard la prie d'user de son influence pour apaiser un différend survenu entre des religieux de son ordre et d'autres religieux, à l'occasion de la fondation d'un monastère. 406

Lettre CCCII. *Aux légats du saint-siége, pour l'archevêque de Mayence.* Saint Bernard leur recommande l'archevêque de Mayence, que ses ennemis s'efforcent d'accabler..................... 406

Lettre CCCIII. *A Louis le jeune, roi de France.* Saint Bernard lui donne des conseils sur la ligne de conduite qu'il doit tenir à l'égard d'un seigneur breton adultère et excommunié. ... 407

Lettre CCCIV. *Au même.* Saint Bernard remercie le roi de l'intérêt qu'il porte à sa santé, et lui dit quelques mots en faveur de son frère Robert. 408

Lettre CCCV. *Au pape Eugène.* Comme c'est pour de bonnes raisons que l'évêque de Beauvais s'est trouvé empêché d'aller à Rome, saint Bernard recommande au souverain pontife la cause de cet évêque.................................. 409

Lettre CCCVI. *A l'évêque d'Ostie, pour l'élection de Tourolde, abbé de Trois-Fontaines.* Saint Bernard se justifie du reproche que lui faisait Hugues, évêque d'Ostie, d'avoir nommé Tourolde, abbé de Trois-Fontaines, de préférence à un certain religieux, nommé Nicolas, que Hugues avait désigné pour cet emploi; il donne également les motifs qui lui ont fait placer Robert à la tête d'une abbaye récemment fondée............ 409

Lettre CCCVII. *Au même.* Saint Bernard défend l'évêque de Beauvais contre quelques bruits fâcheux, il dit dans quel triste état se trouve sa santé et raconte l'aventure de l'archevêque de Lyon. 412

Lettre CCCVIII. *Au roi de Portugal, Alphonse.* Saint Bernard lui dit qu'il a fait ce qu'il a pu pour le satisfaire, et lui prédit que dans peu de temps son frère, qui est engagé dans les rangs de la milice séculière, passera dans ceux de la milice céleste. 414

Lettre CCCIX *Au pape Eugène* Saint Bernard lui fait l'éloge de l'abbé Suger et lui recommande ses députés. 414

Lettre CCCX. *A Arnold de Chartres, abbé de Bonneval.* Saint Bernard était presque à l'extrémité quand il adressa à son ami cette lettre, la dernière qu'il écrivit 415

Lettre CCCXI. *A Haimeric, chancelier de la cour romaine.* Saint Bernard reproche amèrement aux envieux les efforts qu'ils font pour empêcher le succès des entreprises des hommes de bien ; il prend occasion de là pour exciter le chancelier Haimeric à procurer de toutes ses forces le bien de l'Église................................. 416

Lettre CCCXII. *A Raynaud, archevêque de Reims.* Saint Bernard le remercie de la lettre qu'il a reçue de lui.................................. 418

Lettre CCCXIII. *Geoffroy, abbé de Sainte-Marie d'York.* Saint Bernard lui recommande de ne pas empêcher ceux qui veulent entrer dans un ordre religieux plus austère, de suivre leur dessein, et déclare apostats ceux qui, après avoir donné suite à ce projet, reviennent à leur première manière de vivre................... 418

Lettre CCCXIV. *Au pape Innocent.* Après avoir réconcilié les Milanais avec l'Église, saint Bernard, sur l'ordre du pape Innocent, avait entrepris de pacifier les autres villes lombardes de Pavie et de Crémone. Mais ayant échoué auprès des Crémonais, notre saint signale leur opiniâtreté au souverain pontife, qu'il engage en même temps à ne pas trop se hâter de frapper l'archevêque de Milan. 421

Lettre CCCXV. *A Mathilde, reine d'Angleterre.* Saint Bernard la prie de vouloir bien accueillir favorablement une requête qui lui a déjà été présentée à une autre époque en faveur des religieux de la Chapelle................................ 422

Lettre CCCXVI. *A Henri, archevêque de Sens, et à Haimeric, chancelier de la cour romaine.* Saint Bernard les engage à ne point empêcher un laïque de qualité qui se proposait de remettre entre les mains des religieux certains bénéfices ecclésiastiques qu'il possédait, de donner suite à ses pieux desseins.... · 423

Lettre CCCXVII. *A son prieur Geoffroy.* La paix étant conclue et le schisme éteint, saint Bernard lui annonce son prochain retour........ 423

Lettre CCCXVIII. *Au pape Innocent.* Saint Bernard représente au pape Innocent la détresse dans laquelle se trouve l'église de Reims et le besoin qu'elle a d'un pressant secours............ 424

Lettre CCCXIX. *A Turstin, archevêque d'York.* Saint Bernard l'engage à ne pas déposer le fardeau de la charge pastorale; mais s'il a de bonnes raisons pour quitter son poste et si le pape l'autorise à le faire, il l'exhorte à choisir pour sa retraite une maison religieuse de la plus stricte observance................................ 424

Lettre CCCXX. *A Alexandre, prieur de Wells et à ses religieux.* Saint Bernard les engage à se mettre d'accord pour élire un nouvel abbé..... 425

Lettre CCCXXI. *A Henri de Murdach, d'abord abbé de Vauclair, puis de Wells, et enfin archevêque d'York.* Saint Bernard l'engage à accepter la charge d'abbé de Wells................. 426

Lettre CCCXXII. *Au novice Hugues, qui devint plus tard abbé de Bonneval.* Saint Bernard le loue de son dessein de se faire religieux ; il le prémunit contre les tentations qui l'attendent et l'exhorte à la persévérance. 427

Lettre CCCXXIII. *Au pape Innocent.* Saint Bernard défend l'archevêque de Trèves contre l'abbé de Saint-Maximin......................... 428

Lettre CCCXXIV. *A Robert, abbé des Dunes.* Saint Bernard trouve dans l'union de leurs âmes et dans l'espérance de la résurrection, qui doit aussi rapprocher leurs corps, de quoi se consoler de leur séparation.................... 430

Lettre CCCXXV. *Au même abbé, au sujet du novice Idier.* Saint Bernard lui donne, à sa demande, des conseils sur la règle de conduite qu'il doit tenir envers un novice d'un caractère difficile, nommé Idier............... 430

Lettre CCCXXVI. *Lettre de l'abbé Guillaume à Geoffroy, évêque de Chartres, et à Bernard, abbé de Clairvaux.* L'abbé Guillaume les prie de prendre en main la cause de l'Église contre Pierre

Abélard, dont il cite quelques propositions erronées.................................. 431
Lettre CCCXXVII. *Réponse de saint Bernard à l'abbé Guillaume.* Saint Bernard approuve son écrit sur Abélard et lui promet d'en conférer avec lui après Pâques........................ 433
Lettre CCCXXVIII. *Au pape.* Contre l'élection d'un évêque de Rodez.................... 434
Lettre CCCXXIX. *A l'évêque de Limoges.* Contre l'élection d'un évêque de Rodez........ 434
Lettre CCCXXX. *Au pape Innocent.* Contre Pierre Abélard........................... 435
Lettre CCCXXXI. *Au cardinal Étienne, évêque de Palestrine.* Sur le même sujet que la précédente.................................. 437
Lettre CCCXXXII. *Au cardinal G...* Encore contre Pierre Abélard.................. 438
Lettre CCCXXXIII. *Au cardinal G...* Sur le même sujet.................................. 439
Lettre CCCXXXIV. *A Guy de Pise.* Contre le même Abélard................................. 439
Lettre CCCXXXV. *A un certain cardinal prêtre.* Toujours contre Pierre Abélard........ 440
Lettre CCCXXXVI. *A un certain abbé, sur le même sujet*.......................... 440
Lettre CCCXXXVII. *Au pape Innocent, au nom des évêques de France.* Les évêques exposent au souverain pontife ce qui s'est passé dans l'affaire de Pierre Abélard qui, après avoir provoqué saint Bernard à se rendre au synode de Sens, a refusé de répondre au reproche d'hérésie qui lui était adressé, et s'est contenté d'interjeter appel au saint-siége................................. 441
Lettre CCCXXXVIII. *A Haimeric, cardinal et chancelier de la cour de Rome.* Pierre Abélard étant convaincu d'hérésie ne devrait pas pouvoir espérer qu'il trouverait un refuge auprès des cardinaux et de la cour de Rome........... 443
Lettre CCCXXXIX. *Au pape Innocent.* Saint Bernard prend la défense d'Alvise, évêque d'Arras, contre les calomniateurs de son innocence.. 445
Lettre CCCXL. *Au même pape Innocent.* Pour l'évêque d'Angers........................ 446
Lettre CCCXLI. *A Malachie, archevêque d'Irlande.* Saint Bernard le remercie des moines, de la lettre et du bâton qu'il lui a envoyés; il lui recommande de disposer un lieu convenable pour recevoir des religieux et se recommande à ses prières.................................... 446
Lettre CCCXLII. *A Josselin, évêque de Soissons.* Saint Bernard prie cet évêque d'apaiser le roi, qui était irrité contre l'archevêque de Bordeaux.................................... 447
Lettre CCCXLIII. *L'abbé Bernard d'Italie au pape Innocent.* L'abbé Bernard se plaint au pape de ce que les choses ne se sont pas faites selon sa promesse, dans l'abbaye de Saint-Sauveur.... 448
Lettre CCCXLIV. *Du même Bernard à saint Bernard.* L'abbé Bernard se plaint à saint Bernard de la prélature qu'on l'a forcé d'accepter... 449
Lettre CCCXLV. *Aux religieux de Saint-Anastase.* Saint Bernard loue ces religieux de leur amour de la règle et de leur zèle à pratiquer les devoirs de la vie religieuse ; mais il les blâme de leur empressement à recourir à l'art de la médecine dans leurs maladies..................... 450
Lettre CCCXLVI. *Au pape Innocent.* Saint Bernard engage le pape Innocent à ne pas se montrer favorable à l'archevêque d'York, dont la cause est mauvaise................................ 452
Lettre CCCXLVII. *Au même pape Innocent.* Saint Bernard recommande au pape Innocent les députés de l'église d'York qui se rendent à Rome, à cause de l'affaire de l'archevêque Guillaume. 453
Lettre CCCXLVIII. *Au même pape Innocent.* Pour Arnoulphe, élu évêque de Lisieux........ 453
Lettre CCCXLIX. *Au même pape.* Saint Bernard recommande un de ses amis au pape Innocent. 455
Lettre CCCL. *Au même pape.* Saint Bernard demande au pape sa bénédiction pour un de ses parents................................ : 455
Lettre CCCLI. *Au même.* Saint Bernard recommande quelques pauvres au pape Innocent. 455
Lettre CCCLII, *ou privilége accordé à saint Bernard par le pape Innocent II.* Le pape Innocent accorde de très-grands priviléges à saint Bernard et à l'ordre de Cîteaux, à cause des éminents services rendus au saint-siége par saint Bernard............................... 456
Lettre CCCLIII. *A Guillaume, abbé de Ridal.* Saint Bernard exhorte l'abbé Guillaume à supporter patiemment l'injuste ordination de l'archevêque d'York.............................. 457
Lettre CCCLIV. *A Mélisende, reine de Jérusalem, fille du roi Baudoin et veuve du roi Foulques.* Saint Bernard donne à cette reine des conseils sur la conduite qu'elle doit tenir après la mort du roi Foulques, son mari........... 458
Lettre CCCLV. *A la même reine de Jérusalem.* Saint Bernard recommande à la reine de Jérusalem des religieux de Prémontré qui se rendaient en terre sainte........................ 459
Lettre CCCLVI *A Malachie, archevêque d'Irlande.* Saint Bernard renvoie à Malachie les religieux qu'il lui avait confiés, et s'excuse sur la multitude de ses affaires de ne les avoir point dressés et formés aussi parfaitement qu'il l'eût désiré aux pratiques de la vie religieuse......... 459
Lettre CCCLVII. *Au même archevêque.* Saint Bernard prie Malachie non-seulement de lui continuer son affection, mais de redoubler même d'amitié pour lui, et lui demande de lui en donner

des preuves dans le bon accueil qu'il le prie de faire aux religieux qu'il lui envoie. 460

Lettre CCCLVIII. *Au pape Célestin.* Saint Bernard implore le secours et l'intervention du pape pour procurer la paix à Thibaut, comte de Champagne 461

Lettre CCCLIX. *Les religieux de Clairvaux au pape Célestin.* Les religieux de Clairvaux désirent que le pape détourne l'abbé de Morimond de faire le pèlerinage de Jérusalem 461

Lettre CCCLX. *A Guillaume, abbé de Ridal.* Saint Bernard exhorte de nouveau l'abbé Guillaume à la résignation et à la patience. 462

Lettre CCCLXI. *A l'archevêque Thibaut, pour Jean de Salisbury.* Saint Bernard, confiant dans l'amitié de Thibaut, lui recommande Jean. . . . 463

Lettre CCCLXII. *A Robert Lenoir, cardinal et chancelier de l'Eglise.* Saint Bernard exhorte Robert Lenoir à soulager de tout son pouvoir, dans le gouvernement de l'Église, le pape Eugène, nouvellement élu. 464

Lettre CCCLXIII. *Au peuple et au clergé de la France orientale.* Saint Bernard exhorte la France orientale à prendre les armes pour defendre l'Église d'Orient contre les attaques des infidèles ; il combat ensuite la fougue d'un religieux qui prêchait aussi la croisade, et ne veut pas qu'on persécute, encore moins qu'on fasse mourir les Juifs. 465

Notes de Horstius et de Mabillon. 469

Digression sur les commandes et les abbés commandataires. 510

FIN DE LA TABLE DU PREMIER VOLUME.

TABLE DES MATIÈRES

CONTENUES DANS LE DEUXIÈME VOLUME

Lettre CCCLXIV. *Pierre, abbé de Cluny.* Saint Bernard engage Pierre le Vénérable à se rendre à l'assemblée qui doit se réunir à Chartres pour l'expédition de la terre Sainte................ 1

Lettre CCCLXV. *A Henri, archevêque de Mayence* Saint Bernard blâme un moine, nommé Raoul, de prêcher aux chrétiens le massacre des Juifs. . 2

Lettre CCCLXVI. *A l'abbesse Hildegarde* Saint Bernard repousse avec modestie les louanges dont l'abbesse Hildegarde le comble; il l'engage à reconnaître ce qu'elle doit à la grâce de Dieu et lui demande ses prières pour lui et pour les siens 4

Lettre CCCLXVII. *A G. B..., chancelier de l'Eglise romaine.* Saint Bernard lui recommande l'évêque de Metz...................... 4

Lettre CCCLXVIII. *Au cardinal diacre G...* Saint Bernard lui témoigne toute sa reconnaissance pour la lettre affectueuse et les aimables présents qu'il en a reçus, et l'engage à ne pas se laisser dominer par l'amour des choses de ce monde et des richesses d'ici-bas................. 5

Lettre CCCLXIX. *A l'abbé Suger.* Saint Bernard félicite l'abbé Suger d'avoir mené à bonne fin la réforme de l'abbaye de Sainte-Geneviève, et l'engage à persévérer dans son entreprise 6

Lettre CCCLXX. *Au même.* Saint Bernard recommande l'abbaye de Sainte-Geneviève-du-Mont à l'abbé Suger. 6

Lettre CCCLXXI. *Au même.* Saint Bernard combat le mariage projeté entre le fils du comte d'Anjou et la fille du roi de France, en se fondant sur l'empêchement de consanguinité.... 7

Lettre CCCLXXII. *A P. A..., évêque de Palencia, en Espagne.* Saint Bernard le félicite de son humilité et de son amour pour la lecture 8

Lettre CCCLXXIII. *L'abbé d'Esp... à saint Bernard.* Cet abbé gémit de la charge qu'on lui impose.. 9

Lettre CCCLXXIV. *Aux religieux d'Irlande, à l'occasion de la mort de l'évêque saint Malachie* On doit plutôt se réjouir que pleurer à la mort des saints; c'est par une disposition particulière de la Providence que la maison de Clairvaux reçut le dernier soupir et conserve les précieux restes d'un si grand homme................ 10

Lettre CCCLXXV. *A Ida, comtesse de Nevers.* Saint Bernard se plaint à la comtesse Ida des vexations que quelques-uns de ses vassaux faisaient souffrir aux moines de Vézelay 12

Lettre CCCLXXVI. *A l'abbé Suger.* Saint Bernard le prie d'empêcher certains seigneurs de se battre en duel............... - . . 13

Lettre CCCLXXVII. *Au même.* Saint Bernard loue le zèle et l'ardeur de l'abbé Suger à procurer le bien public; il l'approuve d'avoir convoqué les États généraux du royaume pour remédier à quelques désordres, et l'engage à travailler toujours avec la même ardeur au bien de l'Etat.. 13

Lettre CCCLXXVIII. *Au même.* Saint Bernard lui demande un secours en blé pour des religieux du diocèse de Bourges.............. 15

Lettre CCCLXXIX. *Au même.* Saint Bernard prie l'abbé Suger de venir en aide à un abbé dans le besoin. 15

Lettre CCCLXXX. *Au même.* Sur le malheureux état de l'Eglise d'Orient 15

Lettre CCCLXXXI. *Au même.* Saint Bernard proteste que, bien loin de lui attribuer les maux de l'État, il gémit de voir qu'on les lui impute, et il l'engage vivement à éviter le commerce de ceux qui en sont la véritable cause........... 16

Lettre CCCLXXXII. *A Léonius, abbé de Saint-Bertin.* Saint Bernard le remercie de ses bontés à son égard et à l'égard de ses religieux, et l'engage à ne point empêcher Thomas de Saint-Omer d'entrer à Clairvaux.............. 16

Lettre CCCLXXXIII. *Au même abbé de Saint-Bertin.* Saint Bernard le prie de vouloir bien continuer ses bontés aux religieux de son ordre... 18

Lettre CCCLXXXIV. *Aux religieux de Saint-Bertin.* Saint Bernard leur dit toute sa reconnaissance pour la bienveillance qu'ils témoignent aux religieux de son ordre et leur assure que Dieu les récompensera au centuple 19

Lettre CCCLXXXV. *Aux mêmes.* Saint Bernard les félicite de leur plus grande régularité et les engage à tendre tous les jours davantage vers la perfection religieuse et à s'efforcer de faire des progrès continuels dans cette voie......... 19

Lettre CCCLXXXVI. *Jean de Casamario à l'abbé Bernard.* Jean console saint Bernard de l'insuccès de la croisade 22

Lettre CCCLXXXVII. *A Pierre, abbé de Cluny.* Saint Bernard commence par protester de ses sentiments affectueux et dévoués pour Pierre le vénérable, puis il le prie de vouloir bien l'excuser s'il lui est échappé dans ses lettres quelque expression un peu trop vive............ 23

Lettre CCCLXXXVIII. *Pierre le vénérable à Bernard, abbé de Clairvaux.* Après avoir repoussé les éloges et les titres flatteurs que saint Bernard lui décerne, Pierre le vénérable proteste, en termes éloquents, de son estime pour saint Bernard, et agrée de bon cœur les excuses qu'il lui présente pour les paroles piquantes d'une de ses lettres 24

Lettre CCCLXXXIX. *A Pierre le vénérable, abbé de Cluny.* Saint Bernard exprime à Pierre le vénérable tout le plaisir que sa lettre lui a fait et s'excuse sur ses nombreuses occupations de ne pas lui écrire plus longuement............ 27

Lettre CCCXC. *A Eskile, archevêque de Lunden et légat du saint siége en Dacie et en Suède.* Saint Bernard se montre humblement reconnaissant de son amitié et lui offre la sienne 28

Lettre CCCXCI. *A l'abbesse de Favernay.* Saint Bernard l'engage à réparer les brèches faites non-seulement aux murs, mais aux mœurs de sa maison, et lui rappelle le soin qu'elle doit prendre de l'Hôtel-Dieu joint à son abbaye..... 29

Lettre CCCXCII. *A Raoul, patriarche d'Antioche.* Saint Bernard s'efforce de lui inculquer des sentiments d'humilité 30

Lettre CCCXCIII. *A G., patriarche de Jérusalem.* Saint Bernard lui recommande l'humilité... 31

Lettre CCCXCIV. *A l'archevêque de Lyon.* Pour l'abbé d'Aisnay, près de Lyon 34

Lettre CCCXCV. *A l'évêque d'Arras, Alvise.* Saint Bernard représente à cet évêque ce qu'il y a d'injuste dans sa demande de rendre aux religieux de Saint-Bertin, Thomas de Saint-Omer, qui était venu faire profession à Clairvaux, et qu'ils réclamaient comme ayant été, dans son enfance, voué par ses parents à l'abbaye de Saint-Bertin...................... 35

Lettre CCCXCVI. *A Ricuin, évêque de Toul.* Saint Bernard s'excuse d'avoir reçu par ignorance un de ses religieux profès 36

Lettre CCCXCVII. *A Eudes, abbé de Marmoutiers, près Tours.* Les religieux de Marmoutiers étaient en procès avec quelques ecclésiastiques séculiers pour certains revenus ; saint Bernard est d'avis qu'ils doivent se soumettre à la décision des arbitres 37

Lettre CCCXCVIII. *A l'abbé Guy et aux religieux de Montier-Ramey.* Saint Bernard se plaint à l'abbé Guy et à ses religieux qu'ils lui ont demandé de composer un office pour leur patron saint Victor ; il n'a pas le talent que réclame cette œuvre, d'ailleurs très-difficile ; il dit à cette occasion quelles doivent être les compositions destinées au culte public et trace les règles du chant ecclésiastique........................ 40

Lettre CCCXCIX. *A Lelbert, abbé de Saint-Michel.* Saint Bernard lui renvoie un de ses religieux qui avaient quitté son monastère sous un faux prétexte de pèlerinage 41

Lettre CD. *A l'abbé de Liesse.* Saint Bernard le prie de faire un bon accueil au frère Robert, et lui demande des nouvelles de la santé de son abbé. 42

Lettre CDI. *A Baudoin, abbé de Châtillon.* Saint Bernard rassure cet abbé qui, d'après un faux rapport, craignait de l'avoir offensé...... 43

Lettre CDII. *A Baudoin, évêque de Noyon.* Saint Bernard lui adresse un jeune homme et le lui recommande dans les termes d'une aimable plaisanterie............................. 43

Lettre CDIII. *A l'archidiacre Henri.* Saint Bernard lui dit ce qu'il pense d'un baptême administré avec cette forme : Je te baptise au nom du Seigneur et de la sainte et vraie croix..... 43

Lettre CDIV. *A Albert, moine reclus.* Saint Bernard lui conseille de faire un repas par jour et d'interdire l'entrée de sa cellule aux femmes... 44

Lettre CDV. *A l'abbé G...* Saint Bernard l'informe qu'un de ses religieux jouit d'une assez bonne santé pour être assujetti aux observances régulières................................ 45

Lettre CDVI. *A l'abbé de Saint-Nicolas.* A son très-doux ami et coabbé de Saint-Nicolas, le frère Bernard de Clairvaux, salut et esprit de piété. 45

Lettre CDVII. *A Eudes, abbé de Beaulieu.* Saint Bernard l'engage à restituer, au plus tôt, à un pauvre, le dépôt qu'il en avait reçu. 45

Lettre CDVIII. *A l'abbé G..., de Troyes.* Saint Bernard lui recommande un ecclésiastique qui veut quitter le siècle pour embrasser la vie religieuse, mais qu'il croit d'une santé trop délicate pour rester à Clairvaux.................. 46

Lettre CDIX. *A Borgon d'Abbeville.* Saint Bernard lui dit qu'on doit attacher peu d'importance à se voir des yeux du corps ; il le prie de vouloir bien abandonner à des religieux un coin de terre inculte........................... 46

Lettre CDX. *A Guildin, abbé de Saint-Victor.* Saint Bernard lui recommande Pierre Lombard... 47

Lettre CDXI. *A Thomas, prévôt de Béverla.* Saint Bernard, dans cette lettre aussi douce que le miel, invite Thomas de Béverla à embrasser la vie religieuse, nonobstant tous les péchés de sa vie, passée et lui dit qu'il n'est rien au monde de préférable au bonheur d'une bonne conscience. 47

Lettre CDXII. *Au jeune T...*, qui avait fait vœu d'entrer en religion... 49

Lettre CDXIII. *A l'abbé Renaud.* Saint Bernard le prie de faire bon accueil à un novice qu'il lui renvoie dans de bonnes dispositions... 50

Lettre CDXIV. *Au moine Allard,* sur le même sujet. Saint Bernard le blâme de s'opposer opiniâtrement à la rentrée du novice dont il vient d'être parlé, quoiqu'il soit disposé à revenir et à se corriger... 50

Lettre CDXV. *A un homme qui avait manqué à sa parole donnée.* Saint Bernard engage cet homme à secouer le joug des voluptés charnelles et à tenir sa promesse d'entrer en religion... 51

Lettre CDXVI. *A un inconnu.* Saint Bernard lui assure qu'il n'a point été chargé de distribuer les aumônes du comte Thibaut... 52

Lettre CDXVII. *A l'abbé de Saint-Tron.* Saint Bernard le prie de recevoir avec charité un religieux nommé Dodon... 53

Charte de saint Bernard pour l'abbaye de Saint-Tron.... 53

Appendice des lettres de saint Bernard... 54

Lettre CDXVIII. *A des personnes nouvellement converties.* L'auteur de cette lettre les exhorte à persévérer dans leur intention d'embrasser la vie religieuse et à ne pas renoncer à ce dessein, à cause des péchés de leur vie passée... 54

Lettre CDXIX. *A Alphonse, roi de Portugal.* Alphonse, roi de Portugal, avait fait vœu de construire un monastère pour les religieux de Cîteaux, s'il remportait la victoire sur les Sarrasins. Son vœu ayant été exaucé, il demanda des religieux à saint Bernard qui lui en envoya... 59

Lettre CDXX. *A Jean Cirita.* L'auteur de cette lettre ayant eu connaissance, par une révélation divine, du désir ardent que Jean Cirita nourrissait de fonder un monastère en Portugal, lui envoie des religieux pour l'aider dans cette entreprise... 60

Lettre CDXXI. *Bernard à l'abbé de St-Benoît...* 61

Lettre CDXXII. *Bernard au roi Louis.* . . . 61

Lettre CDXXIII. *Nicolas de Clairvaux aux comtes et aux barons de Bretagne, sur la Croisade,* de la part de monseigneur l'abbé de Clairvaux. 61

Lettre CDXXIV. *Le même à Manuel Comnène, empereur de Constantinople,* au nom de monseigneur l'abbé de Clairvaux. Nicolas de Clairvaux prie l'empereur de Constantinople de faire chevalier le jeune fils de Thibaut, comte de Champagne. 62

Lettre CDXXV. *A l'évêque de Lucques,* au nom de l'abbé de Clairvaux. L'auteur de cette lettre exhorte l'évêque de Lucques à faire preuve de force et de courage... 64

Lettre CDXXVI. Convention faite entre Hugues et Guillaume, l'un évêque, l'autre comte d'Auxerre 65

Lettre CDXXVII. *Geoffroy, évêque de Chartres, à Etienne, évêque de Paris.* Il doit faire sa paix avec Etienne de Garlande... 68

Lettre CDXXVIII. *B... à saint Bernard.* B... entretient saint Bernard de la conduite d'un religieux indiscipliné... 68

Lettre CDXXIX. *Hugues Métellus à Bernard.* Hugues Métellus s'étend longuement sur les louanges que mérite saint Bernard.. ... 69

Lettre CDXXX. *Hugues Métellus à saint Bernard.* Hugues s'efforce de justifier lui et les siens d'une accusation dirigée contre eux... 72

Lettre CDXXXI. *Hugues Métellus, au nom de son abbé, à l'abbé Guillaume.* Il s'excuse d'avoir répondu un peu trop durement aux calomnies d'un de ses religieux nommé Herbert... 73

Lettre CDXXXII. *Haimon, archidiacre de Châlons-sur-Marne, à Bernard.* ... 74

Lettre CDXXXIII. *Du même au même.* ... 75

Lettre CDXXXIV. *G. à saint Bernard.* Il excuse l'évêque d'Amiens de ne pas prendre part à l'expédition de la Terre-Sainte... 76

Lettre CDXXXV. *Samson archevêque de Reims, à saint Bernard.* Au sujet du monastère de Mores, diocèse de Langres... 76

Lettre CDXXXVI. *Henri, évêque de Troyes, à saint Bernard,* au sujet de l'abbaye de Boulencourt. 77

Lettre CDXXXVII. *Hugues évêque d'Ostie, au chapitre de Cîteaux.* Sur la mort du pape Eugène III. 77

Lettre CDXXXVIII. *Barthélemy, d'évêque devenu moine, à Samson, archevêque de Reims.* Il lui rend compte de son administration... 79

Lettre CDXXXIX. *Turstin, archevêque d'York, à Guillaume, archevêque de Cantorbéry*... 88

Lettre CDXL. *Fastred, troisième abbé de Clairvaux, à un abbé de son ordre.*... 88

Lettre CDXLI. *Pierre de Roya, novice de Clairvaux, à C..., prévôt de Noyon.* Après avoir fait le récit des égarements de sa jeunesse, il dépeint l'excellente institution de Clairvaux...: .. 90

Lettre CDXLII. *Le chapitre général des religieux noirs au pape Adrien IV.* Pour obtenir l'éloignement de l'abbé de Lagny... 98

Lettre CDXLIII. *Les mêmes au pape Alexandre III.*... 99

Lettre CDLIV. *A l'abbé du très-saint monastère de Riéti.*... 101

PRÉFACE de Mabillon, placée en tête de son tome

second des œuvres complètes de saint Bernard et servant d'introduction aux Livres de la Considération............................ 104
Avis de Jean Merlon Horstius au lecteur. . . 106
Les cinq livres DE LA CONSIDÉRATION....... 107
PROLOGUE........................... 107

LIVRE PREMIER.

Chapitre I. Saint Bernard s'afflige avec le souverain Pontife de le voir accablé de tant d'occupations diverses................. 108
Chapitre II. Comment l'habitude introduit des usages répréhensibles et conduit à l'endurcissement du cœur 109
Chapitre III. Il ne sied pas aux princes de l'Église de n'être occupés qu'à entendre des plaidoiries et à juger des procès 110
Chapitre IV. Il y a deux servitudes : l'une convient et l'autre ne convient pas au serviteur des serviteurs de Dieu................. 111
Chapitre V. On ne doit point s'occuper des autres au point de se négliger soi-même...... 112
Chapitre VI. Le pouvoir judiciaire appartient plutôt aux princes de la terre qu'à ceux de l'Église........................ 113
Chapitre VII. Il faut avant tout vaquer aux devoirs de la piété et à la considération des choses éternelles......................... 115
Chapitre VIII. De la piété et de la contemplation naissent l'union et l'harmonie des quatres vertus principales...................... 106
Chapitre IX. Il faut s'éloigner peu à peu des exemples des derniers papes pour se rapprocher de ceux des anciens.................. 118
Chapitre X. Saint Bernard blâme sévèrement les abus dont les avocats, les procureurs et les plaideurs se rendent coupables et il s'élève avec force contre leurs fourberies............. 118
Chapitre XI. On doit sévir avec vigueur contre les avocats et les procureurs qui cherchent à s'enrichir par l'injustice.............. 119

LIVRE II.

Chapitre I. Saint Bernard repousse les attaques dont il se voit l'objet par suite de la malheureuse issue de la Croisade............. 120
Chapitre II. Il ne faut pas confondre la considération avec la contemplation 123
Chapitre III. La considération se divise en quatre parties........................ 123
Chapitre IV. La connaissance de soi-même exige de l'homme une triple considération. Premier objet de la considération...... 124
Chapitre V. Le second objet de la considération est de voir attentivement qui nous sommes et d'où nous venons..................... 124
Chapitre VI. A quoi doivent s'appliquer les princes l'Église....................... 125

Chapitre VII. Revenant sur la question qu'il s'est posée d'abord, saint Bernard examine plus en détail ce qu'est un Souverain Pontife. . 129
Chapitre VIII. Excellence de la dignité et de l'autorité pontificales.................. 130
Chapitre IX. Il faut considérer ce que nous sommes par rapport à notre propre nature..... 133
Chapitre X. Le troisième objet de la considération est d'examiner quels nous sommes....... 133
Chapitre XI. Saint Bernard recommande tout particulièrement au Souverain Pontife de s'examiner sérieusement lui-même............ 134
Chapitre XII. Il ne faut ni s'endormir dans la prospérité, ni se décourager dans l'infortune. . 135
Chapitre XIII. Le Souverain Pontife doit se garder de l'oisiveté, de la futilité et des entretiens inutiles........................... 135
Chapitre XIV. Il faut éviter avec soin dans les jugements de faire acception de personnes. . . 136

LIVRE III.

Chapitre I. Le rôle du Souverain Pontife est moins de soumettre les hommes à son empire que de les faire entrer tous, s'il est possible, dans le sein de l'Église..................... 137
Chapitre II. Mode qu'il convient d'adopter dans les appels au Saint-Siège................ 140
Chapitre III. Ce n'est ni pour dominer ni pour s'engraisser eux-mêmes que les prélats de l'Église sont placés à la tête des fidèles, mais pour procurer le bien des âmes............ 144
Chapitre IV. Il ne faut pas sans raison troubler et confondre les rangs et les degrés de la hiérarchie ecclésiastique et à ce sujet saint Bernard blâme sévèrement l'abus des demandes de priviléges et d'exemptions................. 146
Chapitre V. C'est un devoir pour le Souverain Pontife de faire observer avec soin dans l'Église entière les décrets du Saint-Siège et les règlements de ses prédécesseurs 150

LIVRE IV.

Chapitre I............................ 152
Chapitre II. Mœurs du clergé et du peuple romains, vigilance et sollicitude des anciens pasteurs. 152
Chapitre III. De la réforme à faire dans le luxe des vêtements et du zèle nécessaire au Souverain Pontife............................ 155
Chapitre IV. Quels hommes le Souverain Pontife doit choisir pour être auprès de lui et le seconder dans son ministère. Vertus requises en un prélat............................. 157
Chapitre V. Exemples à l'appui de la nécessité de ne point accepter de présents ; blâme sévère infligé à l'arrogance des ministres du Pape. . . 161
Chapitre VI. Le Souverain Pontife a mieux à faire que de s'occuper du soin de sa maison ; il doit laisser ce détail à un économe............ 163

Chapitre VII. Épilogue ou résumé des qualités requises en un Souverain Pontife 166

LIVRE V.

Chapitre I. De la considération de ce qui est au-dessus de vous, c'est-à-dire de Dieu et des choses divines ; l'âme s'y élève quelquefois par la contemplation des choses créées. 167

Chapitre II. La considération a différents degrés

Chapitre III. Nous avons trois moyens de connaître les êtres placés au-dessus de nous, c'est-à-dire Dieu et les anges; ce sont l'opinion, la foi et l'intelligence. 170

Chapitre IV. De quelle manière nous devons considérer les anges 171

Chapitre V. Les grâces et les dons que possèdent les anges leur viennent de Dieu 174

Chapitre VI. La notion de principe et d'essence ne convient qu'à Dieu 176

Chapitre VII. De la simplicité de Dieu et de la trinité des personnes divines 177

Chapitre VIII. La pluralité des personnes en Dieu provient de ses propriétés, mais sa substance n'en est pas moins une et simple. 180

Chapitre IX. De même qu'en Dieu, la nature est simple en trois personnes, ainsi en Jésus-Christ la personne est une en plusieurs natures . . 181

Chapitre X. Application à la personne de Jésus-Christ de la parabole des trois mesures de farine de saint Mathieu. . . . . : . . 182

Chapitre XI. Continuation de la considération de Dieu 183

Chapitre XII. Dieu récompense les bonnes œuvres avec bonté et punit les mauvaises avec la plus grande justice 183

Chapitre XIII. Saint Bernard disserte avec autant de profondeur que d'élégance sur la longueur, la largeur, la profondeur et la sublimité de Dieu. 186

Chapitre XIV. Comment nous pouvons, selon la recommandation de l'Apôtre, arriver à saisir les quatre attributs dont il parle 188

Avertissement sur la lettre suivante formant le second opuscule de saint Bernard. 189

Lettre XLII de saint Bernard ou traité à Henri, archevêque de Sens, *sur les mœurs et les devoirs des évêques*. 191

Chapitre I. Difficultés de l'épiscopat, et par suite, nécessité pour un évêque d'avoir de bons conseillers 191

Chapitre II. Ce qui rend les dignités ecclésiastiques honorables, ce n'est pas la pompe extérieure, mais l'éclat des bonnes mœurs et des vertus. 194

Chapitre III. Il n'est pas d'ornements plus précieux pour un évêque, il n'en est pas non plus de plus dignes de lui que la chasteté, la charité et l'humanité 196

Chapitre IV. Nécessité pour un évêque de conserver une foi pure et une charité sincère. 199

Chapitre V. L'humilité est nécessaire à tout le monde, mais l'est surtout aux prélats . . . 201

Chapitre VI. C'est dans notre conscience que nous devons placer notre gloire et notre honneur, encore ne devons-nous le faire qu'en tremblant car l'œil de Dieu voit à découvert nos pensées et les secrets de notre cœur 204

Chapitre VII. Saint Bernard blâme énergiquement l'ambition des ecclésiastiques, la promotion des trop jeunes clercs et la pluralité des bénéfices. 207

Chapitre VIII. Saint Bernard recommande l'humilité et la modestie aux évêques. 210

Chapitre IX. Condamnation de certains abbés qui affectaient de se soustraire à l'autorité des ordinaires 212

Sermons ou livre de saint Bernard, abbé, aux prêtres, sur la conversion. Avertissement sur l'opuscule suivant. 216

Chapitre I. Nul ne peut se convertir au Seigneur, s'il n'est prévenu de la volonté de Dieu et appelé de lui intérieurement 216

Chapitre II. La voix de Dieu se fait entendre de tous les hommes, et les traduit, malgré eux, au tribunal de leur propre conscience 218

Chapitre III. Il nous est facile, en nous examinant de découvrir nos défauts secrets. Les courts moments de la volupté laissent une longue amertume dans l'âme 218

Chapitre IV. Le pécheur est l'ennemi de son corps, autant que de son âme ; il ne se reconnaît que quand il n'est plus temps de faire pénitence. 219

Chapitre V. Il est bon de faire sentir dans cette vie le ver rongeur de la conscience, alors qu'on peut encore le faire périr 22

Chapitre VI. Peinture des difficultés de la conversion, des luttes réservées au pécheur qui entreprend de faire pénitence, et de la conjuration des sens avec la volonté contre la raison. . . 222

Chapitre VII. Consolation d'une âme qui reconnaît sa misère. 224

Chapitre VIII. Le plaisir des sens et les voluptés charnelles sont vaines, trompeuses et passagères 225

Chapitre IX. C'est en vain que le pécheur recherche les ténèbres et le mystère ; car il est sous les yeux des démons qui seront ses accusateurs, des anges qui rendront témoignage contre lui, et de Dieu qui le jugera 227

Chapitre X. Pour faire son salut, il ne suffit point d'éviter le mal, il faut encore faire le bien. 229

Chapitre XI. Ceux qui travaillent à se convertir sont tentés plus violemment par leurs anciens vices et courent risque de se perdre ; le moyen d'éviter ce malheur se trouve dans une salutaire douleur 230

Chapitre XII. Comment il faut amener, par la douceur, la volonté à aimer et à désirer les choses du Ciel.................. 231
Chapitre XIII. Soulagement que trouve un pécheur converti dans les admirables douceurs de la piété et dans les délices de la vie spirituelle. 232
Chapitre XIV. Dans les satisfactions terrestres, la satiété ne va jamais sans le dégoût ; mais plus on goûte les délices du ciel, plus on désire les goûter.............................. 233
Chapitre XV. Le moyen de purifier la mémoire des souvenirs d'une vie criminelle, c'est de s'en remettre avec une pleine et entière confiance à la miséricorde de Dieu, qui en accorde le pardon........................... 234
Chapitre XVI. Pour obtenir que Dieu ait pitié de nous, il faut que nous commencions par en avoir nous-mêmes et puis que nous ayions pitié des autres............................ 235
Chapitre XVII. On doit purifier sans relâche les yeux de son âme, pour pouvoir jouir de la vue de Dieu 236
Chapitre XVIII. C'est avec raison qu'on donne le nom d'enfants de Dieu aux hommes pacifiques 237
Chapitre XIX. Blâme sévère adressé aux ambitieux qui ont l'audace de s'immiscer, sans en être dignes, dans l'exercice des fonctions saintes... 238
Chapitre XX. Paroles pleines de véhémence de saint Bernard contre la vie dissolue et l'incontinence des clercs 239
Chapitre XXI. Douce exhortation à la pénitence................................. 241
Chapitre XXII. Le devoir du bon pasteur est d'instruire son troupeau et de ne pas craindre d'être persécuté pour la justice................ 242
Avis au lecteur sur le quatrième opuscule de saint Bernard 247
LIVRE DU PRÉCEPTE ET DE LA DISPENSE de saint Bernard. A l'abbé de Coulombs, le frère Bernard abbé de Clairvaux, salut éternel dans le Seigneur................................ 247
PRÉFACE................................. 248
Chapitre I. Les prescriptions des règles monastiques sont-elles des préceptes ou seulement des conseils............................. 248
Chapitre II. Quand peut-on dispenser des constitutions des anciens ; qui peut en dispenser.. 249
Chapitre III. Il n'y a que Dieu qui puisse dispenser les lois qu'il a faites ; mais s'il s'agit de la loi éternelle, Dieu lui-même ne peut la changer...................................... 251
Chapitre IV. Jusqu'où s'étend le pouvoir des prélats de dispenser de la règle........ 252
Chapitre V. Les supérieurs ne doivent étendre ou restreindre la loi de l'obéissance ni au-delà ni en deçà des limites de la profession religieuse. 254
Chapitre VI. Tout religieux désireux d'atteindre à la perfection de son état se gardera bien de renfermer son obéissance dans les limites rigoureuses de ses vœux...................... 255
Chapitre VII. Des différents degrés de l'obéissance et de la gravité de la désobéissance d'après les distinctions précédemment établies....... 255
Chapitre VIII. Celui qui pèche par mépris de la loi est plus coupable que celui qui n'y controvient que par négligence............... 257
Chapitre IX. On doit obéir à son supérieur comme à Dieu même......................... 258
Chapitre X. Il n'y a que pour les religieux imparfaits, charnels et de mauvaise volonté que la règle est lourde et pénible ; elle semble douce et facile aux autres...................... 261
Chapitre XI. Il y a des préceptes d'inégale importance ; donc ceux qui les transgressent pèchent inégalement......................... 263
Chapitre XII. S'il y a des degrés dans la transgression de la loi de Dieu, il faut en admettre aussi dans la violation de la règle.............. 265
Chapitre XIII. Saint Bernard montre leur erreur aux moines qui exagèrent la difficulté de l'obéissance religieuse ou qui prétendent qu'elle est impossible........................... 266
Chapitre XIV. Pourquoi une conscience erronée ne change pas le mal en bien, comme elle change le bien en mal...................... 269
Chapitre XV. L'obéissance est-elle aussi méritoire que la désobéissance est déméritoire..... 273
Chapitre XVI. Y a-t-il des cas où il soit permis de changer de monastère et de passer de l'un à l'autre............................. 274
Chapitre XVII. Réponses à quelques doutes tirés des saints pères...................... 278
Chapitre XVIII. Il n'est pas permis aux religieux de changer de monastère même à la mort de leur abbé.............................. 279
Chapitre XIX. Saint Bernard répond en peu de mots à quelques autres doutes 280
Chapitre XX. Saint Bernard concilie deux pensées de saint Paul qui semblent en contradiction. 281
Avertissement sur le cinquième opuscule.... 283
Apologie de saint Bernard, adressée à Guillaume, abbé de Saint-Thierry............. 286
Petite préface........................... 286
Chapitre I. Saint Bernard proteste que lui et les siens, sont très-éloignés de blâmer un ordre religieux quelconque.................... 286
Chapitre II. Saint Bernard se justifie et fait l'éloge de l'ordre de Cluny................. 288
Chapitre III. La variété des ordres religieux ne doit en aucune façon rompre le lien de la charité. 289
Chapitre IV. Saint Bernard dit que s'il n'est que

d'un ordre religieux par sa profession, il est de tous les ordres par la charité.......... 291
Chapitre V. Saint Bernard fait entendre des paroles sévères aux religieux qui jalousent et déprécient les autres ordres............. 293
Chapitre VI. Saint Bernard blâme ceux qui ont la témérité de juger les clunistes et de blâmer leur manière de vivre.................. 294
Chapitre VII. Les exercices spirituels sont plus avantageux que les corporels............ 296
Chapitre VIII. Saint Bernard s'élève avec véhémence contre des vices que les religieux de Cluny décoraient faussement du nom de vertus .. 298
Chapitre IX. Saint Bernard compare la profusion qui régnait dans les repas des clunistes avec la frugalité des anciens religieux.......... 299
Chapitre X. Saint Bernard reproche aux clunistes le luxe des habits................... 302
Chapitre XI. Pour quelle raison les supérieurs ne répriment pas les vices de leurs subordonnés. Saint Bernard leur reproche leur luxe et leur magnificence 303
Chapitre XII. Saint Bernard blâme le luxe déployé dans les églises et dans les oratoires, la somptuosité avec laquelle on les construit, et l'abus qu'on y fait de peintures et de décorations........ 304
Chapitre XIII. Saint Bernard rappelle sommairement quels sont les moyens et la manière de cultiver la paix et la charité; il dénonce l'instabilité des religieux qui passent d'un ordre à un autre. 306
AVERTISSEMENT sur le sixième opuscule....... 308
LIVRE de saint Bernard aux chevaliers du Temple. Louange de leur nouvelle milice........ 310
PROLOGUE. A Hugues, soldat du Christ et maître de sa milice, Bernard, simple abbé de Clairvaux, combattre le bon combat............. 310
Chapitre I. Louange de la nouvelle milice.... 310
Chapitre II. De la milice séculière........... 312
Chapitre III. Des soldats du Christ........... 313
Chapitre IV. Vie des soldats du Christ........ 315
Chapitre V. Le temple.................. 317
Chapitre VI. Bethléem.................. 319
Chapitre VII. Nazareth.................. 320
Chapitre VIII. Le mont des Oliviers et la vallée de Josaphat........................ 321
Chapitre IX. Le Jourdain................. 322
Chapitre X. Le calvaire................. 322
Chapitre XI. Le sépulcre................. 322
Chapitre XII. Bethphagé................. 328
Chapitre XIII. Béthanie.................. 330
AVIS sur l'opuscule septième de saint Bernard. 330
RÉTRACTATION de saint Bernard sur son traité des degrés de l'humilité.................. 332
TRAITÉ de saint Bernard des DEGRÉS DE L'HUMILITÉ ET DE L'ORGUEIL...................... 333
PRÉFACE............................ 333

Chapitre I. Jésus-Christ est la voie de l'humilité qui conduit à la vérité.................... 333
Chapitre II. Avantage de monter les degrés de l'humilité........................ 335
Chapitre III. Dans quel ordre les degrés de l'humilité conduisent à la récompense de la vérité et comment le Christ a appris la miséricorde par sa passion......................... 336
Chapitre IV. Le premier degré de la vérité c'est de se connaître soi-même, c'est-à-dire de connaître sa propre misère..................... 341
Chapitre V. Le second degré de la vérité est de compatir aux misères du prochain, quand on connaît sa propre infirmité................. 343
Chapitre VI. Le troisième degré de la vérité c'est de purifier l'œil de l'âme pour contempler les choses célestes et divines............... 345
Chapitre VII. Comment la sainte Trinité opère en nous ces trois degrés de la vérité.......... 346
Chapitre VIII. On retrouve ces degrés dans le ravissement de saint Paul.................. 347
Chapitre IX. Saint Bernard gémit et soupire d'ardeur après la vérité.................. 349
Seconde partie du traité des douze degrés de l'orgueil............................ 352
Chapitre X. Le premier degré de l'orgueil est la curiosité......................... 352
Chapitre XI. Second degré de l'orgueil, la légèreté d'esprit.......................... 358
Chapitre XII. Troisième degré de l'orgueil, la sotte joie............................ 358
Chapitre XIII. Quatrième degré de l'orgueil, la jactance........................... 359
Chapitre XIV. Cinquième degré de l'orgueil, la singularité....................... 360
Chapitre XV. Sixième degré de l'orgueil, l'arrogance........................... 361
Chapitre XVI. Septième degré de l'orgueil, la présomption........................ 361
Chapitre XVII. Huitième degré de l'orgueil, la défense du péché..................... 362
Chapitre XVIII. Neuvième degré de l'orgueil, un aveu qui n'est qu'une feinte............. 362
Chapitre XIX. Dixième degré de l'orgueil, la révolte........................... 363
Chapitre XX. Onzième degré de l'orgueil, la liberté de pécher....................... 364
Chapitre XXI. Douzième degré de l'orgueil, l'habitude de pécher..................... 364
Chapitre XXII. Faut-il et comment faut-il prier pour les âmes désespérées et mortes.... 365
AVERTISSEMENT sur le huitième opuscule de saint Bernard.......................... 369
LIVRE ou TRAITÉ de saint Bernard sur l'AMOUR DE DIEU à Haimeric, cardinal et chancelier de la sainte Église romaine 371

PRÉFACE. Au très-illustre seigneur Haimeric, cardinal diacre et chancelier de l'église romaine, Bernard, abbé de Clairvaux, vivre pour le Seigneur et mourir en lui. 371
Chapitre I. Pourquoi et comment faut-il aimer Dieu. 371
Chapitre II. Combien Dieu mérite-t-il l'amour de l'homme, à cause des biens du corps et de l'âme; comment on doit les reconnaître; il ne faut pas les tourner contre celui qui nous les a donnés. 372
Chapitre III. Motifs que les chrétiens ont de plus que les infidèles pour aimer Dieu. 375
Chapitre IV. Quels sont ceux qui trouvent de la consolation dans le souvenir de Dieu et sont plus propres à ressentir de l'amour pour lui. . . . 377
Chapitre V. Obligation d'aimer Dieu particulièrement pour les chrétiens 380
Chapitre VI. Récapitulation sommaire des chapitres précédents. 381
Chapitre VII. Avantages et récompense de l'amour de Dieu. Les choses de la terre ne peuvent satisfaire le cœur de l'homme. 382
Chapitre VIII. Nous commençons par nous aimer pour nous-mêmes; c'est, pour nous le premier degré de l'amour. 386
Chapitre IX. Second et troisième degré de l'amour. 388
Chapitre X. Le quatrième degré de l'amour est de ne plus s'aimer que pour Dieu. 389
Chapitre XI. L'amour parfait ne sera le partage des saints qu'après la résurrection générale . . . 391
Chapitre XII. Fragment d'une lettre aux Chartreux sur la charité 393
Chapitre XIII. De la loi de la volonté propre et de la concupiscence, qui est celle des mercenaires. 395
Chapitre XIV. De la loi d'amour qui est propre aux enfants 396
Chapitre XV. Des quatre degrés de l'amour, et de l'état bienheureux des saints dans le ciel. . . 397
Avertissement sur le neuvième traité de saint Bernard. 399
Traité de la grâce et du libre arbitre, de saint Bernard, à Guillaume, abbé de Saint-Thierry. . 400
Préface à l'abbé Guillaume, de Saint-Thierry, le frère Bernard. 400
Chapitre I. Pour qu'une bonne œuvre soit méritoire, il faut le concours de la grâce de Dieu, et du libre arbitre 400
Chapitre II. Qu'est-ce que le libre arbitre ou en quoi consiste la liberté 402
Chapitre III. On distingue trois sortes de libertés : celles de la nature, de la grâce et de la gloire. 404
Chapitre IV. Quelle est la liberté des âmes saintes après la mort et quelle est la liberté commune à Dieu et à toute créature raisonnable. 406
Chapitre V. La liberté de la misère ou le libre complaire peut-elle exister en cette vie? 408

Chapitre VI. Pour vouloir le bien, on a absolument besoin de la grâce 410
Chapitre VII. Les premiers ordres ont-ils connu cette triple liberté dans le paradis terrestre; l'ont-ils conservée même après le péché. 413
Chapitre VIII. Le libre arbitre subsiste après le péché. 415
Chapitre IX. L'image et la ressemblance de Dieu, selon lesquelles nous avons été créés, consistent dans cette triple liberté 416
Chapitre X. C'est Jésus-Christ qui a réparé en nous l'image de la ressemblance de Dieu. 419
Chapitre XI. La grâce non plus que la tentation, ne déroge en rien au libre arbitre 421
Chapitre XII. Celui qui nie sa foi, par la crainte des souffrances et de la mort, est-il exempt de péché, ou, en d'autres termes, a-t-il perdu son libre arbitre. Digression au sujet du reniement de saint Pierre. 422
Chapitre XIII. Les mérites de l'homme sont de purs dons de Dieu 425
Chapitre XIV. Quelle part revient d'un côté à la grâce et de l'autre au libre arbitre dans l'affaire de notre salut. 427
Avertissement sur le dixième opuscule de saint Bernard. 432
Lettre au traité de saint Bernard à Hugues de Saint-Victor, sur le baptême et sur d'autres questions qu'il lui avaient proposées. 433
Préface 433
Chapitre I. L'obligation du baptême n'a pas commencé au moment où il a été dit à Nicodème : « Si on ne renait, etc. » 434
Chapitre II. La nécessité du baptême n'a commencé qu'après la prédication suffisante de l'Évangile. En cas de nécessité, le baptême de foi ou de désir, ainsi que le martyre suffit. 437
Chapitre III. Les saints de l'Ancien Testament n'ont pas eu, des mystères de notre foi, une connaissance aussi claire que nous en avons eue depuis. 440
Chapitre IV. Saint Bernard prouve, contre l'assertion de son contradicteur, qu'il y a des péchés d'ignorance. 444
Chapitre V. Saint Bernard avait avancé que les anges mêmes avaient ignoré le plan divin de l'incarnation; cette proposition ayant été l'objet de plusieurs attaques, il la défend. 445
Avertissement sur l'opuscule onzième 448
Hérésies de Pierre Abélard. 452
Lettre cent-quatre-vingt-dixième ou Traité de saint Bernard contre quelques erreurs d'Abélard, au pape Innocent II 458
PRÉFACE. 458
Chapitre I. Exposition et réfutation des dogmes impies d'Abélard sur la Trinité. 458

Chapitre II. On ne peut admettre ni différence ni inégalité d'aucune sorte dans la Trinité.... 460
Chapitre III. Doctrine absurde d'Abélard, qui attribue en propre et spécifiquement à une personne, des noms absolus et essentiels : réfutation de cette doctrine........................ 462
Chapitre IV. Abélard avait défini la foi, une opinion; saint Bernard le réfute.................. 465
Chapitre V. Saint Bernard reproche à Abélard de préférer ses opinions et ses rêveries au sentiment unanime des Pères, surtout quand il prétend que le Christ ne s'est pas incarné pour délivrer l'homme de la puissance du démon....... 466
Chapitre VI. Dans l'œuvre de la délivrance de l'homme reluit non-seulement la miséricorde, mais aussi la justice de Dieu............ 469
Chapitre VII. Saint Bernard reprend sévèrement Abélard d'affaiblir, en les sondant avec autant d'impiété que de témérité, les secrets de Dieu. 470
Chapitre VIII. Pourquoi le Christ a-t-il choisi un moyen de nous délivrer si pénible et si douloureux, quand il eut suffi d'un seul acte de sa volonté ou d'une seule parole de sa bouche... 473
Chapitre IX. Le Christ est venu dans ce monde, non-seulement pour nous instruire, mais aussi pour nous délivrer.............. 475
Livre de la Vie de saint Malachie, évêque d'Irlande, par saint Bernard, abbé de Clairvaux....... 478
Chapitre I. Enfance et adolescence de saint Malachie........................ 480
Chapitre II. Son apprentissage de la vie religieuse...................... 482
Chapitre III. Entré dans les ordres, Malachie remplit les fonctions de vicaire de son évêque...... 484
Chapitre IV. Il s'attache tout particulièrement à l'évêque Malch, pour se former à son école. 485
Chapitre V. Il offre le sacrifice de la messe pour sa sœur défunte.................... 487
Chapitre VI. Malachie relève les ruines du monastère de Benchor........................ 488
Chapitre VII. Saint Malachie guérit un clerc malade de la dyssenterie..................... 490
Chapitre VIII. Il est ordonné malgré lui évêque de Connerth........................ 491
Chapitre IX. Saint Malachie construit le monastère d'Ibrack........................ 492
Chapitre X. Saint Malachie devient archevêque ou primat d'Irlande.................... 493
Chapitre XI. Saint Malachie échappe sain et sauf aux embûches qu'on lui tend, et ceux qui les dressent périssent misérablement........... 495
Chapitre XII. Saint Malachie, à force et courage et de confiance en Dieu, finit par adoucir ses ennemis et ses envieux, qui avaient pris les armes contre lui, et par se les attacher.......... 496
Chapitre XIII. Dieu punit les détracteurs de Malachie........................ 499
Chapitre XIV. Malachie se démet de l'archevêché d'Armargh, quand il y eut rétabli la paix.. 500
Chapitre XV. Malachie songe à aller à Rome pour demander le pallium au souverain Pontife. 501
Chapitre XVI. Malachie s'arrête à Clairvaux, en allant à Rome et en revenant............ 503
Chapitre XVII. Malachie rend la santé à plusieurs personnes........................ 504
Chapitre XVIII. De retour dans sa patrie, Malachie s'applique tout entier au soin du ministère pastoral et à la réforme des mœurs........... 506
Chapitre XIX Vertus éclatantes de Malachie, ses mœurs si dignes d'un vrai prélat......... 507
Chapitre XX. Malachie délivre plusieurs possédés du démon........................ 508
Chapitre XXI. Miracles opérés par Malachie en faveur de moribonds et de femmes en couches.... 510
Chapitre XXII. Malachie prédit une mort prochaine à un concubinaire endurci............ 511
Chapitre XXIII. Malachie guérit miraculeusement plusieurs personnes de différentes maladies. 511
Chapitre XXIV. Malachie ressuscite une femme qui était morte sans avoir reçu le sacrement de l'Extrême-Onction................ 514
Chapitre XXV. Divers autres miracles de Malachie, opérés en faveur de différentes personnes. . 515
Chapitre XXVI. Malachie soutient la vérité de présence réelle de Jésus-Christ dans l'Eucharistie 516
Chapitre XXVII. Malachie rétablit la paix et l'union entre des populations qui étaient divisées. 517
Chapitre XXVIII. Malachie, voulant construire un édifice religieux, trouve un homme qui s'y oppose, mais bientôt cet homme est puni de Dieu........................ 520
Chapitre XXIX. Malachie est doué du don de prophétie ; il opère toutes sortes de miracles. . 523
Chapitre XXX. Malachie prédit l'heure et le lieu de sa mort ; il entreprend un second voyage à Rome pour aller une seconde fois demander le pallium au souverain Pontife, qui était le pape Eugène........................ 524
Chapitre XXXI. Malachie revient à Clairvaux pour y mourir le jour et à l'endroit qu'il avait désiré. 527
AVERTISSEMENT sur le treizième opuscule de saint Bernard........................ 531
LETTRE de dom Jean Bona, abbé général de la congrégation réformée de saint Bernard, de l'ordre de Cîteaux..................... 532
LETTRE ou PROLOGUE de saint Bernard sur l'antiphonier de l'ordre de Cîteaux........... 533
PRÉFACE ou TRAITÉ du chant ou de la correction de l'antiphonier.................... 534
PRÉFACE DE MABILLON placée en tête de son tome troisième des œuvres complètes de saint Bernard........................ 545

Seconde partie de la préface. Nicolas, secrétaire de saint Bernard... 556
SERMONS DU TEMPS pour l'Avent de Notre-Seigneur. Premier sermon de l'Avent de Notre-Seigneur et de ses circonstances... 563
Deuxième sermon pour l'Avent de Notre-Seigneur... 569
Troisième sermon. Les trois avénements du Seigneur et les sept colonnes que nous devons ériger en nous... 573
Quatrième sermon. Son double avénement et le zèle qu'on doit avoir pour les vraies vertus. 577
Cinquième sermon. De l'avénement du Seigneur qui tient le milieu entre son premier et son dernier avénement. Triple renouvellement... 580
Sixième sermon. Sur le triple avénement du Seigneur et sur la résurrection de la chair... 582
Septième sermon. Trois fruits de la venue de Notre-Seigneur... 585
AVERTISSEMENT sur les homélies... 586
HOMÉLIES sur les gloires de la vierge mère. Préface... 587
Première homélie. L'ange Gabriel fut envoyé de Dieu en une ville de Galilée appelée Nazareth, à une vierge qui avait épousé un homme nommé Joseph, et cette vierge s'appelait Marie... 587
Deuxième homélie sur les gloires de la Vierge-mère... 593
Troisième homélie sur les gloires de la Vierge-mère... 604
Quatrième homélie sur les gloires de la Vierge-mère... 613
NOTES de Horstius et Mabillon sur les lettres, traités, sermons et homélies contenus dans ce volume... 623

FIN DE LA TABLE DU DEUXIÈME VOLUME.

TABLE DES MATIÈRES

CONTENUES DANS LE TROISIÈME VOLUME.

I Sermon pour la veille de Noël, sur ces paroles du martyrologe : « Jésus-Christ, le fils de Dieu, naît à Béthleem de Juda » 1

II Sermon pour la veille de Noël, sur ces paroles : « O Juda et vous Jérusalem, ne craignez point, demain vous sortirez et le Seigneur sera avec vous » 4

III Sermon pour la veille de Noël, sur ces paroles : « Et vous verrez demain éclater la gloire du Seigneur. Car vous saurez que le Seigneur va venir aujourd'hui même. » 9

IV Sermon pour la veille de Noël, sur ces paroles : « Le remède se trouve dans la main gauche du Très-Haut, et sa droite est pleine de délices. » 16

V Sermon pour la veille de Noël, sur ces paroles : « Sanctifiez-vous aujourd'hui et tenez-vous prêts : car demain vous verrez la majesté de Dieu en vous. » 22

VI Sermon pour la veille de Noël. « L'Annonciation de Jésus-Christ » 26

I Sermon pour le jour de Noël. « Les fontaines du Sauveur. » 33

II Sermon pour la fête de Noël. « Les trois principales œuvres de Dieu et ses trois mélanges. » 37

III Sermon pour le jour de Noël. « Sur le lieu, le temps et les autres circonstances de la naissance de Notre-Seigneur. 41

IV Sermon pour le jour de Noël. « Les bergers trouvèrent Marie, Joseph et l'enfant ; celui-ci était placé dans une crèche. » 45

I Sermon unique pour le jour des Saints-Innocents. Sur les quatre fêtes successives de Noël, de saint Étienne, de saint Jean, et des Saints-Innocents. » .. ? 50

I Sermon pour le jour de la circoncision de Notre-Seigneur, sur le passage de l'évangile : « Le huitième jour auquel l'Enfant devait être circoncis étant arrivé, on lui donna le nom de Jésus (*Luc.* II, 21). » 52

II Sermon pour le jour de la Circoncision de Notre-Seigneur. « Sur les différents noms de Notre-Seigneur. » 55

III Sermon pour le jour de la Circoncision de Notre-Seigneur. « Sur le huitième jour. » .. 57

I Sermon pour le jour de l'Épiphanie de Notre-Seigneur sur ces paroles de l'apôtre : « La bonté de Dieu, notre Sauveur, et son humanité, ont paru dans le monde (*Tit.* III, 4) ; » et sur les trois apparitions de Jésus-Christ............ 63

II Sermon pour le jour de l'Épiphanie de Notre-Seigneur. Sur les Mages, à l'occasion de ce passage du *Cantique des Cantiques* : « Sortez de vos demeures, filles de Sion, et voyez le roi de Salomon (*Cant.* III, 19). » 69

III Sermon pour le jour de l'Épiphanie de Notre-Seigneur, sur ce passage de l'évangile : « Où est le roi des Juifs qui est nouvellement né (*Matth.* II, 2)? 71

IV Sermon pour le jour de l'Octave de l'Épiphanie, sur la Circoncision, sur le baptême et sur ces paroles de Notre-Seigneur à saint Jean : « C'est ainsi qu'il faut que nous accomplissions toute justice (*Matth.* III, 15). » 75

I Sermon pour le premier dimanche après l'Octave de l'Épiphanie, sur le miracle de Cana et sur ces paroles de Notre-Seigneur : « Et vous soyez semblables à ceux qui attendent que leurs maîtres revienne des noces (*Luc.* XII, 36). » .. 77

II Sermon pour le premier dimanche après l'Octave de l'Épiphanie. « Sur les noces spirituelles désignées dans l'évangile. » 80

I Sermon pour le dimanche de la Septuagésime................................. 85

II Sermon pour le dimanche de la Septuagésime, sur ce texte de l'écriture : « Le Seigneur envoya un sommeil à Adam (*Gen.* II, 21). » 89

I Sermon pour le premier jour de Carême. Que faut-il entendre par ces mots : « Parfumez-vous la tête et lavez-vous le visage (*Matth.* VI, 17). » 98

II Sermon pour le premier jour de Carême : « Comment nous devons nous convertir au Seigneur. » 94

III Sermon pour le Carême. Du jeûne quadragésimal................... 98
IV Sermon pour le Carême. Du jeûne et de la prière.................. 100
V Sermon pour le Carême. Il y a trois sortes de prières............... 102
VI Sermon pour le Carême. Sur l'oraison dominicale................. 106
VII Sermon pour le Carême. Sur le voyageur, le mort et le crucifié....... 108
Dix-sept sermons prêchés pendant le Carême Sur le psaume XC, *Qui habitat*............. 111
Préface............................. 111
I Sermon. « Celui qui a établi sa demeure dans l'assistance du Très-Haut, reposera en sûreté sous la protection du Dieu du ciel (*Psal.* xc, 1). ». 112
II Sermon. « Il dira au Seigneur, vous êtes mon soutien, mon asile et mon refuge (*Psal.* xc. 2). »........................ 115
III Sermon. « Il est mon Dieu, je mettrai mon espérance en lui, parce qu'il m'a délivré du piège des chasseurs et de la parole mordante de mes ennemis (*Psal.* xc, 3). »........... 117
IV Sermon. « Il vous couvrira de ses ailes, et vous espérerez, étant à couvert sous ses plumes (*Psal.* xc, 4). » 120
V Sermon. « La vérité vous couvrira de bouclier : Vous ne craindrez point les frayeurs qui surprennent durant la nuit (*Psal.* xc, 5). »..... 123
VI Sermon. « Vous ne craindrez les frayeurs qui surprennent durant la nuit, ni les flèches qui volent le jour ; ni les entreprises qui se font dans les ténèbres ; ni les attaques ouvertes, et les démons du midi (*Psal.* xc, 5 et 6). »......... 125
VII Sermon. « Il en tombera mille à votre gauche et dix mille à votre droite ; mais leurs coups n'approcheront point de vous (*Psal.* xc, 7). » 129
VIII Sermon. « Vous contemplerez seulement de vos yeux, et vous serez spectateurs de la punition des méchants (*Psal.* xc, 8). »......... 140
IX Sermon. « Ce bonheur m'arrivera parce que vous êtes mon espérance. Vous avez placé votre refuge extrêmement haut (*Psal.* xc, 9). »..... 148
X Sermon. « Il ne vous arrivera point de mal ; et le fléau n'approchera point de votre tabernacle (*Psal.* xc, 10). »................... 154
XI Sermon. « Parce qu'il a commandé à ses anges de vous garder en toutes ses voies (*Psal.* xc, 11). »............................ 158
XII Sermon. « Parce qu'il a commandé à ses anges de vous garder en toutes vos voies ; ils vous porteront entre leurs mains, de peur que vos pieds ne heurtent contre quelque pierre (*Psal.* xc, 11 et 12). »........................... 165
XIII Sermon. Ils vous porteront entre leurs mains de peur que vous ne heurtiez le pied contre quelque pierre (*Psal.* xc, 12). »........... 171
XIV Sermon. Ils vous porteront entre leurs mains, vous marcherez sur l'aspic et sur le basilic (*Psal.* xc, 12, 13). ». 165
XV Sermon. « Parce qu'il a espéré en moi, je le délivrerai ; je le protégerai, parce qu'il a connu mon nom. (*Psal.* xc, 15). »........ 181
XVI Sermon. « Il a crié vers moi et je l'exaucerai. Je suis avec lui dans l'affliction (*Psal.* xc, 15) 185
XVI Sermon. « Je le comblerai de jours et d'années, et je lui ferai part du salut que je destine à mes saints (*Psal.* xc, 17). »........... 189
I Sermon pour le dimanche des rameaux. De trois sortes de gens qui rendent hommage à Jésus-Christ........................... 194
II Sermon pour le dimanche des Rameaux. Sur la passion, la procession et sur les quatre ordres qu'on y remarque................. 197
III Sermon pour le dimanche des Rameaux. Des cinq jours de la marche triomphale, de la cène, de la passion, de la sépulture et de la résurrection............................. 200
Sermon pour le mercredi saint. Sur la passion de Notre-Seigneur..................... 204
Sermon pour le jeudi saint. Sur le baptême, sur le sacrement de l'autel et sur le lavement des pieds.............................. 213
Sermon pour le jour de Pâques. Sur les sept sceaux brisés par l'agneau................. 216
II Sermon pour les fêtes de Pâques. Sur ces paroles de l'Évangile : « Marie-Madeleine et Marie, mère de Jacques et Salomé, achetèrent des parfums pour venir embaumer Jésus (*Marc*, XVI, 1). »............................. 227
III Sermon pour les fêtes de Pâques. Sur les sept immersions de Naaman dans les eaux du Jourdain, et sur la guérison des sept sortes de lèpres ; sur les sept apparitions de Jésus-Christ, après sa résurrection, lesquelles nous rappellent les sept dons du Saint-Esprit............ 233
I Sermon pour le dimanche de l'octave de Pâques. De la foi victorieuse et des trois témoignages dans le ciel et sur la terre............... 237
II Sermon pour le dimanche de l'octave de Pâques. Sur les trois témoignages........... 242
Sermon pour les Rogations. Sur les trois pains 242
I Sermon pour le jour de l'Ascension. Sur l'Évangile du jour..................... 245
Sermon pour le jour de l'Ascension. Sur l'Évangile du jour..................... 245
II Sermon pour le jour de l'Ascension. Comment le Seigneur monte au ciel, afin d'accomplir toutes choses............................ 247
III Sermon pour le jour de l'Ascension. Sur l'entendement et la volonté................ 251
IV Sermon pour le jour de l'Ascension. Il y a

deux ascensions mauvaises, ce sont celle du démon et celle du premier homme ; il y en a six bonnes, ce sont celles du Christ et les nôtres. 256
V Sermon pour le jour de l'Ascension. De l'intelligence et de la volonté................ 264
I Sermon pour le jour de la Pentecôte. Comment le Saint-Esprit opère trois choses en nous. . 272
II Sermon pour le jour de la Pentecôte. Des opérations de la Trinité en nous et de trois sortes de grâces du Saint-Esprit.................. 276
II Sermon pour le jour de la Pentecôte. De l'opération multiple du Saint-Esprit en nous... 280
Sermon pour le quatrième dimanche après la Pentecôte. David et Goliath ; les cinq prières de David................................. 285
I Sermon pour le sixième dimanche après la Pentecôte. Sur ce passage où il est rapporté que le Seigneur, avec sept pains, a nourri une foule d'hommes qui le suivaient depuis trois jours. 288
II Sermon pour le sixième dimanche après la Pentecôte. Sur les sept miséricordes........ 290
III Sermon pour le sixième dimanche après la Pentecôte. Sur les fragments des sept miséricordes................................ 293
I Sermon pour le premier dimanche de novembre. Sur ces paroles d'Isaïe : J'ai vu le Seigneur assis sur un trône, etc. (*Isa.*, VI, 1)....... 296
II Sermon pour le premier dimanche de novembre. Sur les paroles du prophète Isaïe..... 301
IV Sermon pour le premier dimanche de novembre. Sur les paroles d'Isaïe.............. 206
Sermons de saint Bernard pour des fêtes de saints.
I Sermon pour le jour de la conversion de saint Paul. Comment nous devons nous convertir à son exemple........................... 314
II Sermon pour le jour de la conversion de saint Paul................................. 319
I Sermon pour le jour de la Purification de la sainte vierge Marie. Des trois miséricordes...... 320
II Sermon pour le jour de la Purification de la Sainte Vierge Marie. Ordre de la procession du Christ dans le temple et manière dont elle s'accomplit............................... 323
II Sermon pour le jour de la Purification de la sainte vierge Marie. L'enfant Jésus et Marie et Joseph............................. 325
I Sermon pour le jour de la fête de saint Victor. 327
Sermon pour la fête de saint Benoît.......... 333
I Sermon pour la fête de l'Annonciation de la Sainte Vierge Marie. Sur ces paroles du psaume LXXXIV, verset 10 : « Pour que la gloire habitât sur notre terre. »....................... 340
II Sermon pour la Purification de la Sainte Vierge Sur les sept dons du Saint-Esprit en Jésus-Christ................................. 348
III Sermon pour l'Annonciation de la Sainte Vierge. Suzanne et Marie....................... 351
Sermon pour la Nativité de saint Jean-Baptiste. Le flambeau avec sa triple chaleur et sa propre lumière................................. 357
Sermon pour la vigile des apôtres saint Pierre et saint Paul. Sur le triple secours que nous recevons des saints........................ 364
I Sermon pour la fête des saints apôtres Pierre et Paul. Des trois manières dont les apôtres nous gardent et des trois degrés de notre vie..... 366
II Sermon pour la fête des saints apôtres Pierre et Paul................................. 369
III Sermon pour la fête des saints apôtres Pierre et Paul. Sur ce passage de la Sagesse : « Ce sont des hommes de miséricorde (*Eccli.* XLIV, 10) ». 373
I Sermon pour l'Assomption de la sainte vierge Marie. De la susception du Christ et de celle de Marie................................. 376
II Sermon pour l'Assomption de la sainte vierge Marie. Il faut nettoyer, orner et meubler la maison................................. 378
III Sermon pour l'Assomption de la sainte vierge Marie. Marie, Marthe et Lazare........ 383
IV Sermon pour l'Assomption de la Sainte Vierge. Les quatre jours de l'ensevelissement de Lazare, et louanges de la Vierge............. 387
Sermon pour le dimanche dans l'octave de l'Assomption de Marie. Les douze prérogatives de la bienheureuse vierge Marie, d'après ces paroles de l'Apocalypse : « Il apparut un grand prodige dans le ciel, c'était une femme revêtue du soleil, elle avait la lune sous ses pieds et une couronne de douze étoiles sur sa tête (*Apoc.* XIII, 1 ;) » 392
Sermon pour la Nativité de la bienheureuse vierge Marie. L'aqueduc................... 402
I Sermon pour la fête de saint Michel. Des devoirs des anges envers nous et du respect que nous leur devons 413
II Sermon pour le jour de la fête de saint Michel. Sur ces paroles : « Si quelqu'un est un sujet de scandale pour l'un de ces petits qui croient en moi, etc. (*Matth.* XVIII, 6). »............ 416
I Sermon pour la fête de la Toussaint. Sur ce passage de l'Évangile : « Jésus voyant la foule, etc. (*Matth.* V, 1). »....................... 419
II Sermon pour la fête de la Toussaint. L'état des saints avant la résurrection............. 429
III Sermon pour le jour de la Toussaint. Comment les âmes seront sans tache et sans ride.... 434
IV Sermon pour le jour de la Toussaint. Sein d'Abraham, autel sous lequel saint Jean a entendu les âmes des saints, et les sept pains dont on a recueilli les sept corbeilles de morceaux qui restaient................................ 437
V Sermon pour la fête de la Toussaint....... 441
I Sermon pour la mort de l'évêque saint Malachie. 449

II Sermon sur le saint évêque Malachie 453
Sermon pour la fête de saint Martin, évêque. Exemple d'obéissance 458
Sermon pour la fête de saint Clément, pape et martyr. Les trois eaux. 468
Sermon pour la veille de la fête de saint André, apôtre. Comment on doit se préparer par le jeûne à la fête des saints.................... 472
I Sermon pour la fête de saint André. Trois sortes de poissons, les poissons de la mer, ceux des fleuves et ceux des étangs 474
II Sermon pour la fête de saint André. Les quatre bras de la croix................ 480
Sermon pour l'inhumation de dom Humbert, religieux de Clairvaux. 484
I Sermon pour le jour de la Dédicace de l'Église. Les saints mystères de la Dédicace.. 490
II Sermon pour la Dédicace de l'Église. Comment nous devons être unis avec nous et avec les autres....................... 493
III Sermon pour la Dédicace de l'Église. Les trois apprêts que nous devons faire pour la garde de Dieu........................... 495
IV Sermon pour la Dédicace de l'Église. Sur les trois demeures..................... 498
V Sermon pour la Dédicace de l'Église. Des deux manières de se considérer................ 502
VI Sermon pour la Dédicace de l'Église. Respect dû au lieu saint. 508
SERMONS DIVERS DE SAINT BERNARD.—Ier sermon. 510
I Sermon. De l'obéissance, de la patience et de la sagesse, ou de l'obligation de nous connaître nous-mêmes, c'est-à-dire de nous connaître en tant qu'hommes..................... 516
III Sermon sur le cantique du roi Ezéchias : « Lorsque je ne suis encore qu'à la moitié de mes jours, etc. (*Isaï*, XXXVIII, 10).»............ 521
IV Sermon. Il faut rechercher Dieu ; il y a trois liens qui nous rattachent à lui............. 527
V Sermon. Sur ces paroles d'Abaccuc : « Je me tiendrai en sentinelle à l'endroit où on m'a placé, etc. (*Abac.* II, 1).»......................... 530
VI Sermon. La peau, la chair, et les os de l'âme. 533
VII Sermon. Des trois sortes de gloire à propos de ces paroles de l'Apôtre : « Que celui qui se glorifie le fasse dans le Seigneur (I *Cor.* I, 31).»... 534
VIII Sermon. Les divers sentiments sous lesquels l'âme se trouve sous Dieu................ 537
IX Sermon. Sur ces paroles de l'Apôtre : « Ce qu'il y a d'invisible en Dieu, etc. (*Rom.* I, 20), » et sur celle-ci du Psalmiste : « J'écouterai le Seigneur mon Dieu, me dire, au-dedans de moi, etc.(*Psal.* LXXXIX, 8).»......................... 542
X Sermon. La vie et les cinq sens de l'âme.... 545
XI Sermon. Du double Baptême et de la nécessité de renoncer à sa propre volonté........... 547

XII Sermon. Le commencement, le milieu et la fin de l'homme, à l'occasion de ces paroles de l'Ecclésiaste : « Souvenez-vous de vos fins dernières, etc. (*Eccl.* III. 40.)» 549
XIII Sermon. Des trois miséricordes et des quatres pitiés............................ 552
XIV Sermon. Les sept dons du Saint-Esprit opposés à sept sortes de péchés. 553
XV Sermon. Il faut chercher la sagesse....... 556
XVI Sermon. Il y a trois sortes de biens. Il faut veiller sur nos pensées................... 559
XVII Sermon. De la triple garde de la main, de la langue et du cœur...................... 563
XVIII Sermon. De la joie spirituelle, sur ces paroles de l'apôtre : « Le royaume de Dieu ne consiste point dans le boire et le manger (*Rom.* XIV, 17.). ».............................. 568
XIX Sermon. Sur les mêmes paroles de l'Apôtre : « Le royaume de Dieu n'est ni dans le boire ni dans le manger.»..................... 571
XX Sermon. Sur ces paroles de Notre-Seigneur : « Quiconque s'élève sera abaissé, et quiconque s'abaisse sera élevé (*Luc* XIV, 11).»....... 574
XXI Sermon. Sur ces paroles de la sagesse : « Le Seigneur a conduit le juste par des voies étroites, etc. (*Psal* X, 10).».................... 576
XXII Sermon. Les quatre dettes........... 578
XXIII Sermon. Du discernement des esprits.. 585
XXIV Sermon. Utilité multiple de la parole de Dieu 587
XXV Sermon sur ces paroles de l'Apôtre : « Je veux donc, avant toutes choses, que vous fassiez des supplications, des prières, etc. (I *Tim.* II, 1).» 589
XXVI Sermon. Il faut plier notre volonté à la volonté de Dieu........................ 594
XXVII Sermon. Contre le vice détestable de l'ingratitude 596
XXVIII Sermon. Sur ces paroles du livre de Job : « Après nous avoir affligé six fois, il vous délivrera, et à la septième, il ne permettra pas que le mal vous touche. (*Job.* V, 19).»......... 601
XXIX Sermon. Sur le triple amour de Dieu... 606
XXX Sermon. Le bois, le foin et la paille... 608
XXXI Sermon. Soin avec lequel on doit veiller à ses pensées........................... 609
XXXII Sermon. De trois sortes de jugements, du jugement propre, du jugement des hommes et du jugement de Dieu................. 611
XXXIII Sermon. Sur ces paroles du psaume : « Qu'est-ce qui montera sur la montagne du Seigneur (*Psal* XXIII, 3). » 618
XXXIV Sermon. Sur les paroles d'Origène... 619
XXXV Sermon. Des trois ordres de l'Église, aux pères abbés en chapitre 622
XXXVI Sermon. Sur l'élévation et la bassesse du cœur 626

XXXVII Sermon. Sur le travail de la moisson, à l'occasion de ces paroles du Psalmiste : « Telle est la race de ceux qui cherchent le Seigneur, de ceux qui cherchent à voir le face du Dieu de Jacob. (*Psal* xxiii, 6).» 628

XXXVIII Sermon. ii, sur le travail de la moisson, à l'occasion de ces paroles de l'Apôtre : « Tout contribue au bien de ceux qui aiment Dieu (*Rom.* xiii, 28).».................. 633

XXXIX Sermon. iii. Sur le travail de la moisson; sur les deux tables, ou sur les deux ruisseaux, le supérieur et l'inférieur 634

XL Sermon. Les sept dégrés de la confession. 638

XLI Sermon. De la vertu d'obéissance et de ses sept degrés. 643

XLII Sermon. Les cinq négoces et les cinq régions. 652

XLIII Sermon. De la magnanimité, de la longanimité, de l'unanimité 657

XLIV Sermon. De ceux en qui les mystères du Christ ne paraissent pas encore accomplis.. 658

FIN DE LA TABLE DU TROISIÈME VOLUME.

TABLE DES MATIÈRES

CONTENUES DANS LE QUATRIÈME VOLUME.

XLV Sermon. De la trinité en Dieu et dans l'homme... 1
XLVI Sermon. De la connexion de la virginité et de l'humilité... 3
XLVII Sermon. Les quatre orgueils... 4
XLVIII Sermon. La pauvreté volontaire... 5
XLIX Sermon. Des trois sortes de paroles ou de vertus... 6
L Sermon. Il faut bien régler les affections de l'âme... 7
LI Sermon. La purification de Marie et la circoncision du Christ... 8
LII Sermon. De la maison de la sagesse divine, c'est-à-dire de la Vierge Marie... 9
LIII Sermon. Les noms du Sauveur... 11
LIV Sermon. De l'apparition du Christ... 12
LV Sermon. Les six urnes spirituelles... 13
LVI Sermon. Il faut remplir les six urnes d'un triple amour... 15
LVII Sermon. Les sept sceaux rompus par le Christ... 16
LVIII Sermon. Les trois saintes femmes qui vont embaumer le corps de Jésus mort, sont l'esprit, la main et la langue qui travaillent au salut du prochain... 17
LIX Sermon. Les trois pains de l'homme spirituel. 18
LX Sermon. Jésus-Christ est descendu et il est remonté, ainsi descendons-nous et remontons-nous aussi... 19
LXI Sermon. Il y a quatre montagnes à gravir. 21
LXII Sermon. Véritables et différentes manières de suivre le Christ... 22
LXIII Sermon. Des trois moyens de trouver la béatitude prescrite par Jésus-Christ dans ces termes : que celui qui veut venir après moi... 23
LXIV Sermon. La vie et la mort des saints sont précieuses... 23
LXV Sermon. Rapport entre les trois paraboles que nous lisons en saint Matthieu : « Le royaume du ciel est semblable à un trésor caché dans un champ, etc. »... 24
LXVI Sermon. Les huit béatitudes sont opposées à autant de péchés... 25
LXVII Sermon. La loi comprend deux sortes de préceptes: les préceptes moraux et les figuratifs... 26
LXVIII Sermon... 27
LXIX Sermon. Le triple renouvellement d'une triple vétusté... 27
LXX Sermon. De la vigilance et de la sollicitude qu'il faut apporter au soin du salut... 28
LXXI Sermon... 29
LXXII Sermon... 30
LXXIII Sermon... 33
LXXIV Sermon... 33
LXXV Sermon... 34
LXXVI Sermon... 34
LXXVII Sermon... 35
LXXVIII Sermon... 36
LXXIX Sermon... 36
LXXX Sermon... 37
LXXXI Sermon... 38
LXXXII Sermon... 38
LXXXIII Sermon... 39
LXXXIV Sermon... 40
LXXXV Sermon... 41
LXXXVI Sermon... 41
LXXXVII Sermon... 42
LXXXVIII Sermon... 45
LXXXIX Sermon... 46
XC Sermon... 47
XCI Sermon. Les trois plants... 50
XCII Sermon. Triple introduction, dans le jardin, dans le cellier et dans la chambre... 54
XCIII Sermon. « Vos dents sont comme un troupeau de brebis tondues, remontant du lavoir et portant un double fruit, sans qu'il y en ait de stériles parmi elles (Cant. IV, 2). »... 56
XCIV Sermon. Du progrès de la vie chrétienne, d'après la figure d'Élie fuyant Jézabel... 57
XCV Sermon. Les prédicateurs doivent adoucir l'amertume de a doctrine... 59

XCVI Sermon. Les quatre fontaines du Sauveur et l'eau qu'on doit y puiser................. 60
XCVII Sermon. Douceur de la parole et du joug du Christ, qui est dur au dehors, mais très-doux au dedans.......................... 64
XCVIII Sermon. Des fils de la paix en qui Dieu habite............................... 66
XCIX Sermon. Il y a quatre sortes d'hommes qui vont à Dieu.......................... 67
C Sermon. Différence entre le peuple et un prélat............................... 38
CI Sermon. Il y a quatre manières d'aimer.... 68
CII Sermon. Manière de revenir à Dieu........ 69
CIII Sermon. Il y a quatre degrés qui marquent le progrès des élus..................... 70
CIV Sermon. Quatre obstacles à la confession. 72
CV Sermon. Conditions requises pour la justification et le salut........................ 73
CVI Sermon. Trois choses nécessaires pour faire pénitence............................ 74
CVII Sermon. Sentiments qu'il faut avoir dans la prière............................... 75
CVIII Sermon. Des saignées spirituelles........ 76
CIX Sermon............................... 77
CX Sermon. Paroles de l'homme à soi-même ou plutôt à son âme...................... 78
CXI Sermon. Il faut prouver sa foi par ses mœurs, ou les six témoignages à rendre à Dieu............................... 78
CXII Sermon. O mon âme, rentre dans ton repos (*Psal.* CIV. 7).......................... 82
CXIII Sermon............................. 82
CXIV Sermon............................. 83
CXV Sermon.............................. 83
CXVI Sermon............................. 84
CXVII Sermon............................ 84
CXVIII Sermon........................... 85
CXIX Sermon............................. 85
CXX Sermon.............................. 86
CXXI Sermon............................. 86
CXXII Sermon............................ 87
CXXIII Sermon........................... 87
CXXIV Sermon............................ 89
CXXV Sermon............................. 90
PENSÉES DE SAINT BERNARD................. 96
AUTRES PENSÉES DE SAINT BERNARD........... 92
PARABOLES VULGAIREMENT ATTRIBUÉES A SAINT BERNARD............................ 102
I PARABOLE. LE COMBAT SPIRITUEL........... 102
II Parabole. Le combat spirituel............. 106
III Parabole. Le combat spirituel............ 110
IV Parabole. Le Christ et l'Église........... 113
V Parabole. La foi, l'espérance et la charité... 116
FORMULE DE CONFESSION PRIVÉE, OU PRIÈRE TRÈS-DÉVOTE D'UNE AME FERVENTE A DIEU, ATTRIBUÉE AVEC QUELQUE RAISON A SAINT BERNARD............. 119

OFFICE DE SAINT VICTOR, CONFESSEUR, COMPOSÉ PAR SAINT BERNARD A LA DEMANDE DE GUY, ABBÉ DE MOUTIER-RAMEY............................ 121
PRÉFACE DE MABILLON pour le tome IV de son édition des œuvres de saint Bernard...... 127
SERMONS DE SAINT BERNARD, ABBÉ DE CLAIRVAUX SUR LE CANTIQUE DES CANTIQUES............. 131
I Sermon................................ 131
II Sermon. Avec quelle impatience les patriarches et les prophètes attendaient l'incarnation du Fils de Dieu, qu'ils ont annoncée........... 136
III Sermon. Le baiser des pieds, de la main, et de la bouche du Sauveur, etc............. 154
IV Sermon. Des trois progrès de l'âme, signifiés par les trois baisers des pieds, de la main et de la bouche du Seigneur................. 143
V Sermon. Il y a quatre sortes d'esprits: celui de Dieu, celui de l'ange, celui de l'homme et celui de la bête......................... 146
VI Sermon. L'esprit suprême et incirconscrit est Dieu: en quel sens on dit que les pieds de Dieu sont la miséricorde et le jugement...... 150
VII Sermon. De l'ardent amour de l'âme pour Dieu et de l'attention qu'il faut apporter dans l'oraison et dans la psalmodie.............. 153
VIII Sermon. Le Saint-Esprit est le baiser de Dieu; c'est ce baiser que l'Épouse demande, afin qu'il lui donne la connaissance de la Sainte-Trinité. 158
IX Sermon. Des deux mamelles de l'Époux, c'est-à-dire de Jésus-Christ, dont l'une est la patience à attendre la conversion des pécheurs lorsqu'ils se convertissent, et l'autre la bienveillance ou la facilité avec laquelle il les accueille...... 162
X Sermon. Les trois parfums spirituels des mamelles de l'Épouse, la contrition, la dévotion et la piété................................. 166
XI Sermon. Il faut remarquer deux choses principales dans la rédemption des hommes, le fruit que nous en tirons, et la manière dont elle s'est accomplie...................... 172
XII Sermon. Le parfum de la piété est le plus excellent de tous. Respect que les inférieurs doivent avoir pour leurs supérieurs... 177
XIII Sermon. Nous devons faire remonter à Dieu, comme à la source de tout bien, toutes les grâces que nous recevons de lui...... 183
XIV Sermon. De l'Église des chrétiens fidèles, et de la Synagogue des Juifs perfides....... 189
XV Sermon. Vertu merveilleuse du nom de Jésus-Christ, pour les chrétiens fidèles dans toutes leurs adversités............................ 194
XVI Sermon. La contrition du cœur. Il y a trois espèces de confessions véritables...... 199
XVII Sermon. Il faut observer avec grand soin le moment où le Saint-Esprit vient dans l'âme, et celui où il s'en éloigne. Jalousie que le dia-

ble a conçue contre les hommes. 207
XVIII Sermon. Des deux opérations du Saint-Esprit, dont l'unes'appelle affection et l'autre infusion. 211
XIX Sermon. Nature, mode et propriété de l'amour de Dieu qui est dans les anges, selon les divers degrés de gloire qu'ils possèdent. . . 216
XX Sermon. Trois sortes d'amours dont nous aimons Dieu. 220
XXI Sermon. Comment l'Épouse, c'est-à-dire l'Église, demande à Jésus, qui est son Époux, d'être attirée après lui. 226
XXII Sermon. Des quatre parfums de l'Époux et des quatre vertus cardinales. 232
XXIII Sermon. Trois manières de contempler Dieu, représentées par les trois celliers. 239
XXIV Sermon. Contre le vice détestable de la détraction ; en quoi consiste surtout la rectitude de l'homme. 249
XXV Sermon. L'Épouse, je veux dire l'Église, est belle mais elle noire. 255
XXVI Sermon. Saint Bernard pleure la mort de son fidèle Gérard. 260
XXVII Sermon. De la parure de l'Épouse : En quel sens l'âme sainte est appelée au ciel. . . . 270
XXVIII Sermon. De la noirceur et de la beauté de l'Épouse ; prérogative de l'ouïe sur la vue, en ce qui concerne la foi. 279
XXIX Sermon. Plaintes de l'Église contre les persécuteurs, c'est-à-dire contre ceux qui sèment la division entre les frères. 297
XXX Sermon. Le peuple fidèle, ou les âmes des élus, sont les vignes dont l'Église est établie la gardienne. La prudence de la chair est une mort. 293
XXXI Sermon. Excellence de la vision de Dieu. Comment à présent le goût de la présence de Dieu varie dans les saints, selon les différents états de leur âme. 300
XXXII Sermon. Le Verbe se communique, sous la forme d'un époux, aux âmes embrasées d'amour pour lui, et sous la figure d'un médecin, à celles qui sont encore faibles et imparfaites. Les pensées de l'âme diffèrent les unes des autres : d'où vient cette différence. 306
XXXIII Sermon. Ce qu'une âme dévote ne doit cesser de rechercher. Que faut-il entendre par ce mot *midi*. Il y a quatre tentations qu'on doit toujours éviter. 312
XXXIV Sermon. De l'humilité et de la patience. 321
XXV Sermon. Deux réprimandes que l'Époux fait à l'Épouse. Il y a deux ignorances particulièrement à craindre et à fuir. 324
XXXVI Sermon. La connaissance des belles-lettres est bonne pour notre instruction, mais la connaissance de notre propre infirmité est meilleure pour notre salut. 329

XXXVII Sermon. Il y a deux connaissances et deux ignorances : maux ou détriments qu'elles nous causent. 334
XXXVIII Sermon. En quel sens l'Épouse est appelée la plus belle des femmes. 338
XXXIX Sermon. Le chariot de Pharaon, qui est le diable, et des princes de son armée, qui sont la malice, l'intempérance et l'avarice. 341
XL Sermon. L'intention est le visage de l'âme ; sa beauté, sa laideur, sa solitude et sa pureté. 346
XLI Sermon. Grande consolation de l'Épouse dans la contemplation des splendeurs de Dieu, en attendant qu'elle arrive à sa claire vision. . 349
XLII Sermon. Il y a deux sortes d'humilités : l'une naît de la vérité, l'autre est enflammée par la charité. 352
XLIII Sermon. Comment la méditation de la passion et des souffrances de Jésus-Christ fait passer l'Épouse, je veux dire l'âme fidèle, par la prospérité et l'adversité sans en être affectée. . 358
XLIV Sermon. La correction doit se régler sur le caractère de ceux qu'on reprend : elle doit être douce quand elle s'adresse à des personnes humbles et faciles, et sévère quand on a affaire à des âmes dures et obstinées. 361
XLV Sermon. Les deux beautés de l'âme ; comment l'âme parle au Verbe et le Verbe à l'âme ; leur langue. 365
XLVI Sermon. État et composition de l'Église, comment on parvient à la contemplation par la vie active qui se passe dans l'obéissance. . . 370
XLVII. Sermon. Les trois fleurs de la virginité, du martyre et des bonnes œuvres : de la dévotion pour l'office divin. 375
XLVII Sermon. Louanges que l'Époux et l'Épouse s'adressent réciproquement. L'ombre de Jésus-Christ c'est sa chair et sa foi en lui. 379
XLIX Sermon. Comment le discernement règle la charité et fait que tous les membres de l'Église, c'est-à-dire les élus, se tiennent par des liens réciproques. 384
L Sermon. Deux sortes de charités, l'affective et l'actuelle. De l'ordre de ces deux charités. . . . 388
LI L'Épouse demande que les fruits des bonnes œuvres soient aussi nombreux que les fleurs, et aussi abondants que les parfums de l'espérance. De l'espérance et de la crainte. . . . 393
LII Sermon. Du ravissement qu'on appelle contemplation, dans lequel l'Époux fait reposer l'âme sainte, et se met en peine de lui assurer le calme et la paix. 398
LII Sermon. Les monts et les collines signifient les esprits célestes par-dessus lesquels passe l'Époux, en venant sur la terre, c'est-à-dire en se faisant homme. 403
LIV Sermon. Comment on peut trouver encore que

les montagnes représentent les anges et les hommes, tandis que les collines représentent les démons. Il y a trois sortes de craintes, que tout homme doit ressentir, s'il ne veut pas perdre la grâce de bien faire qu'il a reçue de Dieu... 407

LV Sermon. Comment on peut, par la vraie pénitence, éviter le jugement de Dieu...... 413

LVI Sermon. Nos péchés et nos vices sont comme une muraille élevée entre Dieu et nous... 417

LVII Sermon. Il faut observer les visites du Seigneur; à quels signes et à quelles marques on peut le reconnaître................ 421

LVIII Sermon. Comment l'Époux invite l'Épouse, c'est-à-dire les hommes parfaits, à se charger des imparfaits. On doit couper chez eux le vice jusque dans sa racine pour que les vertus poussent à la place.................... 427

LIX Sermon. Gémissement de l'âme qui soupire après la céleste patrie; éloge de la chasteté et de la viduité................. 434

LX Sermon. Incrédulité des Juifs, qui mirent le comble à la mesure de leurs pères, en tuant le Christ................. 439

LXI Sermon. Comment l'Église trouve les richesses de la miséricorde divine dans les trous des plaies de Jésus-Christ. Force que les martyrs ont puisée dans Jésus-Christ............ 444

LXII Sermon. Qu'est-ce pour une âme fidèle que demeurer dans les trous de la pierre et de se trouver dans les fentes des murailles. Il vaut mieux chercher la volonté de Dieu, que sonder sa gloire et sa majesté; pureté de cœur qu'il faut avoir pour prêcher la vérité........ 448

LXIII Sermon. L'homme pieux et sage doit cultiver sa vigne, c'est-à-dire sa vie, son âme, sa conscience. Il y a deux sortes de renards, les flatteurs et les détracteurs; tentations des jeunes religieux................. 454

LXIV Sermon. Tentations des religieux plus avancés. Leurs renards, c'est-à-dire, tentations le plus redoutables pour eux. Les hérétiques sont aussi des renards; il faut les prendre... 458

LETTRE D'ÉVERVIN, PRÉVÔT DE STINFELD, à saint Bernard, abbé, au sujet des hérétiques de son temps................. 463

LXV Sermon. Hérétiques clandestins : saint Bernard signale leurs principes religieux, leur soin à cacher leurs mystères et leur scandaleux commerce avec les femmes........... 457

LXVI Sermon. Erreurs des hérétiques touchant le mariage, le baptême des enfants, le purgatoire, les prières pour les défunts, l'invocation des saints................. 472

LXVII Sermon. Mouvement et admirable effusion d'amour de l'Épouse, en retour de l'amour que lui témoigne le Christ son époux....... 481

LXVIII Sermon. Comment l'Époux, qui est Jésus-Christ, fait attention à l'Épouse, qui est l'Église, et comment elle le paie de retour en cela. Soin particulier que Dieu prend de ses élus. Mérite et confiance de l'Église.............. 487

LXIX Sermon. Tout ce qui s'élève contre le service de Dieu est abaissé. Venue et demeure du Père et du Verbe dans l'âme diligente, d'où découle une certaine familiarité entre l'âme et Dieu... 491

LXX Sermon. Pourquoi l'Époux est appelé bien-aimé. Les lis au milieu desquels il se promène sont la vérité, la mansuétude, la justice et les autres vertus.................... 496

LXXI Sermon. Les lis sont les bonnes œuvres, leur odeur est la bonne conscience, et leur couleur, la bonne réputation. Comment l'Époux nous paît et se repaît en nous. De l'union de Dieu le Père avec le Fils et de l'âme sainte avec Dieu.... 501

LXXII Sermon. Ce qu'il faut entendre par ces mots : le jour paraît et les ombres s'abaissent. Il y a différents jours selon les hommes. Les justes, vivant dans la lumière, jouissent d'un jour d'une parfaite clarté; quant aux impies, ils sont plongés tout entier dans des œuvres de ténèbres, ils n'ont qu'une nuit affreuse.............. 509

LXXIII Sermon. Comment le Christ doit venir au jugement dans la forme humaine, afin de sembler doux aux élus. Comment il est moindre que les anges et plus élevé qu'eux........ 515

LXXIV Sermon. Visite du Verbe à l'âme sainte : combien elles sont secrètes : c'est ce que saint Bernard fait connaître à ses auditeurs, pour leur édification avec humilité et une sorte de pudeur.................... 520

LXXV Sermon. Il faut chercher l'Époux dans le temps, de la manière et dans le lieu qu'il convient : c'est maintenant le temps favorable, pendant lequel chacun de nous peut trouver le Seigneur pour soi, et opérer son salut......... 526

LXXVI Sermon. Clarté de l'Époux; c'est dans cette clarté qu'il est assis égal à son Père et à la droite de sa gloire. Les bons pasteurs doivent être attentifs, vigilants et discrets en faisant paître les brebis qui leur sont confiées........ 532

LXXVII Sermon. Mauvais pasteurs de l'Église. Comment les bienheureux dans le ciel et les anges viennent en aide aux élus sur la terre...... 538

LXXVIII Sermon. L'Épouse, c'est-à-dire l'Église des élus, a été prédestinée de Dieu avant tous les siècles, et prévenue de sa grâce pour le chercher et se convertir.................. 542

LXXIX Sermon. De quel amour fort et indissoluble l'âme tient l'époux embrassé. Retour de l'Époux à la fin des siècles, vers la synagogue des Juifs, pour la sauver.................. 546

LXXX Sermon. Dispute subtile sur l'image ou le

Verbe de Dieu et sur l'âme qui est faite à l'image de Dieu. Erreur de Gilbert, évêque de Poitiers. 549

LXXXI Sermon. Convenance et similitude du Verbe sous le rapport de l'identité de son essence, de l'immortalité de sa vie et de la liberté de son libre arbitre.......................... 554

LXXXII Sermon. Comment l'âme, tout en demeurant semblable à Dieu, perd néanmoins par le péché une partie de sa ressemblance avec lui, dans sa simplicité, son immortalité et sa liberté.. 561

LXXXIII Sermon. Comment l'âme, quelque chargée de vices qu'elle soit, peut encore, par un amour chaste et saint, recouvrer sa ressemblance avec l'Époux, c'est-à-dire avec le Christ........ 566

LXXXIV Sermon. L'âme qui cherche Dieu est prévenue de lui : en quoi consiste cette recherche où elle a été prévenue de Dieu 569

LXXXV Sermon. Il y a sept nécessités qui engagent l'âme à chercher le Verbe. Une fois qu'elle est réformée, elle s'approche pour le contempler et pour goûter la douceur de sa présence..... 573

LXXXVI Sermon. Modestie et retenue de l'Épouse quand elle cherche le Verbe. Éloge de la modestie........................... 581

Fleurs ou pensées.................. 584
Chronologie de saint Bernard........... 592
Notes de Horstius et de Mabillon......... 602

FIN DE LA TABLE DU QUATRIÈME VOLUME.

TABLE DES MATIÈRES

CONTENUES DANS LE CINQUIÈME VOLUME.

Préface des Bénédictins................... 1
Sermons sur le Cantique de Salomon.
Sermon I. Durant les nuits, j'ai cherché dans mon petit lit celui que mon cœur aime. 3
Sermon II. Dans mon petit lit, durant les nuits, j'ai cherché celui qu'aime mon âme. 9
Sermon III. Je l'ai cherché et ne l'ai point trouvé. 14
Sermon IV. Je me lèverai et parcourrai la ville ; à travers les places et les rues, je chercherai mon bien-aimé................... 18
Sermon V. Dans les carrefours et les places, je chercherai celui que mon cœur aime....... 24
Sermon VI. Avez-vous vu celui qu'aime mon âme ? 30
Sermon VII. Peu après les avoir dépassés, j'ai trouvé celui que mon cœur aime................ 36
Sermon VIII. Les ayant un peu dépassés, j'ai rencontré celui que mon cœur aime.......... 41
Sermon IX. Je l'ai saisi, je ne le lâcherai pas jusqu'à ce que je l'introduise dans l'habitation de ma mère................... 47
Sermon X. Je ne le lâcherai pas jusqu'à ce que je l'introduise dans la maison de ma mère ... 50
Sermon XI. Je l'ai tenu, je ne le laisserai point jusqu'à ce que je l'introduise dans la maison de ma mère et dans l'appartement de celle qui m'a donné la vie................... 53
Sermon XII. Je l'ai saisi, je ne le lâcherai pas, jusqu'à ce que je l'introduise dans la chambre de ma mère 56
Sermon XIII. Je l'ai tenu, je ne le laisserai point partir................... 59
Sermon XIV. Je vous en supplie, filles de Jérusalem, par les chevreuils et les cerfs des campagnes, n'éveillez pas et ne faites pas réveiller ma bien-aimée, jusqu'à ce qu'elle le veuille.... 64
Sermon XV. Quelle est celle-ci qui s'élève à travers le désert comme une colonne de fumée d'aromates ? 70
Sermon XVI. Soixante des plus forts dans Israël entourent le lit de Salomon................ 77
Sermon XVII. Le roi Salomon se fit un lit de cèdres du Liban 84
Sermon XVIII. Le roi Salomon se fit une litière de bois du Liban................. 89
Sermon XIX. Au centre de la charité, il a étendu des tapis à cause des filles de Jérusalem.... 94
Sermon XX. Sortez et voyez le roi Salomon portant le diadème dont l'a couronné sa mère . 101
Sermon XXI. Sortez, filles de Sion, et voyez le roi Salomon, etc................... 108
Sermon XXII. Que vous êtes belle, ma bien-aimée, que vous êtes belle ! Vos yeux sont ceux de la colombe, sans compter ce qui se cache au-dedans. 113
Chapitre XXIII. Vos cheveux sont comme des troupeaux de chèvres qui sont montées de la montagne de Galaad : vos dents, comme des troupeaux de brebis tondues, etc............. 118
Sermon XXIV. Toutes ont double agneau ; il n'y en a point de stériles parmi elles. Vos lèvres sont comme une bandelette d'écarlate...... 126
Sermon XXV. Vos joues sont semblables à un fragment de grenade................. 130
Sermon XXVI. Votre cou est comme la tour de David, bâtie avec des contre-forts. Mille boucliers y y sont suspendus, etc................. 135
Sermon XXVII. Vos deux mamelles sont comme deux petits jumeaux de la chèvre, qui paissent parmi les lis, jusqu'à ce que le jour, etc...... 135
Sermon XXVIII. J'irai à la montagne de la myrrhe et à la colline de l'encens........... 148
Sermon XXIX. Vous êtes toute belle, ma bien-aimée................... 153
Sermon XXX. Vous avez blessé mon cœur, ma sœur, mon épouse, vous avez blessé mon cœur par l'un de vos yeux, etc................. 159
Sermon XXXI. Que vos mamelles sont belles, ô ma sœur, ô mon épouse ! plus belles que le vin. 165
Sermon XXXII. Vos mamelles sont meilleures que le vin et vos senteurs sont au-dessus des plus suaves parfums................... 171
Sermon XXXIII. L'odeur de vos parfums est au-dessus de tous les aromates........... 177
Sermon XXXIV. Vos lèvres, ô mon épouse, sont un rayon qui distille le miel............ 184

TABLE DES MATIÈRES DU CINQUIÈME VOLUME.

Sermon XXXV. Vous êtes un jardin fermé, ô mon épouse, ma sœur. 190
Sermon XXXVI. Ce que vous produisez est un paradis d'arbres à grenades. 196
Sermon XXXVII. La fontaine des jardins, le puits des eaux vives. 201
Sermon XXXVIII. Elève-toi, Aquilon ; viens, vent du Midi, et souffle dans mon jardin. . . . 208
Sermon XXXIX Lève-toi, Aquilon, et accours, Auster, souffle sur mon jardin, et que ses parfums se fassent sentir. 213
Sermon XL. Que mon bien-aimé vienne dans son jardin pour y manger du fruit de ses arbres. Venez dans mon jardin, ô sœur, mon épouse, j'ai récolté la myrrhe. 218
Sermon XLI. J'ai moissonné ma myrrhe avec mes plantes aromatiques. 225
Sermon XLII. Je dors et mon cœur veille. Voici la voix de l'époux qui frappe : Ouvrez-moi, ma sœur, etc., parce que ma tête, etc. 231
Sermon XLIII. Ouvrez-moi, ma sœur, etc. Ma tête est pleine de rosée. J'ai posé ma tunique, comment la reprendrai-je ? etc. Il a fait passer sa main par la porte. 237
Sermon XLIV. J'ai tiré le verrou de ma porte pour introduire le bien-aimé ; mais il avait disparu et il était parti. Mon âme s'est liquéfiée dès qu'il a parlé. 244
Sermon XLV. Je l'ai cherché et ne l'ai point trouvé : je l'ai appelé et il ne m'a pas répondu. Les gardes de la cité m'ont rencontrée, ils m'ont frappée, et m'ont blessée, ils ont enlevé mon manteau. 250
Sermon XLVI. Je vous en conjure, ô filles de Jérusalem, si vous rencontrez celui que j'aime, annoncez lui que je languis d'amour. 256
Sermon XLVII. Quel est votre bien-aimé issu du bien-aimé ?. 261
Sermon XLVIII. Mon bien-aimé est blanc et rouge, etc. 266

Traités ascétiques et Lettres du même Gillebert.

Traité I. A un certain R***, religieux. Ecrit à un ami sur la contemplation des choses célestes. . . 268
Traité II 275
Traité III 279
Traité IV 284
Traité V. On entreprend d'expliquer le passage de l'Apôtre : *Tout don parfait*, etc. Mais la meilleure partie de cette lettre ou traité semble manquer. 289
Traité VI. Adressé à un ami au sujet des mystères de la Rédemption des hommes. 291
Traité VII. (A l'abbé Roger). 296
Sermon sur la semence de la parole de Dieu. 308
Lettres.

Lettre I. Au frère Richard. Richard offensé, comme il le semble, par une réprimande ou par je ne sais quelle parole rude, reçoit, après avoir été apaisé de nouveau, les louanges de Gillebert. . . . 311
Lettre II. A un certain Adam. Il l'exhorte à se souvenir de la résolution qu'il a prise et à embrasser l'état religieux. 312
Lettre III. Au frère Guillaume. Il le détourne du voyage périlleux qu'il voulait faire à la cour ; il lui recommande de marcher dans une autre voie, celle du progrès spirituel. 314
Lettre IV. A un ami. En peu de mots, il lui dit qu'il ne peut acquiescer à sa demande. . . . 318
Avertissement sur la lettre suivante. 319

Guillaume, abbé de Saint Théodéric près Reims, et ensuite moine de Seignelay.

Lettre ou livre aux Frères du Mont-Dieu. . . 323
Préface. 323
Chapitre I. Félicitations de ce que ces religieux renouvellent la ferveur qui existait dans les anciens ordres religieux. 335
Chapitre II. Combien difficile et sublime est leur genre de vie. 328
Chapitre III. Il faut pratiquer la vertu avec ferveur, pour l'exemple de ceux qui viendront après nous 329
Chapitre IV. Quelle est la vraie piété, quelle est la solitude ou la clôture qui convient aux religieux. 330
Chapitre V. Triple état de la vie religieuse, animale, raisonnable, spirituelle ; en d'autres termes, état de ceux qui commencent, de ceux qui progressent et des parfaits. 332
Chapitre VI. Dieu a donné à l'homme une intelligence capable d'apprendre les arts et les sciences. Les uns en usent bien et les autres mal . . 335
Chapitre VII. Ce que doit apprendre le religieux novice ou l'ermite grossier 337
Chapitre VIII. Le religieux, surtout le solitaire, doit éviter avec tout le soin possible l'oisiveté, et quelles occupations lui conviennent. . . . 339
Chapitre IX. La stabilité dans la cellule est recommandée, et indique quels en sont les gardiens. 341
Chapitre X. Offices et exercices du religieux dans sa cellule. 343
Chapitre XI. Règles des exercices corporels, de la nourriture et du sommeil. 446
Chapitre XII. Quels sont ceux qui sont propres à habiter les cellules ; on blâme les édifices somptueux. 349
Chapitre XIII. Exhortation à la modestie, à la fuite de l'oisiveté, à l'amour de la pauvreté. . . . 351
Chapitre XIV. Comment l'homme animal qui commence, doit apprendre à s'approcher de Dieu par l'amour et l'oraison 354
Chapitre XV. Du second état de la vie religieuse

qui est la raisonnable 359
Chapitre XVI. On explique le troisième état de la vie religieuse, le spirituel 367

TRAITÉ DE LA CONTEMPLATION DE DIEU.

PRÉLUDE.

Chapitre I. L'âme aimant Dieu demande à être purgée de ses vices et de toute atteinte terrestre, et à être élevée vers le ciel. 377
Chapitre II. L'âme désirant Dieu, se plaint d'être accablée par le poids du corps. 379
Chapitre III. Si et comment l'amour est inégal dans les bienheureux. 380
Chapitre IV. Dieu doit être aimé pour lui, le reste ne doit l'être que pour Dieu 382
Chapitre V. Au-dessus de Dieu, rien n'est à aimer; au-delà de lui, rien ne peut être désiré. . . 383
Chapitre VI. Dieu nous a aimés le premier et nous a excités par son Fils à lui rendre amour pour amour................................ 384
Chapitre VII. De quel amour Dieu nous aime. 385
Chapitre VIII. Par l'amour, nous devenons un avec Dieu.................................. 387
Chapitre IX. L'amour consiste dans l'observation des commandements 389
Chapitre X. Profession de culte et d'amour envers Dieu.................................. 390

TRAITÉ DE LA NATURE ET DE LA DIGNITÉ DE L'AMOUR.

Chapitre I. Que l'amour est inné dans l'homme et qu'il y a dégénéré, corrompu par le vice de la chair................................ 391
Chapitre II. De l'origine et des progrès de l'amour. 393
Chapitre III. D'une sainte folie d'amour qui est requise dans l'homme véritablement religieux. 395
Chapitre IV. Du zèle et du soin qu'il faut avoir pour progresser dans l'amour et en atteindre la perfection............................ 397
Chapitre V. Périls et pertes que cause la négligence de la grâce, louanges de la véritable charité. 399
Chapitre VI. L'amour se conserve, même quand l'homme, comme malgré lui, obéit à la loi de la chair et du péché. 401
Chapitre VII. Les amours sus-indiqués sont comparés aux cinq sens du corps 403
Chapitre VIII. La raison et l'amour rendent l'homme indifférent à tout, et fort et intrépide pour surmonter toutes les difficultés. 405
Chapitre IX. L'auteur dépeint le séjour de plusieurs hommes religieux en un même lieu, comme une école d'amour. 407
Chapitre X. Que le goût et la saveur des choses divines sont mis dans nos âmes par le Christ. 409
Chapitre XI. Ce que nous devons à Dieu, et de la nécessité d'un médiateur.............. 412
Chapitre XII. On expose le dessein de la rédemption des hommes. 414
Chapitre XIII. De la véritable sagesse des amis ou des enfants de Dieu. 416
Chapitre XIV. Antithèse établie entre la vraie et la fausse sagesse........................ 417
Chapitre XV. De l'heureuse consommation de la sagesse jusqu'à l'obtention de l'heureuse fin et du souverain bien. 419
Avertissement sur le commentaire suivant.... 421
Court commentaire des deux premiers chapitres du cantique des cantiques, formé des sermons de saint Bernard .... '. 422
Avertissement sur les déclamations qui suivent. 452

L'ABBÉ GEOFFROY.

Déclamations sur le colloque de Simon avec Jésus. 454
§ I...................................... 455
II. De tout quitter...................... 455
III. De celui qui acheta cinq jougs de bœufs. . 456
IV. Du multiple domaine des vices 457
V. De deux filles de la sangsue............. 458
VI. Des richesses des Pères de l'ancien Testament. 458
VII. Comment le Juif est au milieu et saint Pierre au-dessus des eaux..................... 459
VIII. Du remède des imparfaits............. 460
IX. Du péril que courent les clercs........ Ibid.
X. Comment les clercs empruntent à chaque classe d'hommes ce qui leur fait plaisir.... 461
XI. De l'office des clercs.................. 462
XII. Excuse sur ce que l'auteur ne dit que des choses manifestes..................... 463
XIII. Comment les clercs entrent dans les bénéfices ecclésiastiques..................... 463
XIV. Des bourses de Judas................ 46
XV. Des quatre vertus 465
XVI. Comment servent les clercs pour les revenus qu'ils ont de l'Église................... 467
XVII. Comment ils dépensent les mêmes revenus. 468
XVIII. De la verge et du bâton............. 468
XIX. Qui est l'ami du monde.............. 469
XX. De l'impudeur 470
XXI. De la commisération cruelle.......... 470
XXII. De la commutation de la pensée de l'homme pour celle du diable.................... 471
XXIII. Du jugement d'Abraham............ 472
XXIV. Comment a tout quitté celui qui n'avait presque rien........................ 473
XXV. De la faim qui n'est point naturelle et qui est insatiable........................ 474
XXVI. Du circuit que font les impies 474
XXVII. Qu'il faut hâter sa conversion........ 475
XXVIII. De trois réponses du Seigneur à ceux qui promettaient de le suivre................ 476
XXIX. De la seconde génération........... 476
XXX. Que le corps attende l'époque de sa régénération 477

XXXI. Que nous ne nous arrêtions point dans la route 477
XXXII. Comment à présent nous ne sommes assis d'aucune façon 478
XXXIII. De la session imparfaite 479
XXXIV. De la session parfaite 480
XXXV. De la session du Seigneur 480
XXXVI. Des côtés de l'échelle 480
XXXVII. Des degrés de l'échelle 481
XXXVIII. De la voie orientale qui partit de la cellule du B. Benoît 481
XXXIX. Des bases de l'échelle 483
XL. Des chapiteaux 483
XLI. Du jugement 483
XLII Des premières productions du figuier . . 484
XLIII. Plainte du Sauveur 485
XLIV. De l'excuse des séculiers 485
XLV. De la double promesse 486
XLVI. De l'incrédulité 487
XLVII. Du travail feint 488
XLVIII. De la noirceur et de la beauté de l'épouse 488
XLIX. Comme la pauvreté intérieure chasse au-dehors 489
L. Du ver qui ne meurt pas 490
LI. Que les choses corporelles affectent notre esprit d'une autre manière que les spirituelles. 490
LII. Des trois qui sont en prison, et des trois qui sont en croix 491
LIII. Que le centuple est promis sans exception. 491
LIV. De ceux qui paraissent avoir tout quitté et n'ont point reçu le centuple 492
LV. Ceux qui sont prêts à goûter les biens terrestres se privent des consolations célestes . 493
LVI. Du centuple et de la vie éternelle 494
LVII. Que le centuple est pris dans un sens spirituel 494
LVIII. Quel est ce centuple 495
LIX. Courte exhortation 495
LX. De la vie éternelle 496

DE LA VIE CONTEMPLATIVE.

Chapitre I. Description des quatre degrés des exercices spirituels 498
Chapitre II. Description des offices de ces quatre degrés 498
Chapitre III. Office de la méditation 499
Chapitre IV. Office de l'oraison 500
Chapitre V. Office de la la contemplation . . 501

Chapitre VI. Marques de l'arrivée du Saint-Esprit dans l'âme 501
Chapitre VII. Qu'il faut cacher la grâce 502
Chapitre VIII. Qu'il nous est utile pour un temps de cacher la grâce 502
Chapitre IX. Avec quelle précaution l'âme doit se conduire après la visite de la grâce . . . 503
Chapitre X. Récapitulation de ce qui vient d'être dit 503
Chapitre XI. La lecture sans la méditation, la méditation sans la prière ne servent de rien . . 504
Chapitre XII. Comment les degrés dont il vient d'être parlé sont enchaînés entre eux 505
Chapitre XIII. Quatre causes nous éloignent de ces quatre degrés 560

MÉDITATIONS TRÈS-PIEUSES SUR LA CONNAISSANCE DE LA CONDITION HUMAINE.

Chapitre I. De la dignité de l'homme 508
Chapitre II. De la misère de l'homme, de l'horreur de la mort et de la sévérité du jugement dernier 510
Chapitre III. De la dignité de l'âme et de la vileté du corps 512
Chapitre IV. De la récompense de la patrie céleste. 516
Chapitre V. De l'examen quotidien de soi-même. 518
Chapitre VI. De l'attention qu'il faut avoir au temps de la prière 519
Chapitre VII. De la garde du cœur et du zèle pour la prière 521
Chapitre VIII. Qu'il faut éviter la négligence ou l'incurie qui se glisse dans la prière 523
Chapitre IX. De l'inconstance du cœur humain. 523
Chapitre X. Du peu de résignation à la correction et de l'accusation de ses défauts et de ses vices. 525
Chapitre XI. De la conscience qui nous suit sans cesse pour nous faire sentir les remords . . 527
Chapitre XII. De trois ennemis de l'homme, de la chair, du monde et du démon 528
Chapitre XIII. De l'attaque de ces trois ennemis. 529
Chapitre XIV. Du désir de la patrie céleste et du souverain bonheur que l'on y goûte 530
Chapitre XV. Des propriétés et des affections du vieil homme : de sa mortification et de son changement par Jésus-Christ 531
NOTES DE HORSTIUS ET DE MABILLON 533

FIN DE LA TABLE DU CINQUIÈME VOLUME.

TABLE DES MATIÈRES

CONTENUES DANS LE SIXIÈME VOLUME.

TRAITE de la maison intérieure ou de l'édification de la conscience. 1
AVANT-PROPOS 1
Chapitre I. Qu'il faut d'abord purifier, apaiser la conscience avant de l'édifier. 2
Chapitre II. Des sept colonnes à élever pour bâtir la maison de la conscience. De la volonté qui est la première colonne. 4
Chapitre III. De la seconde colonne qui est la mémoire des bienfaits du Seigneur. 4
Chapitre IV. De la troisième colonne qui est le cœur pur 5
Chapitre V. De l'esprit libre, quatrième colonne. 5
Chapitre VI. De l'esprit dévot, cinquième colonne 6
Chapitre VII. De l'esprit droit, sixième colonne. 7
Chapitre VIII. De la raison éclairée, septième colonne 9
Chapitre IX. Des marques et des titres d'une conscience bien établie. 9
Chapitre X. Qu'il faut préférer à la science le soin de la conscience 10
Chapitre XI. Des avantages et des fruits de la bonne conscience. 11
Chapitre XII. De la garde et de la retenue du cœur nécessaires à la bonne conscience. . . 11
Chapitre XIII. Qu'il faut retenir la mobilité du cœur par la considération de la majesté et de la puissance divine 12
Chapitre XIV. Des avertissements divins par lesquels le cœur de l'homme est mû pour user des créatures avec précaution, etc. 13
Chapitre XV. Du livre de la conscience qu'il faut corriger 14
Chapitre XVI. L'homme déplore devant Dieu ses misères. 15
Chapitre XVII. L'homme continue à accuser et à déplorer ses misères, etc. 16
Chapitre XVIII. Suite de l'accusation de ses propres iniquités 18
Chapitre XIX. Le cœur gémit et déplore devant Dieu ses misères et ses vices. 20
Chapitre XX. Confession devant le supérieur . . 22
Chapitre XXI. Réponse et instruction du Père spirituel à son pénitent. 25
Chapitre XXII. On suggère des remèdes efficaces contre les mauvaises pensées, le souvenir de la passion de Jésus-Christ, etc. 26
Chapitre XXIII. Des pertes que cause le péché d'orgueil, d'envie et de détraction 28
Chapitre XXIV. Avis pour éviter la curiosité, etc. 29
Chapitre XXV. L'auteur propose diverses règles de conduite remarquables 30
Chapitre XXVI. De l'importunité du ventre et des ruses du démon. 31
Chapitre XXVII. De la prière et de la manière de bien prier. 32
Chapitre XXVIII. Des défauts et des abus de la langue, du jugement, etc. 33
Chapitre XXIX. Confession du pénitent au sujet de l'instabilité du cœur et réponse du Père spirituel. 35
Chapitre XXX. Le pénitent continue d'ouvrir sa conscience, etc. 36
Chapitre XXXI. Confession du pénitent au sujet du soin du corps et des vices de la bouche. . . 36
Chapitre XXXII. Le pénitent s'accuse des défauts de ses confessions et du péché de l'envie . . . 38
Chapitre XXXIII. Réponse du Père spirituel au sujet de l'envie 38
Chapitre XXXIV. Accusation de pensées diverses au Père spirituel 39
Chapitre XXXV. Le pénitent continue de confesser ses afflictions et ses troubles. 40
Chapitre XXXVI. Réponse du père spirituel, utilité de la connaissance de soi-même. 41
Chapitre XXXVII. Résolutions du pénitent. . . . 42
Chapitre XXXVIII. Analogie de l'âme avec Dieu 44
Chapitre XXXIX. De la dignité de l'âme qui peu enfanter spirituellement le Christ 45
Chapitre XL. De la promptitude de l'âme à recevoir

le Christ, etc. 46
Chapitre XLI. L'âme est excitée à la contemplation des choses sublimes et divines 48
AUTRE TRAITÉ DE LA CONSCIENCE. . . . 50
AVANT-PROPOS. 50
Chapitre I. Combien la confiance est chose obscure et impénétrable. 51
Chapitre II. Quatre espèces de consciences . . 52
Chapitre III. De la conscience bonne et troublée. 53
Chapitre IV. De la conscience mauvaise et tranquille. 54
Chapitre V. De la conscience mauvaise et troublée. 56
Chapitre VI. De différentes espèces de pensées . . 56
Chapitre VII. De quatre esprits qui parlent dans les cœurs des hommes 58
TRAITÉ DU RÉGLEMENT DE VIE 59
Chapitre I. Que la bonne éducation du premier âge est d'une grande importance 59
Chapitre II. Que la modestie est la principale vertu qui décore les jeunes gens, etc. 61
Chapitre III. Que les relations des jeunes gens avec les vieillards servent à la vertu 65
Chapitre IV. Que la science convient aux jeunes gens. 67
Chapitre V. La promptitude de l'obéissance est recommandée à la jeunesse. 69
Chapitre VI De la chasteté de l'humilité, etc. . 72
Chapitre VII. Les quatre vertus cardinales sont directes avec leurs fonctions, etc. 73
Chapitre VIII. Il faut marcher avec précaution sur les confins des vertus et des vices 75
Chapitre IX. L'orgueil et l'avarice sont des vices détestables, etc. 76
Chapitre X. On explique les péchés capitaux avec leurs espèces 78
Chapitre XI. Tous ces défauts n'attaquent pas tous les hommes, mais les uns plus que les autres. 80
Chapitre XII. Exhortation adressée à un jeune religieux pour l'exciter à la vertu 82
TRAITÉ DE LA CHARITÉ. 83
AVANT-PROPOS. 83
Chapitre I. Que l'amour est fort 84
Chapitre II. Que l'amour est insatiable. 87
Chapitre III. Que l'amour ne cesse pas. 90
Chapitre IV. Que l'amour ne se sépare pas de ceux à qui il s'est attaché. 94
Chapitre V. De la dignité et de l'excellence de la charité. 98
Chapitre VI. De la nature ou du caractère de l'amour véritable 99
Chapitre VII. Du double langage du Verbe et de l'âme. 101
Chapitre VIII. De la vie active et contemplative. 101
Chapitre IX. Différents effets et éloges de la charité. 102
Chapitre X. De Dieu et de ses attributs. 105
Chapitre XI. Que dans les choses créées, il n'y a pas de félicité stable. 106
Chapitre XII. Que le véritable repos se trouve sous le joug de Jésus-Christ 107
Chapitre XIII. Que par la charité on parvient au repos véritable, etc. 108
Chapitre XIV. L'Hexaméron spirituel, où l'œuvre de six jours est exposée. 110
Chapitre XV. Du triple Sabbat, ou du triple amour de soi, etc. 111
Chapitre XVI. Du premier Sabbat, ou de l'amour de soi. 112
Chapitre XVII. Du second Sabbat, ou de l'amour du prochain 113
Chapitre XVIII. De la solennité et de la joie du troisième Sabbat, ou de l'amour de Dieu. . 115
Chapitre XIX. Qu'il faut méditer assidûment la passion et la mort de Jésus-Christ 117
Chapitre XX. Du bienfait de la rédemption et de plusieurs autres grâces. 117
Chapitre XXI. Du bienfait de la création. . . . 119
Chapitre XXII. Plus digne que toutes les autres créatures, l'âme ne doit rien aimer au-dessus de Dieu. 121
Chapitre XXIII. Que l'amour surprenant de Dieu pour nous exige en retour une charité très-ardente. 122
Chapitre XXIV. Avec quel soin il faut veiller à ce que l'âme ne soit pas ingrate envers Dieu. . 125
Chapitre XXV. Comment il faut aimer Dieu. . 126
Chapitre XXVI. Qu'il faut aimer excessivement Jésus-Christ à cause de sa passion. 128
Chapitre XXVII. Que l'amour doit être prudent et constant. 129
Chapitre XXVIII. Que Dieu doit être aussi aimé dans les promesses qu'il nous a faites. . . . 130
Chapitre XXIX. Qu'il faut aimer Dieu en ses jugements 131
Chapitre XXX. Qu'il faut aimer Dieu en ses commandements. 132
Chapitre XXXI. Par quels indices on peut reconnaître la présence de Dieu dans l'âme. . . . 134
Chapitre XXXII. Comment l'amour est langueur. 135
Chapitre XXXIII. Dimension de la charité. . . 136
Chapitre XXXIV. Soupirs continuels de l'âme qui aime Dieu et désire ardemment de le posséder. 138
LA VIGNE MYSTIQUE 140
AVANT-PROPOS. 140
Chapitre I. Que le Christ est la véritable vigne. 141
Chapitre II. De la taille de la vigne, ou des divers mystères, etc. 141
Chapitre III. Du travail fait autour de la vigne, ou des embûches des Juifs et des blessures du Christ. 144
Chapitre IV. Des liens de notre vigne, etc. . . . 148
Chapitre V. De la culture et de la beauté de notre

vigne, etc. 152
Chapitre VI. Des feuilles de la vigne considérée en général, etc. 157
Chapitre VII. De l'ombre des feuilles de la vigne, c'est-à-dire des paroles prononcées par Jésus-Christ sur la croix. 159
Chapitre VIII. Des feuilles de la vigne en particulier etc. 160
Chapitre IX. De la seconde feuille de la vigne etc 161
Chapitre X. De la troisième feuille de la vigne, etc. 163
Chapitre XI. De trois espèces de charité recommandées par les trois premières paroles de Jésus-Christ. 164
Chapitre XII. De la quatrième feuille de la vigne, etc. 165
Chapitre XIII. De la cinquième feuille de la vigne etc. 167
Chapitre XIV. De la sixième feuille de la vigne et de la sixième parole de Jésus-Christ: « Tout est consommé. » 169
Chapitre XV. De la septième feuille de la vigne, etc. 170
Chapitre XVI. De l'agrément que l'on trouve dans les fleurs de la vigne, ou des vertus de Jésus-Christ 172
Chapitre XVII. De la fleur d'humilité, qui est la violette. 173
Chapitre XVIII. De la fleur de chasteté, qui est le lis. 178
Chapitre XIX. De la racine du lis, c'est-à-dire des pensées cachées dans le cœur. 179
Chapitre XX. De la tige du lis, ou du bon propos 182
Chapitre XXI. De la rectitude du lis, ou de l'intention droite 182
Chapitre XXII. De la force de la tige, ou de la constance du bon propos. 184
Chapitre XXIII. Des vers qui rongent la tige, etc. 184
Chapitre XXIV. De la longueur de la tige, ou de la vertu de la longanimité, etc. 188
Chapitre XXV. Des feuilles qui sont autour de la tige, etc. 189
Chapitre XXVI. Du nouveau cantique que les vierges doivent chanter. 191
Chapitre XXVII. Des feuilles inférieures du lis, ou de l'abondance et de la rareté des paroles. . 194
Chapitre XXVIII. De ce qu'il y a à contempler dans le lis, ou de l'excellence de la véritable virginité 197
Chapitre XXIX. Que s'inclinant vers la terre, la fleur du lis prêche l'humilité. 200
Chapitre XXX. Du nombre des feuilles de notre lis, etc. 204
Chapitre XXXI. De trois avantages de la vie future qu'obtiendront les vierges. 207

Chapitre XXXII. Des six petites fleurs qui se trouvent au milieu du lis, etc. 213
Chapitre XXXIII. De la fleur de la charité, ou de la rose rouge et ardente. 217
Chapitre XXXIV. De la rose de la charité. . . . 220
Chapitre XXXV. De la rose de la passion. 220
Chapitre XXXVI. Des sept effusions du sang de Jésus-Christ notre vigne. 220
Chapitre XXXVII. De la seconde effusion du sang. 221
Chapitre XXXVIII. De la troisième effusion du sang. 222
Chapitre XXXIX. De la quatrième effusion du sang. 222
Chapitre XL. De la cinquième effusion du sang. 223
Chapitre XLI. De la sixième et de la septième effusion du sang. 224
Chapitre XLII. Du safran et de l'abstinence de notre vigne. 225
Chapitre XLIII. De l'odeur des fleurs de la vigne. 230
Chapitre XLIV. Qu'il faut trouver des fleurs dans notre vigne. 235
Chapitre XLV. De l'odeur des fleurs de la vigne. 239
Chapitre XLVI. Du fruit de notre vigne, etc. 241
MÉDITATION SUR LA PASSION ET LA RÉSURRECTION DE JÉSUS-CHRIST. 252
Chapitre I. De l'entrée triomphante de Jésus-Christ à Jérusalem 252
Chapitre II. De la prière et de la sueur au jardin, et du sommeil des disciples 253
Chapitre III. De l'insensibilité des hommes, à l'égard de la passion de Jésus-Christ. 255
Chapitre IV. Des soufflets donnés à Jésus-Christ, et du reniement de saint Pierre. 256
Chapitre V. Des questions de Pilate, etc. . . . 257
Chapitre VI. De la confession du larron, éloges de la sainte croix. 259
Chapitre VII. Du péché de Judas et de son désespoir. 264
Chapitre VIII. De l'ouverture du côté de Jésus. 266
Chapitre IX. De la sépulture du Seigneur. . . . 267
Chapitre X. De la garde des soldats autour du sépulcre de Jésus-Christ. 270
Chapitre XI. De l'enlèvement de la pierre, etc., etc. 271
Chapitre XII. De l'apparition de Jésus-Christ aux disciples qui allaient à Emmaüs. 273
Chapitre XIII. Pieuse élévation contre Jésus-Christ pour obtenir, etc. 275
Chapitre XIV. Les trois chefs de cinquante hommes envoyés à Élie, etc. 276
Chapitre XV. De la dévotion de Marie Madeleine pour aller, etc. 277
Chapitre XVI. Pieuse élévation vers Jésus-Christ pour obtenir les vertus. 280
LAMENTATION SUR LA MORT DE JÉSUS-CHRIST. 283

TABLE DES MATIÈRES DU SIXIÈME VOLUME

INSTRUCTION DU PRÊTRE, ou traité des principaux mystères de notre rédemption 287
Chapitre I. De la chute de l'homme qui a perdu la dignité de son premier état 288
Chapitre II. Temps de la dévotion 290
Chapitre III. Temps du rappel 290
Chapitre IV. Temps de la réconciliation 290
Chapitre V. Temps du pèlerinage 291
Chapitre VI. Le temps de la réconciliation est examiné plus au long 291
Chapitre VII. De l'ineffable et perpétuelle clarté du Verbe incarné 295
Chapitre VIII. De la dignité des prêtres 299
Chapitre IX. La dignité des prêtres est au dessus de celle des anges 300
Chapitre X. De la méditation du péché ou de la préparation pour célébrer un si grand mystère 302
Chapitre XI. Du reste de la purification légale sort une leçon de pureté 303
Chapitre XII. De la triple réception du corps et du sang de Jésus Christ 304
Chapitre XIII. Que Jésus-Christ se donne à nous en récompense dans le ciel 305
Chapitre XIV. Des peines de l'enfer 306
TRAITÉ DE L'ÉTAT DES VERTUS 308
Préface 308
Première partie. De l'humilité 309
Seconde partie. De l'obéissance 315
Troisième partie. De la crainte de la charité. . 323
EXPOSITION DE L'ORAISON DOMINICALE . . 330
SERMONS DIVERS 335
Sermons pour l'Avent 335
Sermon I. Sur la Nativité de Notre-Seigneur. 345
Sermon II. Sur la Nativité du Seigneur. . . 350
Sermon III. Sur la Nativité du Seigneur. . . 357
Sermon. Pour la fête saint Etienne........ 364
TRAITÉ SUR L'ENFANCE DE JÉSUS. . . . 369
SERMON POUR LE DIMANCHE DES RAMEAUX 389
15 Sermons du B. Oger............. 399
Prologue................ 399
Sermon I................ 401
Sermon II................ 404
Sermon III 411
Sermon IV................ 417
Sermon V 421
Sermon VI................ 424
Sermon VII 428
Sermon VIII 433
Sermon IX. 435
Sermon X................ 444
Sermon XI 453
Sermon XII 459
Sermon XIII 465
Sermon XIV 469
Sermon XV 471
Sermon. Sur la cène du Seigneur. 475
Sermon. Sur la vie de la passion de Jésus-Christ. 481
Sermon. Sur les deux disciples d'Emmaüs. . . 493
Sermon. Sur le Très-Saint-Sacrement 511
Sermon. Pour la nativité de Saint-Jean-Baptiste. 522
Sermon. Pour l'assomption de la Vierge Marie. 534
Panégyrique de la B. V. Marie. 542
Autre sermon sur la B. V. Marie.. 548
NOTES 556
TABLE 557

FIN DE LA TABLE DU SIXIÈME VOLUME.

TABLE DES MATIÈRES

CONTENUES DANS LE SEPTIÈME VOLUME

Sermon sur le fumier d'iniquité. 1
Sermon sur les paroles de la sagesse. 12
Sermon sur la parabole évangélique des dix vierges. Le royaume des cieux est semblable à dix vierges, etc. (Matthieu, XXV. 1). 24
Sermon de Nicolas de Clairvaux, pour la saint André. On croit de cœur pour être justifié et on confesse la foi, de bouche, pour être sauvé. . . 30
Sermon du même Nicolas, pour la fête de saint Nicolas, évêque de Myre. Un homme noble alla dans une contrée éloignée prendre possession d'un royaume (Luc, XIX, 12). 36
QUATRE SERMONS SUR L'ANTIENNE SALVE REGINA. . 41
I. Salut reine de miséricorde, notre vie, notre douceur et notre espérance, salut 41
II Sermon sur l'antienne *Salve Regina*. Quand je ferais parler cent langues et cent bouches ; quand ma voix ne se fatiguerait pas plus que le fer, je ne pourrais, ô Marie, rien dire qui fût digne de vous, vierge bienheureuse, vous que l'on appelle étoile de la mer 46
III Sermon, sur le *Salve Regina* 49
IV Sermon, sur le *Salve Regina*. 54
Méditation sur le *Salve Regina* 58
Sermon au clergé assemblé à Reims. 62
Sermon aux pasteurs réunis en synode. 67
Sermon aux prélats assemblés en concile. . . . 77
Sermon sur l'impureté. Sur ces paroles : « Que vos reins soient ceints et portez dans vos mains des lampes allumées (Luc, XII, 35) » 85
Sermon sur les misères humaines 93
Sermon sur les sept dons du Saint-Esprit. . . . 97
Sermon sur les douze portes de Jérusalem. . . 100
Sermon sur le cantique de la bienheureuse Vierge Marie. 105
Sermon sur ces paroles de l'Évangile : « Voici que nous avons tout quitté. » 111
Homélie sur ce passage de saint Matthieu : « Le royaume des cieux est semblable à un marchand qui cherche ses perles précieuses (Matt. XIII, 45) ». 114
Sermon sur cette parole de Michée : « Je te montrerai, ô homme, quel est le bien, etc. » 117

LIVRES DES PENSÉES 119
Dialogue d'un juste avec Dieu. « Soit qu'il eût été tiré, pour un moment de son corps, pour y être ramené ensuite, soit qu'il eût été ravi en extase et rendu après cela à son état normal. ». . 141
Soliloque. 143
Réglement de vie. 153
Avis utile relativement à la considération de la mort 156
Courts et très-utiles avis. 156
Instruction. Comment l'homme peut avancer dans le bien et plaire à Dieu 157
Avis courts et variés pour vivre religieusement et avec piété 159
Le miroir des moines 161
Autres enseignements relatifs à la vie religieuse 163
Huit points pour arriver à la perfection. . . . 169
Lettre d'un auteur inconnu. Sur la règle de conduite et sur la surveillance des pensées, des paroles et des actions 172
Opuscule sur ces paroles : « Pourquoi êtes-vous venu ? » 175
Chapitre I. Il faut penser au but et à la fin qu'on se propose 175
Chapitre II. De l'obéissance 175
Chapitre III. Du respect envers les supérieurs. 177
Chapitre IV. Les prémices du jour et de la pensée doivent être pour Dieu 178
Chapitre V. Du respect et de l'attention dans l'office divin 178
Chapitre VI. De la propre accusation et de celle de ses frères dans le chapitre 178
Chapitre VII. Il faut observer avec soin les bonnes institutions 179
Chapitre VIII De la règle et de la modération à observer à table 179
Chapitre IX. De la pratique de la pauvreté . . . 180
Chapitre X. De la façon de se coucher et de dormir 180
Chapitre XI. Des œuvres viles et du service de la messe 181
Chapitre XII. Il faut se bien confesser 182

Chapitre XIII. De l'amour de la cellule et du renoncement à sa propre volonté.......... 182
Chapitre XIV. De la lecture de l'histoire sainte et des livres pieux.......... 182
Chapitre XV. Il ne faut point désirer la prélature ni la charge d'instruire les autres...... 183
Chapitre XVI. De la continuelle vigilance à exercer sur soi à cause de Dieu et des anges qui nous voient en tous lieux............. 183
Chapitre XVII. Du respect et de la modestie.. 184
Chapitre XVIII. Les paroles doivent être circonspectes: il faut éviter la détraction..... 185
Chapitre XIX. Il faut éviter la jactance..... 185
Chapitre XX. Il faut éviter les paroles bouffonnes 186
Chapitre XXI. Du désir d'ouïr des choses pieuses et utiles 186
Chapitre XXII. Il faut éviter la contention.. 186
Chapitre XXIII. Comment les religieux doivent parler, de l'emploi du temps...... 186
Chapitre XXIV. Du miroir de toutes les vertus placé devant nos yeux, c'est-à-dire de la vie de Jésus-Christ............ 187
Avertissement sur le livre de la Manière de bien vivre............. 187
Livre de la manière de bien vivre..... 188
Préface de l'auteur à sa sœur....... 188
Chapitre I. De la foi............ 189
Chapitre II. De l'espérance........ 189
Chapitre III. De la grâce.......... 190
Chapitre IV. De la crainte de Dieu...... 192
Chapitre V. De la charité......... 196
Chapitre VI. Des commencements de la conversion................. 198
Chapitre VII. De la conversion....... 200
Chapitre VIII. Du mépris du monde..... 202
Chapitre IX. Du vêtement......... 204
Chapitre X. De la componction....... 206
Chapitre XI. De la tristesse......... 209
Chapitre XII. De l'amour de Dieu...... 211
Chapitre XIII. De l'amour du prochain.... 213
Chapitre XIV. De la compassion...... 215
Chapitre XV. De la miséricorde...... 216
Chapitre XVI. Des exemples des saints... 216
Chapitre XVII. De la contention...... 219
Chapitre XVIII. De la discipline...... 221
Chapitre XIX. De l'obéissance....... 224
Chapitre XX. De la persévérance...... 226
Chapitre XXI. De la virginité....... 229
Chapitre XXII. De la continence...... 230
Chapitre XXIII. De la fornication...... 232
Chapitre XXIV. De l'abstinence...... 234
Chapitre XXV. De l'ivresse........ 236
Chapitre XXVI. Du péché......... 238
Chapitre XXVII. De la confession des péchés et de la pénitence............ 239
Chapitre XXVIII. De la communion..... 243
Chapitre XXIX. De la pensée....... 245
Chapitre XXX. Du silence......... 247
Chapitre XXXI. Du mensonge....... 248
Chapitre XXXII. Du parjure........ 248
Chapitre XXXIII. De la détraction..... 249
Chapitre XXXIV. De l'envie........ 249
Chapitre XXXV. De la colère....... 250
Chapitre XXXVI. De la haine....... 250
Chapitre XXXVII. De l'orgueil....... 251
Chapitre XXXVIII. De la jactance..... 252
Chapitre XXXIX. De l'humilité...... 253
Chapitre XL. De la patience........ 254
Chapitre XLI. De la concorde....... 255
Chapitre XLII. De la résignation dans les souffrances................. 256
Chapitre XLII. De l'infirmité........ 257
Chapitre XLIII. De l'infirmité....... 257
Chapitre XLIV. De l'avarice........ 259
Chapitre XLV. De la cupidité....... 260
Chapitre XLVI. De la pauvreté...... 260
Chapitre XLVII. Du murmure....... 262
Chapitre XLVIII. De ce qu'on se réserve en propre................. 264
Chapitre XLIX. De la prière........ 265
Chapitre L. De la lecture......... 266
Chapitre LI. Du travail manuel...... 267
Chapitre LII. Des psaumes et des hymnes.. 268
Chapitre LIII. De la vie active et contemplative. 270
Chapitre LIV. De la curiosité....... 274
Chapitre LV. De la vigilance....... 275
Chapitre LVI. De la prudence....... 278
Chapitre LVII. De la fuite des femmes du monde. 280
Chapitre LVIII. Il faut éviter la société des hommes................. 282
Chapitre LIX. Il faut fuir la société des jeunes gens................. 283
Chapitre LX. Il faut éviter la fréquentation des méchants................ 284
Chapitre LXI. Il ne faut pas recevoir ni lettres ni cadeaux en cachette.......... 285
Chapitre LXII. Il faut accomplir les vœux qu'on a faits................. 287
Chapitre LXIII. On doit toujours considérer le but et la fin de sa profession......... 288
Chapitre LXIV. Il faut éviter le désir de plaire aux hommes par la beauté......... 289
Chapitre LXV. Il faut fuir les rires immodérés. 291
Chapitre LXVI. Il ne faut pas se répandre au dehors................. 293
Chapitre LXVII. De la tentation...... 294
Chapitre LXVIII. Des songes........ 297
Chapitre LXIX. De la brièveté de la vie... 298
Chapitre LXX. De la mort......... 300
Chapitre LXXI. Du jugement....... 300
Chapitre LXXII. Epilogue......... 302

TABLE DES MATIÈRES DU SEPTIÈME VOLUME.

Chapitre LXXIII. L'auteur conjure sa sœur d'intercéder pour lui auprès de Dieu. 302
AVERTISSEMENT sur une pièce de vers latins rimés, intitulé : Chant parœnétique. 304
CHANT parœnétique. 305
CHANT sur le mépris du monde. 313
CHANT de joie sur le nom de Jésus. 314
PRIÈRE en vers à chacun des membres de Jésus-Christ souffrant et attaché à la croix. 318
Aux pieds. 318
Aux genoux. 319
Aux mains 319
Au côté. 320
A la poitrine 321
Au cœur. 322
A la face. 324
Dévote prière à N.-S. Jésus et à la bienheureuse Vierge Marie sa mère. 324
Prose pour la nativité de Notre-Seigneur. . . . 327
Appendice au tome VI des œuvres de saint Bernard selon l'édition de Mabillon. 328
Le bienheureux Guerric, abbé d'Igny. Notice. . 328
I Sermon pour l'avénement de Notre Seigneur 330
II Sermon pour l'avénement de Notre-Seigneur. 333
III Sermon pour l'avénement de Notre-Seigneur 337
IV Sermon pour l'avénement de Notre-Seigneur 341
V Sermon pour l'avénement de Notre-Seigneur. 347
I Sermon pour le jour de la nativité de Notre-Seigneur. 350
II Sermon pour le jour de la nativité de Notre-Seigneur 353
III Sermon (idem) 355
IV Sermon (idem) 359
V Sermon (idem). 364
I Sermon pour le jour de l'Épiphanie de Notre-Seigneur 368
II Sermon (idem). 372
III Sermon (idem) 377
IV Sermon pour le jour de l'Épiphanie de Notre-Seigneur. 381
I Sermon pour le jour de la purification de la Sainte Vierge 389
II Sermon (idem) 390
III Sermon (idem). 394
IV Sermon (idem). 398
V Sermon (idem). 402
VI Sermon pour le jour de la purification de la Sainte Vierge 412
I Sermon pour le carême. 416
II Sermon pour le samedi de la deuxième semaine de carême. Sur la parabole de l'enfant prodigue 421
I Sermon pour la fête de saint Benoît 423
II Sermon (idem). 427
III Sermon (idem). 432

IV Sermon (idem). 436
I Sermon pour l'annonciation du Seigneur. . 441
II Sermon (idem). 445
III Sermon (idem). 449
I Sermon pour le dimanche des Rameaux . . 454
II Sermon (idem) 456
III Sermon (idem) 461
IV Sermon (idem). 464
I Sermon pour la résurrection du Seigneur. 468
II Sermon (idem). 471
III Sermon (idem) 475
Sermon pour les Rogations 478
Sermon pour l'Ascension du Seigneur. . . . 481
I Sermon pour le jour de la Pentecôte. . . . 484
II Sermon pour le jour de la Pentecôte . . . 488
I Sermon pour le jour de la nativité de saint Jean Baptiste. 492
II Sermon (idem), etc. 495
III Sermon (idem), etc. 497
IV Sermon pour le jour de la nativité de saint Jean Baptiste. 501
I Sermon pour la fête des saints apôtres Pierre et Paul. 505
II Sermon (idem). 508
III Sermon sur ces paroles « jusqu'à ce que le jour arrivera que les ombres s'inclinent (Cant. IV 6) 512
I Sermon pour l'assomption de Marie. 516
II Sermon, etc. 520
III Sermon, etc. 523
IV Sermon, etc. 527
I Sermon pour la nativité de Marie 531
II Sermon, etc. 534
Sermon pour la fête de la Toussaint. 537
Sermon sur ces paroles du cantique des cantiques: « O vous qui habitez dans les jardins, nos amis écoutent, faites-moi entendre votre voix (cant VII 13) ». 541
Sermon de Nicolas de Clairvaux pour la fête de sainte Marie-Madeleine. 544
Avertissement sur les lettres de Guigues. . . . 553
I Lettre à Aimeric, cardinal et chancelier. . . . 553
  Il l'avertit qu'il y a deux ennemis contre lesquels il faut surtout lutter et qu'on doit surtout employer contre les ennemis de l'Église, non les armes corporelles, mais l'humilité et la pénitence.
II Lettre à Hugues, prêtre de la sainte milice du temple. Comment on doit faire la guerre spirituelle. 556
III Lettre au pape Innocent II. 556
  Il console le souverain pontife des ennuis que lui cause le schisme.
IV Lettre aux religieux de Durbuy, au sujet des lettres supposées de saint Jérôme. 558
Notes. 561

FIN DE LA TABLE DU SEPTIÈME VOLUME.

TABLE DES MATIÈRES

CONTENUES DANS LE HUITIÈME VOLUME.

AVERTISSEMENT SUR LES LIVRES SUIVANTS DE LA VIE ET DES GESTES DE SAINT BERNARD. Son illustre origine................................... 1
VIE ET GESTES DE SAINT BERNARD. premier abbé de Clairvaux, en sept livres...... 4
LIVRE PREMIER, par Guillaume qui, après avoir été abbé de Saint-Thierry, près de Reims, devint simple religieux de Ligny, où il écrivit... 4
Chapitre I. Parents de saint Bernard ; leur piété insigne dans l'éducation de leurs enfants. Caractère et mœurs déjà remarquables de Bernard dans son enfance.................. 6
Chapitre II. Pureté de saint Bernard encore enfant ; il repousse les soins d'une femme qui se livrait à des pratiques superstitieuses ; il a une vision du Sauveur enfant ; mort de sa mère.... 8
Chapitre III. Son zèle à conserver la chasteté, son projet d'entrer en religion, il le fait partager à ses frères et à quelques compagnons de son âge.. 9
Chapitre IV. Entrée de Bernard dans l'ordre ; sa ferveur au noviciat : il ne se permet que peu de nourriture et de sommeil ; son ardeur pour le travail des mains ; ses progrès étonnants dans l'étude de la Sainte Écriture......... 17
Chapitre V. Commencements de Clairvaux, humble genre de vie de ses premiers habitants ; ses progrès futurs sont indiqués d'une manière divine....................... 21
Chapitre VI. Grande confiance de Bernard en Dieu dans les moments les plus difficiles ; son zèle pour la perfection ; conversion de sa sœur. 23
Chapitre VII. Saint Bernard est ordonné abbé ; soin que réclame sa santé. Éloge de la discipline alors en vigueur à Clairvaux.............. 26
Chapitre VIII. Grande sévérité de sa vie : son zèle infatigable pour le travail, malgré les défaillances continuelles de sa santé............ 30
Chapitre IX. Miracles opérés par Bernard ; ses proches répriment en lui, d'une manière admirable, les tentations d'arrogance.......... 35
Chapitre X. Autres guérisons miraculeuses... 37
Chapitre XI. Miracle d'une lettre écrite par la pluie en plein air sans être mouillée, et autres merveilles semblables............. 37
Chapitre XII. Dispute de Bernard avec le diable ; la Sainte Vierge lui rend la santé ; l'abbé Guillaume est guéri par lui............ 39
Chapitre XIII. Sa réputation de sainteté se répand partout ; développement admirable de Clairvaux ; il est doué de l'esprit prophétique.... 42
Chapitre XIV. Autres bienfaits obtenus de Dieu par le moyen de Bernard ; sa fuite des honneurs et des dignités............. 46
NOTE DE BURCHARD, ABBÉ DE BALERNE, sur le livre précédent............... 49
LIVRE SECOND DE LA VIE DE SAINT BERNARD, abbé de Clairvaux, par Ernald, abbé de Bonneval, au pays Chartrain. Préface de l'auteur...... 50
Chapitre I. Pontificat d'Innocent II ; saint Bernard le fait triompher avec autant de force que de bonheur. Ce pontife vient en Gaule ; il abaisse l'empereur...................... 51
Chapitre II. Synode de Pise célébré par le pape Innocent ; Bernard réconcilie les Milanais avec l'Église ; il guérit plusieurs énergumènes.. 56
Chapitre III. Bernard chasse les démons de plusieurs possédés, soit par la vertu de l'Eucharistie, du pain ou de l'eau bénite, soit par le signe de la croix ; il opère également plusieurs guérisons miraculeuses................... 59
Chapitre IV. Démoniaques guéris ; humilité admirable de saint Bernard, qui continue à n'avoir de soi, au milieu de tant de merveilles, que des sentiments de modestie................ 64
Chapitre V. Bernard revient d'Italie ; le monastère de Clairvaux est transféré dans un endroit plus vaste..................... 68
Chapitre VI. Le schisme d'Aquitaine est terminé par les soins de Bernard ; femme miraculeusement délivrée d'un démon incube........ 71
Chapitre VII. Cause du schisme de Rome ; succès de saint Bernard auprès de Roger, roi de Si-

cile 77
Chapitre VIII. Prélats donnés à l'Église par l'abbaye de Clairvaux; piété insigne du comte de Thibault; ses tribulations, elles sont grandes......... 83
VIE DE SAINT BERNARD, LIVRE III, par Geoffroy, qui fut moine de Clairvaux, secrétaire de saint Bernard, et plus tard abbé. Préface.......... 89
Chapitre I. Aperçu des mœurs et des vertus de saint Bernard......................... 90
Chapitre II. Sa visite à Hugues, évêque de Grenoble, et aux Chartreux; sa vigilance étonnante sur ses sens................................. 93
Chapitre III. Son peu de recherche, sa modestie et sa grâce dans ses discours; son empressement à fuir les dignités.. 94
Chapitre IV. Malheureuse issue de l'expédition en Orient; murmures qui s'élèvent à cette occasion, contre le saint homme.............. 96
Chapitre V. Erreurs de Pierre Abélard et de Gilbert de la Porrée : saint Bernard les réfute..... 98
Chapitre VI. Hérésie de Henri réprimée dans le pays Toulousain; miracles opérés par saint Bernard dans ces contrées...................... 101
Chapitre VII. Douceur des mœurs du bienheureux; ses brillantes vertus; ce qu'il pensait lui-même de ses miracles...................... 103
Chapitre VIII. Écrits de saint Bernard; comme il y a peint son âme entière................ 110
VIE DE SAINT BERNARD, ABBÉ DE CLAIRVAUX, LIVRE IV, par Geoffroy, religieux de Clairvaux 113
Chapitre I. Saint Bernard revient de Rome, d'où il rapporte quelques reliques de saints; diverses grâces arrivées à plusieurs personnes par un effet de ses propres mérites, mais à son insu. .. 113
Chapitre II. Bernard se fait remarquer par le don de prophétie, et par la révélation des choses futures............................... 117
Chapitre III. Divers événements à venir prédits par Bernard, en vertu du don de prophétie. 119
Chapitre IV. Grâces admirables et nombreuses procurées par le saint, surtout en France..... 125
Chapitre V. Divers miracles opérés par Saint Bernard en Allemagne, à Constance, à Bâle, à Francfort, à Trèves et en d'autres lieux encore . . 130
Chapitre VI. Divers miracles éclatants opérés par saint Bernard à Cologne, à Aix-la-Chapelle, à Liége, à Cambrai, ainsi qu'en Espagne . . . 132
Chapitre VII. Miracles opérés par saint Bernard dans sa patrie et dans le voisinage de Clairvaux. . 135
Chapitre VIII. Différents prodiges et miracles opérés en divers lieux par Bernard, et dont il avait auparavant connu l'événement par des visions. 139
VIE DE SAINT BERNARD, ABBÉ DE CLAIRVAUX, LIVRE V, par Geoffroy, moine de Clairvaux...... 145
Chapitre I. Saint Bernard rétablit la paix entre la ville de Metz et quelques princes voisins. Miracles qu'il fit à cette occasion.......... 145
Chapitre II. Mort du saint, très-heureuse pour lui, mais bien triste pour ses frères........... 150
Chapitre III. Diverses révélations arrivées après la mort du saint abbé 156
AU LECTEUR. PRÉFACE DE HORSTIUS, SUR LE LIVRE SUIVANT DES MIRACLES DE SAINT BERNARD 166
VIE DE SAINT BERNARD, PREMIER ABBÉ DE CLAIRVAUX, LIVRE VI, comprenant les miracles opérés par lui en l'année 1146, dans l'Allemagne, la Belgique et la France, et divisés en trois parties, ayant chacune un auteur différent................. 166
Hébert, abbé de Mores, raconte comment le livre des miracles de saint Bernard s'est trouvé miraculeusement conservé................... 166
PRÉFACE DE PHILIPPE DE CLAIRVAUX, SUR LE LIVRE DES MIRACLES DE SAINT BERNARD A SAMSON, ARCHEVÊQUE DE REIMS......................... 168
PREMIÈRE PARTIE, PAR PHILIPPE, RELIGIEUX DE CLAIRVAUX 169
Chapitre I. Bernard va à Constance. Noms et qualités de ceux qui ont été les témoins oculaires des miracles qu'il a opérés.................. 169
Chapitre II. Miracles opérés par saint Bernard à Fribourg, à Bâle et dans les lieux voisins de ces deux villes.......................... 170
Chapitre III. Miracles opérés par saint Bernard, tant à Constance que dans les environs de cette ville................................ 174
Chapitre IV. Saint Bernard arrive à Spire la veille de Noël pour le congrès de l'empereur et des princes. Miracles qu'il opère en cette ville. . 178
Chapitre V. Autres miracles de saint Bernard à Spire. 180
SECONDE PARTIE DES MIRACLES DE SAINT BERNARD. 183
Chapitre VI. Lettre des moines de Clairvaux et des compagnons de saint Bernard aux clercs de l'église de Cologne................... 183
Chapitre VII. Miracles de saint Bernard durant son voyage de Spire à Cologne. 185
Chapitre VIII. Divers miracles de saint Bernard à Cologne. 188
Chapitre IX. Miracles de saint Bernard opérés pendant son voyage de Cologne à Liége, c'est-à-dire à Juliers, à Aix-la Chapelle et à Utrecht. . 190
TROISIÈME PARTIE, par Geoffroy, moine de Clairvaux. 193
Chapitre X. Lettre de Geoffroy, moine de Clairvaux à Hermann, évêque de Constance. 193
Chapitre XI. Miracles de saint Bernard, à Liége, à Gembloux, à Villers, à Mons, à Valencienne et et dans d'autres lieux................ 194
Chapitre XII. Miracles de saint Bernard à Cambrai. 197
Chapitre XIII. Miracles de saint Bernard, pendant son voyage pour retourner à Clermont..... 199

TABLE DES MATIÈRES DU HUITIÈME VOLUME.

Chapitre XIV. Miracles de saint Bernard à Clairvaux, à Troyes, à Étampes, à Sens et dans tous les environs. 201
Chapitre XV. Miracles de saint Bernard à Auxerre, à Molesme et en d'autres lieux......... 204
Chapitre XVI. Miracles de saint Bernard à Trèves, à Rutila et à Francfort. 206
Chapitre XVII. Miracles de saint Bernard à Toul. 209
LETTRE DU MOINE GEOFFROY DE CLAIRVAUX, où se trouve rapportés plusieurs miracles de saint Bernard........ : 210
VIE DE SAINT BERNARD ABBÉ DE CLAIRVAUX LIVRE VII, extrait d'un livre intitulé GRAND EXORDE DE CITEAUX. Distinction seconde 216
Chapitre I. apparition à saint Bernard d'un moine défunt et révélation de ceux des religieux de Clairvaux qui devaient être sauvés 216
Chapitre II. Un religieux défunt est délivré des peines du purgatoire par le secours de la prière et du saint sacrifice de la messe offert à son intention 217
Chapitre III. Bernard dans une vision voit les mérites différents des religieux qui psalmodiaient au chœur. 218
Chapitre IV. Il faut chanter avec piété et dévotion les hymnes divins, combien cela est agréable aux anges. 219
Chapitre V. Pusillanimité des frères excitée à la confiance dans la miséricorde de Dieu, par un mot remarquable de Saint Bernard 219
Chapitre VI. Un moine niait la vérité du Sacrement du corps et du sang de Jésus-Christ, Bernard le ramène miraculeusement à la foi. 220
Chapitre VII. Le crucifix embrasse Bernard.. 221
Chapitre VIII. Bienfait ou grâce obtenue de Dieu par Bernard à un épileptique. 221
Chapitre IX. Sur l'ordre de Bernard, un moribond diffère, pendant quelque temps, de mourir. 222
Chapitre X. Un religieux beaucoup plus préoccupé des biens de la terre que de la charité fraternelle, est, en punition de sa faute, condamné à mourir hors de Clairvaux. 222
Chapitre XI. Saint Bernard est présent en esprit à ses frères de Clairvaux, bien qu'il en soit éloigné de corps. 223
Chapitre XII. Dieu accorde à saint Bernard le don de connaître de loin les besoins de ses religieux. 223
Chapitre XIII. Vocation religieuse de plusieurs clercs de Paris. 225
Chapitre XIV. Don admirable de prophétie dans saint Bernard ; accomplissement de quelques-unes de ses prédictions. 226
Chapitre XV. Saint Bernard arrache au supplice de la croix un brigand, qu'il attache à la croix de l'état religieux................. 227
Chapitre XVI. Témoignages de respect avec lesquels saint Bernard est reçu à Milan.. 228
Chapitre XVII. Bernard repousse et confond d'une manière plaisante, l'insolence d'un hérétique qui l'insultait. 229
Chapitre XVIII. Un aveugle recouvre la vue par sa confiance étonnante et par son respect pour la trace des pas du saint abbé. 230
Chapitre XIX. Saint Bernard ressuscite d'entre les morts un impie blasphémateur 232
Chapitre XX. Alexandre, chanoine et docteur de Cologne, est appelé d'une manière merveilleuse à la vie religieuse, par saint Bernard..... 233
Chapitre XXI. Admirable conversion d'un prêtre concubinaire qui avait été moine à Clairvaux 235
Chapitre XXII. Vocation d'un noble flamand, nommé Arnoul ; pénitence qui lui est imposée par saint Bernard................. 236
Chapitre XXIII. Ferveur admirable d'un frère lai sous la discipline de saint Bernard ; ses aspirations vers la perfection des vertus. 240
Chapitre XXIV. Admirable don de vision prophétique, qui permettait à saint Bernard de pénétrer les secrets des autres même absents. . . 241
Chapitre XXV. Conversion d'un moine trois fois apostat, due aux avis et aux prières de saint Bernard. Le saint le châtie en père, son heureuse mort. 243
Chapitre XXVI. Saint Bernard blâme ou plutôt éprouve la sécurité et la confiance d'un moribond 245
Chapitre XXVII. Saint Bernard envoie des religieux en Suède, pour y fonder un couvent ; i promet à l'un d'eux qu'il mourra et sera enterré à Clairvaux.................... 247
Chapitre XXVIII. Très-heureuse mort du saint abbé Bernard. L'abbé de Cîteaux lui interdit de faire de miracles. 250
Chapitre XXIX. Épilogue des livres de la vie et des gestes du saint père Bernard. 252
FRAGMENTS DES LIVRES D'HERBERT, intitulés LES MIRACLES DES MOINES DE CITEAUX....... 253
Accard, moine de Clairvaux............. 258
Schocelin, ermite des environs de Trèves. . . 269
Un frère lai et convers de Clairvaux....... 264
Simon, abbé de Chézy................ 266
Gunnar devient moine à Clairvaux, après avoir été gouverneur de Sardaigne. 266
Saint Bernard revient de Rome à son monastère. 267
Fastrad, troisième abbé de Clairvaux...... 268
AVERTISSEMENT SUR LES AUTRES ÉCRIVAINS QUI NOUS ONT LAISSÉ DES VIES DE SAINT BERNARD. . . . 272
SECONDE VIE DE SAINT BERNARD, abbé, composée ou compilée par Alain, ex-évêque d'Autun. 274
Prologue de l'auteur , ... 274

VIE DE SAINT BERNARD. 275
Chapitre I. Parents, enfance et mœurs de saint Bernard. 275
Chapitre II. Pureté de saint Bernard; sa compassion, son amour de la chasteté. 277
Chapitre III. Son mépris pour le monde; il conçoit la pensée de le fuir et la fait partager à plusieurs autres. 279
Chapitre IV. Bernard entre à Cîteaux avec ses compagnons. Sa mortification pendant le temps de son noviciat. 284
Chapitre V. Talents naturels de saint Bernard, son extérieur. 286
Chapitre VI. Commencement de Clairvaux, Bernard en est ordonné abbé. 287
Chapitre VII. Prédication de saint Bernard; conversion de son père et de sa sœur. 288
Chapitre VIII. Saint Bernard est ordonné abbé par Guillaume, évêque de Châlons-sur-Marne, qui se charge du soin de sa santé. 290
Chapitre IX. Saint Bernard a une vision qui lui apprend que Clairvaux devra être transporté ailleurs. — Admirable disciple de cette abbaye sous le gouvernement de Bernard. 291
Chapitre X. Mortification étonnante de saint Bernard dans le sommeil, dans le boire et dans le manger; son amour pour l'étude des saintes Écritures. 293
Chapitre XI. Miracles que Dieu opère par les faibles mains de Bernard : ils lui attirent les observations des siens. 296
Chapitre XII. Guérison de Gaudry, sa mort. — Un frère impatient est délivré du purgatoire. . 298
Chapitre XIII. Maladie de Bernard; il est ravi en esprit au tribunal de Dieu; il est guéri. . . 299
Chapitre XIV. Sa vie journalière, ses vertus éclatantes; sa manière de prêcher. 301
Chapitre XV. Réputation de sainteté de saint Bernard, accroissement de Clairvaux. Son amour et ses soins pour ses frères. 303
Chapitre XVI. Ce qui se passe pendant la visite de Bernard à Hugues et aux Chartreux. Feinte conversion d'Étienne de Vitry. 305
Chapitre XVII. Autorité admirable de saint Bernard sur tous et partout; sa réputation. 306
Chapitre XVIII. Saint Bernard, par son autorité, fait reconnaître Innocent pour pape. 308
Chapitre XIX. De la réconciliation des habitants de Milan et des miracles opérés par saint Bernard 309
Chapitre XX. Saint Bernard fuit toutes les dignités de l'église; ses disciples y sont promus. . 313
Chapitre XXI. Voyage de saint Bernard en Aquitaine; conversion du comte Guillaume. . . . 313
Chapitre XXII. Saint Bernard retourne en Italie. Obstination de Roger, roi de Sicile. Réconciliation de Pierre de Pise. 317
Chapitre XXIII. Mort d'Anaclet et extinction du schisme. Saint Bernard reprend son exposition du cantique des cantiques; il réconcilie le comte Thibaut avec le roi de France 319
Chapitre XXIV. Patience de saint Bernard dans la maladie, dans les marques de mépris et dans les pertes de biens temporels 321
Chapitre XXV. Sa modération dans les réprimandes, sa douceur et sa charité. Ses écrits. . 323
Chapitre XXVI. Saint Bernard attaque Abélard et l'hérétique Henri. 326
Chapitre XXVII. Ce que saint Bernard pensait lui-même de ses miracles. Malheureuse issue de la croisade. 328
Chapitre XXVIII. Réfutation des erreurs de Gilbert de la Porrée. La mort de saint Bernard approche. 329
Chapitre XXIX. Bernard rétablit la paix entre les habitants de Metz. 330
Chapitre XXX. État et avertissements du saint abbé quand il se trouva à la dernière extrémité; sa précieuse mort. 333
Chapitre XXXI. Apparition de saint Bernard après sa mort; sa sépulture. 336
Épitaphe de saint Bernard, composée par Adam de Saint Victor. 338
FRAGMENTS DE LA TROISIÈME VIE DE SAINT BERNARD, probablement écrits par Geoffroy, moine de Clairvaux 339
I. Naissance et famille de saint Bernard. 339
II. Bernard encore enfant a une vision divine pendant une nuit de Noël. 340
III. Son père et ses frères. 340
IV. La femme de Guy, l'aîné des frères de saint Bernard, devient abbesse de Lairé, près de Dijon. 340
V. Bernard prédit au roi Louis l'ancien, la mort de son fils aîné Philippe. 341
VI. Lettre de saint Bernard à son neveu Robert, écrite à la pluie, mais sans être mouillée par la pluie. Geoffroy, son serviteur, la place en tête de la collection des lettres du saint. 341
VII. Double conversion de la duchesse de Lorraine à un meilleur genre de vie. 342
VIII. Saint Bernard promet à la reine Aliénore, et lui obtient du ciel la grâce de devenir mère. 342
IX. Conversion de Geoffroy lui-même et de plusieurs écoliers de Paris. 343
X. Mort de Guy, frère aîné de saint Bernard, à Pontigny, le jour de la Toussaint. 343
QUATRIÈME VIE DE SAINT BERNARD, abbé, en deux livres, par Jean l'Ermite. 344
Lettre de Jean l'ermite à Pierre, évêque de Frascati, sur la vie de notre bienheureux père Bernard, abbé de Clairvaux. 345
Lettre deuxième à Hubert, archevêque de Turin, en

Sardaigne 348
Prologue de la vie de saint Bernard........ 349
Vie de saint Bernard............ 350
Prologue du livre second.... 354
Livre second............. 354
Suite à ce qui précède, tirée de Geoffroy, article X, et omise dans Chifflet 365
POÈME EN VERS à la louange de la vie et des mœurs de saint Bernard, abbé de Clairvaux, par le moine Philothée............. 369
Prologue........................ 369
Chapitre I. Prière du divin Benoît à Dieu pour la restauration de la vie monastique; promesse que Dieu lui fait à ce sujet.................. 372
Chapitre II. Bernard fait partager ses sentiments à quatre de ses frères et conçoit le projet d'entrer en religion......................... 373
Chapitre III. Bernard prend l'habit religieux à Cîteaux, avec plus de trente de ses compagnons; il y fait en peu de temps de rares progrès dans la sainteté................... 375
Chapitre IV. Bernard défend avec succès le souverain pontife Innocent contre le schisme de Pierre de Léon, et le rétablit d'une façon merveilleuse sur le siége des Apôtres.......... 377
Chapitre V. Bernard, après avoir rendu la paix à l'Église de Rome, revient en France comblé d'honneur; il rend au Seigneur sa très-sainte âme........................ 379
Chapitre VI. C'est à bon droit qu'on place saint Bernard au dessus, non seulement des héros des anciens temps, mais encore des martyrs chrétiens eux-mêmes. 382
Chapitre VII. Bel éloge des écrits et des livres de saint Bernard 383
NICOLAS HACQUEVILLE, président plein d'équité du sacré sénat de Paris. Louanges de saint Bernard; site de Clairvaux 385
Aux religieux de Clairvaux............... 386
BAPTISTE DE MANTOUE. Chant de gloire sur la vie et la mort de saint Bernard, premier abbé de Clairvaux, tiré des VIII Fastes 387
DESCRIPTION DE LA POSITION ET DU SITE DU MONASTÈRE DE CLAIRVAUX.................. 388
SERMON DE GEOFFROY, quatrième abbé de Clairvaux, pour le jour de l'aniversaire de la mort de saint Bernard 393
LETTRE DU MÊME GEOFFROY A AUBIN, CARDINAL ÉVÊQUE D'ALBANO, au sujet de la condamnation des erreurs de Gilbert de la Porrée............ 409
DU MÊME GEOFFROY, LIVRE CONTRE LES PROPOSITIONS DE GILBERT, évêque de Poitiers............ 419
Premier chapitre........................ 421
Second chapitre..................... 427
Troisième chapitre..................... 433
Quatrième chapitre..................... 438
LETTRE DU MÊME GEOFFROY A JOSBERT, contenant quelques courtes notes sur l'oraison dominicale............................ 443
CANONISATION DE SAINT BERNARD. 446
Lettre apostolique du pape Alexandre III, à l'Église de France, sur l'admission de saint Bernard au nombre des saints, et sur sa fête, qui doit désormais être célébrée avec solennité dans l'Église. 447
Lettre apostolique du même pape Alexandre III, au roi de France................. 448
Lettre apostolique du même pape Alexandre III, à tous les abbés de l'ordre de Cîteaux 448
Lettre apostolique du même pape Alexandre, aux religieux de Clairvaux............. 449
Collecte............................. 451
Secrète............................. 551
Postcommunion..................... 551
Lettre de Henri, abbé de Clairvaux, à Étienne, roi d'Angleterre, sur l'exhumation du corps de saint Bernard, et sur l'envoi d'un de ses doigts à ce roi............................. 451
TÉMOIGNAGES FAVORABLES A SAINT BERNARD.... 453
I Témoignages de souverains pontifes...... 453
II Témoignages de cardinaux et de docteurs de l'Église............................. 453
III Témoignages d'évêques................ 455
IV Témoignages de rois et de grands personnages............................. 457
V Témoignages d'abbés et de généraux d'ordres............................. 458
VI Témoignages des docteurs en théologie.... 459
VII Témoignages de religieux de divers ordres. 461
VIII Témoignages de jurisconsultes et d'orateurs............................. 463
IX Témoignages de femmes illustres........ 464
Témoignages d'hétérodoxes............. 465
OBSERVATION...................... 465
LOUANGES DE SAINT BERNARD, par Horstius, adressées aux sectaires..................... 467
Table générale des huit volumes............ 477

FIN DE LA TABLE GÉNÉRALE ET DU HUITIÈME ET DERNIER VOLUME.

Caen.—Imprimerie Nigault de Prailauné.

Ingram Content Group UK Ltd.
Milton Keynes UK
UKHW031835060323
418105UK00011B/1221